NOV    2005

# *la* FAMILIA

# KITTY KELLEY

# *la* FAMILIA

## LA VERDADERA HISTORIA
## DE LA DINASTÍA BUSH

PLAZA [H] JANÉS

Título original: *The Family*

Primera edición en España, 2004
Primera edición en México, 2004

© 2004, H. B. Productions
   Publicado por acuerdo con Doubleday, una división de
   Random House Inc.
© 2004, Elvira de Juan Ríos, por la traducción
© 2004, Random House Mondadori, S. A.,
   Travessera de Gràcia,  47-49, 08021 Barcelona, España
D. R.  2004, Random House Mondadori, S. A. de C. V.
   Av. Homero No. 544, Col. Chapultepec Morales,
   Del. Miguel Hidalgo, C. P. 11570, México, D. F.

www.randomhousemondadori.com.mx

ISBN: 968-5956-73-1

Impreso en México/ *Printed in México*

In memoriam

*Adele M. Kelley*
*(1916-1978)*
*William V. Kelley*
*(1904-2002)*
*A. Stanley Tretick*
*(1921-1999)*
*Charlie Tolchin*
*(1968-2003)*

*A mi marido John, que continúa haciendo*
*que los sueños se hagan realidad*

A menudo, el gran enemigo de la verdad no es la mentira —deliberada, sistemática, deshonesta—, sino el mito, persistente e irreal.

JOHN FITZGERALD KENNEDY, discurso de apertura
del curso de la Universidad de Yale,
11 de junio de 1962

Samuel Prescott Bush (1863-1948)
⚭ 27.6.1894 ─────────────────────────────────
Flora Sheldon [1.ª mujer] (1872-1920)

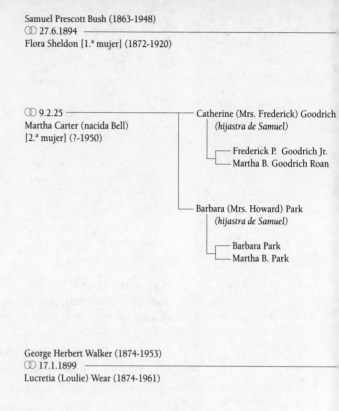

⚭ 9.2.25 ──────────────────── Catherine (Mrs. Frederick) Goodrich
Martha Carter (nacida Bell)                    *(hijastra de Samuel)*
[2.ª mujer] (?-1950)

┌─ Frederick P.  Goodrich Jr.
└─ Martha B. Goodrich Roan

Barbara (Mrs. Howard) Park
*(hijastra de Samuel)*

┌─ Barbara Park
└─ Martha B. Park

George Herbert Walker (1874-1953)
⚭ 17.1.1899 ────────────────────────────────
Lucretia (Loulie) Wear (1874-1961)

# ÁRBOL DE LAS FAMILIAS BUSH / WALKER / PIERCE / ROBINSON

Scott Pierce (1866-1930?)
⚭ 26.11.1891 ──────────────────────────────
Mabel Marvin (1869-1930?)

James Edgar Robinson (1868-1932)
⚭ 31.3.1895 ────────────────────────────────
Lula Dell Flickinger (1875-?)

— Prescott Sheldon Bush (1895-1972)
∞ 6.8.21 ——————————————
— Dorothy Walker (1901-1992)

— Robert Sheldon Bush
(1896-1900)

— Mary Eleanor Bush (1897-1992)
∞ ————————————————————
Francis Edwin House Jr. (1889-1971)

— Margaret Livingston Bush (1899-1993)
∞ ————————————————————
Stuart Holmes Clement (1895-1974)

— James Smith Bush (1901-1978)
∞ 19.1.29 (divorcio 12.7.48 ——————
Caroline Lowe Patterson [1.ª mujer]

    ∞ 14.8.48 (divorcio 29.7.52) ——————
    Janet Stewart (nacida Newbold) [2.ª mujer]

    ∞ 21.12.53 (divorcio 4.12.70) ——————
    Lois Reid Niedringhaus (nacida Kieffer) [3.ª mujer] (1924-)

    ∞ 4.12.70 Gloria Galbusera [4.ª mujer]

— Nancy Walker (1899-1997)

— Dorothy (Doro) Walker (1901-1992)
∞ 6.8.21
Prescott Sheldon Bush [véase Prescott Sheldon Bush]

— George Herbert Walker Jr. (1905-1977)
∞ 29.10.27 ——————————————
Mary Carter (1905-1998)

— James Wear Walker (1907-1997)
∞ ————————————————————
Sara Mitchell O'Keefe (1916-1996)

— John M. Walker Sr. (1909?-1990)
∞ 25.11.39 ——————————————
Elsie Louise Mead (1915-)

— Louis Walker (1912-2001)
∞ ————————————————————
Grace Ballard White (1916-)

— Marvin Pierce (1893-1969)
∞ 8.18 ————————————————
Pauline Robinson [1.ª mujer] (1896-1949)

    ∞ 3.7.52 Willa Gray Martin [2.ª mujer] (1911-?)

— Charlotte Pierce (1894-1971)

— Pauline Robinson (1896-1949)
∞ 8.18
Marvin Pierce [véase Marvin Pierce]

— James E. Robinson
∞ ————————————————————
Peggy?

— Mrs. E. C. Bonar

— Mrs. E. R. Parker


— Prescott Sheldon Bush Jr. (1922-)*
— George Herbert Walker Bush (1924-)*
— Nancy Bush (1926-)*
— Jonathan James Bush (1931-)*
— William Henry Trotter Bush (1938-)*

— Francis E. House III*
— Flora House*
— James B. House*
— Timothy House (?-1922?)*

— Stuart H. Clement Jr. (1920-)*
— Samuel Prescott Bush Clement*
— Mary Bush Clement*

— Henrietta Lowe Bush (1929-1945)
— Caroline (Teensie) Patterson Bush (1933?)*
— Flora S. (Shelley) Bush (1935-)*

— Alan Ryan (hijastro)
— Nancy Ryan (hijastra)
— Serena Rhinelander Stewart (1939-) (hijastra)

— Jean Dula Niedringhaus (1946-) (hijastra)*
— James Morrison Niedringhaus (1948?-) (hijastro)
— Mary Livingston Bush (1955-)
— Samuel P. Bush II (1958-)*
— Ethel Walker Bush (1959?-)*

— Elizabeth Walker (1929-)*
— George Herbert Walker III (1931-)*
— Ray Walker (1933-)*

— John O'Keefe (1939-) (hijastro)
— Sheila O'Keefe (1942-) (hijastra)*
— Hilary Walker*

— John M. Walker Jr. (1940?)*
— George Mead Walker (1942?-)*
— Loulie Wear Walker (1945-1955)
— Elsie Mead Walker (1948?-)
— Louise Mead Walker (1954?-)
— Randolph Talbot Walker (1955-)*
— Marianna Walker (1956?-)

— James Wear Walker II (1940-)*
— Suzanne Walker (1941-)*
— Dorothy (Debbie) Walker (1946-)*
— Elizabeth Walker (1946-)*

— Martha Pierce (1920-1999)*
— James Robinson Pierce (1922-1993)*
— Barbara Pierce (1925-)*
— Scott Pierce (1930-)*

— Jimmy Robinson

* (Esta línea continúa en la doble página siguiente.)

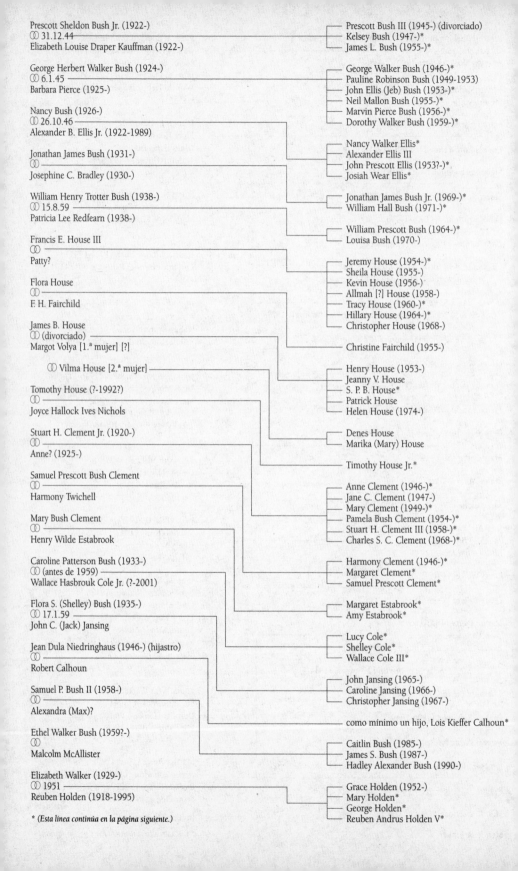

Prescott Sheldon Bush Jr. (1922-)
∞ 31.12.44
Elizabeth Louise Draper Kauffman (1922-)
— Prescott Bush III (1945-) (divorciado)
— Kelsey Bush (1947-)*
— James L. Bush (1955-)*

George Herbert Walker Bush (1924-)
∞ 6.1.45
Barbara Pierce (1925-)
— George Walker Bush (1946-)*
— Pauline Robinson Bush (1949-1953)
— John Ellis (Jeb) Bush (1953-)*
— Neil Mallon Bush (1955-)*
— Marvin Pierce Bush (1956-)*
— Dorothy Walker Bush (1959-)*

Nancy Bush (1926-)
∞ 26.10.46
Alexander B. Ellis Jr. (1922-1989)
— Nancy Walker Ellis*
— Alexander Ellis III
— John Prescott Ellis (1953?-)*
— Josiah Wear Ellis*

Jonathan James Bush (1931-)
∞
Josephine C. Bradley (1930-)

William Henry Trotter Bush (1938-)
∞ 15.8.59
Patricia Lee Redfearn (1938-)
— Jonathan James Bush Jr. (1969-)*
— William Hall Bush (1971-)*

Francis E. House III
∞
Patty?
— William Prescott Bush (1964-)*
— Louisa Bush (1970-)

Flora House
∞
F. H. Fairchild
— Jeremy House (1954-)*
— Sheila House (1955-)
— Kevin House (1956-)
— Allmah [?] House (1958-)
— Tracy House (1960-)*
— Hillary House (1964-)*
— Christopher House (1968-)

James B. House
∞ (divorciado)
Margot Volya [1.ª mujer] [?]
— Christine Fairchild (1955-)

∞ Vilma House [2.ª mujer]
— Henry House (1953-)
— Jeanny V. House

Tomothy House (?-1992?)
∞
Joyce Hallock Ives Nichols
— S. P. B. House*
— Patrick House
— Helen House (1974-)

Stuart H. Clement Jr. (1920-)
∞
Anne? (1925-)
— Denes House
— Marika (Mary) House

Samuel Prescott Bush Clement
∞
Harmony Twichell
— Timothy House Jr.*

Mary Bush Clement
∞
Henry Wilde Estabrook
— Anne Clement (1946-)*
— Jane C. Clement (1947-)
— Mary Clement (1949-)*
— Pamela Bush Clement (1954-)*
— Stuart H. Clement III (1958-)*
— Charles S. C. Clement (1968-)*

Caroline Patterson Bush (1933-)
∞ (antes de 1959)
Wallace Hasbrouk Cole Jr. (?-2001)
— Harmony Clement (1946-)*
— Margaret Clement*
— Samuel Prescott Clement*

Flora S. (Shelley) Bush (1935-)
∞ 17.1.59
John C. (Jack) Jansing
— Margaret Estabrook*
— Amy Estabrook*

Jean Dula Niedringhaus (1946-) (hijastro)
∞
Robert Calhoun
— Lucy Cole*
— Shelley Cole*
— Wallace Cole III*

Samuel P. Bush II (1958-)
∞
Alexandra (Max)?
— John Jansing (1965-)
— Caroline Jansing (1966-)
— Christopher Jansing (1967-)

Ethel Walker Bush (1959?-)
∞
Malcolm McAllister
— como mínimo un hijo, Lois Kieffer Calhoun*

Elizabeth Walker (1929-)
∞ 1951
Reuben Holden (1918-1995)
— Caitlin Bush (1985-)
— James S. Bush (1987-)
— Hadley Alexander Bush (1990-)

— Grace Holden (1952-)
— Mary Holden*
— George Holden*
— Reuben Andrus Holden V*

*(Esta línea continúa en la página siguiente.)*

George Herbert Walker III (1931-)
⚭ 23/12/55 (divorcio 1.10.62) ─────────── Mary Elizabeth Walker (1956-)*
Sandra Elizabeth Canning (1936?-) [1.ª mujer] ── Wendy Walker (1958?-)*
└── Isabelle Walker (1960?-)*

    ⚭ 27.7.68 Kimberly Collins Gedge [2.ª mujer] ── George H. Walker IV (1969-)
└── Carter Walker (1971-)

    ⚭ Carol Banta [3.ª mujer]

Ray Walker (1933-)
⚭ 7.8.54 ─────────────────────────── Christopher T. Walker (1955-)*
Emily Allen Thompson [1.ª mujer] ──── Scott Holden Walker (1956-)*
─── Daniel C. Walker (1960?-)*
─── David E. Walker (1961?-)*
    ⚭ 9.1.71? Jeanne Cowan [2.ª mujer] ── Stephen D. Whetstone (1962-)
└── Krista Whetstone (1963-)

Sheila O'Keefe (1942-) (hijastro)
⚭ ───────────────────────────────────
Webster B. Todd ──── William Walker Todd (1965-)
── Whitney Todd (1968-)
── Jamie Todd (1970-)
Hilary Walker
⚭ ───────────────────────────────────
Peter Gilmore ──── James Tucker Gilmore (1981-)
└── Liza Gilmore (1986-)

John M. Walker Jr. (1940-)
⚭
[¿primera mujer?] ──── John Bingham (hijastro)
── Gerald Bingham (hijastro)
    ⚭ (antes de marzo de 1990) Katherine Bingham [2.ª mujer] ── Charles Bingham (hijastro)
└── una hija de nombre desconocido

George Mead Walker (1942?-)
⚭
Connie Hudson ──── Jonathan Walker (1968-)
── Dexter Walker (1972-)
Elsie Mead Walker (1948?-) ── George Mead Walker (1975-)
⚭ ─────────────────────────── Jay Walker (1981-)
Allerton W. Kilborne

Randolph Talbot Walker (1955?-) ──── Rebecca Kilborne (1985-)
⚭ ───────────────────────── John Mercer Walker Kilborne (1989-)
Nancy Guerrieri

James Wear Walker II (1940-) ──── Philip Nuttle (1981-) (hijastro)
⚭ ───────────────────────── Randolph Talbot Walker Jr. (1991-)
Anne (Vandy) Hannan (1945-)

Suzanne Walker (1941-) ──── Loulie Berdell Walker (1972-)
⚭ ───────────────────────── Anne White Walker (1974-)
Davis R. Robinson (1940-)
──── Christopher Champlin Robinson (1968-)
Dorothy (Doro) Walker (1946-) ── Gracyn Walker Robinson (1971-)
⚭ 1971 ─────────────────────
Craig Stapleton ──── Wendy Stapleton (1974-)
└── Walker Stapleton (1977-)
Elizabeth Walker (1946-)
⚭ ───────────────────────────────────
John W. Field Jr. ──── John W. Field III (1970-)
└── Andrew Walker Field (1974-)

Martha Pierce (1920-1999)
⚭ (a principios de los cuarenta) ──── Sharon Rafferty (1943?-)*
Walter Gelshenen Rafferty (?-1999?) ── Kevin Rafferty (1948-)
── Pierce Rafferty
James Robinson Pierce (1922-1993) ── Corinne Rafferty
⚭ 17.9.49 ───────────────────── Brian Rafferty
Margaret Dyer └── Gail Rafferty

Barbara Pierce (1925-)
⚭ 6.1.45 ──── Margaret Pierce*
George Herbert Walker Bush (1924-) ── Marvin Pierce II
    [véase George Herbert Walker Bush] ── James R. Pierce Jr.*
└── Scott Pierce III

Scott Pierce (1930-) ──── Kent Pierce*
⚭ 1950 ─────────────────── Kim Pierce
Janice Chamberlain ── Brett Pierce
└── Derek Pierce

                                                               *(Esta línea continúa en la doble página siguiente.)*

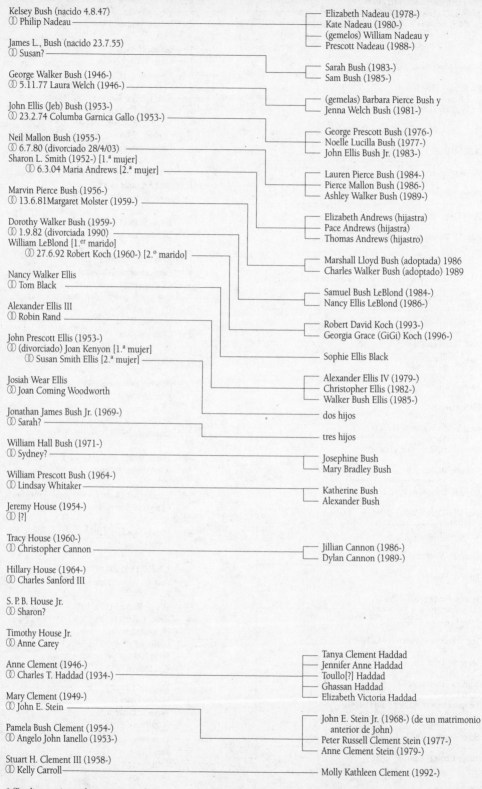

Kelsey Bush (nacido 4.8.47)
ⓧ Philip Nadeau ——————————————

James L., Bush (nacido 23.7.55)
ⓧ Susan? ——————————————

George Walker Bush (1946-)
ⓧ 5.11.77 Laura Welch (1946-) ——————

John Ellis (Jeb) Bush (1953-)
ⓧ 23.2.74 Columba Garnica Gallo (1953-) ——

Neil Mallon Bush (1955-)
ⓧ 6.7.80 (divorciado 28/4/03) ——
Sharon L. Smith (1952-) [1.ª mujer]
   ⓧ 6.3.04 Maria Andrews [2.ª mujer] ——

Marvin Pierce Bush (1956-)
ⓧ 13.6.81Margaret Molster (1959-) ————

Dorothy Walker Bush (1959-)
ⓧ 1.9.82 (divorciada 1990) ——
William LeBlond [1.er marido]
   ⓧ 27.6.92 Robert Koch (1960-) [2.º marido] ——

Nancy Walker Ellis
ⓧ Tom Black ——————————

Alexander Ellis III
ⓧ Robin Rand ——————————

John Prescott Ellis (1953-)
ⓧ (divorciado) Joan Kenyon [1.ª mujer]
   ⓧ Susan Smith Ellis [2.ª mujer] ——

Josiah Wear Ellis
ⓧ Joan Coming Woodworth

Jonathan James Bush Jr. (1969-)
ⓧ Sarah? ——

William Hall Bush (1971-)
ⓧ Sydney? ——————————

William Prescott Bush (1964-)
ⓧ Lindsay Whitaker——————

Jeremy House (1954-)
ⓧ [?]

Tracy House (1960-)
ⓧ Christopher Cannon ——————

Hillary House (1964-)
ⓧ Charles Sanford III

S. P. B. House Jr.
ⓧ Sharon?

Timothy House Jr.
ⓧ Anne Carey

Anne Clement (1946-)
ⓧ Charles T. Haddad (1934-) ——————

Mary Clement (1949-)
ⓧ John E. Stein ——

Pamela Bush Clement (1954-)
ⓧ Angelo John Ianello (1953-)

Stuart H. Clement III (1958-)
ⓧ Kelly Carroll——————————————

Elizabeth Nadeau (1978-)
Kate Nadeau (1980-)
(gemelos) William Nadeau y
Prescott Nadeau (1988-)

Sarah Bush (1983-)
Sam Bush (1985-)

(gemelas) Barbara Pierce Bush y
Jenna Welch Bush (1981-)

George Prescott Bush (1976-)
Noelle Lucilla Bush (1977-)
John Ellis Bush Jr. (1983-)

Lauren Pierce Bush (1984-)
Pierce Mallon Bush (1986-)
Ashley Walker Bush (1989-)

Elizabeth Andrews (hijastra)
Pace Andrews (hijastra)
Thomas Andrews (hijastro)

Marshall Lloyd Bush (adoptada) 1986
Charles Walker Bush (adoptado) 1989

Samuel Bush LeBlond (1984-)
Nancy Ellis LeBlond (1986-)

Robert David Koch (1993-)
Georgia Grace (GiGi) Koch (1996-)

Sophie Ellis Black

Alexander Ellis IV (1979-)
Christopher Ellis (1982-)
Walker Bush Ellis (1985-)

dos hijos

tres hijos

Josephine Bush
Mary Bradley Bush

Katherine Bush
Alexander Bush

Jillian Cannon (1986-)
Dylan Cannon (1989-)

Tanya Clement Haddad
Jennifer Anne Haddad
Toullo[?] Haddad
Ghassan Haddad
Elizabeth Victoria Haddad

John E. Stein Jr. (1968-) (de un matrimonio
   anterior de John)
Peter Russell Clement Stein (1977-)
Anne Clement Stein (1979-)

Molly Kathleen Clement (1992-)

* (Esta línea continúa en la página siguiente.)

Charles S.C. Clement (1968-)
⚭ Kristen Wedgewood Julian

Harmony Clement (1946-)
⚭ Steven Sporgberg ————————————————————————— Harmony Sporgberg (1975-)

Margaret Clement
⚭ Edward Green (divorciado)

Samuel Prescott Clement
⚭ Barbara Tutoff

Margaret Estabrook
⚭ Pieter Stienstra ————————————————————— ┌ Nicholas Stienstra (1980?-)
                                                     └ Peter Stienstra (1991-)

Amy Estabrook
⚭ Philip Ross ————————————————————————— ┌ Benjamin Ross (1989?-)
                                                    └ Chelsea Bush Ross (1991-)

Lucy Cole
⚭ Michael Carney

Wallace Cole III
⚭ Alice Cole ————————————————————————— ┌ Hadyn Cole (1986-)
                                                    └ William Cole (1987-)

Lois Kieffer Calhoun
⚭ James Dwinell IV ————————————————————————— al menos una hija, Jean Baker Dwinell

Mary Holden
⚭ Jean-Luc Ayach (divorciado) ———————————— ┌ Raphaelle Ayach (1986-)
                                                    └ Nichole Ayach (1988-)

George Holden
⚭ Anne Cameron ————————————————————————— ┌ Margaret C. Holden (1987-)
                                                    └ John Holden (1990-)

Reuben Andrus Holden V
⚭ Pamela

Mary Elizabeth Walker (1956-)
⚭ 18.8.81 ————————————————————————— ┌ Maximilian Bunzel (1981-)
Jeffrey Bunzel (1956-)                                ├ Theodore Bunzel (1986-)
                                                    └ Eli Walker Bunzel (1991-)

Wendy Walker (1958-)
⚭ 12.9.87
Bruce Cleveland [1.er marido]

    ⚭ 21.8.91 Robert Emmet Cleary [2.º marido]

Isabelle Walker (1960-)
⚭ Bruce Klein ————————————————————————— tres hijos

Christopher T. Walker (1955-)
⚭ Martha

Scott Holden Walker (1956-)
⚭ Louise ————————————————————————— al menos un hijo, nacido en 1990, nombre
                                                    desconocido

Daniel C. Walker (1960?-)
⚭ Leslie ————————————————————————— ┌ Timothy Walker (1987-)
                                                    └ Hannah Walker (1988-)

David E. Walker (1961?-)
⚭ Cary

Sharon Rafferty (1943-)
⚭ John Patterson ————————————————————————— ┌ Rockwell Patterson
                                                    └ Meaghan Patterson

Margaret Pierce
⚭ Peters? ————————————————————————— ┌ Jill Peters
                                                    ├ Molly Peters
                                                    └ Jonathan Peters

James R. Pierce Jr.
⚭ Dabney? ————————————————————————— al menos una hija, Barbara

Kent Pierce
⚭ Kristen?

# Nota de la autora

En mi opinión, las personas que más admiramos en Estados Unidos son las más influyentes en nuestro país, así que esas vidas son las que he decidido investigar. Entre mis protagonistas se han incluido Jacqueline Kennedy Onassis, Elizabeth Taylor, Frank Sinatra, Nancy Reagan, la monarquía británica y, en esta ocasión, la familia Bush. No eran simples personajes públicos que casualmente fueran celebridades. Cuando escribí sobre ellos eran todos iconos vivientes que, para bien o para mal, han influido de forma sustancial en nuestra cultura. Deseo incidir en el adjetivo «viviente» porque soy partidaria de escribir sobre personas que están vivas y que son bastante capaces de defenderse. Los difuntos no pueden recurrir las revelaciones implacables de un biógrafo. Esta obra, por la naturaleza de su alcance y de su perspectiva histórica, difiere un poco de esa fórmula. Prescott Bush, germen de la dinastía Bush, es, por supuesto, un personaje fundamental de este libro. Sin embargo, se pretende que los protagonistas sean su hijo y su nieto, George H. W. y George W., porque ellos han superado con mucho a Prescott en trascendencia política e histórica.

Los personajes contemporáneos sin excepción cuya vida he decidido describir se han mostrado reticentes y se han negado a colaborar, y en todos los casos me he topado con renuencia a la hora de intentar ir más allá de la imagen pública para descubrir la otra cara del mito. Como biografías no autorizadas, mis libros han sido controvertidos y han hecho saltar chispas, incluso han provocado litigios en alguna ocasión, pero jamás he perdido un juicio. Antes de su publicación, todos los libros son sometidos a investigación por varios grupos de abogados; los hechos y las fuentes se contrastan y se vuelven a contrastar, y están todo lo documentados que podrían estar. Si mis fuentes no merecen el visto bueno de los cerebros legales y editoriales que realizan el escrutinio de mi manuscrito, sus revelaciones no se incluyen en el texto definitivo.

No obstante, sin pretenderlo, me he convertido en la niña mimada del Colegio de Abogados de Estados Unidos. En 1984, cuando todavía no había escrito ni una sola palabra de su biografía, Frank Sinatra me demandó. Adujo que solo él o alguien autorizado por él podía escribir sobre su vida. Después de un año, retiró la demanda y mi libro se publicó en 1986. Cuando mi biografía de Nancy Reagan se publicó en 1991, el abogado de Sinatra, Mickey Rudin, puso una demanda porque lo había mencionado como fuente y se oponía a que le agradeciera su ayuda, que en realidad había aportado. Fue a juicio y perdió; presentó un recurso de apelación y llevó su caso hasta el Noveno Circuito del Tribunal de Apelación, la corte de casación con jurisdicción en varios estados, antes de volver a perder. En 1997, mi libro sobre la familia real británica se tradujo a veintidós lenguas extranjeras, aunque se consideró demasiado explosivo para ser publicado en inglés en Reino Unido.

Al escribir cada uno de mis libros, me he topado con cierta indecisión por parte de las posibles fuentes, porque, como es lógico, se muestran reacias a hablar sobre personas poderosas, ya sea por miedo a las represalias o por miedo al ostracismo social. El grado de inquietud que aprecié al escribir este libro no tenía precedentes, aunque tal vez sea algo inevitable al escribir sobre un presidente en funciones cuya familia tiene grandes influencias. Fueron muchos los que se negaron a contar las historias de forma oficial y, pese a lo reacia que soy a no citar los nombres de mis fuentes, en algunos casos no tuve alternativa. Muchas personas que conocían a la familia Bush, amigos, antiguos empleados, compañeros de clase y socios comerciales, e incluso un par de miembros de la familia, se mostraron asustadizos a la hora de hablar con nombre propio. Escuché un inagotable torrente de excusas y disculpas, algunas cómicas y otras desconcertantes: «No conoce a esa familia, si creen que he hablado con usted, no me volverán a dirigir la palabra. Esta ciudad es muy pequeña para irritar a la familia Bush». «Quiero llegar a conocer a mis nietos.» Un hombre dijo:

—No puede utilizar mi nombre. Vendrán a por mí. Los Bush son unos matones.

—¿Unos matones? Debe de estar de guasa —comenté.

—Mire lo que hicieron en Florida con el recuento de votos de 2000 —respondió él, y luego me contó con todo detalle la acción llevada a cabo por los activistas republicanos, la «Protesta de los Brooks Brothers», que ayudó a paralizar las votaciones en Miami atacando a la junta electoral. Para probar lo que decía, el hombre me envió información donde se demostraba que muchos de los alborotadores con trajes de raya diplomática habían sido pagados por el comité de recuento de votos de los Bush.

El ejemplo más triste de miedo que infunde la familia Bush está relacionado con una familia judía cuyo hijo fue martirizado por George W. Bush cuando ambos jóvenes estudiaban en Andover. Todavía cuarenta años después la familia temía rememorar el incidente y ser identificados. El colegio universitario no adoptó medidas disciplinarias. En aquella época, George Herbert Walker Bush era una venerada leyenda en el campus. El mayor de los Bush entró a formar parte de la junta de accionistas de Andover en 1963 y perteneció a ella hasta 1979, lo que protegió a sus hijos menores de la expulsión cuando también ellos violaron las normas de la institución. A Jeb Bush lo pillaron bebiendo y Marvin Bush consumía drogas, pero a diferencia de otros estudiantes en la misma situación, los Bush no fueron expulsados.

Al escribir biografías contemporáneas me he acostumbrado a tratar con individuos reacios a que se describa su vida sin poder tener control sobre el contenido, pero los Bush, personajes públicos durante más de cincuenta años, han sido, con mucho, los más renuentes. La familia está obsesionada con el secretismo y tiene un potencial ilimitado para las represalias. En consecuencia, algunas personas temían ser mencionadas por miedo a perder el trabajo, a recibir una inspección del fisco, o a algo peor. Y no era miedo solo a George W. Bush, el cuadragésimo tercer presidente de Estados Unidos, sino a su padre, que hizo todo lo que estuvo en su mano para cerrar cada una de las puertas que yo abría.

El 6 de noviembre de 2002 escribí una carta de cortesía al antiguo presidente. En ella decía que había firmado un contrato para escribir una retrospectiva histórica de su familia y que agradecería que me concediera una entrevista, así como la oportunidad de verificar ciertos hechos. Famoso por una vida de escritura epistolar, George H. W. ignoró mi misiva. Lo que hizo fue ordenar a su asesora personal, Jean Becker, que llamase a Stephen Rubin, el editor de Doubleday. Ella lo hizo el 11 de noviembre de 2002: «El presidente Bush me ha pedido que le comunique que ni él ni su familia van a cooperar en la elaboración del libro porque la autora escribió una biografía de Nancy Reagan que disgustó a la antigua primera dama».

La excusa del presidente fue, por decirlo delicadamente, de todo menos ocurrente. En relación con Bush padre, cuadragésimo primer presidente de Estados Unidos, la única parte desafortunada del libro era la anécdota relatada por Nancy Reagan sobre él y su «novia». Barbara Bush estaba tan enfadada por la revelación de la señora Reagan que le ordenó a Roger Kennedy, el entonces director del Museo Nacional de Historia de Estados Unidos, que retirase un expositor dedicado a mis libros sobre Jacqueline Kennedy Onassis y Nancy Reagan que formaba parte de la exposición del Smithsonian sobre las primeras damas. El señor Kennedy humilló la cabeza ante la señora Bush y el expositor se retiró. Tres meses después de la publicación del libro de Reagan, George Herbert Walker Bush se convirtió en presidente de Estados Unidos. Él también expresó su disgusto conmigo en su diario, que publicó en *All the Best George Bush: My Life in Letters and Other Writings*. Bush escribió lo siguiente el 25 de julio de 1991:

¿Alguna vez has tenido uno de esos días en los que no te va precisamente de maravilla? ¿Uno de esos días en los que sería mejor olvidarlo todo? Oh, sí, el presidente de la Paramount, dueño de una las grandes editoriales, ha llamado para decir que Kitty Kelley quiere escribir un libro o sobre la familia Bush o sobre la familia real y ha colgado. Genial, un libro de Kitty Kelley con todo lo que tengo en la cabeza … No me la imagino escribiendo algo agradable.

A propósito, jamás me propuse escribir ningún libro sobre la familia Bush hasta que se anunció el fallo del Tribunal Supremo en el año 2000, cuando se convirtieron en una dinastía política estadounidense, una de las dos únicas familias en la historia que ha tenido a un padre y a un hijo en la Casa Blanca. De pronto, por decreto, se habían vuelto interesantes.

Después de cuatro años de investigación para este libro y de haber entrevistado a casi mil personas, ahora entiendo por qué el antiguo presidente no cooperó: hay muchos secretos de familia que quiere encubrir. Desde el principio puso todo tipo de cortapisas. En Andover, el colegio secundario privado en que estudió, se negaron a proporcionar cualquier foto relacionada con Bush para este libro, aunque otros muchos autores no han tenido ningún problema en obtener los derechos de las fotos de sus años de estudio. El antiguo presidente puso sobre aviso a sus familiares y amigos, y la Biblioteca Presidencial George Bush dejó de responder a la más simple de las preguntas sobre referencias.

Cuando le escribí al primo del antiguo presidente, George Herbert «Bert» Walker III, a San Luis, el señor Walker me llamó de inmediato. «Sería un verdadero placer conocerla —dijo el 4 de noviembre de 2002— y hablar con usted sobre la familia. Le enseñaré la casa donde la tía Dotty creció y conoció al tío Pres Bush … Estaré aquí durante toda su estancia, así que llámeme en cuanto llegue a San Luis.»

Hice la reserva del vuelo, pero, al día siguiente quedó claro que le habían dicho al señor Walker que no cooperase. Me llamó su secretaria: «Lo siento, pero el señor Walker ha sido requerido de forma inesperada fuera de la ciudad y no podrá estar disponible durante su visita». Viajé a San Luis de todas formas y pasé varios días realizando la investigación en esa encantadora ciudad. Incluso hice una parada en Stifel, Nicolaus and Company, de cuya junta George H. Walker III es el presidente. No me sorprendió que se encontrase en la ciudad cuando yo llegué, pero «reunido todo el día». Unos pocos meses después, el presidente Bush, George W., nombró a Walker, su primo segundo, embajador estadounidense en Hungría.

El hermano de Bert, Ray Walker, bromeó conmigo en esa época: «Bert tuvo que rellenar toda clase de papeles, incluyendo informes sobre sus hijos y hermanos, y para quién habían sido sus contribuciones políticas. Yo estaba a punto de hacer una donación para la campaña de internet de Ramsey Clark para "el *impeachment* del presidente", pero… me contuve… por el bien de Bert».

Como psiquiatra experto, Ray Walker reconocía la obsesión de la familia por el secretismo. «Tienen mucho que ocultar —declaró durante una entrevista realizada el 28 de mayo de 2003—. Secretos que ni siquiera conocen … Cuando yo estaba en tratamiento, me costó todo un año contar mi historia desde mis abuelos hasta llegar a un momento próximo a la época actual de mi vida.»

Durante el primer momento de su mandato, el presidente George W. Bush actuó para asegurarse de que los secretos personales, económicos y políticos de la familia, sobre todo los suyos y los de su padre, permanecieran ocultos para siempre. Después de depositar sus informes como gobernador de Texas en la Biblioteca Presidencial de su padre, Bush firmó una orden ejecutiva el 1 de noviembre de 2001 que blinda la publicación de todo documento presidencial. Hasta entonces, los Archivos Nacionales habían controlado el destino de los documentos de la Casa Blanca, que automáticamente se publicaban pasados doce años. Según las nuevas normas de Bush, ahora los presidentes tienen el derecho de impedir que la opinión pública vea jamás sus documentos, incluso después de su muerte. A menos que la orden ejecutiva de Bush se contravenga con éxito por vía judicial, esta podrá enterrar los secretos de la implicación directa de su padre en el escándalo Irán-Contra, así como su propia complicidad en la proclamación de guerra a Irak.

En el pasado, la familia Bush ha conseguido protegerse de un escrutinio intenso de sus secretos concediendo un acceso limitado a un reducido grupo de periodistas. Ahora que la familia se ha convertido en una dinastía política, los riesgos de quedar expuestos son mucho mayores, y el antiguo presidente está más al tanto que nunca. Incluso con los autores de mayor confianza puede mostrarse quejoso. Ordenó a su ayudante personal, Jean Becker, que reprendiese a los escritores conservadores Peter y Rochelle Schweizer después de la publicación de su libro, autorizado y altamente favorable, *The Bushes*, en abril de 2004:

> Les escribo esta nota a petición del presidente Bush, cuadragésimo primer presidente de Estados Unidos. Ha terminado de leer su libro y está muy disgustado. Por desgracia, su libro está lleno de errores en los hechos, de indirectas y conclusiones erróneas extraídas de habladurías.
>
> Por ejemplo, ustedes afirmaron lo siguiente en una nota de prensa, y cito: «George H. W. Bush se oponía al plan de su hijo de atacar Irak». La verdad es que, desde el primer día, el presidente Bush, cuadragésimo primer presidente, ha apoyado sin ningún tipo de reservas al presidente [su hijo] en su decisión sobre la guerra de Irak. No tenía reservas de ningún tipo.

Como muchas respuestas de Bush ante la crítica, esta resultó ser falsa. En el libro que escribieron George Herbert Walker Bush y Brent Scowcroft, *A World Transformed*, detallaban el «incalculable coste humano y político» de la ocupación de Irak. Además, en abril de 2003, después de que su hijo hubiera conducido al país a la guerra contra Irak, el antiguo presidente estuvo tratando el asunto con su amigo Scowcroft. Los socios de la empresa de consultoría Scowcroft Group recuerdan a ambos hombres lamentándose de las acciones del hijo, diciendo que George W. Bush «estaba acabando con toda una vida de trabajo».

Mientras escribía este libro, hubo otros obstáculos además de la reticencia general a hablar y la resistencia de la familia Bush. Cuando empecé a profundizar en busca de información, me encontré con un incontable número de informes perdidos, archivos traspapelados y registros que habían sido destruidos por el fuego de forma misteriosa después de años de existencia. Documentos como informes sobre quiebras han desaparecido inexplicablemente de los archivos del tribunal federal. Otros informes relativos a los negocios de Bush, que deberían ser de dominio público, han desaparecido. Entregué catorce peticiones amparándome en la Ley de

Libertad de Información (FOIA) y fueron rechazadas en su mayoría desde un principio. No todas las agencias gubernamentales se mostraron recalcitrantes, pero la mayoría salían con evasivas. Me denegaron una petición amparada en la FOIA enviada al Departamento de Estado para obtener un certificado de defunción de un pariente de Bush. Solicité una clarificación de la política del Departamento de Estado, tal como sugieren las instrucciones de su página web. El documento fue entregado por fin sin explicación alguna sobre la denegación inicial. En una ocasión tuve que contratar un abogado para apelar una negativa del FBI. Así se desarrolló el proceso.

El 18 de septiembre de 2001, rellené una solicitud de la FOIA sobre James Smith Bush (1901-1978), oveja negra de la familia y tío de George Herbert Walker Bush. El FBI afirmó que no tenían archivos sobre él. Presenté un recurso, pues me constaba que James había sido objeto de una inspección del FBI por su nombramiento para el Banco de Exportación-Importación en 1959 y su confirmación en el cargo en 1961. Cuatro meses después, el 14 de enero de 2002, los abogados del Departamento de Justicia remitieron de nuevo mi solicitud al FBI, que en ese momento logró encontrar los informes que en un principio declaró no tener. Seis meses más tarde, el 24 de julio de 2002, me informaron de que los datos tenían que tramitarse y enviarse a la Oficina de Asuntos Públicos y del Congreso del FBI para prepararlos junto con un «memorando detallado». Se justificó este trámite diciendo que se trataba de un procedimiento administrativo para informar de la publicación del material a los personajes públicos, en este caso Bush cuadragésimo primer presidente y Bush cuadragésimo tercero. Pasaron otros seis meses durante los cuales el FBI no me devolvía las llamadas en las que les solicitaba información. Al final, el 19 de febrero de 2003, contraté a un abogado para presentar un recurso por demora. Cuando el FBI recibió la carta del abogado, me entregó la información. Por aquel entonces, ya me había costado dos años, diecisiete cartas, cuarenta y dos llamadas telefónicas y un abogado hacerme con la información sobre un hombre que llevaba muerto veinticinco años. La familia Bush ha conseguido blindar sus

secretos porque ha contado con la colaboración en muchos casos de los burócratas nombrados por Bush.

No toda la información supuso una dura lucha, pero el ejemplo anterior ilustra la resistencia con la que tuve que lidiar al intentar encajar diversas piezas del rompecabezas familiar. Los Bush
están tan volcados en la tarea de proteger su imagen pública que
han manipulado a golpe de brochazo su árbol genealógico. Cualquier hecho desagradable que vaya en detrimento del atractivo
general de la familia o que afecte de forma negativa a sus valores
ha sido borrado del mapa. Los historiadores no pueden fiarse de los
archivos sobre la familia Bush-Walker publicados por la Biblioteca Presidencial George Bush. Sencillamente, hay demasiados errores y omisiones, algunos de los cuales son intencionados. El árbol
oficial de la familia aportado por los archiveros de los Bush no
incluye a las dos hijas retrasadas mentales de John M. Walker, e incluye en la lista solo a dos de las esposas de James Smith, no a las
cuatro que tuvo; una de las dos esposas de Ray Walker fue omiti-
da, y George Herbert Walker III solo aparece unido a dos mujeres,
en lugar de las tres que tuvo. Pueden parecer detalles triviales hasta
que se sabe que en la familia Bush, el divorcio, sobre todo si se ha
tenido más de uno, es considerado un anatema.

Sharon Bush, la ex mujer de Neil Bush, sacó esta cuestión a
colación cuando me preguntó si podía comer con ella en Nueva
York. Quedamos en encontrarnos el 1 de abril de 2003 en un restaurante tranquilo. Cuando llegué, el Chelsea Bistro de la calle
Veintitrés Oeste estaba vacío. Unos minutos después, Sharon entró
correteando; era una diminuta mujer rubia metida en un abrigo
de visón y calzada con chinelas de tacón. Abrazaba su abrigo de
pieles.

—Mi suegra odia que me ponga esto. Dice que la gente creerá
que somos ricos.

—¡Dios nos libre! —comenté riendo.

Sharon iba acompañada por Lou Colasuonno, socio de Westhill
Partners. Como antiguo periodista, este publicista experto estaba
decidido a ayudar a una clienta angustiada. Sharon dijo que la familia Bush la había repudiado y que un par de abogados de Houston se encargaban de su divorcio. Ella amenazaba con hacer públi-

cos los secretos de la familia. Durante una larga comida ese día y una conversación telefónica más adelante, y de nuevo al día siguiente, Sharon descargó su rabia por «haber sido obligada» a divorciarse del cuarto hijo de George y Barbara Bush. Sharon reconoció más tarde que se había casado con el alfeñique de la camada.

—Neil me informó por correo electrónico de que me iba a dejar —dijo—. Por correo electrónico, ¡después de veintitrés años de matrimonio y tres hijos! Tiene un lío con una mujer que trabajaba para Bar … los Bush supieron de la relación antes que yo. Incluso invitaron a la mujer a su casa … ¡Favorecieron el adulterio de su propio hijo! … ¿Qué clase de valores familiares son esos?

Se le llenaron los ojos de lágrimas.

—Lo he intentado todo para que mi matrimonio no se rompa. Le he rogado a Bar que le diga a Neil que vuelva a casa con nosotros. Me he venido abajo delante de ella: «¿Puedes decirle que vuelva con nosotros, por favor? Lo necesitamos. Somos una familia. Por favor, ayúdame». Bar se ha mostrado fría como un témpano. Me contestó: «Lo siento, Sharon. No puedo hacer nada. Esto es algo entre Neilsie y tú». Así lo llaman ella y George, Neilsie. Él habría vuelto con nosotros si ella se lo hubiera pedido. Hace todo lo que ella quiere. Bar es la que ordena y manda. Es mucho más fuerte que mi suegro. Mucho más. La verdad es que él es un tipo bastante débil … Pero Bar no va a ayudarme.

»Cualquiera pensaría que con todas las infidelidades que ha tenido que soportar en su propio matrimonio sería más comprensiva conmigo … pero no lo es. Me odia porque he dejado que mi hija, Lauren, sea modelo. Bar se enojó mucho conmigo. En su opinión, fue una equivocación. Dijo que no estaba bien visto. Que era demasiado deslumbrante, demasiado glamuroso, para la imagen de los valores familiares que se supone que los Bush deben representar.

Sharon desveló una sórdida historia sobre los hombres de la familia Bush y las desgraciadas mujeres que se casaron con ellos. Si se cree el testimonio de Sharon, las transgresiones incluían: la costumbre de su marido de requerir los servicios de prostitutas durante sus viajes a Asia, la enfermedad de transmisión sexual que contrajo, las relaciones extramatrimoniales de Jeb Bush, y el consumo de drogas de sus otros cuñados, incluido el presidente de Estados Unidos. Sobre George W. dijo: «Marvin y él esnifaron coca en Camp David cuando su padre era presidente y no solo una vez. Es una familia de alcohólicos, drogadictos e incluso esquizofrénicos».

Retomaba una y otra vez el tema del papel que desempeñaban sus ricos y poderosos suegros, quienes, en su opinión, la estaban obligando a rogar por su vida.

—Sé que usted cree que los Bush son una buena familia, que creen en Dios y en todas sus enseñanzas ... Antes yo también lo creía, pero ahora sé que no predican con el ejemplo ... Están dejando que Neil me pase solo mil dólares de pensión al mes. Me están obligando a vender la casa. No tengo medios para mantenerme. Dejé de trabajar [de maestra de escuela] cuando me casé con Neil [1980] porque se supone que las esposas de los Bush no deben trabajar ... se supone que deben criar a los niños y realizar trabajos de voluntariado, y yo lo hice ... Crié a tres niños y participé en las actividades de todas las comunidades en las que he vivido con Neil. A eso he dedicado mi vida entera. He trabajado para la caridad todos los años de mi matrimonio ... ¿Y ahora qué hago? Cuando le pregunté cómo se supone que iba a vivir con mil dólares al mes, Neil me respondió: «Vuelve a casarte». Pero, Kitty, no puedo vender mi cuerpo por dinero.

Sharon lloraba mientras me contaba entre sollozos que tendría que mudarse de su casa.

—Mi suegro quiere que deje Houston ... Dijo que sería más feliz en otro lugar, pero que si insisto en quedarme, me comprará una casa más pequeña para que pueda esperar mientras mi hija menor, Ashley, va al instituto. Luego tendré que vender la casa y darle a él el dinero.

La idea de llevar una vida de estrechez económica con cupones de descuento del supermercado hizo que aflorasen más lágrimas. La vida como nuera de los Bush había mimado a Sharon con veraneos en Kennebunkport y cruceros por las islas griegas en el yate de un amigo de la familia Bush. Cuando visitaba la ciudad de Nueva York se alojaba en el ático del afamado *pitcher* de los Yankees Roger Clemens. Se relacionaba con Veronica Hearst, la viuda del poderoso editor y político William Randolph Hearst. Tenía el número del famoso predicador evangelista Billy Graham en el marcador automático del teléfono.

Cuando el divorcio fue definitivo y Neil Bush volvió a casarse en marzo de 2004, Sharon había conseguido salvar su casa y aumentar la pensión a dos mil quinientos dólares al mes, pero perdió la posición social de ser la nuera del antiguo presidente. Seguramente se convertirá en una de las esposas más invisibles del árbol genealógico de la familia, ya no será una nota al pie de la historia. Ha aprendido a las malas que no hay sitio para una divorciada en la dinastía familiar de los Bush.

Yo también aprendí una lección al escribir sobre esta familia. Algunos días me sentía como Alicia en el País de las Maravillas, porque lo que descubría parecía del todo irreal y no cuadraba con la imagen tradicional. Empecé a cuestionarme la situación, a preguntarme cómo podía ser cierto todo aquello. Veía a algunas personas encogerse de miedo y a otras sometidas al maleficio del poder, la riqueza y la influencia de la familia. Luego recordé la frase dicha por el actor Melvyn Douglas en la película *Hud, el más salvaje entre mil* sobre el cautivador poder de un personaje público: «El país cambia poco a poco mirando a los hombres que admiramos».

Estados Unidos ha cambiado bastante desde que empecé a escribir este libro, y seguirá cambiando como resultado de las dos presidencias de los Bush. Espero que el resultado de las investigaciones que aparecen en estas páginas aporte al lector las verdades esenciales que motivan, explican y definen la existencia de la familia como la dinastía política de Estados Unidos responsable de estos cambios.

# 1

Flora Sheldon Bush estaba que echaba chispas. Se suponía que su hijo de trece años, Prescott, tenía que haber pasado el mes de agosto de 1908 en un centro vacacional de deportes con un compañero de clase y su familia. El marido de Flora, Samuel Prescott Bush, había enviado allí al chico a jugar al tenis, mientras Flora, sus dos hijas, Mary y Margaret, su hijo pequeño, Jim, la madre de Samuel, Harriet, y la niñera de la familia estaban pasando el mes en el hotel East Bay Lodge en Osterville, Massachusetts. No obstante, Prescott había sido enviado de forma repentina a casa por la madre de su amigo, la señora Dods. La regia suegra de Flora, Harriet Fay Bush, la conminó a pedir una explicación y una disculpa a la señora Dods, pero Flora, cuyos instintos sociales eran certeros en estas cuestiones, se contuvo. «No estoy lista para esto —le escribió a su marido—. Creo que tal vez reciba noticias de la señora D., y si es así, debes enviar la carta … porque jamás me ha ocurrido nada más indignante que el hecho de que haya echado de forma tan sumaria a Prescott.» Unos días más tarde, Flora volvía a mencionar su irritación: «Tu madre está bastante convencida de que tengo que escribir a la señora Dods. No me parece muy adecuado. Es lo más ofensivo que jamás he experimentado».

El inesperado cambio de planes de Prescott molestó a su padre, a quien preocupaba que el incidente pudiera haber sido culpa de su hijo. De ser así, podría afectar a su admisión en la escuela preparatoria St. George's en otoño. Sin embargo, después de conocer la versión de su hijo, Flora intentó asegurar a su marido que el joven no era del todo culpable:

> Siento que estés disgustado con Prescott y aun así no me extraña. Por supuesto que el chico está en sus años mozos. Y algunas veces me invade un gran miedo al enviarlo a estudiar fuera, aunque siento a la vez que la disciplina estricta puede ser justo lo que le haga falta. Se alegró de volver con nosotros, pero echa de menos el deporte en Osterville. Aquí no hay canchas de tenis, solo las mediocres pistas de hierba. Prescott dice que si hubiera clubes, jugaría al golf.

Al final, la cuestión de la marcha de Prescott se esclareció cuando Samuel envió un telegrama a Flora diciendo que, en efecto, la maligna señora Dods había escrito para explicarse. Samuel envió la carta desde Ohio, y Flora casi se sintió aliviada al saber que la señora Dods había caído enferma en New Jersey:

> Era la única excusa que podría haber aceptado —escribió—. Su carta fue todo lo satisfactoria que podía ser, aunque no justifico sus prisas, al menos puedo entender la ansiedad con que se deshizo de la compañía del joven, puesto que las casas de veraneo no son hospitales lo suficientemente silenciosos, necesarios en caso de enfermedad.

Pasados unos días, Prescott recibió sus palos de golf. Y Samuel se sentía en cierta forma reconfortado tras recibir una carta de su madre, a la sazón de setenta y nueve años, en la que se ensalzaba al adolescente, aunque con ciertas reservas:

> Me he quedado muy impresionada con la apariencia de Prescott y sus modales, pues, al salir del coche, vino a hablar conmigo. Es guapo y tiene un buen cuerpo para [ilegible] crecimiento. Confío en que pronto llegará el día en que, si se me permite usar la expresión, se libre del pernicioso hábito de hacer el tonto. Si no hubiera visto las consecuencias en la familia de la tía Virginia, tal vez no tendría sentido estar tan tensa, pero si estáis tú y Flora para vigilarlo y con la disciplina uniformada de una escuela preparatoria, él mismo verá las desventajas de ese hábito. Con esas costumbres

puede hacer buenas migas con los muchachos, pero se enfrentará a los profesores, puesto que también sé por experiencia personal que no se puede hacer mucho más … que protegerlo hasta que sea lo bastante inteligente como para controlarse.

La abuela Bush tuvo más visión de lo que podría haber imaginado jamás. El «pernicioso hábito de hacer el tonto» de su nieto sería algo que lo acompañaría en su vida durante muchos años. En algunas ocasiones, el resultado era cómico; en otras, tendría graves consecuencias.

Era sencillo, no se podía reprimir a Prescott. Poseía todos los preciados dones de un hijo primogénito, mimado y venerado por sus padres. Había heredado el sentido del humor, el halo teatral y la sociabilidad de su madre, mientras que lucía la altura, la belleza y la grácil complexión atlética de su padre. El sorprendente efecto en las damas de su «maravilloso hijo» no pasaba desapercibido a Flora.

> He tenido una nueva experiencia —escribió a su marido—, me refiero a la devoción que sienten las chicas de dieciocho y diecinueve años por Prescott. Está pasando una época maravillosa en la que se dedica a bailar, nadar, pasear o correr con ellas. Prescott y uno o dos chicos más un poco mayores son los únicos muchachos del lugar, te puedes imaginar su popularidad. Me alegraré de alejarlo de las chicas. Es muy amable conmigo, de hecho con todos nosotros, pero, por supuesto, el hecho de estar tan solicitado durante tanto tiempo puede volverlo loco.

Ni los esfuerzos de su abuela pudieron retenerlo y eso que era alguien a quien debía tener en cuenta. Harriet Fay Bush era viuda hacía ya diecinueve años cuando escribió una nota analizando a Prescott. Nació en Savannah, Georgia, en el seno de un hogar de ilustres antepasados que abonaron el árbol genealógico con lazos que les unían a la familia real británica. En algunas ocasiones, la señora Bush podía ser tan ceremoniosa como la mismísima reina Victoria, pero a Flora le encantaba su suegra y le preocupaba la fragilidad de la anciana: «Me pregunto cómo lo aguanta todo —escribió Flora—. ¡Ha vivido una época tan desdichada!, la gente la cansa y la molesta tanto que en muchas ocasiones he tenido la sensación de que era demasiado para ella».

Flora no tenía que haberse preocupado. Detrás de ese abanico de plumas de cisne se agitaba una magnolia de acero que sobreviviría a sus familiares, incluyendo a su nuera. Tan inquebrantable como la legendaria enredadera kudzu de Georgia, Harriet Fay vivió hasta los noventa y cuatro años.

Durante el verano de 1908, los Bush estaban terminando una casa de estilo colonial de dos plantas y buhardilla en Roxbury Road, con vistas al acantilado de Marble Cliff en Columbus, Ohio. Habían comprado un solar de una hectárea por 12.500 dólares el año anterior y sus cartas estaban plagadas de detalles sobre las ventanas con siete salientes, las cinco habitaciones con buhardilla, la sala de baile en el piso de arriba, la despensa forrada de madera de cedro y el porche entoldado encima del solario de la planta baja.

«Todavía recuerdo aquella casa, y ya tengo noventa y cinco años —recordaba Indiana Earl en 2001—. No cabe duda de que le iba como anillo al dedo como vivienda a Samuel Bush porque era extremadamente rico y muy respetado por la comunidad. La enorme casa blanca de los Bush estaba en la cima de una colina mirando a una cantera de mármol, justo en la calle de enfrente del castillo de Sylvio Caspari. El señor Bush era acaudalado, pero no tan rico como el viejo señor Caspari, que era dueño de las canteras de mármol Marble Cliff Quarries.»

Como hija de un importante comerciante de artículos de confección, Flora sabía cómo llevar una casa elegante y se sintió encantada cuando su marido, el presidente de la Buckeye Steel Castings Company y uno de los fundadores del club de campo Scioto de Columbus, compró un terreno en Grandview Heights, cerca del lugar en que sus hermanos y hermanas estaban construyendo sus enormes casas. Flora vio los planos arquitectónicos de la nueva vivienda y contribuyó a los detalles que implicaban pagar a diversos comerciantes. «Esta factura de Sargents es un horror —escribió—. Sin duda, cambiar esos cristales es bastante caro.» Sus cartas rebosaban de ansiedad por ver la construcción acabada a tiempo para que su familia se trasladase en otoño. «Estaremos todos juntos y seremos muy felices», escribió en una de sus anotaciones.

En una época anterior a modernidades como las lavadoras y las secadoras, Flora expresó su preocupación por tener un sótano adecuado que fuera «limpio y agradable, y que hiciera las funciones de excelente habitación donde tender la colada». Cedió ante el amor de su esposo por las flores y a su deseo de tener un jardín más grande para colocar más plantas, pero insistió a su manera en otros aspectos. «A propósito de la chimenea, tiene que construirse —escribió—. Sin ninguna duda. Estoy dispuesta a ceder en lo del color rojo. Mi única alternativa ha sido un marrón adecuado y si no se puede encontrar, no te quepa duda de que jamás te daré motivo para que te arrepientas del rojo.»

Pese a lo encantada que debía de estar Flora en Cape Cod con sus hijos y lejos de los ruidosos constructores y del calor del verano del Medio Oeste, echaba de menos a su marido de cuarenta y cuatro años, que era conocido por sus amigos íntimos por su segundo nombre. Flora empezaba todas las cartas con cariñosos saludos como «Mi querido Prescott» o «Mi querido niño». Cariñosa sin límites, a la sazón de treinta y seis años, se despedía con expresiones de afecto como «*Adieu*, mi queridísimo niño», «Te quiero, cariño mío, y pienso en ti constantemente», «Te quiero corazón mío. No te sientas muy bien sin mí», «Por favor, añórame un poco, cariño mío».

Tampoco era precisamente tímida al expresar su deseo por el hombre al que ella llamaba «Bushy». En otra carta escribió:

> Me gustaría que estuvieras aquí con migo [*sic*] una semana después de que todo el mundo se haya ido, deberíamos llevar una existencia al estilo de Adán y Eva, bañándonos y paseando. Podríamos pasar un buen rato en lo más puro de la naturaleza ... ¡Es tan poco frecuente considerar a alguien que deseas como amigo! Claro está que es porque en nuestra pareja el otro es muy importante para cada uno. No necesitamos a los demás, sin duda necesito poco cariño porque estoy segura de ti, pero que tú estés conmigo es lo más vital del mundo.

También escribió sobre lo bien que lo pasaba «bañándose», sobre todo en los escasos días en los que se atrevía a quitarse las enaguas, las abrazaderas de barbas de ballena y las medias de rede-cilla. Según decía, un día fue absolutamente perfecto porque «nos metimos sin los faldones ni las medias y la sensación fue delicio-sa». Además, Flora hablaba sin cesar sobre las clases de natación de sus hijos:

> Su evolución es realmente maravillosa. Bucear o tirarse al agua y empezar a nadar de inmediato, eso está bien, daría lo que fuera por tener esa pasión por el agua o más bien la confianza, porque sí que me gusta el agua, pero para no tenerle miedo, no hay nada como la confianza.

Flora parecía bastante preparada para dejar atrás las incomodi-dades decimonónicas de los carruajes y abrazar la nueva invención del automóvil. Tal como escribió a su marido: «Solo hay una forma cómoda de moverse y es en automóvil, es un medio mucho más lim-pio de viajar en esta zona». Ese fue el año en que Henry Ford pre-sentó su modelo T, que se vendía por ochocientos cincuenta dólares.

Pese a la exaltación que sentía por la buena suerte de su vida, Flora no daba nada por sentado, sobre todo después de sufrir un espantoso accidente una mañana:

> Una pelota de béisbol lanzada con una tremenda fuerza, pues la habían bateado a unos quince o veinte metros de distancia, me dio justo en el ojo izquierdo. Caí desmayada pero no tardé en re-cuperar la conciencia; Prescott se puso blanco como la cera, otros me ayudaron, pude volver a caminar y luego hice un par de diligen-cias y otras cosas, pero he tenido un día horrible, porque voy ren-queante a todas partes y tengo la sensación de que mi pobre cabe-za no es mía. Supongo que tendría que haber sido valiente y no escribirte, mi querido niño, pero tenía que contártelo. Me quedo sin respiración cuando me doy cuenta de con qué facilidad podría ha-ber muerto o haberme quedado sin ojo o cualquier otra cosa.

Unos días más tarde escribió: «Vuelvo a tener la cabeza bien como siempre, pero me ha salido un moratón terrible en el ojo, aunque no me duele. No puedo evitar sentirme agradecida cuan-do pienso en que me he librado por bien poco».

En su último día en Osterville, escribió que estaba deseando regresar a Ohio para ver su nueva casa: «Todavía estoy dando las gracias… solo de pensar que podría no haber visto la ventana con saliente si la pelota me hubiera dado casi un centímetro más abajo. Me siento muy agradecida por haberme recuperado del todo».

En el verano de 1908 en Cape Cod, Flora y Samuel llevaban casados catorce años y tenían cuatro hijos vivos. Habían tenido que enfrentarse a la muerte de su segundo hijo, Robert Sheldon Bush, en 1900. El niño tenía tres años y medio cuando contrajo la escarlatina, contra la que luchó durante seis semanas hasta que sus pequeños riñones perdieron la batalla. Fue incinerado y sus cenizas descansan en el cementerio de Forest Home en Milwaukee, Wisconsin, localidad en la que los Bush habían vivido durante dos años. Jamás mencionaron ese pesar en la correspondencia que se conserva. Aunque, en una carta, Samuel hace referencia a «los malos tragos que hay que pasar» y demuestra que basa su vida en el principio bíblico de que la gracia de los seres humanos solo aumenta si se superan las adversidades: «Tendríamos que ser maravillosamente felices —escribió—. Lo somos y lo seremos … pero está claro que no deberíamos desear que nuestra vida fuera fácil. Entonces no habría logros ni habría evolución. Debemos enfrentarnos a las dificultades y, con la mutua ayuda, superarlas».

Mucho antes de que las mujeres lograran el voto y las feministas fueran vistas como causantes de disturbios con sombrero de lazos, Samuel Bush aceptó a su mujer como su igual. Sus cartas suenan tan emancipadas como las que escribió John Adams a Abigail en el siglo XVIII:

> Tú hablas del padre como amoroso poder de gobierno. Pero pienso que, igual que el padre tiene en muchas cosas dicho poder, la madre lo tiene por entero en otras muchas; este poder dual ha sido querido por el Creador y también es mi deseo. Deseo tenerte en términos de igualdad y mutua consideración en nuestro matrimonio, con el amor más completo y fructífero posible.

Estas cartas, guardadas por Samuel y legadas a sus herederos, revelan un enérgico compañerismo entre los padres que amaban a sus hijos sobremanera y se preocupaban por su bienestar, aunque, la verdad sea dicha, escribieron más sobre sus dos hijos, Prescott y James, que sobre sus dos hijas, Mary y Margaret. En sus misivas, Flora arranca hablando con todo detalle de sus distintas labores como cariñosa nuera, madre dedicada a la educación de sus hijos, esposa solícita y amante incondicional.

El verano se acercaba a su fin, y ella realizaba los preparativos para el regreso de la familia a Ohio en tren, el medio más cómodo para viajar en esa época. «He reservado plazas en un coche cama para que podamos tener literas ... y contar con una sala de estar.»

Le dijo a su marido que su hijo mayor estaba más que preparado para dejar la escuela elemental Douglas de Columbus y empezar en la escuela preparatoria de St. George's a la que iban todos los chicos en Newport, Rhode Island.

> Prescott es todo un galán [sic] y me sentiría muy satisfecha de tenerlo a salvo al cuidado del señor Diman, la disciplina estricta es lo necesario, yo creo en la disciplina. Debes estar seguro de hacer los preparativos necesarios para ir con Prescott alrededor del día 20, puesto que es muy necesario que veas por dónde se mueve, que conozcas a sus profesores y que des tu visto bueno a todo.

Flora se refería al reverendo John Byron Diman, quien fundó la escuela de St. George's en 1896, y contrató a Samuel Bush como miembro de la junta de administración de la escuela. No obstante, no era necesario que se preocupase por el parecer de su marido sobre la escuela. Cualquier padre que pudiera gastar ochocientos cincuenta dólares al año en la matrícula, habría estado encantado con el campus de 142 hectáreas sobre los majestuosos acantilados con vistas a tres playas del océano Atlántico. En esa época, el cuerpo docente de St. George's contaba con quince profesores y el número de admisión de alumnos estaba limitado a 125.

«Disfrutaba de todas las ventajas de aquello en gran medida —recordaba Prescott muchos años después en unas entrevistas grabadas, describiendo el nuevo mundo que encontró—, al no estar acostumbrado a esa clase de ambiente ideal, con campos de deporte y un hermoso gimnasio, y todas esas cosas que no teníamos en los colegios públicos ... Por esa razón creo que lo valoraba más que algunos de los chicos que procedían de colegios privados.»

«St. George's era sin duda una escuela para niños ricos —afirmó John G. Doll, archivista de la escuela—. Éramos muy selectos, esnobs y bastante elitistas por aquel entonces. La mayoría de los chicos eran matriculados el día en que nacían, momento en que sus padres enviaban un telegrama al director para reservar una plaza. Todo eso cambió después de la Gran Depresión.

»La chaqueta y la corbata eran obligatorias en la época en la que Prescott Bush [1908-1913] y su hermano, Jim [1914-1918], cursaron aquí sus estudios, además de un importante énfasis en la religión, con una visita a la capilla una vez al día y dos veces al día los domingos. Los chicos tenían que recorrer cinco kilómetros de ida y cinco de vuelta para asistir a la iglesia de St. Columba los domingos. Éramos una importante cantera para Harvard, Yale y Princeton. Todavía lo somos. Nuestro alumnado sigue siendo mucho más reducido y exclusivo que en cualquier otra escuela preparatoria como Exeter y Andover, pero ahora, claro está, es mixto.»

Los archivos de St. George's reflejan que Prescott Bush fue una presencia de peso. «Sin duda era toda una figura en el campus —afirmó John Doll, hablando sobre sus estupendos logros en actividades deportivas y extraescolares, entre los que se incluía ostentar el puesto de titular del equipo (universitario) de fútbol americano, béisbol y baloncesto. Además, Prescott era presidente del Club Cívico y de la Asociación Teatral, vicepresidente del Club de Glee (canto coral masculino) y presidente del Club de Golf—. Era un actor maravilloso e interpretó el papel protagonista de Sherlock Holmes en la obra de la escuela —comentó Doll—. Pero el mayor honor llegó en su último año, cuando fue elegido monitor jefe, es decir, alumno responsable de la disciplina. En esa época, ese cargo, equivalente al de jefe del consejo escolar, suponía el beneficio añadido de disponer de una serie de habitaciones privadas: un gran cuarto de estar con chimenea y un pequeño dormitorio. Así que Prescott debe de haber pasado un último año muy feliz.»

Cuando Flora y Samuel recibieron la noticia por adelantado de que su hijo había sido elegido monitor jefe, les pidieron que no dijeran nada hasta que se anunciara el nombramiento en la escuela. Flora apenas podía contenerse. Le escribió a su marido:

> Le he preguntado a Prescott si ha habido elecciones y me ha dicho que sí, de béisbol, y que es capitán. Me ha contado que Buchanan ha obtenido dos votos, pero que él ha conseguido los demás. No hemos hablado del honroso nombramiento del que nos ha hablado el señor Griswold, hasta que él, al irse, ha dicho: «Madre, no lo conseguiré». Yo no lo he mirado, ni siquiera he puesto cara de saberlo, sino que lo he pasado por alto, porque supongo que es mejor esperar. Aunque, claro está, me hubiera gustado tranquilizarlo.

Prescott ingresó en St. George's después de un agradable verano en 1908. Cuando se graduó cinco años después se situó a las puertas de la experiencia más formativa de su vida: la promoción de 1917 de la Universidad de Yale.

«Para mí —declaró años más tarde— todo empezó en Yale.» Atribuía a la universidad haber dado forma a toda su vida. Sin duda alguna, su trayectoria habría sido diferente, puesto que no habría conocido a su futuro jefe, Walter Simmons, que contrató a Prescott para su primer empleo, en una reunión de Yale. Su vida personal también habría sido muy distinta. Gracias a ese trabajo en San Luis para la Simmons Hardware Company conoció a la acaudalada familia de Yale, los Walker, y a su futura esposa, Dorothy Walker. Después de varios trabajos como vendedor, Prescott utilizó los contactos que había hecho en Yale para emprender su trayectoria como banquero inversionista.

Si es cierto, como afirmó un hombre de Yale, que «siempre habrá dos Yale: el de "los clásicos" y el de los demás», Prescott Bush era uno de «los clásicos». No se justificaba con «los demás» por sus eternas alabanzas a Yale. La institución le había dado todo lo que más valoraba y no veía la necesidad de buscar más allá de los lazos de la universidad. Por lo que a él respectaba, había conocido a lo mejorcito, así que ignoraba a los demás.

Después de licenciarse, Prescott acudía con regularidad a las reuniones de antiguos alumnos de Yale y a los aniversarios de la famosa coral de la universidad, los Whiffenpoof. Visitaba New Haven y la tumba de la sociedad secreta Skull and Bones (Calavera y Huesos) como mínimo una vez al año y a veces hasta cinco veces al año. Siempre que tenía ocasión, cantaba en las mesas en Mory's, el exclusivo restaurante para los ex alumnos de Yale donde los miembros de los Whiffenpoof se reunían para alzar sus copas y cantar sus canciones. Fue miembro asociado de la residencia universitaria de Yale Calhoun College desde 1944 a 1972, le otorgaron la conocida distinción universitaria de Yale Chubb Fellow en 1958, y fue miembro asociado del Saybrook College. Además, formó parte del consejo de administración de Yale y fue el primer presidente de la Junta para el Desarrollo de la universidad. Prescott presidió la Yale Corporation durante doce años, fue secretario de los antiguos alumnos de su promoción y miembro del consejo ejecutivo. En sentido figurado y textual, jamás dejó Yale.

Al escribir a su promoción la víspera de su quincuagésima reunión, reflejó la importancia de la universidad en su vida: «Ahora soy más consciente que nunca de lo que Yale ha significado para mí desde 1913. En tiempos de guerra o paz, dedicado a los negocios o a la política, en el deporte o en la vida cotidiana, siempre me ha acompañado mi pertenencia a Yale. Mi gratitud es de todo corazón».

Prescott ingresó en el campus de New Haven como «legado» de Yale gracias a su abuelo paterno, el reverendo James Smith Bush, de la promoción de 1844, y a su tío materno, Robert E. Sheldon hijo, de la promoción de 1904. Cuatro años más tarde crearía su propio legado, que abriría las exclusivas puertas de Yale a muchas otras generaciones de Bush, que incluyen a sus cuatro hijos, sus tres nietos, sus dos sobrinos y, por último, en 2001, a su bisnieta:

LAS FAMILIAS BUSH-WALKER-PIERCE EN YALE

1844    Reverendo James Smith Bush (abuelo de Prescott Bush)
1899    Joseph W. Wear (tío de Dorothy Walker Bush)
1899S   James T. Walker (tío de Dorothy Walker Bush)
1901    James H. Wear (tío de Dorothy Walker Bush)
1902    Arthur Y. Wear (tío de Dorothy Walker Bush)

1904S    Robert E. Sheldon (tío de Prescott Bush)

1913x    Francis Edwin House Jr. (casado con una hermana de Prescott Bush, Mary Eleanor)

1917    Stuart H. Clement (casado con una hermana de Prescott Bush, Margaret Livingston)

1917    Prescott S. Bush

1922    James Smith Bush (hermano de Prescott Bush)

1925    William P. Wear (primo de Dorothy Walker Bush)

1927    David D. Walker III (primo de Dorothy Walker Bush)

1927    George H. Walker hijo (hermano de Dorothy Walker Bush)

1930x    James Wear Walker (hermano de Dorothy Walker Bush que dejó la universidad después del segundo curso)

1931    John M. Walker (hermano de Dorothy Walker Bush)

1936    Louis Walker (hermano de Dorothy Walker Bush)

1940    Reuben A. Holden IV (se casó con la hermana de George H. Walker hijo, Elizabeth)

1942    Walter Rafferty (se casó con la hermana de Barbara Bush, Martha Pierce)

1943    Stuart H. Clement Jr. (hijo de Margaret Bush Clement)

1943    Francis E. House III (hijo de Mary Bush House)

1944    Alexander B. Ellis Jr. (se casó con la hermana de George H. W., Nancy)

1944x    Prescott S. Bush hijo (hermano de George H. W. que dejó la universidad después del primer año)

1948    George H. W. Bush

1953    Jonathan James Bush (hermano de George H.W.)

1953    George H. Walker III (hijo de George H. Walker hijo)

1955    Ray Walker (hijo de George H. Walker hijo)

1960    William Henry Trotter Bush (hermano de George H. W. Bush)

1961    Davis R. Robinson (se casó con la hija de Louis Walker, Suzanne)

1962    John M. Walker hijo (sobrino de Dorothy Walker Bush)

1968    George W. Bush

1970    Prescott Bush III (hijo de Prescott Bush hijo)

1974    Corinne Rafferty (hija de Martha Rafferty)

1977    John P. Ellis (hijo de Nancy Bush Ellis)
1986    William P. Bush (hijo de William H. T. Bush)
2004    Barbara Bush (hija de George W. Bush)

S: Estudios cursados en la Sheffield Scientific School antes de ser integrada en la Universidad de Yale.

x: No licenciado con su promoción.

Cuando el monitor jefe de St. George's llegó para cursar su primer año de universidad, parecía un ídolo de las matinés cinematográficas. Medía cerca de un metro noventa, era el segundo hombre más alto de su clase, y uno de los más apuestos. Tenía el pelo negro, muy sedoso, e iba peinado con la raya en medio para enseñar lo que su abuela Harriet Bush llamaba su «noble frente». Era un buen estudiante y se especializó en historia, pero donde realmente destacaba era en los deportes, sobre todo como primera base en el equipo de béisbol de Yale. Los deportes eran tan importantes en la vida de los hombres de Yale que «no conseguir una camiseta con la inicial de la universidad» era considerado uno de «los peores agravios para un estudiante» por parte de la promoción de 1917. Prescott había conseguido su camiseta de béisbol en su primer año. Se presentó para el equipo de golf e incluso se convirtió en animador del equipo de fútbol americano, y todo esto se sumaba al hecho de ser uno de los hombres más admirados del campus.

«Antes existía una especie de misticismo relacionado con los que destacaban en los deportes —comentaba Stuart Symington Jr. (Yale, 1950), hijo del fallecido senador de Missouri—. Mi padre era un atleta importante. También lo era el presidente Bush. Eran como dioses ... En esa época la excelencia en el deporte se valoraba muchísimo. Se podían leer grandes titulares en *The New York Times* que anunciaban que Yale había derrotado a Harvard o a Princeton. Por aquel entonces importaba mucho. En ese mundo de club de campo, reducido, social y hermético, un deporte bien jugado era un indicador de tu competitividad, un símbolo de masculinidad.»

En su historia de la universidad, Brooks Mather Kelley describió la promoción de 1917 de Yale como «más interesada en sus partidos, periódicos, deportes y sociedades que ... en sus estudios». Es una descripción que encaja a la perfección con el hijo de Samuel Bush. La vida social era una parte muy importante de la experiencia universitaria de Prescott, que se presentó voluntario para el Consejo de Interfraternidades, para el Comité de la Promoción de Primer Curso y el Comité para la Celebración del Día de Clase. «Haber hecho amigos» era considerado por la promoción de 1917 como «el bien más valioso que se podía obtener en la universidad».

Prescott empezó a ascender en Yale desde su primera semana en el campus. Cantar era una tradición muy valorada en la institución, así que de inmediato entró a formar parte del Club de Glee, el Yale Quartet, y de la coral masculina de Yale. En su último año fue elegido segundo bajo de los Whiffenpoof. «La vida es una canción», declaró al *Yale Daily News*. Por aquel entonces, ya era conocido como el cantante más guapo que había pisado Yale en veinticinco años.

«A Prescott le encantaba la música —afirmó Richard D. Barrett (Yale, 1953)—. Había nacido para cantar. Eso era lo más importante de su persona: su pasión por el canto. Se sentía feliz cuando cantaba … y tenía una maravillosa voz profunda, una maravillosa voz de bajo que le encantaba utilizar. Cuando salió de Yale, formó un grupo constituido por antiguos alumnos de la universidad, claro, llamado Silver Dollar Quartet, y estuvieron cantando durante años. Al separarse, Prescott nos encontró a nosotros y formó otro grupo llamado The Kensington Four. Su pasión era la música y siempre estaba tarareando una canción.»

En una carta fechada en 1957 que Prescott envió a Yale para hablar sobre el Silver Dollar Quartet, indicaba que el grupo había actuado durante treinta y cinco años:

> Empezamos en 1922. Durante varios años visitamos el Mory's para cantar con los Whiffenpoof. En los años treinta formamos el Yale Glee Club Associates y proyectamos y dirigimos sus reuniones en Nueva York hasta que yo dimití como presidente, con la idea de que un cambio de liderazgo sería útil.
>
> Presentamos muchas canciones en Yale. Todavía se cantan muchos de nuestros temas, aunque se han hecho algunos arreglos y se han cambiado algunos tempos para adaptarlos a los gustos modernos.

Pese a las interrupciones como la Segunda Guerra Mundial, cuando el general Spofford [Charle M. Spofford, 1924] se unió a las tropas de Eisenhower y más tarde se fue a presidir la OTAN ... seguimos aprovechando todas las oportunidades para cantar la mayoría de los años.

Prescott destacaba en las actividades de grupo. Se convirtió en miembro de la fraternidad Psi Epsilon y perteneció a la Asociación Cristiana Universitaria, así como a la YMCA (Asociación Cristiana de Jóvenes) de Dwight Hall. Hizo de inmediato buenas migas con los 347 estudiantes de primer curso, la mayoría de los cuales eran alumnos de escuelas preparatorias de raza blanca, anglosajones y protestantes. Las respuestas a un cuestionario dan una idea del perfil del alumnado.

Los padres de 149 alumnos eran licenciados universitarios y 58 de ellos lo habían hecho en Yale. Más de la mitad de los padres no se había licenciado. El padre de Prescott lo había hecho en ingeniería en el Stevens Institute of Technology, lo que situaba a Prescott entre la minoría de hijos de licenciados de la promoción. La promoción de 1917 afirmaba que el fútbol americano era su deporte preferido, que Douglas Fairbanks era su actor favorito y Maude Adams su actriz favorita. Lord Alfred Tennyson era su poeta predilecto y «Crossing the Bar» su poema favorito. Su escritor preferido era Charles Dickens, su novela favorita *Lorna Doone*, y lengua inglesa era la asignatura que más valoraban. La persona que más admiraban de la historia era Abraham Lincoln, respuesta que dieron los 227 alumnos que se confesaban republicanos.

Los veintidós católicos, quince metodistas, diez judíos, nueve bautistas y un budista marcaban la diferencia religiosa de la promoción. En términos raciales, no había diversidad, puesto que la clase estaba compuesta en su totalidad por hombres de raza blanca. Una mayoría de los estudiantes afirmaba consumir tabaco y alcohol, y 113 de ellos habían viajado al extranjero en la época en que llegaron a Yale, aunque Prescott no se contaba entre estos últimos.

Cuando los alumnos de la promoción escribieron su historia poco antes de su licenciatura, votaron al estudiante que había realizado la «Mejor aportación a Yale» en sus cuatro años de estancia:

Harry William LeGore ganó por 129 votos; Prescott S. Bush quedó segundo con 36 votos. «Más popular» fue Spencer Armstrong Pumpelly, con 174 votos; Prescott S. Bush quedó el quinto con 21. «El que será más admirado» fue Spencer Armstrong Pumpelly, con 108 votos; el cuarto fue Prescott Bush, con 30 votos. Prescott no fue mencionado en la categoría de «Mejor carácter», «Mejor y más completo deportista», «Mejor estudiante», «Más brillante» ni «Mayor probabilidad de éxito», pero salió vencedor como «Más polifacético» con 70 votos.

«Existe una diferencia, una gran diferencia —afirmó Stuart Symington, hijo— entre ir a Yale y ascender en Yale. Prescott Bush empezó a escalar en la jerarquía de Yale destacando en los deportes. Con ese logro uno hacía méritos para alcanzar el siguiente escalón, una fraternidad y más tarde una sociedad honorífica, todos escenarios preparatorios para las sociedades de los cursos superiores, que eran el último peldaño de la escalera. Las sociedades de los cursos superiores eran las más prestigiosas, y entre ellas, ninguna era más importante que la Skull and Bones. Ascender en la jerarquía del mundo de Yale era más importante que recibir la educación de la universidad o conseguir la licenciatura.»

En mayo de 1916, Prescott coronó la cima; se convirtió en uno de los quince hombres escogidos por la Skull and Bones. Los nombres siguientes: Alfred Raymond Bellinger; Prescott Sheldon Bush; Henry Sage Fenimore Cooper; Oliver Baty Cunningham; Samuel Sloan Duryee; Edward Roland Noel Harriman; Henry Porter Isham; William Ellery Sedgwick James; Harry William LeGore; Henry Neil Mallon; Albert William Olsen; John Williams Overton; Frank Parsons Shepard Jr.; Kenneth Farrand Simpson, y Knight Woolley serían piedras angulares en la vida del propio Prescott, en la de sus dos hermanas, que se casaron con antiguos alumnos de Yale, y en la de su hermano, también miembro de la Skull and Bones, así como en las vidas de sus hijos, y de los hijos de sus hijos. Los miembros de la Skull and Bones eran amigos íntimos, confidentes, colegas, socios comerciales, compañeros de golf, inversores y clientes.

La Skull and Bones ha sido calificada como «la sociedad secreta estadounidense más poderosa jamás conocida» porque sus miembros han dirigido los imperios más importantes de la vida empresarial y política del país. Antiguos miembros de la Skull and Bones proceden de las familias más notables de Estados Unidos: Bundy, Coffin, Harriman, Lord, Phelps, Rockefeller, Taft, Whitney y, por supuesto, Bush.

Un estudiante de Yale llamado William H. Russell fundó en 1832 esta sociedad secreta con objeto de crear un nuevo orden mundial que situase a los mejores y más inteligentes al timón de la sociedad. Como elitista acaudalado, Russell creía que las decisiones más importantes debían ser tomadas únicamente por los que habían sido educados para tomarlas, así que creó un entorno que formase el carácter de los hombres que debían dirigir el mundo. Llamó a este grupo Brotherhood of Death (Hermandad de la Muerte) o, de modo más informal, la orden de Skull and Bones (Calavera y Huesos), ideada como una sociedad secreta. Desde entonces, la Skull and Bones ha mantenido su «tumba» —sede central de su cuartel general— en el campus de Yale. La sede se encuentra en una casa sin ventanas en High Street, justo a la salida del antiguo campus. Desde su creación, la sociedad ha seleccionado a quince hombres, y más tarde también mujeres, de cada primer curso para que entren a formar parte de sus filas elitistas. Estos hombres, entre los que se incluyen automáticamente los capitanes de los equipos de fútbol americano y de béisbol, el editor del *Yale Daily News*, el presidente del consejo escolar y el presidente del sindicato político, hacen el juramento de por vida de guardar en secreto sus rituales y se comprometen a ayudarse entre sí para alcanzar sus metas.

En la Skull and Bones, todos los miembros son llamados «caballeros» y se refieren al resto del mundo con el apelativo de «bárbaros». Cuando los «caballeros» intercambian correspondencia se llaman «Pat» o «Patriarca» para señalar su papel dominante en la jerarquía de la vida. En la tumba que está en el interior de la casa cubierta por las enredaderas, los «caballeros» se juran lealtad hasta que la muerte los convierta en calaveras y huesos. Esta lealtad supone una ventaja para todos los «caballeros» en el mundo de los «bárbaros», ya que los miembros siempre están dispuestos a ayudarse entre sí en términos económicos, en las presentaciones en sociedad y en la entrada en el mundo político. Los «caballeros» también se comprometen a pagar un diezmo de por vida a la Russell Trust Association (RTA), la estructura corporativa de Skull and Bones, y la empresa más rica del estado de Connecticut. La RTA también es dueña de Deer Island, un refugio de unas dieciséis hectáreas en el río San Lorenzo, a tres kilómetros al norte de la bahía de Alexandria, en Nueva York. En la propiedad hay un lujoso club exclusivo destinado a lugar de retiro solo para los miembros.

Todos los «caballeros» son animados a cometer una «pillería», a robar algo peculiar y valioso para la tumba, que fortalecerá a los «enterradores» de la Skull and Bones. La mejor «pillería» es exhibida en el club con una placa donde consta el nombre del ladrón, un honor al que todos los «caballeros» aspiran. La rivalidad en este aspecto es feroz.

Durante los años que pasó Prescott en Yale, Estados Unidos estaba intentando negociar el final de la Gran Guerra al tiempo que conservaba su neutralidad. Los estudiantes seguían la evolución del conflicto europeo en mapas a gran escala desde la biblioteca de la universidad, y Yale animaba a sus hombres a que se preparasen para el servicio militar imitando el espíritu patriótico de Nathan Hale (Yale, 1773), cuyo monumento en el campus, siempre adornado, porta sus inmortales palabras: «Lo único que lamento es tener solo una vida que dar por mi país».

El sentimiento antibelicista estadounidense permaneció firme hasta el 7 de mayo de 1915, cuando los alemanes hundieron el *Lusitania* y 128 norteamericanos perdieron la vida. Doce meses después, el Congreso aceptó la propuesta de Ley para la Defensa Nacional y se redactó un borrador. El presidente Woodrow Wilson hizo campaña para su reelección con el eslogan: «Él evitó que entráramos en guerra». En oposición a la política aislacionista de Wilson, Prescott y muchos otros «caballeros» crearon el Club Republicano de Yale para dar su apoyo al neoyorquino Charles Evans Hughes, apreciado juez del Tribunal Supremo, quien opinaba que la intervención estadounidense en la guerra era inevitable, deseable y, de hecho, admirable. El presidente Wilson mantuvo un sentimiento antibelicista hasta el final, pero después de que una serie de submarinos alemanes hundieran cinco buques mercantes estadounidenses, Wilson solicitó al Congreso que declarase la guerra a Alemania para mantener al mundo «a salvo por el bien de la democracia».

Esa declaración formulada el 6 de abril de 1917 cambió las vidas de Prescott Bush y de muchos otros hombres de Yale, que inmediatamente se enrolaron en la Guardia Nacional.

«En Yale pensé por primera vez que, a largo plazo, me encantaría meterme en política y, con esa idea, decidí que estudiaría derecho después de mi graduación —declaró Prescott en las entrevistas grabadas realizadas en la Universidad de Columbia—. Pero, por desgracia, estalló la guerra ... de inmediato me alisté en el ejército y pasé más de dos años en el servicio militar, del que me licencié en el mes de mayo de 1919. Era capitán de artillería terrestre. Debo decir que antes de eso, en 1916, durante la crisis de la frontera con México, me alisté en la Guardia Nacional de Connecticut como soldado raso ... Esa formación fue sumamente útil para mí y para muchísimos otros hombres de Yale que componían el que se conocía como Batallón de Yale, con cuatro baterías de artillería terrestre, es decir, unos cuatrocientos hombres —cien por batería— más o menos.»

La «crisis de la frontera con México» se inició después de que los ingleses decodificaran un telegrama secreto de los alemanes. El telegrama animaba a México a declarar la guerra a Estados Unidos y prometía que una vez que este país fuera derrotado, Alemania insistiría en términos pacíficos para obligar a Estados Unidos a devolver Texas, Nuevo México y la parte de Arizona al sur de la frontera. El intento alemán de fomentar el enfrentamiento con Estados Unidos perdió todo sentido con la declaración de guerra.

En la primavera de 1918, Prescott y otros cuatro «caballeros» fueron enviados durante dos meses a Fort Sill, Oklahoma, como miembros de la última unidad de artillería transportada por caballos. La unidad tiraba de los cañones y cajones de municiones, y estaba bajo el mando del general de brigada Adrian Fleming, que convirtió a Prescott en miembro de su personal privado, porque el joven dirigía a todos cuando cantaban la canción de la artillería terrestre: «*Over hill, over dale, we have hit the dusty trail as our caissons go rolling along*».*

Para Prescott y los demás «caballeros» de la Skull and Bones, Fort Sill era como la cornucopia de las «pillerías», sobre todo Old Post Corral con sus reliquias fronterizas, y el cementerio apache, donde se encontraba la tumba de Jerónimo, el guerrero indio que había dirigido la sensacional campaña contra el hombre blanco. El jefe se hizo con cuarenta y nueve cabelleras antes de que las tropas del ejército lo capturasen en Fort Sill. Se había fugado tantas veces que ambos bandos lo trataban como a un héroe.

En el momento de su muerte en 1909, Jerónimo era el guerrero indio más famoso del mundo. Como resultado, los apaches sintieron miedo de que el hombre blanco exhumase su cadáver y lo exhibiera como espectáculo ambulante, o de que profanara su tumba en busca de oro y plata, sin darse cuenta de que no encontrarían nada de valor ya que los apaches eran pobres y no enterraban objetos valiosos con sus muertos. De hecho, los apaches tenían miedo de los muertos y creían que los espíritus podían contaminarlos. Pensaban que caminar sobre una tumba era algo terrorífico. Por ello, cuando se profanó la tumba de un líder comanche, los apaches, para evitar que volvieran a caminar sobre ella, difundieron la historia de que habían desenterrado los huesos de Jerónimo. En 1914, las revistas y periódicos de difusión nacional publicaron historias en las que se afirmaba que los restos de Jerónimo ya no se encontraban en Fort Sill.

Cuando los «caballeros» de la Skull and Bones llegaron al fuerte del ejército en 1918, se encontraron con tumbas sin marcas identificativas y el cementerio cubierto de hierbajos y enredaderas. Los archivos que tenían a su disposición no determinaban el lugar exacto donde se encontraba enterrado Jerónimo y, nueve años después de la muerte del guerrero indio, los hombres del puesto no recordaban su localización y los apaches afirmaban desconocer los datos. A pesar de todo, los «caballeros» dijeron que habían exhumado la tumba secreta y que en una incursión de medianoche habían

---

* «Sobre las colinas, por los valles, pateamos el polvoriento camino arrastrando a lo largo de él nuestras cajas de municiones.»

robado el cráneo de Jerónimo junto con unos estribos y un bocado de caballo que llevaron a la tumba de New Haven para exponer-
lo con orgullo como la más preciada de todas las «pillerías».

Estas falsas afirmaciones fueron un nuevo ejemplo de la predilección de Prescott Bush por el «pernicioso hábito de hacer el tonto». La verdadera localización de la tumba del jefe indio siguió siendo un secreto durante muchos años hasta que el sargento mayor
estadounidense Morris Swett, bibliotecario de Fort Sill de 1915 a
1954, compartió sus conocimientos con el mundo. Había mantenido una buena relación durante muchos años con los apaches y
Nah-thle-tla, primo carnal de Jerónimo, había confiado lo bastante en Swett como para mostrarle la tumba sin identificar. La historia
de Swett («The Secret of Geronimo's Grave»), confirmada por los
líderes apaches y ancianos de la tribu de Lawton, Oklahoma, fue
relatada por Paul McClung en 1964 para el texto de la Constitución
de Lawton, donde no tuvo mucha difusión. Por aquel entonces el
mito de 1918 sobre Prescott Bush y sus «caballeros» se había convertido en una leyenda para varias generaciones de miembros de la
Skull and Bones. La falsa proeza era tan fascinante que F. O. Matthiessen, crítico literario de la promoción de 1923 de Yale, escribió
para la Skull and Bones una historia titulada «Continuation of the
History of Our Order for the Century Celebration, 17 June 1933»
(«Continuación de la historia de nuestra orden para la celebración
del centenario, 17 de junio de 1933»):

> Los días de guerra también vieron nacer a la loca expedición
> de la Escuela de Artillería de Fort Sill, Oklahoma, que trajo a la T
> [tumba] la «pillería» más espectacular: el cráneo de Jerónimo el
> terrible, el jefe indio que se había apoderado de cuarenta y nueve
> cabelleras. Una expedición a finales de mayo de 1918 realizada por
> los miembros ... planeada con gran precaución puesto que, tal
> como dijo uno de ellos: «Seis capitanes del Ejército profanando
> una tumba no queda muy bien en los periódicos». El inquietante
> clímax fue reflejado por Hellbender en el Libro Negro de D. 117
> ... «El chasquido del pico en la piedra y el ruido sordo de la tie-
> rra sobre la tierra es lo único que perturba la paz de la pradera. Un
> hacha partió en dos la puerta de acero de la tumba, y el Pat. [pa-
> triarca] Bush entró y empezó a cavar. Cavamos por turnos, el que

libraba iba al camino a montar la guardia … Al final, el Pat. [pa-
triarca] Ellery James encontró una brida, no tardó en encontrar el
agarradero de una silla de montar y unas pieles podridas. Luego
encontró madera y a continuación, justo en el fondo de un pequeño agujero circular, el Pat. [patriarca] James excavó algo más y se
hizo con el mismísimo trofeo … cerramos la tumba a toda prisa,
echamos el cierre a la puerta y nos dirigimos rápidamente a casa,
a la habitación del Pat. [patriarca] Mallon, donde limpiamos los
huesos. El Pat. [patriarca] Mallon se sentó en el suelo para aplicar
el ácido carbólico. El cráneo estaba bastante limpio, solo tenía un
poco de carne dentro y algo de pelo.»

Muchos años después de que Prescott se reuniera con Jerónimo en el camposanto, esta historia se levantó como un fantasma
con sus grilletes para darle un manotazo a la trayectoria del hijo
político de Prescott, George.

Cuando Jerónimo murió, el titular de un periódico de Oklahoma rezaba: «Con el deseo de morir en Arizona, donde libró san-
grientas guerras, se resistió a la civilización». Así que en 1986, Ned
Anderson, antiguo jefe de la tribu apache de San Carlos en Arizona, decidió encontrar los restos del guerrero y llevarlos a Arizona.
Durante su búsqueda, Anderson recibió una carta de alguien que
afirmaba ser miembro de la Skull and Bones. «Lo que está buscando
no está en Fort Sill. Está en New Haven, Connecticut, en el campus de la Universidad de Yale. Si está interesado en saber más sobre el asunto, le proporcionaré fotografías.»

Anderson respondió de inmediato y el anónimo miembro de la
hermandad le envió una fotografía de la vitrina de cristal expues-
ta en la tumba, que contenía huesos, estribos, un bocado de caballo
y lo que el informador decía que era el cráneo de Jerónimo «pillado» por Prescott Bush y sus compañeros patriarcas. El miembro de
la hermandad también incluyó una copia del documento de F. O.
Matthiessen donde se relataba la historia sobre el asalto ficticio a
la tumba de Jerónimo como si hubiera sido real.

El jefe apache contrató un abogado para recuperar el cráneo
con el fin de volverlo a enterrar junto a la tribu en Arizona. El abogado de la Skull and Bones se presentó en la reunión con lo que parecía ser la vitrina expositora original, que contenía el cráneo, los

estribos y el bocado de caballo. Anderson mencionó que el cráneo no era exactamente igual al de la foto que había recibido. El abogado de la Skull and Bones dijo que lo había enviado a analizar. «Hemos descubierto que no se trata del cráneo de Jerónimo —afirmó Endicott Peabody Davison (Yale, 1945)—, sino del cráneo de un niño de diez años.»

Todas las negociaciones se fueron al garete cuando el abogado de la Skull and Bones exigió a los apaches que firmasen un documento donde quedase estipulado que la sociedad secreta no tenía el cráneo de Jerónimo. También debían prometer que jamás volverían a hablar del tema. Anderson se negó a firmar el documento. Regresó a Arizona y le pidió a su senador, John McCain, que intercediera llamando a George H. W. Bush, por aquel entonces vicepresidente de Estados Unidos. McCain le dijo al jefe apache que Bush no respondería a sus llamadas, aunque el senador no recordaba para nada su llamada muchos años después. La vitrina de exposición volvió a la tumba de New Haven, a la que, hasta el día de hoy, los miembros de la sociedad se siguen refiriendo como la del cráneo de Jerónimo.


Con la declaración de guerra de Estados Unidos de 1917, Prescott partió a Francia mientras Samuel, su cívico padre, se fue a Washington para convertirse en jefe de la Artillería Ligera y de la Sección de Munición del Consejo de Industrias Armamentísticas dirigido por Bernard Baruch. Descrito como «demócrata jeffersoniano», Samuel Bush era un progresista que construyó viviendas para los empleados de su empresa y ayudó a los líderes laboristas a convencer a los gobernantes de Ohio para que aprobasen una ley de indemnización para los trabajadores. Durante la guerra, Flora, que se quedó en Ohio, tuvo que depender de las cartas para comunicarse con su familia. Escribió lo siguiente a su marido:

> Querido:
> El día de ayer me trajo otra preciada carta de Prescott, quien todavía hoy debe estar en el frente. Sus cartas son una fuente constante de felicidad para mí, como deben de serlo para ti, y siempre me apresuro a reenviártelas. Sabía que la noticia de la muerte de

John Overton [Skull and Bones, 1917] sería un duro trago para él. [Overton fue el primer compañero de la promoción de Prescott que murió en la guerra.] Esta noticia la difundió ayer la Associated Press y también lo supe por la carta de Prescott, lo cual demuestra el obligado retraso con el que llegan las noticias durante la guerra.

A continuación, Flora se refiere al artículo de portada del *Ohio State Journal* que le dio los buenos días a ella y a todo Columbus la mañana del 8 de agosto de 1918. El artículo se publicó sin firma y el periódico no contaba cómo había conseguido esa exclusiva. Como orgullosa madre, Flora esperaba que «la gran hazaña épica» fuera cierta, aunque su visión realista de las cosas le impedía confiar del todo en esta posibilidad. Tal como escribió a su marido:

> La próxima correspondencia que reciba Prescott contendrá nuestra carta tras las maravillosas noticias comunicadas por la carta de Tom... Recibirá muchísimas misivas y estas le llenarían el corazón de alegría *si* la gran hazaña épica se ha narrado tal como ocurrió. No utilizo con mucha seguridad el condicional *si*, pero a ti puedo escribirte lo que siento y abrirte mi corazón.

El artículo del *Ohio State Journal* al que se refería Flora con escepticismo tenía un titular que anunciaba con esplendor:

> CONCEDEN TRES ALTOS HONORES MILITARES AL CAPITÁN BUSH. Por su notable gallardía en el momento en que tres importantes comandantes aliados se encontraban en peligro, un hombre de la localidad es condecorado con las cruces de honor francesa, inglesa y estadounidense.

Según el informador anónimo, un obús alemán había puesto en peligro de forma momentánea la vida de tres líderes aliados, el general Ferdinand Foch, sir Douglas Haig y el general John Pershing, mientras estaban inspeccionando las posiciones estadounidenses. Prescott estaba guiándolos por el sector del frente occidental y se adelantó para salvarles la vida. En la aduladora historia, el narrador equiparaba a Prescott con Carlomagno en valor y bravura:

De pronto, el capitán Bush se dio cuenta de que un obús se dirigía justo hacia ellos. Lanzó un grito de advertencia y sacó su cuchillo, lo levantó como si fuera un bate de béisbol y esquivó el golpe del obús, con lo que consiguió desviar el proyectil hacia la derecha.

Los tres generales quedaron maravillados ante la hazaña. Al parecer no podían creer lo que habían visto … Veinticuatro horas después, el joven Bush recibió la notificación de la condecoración que iba a recibir como reconocimiento. En agradecimiento por su hazaña, los tres comandantes aliados lo habían recomendado para recibir los honores más altos.

Al día siguiente se celebró un desfile de soldados que iban a ser condecorados en París. Como el capitán Bush era el único que recibía tres honores, fue situado a la cabeza de la marcha.

En la publicación del día siguiente, el caricaturista del *Ohio State Journal* respondió manifestando su escepticismo al dibujar a un joven muchacho sentado bajo un árbol con su perro. El pie de foto escrito bajo el muchacho decía:

> Y justo cuando los tres generales más importantes del mundo estaban pasando por delante del joven capitán, él se dio cuenta con terror de que un obús 77 alemán iba volando directamente hacia el general Foch, el general Haig y el general Pershing. Rápido como el rayo, nuestro joven héroe levantó su cuchillo, lo usó como un bate de béisbol y abatió al mortal obús lanzándolo lejos hacia la derecha, donde explotó sin herir a nadie. Por su notable gallardía al salvar las vidas de tres grandes generales, fue galardonado con la Cruz de la Legión de Honor por el gobierno francés, con la Cruz Victoria por el gobierno inglés y con la Cruz de Servicios Distinguidos por el gobierno estadounidense.

La línea que había encima de la cabeza del perro decía: «¡Dios! ¡Me gustaría saber si eso puede ocurrirle de verdad a un chico!».

Una semana más tarde, la noticia del *Ohio State Journal* apareció en la primera página del *New Haven Journal-Courier* con un titular distinto, aunque no menos fantasioso:

Triple honor para P. S. Bush, Yale 1917. Un hombre de Yale, gracias a una hazaña notable, salva del peligro a Foch, Haig y Pershing. Varió la trayectoria del obús. Lo golpeó con cuchillo. Inglaterra, Francia y Estados Unidos confieren honores por la acción.

Se trataba de una historia de extraordinaria heroicidad. Pero, pasado un mes se confirmaron los peores temores de Flora. El 5 de septiembre de 1918, la madre de Prescott escribió una carta de arrepentimiento al editor del *Ohio State Journal*, que fue publicada en primera página:

> En un telegrama enviado por mi hijo, Prescott S. Bush, se me da la noticia de que no ha sido condecorado tal como se publicó en los periódicos hace un mes. Se siente profundamente molesto de que una carta escrita con ánimo bromista pueda haber sido mal interpretada. Sostiene que no es un héroe y me pide que dé una explicación. Agradecería que fueran tan amables de publicar esta carta.

> Flora Sheldon Bush
> *5 de septiembre, Columbus*

La invención fue desmentida en Ohio, pero no en Connecticut. El periódico de New Haven jamás se retractó de su información. Hasta el día de hoy la gloriosa historia permanece adjunta a la página que corresponde a Prescott en el anuario de la promoción de 1917, que se encuentra en la sala de lectura de la Sterling Memorial Library, en la sección de manuscritos y archivos correspondientes a Yale.

# 2

Como uno de los siete mil trescientos millonarios de Estados Unidos en 1914, el *The St. Louis Republic* tenía en alta consideración a David Davis Walker como «estudiante de situaciones políticas y últimas tendencias». A la edad de setenta y cuatro años, monopolizó la primera página de este diario con sus declaraciones sobre la raza y la religión. Su carta al director, publicada el 22 de julio de ese mismo año, refrendaba con orgullo la segregación, la eugenesia, la ley del linchamiento y el poste de flagelación:

Estoy a favor de la segregación de los negros en cualquier comunidad. Considero que son una amenaza mayor que la lacra social [la prostitución] o cualquier otro conjunto de males. Estoy totalmente a favor de la ley no escrita, del linchamiento de aquel que agreda a una mujer, sea el criminal blanco o negro.

Antes de permitirles el matrimonio, obligaría a todo hombre y a toda mujer a someterse a una estricta revisión médica llevada a cabo por un doctor de primer orden. Por el bien de la humanidad, estoy a favor del sacrificio de aquel niño que llegue al mundo con una minusvalía incurable o una malformación.

Desde siempre he sido un hombre de carácter moderado, pero me opongo terminantemente a esos inconformistas y descontentos de la Ley Seca. Cuando a los hombres y a las mujeres no se les permite tomar un vaso de cerveza o de vino, y lo quieren, ha llegado el momento de otra guerra civil.

Estoy a favor de la ley del poste de flagelación en todos los estados de esta nación para aquellos maltratadores de mujeres y para cualquier otro delincuente de poca monta al que se le imponga una pena de prisión.

Menos de cien años después, algunas de las opiniones más virulentas de D. D. Walker se dejaban entrever en su tataranieto, George Walker Bush, quien se había convertido en el cuadragésimo tercer presidente de Estados Unidos. Algunas cuestiones tuvieron repercusión en las siguientes generaciones, desde la religiosidad católico-romana del tatarabuelo hasta el evangelismo renacido del tataranieto. Ambos creían en el Dios vengador del fuego y el azufre. En cuanto a política, discrepaban. El tatarabuelo, acérrimo demócrata, estaba convencido de que el presidente Woodrow Wilson había «dictado mejores leyes que las del partido republicano en todos los días que estuvieron en el poder, desde Lincoln hasta entonces»; mientras que el tataranieto se alineó con la extrema derecha del Partido Republicano, se opuso al aborto con vehemencia y respaldó la pena de muerte con fervor. A pesar de sus reprochables ideas sobre la raza y la eugenesia, D. D. Walker mantenía un parecer sorprendentemente tolerante respecto a las sufragistas y respaldaba el derecho al voto de la mujer. Por el contrario, en 1969, su tataranieto dijo que la admisión de mujeres en Yale «cambió la dinámica social para mal». Ambos de firmes convicciones, habrían encontrado un punto en común en las restricciones de la Ley Seca; aunque uno se pregunta si el anciano antepasado le hubiera recomendado el poste de flagelación a su tataranieto, conocido por agredir verbalmente a su mujer en sus días de alcoholismo.

La arenga de Walker se publicó en el lugar que había dado origen a Dred Scott, el esclavo cuyo pleito para la obtención de su libertad había precipitado la guerra civil estadounidense. Ser el cruce de caminos entre el Norte y el Sur, y entre los estados abolicionistas y los estados esclavistas, ofreció a San Luis una historia variopinta, aunque polémica. Durante la guerra civil, Walker fue simpatizante sureño y quien, según los recuerdos familiares, contrató a alguien para que se enrolara en el ejército de la Unión en su lugar. Como cofundador de la Ely, Walker and Company, el mayorista de artículos de confección más importante al oeste del Mississippi, se dedicó a amasar una fortuna durante los años de la guerra suministrando mercancías a J. C. Penney y a otras compañías similares; y construyó el mayor almacén de San Luis, un edificio que ocupaba toda una manzana en Washington Street, al sur de Tucker. Su hijo y él, George Herbert Walker, conocido como Bert, compraron un terreno en Kennebunkport, Maine, lugar al que la familia escapaba del calor industrial durante los veranos de Missouri. Él pasaba el invierno en Santa Bárbara y viajaba a California en tren privado. Conducía automóviles, montaba a caballo y se convirtió en un pilar de la sociedad de San Luis. A su muerte en 1918, a la edad de setenta y ocho años, D. D. Walker había introducido a su familia en la flor y nata de la sociedad, toda una hazaña para el hijo pobre de un granjero fracasado de Bloomington, Indiana.

Varios años antes de su muerte, comenzó a prodigar el dinero; en cuatro años había dispuesto de trescientos mil dólares (3,6 millones de dólares en 2004). Sus dos hijos, quienes esperaban heredar su gran fortuna, estaban indignados. Acudieron a los tribunales de San Luis para que declararan demente a su padre y para obtener una orden de prohibición contra cualquier otra merma del patrimonio. Bert Walker, quien testificó que su padre estaba «dilapidando» el dinero, solicitó al tribunal que lo declarara incapacitado mental y que le asignara un tutor legal que administrara sus asuntos financieros. D. D. Walker demandó a su vez a sus hijos, así como a la Ely, Walker and Company por un dinero que aseguraba que le debían. Tras la declaración de Bert ante el tribunal, el jurado dictaminó que su anciano padre «tenía perturbadas sus facultades mentales». Este veredicto fue revocado por un juez de un tribunal superior por razones técnicas, y el caso fue devuelto al tribunal de testamentario para repetir el juicio en San Luis. D. D. apeló al Tribunal Supremo del estado aduciendo que, puesto que él vivía en California, su salud mental no podía ser juzgada en Missouri. La apelación sobre la cuestión jurisdiccional estaba pendiente cuando D. D. murió el 4 de octubre de 1918 en Kennebunkport. Al día siguiente el *The St. Louis Republic* publicó que sus dos hijos, George Herbert y David Davis hijo, «se encontraban demasiado afectados la noche anterior para comentar los preparativos del funeral».

Hasta el último día de su vida, D. D. Walker creyó ser un hombre ecuánime. Nunca admitió que los obstáculos del camino pudie-

ran resultar más fáciles de salvar a los ricos y sanos que a los pobres y discapacitados, a quienes quería aniquilar a su nacimiento.
Su monumental sepultura en el cementerio de Calvary, el camposanto católico de San Luis, da fe de su sentimiento de superioridad
moral. Rodeado de intrincadas cruces de granito, querubines idólatras y toda suerte de ángeles orantes, David Davis Walker está
enterrado bajo la máxima según la que se conducía: «A lo largo de
toda su vida trató de corresponder a todo el mundo con un trato
justo».

Su hijo de cuarenta y tres años, George Herbert Walker, el quinto de sus seis hijos, aprovechaba cualquier oportunidad para desafiar a su padre. Su enojo contra el implacable D. D. condujo a Bert
hacia un éxito sin límites que, al final, hizo de la familia Walker el
contrapeso económico de la dinastía Bush.

Bert Walker cursó sus estudios en Gran Bretaña a instancias de
su fer\vientemente religioso padre, quien rezaba para que se convirtiera en sacerdote. Sin embargo, a la vuelta se había convertido en
un anticatólico desafiante y se enamoró de Lucretia «Loulie» Wear,
una presbiteriana de San Luis.

—Si te casas con ella en una iglesia presbiteriana, irás derecho
al infierno —le dijo D. D. Walker a su hijo.

—Voy a decirte algo —replicó Bert—. Iré derecho al infierno si
no me caso con ella.

Bert no se casó con Lucretia por el rito católico; su padre se
negó a asistir al casamiento.

Bert estaba en contra del ideario demócrata de su padre; incluso
le dio la espalda a su amigo Franklin Roosevelt y se unió al Partido Republicano.

D. D. Walker había boicoteado la Union Pacific porque decía
que su propietario «E. H. Harriman, estaba monopolizando todos
los ferrocarriles del país». Bert Walker se asoció a Harriman.

Bert abandonó el negocio de artículos de confección de su padre para crear su propio imperio financiero y acabó por superar con
diferencia la fortuna de su padre. También él conducía automóviles, pero los suyos eran Rolls-Royce. Se convirtió en el primer presidente del Club del Automóvil de Missouri. También montaba a
caballo, aunque superó a su padre al comprar sus propios establos

(Log Cabin Stud) para criar campeones. Fue el comisionado hípico del estado de Nueva York. Ayudó a fundar el Racquet Club de San Luis y el Club de Golf Deepdale de Great Neck, en Long Island. Se convirtió en el presidente de la Asociación de Golf de Estados Unidos y donó al golf amateur el trofeo de plata, de noventa centímetros de alto, que acabaría conociéndose como la Copa Walker.

Incluso en calidad de joven recién casado, vivió mejor que la mayoría. El censo de 1900 demuestra que cuando Bert tenía veinticinco años, su mujer, su hijo y él disfrutaban de tres empleadas residentes: una muchacha de servicio, una niñera y una cocinera. Años después, San Luis se le quedaría pequeña y se trasladó con su mujer, dos hijas, cuatro hijos y cuatro criados a una suntuosa residencia en Nueva York. Con el tiempo, junto a la finca de su padre en Kennebunkport, compró una mansión en Long Island, Nueva York, con suelos de mármol, mayordomos y dos Rolls-Royce; y la Duncannon Plantation, de unas cuatro mil hectáreas, en Carolina del Sur, que utilizaba para organizar partidas de caza en Acción de Gracias. Con sus vagones de ferrocarril privados, vivía como el maharajá de Missouri.

Negociante virtuoso, Bert Walker calculaba operaciones numéricas con mayor rapidez que un tahúr. Ajeno a cualquier tipo de ética empresarial, le abrió los brazos al frenesí de la especulación bursátil y aprovechó las ventajas financieras de la venta al descubierto de títulos, la división de honorarios, el arbitraje de títulos procedentes de la división de un valor en circulación y la compra a crédito. Fundó su propia agencia de corredores de bolsa y aumentó las comisiones al comerciar a crédito con títulos que a continuación podía apalancar. Amasó su fortuna antes de que el uso de información privilegiada se considerara ilegal. En 1929 estimó que la bolsa estaba sobrevalorada y vendió al descubierto durante los meses anteriores al hundimiento de la bolsa, con lo que consolidó su fortuna. El negocio prosperó con tanta celeridad que antes de cumplir los treinta ya era bien conocido en los círculos económicos por su destreza en el «cierre de tratos».

Llevó a cabo uno de sus «primeros y más fructíferos negocios» cuando la St. Louis-San Francisco Railway Company se declaró en suspensión de pagos. Bert se encargó de que la G. H. Walker and

Company adquiriera su principal compañía subsidiaria, la New Orleans, Texas, and Mexico Railway. Recibió comisiones por negociar la adquisición y, más adelante, por venderla con beneficios mayúsculos.

Jamás permitió que nada se interpusiera en su próspero camino, y eso incluía los principios políticos y las creencias religiosas. Con sesenta y dos años, fue uno de los hombres de Wall Street vapuleados públicamente por el entonces senador Harry S. Truman por «avaricia desmedida» y por «el mal aún mayor del culto al dinero». Bert se sacudió de encima la reprimenda como si se tratara de un mosquito molesto y continuó acumulando cuantiosas comisiones procedentes de las distintas oficinas que la G. H. Walker and Company tenía en San Luis, Clayton y Kansas City, Missouri; en Omaha, Nebraska; en Waterloo, Iowa; en Chicago; en Nueva York; en Filadelfia; en White Plains, Nueva York; en Bridgeport, Waterbury y Hartford, Connecticut; en Springfield y Boston, Massachusetts; y en Providence, Rhode Island.

En pocos años, Bert había levantado un imperio financiero que se convertiría en el principal filón de la familia y que alimentaría las fortunas de los hijos y los yernos Walker y Bush durante generaciones. En distintos momentos y en distintas oficinas, los siguientes miembros de la tribu Walker-Bush trabajaron para la G. H. Walker and Company: George Herbert Walker padre; George Herbert Walker hijo; George Herbert Walker III; James Wear Walker; James Smith Bush; Louis Walker; John M. Walker; Jonathan James Bush, y Ray Carter Walker.

Igual que un perro marca su territorio, Bert Walker dejó su apellido a modo de huella: la Copa Walker, el Walker's Point de Maine, la G. H. Walker and Company y, no por casualidad, su hijo, George Herbert Walker.

Bert se hizo con el título de campeón amateur de los pesos pesados de Missouri mientras estudiaba en la facultad de derecho de la Universidad de Washington. Hombre de genio pronto, se abrió paso en la vida a cabezazos arrollando a todo aquel que se interpusiera en su camino. «Conservamos los agujeros del techo del comedor que el señor Walker dejó al dispararle a una avispa que le había picado», explicó Suzanne McMillan, cuya familia compró la Duncannon Plantation después de la Segunda Guerra Mundial.

Corpulento y recio, parecía un toro embutido en una camisa Hathaway. No era hombre con el que se pudiera jugar. «Era un cabrón duro de pelar —aseguró su nieta, Elsie Walker Kilbourne—. Sus hijos le odiaban.»

«Es cierto —corroboró el hijo pequeño de Bert, Louis Walker—. Le teníamos pánico.»

En una ocasión, Louis cometió el error de presentarse en un partido de tenis «algo achispado». Su padre, quien adoraba los deportes, estaba decidido a inculcarle a machamartillo el «respeto por el juego». Como castigo por despreciar las normas estadounidenses de la cancha de tenis, Bert envió a Louis a trabajar a las minas de carbón de Bradford Township, en Pensilvania, lo que retrasó dos años su graduación en Yale. «En nuestra familia, la vida giraba alrededor del deporte», aseguró Louis.

Bert envió a todos sus hijos a Yale porque los hombres de la familia presbiteriana y socialmente bien asentada de su mujer, los hermanos de esta, se habían graduado allí: Joseph W. Wear (1899), James H. Wear (1901) y Arthur Y. Wear (1902). Bert creía que sus hijos necesitaban la mejor educación y el mejor trampolín social que el dinero pudiera comprar; sin embargo, hizo caso omiso de los deseos de sus hijas, quienes querían estudiar en Vassar, porque creía que la universidad no era para las chicas. «No es femenino —les decía—. Os haría difíciles de tratar y discutidoras.» Cuando las chicas se graduaron en el Mary Institute, la escuela de élite de San Luis para chicas, Bert las envió a la Miss Porter's School de Farmington, Connecticut, colegio privado para señoritas de familias acaudaladas donde se aprende a comportarse en sociedad, y luego a París con su tía durante seis meses para que pulieran su don de gentes y aumentaran de valor en el mercado casadero.

Las dos jóvenes regresaron a San Luis en la primavera de 1919 porque Nancy, de diecinueve años, la mayor, la mejor parecida y más exuberante de las hermanas, había sido elegida primera dama de la Reina de la Belleza y el Amor del Veiled Prophet Ball (Baile de la Profetisa del Velo). Este título era el equivalente a ser elegida primera dama de honor en el concurso de Miss América, en el desfile de Carnaval y en el desfile de la Rose Bowl. «Por entonces, ser la reina del baile de la Profetisa del Velo probablemente era lo más cercano a ser coronada reina de Inglaterra —aseguró Ann Biraben, oriunda de San Luis—. Y ser nombrada primera dama de honor era casi tan bueno como ser la reina.»

Fue el primer baile de la Profetisa del Velo que se celebraría desde la Primera Guerra Mundial, y San Luis se estaba preparando para una larga temporada de eventos sociales. Toda la ciudad estaba embargada por el entusiasmo del gran espectáculo que trataba como a un personaje de relevancia a las jóvenes que se presentaban en sociedad. Todo el mundo estaba invitado a participar en el desfile de carrozas y bandas a la luz de las antorchas que precedía al baile, al que únicamente se podía acudir con invitación. La gente se apostó a lo largo de casi diez kilómetros para contemplar los festejos. Las páginas de sociedad de los dos periódicos de la ciudad cubrieron las meriendas, las cenas, los almuerzos y los cócteles con todo tipo de detalles. A las jovencitas de San Luis no se las podía culpar por no desear otra cosa en sus vidas que ser elegidas en el baile como Reina de la Belleza y el Amor por la misteriosa Profetisa del Velo.

El título conllevaba ciertas responsabilidades. Tras la coronación, la Reina de la Profetisa del Velo tenía que aparcar sus estudios durante un año para dedicarse en cuerpo y alma a las diarias obligaciones sociales de su reinado. Jamás ninguna reina opuso suficiente resistencia como para renunciar a la corona, aunque muchos años después Dorothy Walker, la hermana pequeña de Nancy, diría que consideraba «primitivo» todo aquel ritual social.

Dado que era la hija mayor de uno de los hombres más prominentes de la ciudad, la elección de Nancy Walker como primera dama de honor fue algo natural y, prácticamente, le robó el primer plano a la reina con su vestido parisino de tul blanco salpicado de brillantes. Nadie reparó en que Nancy, a todas luces uno de los mejores partidos de la sociedad de San Luis, no era de las que se casaban. Tras cancelar su compromiso con un pastor, la elegante joven acabaría por decidir que jamás ningún hombre conseguiría cuidar de ella mejor que su padre.

«Era el personaje más pintoresco de la familia», dijo Christopher Walker, quien recuerda a su tía bisabuela como una persona de carácter histriónico y algo excéntrica. Los hijos de Dorothy se referían a su vital tía Nancy como «Flash».

«Siempre llevaba un brillante pintalabios rojo, independientemente de la ocasión, y vestidos de flores enormes ... Todavía la veo en el asiento trasero de una limusina con pinta de muñequita maquillada envuelta en pieles —añadió Christopher Walker—. Es la prueba concluyente de que las mujeres de nuestra familia son, con mucho, más interesantes que los hombres.»

Dorothy jamás fue Reina de la Profetisa del Velo, ni siquiera Primera dama de honor; sin embargo, una jovencita de San Luis creció deseando ser como ella. «Dotty me tenía cautivada —confesó Mary Carter—. Solía escribirme sus iniciales con tinta en el dorso de la mano y estaba en su casa a todas horas ... Era mi heroína. La adoraba ... Era muy buena [en los deportes], mucho mejor que cualquiera. Solíamos jugar al tenis a cubierto y era, de lejos, la mejor de nuestro grupo.» Años después, Mary Carter, quien también se graduó en el Mary Institute y en la Miss Porter's School, se casó con el hermano de Dorothy, George Herbert Walker hijo, conocido en la familia como Herbie, y se convirtió en la mejor amiga de Dorothy.

Nan y Dotty, tal como se las conocía en la familia, no podrían haber sido más radicalmente diferentes. A pesar de ser polos opuestos, se adoraban como cuñadas y buenas amigas. Nancy siempre iba a la última y era toda encajes y manguitos de pieles. Le gustaban los servicios de té de plata y los lujos de un hogar dispuesto con elegancia. Dotty era la hija poco femenina de un padre amante de los deportes y, como él, jugaba para ganar, sobre todo en la cancha de tenis.

Pocas mujeres de aquellos días despuntaban en los deportes, pero Dotty era una atleta nata. Su tío, Joe Wear, capitán del equipo de la Copa Davis en 1928 y 1935, le dijo que con un poco de práctica podría convertirse en una de las grandes figuras del tenis. Cuando quedó en segunda posición en el primer Campeonato Nacional de Tenis Femenino, en 1918, celebrado en el Club de Críquet de Filadelfia, los periódicos describieron a Dotty como «una tenista sensacional». Su oponente ganó porque «tuvo más golpes ganadores ... y porque fue la más segura de las dos en los momentos críticos del partido, pero si la señorita Walker hubiese recibido algo más de entrenamiento, habría sido difícil escoger entre ellas».

Tras una de sus sesiones de entrenamiento, la joven Dotty de dieciocho años entró dando brincos en la casa de Hortense Place, con su vestido blanco de tenis que le llegaba hasta los tobillos, y fue entonces cuando le presentaron a Prescott Bush, quien había ido a visitar a su hermana. Se había pasado por allí para recoger unas entradas para la ópera que le tenía que dar Nancy y se quedó a tomar el té. El «maravilloso hijo» de Flora Bush, quien acababa de mudarse a San Luis en el otoño de 1919, se había convertido en un joven apuesto de veinticuatro años. Ganaba cien dólares al mes trabajando para la Simmons Hardware Company en calidad de vendedor de la línea de herramientas Keen Kutter.

«Típico de Pres, el haber conocido a las hijas recién presentadas en sociedad del ciudadano más prominente de la ciudad, quien además resultaba pertenecer al Club de Campo de San Luis, ¿no?», dijo uno de sus parientes.

La perspicaz observación fue hecha con la intención de dejar entrever con cierta burla al joven como a un escalador social. Sin embargo, durante la temporada de eventos sociales, San Luis recibía con los brazos abiertos a los jóvenes que reunían ciertas condiciones, en especial a aquellos que hubieran participado en la Primera Guerra Mundial y se hubieran graduado en Yale. Este joven en particular, más afable que la mayoría, no se dejó intimidar en lo más mínimo por la majestuosa mansión del número 12 de Hortense Place, cuyo salón presidía el retrato de Loulie Wear Walker. Bert Walker había encomendado a Philip Alexius de László el retrato de su mujer porque creía que el pintor húngaro era el sucesor de John Singer Sargent. De László casi se limitaba a ofrecer sus servicios a los personajes de cierto peso de la sociedad estadounidense y a la realeza europea. Pintó a la señora Walker como había pintado a la señora de David Bruce, a la de James Duke y a la de Harvey Firestone, con la suficiente altivez como para justificar unos honorarios de catorce mil dólares (190.150 dólares en 2004).

Prescott Bush había encontrado a un igual en la joven Dorothy Walker, al menos en la cancha de tenis, y las hermanas Walker habían conocido a una persona encantadora, quien resultaba que compartía la pasión por el golf de su padre. Como miembro del Club de Campo de San Luis, Bert Walker reinaba en lo más alto de la sociedad de San Luis pues no existía club más exclusivo o de mayor prestigio social en toda la ciudad. «Para San Luis, esto es el nirvana», comentó Robert Duffy, el crítico de arquitectura del *St. Louis Post-Dispatch*, señalando las ondulantes lomas de los campos de golf, los de polo, las canchas de tenis y las piscinas que hacían, y siguen haciendo, del lugar un enclave distinguido. La propiedad estaba cubierta de encantadoras mansiones que eran propiedad de multimillonarios; sin embargo, la compra de una casa en los terrenos del club de campo no garantizaba la admisión en este. Durante muchos años, el Club de Campo de San Luis vedó la entrada a los judíos, a los católicos, a los negros y a los productores de cerveza, incluidos los acaudalados Bush, dueños de la compañía cervecera puntera del país.

En cierto momento, las restricciones sobre la edificación de San Luis llegaron a ser tan rigurosas, incluso para las zonas más acomodadas de la ciudad (Kingsbury Place, Pershing Place, Hortense Place y Westminster Place), que las ordenanzas estipulaban la cantidad de cortinas de encaje que tenía que poseer una casa y con qué frecuencia tenían que ser lavadas. Cuando Prescott Bush llamó al timbre de la intrincada puerta de estilo clásico renacentista del número 12 de Hortense Place, las cortinas de encaje colgaban en cada una de las ventanas, incluso en «la habitación de los desmayos», donde se revivía a las mujeres oprimidas por las garras de sus corsés.

Poco se sabe de las relaciones amorosas tanto de Prescott como de Dorothy antes de conocerse en San Luis, aunque es dudoso que Dorothy tuviera ningún pretendiente salvo las cariñosas atenciones de Mary Carter, cinco años menor que ella.

En cuanto a Prescott, es imposible que, durante su primera reunión de Yale tras la graduación, no hubiera reparado en el gran número de jóvenes de su promoción que se habían casado. Ya había afianzado el matrimonio de sus dos hermanas pequeñas al presentárselas a sus colegas de Yale: Margaret Bush se casó con Stuart Clement (Yale, 1917) y Mary Bush contrajo matrimonio con Frank

E. House hijo (Yale 1913x [la «x» indica que la persona en cuestión cursó el primer año, pero que no se licenció con su promoción, bien porque abandonó los estudios o bien porque se licenció con anterioridad]). House, según los archivos de la Oficina de Alumnos de Yale, no se graduó. El hermano pequeño de Prescott, Jim, estudiante de Yale de segundo curso, no necesitaría ayuda alguna para casarse. Para enojo y vergüenza eterna de Prescott, Jim Bush se casaría cuatro veces, mancillando su nombre y el de la familia con cada escandaloso divorcio.

En cuanto a sus relaciones amorosas, Prescott podría haber estado brevemente comprometido en Yale, si se puede confiar en un vago recuerdo y a pesar de que las evocaciones mediante intermediario son exiguas y los detalles, escasos.

«Hace años, la tía abuela de mi primer marido, Marian Walsh Pierce, me dijo que había estado comprometida con Prescott Bush —comentó Peggy Adler, investigadora periodística—. En los sesenta, estábamos suscritas a la orquesta sinfónica de New Haven y, antes de cada concierto, íbamos a comer al New Haven Lawn Club. Una noche mencionó que había estado comprometida con Prescott Bush, aunque entonces el nombre no me dijo nada. Me contó que había roto el compromiso para casarse con Clarence "Doc" Pierce [Yale, 1909].

»El hermano de Marian era Richard J. Walsh, presidente de la John Day Publishing Company. Fundó la compañía para poder publicar la obra de su segunda mujer, Pearl S. Buck, la novelista estadounidense que ganó el Premio Nobel de Literatura en 1938. Su primera mujer se llamaba Ruby. El titular de un diario sensacionalista neoyorquino sobre su divorcio rezaba: EDITOR CAMBIA DE PIEDRA PRECIOSA. Es extraño pensar lo diferente que habría sido el mundo si tía Marian no hubiera cambiado de opinión y hubiera decidido casarse con Prescott Bush.»

Prescott se declaró a Dorothy en el verano de 1920, y George Herbert Walker aceptó en nombre de su hija. Por entonces, Bert se había trasladado a Nueva York con su familia para asociarse con W. Averell Harriman. Dorothy había entrado en la Junior League de la ciudad, pero en Nueva York no se sentía como en su casa. Dijo que no quería casarse ni en Manhattan ni en San Luis. De hecho, decidió que su boda solo podría celebrarse donde había nacido, lugar que adoraba: Kennebunkport, Maine. De modo que su madre y ella comenzaron los preparativos del enlace para el siguiente agosto. La ceremonia iba a tener lugar en la iglesia episcopal de St. Ann y la recepción en Surf Ledge, la casa de veraneo de los Walker situada sobre los escarpados acantilados del océano Atlántico.

Las siete damas de honor de Dorothy, incluida su hermana Nancy en calidad de primera dama de honor —de nuevo primera dama, ¿eh?—, procedían de la flor y nata de la sociedad estadounidense, así como la mayoría de los diez testigos de Prescott, seis de los cuales eran miembros de la sociedad secreta de Yale Skull and Bones, incluido su hermano Jim. Dotty trató de organizar el séquito nupcial según la altura, de modo que Isabel Rockefeller no sobresaliera por encima de Henry Sage Fenimore Cooper, y Prescott, con su metro noventa, no pareciera Blancanieves rodeado de siete enanitos.

| *Damas de honor:* | *Testigos:* |
|---|---|
| Nancy Walker | James Smith Bush |
| Elizabeth Trotter | Frank Parsons Shepard Jr. |
| Hope Lincoln | Knight Woolley |
| Mary Keck | George Herbert Walker hijo |
| Isabel Rockefeller | William Ellery Sedgwick James |
| Martha Pittman | John Shepley |
| Ruth Lionberger | Henry Sage Fenimore Cooper |
| | Richard Bentley |
| | Henry Porter Isham |
| | William Potter Wear |

Loulie Wear Walker se encargó de la mayor parte del trabajo en la boda de su hija, labor debidamente reconocida por el *New York Journal American*, que describió la ocasión como «brillante y tan perfecta en todos sus detalles como solo el buen gusto de la señora de G. Herbert Walker podría haber conseguido».

Dorothy confesó entusiasmada a sus amistades que había encontrado a su príncipe y que deseaba que vivieran felices y comieran perdices. No iba a llevarse una desilusión. Según rezaba el panegírico que escribió muchos años después para el funeral de Prescott: «Cuando hace cincuenta y un años prometió junto al altar "amarte y respetarte todos los días de mi vida", le hizo una promesa a Dios que nunca jamás olvidó, y brindó a su esposa la vida más dichosa que cualquier mujer pudiera imaginar».

Las cosas no podrían haber marchado mejor para la joven pareja durante su noviazgo. Sin embargo, la tragedia pronto interrumpió su dicha. El teléfono sonó una tarde de sábado, el 4 de septiembre de 1920, para informar a Prescott de la trágica muerte de su vivaracha madre de cuarenta y ocho años. Flora y el que era su marido desde hacía veintiséis años estaban en Watch Hill, Rhode Island, con su hijo pequeño, Jim, quien pronto iba a convertirse en el padrino de su hermano. Flora y Sam estaban celebrando tardíamente las bodas de plata en Ocean House, donde habían sido, según las páginas de sociedad, «huéspedes prominentes durante varios veranos». Habían decidido dar un paseo por Watch Hill Road al caer la tarde. Unos amigos pasaron a su lado en coche y retrocedieron para charlar con ellos al borde de la carretera. Otro coche que bajaba por la colina viró con brusquedad para evitar arrollarlos; pero en ese momento, Samuel Bush se apartó del coche de su amigo y Flora lo siguió. El conductor que bajaba por la colina pisó el freno a fondo pero no consiguió detenerse a tiempo. Flora murió al instante.

Las conmovedoras observaciones de Flora sobre lo efímero de la vida unidas a su pasión por los automóviles, todo esto recogido en las cartas que le envió a su marido durante el verano de 1908, se publicaron junto a los artículos de prensa sobre su trágica muerte.

Los Bush se reunieron con aflicción en Columbus, Ohio, para enterrar a Flora pocos días después del accidente. Tenían la sensación de estar malhadados por los funerales ya que se habían reunido con demasiada frecuencia durante los dos últimos años para enterrar a sus seres queridos: primero al padre de Flora, luego a su hermana y, en aquel momento, con el corazón destrozado, a la misma Flora.

Al verano siguiente, el 6 de agosto de 1921, los Bush y los Walker se reunieron en Kennebunkport para el tan esperado enlace. La novia estaba radiante, el novio era un joven apuesto y, a pesar de la Ley Seca, el champán corrió a raudales. Samuel Bush, con expresión más adusta de lo habitual, se sintió solo sin su vivaz mujer a su lado. Qué feliz hubiera sido Flora al ver a su «maravilloso hijo» bien casado. Prescott ya estaba más que preparado para dejar registro del apellido familiar en los anales de la historia.

# 3

Un banquero desastrado con una gorra de medio lado trata de vender manzanas a gritos en una acera en medio del ajetreo matinal de la hora punta. Un hombre distinguido con bombín negro pasea por su lado y balancea su bastón.

—Vaya, cuánto tiempo —lo saluda el vendedor de manzanas—. Nos vemos a la hora de comer en el Club de los Banqueros.

La caricatura mordaz del *New Yorker* captaba el revuelo financiero de finales de los años veinte al tiempo que el país comenzaba su descenso hacia la Gran Depresión. Las *flappers*, los gángsteres y los contrabandistas también marcaron la década junto a las partidas de linchamiento y el auge del Ku Klux Klan. Estados Unidos deseaba celebrar el fin de la guerra, pero millones de estadounidenses acabaron en el paro. Las empresas que producían bienes de consumo se vieron obligadas a recortar su producción debido a que los consumidores dejaron de comprar. Los niños bailaban el charlestón por unos peniques frente a los cines durante los intermedios y los mineros formaron sindicatos y se declararon en huelga. Aquellos con puestos en la industria, en particular los empleados del ferrocarril y los trabajadores del sector textil, sufrieron drásticos recortes en sus salarios. La popularidad de la compra por catálogo y el pago mediante un pequeño depósito había empujado la economía hasta el borde del precipicio. Igual que la compra de títulos a crédito en la bolsa. Durante el apogeo de la era del jazz, más conocida como los locos años veinte, se dispararon los récords de actividad bursátil cuando los estadounidenses de medios más que modestos comenzaron a especular y a comprar títulos. Sin embargo, en vez de comprar en efectivo, compraron acciones con poco dinero al contado (diez por ciento) y mucho a crédito (noventa por ciento). A continuación, utilizaron los títulos que habían comprado como garantía de créditos para poder seguir comprando más acciones. Cautivados por la fantasía de convertirse en millonarios, apostaron con un margen de riesgo muy alto engañados por la ilusión de estar invirtiendo. Al final, la burbuja especulativa estalló el Martes Negro, el 29 de octubre de 1929, cuando la bolsa se hundió.

En la década anterior a la caída del mercado bursátil, Prescott Bush era un simple viajante que se aferraba a varios trabajos. Aquellos puestos los llevarían a él y a su joven mujer de San Luis a Kingsport, Tennessee; de vuelta a San Luis y, a continuación, a Columbus, Ohio, donde trabajó para su padre durante varios meses. Veraneaban en Kennebunkport, donde el primer hijo de Prescott y Dotty, Prescott Sheldon Bush hijo, nació en 1922. Cuando la empresa de su padre fracasó, Prescott aceptó un trabajo en la Stedman Products, cerca de Milton, Massachusetts, donde nació su segundo hijo, George Herbert Walker Bush, en 1924.

Una vez que Bert Walker, o «Pop» como Dorothy llamaba a su padre, tuvo un nieto al que le habían puesto su nombre en su honor —de inmediato le colgaron la etiqueta de «Little Pop» o «Poppy»—, las cosas comenzaron a mejorar para los Bush... bien por coincidencia o bien de modo deliberado. Prescott consiguió un puesto en la U. S. Rubber Company de Nueva York «para promocionar las ventas» y, en 1925, la familia se trasladó a la pequeña y próspera ciudad de Greenwich, Connecticut (treinta mil habitantes), donde compraron su primera casa, en el número 11 de Stanwich Road. Si la casa de catorce mil dólares (148.560 dólares en 2004) fue comprada por Dorothy o si esta se limitó a estampar su firma es algo que se desconoce, pero Prescott no ganaba demasiado en aquella época.

Dorothy estaba embarazada de su tercer hijo, Nancy, quien nació en 1926. Bert le construyó a su hija una casa de una planta en su propiedad de Kennebunkport para que pudiera pasar los veranos en Maine con sus hijos mientras Prescott trabajaba en la ciudad. Bert también contrató a una pareja residente para que se encargara de la cocina y el jardín, a una niñera para que cuidara de los niños y diera masajes a Dotty y a una asistenta irlandesa llamada Lizzie Larkin para que se encargara de la limpieza del hogar.

Mientras gran parte del país se tambaleaba económicamente, Bert Walker volaba alto. Le envió un telegrama a su socio, Averell Harriman, quien estaba en Londres jugando al polo con el príncipe de Gales:

> Hemos cerrado lo de los caballos y el pago se hizo el pasado miércoles por una suma total de doscientos veinticinco mil dólares [2.092.378,65 dólares en 2004]. Los Belmont adujeron que el establo no estaba incluido en el último momento y que tenían una proposición de compra; sin embargo, insistí en que, tanto tú como yo, habíamos dado por supuesto que entraba en el trato y al final cedieron.

A pesar de que había heredado 9.842,59 dólares (noventa y dos mil dólares en 2004) del patrimonio de su madre, Prescott recordaría aquellos tiempos como una época de estrechez económica para él y su joven esposa. «Sé lo que es patear las calles todo el día y volver a una habitación de hotel extraña en una ciudad extraña, cansado y desanimado —dijo años después—. La señora Bush y yo sabemos lo que es estar endeudado hasta las cejas y creer que nunca íbamos a poder levantar cabeza. De hecho, pasamos años muy duros antes de que cambiaran las cosas y consiguiéramos ir saldando poco a poco nuestras deudas …»

Decidido a ser un buen proveedor para su creciente familia, Prescott continuó vendiendo revestimiento de goma para suelos durante dos años más hasta que su suegro movió los hilos dorados que transformaron a un viajante en un banquero. Prescott no olvidó aquel día.

«Recuerdo que dejé la U. S. Rubber el 1 de mayo de 1926 para convertirme en asociado de la W. A. Harriman and Company, sociedad dedicada a la inversión, cuyos socios mayoritarios eran Averell Harriman y su hermano, Roland —explicó en una entrevista recogida en una grabación—. El padre de la señora Bush,

G. H. Walker, era el director, pero Averell era el presidente ...»

No fuera a ser que el entrevistador asumiera que su ascenso profesional a vicepresidente de la W. A. Harriman and Company no era más que un caso de nepotismo, Prescott recalcó su amistad con Roland «Bunny» Harriman (Yale, 1917, Skull and Bones) al tiempo que afirmaba la confianza que su suegro tenía depositada en él. «Nosotros [Averell, Roland Harriman y G. H. Walker] lo hablamos y parecían estar convencidos de que yo podría tener potencial para aquel campo que querían explorar ... En cualquier caso, me ofrecieron un empleo.»

Pasar de vender revestimientos de goma para suelos a representar al prestigioso apellido Harriman en Wall Street insufló de energía a Prescott, quien contaba con treinta y un años cuando obtuvo el nuevo empleo. Se hizo socio del Club de Campo de Round Hill, en Greenwich, y comenzó a jugar al golf con su suegro, quien lo atrajo a la Asociación de Golf de EE.UU., de la que Bert era entonces presidente. Prescott seguiría sus pasos; formó parte del comité ejecutivo durante ocho años antes de que él mismo acabara convirtiéndose en presidente.

En 1926, la W. A. Harriman and Company era una compañía de corredores de bolsa especializada en títulos y bonos extranjeros. A través de sus filiales en Berlín, Alemania, abiertas en 1922, se convirtió en una de las primeras sociedades de inversión estadounidenses que ayudó en la reconstrucción de la industria europea tras la guerra. Puesto que estaba constituida como una sociedad suscriptora de acciones, a la compañía le estaba prohibido llevar a cabo cualquier tipo de actividad bancaria. De modo que, cuando los Harriman decidieron que deseaban abrir un banco privado para clientes de alta renta, recurrieron al compañero de clase y amigo íntimo de Roland, Knight Woolley (Yale, 1917, Skull and Bones), testigo en la boda de Prescott y padrino de su hijo George Herbert Walker Bush. En 1927, Woolley se convirtió en director general del banco privado conocido como Harriman Brothers and Company.

Las dos compañías —la W. A. Harriman and Company y la Harriman Brothers and Company— compartieron sus oficinas en el número 39 de Broadway después de que el contable de los Harriman comprara seis escritorios de tapa corrediza a un vendedor de muebles de segunda mano. «Se mire como se mire —recordaba Knight Woolley—, aquello era espantoso.»

Al cabo de pocos meses, las reuniones comenzaron a caldearse cuando se trataba de discutir la política general de los dos grupos. «Roland y Averell se decantaban por hacer negocios solo con dinero en efectivo y por no tener cuentas de margen —escribió Woolley en sus memorias—. El disidente era Bert Walker. Su compañía de San Luis llevaba cuentas de margen. De hecho, seguramente este tipo de cuentas constituían la columna vertebral de su negocio.»

Por entonces Woolley desconocía la problemática de las cuentas de margen, pero se oponía a ellas valiéndose del esnob NOCD, siglas de «Not Our Class, Dear» (Los de nuestra clase no, querido) como único argumento.

En aquella época, Ira Haupt & Co. ocupaba la mayor parte de una planta del número 39 de Broadway, el edificio Harriman —escribió Woolley en unas memorias que publicó por su cuenta para su familia—. En los días de ajetreo, sus clientes abarrotaban el vestíbulo, incluso las escaleras de incendio, adonde de vez en cuando se llevaban la comida. Los baños de caballeros estaban hechos un asco. Si aquello representaba a los típicos clientes de cuentas de margen, me oponía a las cuentas de margen.

Poco faltaba para que Woolley descubriera que prestar dinero a individuos con el propósito de comprar y vender acciones era desaconsejable y económicamente peligroso. Fue entonces cuando chocó con Bert, el pirata financiero.

Un día, Walker me pidió que fuera a su oficina —recordaba Woolley—. Estaba sentado en su enorme e imponente escritorio con mi balance de final de mes frente a él. Estaba anotando unas cifras en una pequeña libreta cuando alzó la vista y dijo: «A finales de la próxima semana nos viene una gran suscripción. Me gustaría liquidar algunos de nuestros préstamos ahora mismo de modo que podamos olvidarnos de los bancos durante una semana. Quiero que liquides de inmediato tus letras del tesoro, los préstamos a la vista y las letras aceptadas y que nos entregues el dinero. Te daremos un pagaré. Me figuro que tus activos serán suficientes. Más tarde, te devolveremos esos fondos».

Woolley consideró de inmediato aquella proposición como un «trato peligroso». Trató de mantener la calma y habló despacio.

Le expliqué los compromisos que teníamos con nuestros inversionistas y con el Banco de la Reserva Federal. Tenían nuestras cifras registradas y solían comprar nuestras letras aceptadas. En aquellos tiempos, los bancos privados como el nuestro no publicaban sus balances, pero los inversionistas tenían todo el derecho a creer que tratábamos nuestros asuntos como lo hacían los bancos públicos. Acabé diciéndole al señor Walker que lo sentía mucho, pero que no podía hacer lo que me pedía.

En cuestión de segundos ambos perdieron toda pretensión de compostura. Walker, quien no admitía insolencia alguna por parte de sus subordinados, se enfureció y se puso lívido cuando Woolley comenzó a gritarle. En ese momento, Averell Harriman entró en la habitación.

Sin esperar a que hablara Walker, me volví hacia Averell y rápidamente le puse al corriente de la petición que me había hecho Walker de todo el activo de la Harriman Brothers. También le recordé nuestros compromisos con el New York Fed así como con nuestros inversionistas ... Concluí diciendo que si Walker se salía con la suya, yo dimitiría de inmediato.

Harriman se hizo rápidamente con el control de la situación. «Knight, ¿podrías dejarnos, por favor? —dijo—. Quisiera tener una charla con Bert sobre esto. Ya te llamaremos luego.»

Ni Harriman ni Walker volvieron a hablar con Woolley sobre el asunto. «Se rumoreaba que a aquello le siguió una agria discusión —escribió Woolley—. También se rumoreaba que ya habían tenido otros encuentros anteriores. Tal como Pres Bush ... me informó más tarde, todo aquello condujo a que Bert tomara la decisión de jubilarse al cabo de nueve meses.» El asunto quedó resuelto por completo —demostrando que los temores de Woolley eran ciertos— cuando el pánico se apoderó de los compradores y los vendedores a crédito, lo que causó el hundimiento de la bolsa. Durante los meses siguientes, más de un millar de bancos cerraron. Los precios del sector agrícola cayeron en picado, las fábricas cerraron, se abrieron comedores de beneficencia y se formaron las primeras colas de mendigos para recibir comida gratis. Cuando la gente comenzó a saltar por las ventanas de Wall Street para no tener que enfrentarse a la ruina económica, Bert Walker estaba cómodamente instalado en el Walker's Point de Kennebunkport preocupándose por su dolor de estómago. Pero incluso él tuvo que reconsiderar la situación.

Cinco semanas y media después del crac en la bolsa de Nueva York, le escribió a Averell una carta de adiós con fecha del 6 de diciembre de 1929:

> Tal como te expuse la pasada primavera, estoy dispuesto a quedarme al margen si ese es tu deseo. En aquel momento tuviste la amabilidad de negarte en redondo y, si no has cambiado de parecer, te propongo continuar como hasta ahora durante otro año, haciendo ciertos cambios en la organización tal como ya discutimos y dejándote la disposición del trabajo del que desees hacerte cargo ... Me gustaría que a Pres se le designara ayudante del presidente para que se encargue de los detalles bajo mi dirección.

Las discusiones en relación con las compras a crédito junto con los achaques —en sus cartas aludía a dolores intestinales— condujeron a Bert a tomar la decisión de dimitir como presidente de la W. A. Harriman and Company. Al cabo de cinco meses, comenzó a desentenderse de casi la totalidad de las compañías Harriman, salvo de la Harriman Fifteen Corporation, la sociedad de cartera que Averell había creado para manejar sus inversiones personales en el transporte y la minería. En mayo de 1930, Bert Walker había retomado su posición privilegiada en calidad de presidente de la G. H. Walker and Company, donde continuó comprando y vendiendo a crédito tal como lo había hecho antes del hundimiento de la bolsa. Prescott, cuyos lazos personales con Roland «Bunny» Harriman y Knight Woolley se habían estrechado aún más, no estaba dispuesto a marcharse con su suegro.

«Dejé escapar un largo suspiro de alivio —confesaba Woolley, quien había ganado la discusión sobre las cuentas de margen—. Una de nuestras reglas tácitas más importantes era la prohibición de prestar dinero a individuos para la compraventa de títulos ... Con Walker fuera de juego, mi trabajo fue mucho más sencillo, seguro y, con mucho, menos enervante.»

Sin embargo, los negocios no mejoraron. Ningún empleado de las compañías Harriman había previsto el hundimiento de la bolsa y, meses después, la gente todavía no se había recuperado. En la primavera de 1930, Averell Harriman encargó a Prescott Bush que llevara a cabo un exhaustivo estudio financiero de todas las empresas Harriman. Prescott le entregó un informe severo que exigía recortes drásticos: las oficinas de Varsovia y París debían cerrarse y el presupuesto de la de Berlín no debía exceder de los dieciocho mil dólares al año. También contenía otras recomendaciones igual de rotundas. «Un repliegue como aquel era algo personalmente insultante —escribió el biógrafo de Harriman, Rudy Abramson—, pero Averell acabó por aceptar muy a su pesar.»

Las réplicas del hundimiento de la bolsa se hicieron eco en toda la comunidad económica internacional y afectaron incluso a los bancos más poderosos. Uno de los más respetados, el Brown Brothers and Company, sufrió unas pérdidas tan cuantiosas que se vio obligado a buscar nuevo capital. Los Harriman, con su patrimonio heredado de setenta millones de dólares (777 millones de dólares en 2004), fueron los primeros abordados. Las conversaciones pronto fueron más allá de un mero préstamo.

Se supone que la idea de una fusión entre las dos compañías surgió durante un viaje en tren a New Haven para acudir a otra reunión de Yale. Ellery James, quien trabajaba para la Brown Brothers and Company, compartía salón en un vagón privado con Knight Woolley y Prescott Bush, de modo que jugaron juntos a las cartas. Una conversación distendida sobre la gran cantidad de fusiones de bancos que estaban teniendo lugar condujo a posteriores conversaciones durante ese mismo año. Ambas partes coincidían en que sería beneficioso fusionar las compañías Harriman y la Brown Brothers. Los hombres que dirigían las empresas eran amigos íntimos, puesto que se conocían desde sus días como miembros de la

Skull and Bones en Yale. Robert A. Lovett (Yale, 1918), amigo de la infancia de los Harriman, había entrado a trabajar para la Brown Brothers and Company tras su enlace con Adele Quartley Brown, hija de uno de los socios más antiguos. El trato se cerró en cuestión de semanas. El único escollo fue el nombre.

Justificadamente orgullosos de su insigne reputación en los círculos económicos, James y Thatcher Brown insistieron en que su apellido sobreviviera a la fusión. Averell y Roland Harriman, quienes habían invertido más de diez millones de dólares en la nueva sociedad, insistieron de igual modo en que se incluyera el suyo. Al darse cuenta de que el trato podría romperse por una disputa así, los Brown y los Harriman al final acordaron presentar el asunto ante un comité compuesto por amigos de ambas familias. El resultado: la Brown Brothers Harriman and Company. La noticia se anunció el 12 de diciembre de 1930 en la primera plana del *New York Times*.

Wall Street alabó la fusión pues suponía una noticia muy buena en tiempos sumamente malos; en especial cuando se anunció el mismo día en que el Banco de Estados Unidos (sin conexión alguna con el gobierno, a pesar del nombre) había cerrado sus puertas. En aquellos momentos, el cierre del Banco de Estados Unidos, un banco comercial con cincuenta y nueve sucursales en Nueva York, fue la mayor quiebra de un banco en la historia estadounidense, de modo que la fusión de los Brown y los Harriman fue aplaudida en Wall Street. Un periodista económico la definió como «una fusión de aristócratas financieros, una asociación que une lo mejor de lo viejo y de lo nuevo». La alianza entre las dos familias supuso un acto de fe en la recuperación económica de la nación, y la noticia entusiasmó a todo el mundo pues prometía esperanzas de futuro. Con el capital de los Harriman, la categoría de los Brown y la energía y experiencia de los jóvenes socios, aquello iba a ser claramente el estandarte de las sociedades de inversión.

La mañana del 1 de enero de 1931, el día en que la fusión tuvo efecto, Prescott Bush se despertó siendo socio a pleno derecho de una empresa que parecía destinada a hacerlo más rico de lo que nunca se hubiera podido imaginar. Dorothy estaba embarazada de su cuarto hijo, Jonathan, así que Prescott decidió comprar una casa de ocho habitaciones para alojar a su cada vez más numerosa familia. Se trasladaron a una espaciosa casa victoriana en Grove Lane, rodeada por cerca de una hectárea de bosque, con grandes extensiones de césped, una entrada grandiosa y una cochera separada «para el servicio doméstico». Dotty financió la compra y la casa quedó a su nombre, pero en aquel entonces Prescott confiaba en que podría hacerse cargo de los altos pagos hipotecarios. También se hizo socio de un segundo club de campo y pagó los recibos de la afiliación familiar al Club de Campo de Flossy para que Pressy y Poppy pudieran ir a aprender a nadar y a jugar al tenis y al hockey sobre hierba. La joven Nancy comenzó a recibir clases de piano y Dotty apuntó a los dos niños a la Greenwich Country Day School. La familia acudía todos los domingos a la iglesia episcopal, donde Prescott, decidido a convertirse en uno de los pilares de la comunidad, ingresó en la sacristía. Mantuvo buenas relaciones con su suegro a pesar de la dimisión de Walker de la W. A. Harriman and Company.

Aunque el padre de Dotty era anticatólico a ultranza, de vez en cuando asistía a la iglesia presbiteriana con su fervientemente religiosa mujer, Loulie. «Es una pequeña fanática de la Biblia», dijo en una ocasión sobre su insistencia en la observancia de ciertos actos de devoción, incluida la prohibición de jugar a los dados, a las cartas y la de ir al cine los domingos. Dotty heredó la ferviente religiosidad de su madre y comenzaba todos los domingos leyéndoles oraciones personales a su marido e hijos en la mesa del desayuno.

«Eran pequeñas historias morales de tres a cinco minutos de duración ... sobre cómo vivir la vida —dijo William H. T. «Bucky» Bush, el hijo pequeño de Pres y Dotty—. Todos los domingos la familia al completo acudía a la iglesia. No había elección.»

Durante la semana, Prescott se consagraba a su nuevo puesto dentro de la Brown Brothers Harriman. «Una de mis responsabilidades consistía en ayudar a hacer aumentar los ingresos, a atraer nuevos clientes, empresas como la International Shoe Co., la Columbia Broadcasting Co. o la Prudential Insurance Co. —dijo Prescott—. Se necesitaba mucho don de gentes, sí, y en el transcurso de toda aquella actividad, me convertí en directivo de un gran número de empresas estadounidenses, incluidas la Simmons Co. (que fabrica camas y ropa de cama); la Dresser Industries Co., que es una empresa suministradora de pozos petrolíferos; la Prudential Insurance Co., que es la segunda compañía de seguros de vida del país; la U. S. Guaranty Insurance Co., que es una empresa de seguros de accidente, ahora conocida como la Federal Insurance Co.; la Columbia Broadcasting System (radio y televisión); ... la Pennsylvania Water and Power Co., y una empresa de New Haven llamada Rockbestos Manufacturing Co. Todas de campos diferentes ...»

Una vez que incorporó nuevos clientes a la empresa, explicó al servicio de asesoría financiera que la Brown Brothers Harriman estaba establecida. Ahora aconsejaban a los clientes a cambio de unos honorarios en vez de administrar sus cuentas sin retribución alguna. Fue la precursora del modo en que hoy en día trabajan las compañías de administración de capital. «Creamos un departamento de investigación de valores para poder asesorar de un modo más metódico a los Harriman, quienes poseían una buena cartera de valores en bastantes empresas ... cuando hablábamos con alguien que nos decía: "Mire, tengo medio millón de dólares y no sé cómo funciona este mercado. ¿Qué debería hacer?", nosotros le respondíamos: "Bueno, ¿por qué no deja que nosotros lo hagamos por usted? Llevamos los asuntos de los Harriman, nuestros socios, los de la mujer de fulanito, los de los niños, los de mi propia mujer, etc., etc... Podemos hacer por usted lo que hacemos por nosotros ...". Así es como creamos las sociedades de inversión.»

Brown Brothers Harriman era un banco de negocio privado para los muy ricos. «[Una] cuenta a aquel departamento de asesoramiento financiero basado en honorarios salvo que pudiera rendirnos un millar de dólares al año, que viene a ser la mitad del uno por ciento sobre un capital de doscientos mil dólares ... No voy a decir que fuimos los pioneros. Ya existían algunas empresas dedicadas al asesoramiento financiero. Sin embargo ... fuimos los pioneros entre la gente de nuestra clase.»


En la primavera de 1931, el gobierno alemán dictaminó una *Stillhalte,* o moratoria en el pago de la deuda externa, que congeló todos los activos en divisas del país.

Tal medida no había sido prevista y el Estado alemán nunca antes la había puesto en práctica, pero sus bancos estaban en crisis y sus marcos no tenían valor a causa de la hiperinflación. El derrumbamiento de su economía tuvo enormes ramificaciones internacionales y condujo a la agitación política que llevó a Adolf Hitler al poder en 1933.

Para los socios de la Brown Brothers Harriman, quienes respondían ilimitadamente de todos los compromisos de la empresa, la *Stillhalte* fue devastadora. El buque de la BBH parecía en peligro de volcar bajo el peso de sus deudas alemanas y tuvo que enfrentarse a una quiebra financiera.

«Nuestra nueva empresa … necesitaba conseguir un total de casi diez millones de dólares, más o menos la suma de nuestro capital», dijo Knight Woolley.

«Las cuentas de reserva de capital de algunos de nuestros socios acabaron en números rojos —dijo Prescott Bush—. En otras palabras, la empresa perdió tanto capital, al menos en teoría, que estábamos con el agua al cuello. Yo era uno de ellos.»

Los «socios rojos», incluidos Woolley y Prescott, le debían a la compañía cientos de miles de dólares. Ambos contrataron un seguro de vida por la cantidad que debían. La compañía comenzó a vender sus deudas alemanas con una pérdida neta del veinte por ciento. Aun así, los Harriman todavía tuvieron que aportar un capital adicional de diez millones de dólares para que la empresa siguiera siendo solvente y lo bastante fuerte para continuar en el negocio de la consultoría.

«Averell y Roland hicieron una de las cosas más generosas que he visto hacer nunca —escribió Woolley—. Averell dijo, y cito: "Es completamente ridículo que Roland y yo pretendamos dirigir una sociedad bancaria con los principales socios endeudados con la compañía. Los beneficios deberían repartirse entre los 'socios rojos' en el mismo porcentaje que tenían antes". En otras palabras, saldrían al mismo tiempo de los números "rojos".»

A pesar del alivio que suponía que los beneficios fueran primero a saldar el déficit de sus cuentas, los «socios rojos» seguían andando cortos de dinero. «No teníamos con qué pagar el alquiler o las facturas del tendero —dijo Woolley—. En una de las reuniones con los socios importantes, se discutió este tema en profundidad. Averell y Roland Harriman propusieron que cobráramos un salario. En calidad de único soltero, me preguntaron con qué creía que podría vivir, dentro de lo razonable. Les dije que con unos dieciséis mil dólares (197.700 dólares en 2004). A continuación se acordó que los socios casados percibirían el doble de esa cantidad, treinta y dos mil dólares (395.000 dólares en 2004). Esta disposición continuó igual durante muchos años.»

Durante los siguientes cuatro años, los «socios rojos» lucharon para aportar a la empresa suficientes clientes como para saldar sus deudas. Nadie mencionaba las dificultades económicas de la firma por miedo a que comenzaran a circular rumores sobre su insolvencia, lo que sin duda alguna los dejaría fuera del mercado. «Puede que hubiera gente que lo sospechara, pero nunca comentábamos nuestros asuntos privados con nadie... ni ahora tampoco —dijo Prescott Bush, en una entrevista que permaneció sellada hasta su muerte—. Seguramente le estoy hablando a usted acerca de esto con mayor libertad de lo que jamás lo he hecho con nadie, y espero que no se sepa nada hasta después de muerto.»

En 1935 la empresa ya había recuperado su estabilidad económica y las deudas de los socios estaban liquidadas, pero Prescott conservó la sensación de inseguridad económica durante muchos años después. En 1946, rehusó presentarse a la Cámara de Representantes porque todavía no era económicamente independiente. Había sido elegido moderador del Consejo Municipal de Representantes, que era como ser el presidente sin sueldo de la Cámara en Greenwich (cuarenta y un mil habitantes), cargo que ocupó durante diecisiete años. Ayudó a recaudar dinero para los candidatos republicanos a la presidencia, Alf Landon en 1936 y Thomas Dewey en 1944, pero no sería hasta años después que creería poseer suficiente dinero como para presentarse al cargo público. Su mujer dijo que si no hubiera tenido tantos niños en escuelas privadas y las obligaciones económicas que eso comportaba, habría entrado en la política nacional mucho antes. Reflexionó con nostalgia: «Habría sido presidente de Estados Unidos».

Se tratara del peso económico de ser un «socio rojo» o la sobriedad natural de los oriundos del Medio Oeste, Prescott y Dorothy vivieron con bastante sencillez en comparación con otros habitantes de Greenwich, quienes poseían casas con establos, piscinas y canchas de tenis.

«Disfrutábamos de una posición acomodada, pero no se nos consideraba ricos. Al menos según el baremo de Greenwich —aseguró Prescott Bush hijo—. Recibíamos una paga de diez centavos a la semana, que iba aumentando ... Con diez centavos podíamos comprar un helado Good Humor. Todos esperábamos que nos tocara un palito de la suerte, porque si te tocaba un palito de la suerte entonces te daban otro helado Good Humor gratis.»

La mentalidad de la Depresión gobernaba la casa. «Mi madre insistía mucho en el ahorro —dijo Jonathan Bush—. En el club de tenis servían Coca-Colas, pero a nosotros no nos estaba permitido consumirlas allí. Teníamos que bebernos las nuestras en casa porque eran más baratas ... Y heredábamos la ropa de nuestros hermanos mayores. Nunca estrené nada nuevo hasta que fui a la universidad.»

Nancy Bush Ellis recuerda que la suya fue «una vida bastante normal», sin lujos ni veranos espléndidos en Europa. «Mi padre decía que era demasiado complicado llevarnos a todos —dijo—. ¿Y la casa? La prensa trata de poner por las nubes el asunto de las propiedades de Greenwich, pero ¿ha visto la casa? Es una bonita casa de tejas planas y delgadas. Y punto.»

«Nunca tuvimos la sensación de que nuestro padre poseyera ningún tipo de riquezas —aseguró Jonathan—. Teníamos una cocinera, una sirvienta y un chófer, pero otros niños tenían muchos más empleados.»

Prescott hijo, se burla de la «pretenciosa» descripción de su hermano. «Llamar a Alec "chófer" es el mejor chiste de todos los tiempos... Johnny no sabía de lo que hablaba. George y yo nos subíamos a la parte de atrás del pequeño modelo A de Ford de mi padre y era él quien conducía hasta el tren. A continuación, se bajaba y Alec nos llevaba al colegio. En realidad, Alec era antes un jardinero. Nos llevaba al colegio, sí, pero no se pasaba todo el día esperando a que mi madre dijera: "Trae el coche al frente".»

Con el tiempo, el modelo A de Ford fue reemplazado por un enorme Oldsmobile negro; sin embargo, el ritual matutino continuó siendo el mismo durante los ocho años que los chicos fueron a la Greenwich Country Day Schoool. El recuerdo más vívido de la infancia parece ser el miedo visceral que todos le tenían a su padre.

«Mi padre daba bastante miedo —George H. W. Bush explicó al entrevistador televisivo David Frost—. ¿Recuerda la pose de "Habla bajito y lleva un gran bastón" de Teddy Roosevelt? Mi padre hablaba a gritos y llevaba el mismo bastón. Conseguía atraer nuestra atención con bastante rapidez.» Ya de adulto, George aludiría con frecuencia a las palizas que les propinaba su padre. «Siempre estaba hablándome de las palizas que le daba su padre, de hecho lo azotaba con una correa», dijo Cody Shearer, una amistad de la familia que viajó con George durante todo 1980. Cuando el historiador Garry Wills le preguntó a George si alguna vez le había resultado difícil discrepar de su padre, Bush se quedó perplejo. «En la vida se me ocurrió discrepar. Es decir, él era una cosa así [alza la mano derecha hasta tan arriba como puede] y yo era aquel niño pequeño de allá abajo.»

El primo de George, el doctor Ray Walker, psiquiatra, interpreta el comportamiento de George como dejarlo tranquilo para vivir tranquilo. «Siempre apaciguaba a su padre. Luego, más tarde, apaciguó a sus jefes. Así es como se relaciona con los demás, sin definirse nunca ante la autoridad.»

Como muchos hombres de su generación, Prescott Bush creía en el castigo físico. Conservaba la autoridad sobre sus hijos con un cinturón, una correa de cuero para afilar la cuchilla de afeitar o, incluso, una raqueta de squash.

«Infundía un miedo terrible —aseguró Ray Walker—. Intimidaba a mi padre, intimidaba a todo el mundo … Era el tipo de persona distante, alta, segura de sí misma y sentenciosa.»

Osborne Day, compañero de clase de George Bush en Andover y Yale, conservaba un vívido recuerdo de Prescott. «Me tenía muy preocupado el no ser lo bastante educado con él —confesó—. Supongo que podría decirse que le tenía miedo. No es que hubiera oído nada espantoso de aquel hombre, pero era un tipo serio y, si uno era tan joven como yo entonces, lo tratabas como a una persona mayor muy seria.»

«Si nos portábamos con mala educación, si no observábamos las

sutilezas de la etiqueta, nos ponía encima de su rodilla y nos azotaba con su cinturón —dijo Prescott, hijo—. Tenía una mano firme y,
chico, vaya si lo notábamos … Era un cabrón duro de pelar.»

«De niños todos le teníamos miedo a mi padre —admitió Jonathan Bush—. Todos y cada uno de nosotros … Mi padre no era
cosa de broma.»

«Mis hermanos le tenían más miedo que yo —aseguró Nancy
Bush Ellis, quien añadió que estos la enviaban a ella cuando tenían
que pedirle algo a su padre—. Yo era la mensajera.

»Recuerdo que una mañana, Pres le habló con descaro a mi
padre y este le dijo que dejara la mesa. Cuando estaba subiendo las
escaleras, no sé por qué, volvió a hacerle un desplante a mi padre
y este le arrojó el periódico que seguía doblado en tres partes.
Cuando Pres dijo: "¡Ja, has fallado!", mi padre se levantó de un
salto y fue detrás de él. Yo grité: "¡Lo va a matar!" y mi madre contestó: "No, no va a matarlo".»

Dorothy era tan dura como su marido en lo referido a la disciplina infantil. «Oh … Ella no se lo dejaba todo a él —aseguró Prescott, hijo—. Era ella quien llevaba la batuta, pero si alguna vez
necesitaba apoyo o tenía la impresión de que no nos lo había dejado lo bastante claro, entonces intervenía él … De pequeños le
teníamos pánico a nuestro padre.»

Existía una razón adicional por la que tenerle miedo al temperamento de Prescott Bush, aunque sus hijos nunca admitieron, ni
siquiera de adultos, el problema de su padre con el alcohol.

Su madre negaba las borracheras cuando estas acontecían y les
decía a los niños que en realidad no habían visto lo que estos sabían
que habían visto. «Era como esa frase: "¿Qué vas a creer? ¿Lo que te
digo o las mentiras de tus ojos?"», dijo Charles Kelly, asesor financiero graduado en la facultad de derecho de Yale y conocido de la familia. Ni un caudillo era más dictatorial que Dorothy Walker Bush en
lo referente a la negación de la realidad. Les decía a los niños que su
padre tan solo «no se encontraba bien» y que eso era todo. Jamás se
puso en entredicho, jamás. Cuando Prescott estaba borracho o con
resaca, ella echaba a los niños diciéndoles que «Vuestro padre ha
estado trabajando mucho y necesita un poco de paz y tranquilidad».

«Su padre no es que estuviera loco por los niños —dijo Mary

Carter Walker, la amiga de la infancia de Dotty, en San Luis, quien se casó con el hermano de Dotty, Herbie Walker—. Así que Dotty los hacía salir a hurtadillas por la puerta de atrás para que no lo molestaran.»

«Prescott era un hombre apuesto que contaba con la admiración y el respeto de sus contemporáneos —admitió Charles Kelly—, pero de todos era conocido que era un alcohólico de primera línea.»

El hermano de Prescott, James, también era alcohólico. Los archivos del FBI demuestran que se le obligó a dimitir como vicepresidente del First National Bank of St. Louis debido a su desmedida afición a la bebida. Nunca bebía en el trabajo, no obstante, según los archivos del FBI, de vez en cuando no acudía a la oficina durante días debido a sus juergas secretas. Se había casado en cuatro ocasiones y divorciado en tres. Su segunda mujer, Janet Newbold Rhinelander Stewart, declaró bajo juramento sobre su alcoholismo ante el FBI. También le dijo a su hija que James le había pegado estando borracho.

Como su hermano, Prescott solía limitar sus borracheras a los clubes de campo o a los lugares como el Hartford Club, un exclusivo club solo para hombres en Connecticut.

«Yo era botones en el Hartford Club —dijo Earl Balfour—, lo que significaba hacer de ascensorista y ocuparse de la centralita y del guardarropa. Aquellos eran nuestros principales medios de ingresos. Prescott Bush era un tipo tacaño que jamás daba propinas. Entraba, subía al piso de arriba y te enviaba abajo a por puros y una copa. Jamás dio una propina, ni a los camareros ni a los botones. Aquello siguió igual durante semanas. Al final, nos las ingeniamos para vengarnos. Siempre que aparecía por allí borracho y quería ir al piso de arriba, lo subíamos en ascensor y parábamos a unos ocho centímetros de su planta, así, cuando fuera a salir, caería de morros cuan largo era. Justo cuando estaba tropezando, nosotros decíamos: "Vigile el escalón, señor".»

Las borracheras secretas de Prescott se consideraban un defecto moral vergonzoso en aquella época. La predisposición genética al alcoholismo haría estragos entre sus hijos en los años venideros y los obligaría a sobrellevar el problema de alguna manera. Nancy

Bush se casó con un hombre que se convirtió en alcohólico, y algunos de sus hijos sufrieron graves problemas con el consumo de drogas. Lo mismo ocurrió con los hijos de George H. W. Bush. El legado del alcoholismo de Prescott llegó a ser tan destructivo para la dinastía como lo fue la negación de su existencia para su familia directa. Sin embargo, la negación fue la única manera en que Dorothy Bush consiguió sobrellevar aquel defecto aislado en el que de otro modo era, para ella, un marido perfecto.

Aquel secreto jamás mencionado ni comentado en la familia, ya no digamos con los demás, fue la causa de que George creciera con un miedo patológico al autoanálisis, un miedo que proyectó en su vida pública. De adulto, se alejaba de cualquier cosa que pudiera sacar a la luz el miedo que había enterrado de pequeño. Se sentía tan amenazado por cualquier tipo de análisis, que de antemano se avisaba a los entrevistadores de que no lo llevaran al diván con sus preguntas.

«¿Va a seguir con toda esa mierda de paparruchas psicoanalíticas?», preguntó George sobre una entrevista con David Frost.

«O sea que ¿esto va a tratar de dónde vengo, un retrato psicológico?», le preguntó George a Gail Sheehy.

«¿Es un artículo psicoanalítico?», le preguntó a Maureen Dowd, demostrando una vez más su deseo obsesivo de guardar los secretos y evitar el autoanálisis.

George aprendió de su madre a mantenerse siempre ocupado para evitar el escrutinio personal. Al haber heredado la ardorosa y encarnizada competitividad de su padre, Dotty educó a sus hijos para que creyeran en la religión difícil de sobrellevar del deporte. El primer mandamiento: destacar como atleta. Sin miedo a nada, se presionó a sí misma y a los niños para que llegaran al límite de la resistencia física, a veces de un modo bastante temerario.

«La casa de Greenwich estaba rodeada por un bosque y, no sé cómo, pero sabíamos que ella quería que trepáramos a todos y cada uno de aquellos árboles —dijo George—. Algún vecino nos veía y se acercaba para avisar a mi madre. "No les pasará nada", respondía ella. Nosotros la oíamos y se esfumaban todas nuestras reticencias. Claro que acabábamos con arañazos y moretones … sin embargo, aquello no parecía perturbar a nuestra madre o la confianza que tenía depositada en nosotros.»

Dotty obligó a George, que era zurdo, a jugar al tenis con la mano derecha. En consecuencia, desarrolló un servicio algo aparatoso pero se hizo ambidiestro, lo que le permitía hacer unos restos espectaculares. Dotty también lo obligó a jugar al golf con la mano derecha, lo que al final le agarrotó las muñecas y le impidió jugar. En béisbol, lanzaba con la izquierda, pero bateaba a la derecha. Admitió que, si hubiera bateado como zurdo que era, podría haber sido mejor puesto que el izquierdo era el ojo bueno. Sin embargo, no tuvo el valor de desafiar a su imperiosa madre.

«La señora Bush tenía poder sobre sus hijos —dijo su amigo Fitzhugh Green—. En el tema que nos atañe, tal vez lo utilizó con imprudencia.»

Un día a finales de agosto, en Kennebunkport, Dotty y el joven Pressy llevaron su pequeño barco de vela, el *Shooting Star*, hacia las aguas tempestuosas frente a la costa de Maine. Ni siquiera los caprichos de la naturaleza consiguieron hacer flaquear su instinto competitivo. Un vecino vio desde la orilla que les estaba entrando agua y llamó a Prescott padre. George y él se dirigieron hacia allí a toda velocidad en la lancha motora de la familia, la *Tom Boy*, para rescatar a madre e hijo antes de que volcaran. Prescott hijo recuerda el enojo de su padre.

«¿Cómo se te ocurre, Dotty? ¿Cómo se te ocurre?»

Sin apenas inmutarse, Dotty mantuvo el rumbo contra el viento a pesar de no ver nada, tal como dictaba el grado de superación de la familia.

«La señora Bush era bastante dura en lo referente a la competitividad —recordó Jack Greenway, uno de los compañeros de clase de George en Andover—. Creo que competir con ella era un rito que había que pasar en la familia … Cuando le llegó el turno a Nancy, tuvo que disputar un partido [de tenis] con ella. Jugaron tantos sets en el Round Club Hill de Greenwich que la señora Bush tuvo que ser llevada derecha al hospital de Greenwich para que la rehidrataran.»

Más de cincuenta años después, George recordaba el carácter combativo de su madre. «Recuerdo con total claridad la planta de los pies de mi madre. Sí, estaba jugando al tenis con una mujer mucho más joven llamada Peaches Peltz, allá por 1935. El juego de Peaches era fluido. El de mi madre era tenaz. Mi madre se despellejó literalmente la planta de los pies.»

A la familia le encanta explicar la anécdota en la que una Dotty embarazada de nueve meses, de su primer hijo, jugaba al béisbol en Kennebunkport. «En su último turno consiguió un *home run* —dijo George—, y sin saltarse ni una base, según me contaron, salió por la derecha del campo hasta el hospital para dar a luz a Pres.»

«Tuve que decidir bien pronto que, como nuera, no se la podía vencer, tenías que recostarte en la silla y disfrutar de su compañía —dijo la mujer de George, Barbara Bush—. De recién casada, me ganó jugando al paddle con la mano derecha y luego con la izquierda.»

Incluso a sus setenta años, Dotty mantuvo su ritmo agotador. «Recuerdo estar jugando al gin rummy con ella en Greenwich mientras se recuperaba de una fractura de pierna —recordaba una amistad cercana a la familia—. Me dijo que se la había roto durante el Open de Estados Unidos. Su familia estaba viendo la televisión, pero hacía un día tan bonito que quiso ir a dar un paseo. No consiguió que nadie se despegara del televisor, así que salió sola. Perdió pie y cayó cuando estaba trepando a una rama; se rompió la pierna. Se quedó tendida sobre las hojas durante un par de horas, incapaz de moverse, hasta que pasó por allí un niño en bicicleta. Le dijo: "Señora Bush, ¿qué está haciendo ahí, en el suelo?". Ella le contó lo que había ocurrido y él se ofreció a ir a avisar a la familia. Ella le dijo: "Oh, no. Se enfadarán mucho si lo haces porque están viendo el Open de Estados Unidos". Que Dios nos proteja de molestar a cualquiera que esté viendo deportes.»

Jonathan Bush recordaba el día en que su madre ofreció cinco dólares a cualquiera de sus hijos varones que le pudiera ganar al tenis. George, con dieciséis años por entonces, aceptó el reto. Los niños apostaron por George.

«Todo el mundo quería que ganara él, y al final lo consiguió. Ella estaba en plena forma. Fue un partido feroz, los dos estaban empapados de sudor cuando terminaron.»

Dotty organizaba competiciones dentro de la familia y clasificaba a todo el mundo según su destreza en la natación; el tenis; el fútbol americano donde no hacen falta los placajes, solo que el adversario te toque con las manos; el fútbol americano jugado de rodillas; el béisbol con pelota blanda; la pulga; el ajedrez; la pesca; el golf, y el golf de interior. Incluso instaló una mesa de ping-pong en el vestíbulo de la casa de Greenwich y todo aquel que pasaba por la puerta principal era retado.

Los deportes se convirtieron en una metáfora de la vida para Dotty quien juzgaba el carácter de la gente según su juego en el tenis. «Ha dado algunos pases buenos», significaba que era una pésima jugadora y una persona mediocre. «No sabe llevar la cuenta de los tantos», significaba que nunca llegaría a nada en la vida. «Sube a la red» era un gran halago y designaba a ese hombre para el éxito.

Sus hijos, quienes se disputaban su atención, asimilaron estos juicios y se esforzaban por complacerla. Los retaba constantemente —carreras, competiciones de natación, cartas— y siempre jugaba para ganar en todo sin echarse nunca atrás.

Los niños no siempre observaban el «juego limpio» como parte de la competición. A veces su deseo de triunfar aniquilaba el espíritu deportivo, en especial el de George, quien jamás superó su necesidad de victoria, ya fuera para complacer a su madre o para impresionar a su padre. «No soporto perder —dijo—. Lo importante no es participar.»

Durante los veranos de su infancia en Kennebunkport, George conoció la horma de su zapato en un joven igualmente competitivo llamado Bill Truesdale, el mejor navegante de la clase de veleros de unos tres metros y medio de eslora conocidos como *catboats*, de un solo mástil y una orza. Bill Truesdale era el eterno ganador, verano tras verano, de la competición anual. Una noche, antes de una gran regata, George bajó y ató un cubo a la orza de Truesdale. Al día siguiente, las embarcaciones, unas quince, fueron remolcadas río Kennebunk arriba hasta la línea de salida junto a la costa. Cuando dieron el disparo de salida, todo el mundo arrió la vela.

«Soplaba una ligera brisa y el bote de Truesdale apenas se movía —recordaba Jonathan Bush—. Al principio pensó que algo le pasaba al barco y, frustrado, comenzó a golpearlo con un zagual. ¡Zas! ¡Zas! Cuando llegó a tierra se enteró de lo que había hecho George. Lo persiguió durante días. George estaba sentado en el porche y oíamos: "¡Por ahí viene Truesdale!" y salía disparado. Aquel grito lo oímos todo el verano: "¡Por ahí viene Truesdale!".»

Para los Bush, la anécdota ilustra el amor de George por gastar bromas. Otros podrían considerar la historia del sabotaje del barco de un amigo para privarle de la victoria como algo más que una travesura de adolescente, como la concepción que tiene de la competición, algo que se concretaría en las posteriores campañas políticas de George. Sin embargo, nadie negaría que los niños aprendieron de sus padres a jugar para ganar.

A menudo, el ambiente competitivo entre los Bush y los Walker en Kennebunkport era tenso, incluso aterrador. «Recuerdo alguna que otra pelea con piedras allá arriba —dijo Louise Mead Walker, esposa de John Walker, el hijo de George Herbert Walker hijo—. En mi familia, cuando los domingos los hombres volvían del golf para comer, la pregunta siempre era: "¿Ha ido bien la partida?". En Kennebunkport, la pregunta siempre era: "¿Ganasteis?".»

Cuando George ya era algo mayor, al más pequeño de sus hermanos, Bucky, le regalaron uno de esos juegos de una bolita en un laberinto y ganó a George con facilidad. Bucky se fue a la cama orgulloso de haber ganado a su hermano mayor, quien había estado en la guerra, estaba casado y ya era padre. Al día siguiente, George le pidió la revancha con naturalidad. George ganó sin problemas. Los miembros de la familia, que estaban al corriente, estallaron en carcajadas. George se había quedado levantado hasta tarde para perfeccionar su juego y tenderle una emboscada a su hermano pequeño, catorce años menor que él.

«Tanto mi madre como mi padre eran feroces contendientes —dijo Prescott hijo—. Era sumamente importante que compitieras y te esforzaras al máximo [pero] también que aprendieras a ser un buen perdedor ... En otras palabras, a perder con dignidad, aunque lo odiaras ... aunque te sacara de tus casillas, tenías que mantener la compostura y no lanzar la raqueta ... o si estabas jugando a la pulga y no acertabas el tiro que te costaba la partida, no podías lanzar el cuenco.»

¿Y si lo hacías?

«Bueno, nos azotaban o teníamos que pasarnos un buen rato en nuestras habitaciones o algo por el estilo.»

Prescott y Dotty tampoco consentían ni los insultos ni las fanfarronadas. Tal como la señora Bush le explicó a un entrevistador: «No podía soportar la vanidad».

La persecución tenaz y orgullosa de la victoria siempre tenía que ir acompañada de una modestia gentil. «No podías volver a casa y decir que habías jugado bien un partido —dijo Jonathan Bush—. No se hablaba de uno mismo. Era de mal gusto.»

George Bush recordaba haber sido abofeteado por su arrogancia cuando tenía ocho años. Había dicho que pensaba que aquel día no tenía un buen juego. «Mi madre se abalanzó sobre mí. "Estás aprendiendo, ¡no tienes un juego! Trabaja más duro y tal vez algún día lo tendrás."»

Los Bush educaron a sus hijos para ganar y para que asumieran su superioridad como ganadores aunque disfrazando en todo momento dicha asunción. La humildad impuesta, así como guardar secretos, era considerada la personificación de la buena educación. Lo más probable es que los Bush no hubieran apreciado la perspicacia de Mark Twain, quien dijo: «La buena educación consiste en ocultar la alta consideración en la que nos tenemos a nosotros mismos y la baja en la que tenemos a los demás».

# 4

En los años treinta, los ferrocarriles nacionales se vieron envueltos en una serie de quiebras, que nada tenían que ver con la Depresión, y el Senado de EE.UU. quería conocer la razón. Así pues, la Comisión de Comercio Interestatal empezó a celebrar audiencias para investigar los complicados planes financieros que iban enriqueciendo a banqueros y corredores de bolsa y al tiempo arruinaban los ferrocarriles.

En cabeza de la acusación se situaba el nuevo senador por Missouri, Harry. S. Truman, que había fracasado en el ramo de la confección masculina. El senador Truman, partidario del New Deal (Nuevo Trato) desde el momento de su elección, apoyó todos los programas del presidente Roosevelt a fin de sacar el país de la Depresión: la Works Progress Administration (Administración de Obras Públicas), la Social Security Administration (Administración de la Seguridad Social), la Public Utility Holding Company Act (Ley sobre Empresas de Servicios Públicos) y la Rural Electrification Administration (Administración para la Electrificación Rural). Estaba decidido a desenmascarar la mala administración financiera de los ferrocarriles y a reformar el sistema de transporte nacional.

Un reducida parte del problema global implicaba la reorganización de la compañía Missouri Pacific y la subsiguiente financiación que llevó a su quiebra. La rapiña fiscal, el escándalo Enron de aquellos días, robó a los empleados y llevó a la ruina a directores y accionistas, mientras los potentados del mundo de las finanzas y sus abogados de empresa acabaron llenándose los bolsillos con dinero procedente de sobornos. Desempeñó un importante papel en el saqueo George Herbert Walker, a quien se citó para prestar declaración ante el senador Truman el 17 de noviembre de 1937.

Bert entró en la sala de audiencias del Senado en Washington con sus abogados de Cravath, De Gersdorff, Swaine, and Wood. Incluso con traje y corbata, tenía el aspecto de un corpulento boxeador con un preparador y un cuidador a cada lado, dispuesto a quitarse el protector de dentadura a cada asalto y a arremeter de nuevo cuando sonara la campana. Como antiguo campeón amateur de peso pesado en San Luis, estaba acostumbrado a aporrear brutos; pocas trazas tenía de digno adversario el pequeño senador con sus gafas de montura metálica.

Con unas cuantas preguntas diplomáticas, el senador Truman demostró que George Herbert Walker había sido presidente del consejo de administración de Gulf Coast Lines cuando la Missouri Pacific se hizo con el control de dicha empresa en 1925. Por aquel entonces, Bert era además presidente de W. A. Harriman and Company, banqueros del ferrocarril y socio principal de G. H. Walker and Company, la empresa de corretaje que más tarde vendió el ferrocarril. Bert reconoció que había informado a su consejo de administración de que los beneficios de las ventas pasarían a la W. A. Harriman and Company, si bien faltó a su deber de ponerle al corriente de que la entidad bancaria no era más que un receptor provisional para su propio provecho.

Bert Walker declaró que de los 518.680,80 dólares (5.519.620 dólares en 2004) de beneficio neto de la venta, había recibido personalmente 173.387,57 dólares (1.845.130 dólares en 2004). Otros 72.244,84 dólares (768.804 dólares en 2004) pasaron a su empresa de corretaje, G. H. Walker and Company, y otra cantidad establecida en un importe 43.346,90 dólares (461.283 dólares en 2004) pasó a la W. A. Harriman and Company, firma de la que era presidente.

La Comisión de Comercio Interestatal consideró sus distintos honorarios como una «compensación excesiva», si bien la defensa de Bert se basó en que él había trabajado en el trato, «una negociación prolongada», durante diez años sin la menor remuneración. «Jamás cobré un penique del ferrocarril como indemnización

—dijo—. Ni siquiera les cobré casi nunca mis desembolsos varios.»
En lugar de obtener un salario por sus servicios, dijo que insistió
en trabajar gratuitamente hasta el momento de vender el ferrocarril a una compañía de más envergadura. «Quería tener el derecho
a la venta y a sacar la comisión luego.»

Bert nunca se avergonzó de aquellos formidables beneficios
que, según sus abogados, eran perfectamente legales. Tampoco le
incomodó que el abogado de la comisión del Senado señalara que
el importe bruto de la indemnización sumaba más que los salarios
y los gastos de todos los empleados del ferrocarril. Bert encogió los
hombros como diciendo: «Los negocios son los negocios».

Un mes más tarde, el senador Truman intervino en el Senado
para atacar con vehemencia Wall Street y el mal mayor del culto al
dinero, todo lo que representaba George Herbert Walker. Truman
arremetió contra la «situación procesal y legal» en las gigantescas
suspensiones de pagos y reorganizaciones que habían destruido los
ferrocarriles. Calificó el bufete legal de Walker del «súmmum de las
altas esferas de la abogacía, [que] recurre a unas trampas que harían sonrojar a quienes persiguen ambulancias en busca de cadáveres que presentar al forense», y echó la culpa de la quiebra de los
ferrocarriles a la salvaje y desenfrenada codicia:

> Rendimos culto al dinero y no al honor. Consideramos que hoy
> en día un multimillonario tiene más valor ante los ojos de todos
> que un funcionario que trabaja por el interés público. Poco impor-
> ta que dicho multimillonario se haya enriquecido a base del sudor
> de los niños y la sangre de la fuerza de trabajo mal remunerada. La
> salvaje codicia junto con lo que he descrito llevó a la Depresión.
> Cuando la llamada banca de inversión carga constantemente de
> deudas las grandes compañías de transporte a fin de vender valo-
> res a las cajas de ahorros y a las compañías de seguros para poder
> conseguir comisiones, a la larga el pozo se seca.

Las acusaciones del senador sobre malabarismos con las acciones y otros engaños por parte de abogados, corredores de bolsa y
banqueros constituyeron portada en *The New York Times*. Un año
después, Truman presentó un proyecto de ley para reorganizar los
ferrocarriles y situarlos bajo la normativa de la Comisión de Comer-

cio Interestatal. Dicho proyecto de ley, conocido como Ley Wheeler-Truman, fue rubricada por el presidente Roosevelt en 1940. Sin
darse cuenta, George Herbert Walker había contribuido a la consecución de un nuevo éxito para el New Deal al que casi despreciaba tanto como al presidente del New Deal.

«Uf, papa odiaba a Roosevelt —recordaba su hija Dotty—. Lo
odiaba. Roosevelt conseguía exaltarle.»

Este era uno de los muchos sentimientos que Bert Walker compartía con su yerno. Prescott vituperaba asimismo a Franklin D. Roosevelt y muchos años después de la muerte del mismo dijo: «El único hombre al que he odiado de verdad está enterrado en Hyde Park».

«En la primera época del New Deal, a la comunidad financiera
no le entusiasmaba, ni mucho menos —decía Prescott—, y el hecho
de que Averell estuviera a favor nos ayudaba muy poco en Brown
Brothers Harriman. En realidad, era algo así como un obstáculo que
había que salvar de vez en cuando. Algún importante cliente de la
empresa podía comentar: "¿Qué demonios hace tu socio con ese
puñado de rojos comunistas y socialistas? ¿Qué significado tiene
esto?". Nosotros nos lo tomábamos a broma diciendo: "Nada, resulta
que Averell quiere dedicar un tiempo a los intereses nacionales, le
apetece intentar hacer algo por su país, y si el presidente desea utilizarlo como embajador de Rusia, ¿por qué no?, él va a prestarse a
ello". Y fue un buen embajador de Rusia. Estuvo en los más altos
niveles ahí en la administración Roosevelt.»

Por aquel entonces el único demócrata que quedaba en la familia de Bush era Samuel, el padre de Prescott, quien se había vuelto a casar unos años después de la muerte de su esposa. Asesoró a
Herbert Hoover sobre la situación del empleo en Ohio y presentó
informes a la Organización del Presidente sobre Ayuda al Desempleo. Para entonces Samuel había vendido la casa que habían construido él y Flora y se trasladó con su nueva esposa, Martha, a una
propiedad en el campo en Blacklick (Ohio). Escribió una carta a sus
hijos el 14 de mayo de 1940 en la que les hablaba con orgullo de
una nota que había recibido del vicepresidente de la Pennsylvania
Lines West, en la que le pedía que aceptara el cargo de director general de la Pennsylvania Lines West de Pittsburgh:

… el único caso en el que se ha invitado a regresar a un directivo que había abandonado la empresa. Esto significará mucho para mí, pues tras la partida de L. F. Loree, quien se mostraba más bien hostil conmigo, ya que yo no cedía ante unas prácticas que no me parecían ni honorables ni juiciosas, queda demostrado que los demás directivos valoran mi valía.

A diferencia del padre de Prescott, a George Herbert Walker le tenían sin cuidado las prácticas honorables o juiciosas. Tenemos un ejemplo de ello en su participación en un plan para extraer el último residuo de provecho de su inversión en Silesian-American Corporation, empresa estadounidense propiedad parcial de los Harriman que explotaba minas en Polonia.

La inversión en Silesian-American se hizo en 1926, siete años antes de que Hitler fuera declarado dictador de Alemania. La adquisición se convirtió en un problema moral en 1935, cuando Hitler estableció las leyes de Nuremberg, que desposeían a los judíos alemanes de sus derechos como ciudadanos. Los inversores de Silesian-American, quienes se echaban a las espaldas la moralidad, mantuvieron sus participaciones. Cuando los nazis invadieron Polonia en octubre de 1939, se hicieron con el control de las minas Silesian-American. La empresa estadounidense, incapaz de compensar a sus accionistas por la adquisición por parte de los nazis, se declaró en bancarrota. Bert Walker y Brown Brothers Harriman, en lugar de absorber los 2,4 millones de dólares de pérdidas de su inversión, decidieron trabajar con la Alemania nazi.

Puesto que EE.UU. no permitía el comercio directo con los nazis, Bert ideó un plan para que un banco suizo, actuando como pantalla de los propietarios alemanes de Silesian-American, comprara las acciones de los propietarios estadounidenses y liquidara las cuentas con los accionistas. Desgraciadamente, el pago suizo tenía que proceder de los minerales extraídos en Polonia en colaboración con los nazis. Aun así, Bert y Brown Brothers Harriman esperaban que su enrevesado plan pudiera parecer lo suficientemente inofensivo para conseguir la aprobación de EE.UU.

En un memorándum confidencial, Ray Morris, de Brown Brothers Harriman, escribía a Roland Harriman: «Esta mañana hemos mantenido reuniones de empresa con Silesian-American y Silesian Holding, y Bert Walker no ha fallado, de forma que el voto ha sido unánime a favor de aceptar la propuesta de la empresa suiza y dar los pasos necesarios para ponerla en práctica».

El gobierno de EE.UU. congeló el plan siguiendo las órdenes del ejecutivo de Roosevelt de prohibir las transacciones exteriores que pudieran ayudar a los nazis. El insistente negociador estableció de nuevo el plan para una nueva propuesta, pero fue rechazado otra vez. Impertérrito, Bert lo intentó por tercera y última vez; el Departamento del Tesoro volvió a darle con la puerta en las narices. Iba contra la política de este país cualquier trato empresarial con la Alemania de Hitler después de la invasión de Polonia.

La disposición mostrada por George Herbert Walker y Brown Brothers Harriman de negociar con Alemania no era algo insólito en aquella época. Al igual que BBH, unas cuantas empresas estadounidenses habían abierto sus oficinas en Berlín después de la Primera Guerra Mundial y se resistían a acabar con aquella fuente de ingresos. Otras, como Sullivan and Cromwell, el bufete de Nueva York de John Foster Dulles, quien había de convertirse más tarde en secretario de Estado con Eisenhower, adoptaron una postura de principios.

Poco después de 1935, cuando ya nadie podía negar la persecución de los judíos, Dulles tuvo que hacer frente a la sublevación de los asociados. Como informa Townsend Hoopes en su obra *The Devil and John Foster Dulles*, los abogados con los que se había asociado Dulles le comunicaron que estaban dispuestos a renunciar en bloque antes que seguir trabajando con la Alemania de Hitler. Dulles protestó enérgicamente, aduciendo las enormes pérdidas de beneficios que provocaría abandonar las transacciones alemanas. Los socios se mantuvieron firmes en su decisión. Por fin, Dulles capituló «llorando».

Donde no hubo lágrimas fue en la reunión de Brown Brothers Harriman, donde Knight Woolley y Prescott Bush eran los socios ejecutivos. En realidad su participación en Union Banking Corporation entre 1924 y 1942 les dejaba al descubierto ante posibles acusaciones de trato con el enemigo.

Union Banking Corporation existía tan solo para provecho de

Fritz Thyssen, industrial alemán que había heredado un imperio de acerías, minas de carbón y bancos. Conoció a Averell Harriman, el descendiente del magnate de los ferrocarriles E. H. Harriman, durante los años veinte, cuando ambos viajaban por Europa. Thyssen habló a Harriman de la creación de un banco en Nueva York para proteger sus intereses financieros estadounidenses y le pidió que se integrara en su consejo de administración. Harriman pasó el asunto a su hermano Roland, quien estuvo de acuerdo en formar parte de dicho consejo con algunos de sus socios. El banco estadounidense de Thyssen, filial de su banco holandés de Rotterdam, nació en 1924 y tuvo su sede en las oficinas de Brown Brothers Harriman, en el 39 de Broadway, en Nueva York. El banco, UBC, abrió una cuenta de inversión con Brown Brothers Harriman, que gestionó Prescott, y el banco de Thyssen pagaba sumas de inversión a BBH. Todo esto se mantuvo perfectamente legal y bastante rentable tanto para Thyssen como para Brown Brothers Harriman durante diez años. La cuestión adquirió relevancia moral en los años treinta, cuando Hitler subió al poder y empezaron a llamar a Thyssen, uno de los primeros partidarios del Tercer Reich, el «Ángel de Hitler».

Sin embargo, Roland Harriman no tuvo que enfrentarse a unos socios indignados. En Brown Brothers Harriman a nadie le inquietó que el banco de Thyssen pudiera ser en realidad una tapadera nazi. Nada se planteó sobre la ética de seguir aceptando dinero de un hombre cuyas memorias llevaban como título *I Paid Hitler*.

Mientras las tropas alemanas azotaban Europa, absorbían Austria, golpeaban Checoslovaquia, expoliaban Polonia, se tragaban Dinamarca, Noruega y Suecia, se apoderaban de Luxemburgo y Bélgica, invadían Francia y bombardeaban las islas Británicas, en Brown Brothers Harriman nadie levantó la voz para censurar que siguieran con sus vínculos comerciales con Alemania.

La remuneradora relación entre Fritz Thyssen y Brown Brothers Harriman siguió durante otros dieciséis años. Las sumas procedentes de la inversión de BBH se detuvieron de repente en mayo de 1940, cuando los nazis invadieron los Países Bajos. Siguiendo órdenes del ejecutivo de Roosevelt, quedaron bloqueados todos los activos holandeses en EE.UU., incluyendo los de UBC, la sociedad de cartera holandesa de Thyssen.

El presidente Roosevelt no había mantenido en secreto el deseo de llevar a su país a la guerra. En su decimoquinta alocución a los ciudadanos, el 6 de enero de 1941, afirmó: «Jamás ... se había encontrado la civilización estadounidense en un peligro tan grave». Advirtió que los nazis pretendían «utilizar los recursos de Europa para dominar el resto del mundo». Y concluyó: «Debemos convertirnos en el gran arsenal de la democracia».

Incluso los socios más obtusos de Brown Brothers Harriman tenían que ver a la fuerza que en poco tiempo EE.UU. se levantaría en armas contra Alemania. Uno de sus principales asociados, Averell Harriman, vivía en Londres con el cargo de ministro plenipotenciario en Inglaterra con el cometido de acelerar el traspaso de bienes y servicios al país aliado, a Gran Bretaña. Con esto en mente y los activos de UBC bloqueados por orden del ejecutivo, por fin Knight Woolley escribió el 14 de enero de 1941 una carta al supervisor de banca de Nueva York en la que expresaba su preocupación en cuanto a la asociación de Brown Brothers Harriman con la Union Banking Corporation de Fritz Thyssen:

> Mis asociados se han planteado seriamente la retirada del consejo de administración. Consideran que, de entrar EE.UU. en la guerra, pasarían cierta vergüenza a causa de su relación con el banco, pese a que no poseemos intereses financieros en Union Banking Corporation ni participamos de sus beneficios. Su función se limita a la dirección como cuestión de cortesía empresarial.

Woolley olvidó mencionar la lucrativa inversión de Union Banking Corporation de la que había disfrutado BBH durante dieciséis años. El director expresaba su total «confianza» en la dirección de BBH y comentaba que el departamento «se sentiría satisfecho si estos caballeros consideraran la posibilidad de mantenerse en el consejo de administración durante este período de incertidumbre».

La relación entre Brown Brothers Harriman y Fritz Thyssen, quien por fin se había desvinculado de Hitler, saltó a la palestra el 31 de julio de 1941 con un artículo de portada en el *New York Herald Tribune*. Su titular: THYSSEN POSEE 3.000.000 DE DÓLARES EN EFECTIVO EN LAS CÁMARAS ACORAZADAS DE NUEVA YORK. Y como subtítulo:

«Puede que Union Banking Corporation esconda los ahorrillos de los gerifaltes nazis a los que había apoyado».

El artículo, en el que se citaba a Prescott Bush como director asociado con una única participación de UBC, incluía la correspondencia entre Knight Woolley y el director del banco de Nueva York. Esto apunta a que Brown Brothers Harriman había prestado su total colaboración al periodista en cuanto a la historia entre «Mister Harriman y Herr Thyssen», como se les llamaba en el artículo de prensa.

La carta de Knight Woolley afirmaba que la preocupación básica de la empresa era la del «bochorno», pues se la relacionaba públicamente con el financiero de Hitler. No se encuentra en ella expresión alguna de indignación en el sentido moral, y mucho menos de repulsa por el apoyo previo de Thyssen al Tercer Reich. La inquietud se centra más en las apariencias, ya que Woolley resta importancia a la relación entre Brown Brothers Harriman y el ex nazi llamándola «cuestión de cortesía empresarial».

El *New York Herald Tribune* afirmaba: «Esta [relación] se produjo, evidentemente, en un momento en que era casi imposible prever el embrollo mundial actual y en el que la cortesía formaba parte de la rutina cotidiana en las relaciones bancarias internacionales».

Ningún otro periódico trató el tema, que permaneció dormido durante muchos años. La sociedad entre Prescott Bush y Union Banking Corporation no vio la luz de nuevo hasta que John Loftus, ex fiscal del Servicio de Crímenes de Guerra Nazis del Departamento de Justicia, decidió en 1994 estudiar sus acuerdos con Brown Brothers Harriman durante la Segunda Guerra Mundial.

«Si Prescott Bush estuviera aún vivo —dijo John Loftus en 2002— haría lo que estuviera en mi mano para acusarle de haber ayudado y apoyado al enemigo en tiempos de guerra.»

Loftus afirmaba que, como socio inversor ejecutivo de su empresa, Prescott Bush se beneficiaba inmoral e injustamente de los ingresos de una empresa relacionada con los nazis que posteriormente fue embargada por la Oficina de la Propiedad Extranjera de EE.UU.

En calidad de ex presidente del Museo del Holocausto de Florida, Loftus se ocupa de cuestiones serias. Dejó el Departamento de

Justicia para investigar hasta qué punto las centrales de inteligencia estadounidenses habían contratado ex nazis, y cuenta con distintas publicaciones sobre el tema. Sin embargo, en este caso no existen pruebas que apoyen su acusación de que Prescott Bush fuera cómplice de los nazis.

Mientras Prescott y sus socios nunca sacaron el tema, Loftus cree erróneamente que UBC siguió en activo hasta 1942; y no era cierto. Todos los activos de UBC quedaron congelados en 1940, por consiguiente es injusto afirmar que el silencio de Prescott y sus socios les convierte en cómplices de la práctica traidora de negociar con el enemigo.

Por muy censurables que pudieran ser las prácticas de la empresa de Prescott en cuanto a moralidad, las negociaciones con UBC eran legales, siendo como era una empresa de propiedad holandesa. Las sensacionalistas afirmaciones que han circulado por internet sobre el hecho de que Prescott Bush consiguiera su fortuna familiar a costa de las víctimas de los nazis son una terrible exageración. No existen documentos de la inteligencia de esta época que apunten a que Prescott compartiera los ideales nazis o apoyara el rearme de Alemania. Al contrario, se le presenta como un simple hombre de negocios cortado por el mismo patrón que su suegro, George Herbert Walker, cuya primera, última y constante prioridad fue la de ganar dinero.

El fragor de la guerra en Europa quedaba amortiguado en Greenwich (Connecticut) cuando iban creciendo Pressy y Poppy. A ellos les aterrorizaba mucho más su autoritario padre que las bombas de Hitler, sobre todo a Pop o Poppy, quien se aferraba a su hermano mayor en busca de protección ante el mal genio de su progenitor. Los dos muchachos insistieron en compartir habitación, y Poppy entró en la escuela un año antes para poder seguir al lado de su hermano. Por aquel tiempo, Prescott hijo era más corpulento y fuerte que George, a pesar de una catarata congénita que le cegaba un ojo y de la cojera en una pierna a raíz de una lesión. Si bien Poppy era mejor atleta, veneraba a su hermano mayor por el hecho de que Pressy se enfrentaba a su padre y en alguna ocasión incluso le desafiaba.

«No muy a menudo —afirmó Prescott hijo muchos años después—. No muy a menudo.»

«Pero George nunca», dijo su hermano Jonathan.

«Su padre era un hombre muy austero, una persona fría, fría, fría —comentaba George «Red Dog» Warren, un amigo de la infancia—. A George le encantaba mi padre, pues era extrovertido, amable y bromista. Tal vez por ello George y yo fuéramos tan buenos amigos. Él me puso el apodo de Red Dog, aunque ya no recuerdo por qué. Lo que sí recuerdo es que cuando mi padre estaba en casa él buscaba cualquier ocasión para aparecer por allí.»

Después del colegio de Greenwich al que asistieron como externos, mandaron a los muchachos al internado de Phillips Andover, Massachusetts, conocido por aquel entonces como «supercantera de Yale». Estaba clarísimo que los hijos de Prescott Bush irían a la universidad. En aquella época, Andover era como un Yale en miniatura, desde su alumnado exclusivamente masculino hasta la obligatoriedad de vestir traje y corbata, pasando por sus sociedades secretas. De los 215 muchachos que compartían aulas con George en 1942 en Andover, 96 fueron a Yale.

«Andover significó más para mí que Yale —dijo George muchos años después—. Ahí tenías que leer *Guerra y paz* y aprender lenguas. Te obligaban a estudiar, te obligaban a pensar. Al entrar en aquel lugar di un paso de gigante respecto a tantos otros chicos que se quedaron ahí fuera en el sistema educativo estatal. Fui un privilegiado.»

Conocido como Poppy incluso en la escuela, George pasó a formar parte de la tradición de Andover. Superó sus mediocres calificaciones (C+) con un destacado historial atlético, que se cita de manera destacada en un libro dedicado únicamente a los deportes de Andover: «El juego de Poppy Bush durante toda la temporada le situó entre los grandes futbolistas de la historia de Andover». En el anuario de 1942 de su clase figura un listado de veinticinco actividades (la media de la clase se situaba en diez), entre las que se incluyen capitán de béisbol, capitán de fútbol, equipo universitario de baloncesto, presidente de la clase de séniors y presidente de las sociedades griegas. Conformaban el resto de sus actividades los consejos escolares y la participación en clubes y sociedades.

La mención más reveladora de la lista es el Premio Johns Hopkins, trescientos dólares a «dividir entre los estudiantes que no habían recibido sanciones por ausencias o retrasos durante el año». Como es lógico, Poppy Bush era un buen chico, simpático, puntual y respetuoso. Pese a obtener unas calificaciones apenas aceptables, se dedicaba a repartir cantorales en el servicio religioso diario, a pasar la bacineta en la iglesia y sacudía los borradores para los profesores después de las clases.

«No sé si puede juzgarse la vida de alguien por las entradas en el anuario escolar —dijo Bush en el boletín de los ex alumnos de Andover en 1989—, lo que en realidad me motivaba, lo que me encantaba en aquella época era el deporte. Disfrutaba compitiendo en deportes. No era especialmente un buen estudiante.»

Nadie discute su menor rendimiento escolar, ni siquiera su compañero de habitación. «La habitación que compartimos en el último curso en Andover fue testigo de muchas charlas intelectuales entre estudiantes —decía George "Red Dog" Warren—. En poquísimas ocasiones participó Bush en ellas; disfrutaba más bien bromeando y manteniéndose al margen. George no era un intelectual, ni siquiera poseía curiosidad intelectual. Era más de los de "misión cumplida" [un emprendedor].»

Hart Leavitt, profesor de lengua inglesa de Yale, estuvo a punto de suspender a Poppy Bush. «Se limitaba a permanecer sentado en clase y a entregar hojas. Su mentalidad me inspiraba muy poco respeto. No demostraba imaginación ni originalidad —comentaba Leavitt—. En mi clase, era un alumno que no se significaba, colaboraba muy poco. Un muchacho agradable, pero nada más. Tenía la pinta de la ilustración de la portada de The Preppy Handbook que salió hace un tiempo. Tuve muy poco trato con él fuera de clase.»

En Andover, el entrenador de baloncesto, Frank DiClementi, quien tenía mucho más contacto con George, lo ponía por las nubes. «Desde el primer día que lo vi supe que era alguien especial. Procedía de una familia que sabía qué era lo más importante. Siempre apremiando. Poppy fue capitán de béisbol y de fútbol, jugaba siempre hasta el último minuto en cada partido, pero tuve que convencerle de que abandonara el baloncesto. Le daba miedo quitar a otro muchacho una plaza en el equipo. Había un muchacho judío apodado Ovie que abandonó la escuela al ver que no le nombraban para ninguna de las sociedades griegas. Le convencieron para que volviera, y Poppy fue el primero que se hizo amigo de él, y consiguió incluso que entrara en el equipo de béisbol. En una ocasión, una bola alta rebotó en la cabeza de Ovie y cayó en el guante de un jugador de campo, y Poppy le felicitó por la asistencia.»

A raíz de una enfermedad en el último curso —una infección producida por estafilococos en el hombro, que degeneró en hepatitis—, George pasó quince días en el Hospital General de Massachusetts y una larga temporada en cama en casa, recuperándose. «Estuvo a un paso de la muerte antes de que consiguieran controlar la situación», afirmó Prescott Bush hijo. A consecuencia de ello, George tuvo que repetir el último curso y pasar cinco años, en lugar de cuatro, en Andover.

El tiempo libre permitió que Poppy volviera al colegio secundario más alto, más fuerte y saludable. «Se le veía centrado, bien parecido, el ejemplo perfecto de quienes maduran más deprisa al poseer lo mínimo para conseguirlo —comentaba William Sloane Coffin, compañero de clase en Andover, quien, como capellán de Yale en los sesenta, entró en conflicto con George sobre el tema de los derechos civiles y la guerra de Vietnam—. Muchos de los estudiantes que he conocido se mantienen muchos años inmaduros, pero es porque tienen muchos aspectos que madurar. Bush no poseía tanto de entrada.»

En un sondeo de opinión en la clase, Poppy Bush no se situó en cabeza en ninguna categoría, pero al igual que su hermano Pressy, consiguió el segundo lugar en el apartado del estudiante con «Mayor capacidad de atracción», en reconocimiento a los «intentos de ganar aceptación ante los profesores utilizando medios exageradamente sospechosos; de sobornar a los profesores con halagos a la espera de mejorar las notas». Se situó en tercer lugar como «Mejor alumno completo», «Mejor atleta», «Más respetado», «Más popular» y «Más guapo». No llegó a los tres primeros en las categorías de «Político», «Mujeriego» o «Mayor probabilidad de éxito».

A pesar de todo, era representativo de su clase. En una de las encuestas realizada por *Phillipian*, se preguntaba a los estudiantes: «¿Consideras a largo plazo más importantes los estudios, las amistades o los deportes?». La mayoría optó por las amistades. El periódico concluía: «La mayoría llegó a Andover con la idea de establecer contactos».

«Poppy Bush era muy popular, muy simpático y todo el mundo le admiraba como persona —opinaba Henry See, otro compañero de clase de Andover—. Era de aquellas personas que cuando las miras piensas: "Ojalá yo fuera tan popular como él, tan listo como él".» Achacaba la popularidad de Bush a su afán por caer bien y su capacidad de complacer a todo el mundo. «Te llevaba a creer que tú y él opinabais lo mismo en determinados temas, pero pensándolo bien, lo que hacía él era asentir y dejarte deducir que opinaba lo mismo que tú. No recuerdo ni una sola ocasión en la que adoptara una postura concreta con respecto a algo polémico.»

En Andover, a los profesores se les llamaba *masters,* a las clases *recitations,* y no había nada tan importante como la hombría. En las reuniones semanales se recordaba a los estudiantes que: «Otras escuelas tienen muchachos. Andover tiene hombres». La divisa de Andover, *Non Sibi,* significa «No para uno mismo». Se esperaba que los hombres de Andover se ajustaran a las normas. «El código básico de Andover —se afirma en *Phillipian*— da por supuesto que cada estudiante es de entrada y ante todo un caballero.»

La personificación de Andover era el coronel Henry Lewis Stimson, secretario de Guerra, quien fue presidente del consejo de administración de la Academia y el ex alumno que más honores recibió, habiendo servido en el mandato de cinco presidentes. Stimson fue presentado por un alumno en el curso de 1942 como «la viva estampa de nuestras tradiciones y nuestro sistema de vida, quien da ejemplo a toda la nación, la prueba viviente de que el camino de Andover es el camino de quienes guían las fortunas de las naciones».

El 7 de diciembre de 1941, Poppy Bush pegaba una buena paliza a George «Red Dog» Warren en una partida de ping-pong en el club de su sociedad secreta, AUV, cuando se enteraron de que los japoneses habían bombardeado Pearl Harbor y matado a 2.403 estadounidenses. Los muchachos abandonaron las palas y se fueron corriendo a su residencia. Estados Unidos estaba en guerra.

El director de la escuela convocó una reunión; se izó la bandera, se interpretó el himno nacional. «Caballeros, deben permanecer atentos —dijo— y no moverse de aquí.» Los estudiantes se pusieron de pie como un solo hombre.

Al día siguiente, el periódico de los estudiantes proclamaba: «Formamos piña contra el enemigo común: el peligro amarillo de los nipones».

La disciplinada vida de Andover se sumergió de pronto en la instrucción diaria sobre ataques aéreos, las clases de primeros auxilios, los cursos de radio y señales. Los estudiantes corrieron a enrolarse, a pesar de que el director les había pedido encarecidamente que siguieran en la escuela.

«No podían aceptarnos a todos a la vez —dijo Ken Keuffel, compañero de clase—. Todos queríamos ofrecernos como voluntarios. Éramos muy patriotas.»

«El ataque contra Pearl Harbor galvanizó a todo el mundo —comentaba Henry See—. Todos queríamos servir a nuestro país. Considerábamos que nuestro deber era el servicio.»

«Mi primera reacción fue la de una gran impresión, casi de incredulidad —recordaba George Bush—. No comprendía muy bien los asuntos del mundo. Mis intereses se centraban en la temporada de fútbol que acabábamos de concluir invictos, en la de baloncesto y béisbol que se avecinaba. Quedaban unas semanas para las vacaciones de Navidad y después llegaría la graduación. Supongo que surgió la típica reacción estadounidense de que lo mejor sería hacer algo al respecto. Recuerdo que todo el país se unió al instante con un objetivo común, y mi sensación visceral fue la de la mayoría de los jóvenes de mi país: deseábamos luchar por nuestra patria.»

Poppy escribió a sus padres diciendo que tenía intención de unirse a aquellos jóvenes y gallardos hombres con casco, gafas protectoras y chaquetas de cuero. «He decidido enrolarme como aviador naval —decía—. Sabía que quería ser piloto. Y no sé por qué, pues jamás he volado.»

Sus padres le suplicaron que siguiera en la escuela y fuera luego a Yale, aduciendo que tendría tiempo más tarde para servir a la bandera. A pesar de que dos de sus compañeros de clase se habían alistado ya, prometió a sus padres que esperaría como mínimo hasta después de la graduación.

Su padre fue nombrado presidente nacional de la campaña de la United Service Organizations de recogida de fondos para la guerra con el fin de reunir dinero para sus organizaciones. «Poco después de Pearl Harbor, nos marcaron como objetivo la cifra de 32 millones de dólares —dijo—. A mí me pareció una suma pasmosa, pero John D. Rockefeller Jr. consideró que no era una tarea insalvable ... Recuerdo que, cuando estábamos a punto de empezar la gran ofensiva, una mañana llegamos al despacho de nuestra organización y encontramos una carta que me dirigía Rockefeller. Abrí el sobre y de él cayó un cheque por valor de un millón de dólares.»

Prescott superó el objetivo establecido y reunió 33 millones de dólares (377 millones de dólares de 2004) para la USO. Le tributaron los honores correspondientes a tales esfuerzos en 2001, cuando se descubrió el edificio USO de Prescott Bush en Camp Casey (Corea del Sur). En la ceremonia de dedicación estaba presente su hijo, George Herbert Walker Bush.

Cuando Poppy volvió a casa desde Andover para pasar las vacaciones de Navidad en 1941, asistió a un baile en el club Round Hill de Greenwich. Allí se fijó en una bonita muchacha morena y pidió a un amigo que se la presentara. Él y Barbara Pierce permanecieron sentados charlando durante las dos piezas siguientes, pues él no sabía bailar el vals. Ella había aprendido a bailarlo en la escuela de danza de Miss Covington en Rye, Nueva York, pero solo sabía dirigir. «Mi madre me decía: "No puedes hacer siempre de chico". Lo que ocurría es que yo no quería quedarme fuera. Medía metro setenta a los doce años y pesaba ya sesenta y cinco kilos.»

Cuando Barbara conoció a Poppy Bush tenía dieciséis años y había adelgazado. No había salido aún con nadie, ni siquiera le habían dado un beso romántico; sintieron una atracción instantánea, algo nuevo, que les llenó de esperanza. Algunos parientes les recuerdan como dos potrillos persiguiéndose en un ruedo. «Eran dos muchachotes que jugaban a encerrarse uno a otro en los armarios —comentaba la tía de George, Mary Carter Walker—. Realmente dos muchachotes.»

Barbara jugaba al fútbol en Ashley Hall, su escuela femenina en Charleston, Carolina del Sur; también practicaba el tenis y afirmaba ser capaz de contener la respiración y hacer dos largos de piscina bajo el agua, lo que le hacía ganar puntos ante los Bush, tan amantes del deporte. Su propia madre ponía freno al interés de Barbara por los deportes diciéndole que era algo «no apropiado para una dama». Pauline Robinson Pierce habría preferido una hija más femenina, menos revoltosa que aquella joven desgarbada y fuerte que constantemente chocaba contra las mesitas de anticuario y rompía delicadas piezas de porcelana china. Barbara, la tercera de cuatro hijos, había pasado la mayor parte de su vida en el papel de hija patito feo de una dama bella y elegante. Su hermana mayor, Martha, esbelta y terriblemente seductora, fue portada del *Vogue* en 1940. Barbara, por desgracia, tenía la complexión de su padre, más huesuda. Su madre la trató siempre como si fuera un electrodoméstico de desecho. Como defensa, la muchacha comía constantemente e iba desarrollando una lengua cáustica.

«Me parecía una chica realmente mala y sarcástica [cuando éramos pequeñas]», decía June Biedler, compañera de la infancia de la que Barbara se reía porque tartamudeaba. Aquella crueldad, apuntaba Biedler, podía ser la consecuencia de tener «una madre que la trataba bastante mal».

A diferencia de George, Barbara no estaba nada unida a sus hermanos ni a su hermana. No podía competir con esta, cinco años mayor que ella, y se encontraba en medio de los dos hermanos. Jim, el mayor, tenía problemas de comportamiento y Scott, el pequeño, problemas físicos (un quiste en el tuétano del hueso del hombro) que inquietaban a sus padres. Barbara estaba resentida porque no le prestaban atención o no le mostraban afecto. Todo ello lo compensaba de la forma más adusta, desarrollando una personalidad irritable y peleona.

En su investigación sobre la atracción entre Barbara Pierce y George Bush, Marjorie Williams escribía en *Vanity Fair*: «La mayoría de sus amigos no sabe cómo reaccionar si se les pregunta qué es lo que consolidó la pareja con tanta rapidez. A menudo la respuesta se reduce a la pertenencia a la misma clase social, a que, como precisó la temible madre de George, ambos eran "sensibles, de caracteres compatibles"».

Dicha clase social, basada tan solo en la cuestión de las escuelas privadas y los selectos clubes, les ofreció un lugar de encuentro, pero la vinculación afectiva procedía más bien de sus necesidades emocionales.

Probablemente al conocerse no se percataron de hasta qué punto se complementaban. Ambos habían vivido sensaciones de rechazo a raíz de tener un padre o una madre fríos o austeros. Barbara, que tenía una relación desgarrada con su madre, y George, que se entendía mal con su padre, encontraron juntos el refugio emocional. En realidad, con los años, Barbara se inventó de nuevo a sí misma a imagen de la madre de George.

«George comprendió qué tipo de persona era Barbara en cuanto la conoció —dice su amigo Fitzhugh Green—. Había visto aquellas características en su madre: una mujer con carácter y personalidad fuertes, directa y sincera, una persona que disfruta al aire libre y con las personas, especialmente los niños, y siente una inclinación especial por la vida casera. Quien haya conocido a la madre y a la esposa habrá visto que son del mismo tipo.»

George y Barbara se habían acostumbrado al castigo corporal, George a la correa de su padre y Barbara a la percha de madera de su madre.

Ambos conocieron los estragos del alcoholismo; una misteriosa coincidencia: uno y otra tuvieron un tío alcohólico llamado Jim, cuyas rupturas matrimoniales provocaban profundo dolor y consternación a sus familias. Incluso el pariente más ilustre de Barbara, un primo remoto, Franklin Pierce, el decimocuarto presidente de Estados Unidos de América (1853-1857), era alcohólico. La insidiosa enfermedad con sus predisposiciones genéticas había extendido sus tentáculos en las raíces de los árboles genealógicos de las dos familias.

En el ámbito político, ambos procedían de familias republicanas que despreciaban a los Roosevelt; los padres de George detestaban a Franklin, mientras los de Barbara no soportaban a Eleanor.

A un nivel de atracción más elemental, Barbara y George conseguían que el otro se sintiera como alguien especial: ella se vio atractiva por primera vez en su vida y él comprobó que alguien le adoraba. Como dijo su hermano Jonathan: «Ella estaba loca por él. Y a George le parece perfecto que alguien esté loco por él».

Después de las vacaciones de Navidad, cuando los dos adolescentes volvieron a sus respectivos colegios, empezó la correspondencia. Poppy invitó a Barbara al baile del último curso y a su graduación, el 8 de junio de 1942.

El secretario de Guerra, Henry Stimson, pronunció el discurso de graduación, animando a los hombres de Andover a ir a la universidad y a esperar que la guerra les llamara. Pintó con excesivo realismo que la batalla era inevitable ante los muchachos y sus padres cuando anunció la muerte de cuatro jóvenes ex alumnos, ocurrida de forma trágica en unas maniobras de entrenamiento, así como la primera víctima de Andover en combate, derribada mientras servía en la Royal Air Force. A pesar de todo, algunos de la promoción de 1942 deseaban servir a su país cuanto antes, y a finales de aquel año, de 215 estudiantes, 78 se habían alistado ya.

Después del discurso de Stimson, Prescott Bush preguntó a su hijo si algo del discurso del secretario le había llevado a cambiar de parecer sobre el alistamiento.

«No, señor —dijo Poppy—. Voy a presentarme.»

Cuatro días después, al cumplir dieciocho años, George Herbert Walker Bush se libró del yugo familiar. Se fue a Boston y se enroló en la Marina una semana después de la batalla de Midway, la primera batalla naval decisiva de EE.UU. en la que los barcos de superficie no desempeñaron papel alguno en el combate. Había nacido la era de la aviación. La Marina necesitaba pilotos y los necesitaba cuanto antes. Bush prestó juramento como marino de segunda clase.

«Era un crío asustado, nervioso», confesó años más tarde.

Había tomado la primera decisión independiente de su joven vida, y probablemente la mejor.

# 5

Después del bombardeo de Pearl Harbor, Japón se convirtió en el corazón de las tinieblas. La guerra pasó por metástasis de Europa al Pacífico y las pequeñas y apacibles islas que en otra época traían a la memoria a muchachas nativas con ceñidos sarongs y flores de hibisco se llenaron de pronto de cadáveres de soldados estadounidenses cuando los japoneses bombardearon el sur del Pacífico, en su empeño en llegar a Estados Unidos de América. Para tal fin, Japón había movilizado barcos suicidas y torpedos humanos; más tarde mandó pilotos kamikaze que veneraban a su emperador como Hijo de los Cielos y se lanzaban a la muerte alcanzando la gloria mientras hacían saltar por los aires cualquier navío en el que ondearan las barras y las estrellas. «Estábamos dispuestos a perder a diez millones de hombres en nuestra guerra con Estados Unidos», declaró el general japonés Masaharu Homma.

Tres meses después de Pearl Harbor, los japoneses habían conseguido capturar las islas estadounidenses de Guam y Wake. Se habían apoderado de Filipinas, apropiado de la colonia británica de Hong Kong y conquistado Singapur, las Indias Orientales Holandesas, la península malaya y Birmania.

Por aquel entonces no se cubría la información sobre las matanzas durante las veinticuatro horas, se disponía únicamente de lo que difundían los periódicos y la radio, sujetos a una estricta censura. Los ciudadanos estadounidenses no conocieron todo el alcance de la brutalidad del enemigo hasta después de la guerra. De todas formas difundían suficientes noticias sobre las violentas marchas de la muerte, soldados decapitados y prisioneros muertos con la bayoneta los noticiarios de la Fox y de Pathé que se exhibían en los cines todas las semanas para encender el odio de los estadounidenses a los *nips*, diminutivo de *Dai Nippon*, término japonés con el que los habitantes de Japón designan su patria. Tal era el desprecio contra el imperio del Sol Naciente, que se hacían redadas para capturar a los ciudadanos estadounidenses de ascendencia japonesa que vivían en la costa Oeste y se los llevaba a campos de «reasentamiento». En total se encarceló a ciento veinte mil estadounidenses japoneses. El «gigante dormido», como había denominado el almirante Yamamoto a Estados Unidos de América antes de los acontecimientos de Pearl Harbor, se había despertado y estaba furioso.

Tenemos que odiar con todo nuestro ser —exclamó el teniente general Lesley J. McNair en una emisión radiofónica dirigida a las tropas estadounidenses—. Tenemos que desear la lucha, nuestro objetivo en la vida ha de ser el de matar. No debe remordernos la conciencia, pues nuestros enemigos nos han iluminado el camino que conduce a una matanza más rápida, eficaz y cruel. Ellos han sido nuestros maestros. Debemos apresurarnos para alcanzarles si deseamos sobrevivir.

El almirante William F. Halsey mandó construir una enorme valla que podían ver todos los barcos que circulaban en el Pacífico, en la que se leía su versión de un verso corto japonés conocido como haiku:

MATAJAPOS. MATAJAPOS.
MATA MÁS JAPOS.
Colaborarás en la eliminación de los hijos de perra
amarillos haciendo bien tu trabajo.

Las máquinas de discos de todo el país retumbaban con «Goodbye, Mama, I'm off to Yokohama» y las colegialas saltaban a la comba al son de la racista cantinela: «Voy a dar un capón al asqueroso del Japón, voy a dar un capón al asqueroso del Japón».

A medida que los hombres se precipitaban hacia la guerra, las mujeres abandonaban el delantal para ponerse pantalón e irse a trabajar a las fábricas. En 1942, el año más sombrío de la guerra, dos millones de mujeres, llave inglesa en ristre, se dedicaron al montaje de piezas de aviones, y crearon así el personaje de Rosie la Remachadora, el símbolo nacional de las mujeres en el mundo laboral. El resto de la población, incluyendo los colegiales, se comprometieron también en la causa de la guerra vendiendo bonos de guerra, organizando subastas y recogiendo virutas de hierro. Se suspendieron los partidos de béisbol nocturnos para economizar electricidad. Se detuvo la fabricación de automóviles para ahorrar caucho y gasolina. Se racionó el azúcar, la carne y los huevos, comestibles que podían adquirirse solo presentando los cupones de la cartilla de racionamiento. Todo el metal y el caucho tenía que pasar al campo de la guerra y había que reducir el consumo de cuchillas de afeitar a una por persona a la semana. Hubo escasez de rulos para el pelo, pelucas, fajas, medias de nailon, zapatos, pañales con goma, mangueras, ataúdes de bronce, incluso de matamoscas.

La rigurosa prohibición de la venta de gasolina y neumáticos obligó a los Walker y a los Bush a abandonar la costumbre de desplazarse en coche a Kennebunkport y a recurrir a un carromato tirado por caballos en sus viajes. El animal de tiro se llamaba Barsil. Prescott hijo bromeaba sobre el gran parecido entre el corpulento caballo que tiraba del carro y la novia de George, y a ambos les llamaba Bar. Tras la muerte del caballo, la novia de su hermano siguió con el mote.

Durante el verano de 1942, cuando Poppy Bush, con dieciocho años, podía estar perdiendo el tiempo en la propiedad familiar de Maine, a punto para ir a Yale, decidió precisamente ir a luchar en lo que sus padres llamaban «la guerra de Roosevelt». Plantado en el andén de Penn Station bajo el sofocante calor de agosto, esperaba con su padre el tren que iba a llevarle a Chapel Hill, Carolina del Norte, donde aprendería a pilotar bombarderos. Unas horas antes se había despedido de su madre, de sus hermanos y hermana, tías y tíos, y de sus abuelos Walker, Ganny y Gampy. Dejaba atrás a su primera (ella iba a decir única) novia, Barbara Pierce, y a su mejor amigo, George «Red Dog» Warren, dispuesto a entrar en Yale. Pese a que Poppy había pasado cinco años en un internado, admitía que estaba nervioso al abandonar el hogar porque «a donde iba no conocía a nadie».

Cuando el tren entró con gran estruendo en la estación, cogió su talego y estrechó la mano de su padre. Prescott Bush, a quien sus hijos llamaban «El Gordo», apenas podía articular palabra. Con lágrimas en los ojos, deseó suerte a su hijo.

«Fue la primera vez que vi llorar a mi padre», dijo George muchos años después.

Juntándose en el tren con los demás cadetes, George, quien ya no iba a presentarse más como Poppy, se dirigió con ellos a la Escuela de Preparatoria de Vuelos de la Aviación Naval. Escribió inmediatamente a su madre diciéndole que en su clase de cadetes se encontraba Ted Williams de los Red Sox de Boston. El campeón de béisbol siguió allí hasta convertirse en lo que según George quería él: piloto de caza de la Marina que fue nombrado teniente segundo en lugar de alférez. «La razón está en que aquellos vuelan en bombarderos de ataque: vuelan bajo y ametrallan y bombardean —escribió—. Abren camino para el avance de la tropa. Esto o el bombardeo de lejos es lo que más me atrae.»

George nunca consiguió entrar en los marines. En lugar de ello pasó los diez meses siguientes de instrucción en estaciones aéreas navales de todo el país, siguiendo períodos de formación de dos meses en Mineápolis, Minesota; Corpus Christi, Texas; Fort Lauderdale, Florida; Norfolk, Virginia, y Hyannis Port, Massachusetts. Aprendió primero a volar y luego a pilotar un enorme TBM Avenger desde la cubierta de un portaaviones. El Avenger era capaz de lanzar bombas de doscientos cincuenta kilos y hacer diana.

> No puedes imaginarte el anormal estado en el que entras al volar —escribió a su madre—. Lo he experimentado ya unas cuantas veces pero aún no lo he hecho guiándome por los instrumentos. Es una sensación totalmente deprimente y desmoralizadora, mucho peor que la derrota en el tenis. Te encuentras mentalmente confundido y lo pasas muy mal.

Comoquiera que le habían obligado a practicar el deporte con la derecha, George hacía con la izquierda una especie de garabatos que tenían el aspecto de fragmentos de palillo mascado esparcidos sin orden ni concierto por el papel. En una de las típicas cartas de «Querida mamá» se disculpaba por su caótica escritura. Dijo que el problema era que en la escuela nunca le enseñaron caligrafía.

En sus cartas siempre expresaba la añoranza por la muchacha que había dejado. Barbara, ya en último curso de secundaria tenía intención de ir al Smith College. «Ella es, realmente, la que me conviene, mamá. Estoy convencido de ello. Solo me queda esperar que no me deje.» Pensaba en su futuro. «Me conformaría con cualquier trabajo con el que ganar lo suficiente para cubrir las necesidades básicas. A menudo pienso en ello y es algo que me inquieta. Ahora sé exactamente lo que quiero. Nada de universidad, tendré que prescindir de ella, tan solo un trabajo donde sea y un salario decente.» Al igual que otros cadetes, soñaba con ganar sus insignias y se emocionó cuando su madre se ofreció para comprarle un par:

> En los trajes azul y verde las llevamos bordadas. Están incluidas en el precio del equipo, al igual que los galones y las estrellas, pero en el traje caqui y en el blanco nos las ponemos aparte, de modo que si estás dispuesta a regalármelas, te lo agradeceré mucho … Casi todas las que se compran aquí son de imitación, material barato, 2,50 dólares, pero si quieres regalarme unas buenas, de 10 dólares, imagino que las encontrarás en Brooks o algún otro establecimiento por el estilo. Si decides comprarlas, serán el regalo de graduación y de cumpleaños, pues no hay nada que me ilusione tanto. Asegúrate de que sean de la medida de reglamento y todo eso … Si pasas por casualidad por Brooks o algún sitio parecido, tú misma las verás. Nada me enorgullecería tanto como lucir un par de insignias regaladas por ti. Tal vez puedas incluir las iniciales GWB o algo así en la parte trasera.

Cuando su madre le comunicó por carta que el hermano de su cuñada, George Mead, había muerto en combate, George respondió como un soldado:

> Ha muerto como todos quisiéramos morir cuando llegue nuestra hora, mamá, es algo muy curioso. Ahora no me da miedo la muerte. Puede que lo diga porque estoy aquí seguro y en tierra firme. Pero no creo que cambie. Heroísmos aparte, creo, y estoy seguro de que a todos mis compañeros les ocurre igual, que lo único preocupante sería la pena que causaríamos a nuestras familias.

Su madre guardó todas sus cartas. Demostraban hasta qué punto se había ampliado de pronto el cerrado mundo de su hijo gracias a las relaciones con «compañeros tan distintos, de orígenes tan alejados del mío». Anteponiendo siempre a la firma «Con el cariño y el amor de Poppy» o «Con la mayor ternura, Pop», contaba a su madre que «los oficiales inteligentes» o él mismo no se creían la «burda propaganda de aquí. Es algo realmente horrible. Me refiero a las consignas del tipo "Mata a los japoneses, odia a los asesinos" o "Vosotros sois la flor y nata de la juventud estadounidense". Aquí algunos se lo tragan. Se trata de unos tipos muchos [sic] que no llegan a la media de inteligencia; dos de mis compañeros de habitación, por ejemplo, se emocionan terriblemente cuando oyen esas cosas. Los que tienen cultura saben por lo que luchan, es decir, están aquí y nadie tiene que "hacerles un lavado de cerebro"». Más tarde añadía: «Aunque sé que nunca me convertiré en un asesino, tampoco voy a sentirme bien hasta que haya luchado de verdad. Ya que disfruto de salud y soy joven, tengo que estar en el frente, y cuanto antes llegue mejor».

A los hombres como George Bush que lucharon en la Segunda Guerra Mundial se les denomina «la generación de los mejores», pues fueron a la guerra por voluntad propia. Se dieron cuenta de lo que había que hacer y prefirieron hacerlo antes que ver que el mundo se hundía bajo la bota de la tiranía. Poseían lo que F. Scott Fitzgerald denominaba «sincera disposición». Muchos renunciaron a su carrera para ir a luchar y otros incluso interrumpieron sus estudios. Pocos intentaron eludir el alistamiento. Eran escasos los objetores de conciencia; no se tiene noticia de nadie que se saltara el servicio; se despreciaba a los aislacionistas como Joseph P. Kennedy. Hombres con terribles enfermedades intentaron disimularlas para poderse enrolar. Prescott Bush, hijo, abandonó Yale en 1943 para entrar en el ejército pero no le aceptaron por su catarata congénita y la dolencia en la pierna. Por ello se trasladó a Brasil formando parte del Programa de Desarrollo del Pan Am's Airport, quienes construían bases antisubmarino para la guerra. Incluso aquellos que habían rebasado la edad para el alistamiento se lanzaron dispuestos a empuñar las armas: James Smith Bush, un tío de

George de cuarenta y un años, se presentó en 1942 como capitán del Ejército del Aire, sirvió en Calcuta y se retiró del ejército tres años y medio después como teniente coronel con una estrella de bronce. La madre de George, Dorothy Walker Bush, trabajó como voluntaria para el cuerpo motorizado, un grupo de Greenwich organizado para el traslado de personas hacia lugares seguros en caso de emergencia nacional. «Los carburadores y los cilindros no tenían secretos para ella», contaba su hija Nancy.

La guerra desdibujó todas las líneas de separación de clase al situar hombro con hombro a los hijos de los ricos y de los pobres. Se iban cambiando los mocasines con borlas por botas guerreras a medida que la élite se metía en los hoyos de atrincheramiento con la clase obrera. Cuando unos y otros sobrevivían, la experiencia les convertía en personas mejores. Artistas de cine (Clark Gable y Jimmy Stewart), héroes del deporte (Joe DiMaggio y Hank Greenberg) y políticos (Henry Cabot Lodge y Franklin D. Roosevelt Jr.) fueron haciendo camino a duras penas junto con marines, soldados rasos de Infantería e infantes de Marina anónimos en la última guerra democrática de EE.UU.

El país no se daba cuenta de las drásticas transformaciones que sufría en aquella época, pero como escribió más tarde William Manchester en *The Glory and the Dream*, la estructura de clase se tambaleaba. La deferencia que se tenía por la riqueza, la clase social, la edad, la raza, el sexo y la identidad étnica desapareció para siempre. El mundo de élite de Prescott Bush dio paso a la existencia más igualitaria de sus hijos. La última arremetida contra los derechos de clase vino de la mano de la Carta de Derechos del Soldado Estadounidense, mediante la cual se proporcionó formación y se reconocieron otros derechos a 2,3 millones de veteranos de guerra. Aquello significó que el hijo del deshollinador podía ir a Yale con el hijo de Prescott Bush, una igualdad social a la que hombres como Prescott y el propio Prescott se opusieron de entrada. Intentaron aferrarse a sus antiguas prerrogativas de clase. Pero la derribada línea entre «nosotros» y «ellos» dio en las narices de Prescott el día en que un italoamericano del distrito de Chickahominy de Greenwich llamó a su puerta para pedirle un favor personal.

«Le dije que tenía un hijo llamado Anthony, que a los nueve años registró un coeficiente intelectual de 151, y que quería mandarlo a un buen colegio secundario privado —recordaba Albert Morano, quien trabajaba para Clare Boothe Luce, la congresista de Connecticut (1943-1947), y posteriormente él mismo fue elegido para el Congreso—. Clare me había prometido que iba a pagar la educación de mi hijo, por ello acudí a casa de Prescott Bush, porque había oído que sus hijos habían estudiado en Andover.»

«Él [Prescott] responde: "En Phillips no admiten a gente como ustedes. Su hijo nunca podrá matricularse en esta escuela". Y yo le respondí: "Que usted lo pase bien, señor Bush". Se mostró muy duro y grosero, casi sarcástico. Consideró una insolencia que le hubiera preguntado aquello.»

En la visión del mundo de Prescott, los italianos como Albert Morano tenían que ocuparse de cuidar de los jardines de la parte alta de Greenwich y volver por la noche a sus casuchas de Chickahominy a cenar salchichas y pasta. El simple hecho de pensar en situarse por encima de ellos mandando a sus hijos a una escuela de élite como Andover era, en palabras de Prescott, algo ridículo y «fuera de lugar». (Después de que Prescott le cerrara la puerta de Andover, Morano matriculó a su hijo en la Escuela Canterbury de New Milford, Connecticut, donde el joven se licenció. Se graduó en el Amherst College y la Fordham Law School, después de haber accedido a una educación más completa que la de cualquiera de los hijos de Prescott Bush. Anthony A. Morano se jubiló en 2002 como profesor emérito de derecho en la Universidad de Toledo.)

«Prescott Bush era un engreído y no le gustaban los italianos —dijo Anthony Morano muchos años después—. No le caían bien las minorías … y en nuestro barrio [Chickahominy] todo eran italianos, polacos y húngaros.»

La discriminación estaba muy arraigada en las ideas de los estadounidenses durante los años de la guerra. Incluso la Cruz Roja mantenía recipientes distintos para la «sangre blanca» y la «sangre negra», pero los afroamericanos consiguieron salvar los prejuicios para luchar por su país. Miles de estadounidenses japoneses se unieron también al ejército y prestaron juramento de lealtad tras las alambradas de los campos de internamiento que se habían construido para encerrarlos cuando se cuestionó su lealtad.

El hecho de haber luchado en la Segunda Guerra Mundial constituía un símbolo de honor. Era tanta la veneración del país por el uniforme que se desataban las ovaciones en los restaurantes cuando entraban en ellos soldados y marinos, y por las calles todo el mundo aplaudía a los militares. «Como guerreros del futuro, se nos tenía en gran estima, algo poco habitual», decía Benjamin C. Bradlee, ex director del *The Washington Post*.

Tres jóvenes tenientes de la Marina que no se conocían entre ellos, a pesar de haber luchado en el sur del Pacífico en la misma época, iban a convertirse en presidentes de los Estados Unidos de América, y su participación en aquella guerra tuvo en este sentido una importancia clave: John Fitzgerald Kennedy, Richard Milhous Nixon y George Helbert Walker Bush. En la dirección del campo de Operaciones Europeo se encontraba el general Dwight D. Eisenhower, a quien el país recompensó por sus servicios con ocho años en la Casa Blanca. La participación en la Segunda Guerra Mundial constituía una credencial política tan mayúscula en el siglo xx que algunos creyeron que debían inventarse un historial más heroico. Ya como presidente, Ronald Reagan tramó historias en las que él aparecía como fotógrafo del ejército destinado a la filmación del terror de los campos de exterminio nazis. Lo cierto es que jamás salió de California durante la guerra. Como capitán de aviación, fue trasladado a una unidad de la industria cinematográfica en Hollywood, donde hacía de comentarista en cortos sobre instrucción y hacía el papel de protagonista en una comedia musical sobre el ejército.

Después de diez meses de instrucción, George Bush recibió las insignias e hizo realidad su sueño de convertirse en piloto de la Armada el 9 de junio de 1943. Su padre le regaló un par de gemelos, de los que George comentó que eran su más preciada posesión. Tras la ceremonia, fue unos días a casa y se comprometió «en secreto» con Barbara, aunque fue incapaz de mantener dicho secreto con su «querida madre», quien, acto seguido, difundió la noticia entre la familia. Poco después él la reprendió por hacerlo: «Te cuento cosas estrictamente confidenciales y tú se las explicas a todo el mundo: a tía Margie, a Mary, a Ganny, a Betty W. A todos. Por favor, no lo hagas, mamá. Me encantaría contártelo siempre todo, siempre lo he hecho y creo que lo haré siempre, pero preferiría que lo guardaras para ti».

Unos meses antes, Dorothy Bush, quien estaba convencida de que un beso significaba un compromiso eterno, quedó horrorizada al ver que su hija besaba a uno de tantos muchachos con los que salía. Comentó su consternación a George, quien se mostró comprensivo con ella escribiéndole: «No soportaría que Nancy fuera una frívola. Nada podría ser peor».

«Cuenta la leyenda de Greenwich que cuando Nan Bush contaba dieciocho años había recibido cuarenta y una propuestas de matrimonio —dijo Courtney Callahan, amiga suya de Boston—. Era la más guapa de la ciudad. Terriblemente coqueta.»

En la carta a su madre, George contaba las cosas de la vida desde su dulce e inocente perspectiva:

> En el verano de 1942 besé a Barbara y estoy contento de haberlo hecho. Nunca había besado a una chica, lo que me convertía ... en un bicho raro, puesto que la mayoría de los muchachos no para con la historia de los besos. Una terrible verdad aquí, más que allí, pero otra vez hay que tener en cuenta que la mayoría de mis compañeros son adultos, además de ser personas de orígenes distintos ... Lo de que un beso significa compromiso es una idea preciosa, mamá, pero se remonta a muy atrás ...
>
> Yo he de seguir contándote las cosas de la vida, de la vida que estoy viviendo en los años cuarenta ... Pressy y yo compartimos unas ideas con algunos otros, muy pocos, incluso en Greenwich. Ideas sobre las relaciones prematrimoniales. No soportaría descubrir que mi esposa hubiera conocido a otro, y me parece de lo más justo que ella espere lo mismo de mí. Como te he dicho, Pres opina lo mismo que yo en este sentido, pero no puedo decir lo mismo de muchos otros de nuestra edad. La mayoría de los de aquí [estación aérea naval de Mineápolis] ... practican tanto como pueden las relaciones sexuales. Se diría que esta ciudad en concreto está llena de chicas (que trabajan en oficinas, etcétera), chicas bastante atractivas que después de un par de copas están dispuestas a irse a la cama con un cadete. Me imagino que dan importancia al uniforme,

pero en realidad lo que ocurre es que tanto ellas como los cadetes han recibido una educación muy distinta. Son partidarias de satisfacer el impulso sexual con el contacto con los hombres ... Esas chicas no son prostitutas, simplemente chicas sin moral ... Sería ridículo que negara haber experimentado este tipo de sensaciones. La diferencia radica en lo que nos han enseñado; y no solo en «lo» que nos han enseñado sino en «lo bien» que nos lo han enseñado.

George firmaba la carta: «Con amor, de Pop, licenciado en sexología».

Tras la breve estancia en casa, fue a sumarse a las tropas de ultramar. A finales de 1943 se había integrado ya a un grupo, con un artillero llamado Leo Nadeau y otro artillero, un operador de radio, llamado John Delaney. Fueron asignados al portaaviones USS *San Jacinto* que se dirigía a la zona de guerra del sur del Pacífico. «A partir de ahora la tarea será muy dura —escribió a su madre—, y en cierto modo me alegro, pues probablemente necesite la experiencia.»

Una de las pocas cartas que escribió a su padre, el 1 de noviembre de 1943, fue para ahorrar a «mamá ... inquietudes innecesarias». Le contó que en el último vuelo del día se había metido en la estela de dos bombarderos que acababan de aterrizar y no pudo seguir el curso libremente. Dio un brusco viraje, pero las ruedas tomaron contacto con la pista y, mientras una cedía, el avión se escoró y cayó sobre un ala:

Todo sucedió tan deprisa que soy incapaz de recordarlo con exactitud. La hélice pegó un golpe y se detuvo. Temí que íbamos a volcar pero afortunadamente no fue así. En cuanto se detuvo, apagué el contacto, el combustible y la batería y salté hacia popa. Mi tripulación salió disparada en cuanto abrí la puerta trasera. Afortunadamente ninguno de los tres sufrimos heridas. El avión ha quedado inservible. Las dos alas destrozadas, el fuselaje ligeramente torcido, etcétera, etcétera. Me dio bastante impresión. Mientras corría sin pensar en nada por la pista se apoderó de mí una sensación de impotencia, aunque no de miedo. Luego apareció como un relámpago en mi cabeza la pregunta: «¿Conseguiremos seguir adelante?». Luego se detuvo y pegó un brinco. Es curioso no haber sentido miedo. Cuando todo había acabado noté aquella sensación emocionante en la boca del estómago. Tuvimos una suerte terrible de que la nave no ardiera.

Dijo a su padre que no se preocupara. «No me ocurrirá nada. Voy a firmar un informe. Fue algo fuerte, uno de los fenómenos que pone más peligro en el vuelo es la estela, y a nosotros nos dio de lleno.»

Después de que destrozara dos aviones más —uno por culpa de un engranaje defectuoso—, empezó a comunicarse tanto con su madre como con su padre, pues ambos insistieron en conocer todo lo que ocurría. En abril de 1944 les contó un mal aterrizaje en el que explotó la rueda trasera y el aparato acabó deteniéndose de forma peligrosa cerca del puente. «Lo que menos soporto es un mal aterrizaje —escribió—. Me inquieta y es algo también negativo para la tripulación. Todos los días hay alguien que pierde una rueda o dos, de modo que no es nada serio, pero a mí me molesta.»

El 23 de mayo de 1944, las balas rozaron su avión cuando sobrevolaba la isla de Wake a unas veintitrés millas al oeste de Pearl Harbor, y George escribió para anunciar que había entrado en combate. «Una terrible sensación, eso de que disparen contra ti, mamá, te lo juro. Notas aquel nerviosismo que sueles experimentar antes de un partido, pero gracias a Dios no tuve miedo.» Cuando volvió al escuadrón, se enteró de que su compañero de habitación había caído al mar. George lloró hasta dormirse aquella noche.

«Nadie me vio —escribió—. No habría estado bien.»

Dos meses después le obligaron a efectuar un amerizaje forzoso con el avión cargado de bombas. Escribió que él y su tripulación se metieron en la balsa y empezaron a remar hasta un lugar seguro antes de que estallara la carga explosiva de 1.000 kilos. «La verdad es que tuvimos suerte de ahorrárnoslo», dijo. Les rescató un destructor y al cabo de dos días volvieron al portaaviones.

«Estaba muerto de miedo —recordaba Leo Nadeau—. Tuvimos que meterlo en el mar, deslizándonos con cuatro cargas de 250 kilos en el compartimiento del fuselaje.»

La carta que más costó escribir a George fue la del día después que le abatieran sobre Chichi-Jima, una de las islas Bonin, a quinientas millas al sur de Japón. El 2 de septiembre de 1944 despegó junto con un grupo de aviones de su escuadrón para bombardear una emisora de radio japonesa. Su avión fue alcanzado por el fuego antiaéreo cuando se acercaba al objetivo.

Consiguió completar la misión del bombardeo, por la que recibió una Cruz de Aviación por Servicio Distinguido, pero en el cometido murieron dos de sus tripulantes. A George le costó especialmente superar una de aquellas muertes. Volaba con su operador de radio habitual John Delaney, pero había pedido a Ted White, un amigo de la familia, si quería acompañarle como artillero en aquel vuelo. White aceptó, de forma que Leo Nadeau, el artillero habitual, abandonó su puesto. Cuando el USS *Finback,* un submarino estadounidense que patrullaba las aguas en busca de aviadores derribados, rescató a George, este escribió a sus padres:

Nos alcanzaron. La cabina de mando se llenó de humo y ordené a los muchachos de atrás que tuvieran el paracaídas a punto. No obtuve respuesta, eché un vistazo hacia atrás, y al no ver a Ted en la torreta, pensé que había bajado para ajustarse el paracaídas. Puse rumbo hacia el mar y apreté el acelerador para poder alejarnos al máximo de la tierra firme. Lo que siguió no lo tengo tan claro. Les dije que saltaran en paracaídas y luego llamé al capitán y le dije que iba a lanzarme. Los de mi tripulación no respondieron a ninguna de las transmisiones a pesar de que la radio funcionaba, como mínimo mi equipo, y a menos que les hubieran alcanzado por aquella parte la de ellos tenía que funcionar también, puesto que hacía poco habíamos establecido contacto ... Hice subir el avión a fin de quitar presión a la escotilla trasera para que los muchachos pudieran salir. Seguidamente enderecé la nave y me dispuse a salir. Estaba convencido de que ellos habían saltado en paracaídas. La cabina de mando estaba llena de humo y me asfixiaba. Eché una ojeada a las alas y vi que estaban en llamas. Aún no sé por dónde nos dieron ni lo sabré nunca. Empiezo a pensar que tal vez algunos de los fragmentos los derribaron mortalmente en la parte de atrás o bien destruyeron sus comunicaciones ... Saqué primero la cabeza y el viento se me llevó. Al salir del avión di con la cabeza contra la cola del aparato.

George afirmó no haber visto rastro de Delaney ni de White cuando se lanzó en paracaídas.

«El hecho de que parecía que nuestros aviones no seguían ya la búsqueda me dejó bastante claro que ellos no habían salido. Creo que me comporté como una niña en este caso, pues me quedé sentado en la balsa sollozando mucho tiempo. Es algo que me preocupa mucho. Se lo dije, y cuando me lancé yo tuve la impresión de que habían salido ya, pero ahora me siento terriblemente responsable de su suerte.»

Avisó a sus padres de que no escribieran a la familia de Ted White hasta que el gobierno se lo notificara. «Probablemente les comunicarán que "desapareció en combate", de forma que debemos tener mucho tacto.»

Añadía: «Ahora estoy perfectamente y dispuesto desde todo punto de vista a abandonar el escuadrón. No he olvidado lo sucedido y jamás podré olvidarlo del todo; de todas formas el trágico suceso ya no me preocupa como antes».

Sin hacer caso de la opinión de su hijo, Prescott Bush se puso inmediatamente en contacto con un amigo del Departamento de Personal de la Marina para conseguir un informe sobre el caso White. Edwin «Ted» White, el padre del joven, se había graduado en Yale y por ello Prescott conocía a la familia. Su hijo, el teniente de rango inferior, William G. «Ted» White, se había graduado también en Yale, en el curso de 1942, y era miembro de la Skull and Bones. En cuanto Prescott recibió el informe de la Marina, lo mandó junto con una carta de dos páginas escrita por él a la madre de Ted White:

Me entristece muchísimo, Ann, tener que escribir esta carta pues conozco cuáles deben ser los sentimientos de la familia. Vuestro hijo fue un muchacho formidable y me alegra muchísimo que el mío lo tuviera como compañero. En sus cartas anteriores a la catástrofe siempre habló muy bien de él; y, evidentemente, las escritas desde el submarino son desgarradoras. Nuestro hijo es un muchacho sensible y noble, y me temo que este accidente haya podido herirle en lo más profundo.

Es el tercer avión que pierde Pop ... Espero que le manden a casa pronto ... Os escribiré más adelante incluyendo fragmentos literales de su carta.

Unos días más tarde, Prescott mandó una copia de la larga y angustiada carta de George a los White rogándoles que respetaran la confidencialidad. Desgraciadamente, Prescott no escribió una carta parecida a la familia del otro muchacho de la tripulación desaparecido, John Delaney, el menor de siete hijos de una familia de Providence, Rhode Island. Su madre había muerto cuando él tenía dos años y su padre cuando había cumplido siete. John se había criado con sus seis hermanas mayores. A los dieciocho años gastó todo el dinero que había ganado para arreglarse los dientes y asegurar que pasaba la prueba física de la Marina e ir a la guerra. Nunca tuvo oportunidad de ir a Yale.

Se comunicó más tarde a las familias que se había visto a otro paracaidista tirándose del avión a unos tres mil pies del agua. Desgraciadamente, el paracaídas no se abrió. Después de haber sido declarados durante un año y un día desaparecidos en combate, los dos miembros de la tripulación de George se dieron por muertos.

George permaneció a bordo del submarino treinta días mientras este realizaba su patrulla; después de una recuperación en Hawai, tenía derecho a una visita a casa, pero decidió volver a su escuadrón, donde poco se comentó sobre lo sucedido sobrevolando Chichi-Jima.

«Entró en la habitación y se sentó a mi lado —dijo Chester Mierzejewski, el artillero de la torreta del avión comandante del escuadrón, amigo íntimo de John Delaney—. [George] era consciente de que yo lo veía perfectamente. Me dijo: "Estoy convencido de que los dos estaban muertos. Los llamé por la radio tres veces. Estaban muertos".

»Él dijo que estaban muertos y yo no pude demostrar lo contrario. Se le veía angustiado. Pretendía asegurarme que había hecho todo lo que había podido. Estoy pensando en qué puedo decirle. Debo darle el beneficio de la duda.»

El artillero habitual de George, también amigo íntimo de Delaney evitó el doloroso tema. «Tuvimos muchísimas ocasiones para sacarlo —dijo Leo Nadeau—. Lo que ocurre es que a mí no me apetecía hablar de ello y supongo que a él tampoco. Cuando vino a bordo, no se le veía feliz, claro que yo tampoco lo era, pues había perdido a un gran amigo. El técnico de radio se había preparado conmigo desde el primer día. Y por supuesto, conocía muchísimo mejor a Delaney que a Bush, porque vivíamos juntos, los dos éramos soldados rasos. La desaparición ... y el hecho de que hubiera estado yo tan a punto de ir, me preocupaban ... Nunca quise hacer preguntas a George porque no deseaba que él pensara que dudaba sobre lo ocurrido. No quería que tuviera esa impresión.»

George realizó cincuenta y ocho misiones de vuelo antes de que le licenciaran con honores en diciembre de 1944, una admirable hoja de servicios para uno de los pilotos más jóvenes de la Marina. Volvió a casa como héroe de guerra.

Nadie puso en cuestión sus actos sobre el lanzamiento en paracaídas sobre Chichi-Jima hasta que se presentó como candidato a la presidencia en 1992 y reprochó a su adversario Bill Clinton haber eludido el servicio militar. Por aquel entonces, la mayor parte de los componentes del escuadrón de George habían muerto, pero Chester Mierzejewski, el testigo ocular del famoso vuelo de 1944, disintió de lo que él consideró discrepancias en la historia de George. Mierzejewski afirmó que le había sorprendido oír lo que había dicho George por televisión, durante la campaña de 1992: que estuvo a punto de morir cuando su aparato fue alcanzado, ya que las alas del avión se incendiaron y la cabina estalló en llamas.

Mierzejewski dijo a George por carta que aquellos recuerdos eran «completamente distintos a mis recuerdos sobre el incidente. No quisiera que alguien que no fuera de su candidatura se presentara para discutir en público su versión».

George, conocido por responder constantemente y de forma compulsiva a todo el mundo, jamás respondió a la carta de Mierzejewski. Meses más tarde, el artillero de la torreta sacó a la luz sus recuerdos en el *New York Post*, en los que cuestionaba la afirmación de que allí había dos paracaídas. Mierzejewski sostuvo que solo un hombre salió del avión y que era el piloto. «Esperaba ver algunos paracaídas más. No fue así. Vi cómo caía el avión. Sabía que los tipos seguían adentro. Me dominó una sensación de impotencia», declaró.

Contradijo una vez más la declaración de George de que el avión y la carlinga estaban en llamas. Mierzejewski, que recibió la Cruz de Aviación por Servicio Distinguido, estaba en aquel momento a unos treinta metros del avión de George y veía el interior de la carlinga. Dijo que solo recordaba haber visto «un poco de humo» que se disipó rápidamente. «Ese tipo sencillamente no está diciendo la verdad. Su avión nunca se incendió», y «no salió humo de la carlinga cuando la abrió para saltar», manifestó.

Los recuerdos de otros participantes de la misma misión de bombardeo son diferentes. Milton Moore, que era el piloto de flanco de George y el piloto del avión de Mierzejewski, realizó la misma pasada de bombardeo después de George. «Lo alcanzaron y continuó, echando humo. Me acerqué, pero entonces él perdió potencia y yo pasé de largo», dijo Moore. Don Melvin, el comandante del escuadrón, señaló que quizá un proyectil había alcanzado una de las tuberías de aceite del avión de George. «Se veía la columna de humo desde cien millas», recordó.

El humo es el punto crucial en esta historia. Si el avión no está incendiado, el piloto está entrenado para amerizar con el propósito de situar a su tripulación en una mejor situación para el rescate. George no lo hizo. En cambio, saltó en paracaídas.

«Creo que podría haber salvado sus vidas, si es que estaban vivos —dijo Mierzejewski—. No sé si lo estaban, pero al menos hubiesen tenido una oportunidad si él hubiese intentado el amerizaje.»

El relato de Mierzejewski apareció en un periódico con un titular escandaloso: CAMARADA DE GUERRA CONTRADICE EL RELATO DEL SALTO DE BUSH. George se enfureció ante la implicación de que su miedo había provocado la muerte de su tripulación. De inmediato repartió el informe de inteligencia de la misión de 1944 para rebatir el relato del artillero. Los reporteros siguieron la historia, y entrevistaron a los pocos miembros supervivientes de su escuadrón VT-51 para conocer sus versiones. No hubo ninguna prisa por juzgar por parte de cualquiera de aquellos que habían servido con George Bush, solo renuencia a recordar la guerra para reproducir el trágico incidente. Algunos expresaron su pesar, decepción y tristeza por la pérdida de la tripulación de George, pero todos y cada uno de ellos aceptó la decisión tomada por George y las acciones que siguieron en el torbellino de la guerra.

«No lo sé… hasta que no estás allí, no puedes… puedes hacer todas las conjeturas que quieras», comentó Legare R. Hole, un piloto que era el oficial ejecutivo del escuadrón de George.

«Solo estábamos dolidos —señaló Wendell Tomes, radiooperador y artillero de cola en el escuadrón—. Delaney resultó muerto, y no creo que tuviera la oportunidad de saltar, de salir sin problemas. Me dolió porque era un buen amigo mío, un buen amigo de todos en el barco … En aquel momento lo hubiese preferido [que George hubiese amerizado] pero él tuvo que tomar la decisión. Estaba tan asustado como el resto de nosotros, y por lo tanto tuvo que hacer lo que le pareció mejor.»

Cuando George regresó a su barco en noviembre de 1944, los aviones norteamericanos habían bombardeado Berlín, la infantería de Marina se había hecho fuerte en las islas Marshall y Marianas en el Pacífico, y el general Douglas MacArthur había regresado a Filipinas después de que Estados Unidos provocará graves daños a los japoneses en la batalla del mar de las Filipinas.

En Estados Unidos, Franklin Roosevelt se presentaba para un cuarto mandato, algo sin precedentes, con Harry S. Truman como vicepresidente. Esto ya era demasiado para unos furibundos enemigos de Roosevelt como los Walker y los Bush, que se lanzaron en cuerpo y alma a la campaña republicana de su amigo, Thomas Dewey, el fiscal de Nueva York, que tenía cuarenta y dos años.

«Me parece que la mayoría cree que Roosevelt ganará —escribió George—, aunque la mayoría de las personas que conozco por aquí [oficiales] parecen ser votantes de Dewey. Los chicos sureños votarán a Roosevelt. Aquellos con los que he hablado parecen considerarlo como a un dios; no creo que se hayan preocupado de observar a fondo lo que la administración del New Deal ha hecho o dejado de hacer.»

A pesar de su mala salud, Roosevelt era, a sus sesenta y dos años, el político con más experiencia de la historia de Estados Unidos, y el país se sentía más seguro con él en el timón que con su oponente, que solo hablaba de los peligros del comunismo. En 1944, con Rusia como aliada de Estados Unidos contra Hitler, el anticomunismo de Dewey no tenía sentido. Roosevelt ganó con el 54 por ciento de los votos.

«Sé lo desilusionados que debéis estar, y yo me siento de la misma manera. Mi conocimiento de la campaña no es gran cosa, pero por lo que me han contado no fue agradable», escribió George a sus padres.

Cuando el presidente Roosevelt falleció el 12 de abril de 1945, Prescott escribió a su amigo Samuel Merrifield Bemiss de Richmond, Virginia:

> La muerte del presidente ha sido sin duda motivo de muchas discusiones en Richmond, ¿no es así? Me ha sorprendido la falta de interés aquí, en Pinehurst, en los trenes, o en New Haven. Aparte de la sorpresa, no he visto ninguna emoción, y la he buscado. Vacilé a la hora de expresar mis verdaderos sentimientos sobre su fallecimiento porque mi respeto por el cargo es muy grande, pero no sentía el más mínimo por Roosevelt como su ocupante. Pero supongo que no es necesario entrar en el tema. Truman no me preocupa en absoluto; en realidad, creo que hará un trabajo aceptable, estará bien asesorado, sacará buen partido del gabinete, trabajará en estrecha colaboración con el Congreso, y hará buenos nombramientos. No me inquieta el frente internacional. Creo que Churchill y Stalin llevaban la voz cantante con Roosevelt pero no la tendrán con Truman porque se apoyará mucho en el Departamento de Estado y el Senado.

En noviembre de 1944, solo pensar en cuatro años más de Roosevelt había sumido a los Bush en el marasmo de la depresión, pero para Navidad habían vuelto a animarse con la perspectiva de las bodas de sus dos hijos mayores. Prescott parecía muy impresionado porque su hijo tocayo se fuera a casar con la hija de un almirante. En una carta a Averell Harriman, escribió:

Quizá te interese saber que nuestro hijo, Prescott, se casará con una joven llamada Betty Lou Kauffman, hija del vicealmirante Kauffman, comandante de destructores en el Pacífico, y uno de los hombres más importantes en la organización de Nimitz. La joven es una persona muy adorable y estamos encantados con ella. No conocemos al almirante, que según tengo entendido tiene un excelente historial en la Marina, pero hemos conocido a la señora Kauffman y a las hijas.

No hubo otra carta igual de Prescott para alabar a la prometida de George, Barbara Pierce, cuyo padre aún no había trepado hasta lo más alto de la escala corporativa en McCall's. En aquel entonces Marvin Pierce no era más que un vicepresidente de la compañía, cargo que no tenía el mismo prestigio que el de almirante. Su esposa, Pauline Pierce, hija de un juez del Tribunal Supremo de Ohio, era tan absolutamente esnob como Prescott Bush. Consideraba que su hija tendría que haber hecho un mejor matrimonio, aunque solo fuese para mejorar la posición de Pauline en el Garden Club of America. (En una carta a un amigo, Marvin describió el club de jardinería de su esposa como «una asociación de las más repipis que te puedas imaginar». Sin embargo comprendía cuánto le gustaba a su esposa ver publicada su foto en las páginas de sociedad neoyorquina cada vez que ganaba una medalla en alguna exposición internacional, especialmente por sus conocimientos en la polinización de los lirios.) Pauline gastaba el modesto salario de su marido como si fuesen ricos, y casi nunca pagaba sus deudas, cosa que le hacía estar permanentemente endeudado. Llegó un momento en que las deudas de la familia eran tan grandes que Marvin tuvo que pedir un préstamo de cien mil dólares (1.050.000 dólares en 2004) con el aval de sus acciones de McCall. Tardó años en pagarlo.

Rye era una comunidad con un registro social de familias adineradas en el condado de Westchester, pero cuando Barbara crecía los Pierce no figuraban en el registro social ni eran adinerados. Pauline Pierce, que se desesperaba por ser parte de la «sociedad», conseguía estar al nivel de las demás, pero nunca la invitaron a formar parte de la Junior League y sus hijas nunca fueron escogidas para ser presentadas en sociedad. Calificó a los Bush como una familia agradable, pero no tan agradable (o sea, rica) como ella quería, y consideró a George como a un don nadie, sobre todo cuando lo comparaba con Walter Rafferty, el capitán de la infantería de Marina, que era el marido de su preciosa hija Martha.

«Papá apreciaba a George. Mamá, no», dijo Barbara.

Así y todo, Pauline insistió en que Barbara tuviese una boda navideña por todo lo alto, con ocho damas de honor vestidas de satén verde esmeralda y zapatos de satén a juego, una extravagancia nunca vista durante los años de racionamiento de la guerra. Después de un año y medio en Smith, Barbara había abandonado el colegio universitario, donde sus compañeras la recuerdan soñando despierta en las clases y escribiendo su nombre en los cuadernos como «Señora de George Herbert Walker Bush». Regresó a casa para ayudar a su madre a organizar el casamiento y la recepción para trescientos invitados en el Apawamis Country Club de Rye. Pauline encargó las invitaciones en relieve para el 17 de diciembre de 1944, pero Barbara tuvo que tachar esa fecha y escribir otra, cuando George no se presentó hasta el 24 de diciembre. Este traspié social solo sirvió para enfurecer todavía más a su futura suegra.

En el último minuto, Loulie Walker, la abuela de George que tenía setenta años, no pudo asistir a la boda. Se había caído del caballo y se había roto la cadera. Pauline Pierce apenas si podía creer que alguien a esa edad aún montara a caballo.

El 6 de enero de 1945, Barbara entró en el templo con un vestido de satén blanco y un velo de encaje rosa que pertenecía a Dorothy Walker Bush. Recorrió el pasillo de la iglesia presbiteriana de Rye del brazo de su padre para casarse con el teniente (grado inferior) George Herbert Walker Bush, que la esperaba en el altar vestido con su uniforme azul de la Marina, las alas de oro que le había regalado su madre y los gemelos de su padre.

La joven pareja, que se había conocido siendo adolescentes y que habían buscado refugio el uno en el otro, estaban entusiasmadísimos al comenzar una nueva vida juntos. Apenas si podían esperar a marcharse de casa y dejar atrás la dominación de los padres, en particular la arrogante madre de la novia y el pomposo padre del novio.

# 6

Prescott Bush quería asegurarse de que en Yale supieran que iba a venir su hijo. Como aquel curso se habían matriculado más alumnos de primer año que nunca —1.172 en 1945, incluidos 800 excombatientes amparados por la G. I. Bill—,* Prescott no quería que George se perdiera en la confusión. Escribió una carta a Charles Seymour, rector de la universidad, el 11 de octubre de 1945, proponiéndole que almorzaran juntos al día siguiente. En aquel tiempo Prescott era miembro de la Yale Corporation, que es a la universidad lo que el Sacro Colegio Cardenalicio es al Vaticano. Así que la carta dirigida al «Querido Charlie» pegaba fuerte:

> Llamé a tu despacho esta mañana y, como no estabas, dejé recado a tu secretaria de que esperaba que pudieras almorzar en Mory's a la una y media con el general de brigada Charles M. Spofford (Yale, 1924) y conmigo mañana. Chuck y mi hijo George, que acaba de licenciarse de la Marina después de más de tres años de servicio en la aviación naval, van a jugar al golf por la mañana en el campo de golf de Yale, y he optado por la una y media para tener la seguridad de que no te hagamos esperar.

Para asegurarse de que el rector de la universidad comprendiera, Prescott añadió:

---

* Ley que se promulgó en 1914 y permitía a los soldados que volvían de la guerra seguir o empezar estudios superiores con cargo al gobierno federal.

También traeré a mi hijo George al almuerzo. Salió de Andover en junio de 1942 y fue directamente a la Marina el día en que cumplía dieciocho años. Ahora, a los veintiún años y medio, está casado y entrará en Yale el 1 de noviembre en la escuela especial para militares que vuelven del servicio.

No solo era Prescott miembro de la venerada Yale Corporation, sino que también lo era de todas las comisiones que tenían que ver con la obtención y el desembolso de fondos. Además, había puesto en marcha una campaña de expansión de la universidad valorada en ochenta millones de dólares. Así pues, no era un hombre al que el rector de la universidad pudiera desairar. A pesar de que la invitación llegó a última hora, Seymour almorzó con Prescott y sus acompañantes al día siguiente. (En los archivos de Yale no hay constancia de que otros alumnos de primer año recibieran un trato tan preferente.) George Herbert Walker Bush empezaba de forma inmejorable.

Incluso veintiocho años después de graduarse en Yale, Prescott continuaba siendo una enorme presencia en la universidad. «No podías *no* encontrarte con Prescott Bush si estabas en Yale —dijo el ex profesor de lengua inglesa George de Forest Lord—. Venía con frecuencia a cantar con los Whiffenpoof. Estaba muy entusiasmado con la universidad, y era claro que el ambiente y el espíritu de Yale influían en él, un hombre de Yale, un caballero de Yale, de la vieja escuela.»

Si Prescott era un «perro grande» en Yale, George era un perrito que se zafaba de la correa, meneaba la cola y corría en todas las direcciones. Cuando, al cabo de dos años y medio (iba a clase todo el año, sin ninguna interrupción, con el fin de cumplir su programa acelerado), se licenció en económicas y en sociología, Poppy Bush, como volvía a llamarse a sí mismo después de la Marina, se había zampado todo lo que Yale podía ofrecer social, académica y deportivamente.

Trató de emular todos los logros de su padre, pero se quedó corto en el caso de la música. «Poppy no podía cantar ni una nota, tenía mala voz y no tenía ni pizca de oído», —dijo un amigo de la familia—. Cuando trataba de cantar, los perros se volvían sordos.

Los otros hijos de Pres tenían voces magníficas. Pres hijo y Johnny y Bucky pertenecieron a los Whiffenpoof en Yale, y Nancy actuó en algunos de los espectáculos musicales de su universidad. De hecho, ella y su padre compusieron la mayoría de las canciones para *Raisin' the Deuce* [Armando las de Caín], el espectáculo para la fiesta de segundo curso en Vassar. Gracias a Dios, Pop era buen deportista. De no ser por ello, Prescott tal vez lo hubiese ofrecido en adopción».

«Cualquiera que esté interesado en Bush tiene que concentrarse en aquella maravillosa combinación de estudioso-deportista que resultó ser —dijo el ex congresista de Ohio Thomas "Lud" Ashley, condiscípulo de George en Yale y uno de sus mejores amigos—. De hecho, no era nada particularmente especial... pero era especial en que era buen estudiante y aún mejor deportista, diría yo. Béisbol y fútbol. Optó por el fútbol y al terminar la primera semana ya estaba en el equipo de fútbol de la universidad. Era un deportista muy dotado.»

Los años de la posguerra en Yale fueron excepcionales porque la universidad se llenó de excombatientes que aprovecharon la G. I. Bill. Muchos estaban casados y tenían prisa en obtener su título. Un diploma universitario significaba un buen empleo, y estos hombres querían salir y ganarse la vida, así que no malgastaban el tiempo en fruslerías universitarias ni en diversiones juveniles. Estudiaban mucho, sacaban buenas notas y se convirtieron en los estudiantes más trabajadores y más serios que nunca habían visto las universidades. El Libro de la Promoción de 1948 de Yale señaló: «Un cambio interesante [en la universidad] fue que el tamaño de las listas del Decano creció en mayor proporción que el tamaño del cuerpo de estudiantes». *The New York Times* informó de la tendencia en las universidades de todo el país: «Los ex soldados están monopolizando los cuadros de honor y las listas del Decano».

Y uno de ellos era George Herbert Walker Bush. A pesar de las notas poco brillantes que había sacado en Andover, sorprendió a todo el mundo al situarse en el 10 por ciento superior de su curso y graduarse con los máximos honores. También ganó el Premio Francis Gordon Brown, que se concede al estudiante de tercer año que más se acerque al nivel de capacidad intelectual, carácter, capacidad de liderazgo y servicio a la universidad y fue instituido por el ex alumno de Yale Francis Gordon Brown. «Pienso que en la práctica el premio se concede a un deportista que saque una nota media razonablemente buena», dijo Geoffrey Kabaservice, historiador de Yale.

George, hombre que practicaba dos deportes, triunfó en ambos sentidos. Bateador diestro y lanzador zurdo, era un primera base natural que trataba de jugar como su ídolo, Lou Gehrig. «Nada de alardes, nada de fanfarronería, el deportista ideal —dijo George del legendario primera base de los Yankees—. Podía interceptar y devolver la pelota, golpear, golpear con fuerza y salir bien de las situaciones críticas.»

Cuando George fue nombrado capitán del equipo de béisbol de 1948, *The Yale Daily News* dijo: «Se le considera generalmente uno de los primeras bases lanzadores más brillantes en los círculos universitarios». Sus compañeros de equipo pensaban igual. «La clave en Poppy, como le llamaba todo el mundo, era ser tan seguro con el guante —dijo Frank "Junie" O'Brien—. Todos los jugadores de cuadro sabían que si lanzaban la pelota a alguna parte cerca de él, iba a recogerla.»

George no era tan bueno como bateador. Apodado «Good Glove, No Hit» (Buen guante, tiro fallido), su promedio de bateo fue de 0,239 en 1947; en el año siguiente aumentó a 0,264, pero nunca fue lo bastante bueno como para llamar la atención de los profesionales como sí la llamó Frank Quinn, lanzador del equipo al que ficharon los Red Sox por cincuenta mil dólares. George ayudó a Yale a ganar los campeonatos del este de la NCAA en los dos primeros años de las Series Mundiales universitarias —1947 y 1948—, pero Yale perdió ambas series en las finales.

El tío de George, Herbie, que idolatraba a su sobrino y lo ponía como modelo para sus hijos, asistía a todos los partidos de béisbol que jugaba George desde mediados de febrero hasta finales de junio. El 5 de junio de 1948 toda la familia Bush-Walker asistió al gran partido con Princeton en New Haven, y el Bambino en persona regaló el manuscrito de su autobiografía, *The Babe Ruth Story,* al capitán del equipo de béisbol de Yale para la biblioteca de Yale.

«Cuando Ruth me entregó el manuscrito, le temblaba la mano y su voz apenas se oía —recordó George en su autobiografía—. Era obvio que se estaba muriendo de cáncer, pero parte del joven y animoso Babe seguía allí, muy viva. "¿Sabes?", dijo, guiñando un ojo, "cuando escribes un libro como este no puedes ponerlo *todo*". La ceremonia fue una de sus últimas apariciones en público.»

Un joven reportero salió corriendo al terreno de juego. «Yo estaba en la radio y vi que sucedía esto, así que me acerqué corriendo con el micro en la mano y conseguí una breve entrevista —recordó Sam Ross (promoción de 1951)—. Ruth era un hombre impresionante, un gigante, pero lo único que recuerdo realmente ahora es que se comió cinco perros calientes mientras estábamos allí de pie. Y quién iba a saber entonces que este primera base de golpear débil [George Bush] llegaría a ser algo en la vida.»

Babe declaró que el campo de Yale, en otro tiempo un manzanar, era la mejor superficie de juego que había visto en su vida. Presenció cinco turnos que dieron a Yale una ventaja de 9-1 antes de abandonar el estadio. Yale venció a Princeton por 14-2 aquel día; dos meses después Babe Ruth murió.

George se apuntaba a todo en Yale: la Campaña Presupuestaria de 1946, la Undergraduate Athletic Association, la Undergraduate Board of Deacons, el Interfraternity Council y el Triennial Committee. Era miembro de la Torch Honor Society y de la asociación Delta Kappa Epsilon, y fue el último hombre propuesto para la sociedad Skull and Bones (calavera y dos huesos cruzados). Era la señal de que sería líder de su clase basándose en el precepto bíblico «Así, los primeros serán postreros, y los postreros, primeros; porque muchos son llamados, mas pocos escogidos» (Mateo, 20, 16).

«Poppy siempre presentaba su candidatura para lo que fuese —dijo Harry Finckenstaedt (promoción de 1948)—. Era un sedicente pez gordo en la universidad y eso viene a ser lo mejor que puedo decir de él. Éramos de la misma asociación y recuerdo que varios de nosotros estábamos en el vestíbulo de la DKE. Alguien dijo: "¿Sabíais que Poppy va a ser el próximo presidente de la DKE? Se ha presentado como candidato". Dije: "Bueno, eso es

lo malo de Poppy. Siempre presenta su candidatura". Después de
que el grupo se deshiciera, alguien dijo: "¿Sabes quién era esa
mujer que estaba con nosotros? Era Barbara Bush". Así que al
cabo de unos cuantos días, al verla, le dije: "Probablemente te
hice daño con lo que dije sobre Poppy". Contestó: "Bueno, tengo que reconocerlo, fue nocivo". Pensé: "¿Qué diantres significa
ser nocivo?". Fue la primera y última vez que he oído esa expresión.

»Conozco a Bush desde Yale, pero me temo que no soy uno de
sus grandes fans … No era más que un tipo amistoso que tenía
prisa … un tipo de esos que va por ahí estrechando manos … siempre haciendo campaña para algo.»

No cabe duda de que George corría mucho en Yale, en parte
porque deseaba graduarse cuanto antes. Los tres años que había
pasado en la Marina se los convalidaron como cursos universitarios y empezó a ir a la universidad a la edad en que la mayoría de
los estudiantes se gradúan. Se convirtió en padre durante el primer
año cuando Barbara, que engordó casi treinta kilos en aquel embarazo, dio a luz el primer hijo del matrimonio, George Walker
Bush, el 6 de julio de 1946.

La partida de nacimiento de Connecticut indica que Barbara, de
veintiún años, estuvo de parto siete horas. Figura en la partida
como de «raza blanca» y profesión «sus labores», lo cual describe
bastante bien la vida que relató a la revista *Smith Alumnae Quarterly*,
para la cual escribió: «Juego al tenis, hago trabajo de voluntariado
y admiro a George Bush». En aquel tiempo, Barbara, George y
Georgie, como llamaban al recién nacido, compartían una casa en
New Haven con otras dos familias y un caniche grande y negro llamado Turbo. Aparte de trabajar unas horas en la cooperativa de Yale
para pagarse los cigarrillos, Barbara jugaba al bridge, iba al cine y
asistía como oyente a un curso de restauración. Después de nacer
el bebé, se quedó en casa y cuidaba de él cuando no lo llevaba a los
partidos de béisbol de su padre.

Incluso con la responsabilidad extra que representaba ser padre, George mantuvo su ritmo frenético, recibiendo invitados
constantemente y viajando con el equipo de béisbol de Yale para
todos los partidos que se jugaban fuera de casa.

Escribió a su buen amigo Fitzgerald «Gerry» Bemiss que Barbara era la esposa perfecta para un torbellino como él:

> Con toda franqueza, vive para Georgie y para mí. No tiene ni pizca de egoísmo, tolera maravillosamente mis flaquezas e idiosincrasias y está dispuesta a seguir fielmente cualquier rumbo que yo elija. Su devoción me abruma y a menudo tengo que hacer un alto en mi ajetreo en la universidad, etcétera, para ver si la tengo en cuenta.

Durante su juventud, George había visto cómo su padre tocaba los resortes de oro de sus conocidos de la Skull and Bones y por ello sabía que la iniciación en la sociedad secreta era el honor definitivo para un estudiante de Yale. Como hijo de un renombrado miembro de la sociedad y sobrino de otro, el adinerado George Herbert Walker hijo (tío Herbert), parecía tener asegurada su entrada en ella. Después de todo, la Russell Trust Association —tapadera de la Skull and Bones— estaba domiciliada en las oficinas neoyorquinas de Brown Brothers Harriman, y sus fondos los invertía el tío Herbie en G. H. Walker and Company. Pero persistía una duda. Tal como Sinclair Lewis (Yale, 1908) escribió de la Skull and Bones: «Algunos hombres buenos siempre se iban con cicatrices. Y el carácter definitivo y exclusivista de la elección creaba y seguiría creando una leve y duradera divisoria en la hermandad de Yale».

En Greenwich los Bush y sus amigos se sentaron junto al teléfono, preocupados y esperando. «Recuerdo cuando George Bush fue propuesto para miembro de la Skull and Bones —dijo Joseph Verner Reed Jr., que a la sazón tenía diez años. Prescott y Dorothy Bush solían pasar el invierno con los Reed en Hobe Sound, el exclusivo enclave creado en Florida por el padre de Reed y gobernado por su madre—. Estábamos todos ansiosos, sentados junto al teléfono en casa de mi madre, esperando la noticia. La emoción era grande. Y brindamos por su éxito con un vaso de zumo de naranja.»

George se había esforzado mucho por ser propuesto, y lo fue el 15 de mayo de 1947 por Charles S. Whitehouse, que luego haría carrera en la Agencia Central de Inteligencia. La CIA atraía a un porcentaje tan elevado de miembros de la Skull and Bones, que sabían guardar secretos, que ellos la consideraban su «casa».

Aquella noche de la primavera de 1947, George conoció a los catorce hombres que se convertirían en algunos de sus amigos más íntimos de toda la vida: Thomas William Ludlow Ashley, Lucius Horatio Biglow Jr., John Erwin Caulkins, William Judkins Clark, William James Connelly Jr., George Cook III, David Charles Grimes, Richard Elwood Jenkins, Richard Gerstle Mack, Thomas Wilder Moseley, George Harold Pfau Jr., Samuel Sloane Walker Jr., Howard Sayre Weaver y Valleau Wilkie Jr.

Los miembros de la sociedad se reunían los jueves y los domingos por la noche y empezaban su rito de iniciación acostándose en un ataúd y recitando su historial sexual en un ritual llamado «CB» o *connubial bliss* («felicidad connubial»).

«La primera vez pasas revista a tu vida sexual. Lo hacíamos todos, los quince —dijo Lucius H. Biglow Jr., abogado jubilado de Seattle—. De esta manera todo el mundo se compromete hasta cierto punto. Así que cuando llegábamos a la segunda ronda sabías a qué atenerte. Era una forma gradual de establecer lazos afectivos y aumentar la confianza.»

La segunda ronda consistía en compartir la «LH» o *life history* que era una letanía de sueños, vergüenzas y traumas que duraba tres horas. A menos que hubiera alguna futura sesión de psicoterapia, ese tiempo pasado en la tumba era probablemente la primera y última vez que esos hombres compartían con franqueza tanto de sí mismos. Los unía para toda la vida. «En la Skull and Bones todos estábamos juntos —dijo William Connelly Jr. (promoción de 1945)—. Quince hombres en el fondo muy parecidos. [Es] la mayor lealtad del mundo.»

Cuando le tocó el turno de contar su vida, George se metió en el ataúd y relató la experiencia más punzante de su vida, sollozando mientras hablaba de la vez en que su avión había sido derribado sobre Chichi-Jima y había perdido a su tripulación, especialmente a su amigo Ted White, que también había sido miembro de la Skull and Bones, promoción de 1942.

«Le destrozó, verdadera angustia —dijo Lud Ashley—. Seguía tan fresco en su memoria. Tenía verdadera amistad con aquel hombre. Se le partió el corazón. Le había dado cien mil vueltas y había sacado la conclusión de que no había podido hacer nada. No se sentía culpable de nada de lo ocurrido en el avión. Pero el incidente le producía verdadero dolor.»

Los hombres que habían luchado en la guerra comprendían las dos cosas que un oficial debía hacer para mandar: cuidar del bienestar de sus hombres y demostrar valor físico. Lo sentían mucho por George, que pensaba que no había hecho ninguna de las dos al saltar de su avión aquel día. «Lo que de verdad le angustiaba era haber tenido que escoger entre salir o estrellarse con lo que quedara —dijo Ashley al escritor David Robb en una entrevista inédita—. Era realmente algo que aún le dolía mucho en aquel tiempo. No podía realmente hablar de ello durante mucho rato sin que se le hiciera un nudo en la garganta. Lo que sencillamente le sacaba de quicio era el hecho de haber sido el único en salir.

»Era bueno para él poder hablar con personas que le tranquilizasen ... Pero siempre volvía sobre ello ... Era una situación absolutamente imposible. Él lo sabía, pero no paraba de decir: "No dejo de preguntarme si no había nada que pudiera hacer".»

Al cabo de más de cincuenta años, algunos hombres de la Skull and Bones todavía recordaban los detalles del angustioso vuelo de George. «Se lo tomó muy a pecho cuando le derribaron —dijo Frank O'Brien en 2003—. No pienso que llegara a superarlo nunca. Bueno, por supuesto, ahora lo ha superado, pero no pienso que lo tenga nunca muy lejos de su pensamiento, ni siquiera hoy.»

Un aura de misterio rodea la Skull and Bones, incluso para quienes se burlan de sus rituales góticos y sus arcanos morbosos, incluido el mantra de la sociedad: «El Verdugo es igual a la Muerte / el Diablo es igual a la Muerte / la Muerte es igual a la Muerte». Los rituales secretos de la sociedad tienen lugar en el sanctasanctórum de la tumba, a la que se hace referencia llamándola «T» o «322». La sociedad tomó ese número como símbolo porque el orador griego Demóstenes murió en 322 a.C. y, según la leyenda, Eulogia, la diosa de la elocuencia, ascendió al cielo y no volvió hasta 1832, año en que fijó su residencia con la Skull and Bones.

Cada caballero recibe un criptónimo por el que la sociedad le llamará durante el resto de su vida. Algunos reciben nombres cifrados tradicionales de la Skull and Bones como *Magog* (para el caballero que tenga más experiencia sexual); *Gog* (para el que tenga menos experiencia sexual); *Long Devil* (para el más alto), y *Little Devil* (para el más bajo).

George abrazó el concepto de la Skull and Bones de ser lo mejor de lo mejor y más adelante dejó que este elitismo influyera en algunas de sus decisiones políticas. En perjuicio suyo utilizó la pertenencia a la sociedad secreta como confirmación de ser un «hombre bueno» e hizo varios de sus nombramientos políticos basándose solo en que el candidato tuviera un título de Yale y perteneciera a la Skull and Bones. En opinión de George H. W. Bush, todos los miembros de la Skull and Bones eran superiores a los demás hombres. Cuando, ya presidente, buscó un mentor para tomar decisiones militares, especialmente sobre usar la fuerza en la guerra del Golfo, eligió a un maestro de la sociedad secreta, Henry Lewis Stimson, que fue secretario de Guerra bajo Roosevelt y rector de Andover cuando George era estudiante.

A diferencia de su padre, George nunca se convirtió en una presencia enorme o imponente en Yale, pero siguió fiel a la Skull and Bones durante el resto de su vida. Nunca dejó pasar un año sin que, después de la graduación, enviara un cheque a la RTA. Hasta 1966 esos cheques (siempre eran de diez dólares) se extendían a favor de la Russell Trust Association. En junio de 1966, el «Rey» (el último hombre propuesto) de cada clase recibió una carta «personal y confidencial» de Pat [patriarca] M. Malcolm Baldridge, presidente de la RTA, en la que anunciaba que la Skull and Bones «había tenido la gran fortuna de recibir poco antes una decisión favorable de Hacienda en la que eximía del impuesto sobre la renta todas las dádivas y donaciones hechas a la RTA, Inc.».

Como «Rey» de su clase, George debía contactar personalmente con los miembros de su club, «informarles cumplidamente de este hecho favorable y de este modo, era de esperar, elevar todo el nivel de donaciones a la RTA».

Baldridge explicaba detalladamente por qué la Skull and Bones necesitaba más fondos:

1. Los gastos de utilización y mantenimiento de la «T» han aumentado constantemente.

2. Con más caballeros becados, la RTA ha juzgado necesario no financiar ciertos gastos que asumía antes, como comidas y gastos de utilización de la «T».

3. Nos gustaría crear un fondo renovable para préstamos para los miembros de la RTA que necesiten ayuda para seguir sus estudios de posgrado. Estos préstamos serían sin intereses con la estipulación de que se devolvieran tan rápidamente como fuera posible una vez el individuo tenga capacidad de ganar dinero como resultado de su formación de posgrado. Hemos recibido numerosas solicitudes de préstamos de este tipo que ahora podemos satisfacer.

Terminaba diciendo: «Si tienes alguna duda, nuestro Tesorero, Herbie Walker, recibirá gustosamente tus noticias».

George procedió diligentemente a enviar una copia de la carta de Baldridge a todos sus miembros de la Skull and Bones «para animarte en tu riqueza a hacer lo que puedas por la RTA».

Escribió: «La carta explica mejor de lo que podría explicar yo la nueva exención de impuestos y solo puedo añadir mis palabras sagradas de aliento para que participes al máximo.

»Envíales acciones, bonos o incluso dinero en efectivo; pero lo importante es enviar algo para que D-146 no sea inferior a nadie».

Firmaba la carta: «Tuyo en 322, GB».

Más adelante algunos de los mismos miembros de la sociedad secreta escribieron a George para pedirle que contribuyera a la reunión de la promoción de Yale, pero George no atendió a su solicitud. Yale le importaba menos que la Skull and Bones.

En 1970 William F. Buckley Jr. (promoción de 1946) preguntó a George si quería presentar con él su candidatura para la Yale Corporation. «George respondió que no, alegando que Yale había dejado de interesarle —le comunicó Buckley a Geoffrey Kabaservice—. Dijo que cuando la revuelta de los estudiantes en 1970 él estaba pronunciando un discurso en una universidad en la que la mayoría de los estudiantes eran pobres y se sentían agradecidos por la educación que recibían y que consideraba que el comportamiento de los estudiantes de Yale causó la pérdida del interés principal de los ex alumnos.»

Incluso cuando Lud Ashley, uno de sus amigos más íntimos, le pidió, en junio de 1970, que contribuyera a la donación de la reunión de su promoción, George se negó. La promoción tenía la esperanza de recaudar un millón de dólares para Yale, pero solo recaudó 475.000. Después, George escribió a Ashley: «Las cifras no fueron tan malas como pensaste, así que seguiré sin hacer nada durante un tiempo. RTA, ¡Sí! '48 o 45W, ¡No!». («W», abreviatura de war [«guerra»] indicaba las promociones que entraron en Yale de acuerdo con el programa acelerado.)

Poco antes de graduarse, George escribió a Gerry Bemiss sobre su futuro. «Estoy desconcertado. Quiero hacer algo valioso y, pese a ello, tengo que ganar y quiero ganar dinero ... Así que ¿qué debo hacer? ...»

Sabía que, en caso de necesidad, podía recurrir al dinero de la familia:

> Podría trabajar para Herby Walker en San Luis, G. H. Walker & Co., inversiones, etcétera, pero ahora conozco un poco a la gente con la que haría negocios en el ramo de las inversiones. No estoy seguro de querer sacar partido por completo de los beneficios que recibí al nacer, esto es, los beneficios de mi posición social ... prosperar solamente porque he tenido la oportunidad de asistir a los mismos bailes de puesta de largo que algunos de mis clientes no me atrae.

George no sabía qué quería hacer con su vida, pero, tal como escribió a su amigo, sí sabía que no quería hacer igual que su padre e ir todas las mañanas a trabajar en la ciudad y volver a las afueras todas las noches. «Buscaba un tipo de vida diferente, algo que fuera estimulante, que se apartara de los moldes establecidos. No me veía contento yendo a la ciudad y luego volviendo a casa cinco días a la semana.» Más adelante reconoció que tenía que marcharse de Greenwich. «No quería vivir en las afueras y ser "el chico de Pres Bush".»

Ganar dinero era crucial para George. Tal como escribió a su amigo Gerry Bemiss, había estudiado en Yale aprovechando la

G. I. Bill, estaba casado y tenía un hijo. «Georgie come tres veces al día y eso te deja el billetero hecho cisco.» Pese a lo que creen muchos, George Herbert Walker Bush no nació en medio de una riqueza extraordinaria. Su familia era próspera, pero no disponía de medios ilimitados que le permitieran ayudarle económicamente. En los primeros años de matrimonio, George y Barbara vivieron en pisos de alquiler en los que tenían que compartir el cuarto de baño y el frigorífico con otros inquilinos. A diferencia de algunos de sus amigos, George no tenía un fondo en fideicomiso que le asegurase el futuro. Desde luego, tenía parientes ricos por parte de madre, pero hasta hacía poco tiempo su padre no se había recuperado de años de endeudamiento con Brown Brothers Harriman. Aunque Prescott era miembro del consejo de administración de varias compañías —Columbia Broadcasting Systems, Procter & Gamble, Pennsylvania Water and Power Company, Prudential Insurance Company of America, Simmons Company, United States Guarantee Company, Vanadium Corporation of America—, los consejeros no cobraban grandes honorarios en aquel tiempo. Prescott dijo a sus hijos que no estaba en condiciones de ayudarles económicamente más allá de su educación universitaria. Al graduarse, tendrían que arreglárselas solos.

«Papá creía en las máximas del viejo Ben Franklin en lo que se refería a ganar, ahorrar y gastar ... Mis hermanos Pres, John y Buck, mi hermana Nancy y yo... todos crecimos sabiendo que la vida no es una cuenta corriente inagotable —escribió George en sus memorias, *Looking Forward*—. Desde muy pequeños supimos que en caso de enfermedad o de algo realmente grave, nuestros padres estarían allí para ayudarnos, pero que, una vez nos marchásemos de casa, tendríamos que valernos por nosotros mismos, en los negocios o en lo que hiciéramos más adelante.»

Lo que sí proporcionó Prescott Bush, con todo, fueron los resortes de oro de sus valiosísimas relaciones personales, y no los escatimó. Prescott hijo había sido el primero en beneficiarse de las amistades ventajosas de su padre cuando le habían dado un empleo en la Pan American Airways en América del Sur. Esa oportunidad fue fruto de la estrecha relación de su padre con Juan Trippe, fundador y presidente de la Pan American, y con Samuel F. Pryor Jr., alto cargo del Partido Republicano que vivía en Greenwich y estaba en el consejo de administración de la Pan American con Prescott padre. Además de tener las mismas ideas políticas, los tres hombres solían jugar juntos al golf.

Cuando George necesitaba encontrar un empleo su padre le concertó una entrevista con Procter & Gamble, pero no dio resultado. «Nada que hacer», comunicó a su padre. En vista de ello, Prescott le sugirió que hablara con H. Neil Mallon, que había sido miembro de la Skull and Bones con Prescott en Yale (promoción de 1917). Como no se había casado hasta los sesenta y nueve años de edad, Mallon había dedicado mucho tiempo a los hijos de Bush, que le llamaban «tío Neil». Los pequeños esperaban con ilusión las visitas de Mallon, que vivía en Ohio, porque siempre ejercía una influencia benéfica en su padre, que no se mostraba áspero y adusto en presencia del tío Neil. Para George en particular, Neil Mallon se convirtió en una especie de padre que era efusivo y extrovertido y le prestaba la atención que ansiaba. «Me enseñó todo lo que sabía en la vida —escribió George a la familia Mallon al morir Neil—, incluida la forma de lanzar una pelota de béisbol.» Lo del béisbol conmovió especialmente a los Mallon porque no era Neil Mallon quien jugaba al béisbol universitario en Yale, sino Prescott Bush.

En 1929 Prescott había llamado la atención de Bert Walker sobre Neil Mallon cuando W. A. Harriman and Company compró la Dresser Company de Bradford, Pensilvania, y necesitaba encontrar un presidente que la dirigiese.

«Neil era el chico brillante de nuestra promoción en aquel entonces —recordó Prescott en su historia oral—. Había hecho tremendos progresos como vicepresidente de la U. S. Can Co. a los doce años de salir de la universidad ... así que le contratamos ... y le nombraron presidente de la compañía. Yo entré en el consejo de administración de la Dresser Company entonces y seguí en él durante veinticinco años.

»Durante aquellos años convertimos la Dresser Company [en la Dresser Industries] mediante la adquisición de otras propiedades ... fui el principal consejero y consultor de Neil Mallon en relación con todo lo que hizo con la compañía durante aquel período.»

Así que cuando George llamó al tío Neil para que le aconsejase sobre encontrar un empleo, Mallon se sentó y compartió con él sus visiones del futuro: dijo a George que debido a que la necesidad de energía en Estados Unidos era cada vez mayor, la exploración en busca de petróleo y gas se convertiría en la nueva frontera del siglo xx. Le explicó que desde la guerra la Dresser había estado diversificando su producción y ahora fabricaba torres de perforación, sopladeros, taladros y refractarios, y estaba explorando nuevos mercados de petróleo y gas en todo el globo. En aquel tiempo la Dresser era el mayor fabricante de material para la industria petrolera del mundo.

«Lo que necesitas hacer es ir a Texas y sus yacimientos de petróleo —dijo Neil Mallon—. Es el lugar más apropiado para los jóvenes ambiciosos actualmente.»

Luego ofreció a George la oportunidad de aprender el negocio desde abajo como aprendiz de la IDECO (International Derrick and Equipment Company), una subsidiaria de la Dresser en Odessa, Texas, donde le pagarían trescientos dólares al mes. Según recuerda George en su autobiografía, Mallon le dijo: «El salario no es gran cosa, pero si quieres aprender el negocio del petróleo, es un principio». George olvidó mencionar la olla de oro que el tío Neil le había prometido al final del arco iris.

Según su hermano Prescott hijo, Neil Mallon había dicho a George, antes de que empezara a trabajar en la Dresser: «Tendrás una oportunidad de dirigir la compañía algún día».

Así que a los negros yacimientos de petróleo del oeste de Texas se fue George Bush, que hizo el viaje en el nuevo Studebaker rojo que sus padres le habían regalado con motivo de su graduación. El dinero que habían ahorrado en su educación, gracias a la G. I. Bill, casi cubría el coste del coche, 1.525,50 dólares.

«No había nada sutil ni complicado [en nuestro traslado a Texas] —reconoció George entonces—. Era solo que queríamos ganar mucho dinero rápidamente.» Más adelante presentaría el alejamiento del hogar como un gran acto de independencia. Algunas personas, como el historiador Garry Wills, vieron simplemente en ello un traslado de George «para trabajar para su padre».

Barbara se había alegrado mucho al decirle George que iban a trasladarse a Texas. «Verás, George nunca pregunta nada. Él decide por *los dos*, pero me entusiasmó la idea de conocer todo un mundo nuevo. Nunca había salido del Este, bueno sí, había estado en Ohio. En mi familia sencillamente no viajábamos mucho. Así que nunca había conocido a un texano.»

Al igual que George, quería alejarse de las dos familias. «La madre de George era una mujer formidable y fuerte, y también lo era mi madre —dijo a la escritora Peggy Noonan—, y nosotros queríamos alejarnos de la mirada de nuestros padres, estar solos.» Barbara, que en aquel tiempo apenas se comunicaba con su madre, permitía que su dominante suegra le dirigiese la vida. Ni siquiera trataba de poner objeciones. «¿Cómo podía ponerlas? Dorothy Bush era el ser humano más competitivo que había en la faz de la tierra.» Mientras que Barbara se sentía intimidada por la madre de George, tenía terror al padre y no comprendía su severo sentido del humor. Una vez, durante una visita a sus padres políticos en Greenwich, Barbara dijo que tenía que irse para visitar a sus padres en Rye. Sin sonreír, Prescott dijo en broma: «¿Te hemos dado permiso para visitar a esos desconocidos?». Barbara se echó a llorar.

Cuando oyó que su suegro chillaba a su hijo, el pequeño Georgie, por tirar de la cola del perro, Barbara se escondió. «Me encerré en mi habitación y pensé "El pequeño está solo".»

«Su padre daba miedo —dijo muchos años después—. Medía más de metro ochenta y era un hombre de negocios muy próspero. Cuando nos conocimos empezaba a hacerse un poco famoso por ser el primer director de la USO. Pero recuerdo que un día estaba sentada en su casa y me dijo: "¿Alguna vez te he dicho que podías fumar?". Me quedé desconcertada y contesté: "Bueno, ¿es que me casé contigo?". Y se echó a reír y desde entonces fuimos amigos.»

Los pocos viajes que Barbara hizo a Rye para ver a sus padres resultaron tan difíciles para George como para ella. «Una vez en que George y yo estábamos de visita después de casarnos, mamá le pidió que no fuera al lavabo por la noche porque la despertaba al tirar de la cadena. George, que ya era muy ingenioso a los veintitantos años, ¡salía por la ventana!»

Barbara, que emulaba a Dorothy Walker Bush como modelo de madre, estaba decidida a crear su propia familia numerosa. «Todos nuestros hijos fueron planificados —dijo a la escritora Gail Sheehy—. ¡Por mí!» Poco después de que George se graduara en Yale, volvió a quedar embarazada, pero sufrió un aborto espontáneo que la dejó muy abatida. George escribió a su madre: «Sé que la decepción que le ha causado este aborto ha sido muy grande. Como ya te dije, ambos esperamos tener otro hijo antes de mucho tiempo. Barbara piensa mucho en ello. Y se preocupa demasiado, lo cual es una tontería. No me gusta verla disgustada».

George emprendió el viaje a Odessa el día después de volver de las Series Mundiales universitarias en Kalamazoo, Michigan. Mandó a Barbara y Georgie a Kennebunkport, donde pasarían dos meses hasta que les encontrara un lugar donde vivir. Dijo que el primer piso estaba en los «barrios bajos» y tuvieron que mudarse tres veces en cuatro meses. Finalmente encontraron un piso en el que no tenían que compartir el cuarto de baño con desconocidos. George había llamado a Barbara en agosto y después de volar doce horas en un avión de hélice, ella y Georgie habían llegado a Odessa, donde hacía calor, había mucha sequedad y todo estaba lleno de arena. Era una ciudad segregada por las leyes de Jim Crow: los negros vivían en una parte y los blancos en otra. El petróleo era vida en esta ciudad que oscilaba entre la prosperidad y la quiebra y que en diez años, de 1940 a 1950, pasó de quince mil habitantes a cuarenta y dos mil. Las llamaradas del gas natural superfluo que se quemaban en los pozos iluminaban el cielo nocturno sobre Odessa. La primera vez que notó el olor de los gases Barbara evacuó el piso de dos habitaciones en plena noche. «Cuando era joven y fui a Texas —reconoció muchos años después—, los texanos me parecieron unos bárbaros.»

Los padres de George visitaron a la pareja en enero de 1949, cuando Prescott voló a Texas, en un viaje de inspección por cuenta de la Dresser, y Dotty le acompañó en el avión de la compañía. Posaron todos para que les fotografiaran delante del avión y la foto capta un momento fugaz pero revelador. Con traje, corbata, camisa blanca, pañuelo en el bolsillo y sombrero negro, Prescott aparece como lo que era, un próspero banquero de inversiones. Alto, distinguido y autoritario, tiene una mano en el bolsillo y la otra en el brazo de su esposa, con la que forma una unidad indivisible. George, que presenta un aire juvenil con su camisa de franela y su cazadora, se encuentra en el otro lado de su madre, afectuosamente cerca, y sostiene a Georgie, que a sus dos años y medio luce su primer par de botas de cowboy. No hay ningún espacio físico entre ninguno de ellos. Barbara, que está un poco apartada de George, a un lado, aparece ligada al grupo solo por sostener la manita de su hijo. Hay espacio físico entre ella y la familia de su marido, como si fuera extrañamente incorpórea y estuviera separada de su agrupación íntima, sin formar todavía parte de la unidad.

Cuando George y Barbara finalmente se marcharon, trataron de permanecer alejados. En abril de 1949 fueron trasladados de Odessa a Huntington Park, California, donde George trabajó en la cadena de montaje de la Pacific Pumps, una subsidiaria de la Dresser. Optó por afiliarse a la United Steelworkers of America y, tal como escribió a un amigo, se convirtió en «obrero siderúrgico que cotiza en la CIO [federación de sindicatos industriales]». Barbara volvía a estar embarazada cuando el 23 de septiembre de 1949 recibieron la noticia de que su madre, de cincuenta y tres años, había muerto en un inusitado accidente de coche. *The New York Times* publicó la noticia en primera plana: LA ESPOSA DE UN EDITOR MUERE EN ACCIDENTE DE COCHE AL TRATAR ÉL DE COGER UNA TAZA QUE SE DERRAMABA.

Marvin Pierce se dirigía en coche a la estación de ferrocarril de Rye cuando Pauline puso una taza de café en el asiento entre los dos. Al ver que la taza estaba a punto de volcar, quiso evitar que el café caliente se derramara sobre su esposa y alargó la mano, momento en que el coche viró bruscamente, chocó con el arcén, cayó más de treinta metros por un terraplén y fue a estrellarse contra un árbol y un muro de piedra. Pauline se fracturó el cráneo al golpear el parabrisas y murió instantáneamente.

La relación de Pauline con Barbara, siempre delicada, no había mejorado después de que esta se casara con George. «Me parece que mi madre pensaba que Barbara aún tenía diecinueve años y vivía en casa —dijo Scott, hermano de Barbara, en 2001—. La verdad es que mi madre murió al cabo de tan poco tiempo que el asunto no se resolvió.»

Barbara decidió no volver a casa para asistir al entierro de su madre, aunque su hermano Jim y su esposa, que acababan de casarse, interrumpieron su luna de miel para estar presentes en las exequias. Más adelante Barbara dio a entender que no podía permitirse el gasto que representaba viajar a Rye. «En contra de la creencia popular —dijo—, hubiera sido un enorme esfuerzo [económico]. Mi padre hubiese tenido que pagar el viaje.» Con todo, una semana antes Barbara había ido a Cleveland con motivo de la boda de su hermano Jimmy. Años después, cuando a una sobrina de Bush, Elsie Walker Kilbourne, le pidieron que explicara por qué Barbara no había querido asistir al entierro de su madre, respondió con mucho cuidado: «No me parece que sus relaciones con su madre fueran de lo más fáciles».

También George se tomó la catástrofe con una extraña tranquilidad. El 21 de octubre de 1949 escribió a su amigo Gerry Bemiss, pero hasta el final de la carta no mencionó la muerte de su suegra, e incluso entonces lo hizo de forma casi indiferente:

> ¿Sabías que la madre de Bar murió en un accidente de coche hace tres semanas cuando iba con el señor Pierce a la estación?
> Nuestra vida social aquí es inexistente, pero somos felices, muy felices. Te deseo lo mejor. Escríbeme unas líneas.
>
> POP

Cuando Barbara dio a luz tres meses después, ella y George pusieron a la niña el nombre de la madre de Barbara, Pauline Robinson, y la llamaban Robin. Afortunadamente, no sabían que antes de que transcurrieran tres años la pequeña rubia de ojos azules les traería los días más negros de su vida.

El 26 de octubre de 1946, Prescott y Dorothy reunieron a todos los Bush y todos los Walker para la boda de su única hija, Nancy («la besucona») y Alexander «Sandy» Ellis Jr. en San Pablo de Glenville, una iglesia católica de Greenwich.

Ellis era alto, moreno y guapo y mucha gente comentó que Nancy había elegido por esposo a un hombre que se parecía mucho a su padre, con la excepción de que Ellis era católico. Pertenecía a la promoción de 1944 de Yale, había servido en Europa durante la Segunda Guerra Mundial, de febrero de 1943 a enero de 1946, y luchó en la batalla de las Ardenas, donde ganó un Corazón Púrpura y una estrella de bronce. En Yale había sido miembro de la asociación de George Bush, la DKE, y de la Skull and Bones. Para atender a los invitados Ellis, republicano progresista como su futuro suegro, eligió, además de a George «Poppy» Bush, a John Lindsay, que conoció a su futura esposa en la boda y sería alcalde de Nueva York (1966-1973); James Buckley, futuro senador por Nueva York (1971-1977) antes de que Reagan lo nombrase juez del tribunal federal en 1985; y John Chafee, secretario de Marina bajo Nixon (1969-1972) y luego senador por Rhode Island (1976-1999).

Prescott y Dorothy pasaban ahora de la cincuentena y aún tenían que criar a dos hijos. Jonathan Bush, que iba a la escuela secundaria y tenía catorce años cuando se casó su hermana, ingresó en Hotchkiss en 1945. Su padre solía ir en coche a la escuela de Lakeville, Connecticut, para verle jugar al béisbol y actuar en representaciones teatrales de estudiantes. William Henry Trotter Bush, llamado Bucky, aún vivía con sus padres en Greenwich. Había nacido en 1938, cuando Dotty contaba treinta y siete años. Bucky no ingresó en Hotchkiss hasta 1952. Con dieciséis años de diferencia entre su primer hijo y el quinto, Prescott y Dorothy prácticamente criaron a Bucky como si fuera hijo único.

«Parecía que ser padres les gustaba mucho a Dotty y Pres —recordó Bob DeVecchi, que se graduó en Yale un año después de Jonathan Bush—. Recuerdo cuando estaba casado con Flossie Sloan de Greenwich y estábamos en Washington, cuando yo estaba en el servicio diplomático hacia 1957. Vivíamos en una casa muy pequeña en Georgetown y acabábamos de tener nuestro primer hijo. Conocimos a Prescott y Dorothy Bush, que vivían en el vecindario, y en varias ocasiones Dotty nos llamó para decirnos: "Veamos, niños, ¿por qué no salís a cenar tranquilamente o vais al cine y os tomáis una noche para vosotros mismos? Estamos solos en casa esta noche, sin hijos ni nietos, así que nos encantaría hacer de canguros para vosotros" … Les llevábamos a nuestra pequeña Maggie, o Chopsie, como la llamábamos, en un cochecito y pasaba la noche con los Bush, que en aquel tiempo tenían sesenta años y pico.»

Mientras sus hijos crecían en Greenwich, Prescott Bush tomó parte en la política local y en diecisiete años adquirió fama como moderador de la asamblea del Consejo Municipal de Representantes de la ciudad. En 1950 ya se había convertido en un pilar de la comunidad, y cuando se habló de Greenwich como posible ubicación de las recién creadas Naciones Unidas, supo exactamente lo que tenía que hacer.

Prescott ya se había significado sobre el asunto, pero la gente quería ver cómo manejaba a las facciones enfurecidas. Como moderador de la asamblea, solía salirse con la suya, incluida la resolución de protesta de 1937 cuando Franklin Delano Roosevelt quiso nombrar partidarios incondicionales suyos para el Tribunal Supremo. Pero el asunto de la ONU había enfurecido a la ciudad y se había convertido en una cuestión de interés nacional.

«Fue una reunión famosa —recordó John F. Sullivan en su historia oral para la Biblioteca Pública de Greenwich—. La llamaron

"Cuando estaban trayendo camellos a Greenwich". Esa fue la discusión relativa a las Naciones Unidas.»

Grandes ciudades como Filadelfia, Atlantic City, Chicago y San Francisco e incluso las Black Hills de Dakota del Sur competían furiosamente con Nueva York por el privilegio de proporcionar a las Naciones Unidas un hogar libre de impuestos. Pero Prescott Bush alentaba a la pequeña ciudad de Greenwich (cincuenta y cinco mil habitantes) a rechazar el honor.

«Probablemente fue la reunión más concurrida que celebramos —dijo Sullivan—. Asistió todo el mundo. La sala estaba tan abarrotada que hubo gente que tuvo que sentarse en el suelo.»

Prescott usó el mazo para poner orden y, siguiendo las ordenanzas de Robert, escuchó cortésmente todos los puntos de vista divergentes, siempre y cuando la gente se dirigiese a él como era debido, es decir, llamándole «señor presidente». Entonces Josephine Evaristo se puso en pie y pidió la palabra. Con apenas metro y medio de estatura, la pequeña y batalladora demócrata, que representaba al barrio obrero de Chickahominy, se comportó como si fuera tan alta e imponente como el propio patricio que hacía de moderador. A diferencia de todas las demás personas que rodeaban a Prescott, incluida su propia familia, Evaristo no se sintió intimidada ante él.

Sonrió con condescendencia cuando Evaristo arremetió contra los estirados republicanos de la ciudad que se oponían a la presencia de extranjeros entre ellos.

«¿Por qué estáis en contra de que las Naciones Unidas vengan aquí, marmotas? —rugió Evaristo—. Dejasteis que pusieran la incineradora.»

La regordeta activista sabía provocar a la asamblea, en la que predominaban los republicanos. Nunca dejaba de machacar el asunto de la incineradora municipal, aunque habían pasado diez años desde que Prescott «recomendara» que se instalase en el distrito de Evaristo. Esta se había opuesto rotundamente a ello, y había alentado a sus electores a pleitear. Incluso después de perder el juicio continuó despotricando contra el trato injusto que los ricos de Greenwich daban a los pobres. «Los republicanos pueden hacer lo que les dé la gana en esta ciudad», decía, echando chispas. Todos los años se quejaba ruidosamente de que quitasen la nieve en

Grove Lane, donde vivía Bush, varios días antes de que los italianos, los húngaros y los polacos de Chickahominy vieran una máquina quitanieves.

En aquel tiempo había una separación entre los protestantes ricos de Greenwich, que vivían «en el campo», y los católicos pobres de clase obrera, que vivían «en la ciudad». La señora Evaristo, que trabajaba en tres empleos para poder alimentar a su familia numerosa y daba clases nocturnas de inglés a los inmigrantes italianos, con frecuencia se presentaba en las reuniones semanales de la asamblea vestida con un mono y una gorra de béisbol. Era «de la ciudad» y no era amiga de Prescott.

Cuando se puso a despotricar contra la incineradora Prescott se apresuró a utilizar el mazo para llamarla al orden, insistió en el asunto de las Naciones Unidas y sometió a voto la conveniencia de que su sede estuviera en Greenwich. La resolución a la que él era favorable se aprobó con un margen de 2 a 1: 110 votos a favor y 55 en contra. Aquella noche, Prescott envió un telegrama a Clare Boothe Luce, la representante de Greenwich en el Congreso:

> Resuelvo, basándome en el resultado de la reunión, que, si bien los habitantes de Greenwich desean la obtención de la paz mundial por medio de la Organización de las Naciones Unidas, la ciudad de Greenwich debería oponerse a que el capitolio de la Organización de las Naciones Unidas esté en Greenwich o cerca de ella.

En 1950 Prescott ya dominaba las complejidades del procedimiento parlamentario y, tal como recordó en su historia oral, había aprendido mucho sobre el gobierno local. «Durante todos aquellos años, fui un republicano activo y practicante. Trabajé con ahínco para [Alf] Landon en 1936, cuando fue vencido de forma tan apabullante [por Franklin Delano Roosevelt]. Recaudé dinero para Bob Taft cuando hizo campaña en Ohio. Hice lo mismo para Tom Dewey cuando fue nombrado candidato en el 44 [perdió frente a Roosevelt] y en el 48 [perdió frente a Harry Truman]. Y en 1947 el presidente del partido en Connecticut me preguntó si quería ser presidente de la comisión de finanzas estatal del Partido Republicano, cuya misión era financiar el partido en el estado y dije que sí.

En el verano de 1949 los republicanos de Connecticut andaban buscando un candidato para las elecciones a gobernador del estado, así como alguien que se enfrentara al senador William Benton, que había sido nombrado sucesor del senador Raymond Baldwin al dimitir este para poder desempeñar un cargo de juez en Connecticut. El mandato de Benton terminaba en 1953, por lo que el vencedor tendría que volver a presentar su candidatura dos años después. Durante una cena del comité central del estado, Harold Mitchell, presidente del Partido Republicano en el estado, preguntó a Prescott si alguna vez había pensado en presentar su candidatura para un cargo público.

Prescott contestó que no. «Vivo en una parte del estado que no es apropiada para ello —recordó haberle dicho Prescott—. En el norte del estado se conoce Greenwich como ciudad de gente que trabaja en otra parte. Les costaría tragar a un habitante de Greenwich como gobernador o senador. Yo soy de los que trabajan fuera de la ciudad. Soy un banquero internacional.»

A Prescott ya le habían propuesto que presentara su candidatura para el Congreso en 1946, cuando Clare Boothe Luce se retiró de la Cámara de Representantes, pero sus socios en Brown Brothers Harriman le aconsejaron que no aceptase el ofrecimiento.

«Mira, si se tratara del Senado, te apoyaríamos —dijo Roland Harriman— pero aquí te necesitamos más de lo que te necesita la Cámara.»

Prescott no discutió. Más adelante dijo: «… no era lo bastante independiente desde el punto de vista económico para ver con tranquilidad el futuro de mi familia». Prescott notó que las escuelas de sus hijos eran muy caras y que la pareja y Dotty deberían hacer grandes sacrificios para permitírselo. «Hubiéramos continuado comiendo, por supuesto. Pero me pareció que hubiese sido un gran sacrificio. Hubiera sido un gran revés económico para mí en aquel entonces.»

En 1950, con todo, Prescott había recibido una herencia de 55.779 dólares (393.500 dólares en 2004) de su padre. Cuando Samuel P. Bush murió en su domicilio, Ealy Farms, en Blacklick, Ohio, el 8 de febrero de 1948, la noticia salió en primera plana en el *Ohio State Journal* acompañada de una fotografía grande:

S. P. BUSH, LÍDER CIVIL JUBILADO,

FALLECE A LOS 84 AÑOS

Con esta herencia, más la aprobación de sus socios en Brown Brothers Harriman, Prescott estaba dispuesto a presentar su candidatura.

—¿Qué debería hacer? —preguntó a Harold Mitchell.

—Recorrer el estado y darte a conocer, especialmente a los grupos que es probable que sean delegados en la convención. La convención consta de seiscientos ochenta miembros, que son los líderes políticos de la ciudad y los miembros de la legislatura del estado. Tienes que recorrer el estado y conocer a esta gente. Pienso que puedo ayudarte proporcionándote algunas oportunidades de hablar, pero no puedo prometerte nada concreto.

Prescott consultó con su condiscípulo de Yale Harry Luce, director y fundador de la revista *Time*, que le indicó que tal vez también él querría que le nombraran candidato del Partido Republicano. «Supongo que Harry, al igual que yo mismo, siempre había anhelado algo así, de modo que le dije: "Dios mío, Harry, serías mucho mejor que yo para esto, y te apoyaré".»

Prescott concertó un encuentro de Harry Luce con el presidente de los republicanos del estado, que dijo al ilustre escritor que, aunque vivía en Ridgefield, Connecticut, se identificaba más con Nueva York. Necesitaba pasar más tiempo en Connecticut y menos en la revista *Time*. Luce salió disparado. Al día siguiente llamó a Prescott: «No puedo divorciarme de *Time* hasta este punto, imposible». Así que el campo quedó despejado.

Al día siguiente Ted Yudain, director del *Greenwich Time*, escribió un artículo de primera plana que decía que Prescott no era un candidato oficial, pero «puede estar disponible» para la nominación. Al cabo de unas semanas, Yudain escribió otro artículo de primera plana: «Bush se echará al ruedo para llegar al Senado a comienzos de la semana próxima».

«Ted Yudain era un personaje importante en Connecticut e "hizo" a Prescott Bush al convencer al Partido Republicano del norte del estado de que el moderador de la asamblea de Greenwich valía mucho —dijo Lowell Weicker, que fue gobernador de Connecticut (1991-1995), senador (1971-1989) y miembro de la Cámara de Representantes (1969-1971)—. Eche un vistazo al historial y verá que Ted prácticamente "colocó" a Prescott con lo que publicó sobre él en su periódico.»

El historial demostró que Weicker estaba en lo cierto. El director del *Greenwich Time* se convirtió en el director extraoficial de la campaña de Prescott e importante asesor político. Viajó con él por todo el estado antes de la convención de junio en 1950 para presentarlo a los líderes políticos. Luego habló con entusiasmo de aquellos viajes en su periódico:

> Bush, que hasta hace poco era presidente de la comisión de finanzas del Partido Republicano en el estado, empezó de la nada con poco apoyo. Desde comienzos de abril ha hecho campaña por todo el estado y se ha convertido en uno de los candidatos más fuertes sobre el terreno.

> 22 de mayo de 1950

> Los líderes del partido de aquí informaron de que todo el estado respondió con entusiasmo a la campaña de Bush antes de la convención y es evidente que muchos de los líderes piensan que Bush será uno de los mejores y más fuertes candidatos del Partido Republicano este verano.

> 9 de junio de 1950

Entonces se presentó Vivien Kellems y se opuso a Prescott. Primero se había opuesto a Clare Boothe como candidata republicana al Congreso en 1942 porque, según dijo, no quería que una «liberal pija» llevara la bandera del partido. Uno de los biógrafos de Luce calificó a Kellems, que era una industrial rica cuya compañía fabricaba mordazas para cables, de «señora de opiniones reaccionarias [que] era la niña mimada de la National Association of Manufacturers [Asociación Nacional de Fabricantes]». En su historia oral Prescott Bush la calificó de «mujercita perversa» y «sencillamente la más mezquina». Más adelante retocó sus comentarios antes de hacerlos públicos: sustituyó «perversa» por «difícil» y tachó lo de «sencillamente la más mezquina».

Durante varias semanas incómodas obligó a Prescott a librar una encarnizada batalla intestina, pero Ted Yudain le animó a seguir adelante y le dijo que los delegados del Partido Republicano nunca darían la candidatura a alguien tan polémico como Kellems. Poco antes de la convención el *Greenwich Times* publicó un gran titular en primera plana que decía: BUSH, CANDIDATO SEGURO DEL PARTIDO REPUBLICANO PARA EL SENADO; SE OPONDRÁ AL SENADOR BENTON.

El 15 de junio de 1950 Prescott apareció en la convención republicana del estado tocado con un sombrero de paja y cantó con su grupo vocal, el Silver Dollar Quartet.

El cuarteto estaba formado por antiguos presidentes del Club de Glee de Yale y se había fundado en 1922. Su canción «Silver Dollar» se había publicado en 1939 y el cuarteto la cantaba en toda sus actuaciones:

*Puedes hacer rodar un dólar de plata por una línea en el suelo,*
*y rodará porque es redondo.*
*Una mujer nunca sabe qué bueno es el hombre que tiene*
*hasta que ella le da calabazas.*

Prescott cogió su guitarra en la convención republicana y también cantó con retumbante voz de bajo una canción en la que decía que iba a «armar follón cuando me dejen suelto en la ciudad». A sus cincuenta y cinco años, seguía siendo tan dado al histrionismo como siempre, pero los delegados aplaudieron sus canciones sensibleras. En medio de aclamaciones desenfrenadas, le dieron la candidatura del Partido Republicano. Prescott, alto y bronceado, estaba ahora preparado para presentarse a las elecciones.

«Pero en aquel tiempo estaba tan verde como un pimiento —recordó Raymond K. Price (Yale, 1950)—. Yo estaba en el último curso cuando Bert Walker [hijo de George Herbert "Herbie" Walker] me pidió que ayudase en la campaña. Yo estaba muy metido en la Yale Political Union y era natural que me reclutaran los republicanos. Entonces recluté a otros seis compañeros de clase y durante dos o tres días a la semana trabajamos para Prescott durante las seis semanas que duró la campaña, haciendo lo que yo llamo "Bushear". Viajamos con el candidato por todo el estado y ayudamos a buscar votos para Bush.

»Era encantador y todo un caballero, pero recuerdo que cuando le llevaron a visitar a un votante que vivía en una pequeña caravana no supo qué decirle. Miró a su alrededor y dijo: "Bueno, no hay nada como el hogar, por humilde que sea". Lo dijo como cumplido, pero el votante se ofendió mucho.»

«Siempre pensé que Pres tenía mucha facilidad para tratar con el hombre de la calle —dijo John Alsop, ex miembro de la Cámara de Representantes de Connecticut cuyo árbol genealógico se remontaba al presidente James Monroe—, pero en realidad no los comprendía muy bien. Sencillamente nunca había sido uno de ellos.»

Hasta su hijo Pres, estaba de acuerdo. «Mi padre había estado un poco rígido y torpe en [aquella] campaña … no acababa de sintonizar con la gente tan bien como hubiera podido sintonizar».

Con la esperanza de atraer votantes del partido de la oposición, Prescott hizo campaña en los baluartes demócratas. En una ocasión fue hostigado por su rival de la asamblea.

«¡Ahora, de pronto, es usted un amante de la clase trabajadora! —bramó Josephine Evaristo—. Señor Bush, me refiero solamente a los miembros de mi familia que le llevaban los palos cuando jugaba al golf. Nunca les pagaba puntualmente y nunca les daba propina. Así que ¿desde cuándo es usted amante de los trabajadores.» Evaristo recordó que «la sala casi se vino abajo con los aplausos» que provocó su intervención. «Nunca he olvidado la época en que mis hermanos hacían de caddies y nunca les pagaba enseguida y nunca les daba propina. Y los chicos le odiaban. Le odiaban de verdad… porque era un tacaño.»

«No soy millonario —dijo Prescott a los periodistas—. Tengo una gran capacidad de ganar dinero, pero nunca he tenido ningún capital.» Calculó que si era elegido senador, con un sueldo de 12.500 dólares al año, más un fondo de jubilación exento de impuestos de 2.500 dólares, sufriría una reducción del 75 por ciento de sus ingresos de 60.000 dólares, que equivalen a 463.690 dólares en 2004. Dijo que sus principios le exigían que hiciera el sacrificio económico. «¿Por qué seguir dedicándome a los negocios cuando sé que hay cosas mucho más importantes?»

Prescott había recibido instrucciones sobre estrategia del senador Ralph O. Brewster, presidente del Comité Republicano de la Campaña para el Senado, que dijo al neófito que la política del partido era concentrar todo el fuego contra el secretario de Estado de Truman, Dean Acheson. Este tenía la culpa de la guerra no declarada en Corea y, según el columnista político Marquis Childs, «prácticamente de todo lo desagradable que ha sucedido desde la victoria sobre Japón».

Bush se enfadó porque él y Acheson (Yale, 1915) sirvieron juntos en la Yale Corporation.

—No me parece que puedas usar argumentos así —dijo a Brewster—. ¿Cómo sabes que toda la culpa es suya? ¿Qué pruebas tienes?

—Tenemos todas las pruebas que necesitamos —respondió Brewster.

Prescott adoptó con entusiasmo los asuntos de «Corea, el comunismo, la confusión y la corrupción». Con igual entusiasmo acusó a la administración Truman de «vergonzosa torpeza» y dijo que en Corea morían soldados norteamericanos debido a la «política de no política del presidente que nos metió en una guerra innecesaria, sangrienta y costosa en el Extremo Oriente». Atacó personalmente al presidente por dejar a Estados Unidos «indefenso», y afirmó: «Ninguno de nosotros debe eludir en lo más mínimo la terrible responsabilidad de ayudar a proporcionar lo que sea necesario para mantener y apoyar a las tropas norteamericanas». Pero no fue capaz de criticar a un ex alumno de Yale.

En vez de citar a Acheson por su nombre, exigió que los dirigentes de Washington «nos digan toda la verdad sobre la gravedad de la situación bélica. Me temo que todavía no nos están diciendo cuán grave es el peligro de lo que Estados Unidos puede esperar».

Dondequiera que iba Prescott repartía fotografías de su familia: su esposa, sus cinco hijos, dos nueras, un yerno y tres de sus seis nietos. En el dorso de cada fotografía había escrito: «Porque quiero trabajar para la felicidad futura de mi familia y de la suya, le pido que me vote el 7 de noviembre». Al terminar la campaña, había repartido ocho mil de estas fotografías en mítines políticos, estaciones de servicio y puestos de venta de perros calientes.

En 1950 había una única emisora de televisión en Connecticut, la WNHC-TV de New Haven, y solamente noventa mil televisores en un estado de 570.409 hogares. Pero Prescott, que estaba en el consejo de administración de la Columbia Broadcasting System, se dio cuenta del poder de penetración del nuevo medio. William S. Paley, presidente de la CBS, había convencido a Prescott de que la televisión gobernaría el futuro, así que Prescott compró tanto tiempo televisivo como su campaña podía permitirse y programó sus spots para antes y después de los partidos de fútbol americano y durante las Series Mundiales de béisbol. Su adversario, un ex ejecutivo publicitario de Benton and Bowles, también utilizó la televisión en su campaña e instaló pequeños quioscos con pantallas de retroproyección en centros comerciales y esquinas en las que aparecían continuamente los anuncios.

En noviembre las encuestas indicaron que Bush y Benton estaban igualados. Pero se produjo un cambio la noche del domingo anterior a las elecciones cuando Drew Pearson dio a conocer sus predicciones electorales en su influyente programa nacional de radio:

> En Connecticut se han hecho algunas acusaciones comunistas muy injustas contra los senadores Brien McMahon y William Benton, a pesar de las cuales ellos no han contraatacado. De hecho, ni siquiera han mencionado al adversario de Benton, Prescott Bush, que es presidente de finanzas de la Liga del Control de la Natalidad, y pronostico que hacer una campaña limpia dará dividendos y los senadores McMahon y Benton serán elegidos.

Pearson acababa de lanzar una bomba de megatones. Prescott vivía y concurría a las elecciones en un estado donde predominaban los católicos y el control de la natalidad aún era ilegal. La ley draconiana de Connecticut, promulgada en 1879, decía que quien utilizase algún fármaco para impedir la concepción podía ser castigado con una multa de no menos de cincuenta dólares y no menos de sesenta días de cárcel. «Quien ayude, instigue, aconseje, cause, contrate u ordene a otro que cometa un delito puede ser procesado y castigado como si fuera el delincuente principal.»

La acusación de Pearson colocaba a Prescott ante el peor dilema con que puede encontrarse un político: decir la verdad y perder o mentir y aguantar el tipo. Prescott optó por mentir. Negó haber pertenecido nunca a la Liga del Control de la Natalidad, que en 1942 se había fundido con otras organizaciones parecidas para formar la llamada Paternidad Planificada. Su esposa, que ya dominaba el arte de negar la realidad, le apoyó decididamente.

Los teléfonos de Connecticut se dispararon. «No, no, no es verdad —decía Dorothy Bush—. Por supuesto que no es verdad. Nunca ha sido de la Liga del Control de la Natalidad.»

Recordando el incidente dieciséis años después, tanto Prescott como Dorothy se aferraron firmemente a su desmentido original. «Al mediodía se repartieron en las iglesias [católicas] tarjetas que decían: "Escuche la radio a las 6 de esta tarde" —recordó Dorothy Bush—. Era la tarde del domingo… si hubiese sucedido la semana anterior hubiera sido posible hacer algo, pero era aquel mismo día, a las 6.»

«Se me ha olvidado el orden exacto, pero fue así —dijo su esposo—. En aquel tiempo el estado … [era] probablemente católico en un 55 por ciento, con fuerte presencia de gente de origen italiano y polaco, donde la Iglesia católica era dominante, y el arzobispo era enemigo acérrimo del control de la natalidad. Se oponían cada vez que se planteaba el asunto en la legislatura y no nos libramos de esa prohibición hasta [1965].»

A pesar de sus virtuosos y vehementes desmentidos, en realidad Dorothy y Prescott habían estado entre los primeros partidarios activos de Margaret Sanger, la fundadora del movimiento pro control de la natalidad en Estados Unidos. Y con sus amigas Nancy Carnegie Rockefeller y Elizabeth Hyde Brownell, habían apoyado la planificación familiar. Drew Pearson tenía una copia de la carta que la señora Sanger había enviado a miles de amigos y partidarios el 8 de enero de 1947 para anunciar la primera campaña nacional de recaudación de fondos por parte de Paternidad Planificada. El objetivo era recaudar dos millones de dólares e integrar la organización en los servicios de sanidad y asistencia social del país. Margaret Sanger había firmado la carta como presidenta honoraria. En el membrete aparecía el nombre del tesorero: Prescott S. Bush.

Pearson había dado en el blanco con sus predicciones de 1950 para Connecticut. Prescott fue derrotado por William Benton por un margen muy escaso —el 1 por ciento— y nunca perdonó a Drew Pearson: «Su campaña de desprestigio me costó las elecciones en opinión de todos los políticos del estado de Connecticut porque perdí por solo 1.000 votos de los 862.000 que se emitieron».

Treinta años después Dorothy Bush aún afirmaba que el columnista había mentido. «Pres perdió la carrera puramente a causa de una jugada sucia», dijo a Alexander Cockburn, de *Rolling Stone*.

Los resultados de 1950 fueron tan igualados que los republicanos pidieron un recuento en el estado, pero tuvieron que retirar su petición una semana después debido a «pruebas insuficientes» de irregularidades. El escaño era crucial para controlar el Senado: con la victoria de Benton, los demócratas obtuvieron una ventaja de 49 a 47.

George se sentía culpable por no haber ayudado a su padre en la campaña. En una carta a Gerry Bemiss escribió:

> Lo único que lamento de veras es que no hice nada, absolutamente nada, para ayudar a papá en su campaña. El resultado nos dolió muchísimo después de que papá trabajara tanto. Pienso, con todo, que hizo muchos amigos y que será difícil vencerle si vuelve a presentarse en 1952.

Al cabo de un par de semanas John Alsop escribió a un partidario de Margaret Sanger para decirle que en los círculos republicanos de Connecticut se comentaba que Prescott Bush «fue vencido a causa de sus actividades en» Paternidad Planificada y que «probablemente el efecto será asustar a otros políticos republicanos».

Con todo, los militantes del partido animaron a Prescott a sacar provecho del reconocimiento del que ahora gozaba su nombre para presentarse de nuevo en 1952. Prescott había pedido la excedencia en Brown Brothers Harriman para poder dedicarse a la campaña, y ahora había vuelto a su empleo además de ocupar nuevamente su puesto de moderador de la asamblea de representantes de la ciudad. Pero los fines de semana viajaba por todo Connecticut para pronunciar discursos y asistir a mítines políticos. «En el ínterin trabajó mucho para obtener apoyo en el estado con vistas a un nuevo intento», dijo Prescott hijo.

En sus discursos, Prescott despotricaba contra la administración Truman por «el caos de Washington» y cada vez que podía meterse con Franklin Delano Roosevelt lo hacía con verdadero gusto. Pidió la abolición de la Reconstruction Finance Corporation (Corporación Financiera para la Reconstrucción), un programa que Roosevelt había ampliado para proporcionar empréstitos gubernamentales a los proyectos de reconstrucción.

«¡Es un comedero para buitres políticos! —rugió en el Club de Mujeres Republicanas de Hartford, Connecticut—. Se formó durante una depresión mundial con el fin de responder a una emergencia nacional y fue útil para reconstruir una economía que estaba muy tocada. Pero en años recientes se ha utilizado para reconstruir ... negocios que pudieran reportar beneficios para quienes tienen acceso a la Casa Blanca ... Prestatarios indignos, chanchulleros y políticos corruptos han podido utilizar nuestro dinero para financiar boleras, salones de belleza, pistas de carreras, hoteles para turistas y compañías de licores. A cambio de esta generosidad con el dinero del pueblo, las estenógrafas llevan abrigos de visón, los ayudantes del presidente pasan sus vacaciones en hoteles turísticos de lujo y los oficinistas que conocen el intríngulis se convierten de pronto en ejecutivos de grandes compañías y cobran salarios elevados.»

Prescott en el estrado podía rivalizar con Elmer Gantry en el púlpito, y Ted Yudain informaba de todas las declaraciones atronadoras. El 9 de noviembre de 1951, el *Greenwich Time* publicó una breve noticia cuyo titular decía: PRESCOTT BUSH VIAJA A EUROPA PARA VISITAR A IKE.

Los Bush pensaban pasar un mes de vacaciones en Europa y visitar Inglaterra, Francia y Alemania con sus amigos de Greenwich el señor Samuel Meek y señora. Como estarían en París varios días, Prescott decidió que debía ver al general Dwight D. Eisenhower, que era el comandante supremo aliado en Europa y tenía la OTAN bajo su mando. Durante el verano y el otoño de 1951 varios miembros importantes del Partido Republicano habían peregrinado al cuartel general de Eisenhower para tratar de persuadirle a presentarse a las elecciones presidenciales de 1952. Prescott, que había sido partidario acérrimo de Taft, se unió ahora a los que suplicaban al general que fuese su abanderado, entre los cuales estaban Thomas Dewey, Herbert Brownell, Lucius Clay, John Foster Dulles y Henry Cabot Lodge. Prescott pidió a William S. Paley que le presentara al general, así que el 9 de noviembre de 1951 el presidente de la CBS escribió a Eisenhower y mencionó que Bush albergaba la esperanza de visitarle en su cuartel general.

Los dos hombres se entrevistaron el 20 de noviembre y el 3 de diciembre Eisenhower escribió a Paley: «Ya he visto a Prescott Bush. Sostuvimos una conversación muy agradable hace unos diez días. Me cayó muy bien». Para entonces la carta de Prescott a Ted Yudain ya se había convertido en la base de otro artículo de primera plana del *Greenwich Time*: BUSH CREE QUE EL GENERAL IKE ESTÁ DISPONIBLE PARA EL 52; EL LLAMAMIENTO TIENE QUE SER CONVINCENTE. Yudain citaba el texto completo de la carta de Prescott:

Soy del parecer de que el general es republicano y siempre lo ha sido. Me parece igualmente claro que es un hombre con un tremendo sentido del deber y de que tendrá que sentirse muy obligado por ello para pensar en aceptar el nombramiento de candidato republicano. Estoy convencido de que no aceptaría ninguna otra. Con todo, el «llamamiento» tendrá que ser inconfundiblemente claro.

Sostuve una conversación muy interesante a solas con el general Eisenhower en el SHAPE [Cuartel General de las Potencias Aliadas en Europa]. Más que cualquier otra cosa, me impresionaron su humildad y su modestia. Huelga decir que está totalmente absorto en sus responsabilidades más inmediatas y le consume el pensamiento de que su trabajo en Europa Occidental es de la mayor importancia. Habló de esto brevemente, pero de forma concisa y clara.

Su libro de visitas, que firmé y hojeé en la sala de espera, está lleno de nombres de figuras destacadas de la política norteamericana. Es consciente del clamor relativo a él.

Le sugerí que tal vez el lamentable estado de nuestro gobierno en el país podría ser un reto todavía más importante que la defensa de Europa Occidental, ya que esta depende en gran medida de

una administración fuerte, limpia y sana de nuestros asuntos internos, y que en el transcurso de los siglos se había demostrado que
la corrupción desde dentro es un peligro tan grande como la agresión desde fuera. Y [le dije que] pensaba que la larga permanencia
de los demócratas en el poder, con la consiguiente decadencia de la
moral, había causado una pérdida de respeto al gobierno en los
niveles federal, estatal y local.

Alguien dijo que al volver a casa recientemente, el general Ike
«abrió la puerta de par en par». Puede ser. Pero mi conjetura es que
por esta puerta debe pasar un llamamiento al deber más convincente del que nunca haya recibido. Si así es, prestará atención.

Obviamente, no hice ninguna pregunta embarazosa ni capcio-
sa acerca de las intenciones del general. Las conclusiones que he
sacado son exclusivamente mías.

Al regresar de Europa, Prescott volvió a pronunciar discursos.
Decidió pasar todos los fines de semana anteriores a la convención
republicana de mayo haciendo campaña en todo el estado. Su gran
deseo de ser nombrado candidato al Senado en 1952 venció finalmente su resistencia a criticar a un ex alumno de Yale y empezó a
atacar a Dean Acheson por ser blando con el comunismo. En todas las ciudades Bush dirigió la palabra a republicanos que estaban
ansiosos y rezaban para pedir que Eisenhower aceptara el nombramiento.

«Cuando hablé con el general en Francia —dijo Prescott—, me
habló de su filiación política. "Claro que soy republicano. Todo el
mundo lo sabe."» Aunque esas palabras contradicen lo que manifestaba en su carta publicada, las utilizaba en todas partes y eran re-
cibidas con grandes aplausos.

En 1950 Prescott dominó la primera lección en política: reconocimiento del nombre. En 1952 pensaba que lo único que tenía
que hacer era demostrar a los delegados lo conocido que era y lo
mucho que valía y el nombramiento sería suyo. Por desgracia, no
había leído lo que decía el libro político sobre los que trabajaban
en el anonimato.

El gobernador del estado, el republicano John Davis Lodge,
decidió que Prescott no era lo bastante dinámico como para ganar,
así que apoyó a William A. Purtell, católico gregario de Hartford

cuya región y religión eran activos importantes en Connecticut.

«En la política de los estados el gobernador ejerce una influencia enorme porque controla el patronazgo —dijo Prescott Bush hijo—, y, a resultas de ello, logró que Purtell cosechara los votos suficientes para vencer a mi padre … Entonces [mi padre] dijo: "Bueno, se acabó. Lo he intentado dos veces y el partido piensa que otro puede hacerlo mejor. Así que he terminado".»

La pérdida de la convención fue una experiencia humillante para un hombre orgulloso y Prescott volvió a casa completamente desmoralizado. Se había presentado dos veces y había perdido ambas y no quería que le volviera a suceder. A mediados de junio de 1952, volvió a trabajar en Brown Brothers. En julio dio su apoyo a Purtell e incluso celebró una recepción para él en Greenwich.

Aquel verano la estrella ascendente de la política de Connecticut era el senador Brien McMahon, católico irlandés de deslumbrante elocuencia que se había graduado en derecho por Yale. Había anunciado su candidatura a la presidencia con la consigna: «El hombre ES McMahon». Su programa pretendía asegurar la paz mundial mediante el miedo a las armas atómicas. Su prometedora campaña zozobró cuando le diagnosticaron un cáncer. Retiró su candidatura, pero, a pesar de ello, los delegados de Connecticut en la convención nacional del Partido Demócrata le eligieron candidato presidencial el 27 de julio de 1952. A la mañana siguiente el senador McMahon entró en coma y al día siguiente murió.

Su muerte se convirtió en una noticia política de ámbito nacional porque, de pronto, el control del Senado pasó a depender de dos escaños de Connecticut. El gobernador Lodge nombró a William Purtell para que ocupase el escaño de McMahon hasta que los republicanos de Connecticut pudieran nombrar un candidato. Con el nombramiento interino de Purtell los republicanos del Senado tenían ahora cuarenta y ocho votos, lo cual suponía un empate con los demócratas.

Los líderes del Partido Republicano creían que las mejores probabilidades de arrebatarles el control del Senado a los demócratas dependían de los dos escaños de Connecticut, que tenían la mayor probabilidad de caer en poder de los republicanos con Eisenhower en el primer lugar de la lista de candidatos.

Prescott se estaba recuperando del golpe en su casa de vacaciones de Fishers Island cuando llegó la delegación del Partido Republicano. «Eran unos siete —recordó—. [Vinieron] a suplicarme que presentara mi candidatura. Les dije: "Escuchad, chicos, se acabó. He destruido todas mis fichas. No pienso recorrer otra vez el estado con el sombrero en la mano".»

Tal como escribió a su amigo Sam Bemiss el 5 de agosto de 1952: «No es mi intención hacer un esfuerzo por conseguir el nombramiento, pero si me lo dieran, creo que debería aceptarlo y trabajar mucho en pos de una victoria que parece posible en Connecticut esta vez».

Prescott hijo recuerda que el presidente del partido en el estado le dijo a su padre: «Haremos todo lo que podamos para asegurarnos de que ganes».

«Mi padre dijo: "Mirad, chicos, intenté por todos los medios obtener el nombramiento en la última convención y fui rechazado". Dijo: "Me parecía que se me debía eso después de la carrera de 1950, cuando era un novato. Pero si me dais el nombramiento (no pienso trabajar para obtener el nombramiento), pero si me dais el nombramiento, entonces me presentaré con mucho gusto y trabajaré tanto como sé que soy capaz de trabajar ... No sé qué es distinto en mí entre ahora y mayo, nada ha cambiado, soy la misma persona".»

El hombre del comité nacional le explicó pacientemente que lo que había cambiado eran los acontecimientos y no las personas y que con Eisenhower como candidato los republicanos podían arrasar en el estado en 1952, y cuatro años después, cuando Prescott volvería a presentarse. «Tuviste suerte al no conseguirlo en 1950 —dijo Meade Alcorn. Luego, en voz baja, para que no pudiera oírle, comentó—: El muy estúpido no puede perder esta a menos, por supuesto, que se cague en su maldito sombrero de paja.»

Algunos líderes del partido ya estaban cansados de los pesados discursos de Prescott y de las canciones de su cuarteto. Tal como comentó The Bridgeport Telegram: «Los republicanos no le consi-

deran un campeón mundial en el campo de la oratoria ... y tal vez
no haría una campaña tan convincente como otro ... es más bien
como un zapato viejo y cómodo».

Prescott reflexionó sobre lo que le ofrecían los líderes del partido. «Me lo pensé muy detenidamente, y todos los pensamientos
viejos volvieron a mí, ¿ves?, un resurgir del interés, y, de pronto,
pensé: Bueno, Dios mío, quizá aún llegue a ser senador de Estados
Unidos.»

Camino de la convención en septiembre, el «zapato viejo y
cómodo» estuvo a punto de tropezar con los zapatos de tacón alto
de Clare Boothe Luce, que se presentó en el último momento y decidió que le gustaría que la nombraran candidata para el escaño
de Brien McMahon. La ex congresista y dramaturga era una oradora grandilocuente y pintoresca que enardeció a los republicanos
cuando dijo que los demócratas de Truman era «unos Borbones
aficionados a linchar, unos tontos económicos, unos zoquetes políticos y una pandilla de sinvergüenzas». Haciendo un gesto despreciativo con su elegante muñeca, ahora tachó a Prescott de
«Bush de Wall Street» y dijo: «Es buen perdedor y mejora constantemente».

«Clare estaba decidida a ser senadora —dijo Prescott Bush
hijo—, así que ella y su marido, Harry Luce, pusieron en marcha
una campaña para derrotar a mi padre.»

Recordó Prescott padre: «Alquiló un gran salón de baile en el
Bond Hotel [en Hartford] la noche antes de la convención y tuvo
las puertas abiertas para todos los delegados. Allí fueron todos a comer y beber a sus expensas y a pasarlo en grande. Y yo no tenía ninguna oficina central. Me aposté en el vestíbulo del Bond Hotel y estrechaba la mano de todos los que iban y venían y hablaba con
ellos. Pero no estaba preocupado porque tenía la sensación de que
ganaríamos en la primera votación».

Prescott era muy amigo de Harry Luce, pero recelaba de la esposa de Harry. «Siempre le he tenido un poco de miedo a Clare,
porque no me resulta fácil tratar con las mujeres que son severas
o muy decididas. Siempre me han dado miedo las mujeres que son
lacónicas y listas y a veces sarcásticas, y esas cosas ... me enseñaron y me enseñé a mí mismo a ser deferente con ellas y no sé cómo

tratarlas cuando responden de forma inesperada.» (Como senador Prescott se opuso a la Enmienda por la Igualdad de Derechos, que fue aprobada por el Senado en 1953 e invalidaba las leyes que discriminaban a las mujeres debido a su sexo. «Estoy a favor de los derechos preferentes para las mujeres, siempre lo he estado y siempre lo estaré», dijo.)

Tal como habían prometido los líderes del partido, Prescott fue nombrado para sustituir a McMahon durante lo que quedaba de su mandato de cuatro años. Su adversario era el popular congresista por Hartford Abraham A. Ribicoff, al que la revista *Time* calificó de «el mejor cosechador de votos que tienen los demócratas en el estado». Cuando Averell Harriman viajó a Connecticut para refrendar a Ribicoff, Prescott se indignó.

«Le considero [a Harriman] inapto para el servicio público por haber transigido ante la izquierda del Partido Demócrata —dijo de su ex socio en los negocios—. Su pensamiento y su criterio políticos han cambiado por completo desde que abandonó la participación activa en nuestra empresa hace cinco años para entrar en el gobierno.»

Prescott hijo y su esposa, Betty Lou, que se habían mudado a Greenwich en 1950, pasaban los fines de semana haciendo campaña, mientras George H. Walker hijo (el «tío Herbie») servía a su cuñado en calidad de principal recaudador de fondos. Desde Texas George envió un cheque de cincuenta dólares a su tío Herbie con una nota que decía: «Tus esfuerzos por cuenta de papá son estupendos. Adjunto un pequeño donativo cuyo tamaño en modo alguno refleja mi interés, porque no paro de pensar en cómo están las cosas en Conn. Papá sencillamente tiene que ganar esta vez».

Nancy Bush Ellis, que vivía en Boston, viajó a Connecticut con su hija, Nandy, y posó para una foto destinada a la campaña sosteniendo un cartel que decía: ¡GANE CON BUSH! Desde su residencia de estudiantes en Yale, Jonathan llamaba con frecuencia para comparar las cifras de las encuestas efectuadas en todo el estado. En Hotchkiss, Bucky era demasiado joven para comprender la importancia que esta carrera tenía para su padre.

Lo primero que hizo Prescott para este tercer intento de obtener un cargo público fue contratar a un director de campaña católico e irlandés llamado Elmer Ryan.

—¿Crees que el hecho de ser protestante y no católico me afectará en estas elecciones de 1952? —preguntó.

—Oh, no, Pres, no te preocupes por eso —contestó Ryan—. Para nosotros un protestante no es más que un católico que sacó suspenso en latín.

Al recorrer el estado en coche con los Bush, el director de la campaña observó las vallas publicitarias que decían: «Estáis mejor con Ribicoff».

—Ojalá se nos ocurriera algo que contrarrestara esta consigna. «Estáis mejor con Ribicoff.» Es muy buena.

Dotty habló desde el asiento delantero:

—Estáis en un aprieto con Abraham.

Ryan se echó a reír y al día siguiente Prescott utilizó la frase: «No os creáis ese letrero que dice que estáis mejor con Ribicoff —dijo en un discurso—. La verdad es que estaréis en un aprieto con Abraham».

Años después, al recordar el «desgraciado» incidente, dijo que algunas personas habían interpretado mal sus comentarios. «Así que enseguida me encontré ante la acusación de ser antisemita. Recuerdo que el director de mi periódico [Ted Yudain] y su hermano [Bernie Yudain], ambos judíos, vinieron a casa en cuanto esto salió en los periódicos y recibieron llamadas telefónicas de gente de Hartford que preguntaba: "¿Y ese Bush, es antisemita?".

»… les conté exactamente lo que había sucedido … Quedaron totalmente satisfechos. Bueno, fue una de esas cosas que pasan porque, obviamente, no era mi intención que se interpretara como una muestra de antisemitismo. Si hubiera querido ser antisemita, hubiese lanzado un ataque muy diferente … No había ninguna intención antisemita en mis palabras. Ninguna en absoluto. Hubiera sido una estupidez que la hubiera.»

La mañana después de su comentario sobre el «aprieto con Abraham», Prescott pronunció un discurso combativo en un desayuno con 180 personas, y Ted Yudain puso a su disposición la primera plana del *Greenwich Time* para que se defendiera acusando a los demócratas de «calumnias que me presentan como antisemita».

Luego dijo que a Ribicoff le gustaba fotografiarse con militares porque había «pasado la Segunda Guerra Mundial en Hartford». Los folletos de la campaña de Prescott incluían una fotografía en la que aparecía al lado de su hijo George vestido con el uniforme de la Marina, y el pie de la foto decía: «En la Primera Guerra Mundial Pres Bush combatió en la ofensiva de Meuse-Argonne y ascendió de soldado raso a capitán de artillería. Aquí aparece con su hijo George, piloto de la Marina en la Segunda Guerra Mundial que sobrevivió después de ser derribado dos veces en el Pacífico».

Prescott fue exonerado de las acusaciones de antisemitismo por el periódico de su ciudad, el *Greenwich Time*, así como por *The Harvard Crimson*. Refiriéndose a las acusaciones, el 1 de noviembre de 1952 Michael J. Halberstam escribió: «Los partidarios de Ribicoff están furiosos a causa de lo que llaman las insinuaciones antisemitas de Bush; se refiere constantemente a su adversario llamándole "Abraham" o "Abe Ribicoff". La acusación es endeble en el mejor de los casos».

Envalentonado por los comentarios editoriales favorables de *The New York Times* y el *Herald Tribune*, Prescott acusó al presidente Truman de «dejar caer la cerilla que encendió las hogueras de la guerra en Corea». Después de negarse a hacer públicas las cifras de sus ingresos personales, fustigó a los miembros de la administración por utilizar de forma indebida el dinero de los contribuyentes y los calificó de «malvada banda de izquierdistas». Pronunció un discurso importante en el que pidió «un nuevo despertar espiritual y moral». Todos estos elementos saldrían otra vez a la superficie cincuenta años después, en las campañas políticas de su nieto George W. Bush.

Prescott sabía que el mayor activo de su campaña era el querido Dwight D. Eisenhower. Así que cuando el general visitó Connecticut, Prescott no desaprovechó la oportunidad de acompañarle a New Haven y presentarle en Yale. Más de seis mil personas arrostraron una tempestad de nieve para oír cómo Ike denunciaba a su rival, Adlai Stevenson. El *Yale Daily News* publicó que se habían oído algunos abucheos cuando Prescott, vestido con un abrigo de piel de mapache, se adelantó unos pasos, agitó los brazos e hizo de animador del general. El día de los comicios, New Haven, que no había caído en manos de los republicanos desde 1924, entregó su corazón a Stevenson por más de seis mil votos.

Poco antes de las elecciones, el senador Joe McCarthy, el truculento republicano de Wisconsin, llegó a Connecticut para participar en la campaña de su partido. La cruzada anticomunista de McCarthy hizo que el Kline Memorial Hall de Bridgeport se llenase hasta los topes. McCarthy alzó una de sus gruesas manos y afirmó tener los nombres de más de cien comunistas infiltrados en el Departamento de Estado. Prescott había querido boicotear el mitin, pero los líderes republicanos del estado insistieron en que asistiera a él junto con el senador Purtell.

«Nunca he visto tantos monos salvajes en ningún mitin al que haya asistido en mi vida —recordó Prescott—. Estábamos sentados en el escenario, tanto Purtell como yo, y también dos o tres más que fueron invitados a hablar antes de que hablase McCarthy.»

El presidente del comité nacional y el senador Purtell dieron una entusiasta bienvenida a McCarty. Luego llegó el turno de Prescott

«Salí al escenario con las rodillas temblándome considerablemente y dije que me alegraba mucho de dar la bienvenida a nuestro estado a un senador republicano y que teníamos muchas razones para admirar a Joe McCarthy. En muchos sentidos era un hombre muy poco corriente. Al menos había hecho una cosa poco corriente: había creado una palabra nueva, "maccarthismo". El público chilló de entusiasmo al oírme.

»Entonces dije: "Pero debo decir con toda sinceridad que algunos de nosotros, si bien admiramos sus objetivos en la lucha contra el comunismo, tenemos a veces reservas muy considerables relativas a los métodos que emplea". Mis palabras provocaron una tempestad de abucheos y silbidos y gritos de "¡A la calle, a la calle!". Pero terminé mis comentarios con una o dos frases inocuas y me senté. Me abuchearon y me chillaron. Joe McCarthy se levantó, cruzó el escenario, se me acercó y me estrechó la mano. Este gesto tan amistoso me desconcertó en medio de tantos abucheos. McCarthy dijo: "Quiero que cene usted conmigo al terminar este espectáculo". Dije: "Muy bien, senador, estaré encantado".»

El hombre del comité nacional, James C. Shannon, riñó públicamente a Bush por sus «reservas» y *The Hartford Courant* publicó la noticia con un titular que decía: LOS REPUBLICANOS ABUCHEAN LA POSTURA DE BUSH CONTRA LA CALUMNIA. Vivien Kellems, que también asistió al mitin de McCarthy, declaró que el comportamiento de Prescott había sido escandalosamente estúpido. Comentó: «De forma más bien patética, el señor Prescott Bush cometió un suicidio político y se borró a sí mismo de la escena política». Sin embargo, *The Manchester Herald* comentó el valor de Prescott y dijo que, fuera o no una imprudencia, «Bush se ha reservado un rincón de Bush con el que él sabe que puede vivir. Y en nuestra observación del juego político una cosa de este tipo nunca ha resultado realmente una desventaja».

La victoria arrolladora de Eisenhower fue también la de Bush y Purtell en noviembre y dio a Connecticut sus dos primeros senadores republicanos desde hacía veinte años. Bush derrotó a Ribicoff por 28.960 votos, pero Ribicoff obtuvo más votos que el aspirante de su partido a la presidencia, lo cual echó los cimientos de su futuro político como gobernador, miembro del gabinete y senador. Aunque Bush obtuvo 51.547 votos menos que Eisenhower, había ganado el mandato vigente de McMahon, lo cual significó que se convirtió en senador tan pronto como se certificó su elección, pasando a ser el senador de mayor antigüedad del estado. Purtell, que derrotó al senador Benton, se convirtió en el senador más reciente y no pudo ocupar su escaño hasta el 3 de enero, fecha en que se reunió el nuevo Congreso.

Antes de partir para Washington, Prescott convocó la asamblea de representantes de la ciudad para devolver el mazo de moderador. «Me siento como un niño de corta edad que ha pedido un juguete pequeño para Navidad y se encuentra con que le han regalado un Cadillac —dijo—. No tengo el privilegio de poseer un Cadillac [de verdad], pero espero conducir bien mi Cadillac político.»

Aquella noche, en una carta a Whitney Griswold, rector de la Universidad de Yale, Prescott confesó que tenía miedo al futuro: «Tiemblo de aprensión ante esta nueva vida. Sin embargo, puede que sea como un partido de béisbol y que el nerviosismo se esfume después de las primeras jugadas. Créeme, agradezco tus plegarias y tus esperanzas por mí. Si fracaso, no será por no haberme esforzado».

Prescott dijo que pensaba continuar sirviendo a la Yale Corporation, lo cual le obligaría a ir a New Haven por lo menos una vez
al mes. Luego abordó un asunto que le preocupaba de forma especial: «Me gustaría que te sentaras a solas conmigo un día y me
explicaras por qué el profesorado de Yale no ha estado con nosotros en estas elecciones. Me he fijado en que el profesorado de
Harvard sí ha estado con nosotros. Lo que te propongo debería ser
una conversación puramente impersonal. Pienso que realmente
necesito comprender mejor el punto de vista político de ese maravilloso profesorado».

Al día siguiente metió su sombrero de paja en la maleta y emprendió el viaje a Washington.

Barbara no se había fijado en los morados que su hija pequeña tenía en los brazos y las piernas, pero le extrañaba la apatía constante de Robin y se preguntaba por qué parecía tener tan poca energía. «No parecía natural que estuviera tan agotada. Había sido una niña de tres años normal y, de pronto, su programa diario consistía en echarse en cualquier parte.»

Varias semanas antes, el 11 de febrero de 1953, Barbara había dado a luz al tercer hijo de los Bush, John Ellis Bush, al que llamaban Jebby, y el recién nacido ya comía más que su hermana de tres años, que no hacía más que juguetear con los alimentos. En vista de ello, Barbara pidió hora para que la pediatra de la familia viese a la niña. La doctora Dorothy Wyvell examinó a Robin, hizo preguntas sobre los morados y extrajo sangre para hacer un análisis. Luego dijo a Barbara que se llevara a la pequeña a casa y volviera por la tarde con George para hablar de los resultados del análisis.

Robin había nacido en Compton, California, y después de un año en el estado, los Bush se mudaron a Texas. Vivieron en Odessa seis meses y luego se trasladaron a Midland, donde George y su vecino John Overbey, corredor de arrendamiento financiero en la industria del petróleo y el gas, concibieron la idea de fundar su propio negocio de prospecciones petrolíferas. Querían crear una compañía que se dedicara a comprar los derechos sobre el subsuelo junto a las propiedades donde se estuvieran efectuando perforaciones en busca de petróleo.

Habitualmente, las grandes compañías petroleras compraban

arrendamientos a precio fijo para explorar en busca de minerales. Los terratenientes conservaban las regalías, lo cual les daba derecho a un porcentaje del petróleo que se encontrara en sus propiedades. Una compañía independiente como Bush-Overbey compraba un porcentaje de las regalías del terrateniente; si se encontraba petróleo, el terrateniente cobraba su regalía y la compañía independiente cobraba la regalía que hubiese negociado con el terrateniente. Si la compañía independiente no encontraba petróleo, perdía su inversión, pero el terrateniente estaba protegido por los derechos de arrendamiento que pagaban la compañía independiente así como la gran compañía petrolera. George Bush calificó este negocio de alto riesgo de especulación con porcentajes de regalías.

George, que tenía prisa por enriquecerse, dijo a Neil Mallon que pensaba dejar la compañía y fundar un negocio nuevo con John Overbey. Neil, que había dado a George su primer empleo en la Dresser y contaba con que algún día dirigiría la compañía, le alentó a independizarse. Incluso dedicó tiempo para explicarle cómo se estructuraba y financiaba una compañía petrolera independiente. George sabía que necesitaría como mínimo un millón de dólares para empezar, así que recurrió al financiero de la familia, Herbie Walker. Utilizando la parte designada de alto riesgo de activos que invirtió por cuenta de un grupo de grandes fondos de fideicomiso británicos, el tío Herbie proporcionó un capital de trescientos cincuenta mil dólares. Eugene Meyer, propietario de *The Washington Post* y cliente de Brown Brothers Harriman, aportó cien mil dólares, la mitad de los cuales estaban a nombre de su yerno Philip L. Graham. John Overbey recordó que Prescott Bush proporcionó otros cincuenta mil dólares, hecho que George nunca mencionó a sus biógrafos. La omisión induce a pensar que quería aparecer como un hombre que había triunfado gracias a su propio esfuerzo.

«La mayoría de los grandes inversores estaban en el Este —dijo George—, así que pasábamos tanto tiempo buscando fondos en las grandes ciudades como buscando derechos sobre el petróleo en las zonas agrícolas.»

Bush-Overbey no vendía un producto tangible, sino sencillamente una especulación con arrendamientos petroleros y derechos sobre el subsuelo. Su verdadero negocio consistía en proporcionar protección fiscal a sus ricos inversores. Tal como explicó George: «Para obtener dinero, tendríamos que atraer inversores ajenos al negocio, gente dispuesta a arriesgarse en una empresa petrolera. Si encontrábamos petróleo, nuestros inversores percibirían un porcentaje de los ingresos, según la cuantía de su inversión; si no lo encontrábamos, podrían deducir sus pérdidas».

Viajaba constantemente para cortejar a los ricos contactos del tío Herbie en la costa oriental y en toda Texas, examinando los registros de la propiedad en los juzgados. Se encontraba casualmente en el del condado de Ector, a unos treinta kilómetros de Midland, cuando Barbara llamó para decirle que tenían una cita urgente con la pediatra de Robin aquella tarde.

La doctora Wyvell recibió a los Bush con los ojos llenos de lágrimas. Les pidió que se sentaran y les dijo que su hija tenía leucemia, un cáncer que llena el torrente sanguíneo de millones de leucocitos anormales.

—Robin tiene la cantidad de leucocitos más alta que he visto en mi vida —dijo la doctora.

—Bien, hagamos algo —respondió George—. ¿Qué podemos hacer?

—George, no hay nada que hacer en los casos de leucemia.

—No hay nada en lo que no haya nada que hacer —insistió George.

—La leucemia es incurable —dijo la doctora Wyvell—. Te aconsejo que dejes que la naturaleza siga su curso. Ahórrate el martirio de un tratamiento porque es un caso avanzado.

En 1953 casi todos los niños a los que se les diagnosticaba leucemia morían en el plazo de seis meses. La doctora Wyvell dio a Robin tres semanas.

«La doctora nos dio el mejor consejo que se nos podía dar y que, por supuesto, no seguimos —recordó Barbara muchos años después—. Dijo: "En primer lugar, no se lo digáis a nadie. En segundo lugar, no la tratéis. Deberíais llevarla a casa, y hacerle la vida tan fácil como sea posible". George contestó: "Ni hablar". Me dejó inmediatamente en casa, luego se fue directamente a casa de mi amiga Liz Fowler y le dijo: "Liz, por favor, ve a ver a Barbara. La doctora dice que Robin tiene leucemia". Así que empezamos por infringir la primera regla. Cuando volvió a casa al cabo de unas horas, llamó a su tío, que trabajaba en el hospital Sloan-Kettering de Nueva York.»

El doctor John M. Walker, el hermano de la madre de George, Dorothy, había entrado a trabajar en el Memorial Sloan-Kettering en 1952 como ayudante clínico de cirugía. Se le reconocía como el mejor deportista de una familia eminentemente deportista, y había jugado a fútbol americano, béisbol, squash y golf. Luego, en 1950, sufrió un ataque de polio que lo dejó casi paralizado y acabó en una silla de ruedas.

George estuvo siempre agradecido a su tío John por haber utilizado su influencia para que Robin ingresara en el Sloan-Kettering, donde le aplicaron tratamientos experimentales contra el cáncer que prolongaron su vida unos cuantos meses. «Lamenté muchísimo que le aplicaran la quimioterapia, lo lamenté por ella, pero a nosotros nos hizo mucho bien —dijo Barbara—. Tuvimos la oportunidad de hacer algo, de decirle que la queríamos.»

Años después, cuando George se convirtió en presidente y pudo hacer algo importante por su tío, nombró a John M. Walker Jr., hijo del doctor John, juez federal del Segundo Circuito del Tribunal de Apelación de Estados Unidos. «Es lo menos que puedo hacer por alguien cuyo padre tanto hizo por mí —dijo George a uno de los abogados de la Casa Blanca—. Además, Johnny está tan bien preparado como el que más para ocupar el puesto.»

Además de su propio impedimento, el doctor Walker tenía dos hijas que habían nacido con el síndrome de Down. La influencia más importante que ejerció en George fue hacerle sensible a las necesidades de los minusválidos, lo cual quizá no hubiera sucedido de no ser por él. Durante la mayor parte de su vida George fue insensible al imperativo de la justicia racial y su comportamiento en relación con los derechos civiles siempre distó de ser admirable. Sin embargo, se convirtió en paladín de los minusválidos. La admiración que sentía por su tío, que había sufrido el ataque de polio en el apogeo de su carrera, fue el origen de la mejor hora de George como presidente: el 26 de julio de 1990 firmó la Ley de Estadounidenses con Discapacidades, solo tres semanas antes de que su tío John, que a la sazón contaba ochenta y un años, muriera a causa de complicaciones provocadas por un aneurisma.

No todos los miembros de la familia Bush eran tan sensibles en relación con este asunto. Cuando el proyecto de ley se presentó por primera vez al Congreso a finales del decenio de 1980, George era vicepresidente bajo Ronald Reagan. Su hermano menor Jonathan, que se llamaba así en honor del doctor Walker, se encontraba casualmente de visita en Washington durante un debate en el Senado sobre el citado proyecto de ley, propuesto por primera vez por el senador por Connecticut Lowell Weicker, que se había graduado en Yale con Jonathan en 1953. Aquella noche Jonathan regresó a Nueva York para asistir a su primera reunión del consejo de administración de *American Heritage*, la revista que en aquel tiempo era propiedad del buen amigo de su padre Samuel P. Reed. La reunión se celebró en un comedor privado del Knickerbocker Club, donde el más joven de los Bush fue presentado al consejo. Todos aplaudieron cuando Jonathan se levantó para pronunciar unas cuantas palabras.

—Bien, acabo de llegar de Washington, donde escuché el discurso de Teddy Kennedy a favor de los tarados —dijo.

Los presentes, atónitos, guardaron silencio durante un momento hasta que el director de la revista, Byron Dobell, tomó la palabra y riñó a Jonathan por hablar peyorativamente de los minusválidos.

—Aunque piense así, no debería decirlo —señaló Dobell.

Después de la reunión, uno de los consejeros se acercó al director y le dijo:

—Chico, menudo valor el tuyo... ¡decirle las cosas claras al hermano del vicepresidente de Estados Unidos!

—Ni por un momento se me ha ocurrido pasarlo por alto —dijo Dobell—. He pensado que lo que ha dicho era intolerable, y que unos hombres ya creciditos permanecieran sentados sin decir nada hubiese sido todavía más intolerable.

Quizá George hubiera seguido siendo tan retrógrado como su hermano si John Walker no hubiese intervenido a favor de su hija moribunda. Tal como escribió a su amigo Paul Dorsey:

> Era un gran cirujano del cáncer ... un hombre fuerte y decidido. Le dije lo que nos había aconsejado nuestra doctora y contes-

tó: «No tenéis ninguna opción, ninguna en absoluto. Debéis tratar a esta niña. Debéis hacer todo lo que podáis para mantenerla viva». Y entonces me habló de los avances que se habían hecho en este campo y de la importancia de la esperanza. Así que la tratamos y la vimos morir ante nuestros ojos, pero también vimos las maravillas de la remisión y la entrega de las enfermeras y los médicos, y vimos progresos y comprobamos que su consejo había sido acertado. Seis meses después, cuando todo hubo terminado, pensé con gratitud en su consejo sensato. Fue duro para Barbara, supongo que lo más duro que puede pasarle a una madre, porque estuvo presente en las pruebas de médula, los tormentos de sangre. Alguien tenía que mirar a los ojos de Robin y darle consuelo y amor y la verdad, Paul, es que no tuve agallas para ello.

El día después de que George hablara con el doctor Walker, los Bush llevaron a Robin en avión a Nueva York para empezar los tratamientos experimentales. Durante los seis meses siguientes la niña fue, como dijo Epicteto, «un pequeño espíritu que aguantaba un cadáver». 

Años después Barbara recordaría el viaje en avión desde Texas porque hasta entonces siempre se había mareado al viajar en este medio de transporte. «Pero la primera vez que llevamos a Robin a Nueva York subí y bajé del avión y no me mareé. Desde entonces no he vuelto a marearme al viajar en avión.»

Barbara dejó a su hijo de seis años, Georgie, y a su recién nacido, Jeb, al cuidado de unos vecinos mientras ella se entregaba en cuerpo y alma a conducir a su hija por el calvario de biopsias de médula ósea, transfusiones de sangre y quimioterapia. En Nueva York se alojó en el domicilio de Ganny y Gampy Walker, que vivían en un suntuoso ático de Sutton Place, a solo unas manzanas del Sloan-Kettering. Al cabo de un tiempo, la madre de George envió una enfermera a Midland para que cuidase de George y sus dos hijos, que volvieron a su pequeña casa de West Ohio Street. Barbara pasó varios meses en Nueva York, concentrada exclusivamente en su hija pequeña. Sabía que Robin iba a morir; era demasiado realista para no aceptar ese hecho. Pero había también la esperanza de alguna que otra remisión, de que el cáncer galopante que estaba devorando las células de la pequeña les diera una tregua temporal. Barbara se entregó totalmente a esa iniciativa fugaz y de vez en cuando se vio recompensada. En una ocasión Robin se sintió lo bastante bien como para salir del hospital y visitar a sus bisabuelos en Sutton Place. Otra vez fue a Greenwich para ver a sus abuelos. Barbara también llevó a la niña a Midland con la intención de que pasara allí unas cuantas semanas, pero Robin sufrió una hemorragia y fue necesario llevarla de nuevo a Nueva York. La última vez que salió del hospital fue para ir a Kennebunkport, en el verano, donde vio a sus hermanos.

Durante la enfermedad de Robin, la Bush-Overbey solo obtuvo beneficios modestos, pero la entrada de George en el negocio del petróleo había llamado la atención de Hugh y Bill Liedtke, dos abogados de hablar pausado y pensamiento rápido de Tulsa, Oklahoma, cuya especialidad era la formación de compañías petroleras. Tenían oficinas en la misma planta que la Bush-Overbey Oil Development Company en el edificio del Midland National Bank, y los cuatro hombres y sus familias pronto se hicieron amigos y empezaron a tratarse con regularidad.

«No había muchas otras cosas que hacer en Midland en aquel entonces, salvo reunirse para una barbacoa», recordó Hugh Liedtke. En aquel tiempo Midland era solo una ciudad pequeña de veinticinco mil habitantes, unas cuantas iglesias, muchas tabernas, un cine y un burdel.

«George hizo buen uso de la casa de putas cuando la Dresser decidió celebrar una reunión del consejo de administración en Midland —recordó Stephen Thayer, hijastro de Neil Mallon—. George tuvo que buscar alojamiento para los consejeros y en aquel tiempo no había en Midland ningún hotel con la categoría suficiente para aquel grupo, así que alquiló la casa de putas y los consejeros y sus esposas se hospedaron en ella durante una semana.»

En 1953, Bush, Overbey y los hermanos Liedtke decidieron fusionar sus negocios y crear una compañía petrolera a la que pusieron el nombre del revolucionario mexicano Emiliano Zapata. «En los cines echaban en aquel tiempo una película sobre Zapata protagonizada por Marlon Brando —recordó Liedtke—. Necesitábamos un nombre, algo que despertara la curiosidad de la gente, y nos pareció que sonaba bastante bien.»

Primero formaron la Zapata Petroleum; un año más tarde crearon la Zapata Offshore Company. Después de que George cortara sus relaciones de negocios con ellos, los Liedtke fusionaron la Zapata original y formaron la South Penn Oil Company. Con la ayuda de J. Paul Getty, uno de los mayores accionistas de la compañía, Hugh Liedtke llevó a cabo una absorción amistosa que dio origen a la Pennzoil. Más adelante adquiriría la Getty Oil Company, entablaría una demanda que causaría la quiebra de la Texaco y se negaría a llegar a un acuerdo con los abogados de la quiebra hasta que en 1987 convenció a un jurado de que la Texaco debía pagar a la Pennzoil tres mil millones de dólares. George había encontrado en verdad un socio duro. Liedtke era tan duro que acabaría chocando con el gran benefactor de George, el tío Herbie.

Al principio se tomó la decisión de que cada una de las dos partes de la sociedad se encargara de recaudar quinientos mil dólares. Así pues, una vez más, a sabiendas de que el tío Herbie nunca le negaría nada, George recurrió al dinero de la familia para cumplir con su parte. Herbie Walker adoraba tanto a su sobrino que durante los primeros veinte años del matrimonio de George, este y Barbara pasaron repetidamente las vacaciones con Herbie y su esposa, Mary, siempre a expensas del tío Herbie.

George Herbert Walker hijo veneraba al sobrino que tenía su mismo nombre hasta el extremo de que sus propios hijos se sentían incómodos. «Me molestaba toda la energía que recibía George y que debería haber sido para mi hermano —dijo Ray Walker, psiquiatra y el menor de los tres hijos de Herbie—. Idolatrar a alguien era muy propio del modo de ser de mi padre. Primero fue George, luego, cuando papá era el dueño de los Mets [1960-1977], fue Tom Seaver. Papá llevaba una vida no vivida. Se pegó a George porque ambos creían en el dinero y el poder como prioridades de la vida.

»Recuerdo que mi compañero de cuarto en Yale, Bob Gow, que dirigió la Zapata durante algún tiempo, me dijo que papá llamaba a George cada dos por tres y que George sostenía el teléfono lejos del oído para no tener que escuchar la cantinela interminable de papá. Se limitaba a decir: "Sí, sí, sí". Pero así es George. Es obsequioso y simpático. Es imposible que te caiga mal, pero no cabe duda de que es de los que dicen amén a todo. Eso encantaba a papá.»

Herbie Walker se dio cuenta de que el papel principal de George como socio de la Zapata era obtener capital, así que el banquero de inversiones reunió un millon trescientos mil millones de dólares para que su sobrino pusiera en marcha su nueva empresa. La suma incluía inversiones de los Rockefeller y los Astor. El tío Herbie, que también ganó dinero con estas transacciones, continuaría siendo la gallina de los huevos de oro para George durante toda su carrera en los negocios. En 1990, *The New Republic* calculó en un total de siete millones de dólares la cantidad que había recaudado para las diversas empresas petroleras de George.

Los Liedtke, por su parte, también tenían acceso a mucho dinero a través de su padre, que era consejero principal de la Gulf Oil. Por desgracia, en la familia del primer socio de George, John Overbey, no había ningún grifo del que manase dinero, así que George y su tío se lo quitaron de encima cuando crearon una entidad llamada Walker-Bush Corporation, la cual se convirtió en propietaria de Bush-Overbey.

La Zapata Petroleum colocó ochocientos mil dólares de la inversión original en un solo yacimiento de petróleo y, con gran asombro de todos, la jugada dio buen resultado. El petróleo salió a chorros. Tal como Bill Liedtke dijo al *Houston Business Journal* en 1999: «Perforamos ciento treinta pozos y ninguno de ellos estaba seco».


Durante la enfermedad de su hija, mientras George iba y venía entre Texas y Nueva York en los aviones particulares de sus ricos amigos petroleros, Barbara se convirtió en una tirana maternal que daba órdenes a sus hijos, su marido, sus amistades, sus parientes e incluso a su formidable suegra. «No permitía que Georgie jugase con Robin porque a la niña le salían morados con tanta facilidad... —dijo Barbara—. De hecho, tenía a los niños separados casi todo el día. No se lo dijimos a Georgie [que su hermana se estaba muriendo] porque pensamos que era demasiado pequeño para saberlo. De hecho, temía que Georgie se lo dijera a Robin y no quería que ella lo supiese. Actué con mucha firmeza y sospecho que fui bastante dura. Decidí que la pequeña iba a ser feliz. Si alguien lloraba en la habitación de Robin en el hospital, yo le pedía amablemente que hiciera el favor de salir. Pobre George. Le estaba matando. Me veía obligada a decirle: "Si lloras, no puedes estar aquí".» Barbara comentó que su marido y su suegra eran los peores en este sentido. «Tenían el corazón demasiado blando.»

Barbara tuvo que replantearse muchas veces la decisión de no hablarle a su hijo mayor de la enfermedad incurable de su hermana. «No sé si hice bien o si hice mal —dijo a *The Washington Post* en 1999—. Quiero decir que realmente no lo sé, pero sé que [Georgie] me dijo varias veces: "¿Por qué no me lo dijiste?". Bueno, no hubiera cambiado nada ... [Además] pensamos que era demasiado pequeño para digerirlo.»

Barbara se mostró implacablemente fuerte durante la enfermedad de Robin, mientras que George era frágil desde el punto de vista emocional. Tanto era así que su buen amigo Lud Ashley hizo como de suplente suyo en lo que se refería a apoyar a Barbara y visitaba a Robin con regularidad y entraba a verla de vez en cuando durante la noche después de que Barbara volviera a casa de los Walker para dormir.

George visitaba Nueva York con frecuencia en busca de dinero para su nueva empresa petrolera y siempre se reunía con Barbara en el hospital, pero el triste espectáculo de su hija entubada y tan débil que apenas podía levantar la mano para secarse los mocos a veces era superior a sus fuerzas. Por más que se esforzara en dominarse, a menudo se echaba a llorar cuando entraba en la habitación de su hija y Barbara le obligaba a salir y no le permitía entrar de nuevo hasta que recobraba la serenidad.

«El pobre George lo pasaba fatal y apenas podía soportar ver cómo le hacían una transfusión de sangre —escribió Barbara en sus memorias—. Decía que tenía que ir al lavabo. Nos reíamos al preguntarnos si Robin pensaba que su padre tenía la vejiga más floja del mundo. No era así. Sencillamente tenía el corazón más tierno.»

Barbara, que contaba solo veintiocho años de edad, no tenía a nadie a quien recurrir durante ese período. Su marido viajaba constantemente por asuntos relacionados con su nueva empresa. Su madre, de la que había estado distanciada, había muerto. Su padre, que ahora era presidente de la McCall Corporation, había vuelto a casarse y se encontraba inmerso en su nueva vida. Muchas de sus amistades de Texas se habían apartado de ella, temiendo, como suele ocurrir, una proximidad tan grande al cáncer y la muerte. No estaba muy unida a ninguno de sus hermanos, y su hermana mayor, Martha Rafferty, que solía donar sangre para las frecuentes transfusiones que le hacían a Robin, se hallaba ocupada criando su propia familia numerosa. Barbara encontraba el mayor consuelo en la compañía de los afligidos y los enfermos que la rodeaban, y forjó lazos afectivos con otras madres que también asistían a los últimos días de sus hijos en el hospital.

La vertiente quisquillosa de su personalidad se suavizó en el hospital. La dureza que hería sensibilidades en sus relaciones sociales aparecía como resolución firme a ojos de las enfermeras, que eran mujeres prácticas y no estaban para historias. Barbara tenía buena relación con el personal médico y depositaba toda su confianza en sus recomendaciones. Los médicos propusieron una operación arriesgada para detener las hemorragias internas que causaban los fármacos que tomaba Robin. Barbara no pudo localizar a su marido y tomó la decisión de seguir adelante a pesar de que la doctora Walker aconsejó que no lo permitiera. Contra todo pronóstico, Barbara esperaba que la operación prolongase la vida de Robin, pero la pequeña no salió viva del quirófano. «Estaba viva y al cabo de un minuto murió —escribió Barbara en sus memorias—. Sentí verdaderamente cómo su alma salía de aquel hermoso cuerpecillo ... [y nunca] he sentido la presencia de Dios con más fuerza que en aquel momento.»

La tarde del 1 de octubre de 1953 George iba camino de Manhattan cuando su hija entró en coma. Dos meses antes de cumplir cuatro años, murió poco después de que George llegara al hospital. Al día siguiente George y Barbara fueron a Rye a jugar al golf con el padre de ella.

«Era el primer día que salíamos —dijo Barbara—. Sencillamente nos levantamos y salimos. Jugamos al golf. No se lo dijimos a nadie. Más adelante pensé que si la gente nos hubiera visto, hubiese dicho: "¿Por qué hacen eso?". Sencillamente queríamos alejarnos.»

Aquel día el *Greenwich Time* publicó la nota necrológica de Robin e informó de que se celebraría un funeral privado en la capilla de la Iglesia de Cristo. No hubo entierro porque los Bush decidieron donar los órganos de su hija a los científicos del Sloan-Kettering. Dorothy Bush y Lud Ashley la enterraron más tarde en el terreno que la familia Bush poseía en Greenwich, Connecticut. George y Barbara no asistieron al sepelio.

Sin embargo, desde el día en que murió Robin siguió formando parte de la familia. Barbara puso su retrato, que era un regalo que encargó Dorothy Walker Bush, sobre la repisa de la chimenea de la sala de estar y siempre que le preguntaban cuántos hijos tenía contaba a Robin entre ellos. Esto turbaba a algunas de sus amistades, que no sabían qué decir o cómo reaccionar ante semejante tragedia. Barbara comentó que le molestaba que la gente no mencionase a Robin o hiciera como si nunca hubiese existido. Juró que tendría otra hija tan pronto como pudiera y quedó embarazada varias veces hasta que la tuvo. Neil nació en 1955; Marvin, en 1956. Finalmente, en 1959, después de un aborto espontáneo, llegó Dorothy Walker Bush, y Barbara, a los treinta y cuatro años, dejó de tener hijos.

Pasaron muchos años antes de que Barbara y George pudieran hablar de la muerte de su pequeña hija sin llorar, pero llegó un día en que Barbara pudo decir: «Ahora puedo mirar hacia atrás y ver a Robin como una bendición».

Durante los largos meses que Robin pasó en el hospital, la fuerza de Barbara se manifestó como nunca se había manifestado, y lo mismo hizo la debilidad de George. Después de morir su hija, el 11 de octubre de 1953, la dinámica conyugal cambió. Barbara se derrumbó a causa del disgusto. Lloraba constantemente y trató de encerrarse en la tristeza y la soledad. George, que ahora actuaba con mayor entereza que durante la atroz enfermedad de su hija, procuraba animarla. Le tocó a él hacer lo necesario para superar la peor prueba por la que pueden pasar los padres y distraía continuamente a Barbara con amigos y actividades. A pesar de ello, los cabellos de Barbara encanecieron, sus dientes rechinaban durante la noche y se fumaba dos paquetes de cigarrillos cada día. Una matrona gruesa y afligida tomó posesión del cuerpo de huesos grandes que antes había pertenecido a una joven atlética.

«No me dejaba en paz —recordó muchos años después—. Me

abrazaba y me obligaba a compartirlo y a aceptar que su dolor era tan grande como el mío. Sencillamente no estaba dispuesto a permitir que mi dolor nos dividiera … nos separase, que es lo que sucede con tanta frecuencia cuando se produce una pérdida así.»

Barbara hablaba frecuentemente de «otras personas que no podían superar un trauma así sin un divorcio». La verdad es que, prescindiendo de las tensiones conyugales que soportara como esposa de George, nunca tuvo que preocuparse por la disolución de su matrimonio. Se había casado con un niño de mamá que era consustancialmente incapaz de hacer algo que deshonrara a su madre, y para Dorothy y Prescott Bush la única abominación que ni siquiera Dios podía perdonar era el divorcio.

El divorcio les repugnaba tanto que llegaron a rechazar a James, hermano de Prescott, cuando dejó a su primera esposa, Caroline Patterson, después de diecinueve años de matrimonio. Tuvieron tres hijos, uno de los cuales murió en 1945 al chocar el coche que conducía James.

James Bush abandonó a su primera familia para casarse con una mujer de la buena sociedad neoyorquina que se llamaba Janet Newbold Rhinelander Stewart y tenía dos hijos de dos matrimonios anteriores. La señora Stewart era exquisitamente bella, aparecía en la misma lista de «Las diez mujeres mejor vestidas» que la duquesa de Windsor y llevaba perlas del tamaño de huevos. También ella procedía de una familia adinerada, pero era, con mucho, demasiado elegante para los gustos provincianos de Prescott y Dorothy Bush. Impulsados por su rigurosa rectitud, se negaron a aceptarla como esposa legítima de James. Nunca perdonaron a este que dejara a una mujer cuya «buena familia» estaba lejanamente emparentada con la fortuna de la National Cash Register. El divorcio no daba cabida a la redención a ojos de Prescott y Dorothy, y sus hijos eran muy conscientes de que sus padres habían cerrado las puertas de su casa a su tío debido a su error conyugal. «No se hablaban con él», recordó Nancy Bush Ellis.

«Es verdad —dijo Serena Stewart, la hijastra de James Bush, que vivió con él y su madre en San Luis los cuatro años que duró el matrimonio—. Nunca vimos a Prescott y su esposa durante ese tiempo. Nunca nos visitaron, ni llamaron por teléfono ni escribieron. Nada.»

El frío rechazo que sufrió su tío fue un ejemplo convincente para los cinco hijos de los Bush. Si bien algunos de ellos, en particular Nancy y George, se embarcarían en largas y serias aventuras extraconyugales —Nancy con el historiador Arthur Schlesinger Jr. y George con su secretaria Jennifer Fitzgerald—, nunca rompieron sus matrimonios. Cuando entró en política, George ya había dividido su mentalidad en compartimientos, como un don de la mafia que mantiene el hogar separado del trabajo y la diversión. Infundió en esta mentalidad mafiosa un toque de Molière, que dijo «Lo que ofende es el escándalo público; pecar en secreto no es ningún pecado». George y Barbara comprendían y respetaban sus respectivos territorios. El de Barbara era el hogar, donde reinaba como madre de los hijos de George; el de este era el trabajo, donde hacía lo que hacía sin amenazar la seguridad ni la posición social de su esposa. Aunque George no se refería a devaneos sexuales cuando escribió a su amigo Paul Dorsey en 1967, sí indicó de qué modo tenía divididas en segmentos sus vidas personal y profesional:

> Porque mantengo mis negocios y mis actividades políticas separados de mi vida hogareña, normalmente, se entiende… [Barbara] no está al corriente de los asuntos y las intrigas. Quizá sea egoísmo por mi parte, pero tenemos una relación muy estrecha con los pequeños y demás, y sencillamente quiero tener ese oasis de privacidad.

En el otoño de 1953, cuando los días de Robin se acercaban a su fin, Prescott Bush pidió a Barbara que le acompañase al Putnam Cemetery de Greenwich para ver el pequeño terreno que había comprado para la familia en una ladera umbrosa. Junto a un árbol cornejo recién plantado había erigido una modesta lápida de granito en la que una inscripción decía: BUSH. Mientras medían a pasos el terreno, Barbara se sintió sinceramente conmovida. «Aquel hombre adorable compró el terreno para que Robin tuviera donde descansar.»

Barbara recordó que el senador, que tenía cincuenta y ocho años, miró con desaprobación los recargados panteones que había en la cima de la colina.

—Yo conocía al viejo Fulano de Tal —dijo Prescott—. Sin duda tenía muy buena opinión de sí mismo, ¿verdad, Barbara?

Prescott no podía saber entonces que su propia lápida atraería algún día el mismo tipo de comentarios poco halagüeños, ya que diecinueve años después sería enterrado bajo una lista de los nombres más grandilocuentes que su viuda podía darle. Tras seleccionar una losa de ónix negro con un borde de bronce siempre reluciente, Dorothy, la mitificadora de la familia, ordenó que se hiciera una inscripción con letras del mismo bronce, grandes y en relieve, que decía:

PRESCOTT BUSH
1895-1972
SENADOR DE ESTADOS UNIDOS 1952-1963
LÍDER, DEPORTISTA, CANTANTE, SOLDADO, BANQUERO, ESTADISTA,
RELIGIOSO, COMPAÑERO, AMIGO, PADRE, ESPOSO EXTRAORDINARIO

Después del entierro de Robin en 1953, el terreno de la familia Bush recibiría a Prescott (1972), Dorothy (1992) y al hermano de Prescott, James (1978), que por aquel entonces había dejado a su tercera esposa por otra mujer y se había indispuesto con casi toda la familia Bush. Su losa de granito se encuentra al fondo del terreno, apenas visible entre la hierba, que es como la familia le trató durante sus últimos y vergonzosos años. Su muerte fue «un gran alivio para todos nosotros», reconoció George ante el funcionario del Departamento de Estado que se encargó de enviar los restos mortales de James a casa desde Filipinas, donde había muerto en la indigencia en un hospital para excombatientes. El alcoholismo y los numerosos matrimonios y divorcios de su tío habían avergonzado a George y a la familia durante años.

Había algo más que vergüenza en las palabras desdeñosas de George. Quería ocultar que su tío Jim había cometido un desfalco de setecientos cincuenta mil dólares en sus últimos años, ya que, de haberse sabido, el escándalo hubiera podido perjudicar sus aspiraciones a altos cargos políticos. «Nadie de la familia conocía todos los detalles de lo ocurrido —dijo Serena Stewart—. Hablé de ello con la hija de Jim, Shelley Bush Jansing, y me confirmó el desfalco. Ambas conocíamos la suma, pero no sabíamos y seguimos sin

saber cómo lo hizo y cómo se las arregló para no acabar en la cárcel … Solo George conoce todos los detalles y nunca ha querido de-
círselos a nadie, ni siquiera a Shelley … Mi madre, la segunda esposa de Jim Bush, sabía que había cometido un desfalco de tres
cuartos de millón de dólares después del fin de su tercer matrimonio [1970] y había huido del país … Para entonces ya llevaba varios
años en la banca y había sido consejero del Export-Import Bank
[1959-1963] … así que supongo que sabía cómo mover el dinero.»
Un amigo de la cuarta y última esposa de Jim dijo: «Se supone que
el dinero con el que se fugó Jim era de los Rockefeller y procedía de
varias cuentas que Jim gestionaba como banquero de inversiones.»

Al igual que su hermano Prescott, James Smith Bush parecía
haber sido bendecido por el destino. Siguió a su hermano a Yale,
donde también fue miembro de la Skull and Bones. Al graduarse,
empezó una carrera en la banca de inversiones. Contrajo matrimonio con Caroline Patterson de Dayton, Ohio, se convirtió en socio
gerente de G. H. Walker and Company y durante la Segunda Guerra Mundial sirvió como teniente coronel del Cuerpo Aéreo del
Ejército y se ganó una estrella de bronce. Durante un permiso en
1945, iba en coche por Long Island con su esposa y su hija de
quince años, Henrietta, cuando un camión chocó con ellos. La hija
murió en el acto y Jim resultó herido de gravedad. El conductor del
camión fue acusado de imprudencia temeraria. Un año después Jim
Bush, que empezó a beber mucho después del accidente, perdió su
cargo de vicepresidente del First National Bank of Saint Louis.

A pesar de sus problemas con el alcohol, Bush pertenecía a la buena
sociedad de San Luis, «donde era bien considerado y querido por las
personas del círculo social de mis padres», dijo Stuart Symington Jr.

Como presidente del Yale Club de Saint Louis, Bush era miembro activo de la comunidad y fue nombrado para diversos consejos y juntas, incluido su nombramiento por el gobernador como
miembro del cuerpo administrativo de la Universidad de Missouri.
«Recuerdo cuando Jim fue Profeta con Velo del Baile del Profeta
con Velo —dijo Serena Stewart—. Eso significaba ser tan de la alta
sociedad como se podía ser en San Luis.»

Bush se había casado con la madre de Serena, Janet, un mes
después de divorciarse de su primera esposa en 1948. Se convirtió

en el tercer marido de Janet Stewart, lo cual significaba dos maridos de más para Prescott y Dorothy. Prescott no volvió a hablar con su hermano hasta que Janet se divorció de Jim en 1952.

Cuando se casó con su tercera esposa, Lois Kieffer Niedringhaus, en 1953, y seis años después cuando la presidencia le nombró consejero del Export-Import Bank, Jim volvía a estar en buenas relaciones con Prescott y Dorothy, que en años posteriores pasarían tiempo con la pareja y sus tres hijos. Prescott, a pesar de sus propias rachas periódicas de abuso de la bebida, no toleraba el alcoholismo de su hermano. En 1970 Jim dijo a Lois, la madre de tres de sus cinco hijos, que iba a dejarla por otra mujer. El día del divorcio, 4 de diciembre de 1970, se casó con una mujer llamada Gloria Hodsoll Galbusera y los dos se fueron a Italia. Pasaron seis meses en Milán hasta que él la dejó, llevándose su dinero y huyendo a Filipinas. Allí murió en 1978, ciego, borracho y arruinado.

Ningún miembro de la familia ha explicado jamás qué fue de los setecientos cincuenta mil dólares de los que se apropió indebidamente. El delito de Jim Bush nunca llegó a conocimiento del público. Varias páginas de sus expedientes del FBI han sido revisadas y los del Departamento de Estado fueron destruidos. Los funcionarios de la embajada que trataron con Bush en sus últimos meses confirmaron que había habido «algún tipo de escándalo», pero no conocían los detalles exactos. Como director de la CIA, George Bush pudo ocultar a todo el mundo, incluidos sus hijos, el delito de su tío, así como sus míseros últimos años en Filipinas. Prescott desheredó a Jim por medio de un codicilo que añadió a su testamento en 1971, un año antes de morir. En lugar de una herencia a su hermano, Prescott dejó tres mil dólares a cada uno de los tres hijos que Jim había tenido con Lois Kieffer Niedringhaus. George indicó al Departamento de Estado que mandara los restos mortales de su tío al terreno de la familia Bush en Greenwich.

El último Bush inhumado en el terreno de Prescott sería su viuda. La modesta losa de granito de Dorothy se encuentra al lado de la losa grande e imponente de su marido, e induce a pensar que vivía a la sombra, la inmensa sombra, de Prescott. Dorothy Walker Bush había disfrutado de la gloria reflejada de su marido e incluso después de morir haría cuanto pudiese por bruñir la imagen de su esposo. Dejó instrucciones de que la enterrasen al lado de Prescott del mismo modo que había vivido. Así pues, la inscripción de su lápida dice sencillamente:

SU AMANTÍSIMA ESPOSA
DOROTHY WALKER BUSH
1901-1992

Después del funeral de Robin en Greenwich, los Bush se apresuraron a regresar a Midland para contarle a su hijo Georgie lo de su hermana. Georgie estaba en el segundo curso de la escuela elemental Sam Houston y vio llegar a sus padres en el Oldsmobile de color verde. Salió corriendo a recibirlos, creyendo que Robin estaría con ellos.

«Recuerdo que miré dentro del coche y me pareció ver a Robin en el asiento de atrás —dijo George W. Bush a *The Washington Post Magazine* en 1989—. Me pareció verla, pero no estaba allí.»

Sabía que su hermana estaba enferma, pero no tenía ni idea de que se estuviera muriendo. Cuando le dijeron en el coche que su hermana había muerto, Georgie respondió que no comprendía por qué se lo habían ocultado. «¿Por qué no me lo dijisteis?», les preguntó. Les haría la misma pregunta durante años. Como más adelante dijo su madre: «Tenéis que recordar que los niños lloran la muerte de alguien ... [y] se sintió engañado».

Cuando el hermano menor de George H. W., Bucky, de dieciséis años, visitó Midland le sorprendió la reacción de Georgie a la muerte de su hermana. «Le impresionó de veras —dijo Bucky Bush—. Le hizo daño, fue casi como si alguien le hubiera quitado algo a lo que tenía muchísimo apego ... era muy joven y tuvo una reacción de adulto a la pérdida de su hermana.»

En ese momento Prescott Bush hubiera podido intervenir para consolar a Georgie porque Prescott también había perdido un hermano cuando tenía la edad de Georgie, pero, por desgracia, no había una relación estrecha entre el abuelo y el nieto y Texas quedaba demasiado lejos de Connecticut para hacer visitas con regularidad.

«No cabe duda de que [la muerte de su hermana] le afectó —recordó Randall Roden, amigo de la infancia de George W. en Midland—. Sé que sufrió a causa de ello y trató de poner sus pensamientos en orden.»

No mucho tiempo después de morir Robin, el pequeño George recibió permiso para pasar una noche en casa de su amigo Roden. Esa noche se despertó cada dos por tres a causa de las pesadillas. Finalmente, Barbara fue a buscarle para llevarle a casa y explicó al perplejo amigo de Georgie lo de la muerte de Robin.

«Fue una experiencia profunda y formativa —recordó Roden—. No recuerdo que sostuviéramos una conversación sobre ello... ¿Qué se siente cuando muere tu hermana? Pero recuerdo muy bien el acontecimiento y recuerdo el período posterior, y que había una tristeza enorme y la sensación que se experimenta cuando ha pasado algo malo.»

Ver a su madre transida de dolor todos los días impulsó al pequeño George a tratar de hacerla feliz, a hacer algo para aliviar su pena. Su padre seguía viajando constantemente, trabajando para construir su nuevo negocio, por lo que su madre se quedaba sola en casa durante días y días con los niños. De los dos chicos, solo Georgie tenía la edad suficiente para comprender de verdad lo que había pasado.

«La reacción de mi madre fue envolverme totalmente —dijo más adelante a los amigos—. Estuvo a punto de asfixiarme antes de darse cuenta de que lo que hacía no era aconsejable.»

Se convirtió, según su madre, en «mi hombrecito». Contaba chistes para hacerla reír, gastaba bromas constantemente para distraerla de su tristeza. Su prima Elsie Walker Kilbourne, que había perdido a una de sus hermanas, dijo: «Miras a tu alrededor y ves a tus padres sufriendo muchísimo y tratas de estar alegre y graciosa, y acabas haciendo payasadas».

Barbara reconoció más tarde que se había apoyado demasiado en su hijo. No se dio cuenta de lo que le estaba haciendo al pequeño hasta que un día escuchó cómo le decía a un amigo que no podía salir porque tenía que quedarse en casa y jugar con su madre, que se sentía sola. «Yo pensaba: "Bien, estoy ahí para él" —diría Barbara—. Pero la verdad era que él estaba ahí para mí.»

Después de sacrificar parte de su infancia despreocupada para atender las necesidades emocionales de sus padres, especialmente de su afligida madre, el joven George buscaría una compensación excesiva años después. Tras abandonar su papel de primogénito responsable, perseguiría su adolescencia hasta bien entrada la edad adulta. Sin embargo, a la edad de cuarenta años desmentiría la famosa máxima de F. Scott Fitzgerald en el sentido de que en las vidas norteamericanas no había un segundo acto. Para George W., la muerte de su hermana seguiría siendo una experiencia determinante que no solo creó el fuerte vínculo con su madre, sino que también afectó a su forma de afrontar el mundo. La vida se convertiría en una fiesta, llena de humor, impulsada por la casualidad, ensombrecida por el fatalismo. Incluso en la adolescencia George decía a sus amigos: «Piensas que tu vida es muy buena y que todo es perfecto; entonces sucede algo así y nada vuelve a ser igual».

Hollywood no hubiera podido crear un senador de aspecto más impresionante que Prescott S. Bush. Alto y elegante con su traje de raya diplomática, sus camisas con las iniciales bordadas y sus pañuelos de seda en el bolsillo del pecho, parecía que le hubiese vestido Jay Gatsby. En el otoño llevaba trajes de lana; en el verano, zapatos de dos colores. Cuando vestía de etiqueta, calzaba zapatos de charol y llevaba una faja de seda estampada.

«Recuerdo haberle visto con pantalones de lino verde en el Chevy Chase Club», dijo Nancy «Bitsy» Folger, cuyo padre, Neil H. McElroy, fue secretario de Defensa bajo Eisenhower.

«Recuerdo zapatos caros, gemelos de oro, pañuelos de seda… y todo eso», dijo Marian Javits, esposa del senador por Nueva York Jacob Javits.

«Hoy probablemente saldría en la portada de *Gentlemen's Quarterly*», dijo Ellen Proxmire, esposa del senador por Wisconsin William Proxmire.

Bronceado todo el año, Prescott Bush estaba tan apuesto como Clark Gable en *Lo que el viento se llevó*. En medio de un mar de lustrosos trajes de poliéster azul, camisas blancas de Dacron y corbatas estrechas, de lazo, Prescott sobresalía en «el club más exclusivo del mundo» como un Rolls-Royce en un salón de exposiciones de automóviles Studebaker.

Nadie parecía encontrarse más como en casa en el Senado que este afortunado banquero de inversiones del estado de Connecticut. Al llegar a Washington en noviembre de 1952, Prescott asumió el papel de senador de más edad por su estado porque ocupaba el escaño del senador McMahon, cuyo mandato aún no había terminado. Entre las comisiones de las que formó parte se cuentan la de Banca y Moneda y la de Obras Públicas.

Tan seguro de sí mismo como aparentaba estar, Prescott se dio un batacazo cuando en enero de 1953 firmó como uno de los sesenta y tres patrocinadores de la Enmienda Bricker. La enmienda, que se introdujo para recortar los poderes del presidente para firmar tratados, atrajo a los conservadores a los que aún obsesionaban los tratos que Franklin Delano Roosevelt hiciera en 1945 en la Conferencia de Yalta. Creían que un Roosevelt enfermo y chocho se había repartido el mundo con Stalin mientras Winston Churchill, abotargado por el coñac, daba cabezadas. Entre los fervorosos partidarios de Bricker estaban la Liga de la Libertad, las Hijas de la Revolución Estadounidense, la Asociación Médica Estadounidense, el Comité para el Gobierno Constitucional y el *Chicago Tribune*, todos los cuales presentaron peticiones firmadas por más de medio millón de norteamericanos.

Como hijo del sistema establecido, Prescott Bush no se lo pensó dos veces y copatrocinó la enmienda, especialmente cuando vio quiénes formaban la oposición: la Liga de Mujeres Votantes, los Estadounidenses por la Acción Democrática, *The New York Times*, *The Washington Post*, la Sección de Derecho Internacional y Comparado del Colegio de Abogados de Estados Unidos, la Asociación Estadounidense para las Naciones Unidas y Eleanor Roosevelt. Prescott estaba en contra de cualquier cosa a favor de la cual estuviera la señora Roosevelt, hasta que averiguó que Eisenhower también se oponía.

«Estoy tan harto de esto que me dan ganas de chillar —se dice que el presidente dijo a su gabinete—. Esta condenada enmienda no tiene ningún sentido y es obvio que perjudicaría el prestigio de Estados Unidos. Decimos que los franceses no son capaces de gobernarse a sí mismos… y estamos aquí sentados luchando contra la Enmienda Bricker.»

Al conocerse que el presidente se oponía a la enmienda, Prescott se replanteó su postura. En aquel tiempo un senador era un hombre de Eisenhower o no lo era, y cuando los periódicos de Connecticut empezaron a criticar a Bush por su deslealtad al presidente al que debía su elección, se apresuró a dar marcha atrás. Con la misma rapidez la Casa Blanca le premió con un puesto en la Comisión Presidencial sobre Política Económica Exterior, lo cual significaba viajes frecuentes al extranjero para estudiar las políticas de comercio internacional, a expensas del contribuyente. Al producirse el enfrentamiento a causa de la Enmienda Bricker el 26 de febrero de 1954, Prescott volvía a estar en el redil y ayudó a la administración a ganar por un solo voto una batalla muy reñida.

Para entonces los Bush ya se habían adaptado a su nueva vida en Washington. Prescott nunca había sido más feliz, y a Dotty le sentaba de maravilla poder compartir el trabajo de su marido. Visitaba su oficina frecuentemente y a veces le ayudaba con la correspondencia. Visitaba la galería del Senado todos los días y llegó a dominar los asuntos legislativos, en particular los que tenían que ver con Connecticut. Escribía a sus hijos largas cartas llenas de novedades sobre la vida apasionante que llevaba en la capital de la nación. «Es maravilloso tener un republicano en la Casa Blanca por primera vez en veinte años», escribió. Citó a su padre al decir que se sentía aliviada al verse libre de «esos espantosos Roosevelt» y «ese terrible Truman». Hacía que Washington pareciera un París en miniatura a orillas del Potomac, un lugar donde se reunía la buena sociedad internacional. Contaba detalles personales y simpáticos de la gente famosa que ella y el senador conocían en bailes que se celebraban en las embajadas, cenas en Georgetown, recepciones al aire libre, tés en el Congreso, conferencias, inauguraciones de exposiciones de arte y recepciones en la Casa Blanca:

> Fui a jugar a bádminton en casa de la señora de Hugh D. Auchincloss con Martha Krock, esposa de Arthur Krock del *New York Times*, y varias chicas más. La señora Auchincloss es la madre de Jackie Kennedy, esposa del joven y simpático senador de Massachusetts, que está mal de la espalda desde hace mucho tiempo. Me encantó oírle decir que después de la última operación, que alivió mucho el dolor de la columna, su esposo se está recuperando rápidamente.

El mentor político de su marido, Ted Yudain, le pidió que escribiera una carta parecida para publicarla como columna semanal en el *Greenwich Time* y otros periódicos de todo el estado. «Accedí solo porque dijo que sería una ayuda para Pres», recordó Dotty años después. Y así fue, ya que mitigó la impresión de frialdad que causaba a los electores. La columna se publicaba con regularidad en la página de sociedad con el título de «Washington Life as Seen by a Senator's Wife» («La vida en Washington vista por la esposa de un senador»), y aparecía firmada por la señora de Prescott Bush.

Solía escribir en términos acaramelados, especialmente sobre su marido («Cada contacto personal con ese hombre aumenta el respeto que me inspira, si ello es posible») y sus nietos («Sentir aquellos bracitos alrededor de mi cuello significaba más de lo que hubiera podido significar un collar de diamantes»). Dotty era una cristiana devota, incluso inflexible, que en su juventud iba a la iglesia presbiteriana tres veces todos los domingos e infundía religiosidad a su columna. Con frecuencia citaba la Biblia así como las plegarias y ensalmos que más le gustaban de los que oía en los numerosos oficios religiosos y conferencias espirituales a los que asistía:

> Cuando vi a John Foster Dulles, nuestro secretario de Estado, recién nombrado «Hombre del Año» por la revista *Time*, con su porte verdaderamente modesto, pasando el pan y el vino, me acordé de las palabras de Cristo: «Y el que quiera ser el primero entre vosotros será vuestro siervo».

Dotty, que creía que todo el mundo debía rezar al menos dos veces al día, se indignó al decretar el Tribunal Supremo que la plegaria que se rezaba en las escuelas antes de la primera clase del día era anticonstitucional:

> Los seis jueces que coincidieron en esa decisión parecen no haber tenido en cuenta para nada que somos una nación que se fundó bajo Dios. Lo primero que hicieron los Padres Peregrinos al desembarcar en la inhóspita costa de Massachusetts fue arrodillarse y dar gracias a Dios.
>
> Este país se fundó para que sus ciudadanos fueran libres de practicar la religión: libertad religiosa y no estar libres de religión.

¿Vamos a debilitar nuestro país negando a nuestros hijos su herencia legítima?

Se mostraba igualmente franca al expresar sus arraigados y partidistas puntos de vista. En una columna acusó de «tramposo» a Nikita Jruschov, el primer secretario del Presidium de la Unión Soviética, y preguntó en tono exigente: «¿Cómo los líderes de una nación que venera la ley, una nación de elevados principios morales, tratan con los líderes rusos, que no sienten ningún respeto por la verdad?».

También expresó su consternación ante «el apoyo oficial que se da al intercambio de rebeldes cubanos cuando no se está haciendo nada por los ciudadanos norteamericanos encarcelados en China».

En otra columna reprendió al Senado por tardar demasiado en confirmar los nombramientos que había hecho el presidente Eisenhower:

> Cuando nuestros chicos eran pequeños, el informe de la escuela decía: «No pide más que la parte de tiempo y atención que le corresponde», lo que en nuestra familia se abreviaba como «no pide más». Bien, las comisiones del Senado ciertamente merecen un suspenso rotundo en lo de «no pedir más», especialmente en lo que se refiere a los nombramientos presidenciales.

Adoraba a Eisenhower, y cuando el presidente apareció en la Convención Nacional de Mujeres Republicanas después de sufrir un ataque al corazón escribió en tono emocionado:

> En la televisión se le ve tan pálido que fue una alegría verle en persona y comprobar con nuestros propios ojos su aspecto sano y vigoroso.
> Fue un momento muy emotivo. Todas las mujeres aplaudían y chillaban y saludaban con la mano, pero lo realmente conmovedor fue que después de hablar, no había casi nadie que no llorase a mi alrededor, y no me avergüenza decir que también yo utilicé mi pañuelo. Sencillamente hay algo grande, magnífico y noble en ese hombre.

Arremetió contra el senador Wayne Morse, republicano que se había pasado a los demócratas y representaba a Oregón, por oponerse a que Clare Boothe Luce fuese la embajadora en Brasil. Como senador de más edad por el estado de la señora Luce, Prescott la había acompañado al comparecer ante la Comisión de Relaciones Exteriores e hizo una enérgica declaración de apoyo. El senador Morse puso inmediatamente objeciones a la afirmación que la señora Luce hiciera en la campaña de 1944 en el sentido de que Roosevelt era «el único presidente de Estados Unidos que recurrió a la mentira para meternos en una guerra». La señora Luce, que encendía un cigarrillo tras otro, reconoció que sus palabras habían sido «sumamente inmoderadas». Morse insistió en que semejantes palabras la inhabilitaban para la diplomacia. La señora Luce toqueteaba las pieles que había depositado sobre su regazo y no paraba de ponerse y quitarse las gafas. Después de varias horas de discusiones, se fue a Nueva York. Al cabo de unos días fue confirmada por mayoría abrumadora, ya que solo once demócratas votaron en contra.

Respondiendo a las preguntas de los periodistas, afirmó que estaba encantada de ser la nueva embajadora. Luego añadió: «Mi dificultad, por supuesto, se remonta a hace algunos años, cuando el senador Wayne Morse de Oregón recibió una coz de caballo en la cabeza».

No había transcurrido una hora cuando Morse pidió la palabra en el Senado apelando a su privilegio personal.

«No esperaba que se demostrase tan pronto que los que votamos en contra de Clare Boothe Luce teníamos razón —dijo—. No me sorprende que esta calumniadora a la que el Senado confirmó hace solo unos minutos haya hecho una afirmación de esta clase … Rezaré a Dios y le pediré que guíe a esta señora para que muestre más estabilidad en el cumplimiento de sus obligaciones de la que mostró al hacer esa declaración esta tarde.»

El Senado escuchó en tensión mientras varios senadores que habían votado a favor de la confirmación de la señora Luce expresaban ahora su remordimiento por haberlo hecho. Tres días después la señora Luce fue a Washington para entrevistarse con el presidente Eisenhower, que aceptó su renuncia.

Prescott Bush declaró que lamentaba profundamente la necesidad de la dimisión, pero Dotty Bush no fue tan política.

> El nombramiento de la señora Luce hubiera sido bien recibido por los brasileños y parece una lástima que su talento no pueda utilizarse debido al afán de venganza de un solo hombre. La actuación del senador Morse la semana pasada al atacar a la señora Luce hizo realmente un flaco servicio a su país y estoy segura de que Clare Boothe Luce hubiera hecho un trabajo maravilloso para nosotros en Río. ¡Caramba! ¡Washington! ¿Por qué no tenemos úlceras todos, en vista de que pasamos de una pelea a otra?

Dotty opinaba que malgastar el tiempo era pecado y como una pérdida de tiempo consideraba el «número excesivo» de comisiones del Congreso que tenían que soportar los miembros del gabinete:

> Echan una carga insoportable sobre los jefes de los departamentos del gobierno. ¿Por qué no podría idearse un nuevo sistema? ¿Por qué no podrían todos los representantes y todos los senadores de todas las comisiones del Congreso y el Senado relacionadas con la defensa presentar sus preguntas por escrito y entonces el secretario podría comparecer durante tantos días como fuese necesario y responder a todas las preguntas? De esta manera al menos se evitaría hacer las mismas cosas dos veces.

Cuando el Congreso propuso concederse a sí mismo un aumento salarial del 50 por ciento, Prescott puso objeciones. «No me parece bien que para hacer fortuna haya que ser senador o miembro del Congreso —dijo—. Yo veo este trabajo como un servicio, igual que el de pastor, igual que el de maestro; y si quieres ganar dinero, si quieres dedicarte a los negocios y obtener beneficios, entonces no te hagas senador o congresista.»

Prescott, que ganaba 12.500 dólares como senador, había renunciado a sus siete puestos remunerados de consejero en empresas estatales al tomar posesión de su cargo. Seguía recibiendo ingresos generosos como socio de Brown Brothers Harriman, lo cual estaba permitido en aquel tiempo. Otros senadores cobraban de sus bufetes de abogados o de los negocios que tenían en su estado.

Prescott sí apoyó un aumento de sueldo para los jueces federales porque tenían que renunciar a todos los ingresos ajenos a su cargo, pero trató de bloquear el aumento para los miembros del Congreso. Su colega de Connecticut, William Purtell, puso objeciones. Preguntó a Bush si uno de los criterios para ser miembro del Congreso debía ser la riqueza adquirida o heredada (Prescott tenía ambas en aquel tiempo) y si los miembros del Congreso con familias en aumento debían escoger entre «mantener a sus seres queridos» y «servir a sus electores».

Prescott contestó que muchos miembros del Congreso nunca habían estado tan bien y que muchos no valían lo que les estaban pagando ahora. «El simple hecho de que un hombre diga que no llega a fin de mes no quiere decir que se le deba aumentar el sueldo en un 50 por ciento», dijo.

Veneraba el Senado como institución estatal y pensaba sinceramente que el cargo debía estar por encima del dinero, pero no tenía en cuenta, o al menos no reconocía, que mantener estos principios tan elevados resultaba mucho más fácil teniendo asegurados unos ingresos de Brown Brothers Harriman más la cuantiosa herencia que su esposa recibió en 1953, al morir su padre, y que puso en fideicomiso para sus hijos.

Prescott gozaba plenamente del decoro que acompañaba su posición y exigía los beneficios de su elevado cargo. Insistía en que sus nietos le llamaran «Senador», recordó Jeb Bush. Prescott tenía una hermana, Margie Clement, que vivía en New Haven e izaba la bandera de Estados Unidos cada vez que él la visitaba. «Yo vivía un par de casas más allá en Bishop Road —comentó Michael Lynch, encargado de estadísticas demográficas en New Haven—, y todo el mundo siempre sabía cuándo la señora Clement esperaba compañía. Sacaba una pequeña bandera norteamericana, me parece que no llegaba a medir un metro por metro y medio, cuando llegaba Prescott. No sacaban la bandera en ninguna otra ocasión.»

Prescott esperaba el mismo tipo de respeto de sus colegas en el Senado. Durante un debate en 1953 sobre los tipos de interés correspondientes a los bonos del gobierno, el senador Albert Gore, demócrata de Tennessee, llamó a Prescott «el caballero de Connecticut», que es la fórmula que utilizan los miembros del Congreso para dirigirse unos a otros. El reglamento del Senado dispone que sus miembros empleen la fórmula «el distinguido Senador».

Gore se disculpó inmediatamente diciendo que era su primer discurso en el Senado después de una larga carrera en el Congreso y que había sido un error involuntario. Aseguró al Senado que si bien consideraba que Prescott era un caballero, también le consideraba un distinguido senador. Prescott aceptó las disculpas con una sonrisa comprensiva. Esta cortesía no se hizo evidente cuarenta y siete años después, cuando el nieto de Prescott compitió con el hijo de Gore por la presidencia.

Tampoco era tan cortés Lyndon Johnson. El senador por Texas interrumpió una vez a Prescott en un debate sobre el comercio. Prescott trató de hacer valer su derecho a seguir hablando cuando Johnson insistió en que callara para poder proseguir con los asuntos del Senado. Harry McPherson, que en aquel tiempo trabajaba para Johnson, recordó que el incidente estuvo a punto de infringir las reglas de cortesía del Senado. «Recuerdo que estaba sentado en la parte baja del salón de sesiones y que volví rápidamente la cabeza cuando Johnson dijo eso. Ya sabe usted que no se debe hablar directamente de otro miembro de esa manera. Prescott Bush continuó hablando animosamente pero me parece que trataba de llamar la atención sobre la impropiedad de lo que había dicho Johnson.»

En otra ocasión, el senador demócrata por Luisiana Russell Long protestó enérgicamente por algo que Prescott dijo en el Senado. «Discrepaban con frecuencia —recordó Hamilton Richardson, ayudante legislativo de Long—, y me parece que el senador Long se pasó un poco en sus comentarios sobre el senador Bush, aunque no recuerdo exactamente de qué asunto se trataba. Lo que sí recuerdo es que el senador Bush se levantó y dijo que la conducta del senador Long le recordaba al emperador romano que nombró cónsul de Roma a su caballo. "Solo que en aquel caso, a diferencia del senador Long, el emperador nombró a todo el caballo."»

Muchos ayudantes del Senado recuerdan a Prescott Bush como un hombre formidable de porte patricio que adulaba a sus superiores, encantaba a sus iguales y era absolutamente inasequible para los subordinados.

«Durante los años cincuenta no había restaurantes en el Congreso, así que veías a todo el mundo comiendo en la cafetería —afirmaba Bobby Wood, ayudante del senador demócrata por Alabama Lister Hill—. La mayoría de los senadores comían allí con sus colaboradores mientras que unos cuantos, solo unos cuantos, preferían utilizar el comedor privado de los senadores en el Capitolio. Prescott Bush era uno de los pocos que nunca comían en la cafetería con sus ayudantes. De hecho, ni siquiera le gustaba ir en el mismo ascensor que nosotros. Siempre tomaba el ascensor reservado para los senadores.»

«Le recuerdo como un hombre moreno y ceñudo —dijo Frank Valeo, que había pertenecido a la Comisión de Relaciones Exteriores del Senado—, pero excepcionalmente bien vestido.»

«Parecía más senador que cualquiera de los senadores que he visto en mi vida —dijo William Hildenbrand, el ex secretario de Estado—. Nunca se presentaba en el Senado como no fuera con un aspecto impecable. Era el tipo de individuo que probablemente se pone un pijama planchado para sacar la basura o se acuesta vestido de etiqueta. Actuaba con el aplomo de un aristócrata.»

«Dios, era muy detallista en cuestiones de etiqueta e insistía en hacer las cosas como era debido —recordó Pat Holt, ex jefe de la Comisión de Relaciones Exteriores del Senado—. Recuerdo que durante una estancia en Guatemala coincidimos una noche en un acto social. Era un entusiasta del golf y había pedido al agregado que organizase una partida. Al parecer el agregado invitó a cinco personas a jugar. Bush se lo llevó a un lado y le dijo: "He sido presidente de la Asociación de Golf de Estados Unidos y debo decirle que los jugadores serios nunca juegan en grupos de cinco. Solo jugamos en grupos de cuatro".»

Durante el debate sobre los aumentos salariales, Dotty observó atentamente desde la galería cómo el Senado rechazaba la enmienda de su marido y luego, a pesar de sus objeciones, aprobaba el incremento salarial que dio a los senadores 22.500 dólares al año.

Sabía que Pres iba a hablar contra un aumento tan elevado —escribió Dotty en su columna—. Su punto de vista no era popular en el Senado, pero cuando llegó el momento de la votación final hubo otros 24 que votaron con él. Sufro con él pero siempre me siento especialmente un poco más orgullosa de él cuando adopta una postura impopular porque el corazón le dice que es lo mejor para el país.

En lo que se refiere al carácter, los Bush estaban en perfecta armonía con los grandes del Partido Republicano en la era de Eisenhower, políticos moderados con perspectiva internacional que creían en los derechos humanos. En aquel momento no se daban cuenta de ello, pero el partido estaba en la última etapa de su evolución hacia la derecha y las ideas políticas de aquellos hombres y mujeres estaban condenadas a desaparecer pronto. Durante los dos decenios siguientes el republicanismo liberal de Jacob Javits (Nueva York), Clifford Case (New Jersey), Leverett Saltonstall (Massachusetts), John Sherman Cooper (Kentucky), George Aiken (Vermont), Thomas Kuchel (California) y Margaret Chase Smith (Maine) se extinguiría. Cuando los nietos de Prescott Bush —George W. Bush y Jeb Bush— presentaran su candidatura a cargos públicos, su republicanismo sería de un tipo extremo sin ningún parecido con las opiniones moderadas de su abuelo.

«Me alegro tanto de que Pres haya desaparecido y no tenga que soportar la vergüenza de las mentiras que su nieto derechista ha contado al país —dijo Betsy Trippe DeVecchi en julio de 2003—. Prescott era un hombre tan honorable que jamás hubiese mentido o mostrado una falta de principios como George W. Bush al arrastrarnos a la guerra en Irak.»

Hija única de Juan Trippe, el fundador de Pan American Airways, Betsy Trippe DeVecchi creció en Greenwich con los hermanos Bush en el decenio de 1940 y era amiga íntima de Jonathan Bush, al que llamaban Johnny Jim. «Prescott me enseñó a jugar al tenis en la pista cubierta de los Rockefeller —dijo—. Era un hombre encantador, y su esposa, Dotty, era tan efusiva y elegante. Una vez me llevaron en coche a Hotchkiss para ver a Johnny Jim en una función de teatro ... Pres era miembro del consejo de administración de la compañía de mi padre. Compartían las mismas ideas políticas republicanas. Ambos eran grandes amigos de Wendell Wilkie y Tom Dewey y, por supuesto, del presidente Eisenhower.»

Prescott era el tipo de hombre que Dwight Eisenhower admiraba: un banquero de inversiones rico que se había casado con una mujer de condición social superior a la suya. Además, Prescott jugaba al golf tan bien como un profesional y por esto le llamaban de vez en cuando de la Casa Blanca para que jugara con el presidente en el Burning Tree Club de Maryland. Como ex presidente de la Asociación de Golf de Estados Unidos, Prescott se encargó de que crearan un campo de golf en miniatura en los jardines de la Casa Blanca porque, como dijo al Rotary Club de Greenwich, Ike necesitaba practicar.

«Puede que para muchos de ustedes sea un consuelo saber que el presidente también tiene dificultades con su juego, especialmente al golpear la pelota —dijo Prescott—. Se pone nervioso y esta reacción se produce en los golpes a corta distancia. Hace poco le dije: "Sé cuál es su problema al golpear la pelota, señor presidente. Es sencillamente terror".»

Ike dijo entonces a Prescott que había probado veintidós hierros en ocho meses para mejorar su juego. Al contar la anécdota, Prescott sonrió, a sabiendas de que era mejor jugador. «El presidente —dijo— todavía tiene algo que aprender en lo que se refiere a golpear la pelota.»

Los Bush se sentían a gusto con el presidente, que a la sazón tenía sesenta y dos años, y la filosofía política que había tomado de Abraham Lincoln:

> El objeto legítimo del gobierno es hacer por una comunidad de personas lo que necesiten que se haga pero no pueden hacer en absoluto o no pueden hacer tan bien ellas mismas, en sus capacidades independientes e individuales.
>
> En todo lo que el pueblo pueda hacer individualmente por sí mismo el gobierno no debería inmiscuirse.

Prescott y Dotty admiraban la moderación política de Eisenhower, aunque otros decían que el programa de Ike no era nada más que una lista de medidas que se abstenía de tomar. Quizá, como apuntó *The New Republic*, esta era la clave de su enorme popularidad: «El público ama a Ike. Cuanto menos hace, más le ama.

Este es probablemente el secreto. He aquí un hombre que no pone en peligro el equilibrio.»

Durante los primeros tiempos de su administración, la poca inclinación de Eisenhower a «poner en peligro el equilibrio» estuvo a punto de provocar un desastre. Durante toda su carrera política rehusó adoptar una actitud pública contraria al senador Joe McCarthy y su arrasadora campaña anticomunista. Una famosa caricatura de Herblock publicada por *The Washington Post* muestra un enfrentamiento entre los dos hombres en el Despacho Oval: sonriendo diabólicamente, un McCarthy siniestro tiene en la mano una cuchilla de carnicero ensangrentada mientras que Eisenhower empuña una espada pequeña. Como un petimetre empelucado en una opereta de Gilbert y Sullivan, Eisenhower protesta: «Tenga cuidado, señor».

Ni siquiera la hiriente burla de Herblock logró empujar a Eisenhower a oponerse al senador por Wisconsin, que llevaba tiempo fomentando los temores de la nación a la penetración de comunistas en el gobierno. Después de que la URSS hiciera estallar la bomba de hidrógeno, la investigación de guionistas, actores y directores de Hollywood por parte del Comité de Actividades Antiamericanas y el proceso y la ejecución de los espías Julius y Ethel Rosenberg, las diatribas anticomunistas de McCarthy habían llevado el país al delirio. McCarthy llamó al presidente Truman y a su secretario de Estado, Dean Acheson, «los flautistas de Hamelín del Politburó». Incluso acusó al venerado ex secretario de Estado George C. Marshall de ser «un hombre empapado en la falsedad». A pesar de ello, Eisenhower siguió empeñado en no decir nada. Al rogarle sus asesores que se opusiera a McCarthy, Ike se negó. «Sencillamente no lo haré —dijo—. Me niego a bajar al arroyo con ese tipo.»

McCarthy no hizo caso y continuó blandiendo su cuchilla de carnicero y amenazó a las fuerzas armadas, el Departamento de Estado y la CIA. Amenazó también a la Voz de América por llenar sus bibliotecas de obras de escritores «rojos». Sembró el terror en el mundo académico, los medios de difusión y la burocracia federal. Despotricó acerca de los «riesgos para la seguridad», los «subversivos», los «quintacolumnistas» y la «amenaza roja». Fomentó la oposición a los nombramientos por parte de Eisenhower de los hombres más respetados del país, entre ellos el rector de Harvard James B. Conant para el cargo de Alto Comisario en Alemania, y el general Walter Bedell Smith para el de subsecretario de Estado. Llegó al extremo de acusar al mismísimo presidente de enviar «notas perfumadas» a potencias amigas que se estaban beneficiando del «comercio sucio» con la China Roja. Y Eisenhower seguía sin decir nada.

Los índices de popularidad de McCarthy subieron tanto que pocas personas tuvieron el valor de oponerse a él. Una que sí se atrevió a hacerlo fue la bisoña senadora por Maine Margaret Chase Smith, que hizo su «Declaración de Conciencia» en 1950 después de que McCarthy pronunciara un discurso temerario en Virginia Occidental en el cual atacó ferozmente a «doscientos cinco comunistas con carnet» infiltrados en el Departamento de Estado. Sin mencionar el nombre de McCarthy, Chase Smith afirmó que el organismo deliberativo del Senado de Estados Unidos había «sido degradado al nivel de un foro de odio y difamación amparado por el escudo de la inmunidad congresional». Concluyó su discurso de quince minutos diciendo: «No quiero ver al Partido Republicano cabalgando hacia la victoria política con los Cuatro Jinetes de la Calumnia: el miedo, la ignorancia, el fanatismo y la difamación».

McCarthy denunció desdeñosamente a Chase Smith y los seis senadores que apoyaron su declaración llamándolos «Blancanieves y sus Seis Enanos». Otro senador que criticó a McCarthy fue J. William Fulbright de Arkansas. McCarthy se burlaba tan a menudo de Fulbright llamándolo «senador semitonto» que la oficina de Fulbright recibía con regularidad montones de cartas dirigidas a ese nombre.

Después de la gran victoria electoral de Eisenhower y los republicanos en ambas cámaras, McCarthy se convirtió en presidente de la Subcomisión Permanente sobre Investigaciones de la Comisión del Senado sobre Asuntos Gubernamentales. Cuando llegó el momento de votar la asignación de doscientos catorce mil dólares para dicha subcomisión —una derrota hubiera disuelto esta y puesto fin al reinado de terror de McCarthy—, el

Senado cedió. Hasta sus miembros más resueltos votaron a favor de McCarthy, entre ellos John F. Kennedy de Massachusetts, Lyndon B. Johnson de Texas, Hubert H. Humphrey de Minnesota, Estes Kefauver de Tennessee, Mike Mansfield de Montana, Warren Magnuson de Washington, Richard Russell de Georgia, Herbert Lehman de Nueva York y Margaret Chase Smith de Maine. Prescott Bush siguió su ejemplo. Solo Fulbright de Arkansas tuvo el valor de votar en contra de la asignación. Tal como escribió a su tutor de Oxford:

> Temo por el futuro. McCarthy es un demagogo sin escrúpulos con muchas de las características de Hitler ... Ha hecho su entrada en escena justo cuando la televisión se está convirtiendo en un medio poderoso y no sabemos cómo evaluar su influencia. Para mí es del todo repugnante desde todos los puntos de vista, pero no puedo negar que parece tener muchos seguidores.

Una vez su comisión contó con los fondos necesarios, McCarthy emprendió una investigación del comunismo en las fuerzas armadas de Estados Unidos. Celebró sesiones en las cuales intimidó a los testigos y presentó fotografías trucadas y cartas falsificadas para «probar» que el ejército había ascendido a comunistas. Cuando atacó ferozmente a un general condecorado y declaró que era indigno de vestir el uniforme, hasta Eisenhower se escandalizó, aunque no lo suficiente para decirlo en público. En vez de ello, el presidente actuó en secreto y dio permiso al ejército para que preparase una lista de acusaciones contra McCarthy, que había estado chantajeando a los militares para que dieran trato preferente a uno de sus ayudantes que había sido llamado a filas. Las sesiones televisadas se convirtieron en un duro enfrentamiento entre el ejército y McCarthy que fascinó a treinta millones de espectadores en mayo de 1954.

Bajo las luces de las cámaras durante treinta y seis días, la escandalosa actuación de McCarthy avergonzó tanto al Senado que al cabo de pocas semanas un miembro de su propio partido presentó una moción de censura contra él «por conducta impropia de un miembro del Senado de Estados Unidos».

KITTY KELLEY

Prescott, que en otro tiempo había condenado las tácticas de McCarthy, estaba ahora preocupado por sus probabilidades de ser reelegido en un estado predominantemente católico que era un bastión de apoyo a McCarthy. Para esquivar la bala de un voto de censura, Prescott propuso un código de veintitrés puntos que regulara la actuación de las comisiones y afirmó que de haber existido tal código, se hubiera podido evitar el «desagradable espectáculo» de los enfrentamientos entre el ejército y McCarthy. Parte de la prensa de Connecticut elogió su propuesta de restaurar el juego limpio en el Congreso, pero un periódico, *The Bridgeport Post*, tomó nota de su «poca disposición a vérselas personalmente con el senador McCarthy». En Washington el código propuesto por Prescott resultó tan inútil como la espada de Eisenhower en la caricatura de Herblock.

Prescott viajó por el estado y preguntó a sus asesores políticos qué debía hacer, especialmente después de que su colega en el Senado William Purtell anunciara que votaría a favor de McCarthy. Cuando los periodistas le preguntaron cómo votaría, Prescott se lo pensó y dijo:

Me limitaré a decir esto: el objetivo declarado del senador McCarthy es combatir el comunismo. Yo comparto ese objetivo, como lo comparten todos los buenos norteamericanos. Pero en el pasado he expresado con frecuencia reservas sobre los métodos que ha empleado. Nada de lo que se ha dicho en las sesiones hasta hoy me ha inducido a abandonar tales reservas. Al contrario, se han visto reforzadas.

En las semanas anteriores al voto de censura, McCarthy organizó su propia defensa fustigando al Senado como «pandilla de linchadores» empeñados en destruir su campaña anticomunista. Uno de sus principales seguidores era el escritor conservador y ex miembro de la Skull and Bones William F. Buckley Jr., que escribió: «El macartismo es un movimiento en torno al cual cierran filas hombres de buena voluntad y moral a toda prueba». Prescott, que aspiraba a ser incluido entre ellos, modificó su código y volvió a ofrecerlo como alternativa para evitar el voto de censura. Al día siguiente el

*St. Louis Post-Dispatch* informó de su propuesta bajo un titular que decía: SE OFRECE EN EL SENADO UN SUSTITUTO AGUADO DE LA MOCIÓN DE CENSURA DE MCCARTHY.

Tras enterrar la propuesta de Prescott en la comisión, el Senado acordó reunirse después de las elecciones de noviembre para considerar la moción de censura. Dotty volvió a ocupar su asiento en la galería para observar la sesión y dio cuenta de la tensión palpable que se había apoderado de todos los presentes:

> Toda esta sesión me entristece mucho. Hay entre las esposas que se encuentran en la galería una suspicacia y una cautela que nunca habían existido y algunas de ellas ni siquiera hablan con las demás. Espero que en enero todo esto ya haya terminado o se estropeará nuestro día de las Señoras del Senado … Quizá soy demasiado sensible a la tensión, pero durante toda la semana el ambiente que reina en la galería me ha resultado de lo más desagradable.

«Prescott llevaba semanas preocupado por la moción de censura —recordó Bernie Yudain, ex director del *Greenwich Time* y hermano de Ted Yudain, el periodista que era el mentor político de Prescott—. Sabía que podía firmar su sentencia de muerte política si votaba a favor de censurar a McCarthy. Me encontraba en Washington aquellos días y me llamó para pedirme que fuera a verlo en su oficina. Abrió un armario repleto de correspondencia. Miles de cartas de partidarios de McCarthy en Connecticut, todas ellas amenazándolo si votaba contra su hombre.

»Prescott declaró que ser senador le encantaba y había engrandecido su vida. Dijo que nunca hubiera conocido a obreros portugueses y picapedreros italianos en Chickahominy ni a los católicos irlandeses de Brack City de no haber sido senador por Connecticut. Quería conservar su puesto, pero también quería hacer lo correcto y votar de acuerdo con su conciencia.»

El 1 de diciembre de 1954, Prescott ya se había decidido finalmente. Llegó al Senado y se puso en pie para pronunciar un discurso con voz trémula de emoción.

> Señor presidente, toda mi vida he considerado que la pertenencia al Senado de Estados Unidos era lo más grande a lo que se puede

aspirar. Incluso cuando iba a la escuela adquirí un respeto por el Senado que me ha acompañado en el transcurso de los años.

Al igual que otros senadores, había observado necesariamente al joven senador por Wisconsin y en más de una ocasión había expresado reservas sobre sus métodos a la vez que respaldaba siempre sus objetivos declarados de combatir el comunismo en el país y en el extranjero.

Dijo que tenía que votar a favor de la moción de censura porque el honor del Senado estaba en juego y no reprender a McCarthy sería una victoria para el comunismo. «Porque ha causado divisiones peligrosas entre los norteamericanos debido a su actitud —dijo Prescott— y la actitud que ha fomentado entre sus seguidores: que no puede haber diferencias honradas de opinión con él. O bien se sigue ciegamente al senador McCarthy sin osar expresar ninguna duda o discrepancia sobre ninguna de sus acciones, o a sus ojos debes ser comunista, simpatizante de los comunistas o un imbécil al que han engañado los comunistas.»

Prescott Bush hijo recordó que cuando su padre finalmente tomó una decisión le dijeron que su carrera política estaba acabada. «[El] presidente del condado, que en aquel tiempo era un republicano, Bill Brennan, le advirtió que le costaría las elecciones de 1956.»

El senador dijo más tarde que lamentaba profundamente la necesidad de provocar el agudo desagrado de tantos de sus electores, pero que había llegado a tal convencimiento después de un cuidadoso análisis del asunto y no se le podía persuadir a modificarlo.

El 2 de diciembre de 1954 la moción de censura fue sometida a votación y el resultado fue de 67 votos a favor y 22 en contra. Al día siguiente Prescott recibió una nota de J. William Fulbright, su mejor amigo en el Senado, felicitándole por su postura. «Esta mañana he leído tu discurso en las actas del Congreso y me ha parecido excelente —escribió Fulbright—. Comprendo muy bien que, dadas las circunstancias en Connecticut, y especialmente con tu colega votando en sentido contrario, te encontrabas en una situación muy difícil. Hacía falta mucho valor y hay que reconocer todo el mérito de haber adoptado una postura tan propia de un estadista.»

Prescott se entusiasmó tanto con las reacciones positivas que recibió, que decidió anunciar su intención de optar a la reelección.

«Estaba insoportable con tanto hablar de aquella votación y se jactaba constantemente de su gran oposición a McCarthy, la cual, según recuerdo, tardó mucho tiempo en llegar —declaró el doctor Ray Walker, sobrino de Dotty—. Todavía le oigo hablar y hablar de lo grande que fue al plantar cara a "todos aquellos católicos de Bridgeport".»

En un arranque de cordialidad, Prescott invitó a todos los periodistas políticos del estado a un almuerzo privado en el Hartford Club. Les dijo que estaba en la ciudad para presentar sus respetos al nuevo gobernador, Abe Ribicoff:

> Escribí al gobernador electo poco después de las elecciones y le felicité por su victoria y le dije que no dudase en recurrir a mí en busca de la ayuda que considere que yo pueda prestar en relación con problemas del estado en Washington. También le sugerí que, si le parecía bien, me invitara a visitarle la próxima vez que tuviera la oportunidad de ir a Hartford. Recibí una contestación muy cortés y es en respuesta a su cordial invitación que vamos a entrevistarnos en su domicilio de Bloomfield Avenue.

Fue apropiado que Prescott visitase al gobernador electo, Ribicoff, en su domicilio en lugar de invitarle al Hartford Club. «Era un club muy exclusivo en aquel tiempo y muy, muy antisemita —dijo el hijo del gobernador, Peter Ribicoff—. Ninguna persona judía puso jamás los pies en aquel club hasta que mi padre fue elegido gobernador. El almuerzo de toma de posesión, al que asistían los gobernadores entrante y saliente, siempre se celebraba allí.

»Mi padre fue en 1954, pero cuando resultó reelegido gobernador en 1958, dijo al Hartford Club que era consciente de su política restrictiva y que, como no había oído decir que alguna persona judía hubiera estado dentro del club desde la última vez que él había estado allí, pensaba que lo mejor era que el almuerzo de toma de posesión se celebrara en uno de los hoteles de la ciudad.»

La sensibilidad a los pactos restrictivos no era una de las virtudes de Prescott Bush, que, al igual que muchos miembros de su generación, pertenecía a clubes particulares solo para blancos que discriminaban a los judíos, las mujeres y la gente de color.

También era propietario de casas en Greenwich, Connecticut, y Hobe Sound, Florida, ciudades donde estaban vigentes pactos restrictivos (los contratos señalaban que las casas no podían venderse a personas de raza negra). Su querido amigo Samuel Merrifield Bemiss era partidario de la segregación, como lo era también su mejor amigo en el Senado, J. William Fulbright, que votó sin disculparse contra todos los proyectos de ley relacionados con los derechos civiles. Así que Prescott no parecía el hombre más indicado para encabezar la campaña de los republicanos sobre los derechos civiles, pero como presidente de la comisión electoral en la convención republicana de 1956, abogó por una política más enérgica que la de los demócratas. Apoyó las medidas federales a favor de la igualdad de empleo que ilegalizaron la discriminación; propuso que se prohibieran las maniobras dilatorias; se declaró contrario al impuesto de capitación; instó al partido a aplaudir públicamente la decisión del Tribunal Supremo en el caso de Brown contra la Junta de Educación, decisión que prohibió la segregación racial en las escuelas públicas.

El 22 de junio de 1954 recibió una carta de su amigo Samuel Bemiss dirigida a «Mi querido Pres»:

> Por el amor de Dios, trata de no llamar la atención sobre los logros del Partido Republicano con la ayuda de la NAACP.* El Tribunal Supremo sigue siendo un tribunal del New Deal y para nosotros representa una filosofía que contemplamos con profundo recelo. La historia parece indicar que la segregación decente y digna es un estado natural que ha prevalecido entre los pueblos y los animales desde el Jardín del Edén.
>
> Bemiss advirtió a Bush que lo peor del mundo sería «volver a un gobierno del New Deal dominado por los Roosevelt y sus principios morales».

Al final, Prescott no obtuvo todo lo que buscaba en la política de los derechos civiles, porque Eisenhower desenvainó su pequeña espada y cedió ante los delegados sureños del Partido Re-

---

* Acrónimo de la National Association for the Advancement of Colored People, es decir, Asociación Nacional para el Progreso de la Gente de Color.

publicano. Pero para entonces el senador de Connecticut ya había dado un admirable ejemplo de principios y tolerancia que sería un serio desafío para su hijo, George Herbert Walker Bush, en años venideros.

# 10

Prescott se preocupaba mucho por su imagen pública. Cuando publicó sus entrevistas grabadas para la Universidad de Columbia, cambió una de sus citas, sustituyó un «madre de Dios» por un «madre mía», porque no quería que se le considerara una persona que utilizaba el nombre de Dios en vano. Tras obtener un escaño en el Senado, su preocupación por las apariencias también lo indujo a publicar un comunicado de prensa al dimitir de sus diferentes cargos en el mundo empresarial: «A pesar de mi reticencia a dejar estas organizaciones en las que llevo tantos años, también estoy deseoso de poner fin definitivamente a esas obligaciones con las que no puedo cumplir. Además, quiero descartar cualquier posible conflicto de intereses con mis deberes como senador de Estados Unidos».

A pesar de lo obsesionado que estaba con su imagen, su cerrilidad no le dejó ver lo que otros políticos consideraban un comportamiento adecuado. Cierto es que no comprendió la repercusión que tendrían los fondos de reptiles en la gente en cuanto a mantener la confianza de esta. El dinero no justificado recaudado por los políticos se convirtió en tema de discusión cuando, en 1952, salió a la luz el fondo secreto de dieciocho mil dólares de Richard Nixon. Aunque en aquel entonces el fondo técnicamente era legal, los demócratas se volcaron en la cuestión y la hicieron parecer poco ética. El puesto de Nixon en la lista de candidatos del Partido Republicano se vio amenazado tras las protestas generalizadas, en especial cuando Eisenhower no salió en su defensa. El Comité

Nacional Republicano compró media hora de televisión por setenta y cinco mil dólares para que Nixon pudiera refutar los cargos.

«Compatriotas —comenzó—, esta noche me presento ante vosotros como candidato a la vicepresidencia y como hombre cuya honestidad e integridad ha sido puesta en entredicho.» A continuación, describió el propósito del fondo y su funcionamiento. Dijo que el dinero se utilizaba únicamente para los gastos de la campaña. Cuando expuso su precaria situación económica personal, Nixon aseguró que su mujer ni siquiera se podía permitir un abrigo de visón, solo «un respetable chaquetón de paño republicano». Negó que hubiera recibido regalos de ningún tipo, salvo un cachorrito blanco y negro de un simpatizante texano. Su hija Tricia le había puesto Checkers de nombre y Nixon dijo que no lo iba a devolver. Alabó a Eisenhower y prometió trabajar duro para la candidatura republicana. Pidió a los espectadores que le apoyaran enviándole telegramas al Comité Nacional Republicano, que pronto quedó colapsado por cerca de un millón de llamadas y telegramas.

Prescott Bush fue uno de los primeros que le telegrafió para transmitirle su apoyo:

> Nadie que se considere justo y viera el martes por la noche al senador Nixon abrir su corazón y su alma al pueblo estadounidense podría negarse a guardarle el mayor de los respetos.
>
> Desde el principio he creído que los cargos contra Dick Nixon no eran más que una sucia calumnia para tratar de perjudicarle, tanto a él como a la candidatura republicana. Dudo de que ninguno de los dos partidos tenga jamás la esperanza de poder proponer a un ciudadano mejor que al senador Nixon para un cargo público de tan alta responsabilidad.
>
> Creo que los intentos de calumniar a Nixon se volverán en su favor. Nixon es un hombre honesto, valiente y enérgico. Estoy orgulloso de él.

Prescott, partidario de mantener según qué asuntos en secreto, dijo a los periodistas que no veía «ninguna ventaja especial» en obligar a los congresistas y a los funcionarios de altos cargos a redactar una lista con todas sus fuentes de financiación. «El país ha avanzado durante ciento cincuenta años sin obligar a los que desempeñan una función pública a exponer su contabilidad personal y privada», aseguró.

Esta posición, contraria a la Ley de Prácticas Corruptas, le acarreó cierta publicidad algo problemática en 1955, cuando él también creó un fondo de reptiles que superaba en más del doble al de Nixon.

Los artículos de los diarios de aquella época revelan que Prescott estaba enfrentándose a una oposición política. El ala derecha no recibió bien su voto de censura contra Joe McCarthy. No fue invitado al multitudinario mitin de Connecticut al que acudió un millar de personas en 1955. Su ausencia no pasó desapercibida y levantó rumores acerca de que los republicanos conservadores podrían tratar de pararle los pies en las elecciones de 1956. Decidido a conservar su escaño en el Senado, Prescott creó el fondo para pagar los honorarios del especialista en relaciones públicas número uno de la nación y para emitir una serie de programas televisados de entrevistas más o menos mensuales en los que él, Prescott, sería la estrella.

Ni el secretario del Senado ni el Comité Central Estatal Republicano recibieron informe alguno sobre el fondo de Prescott, algo que violaba las leyes electorales de Connecticut. Seis banqueros de Wall Street, entre los que se incluían dos de sus cuñados, lo financiaban. Cada uno de ellos hizo una contribución personal y acordó aproximarse a otros para que hicieran lo mismo. Se intercambiaron cartas confidenciales sobre la firma de John B. Gates, de Greenwich, quien figuraba en la lista como tesorero de la campaña para recaudar fondos. Debajo de la firma de Gates aparecían los nombres de George H. «Herbie» Walker hijo, también de Greenwich; James W. Walker; Lindsay Bradford; Gerrold Bryce; Thomas McCance (Brown Brothers Harriman); y Roland Harriman (Brown Brothers Harriman).

La historia sobre el «fondo de reptiles de Bush» salió a la luz por primera vez en el *Bridgeport Herald* de Connecticut, pero se convirtió en noticia nacional cuando el periodista de una agencia de prensa, Drew Pearson, recogió el testigo. El segundo roce de Prescott con Pearson.

A pesar de su animadversión hacia el columnista, Prescott aceptó la llamada de Pearson en 1955. La llamada era sobre el fondo de reptiles. Prescott le explicó que el dinero procedía de contribuyentes que compartían su punto de vista político. «Ninguno de ellos me ha pedido jamás un favor especial —dijo—. Es el tipo de gente dispuesta a contribuir para obtener el tipo de gobierno en Washington en el que creen.»

Tras escribir que Prescott había cometido un «delito» al no informar de su fondo, el columnista lo citó diciendo que sus amigos le daban dinero porque estaban de acuerdo con su sólida política fiscal. Pearson examinó el registro de votaciones de Prescott y determinó que los votos del senador coincidían con las opiniones de sus grandes contribuyentes sobre muchas más cosas que la cuestión económica. La conclusión fue que Prescott no era más que otro sórdido político en deuda con intereses especiales.

El *Waterbury Republican* publicó un artículo en su favor:

> En el caso de un hombre con la integridad y la magnanimidad del senador Bush, es natural creer que el fondo «privado» es el acuerdo sincero e inofensivo que él defiende que es. Sin embargo, los abusos a los que este tipo de fondos podrían conducir son flagrantes. En el caso de que hubiera funcionarios susceptibles de ser comprados, aquí tenemos a todas luces una fórmula para realizar dicha compra.

El *St. Louis Post-Dispatch* escribió editoriales en contra de Prescott y de la «autojustificación insustancial» que solía blandir para defender su fondo de reptiles. «Los fondos de este tipo suelen ser secretos o, al menos, no demasiado conocidos, hasta que algún periodista con iniciativa los saca a la luz. Es por eso que violan el espíritu de la ley sobre las prácticas corruptas dirigida a que se expongan las contribuciones políticas a la opinión pública.» El periódico reprendía a Nixon y a Prescott Bush por «vender parte de su posición, prestigio e influencia como miembros del Senado de Estados Unidos, aun cuando ninguno de los contribuyentes del fondo reciba un favor directo y personal a cambio».

La acusación sobre su poca ética hizo mella en Prescott puesto que se consideraba más honesto que la mayoría. Además —protestó sin convicción—, otros senadores habían creado fondos similares. Concluyó que Drew Pearson lo había escogido a él solo porque él, Prescott, era irreprochable. «Creo que Pearson escoge a la gente deliberadamente, y espero que esto no suene a vana modestia, pero creo que de vez en cuando escoge a gente para atacarlos en aquello que sabe que son inmunes, porque su reputación es tan buena que atacarlos de inmediato se convierte en noticia.»

Prescott reemprendió la crítica contra Pearson años después en sus entrevistas grabadas:

> Verá, tergiversó las cosas de tal forma que al final un fondo de reptiles acabó siendo que la gente iba a comprar favores al senador Bush cuando hacía aquellas contribuciones personales para su uso ... Igual que el fondo de Nixon, con el que lo crucificaron. Personalmente, nunca he creído que hubiera nada de malo en el fondo de Nixon. Era una proposición por completo transparente hecha por gente que en aquel momento creía en él y que deseaba potenciar su candidatura a la vicepresidencia ... Creían que era un hombre capaz y provechoso ... así que estaban dispuestos a hacer aquellas contribuciones a su campaña.

Por fortuna para Prescott, la columna de Pearson solo se publicaba en dos diarios de Connecticut, de modo que no hubo terreno abonado para un escándalo. Prescott se limitó a contactar con ambos diarios y rebatió las acusaciones, así que la historia pronto dejó de colear. Continuó utilizando el fondo de reptiles para retribuir a su relaciones públicas, Charles Keats. Una de las funciones del publicista fue redactar el borrador de una carta de recomendación del presidente Eisenhower para Prescott. La carta debía publicarse en los medios de comunicación de Connecticut durante el receso vacacional del Congreso, momento en que Prescott estaría viajando por el estado para afianzar los votos de su reelección.

Años después, los biógrafos de Bush escribirían acerca de la íntima amistad entre el senador Bush y el presidente Eisenhower, una impresión aseverada por la familia Bush y reforzada por la fotografía de los dos hombres jugando al golf aparecida en la primera plana de *The New York Times* del 20 de junio de 1957. El día anterior a la partida de golf con el primer ministro japonés, Nobusuke Kishi, Prescott se jactó de ser la pareja de golf favorita de Ike y calculó que como mínimo había jugado con el presidente una docena de veces en Burning Tree durante el primer mandato de este. Los archivos de la Biblioteca Eisenhower indican que los dos hombres jugaron al golf en siete ocasiones en un período de ocho años. Aquellas partidas ocasionales, adornadas por los recuerdos pulimentados que Dotty Bush proporcionó a los escritores (y a los miembros de la familia Bush), crearon una vívida imagen de fraternidad. Dotty creía sinceramente que su marido era alguien poco más que fundamental para el éxito político y personal de Eisenhower. De hecho, ella difundió el mito de que Prescott había convencido a Ike para que se presentara a presidente en 1952 cuando, en realidad, tan solo había sido uno de sus muchos suplicantes secundarios.

La investigación de los archivos de Eisenhower en Abilene, Kansas, indica que la relación entre Prescott Bush y Dwight Eisenhower fue, si no unilateral, ciertamente desigual, pues Prescott aparecía como el perseguidor enardecido y Ike como el receptor magnánimo. Las cartas y los memorandos demuestran que Prescott era una especie de fervoroso seguidor a la puerta del escenario esperando a Ike, la estrella, para que le firmara un autógrafo. Las diversas invitaciones enviadas por Prescott al presidente —convidándolo a la comida anual del Alfalfa Club, a que lo visitara en Gettysburg— eran agradecidas con elegancia, pero siempre rechazadas con educación. «Los documentos demuestran que, probablemente, la relación significaba más para el senador Bush que para el presidente Eisenhower», aseguró Sydney Soderberg, historiador de la Universidad de Wesleyan, en Kansas.

Al haber dado ya un traspié con la Enmienda Bricker, Prescott no quería volver a perder el compás con la administración. En aquella ocasión no hubo de sufrir ninguna repercusión por su diferencia política que no fuera otra que su propio malestar personal. Tan pronto como supo que Eisenhower se oponía a la enmienda, cambió de parecer para coincidir con él. Si Prescott, dueño de un caniche negro, se hubiera apostado con su perro frente a la Casa

Blanca, uno podría haberse preguntado: «¿Cuál de los dos es el perrito faldero del presidente?».

Prescott se desvió de su camino para hacerse amigo de Sherman Adams, antiguo gobernador de New Hampshire y jefe de personal de Eisenhower. Rápidamente, Adams pasó a convertirse en su conducto hasta el presidente.

Cuando Prescott solicitó una carta de recomendación a Eisenhower en agosto de 1955, envió a Adams un borrador de talante tan interesado que incluso Prescott parecía avergonzado:

> Apreciado Sherm:
> Esto es meramente una sugerencia que no he escrito yo y que me ruboriza. Sería estupendo conseguir cualquier cosa en esta dirección.
>
> PRES BUSH

El último párrafo de los cinco que componían la carta era en extremo efusivo:

> Allí adonde vayas, quiero que transmitas a la gente de Connecticut mis mejores deseos. Desde mi punto de vista, les puedo asegurar que encarnas mi idea de lo que debería ser un senador de Estados Unidos y que son afortunados de tenerte como representante.

Adams envió el grandilocuente borrador de Prescott a Bryce Harlow, uno de los encargados de escribir discursos políticos para la Casa Blanca, quien lo moderó considerablemente para que pudiera firmarlo el presidente. La recomendación final elogiaba a Prescott por su «efectivo y leal apoyo en el Senado de Estados Unidos» y «con el mayor de mis agradecimientos» lo felicitaba por el trabajo bien hecho.

Prescott entregó la carta a los diarios de Connecticut, los cuales la publicaron en la primera plana: EL PRESIDENTE ELOGIA A BUSH POR SU LEALTAD Y APOYO (*Greenwich Time*); EL PRESIDENTE PRESTA SU APOYO AL SENADOR BUSH, LO TRATA DE «AMIGO LEAL» Y ABOGA POR ÉL (*Hartford Courant*). Sin embargo, la publicidad continuada que Charles Keats había previsto gracias a la carta de recomendación de Ike pronto fue ahogada por las olas del huracán Connie y, cinco días después, por las del huracán Diana.

«Aquellos dos huracanes golpearon Connecticut en agosto de 1955 y sumieron el estado en una catástrofe total —recordaba Herman Wolf, antiguo asesor del gobernador Abe Ribicoff—. Aunque se vio afectada toda la costa atlántica, desde Carolina del Norte hasta Massachusetts, Connecticut se llevó la peor parte. Se perdieron setenta y siete vidas y las inundaciones destruyeron hogares, granjas, tiendas, carreteras, tierras y empresas, con un coste de trescientos cincuenta millones de dólares en daños materiales.

»Todavía estábamos tratando de salir a flote del primer huracán, cuando nos golpeó el segundo. El gobernador se encontraba en la Conferencia de Gobernadores de West Virginia y no pudo volver ese día, así que el lugarteniente del gobernador y un par de asesores principales se trasladaron al museo de armas de Hartford para tratar de hacer frente a la catástrofe.

»Trabajamos contra reloj, haciendo y recibiendo llamadas. A eso de las dos de la mañana sentí que alguien me daba un golpecito en el hombro. Me volví y levanté la vista. Allí estaba Prescott Bush, con su cerca de metro noventa, delante de mí. Con voz tranquila, dijo: "Herman, ¿qué puedo hacer para echar una mano?".

»No había tiempo para charlas, ni siquiera con un senador de Estados Unidos, así que me limité a gritar: "Consíguenos algunos helicópteros para poder inspeccionar los daños al amanecer". No necesitó que se le dijera nada más. Se volvió y se fue. No sé adónde iría ni a quién llamaría, pero al amanecer había dos helicópteros del gobierno federal preparados para alzar el vuelo e inspeccionar el estado.

»Para mí, y soy un demócrata que trabajó para Abe Ribicoff, Prescott Bush era todo un caballero. De hecho, era el mejor de los Bush. Después de él, la sangre fue diluyéndose en las siguientes generaciones. Su hijo, George Herbert Walker Bush, no fue alguien a quien tenerle demasiado respeto y luego, que Dios nos coja confesados, tenemos al hijo de George, George Walker Bush, del que mejor no entrar en detalles.»

Prescott se dedicó en cuerpo y alma a la recuperación de la crisis creada por las inundaciones e hizo una gira por Connecticut para hablar con las víctimas y supervisar los daños. Promovió leyes para la creación de un seguro federal por inundaciones; de este modo los propietarios y los pequeños comerciantes se salvarían de la ruina económica. También presentó proyectos de ley adicionales para aumentar los préstamos hipotecarios de la Autoridad Federal de la Vivienda para la reparación o la sustitución de los hogares afectados; para facilitar viviendas gratuitas para ciertos damnificados por la catástrofe en situación crítica; para proporcionar alojamiento provisional a los damnificados; para autorizar la construcción de presas que controlasen las inundaciones, y para aumentar los fondos para la restauración de carreteras en casos de catástrofes naturales.

Todas estas acciones le acarrearon editoriales favorecedores en diversos periódicos. *The Hartford Courant* proclamó que era un hombre muy diferente (y mucho mejor) que el elegido cuatro años atrás:

> Cuando el senador Bush apareció por primera vez en escena, fue considerado un afable intruso con pocas probabilidades de ganar quien, tras una próspera carrera en el mundo empresarial, deseaba tener escarceos con la política. Desde que entró a formar parte del Senado, el cargo comenzó a gustarle visiblemente hasta lograr una posición que ya lo sitúa entre los grandes en la cámara legislativa más poderosa del mundo.

Precisamente cuando Prescott creía haberse librado de Drew Pearson, el periodista especializado en airear trapos sucios volvió a la carga. En esta ocasión se trataba del asunto del proyecto de ley Harris-Fulbright para liberalizar la industria del gas. Pearson predijo que Prescott Bush votaría a favor del proyecto de ley para enriquecer a su hijo George.

George, como todos los magnates del petróleo texanos, apoyaba el proyecto. Cuando los miembros del grupo de presión del petróleo comenzaron a acosarlo para que se asegurara el voto de su padre, llamó a Prescott para comentar el proyecto de ley. George insistió en que la liberalización animaría a más productores independientes a explorar en busca de gas natural, lo que aumentaría el suministro y, por tanto, bajaría los precios. Prescott, quien mantenía que los precios se dispararían con la liberalización, no se dejó impresionar por los argumentos de su hijo. Le dijo a George que la mayoría de la gente de su estado vivía en enormes núcleos urbanos y que no podían permitirse pagar los altos precios que resultarían de una liberalización.

El senador Paul Douglas, demócrata liberal de Illinois, adujo que el proyecto de ley no era más que una conspiración por parte de las grandes compañías petrolíferas y de gas para obtener beneficios escandalosos a expensas de los núcleos urbanos del país, muchos de los cuales dependían por completo del gas natural para cocinar y para calentarse. Prescott estaba de acuerdo.

Cuando George no consiguió convencer a su padre, buscó la ayuda de su amigo Paxton Howard para que defendiera su caso. Howard, abogado de la Shell Oil Company de Midland, Texas, y miembro encubierto del grupo de presión, acordó hacer una visita a Prescott en Hobe Sound durante las vacaciones y hablar con él.

Posteriormente, Howard fue citado para testificar ante el comité especial del Senado que investigaba las maquinaciones de los grupos de presión a favor de Harris-Fulbright. Bajo juramento, admitió que la Shell le había pagado una bonificación de cinco mil dólares para que tratara de que Prescott y otros dos senadores cambiaran su intención de voto.

«El hijo del senador Bush, George, vive en Midland y es amigo mío —testificó Howard—. George estaba a favor del proyecto de ley del gas; quería que su padre conociera todos los detalles de dicho proyecto, y estaba muy interesado en que contactara con el senador y le expusiera el caso. De modo que le dije que estaría encantado de hacerlo si me concertaba una cita. Así lo hizo y charlé con el senador durante cerca de una hora.»

«¿No fue al revés? —preguntó un senador—. ¿Que George no estaba tan interesado en tratar de influir en la decisión de su padre como lo estaba usted?»

«Naturalmente que yo estaba interesado en hablar con el senador, pero el asunto del senador Bush lo propuso George Bush ... Él fue el iniciador, de no ser así no hubiera existido razón para ello.»

Prescott escuchó al abogado que su hijo había enviado, pero Paxton Howard no hizo cambiar de opinión al senador. George se negó a darse por vencido. Voló a Washington de nuevo donde le contó a su padre que lo habían amenazado. Le aseguró que lo estaban presionando con dureza para que consiguiera que su padre cambiara de postura. «Mi anterior jefe, Neil Mallon, comenzó a recibir llamadas en la Dresser Company —dijo George—. El director de la Phillips Petroleum, K. S. «Boots» Adams, le dijo a Neil que "si Prescott Bush no vota a favor del proyecto de ley, ya te puedes ir olvidando de vender más equipos Dresser a la Phillips, y ya le puedes decir a George Bush que se olvide de su negocio de plataformas petrolíferas".»

George le dijo a su padre: «Pensé que deberías saberlo».

Prescott no le dio importancia a sus palabras. «No les hagas caso. Jamás van a echarte del negocio. No se atreverán porque sería el peor error que podrían cometer. Esto no va a afectarte en lo más mínimo. Voy a votar en contra del proyecto de ley porque creo que, en general, es lo más beneficioso tanto para mi estado como para Estados Unidos. No te preocupes, y si sufres alguna represalia, dime de qué se trata y ya nos ocuparemos de ello.»

Por casualidad, Prescott tenía programada una partida de golf con el presidente esa misma semana. Le contó a Eisenhower todo lo que George le había dicho. El 11 de febrero de 1956, Eisenhower escribió en su diario lo que le había oído decir al director de una gran compañía petrolífera, que en su día había apoyado a Prescott: «anunció que nunca en la vida volvería a prestar su apoyo a aquel tipo y se refirió a este en términos muy groseros».

Para entonces, otros dos senadores habían dado un paso adelante para denunciar que ciertos sectores de la industria petrolífera los habían tratado de sobornar con la intención de influir en sus votos. Aquello condujo a formar el comité de investigación del Senado. Sin embargo, y a pesar de la controversia, el Senado aprobó el proyecto de ley Harris-Fulbright y fue enviado al presidente para que lo refrendara. A pesar de que en un principio Eisenhower había sido partidario del proyecto de ley, en aquel momento vaciló. El acta del gabinete ministerial del 13 de febrero de 1956 recoge su preocupación acerca del refrendo de la polémica ley:

El presidente preguntó si algún otro presidente había refrendado alguna vez un proyecto de ley mientras el Senado investi-

gaba. Creía que cualquier proyecto de ley legítimo tenía que
haber sido aprobado sin ningún tipo de contratiempo ... A continuación citó una historia que había oído acerca de la gente del
sector petrolífero jactándose sin recato alguno de haber comprado al senador Bush, por su postura en contra, con la amenaza de
privar a su hijo de desarrollar gran parte de actividad empresarial. El presidente puso de relieve que el pueblo estadounidense,
aun cuando no fuera cierto, consideraba al presidente responsable de todo.

Al final, Eisenhower se dio cuenta de que la mayoría de los
votantes vivía en grandes núcleos urbanos y que si refrendaba un
proyecto de ley mancillado por acusaciones de soborno, los demócratas explotarían aquel argumento durante la campaña. De modo
que vetó el proyecto de ley Harris-Fulbright y el Senado no encontró bastante apoyo como para invalidar el veto presidencial.

En esta ocasión Prescott votó de acuerdo a sus principios, no
a su bolsillo. La repercusión negativa sobre un miembro de su familia no varió su decisión. Por desgracia, el hijo no heredó el temple político del padre. Cuando George Bush entró en la política
ocho años después, demostró que estaba mucho más influenciado
por la educación de su madre que por la de su padre: su única
prioridad era ganar. A diferencia de este, George necesitaba ganarse el afecto de los demás antes que su respeto y esto no dejaba lugar a adoptar posturas impopulares, aunque estas significaran hacer lo correcto para sus electores.

No todos consideraban a Prescott Bush un hombre de principios. De hecho, su oponente en la reelección de 1956, Thomas J.
Dodd, lo tildó de «mentiroso». Dodd, congresista de West Hartford
durante dos mandatos, era un hombre de gran talla política por
méritos propios. Tras licenciarse en la facultad de derecho de Yale,
se convirtió en agente del FBI y, luego, en fiscal del Estado. Fue
fiscal jefe en los juicios de Nuremberg por los crímenes de guerra
llevados a cabo por los nazis, labor por la que recibió una mención
presidencial, la medalla estadounidense de la Libertad y la Orden
del León Blanco checoslovaca.

Durante la campaña de 1956, montó en cólera cuando oyó a
Prescott recitar sus logros legislativos apuntándose un tanto con el

control de las inundaciones, cuestión crucial para el estado, así como con las ayudas a los veteranos. Prescott bautizó pomposamente cada una de las leyes con su nombre: la Enmienda Bush-McCormack, la Enmienda Bush-Long, la Enmienda Bush-Lehman y el proyecto de ley Bush-Pastore.

Dodd acabó de exasperarse al ver el folleto de la campaña de Bush en el que aparecía una foto de Prescott sentado junto al presidente, tan cerca que sus hombros se tocaban, y observando a Eisenhower mientras este firmaba una hoja de papel. El titular: EL PRESIDENTE EISENHOWER REFRENDA UN PROYECTO DE LEY DEL SENADOR BUSH.

Durante su primer debate en Canaan, Connecticut, Dodd explotó cuando Prescott se refirió a la ley de prevención de inundaciones con el nombre de la «Ley Bush-McCormack».

«El senador Bush no está diciendo la verdad a los espectadores. No existe ninguna ley con ese nombre. No existe.»

La acusación de Dodd, a pesar de no ser cierta, puso nervioso a Prescott. No perdió el control, pero más adelante confesó lo mucho que le había costado contenerse. «La campaña de Connecticut fue bastante dura y despiadada ... Me niego a caer en ataques personales durante las campañas, siempre he tratado de evitarlos, pero Dodd fue un rival verdaderamente problemático y me resultó muy difícil guardar la compostura y no perder el control.»

Dodd continuó manteniendo que Prescott exageraba su importancia. «Ha habido una tergiversación deliberada de los hechos en un intento por convencer al electorado de que el senador Bush ha sido el coautor de leyes populares cuando las actas demuestran con toda claridad que tuvo poco o nada que ver en su elaboración», dijo el congresista.

Prescott sintió que su honor había sido mancillado, así que compró tiempo en televisión para demostrar que la Ley Bush-McCormack no era el embuste que Dodd aseguraba que era. Apareció en pantalla llevando declaraciones de media docena de importantes demócratas, incluidos los senadores Herbert Lehman y John F. Kennedy, que demostraban que había trabajado en la elaboración de las leyes referentes a los seguros por inundaciones y la protección contra los huracanes. «Lo dejamos todo muy claro —dijo

Prescott más adelante— y pusimos al señor Dodd en un aprieto. Sin embargo, para mí, esto ilustra la impetuosidad de ese hombre. Se presta rápidamente a lanzar acusaciones y afirmaciones imprudentes. Ya entonces me formé la opinión, y hoy en día sigue siendo la misma, de que es un tipo de persona en la que no se puede confiar … Fue una estupidez y una grosería por su parte hacer aquello cuando él sabía a la perfección que existía la Ley Bush-McCormack.»

Dodd arremetió contra Prescott por haber puesto su nombre a cuatro leyes. Tenía razón en tres de las llamadas leyes Bush. Prescott discrepaba de la cuarta, la única que legítimamente llevaba su nombre. La carrera electoral de Connecticut atrajo la atención nacional en 1956 a causa del escaño crucial con el que los republicanos podrían volver a hacerse con el control del Senado. Los demócratas presentaron a Dodd como «un hombre de la calle, no de Wall Street», y los republicanos presentaron a Bush como «el hombre del presidente». Tal como Prescott recordaba, ambos se disputaban el título de hombre normal y corriente:

> Dodd iba diciendo cosas como esta … «Ya, claro, el senador Bush parece tener mucho tiempo libre para jugar al golf. Yo no me lo puedo permitir» … de los que se deducía que Bush es un tipo acaudalado y ocioso, mientras que yo soy el pobre tipo trabajador que se gana el sueldo con el sudor de su frente … Alguien le preguntó qué aficiones tenía y él respondió «la equitación». Así que cuando me llegó el turno, dije: «Bueno, felicito a mi oponente. Nunca me he podido permitir un caballo».

Dodd era el único demócrata en el grupo de representantes de Connecticut en el Congreso. Incluso entonces no contaba con el apoyo incondicional de sus colegas de la Cámara de Representantes. El representante Lud Ashley, demócrata de Ohio que disculpaba la lucha de Prescott con el alcohol, le escribió a su buen amigo George Bush: «He cruzado los dedos por tu padre. Dodd es un verdadero hipócrita, algo que he sabido desde que se emborrachó en un tren con destino a Nueva Inglaterra. Fue un escándalo y espero que reciba lo que se merece».

Las encuestas predecían una carrera electoral para el Senado muy reñida. Después del día del Trabajo, Prescott alquiló un apartamento en Hartford donde Dotty y él vivieron durante dos meses para poder hacer campaña por el estado con tranquilidad. Ella había tomado clases de dicción en Washington y una clase de oratoria para prepararse. Memorizaba sus discursos sobre «la paz, la prosperidad y el progreso» hasta que podía ponerse en pie y hablar durante veinte minutos sin notas y sin sonar afectada. La campaña le procuró un coche, un chófer y su propio y agotador programa. Mientras su marido visitaba las grandes ciudades, ella acudía a tomar el té con las señoras y a meriendas en ciudades pequeñas. Ambos hicieron giras electorales de apretones de mano por todos los condados de Connecticut. De hecho, a excepción de George y Barbara, toda la familia Bush —tías, tíos, suegros, hijos y nietos— se volcaron en la campaña.

En esta ocasión, Prescott se dejó el sombrero de paja en casa: ni banjos ni cuartetos sensibleros a capela. Tal como apuntó el *New York Journal American*: «Se acabaron las triquiñuelas y las estratagemas».

Se mantuvo firme en la defensa de los derechos civiles y arremetió contra los demócratas sureños del Senado, en particular contra el senador de Mississippi James Eastland. Denunció que los demócratas decían unas cosas en el Norte y otras en el Sur. Acusó al abanderado demócrata de hacer «promesas vacías» y de utilizar «palabras engañosas» en las cuestiones raciales.

«Adlai [Stevenson] y los demócratas del Norte, incluido mi oponente, saben a ciencia cierta que sus promesas [sobre los derechos civiles] no suenan convincentes mientras el senador de Mississippi tenga que ser el presidente del Comité Judicial del Senado por decisión del partido … Un voto en mi contra es un voto a favor de Jim Eastland. Nada cambiará en cuanto a la elaboración de una legislación necesaria en el terreno de los derechos civiles si los republicanos no controlan el Congreso.» Añadió que los demócratas no ofrecían nada más que una vuelta al New Deal, el programa de reformas propuesto por Roosevelt para hacer frente a la Gran Depresión, que «fue un auténtico fracaso».

Prescott fue a Nueva York a hacer campaña a favor del fiscal general, Jacob Javits, donde les dijo a las masas: «Necesitamos hombres como Jack Javits en el Senado para que ayuden a los republicanos de Eisenhower como el senador [Irving] Ives [de Nueva York] y yo mismo, quienes hemos estado trabajando por que se lleve a cabo la legislación de los derechos civiles y la eliminación de las provisiones discriminatorias y severas de la Ley de Inmigración McCarran-Walter».

Prescott era partidario tenaz de los derechos civiles. «Fue uno de los pocos que estuvieron con nosotros en las votaciones cruciales de 1956 —dijo Howard Shuman, antiguo ayudante del senador Paul Douglas—. Prescott era un republicano progresista, mucho mejor que su hijo George o su nieto George W., ni punto de comparación.»

No cabe duda de que Prescott hizo frente al tema candente de su momento, algo que George nunca haría. Cuando George se presentó a senador por Texas, se opuso al proyecto de Ley de los Derechos Civiles de 1964. Además, apoyó cláusulas restrictivas y trató de sabotear el proyecto de Ley del Derecho a la Vivienda de 1968 antes de votar a favor de este. El resto de su carrera política solo reflejó las posturas más oportunistas sobre cuestiones raciales, a diferencia de su padre.

Durante la campaña de 1956, los republicanos enviaron a su artillería pesada a Connecticut para ayudar a Prescott: al vicepresidente, Richard Nixon; al líder de la oposición en la Cámara, Joseph Martin; al antiguo gobernador Thomas Dewey, y al senador Clifford Case de New Jersey. Todos ellos visitaron el estado. En octubre, los demócratas, que no habían enviado a nadie para asistir a Tom Dodd, dieron el estado prácticamente por perdido.

El día de las elecciones, Prescott y Dotty volvieron a Greenwich a votar y esa tarde esperaron los resultados en las oficinas del *Greenwich Time*. En 1956, la dueña del periódico, Constance Johnson Beech, lo había vendido a un grupo de siete inversores locales entre los que se encontraba Prescott y alguno de los contribuyentes de su fondo de reptiles. Ese mismo año, como no es de extrañar, el *Greenwich Time* acreditaba a uno de sus dueños como un «senador de talla» que «se merece todo un mandato de seis años».

La noche de las elecciones, Bush y su familia vieron como un asistente de campaña, con una tiza en una mano y un trapo en la otra, se subió a una silla frente a una enorme pizarra y comenzó a garabatear con frenesí las cifras que le gritaban los periodistas que estaban a los teléfonos y que velaban las máquinas que contaban y registraban los votos emitidos en el estado.

Al cabo de una hora de haberse cerrado las urnas en Connecticut, se hizo patente que los republicanos estaban ganando el escaño al Senado, todos los escaños de la Cámara de Representantes, además de la mayoría de los escaños de las cámaras estatales. John M. Bailey, el presidente de la cámara demócrata de Connecticut, no salía de su asombro. «El presidente Eisenhower tiene unos faldones más anchos de lo que pensábamos que los tenía», dijo. A las 21.00, la victoria aplastante de Eisenhower se había convertido en una avalancha política que enterró a casi todos los demócratas de Connecticut, incluido Tom Dodd. Prescott había cuadruplicado de largo su mayoría relativa de 1952 al acumular un margen de victoria de 131.000 votos y ganar siete de ocho condados. A las 21.50, Dodd había reconocido su derrota. Le envió un telegrama a Bush a su casa de Greenwich: FELICIDADES POR TU VICTORIA. MIS MEJORES DESEOS PARA UN FELIZ Y EXITOSO MANDATO EN EL SENADO DE ESTADOS UNIDOS.

Tom Dodd volvería a presentarse al Senado dos años después contra William Purtell y ganaría. Trabajó en el Senado con Prescott hasta el retiro de este en 1963. Durante esos años que representaron juntos al estado, ninguno de los dos consiguió dejar a un lado la campaña de 1956 lo suficiente como para hacerse amigos. Se trataron con civismo, pero nada más.

El hombre de Wall Street nunca olvidó que el hombre de la calle lo hubiera tildado de «mentiroso» y diez años después se vengaría en sus entrevistas grabadas al caracterizar a Dodd como a alguien que había «asumido la apariencia de Joe McCarthy en sus discursos». Prescott aseguraba que a la *intelligentsia* de Connecticut no le gustaba Dodd y que le tenían miedo. «Creían que representaba algo insultante para ellos desde un punto de vista espiritual, que era una amenaza para la libertad intelectual. Por eso estoy satisfecho de que en esa elección, la de 1956, la comunidad intelectual, las universidades, se volcaran conmigo.»

Prescott grabó aquellas palabras sabiendo que no serían publicadas mientras estuviera vivo, pero que pasarían a formar parte de los anales de la historia, que seguirían vigentes hasta mucho después de que los protagonistas hubieran muerto. Las grabaciones también sugieren que la condena de Dodd únicamente se basaba en la amistad de Prescott con Whitney Griswold, el rector de Yale.

«[Griswold] me dijo que no me había votado en 1952 —dijo Prescott—, pero sí en 1956, e ilusionado.» Prescott supuso que el entusiasmo de Griswold estuvo provocado por la censura de Prescott respecto a Joe McCarthy junto a su oposición a los juramentos de lealtad impuestos a los docentes universitarios. Creía que esos dos asuntos cambiaron la postura de la comunidad intelectual hacia él.

Prescott acusó a Tom Dodd de ser «claramente pro McCarthy», aunque los archivos de la época demuestran que Dodd hizo campaña en nombre del senador de Connecticut Brien McMahon contra los esfuerzos de Joe McCarthy por arrebatarle el escaño en 1950. A pesar del fervoroso anticomunismo de Dodd, este se opuso al celoso acoso rojo de la guerra fría caracterizado por las tácticas facinerosas de Joe McCarthy. La acusación que Prescott vierte sobre él parece entonces injusta y sugiere un resentimiento duradero originado en una campaña electoral dura. La actitud «¿Cómo se atreve?» de Prescott podría haber obnubilado su juicio porque los archivos indican que el anticomunismo de Bush era tan ardoroso como el de Dodd. De hecho, ambos ostentaban posturas similares. Ambos defendían a capa y espada la salvaguardia de la libertad en Berlín Oeste; ambos firmaron una petición en contra de la entrada de la China Comunista en las Naciones Unidas; ambos se oponían al comunismo en América Latina y a Fidel Castro en Cuba. De hecho, en 1961 Prescott predijo que el dictador cubano sería derrocado «en seis meses».

Ambos eran anticomunistas en cuanto a sus opiniones sobre política exterior, pero ninguno de los dos creía, como algunos en los años cincuenta, que el comunismo constituyera una amenaza nacional para Estados Unidos.

En febrero de 1960, según los documentos del FBI, Prescott

denunció al Ejército del Aire estadounidense por sugerir en su manual que los comunistas se habían infiltrado en el Consejo Nacional de Iglesias. «Es una afirmación indignante —dijo— y el secretario de Defensa [Thomas S. Gates] debería ser recriminado por esta irresponsabilidad.»

Al día siguiente de la denuncia de Prescott, Gates comenzó a recibir cartas y telegramas de protesta. Su secretaria llamó rápidamente al FBI y le pidió información para afianzar su posición. Los archivos demuestran que se le dijo que los documentos del FBI eran confidenciales y que debería probar en el Subcomité de Seguridad Nacional del Senado o en el Comité de Actividades Antiamericanas del Congreso. Se le envió un memorando de la llamada al director, J. Edgar Hoover, quien redactó una nota de aprobación: «Correcto. El senador se ha metido él solito en esto y él solito tendrá que salir».

Hoover recibió más tarde una carta de la bigotuda estrella del cine Adolphe Menjou, uno de los «enviados especiales» de la organización (o sea, informadores):

> Me sorprendí al leer que el senador Prescott Bush de Connecticut había atacado al escritor del manual del Ejército del Aire en relación con la subversión entre el clero. Le escribí al senador incluyéndole material que claramente demostraba que los comunistas no habían pasado por alto al clero en sus intentos por ganarse al pueblo norteamericano. No creía que un senador estadounidense en 1960 pudiera ser tan inocente.

Hoover respondió al «Apreciado Adolphe»:

> Con relación a tu investigación, el senador Bush no ha hablado conmigo personalmente acerca de este asunto, pero me ha escrito hace poco para concertar una visita. En estos momentos me es imposible llevar a cabo las disposiciones necesarias para hacerlo a causa de mis compromisos fuera de la ciudad.

La respuesta de Hoover al «Apreciado Adolphe» le decía al actor que el FBI no iba a serle de ninguna ayuda a Prescott Bush. En aquellos tiempos, el Consejo Nacional de Iglesias estaba en el punto de mira de la extrema derecha, en parte porque dicho consejo abogaba a favor del movimiento por los derechos civiles en el Sur. En 1947, Menjou había dado los nombres de supuestos comunistas de Hollywood ante el Comité de Actividades Antiamericanas, y en 1958 entró a formar parte de la organización racista y ultraderechista Sociedad John Birch.

Dos meses después de la carta de Hoover, la oficina de Prescott volvió a llamar al FBI para obtener información acerca de las conexiones comunistas, si las había, de tres organizaciones: la NAACP (Asociación Nacional para el Progreso de la Gente de Color); la Industrial Areas Foundation, cuyo director era Saul Alinsky, y la Progress Development Corporation de Princeton, New Jersey.

Según los documentos del FBI, la oficina de Bush «se preguntaba si el fiscal general había citado alguna de aquellas organizaciones. Dijo que había comprobado una lista del año 1954 de organizaciones citadas y que no las había encontrado. Además, deseaba cualquier información de la que pudiera disponer sobre estas organizaciones».

Obviamente, el FBI consideraba a Prescott demasiado liberal para poder serles de utilidad y, con brusquedad, volvieron a sugerirle que consultara los archivos del Comité de Actividades Antiamericanas del Congreso y el Subcomité de Seguridad Nacional del Senado. En el memorando hay una nota en la que alguien se pregunta «por qué la oficina del senador haría este tipo de investigación sobre la NAACP, en vistas del hecho probado de que [la infiltración comunista] es por todos conocida».

Hacia 1960, la NAACP había comenzado a definirse como la alternativa anticomunista a los derechos civiles. Sin embargo, desde su fundación en 1909, en ocasiones la organización se había aliado con estadounidenses comunistas en cuestiones raciales, y de ahí el tono «todo el mundo lo sabe» del memorando del FBI. Saul Alinsky no era comunista, sino un laborista liberal dedicado a la organización de cuestiones como la educación, la vivienda y el trabajo en las barriadas pobres de negros de Chicago. La Progress Development Corporation de Princeton se dedicaba a la construcción de viviendas para erradicar la segregación racial en Illinois.

Los archivos demuestran que en los temas candentes de su tiempo —los derechos civiles y el macartismo—, Prescott Bush fue un hombre de principios que se decantó por la derecha moralista. A diferencia de su hijo, George Herbert Walker Bush, y más tarde de su nieto, George Walker Bush, Prescott no vendió sus principios por un beneficio político. En sus entrevistas grabadas reconoció haberlo pagado caro: «Herbert Brownell, quien había estado en el gabinete ministerial [de Eisenhower] en calidad de fiscal general ... dijo: "Bueno, ya sabes, Pres, algunos de esos tipos no querían que salieras reelegido. No creían que fueras el tipo de republicano que querían"».

Prescott le contó a Brownell que el líder de la oposición en el Senado, William F. Knowland, republicano de California, había ido a Connecticut para apoyarle en su campaña de 1956. Knowland, conservador en constante desacuerdo con Eisenhower, celebró dos mítines en el estado. «En ambos casos —diría Prescott—, lo presenté, pero él jamás mencionó mi nombre en sus discursos, y era yo el candidato a la reelección y el que lo había presentado. Mencionó al congresista que se presentaba a la reelección de cada uno de aquellos distritos, pero jamás pronunció mi nombre.»

«Bueno, ahí tienes una prueba más de lo que te decía —dijo Brownell—. En realidad, creo que no querían que ganaras.»

Al final, Prescott comprendió que no era lo bastante conservador para un Partido Republicano que en aquel entonces estaba dando un giro hacia la derecha. Aun así, *The Milford Citizen* tenía en tan gran valía a Prescott que el periódico publicó un editorial en el que se sugería que fuera el sustituto de Richard Nixon como candidato a la vicepresidencia de Eisenhower en 1956: «Creemos que el Partido Republicano no posee hombre mejor cualificado entre sus filas para ocupar el cargo de vicepresidente de Estados Unidos que el senador Bush, y esperamos que se haga un esfuerzo decidido para animar su candidatura a esa posición potencialmente fundamental».

Prescott vivió lo suficiente como para ver a su antiguo oponente acabar en la ignominia. En el punto de mira de Drew Pearson por malversación de fondos públicos, Thomas Dodd tuvo que soportar un vapuleo diario del columnista en 1966 después de que cuatro miembros de su equipo senatorial hubieran filtrado cartas personales sobre sus transacciones económicas. La publicidad despiadada obligó al Senado a investigar el asunto y, en 1967, Dodd tuvo que hacer frente a un voto de censura por utilizar fondos públicos en beneficio personal. El resultado de la votación (92 votos a 5) constituyó una aplastante reconvención de sus compañeros. Fue derrotado en las reelecciones en 1970 y murió a la edad de sesenta y tres años en 1971, un año antes que Prescott.

La malversación de fondos de Dodd llevó al Senado a promulgar leyes que regularan el uso de dichos fondos públicos para uso personal, algo que, por fortuna para Richard Nixon y Prescott Bush, no había existido durante sus años de fondos de reptiles.

Prescott consiguió mostrar circunspección de cara a la galería ante la caída en desgracia de Dodd, tal vez teniendo presente el dicho: «Nunca digas de esta agua no beberé». Sin embargo, su hijo, George, quien por entonces ya era miembro de la Cámara de Representantes, no mostró dicho decoro. Reprobó con regocijo al oponente de su padre ante sus colegas. En una carta con fecha 8 de abril de 1967, casi tres meses antes de que el Senado emitiera un voto de censura contra Dodd, George Bush, entonces congresista, escribió a un amigo en defensa de los actos de campaña organizados para recaudar fondos:

> En cuanto al banquete de Dirksen, un partido necesita dinero para funcionar, es así de sencillo: nada para Dirksen, pasta para el partido … No estoy de acuerdo con que las comidas para la recaudación de fondos sean corruptas, directa o indirectamente. Si los «Tom Doddeas» y te amplías la casa o envías a los críos a algún otro sitio con lo recaudado, eso ya es harina de otro costal.

Años después, George Bush publicó su carta sin importarle el desafortunado comentario con el que se burlaba de Tom Dodd. Por entonces, George había conseguido el sueño de su vida y se había hecho un sitio en los círculos políticos como «el tipo más majo del mundo».

# 11

Todos los hijos de Bush disfrutaban de la posición de su padre como senador estadounidense. Todos se deleitaban en el prestigio que recaía sobre ellos y adoptaban como propio parte del esplendor de su progenitor. Unos más que otros.

Prescott hijo, el primogénito, regresó de Brasil en 1948 y se convirtió en consejero político sin remuneración y confidente íntimo de su padre. Pressy, o P2, como también lo llamaban en familia, llevaba a su padre, P1, a celebrar mítines por el estado los fines de semana, días en los que abordaban diferentes temas y debatían estrategias de planificación. A veces también se les unía el joven hijo de Prescott hijo, Prescott III, también conocido como P3.

En determinado momento, Prescott hijo parecía estar encauzando su propia carrera política. Corredor de seguros para Johnson and Higgins en Nueva York, P2 viajaba todos los días hasta Greenwich y de vuelta, exactamente como había hecho su padre. Fue elegido para el Comité Republicano Municipal y representó a su distrito en el Consejo Municipal de Representantes, el cual había moderado su padre durante diecisiete años. Encabezó la Campaña de Ayuda por las Inundaciones de 1955 de la Cruz Roja y fue reelegido al año siguiente como presidente de la sección de Greenwich de la Cruz Roja estadounidense. Participante activo en la Iglesia de Cristo, igual que su padre, P2 llegó a presidir el Campamento de Boy Scouts de Greenwich y la Campaña de Recaudación de Fondos para la Conservación del Medio Ambiente. A los treinta y cinco años fue nombrado Hombre del Año por la Cámara Júnior de

Comercio de Greenwich. También sucedió a su padre como presidente del Club de Campo de Greenwich.

Parecía que todas las piezas encajaban para una ascensión política, pero esta nunca llegó.

«Si no eres de la ciudad y vas a visitar a P2 a Greenwich —comentó un amigo de la familia Bush—, su mujer y él te arrastran al club de campo para que veas su retrato al óleo, que ocupa un lugar destacado en la pared junto a otros presidentes del Club de Campo de Greenwich, P1 entre ellos … En realidad, es algo triste que Prescott hijo jamás superase esa mentalidad de club de campo.»

Como político, P2 actuó exclusivamente entre bastidores. Se convirtió en secuaz de su padre, sobre todo cuando P1 se propuso evitar que Albert Morano regresara a la Cámara de Representantes. Morano era republicano y formaba parte de la delegación de Connecticut, pero su excesiva desenvoltura irritaba a Prescott. Cuando los demócratas arrasaron en Connecticut en 1958, Morano perdió su escaño. Intentó presentarse otra vez, pero alegó que los Bush se habían interpuesto en su camino. Existen algunas pruebas que sugieren que quizá no padeciera de alucinaciones.

«Mi padre me dijo: "Si Morano retira el pie de la base alguna vez, nos aseguraremos de que no vuelva a ponerlo"», desveló Prescott hijo en su entrevista grabada para la Biblioteca de Greenwich.

P2 siempre estuvo ansioso por cumplir la voluntad de su padre, y su padre creía que al congresista italoestadounidense se le habían «subido los humos a la cabeza» muchas veces, pero nunca más que la ocasión en que Morano le había pedido a Prescott que ayudase a su hijo, Anthony, a entrar en Andover.

Ninguno de los dos hombres olvidó la confrontación y Morano nunca la perdonó. «No sé si en un principio su apellido se escribiría B-u-s-c-h, pero su comportamiento era germánico. Un bravucón —apuntaba Morano muchos años después—. [Prescott] siempre se paseaba por la ciudad con un… ya sabe, uno de esos bastones que utilizan los generales… Un bastón de mando. Se paseaba por Greenwich con un bastón de mando, polainas y todo eso … Su esposa solía acompañarlo. A menudo sentía lástima por ella, porque él le gritaba: "¿Dónde está mi abrigo?" y "Tráeme el abrigo". También la insultaba. Mucha gente lo oía, o sea que lo hacía a mala fe. No tenía ni encanto ni nada que se le parezca.»

Morano, en plena competición a tres bandas para las primarias con vistas a recuperar su escaño, tuvo la sensación de que podía ganar porque los otros dos candidatos eran «protestantes anglosajones blancos» y «los dos tendrían al voto dividido ... Yo habría ganado con facilidad».

Por el contrario, Morano perdió, puesto que uno de sus oponentes, Frederick Pope Jr., se retiró y los Bush prestaron su apoyo al otro candidato, Abner W. Sibal. Morano culpó a Prescott de su derrota y acusó al senador de haberse ofrecido a recomendar a Pope para una judicatura federal y lograr así que se retirara. Morano insistió también en que la delegación de Bridgeport había recibido un dinero por votar al candidato de los Bush. Morano hizo públicas sus acusaciones. «Lo saqué todo en los periódicos —dijo— y [los Bush] nunca desmintieron nada.»

Bernie Yudain, columnista del *Greenwich Time*, cubría esa elección y conocía todos los detalles de peso. «Jamás vi que un dólar cambiara de manos —explicó—, pero es justo decir que eso [la compra de la delegación de Bridgeport] fue lo que se percibió en todos los círculos políticos del momento ... No creo que muchas personas consiguieran esa delegación gratis.»

«Son rumores, pero es lo que mi padre creía y lo que nos contaba —recordaba Anthony Morano muchos años después—. Él perdió y Bush le bloqueó el paso. No sé cómo lo hizo Bush exactamente ... A Prescott Bush no le gustaba mi padre.»

El mismo hombre que abogaba por los derechos civiles como concepto político en el Senado estadounidense se volvió contra su colega italoestadounidense de Connecticut con toda la mezquindad y el rencor de la discriminación de clases. La admirable posición de Prescott a favor de la igualdad se hizo pedazos en cuanto a tratar a Albert Morano como a un igual. Sin embargo, Morano se negó a dejarse intimidar por los que se creían mejores que él. En 1960, cuando Prescott anunció que intentaría conseguir la reelección en 1962, Morano anunció que desafiaría a Prescott para la candidatura. Declaró: «El Partido Republicano de Connecticut tiene como más alto cargo a un senador estadounidense que proyecta una imagen reaccionaria de un partido que parece mostrarse indiferente ante las aspiraciones y las esperanzas del pueblo».

Uno de los principales defensores de Morano fue Lowell Weicker, quien más adelante llegó a la Cámara de Representantes y al Senado estadounidense por Connecticut, además de ser elegido gobernador del estado. Weicker veía en el conflicto entre Bush y Morano la clásica lucha entre los poderosos y los desposeídos.

«Morano estaba hasta las narices —afirmó Weicker—. Era un buen hombre y no merecía el trato que recibió … La familia Bush no creía que fuese, cito textualmente, "representativo" del condado de Fairfield, y que el condado de Fairfield era la costa dorada de Connecticut … Yo le había dado mi apoyo a Morano y eso no mejoró mi posición a ojos de los Bush. De hecho, mis propias ambiciones políticas tuvieron que quedar aparcadas durante una temporada por haberlo respaldado.»

En esa campaña, los Bush actuaron como una familia y Prescott hijo se puso a las órdenes de su padre. Fueran cuales fuesen los valores que propugnaban, no eran consecuentes con sus estratagemas políticas. Se tomaron muchas molestias para vencer a un oponente cuyo principal defecto, según ellos, era que tenía muchas posibilidades de ascender.

En 1958, el estado de Connecticut se había hecho demócrata; era casi imposible que ningún republicano saliera elegido durante una buena temporada. Prescott hijo no se presentó para ningún cargo público hasta muchos años después, en 1982, cuando se propuso quitarle la candidatura republicana al Senado a su titular Lowell Weicker. En aquel momento, el hermano de Pressy, George, era vicepresidente con Ronald Reagan, y George le hizo a su hermano lo que P1 y P2 habían hecho con Morano: lo noqueó. Entre bambalinas, George obligó a Prescott hijo a retirar su candidatura después de seis meses, así como a respaldar al titular republicano en lugar de dividir más al partido. George dio un mazazo a su hermano de la misma forma que su padre había hecho una vez —sin dejar huellas—, aunque George no llegó a tiempo de salvar a los Bush del bochorno de uno de los suyos.

Antes de que George hubiese logrado eliminar a su hermano de la batalla política, Prescott hijo fue preguntado en una reunión del

Club de Mujeres Republicanas de Greenwich al respecto de la afluencia de inmigrantes ilegales en la comunidad. Él respondió: «Estoy seguro de que en Greenwich hay personas que se alegran de que [los inmigrantes] estén aquí, porque sin ellos no tendrían a nadie que los ayudara en la casa».

El comentario llegó a la redacción del *Greenwich Time*, que se puso en contacto con el director de campaña de Prescott hijo el cual se lanzó a minimizar los daños. «Eso no suena a nada que pueda decir Pres Bush, parece más bien una declaración de alguien que no sabe lo que se dice —repuso Jack Murphy—. Dudo muchísimo de que haya dicho eso.»

Prescott hijo admitió no saber lo que se decía. «Es cierto que hice esas declaraciones —dijo—, pero en realidad fueron una broma con un grupo de esas señoras. Solo les estaba tomando el pelo. Una de esas chicas me preguntó al respecto y yo le contesté con ánimo chistoso ... Hay muchos mexicanos y colombianos trabajando en casi todas las comunidades del estado ... La inmigración ilegal ... es un problema grave. Es algo que me preocupa, y mucho.»

Demócratas y republicanos se abalanzaron enseguida sobre Prescott hijo. Lo vapulearon por la metedura de pata inicial y también por su forzada explicación. «Si los comentarios del señor Bush son precisos —comentó el director de campaña de su oponente, Jeffrey Leichtman—, no son más que otra indicación de que los millonarios republicanos tienen una visión diferente del mundo. Hace tanto tiempo que sus antepasados bajaron de los barcos que ya han olvidado las razones que trajeron aquí a todos esos peregrinos en primer lugar.» Prescott hijo abandonó varias semanas después.

Durante los once años que su padre estuvo en el Senado, Nancy Bush Ellis vivió en Massachusetts con su marido y sus cuatro hijos. Sin embargo, Nancy iba con frecuencia a Washington a visitar a sus padres y les hacía de anfitriona en las cenas del F Street Club. Ser vástago de un senador estadounidense en esos días —días de Eisenhower, de guantes blancos y de escupideras de latón— implicaba ser tratado con cierta deferencia y, según una de sus compañeras de clase de Vassar, «a nadie le gustaba que le mostraran deferencia más que a Nan Bush».

Nan fue a Washington a conocer al primer astronauta estadounidense, el comandante Alan B. Shepard; también iba a espectáculos satíricos —conocidos como *Gridiron*—, a comer en el Sulgra-
ve Club y a mezclarse con la gente en las recepciones de la Casa
Blanca. Socializaba con senadores, embajadores y jueces del Tribunal Supremo. No obstante, sus convicciones políticas eran las de
demócrata liberal, influenciada más por las ideas de su amante, el
historiador Arthur Schlesinger Jr. que por las de su padre. Ella ad-
mite que durante muchos años estuvo «metida en lo que George
denomina "la izquierda profunda"».

«Nan es la oveja negra política de la familia, si es que hay alguna», señaló su hermano, Prescott hijo.

Su íntima relación con Schlesinger la condujo a una buena
amistad con John F. Kennedy. Cuando la hija de Nan, Nandy, fue
a Washington a visitar a Prescott y a Dorothy, la niña se entusiasmó al saber que sus abuelos habían sido invitados por los Kennedy a la Casa Blanca.

«Oh, abuelito —dijo—, baila con Jackie, por favor.»

A la mañana siguiente, durante el desayuno, Prescott informó
a su nieta de que había hecho exactamente lo que le había ordenado.

Después de la invasión de bahía de Cochinos, en abril de 1961,
Nancy Bush Ellis respaldó la propuesta de Eleanor Roosevelt de
enviar algo a Cuba como disculpa por la política estadounidense.
Su padre, que seguía en el Senado, culpó al presidente Kennedy por
el «fiasco» y arremetió contra sus «consejeros izquierdistas». Los
hermanos de Nancy estaban de acuerdo con él y no podían creer
que su hermana se hubiese alineado con Eleanor Roosevelt, a quien
la familia Bush al completo despreciaba. Nancy recordaba que,
durante una visita familiar a Connecticut, sus hermanos «se pusieron a avasallarme … Y mi padre dijo: "Ya que vuestra hermana ha
venido conduciendo todo el trayecto hasta aquí, lo menos que
podéis hacer es no meteros con ella". Casi me echo a llorar y a
temblar. Mi apoyo a la señora Roosevelt era incondicional».

Prescott se expresó sobre bahía de Cochinos en una carta a la
señora de Allen Dulles poco después de la muerte de su marido:

Recuerdo que en el verano de 1961, después del malhadado asunto de bahía de Cochinos, usted no estaba y llamamos a Allen [director de la CIA] para que viniera a cenar y aceptó. Esa tarde llamó para preguntar si podía traer a un amigo y se presentó con John McCone, a quien conocíamos bien aunque no creíamos que fuese amigo especial de Allen. Sin embargo, Allen rompió el hielo de inmediato y dijo, muy animado, que quería presentarnos a su sucesor. El anuncio se produjo al día siguiente.

Intentamos que la velada fuese agradable, pero yo me sentía bastante angustiado, y también enfadado, porque eran los Kennedy quienes habían provocado el fiasco. Estaban dando la impresión de que el chivo expiatorio era Allen, lo cual no era cierto y, además, no se lo merecía. Aún no los he perdonado por ello.

Nancy Bush Ellis, activista política, ejerció como codirectora de la sección de Nueva Inglaterra del Fondo para Educación y Defensa Jurídica de la NAACP y realizó servicios de voluntariado con el Centro Social del South End de Boston, el Centro Médico de Nueva Inglaterra, la Sinfónica de Boston y la Sociedad Audubon de Massachusetts. Siguió avanzando por ese camino incluso después de que su hermano George se convirtiera en congresista republicano. En un memorando de 1968 de la Biblioteca Presidencial de Lyndon Baines Johnson escrito por el secretario de prensa del presidente se lee: «A propósito, la hermana de Bush es demócrata. Declaró estar a favor del presidente [Johnson] y desear que su hermano George se hubiese hecho demócrata al trasladarse a Texas».

En cuanto George entró en la escena política nacional, Nancy atenuó sus relaciones con los demócratas. Continuó trabajando para el Fondo para Educación y Defensa Jurídica de la NAACP, pero se convirtió en una exaltada defensora de su hermano, lo cual dejó desconcertados a sus amigos liberales, a sus vecinos demócratas e incluso a algunos de sus familiares más moderados. «Con los años he aprendido a mantenerme al margen del tema de Big George y su dura política de derechas —comentó un primo—, y a no mencionar jamás las preocupantes líneas políticas de Little George.»

De todos los hijos de Prescott, Jonathan era al que más le gustaba actuar. Ese habría sido un valor seguro en política, pero, al igual que Prescott Bush hijo, tenía muy mal oído para las sensibilidades políticas y no era muy dado a comprometerse. Después de que su padre hubiese defendido el proyecto de Ley de los Derechos Civiles de 1957, Jonathan apareció en la portada de *Variety* con sus planes para producir un espectáculo, fuera del circuito de Broadway, que fue considerado racista. El titular del diario del mundo de la farándula decía: JONATHAN BUSH QUIERE RECUPERAR LA ERA DE LOS *MINS-TREL SHOWS* (espectáculos en los que los personajes negros eran interpretados por actores blancos).

Después de mencionar que su padre era el senador Prescott Bush, el artículo informaba de que Jonathan tenía intención de producir un espectáculo de época «auténtico» que contuviera «a algún negro con talento junto a los actores con la cara pintada». El artículo concluía:

> Los *minstrel shows* dejaron de estar en boga por ser anticuados y contener odiosos estereotipos raciales como «Mr. Bones». Sin embargo, incluso cuando grupos actuales como Elks, Moose y otros similares ensayan *minstrel amateur*, aparecen objeciones periódicas de la NAACP por cuestiones de «estereotipos», «síndrome del tío Tom» y otras cosas por el estilo.

La publicidad negativa obligó a Jonathan a dar carpetazo a sus planes. Además de eso, estaba el aguijonazo de la breve repulsa que había publicado *Variety* de su carrera como artista. El periódico aludió a sus frustradas «aspiraciones de Ray Bolger [el actor que interpretó al espantapájaros en *El mago de Oz*]» explicando que «anteriormente había sido bailarín profesional». Jonathan se veía más como un actor en toda regla. En 1953, tras su graduación en Yale, donde había sido miembro de los Whiffenpoof como su padre, realizó el servicio militar y luego se trasladó a Nueva York, donde intentó ganarse la vida en las artes escénicas.

«No creo que nunca llegara a más que a Santa Claus de baratillo —bromeaba uno de sus compañeros de residencia de Yale—, pero al menos lo intentó.»

Antiguo artista de variedades, Jonathan ya había protagonizado obras en el colegio de secundaria de Hotchkiss. Su madre estaba encandilada con su talento. Al verlo actuar varios años después en *Bus Stop*, en el Southern Playhouse, Dorothy Bush compartió su orgullo maternal en una de sus columnas. «Ninguna obra de Broadway me tuvo jamás tan embelesada —escribió— y debo confesar que me entusiasmó muchísimo ver a Jon ofrecer una caracterización tan realista de Bo Decker.» Cuando Jonathan consiguió el papel de Will Parker en una producción de *Oklahoma* fuera del circuito de Broadway, una crítica de *The New York Times* lo describió como «un palurdo de primera».

Por desgracia, el talento de Jonathan no le daba para pagarse sus gustos. «Deseaba el estilo de vida de los Walker —comentó uno de sus compañeros de residencia de Yale— y, no nos engañemos, los Walker se creían tan importantes como los Bush. Después de todo, eran ellos los que tenían el dinero. No los Bush.»

Ganar dinero era el primer mandamiento de ambas familias y Jonathan se debatió en la duda de renunciar a las finanzas por los escenarios. Al final ganó el dinero, así que, según su compañero de residencia, la familia lo atrajo hacia sí. En 1960, Jonathan entró a trabajar en la G. H. Walker and Company. Era el único Bush que aparecía en el listado de personalidades de la sociedad, aparte de su tío James Smith Bush. Jonathan se hizo socio del River Club de Nueva York y vivió lo que su hermano George llamaba «una vida de lujo».

«En cierta forma, fue una pena —señaló su primo Ray Walker—, porque Johnny tiene la capacidad de ver la verdad y decirla, mucho más que cualquier otro de la familia.»

Con un máster en administración de empresas de la Universidad de Nueva York, Jonathan terminó por fundar su propia compañía financiera. Con los adinerados contactos de los Walker, siguió los pasos del tío Herbie y se convirtió en el financiero de la familia. Jonathan haría por Little George y sus incursiones petroleras lo que el tío Herbie había hecho por Big George. Cuando George hijo fundó una pequeña empresa petrolera, Arbusto, en Midland, Texas, acudió a su tío, quien le consiguió a algunos de los hombres de negocios más poderosos de Estados Unidos como inversores iniciales. Los documentos de la sociedad muestran que George W. dependió en gran medida de las relaciones de su tío para conseguir capital. En años posteriores, Jonathan también ordeñó la vaca del dinero para todas las campañas políticas de su hermano, así como las de sus sobrinos.

«Ser hijo adulto de un senador estadounidense, sobre todo en los años cincuenta, cuando la política no estaba tan polarizada, era un gran lujo —declaró Ymelda Chavez Dixon, cuyo padre, Dennis Chavez, fue senador de Nuevo México desde 1935 hasta 1962—. Te invitaban a todas partes ... Apartaban los cordones de terciopelo, abrían los cerrojos y descolgaban los carteles de Prohibido el paso. Te llevaban por los pasillos del poder junto con tus padres. De pronto, nombres que solo habías visto en las portadas de *The Washington Post* y *The New York Times* eran tus acompañantes para la cena. Bailabas con diplomáticos, miembros del gabinete y jueces del Tribunal Supremo. Escuchabas al secretario de Defensa debatir con el secretario de Estado en el café. Inhalabas esa cercanía del poder como un afrodisíaco y, antes de que te dieras cuenta, te habías contagiado de lo que llaman "fiebre del Potomac" [la fiebre del poder], y eso, como ya sabrán, es incurable.»

Todos los hijos de Prescott se vieron afectados por esta enfermedad política, aunque ninguno tanto como George, que estaba fascinado con la nueva vida de su padre e iba a visitarlo a Washington siempre que podía. Dorothy enviaba sus columnas periodísticas a todos sus hijos. Sus artículos semanales sobre cenas en Georgetown, bailes en las embajadas y veladas en la Casa Blanca hacían que Washington, pareciese el centro del mundo, sobre todo para su hijo y su nuera, que estaban atrapados en el arenal de Midland, Texas. Cuando George leyó que su padre jugaba al golf con el presidente de Estados Unidos, que conocía a primeros ministros, que presentaba leyes en la asamblea del Senado y que debatía sobre política exterior con jefes de Estado, decidió que también él quería ese tipo de vida. En 1959, tras una de sus visitas a Washington en la que conoció al comandante de la Flota Atlántica y escuchó a su madre conversar en francés con un diplomático de las Naciones Unidas, regresó a Midland y le dijo a su amigo C. Fred Chambers: «No sé si quiero ser político, pero me gustaría ocupar un cargo, como mi padre. Eso es lo que me gustaría hacer con mi vida».

George parecía impresionado por el aura que envolvía a los senadores estadounidenses y el respeto concedido a todo el que ocupaba un alto cargo. Se veía más atraído por el poder que por el deseo ideológico de servir. En años posteriores afirmaría que deseaba «devolverle algo a la nación en forma de servicio público», pero su primo sospechaba que lo que George quería en realidad era un puesto importante que le valiera el respeto del que ya disfrutaba su padre. George lo habló con su tío Herbie, y ambos estuvieron de acuerdo sobre qué era lo más importante en la vida.

«Aún recuerdo una cena en la que dijeron que los que estaban metidos en política eran las personas más importantes de la sociedad —rememoraba Ray Walker, primo de George— y que los que se meten en negocios son los segundos en importancia ... No dieron con los terceros. Poder y dinero ... Eso era todo lo que les importaba. Me indigné. Me levanté y me marché de la sala.»

Ni George ni su tío se percataron de la marcha de Ray. Tampoco habrían entendido por qué se sintió tan consternado al ver que no valoraban a nadie que no fuera político o financiero. «Intenté seguir con la familia [trabajando para la G. H. Walker and Company] durante cinco años —declaró Ray—, pero luego ya no pude soportarlo más. Dimití, volví a la universidad, entré en medicina y me hice psiquiatra ... Siempre digo que mi familia me hizo acabar en la psiquiatría.»

Convertirse en lo que se había convertido su padre pasó a ser el objetivo de George en la vida. Primero, el éxito financiero; luego, la política. No necesitaba más meta que la de escalar el monte Prescott. Al final conseguiría ambas cosas, aunque, según muchos de quienes lo conocían, jamás se sintió a la altura de los logros de su padre. «Incluso después de llegar a presidente de Estados Unidos, se sentía empequeñecido al lado de su padre —dijo un asesor adjunto de la primera administración Bush de la Casa Blanca—. A lo mejor era porque sabía que había llegado al poder montado en el carro de Reagan. Fuera lo que fuese, todos sabíamos, o quizá debiera decir que todos notábamos en sus palabras, que tenía la sensación de no haber llegado a la altura de su padre.» El hijo de George, George Walker Bush, nunca padecería esa falta de seguridad.

Big George comenzó su serio ascenso hacia el éxito financiero entre 1955 y 1959 al frente de la Zapata Offshore Company como filial de la Zapata Oil. Con base en Midland, la compañía recibía contratos para abrir pozos en el golfo de México. Herbie, el tío de George, accionista principal y miembro de la junta directiva, vendió los bonos que pagaron las plataformas móviles de perforación en alta mar de la Zapata, cada una de ellas con un precio de construcción de unos tres millones y medio de dólares. George se pagaba a sí mismo un salario de treinta mil dólares anuales (ciento noventa y dos mil dólares en 2004) y supervisaba todas las operaciones de la compañía, desde las ventas hasta los contratos. Negoció con otras compañías petroleras para que alquilaran equipamiento de la Zapata, lo cual, como explicó en una carta a sus accionistas, generaba ingresos para la compañía tanto si extraían petróleo como si no. Su mayor responsabilidad durante esos años fue conseguir dinero.

Como cartógrafo financiero, el tío Herbie trazó el mapa del tesoro que llevó a George hasta inversores ricos. Estos inversores necesitaban las grandes cancelaciones de deudas fiscales que les proporcionaban las arriesgadas inversiones petroleras. No necesitaban que la compañía de George saliera adelante; simplemente tenía que resultarles simpático y transmitirles suficiente confianza como para que invirtiesen su dinero con él. Para ambas partes se trataba de una situación en la que no cabían las pérdidas, y George engrosó su bolsillo admirablemente con ese trato. Causaba una magnífica primera impresión en todos esos hombres y casi siempre se iba con su compromiso financiero al despedirse. A su visita le seguía siempre una carta personal, hábito que le había inculcado su padre hacía años. La Zapata Offshore comenzó con una oferta de valores de un millón y medio de dólares. Entre los accionistas se encontraba gran parte de la promoción de George de la Skull and Bones de Yale.

La compañía invirtió en la tecnología de R. G. LeTourneau, que había inventado una barcaza móvil de perforación de tres apoyos. La Zapata Offshore fue el primer cliente de LeTourneau y la barcaza fue bautizada *The Scorpion* el 20 de marzo de 1956, en una ceremonia celebrada en Galveston a la que George asistió con Barbara y su hijo Georgie, de nueve años. Ese verano, el hermano pequeño de George, Bucky, llegó a Midland con un compañero de la escuela secundaria, Fay Vincent, que más adelante llegaría a ser presidente de la Liga Nacional de Béisbol. Bucky, el «pequeño» de los Bush, medía 1,96 metros y pesaba 127 kilos; Vincent era más o menos de las mismas dimensiones. Ambos habían jugado al fútbol americano en Hotchkiss y, al graduarse, fueron a trabajar como «peones», colocando oleoductos en los pozos de George. En Midland tuvieron su primer encuentro con el trabajo duro, el sol recio y los peones texanos.

Fay Vincent recordaba ese verano como su paso a la madurez. «Recibí un curso intensivo de racismo —señaló— y me cambió la vida ... Fue mi primer viaje al Sur. El histórico caso del Tribunal Supremo, Brown contra la Junta de Educación, se había fallado en 1954 y, de resultas de ello, el "separados pero iguales" ya no era legítimo. Aun así, en la Texas de 1956, "separados y diferentes" continuaba siendo el principio fundamental de los yacimientos petrolíferos. En esos yacimientos no había negros; ningún peón negro, ningún proveedor negro, ni vendedores, ni conductores...»

A finales de su primer año fiscal, la Zapata Offshore anunció unos beneficios de 325.779 dólares (dos millones trescientos mil dólares en 2004); en 1957, la compañía había incrementado sus beneficios a 776.345 dólares (cinco millones cien mil dólares en 2004). El año siguiente, la compañía perdió 524.440 dólares (tres millones cuatrocientos mil dólares en 2004), pero se resarció de sus pérdidas un año después. George no tenía estómago para los grandes riesgos de la perforación petrolífera marítima. «Me daba un ataque de nervios cada vez que oía hablar de algún huracán por allí [en el Caribe o en el golfo de México]», comentaba. La preocupación constante de llevar una plataforma petrolífera de tres millones y medio de dólares a aguas tempestuosas agravó unas úlceras sangrantes que lo atormentarían el resto de su vida.

George estaba convencido de que la mina de oro del negocio petrolero se escondía en la perforación en aguas extranjeras, mientras que Hugh Liedtke veía el futuro en fusiones y adquisiciones. En 1959 llegaron al acuerdo amistoso de escindir sus empresas, y George decidió trasladar a su familia y la Zapata Offshore a Houston para estar más cerca del golfo de México.

«Hugh era un tipo diferente [a George] —recordaba Hoyt Taylor, ingeniero de la Zapata desde 1954 hasta 1972—. Hugh es un hombre que quiere hacer dinero. A George Bush en realidad le importa bien poco. Bueno, sí, tener éxito es importante para él. Está claro que quería sacar bastante dinero para que su familia pudiese vivir bien, y darles educación y todo eso a sus hijos. Pero a George le daba lo mismo amasar una enorme cantidad. No le interesaba ...

»Era muy prudente en sus gastos ... [pero] ... predicaba con el ejemplo. En cosas pequeñas. Como comprarse sus propios sellos. No pasaba su puñetera correspondencia personal por la máquina de sellar de la empresa. Joder, yo solía firmar sus cuentas de gastos y, cuando se iba a Nueva York, [presentaba] doscientos cincuenta pavos o alguna cantidad ridícula y yo le decía: "Joder, es imposible que te hayas ido a Nueva York por doscientos cincuenta pavos" ... Y él me decía: "Eso es el tiempo que he dedicado a los negocios de la empresa, el resto del tiempo es cosa mía, maldita sea. Así que firma eso, hijo de tu madre, y calla de una vez" ...

»Él conducía un viejo Plymouth de dos puertas que daba vergüenza, y yo llevaba un maldito Buick Limited, con lo que estaba nervioso por miedo a que decidiera que no debería conducir ese maldito cochazo. Es de esa clase de tipos que, cuando las cosas van bien, son capaces de meterse contigo por ser demasiado derrochador con el dinero de la empresa ... Y, al contrario, cuando se acaba la buena racha y vienen malos tiempos, te dice que vayas a sacar un buen dinero, reúnas a unos cuantos clientes y los saques por ahí para entretenerlos.»

Lo que algunos admiraban en George como su sobriedad yanqui, otros lo consideraban una tacañería mezquina. De joven, acabado de casar, cuando estaba estudiando en Yale tras la guerra gracias a la beca del G. I. Bill, insistió en que su mujer se buscara un trabajo para pagarse los cigarrillos. Así que Barbara trabajó en la librería Yale Coop para financiarse su hábito fumador. Dotsie Wheeler Adams, otra joven esposa del campus, recordaba que una vez Barbara se llevó a casa unos libros de segunda mano que había comprado y George le dijo que tendría que devolverlos porque no podían permitírselo. Kenneth Raynor, golfista profesional del club de golf de Cape Arundel, en Kennebunkport, recordaba a George Bush como la clase de persona a quien «le encanta buscar pelotas [gratis]. Solíamos estar jugando y de repente él desaparecía. Lo encontrábamos metido en el agua para rescatar una pelota de golf» que alguien había perdido. George no hacía más que repetir que era pobre. En una carta de 1952 a Neil Mallon, escribió: «Bar me está presionando para que la lleve a Dallas este otoño, o en Navidades, para ir de compras. Mi talonario de cheques sigue insistiendo en que no hagamos ese viaje». La doncella de la familia Bush, Otha Taylor, recordaba el día en que Barbara la dejó irse a casa una hora antes. Al día siguiente, Barbara la llevó aparte, muy nerviosa. «El señor Bush llegó anoche y preguntó por qué no estaba usted … "¿Dónde está Otha? Se supone que tiene que quedarse hasta su hora, no importa que no tenga nada que hacer."» La señora Taylor se molestó con el cabeza de familia y le dijo a su hermano: «Es un hombre mezquino de verdad. Le ha dicho a su mujer que no me deje salir antes».

La tacañería de George agravó la angustia por el dinero que Barbara había desarrollado de niña. Después de haber estudiado un par de años en la Rye Country Day School, la sacaron de allí durante la Gran Depresión y la enviaron a colegios públicos. Creció con una madre despilfarradora que tenía el cajón de la mesita de noche lleno de facturas sin pagar. Tal como le comentó a Donnie Radcliffe, de *The Washington Post*, en una ocasión en que quería comprarse un abrigo nuevo, su madre le advirtió: «Bueno, pero no vayas a Best & Co. a comprarte ese abrigo, ve a Lord and Taylor's, porque a los de Best les debo una factura». El abuelo de Barbara por parte de padre, Scott Pierce, venía de una familia acomodada, pero había perdido su fortuna en la década de 1890, lo cual había obligado a su hijo, Marvin, a trabajar para poder ir a la universidad. «Mi abuelo jamás se recuperó —declaró Barbara—. Vendía seguros en Dayton, Ohio … Mi padre y su hermana, mi tía Charlotte, mantuvieron económicamente a los abuelos Pierce durante años.» A la madre de Barbara, Pauline, le fastidiaba la estrechez económica y criticaba a los Pierce sin parar. Si bien la familia de Barbara vivía con comodidades e incluso tenía sirvientes en la casa, su economía era ajustada a causa de los problemas de salud del hermano menor. Barbara recordaba a su madre hablando siempre sobre «cuando le tocara la lotería».

Como mujer adulta, Barbara solía contemplar las cosas con ojos de pobre. Afirmó que, cuando George viajaba a Kuwait, Venezuela, México, Brunei y Trinidad por asuntos de la Zapata Offshore, «no podíamos permitirnos que yo lo acompañara a todos esos sitios». George le decía que ella no podía ir a Kennebunkport todos los veranos porque «no podían permitírselo», aunque él sí iba. Ella hacía las compras navideñas en las rebajas de temporada; recortaba tarjetas de Navidad para confeccionar las etiquetas de los regalos; e iba acumulando en un armario su botín de artículos a mitad de precio encontrados en almacenes de rebajas para las vacaciones.

George juraba que procedía de una familia «acomodada, pero no adinerada» porque había crecido entre personas que eran mucho más ricas. Sus afirmaciones de que era pobre sonaban cómicas a oídos de algunos de sus empleados, que bromeaban sobre él y lo llamaban «roñoso», aunque lo tenían en muy alta estima como jefe.

«Joder, no hay persona más decente que él —comentaba Hoyt Taylor—. Todo el que trabajaba para él creía que era un tipo de primera ... Hubo alguno, o dos o tres, que acabaron en la calle, pero lo gracioso es que incluso esos, o la mayoría de ellos, no todos, pero sí la mayoría, seguían llevándose bien con él ... Hay gente que se vuelve un tanto avariciosa y, cuando alguien lo hacía, George lo despedía. Y no le encargaba a nadie que lo hiciera por él. Él mismo te decía que te ibas a la calle ... Ya le digo, que si alguna vez ... George Bush le diera una de sus charlas, lo comprendería, porque sabe hacerlo con mucha cortesía y usando un montón de esas malditas palabras altisonantes que se sacaba de Yale ... Aunque, eso sí, al salir se sentiría tan pequeño que podría cruzar la puerta por debajo sin abrirla.»

El traslado de Midland a Houston en el verano de 1959 requirió planificación logística por parte de los Bush, ya que querían trasladar un negocio, construir una casa y, además, estaban esperando una hija. Decidieron enviar a Georgie, que ya tenía trece años, a Escocia durante el mes de agosto para visitar al hijo de James Gammell, uno de los mayores inversores de la Zapata Petroleum. Los Bush aparcaron en Midland a sus otros tres hijos —Jeb, de seis años, Neil, de cuatro, y Marvin, de tres—, y al perro de la familia, Nicky, con una niñera. «Al menos no nos dejaban en una residencia para perros», bromeaba Jeb años después cuando le preguntaban por qué sus padres dejaban siempre a sus hijos con vecinos, amigos y niñeras. En aquella ocasión, George y Barbara se mudaron a un apartamento en Houston durante cuatro meses para esperar la llegada de Dorothy Walker «Doro» Bush, que nació el 18 de agosto de 1959. El orgulloso padre escribió a unos amigos de Midland: «Podéis imaginar lo emocionados que estamos con tener una niña en la familia. Barbara llegó a casa ayer y los chicos formaron un círculo en torno a la recién nacida y la miraron con estupefacción. Es clavadita a todos los demás».

La nueva casa de los Bush en el número 5.525 de Briar Drive en la urbanización de Broad Oaks en Houston fue construida a su gusto en un solar de una media hectárea y, aunque desde un punto de vista legal no se podía obligar a cumplir, el contrato contenía una cláusula de restricción racial que rezaba: «Ninguna parte de la propiedad mencionada en el anexo podrá ser vendida, cedida en usufructo, arrendada ni ocupada por ninguna persona que no sea de raza blanca, excepto en el caso de las dependencias de la servidumbre».

Estas cláusulas restrictivas, adjuntas a los contratos de las dos propiedades que los Bush habían comprado y vendido entre 1955 y 1966, eran comunes en Texas, aunque fueron ilegalizadas por el Tribunal Supremo estadounidense en 1948. No fue hasta 1986 cuando el Departamento de Justicia obligó al secretario del condado de Harris en Houston a incluir un descargo de responsabilidad en todas las escrituras inmobiliarias que tenían cláusulas de restricción racial para que estas quedaran «anuladas y sin validez legal según la ley federal».

Al tiempo que George se establecía en una zona de restricciones raciales en el Sur, su padre se encontraba en el Norte atacando a los demócratas por obstaculizar la votación de los derechos civiles. Durante la campaña presidencial de 1960, Prescott formaba parte del «escuadrón de la verdad» del Partido Republicano que recorría el país «enmendando» los «errores» de John F. Kennedy. Durante una sesión especial del Senado en agosto, Prescott envió un telegrama a Kennedy, quien se encontraba en Hyannis Port, criticándole por sus ausencias en la escena del Senado:

En este momento son las once de la noche y su colega demócrata [el senador Russell Long de Luisiana] sigue obstaculizando la
votación después de ocho horas. Estamos impacientes por votar por
el programa de asistencia social para la tercera edad.

Hace calor y bochorno. ¿Le importaría, como navegante experto, coger el timón y conducirnos a la «nueva frontera»? Ha llegado la hora de la grandeza.

Atentamente.

Dos meses más tarde, el compañero de candidatura de Richard
Nixon, Henry Cabot Lodge, predijo que un negro sería nombrado
para el gabinete presidencial si el vicepresidente era elegido presidente. Como miembro del «escuadrón de la verdad», Prescott se
prestó con premura a aclarar la cuestión: «Puede que el señor Lodge haya sobrepasado los límites de lo apropiado ... No es él quien
nombra a los miembros del gabinete y lo sabe. Más tarde rectificó
lo que había dicho y aclaró que se refería a que los candidatos serían negros cualificados para el cargo».

Prescott hizo campaña a favor de la candidatura de Nixon y
Lodge, y su esposa se mostraba incluso más partidista. «Son el
equipo del siglo», declaró Dorothy en los clubes femeninos de todo
Connecticut. «El senador Kennedy, que ha estado ausente en 331
ocasiones en las que se pasaba lista en el Senado, sin contar las
veces que ha estado indispuesto, ha cultivado un poder de atracción similar al de Frank Sinatra entre las adolescentes ... El pueblo estadounidense es demasiado sensible para convertir la elección
de su presidente en un concurso de popularidad ... John F. Kennedy es un joven muy ambicioso que ha despreciado su trabajo (al
perderse las votaciones del Senado) no solo para hacer realidad sus
ambiciones, sino también las ambiciones de su padre ... Resulta
terrible pensar que un hombre acaudalado se disponga a conseguir
un cargo y deje que se lo compren.» Dorothy se podría haber quedado impresionada al saber que se diría exactamente lo mismo
sobre su nieto durante la campaña presidencial de 2000.

Prescott inundó a Nixon con telegramas durante la campaña de
1960, en los que respaldaba su postura sobre las islas de Quemoy
y Matsu, y denigraba las «irresponsables aventuras» de Kennedy en
las cuestiones de asuntos exteriores, sobre todo en el caso de Cuba,

sobre la que Prescott dijo que había «caído en desgracia por un miembro del Comité de Relaciones Exteriores del Senado». Prescott concluía con un comentario desaprobatorio a su colega: «El senador Kennedy ha descuidado sus deberes, seguramente a causa de su escaso grado de asistencia a las reuniones del comité».

Poco antes del día de las elecciones, Prescott envió un telegrama a Nixon, en el que predecía: «Connecticut le dará una agradable sorpresa el martes por la noche».

En lugar de eso, el estado dejó estupefacto a Prescott y decepcionó a Nixon al votar a Kennedy. A la decepción de Prescott se sumó la derrota pública que estaba sufriendo frente a Albert Morano, quien, en ese momento desde fuera del Congreso, amenazaba con enfrentarse a él en las elecciones para que Connecticut tuviera un senador «que se preocupe por todo el pueblo y no solo por unos cuantos». Prescott jamás se dignó a responder a las acusaciones de Morano, pero el 30 de diciembre de 1960, anunció que volvería a presentarse a las elecciones en 1962. En esa época no pretendía volver a Washington, donde los demócratas controlaban la Casa Blanca, así como el Senado y la Cámara de Representantes. En una carta manuscrita dirigida a Nixon después de las elecciones, Prescott escribió:

> Apreciado Dick:
> Cuando la niebla empieza a disiparse te envío estas palabras para demostrarte mi admiración y respeto incondicionales. Washington no me parecerá lo mismo después de ocho años de servicio para ti y en una administración para la que no tengo otro sentimiento que orgullo y respeto.
> Albergaba la esperanza de que pudiéramos continuar con el mismo ambiente que había cuando tú presidías. Habría dado todo lo mejor de mí para apoyar tus programas.
> Has guiado tus pasos con valor, decencia y gran habilidad, y así te has ganado la constante admiración de quienes, entre los que me incluyo, han tenido el privilegio de apoyar tu campaña de todo corazón.
> Se despide con un afectuoso saludo,
> atentamente
>
> PRES BUSH

Dos semanas después, Prescott envió una carta al presidente electo Kennedy. Aunque no era manuscrita ni tan sentida como la carta dirigida a Nixon, seguía siendo cordial:

> Apreciado Jack:
> Te felicito por la brillante campaña para tu candidatura y elección. Confío en que tengas fuerzas para dar lo mejor de ti por nuestro país. Has demostrado ser un hombre muy capaz, mejor preparado para la presidencia que los aspirantes que competían contigo por la candidatura.
> Intentaré ser de ayuda siempre que pueda, sobre todo en cuestiones que afecten a nuestra Seguridad Nacional, Defensa y política exterior.

En enero de 1961, Dorothy asistió a la sesión conjunta del Senado y la Cámara después del recuento oficial de los votos realizado por el Colegio Electoral y de que Richard Nixon declarase que Kennedy había sido elegido presidente de Estados Unidos. «Fue una situación poco corriente —escribió en su columna—, la primera vez en cien años que el candidato derrotado ha tenido que anunciar la elección de su contrincante.»

Dorothy no viviría lo suficiente para ver cómo la historia se repetía en el año 2000, cuando el vicepresidente en ejercicio, Al Gore, tuvo que anunciar la elección, decidida por el Tribunal Supremo, de su contrincante, el nieto de Dorothy, George Walker Bush.

Durante la campaña para las elecciones presidenciales de 1960, el gobernador Abe Ribicoff había hecho un trabajo tan espectacular al conseguir que el voto de Connecticut cambiase a favor de John F. Kennedy, que el presidente nombró al gobernador secretario de Salud, Educación y Bienestar Social.

«Abe fue a Washington, de hecho vivía un par de casas más allá de la de Prescott y Dorothy Bush en Georgetown —declaró Herman Wolf, antiguo ayudante personal de Ribicoff—, pero pasados un par de años se hartó de la burocracia y decidió dimitir y presentar su candidatura para el Senado.»

Incentivado por la idea de tener que competir contra el popular gobernador en un estado que en ese momento contaba con un mayor número de demócratas declarados que republicanos, Prescott llegó al distrito electoral de Ribicoff.

The Connecticut Jewish Ledger del 1 de marzo de 1962 publicó una exclusiva con el titular: BUSH AÑADE UNA CLÁUSULA ADICIONAL A LA LEY PARA ACABAR CON LA PARCIALIDAD CON ARABIA SAUDÍ. El artículo afirmaba que el acuerdo de 1951 de la Base Aérea de Dhahran, cuyo contrato de usufructo tenía que renovarse, daba a los saudíes el derecho a rechazar a cualquier estadounidense que considerasen inaceptable. La principal aplicación de esta parte del contrato era la exclusión de los judíos estadounidenses del servicio en Dhahran. Prescott declaró: «En cualquier nuevo acuerdo con Arabia Saudí tendría que quedar inequívocamente claro que insistimos en que no haya restricciones por causa de religión, raza ni origen étnico de ningún miembro del personal estadounidense destinado a Dhahran ... Ha llegado la hora de que reivindiquemos nuestros principios, de que expresemos nuestro rechazo ante la discriminación y de que exijamos igualdad para todos los ciudadanos en cualquier acuerdo con el extranjero».

Dos meses después, Prescott se consagró a los católicos de Connecticut al oponerse a la administración Eisenhower en el tema de la ayuda federal a las escuelas parroquiales. «Por una cuestión legal —declaró—, estoy convencido de que las decisiones del Tribunal Supremo tienen cabida para ayudar a estas escuelas y de que los préstamos federales se encuentran dentro de los límites constitucionales permisibles.»

Siempre receptivo con sus electores, Prescott trabajaba horas extras respondiendo a todas las cartas y llamadas que recibía en su despacho. Cuando recibió una queja por las obras teatrales «subidas de tono» representadas en el Westport Playhouse que tenían programada una gira por América del Sur como parte de un programa de intercambio cultural, protestó en el Senado.

«Estoy preocupado por dos obras de teatro, Historia del zoo, de Edward Albee, y La señorita Julia, de August Strindberg, que se me han descrito como repugnantes», declaró. Exigió «cierto control» de las obras representadas por compañías teatrales estadounidenses en otros países, aunque no estuvieran patrocinadas por el gobierno, y sugirió que crearía una ley que estableciera una junta crítica de ámbito federal. La indignación de Prescott estaba alentada

por una carta escrita por el director del Departamento de la Asociación de Iglesias de Ultramar del Consejo Nacional de Iglesias de
Cristo de Estados Unidos. El director, que vivía en Stamford, Connecticut, había preguntado: «¿Cuántos espectadores latinoamericanos serán capaces de ver más allá de la porquería de una abstracta
representación artística? ¿Por qué íbamos a esperar que un pueblo
nos respete si glorificamos a las prostitutas, a los homosexuales y
a los gángsteres con la excusa del entretenimiento?».

Cuarenta años más tarde cuando le preguntaron al escritor de
teatro Edward Albee, ganador del Premio Pulitzer, por la censura
que Prescott Bush impuso a su obra, él respondió:

> Estoy bastante acostumbrado a la postura contraria al desarro-
> llo del intelecto y de la creatividad de los republicanos, y a la acti-
> tud negativa en general del Congreso reflejada en instituciones ta-
> les como el Comité de Actividades Antiamericanas y fenómenos
> como los juicios de McCarthy al ejército.
>
> Lo interesante sobre la condena del senador Prescott Bush de
> *Historia del zoo* fue el grado de objetividad que le otorgaba su des-
> conocimiento de la obra. También le agradezco que me comparase
> con Strindberg. Me gustaría saber si había leído *La señorita Julia*.
>
> Me limitaré a comentar que mi continuo y creciente desconcier-
> to con la familia Bush me obliga a recordar que la democracia es
> frágil y que muchas de las personas que apoyan al actual presidente
> [George Walker Bush] parecen menos preocupadas con el proceso
> democrático que yo.

Cuando las encuestas realizadas en 1962 indicaron que Ribicoff
vencería a Bush por una ventaja del 10 por ciento, Prescott solicitó la ayuda del antiguo presidente Eisenhower. Eisenhower, que se
encontraba de vacaciones en Palm Desert, California, respondió con
una nota:

> ... Sin duda hay que hacer algo apropiado y que en opinión de los
> expertos sea de utilidad que contribuya a reforzar tu campaña. El
> Partido Republicano necesita más hombres de Estado con la ca-
> pacidad y las cualidades que tú has demostrado poseer con tanta
> destreza.

LA FAMILIA                                                        269

Tomando esto como un sí, Prescott respondió con un telegrama y le pidió a Ike que participara en un mitin político que se celebraría en Hartford el 13 de octubre de 1962:

> Tengo entendido que te diriges a Boston para llegar allí al día
> siguiente. Como ya sabes estaré ocupado en la campaña para la
> reelección, que se presenta ardua, ya que se contempla que el secre-
> tario de Salud, Educación y Bienestar Social, Abraham Ribicoff, an-
> tiguo gobernador de Connecticut, presente su candidatura al Sena-
> do en competencia con la mía.
>
> No se me ocurre nada más fortificador para mí y para los de-
> más candidatos del Partido Republicano que contar con tu presencia
> en la fecha de ese mitin. Lo he aclarado con el senador Barry Gold-
> water, presidente del Comité para la Campaña Electoral del Sena-
> do, y también con Bill Miller, presidente nacional. Ambos han dado
> su consentimiento y ambos concurrirán con la esperanza de que tú
> puedas acompañarnos en Hartford.
>
> Estoy impaciente por conocer tu respuesta y de verdad espero
> que puedas incluir el mitin en tus planes. Un respetuoso y afectuoso
> saludo, atentamente
>
> PRESCOTT BUSH,
> senador de Estados Unidos

La respuesta de Eisenhower tuvo que dejar a Prescott un poco
decepcionado. Nueve meses antes del acontecimiento previsto, Ike
dijo que «no estaba muy seguro» de lo que iba a hacer:

> ¿Podemos dejar la cuestión en suspenso por el momento (y tú
> sigues con tus planes aunque yo no pueda estar presente)? Cuan-
> do vuelva al Este, tendré una charla con Bill Miller para determi-
> nar con exactitud qué quiere hacer en la campaña, y qué puedo
> hacer yo, sin perder mucho tiempo ni energías (ni el beneplácito de
> Mamie) para acomodarme a sus sugerencias.

Cuando cumplió los sesenta y siete años, el 15 de mayo de 1962,
unas semanas antes de la convención del Partido Republicano en
Connecticut, Prescott tomó una decisión de capital importancia. Después de consultarlo con su esposa y con su doctora, reunió a los jefes

del partido en Hartford al día siguiente y anunció con voz temblorosa que no se presentaría como candidato a la reelección.

«La intensa semana de siete días laborales de los pasados meses me había convencido de que no tenía la fuerza ni el vigor necesarios para hacer justicia a las labores de la campaña que me restaba ni a las responsabilidades que implicaba el servicio de seis años en el Senado, la mayoría de las cuales tendría que realizar con setenta años —declaró—. El consejo de mi doctora ha reafirmado en gran medida mi decisión.»

El anuncio sorprendió a los equipos de prensa política del estado y facilitó el camino para la elección de Ribicoff. Pese a las primeras encuestas que demostraban la ventaja de Ribicoff, los periódicos de Connecticut habían concedido a Prescott una oportunidad de empate en la reelección. No obstante, nadie imaginaba que sería una campaña fácil, sobre todo sin el apoyo de Eisenhower.

«Muchas personas tuvieron la sensación de que Bush se retiró y no de que fue vencido por Ribicoff —dijo Herman Wolf muchos años después—, aunque, sinceramente, creo que Bush habría ganado esas elecciones. Los ciudadanos de Connecticut no sentían una gran simpatía hacia Abe porque los había abandonado en 1960 para unirse al gabinete de JFK.»

En su primera columna después del sorprendente anuncio de su marido, Dorothy Bush escribió que se sentía agradecida con su decisión de retirarse:

> Sufría mareos al final de los días que pasaba en la carretera, seguidos por ataques de dolor de estómago por los nervios que le impedían conciliar el sueño por la preocupación de si tendría o no la fuerza suficiente para aguantar los seis meses y seis años de trabajo que tenía por delante.

Sin embargo, no mencionó su preocupación porque la tensión de la reelección favoreciera el hábito de beber de Prescott, del que Dorothy jamás admitió que fuera alcoholismo. Para ella, el alcoholismo no era una enfermedad, sino una debilidad moral, y eso era algo que ella no podía aceptar en su adorable esposo.

Ambos sabíamos que una vez que se hubiera celebrado la convención, el senador tendría que seguir adelante, incluso si moría en el camino —escribió—. Tras esos avisos, ¿imaginan si se derrumba en plena campaña? ¡Menuda arma para entregarle al contrincante! No —concluía—. Debemos permitir la oportunidad de que sea nombrado un candidato más joven y más vital, cuya fuerza no pueda ponerse en duda.

Prescott siempre se arrepintió de su decisión. «Cuando lo pienso ahora —declaró cuatro años después—, creo que fue un error. La información que teníamos en aquel momento sobre las previsiones en las elecciones eran muy favorables ... Una encuesta de opinión pública había demostrado que seguramente podía vencer a cualquiera que ellos [los demócratas] presentasen. Así que cuando lo pienso ahora, tras no haber sido feliz durante cuatro años de retiro, o casi cuatro años ya, y teniendo en cuenta mi gran interés por la actualidad ... A menudo pienso que debería haber ido a un hospital a descansar unos cuatro o cinco días, o una semana, y que mi doctora me hubiera dicho: "Escucha, no tomes una decisión por ahora. Psicológicamente estás muy abatido. Ve al hospital Greenwich, descansa durante una semana, y luego hablaremos". Pero no, esa mujer me dijo: "Estás loco si te presentas". Recuerdo sus palabras. Aunque, sinceramente, estaba en un estado de gran agotamiento y no era el momento para tomar una decisión importante. Así que, sí, me arrepiento ... Muchísimas veces he sentido en el alma haber tomado esa decisión.»

El premio de consolación de Prescott llegó en junio de 1962, cuando fue nombrado doctor honoris causa por su querida Universidad de Yale junto con el pianista Arthur Rubinstein, el antiguo secretario de Estado Dean Acheson y el presidente John F. Kennedy. El presidente, de la promoción de Harvard de 1940, provocó una conmoción en la sala cuando subrayó la importancia de la educación de Harvard y el estatus social de Yale. «Ahora puedo decir que tengo lo mejor de dos mundos —dijo Kennedy—: una educación de Harvard y un título de Yale.»

George había viajado a New Haven para ver cómo su alma máter entregaba el galardón a su padre. Como de costumbre, había dejado a Barbara y a los niños en Texas. Durante esos años de matrimonio viajó cuanto se le antojó mientras Barbara permanecía en casa. Viajaba con frecuencia a Nueva York por negocios y luego se quedaba para divertirse. Viajaba a San Luis tan a menudo que se convirtió en miembro del club de campo de esta ciudad, y visitaba con regularidad a sus padres en Washington, mientras que su esposa, atada al hogar, pasó en una ocasión cuatro años sin ver a su familia política. George tampoco se perdió jamás un verano en Kennebunkport, aunque solo fuera para estar un par de días y ver a su tío Herbie. Barbara y los niños solo iban a Maine algún que otro año porque, según ella, no podían permitirse el gasto de un viaje familiar. Cuando sí pudieron permitírselo, ella viajó con los niños en coche y George viajó en avión.

Desde el principio, el matrimonio de los Bush funcionó a conveniencia de las necesidades de George. Un factor fundamental de esa ecuación era la mentalidad de la generación de Barbara, que creía que las esposas debían quedarse en casa, criar a los niños y cuidar el hogar. El otro factor de la dinámica era la propia Barbara. «En un matrimonio en el que el hombre desea de forma tan firme cargar con las responsabilidades y la mujer mantener los baños limpios, ella recibe el trato que se merece», declaró.

Barbara sabía que se había casado con un hombre que quería una esposa exactamente igual que su madre, así que intentaba emular a su suegra siempre que podía. «Barbara adoraba a Dotty y declaró que intentaba que su vida estuviera cortada por el mismo patrón que la de su suegra», afirmó Mary Carter Walker, casada con el tío Herbie.

Barbara se tiñó las canas durante muchos años porque su suegra se lo pidió. Dotty pensaba que su nuera estaba más guapa para George, pero siempre que Barbara iba a nadar, el pelo castaño se le volvía verde. Así que un día dejó de intentar estar más guapa. «George Bush jamás se fijó —dijo casi con amargura—. Así que ¿para qué había pasado por todos esos años de sufrimiento?»

George necesitaba que su mujer fuera tan adorable como había sido su madre, y no dudaba en llamarle la atención cada vez que no lo lograba. «Recuerdo que George me dijo una vez cuando acabábamos de casarnos: "Me has dejado en ridículo en público, Bar, y no quiero que vuelvas a hacerlo" —recordaba—. Bueno, fue una tontería, pero tenía razón, y no volví a hacerlo.» (Años después, cuando él la llamó «ballena» en televisión, ella aceptó el insulto con una sonrisa y dijo a los periodistas que su marido tenía un maravilloso sentido del humor. Para demostrar la influencia del ejemplo paterno, George W. Bush hizo un comentario parecido en una rueda de prensa años después, al describir a su mujer, Laura, como «zoquete».)

Barbara era una madre maravillosa para los chicos —juiciosa, atlética y disciplinada—, pero, aunque tenía la misma firmeza inquebrantable de su suegra, le faltaba la dulzura de Dorothy. «Mi abuela [era] una persona increíble —declaró George W. Bush—, uno de los espíritus más bondadosos y amables que he conocido jamás. No describiría a mi madre precisamente … como un espíritu amable.»

Como su marido estaba ausente gran parte del tiempo, Barbara tenía que disfrutar con sus hijos. Tal como comentó Donnie Radcliffe: «Estaba muy organizada. Tenía la despensa llena de conservas, los álbumes de fotos de los niños actualizados y las notas de agradecimiento enviadas a tiempo. Bordaba metódicamente las iniciales de sus hijos en su ropa y preparaba unos espaguetis dignos de elogio. Jamás faltó a una reunión con los profesores y jamás jugó al bridge. Su forma de llevar la casa se adecuaba a su mentalidad: prohibido el desorden».

«Siempre me hacía sentir como una holgazana», comentó su amiga de Texas Marion Chambers.

Con todo, esa vida no era fácil para Barbara, tal como admitió ella misma años más tarde. «Tenía momentos en los que me sentía celosa de las mujeres jóvenes y atractivas que vivían en un mundo de hombres. Pensaba que George estaba de viaje, haciendo todas esas cosas emocionantes, y que yo estaba en casa sentada con esos niños tan inteligentes, que decían una cosa interesante a la semana.»

Barbara anhelaba pasar más tiempo con su marido y recibir más atención por su parte. Cuando sacaba el tema de que necesitaba más demostraciones verbales de ternura, George no le hacía ni caso. «Esas cosas no tienen por qué decirse. Se ven, se saben.»

En la época en que se mudaron a Houston, Barbara sabía que su esposo estaba llevando su vida por otros derroteros. Lo había visto tirado en el suelo mirando absorto las convenciones políticas de 1960 por televisión. «Uno de estos días voy a llegar ahí arriba —le dijo—. Tú espera y verás.»

Barbara no dudó de sus palabras ni por un segundo, y no tardó en compartir su certeza con el resto de la familia. «Recuerdo que estábamos sentados en la casa de Nancy Walker en Kennebunkport —rememoraba Mary Carter Walker—. Éramos unas cinco mujeres y alguien preguntó: "¿Os gustaría ser primera dama?". Y cada una fue opinando ... Cuando le tocó a Barbara, dijo: "A mí me gustaría, porque, sabéis, algún día seré la primera dama".»

Barbara tuvo que empezar desde el primer peldaño de la escalera política. Unos años después de que naciera su último hijo, su marido anunció que iba a presentarse para presidente del Partido Republicano del condado de Harris. Teniendo en cuenta el número de republicanos de Houston que no pertenecían a la Sociedad John Birch en esa época, habría dado lo mismo que George Bush hubiera anunciado que iba a cazar un oso polar en el golfo de México.

Los texanos dicen que la diferencia entre Midland y Houston es la diferencia entre los que no son ricos y los nuevos ricos. Midland es el lugar donde se horada en busca de petróleo y Houston es el lugar donde se va después del primer chorro. En Midland, los Bush eran presbiterianos. En Houston se hicieron episcopalianos, considerados por algunos como el escalón más alto de la jerarquía eclesiástica. Mudarse de Midland a Houston también suponía una casa nueva con siete habitaciones, una sauna, una sala de máquinas, una piscina y un largo camino de entrada, además de servicio doméstico residente para Barbara y un colegio privado (el Kinkaid School) para Georgie, educación que lo encaminaría a marchas forzadas hasta Andover. Para Big George, el traslado suponía un terreno político de mayores dimensiones, más tortuoso y pantanoso.

En 1959, Houston, al igual que Dallas, se había convertido en un nido de extremismo. La sexta ciudad más grande del país se había convertido en un bastión para la Sociedad John Birch, una virulenta organización derechista y anticomunista creada por Robert Welch y financiada por el multimillonario de Texas H. L. Hunt, que patrocinaba el vitriólico programa radiofónico *Lifeline*, emitido en cuarenta y dos estados. Durante los diez años siguientes los objetivos de la Sociedad John Birch fueron abolir el impuesto escalonado sobre la renta; revocar la Seguridad Social; acabar con los programas de transporte escolar con los que se pretendía favorecer la integración en las escuelas; disolver la pertenencia de Estados

Unidos de las Naciones Unidas; y anular el tratado que entregaba a Panamá el canal de Panamá.

Los miembros de esta sociedad criticaban severamente en público al presidente Eisenhower, al director de la CIA, Allen Dulles, y al presidente del Tribunal Supremo, Earl Warren, como «agentes entregados en cuerpo y alma a la conspiración comunista». Sostenían que el Consejo de Relaciones Exteriores, durante muchos años dirigido por David Rockefeller, era un conciliábulo internacional de élite que pretendía establecer una tiranía mundial. En Dallas, los miembros de la Sociedad John Birch escupieron a Adlai Stevenson, el embajador estadounidense en Naciones Unidas, e interrumpieron durante un discurso al vicepresidente Lyndon Johnson. En Houston intentaron hacerse con el poder del Partido Republicano del condado de Harris, hasta que los republicanos de la localidad montaron en cólera. Querían que alguien con buen juicio ampliara los horizontes del partido y al mismo tiempo conseguir que el senador conservador de Arizona, Barry Goldwater, fuera su abanderado en 1964. George Bush creyó que era el hombre apropiado para esa misión. «Soy un hombre de Goldwater al cien por cien», declaró.

Escribió a su amigo y colega de la Skull and Bones, el representante republicano Lud Ashley, natural de Ohio y demócrata partidario de Adlai Stevenson, para contarle que se iba a presentar para el período no vencido (de un año) como presidente del Partido Republicano del condado de Harris.

«Creo que ganaré», escribió. Su amigo se dio cuenta de que George jamás se echaba atrás por la diferencia entre certidumbre y certeza. «No estoy acostumbrado a perder», declaró a los periodistas en 1964.

George era tan desconocido en Houston por aquel entonces que el periódico puso la foto de otra persona sobre su nombre cuando anunciaron su candidatura. George llamó al editor para quejarse y le envió un retrato, que el rotativo publicó después de que ganara de forma arrasadora por incomparecencia de su contrincante. Se convirtió en el presidente del Partido Republicano del condado de Harris en 1962 cuando su contrincante electoral, Russell Pryor, se retiró de las elecciones. Como presidente del condado propuso de inmediato un virulento pleito para forzar la redistribución de Texas y así conseguir un distrito en el que los republicanos tuvieran la victoria garantizada.

Por primera vez desde la Reconstrucción, el Partido Republicano de Texas se sintió envalentonado para exigir algo así y desafiar el dominio demócrata. El regreso histórico del Partido Republicano de Texas había empezado en otoño de 1960, cuando los habitantes del estado tuvieron la oportunidad de votar, de forma legítima, dos veces en las mismas elecciones por Lyndon Johnson, quien aparecía en las papeletas como el compañero de candidatura de John F. Kennedy y, para más seguridad, como candidato para la reelección del Senado estadounidense. Esto enloqueció a los republicanos. Dorothy Bush, quien se encontraba haciendo campaña con fervor en Greenwich a favor de Richard Nixon y de Henry Cabot Lodge, comentó con furia que «el senador Johnson es el hombre olvidado … está tan inseguro de su victoria en las elecciones que ha admitido una ley especial para poder presentarse como senador una vez más así como para vicepresidente por si perdiera».

Lyndon Johnson ganó el escaño en el Senado tras derrotar a John G. Tower, un menudo profesor de ciencias políticas de la Universidad Metodista del Sur. Johnson también ganó la vicepresidencia y dirigió el estado por Kennedy. Cuando Lyndon Johnson renunció a su escaño en el Senado, Tower volvió a entrar en la pugna electoral. Por lo que a Prescott respectaba era la única buena noticia que surgió de las elecciones de 1960. Tal como escribió a Tower: «Me … alegra mucho saber que vuelves a estar en la carrera electoral. No se me ocurre nada más beneficioso para Texas que tu victoria. Tengo la clara intuición de que serás un excelente senador de Estados Unidos. Admiro tu valor y, en general, tu enfoque político».

En las elecciones especiales solicitadas por la legislación de Texas, Tower ganó el escaño de Johnson y se convirtió en el primer republicano desde la Reconstrucción enviado al Senado desde un estado sureño. Su elección marcaría un giro épico en la política de Texas que conduciría a la supremacía nacional de los republicanos cuarenta años después.

La gran ciudad que Richard Nixon dirigía en 1960 era Houston, hecho que no pasó por alto al nuevo y ambicioso presidente del Partido Republicano del condado de Harris. Al cabo de tres meses de haber sido elegido para un puesto de segunda fila, George Bush empezó a hablar de convertirse en el siguiente senador republicano de Texas. Tenía la sensación de ser el mejor hombre para sustituir al venerable Ralph Yarborough, a quien George consideraba «demasiado liberal».

La fantasía de George fue alentada por sus familiares y amigos, que creían, como él, que cualquiera que lo conociese votaría por él. «Si te das a conocer —escribió Lud Ashley—, si un buen número de personas te ve cara a cara o por televisión, saldrás elegido.»

Con casi cuarenta años, George había alcanzado el súmmum de su atractivo, hecho comentado con frecuencia en los periódicos de la pequeña localidad: «Podría perfectamente estar en el reparto de una película autobiográfica», se decía en el *Austin American-Statesman*. «Tiene pinta de senador de Estados Unidos», sentenciaba *The Kingsville Record*. «El candidato es un hombre guapo, su belleza atrae tanto a hombres como a mujeres», comentaba el *Refugio County Press*.

Además de su atractivo, George contaba con el don de la energía infatigable, con unos recursos económicos inagotables y con una organización de campaña eficaz. «Es, en todos los sentidos, el republicano con más clase que ha de brillar en la escena texana», escribieron los columnistas políticos Rowland Evans y Robert Novak.

En 1962, después de consultarlo con su padre y amigos, George decidió anunciar que se presentaría a las elecciones al Senado del próximo año. Estaba convencido de que ganaría en 1964 al amparo de Barry Goldwater, a quien admiraba tanto como su padre admiraba a Eisenhower. «Goldwater es la mejor baza que tenemos», declaró George. Le entregó a su hijo, Georgie, estudiante de Andover, un ejemplar del manifiesto de Goldwater, *The Conscience of a Conservative*.

El compañero de residencia de Georgie, John Kidde, se sorprendió al ver el libro sobre el escritorio de Bush. «¿Qué narices es esto?», le preguntó. «No teníamos tiempo de leer nada que no entrase en el programa de estudios. Si lo hacíamos, leíamos una novela. Pero George parecía sinceramente interesado en el libro. Dijo que sus padres le habían pedido que lo leyera. Recuerdo que me contó qué representaba Goldwater.»

En la época en que George Herbert Walker Bush decidió presentarse al Senado, el gobernador de Nueva York, Nelson Rockefeller, que se había divorciado en 1961, era el principal rival de los republicanos a la presidencia. Las encuestas lo situaban muy por delante de todos, incluso de Goldwater, hasta el 4 de mayo de 1963, cuando el gobernador anunció que volvía a casarse. La prensa informó entonces de que había mantenido una aventura extramatrimonial con su nueva esposa, Margaretta Fitler «Happy» Murphy, que también era una mujer casada en el momento del idilio. Ella renunció a la custodia de sus cuatro hijos para contraer matrimonio con Rockefeller y el escándalo fue un azote para el país.

El presbiterio de Hudson River censuró de inmediato al prelado que había casado al gobernador Rockefeller y a la señora Murphy por ser un «alterador de la paz», y en Chicago la agrupación de Jóvenes Adultos por Rockefeller para Presidente no tardó en disolverse. Al mes siguiente, Prescott Bush —que había apoyado con anterioridad a Rockefeller para la presidencia del Partido Republicano y que había urgido a Nixon a que lo escogiera como compañero de campaña en 1960 en lugar de Henry Cabot Lodge— atacó al gobernador en un discurso pronunciado ante la promoción que se licenciaba en el Rosemary Hall, un instituto femenino de enseñanza secundaria de Greenwich, y ante la escuela asociada de Choate.

> ¿Hemos llegado a un punto de nuestra existencia como nación en que el gobernador de un gran estado, alguien que tal vez aspire a ser proclamado presidente de Estados Unidos, puede abandonar a una buena esposa y divorciarse de ella para luego convencer a una joven madre de que abandone a su marido y a sus cuatro hijos y se case con el gobernador?
>
> ¿Hemos llegado a un punto en que uno de los dos grandes partidos políticos pondrá en manos de un hombre de esta calaña el más elevado honor y la responsabilidad más grande? Me atrevo a esperar que no sea así.
>
> ¿Qué pensaría Abraham Lincoln de una cadena de acontecimientos de este tipo? ¿Es que nuestras pautas han cambiado tanto que el pueblo estadounidense aprobará esta cadena de acontecimientos? Me atrevo a esperar que no sea así.

Prescott declaró que lo apropiado de los actos de Rockefeller dependería de los educadores, de los creadores de opinión y de los líderes religiosos. A continuación añadió:

> Dependerá de si nuestro pueblo está dispuesto a tomarse a pitorreo la santidad del hogar y de la familia estadounidenses.
> ¿Estamos dispuestos a olvidar el solemne juramento «hasta que la muerte nos separe»? Señoritas, por su bien, espero que no sea así.

Al día siguiente, Prescott reforzó su ataque diciendo a los periodistas que Rockefeller debía «retirarse públicamente» de la carrera electoral para la presidencia del partido. «La actuación del gobernador ha supuesto una gran decepción personal, porque yo siempre he estado a favor del señor Rockefeller y lo he considerado un hombre muy capaz y versátil, un hombre al que siempre había respetado y siempre había tenido en muy alta estima. Sin embargo, no podemos pasar por alto esta cadena de acontecimientos, y creo que el pueblo debería hablar con claridad y honestidad sobre esta cuestión.»

Prescott dejó de apoyar a Barry Goldwater sin dilación para ayudar a su hijo en la campaña de Texas para el Senado, aunque el impacto político de la ofensiva de George no pasó por alto al hombre importante del Comité Nacional Republicano, George Hinman, íntimo socio político de Rockefeller. Hinman sabía que George Bush no podría sobrevivir políticamente en Texas si su padre, que ya había sido considerado por los conservadores como demasiado liberal, hubiera apoyado de alguna forma a Rockefeller. Así las cosas, Prescott podría combinar algo de política con discursos airados contra el divorcio. A Hinman no le convencía la estrategia.

«Siempre he dudado de las personas que emiten duros juicios de valor moral sobre la vida de otras personas y situaciones de las que no saben nada —dijo Hinman—. En el caso del antiguo senador Bush está claro que la motivación era mucho más política que moral. Es una lástima que las jóvenes ante las cuales difamó al gobernador no hayan sido conscientes de la motivación política que se ocultaba tras ese ataque desaforado.»

Prescott comentó que había recibido una avalancha de telegramas y cartas que demostraban una «adhesión sin paliativos» a su repulsa. También George recibió misivas en las que se elogiaba a su padre, incluyendo una del enemigo de Rockefeller, William F. Buckley Jr., redactor jefe del *National Review*: «Por cierto, he escrito a tu padre para felicitarlo por el valor demostrado al hacer esas declaraciones sobre el gobernador Rockefeller ... Espero que no haya sufrido por ello».

Varios meses después, los periódicos de Texas informarían de que Prescott Bush, antiguo senador de Estados Unidos por Connecticut y padre del candidato republicano para el Senado, había sido nombrado consejero de defensa del Comité de la Paz a través de la Preparación, de Barry Goldwater.

Prescott podría no haberse mostrado tan censurador con el matrimonio y el divorcio del gobernador Rockefeller si hubiera sabido lo que dice un abogado de Nueva York sobre las aventuras extramatrimoniales de su hijo George.

Según ese abogado, en la época en que Prescott predicaba sobre los valores familiares del gobernador de Nueva York, George Bush tenía una relación con una belleza italiana llamada Rosemarie [apellido omitido por razones de privacidad], a quien había conocido en uno de sus numerosos viajes de negocios. Rosemarie le contó al abogado que la pareja compartía un apartamento en Nueva York y, según Rosemarie, George le prometió divorciarse y casarse con ella. Cambió de opinión en el otoño de 1964 y puso fin a la relación, pero accedió a pagar los últimos tres meses del alquiler anual de su apartamento. Rosemarie buscó asesoramiento legal, pensando que podría poner una demanda por incumplimiento de promesa.

«Según mis informes, ella vino a verme a las once de la mañana del 21 de septiembre de 1964 a nuestro bufete del edificio Chrysler —recordaba el abogado de Nueva York, por aquel entonces un joven socio en Upham and Meeker—. Estaba bastante disgustada, muy sensible ... En esa época jamás había oído hablar de George Bush, pero, siendo neoyorquino, sin duda sabía quién era Prescott Bush, su padre.

»Según recuerdo, Rosemarie dijo que era de familia italiana, de Roma, creo, y que jamás se habría metido en una relación adúltera si George no le hubiera prometido dejar a su esposa y casarse con ella. Dijo que no podía regresar a su casa por vergüenza. Estaba

muy sensible ... Tuve la impresión de que Bush y ella no solo vivían juntos en Manhattan cuando él estaba allí, sino que la llevaba a acontecimientos sociales y que, en la ciudad, eran una pareja
en toda regla. Ella me contó que George había puesto su nombre
en el directorio del vestíbulo, lo que la indujo a pensar que podría
tener posibilidades de contraer matrimonio legal ... Tiene que recordar que estábamos en 1964, cuando solo las personas más influyentes viajaban en avión. Los aviones eran medios de transporte de lujo en aquella época ... Así que a George Bush le hubiera
resultado bastante fácil vivir dos vidas, una como hombre casado
en Houston y otra bastante distinta en Nueva York ... No era el
único hombre de negocios casado con una historia similar.»

El abogado quedó impresionado por la encantadora Rosemarie
y creyó su historia.

«Todavía recuerdo el pelo color azabache y los ojos negros de
Rosemarie —declaró el abogado muchos años después—. Era muy
atractiva, vivaracha y delicada. Había conocido a uno de los socios
mayoritarios de mi bufete en una fiesta y en un momento de debilidad, cuando dijo que necesitaba un abogado, él le sugirió que
fuera a visitarme. Aunque hubiéramos hecho ese tipo de trabajo,
que no lo hacíamos, Rosemarie no habría tenido un caso legal y yo
tenía que decírselo ... Me supo mal porque estaba muy consternada
... no volví a verla.»

Según lo planeado, George anunció su candidatura para el Senado en septiembre de 1963 y a finales del mes siguiente él y su
familia habían empezado a sentirse seguros sobre su éxito inminente. Su padre escribió a su buen amigo Samuel Bemiss, residente en
Richmond, Virginia: «Poppy parece bastante seguro de la candidatura republicana en Texas y el senador Tower me ha dicho ... que
cree que ganará las elecciones».

Animado por la noticia de Prescott, Bemiss, demócrata sureño y conservador que conoció a los Bush mientras veraneaban
en Kennebunkport, hizo una contribución a la campaña de
George y habló de la campaña para las elecciones al Senado por
Virginia de su hijo Gerry: «Al parecer lo importante es ... la
contribución urbana y el odio a los Kennedy. Queremos conservar la contribución urbana [para evitar que los negros pobres

entren en el censo electoral], pero nos gustaría ver a los Kennedy volver a Irlanda».

George adoptó una postura bastante parecida a la de Gerry en su campaña. Atacó con dureza los derechos civiles durante una época en la que la violencia en contra de las personas de raza negra levantaba pasiones de Norte a Sur. En junio de 1963, el presidente Kennedy se dirigió a la nación para realizar una sincera petición por la causa de los derechos civiles como cuestión moral. En uno de los mejores discursos de su vida, el Presidente pidió al pueblo que hiciese honor a sus mejores tradiciones:

> Nos hallamos, principalmente, ante una cuestión moral. Es tan antigua como las Escrituras y tan clara como la Constitución de nuestra nación. La cuestión que se plantea es si todos los estadounidenses deben tener los mismos derechos y las mismas oportunidades ... Han pasado cien años desde que el presidente Lincoln liberó a los esclavos; aun así, sus herederos, sus nietos, no son del todo libres. Todavía no se han liberado de las cadenas de la injusticia. Todavía no se han liberado de la represión social y económica. Y esta nación, pese a todas sus esperanzas y todos sus alardes, no será del todo libre hasta que todos sus ciudadanos sean libres ... Ha llegado la hora de que esta nación cumpla su promesa ... las llamas de la frustración y la discordia arden en todas las ciudades, en el Norte y en el Sur, al tiempo que no se cuenta con soluciones legales ... Tenemos al alcance un gran cambio, y nuestra misión, nuestra obligación, es llevar a cabo esa revolución, ese cambio pacífico y constructivo para todos ... La próxima semana pediré al Congreso de Estados Unidos que actúe, que se comprometa a hacer algo que no ha hecho en este siglo al declarar que la raza no tiene lugar ni en la vida ni en la ley estadounidenses.

El día después del discurso del presidente, Medgar Evers, un activista de raza negra de Mississippi y veterano de la Segunda Guerra Mundial que participó en la invasión del día D, murió asesinado por un disparo de escopeta en la espalda mientras paseaba con su mujer e hijos.

En ese trágico contexto, el presidente envió al Congreso el 19 de junio de 1963 el proyecto de ley más completo sobre derechos civiles de la historia del país. Para demostrar la necesidad imperiosa de la ley, Martin Luther King Jr. encabezó una marcha de 250.000 personas hasta Washington ese verano. Se situó a los pies de la escultura de Abraham Lincoln en el recinto en memoria al gran libertador y llenó el aire con la incandescente retórica de su famoso discurso iniciado con la frase «Tengo un sueño».

«Mientras la televisión retransmitía allende los mares la imagen de esa extraordinaria concentración —recordaría más tarde King—, todos los que creyeran en la capacidad para mejorar del ser humano experimentaron un momento de inspiración y confian-a en el futuro de nuestra especie.»

Mientras estaba de campaña en Texas, George Bush ignoró a Martin Luther King Jr. y se opuso con intensidad al presidente Kennedy y a su proyecto de ley a favor de los derechos civiles siempre que podía.

«Estoy en contra del proyecto de ley sobre los derechos civiles porque trasciende los límites de estos derechos y viola los derechos constitucionales de todo el pueblo —afirmó Bush—. La oportunidad de tener un empleo, la educación y el juego limpio ayudarán a disminuir las desigualdades. Una legislación federal fracasará.

»Me opongo al apartado que habla de la vivienda de protección oficial. Aunque estoy a favor de que el problema se trate como una cuestión moral en un ámbito local.»

Decidido a hacer campaña en cada uno de los 247 condados de Texas, George arremetió contra el proyecto de ley de los derechos civiles en cada parada. También criticó que «un liberal e izquierdista radical como Ralph Yarborough», el senador más antiguo del estado, fuera el primero en votar a favor del anteproyecto.

«Creo que la mayoría de los texanos comparten mi oposición a esta ley —dijo Bush a quinientas mujeres en el club de campo de Dallas, donde solo se permitía la entrada a los blancos—. Y el historial de votaciones de Yarborough demuestra un profundo desinterés por los deseos de los electores.»

Yarborough, como el padre de George, había votado a favor de la Ley de los Derechos Civiles en 1957. De hecho, Prescott había apoyado la versión más radical (inaceptable) del proyecto de ley de los derechos civiles de 1957; también había apoyado la Ley de los Derechos Civiles de 1960 y todas las enmiendas sobre los derechos civiles propuestas por cualquier anteproyecto de ley en 1961 y 1962. Incluso él mismo presentó varias enmiendas. Aun así, no existe nada en los documentos publicados hasta la fecha que indique la opinión personal de Prescott con relación a la falta de compromiso de su hijo con los derechos civiles en 1964 o a sus tácticas de campaña. En años posteriores, la madre de George expresó su consternación y desaprobación por la postura de su hijo, pero en 1964 no existió nada que sugiriese que su padre demostrara preocupación alguna ni le ofreciera ningún consejo en este aspecto. Siempre que Prescott mencionaba la campaña en una carta, se limitaba a expresar que estaba emocionado con la posibilidad de que George ganase. Cuando George perdió, su padre declaró que «el chico» no tenía nada de qué avergonzarse.

Prescott era un republicano que, según dicen, podía hacer la vista gorda y apoyar a los republicanos ortodoxos, ni qué decir tiene a su hijo, al igual que los demócratas habían apoyado a sureños con visiones opuestas a las suyas. Aunque Prescott atacaba a los demócratas sureños en público cuando empezaron a circular los proyectos de ley para los derechos civiles, consiguió mantener una sólida amistad con el senador William Fulbright de Arkansas y con Samuel Bemiss de Virginia, ambos de ideología racista.


El 22 de noviembre de 1963 George y Barbara partieron hacia Tyler, Texas (con una población de treinta y cinco mil habitantes), donde él tenía programado pronunciar un discurso durante un almuerzo con el Kiwanis Club, un grupo de cien hombres que se reunía en el hotel Blackstone.

«Recuerdo que era un hermoso día de otoño —rememoraba Aubrey Irby, antiguo vicepresidente del Kiwanis Club—. George acababa de empezar su discurso cuando Smitty, el jefe de los botones, me dio un golpecito en el hombro para decirme que habían disparado contra el presidente Kennedy. Le di la noticia al presidente del club, Wendell Cherry, y él se inclinó para decirle a George que los telegramas de Dallas confirmaban el asesinato del presidente Kennedy.

»George finalizó el discurso y le contó al público lo que había ocurrido. "Teniendo en cuenta la muerte del presidente —dijo—, considero inapropiado seguir con un discurso político en este momento. Muchas gracias por su atención." Luego se sentó.

»Creo que fue bastante magnánimo por su parte decirlo y después sentarse, pero yo soy republicano, por supuesto, y estaba totalmente a favor de George Bush. Kennedy, que por aquel entonces era ya todo un mito, representaba una visión contraria a Bush en todo.»

La reunión se aplazó y George corrió a un salón de belleza a encontrarse con Barbara para llegar al vuelo que tenían programado para Dallas. Antes de irse de la ciudad, George llamó al FBI de Houston. Los archivos obtenidos gracias a la Ley de Libertad de Información documentan la llamada realizada por George a la 1.45 de la madrugada a la sede del FBI de Houston: «Bush dijo que deseaba permanecer en el anonimato, pero que quería informar de un rumor que había oído en los últimos días ... Dijo que un tal James Milton Parrott había estado hablando de matar al presidente cuando llegase a Houston».

El hombre al que delató George era un joven de veinticuatro años en paro que se había retirado de las fuerzas aéreas con honores por recomendación psiquiátrica. También era miembro de la Sociedad John Birch y se había opuesto a George Bush durante su campaña para la presidencia del Partido Republicano del condado de Harris. Durante su entrevista con el FBI, Parrott dijo que era miembro de los Jóvenes Republicanos de Texas y que había sido miembro activo de los piquetes durante la administración Kennedy, pero que jamás había amenazado con quitarle la vida al presidente.

Años más tarde, cuando se presentó a presidente, George negó haber hecho tal llamada. Los documentos que salieron a la luz le refrescaron la memoria. También aseguraba no recordar dónde estaba el día en que mataron a John F. Kennedy, «en algún lugar de Texas», comentó. George Bush es posiblemente la única persona del planeta que no recuerda dónde se encontraba ese día, aunque su esposa recordó que estaban en Tyler. Ella declaró que en el momento del asesinato estaba escribiendo una carta en un salón de belleza y que se fueron poco después de escuchar las noticias. Volaron a Dallas de camino a Houston y en Dallas tuvieron que dar varias vueltas al aeropuerto de Love Field mientras el segundo avión presidencial despegaba para regresar a Washington.

> Corren rumores sobre ese horrible asesino —escribió Barbara en su carta—. Solo esperamos que no sea un loco de derechas, sino un loco "rojo". Entenderás que sabemos que hay locos en todas partes, pero esperamos que no sea texano y que no sea para nada estadounidense.

George y los otros tres candidatos que se presentaban a senadores republicanos suspendieron la campaña durante varias semanas, pero la retomaron en cuanto empezó el año.

El 1 de enero de 1964, George publicó una biografía de campaña que hablaba con tono rimbombante sobre su trayectoria militar: «Le dispararon en combate, durante una acción que añadió la Cruz de Aviación por Servicio Distinguido a sus tres galardones de aviación». Diez años antes, tal vez con vistas a su futuro político, George había escrito a la Marina pidiendo tres medallas aéreas por una serie de misiones en las que había pilotado sobre el Pacífico durante la Segunda Guerra Mundial. La Marina comprobó en los archivos que, efectivamente, George había pilotado en el número exigido de misiones y lo premió con tres condecoraciones de aviación. Legare Hole, piloto de la unidad de George, explicó que el recuento de medallas de Bush había sido realizado durante la guerra según la política del oficial al mando de su equipo: «Creo que te daban medallas de aviación por cada cinco ataques en los que participabas ... nuestro grupo, y eso era decisión del capitán, supongo, junto con el comandante del grupo aéreo, no concedía ni mucho menos los galardones de esa forma, se otorgaban exclusivamente por los méritos hechos durante la misión».

En junio de 1964, George había ganado la primera votación y en julio acudió a la convención del Partido Republicano en San Francisco como representante de Goldwater. Su padre también asistió a la convención como representante alternativo por Connecticut, con una inclinación secreta hacia el moderado William Scranton, gobernador de Pensilvania. Después de aquello, Prescott escribió a su amigo Sam Bemiss y le pidió que fuera a Kennebunkport:

Quiero hablarte de nuestro viaje a San Francisco para la convención. Fue especialmente interesante, pues Pop estaba allí con la delegación de Texas y eso es un heroicismo [sic] por su reciente victoria. Los periodistas de Texas piensan que nuestro George tiene una gran oportunidad de ganar en noviembre. ¿Verdad que eso sería maravilloso?

Cuando el presidente Johnson firmó la aprobación del proyecto de ley de los derechos civiles en julio de 1964, George siguió insistiendo en los derechos estatales, que eran un código conservador para evitar la intervención federal en los asuntos raciales. «La nueva ley sobre los derechos civiles ha sido aprobada para proteger a un 14 por ciento de la población —afirmó George—. A mí me preocupa también el 86 por ciento restante.» En todas las paradas de la campaña atacó al senador Yarborough por haber votado a favor del proyecto de ley. «No hay nada más desafiante para un conservador que competir con este hombre —declaró George—. Estoy a favor de las grandes tradiciones de este estado y de las del Senado, y me duele en el alma ver que un hombre le da la espalda a su propio pueblo.»

«Fue una campaña odiosa —recordaba Alex Dickie Jr., ayudante personal de Yarborough—. Bush intentaba hacer que Ralph pareciera un enamorado de los negros ... Bush jugó esa carta racista una y otra vez, y apeló demagógicamente al sentir mayoritario de la gente. Lo hizo entonces y no ha dejado de hacerlo jamás.»

Para algunas personas, la oposición de Bush al proyecto de ley de los derechos civiles lo situaba en el grupo de los segregacionistas. Al igual que ellos, George decía que «detestaría ver» la Constitución «pisoteada en el proceso de intentar resolver los problemas de los derechos civiles». Afirmó que consiguió el apoyo del recalcitrante racista gobernador de Alabama, George Wallace, en las elecciones primarias del Partido Demócrata. «Para mí, esto indica que debe existir una preocupación general por parte de cualquier persona responsable de la nación sobre el proyecto de ley de los derechos civiles.»

Charles Sargent Caldwell, ayudante del senador Yarborough, sufrió la repercusión política del voto de su jefe a favor de la ley. «George Bush nos atacó por ese voto prácticamente todas las veces que realizaba un discurso ... La gente de Bush (tenía muchos subordinados, por supuesto) jamás realizaba un discurso en nombre de los candidatos republicanos sin sacar el tema del voto a favor de Ralph a esa Ley de los Derechos Civiles.»

En el verano de 1964, George Bush estaba convencido de que iba a ganar. Había conseguido el refrendo de veinte periódicos de Texas, incluyendo los dos rotativos de Dallas, los dos de Fort Worth y el *The Houston Chronicle*. Cuando creó una organización de ámbito estatal, Demócratas por Bush, incluso el presidente Johnson empezó a preocuparse.

«Ahora el problema que tenemos es conseguir que Yarborough venza a ese atractivo joven, Bush —le dijo el presidente al líder sindicalista, Walter Reuther—. Y él [Yarborough] tendría que dejar de pelearse con [el gobernador John] Connally y con todos los demócratas ... Contra los únicos que tendría que despotricar es contra los republicanos ... Acabarán teniendo a Tower en el Senado y también a Bush. Esa es su estrategia. Claro, Yarborough es un candidato muy débil. Los derechos civiles, el sindicato de trabajadores y el tema de los negros no es forma de que te elijan en un estado en el que Connally fue elegido con un 72 por ciento de los votos ... Yarborough juega con desventaja en ese estado. No tendría desventaja ni en Michigan ni en Nueva York, pero sí en Texas.»

El Partido Demócrata de Texas estaba dividido entre conservadores como el popular gobernador John Connally, moderados como el presidente Lyndon Johnson, y liberales como el senador Yarborough, que era una minoría en su propio partido y conocido por su talante combativo.

George Bush imaginó que cualquiera tan amigo de polémicas como Yarborough no podría ganar. El chico que había crecido necesitando ser querido por todos era a la sazón un hombre de cuarenta años que creía en la posibilidad de ser invencible. «Ralph Yarborough no es popular en el estado —escribió George a Lud Ashley—, y, pese a que el presidente es de Texas, creo que habrá mucha gente a quien le gustaría ver a Yarborough fuera del mapa.»

Duro, experimentado y veinte años mayor, el senador despreciaba a George tildándolo de niño bonito con voz de pito y denunciando que estaba financiado por ricos racistas de Texas. Aunque la campaña de Yarborough era desorganizada y no tenía financiación suficiente, apartó de un golpe a su contrincante al tratarlo de rico político oportunista que pertenecía a «todos los clubes de ricachones de Houston». Cuando le preguntaron a George sobre su pertenencia al Bayou Club, al Ramada Club y al Club de Campo de Houston, todos «exclusivos para blancos», dijo que no tenía ningún problema con su pertenencia. «Siempre he creído que la gente debe asociarse con sus amigos en sitios como esos.» Yarborough lo atacó por ser un «yanqui de Connecticut», y George contraatacó: «Prefiero ser de Connecticut y ser partidario de Texas que ser de Texas y ser partidario de Walter Reuther».

George ridiculizó a Yarborough por votar a favor del cuidado médico para los ancianos. Comparó el proyecto de ley con un programa federal para instalar aparatos de aire acondicionado en contenedores para el transporte de chimpancés y babuinos, poniéndole el sobrenombre de «aireado médico para los hacinados».

Atacó a Yarborough por apoyar «unos programas de gasto federal tan izquierdistas» como la Administración para la Electrificación Rural. Yarborough se burló diciendo que George «no sabría distinguir una cápsula de algodón de una vaina de maíz» y que era «un zoquete» porque mostraba «una actitud antitexana ante los granjeros y rancheros de Texas» al sugerir la eliminación de la Administración para la Electrificación Rural.

George se burló del apoyo de Yarborough a la Guerra contra la Pobreza con una referencia al proyecto del «bronceado», la acción llevada a cabo por los Cuerpos de Conservación Civil de la década de 1930, del que George dijo que había fracasado estrepitosamente. No obstante, los Cuerpos de Conservación Civil habían construido numerosos parques con lo que habían evitado que los jóvenes desempleados merodeasen por las calles durante los momentos más duros de la Gran Depresión.

«Bush quería poner los botes de mermelada en la balda más alta —declaró Alex Dickie Jr.—, mientras que Yarborough quería poner la mermelada en la balda que estuviera al alcance de la gente que no llegaba hasta arriba.» El senador apoyaba las subvenciones federales para la educación, la asistencia médica para los ancianos, la justicia social, los derechos de los hombres y mujeres trabajadores, la conservación del medio ambiente, las ayudas a las granjas, la electrificación rural y el desarrollo de las comunidades. George se oponía a todo ello.

Tras haber dado un giro a la extrema derecha de su padre, George, como jefe del Partido Republicano del condado de Harris, se había autorretratado como un conservador que podría llevarse bien personalmente con los miembros de la Sociedad John Birch. Declaró que el Partido Republicano no debía convertirse en un refugio para segregacionistas, y aun así su único esfuerzo por incluir a los negros en el partido fue crear una organización republicana separada para ellos. Su buen amigo demócrata, Lud Ashley, le escribió en 1964: «Eres mucho mejor que Goldwater, Tower y esa ala del partido, tan humano ideológicamente hablando y tan inteligente que simplemente no tienes competidor posible».

Pese al apoyo personal de Ashley, no hay nada que demuestre que George Bush fuera mejor que los principios que propugnaba. Ganar era lo único que le importaba. «Me gusta ganar —declaró a Associated Press—. Me gusta triunfar. La competición me estimula.»

Más adelante expresó arrepentimiento por haberse ido tan a la derecha en 1964. Aun así volvió a luchar contra los derechos civiles en 1966 en su primera campaña por el Congreso, y cuando votó por la igualdad de oportunidad para la vivienda en 1968, dio la impresión de que lo hacía a pesar suyo; porque era lo que esperaban los soldados estadounidenses negros, no por convicción personal. Tras haber apoyado dos campañas de Eisenhower (la de 1952 y la de 1956) y el intento de Nixon de 1960, George planeaba sin lugar a dudas seguir siendo republicano, pero durante 1964 no se dedicó precisamente a propagar la noticia.

Yarborough arremetió contra él por haber iniciado una campaña de dos millones de dólares y haber plagado el paisaje con carteles de su imagen en los que apenas se mencionaba la palabra «republicano». George contraatacó con alegaciones de que el senador había aceptado cincuenta mil dólares en una bolsa de papel marrón del rey de los fertilizantes de Texas, Billie Sol Estes, que estaba en prisión por fraude postal y conspiración.

En todos los mítines, Yarborough leyó el material de campaña de George Bush para demostrar que la Zapata Offshore extraía petróleo en Kuwait, el golfo Pérsico, Borneo y Trinidad. «Todo pozo productor de petróleo explotado en países extranjeros por compañías norteamericanas supone más petróleo extranjero barato en los puertos estadounidenses, menos hectáreas de tierra texana en usufructo para la extracción de petróleo y gas, y menos ganancias para los granjeros y rancheros de Texas —dijo Yarborough—. Lo que importa en campaña está muy claro: por un lado tenemos a un senador demócrata que está luchando por la vida del sistema de libre empresa, como dejan claro los productores independientes de petróleo y gas de Texas, y por otro, a un candidato republicano que es el perforador a sueldo del cartel internacional del petróleo.»

En los yacimientos petrolíferos de Texas, «Raff el Sonriente», como era conocido Yarborough, pidió a las multitudes que se preparasen para votar «a un oportunista de Connecticut que está extrayendo petróleo para el jeque de Kuwait».

A medida que descendía su popularidad en las encuestas semana tras semana, Yarborough continuaba asestando golpes de gracia. «Vamos a demostrar al mundo que el viejo senador Bush no puede enviar a Little Georgie aquí para comprar un escaño en el Senado», dijo a sus simpatizantes. Se burló tantas veces «del viejo papá» por «querer comprarse un sentadero para sus posaderas en el Senado de Estados Unidos» que Prescott Bush acabó respondiéndole con una carta: «El "papá" de George Bush no lo ha enviado a Texas. Decidió irse él solito hace dieciséis años y nos sentimos muy orgullosos y felices de que los texanos lo hayan acogido con tanto cariño».

Desde la distancia, Prescott disfrutaba de la turbulenta campaña de su hijo e hizo todo lo que pudo por ayudarle. Pero el estilo del padre era tan diferente del de su hijo como lo era su política. En cierta forma, Prescott había conseguido trascender los límites de su pasado conservador cuando se presentó a las elecciones mientras que George parecía haber involucionado. Su campaña de 1964 se oponía a todo lo que representaba su padre: los derechos civiles, el Tratado de Prohibición de los Ensayos Nucleares, la igualdad de oportunidad para la vivienda, la asistencia médica para la tercera edad. George llamaba a la asistencia médica «medicina estatal» y a Martin Luther King Jr., «un militante».

«En mi opinión, no cabe duda de que George Bush no es la

imagen de su padre —afirmó Charles Sargent Caldwell, ayudante
personal de Yarborough desde 1957 a 1970—. Recuerdo a Prescott
Bush en el Senado de Estados Unidos. Estaba allí en la misma época
que yo y lo recuerdo a él en particular entre esa generación que se
extingue de republicanos de mentalidad progresista ... George Bush
... es mucho más conservador. Trasladarse a Texas le afectó ... No
había duda de que si uno iba a meterse en el Partido Republicano
y convertirse en activista en un lugar como Odessa o Midland, iba
a tratar con un puñado de tipos que eran muy, pero que muy conservadores ... se te podía considerar moderado en Midland, Texas,
y aun así podrías estar más a la derecha que cualquiera que se presentase para presidente del partido en Massachusetts ... Así estaban las cosas en el país.»

En Texas, George había aterrizado en un planeta que no podía
soportar la existencia de republicanos progresistas. Así que se adaptó (algunos dicen que con demasiada facilidad) al entorno ultra-
conservador. En la época en la que el senador Goldwater abogó por
el uso de «pequeñas armas nucleares tácticas» para deforestar las
selvas de Vietnam del Sur, George también proclamó su apoyo al uso
restringido de armas nucleares si eran «prudentes desde un punto de
vista militar». A continuación despotricó contra Yarborough por apoyar el Tratado de Prohibición de los Ensayos Nucleares.

«¡Por Dios bendito! —exclamó Yarborough—. Bush no cree en
el aire puro, no cree en mantener alejado el estroncio 90 y las sustancias químicas que contaminan la atmósfera, que provocan cáncer en los bebés, leucemia, y esterilizan a hombres y mujeres.»

De inmediato, el patrocinador financiero de George, Martin All-
day, sugirió devolver el golpe con la historia de la leucemia de Robin.
«Le dije: "George, lo puedes usar a tu favor".» Pero George, según
Allday, dijo que la tragedia familiar no entraba en el juego.

Tal vez este raro ejemplo de contención sirva para entender la
consideración de sí mismo que tuvo George durante esa campaña.
En su autobiografía de 1987, *Looking Forward*, escribió: «Al igual
que las personas que escuchan a un candidato que se presenta por
primera vez aprenden algo sobre él, el candidato aprende algo sobre
sí mismo. Aprendí que los políticos que van directos a la yugular, los
que van a por la garganta del contrincante, no son de mi estilo».

Por aquel entonces había olvidado evidentemente la conversación que tuvo unas semanas después de la campaña de 1964 con John Stevens, su pastor episcopaliano en Houston. Stevens recordó que George dijo: «Ya sabes, John, he adoptado un par de posturas ultraderechistas para que me elijan. Espero no tener que volver a hacerlo. Lo lamento».

Aun así, la política de lanzarse a la yugular se repetiría en tantas ocasiones en campañas futuras que se convirtió en una constante. George siempre se arrepentía tras recurrir a los instintos primarios, o a lo que Yarborough llamó su «maldad con los débiles». La necesidad de ganar de George era tan grande que haría lo que fuera necesario para salir elegido, mientras que al mismo tiempo se ocultaba tras una imagen de hombre bondadoso cuidadosamente elaborada. Durante la campaña de 1964 distribuyó fotos suyas rodeado por su esposa, su perro y todos sus hijos. Utilizó a su hijo, Georgie, a la sazón de dieciocho años, para grabar un anuncio de treinta segundos en español con tal de atraer a los votantes mexicano-estadounidenses de Río Grande.

Durante aquel verano, el joven George trabajó en la campaña de su padre buscando números de teléfono, repartiendo banderitas y reuniendo los recortes de periódico sobre la carrera electoral en todos los condados de Texas. Antes de partir para la universidad en septiembre, condujo el autobús electoral de Bush durante una visita relámpago a cincuenta ciudades, entre las que se incluyeron las pequeñas localidades de Paris, Honey Grove, Bells, Electra, Henrietta, Quanah, Tahoka, Dimmitt, Big Spring, Snyder, Floydada, O'Donnell, Lamesa, Odessa y Midland.

En todas las paradas, el joven George salía del autobús con sus padres y recorría a toda prisa la ciudad para atraer a una multitud que escuchase a su padre.

«Lo recuerdo bien —comentó Don Dangerfield, bombero retirado de Odessa y más tarde activista contra la segregación racial—. Ese chico sabía que iba a esos lugares, que recorría las zonas exclusivas para blancos de la ciudad como si la existencia de estos no supusiera ningún problema, por el simple hecho de ser quien era.»

Big George habló en escalinatas de tribunales de justicia, en parques, en recepciones, en barbacoas, en meriendas sociales, en picnics, en subastas de ganado, durante las horas de almuerzo de los obreros y en encuentros religiosos. Las Bush Bluebonnets, un grupo de hermosas jóvenes que llevaban enormes sombreros azules mientras repartían folletos y distintivos de Bush, y los Black Mountain Boys, a quienes George presentaba en todas las paradas como «cuatro de los muchachos de la Iglesia de Cristo de Abilene», acompañaban a George y a Barbara en el viaje en autobús. Los «mozalbetes», una palabra anticuada que George había copiado de su padre, cantaban en versión country «El sol brillará algún día en el Senado, George Bush de los liberales va a librarnos», versos de una canción popular ligeramente retocados. La presencia de enormes multitudes que aplaudían felices y seguían el ritmo con los pies en todas las paradas convenció a los Bush de una victoria segura.

Barry Goldwater hizo dos apariciones en el estado con George, tal como hizo Richard Nixon, nuevamente ante numerosos grupos de personas. Halagado en especial por la visita de Nixon, George escribió para darle las gracias:

> No sabes cuánto me has ayudado. Ralph se ha puesto de los nervios y no para de ir por ahí repitiendo: «Soy realmente eficaz» y «Mis compañeros me aprecian de veras». De hecho, ha recurrido a un par de colegas de izquierdas para demostrar su punto de vista. Tu visita ha sido maravillosa y todos nosotros la agradecemos. Ha resultado de gran ayuda para recaudar fondos.

«Vamos a ganar —anunció George a sus partidarios a mediados de octubre—. Lo presiento. De verdad que lo presiento.» Yarborough había caído tan bajo en las encuestas que *The Houston Chronicle* publicó el siguiente titular en primera página: YARBOROUGH Y BUSH EMPATADOS. *Newsweek* predijo la victoria: LOS EXPERTOS ESPERAN UNA VICTORIA AJUSTADA DE BUSH. Incluso el *Yale Daily News* rezaba: «George Bush es joven, enérgico y muy conservador, y una victoria frente a su contrincante, Ralph Yarborough, lo convertiría en uno de los poderosos del Partido Republicano. Y la victoria es bastante probable». Los demócratas del condado de Harris estaban tan preocupados que enviaron un telegrama a la Casa Blanca dirigido al presidente:

En vista del increíble número de demócratas que está pensando en votar a George Bush, consideramos obligado que realice una aparición en Houston entre hoy y el día de las elecciones para apoyar la candidatura de nuestro buen senador demócrata Ralph Yarborough.

El presidente viajó a Texas para hacer campaña a favor de Yarborough, pero el día de las elecciones, el equipo de Bush estaba tan seguro de la victoria que trasladó el centro electoral de su partido a la sala de fiestas del hotel más grande de Houston solo para acoger a la multitud de seguidores que quería celebrar la victoria de George. Prescott y Dorothy viajaron desde Connecticut con su hijo Jonathan. El joven George viajó a casa en su primer año en Yale para estar con su familia en la gran ocasión. La sala de fiestas del hotel America había sido abarrotada de globos para la celebración.

«A las 19.01, mientras estábamos entrando en el aparcamiento del hotel para la fiesta de la victoria, escuchamos por la radio que esta se cancelaba —recordó el joven George—. En la campaña para el Senado de Estados Unidos en Texas, el senador Ralph Yarborough ha derrotado a George Bush.»

Con desánimo, el joven George asumió la misión de anunciar los resultados a las multitudes que iban en aumento. A las 21.00 la dolorosa realidad era que el presidente Johnson había conseguido la mayor y más aplastante victoria en treinta años de política estadounidense. Barrió en cuarenta y cuatro estados y en el Distrito de Columbia, prácticamente eclipsando a Goldwater, quien admitió la derrota antes de la medianoche. El huracán Johnson también empujó a Ralph Yarborough a la victoria con 1.463.958 votos frente a los 1.134.337 que consiguió George Bush.

De pie en la sala de fiestas, George permanecía atónito por la derrota. Daba vueltas por la sala al tiempo que iba dando apretones de mano y agradeciendo a los voluntarios de la campaña su duro trabajo. Sonreía animosamente e intentaba contener las lágrimas mientras aceptaba la victoria y felicitaba a su contrincante. «Ha sido una victoria con todas las de la ley —dijo con la voz temblorosa—. He intentado pensar a quién podemos culpar por esto y por desgracia he llegado a la conclusión de que el único culpable soy yo.» Cuando la noche tocaba a su fin, los que habían colaborado en la campaña vieron al joven George W. llorar.

Más adelante, su estupefacto padre se reunió con los periodistas. «Simplemente no sé lo que ha ocurrido —confesó George—. No lo entiendo. Supongo que tengo mucho que aprender sobre política ... El *straight party lever* [sistema por el cual se vota obligatoriamente a los candidatos del mismo partido que aparecen en cada papeleta] y el hecho de que hubiera un texano en las papeletas me han perjudicado. Entiendo que nos hayan derrotado por mucho en circunscripciones donde éramos minoría, pero...»

Yarborough no cabía en sí de la alegría, sobre todo cuando el presidente Johnson se pasó por su centro electoral para felicitarlo. El presidente se dirigió a los que habían colaborado en la campaña: «Gracias por no habernos perjudicado durante seis años más con la elección de otro senador republicano».

Más adelante, el senador describiría la campaña como «una de las más virulentas de la historia». Declaró que su voto a favor del proyecto de ley sobre los derechos civiles le pudo haber costado unos cuantos votos. «Sabía que solo el 38 por ciento de los votantes de Texas lo aprobaban y que era algo arriesgado. Voté por el interés a largo plazo de Texas. No hubiera sido fiel a mis principios de no haberlo hecho.» Consiguió el 98,5 por ciento de los votos de las personas de raza negra del estado en 1964, el primer año que no había impuesto de controbución urbana —que en gran medida dificultaba el voto a las personas de raza negra— en las elecciones federales de Texas. A continuación, arremetió contra su contrincante y afirmó que George Bush «tendría que hacer las maletas y volver por donde vino».

En ese momento, *The Houston Post*, que no había mostrado ninguna postura en la cuestión racial, de pronto cambió de opinión. En un editorial titulado «Snide Statement» (Afirmación insidiosa), el periódico escribió:

> Antes de las elecciones, consideramos difícil decidir quién sería mejor senador, si el senador Ralph Yarborough o George Bush, de Houston. Sin embargo, Yarborough —y otros— nos puso fácil decidir quién parecía mejor después de las elecciones.
>
> El hombre más grande es George Bush, quien aceptó con dig-

nidad una amarga derrota. Bush, en el discurso pronunciado tras las
elecciones, dijo que el único al que había que culpar era a él mismo. «Él [Yarborough] me ha vencido con todas las de la ley y yo
le deseo éxito», declaró Bush.

¿Y Yarborough, el gran vencedor? Lanzó una insidiosa afirmación al decir que Bush tendría que hacer las maletas y salir del estado. Nos gustaría recordarle a Ralph que Texas necesita más hombres como George Bush, al margen de su tendencia política.

Yarborough ganó con mayor ventaja de la que nadie podría
haber imaginado. Pero sale de esta competición más desfavorecido
que su contrincante. Y ha perdido algo que debería ser valorado
como importante, incluso para un político: el respeto.

Samuel Bemiss, que al igual que George se oponía al proyecto
de ley sobre los derechos civiles, envió sus condolencias a «Mi querido Pres» el 4 de noviembre de 1964: «No ha perdido nada y ha
ganado mucho». Prescott respondió a «Querido Sambo»: «Era simplemente demasiado, la corriente ascendente del voto de Lyndon
Johnson y el bajón del equipo de Goldwater-Miller. Nuestro chico
fue abatido por ambos aunque las encuestas le concedían más votos que a cualquier republicano sobre el que se haya hecho una encuesta en Texas, incluido Ike».

El padre de George, a los sesenta y nueve años, estaba luchando por adaptarse a su propio y precipitado retiro del mundo de la
política. También escribió a Bemiss: «Añoro el Senado. No puedo
superarlo. Era toda mi vida».

Prescott jamás se adaptó. Al escribir a sus compañeros de clase de Yale para su quincuagésima reunión, admitió lo mucho que
seguía añorando el Senado:

> Añoro la emoción, las presiones y los privilegios, sobre todo el
> privilegio de servir a mi partido y a la gente del estado que he llegado
> a querer. Pero … creo que [al fin] estoy adoptando una actitud más
> filosófica ante mi dilema. La vida ha sido demasiado buena conmigo al
> permitirme tener inquietudes en mis años postreros. Al fin y al cabo,
> siempre he creído en la jubilación a los sesenta y cinco o sesenta y ocho
> años, así que en realidad no puedo quejarme por mi decisión, que
> fue personal, puesto que estoy a punto de cumplir los sesenta y ocho.

Poco después de dejar el Senado, Prescott se vio apartado sin miramientos del panorama social.

Mientras tanto, George se sentía destrozado por su pérdida personal. «La única vez que lo recuerdo abatido de verdad fue cuando le ganaron [en el Senado] —comentó Mary Carter Walker—. Vino ... a visitarnos y jamás había visto a nadie tan triste como él. Pero se sobrepuso pasados unos días. Salió al campo de golf y lo superó.»

En realidad, a George le costó mucho más recuperarse de su aplastante derrota de lo que la tía Mary creía. Cuando al final volvió renqueante a su despacho, empezó a escribir cartas a sus partidarios. Prometió a Richard Nixon que permanecería activo en el partido, no sin admitir que resultaba «duro concentrarse [en el trabajo] después de la intensidad de la campaña para el Senado». Agradeció al presidente Eisenhower su apoyo y se disculpó por la derrota. «Creo que lo mejor que le puede haber ocurrido a mi padre en su vida, en una existencia llena de acontecimientos importantes, ha sido el servicio prestado al Senado de Estados Unidos. Tal vez haya sido demasiado ambicioso por mi parte pensar que yo también podría estar allí.»

Siete meses después de la campaña por el Senado de 1964, George seguía dándole vueltas a su derrota cuando le escribió a Lud Ashley: «Me he sobrepuesto, bueno, casi, de lo de noviembre».

El joven George había regresado de Yale, donde el 70 por ciento del campus había dado su apoyo a Lyndon Johnson. El *Yale Daily News* informó de que veintidós de los antiguos alumnos que aspiraban a un cargo público lo habían conseguido a excepción de cuatro; entre los cuatro perdedores, todos republicanos, se incluían George Herbert Walker Bush, del que «se esperaba que supusiese un duro reto para Yarborough, pero que fue derrotado de forma aplastante por la victoria arrolladora de Johnson de dos a uno».

El joven George no mencionó la derrota de su padre a ninguno de sus cuatro compañeros de residencia. Uno de ellos, Clay Johnson, no dejaba de buscar signos de abatimiento, pero no vio ninguno.

Años más tarde, George W. declararía que después de las elecciones se encontró con el capellán de Yale, William Sloane Coffin, en el campus y se presentó. Coffin, según George, dijo: «Oh, sí. Conozco a tu padre. Sinceramente, ha sido vencido por un hombre mejor que él». George asegura que este incidente fue la simiente de su eterna desconfianza hacia la gente del Este y empezó a conformar su ideología política. «Lo que me enfureció fue la forma en que esa gente de Yale se sentía intelectualmente superior y correcta. Creían estar en posesión de todas las respuestas. Pensaban que podrían crear un gobierno que resolviese todos los problemas por nosotros.»

La primera vez que George mencionó el incidente con Coffin a alguien fue cuando lo estaban entrevistando para *The Texas Monthly* en 1994, treinta años después de que supuestamente hubiera ocurrido. Al presentarse para gobernador de Texas, George pudo haber sentido la necesidad de conseguir que su pasado en la prestigiosa universidad pareciera más digno que el de «un chico de campo». Su historia fue repetida por *The Washington Post* en 1999, lo que trajo como consecuencia el desmentido de Coffin compensado ampliamente por una cita de Barbara Bush: «Fue un golpe tremendo. No solo para George, sino para nosotros. Y fue algo horrible por parte de un capellán decirle eso a un estudiante de primer año, sobre todo si quería verlo en la iglesia. No estoy segura de que George W. volviera a entrar [en la capilla de la universidad]».

Aun así, Barbara Bush, conocida por rencorosa, no mencionó este «tremendo golpe» en sus memorias. Ni tampoco el mismo George consideró el traumático incidente lo bastante importante para incluirlo en su autobiografía. Ambas omisiones hacen dudar de la credibilidad de la historia.

«No recuerdo haber tenido ninguna conversación con George W. Bush en Yale, y desde luego que no recuerdo haberle dicho nada tan cruel, ni siquiera en broma —declaró William Sloane Coffin muchos años después. Por aquel entonces, la historia de George había salido publicada en *The Hartford Courant* y en *The New York Times*—. Después de que tanta gente haya mencionado la historia que George estaba contando, le escribí y le dije que me costaba mucho imaginarme diciéndole con tanta seriedad que su padre había sido vencido por un hombre mejor que él. Pero si George contaba la historia, yo tenía que creerle, y por eso le pedí que me perdonase por algo que ninguno de los dos entendíamos.»

George garabateó una breve nota como respuesta: «Creo que lo que yo recuerdo es correcto. Aunque también sé que el tiempo pasa y no le guardo ningún rencor».

A aquellos que conocen a William Sloane Coffin, declarado activista en favor de los derechos humanos, la historia les parece absurda. A aquellos que conocen a George W. Bush la historia les parece improbable. Ninguno de sus compañeros de residencia entrevistados muchos años después recuerdan que haya mencionado el incidente en la época en que supuestamente ocurrió. Aunque ninguno quiso poner en duda su credibilidad ante la opinión pública.

Coffin era un personaje destacado en Yale cuando era capellán. En primera línea de la lucha por los derechos civiles, había sido detenido en 1961 en la primera Marcha por la Libertad en Montgomery, Alabama. Como adalid de la desobediencia civil, también se convirtió en personaje de repercusión internacional del movimiento antibelicista. La crueldad gratuita no formaba parte de su carácter.

«Tal vez, y subrayo el tal vez, haya visto a George encontrarse con el reverendo en el campus y tener la sensación de que él [Coffin] no era muy comprensivo con la derrota del padre de George —declaró uno de los estudiantes de la clase de George—, pero eso es solo porque el reverendo Coffin era conocido por estar a favor de los derechos civiles y en contra de la guerra de Vietnam, en total contraste con el padre de George, quien se oponía a los derechos civiles y respaldaba la guerra.»

En los años siguientes, William Sloane Coffin y George Herbert Walker Bush se convertirían en enemigos ideológicos, y tal vez George W., que siempre rompía lanzas por su padre, permitió esta animosidad generalizada para crear un recuerdo específico, un recuerdo que se hiciera eco en el estado que quería dirigir.

En la época en que George W. Bush contó su historia sobre el reverendo Coffin, en 1994, había entrado en la escena política en la que la verdad solía ser la primera baja. En 1964, una historia así sobre un insigne capellán no habría sido admitida. Treinta años más tarde, en una atmósfera más conservadora, la historia podría haber sido casi plausible.

Con todo lo que George Herbert Walker Bush se había apartado de los principios políticos de su padre, su hijo primogénito, George Walker Bush, había empezado a apartarse aún más.

# 13

La demanda que entabló George como presidente del Partido Republicano del condado llegó al Tribunal Supremo de Estados Unidos, y en 1964 le cayó como llovido del cielo el fallo de «un hombre, un voto». Dicho fallo exigía que la ciudad de Houston, antes un distrito electoral, se dividiera en tres. Uno de los nuevos distritos —el séptimo— era predominantemente rico, blanco y republicano: el que George deseaba representar en el Congreso. Una encuesta que encargó mostraba que ahí podía ganar con facilidad un republicano, por tanto anunció su candidatura para las elecciones al Congreso de 1966. Dijo ser «un hombre que debía tributo, así como el voto, únicamente a sus electores». Una postura fácil, pues la mayoría eran personas como él.

En esta ocasión George no dejó nada al azar. Sabía que tenía que resultar elegido para un cargo público si quería convertirse un día en presidente, por consiguiente renunció a su puesto en Zapata para dedicar toda la energía a la campaña política. Contrató a un responsable de publicidad de J. Walter Thompson, de Nueva York, para organizar todo lo referente a los medios de comunicación. Llevó a Richard Nixon a Houston para lanzar la campaña, convenció a Gerald Ford, líder de la minoría republicana en la Cámara, para recaudar fondos y buscó asimismo el aval del presidente Eisenhower.

Escribió a Ike:

> No existe titular y se trata de un distrito del que obtuve entre el 57 y el 42 por ciento en la contienda para el Senado en 1964. Mi

adversario es un demócrata conservador, pero creo que puedo derrotarle.

Me sabe mal molestarle de nuevo recurriendo a lo de la amistad con mi padre, pero le agradecería dedicara la foto adjunta.

George explicaba que la fotografía era para «un amigo negro, Jesse Johnson, que trabaja para mí. El voto de los negros puede tener una gran importancia en nuestra contienda y, teniendo en cuenta que tengo como adversario a un ex fiscal de distrito, creo que disponemos de excelentes posibilidades para recoger un buen porcentaje del voto de los negros».

El número de votantes negros en su distrito era relativamente bajo, pero lo que quería George era un bloque de votantes. A fin de difuminar su repetida oposición a los derechos civiles, siguió los consejos de su masajista, un afroamericano llamado Bobby Moore, y patrocinó un equipo de softball femenino negro denominado The George Bush All Stars. Escribió en su folleto de campaña como explicación parcial al patrocinio: «El deporte organizado es una maravillosa respuesta a la delincuencia juvenil».

Su adversario Frank Briscoe le acusó de hacer el juego a los votantes negros, pero George desvió la atención sobre la cuestión. «Creo que ya no podemos permitirnos un distrito blanco —dijo—. No haré un llamamiento a la reacción violenta por parte de los blancos. Sigo el ritmo de los sesenta.»

Siempre hiperactivo, George puso la superdirecta y empezó a dar vueltas por el distrito como un hámster en una rueda. Trabajó febrilmente, todos los días se levantaba a la salida del sol, iba de puerta en puerta, estrechaba manos y decía a todo el mundo que se preocupaba, aunque tal como puntualizó un periodista que seguía la campaña, «no dejaba claro sobre qué». Sin embargo, George hacía exactamente lo que Harry Treleaven, su responsable de publicidad de Madison Avenue, a quien pagaba estupendamente, le había dicho que hiciera: crear una imagen pública simpática. En un memorando de campaña, Treleaven había escrito: «Hay que mostrar a Bush ... como un hombre que pone todo su empeño en vencer». Como siempre, lo importante para George —y lo que él daba por supuesto que era importante para el resto— era la imagen. Lo esencial tenía relativamente poco valor, al igual que cualquier tipo de perspectiva, código moral o creencias profundas. Lo que importaba era ganar, y que le vieran como un vencedor.

Su adversario aparecía como una persona tan reaccionaria que a George se le veía moderado. Al igual que George, Frank Briscoe estaba en contra de cualquier tipo de legislación sobre derechos civiles, aunque Briscoe se había adherido con firmeza a la Sociedad John Birch, de la que George finalmente había renegado. Después de su primera campaña, George manifestó sentirse avergonzado de no haberlo hecho antes. La segregación en lugares públicos seguía siendo algo corriente por aquel entonces en el este de Texas, y en Houston tampoco era algo insólito. Así y todo, ambos hombres se mostraron en contra de la intervención gubernamental que pudiera poner fin a esas prácticas racistas. George afirmaba que no hacían falta leyes para garantizar la igualdad de oportunidades para la vivienda sin restricciones raciales. «Existen maravillosas alternativas en el campo de la vivienda que ayudarán a todas las personas a conseguir su propio hogar», dijo con vaguedad.

Publicó un anuncio a toda página en el *Forward Times*, el semanario de los negros, en el que en una foto se le veía a él con camisa blanca, mangas arremangadas, corbata aflojada y americana por encima del hombro: una imagen copiada de su coetáneo de Yale, John Lindsay, el televisivo alcalde de Nueva York. Acompañaba a la foto de George el siguiente mensaje:

> Vota al hombre que se preocupa realmente por lo que te preocupa a ti ahora mismo. Elige a George Bush para el Congreso y comprueba su actuación.

Su ingeniosa propaganda televisiva, su considerable apoyo económico y el reconocimiento de su nombre a partir de la contienda de 1964 para el Senado le brindaron una rotunda victoria (58 por ciento frente al 42 por ciento) en noviembre de 1966. George Bush había ganado sus primeras elecciones. De todas formas, al final no funcionó su atractivo hacia la comunidad negra. No se llevó el voto de estos en su distrito, algo que él mismo no comprendió. «Me sentí desconcertado y frustrado —escribió en su autobiografía—.

Al presentarme para el Congreso hablé de esa posibilidad [la de romper la tendencia de los negros a votar al Partido Demócrata] con un amigo de toda la vida, que presidía la United Negro College Fund cuando estuve al frente de la campaña de la UNCF en el campus de Yale en 1948.»

Se trata de un recuerdo típico de George H. W. Bush. Aparte de demostrar la forma en que escribe de nuevo la historia para adaptarla a sus conveniencias, se permite sentirse «desconcertado y frustrado» por el hecho de que un republicano contrario al fin de la segregación racial en la vivienda no obtenga apoyo de los votantes negros. Lo cierto es que George nunca «estuvo al frente» de la campaña de la United Negro College Fund. No existió tal United Negro College Fund en el campus en 1948. Más bien en lo que participó fue en la campaña del presupuesto anual de la facultad, un proyecto benéfico que asignó un 18 por ciento de los veinticinco mil dólares de la campaña a la United Negro College Fund, algo muy distinto a recaudar directamente fondos para los colegios privados para negros. La sede nacional de la United Negro College Fund afirmó que en sus archivos no constaba la afiliación de George Herbert Walker Bush en ningún momento de su estancia en Yale.

«Ah... tal vez él mismo se confundió con su hermano menor, con Johnny —bromeaba un amigo—. Johnny es miembro del comité ejecutivo de la United Negro College Fund y había sido presidente de la junta. O con su padre, Prescott, quien trabajó para recaudar fondos para los colegios privados para negros en 1952, cuando era presidente estatal de la United Negro College Fund de Connecticut.»

Años más tarde, en las campañas y en la vida pública, cuando George tuvo que ponerse a favor de los derechos civiles, citaba su trabajo como voluntario en Yale. Exageró tanto su discutible afirmación a favor de la United Negro College Fund que no solo se convirtió en algo real para historiadores y biógrafos sino también para el propio George. Cuando se le preguntó en 1988 cómo se presentaría sinceramente como candidato ante los estadounidenses negros en el momento en que la administración Reagan había diluido los derechos civiles durante ocho años, permaneció sentado en silencio, incapaz de poner una sola objeción. Maureen Dowd escribió en *The New York Times* que se le veía dolido después de aquella pregunta. «Pero —dijo luego George— ayudé a fundar la sección de Yale de la United Negro College Fund.»

La victoria de George en 1966 significó otro traslado para los Bush, puesto que Barbara, a diferencia de otras esposas de parlamentarios, no quiso permanecer en el distrito donde vivían mientras su esposo se iba a Washington. Era consciente de que su escaño en el Congreso constituía el primer paso hacia lo que George deseaba en realidad y ella pretendía secundarle en todo. El joven George W. estaba aún en Yale por aquella época, de modo que el traslado no le afectó, pero Jeb, que contaba a la sazón catorce años, quiso permanecer en Houston con sus amigos y terminar el curso. (Jeb estaba bastante acostumbrado a vivir sin sus padres. Había pasado los primeros nueve meses de su vida con unos vecinos mientras su madre vivía en Nueva York cuidando de su moribunda hermana. En los años que siguieron, su padre fue más bien una presencia fugaz. Cuando George no estaba de viaje de negocios, hacía campaña. «Ni cuando de pequeños vivíamos en Houston —admitió más tarde Jeb—, veíamos a papá de noche en casa jugando con nosotros. Mamá era la que estaba ahí para las buenas y para las malas. En cierta forma, aquello era una familia matriarcal. Él apenas paraba en casa.»)

Barbara preguntó al abogado del sector del petróleo de Houston, Baine Kerr, si Jeb podía vivir con los Kerr un año. Era mejor pedir a unos amigos que lo cuidaran que quedarse ella en Texas, separada de su esposo, al que apenas veía. Al ver que los Kerr aceptaban, Barbara y Jeb se mostraron felices.

Los Bush compraron una casa en Spring Valley, una zona residencial exclusiva dentro del distrito con unas cláusulas inmobiliarias que estipulaban la prohibición de venta de propiedades a los negros y a los judíos. Sin embargo, el traslado a Washington tampoco fomentó la unión de la familia que tanto esperaba Barbara. «George iba a casa [a Houston] cada semana durante aquella primera época [1967-1969] —recordaba ella—, pero nuestros hijos y yo solo podíamos ir durante las vacaciones escolares.»

A Neil, con once años, le diagnosticaron dislexia en segundo grado, y Barbara comprendió que necesitaba una educación especial. Decidió matricularlo, al igual que a su hermano menor, Marvin, en St. Albans, el exclusivo colegio masculino episcopaliano de Washington. Su hermana, Doro, o Dordie, como a veces la llamaban, fue al National Cathedral, su homólogo femenino.

«Durante aquel primer período trabajé para GB —decía Virginia Stanley «Ginny» Douglas—. En la oficina del Congreso todo el mundo le llamaba GB. Éramos como una gran familia ... Él y Bar atraían a las personas hacia su vida ... GB entablaba constantemente relaciones. Constantemente ... Johnny y Bucky Bush pasaban mucho tiempo en la oficina. Llamaban Poppy a GB, su nombre de pequeño ... Mi novio, quien más tarde se convirtió en mi esposo, y yo solíamos llevar a Neil y Marvin a los partidos de béisbol de los Washington Senators y también acompañábamos a menudo a Doro a patinar sobre hielo. Pasábamos mucho tiempo con los más pequeños.

»GB tenía un gran sentido del humor. Recuerdo una vez en que apareció en la oficina un vendedor de pelucas y postizos. GB se probó una peluca de largos rizos. Salió corriendo al pasillo para mostrársela al congresista James R. Grover, un republicano de Nueva York con acento de Long Island. GB entró de nuevo en el despacho diciendo: "Pues a Grover no le ha gustado. Ese hombre  no tiene sentido del humor".»

En cuanto George resultó elegido en 1966, su padre empezó a usar sus influencias para proporcionarle una importante misión en el comité. Como siempre, Prescott empezó por arriba. Llamó a Wilbur Mills, presidente de la Comisión de Medios y Recursos, la más influyente en la Cámara de Representantes. No se había nombrado a ningún congresista novel en dicho comité desde 1904, porque Medios y Recursos estaba reservado a los avezados en legislación fiscal, sobre todo a quienes tenían garantizada la reelección. «¿Por qué malgastar satén en una cita de una noche?», comentaba el pragmático presidente.

Prescott era consciente de que un puesto en Medios y Recursos significaba un gran salto cualitativo en la escena del Congreso, algo así como Andover y Yale en la vida real. Así pues, utilizó su amistad con Mills para que hiciera una excepción en el caso de George. Mills, un demócrata, dijo que Gerald Ford, el líder de la minoría republicana en la Cámara, nombraba para todos los puestos del comité a republicanos, pero Prescott, que sabía cómo halagar a un hombre poderoso, respondió que Jerry Ford aceptaría de buen grado lo que le propusiera Wilbur Mills.

George consiguió su puesto, aunque jamás admitió la intercesión de su padre. Al contrario, en una carta que escribió a un amigo, lo atribuyó a la suerte y al azar:

> Espero que apruebes mi nombramiento para el comité. Vamos a ver… Es algo en lo que interviene terriblemente la suerte y resulta que yo me encontraba en el lugar adecuado en el momento adecuado. De todas formas, se mire como se mire, es un auténtico cambio para un congresista novel entrar en la Comisión de Medios y Recursos.

(Pocas veces admiten los Bush que deben atribuir su éxito a cuestiones de privilegio y situación; es la razón que explica que, años más tarde, George W. pudiera presentarse como candidato a la presidencia como un «desconocido», sin admitir jamás en público que el hecho de ser el hijo de un antiguo presidente le había ayudado a aumentar su prestigio político.)

Barbara Bush promocionó como el resto de la familia el mito del hombre que ha alcanzado su posición gracias a sus esfuerzos. Ni siquiera parpadeó cuando respondió en una entrevista televisada a la pregunta de David Frost sobre la ayuda de Prescott a la carrera política de su hijo. «Jamás le ayudó —dijo muy seria—. Ni tampoco hizo llamada alguna para George, algo que he leído en algunas ocasiones. Nunca lo hizo.»

Amasar riqueza —o como decían los Bush, «asegurar nuestro futuro»— se convirtió en su prioridad básica, y cada cual declaró que su éxito económico constituía una consecución independiente. Incluso Prescott negó la realidad de su procedencia familiar y que su padre fuera uno de los principales industriales de su época. «[Esto] concuerda con la perpetuación del mito del hombre que ha alcanzado su posición gracias a sus propios esfuerzos», escribió el historiador Herbert Parmet, biógrafo autorizado de George Herbert Walker Bush.

También George insistió en que había ganado su fortuna por su cuenta y nunca reconoció haber dependido de su padre y de su tío, George Herbert Walker II, para conseguir los miles de dólares que necesitó en 1951 para crear Bush/Overbey, una operación petrolera de alto riesgo en Texas que más tarde le llevó al éxito con Zapata.

Antes de abandonar Texas, George vendió todas sus participaciones en Zapata y declaró públicamente el valor de sus posesiones ante el actuario de la Cámara de Representantes: 1.287.701 dólares (7.380.434 dólares en 2004). En aquella época una revelación financiera de esta envergadura era algo poco corriente y admirable. George fue el único miembro de la delegación de Texas que declaró voluntariamente sus bienes, incluyendo en ellos la lista de sus acciones. (Los registros fiscales y los formularios de declaraciones financieras a lo largo de los años indican que no aumentó su activo neto hasta 1992, cuando se retiró por fin del servicio público, se integró en el Grupo Carlyle y empezó a cobrar ochenta mil dólares por conferencias y apariciones públicas. A la edad de ochenta años, en 2004, los activos de George Herbert Walker Bush se estimaban en veinte millones de dólares.)

Llegó a Washington como miembro novel del partido minoritario en el Congreso, lo que significaba que se encontraba inmerso en las formas menos sofisticadas de la vida vegetal política, si bien, al haberse declarado acérrimo partidario de la guerra de Vietnam, tenía la impresión de formar parte de la mayoría moral. «Voy a apoyar al presidente independientemente de las armas que utilicemos en el Sudeste asiático —declaró después de que Lyndon Johnson iniciara la escalada bélica—. Estoy a favor de nuestra postura en Vietnam y contra quienes quieren retirarse de allí y entregar el Sudeste asiático al agresor comunista.»

Como comentaba su buen amigo James A. Baker III: «George respeta la autoridad. Tiene un profundo respeto por la autoridad». Este respeto —que su relación con su padre, y más tarde con Richard Nixon y Ronald Reagan, demostraron que era incapaz de superar—, junto con su forma de pensar convencional, le llevaron al enfrentamiento con William Sloane Coffin, el carismático capellán de Yale, que consideraba que la implicación estadounidense en Vietnam era un error legal y algo moralmente tan repugnante que aconsejaba a los jóvenes que se negaran a participar en la guerra. George, atónito, era incapaz de aceptar las acciones de Coffin, a las que calificaba de «anarquía provocadora». George estaba en lo cierto en esta descripción, puesto que hasta que Coffin puso a prueba el concepto legal de la desobediencia civil, no existía protección en este país para expresar la discrepancia: solo existía la detención.

El día anterior a la Marcha al Pentágono, el 20 de octubre de 1967, Coffin llegó a Washington acompañado por doscientos cincuenta manifestantes contra la guerra, entre los que se encontraba el admirado pediatra estadounidense Benjamin Spock, el escritor Norman Mailer y el poeta Robert Lowell. La potente mezcla de religión, fama y prestigio de la Ivy League [grupo de las ocho universidades más prestigiosas del Nordeste de Estados Unidos] atrajo a los medios de comunicación a la representación que tuvo lugar en la escalinata del Departamento de Justicia. Antes de entrar para proceder a la entrega de una bolsa que contenía 994 cartillas de reclutamiento recogidas en concentraciones contra la guerra aquella semana, Coffin se dirigió a los congregados.

«No podemos protegerlos —dijo—. Solo nos resta presentarnos públicamente como han hecho ellos. Nosotros aconsejamos a esos jóvenes que sigan negándose a servir en las fuerzas armadas mientras continúe la guerra de Vietnam, y nos comprometemos a ayudarlos y secundarlos de la forma que podamos. Eso significa que si se los detiene por infringir una ley que va contra su conciencia, a nosotros también tienen que detenernos por ello, pues somos igual de culpables ante la ley.»

Coffin y los suyos constataron decepcionados que no eran detenidos, lo que alteró a sus críticos, entre los que figuraba Kingman Brewster Jr., el presidente de Yale. Abrumado por las llamadas de ex alumnos escandalizados, Brewster abordó la polémica avivada por su capellán en la reunión del día de los Padres de Yale, una semana después. Leyó una carta escrita por un alumno de primer año al *Yale Daily News*, que consideraba representativa de la opinión mayoritaria de los estudiantes:

Una decisión tan drástica como la de la desobediencia civil tiene que ser una decisión individual, pues cada cual aguanta sus

consecuencias a solas. No debemos dejarnos llevar por el frenesí de
la firma en masa. Uno debe estar totalmente seguro de que no solo
se opone a la guerra por principios, sino que está dispuesto a sufrir años de cárcel, a pasar cierta vergüenza pública y a vivir con el
espectro que va a perseguirle hasta la muerte …

Admiro sinceramente a los afortunados que han sido capaces
de tomar la decisión de ir hasta el final para mostrar su disconformidad, o su aprobación. Sin embargo, yo defiendo el derecho a
mostrarme indeciso, a seguir con mi indecisión hasta el día del reclutamiento si hace falta. No voy a firmar un acuerdo que no esté
dispuesto a llevar a cabo.

El presidente de Yale dejó clara su desaprobación respecto a las
declaraciones y los actos del capellán, pero luego dijo:

¿Sería Yale una institución mejor si el capellán no se sintiera
libre para luchar por sus propias convicciones, incluyendo la pré-
dica y la práctica de la desobediencia no violenta de una ley que él
considera que no puede acatar en conciencia? Pienso que no … A
pesar de que no estoy de acuerdo con su postura en cuanto a la resistencia al reclutamiento, y en este sentido condeno su estilo, tengo
la impresión de que con su presencia, su brío personal y su práctica social ha aumentado en gran manera la calidad de la experiencia educativa de Yale y el ambiente de la institución. Así pues, no
solo me resulta fácil aceptar lo que desapruebo … sino que además
estoy convencido de que sus hijos mirarán hacia atrás pensando en
el Yale de 1967 y lo considerarán el lugar mejor en el que vivieron
y aprendieron precisamente por las controversias, incluyendo la
controversia en cuanto a la resistencia al reclutamiento, que pone
a prueba la paciencia de muchos de sus mayores.

Los ex alumnos se levantaron en armas. Veinticuatro horas
después, George recibió una carta de su tío Herbie (Yale, 1927),
quien había recibido la medalla de Yale, la más importante condecoración de la junta de ex alumnos de Yale, por haber recogido más
de dos millones de dólares para su antigua universidad:

Así estarás totalmente al día sobre el asunto Coffin. Te adjunto el texto completo que se publicó en el *New Haven Saturday* so-

bre la declaración de Brewster … No sé qué opinarás de ello pero muchos de nosotros consideramos que dicha declaración deja mucho que desear.

Jonathan Bush (Yale, 1953), quien trabajaba para G. H. Walker and Company, manifestó su desaprobación en una carta dirigida a Kingman Brewster:

> Estoy de acuerdo con usted en que Yale tiene más importancia que nunca para el país y en que Yale prepara, en efecto, a los dirigentes del mañana. No me gustaría pensar, sin embargo, que los dirigentes del mañana están influenciados por actos antipatrióticos organizados en la facultad universitaria.
>
> Estoy seguro de que ha recibido usted muchas quejas sobre William Coffin. No es mi intención insistir en el tema, antes bien añadir también mi protesta. Creo que cada vez que se menciona su nombre en un periódico, que se une a su nombre el de Yale, es motivo de tristeza para nuestra gran institución.

También George estaba furioso. Mandó una carta con el membrete del Congreso al secretario ejecutivo para la Junta para el Desarrollo de Yale sobre el discurso de Brewster. «La primera parte [en la que desaprobaba la postura del capellán] me gustó —escribió—. La segunda [en la que defendía al capellán], no.» Hasta ahí llegaba básicamente su intento por comprender la defensa que había hecho Brewster de la libertad de expresión del capellán.

En una carta dirigida a un elector de Houston, George decía:

> Me preocupa muchísimo el caso del pastor Coffin. He tratado el tema con el Departamento de Justicia y, como miembro de la Junta para el Desarrollo de Yale, tengo intención de mandar una protesta al presidente de Yale este fin de semana. Los del Departamento de Justicia se han limitado a responder que «estudian la cuestión» y están a la espera de la decisión del Tribunal Supremo sobre lo de las cartillas de reclutamiento. Tiene usted toda la razón sobre la falta de respaldo de la ley en este sentido, he manifestado mi protesta por ello y seguiré haciéndolo. Se sancionó con multas insignificantes a quienes irrumpieron en el Pentágono e infringieron deliberadamente la ley y no se detuvo a nadie a pesar de los intentos y propósitos. Fue una gran equivocación.

No satisfecho con el Departamento de Justicia, George se dirigió al Comité de Actividades Antiamericanas del Congreso, bien conocido por la caza de brujas de comunistas, del que recibió un informe de tres páginas fechado el 7 de noviembre de 1967, sobre Benjamin Spock. Años después, George especificaba que el informe del comité —que incluyó entre los papeles que donó a la biblioteca presidencial— tenía que mantenerse sellado.

Cuando llegó a New Haven para la reunión de la junta de Yale, George contaba con la investigación legal que demostraba que Coffin podía haber violado un estatuto del código del Distrito de Columbia relativo al servicio militar obligatorio, con lo que infringía también el Código Penal estadounidense. George informó a su elector de Houston: «Tuve una conversación con Kingman Brewster, presidente de Yale. En realidad, esta se convirtió en un importante debate entre él y yo ante ochenta miembros de la Junta para el Desarrollo de Yale».

Un «importante debate» es más bien una descripción ampulosa de la respetuosa pregunta que planteó George, como reconoció más tarde el director de funcionamiento y desarrollo de Yale:

> Fue un verdadero placer tenerle entre nosotros. Aquí aún colea su magnífica pregunta desde el público sobre la desobediencia civil y el capellán. Al plantear el tema como lo hizo usted, colaboró con una significativa aportación al éxito de este fin de semana, y debemos expresarle nuestro agradecimiento por ello.

Siguiendo con su campaña en contra del capellán de Yale, George escribió a otro elector. Habló de los cincuenta mil manifestantes de la Marcha hasta el Pentágono, calificando el acontecimiento de «lamentable manifestación»:

> Como licenciado de Yale y miembro de la Junta para el Desarrollo de Yale, he protestado contra estas acciones. El Departamento de Justicia me comenta que no queda claro si Coffin transgredió la ley, pero yo cuento con dos referencias específicas que considero que sí transgredió. Es una vergüenza para mi universidad, y lo que es más importante, para nuestro país. Haré todo lo que esté en mi mano para solventarlo.

La creciente presión obligó por fin al Departamento de Justicia a pasar a la práctica. El FBI detuvo a Spock y Coffin junto con otros tres activistas por recoger cartillas de reclutamiento de quienes se negaban a ir a Vietnam. Estos hombres, conocidos como «los cinco de Boston», fueron acusados de conspiración para secundar e instigar a la resistencia al reclutamiento, delito grave por el que, de ser condenados, cumplirían diez años de cárcel y deberían pagar una multa de diez mil dólares. Su juicio en Boston, conocido como «el proceso Spock», empezó el 20 de mayo de 1968, en el momento álgido de la guerra.

El proceso, celebrado en el período entre los asesinatos de Martin Luther King (4 de abril de 1968) y de Robert F. Kennedy (6 de junio de 1968), se centró en la idea de la desobediencia civil, en particular en aquellos que protestaban afirmando que la matanza de vietnamitas era una maldad absoluta. Sin embargo, el tribunal prohibió toda declaración que cuestionara la legalidad de la guerra de Vietnam, y la cuestión moral de los manifestantes quedó eclipsada por la continua escalada de la guerra. Finalmente, se declaró culpables a cuatro de los cinco hombres, incluyendo a Spock y Coffin, y se los condenó a dos años de cárcel. Tras recurrir la decisión del juez, las condenas se anularon en 1969. El gobierno no emprendió más acciones. La facultad y los alumnos de Yale pagaron más de la mitad de los costes legales de Coffin.

Mientras su universidad recibía duros embates, como una nave a merced del huracán, George Walker Bush, en su último curso en 1967, hizo su debut en *The New York Times*. Mientras el padre defendía el derecho del país a bombardear el Sudeste asiático, el hijo defendía el derecho de su fraternidad a «marcar» a sus futuros miembros.

«No es más que una quemadura de cigarrillo —dijo George W.—. No deja cicatrices físicas ni mentales.»

Desde que el *Yale Daily News* sacó a la luz las novatadas en las fraternidades o asociaciones estudiantiles, surgieron acusaciones de que en la de George, Delta Kappa Epsilon, se utilizaban procedimientos de iniciación «sádicos y obscenos». «La denuncia más polémica del campus de Yale fue la de que la DKE había aplicado "un hierro candente de los de marcar" en la parte inferior de la espalda de sus cuarenta nuevos miembros», según *The New York Times*.

«No comprendo como los autores del artículo pueden presumir que Yale sea una institución tan elitista y arrogante como para no permitir este tipo de prácticas de iniciación», dijo George. Como ex presidente de dicha asociación estudiantil, afirmó que las marcas se habían hecho con una percha caliente. «Algo insignificante —insistió—. Totalmente insignificante.» Puntualizó que las asociaciones de Yale contaban con los rituales de iniciación menos duros del país, y añadió que en las de Texas se utilizaban aguijadas eléctricas para el ganado.

En el duodécimo ciclo del calendario vietnamita, 1967 era el año de la cabra, pero para los estadounidenses fue el año de la muerte. Aquel año murieron más soldados en combate que durante los años anteriores desde el inicio de la guerra. A finales de 1967 más de cuatrocientos ochenta mil soldados estadounidenses se habían trasladado al Sudeste asiático, un número que superaba el de desplazados en el apogeo de la guerra de Corea. La participación estadounidense en la guerra de Vietnam había durado ya más tiempo que la Segunda Guerra Mundial y el tonelaje semanal en bombas lanzadas sobre Vietnam del Norte superaba al lanzado sobre Alemania durante toda la Segunda Guerra Mundial. Las manifestaciones contra la guerra en EE.UU., formadas en principio por izquierdistas de pelo largo del movimiento antinuclear, fueron convirtiéndose en algo más dominante a medida que las madres de clase media de los diez mil expatriados que habían huido a Canadá tomaron las calles. En diciembre de 1967, el presidente Johnson anunció un tradicional alto el fuego de Navidad y los B-52 se quedaron en tierra mientras visitaba a las tropas en Cam Ranh Bay.

George Bush, miembro del Congreso, se aprovechó también del paréntesis para visitar el Sudeste asiático. Salió de Houston el día después de Navidad con la intención de pasar dieciséis días en Vietnam, Laos y Tailandia. A la vuelta, publicó una declaración de entusiástico optimismo en la que expresaba «un abrumador sentimiento de orgullo por mi país». No se daba cuenta de que le había engatusado la promesa militar de la «luz al final del túnel». Tampoco veía la trampa del conflicto indefinido que iba a atrapar a más soldados estadounidenses. Al contrario, dijo: «En cada uno de los aspectos de la guerra —político, económico y militar— he visto u oído pruebas del avance». Pidió paciencia a Estados Unidos. «Las pérdidas del enemigo pesan mucho, y el Vietcong está perdiendo su poder sobre el pueblo en el campo. Son factores que le obligarán finalmente a abandonar.»

Quince días después, aquel enemigo que según él «perdía su poder» organizó una ofensiva durante el Tet, la fiesta lunar budista. Más de ochenta mil soldados norvietnamitas, atacaron las principales ciudades y la mayor parte de capitales de provincia. El Vietcong había trasladado la lucha de la selva a las ciudades y, pese a sufrir enormes pérdidas, cosechó una victoria psicológica y política gracias al elemento sorpresa. La ofensiva del Tet dio un vuelco a la actitud estadounidense respecto a la guerra, sobre todo después de que el respetado periodista de la CBS Walter Cronkite informara sobre su viaje para comprobar in situ las secuelas de los ataques.

Mostrándose muy crítico con los oficiales estadounidenses, Cronkite contradijo las declaraciones oficiales sobre el avance de la guerra. Criticó a los dirigentes por su insensato optimismo y aconsejó una inmediata negociación, «no como vencedores, sino como personas honorables que están a la altura de su compromiso en defensa de la democracia y han hecho todo lo que han podido». (Las negociaciones se iniciaron y se detuvieron hasta que entraron en vigor los Acuerdos de Paz de París, en enero de 1973, y se retiraron las tropas. Vietnam del Sur siguió adelante hasta que Saigón cayó en manos comunistas en 1975 y el país se unió de nuevo. Las pérdidas en vidas estadounidenses superaron la cifra de cincuenta y ocho mil.)

El 31 de marzo de 1968, el presidente Lyndon Johnson anunció que no iba a presentarse a la reelección. «Si he perdido a Walter Cronkite —confió a unos amigos—, he perdido al país.»

Intervinieron en la decisión del presidente el senador demócrata Eugene J. McCarthy de Minnesota, quien sorprendió al país cuando estuvo a punto de derrotar al presidente en las primarias de New Hampshire. La derrota de McCarthy (41 por ciento frente al 49 por ciento de Johnson) se consideró una enorme victoria del movimiento contra la guerra.

«Cuando Johnson anunció que no iba a presentarse para la presidencia —recordaba Mark Soler (Yale, 1968)—, empezaron a sonar las campanas de Harkness Tower, el mayor carillón del campus. El júbilo dominaba el ambiente.»

Tal vez estuviera cambiando la perspectiva del país, pero George Helbert Walker Bush seguía tercamente comprometido con la guerra, a pesar de que la familia y los amigos intentaran disuadirle de ello. Ya en 1954, su padre se había opuesto al envío de «tropas de infantería a las marismas de Indochina». Prescott había dicho en aquellos momentos: «Si hace falta nuestro apoyo militar ahí, considero que debe limitarse a las fuerzas marítimas y aéreas». Diez años más tarde declaraba que con la escalada de la guerra el mundo había cambiado la opinión positiva que tenía de Estados Unidos.

«Apenas queda un rincón del mundo … que se sitúe con entusiasmo a nuestro lado en lo referente al Sudeste asiático … y esto duele. Es algo que hace más difícil que el presidente ponga en práctica su política. Resulta más cómodo tener la opinión mundial al lado de uno en … cualquier cuestión importante de política exterior que despertar sospechas o generar la desaprobación de una parte importante del mundo.»

Sin embargo, George seguía siendo partidario de la actuación militar. Creía que la ofensiva del Tet no significó un retroceso para las fuerzas militares estadounidenses, y que solo los liberales del campus pensaban que Vietnam del Sur no triunfaría sobre Vietnam del Norte. Escribió a Richard Gerstle Mack, un compañero de la Skull and Bones, el Domingo de Pascua de 1968:

> Creo que te equivocas en cuanto al aspecto inmoral de este asunto. Yo no puedo tragarme que sea una guerra inmoral por nuestra parte. Si lo que dices es que toda guerra es inmoral estamos de acuerdo; pero no paso por este criterio tan selectivo y esta ciega disposición a poner de relieve la debilidad del gobierno de Vietnam del Sur pasando totalmente por alto el terror del Vietcong y las salvajes matanzas de Ho y sus muchachos …
>
> Lo que me sorprende a menudo es la arrogancia y la absoluta falta de compasión por parte de algunos pacifistas que apuntan que quienes no quieren poner pies en polvorosa y abandonar, en rea-

lidad no quieren que termine la guerra ... Esos hábiles críticos son inmunes a los repetidos abusos, al puro terror y a la tortura del Vietcong.

Cuatro años más tarde, en 1972, George se vio obligado a examinar de nuevo su condena a los manifestantes contra la guerra por su «arrogancia» y «falta de compasión». Su hijo Jeb, que contaba dieciocho años, había sacado un número bajo en el reclutamiento —el número veintiséis— y comentó a sus padres que se había planteado la objeción de conciencia. Como contó Barbara Bush a la United Press International en 1984: «George le dijo: "Aceptaré lo que decidas. Voy a apoyarte totalmente"». Pero la familia se ahorró la crisis. El reclutamiento para Vietnam terminó un día antes de que pudieran llamar a Jeb, quien ya había pasado el examen médico. Cuando Jeb presentó su candidatura para gobernador de Florida años más tarde, cuestionó el recuerdo de su madre.

Pese a que su segundo hijo no le había necesitado en el momento álgido de la guerra de Vietnam, Bush pudo tocar las teclas adecuadas de sus influencias para su hijo mayor, quien se alistó en la Guardia Nacional Aérea de Texas el 27 de mayo de 1968. En una época en que todas las semanas morían en combate trescientos sesenta estadounidenses, George W. no perdió por doce días su prórroga de estudiante para el reclutamiento. Había pasado la prueba de aptitud como piloto para las fuerzas aéreas y obtenido una puntuación de tan solo el 25 por ciento —la mínima aceptable—, pero gracias a la importante intercesión de Ben Barnes, el presidente de la Cámara de Representantes de Texas, George W. pudo saltarse la lista de espera de un año y medio y ciento cincuenta nombres y entrar en la Guardia. Le concedieron una de las dos últimas plazas para pilotos, juró como soldado de las fuerzas aéreas el día en que presentó la solicitud y se convirtió en teniente segundo sin ni siquiera pasar por la Escuela de Instrucción para Oficiales. En su solicitud, comprobó específicamente el recuadro que decía: «No me presento como voluntario para el servicio en el extranjero».

La última vez que se había producido aquella magia, el hada protectora de Cenicienta había levantado su varita mágica sobre una calabaza. Más o menos lo que hizo el coronel Walter B. «Buck» Stoudt, comandante de la Guardia Nacional Aérea de Texas, cuando le pidieron que explicara el trato preferencial reservado para George Walker Bush: «Dijo que quería volar como su papá».

El hijo describió su proceso mental a un periodista de Texas veinte años más tarde: «Me pregunté: "¿Qué es lo que quiero hacer?". Creo que no me apetece la infantería como soldado raso en Vietnam. Decidí, pues, que quería aprender a volar».

Una actitud típica de los Bush. Aceptan los privilegios que les proporciona su situación sin cuestionar nada. No reconocen sus privilegios ni se les ocurre pensar que otros no disfrutan de ellos. Por consiguiente, George W. como presidente podía manifestarse vehementemente en contra de la discriminación positiva como un tipo de «cupo», y no darse cuenta de que su entrada en Yale y su fácil admisión en la Guardia Nacional eran algo en cierto modo similar.

Por supuesto, el joven George no fue el único que se libró de Vietnam por tener un padre poderoso. Un informe del *Congressional Quarterly* demostraba que de 234 hijos de senadores y miembros del Congreso que alcanzaron la mayoría de edad durante la guerra, solo veintiocho fueron a Vietnam, y de este grupo, tan solo diecinueve entraron en combate: un fiel testimonio de clase y privilegio.

La guerra de Vietnam dominó aquella época, pero el presidente Johnson y el Congreso tuvieron que resolver también otras cuestiones. Se puso a prueba el último vestigio de discriminación legal en la primavera de 1968, poco después del asesinato de Martin Luther King y de los disturbios que encendieron las ciudades del interior. La Cámara de Representantes programó una votación sobre la Ley Federal del Derecho a la Vivienda, que prohibía la discriminación en la venta, el alquiler y la financiación de viviendas. El proyecto de ley fue aprobado por el Senado, salvando por los pelos las maniobras dilatorias, y el presidente Johnson deseaba verla firmada como colofón de su legado.

Tras haber hecho campaña contra los derechos civiles en 1964 y contra la igualdad de oportunidad para la vivienda (es decir, la

no discriminación para acceder a la vivienda) en 1966, se esperaba que George Bush se opusiera a la Ley del Derecho a la Vivienda en 1968, pero recibió una carta de un joven elector que había
trabajado para él dos veranos en prácticas. El joven, Charles G.
«Chase» Untermeyer, originario de Houston, y licenciado en Harvard en 1968, decidió aconsejar al miembro del Congreso que buscara una guía mejor. Le recomendó que votara a favor de la no discriminación en la vivienda diciéndole que era lo más correcto. Para
ello le citó la definición de Edmund Burke sobre la función del
legislador en una sociedad libre: «Tu representante no solo te debe
su diligencia, sino también su opinión; y en lugar de servirte te trai-
ciona si lo sacrifica en aras de tu opinión».

George tenía en tanta estima a Untermeyer que cuando el muchacho entró en servicio en la Marina, le recomendó como asesor del
contralmirante Draper L. Kauffman, al mando de las fuerzas navales estadounidenses en Filipinas. Causalmente, Kauffman era cuñado de Prescott Bush hijo.

En abril de 1968, George sabía que no encontraría oposición
para la reelección. Su distrito de Houston estaba tan tranquilo que
los demócratas ni siquiera se molestaron en poner un candidato
para cubrir el expediente. Podía votar sin problemas contra la discriminación en la vivienda sin tener que enfrentarse a sus consecuencias políticas. Por ello se apresuró a responder a Untermeyer:

> Le agradezco muchísimo su «opinión no solicitada» sobre la no
> discriminación en la vivienda … Votaré a favor del proyecto de ley
> finalmente —no sin recelos, enormes recelos políticos y también
> constitucionales— y sé que no va a resolver mucho … pero … en
> el fondo veo que tiene usted razón sobre el simbolismo de la no dis-
> criminación en la vivienda … Esto va a afianzar mi carácter y me
> creará enemistades: su carta me ha ayudado a decidirme.

Al principio, durante la votación de procedimiento, George intentó sabotear el proyecto y enviarlo a discusión, un intento de obstruir su avance, debilitarlo y devolverlo al Senado, donde lo más seguro era que saliera derrotado en una intervención para impedir que
se sometiera a votación. En un boletín informativo a sus electores,

afirmaba haber intentado sabotear el proyecto de ley a causa de «ciertas cuestiones legales». Al fallar el intento, la Cámara pidió el voto
por el propio proyecto de ley y George recuperó su voz.

Al día siguiente escribió a Untermeyer:

> Charlie, amigo mío:
> … Ayer voté a favor de la Ley de los Derechos Civiles. Hoy ten
> dré que espabilar. Y el domingo me vuelvo a Houston.

Pese a que George había servido en una Marina que practicaba la segregación, pertenecido a clubes exclusivamente para blancos y vivido en casas en cuyos contratos figuraban cláusulas restrictivas, no se mostraba del todo ciego ante el enorme número de
jóvenes negros pobres que acudieron a Vietnam mientras los hijos
blancos de los privilegiados, incluyendo los suyos, se quedaban en
casa. En Estados Unidos nunca quedó tan clara ni se manifestó con
tanta crueldad la disparidad entre los blancos privilegiados y los negros pobres como en los arrozales del Sudeste asiático.

Cuando George volvió a Houston para intervenir en un acto
público, recordó su viaje a Vietnam. «Allí charlé con muchos soldados negros —dijo—. Luchaban, algunos morían, por los ideales
de este país; algunos hablaban de volver, casarse e iniciar una nueva
vida. De un modo u otro parece claro que ese muchacho tiene derecho a la esperanza. La esperanza de que si consigue ahorrar algún dinero, si desea salir del gueto, si tiene carácter y reúne todos
los requisitos de compra, no van a darle con la puerta en las narices
por el simple hecho de ser negro o de hablar con acento mexicano.»

George contó a unos amigos que el acto había empezado «con
silbidos y abucheos» y había terminado con «el público de pie para
ovacionarlo».

Al no estar acostumbrado a las críticas, unos días más tarde le
dolió todo el correo negativo que recibió. Para un hombre que vivía entre adulaciones, incluso la más mínima reprimenda representaba un duro golpe. Se refería continuamente a «la ponzoña y a la
amargura» que había vivido. Escribió a un amigo hablándole del
«odio incubado, los sobrenombres, la porquería a raudales, hacia
nuestras chicas [de la oficina]: "Debes ser negro o chino" y tal y

cual, y las masas del condado renegando de mí, denunciándome y planteándose en serio si van a seguir apoyándome, aparte de los desaires de los candidatos a las legislativas que deseaban mi apoyo y no paraban de adularme unos meses atrás».

Escribió a otro amigo hablándole de «los cientos de cartas que he recibido ... El odio va en aumento ... casi todo lo que encuentro en el correo son cartas críticas ... exaltadas y mezquinas».

A medida que fueron pasando los años, George se inclinó por recordar su postura ante la no discriminación en la vivienda, como si aquello fuera acompañado con una evocadora trompeta que señalara una acción solitaria de espléndido valor en lugar de un curioso intento de hacer lo correcto, y no sufrir por ello repercusiones políticas. Fue uno de los nueve congresistas por Texas que votó a favor del proyecto de ley, pero normalmente olvidaba citar a los otros ocho. Después de entrevistar a George y a Barbara Bush en 1988, Gail Sheehy escribió: «En 1968 fue el único miembro del Congreso de la delegación de Texas que votó a favor de la no discriminación en la vivienda». La periodista afirmaba que no creía que hiciera falta confirmar los votos de la delegación de Texas pues suponía que los Bush decían la verdad. «Tenía que haber desconfiado», dijo.

Por aquella época, el hombre que había exagerado en cuanto a su participación activa en la United Negro College Fund se había ido deslizando hacia las peligrosas arenas movedizas de la exageración y de las mentiras por omisión. Surgió de ellas años más tarde con una amplificada perspectiva de sí mismo tan distorsionada como la de un espejo de feria. Cuando llegó el momento de crear su Biblioteca Presidencial en College Station (Texas), dio su visto bueno a una suerte de monumento a su persona, una exposición en la que se le coronaba con los laureles de la integridad.

La muestra llevaba como título «A Profile in Courage», a partir del título de la obra de John F. Kennedy que ganó el Premio Pulitzer sobre hombres que defendieron sus principios pagando por ello un elevado precio político. Quienes visitaron la biblioteca leyeron lo siguiente sobre el joven miembro del Congreso por Texas:

En 1968, el congresista Bush votó a favor del proyecto de ley contra la discriminación en la vivienda. En aquellos años Estados Unidos se encontraba sumida en la confusión sobre los derechos civiles y la postura de Bush sobre esta cuestión no fue bien acogida entre sus posibles electores conservadores de Houston. Quienes se oponía a la ley creían que esta llevaría al «control gubernamental de la propiedad privada».

Después de la votación, las airadas cartas de los segregacionistas invadieron sus oficinas en Texas. George Bush se enfrentó a sus críticos con la cabeza alta. En una comparecencia ante un público hostil en la sección Memorial West de su distrito, con tranquilidad y firmeza mantuvo sus principios filosóficos recordando a todos que los afroamericanos y los hispanos se encontraban en aquellos momentos bajo el fuego enemigo en Vietnam, sirviendo a su país. La discriminación contra aquellos hombres aquí, en casa, era algo erróneo. «Sea como sea —concluyó—, parece fundamental que no se dé con la puerta en las narices a un hombre a causa de su raza o color.»

Tras un momento de silencio, el público se levantó y empezó a aplaudir y aclamarle; el joven miembro del Congreso había ganado la batalla.

Cuando llevaba solo dieciocho meses en la Cámara de Representantes, George se sentía frustrado con su cometido como simple miembro del Congreso. Él y su padre decidieron que ya estaba preparado para su próximo cargo: deseaba convertirse en vicepresidente de Estados Unidos. Juntos, padre e hijo iniciaron una campaña para convencer a Richard Nixon de que convirtiera a George en candidato a la vicepresidencia en 1968. Colaboró en el lanzamiento de esta campaña de largo alcance el buen amigo de su padre Rowland Evans, cuya columna política, que firmaba con Robert Novak, se publicaba en *The Washington Post*. Dos meses antes de la convención republicana, Evans y Novak titularon su columna del 5 de junio de 1968: El joven miembro del Congreso de Texas Bush, consigue que Nixon se fije en él para el cargo de vicepresidente.

«El evangelista Billy Graham, un emprendedor juez de gran talento político, hizo hace poco una insólita sugerencia a su amigo Richard M. Nixon: el representante de Texas, George Bush, para vicepresidente —escribieron los columnistas—. La posibilidad se basa en el estilo televisivo de Bush, a quien Graham considera como uno de los mejores políticos actuales. A Nixon le han impresionado especialmente los espontáneos comentarios de los periodistas que cubrían su campaña sobre el hecho de que Bush constituía la única pincelada positiva en el deprimente espectáculo televisivo de los miembros del Congreso republicanos este año.»

Aprovechando la publicidad nacional, George y su padre idearon una campaña para impresionar a Nixon sobre la influencia de George en el mundo empresarial y de las finanzas, la principal veta de recaudación de fondos. Prescott volvió a echar mano de sus haberes políticos y sociales y en cuestión de días Nixon recibió cartas de veinticinco de los más insignes republicanos del país, quienes le suplicaban que eligiera a George Bush como vicepresidente. Entre los nombres de la lista de Prescott se encontraban George Champion, presidente del Chase Manhattan Bank; Donald B. Lourie, presidente de Quaker Oats Company; Daniel C. Searle, presidente de G. D. Searle and Company; Walter Hoving, presidente del consejo de administración de Tiffany and Company; John E. Bierwirth, presidente del consejo de administración de National Distillers and Chemical Corporation. Entre otros gigantes del campo empresarial cabe citar Overseas National Airways; Pennzoil United, Incorporated; Northwest Bancorporation; Hanes Corporation; J. P. Stevens and Company; First National City Bank of New York y, evidentemente, la estructura operativa de la familia Bush: Brown Brothers Harriman y G. H. Walker and Company.

Los archivos de la Biblioteca Presidencial de Bush ponen de manifiesto un esfuerzo coordinado por parte de George y su familia para llevarle hasta la vicepresidencia. Contaron también en el empeño con los mayores partidarios de Bush en Texas, entre los que pueden citarse a W. S. Farish III, presidente de W. S. Farish and Company, y H. Neil Mallon, presidente de Dresser Industries. En una carta a Nixon, Mallon escribía: «Se dice que Billy Graham afirmó que George Bush es el mejor que ha visto en televisión. Estoy de acuerdo con él ... Lo necesitas en la lista».

Cuando George recibió una carta de su amigo Louis F. «Bo» Polk Jr., vicepresidente de finanzas de General Mills —quien escribió que promocionaba como podía a Bush para la vicepresidencia («Con tu aspecto y buen humor y con mi cerebro y capacidad para apoyarte, no habrá quien te pare»)—, George respondió: «No te quedes ahí pasmado recitando tópicos. Muévete y escribe una encendida carta a Nixon».

Prescott advirtió con astucia a su hijo que necesitaba ponerse en contacto con Thomas Dewey, el antiguo gobernador de Nueva York, quien había perdido la presidencia en 1948 por culpa del «a por ellos» Harry Truman, pero que seguía manteniendo poder en el seno del Partido Republicano. Dewey, íntimo amigo de Prescott, presidía un comité coordinador secreto para asesorar a Nixon sobre la vicepresidencia. Dewey y George Champion se aseguraron de que el comité entrevistara a George Bush.

George asistió a la convención del Partido Republicano en agosto con grandes esperanzas de resultar elegido. Hasta mucho más tarde no se dio cuenta de que Nixon le había descartado desde el principio por su falta de experiencia en el gobierno y porque nunca había alcanzado un cargo de Estado. Después de los disturbios de abril de 1968 en Washington, Baltimore, Chicago, Trenton, Cincinnati, Newark, Detroit y Boston, Nixon dijo que necesitaba a alguien que comprendiera las ciudades y limitó sus opciones a alcaldes y gobernadores, pero nadie esperaba que eligiera al hombre que le había propuesto para presidente en Miami Beach. Sorprendiendo a todo el mundo, incluso a sus asesores más próximos, Nixon anunció que su vicepresidente iba a ser el gobernador de Maryland, Spiro T. «Ted» Agnew.

Prescott escribió inmediatamente al gobernador Dewey:

> Me temo, Tom, que Nixon ha cometido aquí un grave error. Tenía la oportunidad de hacer algo inteligente, de añadir un toque de gracia a la lista, y no lo ha querido ver. No alcanzo a imaginarme la razón, cuando piensas en los tres últimos nombres, ves que cualquiera de ellos habría sido una opción mejor. Estoy convencido de que Agnew es una buena persona. Pero para la prensa y para los independientes es una opción sin sentido, mejor dicho, una oportunidad perdida. Y al parecer, muchos opinan que no es solo esto … sino un gesto hacia Wallace South. Si esto compensa, creo que Dick va a «perder en los cacahuetes lo que gane en los plátanos», como dice el frutero italiano.

Tres días después Dewey respondía a su viejo amigo:

> George ha causado tanta sensación en Washington y, en efecto, en todos los miembros del comité coordinador en su comparecencia, que la opinión que expresé sobre su idoneidad para la vicepresidencia procedía de la convicción y la admiración. He de confesar que no me encontraba solo en este sentido, al contrario, estaba en buena compañía. Creo que se debió tan solo a la sensación de que no había asumido un cargo público durante suficiente tiempo. Tenía todo lo demás a su favor y estoy convencido de que puede esperar una extraordinaria e imparable carrera en el futuro.

George se emocionó al leer la carta de Dewey. Le escribió inmediatamente:

> He de agradecerle [su] interés y ayuda.
> Puede que el vino fuera excesivamente embriagador —conseguir que se me tomara en consideración para el cargo—, pero estoy convencido de que los esfuerzos en mi favor se hicieron con buen gusto y de forma que no pudieran afectar a lo que yo considero mis excelentes relaciones en el Congreso.
> Muchísimas gracias por su interés en esta larga carrera de Silky Sullivan [término utilizado en las carreras para designar un caballo que efectúa una larga carrera desde muy lejos, que se utilizó por primera vez para un caballo que recorrió cuarenta y un largos para ganar una carrera]. Para mí fue un importante valor añadido y estoy en deuda con usted por su interés.

Cuando George respondió a su amigo Bob Connery, le dijo:

> Llevamos a cabo una carrera en cierto modo frustrada para la vicepresidencia. La semana pasada vi a Nixon en San Diego y me confirmó que se lo había planteado muy en serio, pero lo había rechazado a causa de mi corto período de servicio en la Cámara. Espero que la lista funcione y estoy convencido de que Agnew, después de un inicio tambaleante, tendrá solo una dirección: hacia arriba.

En privado, George se refería a Agnew, el griegoamericano elegido por Nixon, como «Zorba el Veep» (en la jerga, vicepresidente).

A pesar de que Nixon había escogido al gobernador de Maryland como vicepresidente, quedó tan impresionado por la influencia de George entre el empresariado que convirtió al joven en su protegido.

George había aprendido de su padre el arte de las influencias. Había visto con sus propios ojos que eran capaces de crear una carrera política próspera. Y al igual que su padre, él también iba a tocar las teclas adecuadas para cada uno de sus hijos, así podrían conseguir independencia económica. Y ellos, por su parte, insistirían también en que habían amasado millones solos y en que habían ganado altos cargos públicos independientemente del activo dinástico de la familia.

Durante su campaña de 1968 como candidato a la vicepresidencia, George tuvo que robar tiempo a su frenética planificación del mes de junio para asistir a las festividades de Yale con motivo del final de carrera de su hijo, que duraron dos días. Pero George no pudo quedarse ni dos horas: permaneció allí el tiempo justo para ver como su hijo recibía el título. El joven George pasó la fiesta con sus amigos.

«Estuvo con mi familia casi los dos días enteros —comentaba su compañero de habitación, Clay Johnson, de Texas—. Recuerdo que cuando su padre se marchó hizo algún comentario diciendo que preferiría que su padre no tuviera ese tipo de obligaciones. "Habría sido fantástico tener a mi padre aquí todo el tiempo." No era algo que decía de paso —seguía Johnson—. A todo el mundo le gusta que su familia esté ahí. Es muy consciente de lo que representa el servicio público para los miembros de la familia.»

«Mi padre murió en 1986 —recuerda Roland «Bowly» Betts, miembro de la fraternidad de George W. e íntimo amigo suyo—. George contó [a mi familia] una historia explicando que después de licenciarse en Yale escribió a mi padre agradeciéndole haber ejercido como padre en ausencia del suyo. Nadie está tan unido a su padre como George, pero el suyo estaba … muy ocupado. Y él [George] empezó a llorar. Evidentemente, yo lloré, mi esposa lloró, y pronto todos [mis dos hijas y George] estábamos llorando.»

El día en que se licenciaba su hijo, el congresista Bush había hecho público un comunicado de prensa denunciando la Marcha de los Pobres a Washington y su campamento en el paseo conocido como Resurrection City. Había escrito al pastor Ralph David Abernathy, quien dirigía un variopinto ejército que avanzaba hacia la capital de la nación en un carromato tirado por mulas para entregar una petición al gobierno. Abernathy tenía la misión de presionar al Congreso para conseguir un salario mínimo de 2,50 dólares, un millón de puestos de trabajo en el ámbito federal y unos ingresos garantizados. George dijo que estaba «afectado por la explosiva situación» de los pobres allí congregados. En el comunicado de prensa decía con contundencia: «El Congreso no va a aceptar amenazas».

Para su primo, Ray Walker, el hijo de tío Herbie, aquella reacción era típica del presuntuoso sentido de clase de la familia Bush.

«¿Alguno de esta familia sabe lo que es ser pobre? No —respondió—. Y la pregunta más importante es: ¿son conscientes de su propia ignorancia?» Ray Walker incluía a los Walker, además de los Bush, en sus críticas, diciendo que ni una familia ni otra sentían la más mínima comprensión por los menos afortunados.

El congresista Bush no tenía ningún interés en llegar a Yale a tiempo para oír el discurso de Dick Gregory, el humorista y activista social negro. Gregory estaba en su decimoctavo día de los treinta y dos de ayuno que se había marcado como protesta contra la guerra de Vietnam. Iba sin afeitar y tenía los ojos enrojecidos. Pero dijo que había ido hasta allí para que los que se licenciaban en Yale tuvieran idea de lo que era ser negro en Estados Unidos:

> Suponed que vais a comprar un paquete de cigarrillos. Pones el dinero en la máquina pero no ocurre nada. Pones más dinero y sigue sin ocurrir nada. Has hecho lo correcto pero no ha ocurrido nada. Entonces le das una patada a la máquina y luego otra, pero sigue sin ocurrir nada. Es de lo más frustrante. La máquina te debe un paquete pero no te lo da.

El curso de 1968 dio una gran ovación al cómico. Años más tarde, al escribir sus memorias políticas, George W. Bush recordaba el discurso de Gregory. «Era una perspectiva diferente —dijo— y consiguió una impresión duradera.»

La preocupación de su padre en aquella época era la de castigar a quienes pegaban patadas a la máquina de tabaco incitando a los incendios, el saqueo y la violencia durante los disturbios de 1968. Bush presentó leyes para negar el empleo federal a cualquier persona declarada culpable de acciones ilegales en relación con los desórdenes civiles. El proyecto de ley no prosperó en el Congreso, pero la publicidad que tuvo en Texas afianzó sus férreas credenciales como conservador partidario de la ley y el orden que reflejaba la opinión de su electorado.

Camino de la ceremonia de entrega de diplomas en Yale, George Bush pasó por la carretera que circunvalaba el paseo Prescott S. Bush, una urbanización compuesta por sesenta casas de renta limitada destinada a personas mayores de New Haven, a la que habían puesto el nombre en honor a su padre. Como senador, Prescott había colaborado en la puesta en marcha de uno de los programas urbanísticos más globales de EE.UU. Y se le agradecía el interés mostrado en la desaparición de las viviendas insalubres y la renovación urbana. «Al principio, cuando éramos pioneros, mi trabajo como alcalde de New Haven era solitario y frustrante —declaró Richard C. Lee en la ceremonia de inauguración—. Hubo, sin embargo, una voz que siempre se hizo oír, era la voz y también el voto del senador de Connecticut.» Los alquileres en la urbanización Bush, en cuyas viviendas se incluía calefacción y agua caliente, se establecieron al principio en cuarenta y cinco dólares mensuales.

En aquel día concreto de 1968, la diferencia existente entre Prescott Bush y su hijo podía medirse en las millas que separaban el embarrado carromato de Resurrection City de la reluciente limusina negra que se alejaba a toda velocidad de las barriadas de New Haven, camino del exuberante oasis de Yale.

# 14

Georges W. Bush estaba decidido a ir a Yale. La larga lista familiar de ex alumnos recorría cuatro generaciones hasta llegar a su tatarabuelo, el reverendo James Smith Bush (curso de 1844). A su abuelo Prescott, cuya devoción hacia aquella escuela jamás flaqueó, se le conocía en el campus como el senador de Yale. Como miembro de la Yale Corporation durante doce años, socio del Calhoun College de Yale y miembro de la Junta para el Desarrollo de dicha universidad, Prescott podía tocar las teclas adecuadas para conseguir la admisión de su nieto, suponiendo que George quisiera matricularse allí.

—Yale no es una opción, es un compromiso, George. ¿Sabes qué significa esto?

—Creo que sí, senador —respondió el nieto, a quien no se permitía dirigirse a su abuelo llamándole de otra forma—. Significa mantenerse fiel a algo sin que importe en realidad a qué.

Prescott señaló el plato del desayuno del joven.

—Es la diferencia —dijo— entre el jamón y los huevos. El pollo está involucrado; el cerdo, comprometido.

A Prescott le gustaba expresarse con estilo campechano. Cuando dimitió de la Junta para el Desarrollo de Yale unos años más tarde, se le preguntó si deseaba integrarse en una comisión asesora. Escribió a Kingman Brewster, presidente de Yale:

> Me he sentido como el viejo pastor de color que se jubilaba a los setenta años después de haber pasado cuarenta y cinco en la

misma congregación, y en su plegaria de despedida dijo: «Señor, vos sabéis que os he servido largo tiempo y que he puesto en ello todo mi empeño, conocéis mi amor hacia vos y sabéis que, incluso jubilado, haré todo lo que esté en mi mano por ayudar a vuestro pueblo en la tierra, si bien ahora tan solo, oh, Señor, en calidad de asesor».

Después de aquella visita a su abuelo, el joven George volvió a Andover y habló con el decano. Se le dijo que sus mediocres calificaciones tal vez no satisficieran los rigurosos requisitos de Yale. El decano sugirió a George que escribiera otras dos universidades alternativas. George escribió: «(1) Yale, (2) Yale, (3) Yale». Para curarse en salud, presentó una solicitud en la Universidad de Texas, aunque solo porque el decano insistió. El historial del colegio secundario de George, que nunca permitió publicar, era problemático, y no solo por falta de notas destacadas. Durante sus años en Andover (1961-1964), colgó una gran bandera confederada en la pared de su habitación, para dejar constancia de que los escasos estudiantes negros no eran bienvenidos. Este acto flagrante de racismo fue tolerado por la escuela, especialmente si se trataba del hijo de George Herbert Walker Bush, uno de sus más apreciados ex alumnos.

«George padre era una auténtica leyenda en Andover —dijo Genevieve "Gene" Young, editor de Nueva York que formó parte del consejo de Andover con Bush—. Todo el mundo le consideraba una roca, término utilizado en Andover para designar a alguien realmente extraordinario en la institución.»

George Herbert Walker Bush, que permaneció en el consejo de administración de Andover de 1963 a 1979, tuvo que interceder en más de una ocasión por sus descarriados hijos. Jeb tuvo que repetir noveno curso cuando entró en Andover procedente de la escuela Kinkaid en 1967. Posteriormente infringió la prohibición de tomar bebidas alcohólicas y fue expulsado temporalmente, pero se le readmitió más tarde después de la mediación de su padre. En la ceremonia de graduación de Jeb en 1971, era su padre quien entregaba los diplomas. El hermano de Jeb, Marvin, entró en Andover en 1971 y también tuvo que repetir noveno curso. Un año después, sorprendieron a Marvin drogándose con unos amigos. Expulsaron a los amigos, pero en el caso de Bush, papá intercedió de nuevo. Defendió el caso de su hijo con tal efectividad que se permitió a Marvin terminar su segundo año. En lugar de expulsarle, se le aplicó un «traslado honorario» que le permitió entrar en el Woodberry Forest de Orange, Virginia, en 1973 y terminar allí sus dos últimos años de secundaria.

El joven George fue admitido en Andover en 1961 como alumno de décimo grado, lo que el colegio denominaba entonces un «medio bajo». Entró junto a su primo más pequeño, Kevin Rafferty, el hijo de Martha, la hermana de Barbara; se encontraba ya allí otro primo mayor, Prescott S. Bush III, P3, hijo de Prescott Bush hijo, lo que demostraba que Andover era parada obligatoria para los adolescentes de la familia. George luchó por la supervivencia desde el instante en que entró en aquel colegio. Trabajó para alcanzar los requisitos básicos del título: cuatro años de inglés y composición, tres años de matemáticas y una lengua extranjera sin hablar inglés en clase; un año y medio de ciencias e historia; un año de religión y uno de arte o música; además de cuatro materias optativas, desde ruso hasta antropología. Si bien 110 alumnos de su curso, compuesto por 290, entraron en el cuadro de honor, George no alcanzó nunca esta distinción. Acabó la secundaria como uno de los últimos de la clase.

«George sacaba unas notas más o menos como las mías, aprobados pelados —comentaba J. Milbourn "Kim" Jessup—. Pasábamos por los pelos, pero los dos llegamos a Yale porque éramos vástagos de padres de Yale.»

La revista *Time* citó la Phillips Academy de Andover (Massachusetts) como «el mejor colegio secundario privado del país». Para un muchacho procedente de la escuela pública de Midland, Texas, que no se aclarara con la gramática y no hubiera visto un diccionario en su vida, Andover era el campamento académico de entrenamiento de reclutas.

«Era un lugar frío, distante y complicado —admitió George años después—. Duro, duro, duro. En todos los sentidos, muy alejado de casa. Desamparo es la palabra que describe mejor mi sensación ante aquel lugar y mi actitud inicial. De todas formas, el sentimiento de soledad fue disminuyendo deprisa al hacer amigos. Los estudios avanzaban despacio. Andover era duro y yo iba retrasado.»

El primer trabajo que asignaron a George en inglés fue una redacción sobre una experiencia emocional. Escogió la muerte de su hermana. Le costaba mucho encontrar las palabras adecuadas. Quería escribir «y las lágrimas rodaban por mis mejillas», pero había utilizado ya la palabra «lágrimas» unas cuantas veces. Así pues, recurrió al diccionario de ideas afines que le había regalado su madre al marcharse. Buscó en la voz «lágrima». Escribió: «Y los desgarros rodaban por mis mejillas».

Le devolvieron la redacción con un enorme cero escrito en rojo. Arriba figuraban estas palabras: «VERGONZOSO. Pase a verme inmediatamente». George preguntó asustado a sus amigos: «¿Cómo voy a durar una semana aquí?».

Años más tarde, contó la historia de los «desgarros» para ilustrar lo poco preparado que había llegado para hacer frente a los rigores de la vida de Andover. Ni su educación anterior ni la vida en casa habían estimulado en él el amor por el conocimiento. Ni siquiera se daba cuenta de que la mayoría de los muchachos de quince años de su nivel social y educativo habría establecido la diferencia entre «lágrimas» y «desgarros» (*tears*, en inglés, varía de significado en función de su uso como sustantivo o como verbo).

«Por aquella época, los muchachos de Texas a los que enviaban a un colegio normalmente tenían problemas con sus padres —escribió George en su autobiografía—. En mi caso, Andover era una tradición familiar; mis padres no solo querían que aprendiera lo académico sino que progresara por mi cuenta.»

A George padre le había encantado Andover. Consideraba que la rigurosa disciplina de aquel colegio —las estrictas normas de vestir con traje y corbata y la asistencia diaria a la capilla— eran exactamente lo que le hacía falta a su indisciplinado hijo. George padre sabía también que Andover era la única remota posibilidad que tenía su hijo de llegar a Yale y, para la familia Bush, Yale era el destino definitivo.

Barbara quedó muy afectada cuando su hijo mayor se fue al colegio. Se había acostumbrado a confiar en él como compañía, pues su esposo casi nunca estaba en casa. La relación de dependencia entre madre e hijo quedó patente un día de los años sesenta en que Barbara tuvo un aborto espontáneo y su hijo tuvo que acompañarla al hospital porque su esposo, como siempre, estaba de viaje.

A mitad de camino, Barbara dijo:

—Creo que no seré capaz de salir del coche.

—Yo te llevaré a la sala de urgencias, no te preocupes —respondió su hijo.

Según recordó más tarde Barbara, Georgie la recogió al día siguiente en el hospital. «En el coche, me dijo: "¿No crees que deberíais hablar de eso antes de pensar en tener más hijos?".»

Cuando Georgie abandonó la casa para ir a Andover, Barbara tuvo la sensación de perder a su mejor amigo. «Todos los días me iba a la puerta de entrada para ver si el cartero me traía una carta de él. Le echaba de menos … Por fin, el cartero, John Taylor, llamó a la puerta y puso en mis manos una carta mientras me miraba con una gran sonrisa. Sabía cuánto echaba de menos a Georgie. Afortunadamente se marchó antes de que la abriera. La carta empezaba así: "El fin de semana pasado fue el mejor de mi vida" … Me eché a llorar … Nuestro hijo había pasado el mejor fin de semana de su vida sin nosotros.»

Al principio, George y sus amigos se sentían muy desgraciados en Andover. Su compañero de habitación, Clay Johnson, de Texas, comentó haber pasado los seis primeros meses intentando imaginarse qué había podido hacer para que le echaran de casa y no pudiera volver. «En aquel lugar extraño no entendíamos nada —comentó—. Descubrimos que teníamos que batallar simplemente para ponernos al día. George, un tipo optimista, lleno de energía y dinámico, tenía que enfrentarse igual que nosotros al reto.»

«¡Madre mía! —exclamaba Kim Jessup—. Andover era horrible. Era como entrar en un centro universitario a los catorce años. En realidad, aquel colegio era tan duro que luego la universidad resultó fácil. Después de cuatro años en Andover, pasé mi primer año en Yale sin problemas … pero sigo odiando Andover. Allí no se nos permitía ser adolescentes. Ni ser niños. Teníamos que ser "hombres" que iban a convertirse en dirigentes. Andover tenía como lema: "Sirve a los demás y poténciate a ti mismo". Ahí te convertías en un producto de la arrogancia del colegio privado, pues te inculcaban que habías nacido con un objetivo más alto que los demás. Eso fomenta una conducta singular en la clase privilegiada blanca, anglosajona y protestante, a la que pertenecía yo, y algunos católicos de alto rango, el grueso del alumnado de Andover en aquella época.

»Es curioso, pero nosotros creíamos que éramos un grupo variado porque no todos éramos ricos. Sabíamos que en nuestra clase estaban el hijo de un fontanero y unos cuantos alumnos con beca, lo que, supongo, era la definición de la diversidad en un colegio secundario privado por aquel entonces. No todo el mundo ponía unas cifras romanas al lado de su apellido, pero algunos hablaban de su "residencia de verano" y de su "residencia de invierno" como si cambiaran de vivienda según la temporada. De todas formas, en nuestro curso no había hijos de famosos. No oías apellidos sonoros, pertenecientes a artistas de cine, estadistas o magnates. Nosotros no nos fijábamos en los padres de los otros, pero nuestros padres sí lo hacían, y tal vez por eso reconocí los nombres de Glenn Greenberg, hijo del as del béisbol Hank Greenberg; de Didi Pei, hijo del arquitecto I. M. Pei, y de Torbert MacDonald, el ahijado de John F. Kennedy. Torby era probablemente el más importante por el hecho de que en aquellos momentos JFK era el presidente.»

Pero ni siquiera una relación personal estrecha con el presidente de EE.UU. podía dar sensación de seguridad en Andover. «Me sentía raro allí porque procedía de una ciudad obrera de Massachusetts —comentaba Torbert MacDonald, cuyo padre era miembro del Congreso y uno de los mejores amigos del presidente—. Georgie, como le llamaba yo entonces, también se sentía extraño, porque procedía del oeste de Texas y aquel ambiente estirado del colegio privado del Nordeste no tenía nada que ver con él. No pertenecía a la élite. Él y yo nos sentíamos muy arrinconados y ahora que leo algunas de las confesiones del resto de nuestra clase me doy cuenta de que casi todo el mundo se sentía igual, aunque en aquella época solo sabía lo que nos ocurría a mí y a Georgie.»

La diversidad en el curso de George, compuesto por 290 alumnos, se limitaba a dos afroamericanos, un puertorriqueño, un asiático y veinte judíos. «Existía un cupo judío determinado —comentaba Eric Wallach—, pero en realidad en aquel tiempo un judío serio no habría llevado a su hijo a Andover ... Era el reino de Babbitt. Pan blanco, protestantes, club de campo, episcopalianos de las clases altas. El colegio estaba tan poco al día que ofrecía incluso un servicio para los judíos en domingo. [Los judíos celebran su fiesta en sábado.] Me fortaleció terriblemente aquella experiencia, pero odié aquello. Todo se hacía a toque de pito. En el colegio imperaba la disciplina militar.»

Muchos del curso de 1964 recuerdan Andover como un lugar austero, deprimente y desalentador. «Muy pocos estaban contentos allí —decía Peter Pfeifle—. Reinaba un gran cinismo y mucha hostilidad, todos pisoteando a todos. Parecía una de aquellas antiguas escuelas masculinas inglesas en las que te sientes vigilado todo el tiempo, en las que la diversión prácticamente no existe.»

Entra en escena el payaso descarado George W. Bush. «Recurría a su audacia y su desfachatez para distraernos —comentaba Torbert MacDonald—. Era un tipo gregario, rayano en la tontería. Muy bromista, aunque sin mala intención. Le daba igual ser el hazmerreír de todos con tal que la gente estuviera contenta. Necesitaba un público que le admirara. Tenía poco respeto por la autoridad, de modo que no le daba miedo protestar. Le llamábamos "el Descarado" ... Se le conocía también como el pomposo de los Bush ... Donde estaba él siempre había fiesta.

»Lo que más importaba a Georgie era llevarse bien con los deportistas, pues eran los que estaban más en la onda en el colegio. Compartió habitación con John Kidde porque John era un as del fútbol americano. Hay que tener en cuenta lo importantes que eran los deportes para nosotros durante aquel tiempo. Georgie no era un deportista como su padre, por ello se congraciaba con los que sí lo eran por si la asociación le confería una especie de estatus superior, y supongo que lo consiguió en cierta manera, pues Georgie era un chico popular.»

Al final del último curso, George W. Bush aún no había llegado al cuadro de honor como su padre. Tampoco fue votado como estudiante con «Mayor probabilidad de éxito», «Más admirado» o «Más mujeriego», aunque se situó en segundo lugar como «Hombre del campus» y en tercero, como «Ocurrente».

Andover hacía hincapié en los deportes como parte de su programación. «El deporte era obligatorio —recordaba Conway "Doc" Downing—. Existían diecisiete equipos y tenías que apuntarte a todo, sirvieras o no: baloncesto, béisbol, fútbol americano, rugby, atletismo en pista cubierta y al aire libre, lacrosse, lucha, natación, hockey, esquí, remo, tiro al blanco, vela... absolutamente de todo. Georgie y yo jugábamos juntos al baloncesto y nos pasábamos la mitad del tiempo chupando banquillo. Él solo podía driblar con la mano derecha, de modo que resultaba inútil en la pista, y a mí no se me daba mejor. George solo participaba en un partido cuando se ponía enfermo alguno de los habituales y el entrenador le metía en su puesto. Normalmente no duraba más de un minuto y medio, pues enseguida perdía los estribos y arrojaba la pelota contra la cara de algún jugador. Entonces el entrenador lo mandaba salir y se acababa así la brillante carrera de George en el baloncesto... En el béisbol no se lucía más. A diferencia de su padre, George siempre parecía meter la pata... y en cuanto al fútbol americano... mejor lo dejamos.

»Como no podía ser deportista, George se convirtió en jefe de animadores, para poder participar en la Junta de Asesoramiento Deportivo, en la que participaban todos los capitanes de los equipos. En Andover solo te aceptaban si eras deportista o te relacionabas con ellos. No había otra forma.»

El cargo de jefe de animadores se consideraba importante en Andover, pero no fue algo de lo que pudo jactarse George al volver a casa. «Uy, no —comentó un amigo de la infancia con una risita—. Ya era bastante sospechoso ir a una escuela de chicos. Por allí, a Andover se le llamaba "Maricover".» Randall Roden, otro amigo de Midland que fue a Andover, decía: «No se habrían juntado con George de haber sabido que era jefe de animadores. Para la gente de Texas animador equivale a chica con melena, falda corta y bonitas piernas».

Cuando Barbara Bush fue de visita a Andover y asistió a un partido, ayudó a su hijo a dirigir a los animadores. «Era la típica madre que animaba en los partidos —comentó Kim Jessup—. Asistió a un partido entre universidades un fin de semana en que también había venido mi madre. Faltaban tres partidos para terminar la temporada y George era jefe de animadores. Las gradas estaban abarrotadas y George se sentó al lado de su madre, quien, por el megáfono, gritaba animando a su equipo. Mi madre, que era bastante estirada, he de admitirlo, estaba horrorizada. Comentó que Barbara era grosera y escandalosa. Una persona de lo más ordinario.»

Incapaz de no estar a la altura del legado de su padre como uno de los deportistas más destacados de Andover, George practicó sus propios deportes. «El "cerdobol" era uno de sus juegos favoritos —recordaba Jessup—. Te agachabas, arrojabas la pelota de fútbol tan alto como podías y llamabas "cerdo" a uno de los muchachos. Luego te olvidabas de la pelota y sacudías de lo lindo al cerdo. Era un juego realmente tonto, pero a los tipos matones como George les encantaba ... También le gustaba el "palobol", una especie de béisbol jugado con un palo de escoba, una pelota de tenis y unas cómicas gorras. George se nombró a sí mismo presidente de la "federación de palobol", un cargo de risa. Organizaba equipos, montaba ligas y les ponía nombres groseros como los "Bolas marchitas". A uno lo llamó "Troyanos", como la marca de preservativos, para que todo el mundo vociferara la palabra, y a otro "Gónadas". Todo el mundo relaciona a George con el "palobol" en Andover. En cambio para mí era la personificación del "cerdobol" ...

»Lo típico de un matón que por casualidad llegó a presidente de Estados Unidos. Mi compañero de habitación roció con gasolina a un tipo y no por eso no terminó como director de St. Mark. Puede que todo forme parte del acoso que se vive en los colegios secundarios privados ... Podíamos darnos palizas entre nosotros pero Dios nos guarde de tocar a un profesor. Se cuenta que Humphrey Bogart fue expulsado de Andover por "su incontrolable euforia", por haber arrojado a un profesor al Rabbit's Pond. Ninguno de nosotros, ni siquiera George, habría tenido agallas para hacerlo ... nos habríamos muerto de miedo.»

Las peleas quedaban siempre reducidas al mínimo a pesar del alto nivel de testosterona adolescente. «Probablemente se debía a tanto deporte, pero además estábamos convencidos de que nos ponían nitrato de potasio en la comida —decía Torbert MacDonald—. Solo recuerdo un incidente violento allí, y se produjo cuando nos enteramos de que habían asesinado al presidente Kennedy. Yo estaba destrozado porque sabía cómo afectaría a mi padre. Todo el mundo quedó pasmado. El único muchacho de nuestro curso que se mostró insensible y empezó a provocarme fue Dick Wolf. Jamás consiguió el diploma de Andover, pero se las compuso para triunfar como productor ejecutivo de la serie *Ley y orden* en la cadena NBC. Era un inútil, desagradable y mezquino, y aún recuerdo cómo le pegué un puñetazo en su barrigón en cuanto empezó a hablar de Kennedy minutos después del asesinato.»

Aquella tarde, del 22 de noviembre de 1963, el entrenador de natación de Andover, Reagh Wetmore, reaccionó llamando inmediatamente a su agente de bolsa. El profesor de canto, William Schneider, suspendió la clase colocando un letrero en la puerta que decía: No me apetece cantar. Randy Hobler, uno de los compañeros de clase de George, escribió en su diario: «El presidente Kennedy asesinado en Dallas, Texas, hoy durante un desfile. Aquí en el colegio todo el mundo horrorizado. No ha habido clase de inglés. Aún no consigo entender qué ha ocurrido con Kennedy. Espantoso». Se suspendieron las clases y se puso la bandera del colegio a media asta.

El curso de 1964 fue testigo de una vertiginosa espiral en la historia: Roger Maris alcanzó su sexagésimo primer *home run* el 1 de octubre de 1961; la misión espacial en la que John Gleen orbitó tres veces alrededor de la Tierra a bordo del *Friendship* el 20 de febrero de 1962; la crisis de los misiles cubanos ocho meses más tarde; la «Carta desde la cárcel de Birmingham» de Martin Luther King; y la llegada de los Beatles como ídolos de masas a Estados Unidos en febrero de 1964.

«Si tuviera que referirme a un recuerdo agradable de Andover, hablaría de las últimas tres semanas de mayo —declaró Kim Jessup—, porque por fin hacía buen tiempo y se había terminado la presión de final de curso. Pero el último mayo fue un infierno por las malditas borracheras de George.»

El alcohol estaba totalmente prohibido dentro y fuera del colegio, pero el presidente de la «federación de palobol» se las había compuesto para burlar el sistema. Había creado un carnet oficial de

miembro de la federación que parecía tener el visto bueno de Andover. Distribuyó dichos documentos diciendo que podían usarse
como carnets de identidad falsos. En ellos se leía en letras góticas:
«Credencial oficial de la Liga de Palobol de Andover. Había espacio para el nombre del equipo, el número de la Seguridad Social del
muchacho y toda la información necesaria de un carnet de conducir. Venía firmada por el presidente de la federación, quien se había autoadjudicado el sobrenombre de «Tweeds Bush» por el legendario político Boss Tweed. George había incluido asimismo las
firmas de «Psiquiatra de la Liga», de «Jefe de árbitros» y de «Escriba oficial».

«Muchos cogieron los carnets y empezaron a salir del colegio
para ir a Boston a beber y emborracharse —comentaba Kim Jessup—. Todo el curso bebía una barbaridad el último año, excepto
yo y mi compañero de habitación, tan serios que jamás salíamos del
colegio. Éramos bobos. Pocos días antes del final de curso, el profesor de educación física nos acorraló en el gimnasio y nos obligó
a decir quiénes eran los del último curso que bebían. Sufrí novatadas durante las últimas tres semanas de clase y más tarde George tomó represalias contra mí expulsándome de DKE en Yale.»

Después de salir airoso de Andover, George pensó que se había
ganado el derecho de ir a Yale. A pesar de su expediente «nada des-
tacable» en palabras de Andover, y de su justísima puntuación
(1.206), pasó a ser beneficiario de sus enchufes familiares. Fue aceptado en Yale en el curso de 1968, y no se disculpó ante nadie por su
buena estrella. Es más, torcía el gesto ante la «arrogancia intelectual»
de quienes le menospreciaban por ser hijo de quien era. Comentó a
un compañero suyo de clase, Robert Birge, que lo que más le irritaba de los «liberales de la Yvy League» era su sentimiento de culpabilidad por haber nacido entre los privilegiados. Después de haber
aprobado en Andover y como miembro de una familia tradicional de
Yale, George W. Bush fue a New Haven, donde sus compañeros le
consideraron parte de la clase dirigente del campus.

«En Yale, los estudiantes procedentes de colegios privados seguían dominando —comentó Richard Lee Williams— y había pocos procedentes de escuelas públicas. Todo el mundo sabía que
George tenía un montón de parientes que le habían allanado el

terreno para entrar. Era de dominio público y, por supuesto, venía de Andover.» No hacía falta explicar que Andover era el non plus ultra de los colegios secundarios privados.

«En aquella época, el Bush que se había hecho célebre en Yale era Prescott —afirma David Roe (Yale, 1969), quien procedía de Andover—. Que George tuviera relación con Prescott era importante.»

«El padre de George no era nadie por aquel entonces —afirmaba Christopher Byron (Yale, 1968)—, pero todo el mundo sabía que su abuelo había sido senador de Connecticut. Prescott era todo un personaje en Yale. Así pues, George llegó con un apellido que le respaldaba, aunque en el campus había otros de mayor importancia. Cualquiera que apareciera en New Haven llevando el apellido Sterling tenía muchísima más trascendencia ... Prácticamente todos los edificios llevan como nombre Sterling tal o Sterling cual. Realmente Sterling era el mejor apellido de aquel entonces ... No había ni un edificio Bush en el campus, ni biblioteca Bush, ni capilla Bush, ni torres Bush. Aun así, el hecho de venir de un colegio privado importante y proceder de una familia que llevaba generaciones pasando por Yale contaba mucho en aquella época.»

«La cultura de la élite de colegio privado era la imperante entonces —dice Ron Rosenbaum (Yale, 1968)—. Yo era un judío procedente de la escuela pública y para mí ir a Yale fue como entrar en una cultura completamente extraña.»

Cuando el curso de 1968 llegó al antiguo campus donde todos iban a pasar su primer año, el presidente de Yale se dirigió a ellos: «Se nos dijo que nosotros, los mil hombres, y hago hincapié en lo de hombres, habíamos sido escogidos por Yale básicamente para dirigir el país —recordaba un miembro de la promoción—. Y que éramos unos privilegiados por encontrarnos allí. Aquello era un gran honor y debíamos estar dispuestos a que Yale nos formara y nos preparara como dirigentes que íbamos a ser».

Aquellas eran las expectativas para el curso de 1968. Sin embargo, ninguno de sus miembros podía predecir que, tras la graduación, aquel curso se consideraría uno de los más destacados de Yale. Cada promoción de esta universidad tiene sus estrellas, pero aquella en concreto pareció generar un alud de éxito que influyó práticamente en todos los sectores de la sociedad estadounidense. Con resultados por encima y más allá de las expectativas, del curso de 1968 salió un ganador del Premio Pulitzer (Daniel H. Yergin), un célebre director de Hollywood (Oliver Stone), un becario de la Rhodes y subsecretario de Estado (Strobe Talbott), un nadador olímpico (Don Schollander), gobernadores (Anthony «Tony» Knowles y George W. Bush), embajadores (Derek Shearer y Clark T. Randt Jr.) y, en 2000, el cuadragésimo tercer presidente de Estados Unidos de América.

«Todos seguimos devanándonos los sesos con la historia de George —afirmaba Ken White (Yale, 1968 y DKE) en 2003—. Sobre todo los que estábamos en la misma asociación de estudiantes que él. Realmente era el último que habría imaginado ver en la Casa Blanca. Tal vez Strobe Talbott o John Kerry, unos años mayor que nosotros, o incluso Joe Lieberman, del curso de 1964. Pero no George. Nunca. Mi esposa aún le recuerda berreando borracho una noche en una fiesta de la asociación DKE, sin pareja, haciendo el "alligator", una especie de baile de la época en el que te echabas al suelo y empezabas a revolcarte. Realmente cuesta ver a un tipo así dirigiendo el cargo más importante del país.»

George había hecho el juramento en Delta Kappa Epsilon en segundo curso, y «el local de los deportistas bebedores», como se conocía la asociación, se convirtió en el centro de su universo universitario. Por aquel entonces solo un 15 por ciento del alumnado participaba en la vida asociativa, y en el curso de mil alumnos de George menos de cuatrocientos optaron por afiliarse.

«Solo una minoría de universitarios se preocupaba por las asociaciones de estudiantes —declaró David Roe—, pero George formaba parte de esa subcultura moribunda.»

«Las asociaciones estudiantiles estaban definitivamente en decadencia cuando George y yo entramos en DKE —dijo Joseph Howerton (Yale, 1968)—, porque resultaban bastante caras en un campus en el que casi el 50 por ciento de los estudiantes recibía algún tipo de ayuda económica. En DKE había que pagar cuatrocientos dólares anuales en concepto de gastos sociales, y además tenías que comer ahí como mínimo una vez a la semana. Nosotros vivimos en la residencia del Davenport College los últimos tres años, pero íbamos al local de la DKE a beber y a las fiestas de los fines de semana ... Era como un club privado ... actuaban allí unas bandas fenomenales después de los partidos de fútbol americano ... y se respiraba un buen ambiente de compañerismo.»

George invitaba a menudo a esos extraordinarios fines de semana de fútbol americano a Cathryn Lee Wolfman, su novia de Houston. «Era la época anterior a la de la enseñanza mixta, de modo que con un poco de suerte veías a tu novia cada quince días —comenta Roland «Bowly» Betts (Yale, 1968)—. Cathy andaba por allí. Solía verla en el DKE.»

En las vacaciones de Navidad de su tercer año, George compró un anillo de diamantes a Cathryn en Neiman Marcus. Estaba decidido a casarse con su bella prometida rubia en tercero e irse a vivir fuera del campus, exactamente como había hecho su padre. «Cathryn era la mejor de la cuadrilla —decía Doug Hannah, amigo de George de Houston, quien le acompañó a escoger el anillo—. George era realmente testarudo y creo que la idea fue suya. Si George buscaba trofeos y aquel era su objetivo, probablemente era lo que perseguía.»

Su compromiso se publicó en la página de sociedad de The Houston Chronicle —EL HIJO DE UN MIEMBRO DEL CONGRESO COMPROMETIDO CON CATHY WOLFMAN—, donde se precisaba que el padrastro de Cathryn era propietario de unos almacenes de ropa femenina de última moda . «Aquella fue la parte que más dolió a Barbara —afirmaba Cody Shearer, ex periodista y en una época amigo íntimo de la familia—. No soportaba que el padrastro de Cathryn fuera judío. "No habrá judíos en nuestra familia", dijo.»

Muchos años después, Cathryn Wolfman reflexionaba sobre su relación con George de forma bastante afectuosa. «Mi experiencia con toda la familia Bush fue maravillosa —dijo—. George y yo nos conocimos a través de amigos mutuos cuando teníamos dieciocho años y rompimos a los veinte. Durante aquel tiempo yo iba a la Rice University de Houston y George a Yale, en New Haven. En general, nos veíamos solo durante las vacaciones. Lo pasábamos muy bien, junto con nuestras amistades de Houston, y llevábamos una vida privilegiada, protegida e inocente.

»Teníamos intención de casarnos en verano, antes del último curso, y yo intenté matricularme en el Connecticut College. Durante la primavera de 1967, George me llamó para aplazar la boda. Seguimos viéndonos durante el curso siguiente, pero nuestros caminos se separaron en cuanto nos licenciamos en 1968. George volvió a Houston desde New Haven y yo me fui a trabajar a Washington.»

Cuando él le preguntó si quería pasar otro verano con la familia en Kennebunkport, la popular estudiante de la universidad mixta puso reparos, y George quedó atónito. «No me apetece ir a Maine, George —dijo—, y no creo que lo nuestro pueda funcionar.» Cathryn se quitó el anillo de compromiso y se lo devolvió.

«Recuerdo una seria discusión en la que dije que no pensaba ir de vacaciones con la familia a Maine y que deberíamos pensar en dejar la relación —dijo Cathryn años después—. Se había ido enfriando en el último año de universidad y no teníamos planes específicos para la boda. La conversación en la que rompimos el compromiso fue dolorosa y estoy convencida de que nos afectó mucho a los dos. De todas formas, no recuerdo que hubiera lágrimas ni reproches airados. Nos volvimos a ver unas semanas después, cuando él fue a Washington a ver a sus padres. Durante la semana que pasó en la ciudad salimos unas cuantas veces, pero yo ya tenía claro que aquella relación no tenía futuro. A partir de entonces, solo nos vimos en una ocasión, unos años más tarde, en una fiesta en Houston, y hablamos muy poco.»

George no comentó a sus amigos de Yale que Cathryn había roto la relación, y se limitó a comentar que había cambiado de planes.

«No es que George fuera terriblemente popular en Yale —declaró Ken White—. No era el deportista promiscuo que atraía a todo el mundo, pero tenía aquel punto de malo y arrogante que llamaba la atención a los demás. Fumaba Lucky Strikes sin filtro para hacerse el macho.»

Hay una parte del machismo que iba a mantenerse inalterable, sobre todo delante de otros hombres y, cada vez que se le desafiaba, estallaba furioso. «En primero, en el campus, una de las cosas que hacíamos era lanzarnos unos a otros el balón de fútbol americano con la máxima fuerza y mantenernos a unos diez metros de distancia —recuerda Peter Markle (Yale, 1968)—. En una ocasión vi a George, le lancé la pelota, pero él no estaba atento. Se puso como una fiera. La cogió, creo que corriendo a ciento cincuenta kilómetros por hora, y tuve que agacharme. Enseguida se ponía hecho una furia. Tenía algo de agresivo... Era muy competitivo.»

Otro compañero de clase recuerda un roce similar. «Fue una disputa sobre una plaza de aparcamiento —dijo Kurt Barnes (Yale, 1968)—. Él ganó. Consiguió la plaza y yo me di cuenta de que en Texas tal vez aprendan a conducir hacia delante, en cambio en el Este lo hacemos marcha atrás.»

Algunos que vivieron en el Davenport College con George supieron mantener a raya su fanfarronería. «Vivió en la planta superior a la mía durante dos años seguidos —explica George Sullivan (Yale, 1968)—. No le conocía muy bien, porque así lo había decidido yo. Él era un tipo de asociación; yo no, y estaba orgulloso de ello. De la misma forma que él estaba orgulloso de pertenecer a una fraternidad. Eso es todo.»

El hecho de ser miembro de la Delta Kappa Epsilon significaba muchísimo para George y para sus compañeros de habitación, la mayoría procedentes de Andover. «George era un lanzado de la DKE —comenta Charles Marshall (Yale, 1967)—. Teníamos que aceptarlo porque era un legado. Nadie rechaza una herencia, en especial cuando viene de quien fue en otro tiempo presidente de la asociación, como era el caso de papá Bush en 1947.

»George era un tipo normal y corriente para nuestra asociación, pues no era un atleta excepcional como Calvin Hill (Yale, 1969) o Paul Jones (1968); tampoco era un frívolo, pues en la escuela apenas ligaba. Venía de Andover con un montón de influencias [amigos], de modo que supongo que se había hecho un nombre en aquel pequeño charco. Yo lo veía como otro mocoso procedente de la privada con el respaldo de un abuelo triunfador en Yale ... Como responsable de las nuevas entradas en la asociación, yo estaba preparado para pegarle una buena paliza. Me sorprendió un poco ver que no se acobardaba. Y más tarde acabó de asombrarme que le eligieran como presidente de la asociación en tercero. El cargo de presidente de la DKE te sitúa en primera fila en Yale. No recuerdo ni una ocasión en que un presidente no accediera a la Bones. Sin eso, George no habría llegado a la Bones, a pesar de toda la influencia familiar.

El nombramiento para la Skull and Bones le llegó a George la noche del último jueves de abril de 1967, cuando en la torre de la escuela sonaban las ocho. No fue el último en ser nombrado como su padre, un honor reservado al miembro más destacado de la clase, pero se convirtió en parte del grupo más variopinto nombrado hasta entonces. Por primera vez en su historia, la Skull and Bones abría sus privilegiadas puertas a afroamericanos (uno), musulmanes (uno) y judíos (dos): Roy Leslie Austin, Robert Richards Birge, Christopher Walworth Brown, George Walker Bush, Kenneth Saul Cohen, Rex W. F. Cowdry, Donald Etra, G. Gregory Gallico III, Robert Karl Guthrie, Britton Ward Kolar, Robert Davis McCallum Jr., Muhammad Ahmed Saleh, Thomas Carlton Schmidt, Donald Arthur Schollander y Brinkley Stimpson Thorne.

Cada uno de ellos se había distinguido en alguna actividad en Yale: intelectual, deportiva o social. La distinción de George era, incuestionablemente, social. Años después muchos de los que vivieron con él en el Davenport College se vieron obligados a poner de nuevo en cuestión su tan valorada creencia de que el trabajo duro triunfa por encima de todo. Algunos se mostraban cínicos al valorar de nuevo las recompensas de la meritocracia por encima de la aristocracia y rezumaba cierto resentimiento en sus recuerdos sobre el joven que se saltó los estudios para dedicarse a las relaciones sociales y, sin embargo, terminó ocupando el cargo más poderoso del mundo.

«No nos sentimos celosos —dijo Ken White—, porque todos estamos en la cúspide de nuestras carreras y las cosas nos van bien. Lo que ocurre es que George, tal como lo conocimos nosotros, no creemos que sea la persona mejor preparada para convertirse en el presidente de Estados Unidos.»

«Creo que nunca le interesaron los estudios», recordaba Thomas Wik (Yale, 1968).

«No lo considero un hombre culto, ni muchísimo menos», añadía Richard Hunter (Yale, 1969).

«Me desanimaba, pues no tenías la impresión de que trabajara mucho en la escuela —declaró John Gorman (Yale, 1968)—. Aparecía por la mañana como si hubiera pasado la noche de fiesta ... Se consideraba texano, y en Yale no parecía querer formar parte del *establishment* del Este ... así que iba a su aire con una actitud ... grosera ... Es curioso que alguien a quien valoras tan poco se convierta más tarde en presidente.»

Las historias de las escapadas alcohólicas de George en Yale llegaron hasta su antiguo círculo de Andover. En Harvard, Torbert MacDonald escuchó compungido anécdotas sobre su antiguo amigo, cuyo comportamiento sintonizaba tan poco con los tiempos que corrían como sus juergas estudiantiles. «Pobre Georgie —dijo Mac-Donald—. Ni siquiera podía relacionarse con las mujeres a menos que estuviera borracho ... Circulaban demasiadas historias sobre él en las que caía completamente beodo en sus citas.»

«La mayoría de *"preppies"*, yo soy uno de ellos, pero me refiero a los que venían de los colegios secundarios privados, mataban las horas en esas asociaciones —explica Carter Wiseman (Yale, 1968)—, y su principal objetivo en la vida era el de emborracharse lo más a menudo posible.»

Beber, en especial en los locales de la DKE, era algo que en Yale se daba por supuesto, y hacia 1966, las drogas se habían añadido al cóctel. «Para entonces la marihuana ya había aparecido en el campus —comenta Christopher Byron—. Luego llegaron las drogas de todo tipo. Estaban por todas partes.»

En 1967, el *Yale Daily News* citaba un artículo del *New York Post* en el que se aseguraba que se había escondido marihuana en la tumba de la Skull and Bones. En aquellos días, la historia se consideraba lo suficientemente escandalosa para ocupar las páginas de un periódico. Llegaron enseguida las drogas más duras, y la cocaína se convirtió en la más popular del campus. Un estudiante del curso de 1968 admitió años más tarde haber vendido cocaína a George W. Bush en su época de Yale. Confió su participación en la transacción de la droga a la escritora Erica Jong en 2001; confirmó dicha venta en 2002 solicitando confidencialidad.

«No pueden utilizar mi nombre —dijo— porque estamos hablando de un delito grave. Por otra parte, de eso hace muchos, muchísimos años, y el tipo ese ahora es presidente de Estados Unidos.»

Otro estudiante, de la Yale's Graduate School (MFA [máster en bellas artes], 1965), recordaba «haber esnifado coca» con George, aunque no permitió que se utilizara su nombre por miedo a represalias. Dicha persona, de clase acomodada y que vivía en la costa Oeste, afirmó que no le parecía bien «divulgar lo de George, porque yo hacía lo mismo». Como demócrata empedernido, admitió no soportar la política republicana de George, aunque dijo que como persona le caía bien. «Además —añadió—, no me interesa la bomba de nuestro inocente consumo de drogas en este momento de mi vida.»

Años más tarde, Sharon Bush, cuñada de George, pretendía que W. había esnifado cocaína con uno de sus hermanos en Camp David en la época en que su padre era presidente de Estados Unidos. «Y no una sola vez —dijo—, sino muchas.»

George nunca negó haber comprado, vendido o consumido drogas. En 1999 juró a unos cuantos de sus partidarios políticos clave que nunca había consumido «drogas duras», refiriéndose a que nunca se había inyectado heroína. Cuando se le acusó de haber nacido «con una cuchara de plata en la nariz» (expresión inglesa que alude a ser de buena cuna), Bush admitió algunos «errores de juventud». Cuando se presentó para el cargo nacional, procuró que su respuesta encajara en las pautas federales respecto a las autoridades públicas. «Tengo entendido que —declaró a *The Dallas Morning News* en 1999— el impreso actual del FBI formula la siguiente pregunta: "¿Ha consumido usted drogas en los últimos siete años?". Yo respondería con mucho gusto a la pregunta, y la respuesta es: "No".» Y se negó a responder a más preguntas.

«¡Qué demonios! Lo preocupante no es su consumo de sustancias estupefacientes sino su sinsustancia —dijo Tom Wilner (Yale, 1966 y DKE)—. Que se aprovechara del nombre de su familia es comprensible. Eso lo hacen muchos. Pero Georgie, como le llamábamos entonces, no tenía la menor curiosidad intelectual por ningún tema. No le interesaban las ideas, los libros o las causas. No viajaba; no leía los periódicos; no veía los informativos; ni siquiera iba al cine … Me deja atónito que alguien pueda salir de Yale sin el menor interés por nada del mundo que no sea la bebida y el deporte. Es un tipo que no tiene idea de las cuestiones complejas … Es un fanático simplón y, ¡que Dios nos coja confesados!, ahora es quien tiene el dedo sobre el botón.»

Yale no fue un camino de rosas para el joven George, a pesar de proceder de Andover, de ser un hombre de fraternidades y miembro de la Skull and Bones. Normalmente, esas credenciales le habrían permitido dirigir el campus, pero tal como George comentó a uno de sus consejeros de Yale, siempre tuvo la sensación de que su infancia en Texas le había separado socialmente de los muchachos más refinados procedentes del Este con historiales parecidos. Tenía la impresión de que los «esnobs» y los «elitistas» le miraban por encima del hombro. También se sentía apartado del campus liberal por la política conservadora de su padre. En realidad, terminó despreciando a los que él llamaba «arrogantes intelectuales liberales».

«Definitivamente, George no se situó en el bando popular en el tema de la guerra, pero no cedió terreno en este campo —afirmaba Robert J. Dieter, compañero de habitación en Yale durante cuatro años—. En aquella época, decir que alguien era conservador tenía un deje moral. Recuerdo que un día apareció en la habitación y me comentó que alguien le había echado en cara la postura de su padre. En aquellos momentos, la izquierda utilizaba una cierta arrogancia y aquello dolía.»

Como resultado, George pasó más tiempo de juerga en los locales de la DKE. Algunos de sus compañeros de clase le recuerdan como «un bebedor empedernido y un tipo dedicado a disfrutar» o «un deportista esnifador» a quien «le encantaba armarlas gordas». Russ Walker, un amigo suyo de Oklahoma, recuerda que una noche volvía con George de una fiesta y este, ebrio, cayó al suelo y empezó a revolcarse en medio de la calle. «Literalmente llegó a la residencia rodando —dijo Walker—. Eran historias escandalosas de adolescentes, y no parecía que fuera a pasársele pronto.»

Las borracheras de George acabaron en alguna ocasión ante la policía. En noviembre de 1967 le detuvieron por derribar un poste de portería en Princeton mientras celebraba la victoria de Yale en un partido de fútbol americano. «Se acabó el partido, todos saltamos al campo y George se subió a un poste de la portería —recordaba Clay Johnson—. El poste se cayó y la policía del campus nos dijo: "Acompáñennos todos". Así pues, fuimos a la comisaría del campus, donde nos dijeron: "Tenéis diez minutos para salir de la ciudad".»

El año anterior habían cogido a George con unos amigos robando una guirnalda navideña de la puerta de unos grandes alma-

cenes de New Haven para colgarla en la entrada del local de la asociación. Le detuvieron por alborotador, pero luego se retiraron los
cargos.

La tercera detención se produjo ocho años después de graduarse, en el verano de 1976, por conducir borracho en Kennebunkport.

A pesar de las memorables borracheras con sus hermanos de la
DKE, George decía que esperaba con ilusión abandonar Yale y su
«esnobismo intelectual». En cuanto se fue, nunca más volvió a
pensar en ello. No asistió a las reuniones del curso; no contribuyó
con donaciones; no compartió recuerdos en la revista de los ex
alumnos. El estudiante de la cuarta generación de la saga no quiso tener nada que ver con Yale.

«En Yale existía una ortodoxia liberal que lo invadía todo, y a
quien la ponía en cuestión no se le consideraba una persona con
opinión propia, sino un tonto», recordaba Collister «Terry» Johnson Jr., otro de los compañeros de habitación de George.

George no se percató en aquellos momentos, pero su curso fue
el último de su especie. El suyo fue el último en el que se aceptó
casi automáticamente a los hijos de ex alumnos, con lo que se pre-
miaba a los más privilegiados. Después de 1968, las admisiones en
Yale se basaron en los méritos. Se acabaron los privilegios para las
escuelas privadas; ya no hubo requisitos de estilo social. Y se acabaron también los cupos para los judíos.

Al año siguiente de graduarse George, por primera vez en la
historia de Yale, en la clase de primero había más alumnos procedentes de escuelas públicas y privadas religiosas que de escuelas
privadas de élite. Se admitió a mujeres («Fue cuando Yale empezó
a ir cuesta abajo», comentó George W. sin el menor atisbo de humor); desapareció del campus el Cuerpo de Instrucción de Oficiales de la Reserva; y se suprimió la obligatoriedad de llevar traje y
corbata. Las asociaciones estudiantiles, que el anuario de la escuela
describía como algo «inofensivo e irrelevante», desaparecieron pronto, e incluso las sociedades secretas perdieron algo de su encanto
a medida que cada que vez más estudiantes empezaron a desertar,
incluso de la Skull and Bones.

Después de graduarse, George estaba impaciente por cortar con
todas las relaciones de Yale, a excepción de unas cuantas amista-

des y de sus hermanos de la asociación estudiantil. A los demás los apartó de su vida calificándolos de «mininos liberales». Su animadversión hacia la universidad era tal que no dejó más que su nombre y un apartado de correos para la vigésimo quinta reunión de su promoción. Su padre elogió su actitud en una carta: «Gracias a Dios, George, has asimilado lo mejor de Yale, pero has conservado la convicción fundamental de que ocurren muchas cosas buenas para nuestro país al sur y al oeste del Wolsey Hall» [uno de los principales centros estudiantiles del campus de Yale].

Durante los diez años siguientes, Bowly Betts, el mejor amigo de George de la DKE, intervino para solucionar los tensos vínculos con la escuela.

«*Bowly* es un multimillonario de Nueva York; fue el creador del complejo de los Muelles de Chelsea y pertenece a la Junta para el Desarrollo de Yale —comentó un cofrade de la asociación estudiantil—. Logró reunir a Richard Levin, el presidente de Yale, y a Georgie tras la toma de posesión en Washington, y fue el artífice de que Bush fuera nombrado doctor honoris causa en el primer año de su presidencia. Así fue como Bowly consiguió que Georgie cambiara su postura respecto a la escuela.»

Como parte de su acercamiento a Yale, George invitó a la promoción de 1968 a la Casa Blanca el 29 de mayo de 2003, a un picnic que se celebró antes de la trigésimo quinta reunión en New Haven.

Garry Trudeau (Yale, 1970) ilustró el acontecimiento durante toda una semana en su tira satírica diaria *Doonesbury*. En una de las escenas, dibujó al presidente como un centurión romano de cabeza hueca dando la bienvenida «a todos mis compañeros de clase» a la Casa Blanca: «Incluso a los estirados hippies que se pasaban horas sentados aguantando pesadas y aburridas charlas sobre Vietnam. Pero en especial a los muchachos junto a los que alcancé la mayoría de edad, los que siempre contaron conmigo, mis compañeros de habitación de la residencia. ¡Stinky! ¡Gopher! ¡Kegger! ¡Droopy! ¡Sois los mejores!».

«Mira que darle por invadir Irak a nuestro atolondrado presidente…», gimotea un ex alumno borracho en otra de las tiras. Cuando se le informa de que los miembros de su fraternidad han llegado a la Casa Blanca, el presidente con el casco imperial comenta a un ayudante: «Acordonadlos. Enseguida estoy ahí».

En la tira del día siguiente, el delegado del curso presenta sus respetos a los quinientos miembros del curso que han llegado con sus esposas.

—Sé que esta visita os ha planteado algún dilema a algunos. Por un lado, es emocionante que te inviten a la Casa Blanca ... Por otro, aquí W. ha perjudicado más vuestra economía, vuestro medio ambiente y vuestra posición en el mundo que cualquier otro presidente que podáis recordar. Un DIFÍCIL compromiso... Ja, ja, ja. No, en serio...

—Que lo manden a Asia Menor —salta el centurión jefe.

—Hecho, señor —responde el centurión a su mando.

Trudeau había captado la agitación del momento y lo mucho que había hecho meditar a algunos recibir aquella invitación. Un buen número de ex alumnos de aquel curso decidió no aceptarla en protesta por la guerra de Irak. Otros acudieron a pesar de su oposición.

«Yo soy uno de los del curso de 1968 que no asistió a la reunión en la Casa Blanca a causa de la repugnancia que me produce la política de Bush —dijo Jacques Leslie—. La guerra de Irak no tiene justificación alguna, se promovió de forma engañosa, sus estrategias ambientales son desastrosas y su ofensiva contra los derechos legales y constitucionales realmente da miedo. No podría estrecharle la mano sin demostrar mi hostilidad.»

Otro compañero de clase, que conoció a Deng Xiaoping durante una visita a China, afirmó que, ya que había estrechado la mano del «carnicero de la plaza de Tiananmen», dársela a Bush no iba a rebajarle mucho más.

«Podríamos decir que aún llevo dentro el espíritu del 68 para que me ciegue el impulso de "lamer el culo a los de arriba" (como se dice normalmente) —dijo Ron Rosenbaum—. En efecto, creo que la invitación es de mal gusto, sobre todo porque puede considerarse como la rendición definitiva del espíritu del 68 al *establishment*.»

Mark Soler no acudió a la Casa Blanca porque estaba en profundo desacuerdo con la presidencia de George W. Bush. «Cuando estábamos en la universidad pensábamos que cambiaríamos las cosas para mejorarlas cuando nos llegara el turno a los de nuestra generación —dijo—. No creíamos que ninguno de nosotros pudiera cometer jamás el error de entrar en una guerra sin estrategia de salida ni objetivos claramente definidos. Y considerábamos que era imposible porque nosotros, los de la promoción de 1968, habíamos aprendido la lección de Vietnam ... y ahora hay que ver lo que ocurre en Irak... y pensar que lo ha promovido uno de los nuestros... Se supone que George era de historia; como mínimo habría podido aprender que "el pasado es el prólogo".»

Los comentarios sobre el picnic en la Casa Blanca dominaron la reunión del fin de semana en New Haven. «No sé lo que me impresionó más —dijo uno de la clase—: ver a George Bush como presidente de Estados Unidos o a Peter Akwai como mujer. Aún no me he recuperado.»

Se intercambiaron anécdotas sobre el hombre que muchos consideraban el menos indicado para convertirse en presidente, sobre cómo había recibido a los de su clase que en otra época desdeñaba, e incluso ofrecido la mano a una mujer a la que él había conocido como hombre.

—Probablemente me recordarás como Peter cuando dejamos Yale —dijo Petra Leilani Akwai cuando le llegó el turno. Después de su época universitaria, Peter, ahora Petra, se había sometido a una operación de cambio de sexo. El presidente, que había experimentado su propia transformación durante aquel tiempo, ni siquiera pestañeó.

—Has vuelto a ser tú mismo —contestó.

Su respuesta sorprendió a algunos de sus ex compañeros de clase. Habían dado por supuesto que George, convertido en presidente, censuraría a un transexual. Al contrario, parecía sentirse a sus anchas en una situación que otros consideraban algo incómoda.

Al escuchar a sus compañeros comentar la comida en la Casa Blanca, por la que pagaron 150 dólares cada uno, Mark Soler preguntó sobre las fascinantes conversaciones presidenciales que se había perdido. Quedó profundamente decepcionado. Le contaron que el dirigente del mundo libre se había paseado entre los asistentes, dando unas palmaditas a una serie de voluminosas barrigas y sermoneándoles por haber engordado cuando él seguía con sus 87 kilos de siempre.

—Dice medir uno ochenta —comentó uno.

—Sí. Más bien metro setenta y cinco de puntillas.

Uno de los asistentes dio unas palmaditas a Soler en el hombro.

—No te perdiste nada —dijo—. Pasé cinco minutos hablando con él y fue como estar charlando con un técnico de Sears.

George, que se había licenciado con una media de aprobado justo, esperó treinta y cinco años para volver a Yale. Cuando lo hizo, fue como presidente de Estados Unidos. Y aún tuvieron que atraerle hacia allí con un doctorado honoris causa, distinción que también habían recibido su padre y su abuelo. En el caso de George, sin embargo, dos cientos ocho miembros de la facultad de Yale habían firmado una protesta por la concesión de dicho honor a «un hombre mediocre». George sabía que el 84 por ciento de los alumnos había votado contra él en las elecciones de 2000, pero en aquellos momentos, en lugar de recurrir de nuevo a su perorata contra los «esnobs» y los «elitistas», intentó conquistarlos.

Empezó felicitando a los padres del curso que se licenciaba. «Es un gran día para sus carteras», dijo. Se desató una cascada de risas entre el público, consciente de que estaba pagando treinta y tres mil dólares al año por la matrícula de su hija Barbara en el curso de 2004.

Si bien había reconocido sus detenciones en el pasado, las historias sobre sus altercados con la policía eran aún lo suficientemente delicadas para que los que escriben los discursos en la Casa Blanca eliminaran una broma en el texto original que decía: «Me encanta volver a New Haven. En el trayecto desde el aeropuerto ha seguido a mi vehículo una larga hilera de coches de policía con las luces encendidas. He tenido la sensación de encontrarme aún en la facultad».

Se dirigió a los que se graduaban subrayando la importancia del título universitario y el privilegio que representaba Yale. «Hay que haber estudiado en Yale para ser presidente —bromeó—, y además uno tiene que haber perdido el voto de Yale a favor de Ralph Nader.»

Pareció no enterarse de que algunos de los alumnos que abandonaban la facultad llevaban pintado un «5,4» en blanco en sus birretes como referencia a la decisión del Tribunal Supremo que en

2000 dio por finalizado el recuento en Florida y le llevó a la Casa Blanca.

Expresó su reconocimiento a los licenciados y sus logros universitarios. «A quienes han recibido honores, premios y distinciones voy a decirles "Muy bien". Y a los que han pasado aprobando justo les diré que ellos también pueden llegar a ser presidente de Estados Unidos.»

El aplauso distó mucho de ser una calurosa ovación.

Barbara Bush bajó descalza del coche familiar y saludó a William Millburn, el portero negro, quien le dirigió una sonrisa de oreja a oreja.

«Me encantó aquello de que la señora Bush entrara en St. Albans sin zapatos —comentó Millburn. Soltó una risita al recordar el incidente y movió la cabeza—. Ninguna otra madre de St. Albans hubiera hecho algo así, como entrar corriendo a la escuela descalza, pero la señora Bush era realmente simpática, una persona muy práctica, y aquel día venía a dejar cosas para sus hijos. En general, allí los padres mostraban aquella actitud de "no se me acerque", pero ese no era el caso de la señora Bush. No se daba aires, como mínimo en aquella época… Era un poco de las duras, pero era mi preferida… Le gustaba que cuidáramos de sus hijos.»

Barbara se sintió tan aliviada cuando admitieron a Neil y a Marvin en la prestigiosa escuela episcopaliana de Washington, que escribió en su diario el 3 de enero de 1967 en mayúsculas: «ADMISIÓN DE LOS CHICOS EN ST. ALBANS».

«Recuerdo que internó aquí a esos niños porque necesitaban algún tipo de imagen paterna en su vida —declaró John Claiborne Davis, subdirector—. Su padre pasaba poco tiempo en casa a causa de sus obligaciones en el Congreso y demás. Era algo corriente entre los padres de St. Albans. Nuestra clientela de élite la formaban personas del estamento militar, político y diplomático, gente ocupada que tiene que dejar a sus hijos internos en un colegio, sobre todo los padres que se ven obligados a viajar o a salir mucho, como en el caso de los Bush. Nos confiaban a sus hijos durante la semana para que recibieran disciplina, pero si los padres se encontraban en la ciudad les permitíamos pasar el fin de semana en casa.»

El subdirector hablaba de los hijos de la «clientela de élite» de St. Albans como si se tratara de unos perros que uno llevaba a una residencia canina, pero su opinión sobre lo del padre ausente en el caso de George Bush la confirmaban otros miembros del cuerpo docente.

«Los Bush no eran de aquellos padres que acudían muy a menudo a la escuela, y a él, al padre, casi nunca se le veía por allí —afirmaba Stanley Willis, antiguo director de admisiones—. Era una figura distante en sus vidas.»

«No recuerdo haber visto a los Bush una sola vez en la escuela —dijo Howard Means, antiguo profesor de inglés—. Di clases a Neil, un alumno situado entre la media. Trabajaba duro y le frustraban sus problemas de aprendizaje, pero es de los chicos más agradables que he tenido en clase. No sé cómo serán sus padres, pero él era muy majo.»

George no era el único miembro de la familia al que no veían sus hijos por aquel tiempo. La madre de una de las mejores amigas de su hija recordaba a Barbara como una madre distante, que pasaba más tiempo haciendo vida social en Washington que con sus hijos.

«Mi hija Carey hizo cuarto con Doro Bush, o Dordie, como la llamaban las niñas de la escuela femenina National Cathedral de Washington —recordaba Marjorie Perloff, por aquel entonces profesora adjunta de inglés en la Universidad Católica—. Las chicas eran amigas íntimas en 1968 y, por lo que observé en Dordie, me atrevería a decir que Barbara Bush no era ni mucho menos la madre entregada que pasa muchas horas con sus hijos, que controla sus juegos, sus comidas y sus deberes … Sé que este es el sello distintivo de la señora Bush ahora, pero cuando yo la conocí, en 1968, apenas se la veía … Detrás de la imagen pública de Barbara Bush está la realidad de una mujer rica a la que todos recordamos con la imagen de querer más a sus perros que a sus hijos, una mujer que rara vez sonreía.

»Yo, como profesora, me organizaba las clases para poder llegar a casa más o menos hacia las cuatro, cuando llegaban Carey y su hermana … Dordie Bush, que era mucho más pequeña que sus cuatro hermanos, parecía pasar normalmente el tiempo sola, ser la típica pobre niña rica. Era muy dulce y tímida y tenía problemas con los trabajos escolares. A veces, cuando venía a jugar con Carey, yo le echaba una mano, y a menudo pasaba por casa para consultar nuestra *World Book Encyclopedia*. Recuerdo que en una ocasión le dije: "¿No tienes una enciclopedia en casa, Dordie?". La respuesta fue no, y he de confesar que cuando llevaba a Dordie a su casa y la criada abría la puerta, veía una casa en la que los libros parecían brillar por su ausencia. El legendario proyecto de alfabetización de Barbara Bush, al parecer, no empezaba en casa.»

Brendan Gill, de *The New Yorker*, que en una ocasión visitó la residencia de los Bush en Kennebunkport, comentó algo parecido sobre la falta de interés por los libros de los Bush. El escritor, que padecía insomnio, intentó encontrar algo para leer de madrugada. Después de inspeccionar toda la mansión encontró un solo libro: *The Fart Book* (El libro de los pedos).

Años más tarde, cuando hizo falta relacionar a Barbara con una causa pública, se lanzó a la alfabetización y llenó su habitación de estantes con libros. Al tener un hijo, George, con problemas de lectura, y otro, Neil, disléxico, se dio cuenta de que la lectura era la base de la educación. Más tarde creó una fundación dedicada a la alfabetización familiar.

En cuarto, Doro Bush y su amiga a menudo iban a dormir una a casa de otra, pero según la madre de Carey las dos preferían estar en la casa de los Perloff. «Muchas noches, en casa de los Bush solo quedaba la sirvienta, una interna que se ocupaba de los hijos y se encargaba de todas las tareas domésticas. Era la criada (o criadas) la que limpiaba, cocinaba, lavaba la ropa y hacía los pedidos por teléfono.

»Y no es que Barbara Bush no pasara ratos en casa. Mientras la mayoría de madres de la National Cathedral que no trabajaban jugaban al golf o al tenis en el club de campo, asistían a un sinfín de almuerzos y actos benéficos, jugaban al bridge e iban de compras, la señora Bush, tal como recuerda Carey, prefería encerrarse en su sala de labores de la segunda planta de su residencia a hacer

bordados en cañamazo. En Navidad, cada una de las amigas de Dordie recibía como regalo un alfiletero con su nombre bordado por
Barbara Bush.

»Pero, como recuerda Carey, la madre de Dordie nunca pasó un
instante con las niñas cuando jugaban en su casa, nunca les preguntó
nada sobre sus estudios y Carey jamás asistió a una cena familiar ...
Los Bush salían casi todas las noches: a fiestas, cenas, recepciones,
bailes benéficos, acontecimientos políticos... En esas circunstancias,
la sirvienta preparaba la cena y la servía a las niñas en la habitación.
A menudo Barbara se ausentaba de la ciudad unos días para acompañar a George en sus viajes profesionales. En cuanto a George, era
prácticamente el Hombre Invisible en la vida de Dordie.»

Siempre de un lado para otro, George iba en avión a Houston
cada quince días, y durante la semana en Washington, él y Barbara salían casi cada noche. «Iban a todas partes: fiestas, recepciones
diplomáticas, bailes en las embajadas, lo que fuera —comenta
Imelda Dixon, cronista social del *Washington Star*—. Precisamente así los conocí.»

Betty Beale, la decana de las columnistas de sociedad de Washington durante los sesenta, se hizo amiga íntima de los Bush hasta el punto de que la invitaban a recorrer el mundo con ellos. «Estuve con ellos en China, los visité en Nueva York y, por supuesto,
en Kennebunkport —dijo—. Eran muy sociables y les interesaba
mucho la vida de sociedad de Washington.»

Además de los actos sociales, George aceptaba dar conferencias
siempre que se lo proponían. En 1968, se le propuso ser distinguido
como Chubb Fellow en Yale, honor que se había ofrecido a su padre. El título implicaba pasar unos días en el campus, dar conferencias, asistir a clases y seminarios y reunirse con los estudiantes.

«Recuerdo cuando llegó porque apareció en mi despacho un
asesor sin aliento —comentaba William Sloane Coffin, capellán de
Yale—. "Bush quiere hacer ejercicio. Quiere jugar a squash."

»"Muy bien", respondí. "Que pase." George siempre había sido
un buen deportista, pero yo tuve suerte en acertar el camino hacia
la pista de squash. Corrió la voz por el campus de que la derecha
iba a ponerse en guardia contra la izquierda en la pista 2. Enseguida
se juntó una gran multitud.»

Tan conocida eran en Yale la política antibelicista del pastor como el apoyo de Bush a Richard Nixon, partidario de la guerra. Los dos hombres jugaron como si en ello les fuera mucho más que un partido de squash.

«Le gané tres partidos seguidos —recordaba Coffin—. Insistió en seguir jugando. Eso hicimos. Volví a derrotarle. Pero él no se dio por vencido. Era competitivo. Quería jugar hasta ganar. Estábamos monopolizando el campo. Así pues, le sugerí un partido para el día siguiente. Apretó los dientes y dijo que no. Insistió en seguir. Así que seguimos. Aquel día le pegué un buen vapuleo y me sentí bien.»

George actuaba del mismo modo en su carrera por alcanzar un cargo político. Después del pequeño grito como congresista en su primer mandato para conseguir la designación como vicepresidente, ahora quería hacer mucho ruido. Estaba decidido a enfrentarse de nuevo a Ralph Yarborough en las elecciones de 1970.

«No lo hagas, George —dijo su padre—. Quédate donde estás. En la Cámara hay mucha vida. Tienes una importante tarea en el comité y cuentas con el respeto y la amistad de los presidentes de mayor peso del Capitolio.»

Cuando Prescott fue a visitar a George en Washington, este le acompañó al Capitolio. «Creo que nada había complacido tanto a George en años —escribió Barbara a su padre, Marvin Pierce, unos años antes de que muriera este—. Papá Bush visitó la Comisión de Medios y Recursos y su presidente [Wilbur Mills] le invitó a una sesión. George dice que era la primera vez que sucedía aquello desde su entrada … Después, su padre entró en la Cámara y todo el mundo se mostró contento al verlo de nuevo y todos fueron a saludarle. George estaba emocionadísimo.»

Prescott intentó aconsejar a su hijo sobre determinadas realidades políticas. Dijo que George ocupaba un escaño republicano tranquilo en un estado en el que la proporción entre demócratas y republicanos era de tres a uno. «Fíjate en las cifras —dijo—. Texas sigue siendo un estado de los demócratas. Ni siquiera los demócratas del Yellow Dog votan a los republicanos.» George pensaba de otra forma. «Ellos me votarán —dijo—. Especialmente enfrentándome a Ralph Yarborough.»

Su padre iba exasperándose. «Llevas muy poco tiempo en la Cámara y ya has introducido leyes importantes. Imagínate lo que puedes conseguir en unos años.»

Lo que más interesaba a George en el Congreso era el control de la población. Al igual que su padre apoyaba la paternidad planificada y defendía la planificación familiar como sistema para proteger la salud de la mujer y combatir la pobreza. Por aquellos días, los defensores de la planificación familiar hablaban abiertamente de anticoncepción, y la legalización del aborto era un objetivo de muchos, incluyendo a George Herbert Walker Bush. «En este momento histórico recuerdo perfectamente que George era "partidario de la elección"», afirmó el representante republicano de Alabama, John Buchanan, hablando de los derechos sobre el aborto.

«Se manifestó más rotundamente a favor de la elección luego —dijo el ex representante de los demócratas de Nueva York, James H. Scheuer—. Era mi hombre de la minoría [republicana] en el Comité sobre Población y nos apoyó siempre hasta que se convirtió en vicepresidente de Reagan. Entonces tuvo que adoptar la postura contraria de Reagan, refutar la planificación familiar y convertirse en pro vida. A partir de entonces, cuando George me veía en la entrada de la Cámara de Representantes me decía: "Jim, no me desenmascares". Y nunca lo hice. George era un tipo simpático. No podía seguir apoyando la planificación familiar y optar por un cargo nacional. Tomó una decisión política.»

«George y Barbara trabajaban activamente en Paternidad Planificada en la época en que los conocí en Yale, en los cuarenta —explica Franny Taft, quien se casó con el nieto del presidente William Howard Taft. Seth, el marido de Franny, era sobrino de Robert A. Taft, senador de Ohio conocido como "míster Republicano"—. Trabajamos como locos para poner al alcance de todos el asesoramiento sobre control de natalidad, y hay que tener en cuenta que por aquel entonces el control de natalidad seguía siendo ilegal en Massachusetts y Connecticut. Entonces Barbara y George eran progresistas. Se trasladaron luego a Texas y se hicieron de derechas.»

George se juntó con el representante Scheuer para presentar la Ley sobre Servicios de Planificación Familiar e Investigación sobre

Población, que se convirtió en ley en 1970 y, con el Título X, en el único programa federal dedicado exclusivamente a la planificación familiar y la salud en la reproducción. En 1988, bajo el mandato de Ronald Reagan, se estableció una «ley de la mordaza» para el debate sobre el Título X, y se prohibió a las clínicas proporcionar asesoramiento sobre el aborto, lo que en otra época había apoyado George. Mientras estuvo en el Congreso, George se comprometió hasta tal punto en la cuestión de los anticonceptivos para quienes los deseaban y necesitaban que Wilbur Mills le llamaba «el Gomas».

Durante semanas, George se opuso a las razones de su padre sobre la presentación de su candidatura al Senado en 1970. «Sé que en esta ocasión puedo vencer a Yarborough —dijo—. Estoy convencido de ello. La última vez [1964] se montó en el carro de Lyndon. Ahora está más desprotegido.» George explicó que su campaña tendría una excelente financiación, pues el presidente Nixon deseaba que se presentara y le había prometido apoyo de la Casa Blanca. Por otra parte, su amigo John Tower, el senador republicano de Texas, era responsable del Comité para la Campaña Republicana al Senado, de forma que sacarían también dinero de aquella fuente. En cuanto a lo de abandonar su escaño seguro en la Cámara, George dijo a su padre que, si salía derrotado, Nixon le había prometido un "importante cargo" en la administración. «Estoy convencido de que ha llegado el momento», afirmó George. Más tarde comentó su ambición en una entrevista: «Quiero marcar y convertirme en capitán del equipo, ascender y llegar a jefe, conseguir algo y ser elegido luego para un puesto superior». Para él, la vida era una serie de éxitos en la que él acababa siempre en la cima. Nunca tuvo aquello un objetivo ideológico. Se trataba simplemente de ganar.

George decidió buscar asesoramiento en el mejor político de Texas, retirado entonces en su rancho del río Pedernales. Como miembro republicano del Congreso, había ganado puntos ante Lyndon Johnson al saltarse la fiesta inaugural de Nixon en enero de 1969 para estar en la base Andrew de las fuerzas aéreas y despedir a los Johnson al dejar Washington.

«Johnson quedó impresionadísimo de que Bush apareciera aquel día para presentarle sus respetos», comentó Harry McPherson, antiguo asesor de Johnson. La presencia de George hizo aún más patente la ausencia del senador de Texas Ralph Yarborough. El gesto de cortesía hacia el ex presidente le valió una invitación para visitar el rancho de Johnson en Stonewall, Texas, que George y Barbara aceptaron entusiasmados.

Meses más tarde, mientras George intentaba decidir si se presentaba para el Senado en 1970, llamó al despacho de Johnson, con la esperanza de que este convenciera al ex presidente para que se mantuviera neutral en los comicios. George le preguntó si podía hacerle una visita en el rancho para tratar en esta ocasión un asunto político. Se le concedió una audiencia de quince minutos con la condición de que respetara la confidencialidad del encuentro.

«Fui directo al grano —recordaba George ante unos amigos—. Le dije: "Señor presidente, aún no he tomado una decisión y quisiera su opinión. Tengo el escaño de la Cámara asegurado, la última vez no hubo oposición, y he conseguido un puesto en Medios y Recursos".»

Johnson dijo que había oído rumores de que George pensaba presentarse para el escaño de Yarborough. Consciente de que George tal vez buscaba su apoyo, el ex presidente dijo que él era demócrata y que siempre apoyaría al candidato demócrata.

«No me importa correr riesgos —dijo George—, pero dentro de unos mandatos tendré antigüedad en un comité de gran peso. Estoy convencido de que es un riesgo que debo correr, valga la pena o no.»

Johnson miró a George a los ojos y le habló pausada e intencionadamente. «Hijo, yo he servido en la Cámara. —Pausa—. Y he tenido el privilegio de participar en el Senado. —Pausa más larga—. Dos lugares extraordinarios en los que servir. De modo que no voy a aconsejarle lo que debe hacer, pero sí le diré que la diferencia entre ser miembro del Senado y ser miembro de la Cámara es la diferencia que existe entre la ensalada de pollo y la mierda de pollo. —Pausa larga—. ¿Me explico?»

Johnson había insistido en mantener la confidencialidad del encuentro, no fuera a ser que los demócratas de Texas creyeran que aconsejaba a un posible candidato republicano sobre cómo derrotar a su titular demócrata. Bush quería que se difundiera la visita, porque sabía que así aumentaría su prestigio entre los demócratas conservadores, a los que intentaba atraer. Convocó una rueda de prensa el 28 de mayo de 1969 y, ¡sorpresa, sorpresa!, por una razón u otra, Sarah McClendon, de McClendon News Service, casualmente le preguntó si había hablado con el presidente Johnson sobre la proclamación de candidato para el Senado en Texas. George dijo que lo habían comentado en el rancho: «De todas formas, no tengo una opinión sobre su implicación en el tema. Vamos a decir que, ya que ha salido la cuestión, preferiría que la cosa quedara en que no se ha planteado el asunto. Puesto que él pertenece a un partido y yo a otro, es muy improbable que él pudiera apoyarme».

Siguió Peggy Simpson, de Associated Press: «¿A qué se debe su encuentro con el presidente Johnson? ¿Solicitó usted la reunión? ¿Qué sacó en claro de ella?». George admitió que había sacado mucho en claro de ella.

Minutos después, cogió el teléfono y llamó al rancho de Johnson. Habló con Tom Johnson, el asesor del presidente, y le dijo que estaba «muy preocupado» por su rueda de prensa. «Me inquieta pensar que algún periodista pueda deducir de mi visita algo que no he intentado. Me preocupa sobre todo que puedan pensar que el presidente tal vez no quiera apoyar al senador Yarborough y hacer algo por mí para tomar represalias contra el senador Yarborough.»

El asesor tomó diligentemente nota de lo que le fue diciendo George. En el informe que entregó al presidente Johnson escribió:

> El miembro del Congreso ha dicho que el asunto pesaba sobre su conciencia y quería que usted supiera que de ninguna forma intentó utilizarle. En realidad, ha dicho que estaba convencido de que había llevado la cuestión de la visita con la máxima discreción, sin comentársela a nadie. Por supuesto, ha confesado que él había solicitado la entrevista pero que en ella ni siquiera se habló de las elecciones al Senado.

Al día siguiente, George escribió una carta muy poco sincera al presidente, un avezado profesional en el engañoso arte de filtrar informes a la prensa. En ella adjuntó una transcripción de las preguntas y respuestas de la sesión mantenida con McClendon y Simpson, diciendo: «Sus preguntas aparecieron cuando menos me lo esperaba y, pensándolo bien, habría sido mejor responder "Sin comentarios". Sin embargo, en aquellos momentos se me ocurrió que eso podría generar más especulaciones, probablemente incorrectas».

El 13 de enero de 1970, George optó por la ensalada de pollo: anunció su candidatura al Senado. «Hemos llevado a cabo todos los sondeos del mundo, lo hemos discutido de arriba abajo y ahora he decidido que es lo que he de intentar —dijo—. Soy consciente de que me esperan diez meses largos y duros, pero estoy convencido de que puedo ganar la contienda.»

«Era una carrera larga —dijo su hermano Jonathan—, pero quería situarse en el puesto correcto para presentarse para presidente.»

George envió inmediatamente formularios de solicitud a todos los residentes negros e hispanos que no estaban registrados para votar. Les rogaba que rellenaran los impresos. «Una vez inscrito, puede usted votar en las primarias de cualquier partido, puesto que en Texas no nos inscribimos por partido.» En su carta, escrita con el membrete del Congreso, hacía constar que la impresión no corría a cargo del gobierno.

George inició su campaña pegándose a Richard Nixon. Apoyó la postura de Nixon sobre continuación de la guerra de Vietnam; promocionó la designación de Nixon del juez G. Harrold Carswell para el Tribunal Supremo, pese a las opiniones racistas de este; e incluso ofreció la colaboración de su hijo mayor, en ese momento en una escuela de vuelo de Georgia, como escolta de Tricia, la hija de Nixon.

Nixon correspondió a ello entregando a George ciento seis mil dólares en contribuciones ilegales a la campaña. Esta suma procedía de un fondo de reptiles para una campaña secreta denominada «Operación Townhouse». Los libros de contabilidad de los archivos nacionales demuestran que como mínimo la mitad de esas contribuciones —cincuenta y cinco mil dólares— se hicieron en dinero contante y sonante y no se informó sobre ellas como exige la ley. La Operación Townhouse era un canal secreto de contribuciones de acaudalados republicanos para los candidatos favoritos de Nixon en quince estados. George recibió diez mil dólares de W. Clement Stone, millonario de Chicago, en cuatro cheques. En el informe financiero de la campaña de Bush solo se informó sobre dos mil quinientos dólares; Henry Ford II hizo llegar nueve mil quinientos dólares a George a través de la Operación Townhouse, pero el informe financiero de la campaña de Bush hizo constar solo dos mil quinientos dólares como contribución de Ford. A pesar de todo, George firmó una declaración jurada en la que constaba que había informado «sobre todas las donaciones y préstamos de dinero u otros objetos de valor que he recibido».

Un informe del asesor presidencial, Tom Johnson, en la Biblioteca Presidencial Lyndon Baines Johnson indica que el senador John Tower también cuidaba especialmente de George:

> Señor Presidente:
> Tal vez pueda interesarle lo siguiente:
>
> 1.  El senador Tower es el responsable de la Campaña Republicana.
> 2.  El senador Tower ha dedicado prácticamente el doble de dinero a Bush que a cualquier otro de los candidatos.
> 3.  El congresista Bush ha recibido 72.879,00 dólares. El segundo en fondos es Ralph Smith de Illinois (37.204,00 dólares).

Con tanto dinero como le iba llegando, George no tenía problemas financieros, pero después de mayo de 1970 su auténtica preocupación fue su adversario. Ralph Yarborough había sido derrotado en las primarias demócratas por un conservador rico, ex miembro del Congreso, llamado Lloyd M. Bentsen Jr. Este, un clon de Bush, tenía la ventaja de disponer del respaldo secreto de John Connally, el popular gobernador de Texas, así como del ex presidente Johnson.

George se puso muy nervioso. Escribió a Harry Dent, el operativo político de la Casa Blanca, para pedirle quince minutos del tiempo de Nixon: «Harry, no hace falta exagerar la importancia de "que Bush logra lo que se propone" y tal … Quería que Bentsen ganara. Lo ha conseguido».

Ingenua e incorrectamente, Bush añadió que la victoria de Bentsen constituía «una ventaja» porque:

1)  se producirá un gran retroceso de los liberales, y
2)  el resultado de los liberales pesará muy poco en el recuento
    final.

Citó la carta de John Kenneth Galbraith a *The Texas Observer*
en la que el demócrata de Kennedy había exhortado a los liberales
de Texas a que votaran a Bush y a derrotar a Bentsen. La lógica de
Galbraith: como posibles senadores, los dos eran igual de malos.
Ahora bien, «una victoria de Bentsen afianzaría el dominio de los
conservadores en el partido demócrata de Texas, nos obligaría al
resto a competir con ellos a escala nacional y situaría al estado en
la peor alternativa: elegir entre dos partidos conservadores».
    Nixon también sabía que no existía la menor diferencia entre
Bush y Bentsen. H. R. «Bob» Haldeman, jefe del personal de la Casa
Blanca, escribió en su informe sobre la campaña antes de las elecciones: «Se ha ganado ya uno: Texas». Haldeman explicaba esta
perspectiva en una nota a la persona que por aquel entonces escribía los discursos para la Casa Blanca, William Safire, quien se ocupaba de la campaña publicitaria de última hora para Nixon. Haldeman propuso que el mensaje debería ser: «Vote a un hombre que
va a trabajar para y con el presidente y no a uno que trabaje contra el presidente». De todas formas, advertía que el mensaje «no debía difundirse en lugares como Texas, donde el adversario (Bentsen) también trabajaría para el presidente».
    George tenía otras cosas en juego aparte del Senado en 1970.
Si ganaba y barría en Texas, superando el millón de votos entre
demócratas, republicanos e independientes, se encontraría en la
situación óptima para sustituir a Spiro Agnew y convertirse en
candidato a la vicepresidencia de Nixon en 1972. Agnew se había
visto incapaz de hacerse con su propio estado de Maryland en 1968
y era ya vulnerable. «Eso lo supe por Prescott Bush —recordaba el
columnista Charles Bartlett—. Él y Nixon estaban muy cerca y este
comentó a Pres que le encantaría hacer campaña con su hijo …
George estaba enardecido en aquellos días … Todo lo que tenía que
hacer para llegar al cargo que se proponía era conseguir una contundente victoria en Texas.»
    La noche de las elecciones, W., que había dedicado todo su

tiempo a la campaña de su padre después de salir de la escuela de vuelo F-14 de la base aérea de Ellington, se preparaba para celebrar lo que sus padres le aseguraron sería una noche victoriosa. Prescott y Dorothy Bush se habían desplazado desde su residencia de invierno de Hobe Sound, Florida, para presenciar la esperada entrada de la segunda generación Bush en el Senado de EE.UU. Las copas de champán seguían en las bandejas de plata de la suite que tenían los Bush en el hotel Shamrock de Houston mientras los amigos íntimos y los asesores de la campaña se iban reuniendo para ver los resultados.

La joven Doro estaba sentada en el sofá al lado de su padre cuando George puso la CBS. Después de veinte minutos de transmisión, habían finalizado las elecciones. Walter Cronkite afirmó que sus ordenadores daban la victoria a Bentsen por 200.000 votos.

Doro, en quinto curso por aquel entonces, se puso a llorar. «Voy a ser la única de la clase con un padre sin trabajo», gimoteaba. George W. y Marvin también se desmoronaron. Barbara estalló en sollozos y Neil y Jeb se deshicieron en lágrimas. George los abrazó a todos diciendo que no se preocuparan. Pero la familia tenía claro que acababa de perder lo que más había deseado en su vida: la oportunidad de convertirse en presidente.

«La derrota le destrozó —afirmó Jack Steel, su asesor—. Dijo que aquello era el fin de todo.»

«Era un poco como viajar en un tren a doscientos kilómetros por hora y chocar contra un muro —comentó Pete Roussel, secretario de prensa de Bush en el Congreso—. Estábamos muy deprimidos.»

George confesó su desesperación al día siguiente. «Solo tenía una meta, un único objetivo —escribió a un amigo—. Esta derrota me ha hundido del todo.»

Unos días más tarde ya se había recuperado lo suficiente para escribir al jugador de béisbol más importante de la liga, Carl Warwick: «Ha estallado mi principal globo: no conseguimos el banderín. Pero hoy está claro que el mundo seguirá dando vueltas. El martes por la noche, con las lágrimas de esos fenomenales muchachos, no me lo creía ni por asomo».

Nadie podía consolar a Barbara. «La llamé después de la derrota y no paraba de llorar», recordaba Nancy Ellis, la hermana de George. Un año después, Barbara seguía afectada. Comentó a Jerry Tallmer, del *New York Post*, lo duro que resultaba perder por segunda vez las elecciones al Senado. «George también se lo tomó a pecho, pero no tanto como yo. Los hombres son mucho más valientes. Aún no lo soporto. No puedo pensar en ello. Me pongo furiosa.»

El joven George se emborrachó mucho la noche de los resultados. Más tarde admitió que jamás había visto a su padre tan hundido como con aquella derrota. George padre confió su desesperación a su antiguo amigo James A. Baker III diciéndole que iba a retirarse de la política. Comentó también a su jefe de finanzas, Robert Mosbacher: «Me siento como Custer».

En realidad, la vida pública de George tenía ese aire. Incapaz de ser elegido para un cargo estatal, a pesar de dos campañas y unos cuantos millones de dólares, había fracasado en la primera prueba como político. Nixon decidió quitarse de encima su compromiso con George nombrándolo jefe de la Agencia Federal para el Desarrollo de la Pequeña Empresa o bien ofreciéndole un puesto en la Casa Blanca sin cometido específico. Según él, George H. W. Bush ya no tenía futuro político.

«Tengo la impresión de que salvé su carrera pública —comentaba Charles Bartlett, amigo de George y periodista ganador del Premio Pulitzer—, y me siento orgulloso de ello ... El día después de las elecciones, cuando Bentsen derrotó a George, llamé a Doug Bailey, un extraordinario asesor político. Comimos juntos en el Federal City Club e intentamos encontrar el sistema de mantener a aquel brillante joven en el horizonte político. Por aquella época, George era uno de los jóvenes más interesantes y enérgicos que podían encontrarse en un partido. Tenía un ardor imparable, e idealismo. Creo que lo perdió más tarde, pero entonces yo pensaba que valía la pena que siguiera, y lo mismo opinaba Doug. Nos dimos cuenta de que si aceptaba un puesto en el gobierno quedaría enterrado en la burocracia y nunca más se hablaría de él. Sabíamos que Nixon no le iba a dar nada después del descalabro de Texas. Lo que no sabíamos, sin embargo, era que Nixon intentaba ganarse secretamente a John Connally, el gobernador demócrata de Texas, para su gabinete, como secretario del Tesoro; Connally fue el tipo que apoyó a Bentsen para derrotar a Bush, y eso aclara la opinión que tenía Nixon de Bush por aquel entonces ... Doug y yo dimos con la ONU como el mejor sistema para mantener a George políticamente vivo ...

»Fui a verle a la sede de su campaña, lo encontré bastante destrozado. Le conté nuestro plan y, por cierto, de entrada no le cayó muy bien. Más tarde Barbara me dijo que le había parecido fatal. "En Texas no soportábamos la ONU —dijo—. Siempre la hemos odiado." Me recordó que George había hecho campaña contra la ONU. Lo comprobé luego y vi que George había comentado que la ONU "en general ha constituido un fracaso a la hora de preservar la libertad". Luego dije a George que viniera enseguida a Washington, donde íbamos a cenar con Bob Finch, un asesor de Nixon, quien iba a promocionar el plan ante el presidente. Le expliqué que no tenía mejor salida para seguir en la vida pública que la de convertirse en embajador de EE.UU. en la ONU.»

Durante la cena, Bartlett dio instrucciones a Bush sobre la forma de utilizar su baza de siempre, la más contundente: sus relaciones con los privilegiados de la sociedad. Con una aguda perspectiva política, el periodista señaló que Nixon no había tenido una representación adecuada con el anterior embajador en la ONU, Charles Yost, un demócrata que se había opuesto públicamente a la postura de la administración Nixon sobre Vietnam. Por otra parte, Nixon siempre se había sentido como una gárgola en la catedral de la sociedad neoyorquina. Le interesaría disponer de alguien con tanta aceptación social como George Herbert Walker Bush como vínculo con la ONU, alguien que distrajera a los recalcitrantes diplomáticos y vendiera el evangelio político de Nixon a los influyentes medios de comunicación de Manhattan.

«George lo comprendió en el acto —recordaba Bartlett—. Al día siguiente llamó a la Casa Blanca y fue para allá dispuesto a convencerlos. Cuando el presidente le ofreció una plaza insignificante, George replicó que preferiría la ONU, pues estaba convencido de que allí podría conseguir amigos para Nixon de una forma que nadie más le ofrecería. Por otro lado, su inquebrantable lealtad le permitiría representar la política exterior de Estados Unidos de la forma que Nixon deseaba verla representada. El presidente le escuchó y le pidió que aguardara fuera cuarenta y cinco minutos. Nixon llamó a Haldeman y a Henry Kissinger [consejero sobre Seguridad Nacional] ... y ... cuarenta y cinco minutos después ofrecía la ONU a George.»

Fue un golpe maestro por parte de Bartlett y Bailey, porque aquella cita iba a desembocar en una serie de encuentros que llevarían a George Bush al escenario nacional. En aquellos momentos, el cargo se consideró una flagrante compensación para un perdedor político. *The New York Times* se quejó de que una persona sin cualificación asumiera un «cargo de tanta importancia», que habían ostentado personas tan ilustres como Edward Stettinius, Henry Cabot Lodge, Adlai Stevenson y Arthur J. Goldberg. El *Washington Star* lamentaba que se hubiera ofrecido el cargo de embajador más importante del país a un miembro del Congreso de cuarenta y siete años «sin futuro, con poca experiencia en asuntos exteriores y menos en diplomacia». El periódico especulaba sobre el hecho de que la única razón que podía explicar tal locura sería la intención de Nixon de insuflar vida al futuro político de Bush: «Tal vez intente rellenar los espacios en blanco en el expediente del apuesto joven texano para un cargo nacional con una formación intensiva en asuntos exteriores y con una proyección de ámbito nacional que hará que el nombre de George Bush sea fácilmente reconocible en 1972.» En su fuero interno, el secretario de Estado estaba horrorizado. «Es una persona con muy poca entidad», dijo William P. Rogers. Henry Kissinger estuvo de acuerdo con él. Rechazó a George como alguien «flojo», «no sofisticado» y «más bien débil». Por supuesto, todo aquello le convertía en el personaje ideal para los planes que tenían en mente Kissinger y Nixon en cuanto al reconocimiento de la China Roja. Pero incluso los amigos más íntimos de George quedaron atónitos ante aquel nombramiento.

—¿Qué demonios sabes tú de política exterior? —exclamó Lud Ashley.

—Pregúntamelo dentro de diez años —respondió George, habiendo recuperado ya su despreocupada confianza en sí mismo. Añadió que iba a «empollar» lo que fuera necesario saber para pasar las sesiones de confirmación para el Senado y ser nombrado rápidamente oficial de Servicios Exteriores que, en su argot de aviación, estaba «dispuesto para despegar».

El cargo en la ONU reavivó la moribunda carrera de George. Además del cargo de embajador, obtuvo un puesto en el gabinete de Nixon; un sueldo de cuarenta y dos mil quinientos dólares; una espléndida nueva residencia en la ciudad de Nueva York (un piso de nueve habitaciones en las torres Waldorf que costaba cincuenta y cinco mil dólares anuales); un equipo de ciento once personas, entre las que se contaban un chófer, un jefe de cocina, sirvientas y amas de llaves, además de servicios de hostelería completos; y también un presupuesto de representación de treinta mil dólares para organizar lo que mejor se le daba: las fiestas. Incluso Herbert Parmet, biógrafo oficial de Bush, reconocía que «sus autoproclamadas credenciales para el cargo de la ONU se reducían a la lealtad, la personalidad y la capacidad de relacionarse en los círculos adecuados».

Desgraciadamente, George nunca dominó las exigencias del trabajo en cuanto a política exterior.

«Era una vergüenza —decía Sidney M. «Terry» Cone III, del consejo de Cleary, Gottlieb, Steen, and Hamilton, y director de la facultad de derecho de Nueva York—. Soy miembro del Consejo de Relaciones Exteriores y comí con él cuando era embajador de la ONU. Quedé horrorizado. El hombre no sabía nada de nada. Absolutamente nada. No tenía ni idea del mundo; no comprendía la política exterior. Estaba claro que era un nombramiento político que Nixon había tenido que hacer ... Me avergonzaba que un hombre así representara a nuestro país en la ONU en una época en que nos hacía falta alguien inteligente y de talla. George Bush se limitaba a recibir a la gente y a saludarles.»

En su propio diario, George dejaba constancia de una mayor preocupación por las personalidades que por las estrategias. El 20 de marzo de 1971 escribió en él que había asistido a los funerales de Thomas Dewey con Jacob Javits, senador de Nueva York:

> Javits es una persona increíblemente egoísta. Ha entregado un gran sobre al chófer y le ha dicho que mientras nosotros permanecíamos en la iglesia lo llevara al hotel Westbury. El hombre parecía algo asustado, pues a buen seguro pensaba que con aquella caravana

de vehículos sería imposible hacer la gestión y volver a tiempo. Se lo ha dicho a Javits y este se ha alterado un poco. Ha sido algo muy parecido al incidente que provocó Javits con el personal de recogida de equipajes en México, cuando estuvo allí en un viaje antiparlamentario. Se mostró prepotente y bastante desagradable.

El mismo día, George escribió algo sobre un compañero suyo de clase en Yale, el alcalde de Nueva York John Lindsay: «A John se le ve de lo más arrogante y distante. Como si estuviera en una competición o en un escenario ... Es algo muy extraño ... Un tipo complicado, curioso ... muy difícil de entender».

Lo mismo escribió George sobre Ross Perot cuando este acudió a defender a los prisioneros de guerra: «Ross Perot es un tipo que no entiendo. Siempre se ha mostrado amable conmigo, pero yo lo veo un hombre muy complicado».

En la entrada del 5 de abril de 1971, George describía así al secretario general U. Thant: «Ahí estaba con aire amistoso pero impasible. Es una persona difícil de entender, siempre se ha mostrado tremendamente educado conmigo, siempre muy amistoso, pero también muy reservado».

El 19 de abril de 1971 George escribió: «Kissinger es un tipo afectuoso con mucho sentido del humor. No para de decirme: "Usted es el hombre del presidente". Es mucho más comunicativo conmigo que Bill Rogers [secretario de Estado]».

El 12 de junio de 1971 arremetió contra el senador demócrata de Massachusetts Ted Kennedy:

> Teddy Kennedy dio una conferencia en el Senado ... en la que dijo que Nixon quería prolongar la guerra hasta 1972 con objetivos políticos, para conseguir la reelección. Para mí fue una de las afirmaciones más burdas y crueles que he oído en mi vida. Cuando hablé en la Cámara de Comercio de Andover, ante un nutrido grupo de prensa, denuncié aquellas afirmaciones tachándolas de crueles y miserables. Comprendo que se discuta sobre la guerra, pero lo que no puedo entender es que alguien haga unas declaraciones como estas y encima la prensa las publique. No le saltan encima como harían con cualquier otro. Fue algo de una gran irresponsabilidad, y sin embargo él no salió nada perjudicado, seguro.

Se quejaba del ajetreo social:

> Tendremos que eliminar algunas de esas veladas inútiles. Esta
> noche ha sido el ballet de Stuttgart. En realidad, lo hemos pasado
> muy bien, pero no ha reportado ningún beneficio para el cargo, ni
> para el presidente, y mucho menos para mi úlcera. Estoy muy can-
> sado. Jamás imaginé un trabajo con una actividad tan constante.
> Hay tantas cosas que hacer... una cita tras otra.

George no soportaba perderse una fiesta, incluso si tenía que
llegar tarde y vestido inapropiadamente. «Le vi en la ONU cuando
el último representante de Taiwan invitó a cenar a George, en la
época en que los republicanos se portaban bien con nosotros [los
taiwaneses] —explica Gene Young—. George apareció en la cena
con la ropa de navegar, impermeable y botas, y se pasó la noche entera charlando ... parecía un estudiante de Yale... Bla, bla, bla ...
No había quien le parara ... bla, bla, bla ... charlando de las cosas
más insulsas.»

George y Barbara organizaban constantemente fiestas. Como
mínimo un día a la semana había una celebración solemne y daban
cenas un día sí y otro no. Llevaban a los diplomáticos a Greenwich,
a las fiestas que los padres de George ofrecían en su nueva casa de
Pheasant Lane. A otros los acompañaban al Shea Stadium para ver
a los Mets, siempre en el palco de su tío Herbie. Este, uno de los
tres principales propietarios del equipo de béisbol, tenía acceso a
las localidades más selectas.

Uno de los temas que mencionaba con frecuencia George en su
diario era el traslado de la ONU fuera de la ciudad de Nueva York.
Cuando su padre fue moderador del Consejo Municipal de Representantes de la ciudad en Greenwich, en 1946, Prescott se las ingenió
para mantener a la ONU fuera de Connecticut y establecer su sede en
la zona de Turtle Bay de Manhattan. En 1971, George escribió:

> Considero que Nueva York es realmente el «peor» lugar de
> Estados Unidos en el que puede estar. La prensa ofrece una imagen
> distorsionada del país, los problemas de la ciudad dan una imagen
> distorsionada del país y, en definitiva, si empezáramos desde cero,
> tampoco estaría aquí ...

Los problemas del País Anfitrión empiezan a fastidiarme. La disparatada JDL [Jewish Defense League] ha soltado un montón de ranas y ratones que han aterrorizado a todos los que se encontraban en el edificio. Hoy unos extremistas negros han bombardeado el consulado de Sudáfrica. Nueva York es un lugar espantoso como sede de la ONU. Es herético decirlo en la embajada, pero es verdad.

El 25 de octubre de 1971, la ONU votó a favor del reconocimiento de la China Roja y concedió a la República Popular China el escaño ocupado por Taiwan, la China Nacionalista. George había prometido en sus campañas para el Senado que si esto ocurría, él propugnaría la retirada de EE.UU. de la ONU. En aquellos momentos, como embajador de Nixon, tuvo que abogar por la «representación dual» y pedir dos escaños: uno en el Consejo de Seguridad, para la China Comunista, y otro en la Asamblea General, para Taiwan. Había presionado fuerte entre las 129 misiones para obtener apoyo y creía disponer de suficientes delegados comprometidos con la política estadounidense. Sin embargo, en el recuento final, perdió por 59 a 55 y quince países se abstuvieron. Se tomó la derrota como un castigo personal y dijo que le molestaban los sentimientos antiestadounidenses. «Para determinados delegados, que realmente se pusieron a bailar por los pasillos cuando se anunció el resultado de la votación, la cuestión que se planteaba en realidad no era la de Taiwan —dijo George—. Más bien la de pegar una patada al Tío Sam.»

Cuando el embajador de Taiwan Liu Chiegh salió al vestíbulo por última vez con su delegación, George se levantó de un salto y le alcanzó antes de que llegara a la puerta. Colocando la mano sobre el hombro de aquel hombre, George se disculpó por lo sucedido. El embajador Chiegh le dijo que se sentía traicionado por la organización que su país había ayudado a fundar y había apoyado a lo largo de aquellos años. También le dijo que se sentía abandonado por el gobierno estadounidense. Lo mismo le ocurría a George, a quien la Casa Blanca, el Consejo de Seguridad Nacional y el Departamento de Estado habían excluido de todas las deliberaciones sobre política exterior. Se sintió especialmente violento en la votación de la ONU porque Kissinger se encontraba en Pekín preparando el viaje de Nixon a China.

Con lo que más disfrutaba George en su cargo de embajador de EE.UU. en la ONU era hablando con su padre de igual a igual y no de alumno a maestro. Discutían sobre Vietnam, el descontento de la población civil, la turbulencia en los campus, en especial en Yale. Si bien Prescott se oponía a la expansión de la guerra por el Sudeste asiático y al bombardeo de Camboya y Laos, se inquietó cuando el Calhoun College de Yale mandó una invitación a Daniel Ellsberg para reunirse con los estudiantes. Ellsberg había sido acusado de robo y conspiración al sacar a la luz en *The New York Times* los «papeles del Pentágono», siete mil páginas secretas de la historia del Departamento de Defensa sobre la implicación de Estados Unidos en la guerra de Vietnam entre 1945 y 1971. Prescott no estaba de acuerdo en que Yale cediera la palabra a un hombre que, en su opinión, había infringido la ley sacando a la luz una información clasificada como secreta. «No creo que haya otro que merezca menos ese honor», escribió Prescott a R. W. B. Lewis, director del Calhoun. Como protesta, Prescott dimitió como socio del Calhoun College, al que había pertenecido durante veintiocho años.

Por aquel entonces, el ex senador se enfrentaba ya a los estragos de su hábito de fumar en pipa y beber, que finalmente habían afectado a su salud a los setenta y siete años. Durante meses había sufrido unos ataques de tos incontrolable y en primavera se le diagnosticó un cáncer de pulmón.

«Fue por aquella época cuando me llamó —recordaba Joyce Clifford Burland—. Me dijo: "Vamos a quedar para comer". Nos vimos en Nueva York y hablamos de nuestro amor por el canto. Mi ex esposo [Richard Barrett], Wesley Oler y yo habíamos formado parte del Kensington Quartet, un grupo de canto que Pres había formado en Washington tras la muerte de otros miembros. Cuando los perdió, se sintió desconsolado. Nos veíamos todos los meses para cantar y hablar de música, nuestra pasión. Lo hicimos durante años. Incluso nos desplazábamos a Hobe Sound, cuando él estaba allí en invierno. Nos enseñó las canciones y los arreglos que habían interpretado con el Silver Dollar Quartet. Yo era la única mujer con la que había cantado en su vida, y me sentía muy orgullosa de que me considerara digna de su grupo. Aunque tuviera treinta años más que nosotros no había diferencia generacional.

Cantando con Prescott, te sentías unida a él ... Yo adoraba a aquel hombre ... Habría hecho cualquier cosa por él.

»Después de comer juntos, paseamos un poco y él me dijo que me había traído algo. "Quiero que tú tengas mi medallón de los Wiffenpoof", dijo colocándolo en mis manos.

»Protesté diciendo que algo tan preciado pertenecía a su hijo Johnny Bush o a otra persona de su familia. Pero Pres insistió: "No", dijo, "quiero que te lo quedes tú". Seis meses después moría. Ahora me doy cuenta de que se estaba despidiendo de mí y al mismo tiempo me ahorraba la tristeza de saber que iba a morir al cabo de poco. Él era así. Eduardiano en el mejor sentido de la palabra. Tenía muchas virtudes, y una de ellas era el valor ante la adversidad.»

Unos meses antes de su muerte, Prescott modificó su testamento con algunos codicilos. Dejó intacto su legado de veinte mil dólares a Yale para el fondo de ex alumnos, pero redujo su donación inicial destinada a la Skull and Bones (RTA Incorporated), de dos mil quinientos dólares a mil dólares. También redujo su legado a la Fundación de la Iglesia Episcopaliana de Nueva York de diez mil dólares a dos mil quinientos dólares. Se acordó de su secretaria personal en el Senado de EE.UU., Margaret Pace Harvey, y de su asesor administrativo, David S. Clark, dejándoles cinco mil dólares a cada uno. Pero estaba tan enojado con su hermano, James Smith Bush, por haberse divorciado de su tercera esposa, Lois Kieffer Niedringhaus, para irse con otra mujer, que lo desheredó. En cambio, dejó tres mil dólares a cada uno de los tres hijos que Jim había tenido con Niedringhaus. Dejó también ciento cuarenta mil dólares a cada uno de sus hijos, y el resto de su propiedad, valorada en tres millones y medio de dólares, a su esposa Dorothy, con inversiones «para proporcionarle adecuado mantenimiento, apoyo, bienestar y confort».

Prescott nombró a dos de sus hijos, Prescott hijo y Jonathan James, como testamentarios y estipuló que cumplieran su cometido «sin honorarios ni compensaciones». Dejó establecido que debían contratar los servicios de inversiones de Brown Brothers Harriman and Company durante los cinco primeros años después de su muerte.

Por si acaso George se sentía desairado, Prescott dispuso el nombramiento de su segundo hijo como albacea alternativo, «únicamente por razón de su lejana residencia y a fin de simplificar la administración de mi propiedad y los fondos».

En otoño de 1972, Prescott fue al hospital Memorial Sloan-Kettering a hacerse unas pruebas. «Me preocupa muchísimo —escribió George en su diario—. De repente le veo viejo, en muchos aspectos ya no parece él.»

Dorothy Bush se trasladó a la residencia del embajador en el Waldorf-Astoria y pasó los días junto a la cama de su esposo. Después de que él se quejara de haber pasado unas cuantas noches agitado, Dorothy dijo a los médicos que quería pasar una noche con él porque tenía la impresión de que así descansaría mejor. Estuvieron de acuerdo y ella durmió en la habitación de Prescott. Al día siguiente, el 8 de octubre de 1972, Prescott murió plácidamente. Tenía setenta y siete años.

El día de su funeral en todo Connecticut las banderas ondearon a media asta y se recibieron numerosos telegramas en la Casa Blanca, el Senado y la Cámara de Representantes. Dorothy dijo a la familia que nadie debía vestir de negro. «Solo colores alegres —dijo—. Celebraremos con júbilo la vida de vuestro padre.» Les dijo también que no se colocaran a su lado en la iglesia. «Quiero que os vean al lado de vuestras encantadoras familias, y este será el tributo público a vuestro padre.» Insistió en que los nietos llevaran el féretro y se reunieran con ella en la primera fila. Pidió al coro de la Universidad Westminster de New Jersey que acudiera a cantar a Connecticut. Informó al reverendo Bradford Hastings de que ella iba a leer el panegírico que había escrito.

Asistieron al sepelio el gobernador de Connecticut, junto con el senador del estado Lowell Weicker y el representante Stewart B. McKinney; el alcalde de Nueva York, John Lindsay; el presidente de Yale, Kingman Brewster, Averell Harriman y todos los socios de Brown Brothers Harriman. Todo el mundo se aglomeró en la pequeña iglesia episcopaliana de Greenwich para escuchar «el homenaje a Prescott Bush de quien mejor le conoció y más le amó».

El panegírico de Dotty, tierno y sentimental, fue una valoración casi sagrada de su esposo y una alabanza de su matrimonio: «Cuando ante el altar hace cincuenta y un años prometió "mantenerse unido hasta que la muerte le separara", se comprometía ante Dios a que ni por un instante lo olvidaría y proporcionaría a su esposa la vida más feliz que pueda esperar una mujer».

Prescott Sheldon Bush fue enterrado en el cementerio de Putnam, donde una pequeña bandera de Estados Unidos adornaba su tumba.

Aquella noche George escribió en su diario: «Mi padre, mi mentor, mi héroe ha muerto».

# 16

Me enoja que tantos hijos de poderosos y bien colocados ... consigan entrar en las unidades de la reserva y la Guardia Nacional ... De las muchas tragedias de Vietnam, esta brutal discriminación de clase me resulta la más dañina para el ideal de que todos los norteamericanos hemos nacido iguales.

Colin L. Powell,
*My American Journey*, 1995

George Herbert Walker Bush apoyó con entusiastamo que se enviaran a los hijos de los demás a Vietnam, pero no al suyo. En 1968 se aseguró de que su primogénito no fuera reclutado. Lo hizo con una llamada a Sidney Adger, un empresario de Houston y amigo de la familia Bush. Adger llamó a Ben Barnes, presidente de la Cámara de Representantes de Texas, y Barnes a su vez llamó al jefe de la Guardia Nacional de Texas, brigadier general James Rose. Este llamó al comandante en jefe de la unidad, teniente coronel Buck Staudt.

En febrero de 1968, el joven George, que cursaba el último año en Yale, se presentó a una prueba de admisión para oficiales de la fuerzas aéreas. «No estaba dispuesto a perforarme un tímpano de un escopetazo para conseguir la baja —dijo—. Tampoco quería ir a Canadá. Por lo tanto escogí mejorarme a mí mismo aprendiendo a volar.» Aprobó la prueba de aptitud para piloto con la nota más baja. Sin embargo, gracias a la influencia de su padre, lo aceptaron en las fuerzas aéreas de la Guardia Nacional. «Me aceptaron porque intuyeron que sería uno de los grandes pilotos de todos los tiempos», declaró a *The Houston Chronicle*. También dijo que «por una de esas cosas» consiguió meterse en el ansiado cupo doce días antes de cumplir los requisitos para ser reclutado. «Creo que necesitaban pilotos.»

«Es muy mezquino —afirmó Mark Soler—. En aquellos días no entrabas en la Guardia Nacional por azar y menos todavía encontrabas un hueco en las reservas. Tenías que enrolarte pronto porque tardabas meses en entrar; después tenías que esperar a que abrieran el cupo. En aquel entonces había una lista de espera de cien mil en todo el país. La espera era angustiosa. A menos, por supuesto, que tuvieras alguien que pudiera enchufarte ... Yo no lo tenía. Tuve que esperar para meterme en las reservas, que es como evité el reclutamiento. Nunca consideré que mi servicio en la milicia fuera especialmente patriótico ... Tuve que ir los fines de semana durante seis años, pero era la manera de que no te reclutaran. Decir lo contrario sería mentir. Cuando nos graduamos en Yale en 1968, si no te metías en la reserva o la Guardia, conseguías un aplazamiento, te declarabas objetor de conciencia o te ibas a Canadá, entonces te mandaban directamente al centro de Da Nang.»

George se alistó en la fuerzas aéreas de la Guardia Nacional de Texas el 27 de mayo de 1968, y se convirtió en miembro del 147.º Escuadrón de Combate, conocido como la «Unidad Champán», porque incluía a los hijos de Lloyd Bentsen y John Connally, y a varios de los Dallas Cowboys. George juró cumplir dos años de servicio activo, más cuatro años en la reserva, lo cual significaba volar un fin de semana por mes y pasar dos semanas en un cuartel cada verano.

Las partes más inquietantes de este episodio comienzan con la mentira de su padre cuando dijo que no había utilizado su influencia para conseguirle a su hijo una plaza en la Guardia Nacional, seguida por la afirmación del hijo de que no se alistó pura y exclusivamente para eludir el reclutamiento. «Diablos, no —manifestó George W. al *Texas Monthly* en 1994—. ¿Cree que voy a admitirlo? ... Solo quería pilotar reactores.» Admitió que no tenía ningún interés «en ser un soldado raso en Vietnam». Pero negó la voluntad de evadir el combate. «Se puede argumentar que intenté evitar ser un soldado de infantería —dijo a *The New York Times* en 1999—, pero mi actitud fue la de aprovechar la primera oportunidad para con-·vertirme en piloto y cumplí con mi servicio.»

Las mentiras de la familia Bush, algunas veces llamadas «malas interpretaciones» por los portavoces de la familia, hicieron que más tarde algunos puntos de la hoja de servicio de George W. Bush fueran motivo del interés público, en particular los dos últimos años, cuando voló esporádicamente. De acuerdo con unos documentos, no se supo nada de él. En ellos, hechos públicos en el año 2000, no hay ningún expediente de ninguna unidad de la Guardia Nacional donde se diga que George W. Bush se presentó en el período de mayo de 1972 a mayo de 1973 para los vuelos de fin de semana, el entrenamiento militar de verano o los ejercicios requeridos a los guardias a tiempo parcial. Cuatro años más tarde, en febrero de 2004, después de una serie de críticas, la Casa Blanca entregó un documento donde se dice que la Guardia Nacional había acreditado a George las horas suficientes para cumplir con sus obligaciones en el período del 27 de mayo de 1972 al 26 de mayo de 1973. El documento de 2004 abrió una serie de interrogantes sobre la hoja de servicios publicada anteriormente, donde no figuraban las horas acreditadas por la Guardia Nacional para el período de mayo de 1972 a mayo de 1973. También resultaría interesante saber por qué, si George voló las horas requeridas, sus superiores de Texas no rellenaron la correspondiente hoja de evaluación. Afirmaron que no lo habían visto en la base y creían que aún estaba en Alabama.

El primer teniente retirado Robert A. Rogers, un veterano con once años de servicio en las fuerzas aéreas de la Guardia Nacional, manifestó que el documento entregado en 2004 donde aparece en servicio intermitente George W. desde octubre de 1972 a mayo de 1973 no es un documento de la Guardia Nacional. En cambio, el documento es una «Declaración de puntos ganados de la reserva de las fuerzas aéreas (ARF)». El documento de 2004 facilitado por la Casa Blanca es como el documento difundido durante la campaña de Bush en el año 2000 que supuestamente demostraba que George W. había cumplido con su servicio desde finales de mayo hasta julio de 1973. Estos dos documentos presentan los créditos de la reserva de las fuerzas aéreas, que no se dan por servicio activo, y no son aceptados por las fuerzas aéreas de la Guardia Nacional de Texas.

«La falta de castigo por su mala conducta representa la cul-minación de una carrera militar distinguida solo por el favoritismo —dijo Rogers—. Bush tuvo una hoja de servicios intachable hasta el 17 de abril de 1972. Fue incluso el chico de los carteles de la Guardia Nacional de Texas por ser su padre quien era. Pero después desapareció. No se presentó en ninguna de las unidades donde se le esperaba desde el 17 de abril de 1972 al 28 de mayo de 1974. Se largó sin más. La consecuencia fue que recibió un «ARFed», que es como nosotros llamamos a la pena impuesta por la reserva de las fuerzas aéreas por no presentarse. Bush fue objeto de una sanción disciplinaria y alargaron en otros seis meses el plazo durante el que se le podía llamar al servicio activo en el ejército. Esto es muy serio en tiempo de guerra … Como resultado de la sanción no fue licenciado honorablemente de la reserva de las fuerzas aéreas hasta mayo de 1974, seis años después de su alistamiento.»

George se licenció finalmente de la reserva en noviembre de 1974, seis años y seis meses después de ingresar en la Guardia Nacional. La pena de seis meses nunca apareció publicada en los periódicos, pero nadie comprendió que un día él estaría mandando al combate a tropas norteamericanas para hacer lo que él no había hecho: convertirse en carne de cañón. Para el momento en que estaba preparado para presentarse como candidato presidencial, su expediente médico militar había sido sellado por razones privadas, y las mentiras de la familia Bush se habían consolidado para dar la base de credibilidad que necesitaba para enviar a las tropas norteamericanas a la guerra.


En 1968, registrarse para el reclutamiento era obligatorio para todos los varones al cumplir los dieciocho años. Poder ser llamados a filas era un deber que los jóvenes aptos sin prórrogas tenían que soportar. En aquel entonces, dicho servicio significaba casi siempre una temporada de servicio en Vietnam. Esto explica el gran número de manifestaciones contra la guerra en los campus universitarios.

«Supongo que los tipos como George no tenían que preocuparse porque sabían que nunca los llamarían para combatir», manifestó Mark Soler.

Un compañero de la fraternidad de George y más tarde socio en sus empresas, Roland Betts, señaló que George se enfrentaba a otra clase de presión. «Consideraba que para no perjudicar la carrera política de su padre tenía que estar en algún tipo de servicio militar.»

Los miembros de la promoción de Yale de 1968 se sorprendieron cuando George dijo no recordar ninguna manifestación contra la guerra en el campus. «Sé que es lo que afirma, y Dios sabe que el tipo bebía mucho en la universidad, pero no es posible que estuviese tan borracho —comenta Christopher Byron—. Vietnam era el terror de nuestra vida … Había una marcha, una reunión contra la guerra o una protesta contra la guerra al menos una vez a la semana en Yale … y cada vez que el reverendo Coffin abría la boca había cámaras por todo el campus.»

Otros de la clase de 1968, incluido Mark Soler, comparten los mismos recuerdos. «Los únicos temas de conversación en Yale eran la escuela, el sexo y la guerra de Vietnam, y no siempre en ese orden», dijo.

Después de graduarse en Yale en 1968, George se presentó en la base aérea de Ellington en Houston, y luego hizo las seis semanas de entrenamiento básico de aviador en la base de Lackland en San Antonio. Cuando acabó en septiembre de 1968, lo hizo con la graduación de subteniente. Regresó a Ellington, donde las fuerzas aéreas de la Guardia Nacional de Texas organizaron una ceremonia especial para que el congresista Bush se hiciera la foto dándole las barras de subteniente a su hijo. «Es así como hacen las cosas: con mucho bombo y platillo, sobre todo porque era el hijo de un congresista. Eso era muy importante para la Guardia Nacional», declaró el brigadier general John Scribner, director del Museo de las Fuerzas Armadas de Texas en Austin.

George recibió la graduación sin siquiera asistir a la Escuela de Entrenamiento de Oficiales. «Nunca oí nada parecido —dijo Tom

Hail, historiador de la Guardia Nacional de Texas—. Generalmente solo lo hacían con los médicos, sobre todo porque necesitaban cirujanos.» Normalmente para conseguir dicho grado es necesario asistir a los cursos de ocho semestres (cuatro años) del colegio universitario del ROTC (Cuerpos de Entrenamiento de Oficiales de la Reserva), cumplir dieciocho meses de servicio militar o hacer el curso de la Escuela de Candidatos a Oficiales de las Fuerzas Aéreas.

Con la graduación en la mano, George pasó al servicio inactivo en septiembre de 1968 para trabajar en la campaña política del amigo de su padre, el representante Edward Gurney, candidato republicano al Senado por el estado de Florida. Jimmy Allison, el estratega de los medios que había ayudado a Bush padre a salir elegido para el Congreso y que había trabajado para él contra Ralph Yarborough, iba a dirigir una campaña similar para Gurney contra LeRoy Collins, el antiguo gobernador de Florida.

«La campaña estaba recibiendo tanta atención que decidimos que necesitábamos un avión para la prensa y alguien que se ocupara de los reporteros —recordó James L. Martin, que era el ayudante principal de Gurney—. Fue cuando Jimmy comentó que el joven George Bush estaba disponible.»

«Se hicieron las llamadas telefónicas —dijo Pete Barr, otro estratega de los medios de la campaña—. Y el joven George vino a Orlando … para acompañar a la prensa … Siempre decía que él era quien llevaba el almohadón.»

El «almohadón» era un equipamiento esencial para el candidato. Gurney, que había combatido en la Segunda Guerra Mundial, había sufrido una herida de bala en la columna y necesitaba sentarse en un mullido almohadón de plumas, que George se encargaba de llevar. La herida hacía que la campaña le resultara agotadora, así que Gurney solía retirarse a su casa en Winter Haven para descansar. George mataba el tiempo con Pete Barr.

«Jugábamos mucho al tenis, bebíamos muchísima cerveza y hablábamos mucho de política», declaró Barr.

El oponente de Gurney, LeRoy Collins, había sido el primer político electo en el Sur que había declarado públicamente que la segregación era «injusta y moralmente errónea». Ed Gurney lo machacó de la misma manera que George Bush había machacado a Ralph Yarborough. Gurney bautizó a Collins con el apodo de «Liberal LeRoy», distribuyó fotos de su encuentro con Martin Luther King y lo tildó de radical, agitador y partidario del mestizaje.

Gurney ganó por trescientos mil votos. Los analistas políticos admitieron que había entrado en el cargo a caballo de la «estrategia sureña» de Nixon, una apenas disimulada llamada al chauvinismo blanco.

El subteniente Bush fue testigo de la malsana eficacia de incitar el odio racial, que, desafortunadamente, se convirtió en el sello característico de las futuras campañas de su familia. La campaña presidencial de su padre en 1988 utilizó un perverso anuncio racista para ganar como lo hizo George en el 2000 en su campaña en las primarias de Carolina del Sur. El resultado final fue la victoria para los Bush a expensas de la decencia.

Muchos años después de la campaña de Gurney, una curiosa jugada de la historia llevó a George W. Bush cerca del legendario gobernador de Florida contra el que había dedicado tantos esfuerzos. El 10 de diciembre de 2000, George, entonces gobernador de Texas, presenció el recuento de votos que decidiría su presidencia. El recuento manual comenzó en la Biblioteca Pública LeRoy Collins en Tallahassee, donde la respuesta del gobernador Collins a un furibundo segregacionista estaba inscrita en la pared: «No tengo necesidad de ser reelegido, pero sí que tengo que vivir conmigo mismo».

La victoria de Ed Gurney en 1968 lo convirtió en el primer senador republicano por Florida desde la guerra civil y reavivó las esperanzas de George Herbert Walker Bush de poder ganar un escaño del Senado en Texas en 1970.

El subteniente Bush volvió al servicio activo en la base aérea de Moody en Valdosta, Georgia, donde aprendió a volar en el T-38 Talon.

«Yo supervisé dos de los vuelos del entonces teniente Bush, incluida la última prueba de instrumentos y navegación. Era un excelente piloto y se graduó», dijo Jim Wilkes.

George recibió las alas de plata en diciembre de 1969 y regresó a Ellington, donde aprendió a pilotar el caza supersónico F-102 Delta Dart, llamado «el Voodoo», que iba armado con misiles. El coronel retirado Maurice H. Udell, que fue su instructor de vuelo, estaba impresionado con su actitud. Recuerda que «llevaba las botas lustradas, el uniforme planchado, el cabello bien cortado, y siempre respondía: "Sí, señor" y "No, señor". Yo lo situaría entre el 5 por ciento de los mejores pilotos. En cuanto a la inteligencia, estaba en el 1 por ciento de los más brillantes. Era muy capaz y duro como el hierro».

El 24 de marzo de 1970 la Guardia Nacional envió un comunicado de prensa a los periódicos de Houston, donde alababa a su «primer estudiante local» como un soldado y un ciudadano ejemplar: «George Walker Bush es un miembro de la joven generación que no se coloca con marihuana, hachís o *speed*. Oh, sí, desde luego que se coloca, pero no con drogas ... En lo que a él se refiere, el teniente Bush se coloca con el estruendo del motor de su F-102».

Tres meses más tarde la Guardia Nacional facilitó otro comunicado de prensa cuando George acabó la escuela de entrenamiento. La oficina de prensa incluyó una foto de George con su padre y otra del congresista Bush estrechando la mano del oficial al mando, Buck Staudt. En julio de 1970, se divulgó otro comunicado cuando George terminó su período en la base aérea de Tyndall en Florida y disparó un misil con su F-102. El día de las elecciones en noviembre de 1970, antes de que cerraran los colegios electorales, la Guardia Nacional difundió otro comunicado para anunciar los ascensos de George W. Bush y Lloyd Bentsen III a primer teniente, mientras Bentsen padre derrotaba a George padre.

Durante aquel año, George había trabajado en la campaña de su padre en las elecciones al Senado. Poco después de la amarga derrota de su padre, George y su compañero de Yale, Don Ensenat, presentaron sus solicitudes de ingreso a la facultad de derecho de la Universidad de Texas. Ninguno de los dos fue aceptado, aunque Ensenat llegaría a ser abogado. Page Keeton, el entonces decano de la facultad de derecho, escribió a una de las personas que habían recomendado a George. Al no tener un brillante expediente académico al que referirse, la persona había insistido en lo muy agradable que era George, algo que no impresionó en lo más mínimo al decano. «Estoy seguro de que el joven señor Bush tiene todas las encantadoras virtudes que describe, y que encontrará una plaza en alguna de las muchas y muy buenas facultades en el país. Pero no en la Universidad de Texas.»

La madre recuerda el primer gran rechazo que había sufrido su hijo como algo un tanto inquietante. «Creo que le molestó mucho porque no estaba acostumbrado a no hacer lo que quería», declaró Barbara.

Sin unas clases a las que asistir o un empleo fijo, George pasaba los días en la piscina del Château Dijon, un edificio de apartamentos de lujo al que se había mudado en Houston.

Finalmente su padre, que le había conseguido todos los trabajos que había tenido, intervino una vez más. Esta vez George padre llamó a Robert H. Gow, que había sido uno de los ejecutivos de la Zapata Offshore cuando George dirigía la empresa. Gow, que pertenecía a la promoción de Yale de 1955 y fue miembro de la Skull and Bones además de compañero de habitación del primo de George, Ray Walker, había dejado la Zapata para fundar Stratford of Texas, una empresa agrícola. Como un favor a George padre, Gow contrató al joven George para el equipo de gerencia.

«No necesitábamos a nadie, pero me pareció que era un tipo con talento al que debíamos contratar, y estaba disponible», dijo Gow a *The Washington Post* en 1999.

George bromeaba con sus amigos sobre su nuevo empleo: «Ahora visto de traje y corbata y vendo mierda de pollo».

Cuando no estaba viajando para la compañía, se pasaba horas en el despacho del jefe.

«A George le gustaba hablar. Buscaba qué hacer. Siempre estaba hablando de lo que haría con su vida», señaló Gow.

Aguantó nueve meses antes de renunciar por aburrimiento. «No me molesta la mierda de pollo; solo el traje y la corbata», declaró George.

Durante un tiempo en 1971 coqueteó con la idea de presentarse como candidato a la legislatura del estado, pero cambió de opinión.

«Quizá decidió que no estaba preparado —explicó Don Ensenat—. El modelo que veía en su padre era que primero debías labrarte un nombre fuera del campo político.» La legislatura de Texas, que se reúne solo ciento cuarenta días cada dos años, no se considera como un empleo a tiempo completo, y por lo tanto se espera que los candidatos sean personas bien asentadas en la comunidad cuando se presentan.

George continuó desempleado durante varios meses y vivía con el dinero de su fondo fiduciario, los diez mil dólares que quedaban en el fondo para estudios que le habían dejado sus abuelos paternos. Hacía horas con la Guardia Nacional, pero no las suficientes para cumplir con las fijadas. Para abril de 1972, iba muy retrasado. Aquel mismo mes, las fuerzas aéreas comenzaron a realizar controles de drogas al azar, y por lo tanto se le podía pedir a cualquier piloto o mecánico que se sometiera en el acto a una análisis de sangre, orina, o a un examen de las fosas nasales. El 17 de abril de 1972 George W. Bush hizo el último vuelo del que se tiene constancia antes de desaparecer de los archivos oficiales hasta octubre de 1972.

Para entonces los psicodélicos sesenta se habían convertido en los setenta, y afectaban incluso a los militares. Pocas familias, incluidas la Bush y sus parientes —los Walker y los Ellis—, se libraron de la influencia de las drogas, ya fueran marihuana, anfetaminas o cocaína.

Jeb Bush, que por entonces era estudiante en Andover, se describió a sí mismo como «una cínica mierda en una escuelita de pacotilla» que fumaba marihuana y esnifaba.

Josiah Wear Ellis, conocido entre sus amigos como Joey, esnifaba cocaína en el Colorado College. «Yo vivía en el último piso de la casa donde Joey Ellis y el hijo de un destacado miembro del cuerpo judicial federal venían a comprar la cosa —declaró Bill Penrose, otro alumno del Colorado College—. Era insolente, pretencioso, y pasaba de todos los que tenían menos que él. Joey estaba totalmente en la línea de los Bush. "Estamos al mando y como debe ser. Tenemos derecho."»

John, el hermano de Joey Ellis, no niega la lucha de la familia contra el consumo de drogas. «Todos nos vimos afectados —le dijo a Beverly Jackson del Instituto Nacional para el Abuso de Drogas—. Nuestra familia sufrió terriblemente.» John Ellis, el hijo de Nancy Bush Ellis y primo hermano de los Bush, admitió haber ingresado en Hazelton en 1988 para someterse a una cura de desintoxicación.

Más tarde intentó publicar una revista llamada *Fix* para dar apoyo a las personas que querían curarse de la drogadicción.

A principios de los setenta, los Bush, como otras familias, se enfrentaron al azote de las drogas y la adicción al alcohol. En una fecha tan cercana como 2003, uno de los hermanos menores de W., Marvin, conseguía recetas de narcóticos ilegales de un dentista llamado Denis Peper. El dentista le dijo a un amigo íntimo que le daba recetas ilegales a Marvin. La Mancomunidad de Virginia le retiró la licencia a Peper el 17 de octubre de 2003.

«La familia Ellis y la familia Bush tienen un problema muy grave con la bebida —afirmó Marylouise Oates, escritora y activista demócrata—. Recuerdo cuando John Ellis me llamó para decirme que no vendría a mi boda porque se iba a Hazelton. En aquel entonces consumía Antabuse y continuaba bebiendo ... Estoy segura de que George W. también fue a Hazelton, pero no puedo probarlo.»

Si bien no hay pruebas de que George W. Bush fuese ingresado para someterse a una cura, se produjo una duda lógica después de que no se presentara en 1972 para la revisión física anual de la Guardia Nacional y que se le impidiera volar. Esto planteó la posibilidad de que hubiese sido denunciado por consumo de drogas y, si había sido así, hubiera sido sancionado o sometido a tratamiento.

Dicha información debería figurar en el informe de la Flight Inquiry Board (Junta para la Investigación sobre Vuelos) encargada de la revisión oficial de las razones para la suspensión y quien luego determina la acción apropiada. El informe de la Flight Inquiry Board ha desaparecido de los expedientes militares de George W. Bush que fueron hechos públicos en 2000 de acuerdo con la Ley de Libertad de Información y de los expedientes entregados por la Casa Blanca en 2004.

«El hecho de que Bush "no se presentara a la revisión médica anual", como reza en el expediente, no pudo ser casual o accidental —afirmó el primer teniente retirado Robert Rogers—. Hay pruebas circunstanciales que señalan que Bush consumió drogas durante este período ... ¿Es ilógico plantear la posibilidad de que se le impidiera volar como consecuencia directa o indirecta del consumo de drogas? Podría serlo si Bush no tuviese manera de demostrar su inocencia. Pero George W. Bush se puede defender perfectamente, si quiere, con solo entregar voluntariamente todos sus expedientes militares, algo que se ha negado a hacer.»

Bill L. Burkett, un oficial de planes estatales retirado de la Guardia Nacional de Texas, afirmó que en 1997 habían «limpiado» los archivos de la Guardia Nacional de Texas por orden de los asesores del entonces gobernador Bush para protegerlo. Burkett dijo que estuvo presente cuando ciertos miembros de la plana mayor de Bush se pusieron en contacto con la Guardia Nacional. Identificó específicamente a Dan Bartlett, que entonces era el enlace del gobernador con la Guardia Nacional de Texas. Burkett manifestó que, después de la llamada de Bartlett al comandante general Daniel James III, los documentos fueron destruidos. James era el general adjunto para el estado de Texas en aquel momento y negó las alegaciones de Burkett. El 3 de junio de 2002, el presidente George W. Bush lo nombró director general de las fuerzas aéreas de la Guardia Nacional.

En la primavera de 1972, George W. comenzó a vivir lo que más tarde describiría como sus «años de nómada». Al ver que iba a la deriva, su padre intervino de nuevo para conseguirle otro empleo con Jimmy Allison, que dirigía la campaña del republicano Winton «Red» Blount para el Senado en Alabama contra el senador demócrata John Sparkman.

En su diario de la ONU George padre menciona a Blount, un constructor multimillonario que había renunciado a su cargo de director general de Correos con Nixon para presentarse como candidato. «Me gusta. Es un hombre fuerte», escribió George.

Después de que George padre llamara a Jimmy Allison, el joven George fue contratado en mayo de 1972 con un sueldo de novecientos dólares mensuales para trabajar en lo que se consideraba una campaña imposible contra un rival al que no se podía derrotar. Tras el anuncio de la candidatura de Blount, un periodista de Alabama escribió: «Es un momento tan bueno como cualquier otro para lanzarse por las cataratas del Niágara en un barril».

Los republicanos seguían siendo una rara avis en el Sur. «Por aquel entonces en Alabama la gente te escupía si eras republicano», recuerda Nee Bear, una de las varias mujeres con las que salió George durante la campaña de Blount. Incluso el presidente Nixon, otro republicano, no hizo nada por apoyar a su director de Correos. «Sparkman era uno de los líderes del Senado y el presidente necesitaba su apoyo», comentó Red Blount.

El trabajo de George consistía en controlar las encuestas, pero se guardó las malas noticias. El día de las elecciones, su compañero de cuarto, Devere McLennan, preparaba la fiesta de la victoria. «Fue entonces cuando George me explicó que no íbamos a ganar», dijo.

Fue una derrota monumental. «Red solo obtuvo el 36 por ciento de los votos, comparados con el 72 por ciento de Richard Nixon. La división del voto fue espectacular», manifestó George.

Aquellos que trabajaron con George en aquel tiempo lo recuerdan como un bebedor social amable, que se comportaba como si fuese mucho más joven de los veintiséis años que tenía. Mencionaron que le gustaba beber cerveza y whisky Jim Beam, y que comía cacahuetes a puñados y hamburguesas en el Cloverdale Grill en Birmingham. También dijeron que George se escapaba por la puerta trasera para fumarse un porro o que iba al baño para esnifar un raya de coca. Los periódicos de Birmingham de aquel año publicaron muchos artículos sobre el azote de la cocaína de Vietnam y China, importada en su mayor parte por los franceses.

George, según los recuerdos de otros, solía llegar tarde al trabajo, «sobre el mediodía», entraba en el despacho, plantaba las botas vaqueras sobre la mesa y comenzaba a fanfarronear de lo mucho que había bebido la noche anterior.

El sobrino de Red Blount, C. Murphy Archibald, un abogado de Charlotte, Carolina del Norte, recordó como George contaba que la policía de New Haven siempre lo dejaba marchar, después de decirles su nombre, cuando lo detenían «una y otra vez» por conducir borracho durante sus años de estudiante en Yale en los sesenta. Bush les contó esta historia «como un centenar de veces» a los que trabajaban con él en la campaña», dijo Archibald.

«Se reía a mandíbula batiente como si hubiese sido algo muy

divertido. Para mí, aquello fue muy memorable, porque ahora lo tenemos aquí, muchos años después de acabar los estudios, hablando de esto con personas que no conoce. A mí me pareció un tipo que realmente se ve a sí mismo como un niño privilegiado, alguien que no se comporta con las mismas normas.»

Durante la campaña de Blount, George pasó mucho tiempo con las «Blount's Belles», un grupo de jóvenes mujeres republicanas y muchachas de la alta sociedad de Montgomery que colaboraban en la campaña. El hijo de Red Blount, Tom, que trabajaba entonces de arquitecto en Montgomery, recordó su encuentro con Bush. «Era una persona atractiva, algo así como el "chico de la fraternidad". No me gustó.»

Tom mencionó haber pensado para sus adentros: «Este tipo se cree un tenorio, un don de Dios para las mujeres. Presumía mucho con sus botas vaqueras. Resulta molesto ver a todos estos tipos que se creen el no va más solo porque son de Texas».

A su espalda llamaban a George «el *soufflé* de Tejas», porque, como decía Archibald, «estaba hinchado y lleno de aire caliente».

Como «coordinador de la campaña», su título oficial en los periódicos, se suponía que Bush debía mantenerse en contacto telefónico con los directores de campaña en los sesenta y siete condados de Alabama y encargarse de la distribución de todos los materiales de la campaña. Estos materiales incluían un panfleto donde se acusaba al oponente de Blount, Sparkman, de ser blando en el tema racial. También había una grabación trucada de un debate radiofónico que distorsionaba la posición de Sparkman en la cuestión del transporte escolar para evitar la segregación y se le hacía aparecer como partidario de forzar dicho tipo de transporte. Esa postura en el Sur profundo en aquel tiempo era un suicidio político. Sparkman se vio obligado a desmentir una serie de falsas acusaciones que lo ligaban con George McGovern, el candidato demócrata en las elecciones presidenciales de 1972, tildado de «liberal». Las mismas tácticas se repetirían años más tarde cuando George unió fuerzas con Lee Atwater para llevar la campaña de su padre en 1988, en la que se difundieron los anuncios de Willie Horton, y de nuevo cuando George se enfrentó a John McCain en las primarias de Carolina del Sur.

Como «reservista obligado» en 1972, George debía continuar con su servicio en la Guardia Nacional con independencia del lugar donde residiera. Semanas después de desplzarse a Alabama, solicitó el traslado desde Texas a un escuadrón de la reserva aérea en Montgomery, pero la solicitud fue rechazada. El escuadrón de Alabama no volaba ni efectuaba entrenamientos. «Sencillamente nos reuníamos una noche al mes. Solo éramos una unidad postal. No teníamos aviones. No teníamos pilotos. No teníamos nada», explicó el oficial al mando, teniente coronel Reese R. Bricken.

Esto dejaba a George sin una unidad de la Guardia Nacional en Montgomery. Así que no hizo nada durante los meses de mayo, junio, julio y agosto de 1972. «Tendría que haber viajado a Houston para cumplir con su obligación. Eso fue lo que hicieron otros guardias en su misma situación», afirmó Robert Rogers.

Bush sabía que no podría volver a volar hasta que se sometiera a la revisión médica, así que solicitó el traslado y cambio de obligaciones para septiembre, octubre y noviembre de 1972 al 187.º Grupo de Reconocimiento Táctico en Montgomery. Le concedieron el permiso y le ordenaron presentarse al teniente coronel William Turnipseed. Pero George nunca se presentó. Ni el teniente coronel Turnipseed ni su oficial administrativo, el teniente coronel Kenneth Lott, recuerdan al primer teniente Bush.

«Si se hubiera presentado, tendría que recordarlo y no es así —dijo Turnipseed a *The Boston Globe*—. He estado en Texas, allí hice mi entrenamiento de vuelo. Si hubiésemos tenido a un primer teniente de Texas, lo recordaría.

Las fuerzas aéreas de la Guardia Nacional de Texas creyeron que George se había presentado en Alabama. En el informe de evaluación anual desde mayo de 1972 hasta abril de 1973, uno de sus oficiales supervisores, el teniente coronel William D. Harris Jr., escribió: «El teniente Bush no ha sido visto en esta unidad durante el período de este informe». Dejó constancia de que Bush «salió de esta base el 15 de mayo de 1972, y ha estado realizando un entrenamiento equivalente sin volar con el 187.º Grupo de Reconocimiento Táctico en la base aérea de Dannelly de la Guardia Nacional en Alabama». El segundo oficial supervisor de Bush en Texas, el teniente coronel Jerry B. Killian, escribió: «Estoy de acuerdo con los comentarios del oficial informante». La Guardia Nacional de Alabama no tiene ningún documento que corresponda a George W. Bush y no hay ningún informe referente a que cumpliera con sus obligaciones.

Después del rotundo fracaso de Blount, George regresó a Houston y cuatro semanas más tarde voló a Washington para pasar las vacaciones de Navidad con su familia. Tenía veintiséis años. Un día se fue de copas con su hermano favorito, Marvin, que tenía dieciséis años. De regreso a casa, George aplastó varios cubos de basura antes de conseguir enfilar el camino de entrada. Entró en la casa tambaleándose y con la prepotencia de quien ha bebido demasiado, y allí estaba su padre, sobrio y muy serio.

—¿Quieres que tengamos un *mano a mano* aquí mismo? —lo desafió George W.

Algunos han sugerido que este incidente simboliza la actitud defensiva del joven George ante la presencia de su mucho más exitoso padre. Al cabo de los años, George restaría importancia a aquello. «Probablemente fue el resultado de un par de copas de bourbon a palo seco —dijo—. Solo eso.»

Los amigos de los Bush mencionaron que su desesperación ante las parrandas de su hijo mayor no era ningún secreto. «Recuerdo al viejo diciendo que el joven George no daría la talla. Hablaba de eso constantemente», comentó Cody Shearer.

«Yo seguí al padre en Houston y le conozco desde 1970 —dijo el periodista John Mashek—. Siempre estaba sacudiendo la cabeza con desesperación porque no sabía qué hacer con George hijo.»

En el momento del incidente del «mano a mano», la preocupación del padre era la falta de juicio que había animado a George a llevarse de copas a su hermano menor y conducir borracho de regreso a casa.

Una vez más George Herbert Walker Bush cogió el teléfono. Esta vez llamó a John L. White, que había estado con los Houston Oilers. El embajador Bush le dijo que quería que su hijo realizara trabajos comunitarios con el Proyecto PULL (Profesional United Leadership League), un programa de ayuda para los jóvenes y adolescentes de la ciudad puesto en marcha por White y su compañero de equipo Ernie «Big Cat» Ladd.

«John conocía muy bien al padre de George Bush. Por aquel entonces querían fortalecer el carácter de su hijo», afirmó la viuda de White, Otho Raye White.

George Herbert Walker Bush, que estaba en la junta de PULL, se lo agradeció a John White un año más tarde cuando utilizó su influencia para conseguir que el Congreso autorizara nuevos fondos para la entidad. En una nota interna dirigida al Honorable George Bush el 16 de agosto de 1974, que se encuentra en la Biblioteca Gerald R. Ford, se puede leer:

> Hemos estipulado que John White reciba nuevas guías y asistencia de la oficina nacional.
>
> La nueva legislación LEAA [Law Enforcement Alliance of America] (Alianza para la Aplicación de la Ley en Estados Unidos) pendiente de aprobación en el comité de la Cámara y el Senado incluirá la financiación directa para los jóvenes delincuentes y los programas relacionados con PULL.
>
> Le mantendremos al corriente.
>
> JOHN CALHOUN,
> asesor del gabinete del presidente

El joven George se presentó en enero de 1973 en su nuevo puesto de trabajo en las oficinas centrales de PULL: un almacén de la calle McGowen en el Tercer Distrito, el barrio más conflictivo de Houston. «Su papá y John White lo metieron directamente en el cinturón negro. Cualquier tipo blanco que se presentara en McGowen tendría que enfrentarse a algunas situaciones muy duras. Más te valía saber apañártelas por ti mismo», dijo Ladd.

El programa PULL ofrecía a los chicos de hasta diecisiete años una multitud de actividades: deportes, manualidades, excursiones, comidas gratis, sesiones de rap, tutorías para aquellos que habían sido expulsados de los colegios y tutores que eran figuras muy conocidas del mundo del atletismo, el espectáculo, los negocios y la política. Al verano siguiente de que George padre negociara para Marvin una «salida condicional» de Andover en lugar de su expulsión, lo envió a Houston para que se uniera a George en PULL. Los malos hermanos Bush eran los dos únicos jóvenes blancos en el lugar.

«Cantaban como una almeja —comentó Muriel Simmons Henderson, una de las principales consejeras de PULL—. John White era muy amigo de su padre. Nos dijo que su padre quería que George W. viera la otra cara de la vida. Le pidió a John que lo pusiera allí.»

Ernie Ladd recordó al joven George como «un tipo súper súper ... Si hubiese sido un cabrón, lo diría. Pero todos lo querían muchísimo. Sabía tratar a la gente ... No querían que se marchara».

George solo estuvo siete meses en PULL antes de anunciar que lo habían aceptado en la Harvard Business School. El 5 de septiembre de 1973 solicitó la baja de las fuerzas aéreas de la Guardia Nacional de Texas para ir a la universidad. Como había servido cinco años, cuatro meses y cinco días de los seis años requeridos, le dieron una baja honorable. Recibiría una segunda de la reserva de las fuerzas aéreas en noviembre de 1974 al final de la sanción de seis meses.

Cuando George se presentó en Harvard para unirse a la clase de 1975, su padre, por designación de Richard Nixon, estaba a cargo del Comité Nacional Republicano en los momentos más álgidos del Watergate. George, que compartía la visión política de su padre, se encontró metido en un entorno políticamente hostil donde Nixon era considerado como el Anticristo.

«Cambridge era un sitio horroroso para los republicanos», afirmó la tía de George, Nan Bush Ellis, que vivía en Massachusetts, un estado conocido como un bastión demócrata. En la ciudad que rodea Harvard, había solo cuatrocientos republicanos inscritos. George pasó muchos fines de semana con su tía y su familia en las afueras de Boston, dedicado a criticar a los «afectados y presuntuosos liberales que se sienten culpables».

«Recuerdo haber visto a Georgie en la Harvard Business School, pero se le veía tan perdido y desconsolado que no me vi con ánimos de saludarlo», mencionó Torbert MacDonald, su compañero de clase en Andover.

La mayoría de los estudiantes de la clase de 1975 sabían que llegarían a Wall Street, pero no George. «Intentaba averiguar qué hacer con su vida —declaró su compañero de clase Al Hubbard—. Estaba allí para prepararse, pero no sabía para qué.»

Otros compañeros no mostraron la misma generosidad al valorar las aptitudes de George. Steve Arbeit diría: «Estaba absolutamente desarticulado. Dios, lo estaba hasta el punto que resultaba espantoso. La razón por la que digo que era más que tonto no es que viera sus exámenes ni sus notas; eran los comentarios que hacía en las clases lo que me horrorizaba ... No pintaba absolutamente nada en un ambiente donde solo contaba tu participación en las clases.

»Siempre hay un grupo de chicos que están en la escuela porque sus padres son alguien. Es como una tradición. Casi todos ellos se comportaban como todos los demás, excepto George, que se negaba a saludar a alguien como yo cuando nos cruzábamos en los pasillos ... No era de su misma clase social. Mi padre no era presidente de algo... Así que a diferencia de la mayoría de las personas que intentan fingir el tú-no-sabes-quién-es-mi-padre, George era el opuesto.»

Ruth Owades, presidenta de Calyx and Corolla, una compañía de venta de flores por correo, y alumna de la clase de George, recuerda que la gente lo señalaba. «En un lugar como la Harvard Business School, siempre sabías quiénes eran los hijos o las hijas de las personas famosas, sobre todo los hijos. Después estábamos todos los demás.»

Alf Nucifora, otro compañero de clase, recordó a George como una «nulidad con una actitud de niño rico que obviamente había entrado en la escuela por el derecho divino de los reyes ... No veías un gran futuro para este hombre. Ningún individuo en su sano juicio jamás se hubiera atrevido a hacer semejante predicción».

Durante su primer año, George llamó la atención de su profesor de macroeconomía, Yoshi Tsurumi, cuando este anunció la intención de proyectar la película *Las uvas de la ira* basada en la novela de John Steinbeck sobre la Gran Depresión. «Quería darle a la clase una referencia visual de la pobreza y un sentimiento de empatía histórica —relató—. George Bush se me acercó y dijo: "¿Por qué quiere que veamos una película comunista?".

»Me eché a reír porque creí que bromeaba, pero no era así. Después de ver la película, le pedí que hablara de la Depresión y cómo creía él que había afectado a la gente. Respondió: "Escuche, las personas son pobres porque son holgazanas". Los demás estudiantes lo machacaron y exigieron que justificara su afirmación con hechos y estadísticas. Se echó atrás rápidamente porque no tenía ningún argumento para defender su andanada.»

El profesor Tsurumi añadió: «Sus fuertes prejuicios no tardaron en separarlo de los demás estudiantes. Esto no tiene nada que ver con la política, porque la mayoría de los estudiantes de económicas son conservadores, pero no son inhumanos ni carentes de principios. A diferencia de la mayoría de los demás en la clase, George Bush se mostró carente de toda compasión, sin ningún sentido de la historia, ajeno a cualquier tipo de responsabilidad social, absolutamente despreocupado del bienestar de los demás. Incluso entre los republicanos hay muy pocos de esa clase. No le avergonzaban sus opiniones, y fue entonces cuando el resto de la clase comenzó a tratarlo como a un payaso; no como alguien ridículo, sino como alguien cuyos puntos de vista no merecían la más mínima consideración ... No me pareció un estúpido, sino una persona malcriada y carente de disciplina ... Lo aprobé con un suficiente. Del centenar de estudiantes de la clase, George Bush estuvo entre los diez últimos. Era tan ignorante que en una ocasión le pregunté cómo era que lo habían admitido. Me contestó: "Tuve muchas ayudas". Me reí, y luego le pregunté por su servicio militar. Dijo que había estado en la Guardia Nacional de Texas. Le comenté que había sido muy afortunado al salvarse de que lo enviaran a Vietnam. Su respuesta fue: "Mi papá lo arregló todo para que entrara en la Guardia. Me licenciaron antes para que viniera aquí"».

De las ochocientas personas de la clase de 1975, George destacó, y no porque su padre fuese quien era. «No recuerdo si era uno de los texanos que llevaban cuernos de toro en la parrilla de sus grandes cochazos norteamericanos —la mayoría los llevaban— pero aún lo recuerdo cuando entraba en clase con las botas vaqueras y la chupa de piloto. Se sentaba en el fondo del aula, mascaba tabaco y escupía en un vaso de papel ... Era uno de esos palurdos texanos que se mofaba de tu cara de yanqui de Nueva Inglaterra», declaró un compañero de clase.

«Pagaría por hacer este trabajo —dijo Barbara al reportero del *New York Post*, señalando las pinturas en préstamo del Museo Whitney que adornaban las paredes del gran salón del Waldorf-Astoria—. Aquel es un Bellows, un Sargent ... y ¿se ha fijado en los dos Gilbert Stuart? En nuestra propia sala. Ha tomado nota, ¿no?» Le relató todas las fiestas a las que había asistido como esposa del embajador de Estados Unidos en las Naciones Unidas.

«Por supuesto que asistimos a la boda —afirmó cuando mencionó el casamiento de Tricia Nixon celebrada en la Rosaleda de la Casa Blanca—. Después la semana pasada ofrecimos una recepción para unas cincuenta personas. Los embajadores de cinco naciones africanas vinieron para conocer a doce rectores negros y a sus esposas que pasarán seis semanas en África. También acompañamos a seis personas de la embajada japonesa ... a Greenwich ... Antes habíamos dado una cena para treinta y seis personas. Ayer tuvimos a seis jugadores de los Mets. Comieron con George en la ONU y después vinieron aquí por la tarde.»

A Barbara le encantaba el torbellino social y no quería que se acabara. Pero después de ser reelegido en 1972, el presidente Nixon les pidió la renuncia a todos sus nombramientos políticos. George había hecho veintiocho discursos importantes durante la campaña, así que tenía asegurado otro puesto en la administración, pero no sabía cuál podría ser.

«Si te ofrece el Comité Nacional Republicano, prométeme que no lo aceptarás. Cualquier cosa menos eso», le dijo Barbara cuando su marido se dirigía a ver al presidente.

Lo que Barbara no quería de ninguna manera era verse apeada de su posición como esposa del embajador para entrar en el circuito de las cenas de pollo como esposa de un miembro más de las bases del partido. Después de pasar doce meses tratando con los diplomáticos de las Naciones Unidas, George se veía a sí mismo como un experto en política exterior, y soñaba con ser nombrado secretario de Estado o, como mínimo, subsecretario. En una carta al presidente para autopromocionarse como diplomático, George escribió: «He estado tratando feliz, y confío que provechosamente, con los grandes líderes internacionales».

El presidente, que describía a George como «un hombre de Nixon», tenía otras ideas. Si bien maldecía a los «cabrones de la Ivy League», Nixon sabía que George era un Ivy League que le profesaba la lealtad más abyecta. «Elimina a los políticos excepto a George. Hará cualquier cosa por la causa», le dijo a su jefe de gabinete. H. R. Haldeman estuvo de acuerdo. «Sigue nuestra línea al pie de la letra.» El 20 de noviembre de 1972, el presidente invitó a George a Camp David y le ofreció la presidencia del Comité Nacional Republicano. George aceptó en el acto.

Al día siguiente, después de hablar con Barbara, escribió al presidente:

> A fuer de sincero, que me eligiera ha sido toda una sorpresa, en especial para Barbara. La atmósfera enrarecida de los asuntos internacionales, además de las amistades en Nueva York y el gabinete, le parecen amenazadas. Está convencida de que todos nuestros amigos en el Congreso, en la vida pública, y Dios sabe dónde más, dirán: «George la ha jorobado en la ONU y el presidente le ha buscado un puesto idóneo». Seguramente habrá algo de esto. Pero aquí tiene mi respuesta: «Su primera elección fue el Comité Nacional Republicano. ¡La acepto!».

Los anteriores biógrafos de George H. W. Bush, todos escogidos y aprobados por Bush, escribieron que George había aceptado «con mucha renuencia el poco envidiable puesto» como si hubiese sido un siervo que obedece a su amo. «Fue un ... sacrificio en el altar de la lealtad», escribió Nicholas King. «Fue algo así como ... un albatros político», escribió Herbert Parmet. «Fue como … ser nombrado capitán del *Titanic*», escribió Fitzhugh Green.

Ni mucho menos. George quizá expresó esos sentimientos después de que el Watergate se convirtiera en un escándalo internacional y obligara a Nixon a presentar la renuncia, pero cuando le ofrecieron el Comité Nacional Republicano no vaciló. Ni por un segundo. Sabía que un presidente se hace a base de cien mil cenas de pollo y un millón de apretones de mano en los pueblos de Estados Unidos. Según las entradas no publicadas de su diario, consideró el CNR como un escalón fundamental. No solo estaba sirviendo al presidente que admiraba; estaba conociendo a las personas que necesitaba conocer para alcanzar el puesto máximo. Con la mirada puesta en 1976, George sabía que tutearse con los miembros del Comité Nacional, los presidentes de los comités y los principales contribuyentes de fondos para las campañas era algo crucial si quería situarse en la carrera para la presidencia.

William J. Clark (Yale, 1945), que había estado con George en la Skull and Bones, esbozó la estrategia que debía seguir en una carta al «Querido Poppy» fechada el 31 de enero de 1973:

> Tácticas: el primer paso es nombrar a Bush, que acaba de dejar su prestigioso puesto en la ONU, como presidente del Partido Republicano. Durante dos años Bush viaja por todo el país para conocer a todos los presidentes de los estados y condados, establecer sus credenciales, encantar a los donantes ricos y hacer muchos favores durante la campaña de 1974, que se cobrará más tarde.

La posición de George en el Comité Nacional Republicano no ayudó en nada a las aspiraciones sociales de su esposa, y Barbara no le ocultó su desilusión al presidente. El escritor Gore Vidal recordó una conversación con su amigo Murray Kempton poco después de uno de los habituales almuerzos con Richard Nixon. Kempton le había mencionado a George Bush y, según Vidal, Nixon había respondido: «Es un blandengue. Ahí no hay nada, es la clase de persona a la que nombras para cosas, pero Barbara, ¡esa sí que es cosa seria! ¡Realmente vengativa!». Vidal calificó el comentario como «el mayor cumplido nixoniano».

George había replicado a la objeciones de su esposa respecto a dejar la ONU para regresar a Washington. «No puedes decirle que no a un presidente», le dijo. Barbara debía saber que su marido se hubiese envuelto en una boa y paseado por Times Square con tacones altos antes de decirle no a Richard Nixon.

Sin embargo, George admitió sinceramente en una carta a sus hijos que no tenía la total confianza del presidente porque él era uno de esos «cabrones de la Ivy League»:

> La obsesión del presidente con la Ivy League tiene dos vertientes. La primera está relacionada con los temas. Ve al tipo de la Ivy League como al liberal kennediano Kingman Brewster: seguros de sí mismos, arrogantes y blandengues profesores que mueven la izquierda del país. Blandos con el comunismo en el pasado, blandos con los programas socialistas en el interior, que se le oponen en cada esquina, próximos a los editores que lo odian. En este contexto equipara a la Ivy League con el anticonservadurismo y, desde luego, anti-Nixon.
>
> En segundo lugar creo que existe una obsesión provocada por una inseguridad de clase social. La Ivy League tiene connotaciones de privilegios y comodidades en el sentido de tomar té, beber martinis y jugar al tenis. Aquí hay una obsesión tremenda que se nota muchísimo. La sufro personalmente. Pincha pero no sangra ... Pero debo confesar que estoy convencido de que en el fondo de su corazón cree que soy blando, que no soy lo bastante duro, que no estoy dispuesto a hacer el «trabajo sucio» que su instinto político le ha enseñado que debe hacerse ...

Un mes después de la designación de George, G. Gordon Liddy y James W. McCord fueron condenados por entrar en las oficinas centrales del Partido Demócrata en el edificio Watergate y realizar escuchas telefónicas ilegales. Una semana más tarde, el Senado designó el comité que investigaría las actividades de la campaña presidencial, que sería presidido por Sam Ervin, un demócrata de Carolina del Norte. Las sesiones televisadas comenzarían en mayo de 1973.

George, un fanático de los diarios, llevó uno como el que había llevado en la ONU y el que llevaría en China y más tarde como vicepresidente. Procuraba dictar sus recuerdos todos los días en un magnetófono y después le daba las cintas a su secretaria para que las transcribiera. Sus diarios pueden carecer de la gracia de los de Samuel Pepys, un oficial del almirantazgo británico del siglo XVII cuyos diarios marcaron la pauta histórica sobre los buenos usos y las costumbres de la corte, pero los comentarios inéditos de George facilitaron un relato contemporáneo de unos sentimientos que más tarde intentó negar. En una entrada del 13 de marzo de 1974, admitió su habilidad para actuar con duplicidad:

> Los he estado llamando como los veo, hasta ahora. He tergiversado, estirado un poco aquí o allá, he insistido en que aquellas cosas en las que no quiero poner mi nombre lleven el nombre de la Casa Blanca, no el mío.

De su diario, se desprende claramente que cuando George asumió el mando del Comité Nacional Republicano, creía en la inocencia del presidente Nixon. De hecho, George fue el último republicano en Washington que admitió finalmente la complicidad del presidente.

El 17 de abril de l973, George se mostró un tanto preocupado por el «desagradable caso Watergate» porque los afiliados estaban devolviendo los carnets y manifestaban su deseo de darse de baja del partido. Pero en ningún momento dejó de creer en Richard Nixon. Se reunió con los líderes republicanos, quienes le recomendaron que dijera al presidente que renunciara al privilegio ejecutivo para permitir que su asesor en la Casa Blanca, John Dean, pudiera declarar ante el Comité Watergate del Senado. George solicitó una reunión con el presidente para transmitirle la información: «Le dije que su extraordinario historial estaba siendo oscurecido por este embrollo … El presidente se mostró tranquilo, comprende muy bien el problema y la charla me reafirmó en mi creencia de que el asunto acabará por aclararse».

El 11 de julio de 1973 se supo que el senador Lowell Weicker, miembro del Comité Watergate, había recibido dinero para su campaña de 1970 de la Operación Townhouse, el fondo de reptiles de Nixon para financiar a los candidatos republicanos.

El día después de publicarse la historia, George llamó a Weicker para decirle que él también había recibido fondos de la Operación Townhouse para su fracasada campaña de senador por Texas. Según Weicker, Bush le preguntó si debía quemar el registro de todas las transacciones. Weicker había recibido seis mil dólares, y había justificado los gastos. Bush había recibido ciento seis mil dólares y solo había justificado el gasto de sesenta y seis mil. «George quería que quemara todos los pagos —manifestó Weicker—. No solo los suyos.»

Weicker, que vivía en Alexandria, Virginia, cerca de John Dean, había sido advertido de que las contribuciones ilegales a las campañas podrían ser utilizadas en su contra si continuaba hablando en contra de la administración. Weicker se preguntó si la llamada de Bush el 12 de julio de 1973 no había sido un intento de tenderle una trampa.

«[La pregunta de George referente a quemar la lista] fue una pregunta muy peculiar, porque la hizo poco después de que yo hubiera solicitado públicamente que la oficina del fiscal especial investigara el fondo Townhouse —recordó Weicker—. Destruir posibles pruebas es un acto delictivo. Se me ocurrió que la llamada podía ser el intento de tenderme una trampa, y me pregunté si Bush la había grabado. Mi respuesta hubiese sido la misma lo hubiese hecho o no.

»"Hasta ahora", le respondí, "Watergate ha sido un escándalo del comité para la reelección de Nixon. Si quemas la lista harás que sea un escándalo para todo el Partido Republicano."»

George negó más tarde haber sugerido que se quemaran los registros. Weicker se mantuvo firme en sus recuerdos. «Sé lo que dijo. Digamos que fue una conversación que quedó marcada a fuego en mi mente.»

La Casa Blanca de Nixon tenía motivos para temer a Lowell Weicker: «Era un republicano que hablaba claramente de la ilegalidad de sus acciones —dijo Sam Dash, primer consejero del comité seleccionado—. Estaba, para usar el término de Nixon en aquel momento, "fuera de la reserva". Sin Lowell Weicker nunca hubiésemos podido tener el testimonio de John Dean, porque de acuerdo con el estatuto de inmunidad, necesitaba los dos tercios de los votos del comité. Si solo hubiesen sido tres demócratas contra tres republicanos, nunca hubiese podido darle a Dean la inmunidad, pero Weicker me dio su voto. Esto nos permitió conseguir el testimonio de Dean. Sin su declaración, no hubiésemos tenido caso».

Richard Nixon escribió en sus memorias que, durante uno de sus primeros encuentros, George había manifestado su preocupación ante las cada vez mayores dimensiones del escándalo Watergate. Como siempre, las preocupaciones de George eran más prácticas que morales: «Pidió en privado que se emprendiera alguna acción que nos sacara de la posición defensiva». George encontró dicha «acción» el 24 de julio de 1973, al día siguiente de que el Comité Watergate entregara al presidente una citación donde se le ordenaba la entrega de las grabaciones de la Casa Blanca. George consiguió entorpecer temporalmente la investigación del comité encabezando una campaña contra el principal investigador del comité, Carmine Bellino.

En una conferencia de prensa convocada a toda prisa, George presentó las declaraciones de tres detectives privados —uno estaba muerto, y los otros dos habían sido condenados por escuchas ilegales— donde se decía que Bellino, a través de un intermediario, había intentado contratarlos en 1960 para instalar micrófonos en el hotel de Washington donde Nixon se había estado preparando para los debates en televisión con John F. Kennedy, para quien Bellino había trabajado como ayudante de campaña.

Bush manifestó que él creía que se habían instalado micrófonos en las habitaciones de Nixon antes de los debates de 1960 y que, si era cierto, las escuchas ilegales muy bien podrían haber afectado el resultado de las elecciones presidenciales de 1960. «El resultado de las elecciones pendía de un hilo y los debates tuvieron una gran influencia ... No puedo ni doy fe de la veracidad del contenido de estas declaraciones pero...», dijo Bush.

Las acusaciones de Bush provocaron la protesta de veintidós republicanos, que firmaron una petición para que se investigaran las alegaciones contra Bellino. El senador Ervin designó a tres miembros del comité Watergate para que indagara los cargos, y Sam Dash designó a su ayudante, David Dorsen, para que supervisara la investigación.

«Fue un montaje —declaró Dash, que ahora es profesor de derecho en la Universidad de Georgetown—. Todos estábamos muy enojados. Considerábamos a Bellino como un hombre de gran integridad, y creíamos que los cargos contra él eran un esfuerzo de unas personas convencidas de que podían perjudicar la integridad del comité acusando a su investigador principal. Tanto Sam Ervin como yo creíamos entonces que era una sucia treta de Nixon, un intento por parte de los republicanos de impedirnos hacer el trabajo del comité.»

Bellino negó los cargos de Bush y lo acusó de calumnias y difamación. «El señor Bush ha intentado impedirme que realice lo que considero uno de los cometidos más importantes de mi vida», declaró en el momento.

La investigación de los cargos de Bush duró dos meses y medio antes de que se reconociera la inocencia de Bellino. Después de llamarlo «un honorable y leal servidor público», el senador Ervin anunció: «No se ha encontrado ni un solo indicio de una prueba competente o creíble para sostener los cargos contra Bellino».

Los abogados del comité admitieron que la investigación de las acusaciones de Bush los había demorado. «Nos hizo mucho daño —dijo Bellino poco antes de su muerte—. Creo que lo que hizo George Bush fue algo terrible. Sus acusaciones eran absolutamente falsas. Bush hizo lo que le ordenó la Casa Blanca. Su verdadero motivo era echar abajo mi trabajo porque yo tenía todos los registros financieros de H. R. Haldeman, John Ehrlichman y Charles Colson. De hecho, hay algunas cosas que nunca se han sabido. Pero en cuanto tuvimos la declaración de Alexander Butterfield donde admitía que Nixon había instalado micrófonos en la Casa Blanca, fue más que suficiente para seguir adelante.

»Así y todo, Bush hubiese podido acabar con el caso de no haberse presentado Butterfield … Sin eso ellos [el comité] hubiesen desistido. Los republicanos no querían que la investigación se prolongara durante mucho tiempo.»

George Bush nunca pidió disculpas a Carmine Bellino antes de que este falleciera en 1990. Años más tarde, cuando preguntaron a Sam Dash sobre las acusaciones de Bush contra Bellino, respondió: «Carmine Bellino era uno de los mejores investigadores de finanzas del país. Su integridad estaba por encima de cualquier duda ... Supongo que lo mejor que se puede decir de George Bush en aquel momento es que era vulnerable. No supo comportarse, y permitió que lo utilizaran».

La «sucia treta» de Bush dio un respiro a la Casa Blanca en 1973, pero no el suficiente para evitar el escándalo. El 10 de octubre, Spiro Agnew renunció a la vicepresidencia por aceptar pagos de empresarios de Maryland en la Casa Blanca. Bush se reunió con el presidente días más tarde y le expresó su apoyo a Agnew. George dijo que él y Barbara llamarían al ex vicepresidente, al que profesaban respeto y afecto:

> Dije que quizá me criticarían por esto pero sentía afecto por el hombre. El presidente manifestó que hacía lo correcto y me dijo que él mismo le había comprado a Agnew su silla en el gabinete (seiscientos dólares) ... Nixon se extendió en el tema Agnew diciendo que se había visto pillado en lo que había sido una manera de vida en Maryland, y que otros lo habían hecho durante mucho tiempo y que si se hubiera señalado a otras figuras públicas de la misma manera que se había hecho con Agnew dichas figuras no hubiesen dado la talla (paráfrasis).

George estaba ansioso por demostrarle a Richard Nixon lo leal que era:

> También le manifesté al presidente que me habían insistido ... para que me presentara a gobernador de Texas pero que había decidido no hacerlo ahora. Tenía el presentimiento de que existía la posibilidad de que un republicano ganara las elecciones y que sería importante, pero que sentía que si me marchaba podía aumentar sin quererlo los rumores de que no tenía confianza en la administración, que podía provocar una sensación de inestabilidad ... El presidente estuvo de acuerdo en que sería bueno que continuara en el puesto.

Incluso después de que la mayoría republicana aceptara que era inevitable la culpabilidad del presidente, George continuó leal a Nixon y siguió enviando información de «apoyemos al presidente» desde el Comité Nacional Republicano. Un senador republicano lo llamó para quejarse de que el partido debía permanecer separado de la presidencia. «Le dejé claro que hablaba en contra del Watergate, pero que no íbamos a separarnos del presidente», dijo George.

Su lealtad hacia Nixon lo llevó a atacar a Henry Kissinger en varias ocasiones, porque George creía que se había aupado a la fama a expensas de un presidente asediado. En una entrada de su diario del 13 de octubre de 1973 se puede leer:

> Me fue imposible no pensar en la ironía cuando Kissinger recibió el Premio Nobel de la Paz. Aquí estaba Nixon aguantando todas las críticas contra la guerra, Kissinger ejecutando sus políticas, y Henry llevándose el ansiado honor.

Las «altaneras» tácticas y el «enorme ego» de Kissinger continuaron irritando a George. El 30 de noviembre de 1973 escribió:

> Me preocupa el hecho de que Kissinger reciba el Premio Nobel. Kissinger se lleva el mérito por Oriente Próximo y el presidente se lleva el mérito de bombardear Hanoi y ninguno por Oriente Próximo.

Finalmente, el 3 de diciembre de 1973, George compartió su indignación con el presidente:

> Mencioné el hecho de que no apreciara el comentario que hizo Kissinger cuando estaba en China. Le dije al presidente que si bien Al Haig me había explicado el tema yo no estaba contento porque es el bombardeo de Nixon pero es el Premio Nobel de Kissinger. Es el presidente cediendo ante los rusos pero es la paz de Kissinger en Oriente Medio … Le dije que Haig me había dicho que le había enviado un telegrama a Kissinger preguntándole qué había querido decir con aquello de que, fuera quien fuese el presidente, la política continuaría. Kissinger regresó y dijo que sus palabras habían sido malinterpretadas. El presidente me miró con una expresión resabiada en todo esto, indicándome que ambos sabemos dónde reside de verdad el apoyo. Esto me hizo comprender que un presidente debilitado por un escándalo debe soportar ciertas cosas que nunca toleraría si no estuviese en ese estado.

Por mucho que Nixon dijera que despreciaba a los de la Ivy League, eligió a uno para continuar la corta vida de su segundo mandato. Después de la renuncia de Agnew, el presidente nombró al líder de la minoría en el Congreso Gerald R. Ford (facultad de derecho de Yale, 1941) para ocupar su puesto. Era la primera vez que se utilizaba la Vigesimoquinta Enmienda, que había sido añadida a la Constitución en 1967 después del asesinato del presidente Kennedy para agilizar las normas para ocupar la vacante de vicepresidente o presidente. Ford juró el cargo el 6 de diciembre de 1973.

En enero de 1974, en el diario de George ya figuraba la cada vez mayor inquietud del presidente ante las investigaciones del Comité Jurídico del Senado para el *impeachment*. Consideró la posibilidad de presentarse y decir: «Échenme de una vez o déjenme en paz». Envió a George para que averiguara la opinión de los líderes republicanos. George cumplió el encargo, y Nixon desistió de la idea. Le dijo a George: «Nos esperan dos o tres meses muy duros».

Una vez más ansioso por demostrar su firme devoción, George le dijo al presidente cómo estaba respondiendo a las críticas contra la administración: «Le dije cómo había respondido a algunas de las preguntas como por qué no habían reclutado a mis hijos, que nadie disparaba contra George a bordo de su caza. [George estaba en la Harvard Business School.] Él [el presidente] pareció interesado en cómo estaba manejando algunos de los temas».

George se quejó del «injusto» tratamiento que Nixon recibía de la prensa y apuntó contra los Kennedy, a los que a su juicio «siempre les toleraban todo»: «Hablan del bombardeo de Camboya, pero no hay ninguna mención a JFK y bahía de Cochinos».

La necesidad que tenía George de la aprobación del presidente queda clara en su diario: «Al Haig me dijo que el presidente cree que estoy haciendo un buen trabajo … Rose Mary Woods [la secretaria de Nixon] dijo lo mismo».

George continuó admirando a Nixon, incluso mientras se acumulaban las pruebas que apuntaban al abuso ilegal del poder por parte del presidente. Cuando los expertos verificaron que una de las cintas en posesión de Nixon había sido borrada deliberadamente y presentaba un hueco de dieciocho minutos y medio, George salió rápidamente en su defensa. «Que esté borrada o lo que sea no tiene nada que ver con el presidente», proclamó. Aceptó las cambiantes explicaciones de Nixon sin hacer preguntas.

El 5 de abril de 1974, George escribió en su diario que había visitado al presidente en la Casa Blanca:

> La mesa estaba limpia como siempre, brillaba; tenía un aire irreal, al menos comparada con la manera como yo trabajo y lo hace la mayoría. Nunca hay ni un trozo de papel en aquella mesa excepto una carpeta o dos en una forma muy ordenada. Yo diría que es algo positivo en el caso del presidente: ordenado, pulcro, preparado para decidir, etcétera.

Durante la primavera de 1974, Dean Burch, antiguo presidente de la Comisión Federal de Comunicaciones, había sido llamado a la Casa Blanca para actuar como consejero del presidente y enlace entre la Casa Blanca y el Comité Nacional Republicano. Él y George se enfrentaron a la desagradable tarea de hablarle al presidente de las defecciones del partido y de los republicanos que no querían darle su apoyo. Una vez más, George dejó constancia de la reacción de Nixon con admiración:

> Admitió que la gente iba a por él, pero permaneció muy tranquilo. Demostró nobleza en sus respuestas y no mostró ningún enojo. Sinceramente, si las cosas se habían liado tanto como estaban... yo me hubiese inclinado por culparme a mí, a Busch o a cualquiera. Pero él no lo hizo en absoluto.

George recordó su reacción en un encuentro especialmente difícil donde se le había dicho al presidente que muchos candidatos republicanos no querían que hiciera campaña por ellos:

> Mi marcado sentimiento de estar con el presidente por quien siento lealtad y gratitud pero del que nunca he estado muy cerca en el plano personal... mi marcado sentimiento al salir de esta reunión es que había dejado a un hombre de verdad. Con todos los problemas que tiene es triste cuando a todo político de mierda del país se le suman los muchos enemigos de Nixon en la prensa para dar la peor visión posible de las cosas.

George fustigó a los medios: «La prensa no lo comprende. Todo es muy fácil para ellos. Cargas contra el tipo. Lo descuartizas. Haces lo tuyo. Tienes la historia y el titular. Pero no comprenden lo que es la lealtad, lo que es justo, lo que es correcto».

El 24 de julio de 1974, el Tribunal Supremo decidió por ocho votos contra cero que el presidente no tenía la «autoridad absoluta» para controlar el material que había sido reclamado judicialmente. Le ordenaron que entregara las cintas. Entre las sorprendentes revelaciones estaba la grabación de la «pistola humeante» hecha el 23 de junio de 1972, donde Nixon le dijo a Haldeman que impidiera la investigación del FBI referente a la entrada ilegal en el edificio Watergate, que había ocurrido seis días antes.

En aquel momento, el senador Barry Goldwater le dijo a George que el presidente no contaba con los votos en el Senado para salvarse del *impeachment*. Para entonces casi todos, excepto George, habían aceptado lo inevitable. El 6 de agosto de 1974, Nixon presidió su última reunión de gabinete, que George anotó en su diario:

> Mi corazón estaba del todo con él a pesar de que me sentía profundamente traicionado por su mentira del día anterior. [George se refería a la grabación de la «pistola humeante» que se había hecho pública.] El hombre es amoral. Tiene un sentido distinto al del resto de las personas. Creció a las malas. Lo aguantó todo. Trepó. Se convirtió en presidente de Estados Unidos y uno rematadamente bueno en muchos sentidos, pero ahora todo aquello le pasa factura. Todas las personas que detesta: los de la Ivy League, la prensa, lel *establishment*, los demócratas, los privilegiados, han acabado mordiéndolo hasta echarlo abajo.

Al Haig le dijo a George el 7 de agosto de 1974 que el presidente anunciaría su intención de renunciar al día siguiente. Solo entonces George le escribió una carta donde le solicitaba la renuncia:

> Querido señor Presidente:
> Mi opinión muy ponderada es que ahora debe usted renunciar. No dudo de que en su solitaria y asediada posición esto le parecerá un acto de deslealtad de parte de alguien al que usted ha apoyado y ayudado de tantas maneras ... Dado el impacto de los últimos

acontecimientos, y que será duradero, ahora creo que la renuncia es lo mejor para el país, lo mejor para este presidente. Creo que esta visión es compartida por muchos de los líderes republicanos de todo el país. Esta carta me resulta mucho más difícil debido a la gratitud que siempre he sentido hacia usted.

Mandó que entregaran la carta en la Casa Blanca unas horas antes de que el presidente apareciera en la televisión para anunciar su renuncia. Para algunos recalcitrantes George dio la impresión de haber desmontado de su caballo blanco justo a tiempo para darle un puntapié al cadáver antes de que lo sacaran de la ciudad. A la hora que pidió la renuncia del presidente, su carta pareció casi gratuita, nada más que un intento de última hora para figurar en los libros de historia. «Quería ser justo, pero no quería pisotearlo y arrastrarlo hasta el salón», le dijo George a Roy Reed de *The New York Times*.

George se exculpa a sí mismo en su diario:

> No quería echar más leña. No quería contribuir a las desdichas del presidente. No quería aumentar la agonía de su familia. Sin embargo quería dejar bien claro que la mentira es algo que no soportamos ... Supongo que a partir de lo escrito se puede establecer que quizá tendría que haber hecho más, pero no estoy hecho para pisotear a un hombre al que no quiero pero al que respeto por sus logros.

Una vez más se cebó contra los medios:

> La saña de la prensa ha sido algo perturbador y paralizante durante los últimos meses. Ahora continúa, la sed de sangre, las garras afiladas, lista para lanzarse y coger la carroña de este presidente ... Los enemigos de Nixon ahora se ufanan porque han demostrado que era lo que decían que era. Ningún reconocimiento, ninguna compasión, nada de restañar la herida, sencillamente la picadora en funcionamiento.

Dijo a sus amigos que agradecía que su padre no hubiese vivido el escándalo Watergate. «De verdad me alegro de que papá no esté vivo. Ver esto lo hubiese matado. Creía que nosotros éramos el partido de la virtud y que todos los malos eran demócratas.»

En la última reunión del gabinete de Nixon tal como la reconstruyó Henry Kissinger, George fue descrito como «mezquino e insensible», con el comportamiento rastrero de un «cortesano» para mejorar su propia posición, preocupado exclusivamente por sí mismo y no por su país.

Gerald Ford juró como presidente el 9 de agosto de 1974, después de que Nixon se marchara de la Casa Blanca en un helicóptero. Hasta el final el ex presidente se negó a aceptar la deshonra. Su gesto de despedida fue detenerse en lo alto de la escalerilla con los brazos levantados y los dedos formando la V de la victoria. Su grotesca sonrisa de oreja a oreja era de puro desafío.

George no esperó ni siquiera veinticuatro horas para lanzarse a la caza de la vicepresidencia:

> Recibimos un montón de llamadas de la prensa referentes a que Ford me escogería para vicepresidente. Me llamó Bill Steiger [representante republicano de Wisonsin] para decirme que él y Martha Griffiths [demócrata de Michigan] habían decidido que yo era el hombre … Mary Matthews en la oficina de Barber Conable [representante republicano de Nueva York] mencionó que Barber había dicho que era como debía ser. Jerry Pettis [representante republicano de California] dijo que él y muchos más lo respaldan. La prensa especula.

Ford había anunciado que consultaría a los republicanos en y fuera del gobierno para conocer sus recomendaciones. El Comité Nacional Republicano envió telegramas donde especificaba que las preferencias debían ser enviadas al presidente —que no era otro que George H. W. Bush—, quien pudo o no cambiar los resultados: 255 para Bush y 181 para Rockefeller. No había nadie más cerca.

El 9 de agosto de 1974, George anotó en su diario: «Reaparece el suspense. En lo más profundo creo que quizá esta vez funcionará. Tengo la sensación interior de que finalmente fracasará. De verdad espero que no. Otra derrota en esta línea resultará dura, pero considero que es terriblemente egoísta creer que seré elegido».

Después de los intentos anteriores para meterse en la carrera nacional, George se había convertido en un experto en la autopromoción. En 1968 había bombardeado a Nixon con cartas de los grupos financieros norteamericanos. Esta vez fue a las fuerzas republicanas, y el presidente Ford se vio sumergido hasta el cuello con cartas de congresistas, legisladores estatales, gobernadores y alcaldes.

El 12 de agosto de 1974, el nuevo presidente llamó a George a la Casa Blanca para conocer sus opiniones sobre la vicepresidencia.

—Me encuentro en una posición peculiar porque sé que mi nombre ha sido considerado —manifestó George.

El presidente asintió.

—Estoy recibiendo fuertes recomendaciones a su favor.

—En ese caso, si está de acuerdo y no le parece que estoy vendiendo el producto, le diré mis credenciales y también mis carencias y después intentaré ser objetivo.

George escribió:

> Le hice todo el resumen: finanzas de la Phi Beta Kappa, Yale, Este y Oeste, éxito en los negocios, Medios y Recursos, finanzas en orden, conocimiento de la comunidad empresarial, relaciones con la prensa, política, Naciones Unidas. Hablamos de todo esto y le dije que creía que él debía imponer su propio estilo en política exterior, y que pensaba que habría ocasiones en que sería bueno que su hombre integral, o sea su vicepresidente, fuera en estos viajes al extranjero y consideraba que podría hacerlo bien.

George salió de la Casa Blanca con una sensación muy optimista, como consignó en su diario: «Por primera vez tengo la sensación de que esto de la vicepresidencia podría funcionar».

El 20 de agosto de 1974, estaba en Kennebunkport delante del televisor a la espera de que el presidente entrara en la Sala Este de la Casa Blanca e hiciera su anuncio. Sonó el teléfono. El operador de la Casa Blanca le comunicó que lo llamaba el presidente. Ford se puso al aparato para decirle que iba a presentar a Nelson A. Rockefeller como su vicepresidente y quería que George lo supiera de antemano. Deshecho, George consiguió ofrecerle a Ford todo su apoyo.

En cuestión de minutos apareció un reportero que se acercó a Bush.

—No parece demasiado alterado —dijo.

—Usted no puede ver lo que pasa por dentro —le respondió George escuetamente.

Furioso por no haber sido elegido, decidió dimitir del Comité Nacional Republicano.

«Creyó que lo tenía. Dijo que se podían meter el puesto del comité donde les cupiese», recordó Eddie Mahe Jr., director político del comité.

George dedicó el día siguiente a escribir cartas a sus amigos. En una nota a Lud Ashley, escribió: «Ayer fue una verdadera desilusión. Supongo que dejé que mis esperanzas se desbocaran, pero hoy comienzo a recuperar la perspectiva y me doy cuenta de que fui muy afortunado al estar en el juego».

También le escribió a James A. Baker III:

> Querido Baker:
> Ayer fue una enorme desilusión personal. Por razones de peso llegamos a la final (por razones de peso me refiero al apoyo de gran parte del Capitolio, el comité y las cartas), así que la derrota fue mucho más dura.
> Pero eso fue ayer. Hoy y mañana serán diferentes porque ahora veo, claramente, lo que significa tener amigos de verdad, mucho más claramente que en toda mi vida.

Como premio de consolación, Ford le ofreció a George cualquier puesto que quisiera. George anotó en su diario que se reunió con el presidente el 22 de agosto de 1974, para hablar del tema: «El presidente dijo que la decisión para la vicepresidencia había sido muy reñida. "Tendría que sentirse muy halagado por el apoyo."».

Era obvio que Ford, un hombre bondadoso, quería suavizar el golpe. Los documentos privados en la Biblioteca Presidencial Ford indican que el presidente se había decidido por Nelson Rockefeller desde el principio. George nunca fue un competidor, excepto en la prensa y en su mente.

El presidente le ofreció el puesto de embajador ante la Corte de Saint James, el cargo de mayor prestigio del Servicio Exterior: «Él

preguntó si era lo bastante importante; yo también. Hablamos de
dinero. Le dije que había perdido mucho y no sabía si podía per-
mitírmelo».

Entonces el presidente le ofreció el segundo puesto más prestigioso: embajador en Francia, pero George pasó porque no sabía
hablar francés.

«Yo tampoco hablo ningún idioma», le consoló Ford.

Finalmente hablaron de China y George, que no había discutido la decisión con su esposa, dijo que quería suceder a David K.
E. Bruce como jefe de la misión norteamericana en Pekín, ahora
Beijing. Ford se sorprendió porque el nombramiento no tenía rango
de embajador y no prometía mucha vida social, pero accedió al
nombramiento.

George escribió en su diario:

> Le dije [al presidente] que quería meterme más en el tema de
> las relaciones exteriores ... Le comenté con miras al futuro que,
> quizá en 1980, si seguía involucrado en las relaciones exteriores,
> probablemente podría estar en condiciones de acceder a la Secreta-
> ría de Estado. [Él] pareció estar de acuerdo.

En su perfil del nuevo jefe de la misión diplomática en la República Popular China, Christopher Lydon escribió en *The New York
Times*: «En la carrera de George Bush parece que nada tiene tanto
éxito como el fracaso». George nunca le perdonó al periodista que
lo acusara de fracasar «hacia arriba».

En la primera entrada de su diario de Pekín, George se cuestionó sus motivos para dejar Washington:

> ¿Estoy huyendo de algo? ... ¿Estoy buscando la salida fácil?
> Creo que la respuesta es «no» ... Creo que es un nombramiento
> importante. Es lo que quiero hacer. Es lo que le dije al presidente
> que quiero hacer y ... creo que es lo correcto, al menos por ahora
> ... Creo que en este nombramiento hay una enorme oportunidad
> para ganar puntos en política exterior, méritos que muchos repu-
> blicanos no tendrán.

Profesionalmente, el nombramiento en China aumentaría las credenciales de George, pero en lo personal trastornó absolutamente sus treinta años de matrimonio, hizo que su esposa se marchara durante tres meses, la llevó a quemar las cartas de amor, y finalmente la llevó a una severa depresión.

«No se trataba sencillamente de otra mujer —dijo alguien próximo a la situación al hablar de la brecha que había aparecido entre George y Barbara—. Era una mujer que llegó a ejercer una enorme influencia sobre George durante muchos, muchos años … En esencia se convirtió en su otra esposa … su esposa oficial.»

George nunca había sido un mujeriego compulsivo con aventuras de una noche. En cambio mantuvo unas pocas relaciones, que su esposa había tolerado porque él nunca la había humillado. Escogía sus otras relaciones con mucho cuidado (por lo general fuera de la ciudad) para no amenazar su matrimonio. Entonces apareció Jennifer Fitzgerald, que comenzó como su secretaria y se convirtió en mucho más.

«George la conoció cuando ella trabajaba para Dean Burch —dijo Roy Elson, antiguo ayudante administrativo del senador demócrata por Arizona Carl Hayden—. Dean era el hombre de Barry Goldwater en el Comité Nacional Republicano; luego Dean pasó a la Casa Blanca con Nixon y se quedó con Ford hasta el final de 1974. Jennifer era su ayudante personal … Yo la conocía muy bien y no tengo ninguna duda de cuál era su relación con George Bush, pero es porque me lo confirmó Dean … ¿y por qué no iba a creerle? Fue mi mejor amigo hasta el día que murió … fuimos juntos al colegio universitario y más tarde compartimos un apartamento en Washington.»

Jennifer Ann Isobel Patteson-Knight Fitzgerald tenía cuarenta y dos años y estaba divorciada cuando entró en el Despacho Oval el 30 de noviembre de 1974. Mientras esperaba a que le sacaran su foto de despedida con el presidente Ford, jugueteaba con el largo collar de perlas que llevaba alrededor del cuello. La puerta se abrió en el mismo momento en que se rompía el hilo del collar. Baja, rubia y bonita, sonrió, y dejó que el collar de perlas colgara roto mientras posaba con el presidente, que también sonrió. Ella se marcharía al cabo de unos días a la República Popular China para convertirse en la ayudante personal del jefe de la misión diplomática, y George Bush esperaba impaciente.

«Estoy esperando con ansia a que Jennifer Fitzgerald llegue para ser mi secretaria», escribió el 21 de octubre de 1974, en la primera entrada de su diario chino. Dijo a sus amigos que ella sería su «parachoques» con el Departamento de Estado, alguien leal a él y que no buscara promocionarse con el Departamento de Estado. «No sé qué conocimientos especiales aportó al trabajo —recordó un miembro de la misión diplomática—. Desde luego no sabía mecanografía.»

En aquellos días Pekín era un lugar remoto a once mil kilómetros de Washington. Bien podría haber estado a once millones. El correo tardaba una semana si lo enviaban por valija diplomática y seis semanas por correo normal. Pekín no tenía emisoras de televisión, ninguna radio en inglés, ni películas, diarios y revistas en inglés. Las llamadas telefónicas costaban dieciséis dólares los primeros tres minutos. Además de la sensación de aislamiento, había lo que George describió como «el odio subyacente de China hacia los extranjeros».

Barbara decidió marcharse de Pekín de buenas a primeras antes de la llegada de Jennifer. Dijo que quería pasar el día de Acción de Gracias y la Navidad con sus hijos, primero en Washington y después en Houston, donde vivía Jeb con su flamante esposa. Barbara no regresaría a China hasta el año siguiente.

Su partida irritó a George por varios motivos, y uno muy importante fue tener que pagarle el pasaje. En aquella época solo había dos vuelos semanales de llegada y salida de Pekín, y como Barbara no había hecho planes, preguntó si podía volar en el avión de la Casa Blanca con Henry Kissinger al final de su visita diplomática. Kissinger había llegado en noviembre en una visita de cinco días acompañado por una comitiva oficial, su esposa e hijos.

George escribió en su diario:

> Barbara subió al avión con el grupo de Kissinger y se marchó para pasar la primera Navidad que no celebraríamos juntos en treinta años ... el día de la partida me dijeron que había un cierto revuelo por los chicos y la esposa de Kissinger y que la prensa insistía

en que debían pagar. El ayudante de Kissinger opinó que sería mejor que yo también pagara. Así que, aunque un tanto molesto, extendí un cheque de mil seiscientos dólares para las fuerzas aéreas norteamericanas, y dije: «Ahora dígales que pagué por adelantado para … volar en primera clase».

Descrito por sus amigos como «extraordinariamente frugal» y por sus ayudantes como un «auténtico avaro», George incordió durante semanas al Departamento de Estado para que le reembolsaran los mil seiscientos dólares. Le molestaba profundamente haber tenido que pagar el pasaje de primera clase de Barbara. Ya había pasado por una experiencia similar cuando era embajador en la ONU y lo habían enviado a Europa en una gira de acercamiento. Les habían dado pasajes de primera clase a él y a su principal ayudante, pero le dijeron que debía pagar el de Barbara si ella insistía en acompañarlo. «Hubo muchas bromas sobre cómo iríamos —recordó ella—. George dijo que me enviaría mensajes desde la cabina de primera clase a la turista, o que quizá yo podría ir a visitarlo en primera de vez en cuando.» Al final, George se negó a pagarle el pasaje en primera clase. Lo que hizo fue cambiar los pasajes pagados por el gobierno y, como explicó Barbara, «todos acabamos viajando en clase turista».

En China, George también se negó a pagar el transporte del perro de la familia, C. Fred, a Kennebunkport para las vacaciones anuales. Tal como anotó en su diario: «Discusión por C. Fred. Ahora no puede viajar como equipaje extra sino como paquete separado de la tarifa normal: 9 dólares por libra, 28 libras del perro, más 12 de la jaula, hacen 9 × 40 = 360 dólares ida. ¡Lo siento, el perro se queda!».

Los mil seiscientos dólares del pasaje de Barbara en el avión de Kissinger continuaban irritando a George cuatro meses más tarde, cuando vio en una revista una fotografía de los hijos de los Kennedy que corrían hacia el Marine One cuando aterrizaba con el presidente en la casa de JFK en Middleburg, Virginia. George escribió en su diario: «Me pregunto si entonces los reporteros rondaban por el lugar para saber quién pagaba el helicóptero».

Jennifer Fitzgerald llegó a Pekín el 5 de diciembre de 1974, y al día siguiente ella y George se marcharon para pasar doce días en Honolulú para la Conferencia de Jefes de Misiones. En su diario anotó algunos asuntos del Departamento de Estado y concluyó con sus reflexiones al final del viaje:

> Pasé los últimos dos días fuera de aquel loquero del Sheraton Waikiki en el apartamento del 4999 Kahala: sencillamente encantador ... Una vez más visité la casa de baños. Absolutamente relajante. Algún día escribiré un libro sobre los masajes que me han hecho desde Bobby Moore y Harry Carmen en la ONU a los baños de vapor en Egipto y Tokio. Debo confesar que el tratamiento de Tokio es el mejor. Caminar por la espalda, uso total de las rodillas, combinación de las rodillas y aceite, la espalda que se te convierte en una pendiente gigante es una maravilla para el sacroilíaco, y también ayuda un poco a la moral. Los salones de masaje en Estados Unidos han arruinado la imagen del masaje de verdad. Es una vergüenza. Volamos de regreso a Pekín en Iran Airlines. Jennifer y yo solos en primera clase.

La madre de George, que tenía setenta y tres años, estaba tan preocupada por la marcha de Barbara que hizo sus propios arreglos para visitar a su hijo durante las vacaciones de Navidad. Al intuir la posibilidad de una crisis en su vida, Dorothy Walker Bush y su cuñada Margie Clement (la hermana de Prescott que tenía setenta y cinco años) se quedaron con él durante tres semanas. Llegaron el 18 de diciembre de 1974.

La madre de George continuaba siendo la mujer más importante de su vida, y el día antes de su llegada escribió sobre su inminente visita con verdadero entusiasmo: «Mamá llega mañana. Siento la excitación de un adolescente, la sensación de las primeras vacaciones».

Dotty Bush comprendía la ambición que animaba a su hijo. Sabía lo mucho que necesitaba desempeñar un papel en la escena mundial, y quería que Barbara estuviera a tono con el personaje de esposa de un hombre importante. Dotty animó a su nuera para que intentara mejorar su imagen de matrona. Lo hizo muy amablemente con la sugerencia de que Barbara quizá se sentiría mejor si hay un poco más de ejercicio. Después comentó lo bonita que había estado Barbara con los cabellos oscuros, y añadió que George tenía un aspecto muy juvenil para un hombre de su edad. Fue entonces cuando Barbara captó el mensaje y comenzó a teñirse los cabellos blancos para no parecer mucho mayor que su marido.

En su mente, George había encasillado a su esposa en la categoría la madre-de-mis-hijos, un rango enmarcado en acero. Como un don de la mafia, mantenía la categoría de esposa aparte de la categoría de las demás mujeres. Mientras sus atenciones se desviaban con el paso de los años, su compromiso familiar se mantenía inamovible. Esa era la póliza de seguro de Barbara —saber que nunca se divorciarían—, pero en 1974 eso no bastaba.

Comentó Nadine Eckhardt, que estaba casada con Bob Eckhardt, representante demócrata de Texas: «No creo que pasara gran cosa en su matrimonio en aquel entonces. Nos veíamos con frecuencia en los días en que George y Bob estaban juntos en el Congreso. He pensado mucho en la dualidad de personas como los Bush. Todos tenemos una parte masculina y femenina; unos más, otros menos. George y Barbara se casaron jóvenes y tuvieron a sus hijos cuando las hormonas funcionaban bien. En la época en que los conocí George era muy "femme", delgado, ridículo y un galanteador sin remedio. En mi libro digo que era mono y que nos sentíamos atraídos mutuamente. Era algo así como cuando te sientes atraída por un tipo gay y sabes que no pasará nada así que te olvidas del tema y eres amigo».

Otra esposa de congresista que observó al matrimonio Bush fue Marian Javits, la viuda del difunto senador de Nueva York Jacob Javits. «George necesitaba muchos mimos y caricias —dijo—. La pasión era algo necesario para él y probablemente formaba parte de su gran ambición ... Los visitamos en China y si bien yo no comprendía a Barbara, sabía que adoraba a George. El más puro amor ... Creo que ella consideraba que su mayor fuerza radicaba en imitar a su madre, casi en convertirse en ella ... Barbara adoptó con toda la intención el aspecto que tenía. Si George hubiese querido que tuviera algún otro, ella lo hubiese hecho. Créanme ... Lo sé como esposa ... Creo que para Barbara sus hijos lo justificaban todo.»

En años posteriores otras mujeres comentarían la manera como Barbara hacía de madre de su marido. «Yo trabajaba en la CBS-TV cuando conocí a los Bush —manifestó Carol Ross Joynt—. Entró

en la Sala Verde con una mujer de cabellos grises que creí que era
su madre. Alguien me dijo que era su esposa, y me fasciné con su
dinámica porque no eran una pareja equilibrada ... Él se volcó hacia las mujeres inmediatamente. No es un lujurioso, pero su contacto visual está cargado de energía sexual. Es cortés y no se comporta de una manera incorrecta (no es Bill Clinton), pero el
mensaje sexual está allí. Ella [Barbara] pasa de todo. Tiene una
confianza absoluta en sí misma y lo trata como una madre que vigila a su hijo. Está claro que es quien lleva los pantalones en la
relación ... y también está claro que él depende de su esposa.»

Roberta Hornig Draper, cuyo marido fue cónsul general norteamericano en Jerusalén, conoció a los Bush cuando visitaron Israel. «Barbara parecía tratar a George como a un crío. Le quitaba
la caspa de los hombros, le arreglaba la corbata, y siempre le estaba diciendo lo que hacer. No le ataba los cordones de los zapatos
ni le limpiaba los mocos, pero ya me entienden.»

La escritora Phyllis Theroux relató: «Puedo decirle que cuando
conocí a Barbara Bush en China ella era muy sensible al sufrimiento de un matrimonio desgraciado. Mi entonces marido había llevado a China al primer grupo de empresarios norteamericanos —a los
directores de Cargill, Westinghouse, Manufacturers Hanover Trust y
John Deere—, todos ellos peces gordos. Nuestro matrimonio pasaba por graves problemas en el momento, y no sé cómo Barbara Bush
lo descubrió, pero sabía que no era feliz. Estaba casada con un joven
muy ambicioso y había tensiones ... Ella me dijo: "Debe saber que hay
momentos en que de verdad no se puede hacer otra cosa que sentarse en el asiento trasero y comprender que el marido está en una fase
de su vida en la que no se puede estar mucho tiempo con él. Pero
créame, las cosas irán a mejor".

»Recuerdo que me sentí tan agradecida por aquellas palabras
que impulsivamente le cogí la mano y se la besé. Probablemente se
sintió un tanto sorprendida pero no abrumada. No comenzó a ex-
clamar "ooh" y "aah" ni me abrazó. Simplemente lo aceptó ... Era
obvio que sabía de lo que hablaba cuando se trata de la infelicidad
dentro de un matrimonio».

Cuando Barbara regresó a China en 1975, después de tres
meses de ausencia, había decidido llenar la vida de su marido hi-

peractivo con un flujo constante de visitas que ocuparan su atención: giras de congresistas, empresarios norteamericanos, diplomáticos, amigos personales y la familia. George apuntó el esfuerzo de su esposa en el diario: «Bar se está matando por estos invitados y espero que ellos lo aprecien. Es maravillosa acompañando a la gente y todas esas cosas».

El 30 de abril de 1975, George y Barbara estaban en una recepción en la embajada de Holanda cuando recibieron la noticia de la caída de Saigón. Más tarde George recordaría la velada:

> El Vietcong estaba allí. Tres tipos pequeños de un metro veinte de estatura que salieron del salón con muchas prisas y alegremente. Las embajadas del Vietcong y Vietnam del Norte estaban engalanadas con banderas y como era lógico lo celebraban. Fuegos de artificios ... Es algo un tanto triste y se nota la hostilidad y desde luego la tensión cuando paso junto a ciertos grupos en estas recepciones ... Todas las secuelas de Vietnam me ponen un tanto enfermo.

Cuatro de los cinco hijos de los Bush llegaron a Pekín en junio de 1975. Jeb, que tenía veintidós años, se había quedado en Houston, donde tenía un empleo en el Texas Commerce Bank. Para gran consternación de sus padres, se había casado hacía poco con una joven mexicana llamada Columba Garnica Gallo, que no hablaba inglés. George acababa de licenciarse en la Harvard Business School; Neil, de veinte años, estudiaba en Tulane; Marvin, de diecinueve, estaba a punto de ingresar en la Universidad de Virginia (gracias a la intervención de la familia Bemiss), y Doro iba a cumplir los dieciséis. Dado que por primera vez en años estaba reunida casi toda la familia, Doro decidió celebrar su cumpleaños bautizándose, cosa que George consignó en su diario:

> Qué experiencia. Un bautizo en la China Comunista ... Los chinos se preguntaron por qué lo hacíamos. Bar explicó que queríamos tener a toda la familia reunida y que no habíamos podido hacerlo [antes] ... Nos sentimos muy felices cuando los chinos aceptaron hacerlo después de consultarlo en una reunión ... Un día muy especial, un gran acontecimiento.

Durante la visita, la familia también celebró que el joven George cumplía veintinueve años, cosa que su padre anotó en su diario el 6 de julio de 1975: «Se va a Midland. Comienza en la vida un poco más tarde que yo, pero así y todo comienza lo que espero que sea para él una nueva vida de desafíos. Es capaz. Si consigue hincarle el diente a algo semipermanente o permanente, saldrá adelante.»

Unas semanas antes, George había expresado su preocupación por el futuro de su hijo. «Habló conmigo del joven George en una ocasión —dijo Gene Theroux, un abogado de Washington que dirigía el Consejo Nacional sobre Comercio entre Estados Unidos y China—. Entonces no creía que su hijo estuviese en la dirección correcta para llegar a ser gran cosa.» Bush padre había conocido a Sandy Randt Jr., que se había licenciado en Yale en la clase de George. En una queja de la alocada vida del joven George, su padre dijo: «¿Es que no acabará nunca de preparar su número?». Esta era una expresión familiar de toda la vida.

La riada de visitantes ofrecía múltiples motivos de distracción, y tantas solicitudes de visados que el Departamento de Estado se quejó a George de que hacía demasiados agasajos.

«Tampoco tenía mucho más que hacer —dijo el oficial administrativo de la misión norteamericana—. Nuestra embajada estaba en Taipei y Kissinger la controlaba, así que George no hacía otra cosa que mantener la presencia norteamericana en Pekín ... El embajador Bruce ya había allanado el camino y él fue el mejor candidato para ser nuestro primer representante después de reconocer a China porque era nuestro más ilustre diplomático. Los chinos se habrían molestado si hubiéramos mandado a alguien con menos prestigio que David Bruce ... George fue un buen recambio porque por aquel entonces los chinos reverenciaban a Richard Nixon, y sabían que George, como presidente del Comité Nacional Republicano, había sido un hombre de Nixon, así que sintieron que estaban recibiendo a la mano derecha del presidente cuando George se presentó. Había que decirle a los chinos que tenías a alguien poderoso en la misión, de lo contrario se hubiesen sentido menospreciados. Dada la muy cercana relación con Nixon parecía poderoso para los chinos. A ellos no les importaba el Watergate. Grababan las conversaciones de todos, así que eso era poca cosa. Entrar en las oficinas para robar documentos era pura rutina, y contar mentiras era lo habitual, así que el Watergate no significó ningún descrédito para George en China.

»Aunque era un trabajo de nada y George no tenía nada más que hacer que comer, beber y jugar al ping-pong, lo hacía muy bien. No se parecía en nada a David Bruce, que se consideraba alguien superior y no asistía a las recepciones diplomáticas porque, como jefe de una oficina de enlace, tendría que ponerse en la fila detrás de la Organización para la Liberación de Palestina y David Bruce no lo haría de ninguna manera. Tampoco estaba Bruce dispuesto a alternar con una pandilla de diplomáticos de segunda fila en una fiesta nigeriana o en el festejo del trigésimo aniversario de la liberación de Checoslovaquia, pero a los Bush les encantaban este tipo de cosas e iban a todas las recepciones que podían. Bruce era un intelectual; George no era más que un pelmazo ... Nunca se nos hubiese ocurrido llamar al señor Bruce otra cosa que no fuese señor embajador, mientras que todos llamábamos a George por su nombre de pila ... Los chinos nos hicieron saber en términos muy claros que no consideraban a George como un embajador. Dijeron que su título de la ONU era sencillamente una cortesía sin ningún peso diplomático. Lo llamaban Busher y nunca le dispensaron el mismo trato que al embajador Bruce. Nunca decían que no. Pero si les preguntábamos si Busher podía ver al presidente, los chinos respondían: "Ahora no es conveniente". Nunca no.»

A George nunca le permitieron entrevistarse con el presidente Mao Tse-tung hasta que el presidente Ford visitó China en diciembre de 1975. Para entonces, George tenía las maletas hechas y estaba preparado para irse a casa.

Había comenzado a inquietarse en la primavera de 1975. Después de seis meses, China había perdido su atractivo exótico, las celebraciones de los días nacionales se habían vuelto aburridas y sus fluidos políticos habían comenzado a rezumar. Siempre inquieto por conseguir otro nombramiento que pudiera acercarlo a convertirse en presidente, George casi nunca duraba más de un año en sus trabajos. Nunca estaba el tiempo suficiente para hacer una contribución importante, más allá de adquirir una impresionante credencial. Escribió a su amigo Nicholas Brady, presidente del Wall

Street's Dillon. Le dijo: «Estoy sentado aquí intentando descubrir qué hacer con mi vida».

Su aburrimiento se lo comunicó a los miembros de la junta directiva de Andover, quienes estaban perplejos ante su obsesión con las normas que rigen las visitas a los dormitorios del sexo opuesto. «Parecía tener un interés malsano en las normas —recordó Gene Young, uno de los miembros de la junta—. Esa era su preocupación principal cuando estaba en Pekín. Me refiero a los mensajes que enviaba sobre las normas ... Probablemente uno de sus hijos se había metido en problemas en algún momento anterior, pero a todos nos pareció que era algo muy curioso que pudiera preocupar tanto a un embajador en China.»

George comenzó a considerar su carrera política. Escribió en su diario:

> He pensado un poco en la posibilidad de presentarme a gobernador de Texas. Tengo tiempo para pensarlo. El plan podría ser irme a casa después de las elecciones de 1976, instalarme en Houston en alguna cosa de empresa flexible, y presentarme en 1978, aunque podría ser extremadamente difícil ganar. Si gano, volvería a estar en una excelente posición para la política nacional, y si pierdo, sería una buena manera de olvidarme de una vez por todas de la política a nivel nacional. Detesto emprender otra campaña perdedora y estoy un poco fuera de contacto con lo que significa todo eso allí, pero puedo hacer un trabajo discreto sobre la situación.

George no tendría que enfrentarse a otra campaña perdedora. El 1 de noviembre de 1975, recibió un telegrama de Henry Kissinger con el sello: «Secreto. Exclusivamente para sus ojos»:

> El presidente piensa hacer el anuncio de algunos cambios importantes de personal el lunes, 3 de noviembre ... El presidente pide su consentimiento para nombrarlo como nuevo director de la Agencia Central de Inteligencia ... Lamentablemente, solo disponemos de un tiempo muy limitado antes del anuncio y por tanto el presidente le agradecería una respuesta muy urgente.

«Oh, no, George», exclamó Barbara con lágrimas en los ojos.

Las audiencias del Congreso habían destapado las felonías de la CIA: las pruebas secretas con drogas en seres humanos, el espionaje a ciudadanos norteamericanos y los planes de asesinato de dirigentes extranjeros. Pero después de catorce meses en China, George estaba preparado para marchar. Le envió un telegrama urgente a Kissinger para comunicarle que aceptaba:

> Henry, usted no conoció a mi padre. El presidente sí. Mi papá inculcó a sus hijos una serie de valores que me han sido muy útiles. En mi propia corta vida pública, uno de esos valores es sencillamente que uno debe servir a su país y a su presidente. Si esto es lo que el presidente quiere que haga la respuesta es un «sí» rotundo. Con toda sinceridad, yo no hubiese elegido esta posición tan conflictiva si la decisión hubiese sido mía, pero sirvo a la voluntad de nuestro presidente y no pienso complicar su ya enormemente difícil trabajo.

George solicitó que, antes de hacer público el anuncio pudiera comunicar a su madre y a sus cinco hijos lo siguiente:

> El presidente nos ha pedido que dejemos China. Quiere que dirija la CIA. Este nuevo trabajo estará lleno de problemas y controversias y mamá y yo sabemos que las cosas no serán fáciles para vosotros. Algunos de vuestros amigos sencillamente no lo entenderán. Hay algo sucio y escandaloso que pende sobre la agencia y que oscurece su importancia fundamental para nuestro país. Siento que debo hacer todo lo posible por ayudar. Espero que lo comprendáis. Muy pronto podremos hablar. Os queremos.

Prescott S. Bush III era el hijo mayor del hermano mayor de George
H. W. Bush, Prescott hijo. A Prescott III o P3, tal como lo llamaba
la familia, le gustaba agasajar a sus amistades con historias aloca-
das de sus correrías por los bares del Lower East Side de Canal
Street, en Nueva York. Un amigo recordaba: «Solía contarnos historias delirantes de cuando se paseaba por allí con prostitutas negras que se chutaban coca cristalizada, y de una prostituta en particular que estaba embarazada. Ella se sentaba en un taburete de bar
y se exprimía los pechos hasta que la leche salía despedida en un
arco que Prescott trataba de recoger con la boca».

El nieto tocayo del senador Prescott Bush no había seguido la
trayectoria familiar hasta el caldero de oro al final del arco iris. Había pasado de Andover a Yale (promoción de 1970) y, siguiendo la
tradición de todos los hombres Bush, incluso hizo un buen matrimonio, si bien es cierto que breve. La joven procedía de lo que los
Bush llamaban «una buena familia», una familia con reconocimiento social y dinero. La joven tenía todas las virtudes menos una: era
demócrata. Cuando envió las invitaciones de boda se aseguró de
que todos los sobres llevaran un sello con la efigie de un presidente
demócrata. «Una pequeña y sutil rebeldía», recordaba una de sus
damas de honor. Las invitaciones que llegaron a Greenwich llevaban la alegre imagen de Franklin D. Roosevelt, condenado por
el círculo del club de campo de los Bush por «traidor a los de su
clase».

Poco después de la boda, los recién casados viajaron a Europa con la intención de vivir en Grecia; sin embargo, una vez allí Prescott salió una tarde a dar un paseo y ya no volvió al lecho conyugal. Las relaciones íntimas obligadas del matrimonio, junto con la carga de las expectativas imposibles de su familia, le cayeron encima. P3 no pudo más. Vagó por Europa durante un tiempo y se alojó con unos parientes en Suiza mientras sus padres volaban al lado de su joven esposa y la ayudaban a regresar a Estados Unidos.

«Prescott se quedó con nosotros una temporada —comentó un primo—, pero cuando llamó su familia y dijeron que estaban preocupados y que lo estaban buscando, se quedó de piedra. Estaba decidido a que su familia no lo encontrara. No sé qué había detrás de todo aquello, porque Prescott hijo y su mujer son gente muy agradable, pero fuera lo que fuese lo que le ocurrió a su hijo, este estaba resuelto a ocultarse de su familia.»

A todo aquello le siguió un divorcio discreto mediante una alegación de abandono, y la joven no volvió a ver a Prescott S. Bush III, a quien más adelante se le diagnosticaría esquizofrenia.

«Lo conocí años después de aquello —comentó un amigo— y me dijo que había estado internado durante largo tiempo. Hablaba mucho del tema. Parecía muy medicado, pero era un tipo agradable, aunque, como es lógico, raro y muy excéntrico. En Florida salíamos juntos con amigos mutuos y, más adelante, nos reencontramos en Nueva York. Incluso visitamos a sus padres en Greenwich, aunque tuve la sensación de que ellos hubieran preferido no tenerlo allí. Su padre era un cascarrabias y consideraba a Pressy un engorro porque, como es lógico, Pressy llevaba el apellido familiar ... pero estaba claro que no iba a llegar a ninguna parte con él, no iba a ser senador como su abuelo, ni siquiera presidente del club de campo de Greenwich como su padre, de modo que sus padres actuaban como si no quisieran que se los relacionara demasiado con él.»

El 27 de enero de 1976, Prescott S. Bush III se había trasladado a un apartamento cochambroso en el East Village de Manhattan. «Llevaba años sin hablar con su familia y la actualidad no le preocupaba demasiado. Nos contó que un día estaba en una cafetería con sus compañeros de cuarto, quienes aseguraban que formaban parte del movimiento Weathermen Underground, grupo de activistas radicales de la extrema izquierda. Estoy seguro de que Pressy no estuvo involucrado en ninguna de aquellas acciones revolucionarias como la de colocar bombas en edificios gubernamentales y hacer volar por los aires ayuntamientos, etc. ... El refugio de Pressy era la observación de las aves, leer griego y estudiar la literatura que había leído en Yale ... El caso es que dijo que, por casualidad, vio un periódico en el suelo en cuya primera plana aparecía su tío, George Herbert Walker Bush, al que acababan de hacer director de la CIA ... Pressy le dio una patada al diario para esconderlo debajo de la mesa porque no creyó que fuera buena idea que los Weathermen supieran que estaba emparentado con el director de la CIA.»

El parentesco tampoco le hubiera hecho ningún bien a George Bush. El proceso de su nombramiento había sido muy polémico. Tanto demócratas como republicanos habían objetado que George era demasiado parcial, demasiado involucrado en la política y demasiado partidista. Es inimaginable pensar el revuelo que se habría levantado si esos senadores hubieran sabido que el sobrino de George estaba viviendo con miembros de una organización terrorista encubierta cuyo objetivo principal era la incitación a la lucha armada para derribar el gobierno de Estados Unidos.

Al mismo tiempo que el presidente Ford presentaba la candidatura de George, obligó a Nelson Rockefeller a anunciar que no volvería a presentarse a la reelección a la vicepresidencia en 1976. La política de Rockefeller era demasiado liberal para el ala derecha del Partido Republicano y Ford quería ser reelegido sin oposición alguna dentro del partido. Cuando se le preguntó al presidente si salir elegido como director de la CIA supondría la exclusión de George como posible candidato a la vicepresidencia, Ford respondió que George tenía muchas posibilidades de ser su compañero de candidatura. La respuesta del presidente suscitó un nuevo aluvión de críticas. El *Washington Star* publicó un editorial: HOMBRE CORRECTO, CARGO EQUIVOCADO, en el que afirmaba que George no satisfacía los requisitos de la recomendación que Rockefeller hizo a la Comisión de la CIA en cuanto a «personas con juicio, e independencia para resistir la presión y el asedio desleal». *The Baltimore Sun* escribió: «¿Quién va a creer en la independencia de un antiguo presidente de un partido nacional?». *The Wall Street Journal* calificó a George como a «otro buscador de cargos que lucha por la ascensión».

A la mayoría de los demócratas, y a algunos republicanos sensatos, la candidatura de George les parecía una locura. El senador republicano William V. Roth, de Delaware, y el representante republicano James M. Collins, de Texas, escribieron al presidente para rogarle que lo reconsiderara. Collins, un colega texano de George, lo alabó diciendo que era «tan bueno como cualquier hombre de Washington», pero añadió que «no es el hombre adecuado para la CIA ... Como antiguo presidente del Comité Nacional Republicano, es una voz partidista ... Ellos [los demócratas] van a crucificarlo en ese cargo y el senador Church encabezará la procesión».

El senador Frank Church, de Idaho, presidente del Comité de Inteligencia del Senado, no lo defraudó. El demócrata cargó contra George presentándolo como «la peor elección posible». Church aseguró que a un político ambicioso como Bush no se le debería poner al frente de los servicios secretos del gobierno. Como director de la CIA, George también sería el director de la Central de Inteligencia, lo que significaba que sería el coordinador presidencial de todo el aparato de los servicios secretos del país y que supervisaría las actividades de todas las agencias federales, incluido el FBI, la Agencia de Seguridad Nacional, la Agencia de Inteligencia de Defensa, la Oficina Nacional de Reconocimiento, la Agencia Nacional de Imagen y Mapeado y la Oficina de Seguridad Diplomática del Departamento de Estado. Church acusó a la Casa Blanca de estar utilizando el nombramiento de George en beneficio de sus propias ambiciones políticas. El senador demócrata Thomas McIntyre, de New Hampshire, afirmó que el nombramiento fue «una burda afrenta contra el pueblo estadounidense».

El senador Church adujo que el cargo de director de la CIA era demasiado importante para ser una «plaza de aparcamiento política» para un político ambicioso. La agencia necesitaba un director que fuera ajeno a la presión política cuando tuviera que aconsejar al presidente en vez de alguien con miras a ocupar la vicepresidencia. George, cuyas ambiciones eran evidentes, nunca había demostrado ser políticamente independiente. Señaló que le había recomendado la dimisión al presidente Nixon, pero como apuntó el senador demócrata de Vermont, Patrick Leahy, dicha recomendación llegó un poco tarde.

Durante los dos días de audiencias de George ante el Comité de las Fuerzas Armadas del Senado, en ningún momento contempló la posibilidad de no presentarse a la vicepresidencia, lo que recrudeció la resistencia a ambos lados del pasillo y llevó a David Cohen, presidente de la organización Common Cause, a oponerse a la aprobación: «Un director de la CIA con miras a ocupar un alto cargo público a menos de un año de su nombramiento, corre el riesgo de que se le considere predispuesto a ocuparse de solventar las necesidades políticas a corto plazo del presidente de turno antes que de los deberes de la agencia y de los intereses de la nación».

El senador Church se ofreció a silenciar su disconformidad si George se comprometía a no presentarse a las elecciones de 1976. George se negó y añadió: «Que yo sepa, a nadie en toda la historia de la república se le ha pedido que renuncie a un derecho político inalienable como pago por haber sido designado para cualquier otro cargo público». El senador demócrata Stuart Symington, de Missouri, lo instó a cambiar de postura y a prometer que si accedía al cargo, se quedaría como mínimo dos años en el puesto. George, quien nunca había estado tan cerca de la vicepresidencia, no cambiaría de parecer. «Si se me ofreciera el nombramiento —dijo—, no le puedo asegurar que no lo aceptaría.»

Aun así, el comité del Senado votó 12 a 4 a favor de la ratificación de George como director de la CIA. No obstante, tres de los cuatro miembros que votaron en su contra firmaron un informe en minoría que exponía lo siguiente:

> Con razón o sin ella, la gente comprensiblemente sospechará del posible abuso político de la agencia por parte de un director que en su día presidió uno de los partidos políticos mayoritarios. No podemos, y no deberíamos, ignorar esta reacción pública pues puede socavar la recuperación de la confianza, muy necesaria si queremos que la CIA desempeñe su verdadero papel.
>
> También nos preocupa que el nombramiento del señor Bush pueda sentar un precedente de designaciones políticas para un car-

go que debería estar totalmente desligado de dichas consideraciones.

Después de que el presidente leyera el informe en minoría, presintió que habría cierta problemática para conseguir una ratificación unánime. Escribió un borrador dirigido al presidente del comité en el que, en parte, se estipulaba: «Si el Senado ratifica al embajador Bush como director de la Central de Inteligencia, no lo tendré en cuenta como candidato a la vicepresidencia en 1976».

El presidente Ford hizo llamar a George para que le diera el visto bueno a la carta y George le pidió que dijera que había sido idea suya renunciar al derecho de plantearse un futuro político en 1976, no del presidente. Ford, quien ya había tenido esta atención con Rockefeller cuando lo obligó a no presentarse a la reelección de su cargo de vicepresidente, en esta ocasión hizo lo mismo con George. El presidente añadió a su carta del 18 de diciembre de 1975: «Ambos lo habíamos discutido en profundidad. De hecho, me alentó a tomar esta decisión. Algo que dice mucho acerca de este hombre y de su deseo de desempeñar este trabajo por la nación».

«Fue la campaña a la vicepresidencia más breve de la historia», escribió Barbara a un columnista de sociedad del *Washington Star*.

El 27 de enero de 1976, George, quien más adelante se preguntaría si no habría sido víctima de un astuto plan elucubrado por Ford para privarlo de la vicepresidencia, fue ratificado por el Senado por 64 votos a favor y 27 en contra.

Como requisito previo a la aceptación del nombramiento del presidente, George había insistido en llevarse a Jennifer Fitzgerald con él a la CIA en calidad de ayudante de confianza. Un memorando de la Biblioteca Presidencial Ford, de fecha 23 de noviembre de 1975, indicaba que su petición iba a ser aceptada: «Por favor, avíseme en cuanto haya acabado la disposición del espacio de las oficinas para George Bush y la señorita Fitzgerald. JOM [John O. Marsh, abogado de la Casa Blanca] ha mantenido un estrecho contacto con Bush y quiere informarle de aquellos espacios que estén listos».

El juez Potter Stewart (Yale, 1937), amigo íntimo de la familia, cuya esposa, Andy, era la mejor amiga de Barbara Bush, tomó juramento a George, quien invitó a quinientas personas a la ceremonia. Tras el acto, el presidente lo acompañó al edificio principal de la CIA para saludar a más de mil empleados que no habían podido asistir a la ceremonia por la presencia de la prensa.

El nombramiento como director de la CIA al fin ofreció a George lo que siempre había anhelado: un asiento de verdad a la mesa. Había estado mendigando un «estatus ministerial» desde que había sido nombrado embajador en las Naciones Unidas. En calidad de presidente del Comité Nacional Republicano, se le había permitido asistir a unas cuantas reuniones de cuando en cuando, pero ahora, finalmente, tenía todo el derecho a ocupar un lugar habitual dentro del gabinete ministerial así como en el Consejo Nacional de Seguridad. Estar sentado en el banquillo con el equipo universitario parecía ser suficiente para George.

«El tipo no decía ni una palabra durante las reuniones del Consejo Nacional de Seguridad —recordaba Roger Molander, doctorado en ingeniería nuclear y en ciencias e ingeniería por la Universidad de California, en Berkeley. Su principal área de responsabilidad en el Consejo Nacional de Seguridad se centraba en el control de armas nucleares, y se reunía con George regularmente—. Era un completo cero a la izquierda. Acudía a las reuniones del Consejo, se sentaba y no abría la boca. Nada. Ni propuestas, ni refutaciones, ni iniciativas, nada. Trabajé allí desde los últimos tiempos de Nixon [1972], con Ford [1976] y con Carter [1981], y le puedo asegurar que George Bush ni siquiera desempeñó un papel secundario en aquellas reuniones. Nunca. La dinámica más memorable se dio entre los cerebros privilegiados de Henry Kissinger y James Schlesinger ... Bush era el último mono.»

Aunque George no logró calar entre los asesores del presidente, tenía arrobados a los atribulados burócratas de la CIA. «Era perfecto para la agencia —aseguró Osborne Day (Yale, 1943)—. Yo ya estaba retirado de la CIA cuando George entró en funciones, pero lo conocía tanto a él como a su familia desde hacía muchos años y le puedo asegurar que los chicos del Equipo [término utilizado por los miembros de la organización para designar a la CIA] lo adoraban ... Por su temperamento, encajaba en el puesto mucho mejor que la mayoría de idiotas que la Casa Blanca nos enviaba. Ante todo, George ya conocía a gran parte de los compañeros. Después de todo, había estudiado en Yale y Yale siempre ha sido la mayor cantera de la agencia ... Solo de mi promoción había treinta y cinco tipos en la agencia.»

El difunto Robin Winks, autor de *Cloak and Gown*, revisión del predominio en los servicios de espionaje de la Ivy League, dijo que la Oficina de Servicios Estratégicos (OSS) y la CIA querían «hombres jóvenes y licenciados, con sentido de la elegancia, que conocieran Europa ... e indulgente con ellos mismos, un cierto amor propio saludable y económicamente independientes ... Ah, claro, y con buenas relaciones sociales». Dijo que Yale era un buen lugar para buscar dichas características, algo por lo que también la gente dice que la OSS quiere decir «Oh, So Social» (Oh, súper sociable).

El profesor Winks postulaba que la mayoría de los miembros de las universidades que conformaban la Ivy League (Harvard, Yale, Princeton, Dartmouth, Cornell, Penn, Brown y Columbia) reunían los requisitos elitistas para trabajar en los servicios secretos; sin embargo, Yale tenía una ventaja pues contaba con un sistema de residencias estudiantiles y sociedades secretas, en particular la Skull and Bones. Durante muchos años, Yale contribuyó con más hombres al «Equipo» que cualquier otra universidad de la Ivy League. De hecho, en una ocasión la biblioteca de la Universidad de Yale fue utilizada como la tapadera en el extranjero para una operación de espionaje dirigida por la Oficina de Servicios Estratégicos. La mayoría de los míticos espías, desde James Jesus Angleton hasta Richard McGarrah Helms, fueron antiguos alumnos de Yale. Sin embargo, tras las audiencias de Church, tanto Angleton como Helms fueron apartados de la agencia.

«Es fácil de entender que George encajara tan bien en la CIA —dijo Osborne Day— cuando uno llega a la conclusión de que era uno de ellos ... y que lo adoraban.»

George abordaba todos los trabajos que tenía con la pasión de un astuto feriante. En la CIA, sabía que se suponía que tenía que restablecer la moral de la agencia. Comenzó con una ofensiva mediática para tratar que la CIA resultara más grata a la gente.

Durante las dos primeras semanas en su nuevo cargo, convocó conferencias de prensa en Nueva York y Washington con *The New York Times*, el *Daily News*, *The Wall Street Journal*, *Newsweek*, *Time*, el *Washington Star* y *Women's Wear Daily*.

Un memorando de la CIA sobre un almuerzo con la revista *Time* el 23 de febrero de 1976 indicaba que la publicación había presentado un artículo para que la agencia lo aprobara. Cuando la agencia se opuso a su difusión, *Time* retiró el artículo. El especialista en información de la CIA, Angus Thuermer, informó a George sobre el asunto:

> Murray Gart [director de redacción en funciones] es el que retiró —cuando le explicamos las implicaciones del artículo— una crónica sobre los Jefes de Estación de la CIA; iba a ser una serie de pequeñas reseñas. Espantoso. Hemos podido ayudar a *Time* a nivel empresarial, por así decirlo, cuando han tenido lugar los viajecitos pagados de sus hombres de negocios por todo el mundo. Gart estaba muy preocupado por la seguridad de los hombres de negocios en Oriente Medio, por ejemplo. Nuestra gente se mantuvo alerta.

Durante muchos años había existido una relación muy conveniente entre las agencias de noticias y la CIA, agencia que en su momento había utilizado a periodistas como agentes secretos. La CIA también había enviado a sus propios empleados al extranjero bajo la tapadera de estar acreditado como corresponsales estadounidenses de algunas de esas agencias. La difusión de esta información encrespó las salas de redacción puesto que los periodistas consideraron que su credibilidad había sido puesta en entredicho. George llamó a las agencias de noticias a «enterrar el pasado» y a mantener los nombres de sus periodistas-espías en secreto.

Cuando William S. Paley, presidente de la CBS, invitó a George a comer el 4 de febrero de 1976, lo hizo en deferencia a su amistad con el difunto padre de George. Prescott había ayudado a la estructura financiera de la compañía cuando estuvo en la Brown Brothers Harriman y trabajó para la junta directiva de la CBS durante muchos años. La comida, que se suponía que tenía que ser un encuentro idílico, rápidamente se convirtió en un desencuentro cuando se puso en entredicho la política de la CIA sobre el uso de periodistas estadounidenses en calidad de espías. George trató de quitar hierro a la cuestión de que un periodista trabajara para dos patrones e hizo hincapié en que la agencia mantendría los nombres en secreto. El presentador de la CBS, Walter Cronkite, protestó.

«Los nombres deberían ponerse encima de la mesa para proteger a aquellos que nada tienen que ver con este tipo de comportamiento», adujo.

Al presentir el escándalo, y consciente de la importancia tanto personal como profesional de mantener a los medios de comunicación de su lado, George volvió a la agencia, donde los abogados de la CIA enseguida modificaron la política. Al día siguiente, George anunció que la CIA no volvería a contratar a periodistas que trabajaran para publicaciones estadounidenses con la misión de llevar a cabo operaciones secretas y que tampoco reclutaría clérigos para que los ayudaran a recabar información: «La política de la agencia nos impide divulgar los nombres de los colaboradores estadounidenses. Al respecto, la CIA no hará público ni ahora ni nunca los nombres de ningún periodista o clérigo cooperante».

George dijo que no creía que utilizar periodistas o clérigos para fines relacionados con el espionaje fuera incorrecto, pero que reconocía el estatus especial de la libertad de religión y de prensa en la Constitución. Afirmó que la nueva prohibición de la CIA solo era «para evitar cualquier apariencia de uso indebido por parte de la agencia».

Pocos días después, George, todavía tratando de hacerse con los medios de comunicación, apareció en el programa *Meet the Press* y habló sobre el papel de la CIA en la seguridad de la nación. Viendo el programa estaba el cantante Frank Sinatra, quien decidió que ofrecería sus servicios a la agencia. Sinatra pidió a su productor de televisión Paul W. Keyes que le concertara una visita con el director. A George le intrigaba la proposición de Sinatra y accedió a volar a Nueva York al día siguiente. Invitó al cantante y al productor a tomar una copa en el apartamento de su hermano, en Gracie Square. Y, a continuación, llamó a Jonathan.

«¿Estás preparado para recibir a unos invitados, entre los que se incluye Frank Sinatra, en tu apartamento a las 6.30 de esta tarde?»

George tenía la esperanza de que aquella reunión no se filtrara a la prensa, porque no deseaba tener que enfrentarse a las consecuencias políticas que podría acarrear el tratar con un hombre conocido por sus vínculos con el crimen organizado. Sinatra había presentado a John F. Kennedy a Judith Campbell Exner. Esta había testificado ante el Comité de Inteligencia de Church que Sinatra también le había presentado al mafioso de Chicago Sam Giancana. Las relaciones sexuales de Campbell con estos tres hombres establecieron un lazo directo entre la Casa Blanca y la mafia. Más adelante aseguraría haber servido de correo entre Kennedy y Giancana para que asesinaran a Fidel Castro. A la luz de estos vínculos con el hampa, el director de la CIA debería habérselo pensado dos veces antes de citarse con Frank Sinatra, pero George estaba impaciente por conocer a la estrella del cine favorita de la mafia.

El 23 de febrero de 1976, George se presentó con antelación en el apartamento de su hermano acompañado no de Barbara, sino de Jennifer Fitzgerald. Habían volado juntos desde Washington a Nueva York en un avión del gobierno.

«Fue una gran velada —recordó Jonathan Bush—. Sinatra se ofreció sincera y generosamente a ayudar a la CIA como le fuera posible. Comentó que estaba viajando por todo el mundo y que estaba conociendo a gente como el sha de Irán, cenando con el príncipe Philip y socializando con la familia real británica. No dejaba de insistir una y otra vez en que se ponía a su total disposición y en que quería hacer algo por su país ... Pensé que era muy amable por parte de Sinatra. Era muy campechano y yo estaba encantado.»

El cantante de sesenta y un años charló sobre su infancia en Hoboken, New Jersey, y habló con gran sentimiento de su familia, y de su amor por los niños y por su país.

«Todos nos sentimos así», aseguró George.

Cuando Sinatra volvió a ofrecer sus servicios y poner sus contactos a trabajar por el bien de Estados Unidos, George trató de bromear. «Hay un trabajillo especial que podrías hacer por nosotros en Australia, Frank.»

Por fortuna para George, el cantante, conocido por su temperamento violento, rió ante la alusión al polémico concierto de su gira. Sinatra había desacreditado a la prensa australiana tildándola de «un atajo de vagos y parásitos que no han trabajado de verdad en toda su vida». Tildó a los hombres de «atajo de maricas» y a las mujeres de «prostitutas de medio pelo». Sus comentarios groseros causaron tal revuelo que los 114 sindicatos del país fueron a la huelga, y los tramoyistas, camareros y transportistas se negaron a trabajar para él, lo que obligó a Sinatra a cancelar la gira.

Cuando llegaron las copas esa misma noche, el cantante ya había cautivado a los hermanos Bush, quienes estaban encantados de contar con su presencia. «Casi estuvimos a punto de aplaudir cuando se fue —comentó Jonathan—. Nos reímos mucho con aquello y luego seguimos tomando unas copas.»

Hasta aquel momento, el vínculo más cercano de George con Hollywood había sido Jerry Weintraub, productor de cine. Habían entablado amistad cuando Weintraub se casó con la cantante Jane Morgan, quien se crió en Kennebunkport, no muy lejos de la casa de veraneo de los Bush. El productor se convirtió en el mayor e incondicional seguidor de George en Hollywood, donde agasajaba a los Bush con comidas y recaudaba miles de dólares para las campañas políticas de George y, más adelante, para las del joven George.

Desde fuera, George Herbert Walker Bush parecía muy estirado, pero a lo largo de su vida había salido de puntillas de los confines de su mundo disciplinado para darse un paseo por el lado salvaje. «Le gustaba dejarse caer por aquí para ir a hacer la ronda con Jerry y salir con estrellas de cine», aseguró un conocido guionista. Años después, Weintraub fue apodado por la revista *Spy* como el «amigo más embarazoso» de George Bush. George lo llamaba «Mr. Hollywood».

George estaba de igual modo extasiado con ser director de la CIA. «Es el cargo más apasionante que he desempeñado hasta la fecha», decía a sus amigos. Firmaba sus cartas personales como «Capitán de la Secreta». Como si se tratase de un niño con un disfraz de Halloween, incluso se probó los de la agencia y llevó una peluca pelirroja, una nariz falsa y unas gafas de cristales gruesos para presidir una reunión oficial. «Le encantaba hacer esas cosas», aseguró Osborne Day.

George revisaba todas las referencias a la agencia que se publicaban en los medios de comunicación y no dudaba a la hora de pedir archivos confidenciales. Según los memorandos de la CIA dados a conocer tras la Ley de Libertad de Información, parecía especialmente interesado en la información concerniente al asesinato de John F. Kennedy.

En uno de los memorandos de fecha 15 de septiembre de 1976, pidió al subdirector que buscara entre las noticias de la época que relacionaban al agresor de Lee Harvey Oswald, Jack Ruby, con el mafioso Santos Trafficante. Bush escribió: «Un artículo reciente de Jack Anderson hace referencia a un telegrama de la CIA de noviembre de 1963 en el que se dice que había un periodista británico que había visto a Jack Ruby visitando a Trafficante en la prisión (en Cuba). ¿Existe ese telegrama? Si es así, me gustaría verlo».

En un memorando de fecha 9 de septiembre de 1976, George pidió un nuevo artículo de Jack Anderson que decía que los archivos de la CIA demostraban que el antiguo director de esta, John McCone, había informado a Lyndon Johnson sobre el magnicidio de JFK y que sugería que «los cubanos podrían estar detrás del asesinato». George escribió en el margen del artículo: «¿Es cierto eso?».

Días después recibió un memorando de la CIA de cinco páginas que cuestionaba las alegaciones.

Aún en otro memorando, de fecha 4 de octubre de 1976, se hablaba de un artículo donde se exponía que, contrariamente al testimonio bajo juramento de Richard Helms, existía un documento de la CIA donde se indicaba que, en una ocasión, un oficial de bajo rango de la CIA había considerado utilizar a Oswald como fuente de información confidencial sobre la Unión Soviética. George anotó: «¿Esto va a causarle problemas a Helms?».

Años después, cuando George llegó a la presidencia de Estados Unidos, negaría haber dado ningún paso para revisar los archivos de la agencia sobre el asesinato de JFK. Cuando hizo tal declaración, no sabía que la agencia sacaría a la luz dieciocho documentos completos y parciales demostrando que, efectivamente, había solicitado información como director de la CIA —y no solo en una ocasión, sino en varias— sobre un amplio abanico de cuestiones relacionadas con el asesinato de Kennedy.

Como director de la CIA, George testificó ante el Congreso en 51 ocasiones durante su mandato de 355 días. Para entonces había perfeccionado aquellos «malabarismos» con la verdad que había anotado por primera vez en su diario del Comité Nacional Republicano. George era tan escurridizo como una anguila deslizándose sobre aceite. Sus mentiras al frente de la CIA comprendían desde rotundas falsedades y negaciones categóricas hasta confusiones y omisiones evasivas.

Fue dando largas al Departamento de Justicia para no aportar información en el caso contra Richard Helms, quien había mentido al Congreso sobre el papel desempeñado por la CIA en el golpe de Estado de 1973 en Chile.

Encubrió las mentiras esgrimidas por la CIA ante el Congreso sobre la participación cubana en Angola, y negó que la agencia hubiera difundido propaganda falsa entre la prensa estadounidense sobre los soviéticos en Angola.

Presionó al Departamento de Justicia para que procesara al periodista del *Washington Post* Bob Woodward por publicar la primera noticia que se tenía sobre la vigilancia electrónica de representantes del gobierno que la CIA llevaba a cabo en Micronesia. Bush atestó que Woodward había violado la Ley de Espionaje de Señales, la cual determina como delito grave la publicación de cualquier información clasificada como secreta. Sin embargo, Bush retuvo los archivos de la CIA que hubieran demostrado la implicación de la agencia, de modo que el Departamento de Justicia retiró los cargos contra el periodista.

Se negó a cooperar en la investigación del atentado ocurrido en Washington contra el coche del antiguo embajador chileno en Estados Unidos, Orlando Letelier, en el que murieron Letelier y Ronni Moffitt, un colega del Instituto de Estudios Políticos. El asesinato fue ordenado por los servicios secretos del dictador chileno Augusto Pinochet, y la CIA sabía que los dos asesinos estaban en Estados Unidos en el momento del atentado. Puesto que necesitaba echar tierra sobre el asunto de la vinculación de la CIA con los servicios secretos chilenos, George ordenó a la agencia que filtrara la historia de que el atentado no había sido obra de los evidentes sospechosos, sino de izquierdistas en busca de un mártir para su causa.

«Miren, estoy consternado por ese atentado —les dijo George a los abogados del Departamento de Justicia—. Es evidente que no podemos dejar que la gente venga aquí, a la capital, y asesine a diplomáticos extranjeros y a ciudadanos estadounidenses de esta manera. Sería un precedente indeseable. Así que, como director, deseo ayudarles; como ciudadano estadounidense, deseo ayudarles; sin embargo, como director también sé que la agencia no puede prestar su ayuda en algunas situaciones como esta. Tenemos algunos problemas. —A continuación, George se volvió hacia el abogado general de la CIA—. Explíqueles qué problemas son esos.»

Cuando George juró su cargo, prometió respetar y defender las leyes del país, algo que en febrero de 1976 incluía la Orden Ejecutiva 11905, conocida como la prohibición de asesinato: «Ningún empleado del gobierno estadounidense se involucrará o conspirará para involucrarse en asesinatos políticos».

En una interesante paradoja histórica, su hijo, George W. Bush, presidente en 2001, relajó la prohibición de asesinato y autorizó a la agencia a buscar y capturar vivos o muertos a Osama Bin Laden y a los miembros de Al Qaeda después del atentado del World Trade Center. En 2002, el presidente Bush añadió que estaba dispuesto a derogar la prohibición para acabar con Sadam Husein.

Como director de la CIA, George Herbert Walker Bush jamás compareció a una sesión ante el Congreso o a una reunión informativa de los servicios secretos sin al menos tres expertos de la agencia. «Tuve un contacto muy directo con él cuando fue director de la CIA porque, por entonces, yo era el granadero del Comité de Relaciones Exteriores del Senado para tratar con los servicios secretos —relató Pat Holt—. En aquellos días, éramos George y Pat. Cuando él necesitaba llevar a cabo una acción encubierta, venía a hablar con el presidente, con el miembro republicano de mayor cargo y conmigo. A diferencia de su predecesor [William Colby], quien siempre acudía solo, George se hacía acompañar ... Sin embargo, era más asequible que la mayoría. Y así me lo encontré, con el cargo más alto dentro de la CIA y como una persona de trato fácil ... No obstante, es cierto que no estaba a la altura de directores como Colby o Helms, personas bien informadas y entendidas. Aquellos tipos formaban una clase ellos solos. Ambos habían salido

de la Oficina de Servicios Estratégicos y habían entrado en la CIA
… verdaderos profesionales … A duras penas puede llamarse profesional a George.»

George confirmó su categoría de aficionado en calidad de «Capitán de la Secreta» cuando voló de Washington a Los Ángeles y salió del avión con la maleta del representante Barry Goldwater, dejando la suya detrás. La Associated Press publicó la «confusión» y se preguntó si el director de la CIA sintió el mismo embarazo que siente un espía cuando pierde su ropa interior.

Cuando testificaba ante el Congreso, George abría la comparecencia con un comentario y, a continuación, presentaba a un experto de la agencia al que se le deberían dirigir las preguntas sustanciales. Disponía de antemano que alguno de su equipo le pasara una nota por la que se le reclamaba en la Casa Blanca. Al cabo de cinco minutos de sesión, se excusaba y dejaba al experto al cargo. «Siempre funcionaba», dijo.

Sus ayudantes aprendieron a prepararlo «hasta los dientes» cuando tenía que medirse con el secretario de Estado, Henry Kissinger. «Recuerdo una sesión informativa en Langley en la que George se excusó y salió de la sala de conferencias avergonzado, confundido y furioso —recordaba un ayudante—. Sacó los papeles de la reunión, los arrojó sobre la mesa y exigió que corrigiéramos todos nuestros errores de inmediato.»

Los empleados examinaron la documentación.

—Está todo correcto, señor —le dijeron a Bush.

—Bueno, y entonces, ¿por qué ese maldito Kissinger me está gritando?

—Señor, creo que las leyendas de los mapas del señor Kissinger son incorrectas.

George esbozó una sonrisa malévola. Regresó a la sala de reuniones y, tal como dijo después, se «comió a Kissinger».

La plantilla de la CIA de George le seguía el juego en cuanto a su animosidad hacia el secretario de Estado, rebajándolo de «doctor» Kissinger a «señor» Kissinger.

«Lo aprendí bien pronto», confesó un empleado, quien había cometido el error de referirse respetuosamente al Secretario de Estado como «doctor».

«"El hijo de puta ni opera ni visita a domicilio, ¿verdad?", dijo George.

»"No, señor", le respondí ... Después de eso, ¡te cuidabas muy mucho de volverlo a llamar doctor Kissinger!»

La familiaridad de George con los «malabarismos» le proporcionó gran experiencia en guardar secretos, no solo en la CIA, sino también en su propia familia. En la época en que estaba a la cabeza de la agencia, en 1976, su mujer Barbara atravesaba una profunda depresión la cual en más de una ocasión la había empujado al borde del suicidio. Su sobrino Prescott S. Bush III luchaba contra la esquizofrenia; su tío James Smith Bush, quien había malversado fondos y había huido del país, agonizaba en Filipinas; y el hijo de George, George W. Bush, quien según sus propias palabras estaba «bebiendo, de juerga y dando tumbos por ahí», fue arrestado aquel verano por conducir bajo los efectos del alcohol.

George guardó todos aquellos secretos, incluso a otros miembros de la familia. Había aprendido a compartimentar su vida con tal eficacia que incluso dentro de su círculo más inmediato se conducía según la máxima de «saber lo justo». No les explicó a todos sus hijos los detalles del estado mental de su primo. Ni les contó los detalles sórdidos de su tío Jim a los hijos de este. George no comentó con nadie el traspié del joven George con la policía de Kennebunkport cuando el treintañero se llevó a su hermana Doro, menor de edad, diecisiete años, a tomar unas copas y fue arrestado por conducir bebido. Ni tampoco les habló a ninguno de sus hijos de la profunda depresión de su madre.

«George era el único de toda la familia que lo sabía —confesó Barbara muchos años después—. Trabajaba muchas horas fuera de casa y me prometí no hacerle arrastrar más cargas.»

Barbara tenía cincuenta y un años en aquel tiempo y se encontraba atravesando el trance de la menopausia. Ya no tenía niños que cuidar y su marido apenas estaba en casa. Comentaba que no le gustaba el trabajo de su esposo en la CIA porque no podía compartir los secretos de la agencia, aunque, en realidad, ella jamás había desempeñado un papel significativo en el trabajo de George salvo en las campañas electorales. En aquellos tiempos, su ayudante de confianza Jennifer Fitzgerald tenía acceso a todo aquello vedado a Barbara.

«Me regodeaba en la autocompasión —admitió Barbara—. Casi me preguntaba por qué no me abandonaba. En ocasiones la angustia era tal que sentía la necesidad de estamparme con el coche contra un árbol o contra otro coche en dirección contraria. Entonces me hacía a un lado de la carretera hasta que me recuperaba.»

George le sugirió que buscara ayuda profesional, pero ella se mostró reacia. «Sentía ganas de llorar a todas horas y una angustia infinita —recordaba—. Y tenía malos pensamientos, se lo aseguro. No fue muy agradable ... Podría haber pedido ayuda, pero era demasiado orgullosa ... No se lo conté a nadie... Ni siquiera a Andy Stewart, mi mejor amiga.

»Ahora sé que los medicamentos me podrían haber ayudado, pero... me avergonzaba de mi depresión. Mi máxima era: "Piensa en los demás, deja de pensar en ti misma" ... Traté de salir de aquello yo sola ... Sé que debería haber acudido a un médico ... Pero no lo hice. Apechugué con ello... y fue horrible.

En retrospectiva, la felicitación navideña de los Bush indicaba cómo se sentía Barbara. La felicitación contenía cinco fotografías de la familia: una de George W. y Doro en la Gran Muralla china; una de Marvin en las tumbas Ming; una de Neil en la Gran Muralla; una de George padre en el palacio de Verano; y una de Jeb y Columba en Houston. No había ninguna foto de la esposa y madre invisible.

Años después, cuando Barbara admitió haber sufrido una depresión, dijo que se sentía totalmente insignificante como persona. «Pasé por una época bastante mala porque, de repente, la liberación de la mujer me hizo sentir que había desperdiciado la vida ... Sentía que era una nulidad y que no había llevado a cabo todo lo que se suponía que tenía que haber hecho ... Pero lo superé, gracias al cielo.»

Algunos se preguntan si alguna vez venció aquellos sentimientos, pues parecía albergar un resentimiento real hacia las mujeres trabajadoras de la plantilla de su marido. «Siempre me decía: "¿Cuándo vas a tener otro niño?" —recordaba una abogada que trabajó para George Bush—. Por aquel entonces solo tenía un hijo y Barbara parecía tomarse como una afrenta personal que no dejara mi carrera, pero ya, para tener más hijos.»

Barbara respondía con actitud defensiva a aquellas periodistas que le preguntaban si se arrepentía de haber dejado la universidad. «Si me hubiera arrepentido —contestaba—, habría vuelto.»

En 1978 se definió a sí misma en *Women's Wear Daily* de la siguiente manera: «No soy feminista. Estoy a favor de los derechos de las mujeres, pero no comparto los mismos intereses. Me han mantenido durante treinta y tres años y he sido una mujer feliz. Vivo a la alargada sombra de este hombre. No somos un equipo. Él debería cometer sus propios errores. Claro que le cocino y le tengo la ropa preparada, pero no discuto sus asuntos con él».

Barbara evocó a Mamie Eisenhower, quien en una ocasión se jactó de que «Ike dirige el país y yo le doy la vuelta a las chuletas». Como esposa de político, Barbara había pagado un alto precio para apoyar las ambiciones de George, pero nunca admitió el coste emocional. «En la vida tienes dos opciones —dijo—. O te gusta lo que haces o no te gusta. Yo he elegido que mi vida me guste.»

En ocasiones su elección requirió de un esfuerzo sobrehumano visible en los dientes apretados de una sonrisa forzada o en la mandíbula tensa de un comentario inflexible.

La depresión de Barbara, sufrida durante la mayor parte de 1976, solo comenzó a remitir después de las elecciones, cuando el presidente electo, Jimmy Carter, dejó claro que no tenía intención de mantener a George al frente de la CIA. A George, quien había estado manteniendo con Carter sesiones informativas sobre seguridad nacional, le resultaba inconcebible que el granjero de cacahuetes de Georgia lo estuviera despidiendo. Trató de negociar. Le sugirió que, si lo mantenía en el cargo, Carter podría demostrar que la CIA estaba por encima de la política. Carter esbozó su media sonrisa. Durante la campaña tildó a la agencia de «vertedero» de candidatos políticos fracasados. Y ahora estaba deshaciéndose de George.

Durante la última sesión informativa, uno de los ayudantes de George planteó un problema de seguridad nacional a largo plazo que saldría a la luz en 1985. Carter lo despachó.

«No hace falta que me preocupe por eso. Para entonces, George será el presidente y ya se ocupará él del asunto.»

Por lo visto, el comentario dejó perplejo a George, quien escribió en su autobiografía: «Fue un comentario extraño viniendo de Jimmy Carter. Me pregunté qué quiso decir con aquello».

El presidente electo, que ganaría el Premio Nobel de la Paz en 2002, obviamente consideraba a George un hombre de ambición desmedida que no iba a descansar hasta llegar a ser presidente de Estados Unidos y, en esa observación, Carter acertó de pleno. Incluso mientras George veía la convención nacional republicana de 1976 en la televisión, en Kennebunkport, aquel verano le confió su frustración a su amigo de Midland John Ashmun: «Creo que esos tipos podrían haber cedido … y, al menos, haber metido mi nombre en el sombrero. Le dije a Ford que no iba a hacer campaña, pero esperaba de todo corazón que algunos de esos tipos dijeran: "Qué coño, metamos su nombre en la olla"».

George escribió a su amigo Jack Mohler: «Estoy manteniéndome al margen de la política, pero no es fácil».

También destiló un cierto tono nostálgico cuando escribió a Neil Mallon: «Te dicto esto mientras la convención republicana da comienzo … Cuando veo a todos mis amigos políticos de campaña por Kansas, siento una punzada de arrepentimiento».

Cuando Jimmy Carter derrotó a Jerry Ford en 1976, George comenzó a hacer planes para hacerse con la Casa Blanca en 1980. Decidió regresar a Texas, introducirse en las juntas directivas de compañías controladas por algunos de sus amigos ricos, crear un comité de acción política (Fund for Limited Government) y sentar los cimientos para su campaña presidencial. Le dijo a Barbara que fuera a Houston y encontrara una casa nueva. Ella sintió que volvía a tomar las riendas de su vida.

«Miré cerca de treinta casas —dijo—, y me enamoré de una en Indian Trail.» George compró la casa por trescientos veinticinco mil dólares sin haberla visto y se quedó consternado al descubrir que necesitaba una renovación completa, pero Barbara ahora tenía un proyecto en el que se había volcado de pleno. Escogió una habitación donde establecería una oficina y dedujo todos los gastos en la declaración de la renta de 1977, hasta la cafetera. Se detalló como «asesor financiero».

Cuando George supo que el presidente Carter tenía la intención de nombrar a Kingman Brewster como embajador de Estados Unidos ante la Corte de Saint James, escribió al antiguo rector de Yale y le consiguió el puesto de ayudante de confianza a Jennifer Fitzgerald. Convenientemente, una de las juntas directivas de las que George era miembro tenía negocios en Londres que lo obligaban a viajar a esta ciudad con frecuencia. «Jennifer solo duró en aquel cargo un año —apuntó el biógrafo de Brewster, Geoffrey Kabaservice—. A Kingman le irritaban sus frecuentes ausencias cuando viajaba a Estados Unidos para ver a George ... Su relación no era un secreto para los empleados de la embajada. Todo el mundo sabía que era la querida de George.»

Durante ese año, el de la primera carrera para la presidencia, en la época en que Jennifer se ausentaba con frecuencia de su trabajo, George vivía en Houston y viajaba por todo el país. Sin embargo, se reservaba varios descansos en los que les decía a sus ayudantes que no estaría disponible. También les decía que no podía divulgar su paradero. Les aseguraba que volaba a Washington para una reunión secreta con los antiguos directores de la CIA. No obstante, según dichos directores, tales encuentros no existieron, ni secretos ni de ninguna otra clase, durante aquel período y la CIA no le había encomendado ningún tipo de misión.

«La primera noticia que tengo —aseguró el antiguo director de la CIA, Richard Helms, unos cuantos meses antes de morir en 2002—. Y, como sabe, estuve en la CIA desde que abrieron las puertas.»

Stansfield Turner, director de la CIA desde 1977 hasta 1981, expresó igualmente sus reservas. «No tenía noticia de que los antiguos directores se reunieran, y desde luego no hubo ninguna reunión mientras yo estuve allí», dijo a *The Washington Post*.

La vuelta a la normalidad de Houston había minado la moral de George. Se sentía como un caballo de carreras refrenado. En marzo de 1977 escribió a su buen amigo Gerry Bemiss:

> Es como si tuviera el síndrome de abstinencia. Estoy con los nervios de punta, espero no haber sido demasiado coñazo, pero al límite ... Me muero de aburrimiento con cosas como la hija de

quién es miembro de la hermandad Pi Phi o aún más con quién le
está arreando a su mujer. No quiero acabar en esas comidas sociales de tres o cuatro martinis para ricos ... Creo que quiero presentarme o, al menos, estar en condiciones para presentarme en 1980,
pero me parece muy presuntuoso y egoísta por mi parte; aunque
creo que voy a pensármelo.

A Barbara, por otro lado, la había revitalizado la vuelta a casa,
donde Jeb y su mujer Columba vivían con sus dos hijos pequeños,
George Prescott Bush, de un año, y el nuevo bebé, Noelle.

Años antes, Barbara había interferido en el enlace de su hijo
mayor, por lo visto porque el padrastro de la prometida de W. era
judío; sin embargo, no pudo hacer nada cuando su segundo hijo se
enamoró de una joven mexicana. Jeb conoció a Columba Garnica
Gallo en León, México, en 1971, cuando era estudiante de intercambio de Andover. Nunca había salido con nadie y aseguró que
no sería feliz hasta que se casara con ella, lo que hizo en 1974 en
el centro católico de estudiantes de la Universidad de Texas. Él
tenía veintidós años y ella veinte. Le entregó un anillo de compromiso que había pertenecido a la abuela de Barbara, Mabel Pierce.
Columba y sus padres se conocieron el día de la boda.

«No voy a mentirle y a decirle que estábamos encantados»,
confesó Barbara a un redactor.

De hecho, Barbara estaba tan preocupada por la boda de su hijo
con una mexicana que buscó el consejo de su amiga, la columnista de sociedad Ymelda Dixon (Chavez de soltera).

«Recuerdo que Barbara me llamó y me preguntó qué debía hacer.
Me contó que en Texas existían enormes problemas raciales y que se
discriminaba a los mexicanos. Por lo visto, los únicos mexicanos de
Houston eran asistentas y jardineros. Le dije a Barbara: "Mientras la
chica lleve una señal alrededor del cuello que diga 'Bush', será aceptada". Barbara era demasiado lista como para decir que aquel matrimonio le rompía el corazón, pero yo sé que así era.»

Poco después de la boda de su hijo, George anotó en su diario
de China que había recibido «una carta muy bella de Jeb sobre los
problemas de adaptación de Columba, sobre lo mucho que la
quiere, lo maravillosa que es y que lo que necesita es confianza

en sí misma. Fue una carta reflexiva y sensible, de un chico atractivo que lo ha tenido todo. Solo espero que sea muy feliz porque, conociéndolo a él y lo sensible que es, le dolería mucho que la hirieran».

Jeb, quien hablaba con su mujer en español con fluidez, se ahorró el posterior malestar social de Columba en Houston cuando el Banco de Comercio de Texas lo transfirió a Venezuela en 1977, durante dos años, para que se encargara de los créditos internacionales. Jeb había obtenido el trabajo gracias al buen amigo de su padre Ben Love, presidente del consejo de administración. El banco había sido fundado por la familia de James A. Baker III, uno de los mejores amigos de George Bush.

En aquel entonces, Jeb, de veintitrés años, parecía destinado a ser el abanderado del éxito de la familia. Medía cerca de uno noventa y cinco y, con su llave de la Phi Beta Kappa, parecía «tenerlo todo», como dijo su padre. Sin duda alguna, Jeb tenía más que su irresponsable hermano mayor quien, a la edad de treinta años, seguía estando libre y sin compromisos.

En aquel tiempo, George W. vivía en Midland abrazando la fantasía de todo magnate del petróleo de encontrar un manantial de crudo. Se pasaba los días en el juzgado investigando los titulares de los derechos mineros y negociando contratos para arrendarlos. Vivía sobre un garaje en un apartamento tan abarrotado de ropa sucia que las mujeres de sus amigos se la lavaban periódicamente para mantener al servicio público de sanidad a raya. La mayoría de las noches transcurrían en bares bebiendo con sus compañeros de negocios.

En su trigesimoprimer cumpleaños, el 6 de julio de 1977, oyó que George Mahon se retiraba del Congreso después de cuarenta y tres años representando a Midland y Lubbock. Sorprendió a sus padres cuando les dijo que iba a presentarse a las elecciones para optar al escaño. Tras haber participado en las campañas de su padre, George, sociable por naturaleza, se vio arrastrado hacia el ruedo político. Tal como su prima Elsie Walker Kilbourne sugirió en una ocasión, seguramente sabía que, en cierto modo, ganar unas elecciones también le haría ganarse la atención y la admiración de su padre, las cuales echaba mucho de menos.

George anunció su candidatura en julio de 1977 y, dos semanas después, sus amigos, Joe y Jan O'Neil, le presentaron a su polo opuesto, Laura Welch, de treinta años, quien vivía en Austin y estaba visitando a sus padres en Midland.

«Éramos los dos únicos solteros de todos nuestros amigos», bromearía ella más tarde.

Nadie esperaba que ocurriera un flechazo en la presentación, y menos que nadie los O'Neil, pero en cuestión de una semana George había quedado en visitar a Laura en Austin. Se fue a Kennebunkport en agosto, desde donde la llamaba dos o tres veces al día. Poco después de una de esas llamadas, interrumpió sus vacaciones y regresó a Texas.

«Creo que llamó y un hombre respondió en el apartamento de Laura», aclaró su madre.

Semanas después, George llevó a Laura a conocer a la familia; Jeb hincó una rodilla en el suelo y extendió los brazos: «Hermano, ¿ya le has hecho la pregunta o estamos perdiendo el tiempo?».

George y Laura se casaron en noviembre de 1977, tres meses después de que los hubieran presentado, en la Primera Iglesia Metodista Unida de Midland. Toda la familia asistió a la discreta ceremonia, incluida la abuela de George. Cuando Dorothy Walker Bush le preguntó a la novia a qué se dedicaba, Laura le respondió: «Leo».

Más adelante, Barbara diría que la respuesta de Laura fue: «Leo, fumo y admiro».

Laura, hija única y segura de sí misma, había crecido con la completa e íntegra atención de sus padres, que la adoraban; a diferencia de George, quien había tenido que competir por la atención de su padre con cuatro hermanos y una carrera política absorbente. Como hija recién presentada en sociedad de un próspero constructor de Midland, Laura entró en 1964 en la Universidad Metodista del Sur, en Dallas, donde se unió a la fraternidad femenina de estudiantes más destacada, la Kappa Alpha Theta, y donde se especializó en pedagogía.

«Cuando comencé a estudiar en la universidad, las chicas todavía llevaban vestidos —dijo Laura—. Era un campus bastante conservador en comparación con lo que fue solo unos años después para los hermanos pequeños de mis amigos. A pesar de haber crecido en Midland, vivieron experiencias diferentes a las nuestras. No éramos así de alocados. Quiero decir, la gente fumaba, y yo también. Y bebían cerveza; eso era lo que se consideraba como alocado por los universitarios de mis tiempos.»

Algunos estudiantes de la Universidad Metodista del Sur recordaban a Laura por ser menos conservadora que la mayoría. Fumó marihuana, viajó con mochila por Europa después de graduarse y apoyó al candidato que estaba en contra de la guerra, el senador Eugene J. McCarthy, cuando en 1968 se disputó la presidencia con Johnson. Laura se matriculó en un curso de posgrado en la Universidad de Texas, en Austin, y obtuvo un máster en biblioteconomía. Cuando conoció a George era bibliotecaria de una escuela de enseñanza primaria. También era una demócrata de lealtad inquebrantable hacia el partido, que pensaba que Lady Bird Johnson era la mejor primera dama que el país había tenido nunca. Laura, quien aseguró que se había hecho republicana solo por afinidad, pasó su luna de miel y el primer año de su matrimonio haciendo campaña por el oeste texano con su marido.

«Era la zona en la que ambos habíamos vivido gran parte de nuestra vida —dijo—. Así que viajamos en coche todos los días durante un año, de un lado al otro, haciendo campaña condado a condado, desde la frontera de Texas hasta la de México.

»Fue un viaje muy nostálgico para mí pues lo había hecho en innumerables ocasiones con mis padres cuando iban a visitar a amigos o para asistir a las fiestas de bienvenida en la Universidad Texas Tech. Ese tiempo en el coche también se convirtió en nuestro momento de intimidad. De recién casados, especialmente tras un noviazgo tan corto, la verdad es que nos ofreció la oportunidad de conocernos. Me ofreció la oportunidad de verlo …

»Cuando se acabó la campaña y perdió, todos quedamos muy decepcionados, aunque la verdad es que no lo recuerdo como una decepción descomunal. Seguimos manteniendo el optimismo en las cosas que queríamos hacer. La forma en que nos conocimos durante aquella carrera electoral fue de las mejores partes. Volvió a trabajar como empleado de una compañía petrolera y yo me quedé en casa. No se las arreglaba demasiado bien en la casa. Entonces me acordaba de lo genial que había estado durante la campaña electoral.»

Durante aquel tiempo, George Herbert Walker Bush le confesó a un amigo que se sentía inquieto a todas horas y que apenas era capaz de soportar la cotidianidad. No había cosa que deseara más que volver a «entrar en acción». Incapaz de quedarse en casa, viajaba constantemente haciendo campaña a favor de los republicanos, quienes entonces estuvieron obligados a hacer lo mismo por él cuando anunció su candidatura a la presidencia.

Al principio, su pretensión presidencial desconcertó a algunos de sus amigos, pues George ni siquiera había ganado nunca un cargo estatal. John E. Caulkins, banquero de Detroit, reprodujo su reacción cuando George le llamó.

—Voy a presentarme a la presidencia.

—¿De qué? —preguntó Caulkins.

—De Estados Unidos.

—Vaya, George...

Al final, sus amigos y socios acabaron por compartir su fe en la singularidad y las cualidades de su persona y, por tanto, en su derecho a aspirar al mayor cargo público del país.

«Si Jimmy Carter puede ser presidente —dijo George—, entonces puede serlo cualquiera.»

Escribía cartas sin descanso, incluso se excusaba de asistir a las reuniones familiares del día de Acción de Gracias o de Navidad porque tenía que enviar notas a sus amigos para tejer su red política. El único objetivo que perseguía era el de la obtención de la presidencia.

En medio de la última recta hacia la presidencia, recibió una inquietante llamada de su madre quien le anunció que su hermano —el querido tío Herbie de George— padecía un cáncer terminal. George estaba a punto de perder a su mayor benefactor. Tomó asiento y escribió otra carta:

> Me has demostrado qué quiere decir ser un hombre. Me has enseñado lo que significa la lealtad. Me has hecho comprender lo que es contraer un compromiso, «apostar por un tipo», como dirías tú, y mantenerse fiel, tanto en las duras como en las maduras. Sin tu amistad y tu apoyo nunca hubiera tenido la confianza necesaria para albergar grandes sueños ... Te llevo conmigo, Herby, no

solo porque me ofreciste el futuro y diste un sentido a mi vida, sino, egoístamente, porque te necesito como mi padre, mi hermano y mi mejor amigo. ¿Sabes?, te quiero de todo corazón.

Besos,

POPPY

George Herbert «Herbie» Walker hijo, un hombre bajo, re-choncho y testarudo, idolatraba a su esbelto y espigado sobrino, quien se desenvolvía con la gracia de una gacela. George Herbert Walker Bush era siete años mayor que el hijo mayor de tío Her-bie, George Herbert «Bert» Walker III, pero Poppy parecía haberse hecho con el cariño del hombre como sus dos hijos nunca con-siguieron.

«No recuerdo a nadie a quien mi padre le tuviera mayor respeto y afecto que a su sobrino George Bush —dijo Bert Walker—. Mi padre nunca disfrutó demasiado de su familia directa. Si lo acorra-labas, hablaba más sobre los Bush que sobre los Walker. Aquello... me tenía algo celoso de pequeño... resentido... y...»

«Me llevaba por el camino de la amargura», aseguró el herma-no pequeño de Bert, Ray Walker.

El último acto de tío Herbie antes de morir fue pedir su talo-nario. Extendió un cheque de cinco mil dólares —la contribución máxima permitida por la ley— para el comité de acción política de George, Fund for Limited Government. George Herbert Walker hijo murió el 29 de noviembre de 1977 a la edad de setenta y dos años. Su necrológica apareció en el *Greenwich Time*, *The New York Times*, el *Portland Press Herald* de Maine y la *Yale Alumni Magazine*. Su fu-neral en la Segunda Iglesia Congregacional de Greenwich fue ofi-ciado por no menos de tres prelados. Fue enterrado en la parcela de la familia Walker en Kennebunkport, Maine.

El homenaje que recibió tío Herbie, como el patriarca financie-ro de la dinastía de la familia Bush, contrastó enormemente con la muerte anodina de la oveja negra, el tío de George, Jim, al año si-guiente. George había estado vigilando la agonía de su tío desde lejos, quizá con la esperanza de que muriera antes de que su escan-dalosa vida saliera a la luz.

Los archivos del FBI describían a Jim como a un «mujeriego»

con una «tormentosa carrera conyugal», que se jactaba de sus relaciones extramaritales. En un correo electrónico, su tercera mujer, Lois Niedringhaus Bush, escribió:

> James Smith Bush murió en Filipinas en 1978. Poco después de divorciarnos se casó y se fue a Italia [con una mujer llamada Gloria]. Vivió allí durante unos seis meses y luego se trasladó a Filipinas …
>
> No quiero comentar nada sobre ese matrimonio después del mío. Mi vida no fue un lecho de rosas durante un tiempo. Jamás tuve interés en conocer a Gloria ni mis hijos tampoco.

La familia Bush se ha negado a proporcionar más detalles sobre la vida y la muerte del hermano pequeño de Prescott, cuya última dirección conocida en Estados Unidos fue Inter-Mundis Capital Service, Broad Street, Nueva York. El Departamento de Estado incineró su cuerpo y envió las cenizas a Estados Unidos desde el Veterans Memorial Medical Center en Quezon City, Filipinas. Según la Ley de Libertad de Información, el Departamento de Estado sacó a la luz un informe redactado sobre el fallecimiento —no el certificado de defunción— y aseguró que no existía ninguna otra información sobre James Smith Bush, ni siquiera los informes consulares de los funcionarios de la administración exterior, quienes lo visitaban con regularidad e informaban a George Bush. No hubo ni necrológicas ni notificaciones de defunción, nada que pudiera atraer la atención hacia la vergüenza de la familia. Lo único que queda es una pequeña lápida de granito encajada en un rincón de la parcela de la familia Bush en el cementerio de Putnam en Greenwich, Connecticut, y los recuerdos de dos funcionarios de la administración exterior, quienes visitaron a Jim Bush en sus últimos días.

«Iba a visitarlo en calidad de funcionario consular en Filipinas —explicó Charles Stephan—. Aquello fue entre seis o nueve meses antes de que falleciera. Otro funcionario consular y yo íbamos a verle regularmente y luego le enviábamos un informe a George padre … La familia Bush sabía dónde estaba Jim y que era pobre, en realidad indigente, y ciego.

»Sabía que lo consideraban la oveja negra de la familia por sus múltiples matrimonios, pero había algo más … Sí, yo ya sabía lo del desfalco, pero no conocía todos los detalles.»

Fred Purdy desempeñaba el cargo de cónsul general de la embajada de Estados Unidos en Manila cuando recibió la noticia de que el director de la CIA, George Bush, quería que se encargara de su tío. «Se me dijo que George le enviaría dinero y que este llegaría a través de sus hermanas, las tías de George … Yo recogía el dinero en el departamento de la CIA y se lo llevaba a Jim. La primera vez que lo fui a visitar, estaba viviendo con una vagabunda filipina que había conocido en un bar. Ella tendría unos treinta años y él rondaría la setentena. Ya casi estaba ciego e inválido, no podía moverse. Dormía en una gran pieza de mimbre entretejido suspendida por dos lados, como una especie de hamaca. Fumaba mucho y había quemado la cama de mimbre en varios sitios. Bebía cuanto podía, pero apenas podía costearse el alcohol. Cuando la mujer filipina se dio cuenta de que no tenía demasiado dinero, comenzó a desentenderse de él … Al final, hice que lo trasladaran a un hospital para veteranos.»

Por entonces, James Smith Bush estaba solo y era más pobre que una rata. «Era un hombre que había caído desde lo más alto —aseguraba Fred Purdy—, y parecía como si toda su familia le hubiera dado la espalda … Nadie vino jamás a verle y no recuerdo que recibiera correo… pero no se quejaba. Parecía bastante resignado con sus circunstancias, como si hubiera aceptado que era culpa suya. Nombró a su hermano Prescott en una ocasión y creo que recuerdo haberle oído mencionar a una o dos mujeres y a varios hijos, pero nunca recibió noticias suyas … No parecía demasiado inclinado a hablar de él o de su pasado. Estaba ansioso por saber qué ocurría en el mundo y cualquier noticia que tuviera sobre George le resultaba una pequeña alegría.

»Le apreciaba mucho. Al principio iba a verlo por el parentesco con George Bush, pero luego seguí yendo porque era un gran ser humano. Era muy inteligente y se mantenía tan informado como podía a través de la radio sobre la actualidad. Cuando murió, no sufrió demasiado. Tenía una fuerte neumonía, pero lo que en realidad lo mató fue la cirrosis del hígado y el cáncer de pulmón. Antes de morir en 1978, dijo: "Creo que George va a presentarse como candidato a la presidencia"... y añadió: "Será uno de los buenos".»

James Smith Bush murió el 2 de mayo de 1978 a la edad de setenta y siete años. Unas semanas después, George escribió una nota a Fred Purdy: «Quisiera agradecerle lo que ha hecho por mi tío Jim. Sufrió terribles altibajos, pero usted lo trató como a un ser humano y se lo agradezco».

George Herbert Walker Bush deseaba la Casa Blanca más que cualquier otra cosa en el mundo. «Quiero decir, a ver, ¿acaso, esto, no ha soñado todo el mundo alguna vez en llegar a ser presidente?», le preguntó a un periodista de *Women's Wear Daily*. No tenía mayor propósito que su ferviente deseo de convertirse en presidente de Estados Unidos. En 1979 ya había llegado a creerse merecedor de tal honor y su esposa estaba de acuerdo, por lo que decidieron dedicarse en cuerpo y alma a perseguir dicho objetivo. Barbara sacó la lista de las felicitaciones navideñas, que ya sumaba ocho mil quinientos nombres, y George sacó su tarjetero giratorio del Comité Nacional Republicano, y ambos se echaron a la carretera en direcciones opuestas. Durante el siguiente año apenas se vieron. George estaba decidido a seguir la estrategia de Jimmy Carter y hacerse con un nombre ganando las dos primarias importantes en Iowa y New Hampshire. Desde allí, pensaba George, si empleaba todas las horas del día en hacer campaña, todo lo demás vendría rodado.

En la carretera lo acompañaba uno de sus dos ayudantes, o bien el joven amigo de Jeb, David «Batesy» Bates, o bien Cody Shearer, cuya madre había crecido en la casa de enfrente de Barbara en Rye, Nueva York.

«Batesy y yo éramos como sus hijos adoptivos —afirmó Cody Shearer—. Corríamos con él, jugábamos al tenis con él y le llevábamos el maletín de ciudad en ciudad durante la campaña.»

En la carrera final hacia la Casa Blanca, George recaudó y gastó veintidós millones de dólares (49,7 millones de dólares en 2004).

Viajó durante 329 días de un mismo año (1978-1979) y recorrió unos cuatrocientos mil kilómetros por cuarenta y dos estados. Hizo campaña con una energía infatigable.

«He cubierto la carrera electoral de muchos candidatos políticos durante los últimos veinticinco años —escribió Roy Reed en *The New York Times*—, pero nunca he conocido a uno, ni siquiera Hubert Humphrey, que se presentara con mayor ardor y determinación.»

«Por Dios, George se puso manos a la obra sin parar —recordaba Shearer—. Mantenía un ritmo endiablado. A veces hacíamos tres o cuatro ciudades en un mismo día. Aunque, claro, nos concentramos en New Hampshire y Iowa. Aquella era la estrategia: si ganas esos dos estados, ganas la candidatura. George se regía según aquello. Se pasó todo 1978 viajando para levantar la organización y 1979 haciendo campaña ... Recuerdo que estábamos en un hotel en no sé dónde. Su habitación estaba junto a la mía y había un grupo de chicas en la habitación de enfrente armando un follón de mil demonios, bailando, golpeando las paredes y con la música muy alta. Alrededor de medianoche, oí que George se levantaba y abría la puerta de par en par, así que me levanté para ver lo que pasaba. George está ahí plantado con su pijama con sus iniciales bordadas. Golpea la puerta de las chicas y les dice que se callen, que está intentando dormir. Las chicas, claro está, no saben quién es. Le sugiero que tal vez deberíamos unirnos a la fiesta. "No, no, no", dice George. "Tengo que estar centrado. Tengo que estar centrado. Tengo que madrugar. Tengo que estrechar manos." Entonces regresa a su habitación sin hacer ruido con su pijama de iniciales bordadas.»

El ritmo desenfrenado de Bush dejó sin aliento incluso a los periodistas.

—¿Cuánto tiempo va a estar fuera haciendo campaña? —le preguntó uno de ellos.

—Hasta que se me acaben los calzoncillos —contestó George.

Los hombres le miraron perplejos.

—¿Acaba de decir... calzoncillos? —preguntó el periodista de *The Baltimore Sun*.

David Remnick escribió más adelante en *Esquire*: «Los problemas de estilo [de Bush] son conocidos entre algunos corresponsales como "el factor pequeñín"».

Algunos periodistas se preguntaron por qué George aleteaba con tanto ahínco por una candidatura que parecía estar predestinada a Ronald Reagan, gobernador de California durante dos mandatos, quien había estado haciendo campaña desde que había perdido en 1976 a favor de Jerry Ford. Sin embargo, George consideraba que el anciano Reagan, de sesenta y ocho años, era un viejo chocho. Le comentó a un ayudante: «Lo de la edad va a tumbarlo».

Para asegurarse de que así fuera, George rodó anuncios televisivos en los que aparecía haciendo deporte. El mensaje no tan subliminal era: los cincuentones vitales no se caen de la silla. Su equipo de relaciones públicas trató de asegurarse de que siempre fuera presentado como «un hombre en su plenitud física, un hombre para los ochenta».

George veía la política a través del estrecho prisma de su situación privilegiada y, de cuando en cuando, no conseguía ver más allá de su concienciación de legitimidad. Era tan estrecho de miras que no le cabía imaginar que un actor de Hollywood financiado por acérrimos derechistas acaudalados pudiera llegar a convertirse en presidente de Estados Unidos. Puesto que George no comprendió que la mayor baza de un presidente es su capacidad de comunicación, desestimó el peso verdadero de Ronald Reagan. A diferencia de Bush, quien contaba con contactos internos, un sentido sobredimensionado de su destino político y una fe ciega en su concienciación de legitimidad, Reagan tenía un mensaje que supo transmitir con maestría. También él gozaba de seguidores devotos forjados en sus años en la carretera como portavoz de la General Electric.

Sin embargo, George Bush infravaloró a Reagan por completo. Bush creía que el hombre al que tenía que batir era John Connally, gobernador de Texas durante tres mandatos, quien se había hecho republicano después de que Nixon lo nombrara secretario del Tesoro. George y su director de campaña, James A. Baker III, no hicieron esfuerzo alguno para ocultar su aversión a Connally, un pobre chico texano que se había abierto camino en la vida con su sudor. Bush y Baker miraban a Connally con presunción por encima del hombro y lo trataban de nuevo rico. Consideraban que el antiguo gobernador de Texas no pertenecía a su clase y no era merecedor de su prestigio social.

«Lo odiaban», aseguró David Keene, asesor político que más tarde se convertiría en el presidente de la Unión Conservadora Estadounidense.

—¿Sabes?, tu problema es que te revienta que John ganara la cancha de tenis que tú querías —le dijo Keene a George.

—Tú no me entiendes, ¿verdad? —contestó George.

—¿Qué quieres decir?

—Ninguno de los clubes a los que pertenezco aceptaría a John Connally.

La crítica más dura en cuanto a salir de la pobreza y convertirse en millonario siempre la esgrimen los ricos que jamás han conocido estrechez alguna, solo los pijamas con sus iniciales bordadas.

Para aquellos estudiosos del abismo entre las clases sociales de Estados Unidos, la campaña de 1980 resulta instructiva pues dos hijos dinásticos decidieron retar a los cabeza de lista de su partido, y estos dos presuntos herederos basaban sus candidaturas solo en su concienciación de legitimidad. El senador demócrata Edward M. Kennedy, de Massachusetts, decidió asumir la titularidad del cargo sin idea alguna de lo que podría aportar a dicho cargo más allá de su ilustre nombre. Cuando Roger Mudd le preguntó a Kennedy por qué quería ser presidente, este no supo qué contestar. Tartamudeó durante unos embarazosos segundos antes de murmurar algo sobre el servicio a la comunidad.

George Bush hizo casi lo mismo cuando se le preguntó por qué debería ser elegido para el mayor cargo público del país.

«No es un trabajo. Es… un… un… reto. Soy un idealista. Me siento impulsado… Me siento impulsado a contribuir en algo.»

Ambos se describieron como patricios desinteresados con el único objetivo de servir al bien común por encima de los repugnantes políticos interesados en el poder. Ninguno de los dos supo exponer la razón por la que se presentaban salvo su repulsa visceral hacia Jimmy Carter. Los descendientes de las dinastías familiares de los Bush y los Kennedy creían ser más merecedores de la Casa Blanca por ser quienes eran que los hombres de menor alcurnia en los que se reflejaba el pueblo estadounidense.

George reverenciaba tanto pertenecer a aquel círculo que no conseguía tolerar el orgullo de Carter por ser una persona de fuera. «Mi tesis es que Estados Unidos no volverá a elegir a una persona totalmente desvinculada de los asuntos exteriores, totalmente contraria a Washington y a su funcionamiento», aseguró en 1979. Su hijo, George W. Bush, echaría abajo dicha declaración en el año 2000.

En enero de 1980, los diecisiete viajes de George a Iowa al fin empezaron a dar su fruto pues Reagan comenzó a tambalearse en las encuestas. Reagan estaba tan seguro de conseguir el estado que ni siquiera se había preocupado de hacer campaña en este. George, por su lado, se había ganado un millar de voluntarios puerta a puerta. Su mujer, sus cinco hijos y él visitaron los noventa y nueve condados de Iowa y estrecharon tantas manos como les fue posible al menos en una ocasión. El 21 de enero, George tomó la delantera a las predicciones de todo el mundo y ganó los *caucus* (asambleas locales) demócratas. La campaña de Reagan se tambaleaba y la prensa política se animó. De repente «¿George qué?» fue la portada de *Newsweek*.

«Hemos ganado impulso —alardeó George—. Hemos cogido carrerilla ... Ahora no habrá nada que me detenga ... Hemos cogido carrerilla.»

De nuevo los periodistas se rascaron la cabeza.

George continuó confundiendo a la prensa con estrafalarias frases de adolescente como «Tension City», «menuda cagada» y «caérsele el pelo». Otras expresiones fragmentadas necesitarían de un glosario. «Hoy tocaba Vic Damone» significaba haber ganado en el campo de golf. Los «países pequeñines» eran pequeños países problemáticos, «los Pequeñines» eran sus nietos y la publicidad negativa sobre la campaña eran «paparruchas». Despachaba preguntas molestas sobre sus meteduras de pata con un «Basta de encontrarle defectos a todo, alegre esa cara, hombre».

Mientras la prensa se devanaba los sesos para descifrar la sintaxis fragmentada, al mismo tiempo trataba de comprender su política e imaginar qué era lo que defendía.

—¿Cómo se definiría ideológicamente? ¿Moderado o conservador? —le preguntó un periodista.

—No me gustaría que me consideraran ninguna de las dos cosas —contestó George, quien quería ser todo a la vez para todo el mundo.

—Bueno, ¿qué le gustaría que le consideraran? No puede ser las dos cosas.

—¿Y usted qué sabe?

El periodista insistió.

—Bueno, ¿le gustaría que lo consideraran conservador moderado?

Bush vaciló.

—Sí —contestó. A continuación, rectificó—. No. Moderado conservador sería mejor.

Barry Bearak escribió para *Los Angeles Times* que entrevistar a George Bush era como bailar sin tocarse.

Al final, la prensa obligó a George a definir claramente su posición, que en gran parte chocaba de pleno con la de Ronald Reagan. Bush dijo que estaba a favor de la Enmienda por la Igualdad de Derechos, pero se opuso a una enmienda sobre la sentencia del caso Roe contra Wade para la ilegalización del aborto. También se opuso a la obtención de licencia y el registro de las armas de fuego.

«Oh, por Dios, vaya si se opuso a eso —dijo Cody Shearer—. Estuvo refunfuñando durante tres días enteros cuando se vio obligado a ir hasta Washington para registrar las pistolas que tenía en casa. "Indignante", dijo. "En Texas no tenemos que hacer estas cosas."»

George se jactó de haber «cogido carrerilla» durante treinta y seis días mientras emprendía la carrera final hacia las primarias de New Hampshire. Sin embargo, el periódico más importante del estado ya había puesto al hombre en su punto de mira por aquello de «coger carrerilla». William Loeb, editor del *Manchester Union Leader*, era un acérrimo reaganista, y sus editoriales despellejaban a Bush tildándolo de «niñito rico al que hay que darle de comer» y «un liberal incompetente disfrazado de conservador».

La frugalidad del «niñito rico al que hay que darle de comer» pronto lo hizo tambalearse. Cuando el periódico local de Nashua acordó auspiciar un debate cara a cara entre los dos candidatos, Bush y Reagan, la Comisión Federal de Comunicaciones falló que el auspicio del periódico constituía una contribución ilegal a la campaña. La campaña de Reagan invitó a la de Bush a compartir el coste, pero Bush se negó, así que Reagan puso sobre la mesa los tres mil quinientos dólares y, puesto que era el que corría con los gastos, trató de cambiar las reglas del juego al invitar a otros candidatos a participar.

La noche del debate, y según las normas, solo había dos sillas colocadas en el escenario, por lo que George estaba empezando a tomar asiento cuando el senador republicano Gordon Humphrey, de New Hampshire, le pidió que se uniera a los demás candidatos. George se negó.

—Esas no eran las reglas —protestó.

—Muy bien, pero los demás ya están aquí, y si no vienes estás haciendo un mal servicio a la unidad del partido.

—No me hables de la unidad del Partido Republicano —le soltó George—. Yo he hecho más por el partido de lo que tú harás en la vida. He trabajado muy duro para esto y esos no me lo van a quitar.

George se abrió camino hasta el escenario y tomó asiento. A aquello le siguió una media hora de confusión mientras Ronald Reagan seguía con los demás candidatos, quienes discutían con los encargados del debate para que se les permitiera participar. Al final, Nancy Reagan obligó a su marido a subir al escenario. Reagan caminó por el pasillo seguido del senador Bob Dole, de Kansas; el senador Howard Baker, de Tennessee; el representante John Anderson, de Illinois y el representante Phil Crane, de Illinois. La indisciplinada concurrencia, dos mil espectadores, rugió que ya estaba preparada para el gran acontecimiento.

—Traedles sillas —gritó una mujer.

Reagan se acercó al micro para explicar la situación a los allí reunidos.

El moderador, Jon L. Breen, partidario de Bush, le gritó al técnico:

—Apague el micrófono del señor Reagan.

Pero Reagan agarró el micro y con él la candidatura republicana para presidente.

—Este micrófono lo he pagado yo, señor Green —exclamó airado, pronunciando mal el apellido del moderador.

La multitud, azuzada por los gladiadores, gritaba y pataleaba en señal de aprobación al tiempo que Reagan aprovechaba lo melodramático del momento. George estaba sentado sobre el escenario como un pequeño mequetrefe, inquieto y mirando hacia delante como si todo el caos que le rodeaba no tuviera nada que ver con él. «Parecía un niño pequeño al que hubieran dejado en la fiesta de cumpleaños equivocada», escribió William Loeb. Ronald Reagan coincidió. Le comentó a un ayudante que a George le faltaban «agallas».

El moderador insistió en que los demás candidatos dejaran el estrado para que el debate pudiera iniciarse. Después de saludar con la mano a la multitud, los Cuatro de Nashua se fueron para ofrecer despechadas ruedas de prensa, en las que todos acusaron a Bush de haberles hecho el vacío injustamente y de temer un encuentro frontal con ellos.

El debate que tuvo lugar a continuación fue decepcionante en comparación con el arrollador triunfo de Reagan de unos minutos antes. Comparado con Reagan, George dio la impresión de ser tan débil y tener tan poco carácter que los estrategas de su campaña le recomendaron que se fuera del estado a primera hora y que les dejara intentar salvar el último día de campaña. Horas después, los espectadores de la televisión de Hampshire vieron a Bush haciendo footing bajo el sol de Texas, mientras Reagan, a la sazón de sesenta y nueve años, soportaba el viento gélido de New Hampshire mientras estrechaba la mano de los habitantes de la localidad.

La carrera electoral de George hacia las primarias había estado muy igualada con Reagan, pero el 25 de febrero de 1980, Reagan lo derrotó de forma aplastante con un 49 por ciento frente a un 23 por ciento de los votos, volviendo a situarse con facilidad en la cabeza de la carrera.

—Ha sido ese maldito debate de Nashua, ¿verdad? —preguntó George a Pete Teeley, su secretario de prensa.

—La buena noticia es que nadie ha prestado atención al debate —respondió Teeley—. La mala es que también has perdido en ese frente.

No obstante, George tenía suficiente resistencia para ganar las primarias en Massachusetts, Connecticut, Pensilvania y Michigan. En cada uno de estos estados se volvió cada vez más crítico con Reagan, metiéndose con la edad del gobernador y con su falta de experiencia. «Puede que haya un orador mejor que yo por ahí, pero no hay nadie que tenga mi cúmulo de experiencia —alardeaba

George—. Me siento como un joven de treinta y cinco años y estoy listo para ir a la carga.» Mientras tanto fue protagonista de unos cuantos titulares al declarar que la propuesta de Reagan de reducir los impuestos sin reducir el gasto del gobierno era «economía de vudú». Esa frase ideada por Pete Teeley se repitió hasta el hartazgo. Más tarde, George negó haberla dicho. Incluso cuando le mostraron una grabación de vídeo de su discurso en la Universidad de Carnegie Mellon en Pittsburgh del 10 de abril de 1980, en el que calificaba la política sugerida por Reagan como práctica de vudú, siguió negándolo.

En todas las paradas, George pregonaba a los cuatro vientos su currículo como si sus nombramientos presidenciales lo hubieran imbuido de una experiencia con la que nadie podía competir. En realidad, esos nombramientos, cada uno de los cuales duró un año más o menos, no eran más que una mera muestra de la amabilidad de sus mentores. George era un protegido profesional que se dedicaba a lustrar con la lengua las botas del rey, y ya fuera el rey Nixon o Ford, George recibía su justa recompensa. Su lista de nombramientos resultaba tan deslumbrante que nadie se atrevía a poner en duda si había conseguido algo en sus diversos cargos. El mero hecho de haber recibido los nombramientos parecía suficiente, aunque al analizar su currículo este resultaba mucho más impresionante que sus verdaderos logros. El comentarista conservador John Podhoretz despreció a George como un simple secretario glorificado.

«Como embajador de las Naciones Unidas, su labor no ha sido en absoluto memorable. Ha sido un embajador sin rostro ni fuerza en China, [y] un vacilante director de la Agencia Central de Inteligencia», escribió Podhoretz en su libro *Hell of a Ride*.

Los registros demuestran que como embajador de las Naciones Unidas, George no paraba de socializar y de hacer amigos, aunque no obtuvo ningún logro significativo en política exterior, sobre todo con respecto a China, el tema principal de la época. Nixon y Kissinger tomaron todas las decisiones políticas importantes y rara vez se molestaron en informar a Bush, quien admitió que tenía que leer *The New York Times* para enterarse de qué estaba ocurriendo.

Como presidente del Comité Nacional Republicano, George

viajaba por el país para reunirse con potentados del partido mientras apoyaba al presidente en el escándalo Watergate y al mismo tiempo intentaba conseguir votos para los republicanos. Hasta cierto punto salió airoso en lo primero —su apoyo al presidente fue inquebrantable hasta el final, aunque el caso Watergate acabó hundiendo a Nixon—, pero fracasó estrepitosamente en lo segundo. Poco después del día de las elecciones de 1973, George escribió en su diario: «Ahora mismo, después de las elecciones de noviembre, circulan muchos comentarios de que el Partido Republicano está acabado, que nos dirigimos al desastre».

Seis semanas después de que Bush dejara el Comité Nacional Republicano, los republicanos perdieron cuarenta y ocho escaños en la Cámara de Representantes y cuatro en el Senado en las elecciones de 1974.

Como director de la misión de Estados Unidos en Pekín, George jugó mucho al tenis y no dejó de entretenerse. «Lo único que tenía que hacer [Bush] era defender el fuerte —declaró el consejero político de la misión—. Iba a todas las fiestas ofrecidas por las otras misiones … Eso se le daba de maravilla. ¡De maravilla!»

Como director de la Agencia Central de Inteligencia, George se comportó como el benigno custodio que no causaba problemas, lo que era un alivio para todos los que trabajaban allí. A diferencia de su predecesor, William Colby, George no alborotaba. Por esa razón, recibió un gran apoyo por parte de la agencia cuando se presentó a presidente. La agrupación Agentes secretos por Bush recaudó miles de dólares para George en el momento inicial de las primarias.

En mayo de 1980, Texas celebró sus primeras elecciones primarias presidenciales, y los dos candidatos republicanos que iban en cabeza debatieron en televisión desde ubicaciones distintas. No obstante, el hijo pródigo de Houston volvió a las andadas. «Simplemente se derrumba ante la presión», dijo Reagan de Bush, quien sufrió una humillante derrota en las primarias. Perdió su propio estado frente a Reagan y ese fue el golpe de gracia para su carrera. A esas alturas, la campaña de Bush se había quedado sin presupuesto ni ímpetu, y Jim Baker quería tirar la toalla, pero George era como un boxeador borracho. No quería abandonar.

«Jim Baker se encontraba junto a él —recordaba Susan King,

antigua periodista televisiva que en la actualidad trabaja en la Carnegie Corporation de Nueva York—. Bush y él tienen una relación complicada porque son amigos íntimos. Baker le dijo que debía retirarse para tener la oportunidad de convertirse en el vicepresidente de Reagan. Si no se retiraba, provocaría tanta división que fragmentaría el partido y seguramente Jimmy Carter saldría reelegido. George no le escuchó. Quería seguir adelante hasta las primarias de California, lo cual era una completa locura, porque la campaña estaba acabada, pero George estaba decidido y su esposa e hijos lo presionaron para que no abandonase. Así que cuando Bush estaba en camino, Baker convocó una rueda de prensa y nos dijo a todos que el tiempo de George como candidato a la presidencia se había terminado. Baker replegó las tropas y las condujo de vuelta a casa, obligando a Bush a darse por vencido.»

George regresó renqueante a Texas y pasó la semana lamiéndose las heridas. Luego hizo números: tenía cuatrocientos delegados; Ronald Reagan tenía más de mil; solo se necesitaban 998 para la candidatura. A regañadientes, Bush aprobó el borrador del discurso de aceptación de la derrota redactado por Baker y el lunes por la mañana accedió a retirarse de la carrera oficialmente. Envió un telegrama de felicitación a Reagan y se comprometió a «apoyarlo de todo corazón en un partido unido este otoño para derrotar a Jimmy Carter».

En el momento de la convención de julio, George había dejado a sus representantes bajo el mando de Reagan y se sentía con potestad para ser considerado compañero de candidatura del futuro presidente. George había sido vencido tres veces desde 1968, una vez por Nixon y dos veces por Ford, y ahora lo único que quería era estar en la carrera electoral con Ronald Reagan. «Si esto no sale bien —le dijo al periodista Michael Kramer—, voy a ser el tío más cabreado del mundo.»

El único problema era que Reagan no quería a George como compañero de candidatura. No le gustaba como persona y no le tenía ninguna consideración desde el punto de vista político. Además de eso, Nancy Reagan no podía ni verlo. Sin embargo, los sondeos electorales de Reagan demostraban que Bush ayudaría a unificar el partido.

«Recuerdo haber viajado en avión con Reagan desde Los Ángeles de vuelta a la convención [en Detroit] —rememoraba el asesor político Stuart K. Spencer—. Estábamos manteniendo una conversación cuando él sacó el tema de George Bush. Seguía enfadado por lo que Bush había dicho de él en las primarias. En cualquier caso, yo escuché y escuché con paciencia, y al final él dejó de quejarse de Bush y dijo: "¿Tú qué opinas?". Yo me reí y contesté: "Creo que vas a escoger a George Bush". Él preguntó: "¿Y eso por qué?". Y yo le respondí: "Porque estás volviendo a una convención que te ha limitado a un contexto muy de derechas y ese tipo tiene reputación de moderado, por eso".»

Reagan habría preferido mucho más compartir la lista con el antiguo presidente Jerry Ford y durante unas horas se intentó que esa fuera la candidatura, la estaban negociando entre bambalinas Ed Meese, en nombre Reagan, y Henry Kissinger, en nombre de Ford. Ford lo pedía todo menos los derechos de la Sala Lincoln y ser recibido con el *Hail to the Chief*. Durante la convención, Walter Cronkite entrevistó a Ford sobre la asombrosa propuesta de que un antiguo presidente se presentase a vicepresidente. A medida que avanzaba la entrevista, Ford describió su papel como uno de igual responsabilidad que el del presidente, por el que tendría jurisdicción sobre el Consejo de Seguridad Nacional y la Oficina de Gestión y Presupuesto.

Mientras veía la entrevista en su habitación de hotel, Reagan saltó del sofá y señaló con el dedo la pantalla del televisor.

«¿Has escuchado lo que ha dicho sobre su papel? —le preguntó al encuestador encargado de sus sondeos electorales, Richard Wirthlin—. Parece como si quisiera ser copresidente.» Reagan le dijo a Ed Meese que cortase de inmediato las negociaciones.

Pasadas unas horas, Ford fue a la habitación de Reagan vestido con un blazer azul marino y pantalones de sport grises. Ambos se dirigieron a una sala privada, donde mantuvieron una conversación: Ford dijo que no le parecía interesante convertirse en vicepresidente, pero que colaboraría de cualquier otra forma para que Reagan saliese elegido y derrotara a Jimmy Carter.

No obstante, Reagan no quería escoger a Bush, quien también

había visto la entrevista de Cronkite y ya había imaginado lo peor: una candidatura conjunta de Reagan y Ford. «Iba de aquí para allá por el vestíbulo de la decimonovena planta con sus chinos color caqui y un polo rojo —informó Michael Kramer—. Se estaba tomando una cerveza Stroh y yo era el único que lo acompañaba … El trato se había zanjado: Ford iba a ser "copresidente", aunque nadie supiera qué significaba eso.»

—Es la segunda vez que Ford te la juega, ¿verdad? —preguntó Kramer.

Ablandado por el efecto de un par de cervezas, George sonrió.

—Sí —respondió—. Tienes razón. Pero, bueno, ya sabes, esto me hace fuerte.

Reagan deseaba convertir a su buen amigo Paul Laxalt, senador de Nevada, en su compañero de lista, pero los estrategas de su campaña se opusieron.

«¿Por qué no puedo escoger a alguien que me guste?», preguntó Reagan lastimeramente. Sus ayudantes le explicaron que un alma gemela en el plano ideológico no sería beneficiosa para la candidatura, y los vínculos de Laxalt con los propietarios de casinos en Las Vegas podrían resultar problemáticos. Bush era la alternativa más lógica, según decían, pero Reagan se resistía, porque recordaba lo ocurrido en New Hampshire.

«Me preocupa un hombre que se queda paralizado ante la presión —afirmó—. George se quedó paralizado esa noche. Eso me tiene obsesionado.»

Lo consultó con su jefe de sondeos, y una vez más el consenso general era Bush. Reagan llamó a Stuart Spencer.

—¿Sigues teniendo la misma opinión sobre Bush?

—Sí, nada ha cambiado.

Reagan hizo una mueca y asintió mirando el teléfono. Hizo una llamada a la habitación de Bush, respondió Jim Baker, quien pasó el aparato a George mientras Barbara echaba a toda prisa a los ocupantes de la habitación.

—George, me parece que [de todos los candidatos] el tipo que se ha acercado más y ha conseguido más votos para presidente tendría que ser la alternativa lógica para la vicepresidencia —dijo Reagan—. ¿Lo aceptarías?

George saltó de alegría al escuchar la oferta.

«No dudó ni por un segundo», escribiría Reagan en sus memorias.

El caricaturista Pat Oliphant capturó la esencia de la noche al mostrar a Reagan, con un enorme tupé, hablando con Ford, quien estaba sacando unos palos de su bolsa de golf: «Bueno —dice Reagan—, supongo que es mi cruz... A pesar de todo, entiende el papel de vicepresidente».

Tirado en el suelo con los brazos rodeando los pies de Reagan y con la cara pegada al suelo está George Bush, sollozando: «Lo acepto, lo acepto».

Cuando Reagan anunció su decisión en la convención, todo el mundo aplaudió, con la salvedad exclusiva de su mujer, Nancy, que estaba junto a él en el atril. Odiaba la idea de que George Bush se presentase junto a su marido y no pudo contener las lágrimas. *The Washington Post* informó: «Parecía una niñita que acabara de perder su muñeca de trapo. Estaba triste, disgustada, casi abatida».

Al día siguiente los Reagan y los Bush hicieron aparición en una rueda de prensa, que Mary McGrory describió en el *Washington Star* como violenta para todos los presentes. «El nuevo cuarteto parecía el grupo de padres de la novia y del novio, que están decididos a poner buena cara en un matrimonio de conveniencia.»

George reprendió a la prensa por preguntar sobre sus diferencias políticas del pasado con Reagan. «No voy a dejar que me agobien toda la vida por ese tipo de cosas», respondió acaloradamente. Para subrayar lo dicho, retiró su apoyo a la Enmienda por la Igualdad de Derechos, cambió radicalmente su postura sobre el aborto, modificó su opinión sobre el programa de transporte escolar para la integración racial y se proclamó a favor de la oración en la escuela, todo lo cual probaba que era un hombre con espíritu de vicepresidente.

George y Barbara hicieron campaña sin descanso para la candidatura, cantando las alabanzas de los Reagan en cada parada.

«Creo que Nancy posee una belleza arrebatadora —comentó Barbara con efusión—. Cuando estábamos con ellos, apenas podía quitarle los ojos de encima.»

«Ronald Reagan es un hombre de principios —afirmó George—. Será una fuerza estabilizadora para Estados Unidos.»

Incluso los hijos de Bush siguieron la corriente. «Mi padre es como Reagan —declaró el joven George W. a la prensa—. Es simpático ... es fuerte y me maravilla. Él [Reagan] no es un tipo estirado. No es un paranoico. Es un hombre razonable e inteligente.»

Como compañero de candidatura de Reagan, Bush atacó a Carter por la creciente inflación, la escasez de gasolina que recordaba a los estadounidenses su dependencia del petróleo extranjero y la persistente crisis de los rehenes en Irán, donde cincuenta y dos estadounidenses permanecían retenidos en cautividad desde el 4 de noviembre de 1979. Bush advirtió del mal agüero de una «Sorpresa de octubre», especulación por la que sugería que Carter podría hacer un trato con Irán para conseguir que los rehenes volvieran a casa antes de las elecciones. Después de los comicios, los partidarios de Carter acusaron a los reaganistas de realizar un pacto secreto con los iraníes para no liberar a los rehenes antes de las elecciones. Carter creía que Reagan había prometido a cambio retomar la venta de armamento estadounidense a Irán. La veracidad de esta «Sorpresa de octubre» jamás ha sido probada, pero el antiguo director de la CIA con Carter, Standfield Turner, estaba convencido de que ocurrió así.

«No me cabe ninguna duda —dijo el secretario de prensa de la Casa Blanca durante la administración Carter, Jody Powell—. Mi teoría es que la campaña de Reagan fue una tentativa de acercamiento a Irán en relación con la liberación de los rehenes; cerraron un trato. No lo sé con certeza, pero podría apostar mi vida a que fue así.»

El día de las elecciones, el 4 de noviembre de 1980, los rehenes no habían sido liberados y los estadounidenses se habían hartado de permanecer sentados con impotencia delante de sus televisores mirando cómo los chiíes prendían fuego a su bandera.

«Creo que la política exterior de la administración contribuyó a generar toda esta situación —afirmó Reagan—. Y creo que el hecho de que los rehenes hayan sido retenidos allí durante tanto tiempo constituye una humillación y una desgracia para este país.»

El pueblo estadounidense compartía esta opinión y la victoria arrolladora que le concedieron a Reagan, en consecuencia, fue pasmosa. Ganó en cuarenta y cuatro de los cincuenta estados, y con-

siguió más votos (43.901.812) que Carter (35.483.820) y el Partido Independiente, representado por John Anderson, (5.719.722),
juntos. Las elecciones podían darse por acabadas varias horas antes de que las urnas se cerraran en California, pero Reagan se mostraba reacio a declararse victorioso. «Soy demasiado supersticioso»,
comentó. En Texas, George Bush estaba exultante. «La candidatura ha entrado en las urnas como una seda.»

Esa fue la última vez en años que George alardearía en público.
Después de las elecciones hizo un esfuerzo coordinado por convertirse en el perfecto vicepresidente: leal, humilde, incluso lisonjero.
Era un papel natural para alguien que luchaba por satisfacer a sus
benefactores y que había desempeñado una función similar con frecuencia en el pasado. Dio instrucciones a los miembros de su personal de que le siguieran la corriente y jamás se enfrentaran al personal
del presidente. George estaba tan decidido a ser deferente que incluso afirmó haber escogido un personal «débil» para el primer período y no entrar así en competencia con el del presidente. También
ordenó a Barbara que nunca compitiera con Nancy.

Su obsesión por mantenerse en un segundo plano llegó a influir
incluso en su forma de vestir. Cuando fue a comprarse un traje a
Arthur Adler, una tienda de ropa para hombres, antes de la investidura de 1981, un vendedor recordó que el vicepresidente electo
estuvo mirando los muestrarios de Southwick y que meditó sobre
una tela de cuadros escoceses de color beige.

—No sé —comentó George—, no parece de vicepresidente.

—No, parece más bien de presidente —comentó el vendedor.

George dejó la muestra y escogió algo menos atractivo.

A través de Jim Baker, que había sido nombrado jefe de personal de la Casa Blanca porque Nancy Reagan estaba muy impresionada por su delicado comportamiento, Bush fue capaz de negociar
las mismas prerrogativas que el vicepresidente Walter Mondale había presentado durante la administración de Jimmy Carter: acceso
al Despacho Oval, su propio despacho en el Ala Oeste, información
de los servicios secretos y un almuerzo semanal con el presidente.

«Recuerdo cuando Bush trajo a sus secretarias a ver su nuevo
despacho —comentó Kathleen Lay Ambrose, ayudante del vicepresidente Mondale—. Estábamos revolucionados porque todas lleva-

ban abrigos de visón. Eso llamaba mucho la atención en 1981. ¡Secretarias con abrigo de visón! Jennifer Fitzgerald llevaba el mejor de los abrigos y supusimos que se debía a que ella era... bueno... ya sabe... la amante de Bush... ¿Que cómo lo sabíamos? Bueno, saberlo, saberlo... no sabíamos si se acostaban, pero su relación era un hecho reconocido entre los políticos del momento, aunque era algo que se llevaba en secreto y discretamente, y que no estaba al alcance de las fuentes oficiales.»

Jennifer había vuelto con Bush. Jim Baker había amenazado con no dirigir la campaña de 1980 si tenía que tratar «con esa mujer imposible», así que George había mantenido a Jennifer al margen durante la campaña, aunque le pagaba un sueldo de su bolsillo. Después de las elecciones, George insistió en que regresase y fuera parte del personal presidencial.

«Jennifer era su confidente más íntima, para gran consternación de muchos de sus mejores amigos —recordaba el asesor político Ed Rollins—. El único tipo capaz de mirar directamente a los ojos a Bush y hablar de Jennifer era Jim Baker.»

Fitzgerald regresó más poderosa que nunca y pronto se enfrentó al ayudante más importante de Bush, Rich Bond, quien se quedó tan frustrado que advirtió al vicepresidente que tendría que marcharse a menos que ella se controlase.

«Jim Baker ya me había hecho decidir entre esas dos alternativas antes —declaró Bush— y yo tomé la decisión equivocada.»

Bond no tuvo más alternativa que dimitir.

En unas semanas, los escarceos extramatrimoniales del vicepresidente llegaron a oídos de Nancy Reagan, y ella relató con regocijo todos los detalles jugosos. Cuando George supo que la esposa del presidente «se dedicaba a propagar los rumores», escribió en su diario: «Sabía que no era santo de la devoción de Nancy, pero eso es algo inevitable. Lo siento por ella, aunque lo siento sobre todo por el presidente Reagan».

Lo que llegó a conocerse como la historia de «George y su novia» ocurrió el 18 de marzo de 1981, cuando algunos de los amigos íntimos de Reagan estaban cenando en Le Lion d'Or en Washington. Aunque nadie conocía el nombre de su novia, a Nancy le habían contado todos los detalles más jugosos esa mañana.

«De pronto se produjo un gran revuelo cuando los encargados de seguridad que acompañaban al secretario de Estado [Alexander Haig] y al fiscal general [William French Smith] se reunieron en nuestra mesa —recordó uno de los cinco invitados a la cena—. Empezaron a parlotear por sus radiotransmisores y luego susurraron algo a Haig y Smith, quienes se levantaron de un salto y salieron del restaurante. Los dos hombres regresaron unos cuarenta y cinco minutos más tarde, partiéndose de risa. Dijeron que habían tenido que liberar bajo fianza a George Bush, quien había sufrido un accidente de tráfico con su novia. Bush había querido que el incidente no quedara registrado en los archivos policiales, así que hizo que sus encargados de seguridad se pusieran en contacto con Haig y Smith. Ellos se ocuparon de todo por él y luego regresaron a cenar.»

Nancy propagó el rumor sobre «George y su novia», pero solo entre sus colegas más próximos, no lo bastante para mancillar la imagen pública del vicepresidente como el tipo más bueno del mundo y el padre de familia más devoto. «Si el accidente hubiera llegado a los archivos policiales, seguramente habríamos informado de ello —confirmó Michael Kernan, antiguo editor de The Washington Post—. Pero si se trataba simplemente de que George Bush estaba con otra mujer, no habríamos utilizado la información … entonces.

»Recuerdo una ocasión después de aquello en la que Bush estaba visitando a una mujer a altas horas de la noche cerca de la embajada china, en Connecticut Avenue, y se declaró un incendio. El departamento de bomberos de Washington acudió al lugar, pero el servicio secreto de Bush no quiso dejar entrar a los bomberos al edificio hasta que hubieron sacado al vicepresidente por la puerta trasera. En el periódico lo sabíamos todos, pero nadie escribió sobre ello en esa época. Había una conspiración de silencio con respecto a los políticos y sus asuntos extramatrimoniales hasta 1987, momento en que pillaron al senador Gary Hart posando con una rubia sentada en su regazo, y él negó tener un lío y desafió a la prensa a que lo siguiera. Ese incidente cambió el código de la prensa en lo relativo al trato de las costumbres mujeriegas de los políticos. Después de aquello, todo el mundo hablaba claro. Pero antes, George, al igual que muchos otros, logró irse de rositas bastantes veces.»

Antes de 1987, George había conseguido mantener sus aventuras con otras mujeres de forma bastante discreta, y aunque Jennifer Fitzgerald era una relación importante, en realidad no fue la única «otra mujer» en su vida. Durante su época en el Comité Nacional Republicano, hubo una mujer de Dakota del Norte, que se había divorciado y se había trasladado a Washington para vivir más cerca de Bush. Durante la campaña de 1980 había mantenido una intensa relación con una joven y atractiva fotógrafa rubia, que trabajaba en una agencia fotográfica que le había encomendado la cobertura de la campaña. Después de las elecciones, George le ofreció un trabajo como su responsable de fotografía, que ella rechazó a causa de su relación.

En la primavera de 1984, el vicepresidente, acompañado por su «ayudante ejecutiva», acudió a las conversaciones sobre desarme nuclear celebradas en Ginebra. Durante el evento, la pareja se registró en habitaciones de hotel distintas. Una noche, un abogado de la Agencia para el Control de Armas y Desarme tenía que entregar unos documentos a Jennifer Fitzgerald. El abogado tocó a la puerta de la señorita Fitzgerald pasada la medianoche y se quedó atónito cuando el vicepresidente Bush salió a abrir en pijama. Después de las conversaciones, el vicepresidente y su ayudante compartieron una casa de campo, el Château de Bellerive, en el lago Ginebra, propiedad del hijo de Aga Khan, Sadruddin, a quien George había conocido cuando el príncipe estaba en las Naciones Unidas.

Muchos años después, Susan B. Trento mencionó el encuentro en su libro The Power House, y se refirió a la incomodidad del embajador de Estados Unidos Louis Fields, a quien el vicepresidente había pedido que lo arreglara todo en abril de 1984 para su cita. En esa época, Barbara Bush estaba promocionando su libro sobre C. Fred, el perro de la familia, y no acompañó a su marido a Ginebra. Fields, importante partidario de Bush y republicano convencido, se quedó helado por la «torpe» petición del vicepresidente.

«No soy un mojigato —comentó Fields—, pero conozco a Barbara y me gusta.»

«No habló para denigrar a Bush —recordaba Joe Trento, marido de la autora y antiguo periodista, que había hablado largo y tendido con Fields—. Dijo que era evidente que ellos [Bush y Fitzgerald] estaban teniendo algún tipo de relación por la forma en que se trataba el asunto y el trato que se dispensaban entre sí ... Él [Fields] temía que se pudiera convertir en noticia y ponerlo [a Bush] en peligro.»

Fields murió en 1988 y el libro de Susan Trento no se publicó hasta 1992. Cuando los periodistas intentaron preguntar a Bush sobre las acusaciones, él se negó a responder. «No voy a aceptar las preguntas sórdidas —respondió de golpe—. Está perpetuando la sordidez con el simple hecho de hacer esa pregunta ... Tendría que avergonzarse de sí mismo... debilitar el proceso político ... apelando al interés por lo lascivo.»

Como siempre, Barbara Bush apoyó a su marido con suficiente furia por ambos. «Es asqueroso —afirmó—. Es mentira. Es algo despreciable y jamás ha ocurrido.»

Nancy Reagan siempre estuvo convencida de saber la verdad. Tal vez fuera esa la razón por la que George jamás pudo conseguir ganarse su aprecio, pese a su innegable lealtad a Ronald Reagan. Como escribió el buen amigo de Nancy, George F. Will: «El desagradable ruido que emite Bush mientras se patea la ciudad de una reunión conservadora a otra es el débil jadeo de un perro faldero».

Bush jamás perdonó al columnista conservador por su «golpe bajo», y le dijo a Hugh Sidey que cuando Will le escribió una nota para invitarlo a comer, él declinó la oferta. «He pasado por todo lo que una persona puede aguantar, incluso me han ridiculizado, pero no pienso tragar con los ataques personalizados.»

Nancy, al ver al vicepresidente con una actitud tan débil y quejumbrosa, se refirió a él como «llorica» e imitaba sus gestos torpes durante los discursos. Además, se trataba de «la presidencia de Ronnie» y de «la Casa Blanca de Ronnie», y la esposa de Ronnie no estaba lista para compartir nada de eso con alguien que una vez se había burlado de «Ronnie» llamándolo vejestorio tontorrón de Hollywood. La primera dama nunca superó su animosidad hacia los Bush y durante la presidencia de su marido los aisló como si fueran una bacteria maligna. Los invitaba a las comidas del Senado solo porque el Departamento de Estado insistía. No los invitaba a ninguna de las cenas privadas de la Casa Blanca, ni siquiera al glamouroso encuentro con los príncipes de Gales. En contra de todos los dictados del protocolo, Nancy insistió en que la esposa de George Shultz acompañase a Raisa Gorbachov, la mujer del presidente soviético, en una visita a la National Gallery, en lugar de promocionar a Barbara Bush. Durante los ocho años de Reagan en la Casa Blanca, Nancy no invitó a los Bush a comer en las dependencias privadas ni una sola vez, una afrenta que Barbara jamás le perdonó.

«Barbara odiaba a Nancy —recordaba Damaris Carroll, esposa del congresista Joel Pritchard—. Se notaba, sobre todo cuando íbamos a cenar a la casa del vicepresidente … No se notaba en lo que decía ella; esa animosidad se apreciaba en lo que no decía.»

«A Barbara le dolía —declaraba Shelley Bush Jansing, hija de James Smith Bush—. Pero jamás se quejó, ni una sola vez durante sus años en la Casa Blanca … Fue solo después de irse de allí cuando nos dijo lo duro que había sido.»

En público, Barbara intentaba ser tan complaciente como su marido. Ambos hicieron un esfuerzo concertado por evitar la publicidad y ceder siempre el protagonismo a los Reagan.

«Recuerdo que no querían entrar en competencia con la elegante decoración de Nancy —rememoraba Dolly Langdon, que antes trabajaba para la revista *People*—. La revista quería un artículo sobre la residencia del vicepresidente y los Bush no querían hacerlo, pero al final accedieron … Luego, por supuesto, no les gustó lo publicado y se pusieron hechos una furia. Barbara había trabajado con el decorador Mark Hampton, pero en esa época no quería que se supiera … Tiene un estilo… bueno, muy, pero que muy… convencional, así que la casa tenía aspecto de club femenino, no sé si me explico … Barbara es el tipo de mujer que llevará un broche redondo en la solapa y servirá queso velveeta y galletas de soda hasta el día en que se muera, convencida de que es el colmo del buen gusto.»

El gusto de los Bush recibió un varapalo por parte de Edmund Morris, biógrafo del presidente Reagan y ganador del Premio Pulitzer, quien quedó horrorizado cuando vio el regalo que Barbara y George le habían hecho a Reagan por su septuagésimo quinto cumpleaños. Los Bush jamás entendieron por qué el presidente y su

mujer no habían valorado su regalo, un taburete bastante elabora-
do y asombroso.

«Supongo que no siempre nos daban las gracias —le comentó
George al biógrafo—. Le hicimos un regalo precioso cuando cumplió los setenta y cinco, nos tomamos muchas molestias al mandarlo a hacer con las medidas adecuadas, pedimos prestadas sus botas para que quedara perfecto … Se lo enseñaré. Pedimos que nos
hicieran una réplica.»

Bush invitó a Morris al baño del segundo piso, donde el biógrafo se quedó momentáneamente sin habla a causa de la impresión. Más adelante escribió en su diario:

> Era la obra *kitsch* más aterradora que he visto jamás. No de-
> sentonaría para nada en Auschwitz. Allí delante, con botas y es-
> puelas, había unas patas bajas estilo Reina Ana, sujetando, como
> si se tratara de una especie de torso enano, un asiento bordado,
> con el escudo presidencial en el centro. Mientras yo estaba estu-
> pefacto, como tantas veces en otras ocasiones, ante la perversidad
> estética del rico blanco anglosajón y protestante, Bush sacudía la
> cabeza y repetía con el mismo tono dolido: «Ni una palabra de
> agradecimiento».

Poco después de la publicación del artículo en *People,* Barbara
abrió las puertas de la residencia vicepresidencial a una ONG de
Washington. «Un grupo selecto entre nosotros había sido invitado
—recuerda una diseñadora de interiores—. Puesto que yo estaba en
el negocio y la señora Bush acababa de trabajar con Mark Hampton,
pensé que tendríamos algo de lo que hablar.

»Cuando entré al recibidor, le estreché la mano y le dije que era
muy amable por su parte abrirnos las puertas de su casa. Luego le
dediqué unos cumplidos por su residencia. "Soy diseñadora de
interiores, señora Bush, y creo que el trabajo que han hecho aquí
con Mark Hampton es encantador —dije—. Veo muchos objetos con el sello del autor y sus telas estampadas son tan…" Antes
de que hubiera terminado, Barbara Bush se apartó de mí, recuerdo
que parecía una gárgola gigantesca a punto de hacerme trizas.

»"Disculpe", dijo, casi escupiéndome las palabras a la cara
como esquirlas de hielo. "No veo qué puede darle la impresión de

que Mark Hampton haya tenido nada que ver con la decoración de esta casa. Porque yo escogí todos los muebles de esta sala. Yo escogí todas las telas. De hecho, ve ese sofá de ahí, pues..."

»Empezó a señalar diversos objetos de la habitación y a intimidarme con lo que había hecho y con la pregunta de cómo me atrevía a sugerir que no fuera así. Yo me limité a hacerle un cumplido y ella se puso hecha una furia ... Empecé a tartamudear, le agradecí su generosidad e intenté pasar el apuro. Mi marido, que estaba detrás de mí, se sintió humillado e intentó apartarme a toda prisa de ella, pero la señora Bush insistió en arrastrarme cogida por el brazo y continuar su arenga sobre diversas selecciones que había hecho para la sala.

»Entré dando tumbos al salón, donde mis amigos esperaban, y rompí a llorar de inmediato. Me avergonzaba haber sido menospreciada por la mujer del vicepresidente; no sabía qué hacer. Estaba destrozada. Pero cuando pensé en ello más tarde, empecé a ponerme muy nerviosa. ¿Cómo se atrevió? Yo pago mis impuestos y ayudé a pagar la reforma de la casa. ¿Y por qué mintió sobre Mark Hampton? Las fotos sobre su trabajo habían salido publicadas en una revista.»

Barbara se irritaba tanto por el peso de intentar ser amable y permanecer en un discreto segundo plano que algunas veces la presión de desempeñar el papel de segunda dama amable para la formidable primera dama era demasiado, y la explosión resultaba devastadora. Los amigos de la difunta Tamara Strickland, casada con un médico de Washington, recuerdan cómo la esposa del vicepresidente la emprendió contra el programa navideño de la Coral de la Sociedad de las Artes en el Kennedy Center.

«Tamara había invitado a los Bush a sentarse en el palco presidencial esa noche como invitados de honor en la sala de conciertos para disfrutar de una programación encabezada por Leontyne Price —dijo uno de los amigos de Strickland—. La soprano cantó varios villancicos y una hermosa selección del *Mesías* de Händel. *The Washington Post* publicó que el efecto de su encantadora voz fue "una experiencia indescriptible". Todos quedaron cautivados por la velada. Bueno, todos... salvo los Bush, cuya idea de alta cultura es el programa radiofónico de música country *Grand Ole Opry*.

»El programa estaba siendo grabado para la PBS y, por desgracia se produjeron unos cuantos fallos debidos a problemas técnicos y varios inicios y reinicios, puesto que todos se esforzaban por conseguir la interpretación perfecta ... Leontyne Price se mostró muy amable al acceder a interpretar sus canciones todas las veces que se lo solicitaron, pero los Bush se subían por las paredes. Al día siguiente Barbara llamó a Tamara y le cantó las cuarenta. "¿Cómo te atreves a invitarnos a algo y hacernos permanecer allí escuchando esa música espantosa y viendo una representación tan horrible e interminable? Ha sido la peor velada de nuestra vida." Tamara quedó muy afectada. Afirmó que un pinchazo del aguijón de Barbara Bush era como una fuerte dosis de veneno de avispón.»

Barbara Bush arremetía con la fuerza de un ariete y sus frecuentes estallidos de furia causaban muchísima turbación.

«Recuerdo una ocasión en 1984, cuando fuimos a la fiesta de la firma del libro que escribió Barbara sobre C. Fred —dijo Damaris Carroll, en referencia a la primera obra de la mujer de Bush sobre el perro de la familia—. Joel estaba delante de mí y Barbara le echó los brazos al cuello y le plantó un besazo en la cara. Yo estaba detrás de él en la cola, así que empezó a abrazarme con la misma efusividad. Pero en pleno abrazo se retiró. "No la conozco tanto", dijo, me apartó de un empujón y se fue a por otra persona ... Resultó muy cortante.»

Algunas veces, Barbara deja a las personas sin habla de forma natural. «Recuerdo cuando la conocí —rememora Aniko Gaal Schott, una ejecutiva de relaciones públicas de Washington—. Fue cuando él era vicepresidente y nos invitaron a la residencia para una recepción. Llegamos algo pronto, y Barbara apareció y dijo que acababa de estar reunida con todas las esposas de los diplomáticos africanos. "No las he podido distinguir", comentó. Era bastante directa y descarada, y nada remilgada, pero me quedé un tanto estupefacta. Como mujer de diplomático que había pasado muchos años en el Servicio de Exteriores, me sentí sorprendida, asombrada, en realidad, de que ella fuera tan... bueno, tan poco diplomática al referirse a la reunión con un grupo de mujeres africanas y decir que eran todas iguales.»

Incluso con su propia familia, Barbara podía ser muy brusca. «Podía ser una tirana —afirmó su antigua nuera, Sharon Bush, que estuvo casada con Neil durante veintitrés años hasta que se divorciaron en 2003—. Por eso sus chicos la llamaban "Cascanueces" ... Es una verdadera detallista en cuestiones de buenos modales como las notas de agradecimiento, pero puede ser increíblemente mal educada con la gente, incluso cruel.»

Sharon jamás olvidó el día de su boda cuando un fotógrafo del suplemento de un periódico pidió una foto de familia. Barbara, de pie junto a su marido, rodeó a sus hijos. Sharon, descrita por Barbara en sus memorias como «adorable», avanzó con su vestido de novia. «Lo siento —le dijo Barbara—. No te queremos en esta foto.»

La doctora Floretta Dukes McKenzie, antigua superintendente de las escuelas públicas de Washington, experimentó el revés de Barbara cuando acompañó a un grupo de escolares a la residencia vicepresidencial.

«Era una sesión de fotos para la señora Bush, que había adoptado la alfabetización como su nueva causa y estaba intentando hacer publicidad de su relación con la ONG infantil Reading Is Fundamental [La lectura es fundamental]. No obstante, para los niños era una excursión muy especial porque estaban emocionados por ir a una mansión y conocer a la esposa del vicepresidente de Estados Unidos —declaró McKenzie, una de las educadoras de raza negra más importantes del país—. Nos habían adjudicado mucho tiempo para que la señora Bush se hiciera fotos con los niños y les leyera ... Nos dijeron que el tiempo se había agotado y yo ayudé a los profesores a reunir a los pequeños y conducirlos de vuelta a los autobuses. Regresé a la residencia para coger mi bolso, pero habían cerrado la puerta y habían dejado mi bolso justo en el escalón de la entrada.»

Poco antes de que los Bush se mudaran a la mansión del vicepresidente, George había vendido su casa en Houston (por 792.017 dólares) y utilizó el dinero para comprar Walker's Point en Kennebunkport, lo que provocó una escisión por parte de los Walker en la familia.

«Dotty había estado convenciendo a mi madre para que vendiera la gran casa y toda la propiedad a George —afirmó Ray Walker—. Cuando mi padre murió, mi madre pensó en vender y puso la casa a la venta en el mercado inmobiliario, pero entonces Dotty empezó a presionarla. "Herbie querría que se la quedase George", decía.

"Herbie se revolverá en su tumba si cree que se la vendes a alguien ajeno a la familia ... George era el favorito de Herbie ... Se la tienes que vender a George y mantenerla en la familia ..." Verá, para Dotty, la familia era un templo, una "sagrada familia" ... así que mi madre cedió ... Se la vendió a George [por 780.800 dólares] y tuvo que pagar un impuesto sobre donaciones, y los Bush accedieron a pagar ese impuesto ...

»Mi hermano consiguió conservar una pequeña parte de la propiedad y Dotty, por supuesto, consiguió su casa, pero mi madre vendió todo lo demás a George por prácticamente nada ... Toda la transacción sigue disgustándome —comentó Ray Walker en 2002—. Me habría gustado que mis hijos hubieran obtenido algún beneficio.»

Para compensar las ganancias de capital de la casa de Houston, George declaró Kennebunkport como su lugar principal de residencia, y no pagó impuestos por el beneficio declarado de 596.101 dólares por la venta de la propiedad de Houston. Al año siguiente, la inspección de hacienda fue a por los Bush y afirmó que el hogar vicepresidencial, donde vivían gratis, era su principal residencia, así que debían impuestos por los 596.101 dólares. George, que había alquilado el piso de Houston para seguir en el censo electoral de Texas, amenazó con demandar al IRS (Servicio de Impuestos Internos). Lidió con el asunto durante dos años y al final todo se zanjó en 1984 cuando pagó el impuesto adicional, 144.128 dólares, más intereses, 54.000 dólares.

Siempre que insultaba al IRS y a las inspecciones fiscales, George encontraba su público más comprensivo en el presidente Reagan. Los elevados impuestos era uno de los temas en que ambos coincidían. Parecían dos viejos pensionistas quejándose de haber dado tanta cantidad de su sueldo al gobierno. En esa época, los ingresos netos de Reagan ascendían a tres millones de dólares y los de Bush a dos millones cien mil dólares.


La presidencia de Reagan estuvo a punto de finalizar el 30 de marzo de 1981 a las 14.35 cuando un hombre trastornado y armado disparó al presidente a la entrada del hotel Hilton de Washington. El atacante, John W. Hinckley Jr., que al final fue declarado inocente por enajenación mental, afirmó que había intentado el magnicidio para impresionar a la actriz Jodie Foster. Dijo que se había obsesionado con ella después de ver *Taxi Driver*. Su violenta demencia estuvo a punto de sesgar la vida del presidente, alcanzó a un hombre del servicio secreto e hirió de gravedad a un policía de Chicago, que tuvo que jubilarse por invalidez. Las balas que dieron de rebote también lisiaron al secretario de prensa de la Casa Blanca, James Brady, que, después de cuatro horas y media de neurocirugía, apenas se recuperó. No volvió a caminar ni a trabajar, no puede hablar bien y requiere de cuidados constantes desde entonces. Junto con su esposa, Sarah, se ha dedicado al Brady Center para la Prevención de la Violencia Armada.

En el momento del ataque, el vicepresidente estaba sobrevolando Texas en el Air Force Two. Recibió una llamada durante el vuelo del secretario de Estado Al Haig, quien le aconsejó que regresase a Washington de inmediato. George llegó a la base aérea de Andrews a las 18.40 y cogió un helicóptero hacia la residencia vicepresidencial en Massachusetts Avenue. El servicio secreto había querido enviarlo en helicóptero directamente hasta la Casa Blanca, pero George se negó a hacer una llegada tan teatral. «Solo el presidente aterriza en el césped sur», sentenció.

En la sala de crisis de la Casa Blanca, George, a quien habían informado de que Reagan se recuperaría, no ocupó el sillón del presidente y se sentó en el suyo. «El presidente sigue siendo el presidente —afirmó—. Yo estoy aquí para ocupar el cargo mientras se recupera. Pero él tendrá la última palabra.»

Su digno comportamiento contrastó mucho con el del secretario de Estado, quien había provocado indignación al correr hacia el atril de la sala de prensa de la Casa Blanca declarándose al mando.

Años después, el médico de la Casa Blanca, el doctor Daniel Ruge, admitió que en cuanto el presidente entró en quirófano tendría que haberse invocado la Enmienda Vigesimoquinta, aquella que especifica que en caso de que el jefe de Estado sea depuesto de su cargo, o en caso de su muerte o renuncia, el vicepresidente será nombrado presidente.

«Creo que cometimos un error al no invocarla —manifestó

Ruge—. No me cabe ninguna duda, porque el señor Reagan no podía comunicarse con las personas con las que debe hablar un presidente. Si había un momento para aplicarla era ese... Pero por aquel entonces ni se me pasó por la cabeza.»

Las personas de la Casa Blanca que habían desconfiado de George Bush por creer que se trataba de un oportunista del *establishment* llegaron a apreciar su comportamiento contenido en un momento de caos y confusión.

«Jamás me he sentido tan impresionado con Bush como aquella noche, por la forma en que tomó el mando», escribió en sus memorias el secretario de prensa adjunto, Larry Speakes. Recordó que el vicepresidente dijo que se reuniría con el gabinete y los líderes del Congreso al día siguiente.

«Cuanto más normal sea todo, mejor —advirtió Bush—. Si la información sobre el estado del presidente es alentadora, nos interesa que el gobierno funcione con la mayor normalidad posible. Todos tenemos que hacer su trabajo.»

A la mañana siguiente, la notable tranquilidad de Bush fue perturbada cuando se enteró de que su hijo, Neil, había planeado una cena en su casa esa misma noche, apenas veinticuatro horas después del intento de asesinato, para Scott Hinckley, hermano del perturbado que había disparado contra el presidente.

Neil, quien trabajaba para la Standard Oil Company de Indiana, vivía en Denver, donde Scott Hinckley era vicepresidente de la sucursal de la empresa de su padre con base en Colorado, la Vanderbilt Energy Corporation. Scott salía con una amiga de Sharon Bush en esa época, y Neil había invitado a la pareja a cenar.

«Por lo que yo sé y por lo que he escuchado, los Hinckley son una familia muy agradable ... y han donado mucho dinero a la campaña de Bush —declaró Sharon—. Supongo que él [John Hinckley Jr.] debía de ser la oveja negra de la familia. Deben de sentirse fatal.»

Los periodistas salieron disparados para descubrir qué conexión había entre la familia del vicepresidente y la familia del asaltante, en caso de existir alguna relación entre ambas. Al día siguiente, el vicepresidente Bush confirmó que su hijo había invitado a su casa al hermano de Hinckley, pero dijo que la cena había sido cancelada. El vicepresidente negó recibir cuantiosas contribuciones para su campaña de los hermanos Hinckley y de su padre, John W. Hinckley. No obstante, Bush admitió haber recibido una modesta contribución de veinte dólares del padre de los Hinckley cuando se presentó para el Senado de Estados Unidos en 1970, aunque añadió que las mayores contribuciones de Hinckley se habían destinado a John Connally en la última campaña presidencial.

Neil contó a los periodistas que conoció a Scott Hinckley el 23 de enero de 1981, el día después de que Neil cumpliera veintiséis años. «Mi esposa me preparó una fiesta de cumpleaños sorpresa —dijo—, y, por aquel entonces, fue un honor para mí conocer a Scott Hinckley. Es un hombre bueno y decente. No me avergüenzo en absoluto de decir que Scott Hinckley puede considerarse amigo mío. Haber tenido un encuentro no lo convierte en uno de mis mejores amigos, aunque no me arrepiento de decir que lo conozco.» Neil añadió que no había conocido al asaltante ni al padre del asaltante, pero que le gustaría mucho conocer al cabeza de familia de los Hinckley. «Estoy intentando aprender el negocio del petróleo, y él está en ese campo. Seguramente, el señor Hinckley podría enseñarme algo.»

El equipo del vicepresidente al completo sintió vergüenza ajena. Sus colaboradores se apresuraron a acallar cualquier rumor sobre la relación de la familia Bush con la familia del sospechoso de intento de asesinato. Les preocupaban los conspiradores que empezaban a hablar de la posibilidad de que el vicepresidente estuviera a «solo una bala de distancia» de la presidencia. «Es una extraña casualidad —declaró el secretario de prensa del vicepresidente—, no es más que una rara coincidencia.»

Otra extraña casualidad fue que horas antes del tiroteo del 30 de marzo, los auditores del Departamento de Energía se hubieran reunido con Scott Hinckley en Denver después de revisar los libros de cuentas de Vanderbilt. Le advirtieron que la compañía petrolera Hinckley se enfrentaba a una multa de dos millones de dólares por subir el precio del crudo cuando ya eran vinculantes los controles de precios. Este descubrimiento suscitó la pregunta de si Scott Hinckley tenía planeado hablar del tema con el hijo del vicepresidente aquella noche durante la cena. El FBI investigó el intento de asesinato y la relación de la familia Bush con los Hinckley, pero no publicó los resultados de las investigaciones a petición de una solicitud en 2002 amparada por la Ley de Libertad de Información, alegando motivos de privacidad de Scott Hinckley y Neil Bush, ambos vivos en la época.

El gobernador de Texas, Bill Clements, criticó las noticias del 30 de marzo de 1980 que relacionaban a su estado con diversos asesinatos. El gobernador Clements declaró sentirse «fatal» al saber que Hinckley era de Texas, del mismo estado en que Lee Harvey Oswald había asesinado al presidente Kennedy; donde nació Mark David Chapman, asesino del ex Beatle John Lennon; y donde Charles Whitman subió a la Torre de la Universidad de Texas y disparó hacia la calle contra más de cuarenta personas en uno de los asesinatos en masa más graves de la historia moderna de Estados Unidos.

«Esto no ha tenido nada que ver con Texas —sentenció el gobernador—, pero si los medios insisten mucho en ello podrían perjudicar al estado.»

La popularidad de Ronald Reagan aumentó tras el tiroteo por la dignidad con la que había reaccionado. Pese a que la bala estaba alojada a unos centímetros del corazón, insistió en entrar al hospital por su propio pie, porque no deseaba que el comandante en jefe de la nación saliera por televisión inmovilizado. Las únicas frases que dirigió a su esposa («Cariño, se me ha olvidado agacharme») y a sus cirujanos («Espero que sean todos republicanos») hicieron que el país le cogiera cariño. Seguramente, ese afecto le sirvió para amortiguar el escándalo de Irán-Contra que más tarde asedió su administración. La revelación en 1986 de que Estados Unidos había violado su propia ley al vender en secreto armas a Irán a cambio de rehenes, y luego había utilizado las ganancias de la venta de esas armas para financiar la guerra en Nicaragua, pudo haber provocado un *impeachment* contra el presidente. Han sido pocos los presidentes que han sobrevivido a un escándalo semejante, pero, por aquel entonces, el gobernante de más edad del país ya se había convertido en uno de los más queridos.

Durante el primer momento del mandato de Reagan, George Bush batió un récord de viajes vicepresidenciales, volando un total de más de dos millones de kilómetros a setenta y cuatro países. Acudió a tantos funerales de dignatarios extranjeros que bromeaba diciendo: «Mi lema es: usted muérase que yo viajaré».

En gran medida, el cargo era ceremonial. El único deber del vicepresidente prescrito por la Constitución estadounidense es presidir el Senado, lo que Bush raras veces hizo, salvo cuando le necesitaron. El 13 de julio de 1983 dio su voto de calidad para salvar el proyecto del presidente Reagan de retomar la producción de gas nervioso. Dorothy Walker Bush, quien había apoyado la propuesta de detener la fabricación de armas nucleares presentada por el senador republicano de Oregón, Mark Hatfield, y el senador demócrata de Massachusetts, Edward Kennedy, estaba horrorizada.

«Pero, mamá, tenía que hacerlo —se disculpó George—. Era mi primer voto de calidad y la primera vez en seis años que un vicepresidente había sido convocado para dar ese voto… No podía votar en contra del presidente.»

Dotty Bush no se dejó impresionar. Esperaba que su hijo tuviera principios más humanos y no consideraba el gas nervioso una gran ayuda para la humanidad. Su desaprobación disgustó a George, porque no había nadie cuya opinión le importara más que la de su madre. Se sintió casi aliviado cuando la propuesta fue anulada en la Cámara de Representantes, pero entonces Reagan insistió en recurrir. George le dijo medio en broma al presidente que no sabía muy bien cómo enfrentarse a su madre de ochenta y dos años si tenía que dar otro voto de calidad a favor de la medida. «Si tengo que hacerlo, vas a tener que explicarle tú a ella por qué su hijo está a favor de crear un gas que puede matar a millones de personas», advirtió el vicepresidente.

Cuatro meses más tarde, George hizo lo que más temía: disgustó a su madre. Otorgó el segundo voto de calidad de su vicepresidencia el 8 de noviembre de 1983, que permitía al Senado aprobar el proyecto de ley (por 47 votos a favor y 46 en contra) para empezar a producir gas nervioso. Esa tarde en el Air Force One, cuando los Reagan viajaban a Extremo Oriente, el presidente llamó a Dorothy Bush, quien se encontraba en Greenwich. Dijo que su hijo estaba realizando un trabajo maravilloso y que podía estar orgullosa de su servicio al país como el «mejor vicepresidente de todos los tiempos». A continuación, el presidentè llamó al vicepresidente para decir que había hecho la llamada a su madre.

«El presidente no había hablado sobre el gas nervioso, pero yo sabía por qué llamaba —le dijo Dotty Bush a un periodista—. George sabe que yo no lo apruebo; ya conoce mi opinión al respecto. Pero ha dicho que hay que tenerlo para disuadir a otros países de su uso. Sin embargo, George sabe que moriría si este país lo usara alguna vez.»

El voto de George retuvo 124 millones de dólares para la producción de bombas y proyectiles de gas nervioso en un anteproyecto de apropiaciones para Defensa. Pero la propuesta de ley volvió a ser anulada en la Cámara de Representantes, para gran alivio de la madre de George.

Durante la campaña para las reelecciones de 1984, su nieto, John Ellis, quien trabajaba en la NBC, mantuvo a Dorothy Walker informada sobre las últimas encuestas. Él le enviaba con regularidad las últimas noticias de cada estado sobre la marcha de la campaña de Reagan y Bush. Ellis, conocido como el topo periodista de la familia, trabajó más adelante para la cadena informativa Fox News, e hizo lo mismo por su primo, George W. Bush, en la campaña del año 2000.

La señora Bush dijo que las cifras de las encuestas que le enviaba Ellis, que demostraban que Reagan contaba con un cómodo margen, la hicieron sentirse segura, aunque lanzó una advertencia sobre el exceso de confianza. «Recordemos la carrera electoral de Truman y Dewey —dijo—. Todos nos acostamos pensando que sería Dewey quien estaría en la Casa Blanca y nos despertamos con la noticia de que Truman era quien estaba allí.»

La madre de George, que se ofreció a trabajar como teleoperadora voluntaria para la candidatura de Reagan y Bush, creía que su hijo sufría una clara desventaja al tener que competir contra la historia en construcción: Geraldine Ferraro, una antigua congresista de Queens, era la primera mujer elegida para presentarse a un cargo nacional en la candidatura de un partido importante. Su elección por parte de Walter Mondale como compañera de candidatura había complacido a muchas mujeres. Incluso la anciana señora Bush dijo que podía imaginarse a sí misma dando su apoyo a una mujer que se presentase a la vicepresidencia, si esa candidata tenía las cualidades necesarias, de las que, por supuesto, en comparación con su hijo, la señora Ferraro carecía. Ver las numerosas y entusiastas multitudes que Ferraro atraía preocupó a Dorothy, quien dijo que opinaba que su hijo no debía aceptar el desafío de Ferraro de participar en un debate. Visto en retrospectiva, George probablemente debería haber hecho caso a su madre.

Tres días antes del debate, Ferraro, cuyos ingresos netos declarados eran de tres millones ochocientos mil dólares, censuró a Bush como ejemplo de los adinerados partidarios de Reagan que se estaban enriqueciendo aún más a costa de los pobres. Encendida por las críticas, Barbara Bush la emprendió contra la contrincante de su marido delante de los periodistas. «Esa ... —no puedo decirlo, pero rima con astuta— de cuatro millones de dólares podría comprar a George Bush cuando se le antojara.»

Fue el comentario más malicioso que la esposa del vicepresidente había hecho jamás en público, y sufrió las consecuencias negativas, que hicieron que Barbara pareciera esa palabra que «rima con astuta». Después de ver por televisión su comentario en las noticias de la noche, llamó a la hermana de George, Nan Ellis. «No puedo creer que le haya hecho eso a tu hermano —declaró—. He estado llorando durante veinticuatro horas y no puedo parar... ¿Cómo puedo haberlo hecho?» Llamó a George llorando y él le dijo que no se preocupara. A continuación, Barbara llamó a Geraldine Ferraro. Dijo que se refería a «bruta» y no a «puta», aunque se disculpó por haberlo dicho.

«En ese momento estaba molesta —reconoció Ferraro—. Pensé: "¿Cómo puede reaccionar así una mujer?". Me pareció un desprecio terrible, un desprecio clasista ... Me sentí herida, pero le concedí el beneficio de la duda por haber llamado tan pronto. Le dije que no se preocupara, que siempre hay algún momento en que todos decimos cosas que no sentimos. "Es usted toda una señora", me dijo ella. Y lo único que pude pensar cuando colgó fue: "Gracias a Dios por mi educación de colegio de monjas".»

Dos días después de que Barbara Bush difamara a Geraldine Ferraro, el secretario de prensa de su marido, Pete Teeley, hizo lo propio dejando a la congresista a la altura del betún. «Tiene una lengua viperina. Es muy arrogante. La humildad no es uno de sus fuertes.» Se negó a disculparse. «No tengo por qué —dijo—. No tiene nada que ver con ella como persona. En televisión tiene una lengua viperina. Están aumentando sus puntos negativos a causa de esa imagen que da.»

Ser la primera mujer que se presentaba a un cargo nacional supuso una gran presión para Ferraro, quien tuvo que vencer toda la intolerancia y el sexismo que suscitó su candidatura, sobre todo entre los hombres de los medios de comunicación. Cuando George F. Will informó de que el marido de Ferraro, John Zaccaro, no había pagado sus impuestos, Ferraro probó que Will estaba equivocado y sugirió que se retractara públicamente. En lugar de eso, Will le envió un ramo de rosas con una tarjeta que decía: «¿No le ha dicho nadie que está muy guapa cuando se enfada?».

La noche del debate, el 11 de octubre de 1983, Ferraro se había preparado a conciencia. Se presentó tan informada como lúcida. Cuando la atacaban mantenía la calma, pero respondía con firmeza, incluso de forma sarcástica y burlona.

«Su contrincante, por otro lado, actuó de forma mucho más similar a una mujer histérica —escribió Robin T. Lakoff en su libro *Talking Power*—. La voz de Bush transmitía indignación en el tono y el volumen; repetía las acusaciones una y otra vez con mordacidad (no escuchaba); no cabía duda de que cada vez estaba más molesto y alterado; se le puso la cara roja, y su voz era tensa y chillona. Adoptó actitud de profesor. No era el arquetipo de macho que supiera mantener la calma. Aun así, al día siguiente las encuestas declaraban a Bush "ganador". Nadie supo explicar ni cómo ni por qué. La respuesta fue que Ferraro había salido mal parada porque se había atrevido a replicar a un hombre en público.»

En un momento determinado durante el debate, Ferraro arremetió contra Bush por estar sermoneándola. «Permítame que le diga ... que me resulta casi imposible admitir, vicepresidente Bush, esa actitud paternalista de tener algo que enseñarme sobre la política exterior ... En segundo lugar, le ruego que no se dedique a catalogar mis respuestas. Deje que sea el pueblo estadounidense quien realice la interpretación de mis declaraciones, que para eso están viendo este debate.»

Sin embargo, perdió la oportunidad de darle una paliza a Bush cuando este dijo que la administración Reagan consideraba los derechos civiles «como un problemilla de comunidad de vecinos». Pero se recuperó en el momento en que Bush lanzó su acusación más hiriente. Afirmó que Mondale y ella habían declarado que los 242 hombres muertos en el bombardeo de 1983 al cuartel de los marines de Líbano eran una vergüenza para el país. Ferraro no dudó en corregirlo. «Nadie ha dicho jamás que esos jóvenes que murieron por negligencias de esta administración y de otras fueran una vergüenza para el país.» Mondale calificó la acusación de Bush como «imperdonable» y dijo que estaba «furioso» por el comentario falaz. Exigió a Bush que publicase una disculpa por su mentira, pero Bush se negó a hacerlo.

El día siguiente al debate, el vicepresidente se dirigió a una concentración de estibadores en Elizabeth, New Jersey, y se refirió al debate de la noche anterior: «Intenté darle un par de patadas en el culo». Unas horas después, su personal se presentó en el avión de prensa con unas chapas que decían: «Le hemos dado una patada en el culo». Algunos periodistas empezaron a llamar al vicepresidente «George el pateaculos», otros llevaban suspensorios a modo de gorros.

«Impuso un tono bastante cargado de testosterona —recordaba Julia Malone de Cox Newspapers—. Los partidarios de Bush no entendieron lo ofensivo que era para las mujeres. Más adelante en un encuentro del tipo "Pregunte a Bush", el vicepresidente iba aceptando preguntas y no paraba de dar el turno a los hombres, ignorando por completo a las mujeres con la mano levantada. Al final dijo: "Una última pregunta", y todas las mujeres de los equipos de prensa gritaron al unísono: "Elija a una mujer". Se quedó muy sorprendido y actuó de forma un tanto molesta por tener que hacer lo que le ordenaba un puñado de mujeres, pero al final aceptó la pregunta de una periodista.»

La actitud de Bush generó muchas tensiones entre ambos sexos en el avión de prensa, donde parecía pavonearse de su nueva actitud de «pateaculos». «Cuando finalizó el debate, las mujeres de los equipos de prensa se levantaron y aplaudieron a Ferraro —recordaba Jeb Bush, que había acompañado a su padre al debate—. Todo fue muy complicado. Normalmente en un avión de prensa surge cierta camaradería con los periodistas. Pero en el avión de Bush, las cosas eran muy difíciles.»

Las periodistas estaban molestas con el trato machista que Bush dispensaba a Ferraro, que les demostraba algo que no habían visto antes: la incomodidad del vicepresidente a la hora de aceptar el periodismo femenino. Empezaron a darse cuenta de que no había mujeres profesionales en el equipo de Bush que tuvieran cargos comparables a los de los hombres. «Todas las mujeres eran secretarias o chicas para todo —recordaba una periodista— y fuera lo que fuese Jennifer Fitzgerald [su cargo oficial era "ayudante ejecutiva"] no contaba ... Puede que la actitud de Bush fuera un mero fruto de la generación a la que pertenecía, pero sin duda te hacía comprender que un tipo aparentemente bueno podía ser un cerdo machista.» Las periodistas también observaron que no había mujeres en la familia Bush que aspirasen a tener un cargo político ni tan solo a tener un trabajo como profesional. Incluso las que eran esposas con diplomas universitarios, y en el caso de Laura Bush, una licenciatura, permanecían en la sombra eclipsadas por sus matrimonios de dominio masculino, cediendo el protagonismo a sus maridos. George W. Bush expresó mejor que nunca el credo masculino de su familia cuando dijo: «Tengo la mejor esposa para mi línea de trabajo: no intenta robarme protagonismo». Le confesó a un escritor de Texas: «No intenta meter las narices y estar en eterna competencia conmigo, ya sabe. No hay nada peor para el terreno político que esas mujeres que compiten por honores públicos o por el protagonismo». Uno de los primeros jueces nombrados por George W. como presidente fue James Leon Holmes, quien escribió en una ocasión: «La esposa debe subordinarse a su esposo ... someterse a la autoridad del hombre». Todas las mujeres casadas de la familia Bush se convirtieron en amas de casa y madres. Tal como Barbara Bush dijo a los periodistas: «Somos todas muy felices estando al cuidado de nuestros maridos».

El caricaturista Garry Trudeau vilipendió el trato que el vicepresidente había dispensado a Gerry Ferraro en una tira cómica de *Doonesbury* que mostraba a periodistas gritándole preguntas a Bush:

—Señor Bush, en las últimas semanas hemos escuchado una gran cantidad de lenguaje vulgar sobre la señora Ferraro utilizado por usted, su mujer y su director de campaña. ¿Era todo parte de una estrategia masculina planeada para contrarrestar la imagen de pelele que ha caracterizado su carrera política?

La pluma mordaz de Trudeau hizo que George respondiera:

—¿Está de guasa? ¡Yo siempre he hablado como un tipo duro! Cuando dije que le había dado una patada en el culo a la señora Ferraro eso era EXACTAMENTE lo que quería decir. ¡Y publíquelo si quiere!

—¿En un periódico familiar?

—¡Dios, sí! ¡Coño! ¡No es más que una clásica expresión de fútbol!

El dibujante de tiras cómicas ganador del Premio Pulitzer había visto a Bush practicar contorsionismo ideológico ante numerosas decisiones políticas —la economía, el aborto, el déficit, la Enmienda por la Igualdad de Derechos— para convertirse en el hombre de Reagan. Unos pocos días antes de las elecciones de 1984, Trudeau entró a matar. Inició una semana de bromas, empezando con un corresponsal de la Casa Blanca que hacía un anuncio en la tercera edición del noticiario: «Buenas noches. El problema de masculinidad del vicepresidente George Bush ha vuelto a salir a la luz mientras sigue aumentando la preocupación por su falta de valor político …

»Así las cosas, hoy en una ceremonia celebrada en la Casa Blanca, Bush entregará su asediada masculinidad a fondo perdido.

»Se le repondrá solo en momentos de emergencia nacional.»

George se convirtió en el hazmerreír de la prensa de su propio avión. La viñeta del día siguiente fue incluso más denigrante: «"Señor, ¿su masculinidad generará interés?" "Muy poco, la verdad no hay mucho capital que invertir"».

Humillado por las risitas a sus espaldas, George prohibió a la prensa que subiera al avión y acusó a Trudeau de «estar a favor de la oposición» y de «proceder de la más profunda izquierda, en mi opinión». En su diario personal, Bush se refirió al caricaturista satírico como «el insidioso de *Doonesbury*».

Barbara Bush fue incluso más despreciativa. «Las personas ven a un hombre que lucha por su país, que jamás decepcionó a su presidente cuando le pidieron que prestara sus servicios, nadie piensa lo contrario —dijo—. Solo un caricaturista de segunda.»

Dos semanas después, en el programa de entrevistas del domingo por la mañana de David Brinkley, el vicepresidente intentó negar su desagradable comentario sobre Geraldine Ferraro.

—Dijo que le había dado una patada en el culo —le recordó Sam Donaldson.

—Yo no dije tal cosa —respondió Bush con brusquedad.

—¿Qué dijo entonces?

—Bueno, nunca he dicho nada parecido en público.

Donaldson le recordó que no estaba solo, que habló ante un grupo de periodistas y que su comentario lo había grabado una cámara.

—Bueno, si quisiera decir en público la frase que nunca he repetido, la diría.

Las cifras positivas en las encuestas habían ascendido para los republicanos, pero, en ese momento, *The Washington Post* intervino con un editorial en el que comparaban a los candidatos a la vicepresidencia. El periódico llamaba a Ferraro «inteligente, fuerte y decidida», reconociendo que su falta de experiencia en política exterior salía a relucir de vez en cuando en sus declaraciones. George recibió un buen varapalo:

> Se vislumbra algo más cuando habla George Bush, algo que amenaza con dejar por los suelos cualquier aprecio que le haya podido granjear su currículo y su dignidad personal. Tal vez lo que ocurre es que es un campañista desgastado (ganar elecciones, al fin y al cabo, no es su fuerte). Aunque al parecer se presenta, como todos los seguidores de *Dallas* habrán notado hace tiempo, como el Cliff Barnes de la política estadounidense: bravucón, oportunista, cobarde y desesperadamente negligente, todo en uno. Esta impresión ha sido tan destacada en las últimas semanas por los comentaristas de todas las tendencias políticas que apenas necesita mención.

El 6 de noviembre de 1984, Ronald Reagan fue reelegido por una rotunda mayoría, ganó en todos los estados de la Unión salvo en Minnesota y en el Distrito de Columbia. Las elecciones habían sido una victoria arrolladora para el presidente, pero una derrota personal para el vicepresidente, que estaba tan abatido por su mala prensa que, según sus ayudantes más cercanos, pensó en retirarse de la vida pública. Estuvo enfurruñado durante unos días y luego arremetió. En una nota dirigida al senador Barry Goldwater, George escribió: «Ha sido duro y desagradable esta vez; pero los resultados son lo que cuenta». También escribió al representante republicano Barber Conable de Nueva York: «Me alegro de que se haya terminado. La cosa se puso fea y las consecuencias aún son visibles. Pero ¿ha valido la pena? ¡Pues claro que sí!».

El clima no tardó en enrarecerse aún más cuando la administración Reagan se enfrentó cara a cara con el escándalo Irán-Contra, una forma conveniente de referirse a las ilegalidades relacionadas con la financiación de la encarnizada guerra civil de Nicaragua. El presidente Reagan había suplicado al Congreso que ayudara a la Contra nicaragüense, a la que se refirió como «el equivalente moral a los Padres Fundadores». El Congreso denegó su petición y aceptó la Enmienda Boland, que prohibía destinar dinero para derrocar al gobierno comunista debidamente elegido en Nicaragua.

Por desgracia, en 1986 los estadounidenses estaban familiarizados con los nombres del reverendo Benjamin Weir, el padre Martin Jenco y Terry Anderson de Associated Press, quienes se contaban entre los diecisiete estadounidenses y otros setenta y cinco occidentales secuestrados por terroristas en Beirut y confinados en lugares inhóspitos de Líbano. Todos los cautivos fueron brutalmente torturados y algunos fueron abandonados a su suerte hasta morir, como animales atropellados en la carretera. Estos secuestros eran parte de una campaña —como represalia de la invasión de Israel en 1982, que había sido respaldada por aviones de guerra estadounidenses y barcos de la Sexta Flota de Estados Unidos— de la Yihad Islámica o Hezbollah para liberar a Líbano de todos los estadounidenses.

En un mediocre intento de poner en libertad a los rehenes y financiar la guerra de Ronald Reagan contra los sandinistas, el teniente coronel Oliver North del Consejo Nacional de Seguridad diseñó un complejo plan, que más adelante ocultaría mintiendo junto con otras personas. Hasta que lo despidieron en 1986, el te-

niente coronel de la Marina conocido como Ollie fue el funcionario de la Casa Blanca implicado de forma más directa en la ayuda
secreta a la Contra, en la venta de armas a Irán y en la inversión de
las ganancias de esta venta en la causa de la Contra. La decepción
de North y de otros provocó la celebración de vistas mixtas del
Congreso, la creación de una comisión presidencial, una investigación por parte de la Oficina del Consejo Independiente, diversos
juicios y tres condenas. Al final, seis de los implicados recibieron
el indulto presidencial.

A lo largo de todo el proceso, el vicepresidente Bush, quien había asistido a la mayoría de las sesiones de planificación con Oliver
North, declararía desconocer lo que había ocurrido, sosteniendo que
«estaba fuera del dispositivo». Aun así, los documentos del tribunal,
los informes del Congreso, las transcripciones, los archivos judiciales
y los recuerdos de otras personas han probado lo contrario: George
Bush sabía mucho más de lo que jamás admitió.

El 3 de marzo de 1985, su hijo Jeb entregó en mano en el despacho vicepresidencial de la Casa Blanca una carta de un médico guatemalteco, el doctor Mario Castejo, quien solicitaba asistencia médica estadounidense para la Contra. George envió una nota al médico:

> Puesto que el proyecto que propone parece muy interesante, si
> se me permite sugerirlo y si usted lo desea, podría considerar la
> posibilidad de reunirse con el teniente coronel Oliver North del
> personal del Consejo Nacional de Seguridad del Presidente en un
> momento que le resultara conveniente.
>
> Mi equipo ha estado en contacto con el teniente coronel North
> en lo relativo a los proyectos que usted menciona y sé que estaría
> encantado de verle. Siéntase libre de programar su encuentro con
> el teniente coronel, si lo desea, escribiéndole directamente a él a la
> Casa Blanca, o poniéndose en contacto con el señor Philips Hughes,
> miembro de mi personal.

En enero de 1985, Jeb Bush se había reunido con Félix Rodríguez, el antiguo agente de la CIA que trabajó como jefe de suministros en el plan ilegal de Estados Unidos para suministrar armas
a la Contra. Más adelante se sugirió que Jeb era el contacto de su
padre en Florida en la operación secreta de reabastecimiento.

«Eso es una mentira —declaró Jeb a *The Boston Globe*—. Creo que los que luchan por la libertad deberían recibir el máximo apoyo y que su causa es noble y justa. Pero conozco la diferencia entre el comportamiento apropiado e inapropiado porque me educaron como Dios manda. Jamás haría nada que pusiera en peligro la carrera de mi padre. Eso sería como clavarme un puñal en el corazón.»

El embrollo de Irán y la Contra empezó a desenredarse el 5 de octubre de 1986, cuando los sandinistas de Nicaragua derribaron un avión de carga que transportaba suministros militares con tres estadounidenses a bordo. Un estadounidense sobrevivió, Eugene Hasenfus. Afirmaba trabajar para un hombre de la CIA llamado «Max Gómez», el nombre en clave de Félix Rodríguez.

Rodríguez, en cuya casa exhibía con orgullo dos fotos firmadas de sí mismo con el vicepresidente Bush, llamó a su contacto, Donald Gregg, quien fue a trabajar con George Bush en 1982 como consejero de Seguridad Nacional, para informarle del avión derribado. Gregg, antiguo agente de la CIA, había conocido a Rodríguez en Vietnam más o menos en la misma época en que había conocido a Bush.

Al escuchar la información de Rodríguez, Bush convocó de inmediato una rueda de prensa y negó tener conexión alguna con el avión accidentado en Nicaragua, aunque sí admitió conocer al hombre cuyo nombre en clave era «Max Gómez».

Varias semanas más tarde *The Washington Post* relacionó la liberación en Irán de tres rehenes estadounidenses con la venta de armas a este país. George apareció en televisión para defender a su administración. Declaró que cualquier trato basado en el intercambio de armas por rehenes era «inconcebible».

Al día siguiente, el secretario de Estado George Shultz llamó al vicepresidente y le recordó que no solo había asistido al crucial encuentro el 7 de enero de 1986, sino que también había prestado su apoyo al plan para vender armas a Irán; el mismo plan al que Shultz y el secretario de Defensa, Caspar Weinberger, se habían opuesto. Shultz podría haberle mostrado a George las notas que había tomado durante la reunión que probaban lo que decía. Más adelante las publicó en su libro. Cuando Bush se percató de que Shultz había estado tomando notas, se quedó estupefacto y escribió en su diario:

Howard Baker me ha dicho hoy en presencia del Presidente que George Shultz ha reunido 700 páginas de notas dictadas a su equipo … Son notas sobre encuentros personales que ha tenido con el Presidente. Considero este hecho prácticamente inconcebible. No solo ha reunido esas notas, sino que las ha entregado al Congreso … Yo jamás lo haría. Jamás entregaría unos documentos así y jamás tomaría unas notas tan detalladas.

El 13 de noviembre de 1986, el presidente Reagan anunció en la televisión nacional que había autorizado la venta de armas a Irán, pero negó haberlo hecho a cambio de los rehenes.

Unos días después, el fiscal general Ed Meese emprendió una investigación para determinar qué consecuencias para la administración iba a acarrear el envío de armas estadounidenses a Irán. En cuatro días, Meese descubrió que las ganancias de entre diez y treinta  millones de dólares derivadas de la venta de armas a Irán se habían destinado a la Contra a través de las cuentas de un banco suizo. El presidente se vio obligado a despedir a Oliver North, pero le dijo: «Un día esto se convertirá en una gran película».

El escándalo Irán-Contra siguió desembrollándose durante dos años, pero el vicepresidente, que se había vuelto muy hábil en lo que él llamaba «hacer malabarismos» con la verdad, eludía preguntas y respondía con evasivas. Mintió más de una vez a los periodistas durante las ruedas de prensa y se contradecía con frecuencia. Utilizaba tácticas obstruccionistas con la Oficina del Consejo Independiente y ocultó todos sus diarios personales hasta el momento en que dejó de servir al gobierno y estuvo fuera del alcance del fiscal especial encargado del caso.

Durante las vacaciones de Navidad de 1986, Donald Gregg y su esposa celebraron una fiesta a la que asistieron el vicepresidente y Barbara junto con el abogado del personal de Bush, C. Boyden Gray, y su hermosa y joven esposa, Carol.

«Lo que jamás he olvidado de esa noche en concreto es el recuerdo de esos hombres, que parecían muy entretenidos y un poco más achispados de lo normal —recordaba Carol Gray—. Estaban unidos por una especie de camaradería de viejos amigos. El vicepresidente, Boyden y Donald Gregg reían al unísono con aire de suficiencia.

»Alguien les había hecho unas chapas. Las chapas eran de color mostaza y llevaban una frase escrita con letras negras. Tenían impresa una pregunta: "¿Quién es Max Gómez?".

»Yo le pregunté a Boyden qué significaba todo eso, pero se limitó a reír y me dijo que era una broma entre ellos. Jamás me explicó el significado exacto de la pregunta de las chapas, pero siempre he tenido la sensación de que el significado era parte de un asunto serio en el que estaban involucrados ... Se sentían realmente satisfechos consigo mismos esa noche. Habían burlado los poderes establecidos. Estaban por encima de la ley. Iban a llevar a cabo su plan. Disfrutaban del secreto que guardaban juntos. Para ellos era un verdadero estímulo.»

# 20

Heredar es humano, más aún en la familia Bush.

Como vicepresidente de Estados Unidos, George H. W. Bush mejoró en gran medida la posición de la familia. Durante aquel período (1981-1989) y los años en que fue presidente (1989-1993), hizo posible que sus hermanos y sus hijos —las mujeres no son las que ganan el sustento en la familia Bush— amasaran millones de dólares. Es dudoso que se hubieran enriquecido tanto de no haber ocupado George un puesto tan importante, aunque ellos afirman rotundamente que son hombres que han triunfado gracias a sus propios esfuerzos y nunca se han aprovechado de su apellido.

«Me molesta que se diga que mis negocios van bien porque George es hermano mío», dijo Jonathan Bush, inversor de Wall Street que dirige la J. Bush and Company desde 1980. Se le prohibió comerciar con el público en general durante un año —julio de 1991 a julio de 1992— por infringir las leyes de registro de Massachusetts, se le impuso una multa de treinta mil dólares y se le ordenó que volviera a comprar las acciones que había vendido a sus clientes durante los cuarenta y tres meses anteriores. Jonathan no hizo caso. Un interventor consternado dijo: «Que haya recibido aviso de que está infringiendo la ley del estado y continúe haciéndolo es ciertamente un ejemplo de actitud arrogante». Jonathan había hecho lo mismo en Connecticut y se le había impuesto una multa de cuatro mil dólares en diciembre de 1990 por hacer negocios sin inscribirse en el estado.

«Ser hermano de George Bush no es una ganga en los negocios, ni remotamente», dijo Bucky Bush, banquero en San Luis.

Neil, hijo de George, afirmó: «Sabemos decir no y vamos siempre por buen camino».

«Evitas los sinvergüenzas, la gente que dice tener soluciones rápidas, la gente que te anda detrás porque te llamas Bush», dijo Marvin, hermano de Neil y financiero especializado en operaciones arriesgadas que vivía en Alexandria, Virginia.

Un vistazo a los negocios de la familia Bush muestra que adquirió su riqueza entremezclando la política pública y los intereses privados. «Ha habido siempre una buena relación entre la faceta política y la faceta comercial de nuestra familia», dijo Marvin.

Las transacciones financieras de la familia, la mayoría de las cuales se inscriben en la categoría de «asesoramiento internacional», se llevaban a cabo con frecuencia en el mundo nebuloso de los negocios turbios y los personajes sospechosos. Los Bush solían salir enriquecidos de estas transacciones, pero dejaban tras ellos un reguero de bancos en quiebra, accionistas trasquilados, bancarrotas, sentencias condenatorias y pleitos por mala administración, manipulación de valores y fraude. Al examinarlas, cada una de las transacciones de los Bush ofrece un ejemplo clásico de cómo explotar lucrativamente el apellido de la familia.

«Lo que encuentras en el caso de George Herbert Walker Bush es sin ningún género de dudas el mayor número de hermanos e hijos metidos en lo que parece un chanchullo de nunca acabar», dijo el comentarista republicano Kevin Phillips.

Cuando George desempeñó el cargo más elevado del país, así como el segundo en importancia, permitió que su familia sacara el máximo partido económico de su posición política. En este sentido, abrió la puerta del corral y gritó «pitas, pitas, pitas» mientras sus hermanos y sus hijos metían el hocico en el abrevadero.

Por supuesto, George Bush no fue el primer hombre de la historia cuya familia se aprovechó de su elevado cargo para obtener ganancias personales. Donald Nixon, hermano de Richard, trató de poner en marcha una cadena de restaurantes de comida rápida, Nixonburgers, y aceptó del multimillonario Howard Hughes un préstamo de doscientos mil dólares que nunca devolvió. El hermano de Jimmy Carter, Billy, sacó al mercado la cerveza Billy Beer, escribió un libro titulado *Redneck Power* (Poder de los patanes), y cobró doscientos mil dólares del gobierno libio para facilitar las ventas de petróleo en un momento en que Estados Unidos tildaba a Libia de país terrorista. El hermanastro de Bill Clinton, Roger, aceptó cuatrocientos mil dólares a cambio de presionar para obtener indultos presidenciales. Pero los hermanos y los hijos de George Bush han superado a todos, y han hecho que los parientes descarriados de otros altos cargos parecieran colibríes al lado de buitres. (Esta analogía pajaril la inspiró el comentario de Prescott Bush hijo al *Chicago Tribune* sobre sus diversos negocios en Asia: «No somos una bandada de aves carroñeras que vienen a picotear el cadáver». Las palabras que escogió, aunque poco afortunadas, resultaron descriptivas.)

Poco después de que George se convirtiera en vicepresidente, su hermano mayor, Prescott o P2, dejó el ramo de seguros (Johnson and Higgins) y fundó su propia empresa en Nueva York, la Prescott Bush and Company, que un documento judicial calificó de empresa de asesoramiento que «ayudaba a compañías extranjeras a invertir en Estados Unidos y otras partes». Entre los clientes extranjeros de Prescott pronto se contaron compañías chinas, japonesas, brasileñas, surcoreanas y filipinas, todas ellas ansiosas de hacer negocios con el hermano del vicepresidente de Estados Unidos. En todos los países con los que tuvo negocios, Prescott fue tratado como si fuera un jefe de Estado. Se abrían las puertas y llovían los favores. En Filipinas, la presidenta Corazón Aquino le concedió una audiencia privada. En Corea del Sur se entrevistó con el presidente de la Asamblea Nacional, Kim Chae Soon.

«En el Extremo Oriente es tradicional que los funcionarios vean vínculos estrechos entre los negocios privados de una persona y quienes son sus parientes», señaló Dennis Simon, profesor adjunto de relaciones comerciales internacionales en la facultad de leyes y diplomacia Fletcher de la Universidad de Tufts. En tales circunstancias, el mero hecho de ser hermano de un vicepresidente estadounidense que podría convertirse en presidente basta para ser objeto de gran consideración por parte de los ejecutivos de las empresas y los funcionarios gubernamentales extranjeros interesados en mantener buenas relaciones con Estados Unidos. Por consiguiente, Prescott viajaba por toda Asia como un bajá sin cartera. Cuando George alcanzó la presidencia, los negocios de su hermano, especialmente en China, ya habían planteado tantos problemas en el Departamento de Estado que George acabó insistiendo en que se enviara un telegrama oficial a todas las embajadas y consulados estadounidenses para decirles que no dispensaran trato de favor a ningún miembro de su familia. El telegrama no tenía por fin frenar a sus hijos —George nunca hubiera hecho una cosa así—, sino a su hermano Prescott. «Su trabajo en China siempre me ha preocupado», escribió George en su diario.

El telegrama no surtió ningún efecto. Las embajadas lo consideraron simplemente como una medida de autoprotección de un presidente norteamericano que necesitaba amparo político por si pillaban a uno de sus parientes abriendo alguna cerradura con una ganzúa. «Era sencillamente un papel sin ningún valor, que el presidente puede agitar en público y decir que ha hecho todo lo posible para asegurarse de que su familia no se valga de su elevado cargo para beneficiarse personalmente», dijo un funcionario del servicio diplomático que trabajó en el Departamento de Estado de 1966 a 1996. «Era imposible que alguno de nosotros quisiera o pudiera no responder a algún miembro de la familia Bush embarcado en uno de sus saqueos internacionales. Con telegrama o sin él, ¿quieres ser el empleado del gobierno que cierra la puerta al hermano del presidente o, ¡Dios nos libre!, a uno de sus hijos?»

Prescott Bush mostró una habilidad especial para burlar las instrucciones del telegrama. Antes de emprender uno de sus viajes, sencillamente enviaba un telegrama a la embajada correspondiente para comunicar la fecha de llegada y la de partida e insistía en que no se hiciera nada especial para él durante su estancia en el país, con lo cual se aseguraba de que se hiciera todo: presentaciones, recepciones, compromisos, etcétera.

«Prescott sabía manipular el sistema —declaró Stephen Maitland-Lewis, ex consultor de Lazard Frères y vicepresidente de Salomon Brothers de Nueva York—. Le conocí durante el fiasco de la AMIFS [Asset Management International Financing and Settlement] … Su oficina de Lexington Avenue estaba cerca de las oficinas de Charles Abrams y Albert Shepard, que habían unido sus compañías para formar la AMIFS. Shepard interpretó un papel importante en la creación de un pomposo consejo de administración que incluía al almirante Elmo Zumwalt, el ex embajador Maxwell Raab, unos cuantos más y yo. Pero el más importante era, con mucho, Prescott S. Bush hijo, por la sencilla razón de quién era su hermano …

»Cuando Prescott empezó a buscar oportunidades de hacer negocios en China, no necesitó mencionar el nombre de su hermano cada dos por tres porque los chinos eran lo bastante listos como para atar cabos. Además, en aquel tiempo el parecido físico entre los dos hermanos era tan grande que casi creías que estabas tratando con el vicepresidente en persona.

»Prescott empezó sus rondas en China con Charles Abrams, que tenía una estrecha relación con el hermano de Prescott en San Luis, Bucky. Charles se abrió camino juntando a figuras destacadas que dieran credibilidad a sus negocios, muchos de los cuales han fracasado. Presentó a Prescott a Albert Shepard, que vivía en Manhattan pero también tenía residencia en Greenwich. Shepard era vecino de Prescott, pero dudo de que Prescott le invitara alguna vez a su casa … Hubiera sentido vergüenza de haberse presentado Albert luciendo su habitual colección de anillos de diamantes, llamativas joyas de oro y abrigos de visón … Prescott era un esnob redomado y un tanto aburrido … Recuerdo haberme sentado a su lado en una cena del Harvard Club y que le encontré más aburrido y pomposo que divertido. No era desagradable, pero la velada se me hizo larga y Prescott me dio más trabajo que placer, ya me comprende. Pero eso les daba lo mismo a Abrams y Shepard. Solo les importaba que era hermano de George Herbert Walker Bush. De no ser por eso, Prescott hubiera podido ser el portero.»

La AMIFS empezó como compañía de trueque —una compañía dedicada al trueque de valores fuera de bolsa— y pagaba a Prescott por proporcionarle accionistas. Como consultor de la AMIFS, Prescott también cobraba por proporcionar presentaciones y clientes extranjeros interesados en invertir en Estados Unidos. Cuando Prescott se convirtió en miembro directivo de la junta asesora de la AMIFS y consejero de su filial en Asia, negoció una operación por valor de cinco millones de dólares con la compañía japonesa West Tsusho para la compra del 40 por ciento de la AMIFS. A cambio de esto, Prescott percibió doscientos cincuenta mil dólares en concepto de honorarios de intermediación financiera, más doscientos cincuenta mil dólares de la AMIFS y un contrato renegociado de la AMIFS en virtud del cual cobraría doscientos cincuenta mil dólares anuales durante tres años. Si la AMIFS fracasaba antes de que transcurrieran cinco años, la Prescott Bush and Company garantizaba la mitad de las inversiones de la West Tsusho.

«Puedo asegurarle que si la West Tsusho hizo un trato con Prescott Bush hijo fue solo porque era hermano de George Herbert Walter Bush —dijo Maitland-Lewis—. Al principio Prescott era tratado como si fuera Dios. Su llegada a la oficina parecía el Segundo Advenimiento de Jesucristo. La cultura empresarial consistía en hacer genuflexiones ante él ... Mucho más adelante se hizo evidente que el grupo japonés estaba relacionado con la mafia japonesa. Averiguamos todo eso por la prensa, pero ya hubo especulaciones en ese sentido al principio, cuando vimos la clase de gente que venía a Nueva York para asistir a nuestros consejos de administración ... Parecían los Soprano de Sapporo o, si lo prefiere, gángsteres japoneses ... decididamente no eran la flor y nata.»

No hay ningún indicio de que Prescott Bush hijo buscara deliberadamente hacer negocios con la mafia japonesa. «Al principio adoptó una actitud defensiva —señaló Maitland-Lewis—. La vergüenza vino más tarde.»

Antes de la humillación, Prescott indujo a la West Tsusho a invertir tres millones ochocientos mil dólares en la Quantum Access, compañía de Houston dedicada a la producción de software al frente de la cual estaba Draper Kauffman, uno de los sobrinos de Prescott por parte de su esposa. Prescott cobró otros doscientos cincuenta mil dólares por esta transacción y entró en el consejo de administración de la Quantum Access, lo cual le reportó más dinero. Kauffman afirmó que la West Tsusho pronto se hizo con el control de su compañía, despidió a la dirección y puso a su propia gente. Antes de que pasaran dos años, la Quantum Access se declaró en quiebra.

Lo mismo ocurrió en la AMIFS. «La compañía tenía un índice

de gastos significativo —dijo Maitland-Lewis—. Los salarios competían con los de los bancos de inversiones de Wall Street; el alquiler era alto; y, por supuesto, Abrams y Shepard gastaban el dinero como marineros borrachos … La compañía quebró, la mayoría de sus inversores, yo entre ellos, perdió hasta la camisa y Prescott, que fue incapaz de aportar el resto de los fondos asignados, se peleó con todo el mundo y se vio envuelto en un pleito con la West Tsusho que duró varios años.»

La compañía japonesa demandó a la Prescott Bush and Company por no devolver los dos millones y medio de dólares de acuerdo con la garantía que Prescott había dado a la West Tsusho al efectuar esta la inversión inicial. Prescott disolvió la Prescott Bush and Company en abril de 1991, es de suponer que para que la West Tsusho no pudiese cobrar, pero los japoneses le demandaron personalmente por la misma suma. Prescott contestó presentando una contrademanda de ocho millones de dólares y acusando a la West Tsusho de fraude. En los documentos que presentó al tribunal, la West Tsusho arguyó que la alegación de Prescott sobre sus relaciones con el crimen organizado no hacía al caso: «Bush hubiera firmado la garantía aunque estos hechos supuestos hubiesen sido ciertos y se hubieran revelado, porque Bush deseaba obtener centenares de miles de dólares para él mismo y cinco millones para la AMIFS, con la cual estaban asociados tanto Bush como su sobrino [Draper Kauffman]». Después de tres años de litigación, el tribunal desestimó la contrademanda de Prescott y la demanda de la West Tsusho se sometió a arbitraje. Finalmente las partes llegaron a un acuerdo privado.

Draper Kauffman defendió a su tío Prescott ante *The Wall Street Journal*: «Lo utilizaron [la West Tsusho] como cabeza de turco y trataron de aprovecharse de su apellido y de estafarle. [Prescott] se esforzó en investigarlos y no obtuvo nada más que informes favorables … Como organización que hacía de tapadera mantuvieron [sus conexiones con el hampa] en secreto».

La publicidad que se dio a la relación de Prescott con la mafia japonesa puso a George —que a la sazón era vicepresidente— en una situación embarazosa y causó en la familia una división que nunca se repararía. «Pienso que todo el mundo tenía un fuerte sentimiento de desaprobación —dijo Caroline Bush "Teensie" Cole, la hija mayor de James Smith Bush y su primera esposa—. Fue utilizar el apellido Bush.»

«Pres se puso muy tozudo sobre el asunto —comentó Gerry Bemiss—. Ni siquiera podías hablarle de ello. Fue muy fastidioso para George.»

«Nunca volvieron a estar tan unidos como antes —dijo Nancy Bush Ellis—. Por desgracia, probablemente nunca volverán a estarlo.»

La estrecha relación que había existido entre los dos hermanos cuando eran niños se había visto sometida a una dura prueba al intentar Prescott ser elegido para el Senado por Connecticut en 1982 contra Lowell Weicker, que en aquel entonces ocupaba el escaño. A George no le gustaba Weicker, pero como vicepresidente estaba obligado a apoyarle y el desafío de Prescott desde dentro del partido creó una situación violenta. Finalmente George logró que su madre interviniera. Dotty llamó a Prescott y le pidió que retirase su candidatura, y él lo hizo.

A Prescott le molestaba la acusación de que sus negocios causaban problemas y no comprendía por qué debía cargar él con la mayor parte de la culpa cuando los hijos de George habían contribuido tanto, y a veces más, a poner a su padre en situaciones embarazosas y a avergonzar a la familia. Así que, a pesar del malestar de George, Prescott continuó con sus trapicheos.

Pese a las quiebras de la AMIFS y la Quantum Access, continuó actuando por medio de la Prescott Bush Resources Ltd., compañía que había creado para trabajar como asesor en el campo de los bienes raíces y la promoción inmobiliaria. El propósito de la empresa era formar sociedades con compañías extranjeras.

La primera fue con la Mitsui, que ocupaba el tercer lugar entre los mayores exportadores de productos norteamericanos a Japón. Prescott trazó un plan para presentar ejecutivos de la Mitsui a hombres de negocios chinos y norteamericanos, y luego facturó una elevada cantidad (quinientos mil dólares) por su trabajo. La Mitsui rechazó su plan y quiso rechazar también su factura, pero le preocupaba el riesgo de enojar al hermano del vicepresidente de Estados Unidos, que cada vez parecía tener más probabilidades de ser el siguiente presidente.

Prescott también había firmado un contrato con la Aoki Corporation para construir un club de campo y un campo de golf cerca de Shanghai. El proyecto, que ascendía a dieciocho millones de dólares, era obra de Robert Trent Jones y estaba concebido para los hombres de negocios que visitaran la ciudad. La Aoki «dio» a Prescott una participación de un tercio (seis millones de dólares) sin costos. Prescott no invirtió ni un dólar. Al preguntarle sobre el regalo de seis millones de dólares, un ejecutivo de la Aoki contestó que Prescott los había recibido a cambio de la «plusvalía que representaba su nombre». Prescott presentaría inversores japoneses a los funcionarios chinos que participaban en el negocio.

Poco después de la presidencia de George, Prescott contribuyó a la creación de la Cámara de Comercio de Estados Unidos-China, cuyo objetivo era fomentar las relaciones comerciales entre los dos países. Como presidente del consejo de administración durante varios años, Prescott cobraba honorarios a cambio de hacer que grandes compañías se afiliaran a la cámara: United Airlines, American Express, McDonald's, Ford Motor Company, Arthur Andersen, Morgan Stanley Dean Witter y Archer Daniels Midland.

«Desde el principio, Prescott Bush hizo de su parentesco con el ex presidente una parte importante de sus argumentos», informó la *Far Eastern Economic Review* en 2000. Prescott respondió: «China ocupaba un lugar especial en mi corazón. He estado relacionado personalmente con China durante más de quince años. Mi hermano George ha desempeñado un papel importante en el fomento de las relaciones entre Estados Unidos y China desde 1974».

Amparándose en la bandera de «mi hermano George», Prescott firmó más contratos lucrativos, entre ellos un acuerdo de 1999 para ser «asesor» del Wanxiang Group, una gran compañía china fabricante de piezas de automóvil que exporta a Estados Unidos. El presidente del Wanxiang Group dijo: «Invitar a Prescott Bush a ser asesor nos ayudará a expandir nuestras operaciones en el extranjero». Un portavoz de la compañía explicó: «La compañía contrató al señor Bush porque está muy bien relacionado. Tiene muchos amigos». Se dijo que los honorarios de Prescott ascendían a trescientos cincuenta mil dólares al año.

A pesar del malestar que los negocios de Prescott causaban en la familia, no se podía negar que su riqueza era inmensa, y acumularla era el primer imperativo para los hijos de George Bush, todos ellos impacientes por convertirse en millonarios como su padre. «En nuestra familia, cuando has hecho cuatro, sales por la puerta», dijo Jeb Bush, refiriéndose a que los chicos tenían que valerse por sí mismos después de graduarse.

«Me gustaría ser muy rico —dijo Jeb al *Miami News* en 1983—. Y con mucho gusto se lo haré saber cuando piense que he alcanzado mi meta.» En 1998 Jeb ya había amasado un patrimonio neto de dos millones cuatrocientos mil dólares. Afirmó que su éxito —económico y político— no tenía nada que ver con su apellido. «Siempre he sido independiente —dijo—. He triunfado gracias a mi propio esfuerzo.»

Jeb tenía unas ansias tremendas de triunfar, trabajaba constantemente y no dormía más de cinco horas por noche. Terminó sus estudios en la Universidad de Texas en dos años y medio y, al igual que su padre, se graduó con los máximos honores (Phi Beta Kappa). Fue el primero de los hijos de George en casarse, y el primero en ser padre. Competía con su hermano mayor, George W., pero nunca estuvieron muy unidos; ambos tomaban por modelo a su padre, que había sido la influencia dominante, aunque distante, en su vida. En aquel tiempo Jeb era el «chico de oro» de la familia —inteligente, con talento, transparente—, el hijo en el que sus padres depositaban sus mayores sueños.

Poco después de que su padre prestara juramento como vicepresidente, Jeb decidió sacar a su familia de Houston porque los prejuicios contra su esposa, que era mexicana, resultaban demasiado dolorosos. «Miami tiene las puertas abiertas de par en par. Es una ciudad fronteriza —dijo Jeb—. No tiene un montón de gente con números romanos detrás de su nombre.» Columba también quería estar más cerca de su madre y su hermana, así que George H. W. prestó a su hijo veinte mil dólares para que comprase una casa en Miami, donde Jeb había ayudado a su padre a hacer campaña entre las comunidades de cubanos anticastristas durante las primarias presidenciales de los republicanos en Florida.

«Fue entonces cuando me picó el gusanillo —explicó Jeb—. Fue tal vez la experiencia más grata de mi vida. Me parece que crecí como ser humano. Aprendí a tratar con la gente. Aprendí a vencer el miedo: el miedo a la humillación, el miedo a la vergüenza, el miedo a no hacerlo tan bien como quieres.»

«Hacer campaña para papá no era un trabajo bien pagado —escribió Stephen Pizzo en *Mother Jones*—, pero Jeb estaba a punto de comprobar que ser uno de los hijos de George Bush significa que nunca tienes que enviar tu currículum vitae.»

A las pocas semanas de mudarse a Miami, Jeb conoció a Armando Codina, norteamericano de origen cubano que era partidario acérrimo de Bush y dueño de una compañía inmobiliaria. Se decía que la fortuna de Codina ascendía a setenta y cinco millones de dólares. Contrató a Jeb como agente encargado de alquilar oficinas por cuenta de su compañía en Miami, aunque Jeb no tenía ninguna experiencia en ese campo. «Aprendí el negocio con esfuerzo —dijo Jeb—. Sobre la marcha.» Codina también ofreció a Jeb una participación del 40 por ciento de los beneficios de la compañía y Jeb no tuvo que aportar ni un centavo de su bolsillo. También le brindó oportunidades de invertir en otros negocios. Jeb aceptó y la compañía fue rebautizada con el nombre de Codina-Bush, lo cual dio inmediatamente a Codina una relación con el vicepresidente de Estados Unidos.

Antes de que transcurrieran dos años, Jeb se metió en política. Como hiciera su padre veintiún años antes, Jeb optó al cargo más importante del Partido Republicano en su condado y fue elegido presidente del partido en el condado de Dade. Como jugaba al tenis en el club de campo y hablaba español con soltura, estaba situado en una posición inigualable para tender un puente entre los anglos y los cubanos del partido. Los anglos eran gente elegante, muy parecida a los abuelos paternos de Jeb, que había huido de los fríos inviernos del norte. Los irascibles cubanos eran empresarios toscos que habían huido del régimen represivo de Castro. Cada grupo miraba al otro con velado desdén, pero veneraba a Ronald Reagan, así que el hijo de treinta años del vicepresidente de Reagan fue recibido favorablemente. Esto hizo que Jeb fuera una baza de gran valor para Armando Codina.

A veces los clientes de la Codina-Bush querían que Jeb hiciera algo más que encontrarles oficinas. Querían su influencia en Washington. Jeb siempre les complacía y con frecuencia intercedía por delincuentes y truhanes cuya ostensible criminalidad no podía exagerarse. En todos los casos, los estafadores que recurrían a Jeb hacían aportaciones a sus arcas del condado de Dade antes de solicitar su ayuda. En un caso tras otro, Jeb respondía como si cada uno de ellos fuera un príncipe. Tal como escribió Jefferson Morley de *The Washington Post*: «Los empresarios políticos como Jeb Bush venden acceso».

En un caso Jeb utilizó su influencia a favor de Miguel Recarey Jr., fugitivo internacional cuya especialidad era la extorsión. Recarey, que se jactaba de sus vínculos con el mafioso Santos Trafficante, perpetró uno de los mayores fraudes a Medicare* de la historia de Estados Unidos, apoderándose de un número incalculable de millones de los contribuyentes. Según las autoridades, su patrimonio neto pasó de un millón a cien millones de dólares en seis años. Cuando Recarey conoció a Jeb Bush, el inmigrante cubano se había visto obligado a devolver trece millones de dólares que había recibido indebidamente de Medicare. También había sido declarado culpable de fraude fiscal, había cumplido condena de cárcel y estaba siendo investigado por fraude en relación con su empresa, la International Medical Centers, que pertenecía al sector de la sanidad.

En 1984, Recarey hizo una aportación de dos mil dólares a las arcas de Jeb en el condado de Dade. Jeb habló entonces con su padre y con Oliver North y les pidió que tomaran las medidas necesarias para que la IMC proporcionase tratamiento médico gratuito a los miembros de la Contra. Después, Recarey contrató la compañía personal de Jeb, la Bush Realty Management, por doscientos cincuenta mil dólares para que le encontrase un edificio de oficinas. Durante sus conversaciones, Recarey mencionó que el Departamento de Salud y Servicios Sociales de Estados Unidos estaba revisando el reglamento de Medicare para hacerlo más estricto, lo cual representaba una amenaza para los beneficios de la IMC. Recarey pidió a Jeb que llamara al departamento en su nombre. Jeb accedió e hizo dos llamadas telefónicas, algo que luego negaría, para pedir que se eximiera a Recarey del nuevo reglamento.

Jeb acudió directamente a las instancias más altas. Llamó a la

---

* Seguro nacional de enfermedad que ampara únicamente a partir de los sesenta y cinco años de edad y es voluntario.

secretaria de Salud y Servicios Sociales, Margaret Heckler, y habló con su jefe de personal, C. McClain Haddow. Jeb dijo a Haddow que «no hiciera caso de los rumores que circulaban sobre el señor Recarey. Es un buen miembro de la comunidad y un buen seguidor del Partido Republicano».

Estas llamadas del hijo del vicepresidente no solo atrajeron la atención, sino que también impulsaron a tomar medidas. Cuando el Congreso investigó más adelante el fraude de Recarey a Medicare, Haddow testificó que las llamadas de Jeb en nombre de Recarey habían ayudado a la IMC a conseguir la exención, lo cual le había permitido obtener más de la mitad de su clientela entre beneficiarios de Medicare. La aprobación de la exención por parte de Heckler invalidó la decisión de un administrador local del departamento. La intervención de Jeb garantizó básicamente que Recarey pudiera continuar estafando millones a Medicare, que es exactamente lo que hizo durante tres años más. Recarey pagó a Jeb setenta y cinco mil dólares, suma que ambos hombres afirmaron que correspondía a sus honorarios por servicios inmobiliarios, aunque Jeb nunca encontró ninguna oficina para Recarey. En 1985 y 1986 Recarey también dio más de veinticinco mil dólares a los comités de acción política de George Bush.

En 1987, cuando la IMC cerró tras declararse insolvente, faltaban más de doscientos millones de dólares pertenecientes a Medicare. Recarey fue acusado de desfalco, extorsión laboral, soborno, obstrucción a la justicia y escuchas telefónicas ilegales. Huyó a Venezuela y de allí pasó a España, donde actualmente vive rodeado de lujo. Su nombre todavía aparece en la lista de fugitivos internacionales del FBI.

En 1985, el año posterior a su intervención en nombre de Recarey, Jeb escribió al Departamento de Vivienda y Desarrollo Urbano en nombre de otro personaje sin escrúpulos, Hiram Martinez Jr. Este había solicitado un préstamo federal para construir apartamentos. La solicitud se hallaba estancada debido a dudas relacionadas con el valor de los terrenos. Después de que Jeb escribiera al departamento, Martinez obtuvo el préstamo, pero más adelante el departamento descubrió que Martinez había inflado el valor de los terrenos y el coste del proyecto. Fue procesado por fraude y condenado a seis años de cárcel. Jeb dijo que no recordaba haber escrito la carta, pero el departamento hizo pública una copia.

Jeb había intercedido por Martinez por encargo del contratista de este, Camilo Padreda, otro cubano anticastrista, que era encargado de finanzas del Partido Republicano en el condado de Dade cuando Jeb era su presidente. En 1982 Padreda había sido acusado de estafar quinientos mil dólares a la compañía Jefferson Savings and Loan de McAllen, Texas. Pero no hubo juicio porque la CIA intervino a favor del socio de Padreda, que fue acusado con él. El citado socio había trabajado para la CIA durante la fracasada invasión de bahía de Cochinos. Padreda se declaró más tarde culpable de estafar millones de dólares al Departamento de Vivienda y Desarrollo Urbano, incluido el fraude que cometió Martinez, pero Padreda nunca fue a la cárcel. En vez de ello, fue condenado a arresto domiciliario y se le concedió la libertad condicional a cambio de cooperar con las autoridades que investigaban la corrupción en el condado de Dade.

Jeb, que ha afirmado que nunca ejerció presiones sobre el gobierno de su padre, en 1990 presentó al Departamento de Justicia una súplica a favor de Orlando Bosch, que estaba en la cárcel por entrar ilegalmente en Estados Unidos. El terrorista anticastrista, que estuvo implicado en el asesinato de Orlando Letelier mediante un coche bomba, era tristemente célebre como cerebro de otro atentado con bomba, en este caso contra un avión de Cubana Airlines en octubre de 1976, que causó la muerte de las setenta y tres personas que iban a bordo, entre ellas un grupo de atletas cubanos que volvían de los Juegos Panamericanos celebrados en Caracas, Venezuela. En aquel tiempo George Herbert Walker Bush era el director de la CIA. Estados Unidos aprobaba los actos de terrorismo contra Cuba y adiestraba comandos que luego se infiltraban en la isla. Jeb, que planeaba presentar su candidatura al cargo de gobernador de Florida, representaba a un grupo de electores ferozmente anticastristas, un bloque de votantes que apreciaba mucho las medidas contra Castro que su padre tomaba en la CIA. El apoyo público de Jeb a la concesión de la libertad condicional a Bosch aumentó todavía más su prestigio a ojos de la comunidad cubana, que consideraba a Bosch un patriota exiliado y le honraba por sus atentados criminales en diversas partes del mundo. A instancias de su hijo, George Bush intervino para obtener la puesta en libertad del terrorista cubano y más adelante concedió a Bosch el permiso de residencia en Estados Unidos.

Para entonces Jeb había tejido una intrincada red de negocios turbios relacionados con la CIA. En repetidas ocasiones se benefició económica y políticamente explotando el alto cargo de su padre con fines personales. Uno de sus casos más escandalosos fue cuando él y su socio Armando Codina obtuvieron un préstamo de 4.560.000 dólares de la Broward Federal Savings and Loan por medio de una tercera persona, J. Edward Houston. La empresa Codina-Bush utilizó el dinero para comprar un edificio de oficinas. Cuando la Broward Federal Savings and Loan quebró, los interventores federales se encontraron con que el préstamo concedido a Houston y obtenido por la Codina-Bush estaba pendiente de devolución. En vez de obligar al hijo del vicepresidente y a su socio a vender el edificio de oficinas para liquidar el préstamo, los interventores federales negociaron un acuerdo en virtud del cual Jeb y su socio devolvieron quinientos cinco mil dólares y retuvieron el control del edificio de oficinas mientras que la pérdida de cuatro millones de dólares pasó a los contribuyentes. En una entrevista con *The New York Times*, ambos hombres expresaron su sorpresa ante el hecho de que el acuerdo pudiera interpretarse como el uso del dinero de los contribuyentes para liquidar un préstamo cuyo importe fue para su edificio. «Al preguntarles si eran conscientes de que los fondos para la devolución del préstamo salieron del bolsillo de los contribuyentes, ambos hombres dijeron que no.» Tres años más tarde Jeb y su socio vendieron el edificio por ocho millones de dólares y Jeb afirmó con cara seria que era justo lo suficiente para cubrir los costos y los honorarios de los abogados. «Este pequeño episodio —comentó Christopher Hitchens en *The Nation*—, proporciona una visión oportuna del mundo mental y moral de la gente que hace dinero en lugar de ganarlo.»

A esas alturas Jeb pensaba que había hecho suficiente dinero para empezar en serio su carrera política. Comunicó a su padre que quería presentar su candidatura al Senado en 1986, pero el vicepresidente le persuadió a que esperase. Dijo que no podía permitirse «otra jugada a lo Pres» justo cuando se estaba preparando para presentar su propia candidatura a la presidencia. Jeb sabía que se refería a los problemas que su tío Prescott había causado al presentarse para el Senado en 1982 en Connecticut. George explicó a su hijo que en ese momento le necesitaba en Florida. Jeb, que idolatraba a su padre, sabía que era la última y mejor probabilidad que tenía de alcanzar la presidencia. Fuera cual fuese el candidato demócrata, el vicepresidente del querido Ronald Reagan le llevaría ventaja. Jeb dijo que haría cualquier cosa para que su padre fuera elegido.

Como presidente del Partido Republicano en el condado de Dade, Jeb solía pedir favores políticos a su padre, y en 1986 pidió a George que visitara Florida para hacer campaña a favor de Bob Martínez, el candidato republicano al cargo de gobernador. «Los chicos siempre estaban llamando a la oficina del vicepresidente para pedirle cosas —dijo uno de los principales colaboradores de Bush—, pero las llamadas a las que el viejo prestaba más atención eran normalmente las de Jeb ... Me parece que confiaba en el instinto político de Jeb.»

Las ideas marcadamente derechistas de Jeb —«Soy conservador y partidario de la pena de muerte»— y su apoyo declarado a los contras gustaban a su padre y reforzaban su popularidad entre la comunidad hispánica del condado de Dade, que era conservadora y anticomunista. El acceso de Jeb a cubanos fabulosamente ricos hacían de él un elemento valiosísimo para los colaboradores políticos de su padre al preparar la candidatura presidencial de este en las elecciones de 1988. Jeb pidió a su padre que hiciera campaña a favor de Martínez y su solicitud se incluyó de inmediato en el programa del vicepresidente, que hizo varios viajes a Florida. Al ser elegido, Martínez nombró a Jeb secretario de comercio de Florida, cargo que desempeñó durante veinte meses. Le permitió viajar en misiones comerciales a América Latina y Asia, y le brindó nuevas oportunidades de hacer negocios provechosos para él y para el estado. Después de ganar las elecciones presidenciales de 1988, George nombró a Martínez —que no había logrado ser reelegido— zar en la lucha contra la droga.

Como secretario de comercio de Florida, Jeb concedió un contrato estatal valorado en ciento sesenta mil dólares a Richard Lawless, ex agente de la CIA, para promocionar Florida en Extremo Oriente. Después de que Jeb dejara su cargo en el estado, Lawless le pagó quinientos veintiocho mil dólares por varios servicios inmobiliarios. Lawless también donó treinta y cinco mil dólares al Partido Republicano y cinco mil dólares a la primera campaña de Jeb para gobernador.

Jeb fundó una segunda compañía con Hank Klein, la Bush-Klein Realty, dedicada a vender propiedades inmobiliarias. Su nuevo socio se preguntó si las ideas políticas serían un obstáculo para los negocios.

«Le pregunté: "¿Qué piensa tu padre de que hagas negocios con un demócrata liberal?" —afirmó Klein—. Jeb respondió que su padre se lo pensó un momento y luego dijo: "Está bien… siempre y cuando hagáis dinero juntos". Y yo le dije: "Eso es hablar como un verdadero republicano".»

Después de que su padre se convirtiera en presidente, Jeb le telefoneó para pedirle más cosas: fotos autografiadas, gemelos presidenciales y refrendos presidenciales. Cuando en 1989 dirigió la campaña de Ileana Ros-Lehtinen, que competía con diez candidatos para ocupar el escaño de Claude Pepper en el Congreso, Jeb pidió a su padre que refrendase a la destacada norteamericana de origen cubano. George accedió a ello y voló a Florida en el Air Force One para aparecer junto a Ros-Lehtinen durante su campaña en Miami. El presidente declaró: «Estoy íntimamente convencido de que seré el primer presidente norteamericano en pisar el suelo de una Cuba libre e independiente».

Ros-Lehtinen salió elegida y pasó a ser el primer ciudadano norteamericano nacido en Cuba y la primera mujer hispana en ocupar un escaño en el Congreso, lo que aumentó todavía más el prestigio de Jeb y su padre entre los anticastristas. Al cabo de unos cuantos meses, cuando encabezó una misión económica a Japón, Jeb asistió a un seminario en el cual se repartieron folletos que le calificaban de «heredero político» del presidente y poseedor «de los vínculos más fuertes con la Casa Blanca entre los miembros de la familia Bush».

Jeb acumuló gran parte de su patrimonio neto durante la presidencia de su padre. Después de trabajar en la campaña presidencial de 1988, Jeb formó una sociedad privada, la Bush-El, con David Eller de la M&W Pump. Los dos hombres, que se conocieron por medio del Partido Republicano del condado de Dade, pretendían vender bombas de agua de tamaño gigante a países pobres como Egipto, Indonesia, Malasia, México, Panamá, Taiwan y Tailandia. Tal vez el negocio más lucrativo fue el que hicieron en Nigeria, donde un préstamo de setenta y cuatro millones de dólares del Export-Import Bank les permitió financiar la venta de bombas para riego y control de inundaciones.

Dos meses después de la toma de posesión de su padre, Jeb entró en el despacho del presidente de Nigeria Ibrahim Babangida en Lagos y le regaló un ejemplar autografiado del discurso que con motivo de la investidura pronunciara el presidente Bush. Jeb y su socio se encontraban en Nigeria con sus respectivas esposas. El motivo aparente de la visita, que debía durar cinco días, era inaugurar una planta de fabricación de la M&W valorada en tres millones seiscientos mil dólares.

Antes de volar a Nigeria, el hijo del presidente había informado al Departamento de Estado de que era un viaje de negocios y «no quería ningún trato especial», lo cual hacía pensar en su tío Prescott. Y a pesar del telegrama que el presidente envió a las embajadas extranjeras pidiendo que no se dispensara un trato preferente a su familia, Jeb fue recibido a bombo y platillo en todas partes. Dijo a los periodistas que la entrevista con el presidente nigeriano fue una «breve visita de cortesía» en la que el primer mandatario dio las gracias a la M&W por invertir en Nigeria. El informe que el embajador mandó al Departamento de Estado describía una entrevista más larga en la que se habló de los derechos humanos en Cuba, el valor de los vínculos estrechos entre Estados Unidos y Nigeria y el deseo del presidente Babangida de visitar Estados Unidos. Jeb transmitió la solicitud del presidente nigeriano a la Casa Blanca y se programó una visita oficial, aunque tuvo que aplazarse en el último momento debido a la agitación entre los musulmanes nigerianos.

Después del viaje de Jeb, el presidente Bush envió por valija diplomática un mensaje escrito a mano al presidente de Nigeria: «Quiero darle las gracias por recibir a Jeb y Columba Bush y por la hospitalidad que se les dispensó en todo momento en Nigeria. A su regreso hicieron grandes elogios de su país y afirmaron que estaban muy agradecidos a usted».

En su segundo viaje a Nigeria acompañó a Jeb el agente de la M&W en el país, Al-Haji Mohammed Indimi, que llevaba una maleta llena de dinero nigeriano que utilizó para sobornar a funcionarios nigerianos. Jeb dijo luego a la prensa que no sabía nada de los sobornos. Después de la visita de Jeb, el Export-Import Bank aprobó ocho empréstitos directos de 74.300.000 dólares con cargo a la compra pendiente de bombas de la M&W por parte de Nigeria. El gobierno norteamericano acusó más adelante a David Eller de inflar sus precios y utilizar el dinero de los empréstitos para pagar los sobornos y una comisión muy elevada a Indimi. El socio del hijo del presidente no fue acusado de fraude. Cuando se llevó a cabo la investigación gubernamental, Jeb ya no formaba parte de la sociedad. Después de cobrar de la Bush-El comisiones por un valor total de 196.000 dólares, Jeb vendió su parte a Eller por 452.000 dólares. Había trabajado en la Bush-El seis años.

Mientras el vicepresidente frenaba las ambiciones políticas de su segundo hijo, el tercero, al que la familia llamaba «Mr. Perfect», estaba a punto de causar a los Bush su humillación más pública. Sus padres siempre habían calificado a Neil Bush como «el hijo ideal» porque, empujado por las ansias de complacerles, hacía las tareas desagradables que nadie más quería hacer. «Neil no nos da nada más que felicidad», escribió George al poco de nacer su hijo. Treinta años después decía lo mismo.

«A medida que crecía, nos volvía locos a todos, porque hacía que pareciéramos sencillamente horribles», dijo Marvin, el cuarto hijo, a un periodista. Neil decía que era su forma de compensar las malas notas que sacaba en los estudios y que se atribuían a la dislexia que padecía. «Siempre he encontrado maneras de compensar —dijo—. Era más simpático. Me ofrecía voluntariamente a pasar el rastrillo por el jardín cuando los demás no querían hacerlo.»

John Claiborne Davis, ex subdirector de St. Albans, dijo que le tocó la nada envidiable tarea de colocar a Neil en una buena universidad. «Era un chico totalmente encantador —recordó Davis—, pero no era un estudiante sensacional. A pesar de ello, logré que le aceptasen en Tulane por ser su padre quien era. Gracias a Dios, Barbara Bush no me presionó para que le colocara en Yale. Me parece que se dio por satisfecha con Tulane ... Neil se licenció en relaciones internacionales y luego se doctoró en estudios empresariales ... Nunca sabré cómo se las arregló para empezar sus estudios de posgrado y terminarlos. En St. Albans dábamos tres tipos de diploma: uno era un diploma con mención especial que se daba al primero de la clase. Luego había un diploma con mención de honor para los estudiantes que sacaran menos nota que los anteriores y, finalmente, había un certificado de graduación sin ninguna distinción en absoluto. Este es el certificado que obtuvo Neil.

»Había solicitado plaza en Rice porque, según dijo, quería estar en Texas, pero Rice es una buena escuela con unos niveles académicos elevados y le rechazaron. Así que le sugerí que la solicitara en Tulane, en Nueva Orleans ... Había colocado a varios de nuestros chicos allí y pensé que lograría que le admitiesen ... Recuerdo que visité Tulane durante el primer trimestre para ver qué tal les iba a nuestros chicos. Llevé a Neil y a dos chicos negros de St. Albans a cenar en el Commander's Palace. Todos pedimos langosta, pero el pobre Neil no sabía qué hacer con la pala de pescado. Cuando se acercó la camarera, Neil le preguntó: "¿Cómo se come esto?". La camarera le puso la servilleta al cuello, como si fuese un babero. Luego rompió el caparazón de la langosta, metió la pala dentro y le dio de comer en la boca a Neil. "Así es como se hace, hijito", dijo. Los otros chicos y yo nos guiñamos el ojo; no podíamos creer que Neil nunca hubiera comido langosta, especialmente después de pasar tantos veranos en Kennebunkport ... Supongo que yo había dado por sentado que en la familia Bush había un nivel mínimo de educación y buenas maneras.»

Howard Means, que enseñó lengua inglesa a Neil en St. Albans, no hizo esa suposición, en especial después de conocer a los padres de Neil. «Fue probablemente treinta años después de enseñar a Neil cuando conocí a Barbara y George Bush. Hacía varios meses que había dejado la presidencia y estaban en una fiesta. Nadie les hacía el menor caso, así que me acerqué a ellos y me presenté.

»—Señor presidente —dije—. Fui profesor de Neil en St. Albans. ¿Qué tal anda de gramática hoy día?

»—Bien, pero aún termina algunas frases con una preposición [algo correcto y frecuente en inglés].»

Means se quedó esperando que Bush se riera de su metedura de pata, pero, al parecer, el presidente no se dio cuenta de haberla cometido.

Después de graduarse en la escuela de ciencias empresariales de Tulane, Neil participó en la campaña de su padre de 1980 como voluntario de plena dedicación y trabajó en New Hampshire con el ex gobernador Hugh Gregg. Allí conoció a Sharon Lee Smith, que era maestra de escuela. Se casaron en el verano de 1980 en Kennebunkport y se mudaron a Denver para que Neil, al igual que su padre y su hermano George, pudiera entrar en el negocio del petróleo y el gas. Neil empezó su aprendizaje con la Amoco como corredor de arrendamiento financiero con un sueldo de treinta mil dólares al año. Pensaba seguir la trayectoria de su padre, es decir, amasar una fortuna y entrar en política. Su mayor ilusión era ser gobernador de Colorado.

«Hablaban de que G. W. iba a presentarse para gobernador de Texas, y Jeb para gobernador de Florida y Neil para gobernador de Colorado —explicó Douglas Wead, amigo de la familia Bush que sirvió en calidad de ayudante especial en la primera Casa Blanca de Bush—. La familia hubiera apostado por Jeb. Pero si observabas la personalidad de cada uno de ellos, te decidías por Neil ... Es tranquilo, es gracioso, es mejor orador que cualquier otro miembro de la familia ... Hubiera podido ganar un escaño en el Congreso con facilidad.»

Ser hijo del vicepresidente abría puertas que hubieran permanecido cerradas a cualquier otro joven. Neil y Sharon no tardaron en formar parte del ámbito social de Denver. Neil jugaba a squash en el exclusivo Denver Club y Sharon trabajaba de voluntaria en el Hospital de Niños, la institución benéfica con más prestigio social de la ciudad. Ambos eran invitados a las mejores fiestas.

No habían transcurrido dos años cuando Neil decidió crear su propia empresa petrolera, aunque el boom del petróleo había alcanzado su apogeo en 1981. Con James Judd y Evans Nash formó la JNB Exploration en 1983. Neil y sus socios aportaron solo cien dólares por cabeza y financiaron su compañía con un millón de dólares de dos promotores de Denver, Kenneth Good y Bill Walters. Como presidente de la JNB Exploration, Neil se asignó un salario de sesenta mil dólares al año. Colgó una fotografía enmarcada de su padre en la pared de su despacho y en su mesa de trabajo tenía una placa que decía MR. BUSH. Neil explicaba a las visitas que la placa procedía del escaño que en otro tiempo ocupara en el Senado su abuelo Prescott Bush.

Impresionado por el linaje de Neil, Kenneth Good quiso congraciarse más con el hijo del vicepresidente, así que prestó a Neil cien mil dólares para que los invirtiera en materias primas. Neil perdió la inversión, pero Good le perdonó el préstamo. Walters también prestó a Neil cien mil dólares, pero se atuvo a las condiciones pactadas. En la primavera de 1985 los dos hombres presentaron a Neil a su banquero, Michael Wise, presidente de la Silverado Savings and Loan. Wise preguntó a Neil si le gustaría formar parte del consejo de dirección de la compañía.

«Yo no pretendía ser experto en el negocio de ahorro y crédito inmobiliario, pero Wise dijo que no importaba», recordó Neil. Sus honorarios de consejero ascendían a ocho mil dólares al año. «Supongo que sería pecar de ingenuo pensar que el apellido Bush no tuvo nada que ver con ello», añadió. Neil respondió que aceptaba la oferta de Wise porque ansiaba ser un hombre de negocios respetado. «Quería consolidar mis raíces en esta ciudad. Tenía entonces la impresión de que entrar en el consejo de administración de una entidad financiera sirve para forjarte una reputación en la comunidad y hacer que te conozcan las personas que la dirigen, las personas influyentes.»

Ronald Reagan había liberalizado el ramo de ahorro y crédito inmobiliario en 1982, lo que permitía a estas entidades financieras hacer inversiones más arriesgadas con menos supervisión del gobierno. La única experiencia de Neil en la banca había sido un empleo de verano consistente en rellenar formularios en el departamento de fideicomisos de un banco de Dallas. No estaba preparado para aportar una supervisión adecuada de las prácticas comerciales de la Silverado ni para detectar las operaciones dudosas con las que se tapaban las pérdidas causadas por los créditos fallidos.

Durante los tres años siguientes, Neil recomendó a la Silverado que concediera préstamos por valor total de doscientos millones de dólares a Bill Walters y Kenneth Good sin informar a los otros miembros del consejo de administración de que ambos hombres eran copropietarios de la compañía de Neil, la JNB Exploration. Tampoco mencionó Neil que debía a Walters los cien mil dólares de un préstamo personal, y que Good le había perdonado otro préstamo por el mismo importe. Cuando Kenneth Good se brindó a comprar el 80 por ciento de la JNB y prometió aportar tres millones cien mil dólares a la compañía antes de septiembre de 1987, Neil dio un salto. «Fue un negocio muy bueno», dijo.

Demasiado bueno, a juicio de Evans Nash, a quien preocupaba la relación de Neil con el ambicioso promotor. Good vivía rodeado de lujos, hasta el extremo de destacar entre la gente muy dada a gastar, y Neil parecía excesivamente deslumbrado por la residencia de Good, que estaba valorada en diez millones de dólares, tenía una extensión de unos tres mil metros cuadrados y estaba dotada de una pista de balonmano cubierta y dos de tenis, una cubierta y otra al aire libre. Good circulaba velozmente por Denver al volante de un Maserati y viajaba a Montecarlo en un reactor privado. «Era más bien manirroto —dijo Neil—. Le gustaban las operaciones muy arriesgadas y probablemente por eso le interesaba mi negocio petrolero.»

A Neil no le preocupaba en absoluto que Good hubiera persuadido a la Silverado de perdonar ocho millones en préstamos que no podía pagar, pero Nash sí estaba preocupado; quería salir de la sociedad. Vendió su parte en la JNB Exploration a Neil, que inmediatamente se aumentó el sueldo hasta llegar a los ciento veinte mil dólares al año, más gratificaciones exentas de impuestos. También se hizo socio del Petroleum Club y refinanció su domicilio con una hipoteca de trescientos mil dólares de la Silverado, que le dio un descuento del 2 por ciento sobre el tipo de interés.

Neil, que dependía económicamente de Good, persuadió a la Silverado de conceder una línea de crédito de novecientos mil dólares a Good para que este pudiese participar en un negocio que la JNB Exploration tenía en Argentina. Neil y su socio en la JNB, James Judd, utilizaron el dinero para comprar el 50 por ciento de una concesión petrolera en el norte de Argentina, pero se les terminaron los fondos antes de que empezaran las perforaciones.

«En la mayoría de los círculos, tal vez nos hubieran demandado porque existía una obligación contractual —dijo James Judd—. Para serle franco, el hecho de que Neil tomara parte en este negocio en particular... no puedo por menos de pensar que hubo cierta consideración preferencial.»

En vez de demandar al hijo del vicepresidente, el industrial argentino Santiago Soldati, que poseía el otro 50 por ciento, asumió todo el coste del proyecto. Dos años después Soldati asistió en calidad de invitado especial a la toma de posesión de George Herbert Walker Bush.

La Silverado perdió mucho dinero durante 1986 y 1987 porque Neil y los otros consejeros aprobaron doscientos millones de dólares en préstamos para los dos socios de Neil en la JNB, su desastrosa compañía petrolera. El fracaso de la Silverado se debió en gran parte a los dos socios citados, que incumplieron el pago de préstamos por valor de ciento treinta y dos millones de dólares. Este y otros incumplimientos de la Silverado costaron a los contribuyentes casi mil millones de dólares. La orden de cerrar la Silverado no llegó hasta el día después de que George Bush fuera elegido presidente en noviembre de 1988, lo cual induce a pensar que hubo injerencias políticas para que se ocultase lo ocurrido hasta después de los comicios. Si la noticia se hubiera dado antes, tal vez hubiera influido en las elecciones a causa de la participación del hijo de Bush. Los interventores se incautaron de los ahorros y los créditos el 9 de diciembre de 1988 y el «Mr. Perfect» de la familia Bush se convirtió en paradigma de la estafa bancaria.

La Oficina de Supervisión del Ahorro presentó tres acusaciones de conflicto de intereses contra Neil y le citó a declarar. La Corporación Federal de Seguro de Depósitos entabló en Denver un pleito civil de doscientos millones de dólares contra Neil y los demás consejeros de la Silverado. La Comisión del Senado sobre la Banca citó a Neil a declarar sobre su papel como consejero de la Silverado Savings and Loan Association.

Su madre montó en cólera y dijo a la prensa que estaban «persiguiendo a Neilsie».

«Si no fuera por mí, no se vería sometido a este acoso», dijo su padre. La avalancha de publicidad negativa que cayó sobre Neil disgustó a su familia.

«La atención no estaría puesta sobre Neil Bush hoy —dijo su hermano Marvin— si mi padre no fuese presidente.»

El presidente se llevó un disgusto a causa del escándalo en que se veía envuelto su hijo. «Recuerdo que estaba en un almuerzo de trabajo con él y con todos los encargados de la publicidad para la campaña de 1992 —comentó Bob Gardner, de Gardner Communications—. De pronto el presidente Bush se derrumbó y empezó a llorar por Neil. Dijo que el chico era atacado injustamente por ser su padre quien era.»

Al cabo de nueve meses, el pleito civil de doscientos millones de dólares contra Neil y los otros consejeros se resolvió por cuarenta y nueve millones y medio de dólares, de los cuales veintinueve millones y medio saldrían de los bolsillos de los consejeros que habían permitido que la Silverado muriera desangrada. Todos los consejeros estaban asegurados, así que al final a cada uno de ellos, incluido Neil, les correspondió pagar solo cincuenta mil dólares de multa. Neil ni siquiera tuvo que utilizar su propio dinero para pagar esta sanción ni los honorarios de los abogados, que ascendieron a doscientos mil dólares. La suma total —doscientos cincuenta mil dólares— se pagó con cargo a un fondo de defensa que creó el buen amigo de su padre Lud Ashley, que recurrió a los amigos de los Bush para sacar al hijo de estos del apuro. Algunos se preguntaron por qué el presidente Bush, cuyo patrimonio neto declarado era a la sazón de cuatro millones de dólares, no pagó los honorarios de los abogados él mismo. Como Neil había puesto a su último hijo el nombre de Ashley, este acudió ahora en su auxilio.

«Lo hice porque era amigo de la familia», dijo Lud Ashley, ex miembro del Congreso por Ohio que estaba al frente de la Asociación de Compañías Propietarias de Bancos cuando pasó el sombrero entre las amistades de los Bush para ayudar a Neil. En aquel tiempo Ashley apoyaba una serie de proyectos de ley presentados por la Casa Blanca de George Bush con el fin de liberalizar el ramo bancario. A algunos banqueros de la asociación de Ashley no les gustó lo que hizo por el hijo de su amigo porque causaba mala impresión.

Para entonces el escándalo de los ahorros y los créditos se había enroscado en el cuello de Neil como una soga, pero el hijo del presidente se libró de ser procesado. En su comparecencia ante la Oficina de Supervisión del Ahorro se mencionó que por «una incapacidad ética, una falta de capacidad para ver los aspectos éticos de los asuntos, infringió ingenuamente los principios morales. Como no veía, no había sopesado la dimensión moral del asunto ... La incapacidad no le exime de responsabilidad para con los depositantes, los accionistas, los aseguradores y los contribuyentes norteamericanos».

Hablar de la «incapacidad ética» de Neil Bush fue una reprimenda pública a George y Barbara Bush como padres: habían criado a un hijo que no distinguía la diferencia entre el bien y el mal, o era tan avaricioso que pasó deliberadamente por alto principios morales fundamentales.

«El hecho de distinguir el bien del mal prueba la superioridad intelectual del hombre sobre otros seres —dijo Mark Twain—. Pero el hecho de que sea capaz de hacer el mal prueba su inferioridad moral respecto de los seres que no pueden hacerlo.» El juez de la sesión de la Oficina de Supervisión del Ahorro declaró a Neil inferior a un gusano. Dijo que Neil había infringido «el peor tipo de conflicto de intereses» y recomendó a la oficina que ordenara a Neil que se abstuviera de transacciones bancarias parecidas en el futuro. Neil tuvo que testificar en nombre propio durante tres horas. Se mostró propenso a discutir, poco dispuesto a cooperar y arrogante. En una rueda de presa celebrada después, estuvo aún más desafiante.

Se acercó a los micrófonos, se arregló la corbata, metió las manos en los bolsillos y denunció a los medios de comunicación «inexactos», los interventores «interesados» y los «matones del gobierno». Lo denunció todo excepto sus propios actos. Cuando un periodista le pidió que reconociera que había como mínimo indicios de conflicto de intereses, se puso furioso.

«Lo diré otra vez —respondió secamente—. Soy inocente de todas las acusaciones.» Luego habló como si los periodistas fueran mudos y apenas entendieran el inglés. Haciendo una pausa después de cada palabra, los miró con expresión iracunda.

«No... hubo... ningún... conflicto... de... intereses.»

Los periodistas quedaron atónitos al ver que, a pesar de que las pruebas eran irrefutables, Neil seguía afirmando que tenía razón tanto jurídica como moralmente. «Parecía creer en su propio derecho de nacimiento —escribió Steven Wilmsen en *Playboy*— a beneficiarse a expensas de la nación.»

En abril de 1991 la Oficina de Supervisión del Ahorro prohibió a Neil Bush llevar a cabo transacciones bancarias durante el resto de su vida. No había ningún precedente de que la oficina diera una orden así contra alguien que ya no estaba afiliado a una institución financiera. Para un hombre de negocios, la orden equivalía a la expulsión con deshonor en el caso de un militar. Sin embargo, Neil se recuperó del golpe más rápidamente que la mayoría.

Meses antes de la comparecencia ante la oficina, había formado otra compañía, la Apex Energy, para buscar gas metano en Wyoming. Invirtió tres mil dólares de su propio bolsillo y recibió dos millones setecientos mil dólares en concepto de capitalización de Louis Marx, financiero de Nueva York que había aportado cien mil dólares a la campaña de George Bush. Marx compró el 49 por ciento de la compañía de Neil utilizando para ello fondos que había obtenido de un programa de la Agencia Federal para el Desarrollo de la Pequeña Empresa cuyo objetivo era ayudar «a empresas de mucho riesgo a dar sus primeros pasos». Neil se asignó trescientos veinte mil dólares en concepto de salario en dos años, más ciento cincuenta mil dólares por el arriendo de una explotación petrolera. La compañía perdió setecientos ocho mil dólares en su primer año y en el segundo sus acciones ya no valían nada. Cuando la compañía incumplió el pago del empréstito de la Agencia Federal para el Desarrollo de la Pequeña Empresa, la congresista por Denver Pat Schroeder pidió que se llevase a cabo una investigación, pero la Agencia Federal se negó. En abril de 1991 Neil dimitió de la presidencia de la compañía.

Manifestó que la publicidad negativa se había vuelto insoportable. Pidió que su número de teléfono no constara en la guía y se quedó en su casa de cinco dormitorios en la salida número cuatro del Glenmoor Country Club. «Sencillamente estalló y se convirtió en una pesadilla pública para mí —dijo más adelante—. Leía todo lo que publicaban los periódicos. Me preocupaba al pensar cuál sería la siguiente filtración. Me preocupaba el efecto que tendría en mi padre y mi papel en el asunto. Aumenté un poco de peso, no comía bien.»

Pronto disminuyó el número de invitaciones a fiestas elegantes porque la buena sociedad de Denver borró a los jóvenes Bush de su lista de personas importantes. Barbara Bush llegó a la ciudad con el fin de ofrecer con Sharon Bush un almuerzo para recaudar fondos en el domicilio de Bill Daniels, presidente de la TransMedia, grupo de empresas de televisión por cable. Se recaudaron más de trescientos mil dólares para la campaña de George H. W. en 1988, pero ni siquiera el prestigio de la primera dama ayudó a su hijo y su nuera. La humillación definitiva se produjo cuando Neil fue expulsado sin miramientos del Clyde Rogers Memorial Day Open, de la Asociación de Tenis de Colorado. Después de que Neil y su pareja dieran una paliza a sus adversarios en un partido de dobles, se presentó una protesta oficial que acusaba a Neil de jugar en una categoría inferior a la que le correspondía con el objeto de ganar. Neil respondió que no se había dado cuenta de que estaba inscrito para jugar en un equipo clasificado por debajo de su categoría de la Asociación de Tenis de Estados Unidos, que era de 5,5 puntos en una escala de 10. «En resumidas cuentas, la responsabilidad es del jugador —dijo el organizador, Harold Aarons—. Metió la pata y no hay que darle más vueltas.»

Neil y Sharon decidieron que tenían que irse de la ciudad. «Nos echaron», dijo Neil más adelante. Pusieron en venta la casa, que estaba a nombre de Sharon para proteger su único activo, y trazaron planes para mudarse a Houston, donde el apellido Bush era socialmente aceptable. En una fiesta de despedida que ofreció Jim Nicholson, miembro del Comité Nacional Republicano, Neil pidió perdón por los problemas que hubiera causado al partido. Dijo que se daba cuenta de que todo había sido culpa suya y que lo lamentaba. Pero añadió que no tenía la sensación de haber hecho nada malo. Nicholson, que sería nombrado embajador en el Vaticano por el hermano de Neil, dijo que estaba de acuerdo.

Los demócratas, por supuesto, discreparon. En su convención nacional de 2000, el presidente del partido en Colorado presentó su estado en la televisión nacional declarando: «Colorado es el antiguo lugar de residencia de Neil Bush, hermano de George W. Bush, que huyó de nuestro estado después de robar, en el escándalo de los ahorros y los créditos, los ahorros de familias trabajadoras que los habían ganado con el sudor de la frente».

A pesar de la «incapacidad ética» y de la orden de la Oficina de Supervisión del Ahorro, Neil encontró trabajo por medio del amigo de su padre Bill Daniels. En 1990 Daniels escribió al presidente para pedirle que se opusiera a la regulación de la industria de la televisión por cable y la Casa Blanca accedió a ello. Unos meses después, Daniels contrató a Neil como director de finanzas de la TransMedia en Houston con un sueldo de sesenta mil dólares al año. Neil no tenía ninguna experiencia en el campo de las comunicaciones, pero Daniels explicó que «pensaba que Neil merecía una segunda oportunidad».

Al igual que Fredo en *El padrino*, Neil es el hijo torpe de los Bush, débil, superficialmente amable y siempre dependiente de las relaciones de la familia. Estas relaciones fueron muy provechosas en Houston porque los amigos de su padre firmaron con Neil diversos contratos de «asesoramiento». Después de viajar a Argentina en junio de 1989 y jugar al tenis con el presidente electo, Carlos Menem, Neil fue contratado como asesor por la Plains Resources para preparar una oferta de adquisición de reservas de petróleo en el país sudamericano. En diciembre de 2001, Neil cenó en Beijing con el presidente chino Jiang Zemin y a mediados de los noventa fue contratado por el Charoen Pokphand Group de Tailandia con el fin de buscar un socio norteamericano para un centro comercial en Shanghai. Cuando el hijo del presidente chino, Jiang Mianheng, fundó una compañía con Winston Wong, los dos hombres dieron a Neil en 2002 un contrato de asesoramiento con la Grace Semiconductor que le reportó dos millones de dólares de acciones preferentes de dicha compañía durante cinco años en incrementos de cuatrocientos mil dólares. Además, Neil entró en el consejo de administración de la Grace Semiconductor y cobró diez mil dólares por cada una de sus reuniones. Wong dijo al *Financial Times* que, a cambio de estos munificentes honorarios, «el señor Bush proporcionaba consejos útiles sobre la economía estadounidense». La Crest Investment Corporation de Houston contrató a Neil como asesor con un sueldo de sesenta mil dólares al año y le nombró copresidente. Neil dijo que trabajaba solo tres o cuatro horas a la semana y que sus servicios consistían en «contestar llamadas telefónicas cuando Jamail Daniel, el otro copresidente, llamaba y pedía consejos».

A estas alturas el padre de Neil se movía en una estratosfera de riqueza donde el aire era tan tenue que solo los multimillonarios podían respirar. Bush padre contaba entre sus amigos a algunos de los hombres más ricos del mundo, como el príncipe Bandar de la familia real saudí, que está tan unido a los Bush que estos le llaman «Bandar Bush»; los hermanos Hinduja, que son propietarios de la Gulf Oil y están entre las diez personas más ricas de Gran Bretaña; los hermanos Bass de Texas, cuyo patrimonio conjunto asciende a ocho mil ochocientos millones de dólares; Ali al-Sabah de la familia reinante en Kuwait, y Paul Desmarais, la novena persona más rica de Canadá.

Estos financieros, gigantes todos ellos de los grupos empresariales mundiales, ayudaron gustosamente al hijo tonto de George porque sabían que de esta manera se ganaban la gratitud de la familia Bush. Un favor que se hace es un favor que se debe.

Neil no tuvo ningún reparo en acudir a ellos en busca de fondos cuando creó una empresa de software basada en internet llamada Ignite, cuya finalidad era proporcionar un instrumento educacional a los estudiantes. En vez de libros la compañía de Neil suministraba dibujos animados con música hip-hop para el ordenador porque, según Neil, era la mejor forma de enseñar a los niños, especialmente los aquejados de dislexia, falta de atención o hiperactividad. Su software sobre la historia antigua de Estados Unidos contenía una cancioncilla que describía la desmotadora de algodón, para los estudiantes con dificultades de aprendizaje:

> El algodón era el rey.
> El algodón, tan fácil de cultivar.
> Era un cultivo comercial, ¡oh,
> sí! ¡Y produjo un boom en la economía del Sur!

La mayoría de los educadores discrepaban de la teoría de Neil según la cual los estudiantes tienen tipos distintos de inteligencia y los métodos de enseñanza tradicionales (leer, escribir, memorizar) no sirven para todos ellos. Pero Neil, que padecía dislexia, insistió en que había inventado un instrumento pedagógico que ayuda a los niños con problemas de aprendizaje.

A pesar de la resistencia de los administradores de las escuelas y de las críticas de los periódicos *The Wall Street Journal* y *The Washington Post*, recaudó más de veintitrés millones de dólares de diversos inversores, entre ellos sus padres, que dieron quinientos mil dólares; Winston Wong, de la Grace Semiconductor; el ex embajador de Irán en Estados Unidos, Hushang Ansary, hombre de negocios de Houston y gran benefactor del Partido Republicano; el canadiense Paul Desmarais, y Mohammed al-Sabah, de la Ultra Horizon Company de Kuwait.

Neil convenció a numerosos inversores cuando viajó a Yidda, en Arabia Saudí, y pronunció un discurso en el cual dijo que el problema de los árabes en Estados Unidos estriba en que su lobby y su aparato de relaciones públicas no son tan fuertes como los de Israel. Dio así pábulo a lo que es un artículo de fe en el mundo árabe y entre los antisemitas de todo el mundo: que la política norteamericana en Oriente Próximo la dicta el lobby judío en vez del interés nacional. Neil no hizo más que repetir los sentimientos de su padre, al que nunca se percibió como pro Israel. En sus tiempos de presidente, Bush se había quejado durante una rueda de prensa en la Casa Blanca de la fuerza del lobby judío en el Congreso. Recordó a quienes le criticaron que Estados Unidos daba «a Israel el equivalente a mil dólares por cada ciudadano israelí», comentario que sus detractores vieron como una alusión al estereotipo de los judíos como gente codiciosa y avarienta. James A. Baker, el secretario de Estado, se hizo eco de los comentarios del presidente cuando dijo: «Que se jodan los judíos. De todas formas no nos votan».

Por ser hijo de su padre, Neil fue recibido a bombo y platillo en todo el mundo árabe, primero en la Unión de Emiratos Árabes, donde visitó al príncipe heredero de Dubai, y luego en Egipto, donde él y su familia fueron agasajados por Hamza El Khouli, colaborador íntimo del presidente egipcio Hosni Mubarak y presidente de la First Arabian Development and Investment Company. Neil regresó a Estados Unidos con compromisos lucrativos para la Ignite de Arabia Saudí, Egipto y la Unión de Emiratos Árabes.

El petróleo, y no el conflicto árabo-israelí, fue siempre la mayor prioridad de la familia en Oriente Próximo. Como dijo George W. Bush cuando hacía campaña para obtener un escaño en el Congreso: «No se puede estar excesivamente alineado con el negocio del petróleo en el oeste de Texas».

Después de perder en las elecciones de 1978, George W. se afincó en Midland y con lo que le quedaba del fondo en fideicomiso para pagar sus estudios (quince mil dólares), fundó la compañía Arbusto, la primera de sus empresas petroleras en fracasar; por eso la llamaban «ar-bust-oh» [*bust*, en inglés, «quebrar»]. George vendió el 5 por ciento de su compañía por cincuenta mil dólares a James R. Bath, su amigo de la Guardia Nacional, que representaba al jeque Khalid bin Mahfouz, banquero de la familia real saudí. Utilizando siempre dinero ajeno, Junior, como a la sazón llamaban a W., logró hacerse millonario en diez años. Empezó exactamente igual que su padre: recurriendo a su tío rico para que encontrase gente acaudalada y dispuesta a invertir dinero en su compañía y confiar en su pericia para encontrar petróleo. Al fracasar W., sus inversores simplemente consideraron sus inversiones como deducciones tributarias, lo que con toda probabilidad es lo que pretendían desde el comienzo.

«Le presenté clientes —dijo Jonathan Bush, tío de W.—. Hice publicidad de su compañía. Pienso que probablemente le ayudé mucho. No le hizo ningún daño que su padre se hubiera dedicado al negocio del petróleo, por lo que conocía a mucha gente en él. En aquel tiempo perforar pozos comportaba grandes ventajas fiscales. En aquel tiempo lo más rentable era perforar. No era necesario que las cosas te fueran requetebién para salir adelante porque había tantas maneras de amortizar. Así que era una forma atractiva de invertir dinero y ahorrar impuestos.»

Con su lista de clientes ricos, Jonathan se convirtió para su sobrino en lo que el tío Herbert había sido para George H. W.: una fuente de dinero. Entre los primeros inversores de Junior cabe mencionar a su abuela Dorothy Bush (veinticinco mil dólares); Grace Walker, esposa de Louis Walker y cuñada de Dorothy (veinticinco mil dólares); James W. Walker, hermano de Dorothy (veinticinco mil dólares); Gerry Bemiss, amigo de la infancia de George padre y padrino de Marvin Bush (ochenta mil dólares); George L. Ball, presidente de E. F. Hutton y jefe de Scott Pierce, hermano de Barbara (trescientos mil dólares); el financiero Lewis Lehrman (47.500 dólares); John Macomber y William Draper III, directores generales de la Celanese y ambos de la promoción de Yale de 1950 (172.550 dólares).

George se instaló en un pequeño local de tres habitaciones en Midland con su socio y una secretaria. Se asignó un salario de setenta y cinco mil dólares al año y durante los cinco años siguientes se dedicó a perseguir lo que él llamaba «El Libertador», el gran pozo de petróleo que le liberase para toda la vida, el sueño de todos los que se dedicaban al negocio petrolero. Nunca lo encontró, pero jamás se cansó del ajetreo. Disfrutaba buscando dinero, entrevistándose con los inversores y encantándoles. Durante aquel período su tío consiguió que noventa y ocho personas invirtieran 2.525.000 dólares en la Arbusto. La mayoría se vieron obligadas a dar por perdida su inversión y la forma displicente en que los Bush hacían sus negocios ofendió a algunas.

«Mi marido y yo fuimos dos de los inversores a los que tomaron el pelo —dijo Ina Schnell, rica protectora de las artes de Sarasota, Florida—. Invertimos porque Edward, mi difunto marido, fue a Yale con Johnny Bush. Perdimos nuestro dinero y no fue agradable … Edward estuvo a punto de demandar a Johnny a causa de ello … Johnny se tomó la pérdida con demasiada tranquilidad. Los Bush son… bueno… unos verdaderos estafadores, hablando en plata.»

Los Schnell no conocían el chiste que circulaba por Midland: George Bush era incapaz de encontrar un cuartillo de petróleo en los almacenes 7-Eleven.

«El primer pozo que perforé en el que tenía una participación estaba seco —recordó George—. Y nunca olvidaré lo que sentí. Me dije: "¡Uy! Esto no es tan fácil como todos pensábamos que sería".»

Hombre muy trabajador, incluso en la época en que bebía demasiado, en la carrera de George se advierte cierta despreocupación. Era poco cuidadoso con el dinero de los demás, con las reglas, con la utilización del apellido Bush y con la verdad. Al igual que sus hermanos, era despreocupado tal como F. Scott Fitzgerald define la palabra en *El gran Gatsby*: «Eran gente despreocupada ... destrozaban cosas y seres y luego se refugiaban en su dinero o en su inmensa despreocupación o en lo que fuese lo que los mantenía unidos y dejaban que los demás limpiasen lo que ellos habían ensuciado».

Después de cinco años de perforar pozos secos o pozos cuya producción era mediana, George se encontró en apuros. Decidió rebautizar su compañía con el apellido de la familia para atraer a más gente dispuesta a formar sociedades limitadas. Quería cotizar en bolsa, expandir su compañía y recaudar seis millones de dólares. Así pues, la Arbusto se convirtió en la Bush Exploration Company, pero George fracasó de manera lamentable. Solo recaudó un millón trescientos mil dólares. Y lo que es peor, los pozos que perforó estaban secos y sus inversores perdieron el 75 por ciento de su dinero.

«Me di cuenta realmente de que había cometido algún error estratégico», reconoció más tarde.

«Me llamaron para que me encargase del cambio de nombre —recordó Robert K. Whitt, abogado de Midland—, y me apresuré a aprovechar la oportunidad. Quería conocer mejor a George. Eso fue en mayo de 1982. Ya había empezado a sacar partido del hecho de ser hijo del vicepresidente. Para impresionarnos de verdad decía: "Cuando papá y el presidente...", o "Cuando el vicepresidente y Reagan se reúnen...". Estas cosas impresionaban mucho en una pequeña ciudad texana de setenta mil habitantes.

»Después de efectuar el cambio de nombre, George me llamó para pedirme que preparase un acuerdo para vender el 10 por ciento de su compañía por un millón de dólares a Philip A. Uzielli ... "Que sea suave", dijo. "Phil aportará el dinero". Yo nunca había hecho una operación así ... La operación olía mal, realmente mal, pero no era ilegal. A pesar de ello, no comprendía por qué alguien iba a gastarse un millón de dólares para comprar el 10 por ciento de una compañía que solo valía 382.386 dólares. Dicho de otro modo, Uzielli pagó un millón de dólares por activos que valían 38.237 dólares.

»Mis sospechas fueron en aumento cuando entró Uzielli, puso sobre la mesa un cheque en blanco por un millón de dólares y preguntó: "¿Dónde firmo?". No le acompañaba ningún abogado. No hizo ninguna pregunta. No pidió información de ninguna clase. Resultaba tan extraño tratándose de una operación de un millón de dólares, incluso en un ramo tan pujante como el del petróleo y el gas.

»—¿No quiere leer el acuerdo? —pregunté.

»—No es mi dinero —contestó—. No me interesa.

»Las acciones se emitieron a nombre de una compañía panameña llamada Executive Resources cuyo presidente y director general era Uzielli ... George no quería que incluyera los términos en los documentos legales que declaraban que la compañía se había constituido de acuerdo con las leyes de Panamá y la venta se consumaba con un precio de compra al contado de un millón de dólares, pero yo tenía que incluirlos.»

George, que daba un apodo a todo el mundo, llamaba a su abogado «Dim Wit» [tonto, estúpido]. Cuando Robert Whitt, que en aquel tiempo trabajaba en el bufete de Cotton, Bledsoe, Tighe, and Dawson, le preguntó por qué hacía negocios con una compañía panameña, George contestó: «Pregunta tonta, estúpido».

Philip A. Uzielli era el mejor amigo de Jim Baker en Princeton. Se asoció con George L. Ohrstrom de Middleburg, Virginia, que había conocido a la familia Bush en Connecticut y fue a la Greenwich Country Day School con George Herbert Walker Bush. Anteriormente los Ohrstrom habían invertido cincuenta mil dólares en la Arbusto. Uzielli, que se convirtió en uno de los tres consejeros de la Bush Exploration, dijo a *The Dallas Morning News* que había conocido a George en 1979, «después de que su padre fuera director de la CIA». George afirmó que no había conocido a Uzielli hasta que se presentó con su millón de dólares en 1982. También afirmó que no sabía nada de la amistad de Uzielli con Jim Baker en Princeton.

«Resulta muy difícil creer al viejo George a este respecto —dijo Whitt—, pero no sé por qué iba a mentir. Para mí es tan misterioso como por qué Uzielli invirtió un millón de dólares en una compañía sin potencial de ingresos, sin beneficios y de muy poco valor. Y no sé por qué buscó un socio panameño. Algunos utilizan una compañía

panameña para ocultar dinero obtenido con el narcotráfico … Toda
la transacción resultaba muy extraña. Nadie más en Midland tenía
una compañía panameña, aunque la verdad es que George era el
único cuyo padre había sido director de la CIA y ahora era vicepresidente de Estados Unidos. Eso hacía de George un hombre tan importante en Midland que todo el mundo quería acercarse a él. Nuestro
bufete incluso había rebajado sus facturas a la mitad. —Whitt señaló
un libro grande encuadernado en piel negra—. Eso representa trabajos por valor de entre cincuenta mil y cien mil dólares, pero a George
solo se le facturó la mitad del tiempo. El bufete quería hacer negocios
con él, así que las facturas que le presentaba eran más bajas que las
que presentaba a los demás clientes.»

Durante este período George y Laura se habían esforzado mucho por ser padres. Cuando el médico le dijo que era improbable
que pudiese concebir, Laura tuvo una depresión. Se preocupaba
demasiado pensando que su madre, cuando ella era niña, había
tenido varios abortos espontáneos y había dado a luz a un bebé que
murió en la primera infancia. Laura se crió como hija única y ab-
sorbió el dolor de sus padres. También se pasó la niñez tratando
siempre de complacerles para compensarlos por su pérdida. Ahora, a los treinta y cuatro años de edad, se sentía tan desgraciada por
no poder concebir que evitaba pasar por la sección de artículos para
bebés en el supermercado. También fumaba dos paquetes de cigarrillos al día, igual que George, que ofreció medio en broma cien
dólares a su secretaria, Kim Dyches, que estaba embarazada, con la
única condición de que pusiera a su hijo el nombre de George. La
secretaria no aceptó la oferta. Finalmente, Laura consultó con un
especialista en fertilidad en Dallas y en 1981 quedó embarazada de
mellizas.

El embarazo fue difícil desde el principio; en el tercer trimestre
Laura contrajo toxemia, que es una enfermedad que puede provocar
una subida de la tensión arterial y un edema y, a veces, ataques que
pueden causar la muerte, por lo que es necesario provocar el parto
o practicar una cesárea. En noviembre de 1981 Laura fue traslada-
da de Midland a Dallas e ingresada en el hospital Baylor siete semanas antes de salir de cuentas. Le pusieron los pies en estribos para
evitar un parto prematuro, pero antes de que transcurrieran dos se-

manas los médicos dijeron que no tenían más remedio que hacerle una cesárea. Desde el hospital llamaron a George en Midland y le dijeron que se presentara en Dallas a la mañana siguiente: «Sus hijas nacerán mañana o su esposa sufrirá un fallo renal».

Las mellizas nacieron el 25 de noviembre de 1981 y George estuvo presente en la sala de partos. «Lo vi todo —dijo—. Fue hermoso.» Fotógrafos y periodistas llegaron al hospital para dejar constancia del nacimiento de las nietas cuarta y quinta del vicepresidente. Les pusieron los nombres de sus abuelas, Jenna Welch y Barbara Bush.

«Unos cuantos meses después tuve una fuerte discusión con George a causa de la contratación de una extranjera ilegal, cosa que en Midland hacían todos —explicó Robert Whitt—. Ambos buscábamos una asistenta y entrevistamos a una mujer que se llamaba Consuela. Al final nos la quedamos nosotros y George montó en cólera. Llamó por teléfono y exigió que les diéramos la asistenta a él y a Laura. Le dije que la mujer no quería trabajar para él. Se puso tan furioso que llamó a mi esposa y profirió palabrotas y juramentos y le echó una bronca ... Mi esposa se asustó y dijo que quizá debíamos renunciar a Consuela porque no podías permitirte ofender al hijo del vicepresidente ... No hicimos lo que nos pedía porque Consuela no quería ir a casa de los Bush, pero no fue una decisión tomada a la ligera.

»George y Laura alternaban con una gente mucho más disipada y elegante que la que conocíamos nosotros... todos sus amigos bebían mucho y se drogaban. Formaba parte del negocio del petróleo en aquel tiempo», añadió Whitt. El abogado reconoció que el círculo social de los Bush tenía fácil acceso a «toda suerte de intensificadores recreativos», drogas, lo cual puede que fuera la causa de que a menudo George no apareciera en toda la noche. Laura, según una de sus amigas, se pasaba muchas noches preocupada y preguntándose a qué hora volvería George o incluso si volvería. No tenía ni idea de dónde estaba ni de qué hacía.

»Aunque el historial de negocios de George era malo y en realidad nunca encontró petróleo —prosiguió el abogado—, todavía le consideraban un hombre de éxito porque tenía mucha habilidad para recaudar dinero de la gente relacionada con su padre. El apellido Bush era su baza. Poco después de que su padre se convirtiese en vicepresidente, George fue nombrado presidente de la United Way ... También entró en el consejo de administración del United Bank of Midland ... En Midland mandaba él.»

Aprovechándose de su posición en el consejo del banco, George obtuvo un préstamo de 372.000 dólares para su compañía, más 245.000 dólares para comprar una casa. Su patrimonio consistía en su renqueante compañía petrolera y su apellido de oro. Al cabo de dos años, la Bush Exploration ya había quebrado, pero George encontró una importante fuente de ayuda financiera en la Spectrum 7, una compañía petrolera que tenía su sede en Cincinnati y era propiedad de William DeWitt y Mercer Reynolds III.

«No cabe duda de que el apellido Bush fue el factor decisivo en este caso —dijo Paul Rea, geólogo de Midland que fue quien los presentó durante un almuerzo—. DeWitt había estudiado en Yale [1963] y en la Harvard Business School y pensé que él y George se llevarían bien. Tenían amigos mutuos de la Ivy League.»

DeWitt no quería la Bush Exploration Company, pero necesitaba un director para su compañía de Texas, así que propuso una fusión que convertiría a Paul Rea en presidente y a George en director general de la Spectrum 7. George cobraría un salario de setenta y cinco mil dólares al año más ciento veinte mil dólares como asesor, además de recibir un millón cien mil acciones (valoradas en quinientos treinta mil dólares), las cuales constituían el 16,3 por ciento de la compañía.

La fusión se llevó a cabo el 29 de febrero de 1984, justo cuando los elevados precios del petróleo empezaban a caer. Durante el año siguiente el lema de la industria petrolera fue «Seguid vivos en el 85». La Spectrum 7 perdió un millón seiscientos mil dólares. George intentó recuperar parte de sus pérdidas asociándose con la Enron Oil and Gas en dos proyectos. Luego los precios mundiales del petróleo cayeron en picado: de cuarenta dólares el barril en 1980 a diez dólares en 1986. La Spectrum 7 contrajo deudas por valor de tres millones cien mil dólares.

El vicepresidente de Estados Unidos estaba indignado. «Pienso que es esencial que hablemos de estabilidad [de los precios del petróleo] en vez de no hacer nada y dejar que siga la caída libre», dijo. Durante una visita a las naciones árabes productoras de petróleo, Bush afirmó que los precios bajos representaban una amenaza para la seguridad nacional. Algunos editorialistas apuntaron que el vicepresidente estaba más preocupado por la amenaza que ello representaba para los que donaban mucho dinero a su partido en Texas así como para sus dos hijos en el negocio del gas y el petróleo.

«Allí todo va muy despacio... corren malos tiempos —dijo Junior a *The New York Times*—. Utilizamos el dinero para ir tirando.» El periódico publicó que no había ni asomo del ostentoso petrolero texano en George W. Vestía como un ex alumno de Yale y vivía en una modesta casa de ladrillo, de una sola planta y valorada en unos doscientos mil dólares. «En mí todo es apellido... de dinero, nada», declaró.

Bush y Rea empezaron a buscar desesperadamente la forma de salir de apuros. Querían fusionar la Spectrum 7 con una compañía más importante porque tenían la esperanza de superar así la crisis del petróleo, pero no tenían beneficios y el banco amenazaba con ejecutar la hipoteca. Entonces encontraron la Harken Energy, una compañía de Dallas que estaba llevando a cabo una agresiva política de absorción de empresas petroleras con problemas.

«Una de las razones por las cuales la Harken mostró interés fue el apellido de George —dijo Paul Rea—. Querían tener a George en su consejo de administración.»

La Harken ofreció dos millones de dólares en acciones a cambio de la Spectrum 7, aunque esta se hallara muy endeudada. George recibió personalmente acciones por valor de quinientos mil dólares. Entró en el consejo de la Harken y se acordó que cobraría ochenta mil dólares al año como asesor. Después de que su padre ganara la vicepresidencia, la cifra aumentó hasta ciento veinte mil dólares.

El multimillonario George Soros también se convirtió en accionista al comprar la Harken una de sus compañías menores. Soros no entró en el consejo de administración y vendió sus acciones de la Harken en 1989, pero había observado la compra de la Spectrum 7. «Estábamos comprando influencia política. No hay que darle más vueltas.»

«George era muy útil para la Harken —dijo un miembro del consejo—. Hubiera podido serlo más de haber tenido fondos, pero en lo que se refería a influencias, era tremendo. Parecía que George conociese en Estados Unidos a toda la gente que valía la pena conocer.»

Incluso después de que George se mudara a Washington para ayudar a supervisar la campaña presidencial de su padre en 1987, la Harken continuó pagándole.

«Diantre, para eso está en el maldito consejo —dijo un miembro de la Harken—. Dices: "A propósito, el hijo del presidente forma parte de nuestro consejo". Utilizas eso. No hay nada malo en ello.»

La relación con la presidencia dio con una mina de oro cuando la Harken fue elegida para un contrato exclusivo de perforación a poca distancia de la costa en Bahrein. El diminuto país enriquecido con el petróleo, del que la revista *Time* dijo que «no disimula su deseo de fomentar una cálida relación con Estados Unidos», eligió a la Harken para perforar tres pozos de exploración con un coste de unos cincuenta millones de dólares. El proyecto era demasiado grande para la Harken sola, así que la compañía se asoció con los hermanos Bass de Houston, que donaban grandes sumas de dinero al Partido Republicano y eran amigos íntimos de la familia Bush.

El fundador de la Harken, que había vendido la compañía, dijo que George W. Bush valía cada uno de los dólares que los nuevos propietarios le pagaban. «Es obvio por qué lo han retenido a su lado —dijo Phil Kendrick—. El simple hecho de que esté allí les da credibilidad. Solo por eso tiene para ellos un valor de ciento mil dólares al año.»

# 21

Al vicepresidente le habían quitado los colmillos. Recuperándose de lo que llamó «toda la mierda *Doonesbury*» de la reelección, en referencia a la tira cómica, quería volver a ser un tipo simpático. Así que llamó a Geraldine Ferraro y la invitó a almorzar. Era el vencedor y podía permitirse ser generoso. Además, no quería tener a una mujer popular por enemiga. «George necesita gustar a todo el mundo —dijo su primo Ray Walker, psiquiatra—. De lo contrario, se siente incómodo psíquicamente.»

Ferraro aceptó amablemente la invitación de Bush, y el cocinero filipino de este, que tenía un calendario con fotos de mujeres desnudas en la pared de la pequeña cocina del vicepresidente, preparó el almuerzo. «Comimos en el edificio de la Oficina Ejecutiva —recordó Ferraro años después—. Me presenté con Bob Barnett, el abogado de Washington que me había preparado para los debates interpretando el papel de Bush, el cual estaba con la representante por Illinois Lynn Martin, que le había preparado interpretándome a mí. Cuando le dijimos a George que Bob se había vestido como él para el debate, sin olvidar el traje de raya diplomática y la pija correa de reloj, sacó una de esas correas de tela y varios colores, de las que venden en Brooks Brothers y se la dio a Bob como recuerdo.

»No fue un almuerzo fácil, sentada con el tipo que me había derrotado. Pero todos nos esforzamos y salimos del paso. Recuerdo algo muy raro ... Yo había mencionado que tenía una casa en Saint Croix y que detestaba tener que cambiar de avión en Puerto

Rico porque mi equipaje siempre se perdía. Bush dijo: "Oh, me encantan los chistes sobre equipajes perdidos". Le miramos con extrañeza. "De veras —añadió—. Sencillamente me encantan los chistes sobre equipajes perdidos." No dio ninguna explicación ni contó ningún chiste sobre equipajes perdidos. Fue tan extraño que dijera aquello, pero quizá los chistes sobre equipajes perdidos son algún tipo de humor elevado entre los blancos protestantes anglosajones, un tipo de humor que yo no entiendo. Después de almorzar, Bush abrió el cajón de su escritorio para enseñarme las iniciales que allí habían grabado todos los vicepresidentes, y luego nos hicimos fotografiar. En mi foto Bush escribió: "Debatamos. No, seamos amigos. Aquí tienes un gran admirador. George Bush".»

Geraldine Ferraro no fue la única persona a la que dejó perpleja el estilo del vicepresidente. El fotógrafo de la Casa Blanca de Ronald Reagan, Michael Evans, recordó que una vez, durante una tormenta de nieve en Washington, los fotógrafos esperaban para fotografiar a Reagan cuando volviera a las dependencias de la familia. «Hubo que llamar a los empleados para que echasen sal en la calzada y estábamos en el Despacho Oval esperando que lo hicieran —dijo Evans—. El presidente, el vicepresidente, su jefe de personal, Jim Baker, Michael Deaver y un servidor. George empezó a rememorar la gran tormenta de nieve de su infancia. Dijo que nevaba tanto que su chófer, Alec, que le llevaba a la Greenwich Country Day School, se desvió y metió el coche en un ventisquero.

»El pobre hombre estaba tan desconectado que no tenía la menor idea de la impresión que nos estaba causando a los demás, que no habíamos ido a la escuela en un coche conducido por el chófer de la familia. Las miradas que cruzaron Deaver y Baker no tenían precio. Ambos alzaron los ojos como diciendo: "¿Este tipo es de verdad?". De hecho, Mike Deaver dijo después: "Con el debido respeto, señor vicepresidente, yo no contaría esa anécdota en su próximo discurso". Todos reímos. Je, je, je.»

Invitar a Geraldine Ferraro fue solo el principio de la ofensiva de halagos que desencadenaría George mientras se preparaba para la carrera presidencial de 1988. Su táctica política consistía en ser un tipo simpático perteneciente a una buena familia, siempre cortés y dispuesto a prestar apoyo, mientras la victoria estuviera asegurada. Así pues, durante los tres años siguientes George Herbert Walker Bush lanzaría cordialidad en todas direcciones, pero principalmente en dirección a la extrema derecha. Tras proclamarse «cristiano renacido», haría la pelota a evangelistas como Jerry Falwell, Jimmy Swaggart y Jim Bakker, a los que llamaba a sus espaldas «quemadores de templos». Adulaba a los conservadores y cortejaba desvergonzadamente a derechistas como Roy Cohn, que antes de morir dijo a su biógrafo: «Tengo que decir que Bush me ha hecho la rosca durante años. Sabía que yo estaba en buenas relaciones con los conservadores y quería mi apoyo para el 88». George incluso bajó la cerviz y ensalzó a William Loeb, el grandilocuente director del *Manchester Union Leader* de New Hampshire que se había burlado de él llamándole «niño rico al que todo se lo daban mascado» y había advertido a los lectores: «Los republicanos deberían huir de la candidatura de George Bush como si fuera la peste negra».

Nan Bush Ellis sintió ganas de vomitar cuando su hermano asistió a una cena de homenaje al difunto Loeb. George alabó a su enemigo llamándole «hombre de acérrima y declarada lealtad a sus amigos, su país y sus creencias políticas», y luego alabó a su viuda, Nackey Scripps Loeb, diciendo que «su animosa y encantadora esposa continúa su labor con tremenda energía». Efectivamente, la animosa viuda continuó lo que su marido había empezado: vilipendiaba a George cada dos por tres y apoyó a su rival Pierre «Pete» du Pont en 1988.

«Discutí con George por lo que dijo en la cena de Loeb —reconoció Nan Bush Ellis—. Y, oh, me mostré tan pagada de mi propia rectitud en mi hermosa torre de marfil, y le llamé … y le dije que no sabía cómo había podido hacerlo.»

Lo que la hermana de George no comprendía era que no había nada que su hermano no estuviera dispuesto a hacer para convertirse en presidente de Estados Unidos. Dedicó su segundo mandato vicepresidencial a ese objetivo. Empezó por reorganizar su equipo de colaboradores, y reconoció que durante los primeros cuatro años había tenido a propósito una «plantilla débil» para no competir o amenazar a la del presidente. Ahora se estaba cociendo una pelea, así que el simpático, amistoso y atento vicepresidente necesitaba profesionales duros que fueran conscientes de que la política era una lucha despiadada e hiciesen el trabajo sucio que fuera necesario para hacer de George el heredero de Ronald Reagan. La sucesión no sería fácil, sin embargo, porque el rey se mostraba poco inclinado a ceder la corona. Cuando en febrero de 1985 preguntaron a Reagan si apoyaría a su vicepresidente en 1988, contestó con evasivas. «Haré como Scarlett O'Hara —declaró—. Pensaré en ello mañana.» Más adelante, en una cena con corresponsales en la Casa Blanca, bromeó: «George Bush ha sido un vicepresidente maravilloso, pero nadie es perfecto».

Incluso el 13 de julio de 1985, cuando fue necesario anestesiar al presidente, que a la sazón contaba setenta y cuatro años de edad, para extirparle un tumor maligno del colon, Reagan se resistió a ceder los poderes de la presidencia a su vicepresidente. Fue la primera vez que se invocaba la Enmienda Vigesimoquinta. George se hallaba en Kennebunkport en aquel momento, pero volvió en avión a Washington cuando el presidente ingresó en el hospital. Bush llamó a tres amigos para invitarlos a jugar al tenis con él en la mansión del vicepresidente. Durante el partido perdió el equilibrio al tratar de alcanzar una pelota alta, cayó hacia atrás, se golpeó la cabeza contra el cemento y quedó inconsciente. Su médico se apresuró a atenderle y al cabo de pocos minutos logró que se levantara. George pasó el resto de la tarde descansando. Su secretario de prensa, Marlin Fitzwater, que le había acompañado a Washington, no informó a la prensa de lo ocurrido. Pasaron muchos años antes de que alguien se enterara de que durante un período no especificado el presidente y el vicepresidente de Estados Unidos habían estado incapacitados al mismo tiempo.

Al día siguiente, cuando le preguntaron cómo habían sido las siete horas de la administración Bush, Fitzwater contestó en broma: «Me parece que se me escaparon».

*Doonesbury* inmortalizó los 474 minutos con una tira que mostraba al vicepresidente en una entrevista: «"¿Cómo juzgará la historia las horas de Bush?" "Me parece que la historia las tendrá en muy alta estima, Roland. Recuerda que ni un solo país ha caído en poder de los comunistas durante mi guardia"».

El columnista George Will lamentó que la Enmienda Vigesimoquinta no hubiese traspasado el poder a la primera dama en lugar de al vicepresidente, porque, según escribió, el país hubiera visto lo formidable que puede ser una persona que lleva vestidos de la talla cuatro. «En las ocho horas de George Bush como presidente en funciones el déficit aumentó en doscientos millones de dólares. Nancy nunca lo hubiese permitido.»

Cuando el presidente y su esposa viajaron a Honolulú en abril de 1985, George convocó a su familia y a todos sus *capos* y *consiglieri* a Camp David para hablar de la campaña de 1988. «Esta es mi mejor oportunidad —dijo el vicepresidente—, pero no voy a hacerlo si no tenemos el ciento por ciento detrás de mí ... No puedo hacer esto sin vuestro apoyo y sin sentir que estáis todos conmigo, porque hacerlo va a resultar difícil.»

George y Barbara, sus cinco hijos, los tres hermanos de George —Prescott, Jonathan y Bucky— y su hermana, Nancy, se sentaron a un lado de una mesa de madera larga en el rústico pabellón presidencial. Al otro lado se sentaron los nuevos profesionales duros: el director de la campaña, Lee Atwater, asesor político que trabajaba en Black, Manafort, Stone, and Atwater; Marlin Fitzwater, secretario de prensa del vicepresidente; Bob Teeter, jefe de sondeos del vicepresidente, y Craig Fuller, el nuevo jefe de personal del vicepresidente.

«Hacían preguntas sobre todo: sobre cómo llevaríamos la campaña, sobre nuestra lealtad a George Bush, sencillamente sobre todo —recordó Marlin Fitzwater—. Me di cuenta en aquel momento y aquel lugar de que los Bush se diferenciaban mucho de los Kennedy porque nunca tendrían su Ted Sorenson [escritor de discursos]. Nadie ajeno a la familia entraría en el círculo íntimo.»

Dos meses antes de aquella cumbre de abril, George Bush había dejado bien claro que pensaba utilizar a su familia como sello distintivo de la campaña. Escribió a su director de finanzas, Robert Mosbacher, que estaba organizando un comité de acción política para Bush llamado Fondo para el Porvenir de Norteamérica:

> Tanto George como Jeb quieren ayudar en el comité. George piensa que puede aportar muchos jóvenes que se dedican a los negocios en la costa Oeste ... Jeb, como sabes, es el presidente del Partido Republicano en el condado de Dade, Florida.

... No he hablado con Neil, que está en Colorado, ni con Marvin, que se halla en Washington, ni con Doro LeBlond, que está en Connecticut. Quizá tendría sentido que los cuatro chicos y Doro apareciesen en la cabecera con el fin de que el apellido Bush se identificara con el comité de acción política.

La mayoría de los que participaron en la reunión de Camp David recordó la intensa discusión entre los dos hijos mayores del vicepresidente y Lee Atwater, el asesor político sureño que había trabajado para el archisegregacionista Strom Thurmond. Como director de la campaña, Atwater informó a la familia de muchas realidades de la vida política y explicó lo que tenían que hacer para poner el manto de Reagan en el cuello de George. Sabían que la prioridad más importante era recaudar millones de dólares. Y Atwater hizo hincapié en la importancia del Súper Martes, las nuevas primarias regionales en diecisiete estados —los mayores eran Florida y Texas— que se había programado para el 8 de marzo de 1988.

«Estoy seguro de que vosotros, chicos, lo conseguiréis», dijo Atwater, haciendo un gesto con la cabeza en dirección a Jeb y George hijo.

George padre encontraba a Atwater «demasiado desenvuelto» para su gusto, pero, a pesar de ello, la familia estaba de acuerdo en que conocía su oficio y probablemente haría cualquier cosa para ganar. *Esquire* había dicho de él y sus socios que eran «forajidos que no temen derramar sangre». Jeb y George W. expresaron la única reserva: pusieron en entredicho la lealtad de Atwater porque sabían que sus socios trabajarían para Jack Kemp y Bob Dole, dos de los políticos que competían con el vicepresidente por el nombramiento de candidato republicano a la presidencia.

—¿Cómo sabemos que podemos confiar en usted? —preguntó George W.

—Lo que quiere decir es que si alguien le arroja una granada a nuestro padre, esperamos de usted que salte sobre ella —dijo Jeb.

—Si tanto les preocupa mi lealtad, ¿por qué no viene uno de ustedes a la oficina y me vigila, y la primera vez que sea desleal, me pone de patitas en la calle?

George hijo aceptaría finalmente el desafío y se trasladaría con su familia a Washington en la primavera de 1987. Hasta entonces, Ron Kauffman, jefe del comité de acción política de Bush, se había encargado de vigilar al hiperactivo director de la campaña.

Durante la remodelación del equipo del vicepresidente, todo el mundo estuvo pendiente de cómo afectarían los cambios a Jennifer Fitzgerald, su ayudante ejecutiva. Bush había despedido al almirante Daniel J. Murphy de su puesto de jefe de personal y había nombrado a Pete Teeley secretario de prensa de la campaña, pero Jennifer era intocable. Cuando anunció que quería trasladarse de la oficina del vicepresidente en el antiguo edificio de la Oficina Ejecutiva a la oficina del vicepresidente en el Capitolio, todo el personal soltó un suspiro de alivio.

«Era una mujer poderosa porque podía influir en el vicepresidente más que cualquier otra persona —recordó una mujer que trabajó para el vicepresidente—, pero era un desastre para la moral. Era insegura en lo tocante a su capacidad intelectual porque no había recibido una educación universitaria. Una de las razones por las cuales quería el traslado era porque deseaba hacer valer el hecho de que sabía muchas cosas y no era una simple secretaria-programadora. En realidad, eso es lo único que hacía la oficina del vicepresidente en el Congreso, pero todos querían que se fuese, así que conspiraron para adularla hasta el punto de hacerle creer que en el Capitolio la tomarían mucho más en serio. Todos la animamos a forjarse esa fantasía y dio buen resultado ... Pero no disminuyó la influencia que ejercía en el vicepresidente. Solo sirvió para quitárnosla de encima.»

Jennifer se convirtió en la principal cabildera y contacto del vicepresidente en el Capitolio, donde tenía una oficina con dos secretarias. También conservó el acceso a la oficina del vicepresidente en el Ala Oeste de la Casa Blanca. Participaba en todas las reuniones de programación de Bush, supervisaba todos los preparativos de sus viajes al extranjero y le acompañaba en ellos cuando no se llevaba a su esposa.

«Barbara no podía ver a Jennifer —dijo Susan King, ex periodista de la televisión encargada de informar sobre el vicepresidente—. Saltaba a la vista de todos durante la campaña, incluida la gente de la prensa.»

La relación entre el vicepresidente y su principal cabildera era una realidad que el personal del primero no tenía más remedio que aceptar. «Recuerdo que hablé con Larry Branscum, oficial de inteligencia del ejército que estaba al servicio de Bush, cuando empecé a trabajar para el vicepresidente Gore —explicó Anne Woolston—. "Larry, eso que dicen sobre George Bush y Jennifer Fitzgerald, que tienen una aventura, ¿es verdad?". Larry contestó: "Lo único que sé es que cuando iban de viaje siempre teníamos que ponerlos en el mismo pasillo". Esa respuesta prácticamente me lo confirmó —dijo Woolston—, porque cuando trabajaba para Gore, el personal nunca ocupaba habitaciones en el mismo piso que el vicepresidente. Nunca.»

Jennifer servía exclusivamente al jefe. «Todos los miembros del personal tuvieron roces con ella, incluso Marlin, que andaba con pies de plomo al tratar con ella —dijo uno de los ayudantes de Craig Fuller—. No se puede exagerar la influencia que ejercía en Bush. Siempre que ella le llamaba, él iba. Si ella quería que se entrevistara con un senador o un congresista, teníamos que cambiar su programa para que ello fuera posible. Eran las órdenes que Bush nos había dado... Todos estábamos enterados de su relación, fuera cual fuese. Las funcionarias jóvenes no comprendían cómo una mujer tan rara y tan anticuada en su aspecto como Jennifer podía acostarse con el vicepresidente. Los hombres tampoco lo comprendían, pero es innegable que había una relación entre ellos. No me lo explico, lo único que se me ocurre es que Jennifer era una adoradora. Hacía que George tuviera la sensación de ser un regalo de Dios a la humanidad. Jennifer le hacía ojitos y le adulaba a base de bien. Se arreglaba el peinado, se pintaba los labios y se perfumaba cada vez que entraba en el despacho del vicepresidente con sus zapatos de tacón alto. Era una cortesana, pero no demasiado dotada. A pesar de ello, probablemente era un bombón comparada con Bar, que no tiene nada de aduladora. Tan pronto decía "¡Déjate de puñetas, George!" como "Abre la puerta". Jennifer hacía que se sintiera superior, satisfecho de sí mismo. La única razón para pensar que tal vez había algo de verdad en lo de la supuesta aventura (y, sí, todos hablamos de ello alguna vez) fue que cuando Bush se convirtió en presidente, Jennifer fue despachada al Departamento de Estado para que su relación no diera pábulo a habladurías. También pienso que Barbara no la quería en la Casa Blanca. Sea como sea, se vio con claridad que Jennifer se convertiría en un blanco y que, por consiguiente, había que alejarla de Bush. Jim Baker era el único que podía hacer de contrapeso a Jennifer, así que la pusieron bajo sus órdenes porque Jennifer no pudo cargárselo valiéndose de su influencia sobre Bush ... Recuerda lo que le pasó a Rich Bond cuando trató de librarse de Jennifer. Bush dejó que se fuera y se quedó con ella...

»Satisfacía el lado vanidoso y mezquino de George Bush como los demás no hubiéramos hecho. Por ejemplo, él quería cambiar la decoración de su despacho en el Capitolio, así que Jennifer le enseñó muestras de pintura, papeles pintados, cortinas, etcétera. Recuerdo que él quería poner cortinas de color azul y que tuvo una rabieta cuando las cortinas que trajeron no eran del azul que él deseaba. Quedé estupefacto al ver que el presidente de Estados Unidos concentraba su atención en algo tan insignificante, pero supongo que en realidad tenía poco más que hacer ... Para entonces se había vuelto tan perezoso en el aspecto intelectual que no dedicaba nada de tiempo a leer los informes que le preparaban. Me parece que había sido burócrata durante tanto tiempo que sencillamente confiaba en que otros le dijeran lo que necesitaba saber. No pensaba por cuenta propia. Se expresaba mal y era incapaz de exponer un concepto con claridad o de formular una idea. Tal vez llevaba demasiado tiempo en el gobierno escuchando lo que le decían y había perdido la capacidad de pensar y hacer abstracciones por sí mismo.»

Robert Dole, líder de la minoría en el Senado, hizo el mismo descubrimiento. Después de entrevistarse con George para hablar de asuntos políticos, Dole volvió a su despacho echando humo. «No he podido hablar con él —dijo—. No conoce los asuntos lo suficiente siquiera para hablar de ellos. ¿Dónde ha estado estos siete años?»

Interesado solo en ser presidente, el vicepresidente seguía las indicaciones de sus nuevos asesores en la campaña: los individuos prácticos que hacían encuestas sobre toda clase de asuntos en su intento de hacerle parecer fuerte y presidencial. Su encuestador señaló que necesitaba «apuntalarse» entre los sureños, los evangélicos y los judíos, tres grupos de votantes a los que George no había prestado atención. Ahora accedió a mostrar interés por ellos. Como tenía programado un viaje a Oriente Próximo en julio de 1986, decidió llevar consigo un equipo de rodaje para que filmara su estancia en Israel y utilizar luego el metraje en la campaña.

El propósito de su escala en Jerusalén era entrevistarse con Amiram Nir, diputado israelí que se ocupaba del contraterrorismo y estaba haciendo de intermediario entre los norteamericanos y los iraníes en las negociaciones relacionadas con los rehenes. Oliver North organizó un desayuno de trabajo en el hotel King David que primero se presentó como reunión informativa sobre contraterrorismo y luego como examen general de las propuestas para rescatar a los rehenes, omitiéndose, por supuesto, toda mención de un intercambio de armas.

Meses después pruebas documentales revelaron que en la reunión se acordó intercambiar armas por rehenes. Según las declaraciones de Amiram Nir y Craig Fuller, jefe de personal de Bush, que estuvo presente y tomó notas, el vicepresidente fue informado de que si los iraníes recibían armas, pondrían en libertad a dos rehenes y no a los siete que tenían en su poder en 1986; solo dos. Nir dijo que no había ninguna «posibilidad real de elegir» y que Estados Unidos tenía que cambiar su política de todo o nada y entregar las armas con la esperanza de que los rehenes fueran liberados de uno en uno. Irán puso en libertad al padre Martin Jenco para animar a Estados Unidos a cambiar de política. Así se hizo y se entregaron las armas. En noviembre de 1986 fue liberado otro rehén: David Jacobsen.

El vicepresidente afirmaría luego en varias entrevistas que no conocía el propósito del desayuno de trabajo. «No tenía claro el alcance de la operación», declaró. Luego corrigió su declaración y reconoció que se dijo algo sobre vender armas, pero solo como medio de «tender la mano a elementos moderados» de Irán. Durante el año siguiente estuvo prácticamente a punto de perderse en una maraña de evasivas, omisiones y subterfugios, repitiendo una y otra vez «Yo no estaba enterado… no estaba enterado».

«Todavía me estremezco cuando pienso en el viaje de Bush a Israel —afirmaba Roberta Hornig Draper, cuyo marido era cónsul general de Estados Unidos en Jerusalén—. Bush estaba allí para hacerse filmar con vistas a la campaña presidencial. Este era su único propósito a juzgar por lo que pude ver. Yo estaba con la señora Kollek, esposa del alcalde de Jerusalén Teddy Kollek, y acompañamos a los Bush al Muro de las Lamentaciones, donde la señora Kollek fue literalmente atropellada por todos los cámaras que se agolpaban para fotografiar a Bush. Fue una vergüenza que montara semejante escena en un lugar santo. Era tan innecesario … Tan irrespetuoso … Mi marido y yo pedimos perdón al embajador y su esposa y al alcalde y su esposa por el grosero comportamiento del vicepresidente de nuestro país y su séquito.

»Si George Bush se portó mal en aquel viaje, Barbara se portó peor. Como una verdadera bruja. Tan mezquina con sus ayudantes que me quitó el aliento. Realmente desagradable, y todo porque se había vestido de forma inapropiada para visitar el Museo del Holocausto. Se había puesto un vestido de estar por casa, de algodón, azul con flores estampadas, y sandalias sin punta. Me costó creerlo cuando la vi. Era la esposa del vicepresidente de Estados Unidos, ¡por el amor de Dios!, y parecía que estuviera en una merienda campestre de Sears Roebuck. Llevaba en la vida pública el tiempo suficiente para saber vestirse con decoro, pero supongo que estaba tan acostumbrada a holgazanear con unas zapatillas de tenis y un vestido de estar por casa que ya no se esforzaba a menos que la obligasen …

»Se puso furiosa cuando me presenté con un traje negro, perlas y zapatos de tacón alto. "¿Por qué se ha vestido así?", preguntó secamente. Le dije: "Siempre me visto así cuando vamos al Museo del Holocausto". Era obvio que se sentía violenta. Se puso a gritarles a sus ayudantes y quiso saber por qué no le habían dicho cómo tenía que vestirse. Los mandó al hotel a buscarle otro conjunto.»

A sus sesenta y un años de edad, Barbara Bush estaba sumamente segura de la mayoría de las cosas y, al decir de los que trabajaban para el vicepresidente, solo se sentía vulnerable en lo que se refería a su apariencia. «Por desgracia, no tenía buen gusto para vestirse y estaba gorda —dijo una asesora—. Así que no se escatimaban esfuerzos para tener la seguridad de que se hicieran menos comparaciones entre ella y la señora Reagan, para que Bar no quedase mal... Siempre estaba hablando de su peso y siempre estaba a dieta. Decía que le hubiera gustado ser más pequeña, pero luego comía diez veces al día. Si tratabas de hacerle un cumplido, te echaba los perros. Por ejemplo, en una recepción le decías: "Caramba, señora Bush, qué vestido más bonito", y ella respondía: "No hace falta que me haga la pelota. Soy una vieja gorda y estoy espantosa y usted lo sabe".

»No quiero dar la impresión de que la señora Bush es una arpía total, porque a veces es solícita, amable y generosa, pero luego, cuando le da la esquizofrenia, arremete contra todos y es mezquina. Resulta tan extraño y repentino que te preguntas si su lado amable no es más que una fachada. Nunca sabes lo que puede hacer que aparezca su otro lado, el lado sentencioso y mezquino. Lo único que sabes es que no quieres despertar el tigre que lleva dentro porque resulta horrible.

»Recuerdo una vez que le aplicó el tercer grado a una mujer que estaba hablando con ella. La criticó por no tener hijos. "Está casada, ¿no es así? ¿No quiere tener hijos? ¿Por qué espera? ¿Cuántos hijos quiere? ¿Que no lo sabe? ¿Cómo es posible que no lo sepa? ¿Cuándo piensa empezar?" Se ponía muy sentenciosa. Solo se siente segura cuando está con mujeres que han tenido muchos hijos, como ella. Se siente más a gusto con mujeres que son madres en lugar de con mujeres fuertes que tienen una profesión.»

En una época en que la mitad de todas las norteamericanas trabajaba fuera de casa, Barbara creía que deberían quedarse en casa y cuidar de los niños. Miraba con escepticismo a las mujeres que continuaban trabajando después de tener un hijo.

«No daba a entender que no debería hacerlo —dijo su principal colaboradora, Susan Porter Rose, que tenía un hijo—. Pero ... las mujeres en casa con sus bebés. Y no se hable más. Y eso es ser madre. Y no eres una buena madre si no haces eso. Pero pienso que nuestra pequeña oficina y nuestro reducido personal, que incluía a tres mujeres que tenían hijos, pienso que ver que funcionaba era instructivo para ella.»

La administración Reagan había sido acusada de insensibilidad ante el Holocausto cuando el presidente decidió visitar el pequeño cementerio de Bitburg, en la Alemania Occidental, donde están enterrados cuarenta y nueve hombres de las tropas de asalto nazis. Su decisión enfureció a grupos judíos de Estados Unidos y la Unión Soviética, todos los cuales organizaron manifestaciones públicas. Elie Wiesel, que creció en los campos de exterminio y perdió a sus padres en Auschwitz, rogó al presidente en la televisión nacional que no visitara un cementerio militar alemán. Esto hizo que el escándalo arreciase y la Cámara de Representantes aprobó dos resoluciones que suplicaban a Reagan que no visitara Bitburg, a las que se sumó una resolución similar firmada por la mitad del Senado. La oposición de la prensa a la visita a Bitburg fue abrumadora y periódicos de todo el país suplicaron al presidente que cambiase de idea. Hasta su esposa se lo suplicó, pero Reagan no cedió.

Había dado su palabra al canciller de la Alemania Occidental, Helmut Kohl, y dijo que si faltaba a ella, parecería débil e indeciso. El ex presidente Nixon le apoyó en su decisión y lo mismo hicieron el ex secretario de Estado Henry Kissinger y el vicepresidente Bush, que le envió una nota secreta que Reagan publicó luego en su autobiografía: «Señor presidente: Me he sentido muy orgulloso de su actitud. Si puedo ayudar a absorber parte de las críticas, mándeme al campo de batalla. No es fácil, pero ¡tiene usted razón!».

El escándalo de Bitburg había convencido a los asesores de Bush de que el vicepresidente necesitaba demostrar su propia sensibilidad respecto al Holocausto. Programaron una visita de cuatro días a Polonia en septiembre de 1987 durante la cual visitaría los campos de concentración de Birkenau y Auschwitz, donde habían sido exterminadas cuatro millones de personas. «Se pondrán muchas coronas en este viaje», comentó un ayudante. La visita era tan descaradamente política que la prensa polaca acusó a Bush de utilizar su país para lanzar su campaña presidencial.

Bush celebró una rueda de prensa en Varsovia, donde parecía contar con el apoyo de Lech Walesa, líder del sindicato ilegalizado Solidaridad. «Ahora preguntarán cuántos parientes tiene en Iowa», dijo el vicepresidente. El comentario ilustró la razón obvia de su viaje. Cuando le preguntaron por qué le acompañaba un equipo de filmación en lo que oficialmente era una misión diplomática, Bush contestó: «Para que tomen buenas fotos de mí en Polonia».

En Birkenau el vicepresidente y Barbara contemplaron sin dar crédito las cámaras de gas y los hornos donde se habían incinerado diez mil cadáveres diarios.

—Les gustan mucho los crematorios —dijo George—. Los hay por todas partes.

Preguntó a su guía, un polaco que había sobrevivido a cinco años en los campos de concentración, si las víctimas que llegaban en tren sospechaban cuál iba a ser su destino.

—Bueno, puede que lo adivinaran al ver que a los discapacitados los mandaban a una fila y al resto a otra. Pero las engañaban. Decían a los enfermos que iban a ingresar en el hospital y que a los demás los harían trabajar.

—Algo debían de sospechar —dijo Bush.

—Seguramente.

—¿Aquí separaban a los matrimonios?

—Sí.

—Mientras hay vida hay esperanza —comentó George.

—Eso es exactamente lo que yo pensaba —dijo Barbara.

El vicepresidente puso una corona en un monumento conmemorativo de piedra. La cinta blanca entrecruzada en las hojas verdes decía: NUNCA MÁS. EL PUEBLO ESTADOUNIDENSE.

George y Barbara visitaron la sala de cancerosos de un hospital para niños. Los ojos del vicepresidente se llenaron de lágrimas. El recuerdo de la pérdida de su hija de cuatro años Robin, a causa de la leucemia, resultaba tan doloroso como el día en que había muerto en 1953.

Más tarde, cuando los Bush se acercaban a las puertas de Auschwitz, sus fotógrafos apartaban a empujones a todo el mundo. «¡Salgan del encuadre!», chillaban. Los cámaras querían tomar una imagen estudiada minuciosamente del presidente y su esposa, que vestía un elegante abrigo negro, medias negras y zapatos de tacón alto también negros. En el muro de la muerte, donde habían fusilado a veinticinco mil personas, George puso una corona con una cinta que decía: SU SACRIFICIO NUNCA SERÁ OLVIDADO POR EL PUEBLO ESTADOUNIDENSE.

Después de regresar a Washington, los Bush produjeron para la campaña un folleto impreso en papel satinado que contenía fotografías en color de George rezando en el Muro de las Lamentaciones, hablando con Shimon Peres, visitando un centro de reasentamiento para judíos etíopes, posando en la Ciudad Vieja con el monte del Templo al fondo, y acercándose a Auschwitz con Barbara. El folleto se envió al electorado judío de Estados Unidos y se titulaba: «George Bush. El único candidato que ha demostrado su compromiso con el pueblo judío». El texto citaba a George diciendo: «Me opongo a la creación de un Estado palestino independiente; su instauración es contraria a la seguridad de Israel, Jordania y Estados Unidos».

El ex disidente soviético Natan Sharansky alabó a George por sus esfuerzos a favor de los judíos de la Unión Soviética y el ex embajador israelí Meir Rosenne le atribuyó el mérito de haber salvado a ochocientos judíos etíopes. El embajador había visitado a Bush en su casa para explicarle que cuando Etiopía prohibió la práctica del judaísmo y la enseñanza del hebreo en el decenio de 1980, los israelíes lanzaron una operación secreta, la Operación Moisés, para rescatar a los judíos etíopes. Al trascender la noticia, hubo que interrumpir la operación y centenares de judíos se encontraron abandonados. El vicepresidente acudió directamente a la CIA y organizó en secreto una misión para rescatar a aquellos etíopes. La misión no llegó a conocimiento del público hasta la campaña de George.

En su folleto dirigido a los judíos norteamericanos, George afirmaba ser «la primera figura política norteamericana importante en condenar el mensaje de odio racial y religioso de Louis Farrakhan». George afirmaba también ser «el funcionario norteamericano de mayor categoría entre los que habían visto con sus propios ojos el campo de exterminio nazi en Auschwitz». Decía que él y su esposa «también visitaron Yad Vashem, el monumento conmemorativo del Holocausto en Jerusalén», y que comprendía «las lecciones del Holocausto y lucharé contra los grupos peligrosos que predican el odio en Estados Unidos». Declaró que condenaba sin reservas el antisemitismo y el fanatismo.

No todos los judíos aceptaban la imagen de George Herbert

Walker Bush como defensor suyo. Cuando el ya fallecido Chaim
Herzog, ex presidente de Israel y uno de los principales fundadores del Mossad, escribió sus memorias, *Living History*, habló con
su editor de lo que él percibía como el antisemitismo benigno de
Bush.

«No era un antisemitismo activo, descarado —recordó el editor, Peter Gethers—. Herzog opinaba que era fruto de la educación
de alta clase media que había recibido Bush. Irradiaba superioridad.
Herzog creía que Bush se sentía superior a los judíos pero que también se sentía superior a toda la gente que no pertenecía a su clase y su círculo. Eso no preocupaba a Herzog... solo tomaba nota de
ello y pensaba que era algo que había que tener en cuenta.»

Los encargados de la campaña de Bush se vieron obligados a
despedir a siete voluntarios que estaban vinculados a organizaciones antisemitas, entre ellos Jerome A. Brentar, de Cleveland, que
ayudó a centenares de nazis a inmigrar a Estados Unidos después
de la Segunda Guerra Mundial. Fue uno de los principales finan-
ciadores de la defensa de John Demjanjuk, que fue condenado a
muerte por un tribunal israelí. «Nombrar a esta inquietante colección de antisemitas y racistas demuestra una flagrante insensibilidad hacia la comunidad judía y todos los que se oponen al fanatismo», dijo el ex diputado demócrata Charles E. Schumer de Nueva
York, que apoyó a Michael Dukakis. Unos días después de los des-
pidos, *The Washington Post* reveló que en 1971 Frederic V. Malek,
vicepresidente del Comité Nacional Republicano y uno de los
mejores amigos de Bush, había llevado a cabo un estudio de los judíos que desempeñaban altos cargos en la Oficina de Estadística
Laboral por encargo del presidente Richard Nixon.

«El reloj de la moral indica que va pasando el tiempo para la
campaña de Bush —dijo Schumer—. Las personas pensantes de
todo el país esperan ver con qué rapidez purga su campaña de antisemitas, sembradores de odio y los que permitieron que esta gente
interviniese en la carrera por la Casa Blanca.»

Malek dimitió al día siguiente para evitar que los cargos contra él se utilizaran contra el vicepresidente. Bush le elogió diciendo
que era un hombre de honor y la estrecha amistad entre los dos no
sufrió ningún cambio. Malek continuó recaudando grandes sumas

de dinero para Bush y fue el financiero al que recurrió George W. Bush cuando quiso comprar los Texas Rangers. Años después los Malek siempre eran invitados a acompañar a los Bush en su crucero anual a las islas griegas.

El vistoso folleto del vicepresidente dirigido a los judíos norteamericanos, con sus citas impresionantes y sus fotografías estudiadas, pareció importar poco cuando el 25 de noviembre de 1986 la prensa publicó en primera plana la noticia del escándalo Irán-Contra. Los ciudadanos se quedaron sin habla cuando el presidente reconoció que Estados Unidos había vendido en secreto armas al ayatolá Jomeini de Irán, cuyos fanáticos tenían rehenes norteamericanos y patrocinaban el terrorismo. Mayor aún fue el escándalo cuando se supo que el dinero obtenido con la venta de armas se encauzó ilegalmente hacia la Contra nicaragüense. Tanto los republicanos como los demócratas atacaron a la Casa Blanca. Las revelaciones dejaron estupefactos a los ex presidentes Gerald Ford y Jimmy Carter.

«Hemos pagado el rescate, de hecho, a los secuestradores de nuestros rehenes —dijo el ex presidente Carter—. El hecho es que cada terrorista del mundo que lea un periódico o escuche la radio sabe que han tomado rehenes estadounidenses y que les hemos pagado para recuperarlos. Es un error muy grave en lo que se refiere a afrontar los secuestros o la toma de rehenes.»

El ex presidente Ford declaró: «Quien iniciara esta operación encubierta y la llevase a término merece cierta condena por parte de cierta gente del Congreso, gente ajena a ella».

Llovieron las críticas sobre el presidente, que sufrió en un mes el mayor descenso de popularidad jamás registrado por los encuestadores. Por primera vez durante su presidencia, la falta de credibilidad de Reagan se vio certificada. Nombró una comisión presidencial para que investigase la actuación del Consejo de Seguridad Nacional. La comisión no debía investigar las acusaciones, sino examinar el aparato de la política exterior que había conducido al escándalo. George sugirió que el senador John Tower, su buen amigo de Texas, se pusiera al frente de la comisión junto con otro amigo suyo, el general retirado Brent Scowcroft, y el ex senador demócrata Edmund Muskie, de Maine. El secretario de Justicia, Ed

Meese, fue objeto de presiones para que traspasara la investigación a un fiscal especial y el embrollo Irán-Contra siguió siendo noticia durante seis años con las sesiones del Congreso, los pleitos, las condenas y, finalmente, los perdones presidenciales.

De pronto la campaña de Bush se encontró con un problema que no había previsto. La estrategia que consistía en aprovechar la popularidad de Reagan para acceder a la Casa Blanca parecía ahora menos segura debido al asunto Irán-Contra. Diez semanas después su alivio fue casi palpable cuando la Comisión Tower dio a conocer su informe, que exoneró a todos los implicados en el asunto. El informe señaló que había habido un acuerdo de intercambio de armas por rehenes y una desviación de fondos hacia la Contra, pero echó la culpa al Departamento de Estado por su falta de vigilancia. Tal como escribió Richard Ben Cramer en su libro sobre la campaña, *What It Takes*, George había convencido a la Comisión Tower de que él «no estaba enterado»:

> Por supuesto, lo había arreglado con su amigo John Tower y su amigo Brent Scowcroft, dos de los tres miembros de la comisión ... pero todo el mundo tuvo que reconocer que ¡había ganado! ¡Demostró que no estaba al corriente, que no había intervenido en el asunto, que no era culpable de no saber nada!

Durante toda la primavera de 1987 George luchó para librarse de la mancha del asunto Irán-Contra y publicó una serie de desmentidos en los que afirmaba no saber nada del intercambio de armas por rehenes ni de la financiación de la Contra: «No recuerdo [cuándo oí hablar de las ventas]. No tuve nada que ver con el asunto».

«Ojalá hubiera sido clarividente y hubiese sabido que estábamos intercambiando armas por rehenes.»

«Se cometieron errores.»

«Si nos equivocamos, el presidente y yo, fue para salvar vidas humanas. Fue por el interés en liberar a estadounidenses.»

Escribió a su madre para tranquilizarla:

> Algunos de nuestros amigos políticos están preocupados por mí y por el efecto que todo esto tendrá en mí ... yo no estoy preocu-

pado, de veras que no. Sé que el presidente dice toda la verdad. Sé que yo también la he dicho. Y también sé que el pueblo norteamericano es justo y sabe perdonar.

Dorothy Walker Bush no creía que el presidente hubiera dicho la verdad. George insistió en que sí y lo reiteró en otra carta:

> Me encantó tu carta de después de la visita; pero permíteme que ponga una cosa en claro. El presidente NO sabía nada de la desviación de fondos hacia la Contra. Ha declarado cuál era su política sobre una cantidad limitada de armas para Irán, pero ha declarado que no sabía nada de la desviación de fondos ...
>
> No te preocupes por todo esto, por favor ... pronto se sabrá toda la verdad y la gente verá que el presidente ha dicho la verdad. Eso es lo principal. Desde luego, habrá diferencias sobre las armas para Irán, etcétera, pero da igual.

La madre de George no había querido que aspirase a la presidencia en 1980, porque opinaba que la política se había convertido en un juego demasiado sucio. No pensaba que George tuviera las condiciones necesarias, pero su fulminante campaña había demostrado que estaba equivocada. Ahora se sentía aún más preocupada. Dijo a Dolly Hoffman, su amiga de Hobe Sound, que George no estaba hecho para ser presidente.

«Dotty dijo a la tía Dolly que George no tenía las condiciones necesarias porque carecía de instinto asesino —comentó la sobrina de Dolly Hoffman—. Dotty dijo que no tenía la dureza que hacía falta para ser presidente. No quiso decir que fuese débil, solo que era demasiado amable y compasivo para ser presidente.»

Pocas semanas después el joven George W., ni amable ni compasivo, acudió galopando en auxilio de su padre.

> Pienso que [su] venida será muy útil y que será un buen asesor para mí —escribió el vicepresidente en su diario—. Es muy sensato y Jebby también lo es. Me parece que algunos de nuestros políticos piensan: «Oh, cielos, ahí vienen los chicos de Bush». Pero han demostrado su lealtad y ambos tienen una excelente capacidad de juicio y están dedicando mucho tiempo a este proyecto.

Marvin, el más joven y menos politizado de los cuatro hijos de George, se había quedado fuera de juego a causa de una colitis ulcerativa. Para salvarle la vida, los médicos le habían extirpado el intestino grueso. La operación le obligó a llevar de forma permanente una bolsa sujeta al estómago para recoger las heces del cuerpo. Después de varias transfusiones de sangre, Marvin bromeó sobre su hospitalización. Dijo que supo que se estaba muriendo cuando sucedieron dos cosas: su padre se pasaba el día a su lado y su hermano Jeb le llamó para decirle «Te quiero».

Su madre dijo que la culpa de la enfermedad inflamatoria del intestino era del estrés de la política. «A Marvin le extirparon el colon porque se preocupaba por muchas cosas —dijo Barbara—. Muchas de ellas tenían que ver con las críticas que recibía su padre.»

Marvin negó que la política fuese la causa de su colitis. «Mamá nunca será médico —comentó—. He hablado con un niño de once años que tiene esta enfermedad, pero su padre no se presentó para presidente.» Como portavoz de la Crohn's and Colitis Foundation, Marvin dijo que quería ayudar a eliminar la vergüenza que acompañaba a la enfermedad: «La mayoría de los grupos con los que hablo los forman personas que no están casadas. Se piensa que esto lo arruina todo. Y no es verdad».

A la esposa de Marvin, Margaret, le habían diagnosticado una forma poco frecuente de cáncer de ovario a los cinco años de edad. También ella había estado a punto de morir y, para salvarle la vida, los médicos le habían extirpado los ovarios, lo cual le impedía concebir. Poco después de la hospitalización de Marvin, la pareja adoptó una niña recién nacida y, cuatro años más tarde, un niño también recién nacido. Debido a su larga convalecencia, Marvin abandonó la campaña presidencial de su padre.

Cuando su hermano George W. se mudó a Washington no quiso vivir en la mansión del vicepresidente, que tenía treinta y tres habitaciones. En vez de ello, él y Laura y las mellizas, que contaban entonces seis años, alquilaron una casa en la ciudad a unos dos kilómetros de distancia. Llevaban varios años guardando las distancias con la familia. Habían dejado pasar las elecciones de 1980, renunciado a los veranos en Kennebunkport e incluso se habían saltado la gran fiesta sorpresa que en 1986 George ofreció a Barbara con motivo de su cuadragésimo primer aniversario de boda. Amigos de los Bush habían llegado en avión a Washington de todo el país para celebrar el aniversario y toda la familia estuvo presente, excepto W. y Laura. Doro y William LeBlond, que se casaron en 1982, habían llegado de Maine; Neil y Sharon, de Colorado; Jeb y Columba, de Florida; Marvin y Margaret, de Virginia; pero el joven George y Laura se quedaron en Texas. «Cae muy lejos —dijo Barbara más tarde—, y es demasiado caro.» Su comentario recordaba el que había hecho después de no asistir a las exequias de su madre.

Barbara sabía que la distancia y el gasto no tenían nada que ver con la ausencia de su primogénito. Miembros de la familia, incluida Louise Walker, confirmaron que Barbara había dejado de hablar con su hijo hacía más de un año. En aquel tiempo George W. bebía como un descosido y sus arrebatos de borracho se habían convertido en una fuente inagotable de bochorno para su esposa y sus padres, que ya no querían estar cerca de él. El último incidente en una reunión de familia lo había causado W. con su falta de tacto en la fiesta que dio la esposa de Gerry Bemiss cuando cumplió cincuenta años. «Y bien, ¿qué tal resulta la vida sexual después de los cincuenta, si se puede saber?», preguntó George. Pasarían varios meses más antes de que finalmente decidiera dejar de beber. Durante aquel período empezó a asistir a clases sobre la Biblia para hombres en Midland. Era muy consciente de que iba a cumplir cuarenta años el 6 de julio de 1986 y trataba de mantenerse a flote en el negocio del petróleo mientras caían los precios. A raíz de la fusión de su compañía con la Harken cobraba ochenta mil dólares al año como asesor (traducción: por ser hijo del vicepresidente), pero no tenía ningún negocio que llevar, ninguna oficina que dirigir, ninguna responsabilidad profesional que cumplir.

Una vez que hubo dejado la bebida, su madre le dijo que podía participar en la campaña de su padre, aunque este nunca le pidió ayuda directamente. «No quería que desorganizara mi vida por él, cuando la verdad es que yo esperaba que me invitase a luchar a su lado», dijo George W. La decisión de mudarse a Washington obedeció también al instinto de conservación, a sabiendas de que el éxito del padre beneficiaría al hijo. «Si su padre perdía, él sería el hijo olvidado de un vicepresidente —dijo su primo John

Ellis—. Si su padre ganaba, ante él se abriría todo un mundo. Su destino dependía de su padre.»

Años después George dijo que los dieciocho meses que pasó colaborando en la campaña presidencial de su padre fueron los mejores de su vida y volvieron a despertar su interés por la política. Su esposa opinaba lo mismo. «Me parece que trabajar con su padre, como hizo George en 1988 ... si quedaba algo de competencia por el hecho de llamarse George Bush y ser el primogénito, se resolvió entonces.»

Junior, como le llamaban, se alistó en la campaña presidencial de Bush por cinco mil dólares al mes en calidad de, según sus propias palabras, «organizador, paño de lágrimas y suplente de mi padre». Dijo a un periodista: «Cuando te llamas George Bush, no necesitas ningún título en la campaña de George Bush».

Los colaboradores de su padre le llamaban «el temible ejecutor» y le evitaban. «Era malo, duro y estaba obsesionado por ganar —dijo uno de los más allegados—. Le tratábamos igual que hubiéramos tratado a cualquier matón.»

El delfín entró en la oficina central de la campaña de Bush calzado con botas de vaquero, mascando tabaco y con un vaso de poliestireno en una mano que usaba como escupidera. «Llámenme Maureen a secas», dijo a la recepcionista, aludiendo a la hija del presidente Reagan, que tenía fama de mandona en sus tratos con los colaboradores de su padre. George congenió inmediatamente con Lee Atwater, que era tan entusiasta, irascible y desagradable como él. George se ganó al resto del personal cuando dijo: «Díganme solo qué puedo hacer para ayudar. Lo único que quiero es que mi padre sea elegido presidente». Exigía poco, aparte de tiempo para hacer deporte todos los días. También se tomaba los fines de semana libres. Insistía en no pasar más de dos noches fuera de la capital. Parte del programa para evitar la bebida consistía en seguir una rutina rigurosa. Había reincidido varias veces desde que cumpliera cuarenta años, pero se esforzaba mucho por permanecer sobrio. De modo que si, por ejemplo, estaba en California más de cuarenta y ocho horas, insistía en que la campaña le llevara en avión a Washington para someterse a descompresión unos cuantos días, y que luego volviera a llevarle en avión a California.

La política presidencial —así como las relaciones de los políticos con los medios de comunicación— cambió bruscamente aquella primavera cuando el principal candidato de los demócratas, el senador Gary Hart de Colorado, tuvo que abandonar la carrera en pos de la presidencia a causa de una relación extraconyugal. Acosado desde hacía mucho tiempo por rumores de que era mujeriego, Hart, casado y padre de familia, había pasado la noche con una joven modelo llamada Donna Rice, a la que fotografiaron sentada en el regazo de Hart en Bimini, a bordo de un yate que llevaba el ridículo nombre de *Monkey Business* (triquiñuelas). Hart negó las acusaciones de tener una aventura con ella que publicó *The Miami Herald* y desafió a los periodistas a seguirle si no le creían. La operación de vigilancia que montaron los periodistas ante la casa de Hart en Washington provocó un tremendo escándalo mediático y desencadenó una serie de investigaciones sobre la vida personal del senador.

Hart trató de recuperar su prestigio convocando una rueda de prensa varios días después, pero su carrera terminó al negarse a contestar a un periodista del *Washington Post* que le preguntó: «¿Alguna vez ha cometido adulterio?». Ante la posibilidad de que salieran a la luz otras indiscreciones, Hart retiró su candidatura a la presidencia el 8 de mayo de 1987 en un amargo discurso de despedida.

El episodio hizo temblar los cimientos de la política presidencial. La vida personal dejó de ser un tema que no podía mencionarse y se convirtió en blanco legítimo de los periodistas. Pasó a ser una indicación del carácter de un candidato. Todos los candidatos, incluido el republicano, se apresuraron a ponerse a cubierto. La campaña de Bush tuvo buenas razones para la inquietud cuando un columnista de sociedad del *Chicago Sun-Times* mencionó que varias personas estaban trabajando en un artículo sobre George Bush que relacionaba a «Mr. Boring» (Don Aburrido) con «una destacada dama de la buena sociedad de la costa Este y esposa de uno de sus seguidores más allegados». La revelación nunca llegó a publicarse, pero hizo que Lee Atwater se pusiera a trabajar a toda marcha, como un verdadero maníaco. Empezó a llamar a los periodistas para preguntarles: «¿Qué has oído decir?», «¿En qué estás trabajando?», «¿Qué tienes?».

Durante un almuerzo con editores de *Newsweek*, Atwater afirmó que su candidato no tenía ningún «problema de entrepierna». Howard Fineman, de la revista, le telefoneó luego para pedirle un desmentido oficial. Atwater contestó que le llamaría más tarde y se fue corriendo al despacho del joven George. Juntos fueron a hablar con el presidente. El encargado de prensa de la campaña se mostró contrario a hablar de los rumores y dar con ello una excusa a los periodistas para difundirlos. El vicepresidente dijo que pensaba igual, pero Atwater y George W. insistieron en que tenían que responder. Con característica brusquedad, George preguntó a su padre: «¿Y bien? Ya has oído los rumores. ¿Qué tienes que decir?». Al hijo amantísimo no le cabía ninguna duda de cuál sería la respuesta de su padre.

—Son falsos, sencillamente —respondió George padre.

Junior llamó a Howard Fineman.

La respuesta a la gran pregunta A es NO.

Fineman mencionó que los partidarios del senador Bob Dole y otros candidatos republicanos a la presidencia estaban avivando los rumores de infidelidad.

«Tratan de socavar una de las grandes bazas políticas de mi padre: la fuerza de nuestra familia», dijo George W.

*Newsweek* publicó el artículo con un titular que decía: BUSH Y LA «GRAN PREGUNTA A». «No tengo ni idea de lo que pensaba la gente de Bush cuando salió con aquella respuesta —dijo más tarde Fineman—. No hubiéramos publicado absolutamente nada si el hijo del vicepresidente no nos hubiese llamado de esta forma realmente extraordinaria.»

George W. no se dio cuenta entonces de que había mentido por su padre, que se enfadó por el incidente. Según una columna de Evans y Novak, «el vicepresidente expresó la opinión de que su hijo y sus colaboradores hubieran hecho mejor siguiendo su ejemplo y no guardando silencio».

A muchos periodistas les daba apuro entrometerse en la vida personal de un político. A algunos les repugnaba la perspectiva de hacer indagaciones sobre aventuras extraconyugales. Otros, como William Greider, columnista de *Rolling Stone* y ex periodista de *The Washington Post*, manifestaron que era un tema legítimo. «La prensa no inventó la costumbre de que los candidatos utilizasen su familia para atraer votos. Los políticos que utilizan a su familia para crear una imagen pública no tienen·motivos para quejarse cuando la prensa demuestra que la imagen es falsa.»

Cuatro meses más tarde *Newsweek* dejó caer sobre Bush una bomba que estuvo a punto de acabar con su candidatura. En vísperas de la presentación oficial de su candidatura a la presidencia en octubre de 1987, la revista publicó un artículo titulado BUSH LUCHA CONTRA EL FACTOR PELELE. George nunca se recuperó del todo de las secuelas de aquel artículo, que pareció ratificar las acusaciones de que era «un perrito faldero», «un traje vacío» y «el eco de Ronald Reagan». La palabra «pelele», con todas sus connotaciones de debilidad, fue un golpe terrible para un político que se esforzaba por parecer fuerte y decidido.

George pasó inmediatamente al ataque, pero su respuesta fue lastimera. «Ha sido un asqueroso golpe bajo —dijo a una multitud en Red Oak, Iowa—, y el pueblo norteamericano no toma sus decisiones basándose en lo que piense alguna publicación de élite del Este.»

Salió en el programa *Larry King Live* de la CNN y habló de sus hazañas durante la Segunda Guerra Mundial y de la muerte de su hija:

> Nadie en nuestro portaaviones cuando americé con cuatro cargas de profundidad en mi avión o después de volver al buque después de ser derribado dijo: «Eh, pelele, quiero hablar de algo contigo». Nadie dijo eso cuando Barbara y yo … pasamos por la tragedia de ver cómo nuestra hija nos era arrebatada por el cáncer, después de pasar seis meses sentados a la cabecera de la niña … Nadie dijo eso en la CIA cuado fui allí y dije: «Mirad, vamos a hacer unos cuantos cambios y luego voy a dirigiros, voy a levantaros y dirigiros …» He aquí los latidos de mi corazón, he aquí mi pulso. He aquí lo que he hecho en mi vida. Y ahora me llamáis pelele.

Echó pestes contra los editores de *Newsweek* durante meses y reprendió a Evan Thomas, el jefe de la oficina de la revista en Washington. La familia Bush se unió y trató de ayudarle a recuperar su hombría.

KITTY KELLEY

«Estoy furiosa —dijo Barbara Bush—. Ha sido un golpe bajo ... Ha hecho daño. Ha hecho daño a nuestros hijos, sinceramente. Ha hecho daño a la madre de George. Me ha hecho daño a mí. Quiero decir que ha sido doloroso ... No quiero volver a oír esa palabra jamás.»

«Mi padre es un héroe», declaró Marvin Bush.

Nancy Bush Ellis escribió una carta mordaz a Katharine Graham, la propietaria de *Newsweek*, con la que a veces formaba pareja para jugar al tenis. «Me pareció que había terribles errores —dijo—. Todo eso sobre pelele, elitismo, pijería.»

Neil Bush aportó su comentario: «Me siento muy disgustado cuando la gente trata de presentar a mi padre como un hombre sin carácter —dijo—. Hay una palabra de seis letras que empieza por "pe" y termina por "lele". Es tan vergonzoso».

Nadie estaba más furioso que George W. Bush, que soltó una sarta de groserías contra la revista y sus colaboradores. En la cara les llamaba «gilipollas» y a sus espaldas maldecía a sus madres. También les cortó por completo el acceso a su padre. «Me sentía responsable por haber aprobado la entrevista —dijo—. Estaba furioso y dije a mucha gente exactamente lo que pensaba.»

A ojos del joven George, el artículo sobre «el pelele» había sido una castración en público. Al igual que el impetuoso Sonny Corleone en *El padrino*, sentía un deseo feroz de vengar el honor de su padre y preservar la posición de su familia en el mundo de la política. Malhablado, insultante y de forma muy fea, arremetía contra los periodistas cuyos artículos no le gustaban y a veces sus ansias de enfrentarse a ellos daban miedo.

Cuando vio a Al Hunt de *The Wall Street Journal* cenando en un restaurante con su familia, Junior le insultó delante del hijo de cuatro años del periodista por un artículo que había escrito criticando a Bush padre. «¡[...] hijo de perra! —gritó Bush—. Leí lo que escribiste. ¡No vamos a olvidarlo!»

George abordó a un corresponsal de la televisión y en tono perentorio le dijo: «¿Quién diablos se ha creído que es para hablar así de mi padre?». Estaba tan fuera de sí que Lee Atwater limitó sus encuentros con la prensa. «Tengo que tener al chico en una jaula», bromeó Atwater. Por desgracia, el director de la campaña no estaba cuando George empezó a intimidar a las periodistas.

«Tuve una experiencia aterradora con George W. cuando estaba escribiendo un artículo sobre su madre para la revista *Lear's* —dijo la periodista de Washington Sandra McElwaine—. Acababa de almorzar en el Federal City Club de Washington y en el momento de irme vi a George W. Así que me acerqué a él para presentarme. "Perdone que le interrumpa, pero llevo semanas tratando de hablar con usted por teléfono en relación con un artículo que…" Se puso a chillarme sin dejarme terminar siquiera. "¡Eso no es verdad! ¡NO ha tratado de localizarme! ¡Miente!"

»—No, señor —contesté—. He llamado varias veces y he hablado con su secretaria, que se llama…

»—¡Eso es una condenada mentira, y, además, ¿quién es usted para interrumpir mi almuerzo?

»Tenía la cara enrojecida, los ojos redondos y brillantes, y se puso tan amenazador que me asusté. No debería haber interrumpido su almuerzo, pero le aseguro a usted que su reacción fue desproporcionada. Cuando empezó a chillarme retrocedí, pedí perdón y me fui corriendo. Nunca había encontrado una persona más desagradable.»

Susan Watters, la corresponsal de *Women's Wear Daily* en Washington, se sintió igualmente afectada después de un encuentro desagradable con el primer hijo. Durante una recepción en la Casa Blanca que la prensa había sido invitada a cubrir, Watters se acercó a Doro Bush para obtener una identificación correcta de su acompañante, al que acababan de fotografiar para la revista.

«George W. cruzó corriendo el salón y empezó a gritarme por hablar con su hermana —dijo Watters—. Su furia y su lenguaje ofensivo … me desconcertaron tanto que no supe qué decir … Necesitaba una identificación para el pie de la fotografía … "¡Déjenos en paz!", gruñó. "¿Por qué no nos deja en paz, señora como se llame?" "Es mi trabajo", respondí. Me dio miedo, mucho miedo.»

Mientras George W. trabajaba en la oficina central de la campaña en Washington, su hermano más joven Neil representaba a su padre en diversos foros que tuvieron lugar en Iowa. Cuando llegaron los resultados del sondeo Ames, que dejaban al vicepresidente en un humillante cuarto lugar, Neil se puso de mal humor.

«Permítanme que les diga una o dos cosas —comentó—. Iowa

no es el único estado que importa. Está New Hampshire y tenemos al gobernador [John Sununu].»

El padre de Neil volvió a ser el mismo de siempre al explicar su derrota. «Muchas de las personas que me apoyan ... estaban en la fiesta de puesta de largo de sus hijas, o en el campo de golf a punto de hacer la importantísima última ronda.»

Después de Iowa el presidente se vio tachado de débil e inelegible. Iba muy a la zaga del candidato demócrata Michael Dukakis en las encuestas y sus resultados negativos estaban entre los más altos de la historia de las elecciones presidenciales. George deseaba desesperadamente que las cosas dieran un vuelco. «Tengo que dejarme ver por ahí —dijo a sus ayudantes en la campaña—. Tengo que dejarme ver más por ahí». Decidió que la mejor forma de reparar su imagen era utilizar su historial de guerra, pero al final se le fue la mano. Escribió un libro con Doug Wead, un evangélico que formaba parte del personal de su campaña, titulado *Man of Integrity* (Hombre íntegro). En vez de demostrar que era un auténtico héroe, sembró dudas en la mente de muchas personas sobre lo que sucedió en realidad cuando saltó de su avión en Chichi-Jima durante la Segunda Guerra Mundial. Uno de los artilleros de su unidad, Chester Mierzejewski, se disgustó tanto a causa de lo que George dijo a David Frost en una entrevista en diciembre de 1987 que le desafió públicamente y dejó la impresión de que George no había dicho toda la verdad sobre la tragedia que costó la vida a su tripulación.

George había afirmado siempre que nunca supo exactamente lo que le había sucedido a su tripulación, que se componía de dos hombres. En repetidas ocasiones había dicho que al terminar la misión de bombardeo, se dirigió mar adentro y mantuvo el avión durante el tiempo suficiente para que la tripulación saltara. Solo en el libro de Wead da a entender que vio lo que le sucedió a su tripulación. En contra de lo que había afirmado hasta entonces, dijo en el libro que vio morir ametrallado a su artillero, el teniente William G. White, y que vio a su radiotelegrafista, John Delaney, saltar con paracaídas. Añadió George que el enemigo había disparado contra un segundo paracaídas, el de Delaney.

Si se aceptan los informes contemporáneos de 1944 y los documentos oficiales de la Marina, la historia que Bush cuenta en el libro que escribió con Wead es mentira. No hubo ametralladoras ni combates aéreos con ametralladoras, sino solo fuego antiaéreo. George no vio ni oyó a White ni a Delaney después de que su aparato resultara alcanzado. Nadie más vio a nadie disparar contra el segundo paracaídas. Informes anteriores sobre el segundo paracaídas indican simplemente que no se abrió. Había solo aviones norteamericanos en los alrededores cuando Bush saltó del suyo y ninguno de sus tripulantes pudo decir con seguridad quién llevaba el paracaídas que no se abrió.

La conclusión inevitable es que George mintió sobre su heroísmo durante la Segunda Guerra Mundial para beneficiarse políticamente en 1988. Al obrar así, no fue fiel a lo que dijo el informe de la Greenwich Country Day School: «No pide más que la parte de tiempo y atención que le corresponde». En *Man of Integrity*, con su cacareado título y su texto inflado, George sin duda había pedido más de lo que le correspondía.

Ahora que era candidato declarado a la presidencia, George tenía que afrontar una atención más rigurosa por parte de los medios de comunicación. En enero de 1988 accedió a que le hiciera una entrevista Dan Rather de la CBS, que estaba decidido a obtener respuestas a las preguntas que no se habían formulado sobre el asunto Irán-Contra.

Craig Fuller advirtió a su jefe que le iban a tender una emboscada.

—Ni hablar —dijo George—. Dan es un amigo.

Nadie logró convencer al vicepresidente de que los periodistas no eran sus amigos. Creía que si era amable con ellos, ellos lo serían con él.

—Mire —dijo Fuller—. Si Rather le despelleja por lo de Irán-Contra, ¿por qué no le dice: «¿Le gustaría que le juzgasen, que juzgasen toda su carrera, por los siete minutos en que abandonó su puesto?»?

Craig se refería a la vez en que Rather, en septiembre de 1987, se había sentido ofendido y había abandonado su puesto de presentador, obligando así a suspender el programa.

—Sí, eso —dijo el especialista en medios de comunicación Roger Ailes, que trabajaba en la campaña de Bush por veinticinco mil dólares al mes—. Eso es. Devuélvale la pelota a Dan.

La campaña había insistido en una entrevista en directo para que no pudieran modificarse las respuestas del vicepresidente. No habían contado con lo que Marlin Fitzwater llamó la «introducción fiscal» del asunto Irán-Contra. Rather condujo la entrevista desde su estudio en Manhattan y el vicepresidente apareció ante la cámara en su despacho del Capitolio. Incluso antes de que Rather hiciese su primera pregunta, Bush oyó la introducción y se puso furioso.

—Señor vicepresidente, queremos hablar del historial.

—Hablemos de todo el historial.

—Un tercio de los republicanos de esta encuesta, un tercio, dice que usted les cae bastante bien, [pero] yo creo que usted oculta algo … Ahora tiene la oportunidad de airearlo … Usted ha dicho que de haberlo sabido, fue un intercambio de armas por rehenes…

—Sí.

—Que usted se hubiera opuesto.

—Exactamente.

—También dijo que no lo sabía…

—¿Puedo responder a eso?

—No ha sido una pregunta, ha sido una afirmación.

—Ha sido una afirmación y responderé a ella.

—Primero, si me permite, haré la pregunta.

—El presidente creó este programa, tal como se atestiguó o afirmó públicamente, no pensaba que fuera armas por rehenes.

—Eso fue el presidente, señor vicepresidente.

—Y soy yo. Porque estuve de acuerdo porque… usted sabe por qué, Dan, ¿no?… porque…

Continuaron las preguntas y las evasivas durante nueve minutos porque George quería apurar tiempo. Finalmente abandonó las tácticas evasivas y soltó la respuesta que llevaba preparada.

—No me parece que sea justo juzgar toda una carrera, no es justo juzgar toda mi carrera sacando otra vez a colación lo de Irán. ¿Le gustaría que juzgaran su carrera basándose en aquella vez que abandonó el estudio en Nueva York durante siete minutos? ¿Le gustaría?

Rather dio paso a un anuncio y George se quitó el auricular

mientras despotricaba ante la cámara con el micrófono todavía abierto.

—Bien ya he dicho lo que tenía que decir, Dan ... Ese tipo hace que Lesley Stahl parezca un gatito. Los peores momentos que he pasado en mis veinte años de vida pública. Pero será una ayuda para mí, porque ese cabrón no ha podido demostrar nada contra mí ... Estoy verdaderamente disgustado. Puede decirles a los de su maldita cadena que si quieren hablar conmigo, pueden levantar la mano en una rueda de prensa. Se acabaron las confidencias.

El presidente Reagan, que había visto el enfrentamiento por televisión en la Casa Blanca, hizo un gesto de aprobación con la cabeza. George había demostrado por fin que tenía agallas. «No he visto ni pizca de pelele en él», dijo Reagan a un ayudante.

Al día siguiente, George W. entró en la oficina central de la campaña con ambas manos levantadas por encima de la cabeza en señal de júbilo. «¡Macho! —gritó—. ¡Macho!»

Dan Rather se defendió con su propia declaración: «Tratar de hacer preguntas francas y tratar de ser persistente con las respuestas forma parte del trabajo de un periodista».

El columnista Mike Royko se estremeció: «Tardó solo unos cuantos minutos nefastos en convertir a un elitista rico como George Bush en un personaje simpático para miles de personas que trabajan para ganarse un sueldo. Piensen en lo que podría hacer Rather por un tipo que no dé la impresión de que su madre todavía le acompaña al club de tenis».

Al día siguiente, Herblock, el caricaturista del *Washington Post* ganador del Premio Pulitzer, dibujó al vicepresidente como un boxeador flaco vestido con unos pantaloncillos con la inscripción CONEXIÓN IRÁN-CONTRA. Los pantaloncillos se le habían caído al mover el brazo en señal de victoria, apenas capaz de sostener un pesado guante de boxeo. Con el otro guante se tapaba la virilidad.

El escándalo Irán-Contra siguió persiguiendo a Bush, que se enfurecía con los periodistas que no aceptaban su declaración de inocencia. Le preocupaba de forma especial lo que escribía David Hoffman en *The Washington Post*. Una noche a bordo del Air Force Two (el avión en que suele viajar el vicepresidente), invitó a los periodistas a tomar unos martinis. «Después de un par de copas, nos dijo exactamente lo que pensaba de Hoffman —recordó Craig Hines, columnista del *Houston Chronicle*—. Bush dijo: "En su cara será siempre: 'Hola, David, ¿cómo estás?'. A sus espaldas, 'Que te den por el culo, David'". Bush metió la mano debajo de la mesa e hizo un gesto obsceno con un dedo.»

Para entonces la amabilidad de George ya se había convertido en antipatía, como ocurría siempre que se veía sometido a presiones políticas. En Cedar Rapids, Iowa, un estudiante de secundaria le preguntó sobre su cambio de actitud ante el aborto. Bush vio que el estudiante consultaba un folleto publicado por su rival, el republicano Jack Kemp de Nueva York.

«No sabía que hacían circular estas cosas», dijo. Arrebató el folleto al estudiante y lo rompió en pedazos. «Fin», dijo, y se fue.

El vicepresidente se dio de bruces en los *caucus* de Iowa y sufrió la humillación de quedar en tercer lugar, lo que dio ventaja al senador Dole en New Hampshire. Cuando George llegó a Portsmouth, parecía escarmentado. «No siempre me expreso bien, pero lo que es sentir, siempre siento —dijo ante una multitud—. Aquí me tenéis, con todos mis defectos.» Los que siempre habían admirado la decencia de Bush, su sentido del honor y del juego limpio, se animaron al ver que el tipo simpático había vuelto. Luego criticó a Dole por haber provocado «casi solito» el fracaso de los republicanos en 1976 y por haberse divorciado de su esposa, que le había cuidado hasta que se repuso de sus heridas después de la guerra. «En mi familia la lealtad es una virtud —afirmó George—. No es un defecto.» Autorizó una serie de anuncios que atacaban a Dole por cambiar de opinión en materia de impuestos. Al ver que su posición mejoraba en las encuestas después de dar a conocer los anuncios, George se convenció de que lo negativo daba mejores resultados que lo positivo en el «juego de los buitres» y decidió utilizarlo en lo sucesivo. Se acabó así el Tipo Simpático. Ganó las primarias de New Hampshire con la ayuda del gobernador del estado, John Sununu, y arrasó en las primarias del Súper Martes, con lo cual tuvo asegurada la designación de candidato republicano. Con todo, sabía que, para derrotar a Dukakis, en algún momento tendría que subirse a los hombros del presidente.

George necesitaba la bendición del rey, pero la reina ponía obstáculos. Nancy Reagan no tenía ninguna prisa por ver cómo su marido ungía a su sucesor. Cada vez que la campaña de Bush presentaba al presidente un plan en tal sentido, la presidenta decía que no. Había vetado una cena en febrero y una recepción en abril, incluso obligó a cancelar la aparición de su esposo en un mitin de Bush celebrado a poca distancia de la Casa Blanca. Finalmente, accedió a una tibia sanción el 11 de mayo de 1988, en una cena que debía celebrarse en Washington y durante la cual Reagan dirigiría la palabra a tres mil de sus partidarios más acérrimos, cada uno de los cuales pagaría mil quinientos dólares para asistir a ella. La gente de Bush se apresuró a presentar una extensa declaración de apoyo que Nancy rechazó inmediatamente. «No —dijo—. ¡Es la cena de Ronnie!»

Aquella noche una multitud vestida de etiqueta rindió homenaje a Reagan y vio una película sentimental sobre «grandes momentos de los años de Reagan», con música inspiradora y mucho ondear de banderas norteamericanas. La película, que rebosaba alegre nostalgia, apenas mencionaba el nombre de George Bush. El presidente se levantó en medio de aplausos atronadores y pronunció un discurso conmovedor sobre «amanecer en América» y «una ciudad luminosa en un promontorio». Luego terminó en tono más sosegado:

> Si se me permite, me gustaría tomarme un momento para decir una palabra sobre mis planes futuros. Romperé con ello el silencio que he guardado durante algún tiempo en relación con los candidatos presidenciales. Pienso hacer campaña, con toda la energía de que sea capaz. Mi candidato es un ex miembro del Congreso, embajador en China, embajador ante las Naciones Unidas, director de la CIA y presidente nacional del Partido Republicano. Voy a trabajar con tanto ahínco como pueda para hacer que el vicepresidente Bush sea el próximo presidente de Estados Unidos.

Se oyeron aplausos al mencionar Reagan a George por su nombre, aunque pronunció mal «Bush» y le salió «Blush» (rubor). La multitud esperaba unas últimas palabras de apoyo a Bush, pero el presidente procedió a terminar el discurso. «Ahora a Nueva Orleans

—dijo—, y a la Casa Blanca.» Se despidió con la mano de la multitud embelesada y salió del salón de baile con la primera dama.

Barbara Bush estaba furiosa y, después de ocho años de servicio, su esposo se sintió humillado. Ambos se encogieron cuando a la mañana siguiente leyeron un titular de primera plana del *Washington Post* que decía: REAGAN DA A BUSH UNA ESCUETA APROBACIÓN. Debajo decía: «La brevedad de los comentarios en la cena de recaudación de fondos desconcierta a los activistas republicanos». *The New York Times* comentó: «El bando de Bush anhela señales de más apoyo por parte de Reagan».

La comedida aprobación del presidente no contribuyó a que mejorase la posición del vicepresidente en las encuestas. Bush seguía yendo a la zaga de Dukakis al empezar el verano. Cuando los demócratas se reunieron en Atlanta para su convención nacional en julio de 1988, habían decidido que George, como le llamaban, era una especie de chiste nacional. La encargada de pronunciar el discurso inaugural, Ann Richards, tesorera del estado de Texas, provocó grandes carcajadas y aplausos cuando dijo: «Pobre George. No puede remediarlo. Nació en una cuna de plata, pero se levantó con el pie izquierdo».

El encargado de agricultura de Texas, Jim Hightower, se burló de Bush diciendo: «Este hombre es como un dolor de muelas y nos dice que mantengamos el rumbo y nos amenaza con ir de la nada a ninguna parte. —Con su estilo campechano y popular, añadió—: El suyo es un mundo de clase alta en el cual la riqueza te la dan cuando naces. George Bush nació en tercera base y cree que se la ha ganado él».

El ataque más virulento lo lanzó el senador Edward Kennedy, que llamó a George «vicepresidente que no oye nada, no ve nada, no hace nada». Con una floritura retórica, Kennedy preguntó dónde estaba George cuando la administración Reagan-Bush cometió sus mayores errores.

«Al menos Ronald Reagan acepta la culpa además del mérito de la política de los últimos ocho años —agregó Kennedy—. Pero George Bush, no, y responde a una pregunta tras otra escondiendo la cabeza entre las manos.»

El senador citó el escándalo Irán-Contra y los delegados chillaron: «¿Dónde estaba George?». Citó la acusación contra el panameño Manuel Noriega y el tráfico de drogas en América Central y los delegados gritaron: «¿Dónde estaba George?». Citó la propuesta de recortar las ayudas a los ancianos y los delegados vociferaron: «¿Dónde estaba George?». Condenó el veto de los proyectos de ley de los derechos civiles por parte de la administración y los delegados entonaron a coro: «¿Dónde estaba George?».

«Pienso que es justo preguntar dónde estaba George cuando se tomaron esas decisiones —dijo Kennedy—. George Bush es el hombre que nunca está presente. Y no estará presente después de que el reloj dé las doce del mediodía del 20 de enero de 1989 [el día de la toma de posesión].»

Los delegados, que ya eran presa del frenesí, aplaudieron y golpearon el suelo con los pies mientras cantaban: «¿Dónde estaba George? ¿Dónde estaba George? ¿Dónde estaba George?».

Barbara Bush, que estaba viéndolo todo por televisión en Kennebunkport, montó en cólera. Llamó a Ann Richards «esa mujer con tanto pelo» y despreció al senador Kennedy afirmando: «Ese hombre no tiene derecho ni siquiera a pronunciar el nombre de mi marido».

George se libró del espectáculo demócrata que despertó las iras de su esposa. Se había ido a pescar a Wyoming con el secretario del Tesoro, James A. Baker III, al que había persuadido a que se hiciera cargo de su tambaleante campaña. Bush hizo a Baker un ofrecimiento que no podía rechazar: «Si me convierto en presidente, tú te conviertes en secretario de Estado».

Las minorías étnicas estaban entusiasmadas con el nombramiento de Michael Dukakis. Tal como escribió Jeffrey Eugenides en *Middlesex*:

> Estábamos en 1988. Quizá había llegado por fin el momento en que cualquiera —o al menos no los mismos de siempre— podía ser presidente. ¡Ved las pancartas en la convención demócrata! Mirad las pegatinas en todos los Volvos. «Dukakis.» ¡Un apellido que contiene más de dos vocales aspira a la presidencia! La última vez que sucedió esto fue cuando Eisenhower (que quedaba muy bien en un tanque). Hablando en términos generales, a los norteamericanos les gusta que su presidente no tenga más de dos vocales. Truman. Johnson. Nixon. Clinton. Si tienen más de dos vocales (Reagan), no

pueden tener más de dos sílabas. Mejor aún es una sílaba y una vocal: Bush. Tuvieron que hacerlo dos veces.

La elección de George todavía distaba mucho de estar asegurada. Durante varias semanas había ido dieciocho puntos detrás de Dukakis. La revista *Time* resumió su problema en el artículo que publicó la víspera de la convención: GEORGE BUSH: EN BUSCA DE ESTATURA. Sus principales ayudantes llevaban meses instándole a desarrollar sus ideas y arbitrar el futuro. «Oh, te refieres a la cosa esa de la visión», dijo a Lee Atwater, claramente exasperado. George no tenía ninguna inclinación a conceptualizar y dijo más de una vez que no necesitaba tener una visión. A ninguno de los miembros de su nuevo círculo de evangélicos renacidos se le ocurrió mencionar un pasaje pertinente de los Proverbios: «Donde no hay ninguna visión, el pueblo perece».

Al llegar el momento de la convención republicana, George ya había sido objeto de muchas burlas como hombre sin visión y sin capacidad de comunicarse si uno se tropezaba con él. Sabía que su discurso de aceptación era crucial para definirle como persona y como presidente. Recurrió a la autora de las letras de Reagan, Peggy Noonan, que había compuesto parte de su música más dulce. George pidió ayuda a la escritora de discursos. «Tengo que dar a la gente una idea mejor de mí mismo», dijo. Peggy le dio tanto voz como una visión.

En el discurso más memorable de su carrera, el vicepresidente, de sesenta y cuatro años, prometió «completar la misión» que había empezado Ronald Reagan. George expresó su esperanza de ver una nación «más bondadosa y más amable», palabras que años después encontrarían eco cuando su hijo se comprometió a ser un «conservador compasivo». El vicepresidente aplaudió la bondad de las personas que ayudaban a los demás y dijo que si todo el mundo abrazaba el voluntariado, el esfuerzo crearía «una nueva armonía, como las estrellas, como mil puntos de luz en un cielo ancho y pacífico». Luego tranquilizó a los norteamericanos diciéndoles que continuaría su prosperidad y pronunció las palabras más famosas de su carrera: «Lean mis labios. Impuestos nuevos, no».

El discurso de Noonan había dado al candidato republicano

cierta sustancia, y George lo pronunció con energía y sinceridad. Durante semanas había recibido lecciones de la profesora de dicción Lilyan Wilder, cuya misión consistía en disminuir su timbre nasal y enseñarle a hablar más despacio para darle cierta semblanza de estadista. Wilder cobraba mil dólares por hora y merecía un millón, ya que la tarea era en verdad ardua. «Hice todo lo que pude con el hombre —explicó, cansada—, pero era difícil debido a su... esto... su programa apretado y...»

El mayor obstáculo era la resistencia del propio George. No pensaba que necesitara ayuda para hablar en público, a pesar de las sugerencias en sentido contrario que le hicieron sus ayudantes en la campaña, sus amigos e incluso su familia. Su hermano Jonathan estaba tan desanimado ante la forma sosa de hablar de George que recomendó que contrataran a la famosa profesora de arte dramático Stella Adler, pero George no quiso ni oír hablar de ello. «El carisma que lo tengan los demás —comentó—. Yo tengo clase.»

Al terminar el discurso de aceptación, el local se transformó en un mar de globos y serpentinas de color. Los delegados agitaban letreros que decían: DIOS ES REPUBLICANO y MAMÁ, TARTA DE MANZANA Y BUSH. La familia se reunió con él en el escenario: sus hijos, sus hermanos, su hermana y todos sus nietos. Cuando Jeb y Columba —esta se había nacionalizado estadounidense para poder votar a favor de su suegro— salieron con sus tres hijos, la banda atacó una briosa versión de la canción de Ritchie Valens «La Bamba». Horas antes, en la estación aereonaval de Belle Chasse, George había presentado a Jeb y Columba a los Reagan. Señalando a Jeb y a su esposa, que era mexicana, Bush dijo: «Estos son los pequeños de Jebbie. Los morenitos. Jebbie es el grandote de la camisa amarilla y jurará la bandera esta noche». Bush dijo que la familia de Jeb era su «arma secreta» para convencer a los votantes latinoamericanos.

—Oh, ¿De veras? —dijo Nancy Reagan.

A Columba Bush, que apoyaría en español el nombramiento de su suegro en la convención, le dolió que Bush llamara a sus hijos «los morenitos». Más adelante reconoció su disgusto, pero dijo: «Resultó una gran experiencia. Me empujó a empezar a promocionar el arte mexicano. Quería que los latinoamericanos se sintieran orgullosos de su cultura, que no se avergonzaran de ser morenos».

La posición del presidente en las encuestas subió inmediatamente después de su discurso de aceptación, pero se disipó a causa de las críticas de que fue objeto su compañero de candidatura, Dan Quayle. Al escoger al senador de cuarenta y un años de Indiana, George pensó que podría salvar el abismo entre los sexos ofreciendo a las votantes alguien que, según dijo, «se parecía a Robert Redford, solo que es más guapo». Puede que esa mentalidad explique el escaso apoyo que recibió Bush de las mujeres. Desde luego, escoger a un sosias de Robert Redford no le ayudó. Se había especulado con la posibilidad de que Bush escogiese a una mujer como compañera de candidatura, pero Pat Schroeder, la congresista demócrata de Colorado, dijo en broma que nunca sucedería. «La gente diría: "Necesitamos a un hombre en la candidatura".»

Quayle fue un lastre desde el principio. En su primera rueda de prensa el joven senador se atrancó con las preguntas relativas a su servicio militar, por qué había servido en la Guardia Nacional y si su familia había utilizado influencias para conseguirle una plaza en la Guardia. Al principio negó lo de las influencias. Luego dijo que no lo sabía. Finalmente reconoció que se habían hecho algunas llamadas telefónicas. Al cabo de pocas horas el titular de *The New Orleans Times-Picayune* irritó a la convención: QUAYLE ACOSADO CON PREGUNTAS SOBRE SI FUE PRÓFUGO. Vietnam seguía siendo una llaga abierta, especialmente para los excombatientes, y Bush se vio bombardeado con preguntas sobre el servicio militar de Quayle. George no hizo caso de las preguntas que le hicieron a gritos al entrar en el hotel, pero su hijo mayor se detuvo para defender a Quayle: «Lo que es importante es que no se fue a Canadá», dijo George W. Bush, cuyo propio servicio en la Guardia Nacional sería objeto de ataques más adelante.

Dan Quayle salió de Nueva Orleans reducido a la condición de remate de chistes sobre cuántos vicepresidentes se necesitan para hundir una campaña política. George se resistió a las súplicas de que lo sacase de la candidatura, pero se arrepintió de haberle escogido. Al terminar la convención escribió sobre el desastre en su diario: «La decisión fue mía y la pifié, pero no pienso decir que la pifié».

Otros lo dijeron por él. Cuando Quayle fue a Nueva York para recaudar fondos en un club de golf, los periodistas pidieron al presidente del Comité Demócrata del estado que hiciera algún comentario: «Es apropiado que Dan Quayle venga a Nueva York a recaudar dinero para los republicanos en un club de golf —dijo John Marino—, porque es el mayor handicap de George Bush».

Hasta los amigos más íntimos de George estaban consternados. «Después de lo de Nueva Orleans fui a casa de los Bush a tomar unos cócteles —dijo el columnista Charles Bartlett—. Al llegar, le dije a George: "Por Dios, ¿cómo pudiste escoger a Quayle?". En el otro extremo de la habitación una voz dijo: "Quiero oír esa respuesta". Era Barbara. George contestó que había visto a Quayle solo una o dos veces, pero que Nick Brady jugaba al golf con él y Nick dijo a George que Quayle era bueno en los asuntos relacionados con la defensa. George necesitaba a alguien que fuera joven y del Medio Oeste, así que optó por Quayle … No se lo pensó más.»

George afirmó más adelante que había considerado una larga lista de candidatos, entre ellos el senador Robert Dole de Kansas; Elizabeth Hanford Dole, secretaria de Transporte; Jack Kemp, representante por Nueva York; el gobernador Lamar Alexander de Tennessee; el senador Pete Domenici de Nuevo México; el senador Alan Simpson de Wyoming; el senador John Danforth de Missouri; el senador Richard Lugar de Indiana; el senador John McCain de Arizona; el senador Bill Armstrong de Colorado; el senador Thad Cochran de Mississippi; el representante por Illinois Lynn Martin; el gobernador John Sununu de New Hampshire; el gobernador George Deukmejian de California; el gobernador John Ashcroft de Missouri, y el gobernador Kay Orr de Nebraska.

A George le gustaba lo que veía de sí mismo en Dan Quayle: ambos eran de buena familia (es decir, de familia rica), habían pertenecido a la asociación Delta Kappa Epsilon en la universidad y se defendían jugando al golf. Escogió a su compañero de candidatura sin consultar con nadie, como su director de campaña dejó claro ante los periodistas en numerosas ocasiones. «La elección no fue mía», decía James Baker. No quería tener nada que ver con el joven que a menudo se comparaba con John F. Kennedy. Cuando Quayle hizo la comparación durante su debate con el compañero de candidatura de Dukakis, el senador Lloyd Bentsen estaba preparado. El mejor asesor de los demócratas para asuntos relacionados con los medios de comunicación y los debates, Michael Sheehan, había puesto en antecedentes al senador de Texas, que se zampó a Quayle:

> QUAYLE: No es solo la edad; son los logros, la experiencia. Tengo mucha más experiencia que muchos otros aspirantes al cargo de vicepresidente de este país. Tengo tanta experiencia en el Congreso como tenía Jack Kennedy cuando aspiró a la presidencia …
> BENTSEN: Senador, yo serví con Jack Kennedy. Conocí a Jack Kennedy. Jack Kennedy era amigo mío. Senador, usted no es ningún Jack Kennedy.

«Aunque mucha gente pensaba que escoger a Dan Quayle había sido un error, le aseguro que hubiera podido ser mucho peor —afirmó French Wallop—. Se hicieron unas cuantas indagaciones discretas con vistas a poner a mi ex marido, Malcolm, en la lista de candidatos cuando era senador por Wyoming, y eso hubiera sido un desastre para los valores familiares … Malcolm era conservador en todas las cosas en que hay que serlo, pero se parecía demasiado a George: ambos eran ricos, miembros de la élite de Yale. Luego había otro asuntillo que hubiera podido causar problemas con la derecha religiosa. A Malcolm le gustaba vestirse de mujer.»

Al descubrir la predilección de su esposo por el travestismo, la señora Wallop pidió el divorcio y envió a todas sus amistades una nota que decía: «French Wallop lamenta informarles de que, debido a una indiscreción de quien ha sido su esposo durante dieciséis años, ahora se le puede localizar en la siguiente dirección …».

Los Bush no parecían adoptar una actitud mojigata ante las excentricidades sexuales de su círculo social. Entre sus amigos más íntimos había como mínimo un travesti, un corredor de bolsa muy poderoso de Los Ángeles.

«Pienso que son mucho más tolerantes que el resto de sus hermanos derechistas en lo que se refiere a ciertos asuntos —señaló Craig Hines, el columnista del *Houston Chronicle*—. Recuerdo que Barbara invitó a los periodistas a comer y habló de la amistad de los Bush con Stewart McKinney, congresista republicano por Connecticut, y comentó que estaban muy enfadados porque su nota necrológica había revelado que estaba enfermo de sida. Añadió que mencionar la causa de su muerte había sido un acto despreciable que pondría a la viuda y los huérfanos en una situación violenta.»

La sensibilidad de los Bush ante los sentimienos ajenos estaba reservada exclusivamente para sus amigos personales. Como demostró la campaña de 1988, no perdonaban a los adversarios políticos. De hecho, George dio muestras de una bajeza insólita con sus comentarios infamatorios y sus insinuaciones contra Michael Dukakis en lo tocante a los impuestos, el aborto, la pornografía, la pena de muerte y el juramento de fidelidad a la bandera. «A decir verdad, ha dado muestras de un talento desvergonzado para los golpes bajos y las grandes mentiras —escribió William Greider en *Rolling Stone*—, lo cual ha dejado atónitos no solo a su adversario demócrata sino también a los viejos amigos de Bush.»

Uno de los viejos amigos era el senador Barry Goldwater, que salió de su retiro para decirle a George «que lo dejase y empezara a hablar de asuntos importantes». Nadie quedó más horrorizada que la madre de Bush, que contaba ochenta y siete años. Dijo a una amiga que le daban ganas de llorar cuando veía los anuncios incendiarios producidos por Estadounidenses por Bush, uno de los comités de acción política de George. En ellos aparecía Willie Horton, un negro condenado por asesinato que violó a una mujer blanca durante un permiso concedido por Michael Dukakis, que en aquel entonces era gobernador de Massachusetts. Dorothy Bush se sintió ofendida por el racismo descarado del anuncio, que solo se utilizó durante veintiocho días en la televisión por cable, aunque las cadenas principales informaron de él. Al anuncio con la foto de Willie Horton siguió otro en el que aparecía el prometido de la víctima violada por Horton, y luego otro anuncio con la hermana de la víctima de asesinato. Un anuncio especialmente racista en Dakota del Norte mostraba el semblante negro del autor del asesinato en primer grado y decía a los espectadores: «Imagínense la vida con Jesse Jackson como secretario de Estado». El gobernador Dukakis nunca había mencionado esta posibilidad.

Tres ex agentes de la CIA se manifestaron en contra de George y dijeron que ningún ex director de la agencia debía ser elegido jamás presidente. «Todo director de la CIA acarrea un bagaje adquirido al tratar con elementos criminales de todo el mundo», dijo John Stockwell, que trabajó para la CIA en Angola, en Vietnam y en Langley, Virginia, la sede central en Estados Unidos. Stockwell citó una entrevista con Manuel Noriega en la que el hombre fuerte de Panamá dijo que poseía información con la que podía chantajear a Bush. «En el mundo hay centenares de Noriegas con los que ha tenido trato como director de la CIA y estos hombres tienen un control parecido sobre [él]».

Secundaron a Stockwell otros dos ex agentes disidentes, Philip Agee y Phil Roettinger, coronel retirado de la infantería de Marina. Los tres recorrían el país pronunciando discursos e instando a derrotar a Bush. Afirmaron que su gira no tenía ninguna relación con la campaña de Dukakis y que sufragaban sus propios gastos con los fondos que recaudaban sobre la marcha.

Philip Agee, que perdió su pasaporte estadounidense por criticar las operaciones encubiertas de la CIA, dijo que Bush había participado en una operación secreta conocida como «el supermercado», en la cual se enviaron armas a la Contra con fondos recaudados mediante la venta de narcóticos. Las transacciones de esta clase, por supuesto, infringían la ley estadounidense.

El tercer ex agente, Phil Roettinger, afirmó que la campaña de «mentiras y engaño» que estaba haciendo Bush le recordaba las técnicas de guerra psicológica que había enseñado cuando era agente de la CIA. Citó como ejemplo de difamación la técnica que consistía en trucar una fotografía para que la persona a la que se quiere difamar aparezca con algún personaje indeseable. Dijo que la agencia solía utilizar a comunistas para acabar con la reputación de alguien. Bush, según Roettinger, recurrió a la misma estrategia para desacreditar a Dukakis utilizando una fotografía de Willie Horton.

Donna Brazile, coordinadora de la campaña de Dukakis, acusó a Bush del más vil de los racismos. «Están usando el más viejo símbolo racista imaginable —declaró—. Un negro violando a una blanca en presencia de su marido.»

George Bush no hizo absolutamente nada para desvincularse de los anuncios con la foto de Willie Horton. En vez de ello culpó a la prensa de perpetuar las acusaciones de racismo contra él. Incluso su biógrafo autorizado, Herbert Parmet (*George Bush: The Life of a Lone Star Yankee*), pensó que era «insincero».

A pesar de ello, tres años después Bush seguía negando que la intención hubiera sido crear divisiones raciales. «Lo importante del asunto de Willie Horton no era Willie Horton mismo. Lo importante era la pregunta: ¿cree usted en un programa de permisos que deja salir gente de la cárcel para que pueda violar, saquear y robar otra vez? Eso era lo importante». Hasta Lee Atwater estaba tan avergonzado de la situación desagradable que había contribuido a perpetuar que pidió perdón públicamente antes de morir en 1991.

Al llegar el día de los comicios, los estadounidenses ya estaban hartos. La cifra de votantes —88,9 millones— fue la más baja desde la elección de Calvin Coolidge en 1924. Las encuestas efectuadas a la salida de los colegios electorales mostraban votos negativos contra Bush o Dukakis en lugar de votos favorables. «El pueblo norteamericano votará si tiene algún motivo para votar —declaró Curtis Gans del Comité para el Estudio del Electorado Estadounidense, grupo de investigación no partidista—. En 1988 tuvimos un número sin precedentes de electores que dijeron que no les gustaba ninguno de los dos candidatos.»

Con todo, George Bush obtuvo el 53 por ciento de los votos y se llevó cuarenta estados con 426 votos electorales. Ningún nuevo presidente se había encontrado jamás con un gobierno más dividido y Bush no consiguió reducir la mayoría de la oposición ni en el Congreso ni en el Senado. No pareció preocuparle lo más mínimo. El día después de las votaciones dio su primera rueda de prensa en Houston y anunció que James Baker sería el secretario de Estado. El presidente electo también mencionó que «George el Destripador» se había retirado. «La campaña ha concluido —dijo—. No habrá más ataques.» Demostrando que podía ser tan galante como agresivo, George tendió un puente de plata a Ann Richards. Después de la convención demócrata, la había calificado como «Bessie Bouffant» (una desagradable referencia a su peinado). En una nota manuscrita decía: «Probablemente habrás recibido cien "puentes" de estos, pero quiero que recibas este de mí a modo de ofrenda de paz. Es de verdad: pregunta a los hermanos Hunt [alusión a los texanos que trataron de monopolizar el mercado de la plata en un fiasco financiero]».

Dos semanas después se trasladó en avión a Kennebunkport para celebrar el día de Acción de Gracias. En la finca de la familia en Walker's Point continuó saboreando su victoria. Más adelante, al describir el momento a un amigo, Bush dijo: «Me pregunté qué diría mi padre si pudiera ver a su muchachito ahora».

## 22

Barbara Pierce Bush, quien nunca había sido debutante, entró en el mundo de la alta sociedad a los sesenta y tres años en su debut como primera dama. Llegó a la portada del *Time* con el sobrenombre de «The Silver Fox» (la Zorra Plateada) y alcanzó su máximo esplendor como venerado ídolo de la sociedad estadounidense. Cuando hizo su primera aparición en un almuerzo, en enero de 1989, aprovechó las cámaras y ya no se apartó de ellas nunca más.

«Quiero que me vean toda la semana y recuerden —bromeó—: tal vez no vuelvan a verme así … Fíjense en el peinado, el maquillaje, la ropa y su diseño.» Abrió con gesto contundente la chaqueta de la talla cuarenta y seis que llevaba, como una modelo de pasarela, y el público estalló, entusiasmado, aclamando a aquella parodia de sí misma, así como el ataque que implicaba el gesto contra la envarada imagen de su predecesora.

«Es algo tan fuera de lugar —se quejó Nancy Reagan a una amiga después de ver cómo Barbara la dejaba en ridículo en televisión—. De no haber sido por nosotros, ellos jamás habrían llegado aquí.» Nancy tenía la impresión de que los Bush se habían propuesto, desde las elecciones, subrayar contrastes negativos, apareciendo tanto en iglesias como en una serie de restaurantes de la ciudad, algo que los Reagan no hacían nunca o casi nunca. Después de mostrar a Barbara las dependencias familiares, el 11 de enero de 1989, Nancy agarró el puñal a la mañana siguiente al leer los comentarios de Barbara: «¡Cuántos armarios! Parece imposible ver tantos armarios repletos de ropa de la señora Reagan … No sé cómo es posible llenarlos». Barbara había comprado ya una chaqueta de armiño de ocho mil dólares y un bolso Judith Leiber de mil doscientos cincuenta dólares con motivo de la toma de posesión de su esposo, pero nadie habló de su extravagancia de la forma en que la crítica atacaba a Nancy Reagan. Barbara evitó cometer los errores de su antecesora ocultando la información sobre sus derroches en la Séptima Avenida y sobre los diseñadores que habían participado en la confección del ropero de la primera dama. En una ocasión en que un periodista le preguntó durante un acto de quién era el vestido que llevaba, respondió: «Mío».

Durante toda aquella semana asesinó a la primera dama saliente a base de amabilidad. No cesó de repetir cuánto «admiraba» lo detallista que era Nancy. «Ella es perfeccionista y yo no», dijo Barbara, cuidándose de no mencionar su insistencia en que se le plancharan las sábanas, en exigir la repostería con glaseados en tonos pastel, y en pedir siempre blondas, «y no servilletas», cuando se servía el té. «No me preocupa que algo no salga perfecto —dijo—. Lo que más me interesa son las personas.» Nancy apenas distinguió el guante de terciopelo cuando el puño de acero la había tumbado ya.

Barbara elogió a la primera dama por la nueva decoración de la Casa Blanca y prometió no cambiar absolutamente nada, «bueno, excepto tal vez una sala». Dijo que iba a convertir el salón de belleza de Nancy en un salón para jugar los once nietos de los Bush, con lo que marcó otro mortificante contraste con los Reagan, cuya familia estaba tan dividida que apenas nadie recordaba que un nieto hubiera acudido a visitarlos en la Casa Blanca. «Tengo que encontrar sitio para todos los juguetes de los niños —dijo Barbara—. Además, normalmente me arreglo el pelo yo.» Seguro que Nancy no se enteró de que le habían abierto el cuello hasta que empezó a sangrar.

La que ridiculizara a Geraldine Ferraro como algo que «rimaba con astuta» había perfeccionado su gancho derecho. El ariete había evolucionado, transformándose en aguijón: ahora ocultaba avispas en cada ramo que lanza. Los periodistas no veían más que sus flores, los destinatarios notaban el escozor. «Barbara es como un rifle M-40 de francotirador —dijo un militar que trabajó unos años para George Bush—. Es capaz de disparar a matar a un kilómetro de distancia … Tiene una lengua dispuesta a mutilar y destrozar …

buscas en ella el veneno y puedes crear un antídoto para el ricino ... cuando asesta el golpe mortal, lo hace con una sonrisa recatada ... ¿Habéis visto alguna vez sonreír a un áspid?»

Un ayudante del personal del vicepresidente Bush describió en una ocasión a Barbara como un pez asesino. «Si ves reflejado en mi mirada el "no entres sin autorización en mis aguas", estás muerto. Llega la hora de la verdad. El agua se tiñe de sangre y tú te sujetas la cabeza con las manos antes de que algún estúpido grite: "Tiburón. Tiburón".»

Nancy Reagan se hizo famosa como la mujer que dominó la Casa Blanca de su marido, que contrató y despidió al personal de él, estableció sus planificaciones e influyó en sus estrategias. Por mucho poder que tuviera, la señora Reagan fue una burda aficionada al lado de Barbara Bush, quien nunca dejó huellas. Tras la fachada de abuelita, se escondía una atracadora con collar de perlas tan peligrosa como Ma Barker. Con los años, Barbara se había convertido en la que imponía su voluntad en la familia, pues su marido, con sus ansias de caer bien a todo el mundo, evitaba cualquier conflicto. Dejó en manos de ella los culatazos en la cara, y cuando a Barbara le hizo falta camuflaje, recurrió a su hijo mayor.

«Barbara es la dura de la familia —dijo Cody Shearer, cuya madre se crió con los Pierce—. Todos los Bush tienen ampollas junto a los globos oculares, pues lloran todo el tiempo. El viejo es el peor, pero Barbara no. Pocas lágrimas suelta ella.»

Durante la semana de la toma de posesión, la matriarca no paró de repetir que todo el clan Bush-Walker iba a reunirse en Washington para la toma de juramento de George. «Vamos a juntarnos 247 de los nuestros», dijo Barbara, poniendo de nuevo al descubierto la desprotección de los Reagan, quienes predicaban los valores familiares pero no podían ponerlos en práctica pues su familia estaba desestructurada.

Barbara se distinguía por sus maldiciones a base de endebles elogios. En una entrevista que le hicieron antes de la toma de posesión de su esposo le preguntaron por sus primeras damas preferidas. «No me gustaría tener que hablar de Eleanor Roosevelt, puesto que me crié en una familia que realmente la odiaba —dijo—. Vamos a buscar a otra.» Citó luego a Pat Nixon y a Betty Ford como dos primeras damas a las que admiraba especialmente. No mencionó a Nancy Reagan.

Para entonces, la semana de celebración empezaba a tomar el aire de terrible venganza por los ocho años pasados en las sombras como segunda dama, obligada a aceptar el azul como color favorito porque la primera dama se había apropiado del rojo. Sin pronunciar una sola palabra discordante, Barbara declaró su independencia posando para la portada del *Time* con un traje de color rojo.

«Nunca perdonó que Nancy les tratara como si fueran del servicio doméstico —dijo Edmund Morris, biógrafo del presidente Reagan—. En la Casa Blanca era un secreto a voces … que Nancy y Barbara se detestaban mutuamente.»

La última humillación le llegó a Nancy Reagan cuando su alma máter, el Smith College, ofreció a Barbara el First Dropout, un título honorífico. Nancy había estado esperando este galardón durante los ocho años de la presidencia de su esposo y enviado constantemente emisarios a la escuela que abogaban a favor de ella. Al haber finalizado su carrera en el Smith, estaba convencida de que tenía derecho a un título honorífico y le molestaba no haberlo recibido. Hasta que abandonó la Casa Blanca no le concedió dicha institución distinción alguna, y cuando lo hizo, fue con la condición de ofrecérselo una vez Barbara hubiera recibido la suya. La señora Reagan, enfurecida, lo rehusó. Meses más tarde la consolaron unas fotos publicadas en los periódicos en las que se veía al alumnado de Smith protestando ante la visita de Barbara. Llevaban camisetas con las fotos de las dos primeras damas. La leyenda bajo la de Nancy rezaba: Curso de 1943 en Smith; la de Barbara: Se fue en 1944 para casarse con George. En la parte trasera de las camisetas se leía: Tiene que haber una forma mejor de introducir a una Smithy en la Casa Blanca.

Durante la semana de la toma de posesión, los medios de comunicación describieron a la primera dama como una persona entrañable, simpática, natural, práctica y absolutamente franca, al tiempo que ridiculizaban a su antecesora, tachándola de superficial, imperiosa y totalmente obsesionada con el oropel de Hollywood y las fruslerías de la moda. Nancy representaba la era de la codicia; Barbara era la precursora de la era del altruismo. Advenedizos fuera; bienvenidos los de alta cuna.

Aún no había tenido tiempo de abandonar la ciudad la atribulada primera dama y la prensa ponía ya por las nubes a su sucesora con increíbles titulares: ADIÓS AL GLAMOUR, escribía *USA Today*. ADIÓS A LA SOFISTICADA DAMA, apuntaba satisfecho el *New York Post*. BIENVENIDA LA DAMA ABUELA. BULLICIO FAMILIAR EN LA ATMÓSFERA DE LA CASA BLANCA, proclamaba *The Washington Times*. POR FIN UNA PRIMERA DAMA QUE ES UNA MUJER DE CARNE Y HUESO, CON ARRUGAS Y TODO, proclamaba *The Washington Post*.

Barbara comentó a *The New York Times* que se consideraba el modelo de conducta de muchas mujeres estadounidenses. «Mi doncella me dice que muchas señoras gordas, con pelo blanco y arrugas están contentísimas», dijo.

Incluso David S. Broder, el primer columnista político de *The Washington Post* se unió al coro de aleluyas con una columna titulada ¿QUÉ HACE A BARBARA BUSH TAN ESPECIAL? «Tal vez fuera exagerado apuntar que va a convertirse en la conciencia de esta Casa Blanca, pero opino que constituirá más que un ejemplo para el país —escribió el periodista—. Procede de una tradición que afirma que quienes disfrutan de riqueza y poder aceptan obligaciones recíprocas para con los más desprotegidos. Su ejemplo ha de inspirar a partir de ahora no solo a los que la han conocido en el pasado, sino a otros muchos millones que empiezan a descubrir lo que hace tan especial a Barbara Bush.»

En cuestión de meses *The Wall Street Journal* le otorgó el título de «Abuela de Estados Unidos» e informó de que era más popular que su esposo: BARBARA BUSH CONSIGUE INCLUSO UNA MAYOR PUNTUACIÓN QUE EL PRESIDENTE. Al final de los cuatro años, *Vanity Fair* se deshacía en elogios: «Barbara Bush ha alcanzado la misma popularidad universal que cualquier estrella de Estados Unidos».

Incluso los demócratas se mostraban cautivados. «Me gusta su estilo directo y su sensato modo de actuar», comentaba Pamela Peabody, cuñada del ex gobernador demócrata de Massachusetts, Endicott «Chub»Peabody.

«Desde el principio, Barbara mostró el aspecto de una gran dama —dijo Bobbie Greene, quien más tarde trabajó para Hillary Rodham Clinton—. Recuerdo mi sorpresa al conocer a su secretaria de prensa, Anna Perez, al principio del mandato de Bush. Le dije que tenía mucha suerte al trabajar para alguien que parecía tan agradable. Anna me miró y, extendiendo los brazos, dijo: "Pues sí, y ahí están las marcas de las zarpas para demostrarlo". No comprendí a qué se refería hasta muchos años después.»

Al principio, distanciándose de la imagen de Nancy, Barbara Bush se las compuso para salvar la distancia en cuanto a edad, clase y política y atraer a un amplio segmento de la población, en especial a las mujeres, que estaban hasta la coronilla de su anoréxica antecesora. Los periodistas se entusiasmaron ante la espontaneidad de la nueva primera dama, ante su franqueza y sus comentarios, que constantemente se prestaban a ser citados. «Es reconfortante seguir una obra sin complicaciones», apuntó Calvin Trillin en *The Nation*.

Barbara tomó conciencia de su atractivo. «No represento una amenaza para nadie —dijo—. ¿Cómo iba a serlo? Fíjense bien: Nancy llevaba una talla treinta y seis. La medida de una de mis piernas.» Posando para un fotógrafo, dijo bromeando: «Por desgracia, mi irresistible sonrisa me da el aspecto de una persona electrocutada. Mis hijos suelen comentar al ver fotos mías: "Fíjate en mamá, ¡ya le ha vuelto a dar el calambre!"».  Cuando se le diagnosticó la enfermedad de Graves, una afección de tiroides que exigió un tratamiento a base de yodo radiactivo e inyecciones de Prednisona, experimentó diplopía. Al volver a la Casa Blanca tras el tratamiento, los periodistas le preguntaron: «¿Qué tal sus ojos?». Se paseó con aire despreocupado ante las cámaras y bizqueó en broma. «Perfectos», respondió.

Al dominar el arte de la autoinfravaloración, sabía reírse de sí misma antes de que lo hicieran los demás, si bien en una ocasión admitió que le costaba mucho reír ante el comentario de que se la veía mucho mayor que su esposo. «Aquello dolía —dijo—. Dolía de verdad.» Un día en que un periodista le mostró una foto de George entre su madre y su esposa, comentó de forma harto significativa: «Su madre es la de la derecha». Insegura en cuanto a su aspecto, Barbara dijo a un fotógrafo que quería que le pintaran el retrato oficial con sombrero. «Haría lo que fuera para ocultar la cara.»

«Barbara Bush entró en la Casa Blanca con la habilidad de manipular su imagen —dijo Donnie Radcliffe, que cubría la información de la Casa Blanca de Bush para *The Washington Post*—, y sabía sacar partido de su estilo directo, confrontándolo con la reticencia de Nancy Reagan y su frecuente incapacidad de expresarse. Sabía quedar bien con los medios de comunicación. Una esposa de político menos popular habría parecido una persona calculadora.»

Barbara capitalizó su buena voluntad con buenas obras. Unas semanas después de la toma de posesión de su esposo, la fotografiaron llevando en brazos a un bebé enfermo de sida, una imagen fascinante en 1989, cuando a muchas personas les daba tanto miedo la enfermedad que evitaban el contacto con los aquejados por ella. Animada por Burton Lee, médico de la Casa Blanca, Barbara aportó su prestigio para abordar el problema esperando que sus fotos con bebés afectados por el sida pudieran ayudar a disipar el miedo de que la enfermedad se transmitía mediante el mero contacto. Se sintió ofendida cuando Diana, la princesa de Gales, visitó el hospital Harlem de Nueva York y su imagen con un bebé moribundo, enfermo de sida, recorrió el mundo. Barbara quería el mérito de estar en la vanguardia. «Visité ese hospital un año antes que ella —comentó a los periodistas—. Pero no le disteis importancia.»

Barbara se convirtió en una defensora de las personas sin techo, de los hambrientos y los discapacitados. El pueblo la veía humanitaria, capaz de suavizar las inflexibles posturas de su marido sobre el aborto y el control de las armas, aunque le costó poco sacarles del error. «No deseo diluir la influencia que pudiera tener tocando temas que no debo abordar porque no se me ha elegido para ello —dijo—. Por otra parte no presionaré a mi esposo.» En lugar de ello, encabezó una campaña de alfabetización, poniendo en marcha la Fundación Barbara Bush para la Alfabetización Familiar, con quinientos mil dólares en contribuciones particulares. Llegó al apogeo de su fama cuando anunció que Millie, su springer spaniel con pedigrí inglés, «se casaba». Millie, que llevaba el nombre de la mejor amiga de Barbara de Texas, Mildred Kerr, dio nacimiento a seis cachorros en la primavera de 1989. Inmediatamente los sondeos sobre la popularidad del presidente se dispararon.

«Voy a darles un serio consejo político confidencial —dijo este en su siguiente rueda de prensa—. Una sola palabra, "cachorros", equivale a diez puntos, pueden creerme.»

Meses más tarde, la primera dama escribió *Millie's Book*, que dedicó «A George Bush, a quien las dos amamos más que a la vida». La primera dama promocionó su perruno libro por todo el país y lo convirtió en número uno en ventas.

«Millie me ha legitimado —dijo Barbara—. ¿Conocen a alguien más que haya escrito un libro que le haya reportado un millón de dólares para beneficencia y lo haya entregado todo? Me sentía algo culpable ante el movimiento de las mujeres hasta que Millie llevó a cabo su cometido. Y es todo cosecha propia. Nadie nos echó una mano en ello ... Hasta la última palabra del libro ha sido escrita por mí y por Millie.»

También en esta ocasión el presidente estuvo atento. «Han visto mi declaración de la renta —dijo a los periodistas—. Ahora ya saben quién mantiene a la familia. La perra ganó cinco veces más que el presidente de Estados Unidos.»

Millie seguía a la primera dama a dondequiera que fuera, incluso compartía la cama presidencial. «Se coloca en medio», bromeaba Barbara. George decía que Millie tenía mejor prensa que nadie en la administración, incluyendo el secretario de Estado, James Baker, a quien el presidente consideraba una persona increíble, «teniendo en cuenta que Millie no filtra como Jimmy».

«Aquella perra resultó una maravillosa compañía para Barbara —recordaba Heather Foley, esposa del ex presidente de la Cámara de Representantes—. Barbara me comentó, con cierta tristeza, lo esencial que era Millie en su vida en la Casa Blanca ... Recuerdo que cuando me dijo aquello pensé en lo sola que tenía que haberse sentido Barbara, algo sorprendente, pues en general las primeras damas ven más a su marido cuando ha alcanzado este cargo que en otra época de su matrimonio ... Pero George Bush era muy inquieto ... siempre llenaba su existencia rodeándose de un montón de personas ... constantemente invitaba a gente ... Me imagino que no soportaba estar solo ... de forma que, mientras Barbara veía siempre a mucha gente, no encontraba una compañía de verdad si no era la de su perra.»

Los periodistas recuerdan infinidad de ocasiones en que a Barbara la sacaban de quicio las invitaciones improvisadas de su marido. Después de una rueda de prensa en París, el presidente invitó al equipo de prensa que se había desplazado hasta allí para mostrarles la residencia del embajador. «Me parece increíble que puedas haber hecho esto», le dijo Barbara al oído. Luego ella dijo a los de la prensa que no podían entrar si no se quitaban los zapatos y se lavaban los pies. (Estipuló lo mismo a Diane Sawyer y a Sam Donaldson cuando fueron a la Casa Blanca a entrevistar a los Bush en las dependencias destinadas a la familia para el programa *Primetime Live*. Barbara insistió en que cada uno de los miembros del equipo —cámaras, técnicos de luz y de sonido, maquilladora, modista y ayudante de dirección— de la cadena ABC llevaran un par de zapatillas blancas nuevas para que no le ensuciaran la nueva moqueta blanca.) Otro día, el presidente invitó a unos cuantos periodistas a vino y queso en Kennebunkport, cuando Barbara hubiera preferido estar a solas con él. Uno de los periodistas se acercó a ella para agradecerle la hospitalidad. «No me lo agradezca a mí —saltó Barbara—. Agradézcaselo a George. Él es quien le ha invitado.» Salió acompañada tan solo por su perra.

El pintor de retratos Herbert E. Abrams se dio cuenta de lo que representaba para Barbara su perra cuando se reunió con ella para hablar del retrato de la primera dama para la colección de retratos oficiales de la Casa Blanca.

—Quiero que Millie aparezca conmigo en el retrato —dijo Barbara.

—Lo siento, señora Bush, pero creo que no será posible.

—La señora Coolidge está con su perro en el retrato de la Casa Blanca.

—Si incluyo a Millie en el cuadro, ella deberá permanecer en el suelo, y con ello se reducirá el tamaño de usted; o esto o ampliar la pintura, lo que no va a aceptar la Casa Blanca.

—Puedo sostener a Millie en el regazo —dijo Barbara.

—No, señora Bush. La perra es demasiado grande para estar en su regazo.

Barbara miró a la perra spaniel de ojos tristes sentada a sus pies.

—Lo siento, Millie —dijo—. Lo he intentado.

La primera dama posó para la primera sesión sin Millie, pero el artista comentó más tarde el problema con su esposa, Lois, quien le había acompañado para escoger la ropa de la señora Bush.

«Le recomendé el tono azul Bush para la sesión —dijo Lois Abrams—, y Herb decidió pintarla sentada junto a una mesa con libros, por su interés en la alfabetización, y, evidentemente, las rosas amarillas de Texas. Entonces él dijo que no veía razón para no incluir una foto de Millie en el cuadro ... Estaba pintando también el retrato oficial del presidente, de modo que en la sesión siguiente dijo al presidente Bush que sujetara a Millie y él la fotografió. Cuando pintó el retrato de la primera dama, pintó también un pequeño retrato de Millie a partir de la foto que había tomado, que colocó luego en el interior de un marco sobre la mesa. Aquello fue una gran sorpresa para la señora Bush, quien cuando lo vio, se emocionó ... Cuando murió Millie en 1997, Herb mandó una nota de condolencia a Barbara Bush, y ella le contestó agradeciéndole que hubiera concedido a Millie un lugar permanente en la Casa Blanca.»

A lo largo de todo el mandato de Bush, el índice de popularidad de la primera dama se mantuvo tan elevado que los periodistas no se atrevían a sacar a la luz sus tendencias agresivas, a pesar de que no hacía prácticamente ningún esfuerzo por controlar sus palabras ante familiares o amigos. Resulta curioso que, siendo una mujer que cubría su amplia figura con listas horizontales y llevaba más topos que Clarabelle el Payaso, Barbara se considerara un árbitro en cuestión de moda y a menudo reprendiera a otros por su aspecto y por la ropa que llevaban. Ella mantenía unas pautas muy rígidas y esperaba que los demás las adoptaran.

«Estás demasiado gordo», decía a su hermano pequeño, Scott Pierce, cada vez que ganaba algún kilo.

«No te atrevas a llevar ese abrigo de visón en público —dijo a su nuera Sharon Bush—. La gente creerá que somos ricos.»

Cuando vio entrar a la joven esposa de C. Boyden Gray en una fiesta con unos pendientes de diamantes y esmeraldas, Barbara le preguntó: «¿Qué haces aquí con esas joyas?».

Estuvo a punto de echar de la Casa Blanca a Larry King, presentador de televisión, cuando apareció para entrevistar al presidente. «Me parece increíble que se presente en esta casa sin americana», dijo. King, vestido con pantalón, camisa, corbata y tirantes, como de costumbre, encogió los hombros y se echó a reír, pero Barbara ni siquiera sonrió. «Estaba realmente ofendida», recordó un productor de la CNN.

Recriminó a Lynn Martin, secretaria de Trabajo de su esposo, porque llevaba minifalda.

—¿Por qué lleva eso? Le queda horrible, horrible, horrible.

—Porque tengo unas bonitas piernas —replicó la miembro del gabinete.

Cuando French Wallop llegó un día a comer con el pelo recogido en un elegante moño, Barbara le espetó:

—¿Cuándo se quitará esa horrible cola de caballo?

—No creo que lo haga por el momento —dijo la mujer del senador Wallop.

Ni siquiera un deportista de la talla de Andre Agassi escapó a las críticas de Barbara. Le martirizó por llevar una «ropa espantosa» para jugar al tenis en la pista de la Casa Blanca y luego le recriminó que llevara una cola y un pendiente.

A veces Barbara ponía la política como obstáculo para la buena educación. Cuando Jane Fonda fue de visita a la Casa Blanca con su esposo, Ted Turner, la primera dama ignoró con descortesía a la famosa actriz de cine, conocida como demócrata liberal.

«En efecto —dijo Jane Fonda años más tarde—, la señora Bush se negó a estrecharme la mano. En cambio su esposo lo hizo. No fue nada espectacular. Pero me di cuenta de que a ella no le apetecía y no insistí. Al fin y al cabo, ¿por qué? Estaba en su derecho. Para mí no tiene más importancia.»

En otra ocasión, Barbara se negó a hacerse una foto con el represetante demócrata Barney Frank de Massachusetts y su ex pareja, Herb Moses. «No sé si fue porque era gay o demócrata», bromeó Frank.

«El presidente posó con nosotros —comentó Herb Moses—, pero luego nos pidió que no publicáramos la foto. Eso no se lo dijo a ninguna pareja heterosexual, pero nosotros nos comprometimos a no sacarla porque la política es la política, y aquello era una fiesta de Navidad en la Casa Blanca ... Barney y yo fuimos todos los años a las fiestas que los Bush daban en la Casa Blanca hasta que me harté de ser la esposa política.»

Casi nunca llegaron a los periódicos imágenes que mostraran

la poca cortesía de la señora Bush durante el mandato de su esposo. «La mayoría de los periodistas daban por supuesto, sin que ella les indujera a nada, que sus comentarios [y actos] más ácidos debían mantenerse en secreto —comentó Paul Bedard, quien había trabajado en *The Washington Times*—. Algunos de nosotros incluso nos pasábamos y la protegíamos de ella misma ...

»Ya que cubría la información sobre los Bush, pasaba mucho tiempo en Kennebunkport, y la señora Bush siempre se sentía más cómoda hablando con nuestros periodistas que con otros, pues todo el mundo sabía que nuestro periódico era conservador ... Todos los veranos, el presidente invitaba al equipo de prensa de la Casa Blanca a una fiesta en su residencia, en la que se servían perritos calientes, cerveza y helados; se organizaban excursiones en su lancha *Fidelity* y juegos de la herradura. Recuerdo que Barbara regañaba a todo el mundo por pisotear sus jardines y sus flores. En un momento determinado empezó a hablarme del alcalde de Washington, Marion Barry, que iba de *crack*, y lo puso de vuelta y media, comentando lo terrible que era para la capital de la nación tener a un espantoso barriobajero como alcalde ...

»Sabía que ahí había un artículo fenomenal (la esposa del presidente cargándose al alcalde negro de Washington), pero no quise utilizar la historia por deferencia. En parte quería proteger a la primera dama y también creía que era cuestión de confianza ... No creo que hubiera hablado así con un periodista de *The Washington Post* ... No quería quemarla.»

Durante la mayor parte del mandato de su esposo, la primera dama tuvo una merecida buena prensa. Empezó a navegar en aguas turbulentas en 1990, cuando ciento cincuenta de las seiscientas alumnas de último curso del Wellesley College protestaron porque se la había invitado a pronunciar la conferencia en la ceremonia de entrega de diplomas. Aducían que lo único que tenía en su haber para acceder a aquel honor era el éxito político de su marido. Barbara accedió, pero Mike Barnicle en *The Boston Globe* las llamó «hatajo de feministas quejicas y peludas». Incluso el presidente se enojó con la protesta, pero la primera dama se mantuvo optimista.

«Escogí vivir la vida que he vivido y considero que ha sido una vida fabulosamente emocionante, interesante, comprometida —dijo ella—. Espero que algunas de ellas elijan lo mismo ... En mi época, probablemente se las habría considerado diferentes. En su época, a mí se me considera diferente. *Vive la différence!*»

Barbara llegó a Wellesley acompañada por Raisa Gorbachov, esposa del presidente de la Unión Soviética, y ganó a sus adversarias, incluso cuando les dijo: «Si tenéis hijos, ellos han de ser lo primero». Recibió una ovación al concluir: «¿Quién sabe? En algún lugar de esta sala puede que haya alguien que un día siga mis pasos y presida la Casa Blanca como esposa del presidente, y a él le deseo suerte».

Para entonces, Barbara Bush se había convertido en la mejor baza de su marido. Se había granjeado el cariño de la nación hasta tal punto que a los periodistas les daba miedo hurgar en la persona que se escondía detrás de tantas perlas. Nadie estudió la técnica escénica de su imagen construida cuidadosamente hasta finales de la presidencia de su esposo, cuando Marjorie Williams escribió un artículo para *Vanity Fair* titulado «El contragolpe de Barbara», que dejó al descubierto la realidad de la primera dama como una «política combativa» tan «cáustica y sentenciosa» que tenía aterrorizado al personal de su marido.

Por medio de una serie de entrevistas a amigos y empleados, el matrimonio de los Bush salió a la luz como una relación marcada por la adoración por parte de Barbara, pero muy secundaria para su infiel esposo, quien a menudo olvidaba incluso que ella estaba allí. Su madre tenía que recordarle con frecuencia que «simulara» prestarle más atención cediendo el paso a Barbara ante las cámaras. Cuando los Bush fueron a visitar a la reina en Londres, el presidente dejó a la primera dama en el coche y ahí se quedó hasta que la reina se percató de su ausencia y mandó a un lacayo a abrir la puerta. Williams documentó la lucha de Barbara «por conseguir ser una parte tan importante en la vida de su marido como había sido él en la suya». La periodista describía los piques entre ellos como algo hostil y punzante. Barbara aparecía dura como una roca, en contraste con George, que salía a la luz como un padre ausente y un esposo poco atento. Sin muestras físicas de afecto, los Bush se mostraban como dos colegas que comparten gimnasio, vinculados a través de sus hijos y de la compartida inversión del ascenso po-

lítico de George. En la campaña de 1988, Barbara hizo agrios comentarios sobre la relación claramente afectuosa entre Michael y
Kitty Dukakis, tachándola de «farsa» y «engaño». Williams escribió con perspicacia: «A menudo Bush parece tratar a Barbara más
como a un compinche que como a una esposa. En público, presentaban su relación como una sociedad que había superado la cuestión sexual».

Barbara se enojó al leer la reseña, en la que se ventilaba su
punto más vulnerable: su matrimonio. En lugar de tomar la vía más
diplomática y dejar a un lado el artículo, clamó contra él durante
semanas: «Reconozco que me puse realmente hecha una fiera cuando leí el artículo, pues era terriblemente hiriente —dijo a la escritora Barbara Grizzuti Harrison—. Pero luego me dije: es una tontería, jamás he visto a esta mujer, no la conozco, se limita a repetir
tópicos. Lo que intentaban era meterse con George. Atacan a nuestros hijos, me atacan a mí, pero no van contra nosotros, van contra él. Es horrible, es feísimo. Para empezar, ni siquiera me conoce. Anna [la secretaria de prensa de la primera dama], ¿la he visto
alguna vez? No. No hemos coincidido nunca. Para mí, es tan solo
una revista, no es una persona... tan solo una revista».

Normalmente, Barbara era demasiado astuta para protestar en
público, pero no pudo contener el enojo con el artículo de *Vanity
Fair*. Una escritora de rango, con una pluma tan contundente como
los puños de Muhammad Alí, le había hecho el retrato y Barbara
no conseguía recuperarse. Se había aprendido de memoria todas las
frases que la habían herido y semanas más tarde seguía repitiéndo-
las. «Me sentí terriblemente ofendida por [lo que escribió sobre] mi
relación con mi esposo, a quien, de verdad, amo más que a mi vida,
y quien creo que sigue queriéndome como me ha querido siempre.
Y eso duele. "Nos hemos dado cuenta del poco entusiasmo", eso
hace daño de verdad. Nunca he coincidido con esta escritora; ahora
mismo no sabría decir ni su nombre. Pero el artículo hacía daño.
Dijo que habíamos "superado la cuestión sexual". Eso me dolió
muchísimo.»

Barbara hablaba de sus seres queridos citándolos por el nombre, empezando por su esposo, que siempre era «George Bush».
Quienes provocaban sus iras quedaban sin identidad. Marjorie

Williams se convirtió en «tan solo una revista» y pasó a engrosar una lista en la que se incluía a Gloria Steinem, a quien Barbara bautizó con el nombre de «como se llame» después de que la feminista insultara a Richard Nixon; Garry Trudeau no era más que «un dibujante de tebeos»; Ann Richards siguió siendo «la Pelucona»; el senador Ted Kennedy era «el hombre que no tiene derecho ni siquiera a pronunciar el nombre de mi marido»; y, tras una entrevista a fondo, Judy Woodruff, periodista de televisión, quedó reducida a «ella».

Después de que el humorista Dave Barry viera la entrevista escribió: «Si creen que voy a decir algo negativo sobre ella [Barbara Bush], están locos. Es terriblemente popular y temible cuando se enoja. Vi una entrevista en televisión en la que Judy Woodruff le hizo unas preguntas que no gustaron a la señora Bush, y la señora Bush le lanzó una mirada que dejó un par de quemaduras del tamaño de una moneda en la frente de Judy. De modo que declaro oficialmente que el discurso de la señora Bush fue MEJOR que la Alocución de Gettysburg, y más vale hacer lo que ella dice».

Como autoridad en la familia, Barbara nunca perdonó ni olvidó. «Hubo momentos en que algunas personas disgustaron a mi madre con sus actos —declaró George W. Bush a *The Washington Post*—. Las filtraciones la ponían especialmente furiosa. En estas ocasiones yo tenía que ir a informar de que corrigieran lo publicado y explicarles que, si no tenían cuidado, sobre ellos recaerían las iras de la Zorra Plateada. ¿Quién sabe qué podría ocurrir entonces? Tal vez no se produjera de inmediato sino con el paso del tiempo.»

En una conversación con el primer ministro canadiense Brian Mulroney, Bush aludió a su esposa como persona que guarda rencor. El primer ministro dijo que la suya era también así y añadió: «¿Cree usted que esto se debe a que las mujeres son menos indulgentes que los hombres?».

Si bien el presidente no era tan claro como la primera dama, en realidad sabía cómo arremeter contra lo que fuera, «con más suavidad y amabilidad» con que lo hacía ella. Después de conseguir fondos para el senador republicano de Nueva York Alfonse D'Amato, George Bush se indignó al oír que D'Amato unos días después le criticaba por pasar demasiado tiempo en el campo de golf. Tras llamar al republicano «desagradecido hijo de perra», el presidente mandó que comunicaran a D'Amato que a partir de entonces no contara con la ayuda de la Casa Blanca. «George normalmente es un tipo muy ecuánime —comentaba su amigo Lud Ashley—, pero también es muy leal. Y cuando no le corresponden con lealtad, se enoja.»

Ralph Neas, director ejecutivo de la Conferencia de Liderazgo sobre los Derechos Civiles, vivió en sus propias carnes las represalias de Bush después de que el presidente vetara la Ley de los Derechos Civiles en 1990, que pretendía prohibir la discriminación en el empleo.

«Me mostré muy crítico con el presidente por aquel veto y por calificar el proyecto de ley como proyecto de cuotas por el simple hecho de hacer el juego a la derecha —dijo Neas—. Dije que su actuación era indigna del cargo que ocupaba.»

En un desplazamiento en el Air Force One, el presidente oyó que Neas le describía en televisión como el hombre que en la campaña de 1988 había prometido «dejar atrás el pesado bagaje de la intolerancia» y poco después convirtió a Willie Horton en el negro más famoso de Estados Unidos. A pesar de la retórica de Bush sobre el poder de los votos, vetó la aprobación de un programa de registro de votantes que podía haber sumado a los comicios millones de votos pertenecientes a las minorías, y luego vetaba una ley sobre derechos civiles aprobada por mayoría aplastante en ambas cámaras del Congreso. «La Casa Blanca declara la guerra a los derechos civiles», dijo Neas.

El presidente se enojó tanto con Neas que olvidó incluso momentáneamente su nombre y sorprendió a los periodistas despotricando contra «ese... ese tipo blanco que me atacó sobre el proyecto de cuotas». Neas se convirtió en persona non grata en la Casa Blanca de Bush y se le negó la entrada a las sesiones en las que se firmaron los subsiguientes proyectos de ley.

La ex corresponsal de televisión Susan King vivió una represalia similar después de publicar un artículo sobre los rumores de la campaña respecto a Bush y otras mujeres, incluyendo su relación con Jennifer Fitzgerald.

«Estaba furioso conmigo —dijo King—. En el artículo yo no decía que él y Jennifer tuvieran una aventura, y tampoco se trata de un trabajo que vaya a presentar para un premio, pero me pareció justificado sacar el tema porque en aquellos días todo el mundo hablaba de él. A Barbara no le gustaba Jennifer y no la quería ver por allí. Eso lo vimos todos durante la campaña ... George nunca me perdonó haber escrito el artículo ... Más o menos un año después, mientras trabajaba en un reportaje sobre Dan Quayle y me encontraba en la Casa Blanca para tomar unas instantáneas de Quayle y Bush juntos en el Despacho Oval, el presidente permitió la entrada a mi cámara pero a mí me dejó fuera.»

El mismo presidente que llamaba todos los días a su madre, que escribía conmovedoras notas a desconocidos que se encontraban con problemas, el que ensalzaba constantemente las virtudes de «familia, amigos y fe», se mostraba rencoroso con sus adversarios. Cuando el líder de la mayoría en la Cámara Richard Gephardt criticó al presidente por su «fracaso como dirigente», Bush le prohibió asistir a unos cuantos actos en la Casa Blanca.

Lowell Weicker, ex senador de Connecticut, tuvo que soportar uno de los castigos más mezquinos en 1989, cuando se le negó la entrada a la ceremonia de investidura en la Rosaleda de su amigo Justin Dart Jr., a quien habían nombrado presidente del Comité Presidencial sobre Empleo para Personas con Discapacidades.

«Mi ayudante Kim Elliot y yo llegamos a la Casa Blanca para la toma de juramento de Justin, pero no conseguimos pasar por el portal principal —dijo Weicker, quien fue derrotado en 1988 por Joe Lieberman—. El guardia de la Casa Blanca dijo que habían tachado mi nombre de la lista ... El vicepresidente Quayle se puso furioso cuando se enteró de lo sucedido, y tuvo la delicadeza de llamarme para excusarse ... Intentó culpar a John Sununu, el jefe de personal del presidente, en lugar de al propio presidente.»

Durante años Weicker había trabajado en estrecha colaboración con Justin Dart Jr., quien tenía las piernas paralizadas por la polio y desde su silla de ruedas seguía luchado por los derechos de los discapacitados. Como senador de Connecticut, Weicker había presentado en el 100.º Congreso un proyecto de ley que desembocó posteriormente en una ley histórica sobre los derechos civiles de los discapacitados. «Dicha ley se modificó sustancialmente en cuanto abandoné el Senado, pero aun así, ninguna ley reflejó mi sello distintivo o una parte tan importante de mi corazón como la Ley de Estadounidenses con Discapacidades.»

En la convención del Partido Republicano de 1988, Weicker intentó conseguir que la plataforma republicana se comprometiera a que el partido apoyara la ley sobre discapacitados, pero fue rechazada por Sununu, quien dijo que Bush no estaba de acuerdo con la estrategia. «Probablemente Bush estaba comprometido —dijo Weicker—, pero se encontró con las quejas de la derecha más dura.»

Cuando el presidente firmó la Ley de Estadounidenses con Discapacidades el 26 de julio de 1990, invitó a tres mil personas a la Casa Blanca a presenciar lo que, según él, era el mayor logro de su mandato. Lowell Weicker no se encontraba entre los invitados.

«Soy consciente de que hubo animosidad entre los Bush y Lowell, pero me pareció mezquino cerrarle la puerta al acto de la firma —dijo Kim Elliott—. Sabíamos que no se trataba de un descuido, porque algunos senadores como Harkin, Kennedy y Dodd ejercieron presión en la Casa Blanca para que se incluyera a Lowell, pero Bush no lo aceptó … Y Bush ni siquiera intervino mucho en la citada ley. Si se aprobó fue gracias al senador Bob Dole, del Partido Republicano, y al senador Tom Harkin, del Demócrata.»

Por más que lo intentó, el presidente de EE.UU. no consiguió mantener a Weicker fuera de los límites de la Casa Blanca de los Bush para siempre. Cuando el presidente y la primera dama dieron una fiesta en honor de los gobernadores de la nación en 1991, tuvieron que invitar a Weicker porque entonces había sido elegido gobernador de Connecticut; fue uno de los pocos que consiguió los cargos de representante (1969-1971), senador (1971-1989) y gobernador (1991-1995).

«Recuerdo que cuando entramos en la Casa Blanca —comentaba Claudia, la esposa de Weicker—, Barbara nos saludó con estas palabras: "¡Vaya, el renegado Lowell!".»

Tom D'Amore, jefe de personal de Weicker, se rió entre dientes. «Me encantó Bar —dijo—, porque realmente es Lowell Weicker con vestido. Los dos son directos y hablan con franqueza.»

Para consternación de sus asesores, en los primeros meses de su mandato el presidente Bush parecía más ocupado en organizar fiestas y encuentros con personajes célebres que en resolver asuntos de Estado o solucionar las cuestiones domésticas de una economía tambaleante y de un déficit galopante.

«Cubrí la información sobre George padre durante los seis primeros meses de su mandato —explica Worth Kinlaw, un cámara de la Marina asignado a la Casa Blanca—, y era como un niño en una tienda de caramelos. Cubrí las eras Reagan, Bush y Clinton, totalmente distintas. Reagan era como el abuelo al que más queremos: divertido, aunque nunca conseguías acercarte mucho a él. Disfrutaba contando historias, sobre todo del pasado. Clinton era el chico malo del instituto siempre dispuesto a meter mano a las mozas. No pensaba más que en eso. ¡Madre mía! Cuando se hagan públicos por fin aquellos vídeos de la Casa Blanca comprenderéis a qué me refiero al decir que estaba totalmente obsesionado con las jovencitas. Aquello le dejará totalmente al descubierto. Y Bush… Pues Bush podría compararse a aquel tío memo que tenemos todos …

»Recuerdo cuando Miss Estados Unidos apareció en el Despacho Oval con su corona y su cetro diciendo que no era tan solo una cara bonita, sino que estaba dispuesta a salvar el mundo. A Bush se le iban los ojos de las órbitas. Cuando se hubo marchado la miss, dijo: "¿Habéis oído eso, muchachos? Ahora todo va de inteligencia. Me gustaba más cuando eran biquinis y punto". Bush es un macho y su humor es de este tipo.»

«Por supuesto —dijo Julia Malone, de Cox Newspapers—. Fui con John Mashek a hacerle una entrevista en el Despacho Oval. Lo primero que dijo el presidente fue: "¿Qué hay, John? ¿Algún chiste nuevo?". Luego me miró a mí. "Sé que puedo confiar en ti, Mashek, pero ¿y ella?" Acepté apagar el aparato mientras los dos intercambiaban chistes verdes. Fue un momento incómodo, pero resulta que George Bush es un tipo que solo disfruta con lo chocarrero. Y sus chistecitos, ¡maldita la gracia que pueden hacerle a una!»

Mashek admitió que nada le gustaba tanto al presidente Bush como un chiste verde. «Nunca le oí contar uno racista, pero los verdes le encantaban … La otra cara de la moneda del comportamiento mojigato de su padre, que jamás soltó una palabrota delante de una mujer.»

En su época de presidente, Bush tuvo en el lavabo del Despacho Oval una figura de la fertilidad masculina que le había regalado el presidente de Mozambique. Era una escultura de madera labrada, situada frente al váter, de aproximadamente un metro, anatómicamente correcta aunque un poco exagerada. El presidente mantenía siempre un rollo de papel higiénico en la extensión del órgano masculino de la figura. Le gustaba mandar a las jóvenes al lavabo y observar su reacción cuando salían.

«Alixe Glenn, subsecretaria de prensa que a la sazón contaba veintiséis años, comentó a un grupo de periodistas lo del extraño objeto sexual de George Herbert Walker Bush —recordaba un corresponsal de la Casa Blanca—. Dijo que el presidente la mandó a que se lavara las manos. Así lo hizo y salió sonrojada y avergonzada. Al presidente aquello le pareció divertidísimo.»

Un nuevo presidente suele disponer de una «luna de miel» de cien días para poner la nave del Estado en la dirección correcta. La luna de miel de Bush duró dos semanas y enseguida se inició la batalla en el Senado por su nombramiento de John Tower como secretario de Defensa.

Craig Fuller, Robert Teeter y el secretario del Tesoro Nick Brady habían advertido al presidente de que la designación del ex senador de Texas provocaría divisiones. El dictatorial Tower había dejado pocos amigos en el Senado al retirarse y tenía problemas con «la bebida y las mujeres». Bush desestimó las objeciones: dijo no haber visto nunca a Tower borracho, a cuatro patas en público y que lo de andar detrás de las faldas era lo normal en los hombres. Por otro lado, Tower deseaba el cargo de Defensa y Bush quería ofrecérselo, sobre todo desde que la comisión de Tower había exculpado a George de actuar erróneamente en el escándalo Irán-Contra. Bush comentó a sus asesores que en muy pocas ocasiones se niega a un presidente la libertad de elección de los miembros de su gabinete. Pese a las objeciones de sus asesores, presentó la designación de Tower el 20 de enero de 1989. Bush escribió en su diario: «No solo creía que llevaría a cabo un trabajo excepcional sino que además daba por supuesto que su designación colaría en el

Congreso por dos importantes razones: estaba más que cualificado para el cargo y el Congreso suele portarse bien con los suyos. Nunca me había equivocado tanto».

El presidente se reunió con el presidente del Comité de Servicios Armados del Senado para abogar a favor de Tower, pero el demócrata Sam Nunn de Georgia no estaba convencido de ello. Su comité rechazó la designación del presidente por 11 a 9, y posteriormente Nunn declaró: «Mi conciencia no me permite votar para situar a una persona en la cima de la cadena de mando cuando su historial de excesos con el alcohol llega hasta tal punto que no podría dirigir un cuerpo de ataque, un escuadrón de bombarderos SAC [Strategic Air Command] o un submarino con misiles Trident».

Después de haber nombrado a Tower a pesar de las objeciones de sus consejeros, el presidente no quiso echarse atrás. Insistió tozudamente en llevar el nombramiento al Senado, controlado por los demócratas. «No vamos a pintarnos la cola de blanco y a correr con los antílopes», declaró. Escribió a su amigo el columnista Charles Bartlett: «Voy a apoyar totalmente a Tower y estoy convencido de que lo conseguirá. En mi vida había visto una campaña de indirectas, despiadados rumores y chismorreos como esta. No me estoy planteando alternativa alguna».

El 9 de marzo de 1989, el Senado rechazó el nombramiento por 53 a 47, la primera vez en la historia moderna en que no se aceptaba a un ex senador. El presidente fue el único en felicitarle por su lealtad mientras los demás empezaron a poner en cuestión su punto de vista. Habían pasado tan solo cuarenta y ocho días de su mandato y la presidencia había quedado marcada por un Código Azul; se vio obligado a convocar una rueda de prensa para anunciar que la administración no estaba en fase terminal. «No hay cambios —puntualizó—. No hay malestar.» Así y todo, el presidente se había visto obligado a aceptar a un vicepresidente aún más propenso a meter la pata que él mismo. Dan Quayle había abordado la cuestión de la Asociación Nacional para el Progreso de la Gente de Color, cuyo eslogan era «Es terrible que se pierda una sola cabeza [mente]», diciendo: «Se puede tomar el eslogan de la Asociación Nacional para el Progreso de la Gente de Color como qué terrible es perder la propia cabeza o como que alguien sin cabeza es un terrible desperdicio. Cuánta verdad hay en ello».

Además de tener a un vicepresidente inepto, el presidente, que
había declarado que no iba a tolerar incorrección alguna en su administración, nombró como consejero de la Casa Blanca a C. Boyden
Gray, quien no había declarado la suma de ochenta y siete mil dólares en concepto de ingresos aplazados a partir de una empresa familiar mientras estaba en el gobierno, y como jefe de personal de la
Casa Blanca a John Sununu, cuya arrogancia le apartaba de todo el
mundo y cuya malversación en aviones gubernamentales costó a
los contribuyentes quinientos mil dólares, y a él finalmente el cargo.

Para acabar de agravar los problemas en la Casa Blanca de Bush
estaba el propio presidente. A medida que la democracia fue irrum-
piendo tras los bloques de hormigón comunistas de la Europa Occidental y de Sudamérica, Bush pareció resistirse a mostrarse satisfecho. «No quiero hacer tonterías», dijo.

Cuando el ejército chino disparó en la plaza de Tiananmen el
4 de junio de 1989, en una sangrienta campaña contra el movimiento democrático, Bush comentó de forma poco convincente:
«No es momento para respuestas emocionales». No denunció la
violencia, ni el abuso de poder ni la pérdida de vidas humanas. Prometió dictar una orden ejecutiva para la protección de los estudiantes chinos de Estados Unidos, pero no lo llevó a la práctica porque
no quiso contrariar a su «viejo amigo» Deng Xiaoping, presidente
de la República Popular China. Los amantes de la libertad de todo
el mundo esperaban algo más inspirado del presidente de Estados
Unidos, pero Bush se vio incapaz de ofrecerles la retórica que deseaban. «No sería prudente», dijo. Repitió esta frase tantas veces
que se convirtió en la remilgada muletilla de la imitación que Dana
Carvey hacía de Bush en el programa *Saturday Night Live*.

El presidente se comportó pésimamente en julio de 1989 en su
visita a Varsovia, donde se celebraba la legalización del movimiento
Solidaridad y el restablecimiento de la libertad. Incapaz de captar
las esperanzas y la humanidad del pueblo polaco, el presidente se
mostró como un deprimente burócrata al subrayar los problemas
de la reforma económica a los que tendría que enfrentarse Polonia.

Meses más tarde, cuando Lituania declaró unilateralmente su
independencia de la Unión Soviética, el presidente apenas respondió. Luego comentó a los periodistas: «No quisiera recordarles

aquello de Yogi Berra: "¿Qué ocurrió? ¿Por qué perdisteis?". "Cometimos el fallo erróneo", dijo. Hay que tenerlo presente. Y yo no quiero cometer el fallo erróneo».

Cuando cayó el muro de Berlín en noviembre de 1989, Bush tuvo una respuesta tan falta de imaginación que avergonzó a todo el país. «Me complace mucho ese suceso», dijo a la prensa. Michael Duffy y Dan Goodgame escribieron en *Time* que cuando apareció ante las cámaras de televisión en el Despacho Oval, tenía el aspecto de la persona a la que un camión acaba de atropellar a su perro. Incluso quien se ocupaba de la redacción de sus discursos se sintió frustrada. Años después, Peggy Noonan intentó explicar lo que hacía que Bush no tuviera oído para la armonía de la historia.

«Bush tenía mucho carácter —dijo—. Lo que le faltaba, sin embargo, era una especie de imaginación histórica, el tipo de imaginación de empuje que nos ayuda a captar y comprender las grandes fuerzas de nuestro tiempo. El día en que cayó el muro de Berlín fue un momento de enorme importancia histórica, uno de los hitos del siglo XX: el comunismo expansionista soviético, el que más perturbaba la paz en el siglo XX, se estaba acabando. Nosotros acabamos con él. ¿Y qué es lo que dijo Bush? Nada. Comentó a Lesley Stahl [CBS-TV] que no quería que "se lo restregara por las narices". ¿Qué habría hecho Reagan? Llamar a quienes redactaban sus discursos y decirles que se pusieran manos a la obra en una alocución en la que se subrayara bien el momento para que quedara grabado en la memoria, y se dieran las gracias a los pueblos de Occidente y de Estados Unidos por medio siglo de sangre y otros preciados bienes invertidos pensando en la llegada de este día. Se lo hubiera agradecido. Se lo hubiera agradecido a Dios. Habría explicado a los escolares lo que significaba aquel día, las lecciones que podían sacar de él. Él habría sabido captar su sentido. Tenía imaginación histórica. George Bush, no.»

El presidente intentó defender su reticencia en una entrevista que le hizo David Frost: «El Congreso interpretó mal mi circunspección, o prudencia, si lo prefiere. El senador Mitchell, el líder demócrata del Senado ... Dick Gephardt, el de la Cámara, decían: "Nuestro presidente no lo capta. Tendría que desplazarse a Berlín, plantarse ante el muro, bailar con los jóvenes para demostrar la alegría que sentimos todos". Sigo pensando que habría sido lo más estúpido que podría hacer un presidente de Estados Unidos, porque nos preocupaba mucho cómo iban a reaccionar las tropas. Nos preocupaba muchísimo que los elementos nacionalistas de la Unión Soviética pudieran derribar a Gorbachov. Creo que si hubiéramos jugado mal nuestra baza y se hubiera producido una gran matanza, ya sabe, regodearse con lo de: "Hemos ganado, señor Gorbachov, usted ha perdido, a la calle", este feliz capítulo de la historia, la caída del muro de Berlín, habría tenido un final muy distinto.»

Independientemente de que Bush racionalizara o no su poco entusiasta reacción ante una convulsión histórica, sí queda claro que mostró un desprecio total respecto al componente emocional de la presidencia y a la relación que une a dirigente y pueblo cuando aquel se dirige a este en momentos de alegría o de tragedia. Sin embargo, al final de su primer año, la aprobación popular del presidente superó con creces a la del gran comunicador Ronald Reagan a finales de su primer año. En efecto, las cifras de popularidad de Bush eran más altas que las de cualquier otro presidente después de la Segunda Guerra Mundial, a excepción de John F. Kennedy.

El 1 de agosto de 1991, el presidente visitó Kiev y reprendió al movimiento de independencia de Ucrania en su «nacionalismo suicida» al pretender separarse de la Unión Soviética. Les exhortó a seguir con Moscú. Tres semanas más tarde, Ucrania declaraba su independencia y William Safire, columnista de *The New York Times*, reprochó al presidente su «miedoso discurso de Kiev». Safire acusó a Bush de ceguera ante las fuerzas de la historia. Este se indignó tanto que nunca más habló con el periodista.

Los espectaculares acontecimientos de la Unión Soviética llevaron al presidente a tomar la colosal decisión de reducir el arsenal de armas nucleares de Estados Unidos. Hizo este excepcional anuncio en un discurso de máxima audiencia sin la menor muestra de elocuencia. En su árida alocución quedó eclipsada la importancia histórica de lo que iba a hacer para convertir el mundo en el lugar menos peligroso de toda la era nuclear.

El día de Navidad de 1991 dejó de existir la Unión Soviética y Mijaíl Gorbachov presentó su dimisión como presidente de la

Unión Soviética. El presidente Bush se encontraba en Camp David, pero volvió a la Casa Blanca aquella noche para dirigirse a la nación desde el Despacho Oval. Anunció el fin de la guerra fría y el nacimiento de la Comunidad de Estados Independientes a partir de los restos de la URSS. Aplaudió a Gorbachov por su estrategia revolucionaria y comprometió a Estados Unidos a apoyar la liberación del pueblo ruso. Hizo una declaración corta, práctica, aunque le faltó la cadencia grandilocuente y el elevado espíritu que el pueblo esperaba del dirigente del mundo libre.

En los comienzos de su presidencia, Bush parecía tímido e inseguro en la escena mundial. «No quiero cometer errores al principio como el de Kennedy en la bahía de Cochinos», dijo. Ahora bien, a George Bush le obsesionaba tanto expulsar a Manuel Noriega de Panamá como a John F. Kennedy echar de Cuba a Fidel Castro.

A diferencia de Kennedy, Bush conocía personalmente su némesis, pues se había reunido con Noriega y le había pagado ciento diez mil dólares anuales como agente de la CIA, lo que habría explicado los alardes de aquel hombre fuerte: «Tengo a Bush cogido por las pelotas». De febrero a mayo de 1988, la administración Reagan había intentado encontrar un sistema para derrocar a Noriega sin enviar tropas al país. La Casa Blanca y Noriega negociaron a través del nuncio apostólico en Panamá. Bush, como vicepresidente, se había opuesto a dichas negociaciones y optado por la fuerza, pero, según el secretario de Estado George Shultz, el presidente Reagan se habría mantenido firme. «No voy a ceder —según Shultz, había dicho Reagan—. Es mucho mejor este trato que el de entrar en el país y empezar a contar nuestros muertos. Estoy convencido de que usted [Bush] se equivoca de medio a medio.» En cuanto llegó a la presidencia, Bush la emprendió contra el dictador traficante de drogas. En noviembre de 1989, la administración autorizó un plan de tres millones de dólares para derrocar a Noriega, mediante el reclutamiento de miembros de las fuerzas armadas panameñas para llevar a cabo un golpe de Estado. Ahora bien, el plan se hizo público antes de poderse realizar. Al cabo de un mes, Panamá declaraba la guerra a Estados Unidos y situaba a Noriega como máximo dirigente. Estados Unidos puso en marcha la Operación Causa Justa e invadió Panamá el 20 de diciembre de 1989; veintitrés estadounidenses y quinientos panameños perdieron la vida antes de que Noriega se rindiera, el 3 de enero de 1990.

«Panameños, estadounidenses, todos han sacrificado mucho para restablecer la democracia en Panamá —dijo el presidente al anunciar la rendición de Noriega—. Se han sacrificado por una causa noble y nunca vamos a olvidarlo. Tributo de ello será un Panamá libre y próspero.»

Noriega fue procesado en Miami por ocho cargos de tráfico de drogas, crimen organizado y blanqueo de dinero. Se le declaró culpable y se le condenó a cuarenta años de cárcel, con derecho a solicitar la libertad condicional en 2006. A Bush se le obsequió con las esposas utilizadas para el traslado de Noriega desde Panamá a Estados Unidos, objeto que exhibió con orgullo en su biblioteca presidencial, junto con una diana de cartón encontrada en la residencia de Noriega en la que se le veía a Bush, con unos cuantos agujeros de bala.

Ningún presidente necesitó tantos redactores de discursos como George Herbert Walker Bush y, a pesar de ello, una de las primeras decisiones que tomó al convertirse en presidente fue quitarles importancia revocando sus enormes privilegios en la Casa Blanca, algo que jamás habría hecho Ronald Reagan. Después de arrebatar a los que redactaban los discursos los valiosos incentivos de la Casa Blanca, el presidente repartió estos privilegios entre sus hijos.

«A Bush no le gustaba hacer discursos —dijo el vicepresidente Dan Quayle—. Solía prepararlos rapidísimamente, dar una pasada a las notas y quitárselos de encima lo más pronto posible.»

«Reagan y Bush eran muy diferentes —comentó Peggy Noonan—. En el ámbito filosófico yo me situaba más cerca de Reagan, y en cierta manera respondía a su personalidad y carácter, pues le tenía mucha más consideración que al resto de las personas con las que había trabajado. Le consideraba un hombre de bien, una buena persona … Respondía emocionalmente a la historia, notaba su tirón y su fuerza en el plano personal e imaginativo; sin embargo, no se mostraba tan receptivo con quienes le rodeaban en su vida cotidiana. A Bush le faltaba receptividad y relación con la historia, si bien cuando hablaba de sus seres queridos, hijos, amigos y familia, los ojos se le inundaban de lágrimas. Eran hombres muy distintos.»

Al presidente le afectó muchísimo tener que intentar hacer frente al escándalo público de la implicación de su tercer hijo en el caso Silverado Savings and Loan en 1989. Él mismo observaba cómo se juntaba la gente en el parque Lafayette, frente a la Casa Blanca, con pancartas en las que se leía: CÁRCEL PARA NEIL BUSH. Y les recriminó que concentraran en Neil todos los escándalos de la industria financiera de ahorros y créditos. La primera dama afirmó haberse visto prácticamente incapaz de contener su aflicción al ver que «la prensa devoraba» a su hijo.

«Lo que más ha molestado a George, lo que menos soporta en política, es que nuestros hijos sean... Ni siquiera encuentro una palabra lo suficientemente cruel para explicarlo. Que no tengamos intimidad. Para nuestros hijos ha sido terrible», comentó Barbara a un periodista de *The New Republic*, con lágrimas en los ojos.

«Es algo que te mata, te destroza, ese asunto de los ahorros y créditos. Sobre todo teniendo en cuenta que ha habido miles en los consejos de dirección, y los estadounidenses no conocen más que a uno, a Neil Bush, que resulta ser el joven más honrado, decente y fabuloso, una persona a quien se le ha cambiado la vida de arriba abajo. Increíble ... Todo se arreglará, pero no será fácil para él. Ni para su esposa. Ni para sus hijos. Saben que nunca ha hecho nada malo, y por tanto todo se solucionará.»

Al principio, a Neil le gustaba salir en televisión y ver su foto en los periódicos, pero cada vez que hablaba con la prensa agravaba sus problemas. La familia le advirtió del peligro de expresar su opinión, pero él respondió que no había hecho nada malo y, por consiguiente, no tenía nada que ocultar.

«Había volado a Denver para entrevistar a Neil —explicó Martin Tolchin, de *The New York Times*—. Durante la entrevista, recibió una llamada de la Casa Blanca. Solo conseguí oír la parte de Neil en la conversación, pero cuando colgó, comentó: "Era mi padre. Dice que no debería estar hablando con usted". Se echó a reír y seguimos con la entrevista.»

Pronto los hermanos de Neil se sumaron para lograr el «Proyecto Boca Cerrada», pero Neil insistía en proclamar su inocencia. Entonces intervino George W. Dijo a su hermano pequeño que cada vez que abría la boca estaba perjudicando la presidencia de su padre y al tiempo manchando el nombre de la familia. Por fin Neil captó el mensaje y dejó de conceder entrevistas.

George W. era el que más valoraba en aquella familia la marca del apellido Bush. Como hijo de vicepresidente, había triunfado en Midland, Texas, pero como hijo de presidente se había visto impulsado de repente hacia otra estratosfera. Las puertas que habían podido cerrársele antes se abrían de pronto de par en par, y acudían a él los multimillonarios para invertir en cualquier empresa que llevara su nombre.

Poco después de la victoria de su padre, George se enteró de que los Rangers de Texas podrían estar en venta. Se trasladó de inmediato con la familia de Washington a Dallas y escribió en su autobiografía: «Corrí tras la compra como un pitbull que se agarra a la pernera de la ocasión». Consiguió juntar a duras penas quinientos mil dólares, como entrada de los ochenta y seis millones de dólares de su precio, gracias a un préstamo del United Bank of Midland, de cuyo consejo de administración había formado parte. El 21 de abril de 1989, pese a su insignificante inversión, le nombraron socio cogestor del equipo y pagó doscientos mil dólares anuales por convertirse en testaferro. «Como aficionado al béisbol de toda la vida, estaba a punto de ser propietario de un equipo de béisbol —escribió en sus memorias—. Recuerdo que pensaba: "Esto es perfecto. La vida no puede ofrecerme más".»

Todos los años, el primer día de la temporada, George se cercioraba de que su padre se encontrara en Dallas para hacer el primer lanzamiento. El hecho de tener al presidente en el estadio proporcionaba publicidad internacional a los Rangers de Texas, y a Junior le justificaba el cargo, aparte de convertirle en un potentado copropietario del equipo. En el momento en que se vendió el equipo, en 1989, George poseía un 12 por ciento de este, lo que le reportó quince millones de dólares.

Al mismo tiempo que George W. Bush hacía realidad su sueño de poseer un equipo de béisbol como su tío abuelo Herbie Walker, Jeb Busch recibía en Florida una oferta similar para comprar una participación en la sociedad limitada de los Jaguars de Jacksonville, el equipo de la NFL. Jeb necesitaba cuatrocientos cincuenta mil dólares, que pidió prestados al SunBank, de cuyo consejo de administración formaba parte. En realidad, no costaba mucho juntar dinero, o estar en un consejo de administración, si eras hijo del presidente de Estados Unidos.

Quien realmente no sacó provecho de la presidencia de su padre fue Doro, de treinta años, quien por aquel entonces estaba a punto de proporcionar a la familia el primer, aunque no el último, divorcio. Al haberse criado en una familia más orientada hacia los chicos, Dorothy Walker Bush casi se perdió en el barullo masculino. Puesto que sus padres viajaban constantemente, estuvo en colegios de Texas, Washington y Nueva York. Posteriormente la mandaron interna al Colegio Miss Porter de Connecticut, la antigua universidad de su abuela Dorothy Walker Bush y de su tía Nancy Bush Ellis. Doro se licenció con un aprobado y obtuvo el título de sociología. No tuvo novio hasta el verano de su segundo curso en la universidad, cuando conoció a William LeBlond, quien iba a la Universidad de Boston. Al igual que Doro, William era el más pequeño de una gran familia. La pareja, tímida y callada, se casó después de terminar la carrera y se trasladó a Cape Elizabeth, Maine, donde tuvo dos hijos.

«Recuerdo que cuando trabajaba para el vicepresidente Bush, Doro llamaba constantemente —recordaba un funcionario de la presidencia—. Estaba más unida a su padre que a su madre ... Bush la trataba como si fuera una niña. Ella le sacaba todo lo que quería, pero daba pena, pues era una adulta que se veía incapaz de tomar una decisión sobre lo que fuera sin llamar primero a su papá. Algo bastante triste, la verdad. Creo que Bush la compensaba por no haber estado a su lado cuando se hacía mayor, aunque por otra parte es el tipo de padre que trata de forma distinta a una hija y a un hijo ... No se esperaba nada de ella, aparte de que se casara y tuviera hijos ... La familia se sintió aliviada cuando se casó, a pesar de que no les gustaba el marido. Le llamaban "el golfista", porque esa era toda su actividad.»

Doro reconocía los problemas a los que había tenido que enfrentarse su esposo como yerno de los Bush. «Es duro casarse con una persona de mi familia —decía ella—. Seguro que resulta amedrentador, sobre todo tratar con mis hermanos, a pesar de que les quiero mucho. Pero no es fácil. Todos son de estilo autoritario.»

Ella escogió a alguien sencillo, sin ambiciones, ajeno a las turbulencias políticas, probablemente porque necesitaba esa vida. Su esposo, que en otra época había pensado en dedicarse a entrenador de hockey, cambió de parecer y se hizo carpintero. Trabajó para la empresa de construcción de su hermano, de la que Doro llevaba la contabilidad. En 1988, Doro decidió entrar en la campaña de la familia para ayudar a su padre, pero este le dijo que le hacía falta técnica para ello. Se apuntó a un cursillo como secretaria y aprendió mecanografía. Poco a poco entró en el circuito de la campaña y fue explicando al público que amaba a su padre «más que a la vida», tras lo cual solía estallar en sollozos. En un anuncio de la campaña de Bush para televisión, apareció su hija de dos años, Ellie, echándose en brazos de su abuelo.

La campaña cambió a Doro. «Soy una planta de floración tardía», dijo. Perdió peso, se dejó crecer el pelo, que siempre había llevado cortísimo, dejó de ponerse vaqueros y monos como los de su padre y se convirtió en la imagen de su madre algo más suavizada. Incluso la familia se dio cuenta del cambio. «Antes era tímida —dijo Barbara Bush—, pero ahora todos le decimos: "Te has vuelto muy agresiva, Doro". Será una gran política.»

Para la toma de posesión de su padre, Doro había dejado atrás ya a Billy LeBlond y a su camioneta. Dijo a su madre que quería divorciarse. Esta le pidió que arreglaran las cosas por el bien de los niños, pero Doro se mostró categórica. Billy se marchó de la casa, y en agosto de 1989, los Bush anunciaron sin aspavientos la separación de su hija. Dos meses después, su marido era detenido en Maynard, Massachusetts, por conducir ebrio y posesión de marihuana. Pasó la noche en la cárcel. Le declararon culpable de conducir bajo los efectos del alcohol, le impusieron una multa de 1.280 dólares y le prohibieron conducir en el estado durante un año. Se retiraron los cargos de posesión por marihuana. Aquella semana, Doro presentó los papeles para el divorcio aduciendo «diferencias matrimoniales irreconciliables». Llevó el caso del divorcio un mediador de Portland, Maine. Los expedientes, al igual que la gran mayoría de los de la familia Bush, quedaron sellados.

«Tenemos la suerte de quererlos a los dos —comentó el presidente a los periodistas—. Tienen problemas matrimoniales, algo que deben resolver ellos. Nosotros aconsejamos a nuestra hija y seguimos relacionándonos estrechamente con los padres de Billy, muy buenos amigos nuestros. Lo que no necesitan Doro ni Billy es que nosotros pontifiquemos sobre ellos. Ahora bien, si ella necesita una mano, estamos ahí para ayudarla.»

La prensa estadounidense permaneció en silencio, pero los periodistas británicos empezaron a fisgonear. Margaret Hall, del periódico sensacionalista *Today*, se trasladó a Maine con la intención de entrevistar a la pareja. Billy LeBold se disculpó educadamente. «Lo siento. No puedo hacer comentarios, porque Doro y yo hemos acordado no hablar en público sobre nuestros problemas.»

Mereció el titular de un diario sensacionalista:

ALGUIEN QUE JAMÁS CONSIGUIÓ ENCAJAR EN LA PRIMERA FAMILIA:
LA ANGUSTIA SECRETA DE LA HIJA DE GEORGE BUSH, CASADA
CON UN ALBAÑIL REBELDE Y AMANTE DE LA CERVEZA

Cuando Hall llamó a la puerta de Doro, la sirvienta que le abrió le dijo que Doro trabajaba en la Oficina de Turismo de Maine. Dijo también a la periodista que pasara mientras ella iba a buscar el número de teléfono, pero Hall permaneció en el porche. Dejó su número de teléfono y el nombre del hotel por si la mujer no localizaba a Doro en su trabajo.

«Unas horas después recibí una airada respuesta telefónica de Doro Bush: "¡Cómo se atreve a venir a casa, a invadir mi intimidad y entrar en mi terreno! ¡Es usted lo más bajo que…!". La detuve en aquel punto —explicó Hall— y le di a entender con bastante claridad que podía haber entrado perfectamente en su casa, tomado nota de su desordenada cocina, contado todas las botellas de vino y latas vacías, y probablemente al mismo tiempo tomado algunas fotos disimuladamente. Pero que había permanecido en el porche porque su sirvienta era amable y educada y yo no quería poner en peligro su trabajo.»

Unos meses después, Doro se trasladó a Washington con sus hijos para estar más cerca de sus padres, si bien su madre no les permitió instalarse en la Casa Blanca. Doro alquiló, pues, una casita en Bethesda, Maryland, y encontró trabajo en el Hospital Nacional de Rehabilitación.

«Por aquella época era muy frágil —recordaba Kim Elliott, que llevaba a sus hijos a la misma escuela que los de Doro—. Estaba pasando por un divorcio bastante complicado, pero estaba entregada a sus hijos. Era una persona práctica que se desvivía por sus hijos.»

El vicepresidente Quayle no captó lo delicado que era el asunto del divorcio de Doro para la Casa Blanca hasta que desencadenó un auténtico terremoto ideológico al criticar al popular personaje televisivo Murphy Brown por criar a un hijo en solitario y reivindicarlo como una opción más en cuanto a estilo de vida. El titular del *New York Daily News*: QUAYLE A MURPHY BROWN: «¡GOLFA!»

«Murphy Brown es la segunda persona más popular de Estados Unidos, después de Barbara Bush», dijo Mary Matalin, directora política de la campaña de la reelección de Bush. El personal de la Casa Blanca, presa del pánico, se apartó de Quayle.

—Tendría que apoyarme —dijo el vicepresidente al jefe de personal.

—Este caso está perdido.

—No está perdido. Si se sabe manejar, está ganado.

—Usted se ha convertido en una minoría de uno. Es algo que aquí le preocupa a todo el mundo. Da la impresión de que está criticando a las madres que viven solas. Incluso les preocupa que parezca que esté criticando indirectamente a Doro Bush.

Barbara Bush estaba más decidida que nunca a volver a casar a su hija. Creía que solamente por medio de una boda Doro y sus hijos podrían encontrar un refugio de paz. Para ello animó a su hija a salir.

«Pasamos un fin de semana en Camp David con los Bush … Por aquel tiempo iban allí con dos perros y con la hija divorciada —recordaba la esposa de un parlamentario—. Barbara me comentó que le preocupaba que Doro llevara un año saliendo con el representante David Dreier y que este no la hubiera ni siquiera tocado … "No le ha puesto ni un dedo encima", decía Barbara … Creo que Doro tuvo más suerte cuando empezó a salir con un demócrata.»

Doro conoció a Robert Koch, un demócrata que había trabajado para el líder de la mayoría de la Cámara Richard Gephardt y para el representante demócrata por California Tony Coelho. Su madre echó una mano en el noviazgo invitándole a unas cuantas cenas de Estado en la Casa Blanca. Durante aquella época, el presidente envió a su hija como representante de Estados Unidos a la toma de posesión del presidente de Paraguay, al aniversario de la coronación del rey de Marruecos y a los Juegos Olímpicos de invierno en Albertville (Francia). En 1992, Robert Koch pidió la mano de Doro. La primera dama encargó a su diseñador preferido, Arnold Scaasi, un vestido de madre de la novia para ella y uno de novia para su hija. La familia se reunió el 28 de junio de 1992 y contempló cómo el presidente llevaba al altar a su única hija en la capilla de Camp David.

«Aquel fue uno de los días más felices de mi mandato», dijo George Bush. Aún temblaba pensando en el más desgraciado, vivido dos años antes, cuando había pronunciado las famosas palabras: "Pueden tenerlo por seguro: No habrá nuevos impuestos".

En el momento en que hizo la promesa sabía que mentía, pero, tal como dijo, estaba dispuesto a lo que fuera para salir reelegido. Su director de presupuesto, Richard Darman, le convenció de que un aumento de los impuestos iba a generar líquido para el gasto doméstico y convertirse en su salvación política. Todos los demás afirmaron que se trataba de un suicidio político.

Lee Atwater, a quien Bush había nombrado presidente del Comité Nacional Republicano, quedó estupefacto. «El tipo no tiene el menor instinto político —comentó al asesor republicano George Stone—. Bush y esta pandilla van a fastidiarlo todo. Bush no será reelegido.»

Faltando a su promesa de campaña a los estadounidenses, el presidente aceptó un aumento de impuestos en 1990 como parte del paquete de 492.000 millones de dólares de reducción de déficit aprobado por el Congreso. Se vio obligado a transigir a causa de los costes en vertiginoso aumento de la salvación del sector financiero de ahorros y créditos, cuya estimación de pérdidas superaba los 230.000 millones de dólares. A cambio de aceptar el aumento de impuestos, Bush insistió en reducir las cargas sobre beneficios del capital para favorecer a quienes ganaban más de doscientos mil dólares anuales. A consecuencia de ello, en veinte días las encuestas le situaron veinte puntos por debajo y le empezaron a acosar con titulares de prensa como estos: PALABRERÍA, MARCHA ATRÁS, VACILACIÓN, GIRO DE CIENTO OCHENTA GRADOS. Más tarde admitió que había sido el «mayor error» de su mandato. «Si tuviera que repetirlo, no lo haría.»

Los demócratas le aplaudieron. «Es una muestra de valentía por parte de George Bush —dijo Dan Rostenkowski, ex presidente del Comité de Asignaciones Presupuestarias de la Cámara—. Puso los cimientos económicos para la prosperidad que cosechó Bill Clinton durante los noventa.»

Los republicanos lo consideraron una muestra de locura. «Te van a eliminar [en las elecciones de la mitad del período de gobierno] —dijo Ed Rollins, presidente del Comité del Congreso Nacional Republicano, al jefe de sondeos de Bush—. Esta era la promesa más sagrada que había hecho Bush. Si se suben ahora los impuestos, en 1992 se va al garete y se lleva con él a un montón de miembros de la Cámara.»

Rollins difundió inmediatamente un informe sobre la promesa referente a los impuestos para todos los republicanos de la Cámara: «No duden en distanciarse del presidente». Incluso participó en un programa matinal de televisión junto al asesor republicano, Doug Bailey, para criticar al presidente por haber roto la promesa de la campaña.

El presidente, que veía constantemente la televisión en la Casa Blanca, palideció al ver aquel programa. Exigiendo lealtad ciega independientemente del asunto que se tratara, insistió en echar a Ed Rollins. «No podía hacer nada conmigo —dijo Doug Bailey, cofundador de la prestigiosa empresa consultora republicana Bailey/Deardourff and Associates—, pero el pobre Ed perdió su puesto simplemente porque en conciencia no podía decir a los republicanos que se presentaban para la reelección que pasaran por alto la promesa rota del presidente ... Evidentemente, Bush no lo vio así. Él está obsesionado con la lealtad, lealtad, lealtad, que afecta a la familia entera y les lleva inevitablemente a la enfermiza preocupación por sus enemigos: "Si no estáis con nosotros, estáis contra nosotros, y si estáis contra nosotros, os juro que lo pagaréis".»

El presidente impuso la ley a los dirigentes republicanos de la Cámara: «Nunca haré nada por vosotros mientras Rollins siga ahí». Al cabo de unos meses, Rollins dimitía.

El vicepresidente se encontraba en la ducha cuando la CNN informó de que el presidente daba la razón a los demócratas y aumentaría los impuestos. «Probablemente tenía que haber mirado hacia el desagüe, porque hacia ahí se dirigía la mejor baza del Partido Republicano», dijo Dan Quayle. Y no digamos su propia carrera política.

El día anterior a las elecciones de mitad de período, el presidente anunció su intención de firmar el proyecto de ley de reducción del déficit con estas palabras: «No puedo afirmar que es lo mejor que nos ha ocurrido … desde la eliminación del brócoli … pero representa una medida correctiva en unas pautas sobre gastos federales que se han descontrolado».

Los republicanos habrían preferido que el presidente se hubiera echado para atrás con lo del brócoli. Unos meses antes había desterrado esta verdura del menú de la Casa Blanca. «No me gusta el brócoli —dijo—. No me gustaba cuando era pequeño y mi madre me obligaba a comerlo. Ahora que soy presidente de Estados Unidos no pienso comer más brócoli.» La tripulación del Air Force One puso una señal en la cocina en la que se veía un cogollito de brócoli en un círculo rojo cruzado por una banda del mismo color.

Luego los republicanos tuvieron que lidiar con pegatinas en las que se leía: Nixon me engañó con lo del Watergate, Reagan con lo de Irán-Contra y ahora Bush me miente con lo de los impuestos.

Tal como pronosticó Ed Rollins, los votantes republicanos se quedaron en casa el 6 de noviembre de 1990. «Se registró la menor participación republicana desde el Watergate, y todo por culpa del aumento de los impuestos de Bush —escribió Rollins en sus divertidas memorias *Bare Knuckles and Back Rooms*—. Perdimos nueve escaños, aunque estoy convencido de que mi informe … salvó quince escaños que de otra forma se los habría llevado el viento.

Una de las decepciones republicanas fue el decimoséptimo distrito electoral, California, donde salió elegido el demócrata Calvin Dooley. Este ridiculizó al presidente Bush cuando, en 1992, tras la redistribución de distritos, fue elegido para el vigésimo distrito. Durante la campaña de ese año, Dooley divirtió a los electores con sus experiencias como congresista durante el primer mandato de la administración Bush. Contó a los votantes de Fresno y de Bakersfield que el presidente se había solidarizado con la Cámara de Representantes acudiendo al Capitolio como otros ex miembros de la Cámara para utilizar su gimnasio. El presidente llegó al Ca-

pitolio en su limusina blindada escoltado por veintiséis policías mo-
torizados, catorce agentes secretos y potencia de fuego suficiente
para armar Paraguay. En medio de este dispositivo de seguridad,
Bush hizo sus ejercicios, se duchó y volvió a la Casa Blanca.

«Es toda una experiencia eso de que un humilde congresista novato comparta ducha con el presidente de Estados Unidos (pausa),
echar un vistazo y ver (pausa más larga) que el dirigente del mundo
libre es (pausa más larga)… bueno… un tipo como tantos.»

El público se reía a carcajadas cada vez que contaba la historia,
y en un acto organizado por Dooley para recaudar fondos en California, una delegación de Washington, en la que se incluía el presidente de la Cámara de Representantes, tuvo que hacer esfuerzos
para mantener la compostura mientras el congresista describía «el
palito» del comandante en jefe.

Decidido a recuperar su virilidad, el presidente, aconsejado por
una mujer bastante dura, puso un plan en marcha. Cuando las tropas de Saddam Hussein invadieron Kuwait el 2 de agosto de 1990,
el presidente consultó con la primera ministra británica, Margaret
Thatcher, en Aspen, Colorado. «Recuerda, George —dijo ella—,
que estuvieron a punto de derrotarme en Inglaterra cuando se produjo el conflicto de las Malvinas. Después de ello, me mantuve en
el cargo ocho años.»

La señora Thatcher se refería a la invasión de las Malvinas por
parte de Argentina en 1992 cuando ella había mandado a las fuerzas armadas británicas a establecer allí la soberanía británica. Conocida como la Dama de Hierro, demostró su temple en aquella
guerra y salió victoriosa de ella. Por aquel tiempo, George Bush la
definía como «una tipa con pelotas de acero». En aquellos momentos, iba a proporcionarle la base necesaria para hacer frente a la
invasión de Kuwait por parte de Sadam Husein. Cuando el presidente empezó a titubear, le espoleó diciendo: «No te quiero ver
como un flan, George, no te quiero ver como un flan».

En sus vacaciones de agosto en Kennebunkport, el presidente
recibió visitas de algunos jefes de Estado, entre ellos, el rey Hussein de Jordania, quien llegó después de haberse reunido con Sadam Husein en Irak. El rey abogó por las negociaciones, pero Bush
exigió la retirada inmediata. No debe sorprendernos que el presi-

dente se centrara en el tema que mejor conocía. «No voy a permitir que ese pequeño dictador controle el 25 por ciento del petróleo del mundo civilizado», dijo a Hussein. La reina Noor recordaba que su esposo describió la reunión como una «experiencia bastante dura». Dijo que al rey le sorprendió la forma de elegir las palabras del presidente y su implicación, según la cual, solo existían dos mundos: el mundo árabe y «el mundo civilizado».

El presidente recibió asimismo al príncipe Bandar, embajador de Arabia Saudí y miembro de la familia real de este país. Bush le contó que el Pentágono disponía de fotos tomadas por satélite en las que se veían tropas iraquíes concentradas en la frontera saudí. Aquello era falso. Las fotos no mostraban lo que decía el presidente, pero Bush creía que tenía que exagerar el peligro de una invasión iraquí a fin de obtener el consentimiento para desplegar tropas estadounidenses en suelo saudí. Dijo al príncipe Bandar que iba a mandar cien mil soldados cuando tenía la intención de desplazar hasta allí a doscientos cincuenta mil. Aquella sería la primera fase de la concentración de tropas conocida con el nombre de Escudo del Desierto. El presidente anunció el despliegue estadounidense el 8 de agosto de 1990 y más tarde, en una conferencia de prensa, no quiso proporcionar cifras.

Toda una vida de mentiras para alcanzar sus objetivos había proporcionado al presidente práctica en aquella crisis: escondió al pueblo estadounidense la envergadura y la duración del despliegue militar; no reveló sus planes de defender Arabia Saudí y de liberar Kuwait; trazó una estrategia de guerra total. No hizo comunicado alguno hasta después de las elecciones de noviembre. Tal como escribieron Michael Duffy y Dan Goodgame, «su pericia en el engaño» resultó crucial para conseguir apoyo en el país y fuera.

George había decidido ya que estaban en juego los intereses vitales del país. Le quedaba convencer al pueblo estadounidense de que el acceso al petróleo iraquí era una necesidad por la que valía la pena derramar sangre del país. Fue de acá para allá durante semanas buscando frenéticamente las palabras altruistas que le permitieran comprometer a los soldados estadounidenses. Habló de «un dictador loco» que pretendía controlar «el bienestar económico de todos los países del mundo». Dijo: «Está en peligro nuestra tabla de salvación en cuanto al petróleo», «Es la seguridad nacional», «Se trata de una agresión». Recurriendo a un razonamiento que les pudiera sonar, el presidente dijo: «Resumiendo, se trata de puestos de trabajo». Habló de la importancia de defender a la pobre gente de Kuwait, aunque el pueblo no vio más que emires enriquecidos por el petróleo conduciendo sus Mercedes. «Tenemos que reinstaurar a los soberanos en Kuwait», dijo el presidente, pero el pueblo se mantuvo indiferente al enterarse de que el viejo monarca de Kuwait, el jeque Jaber al-Ahmed al-Sabah, de sesenta y cuatro años, había huido a un centro de vacaciones de Taif (Arabia Saudí) con cinco de sus cuarenta esposas. El presidente habló machaconamente de «la agresión de Irak» diciendo que no era solo un desafío para la seguridad de Kuwait «sino para ese mundo mejor que todos esperamos construir después de la guerra fría. Estamos hablando del precio de la libertad». Por fin, intensificó la retórica hablando del mayor terror de la humanidad: la aniquilación. «Amenaza nuclear —dijo el presidente—. Estamos dispuestos a eliminar el potencial armamentístico nuclear de Sadam Husein.»

El rosario de excusas, cuando la simple verdad, como comentó el rey Hussein, se reducía al control del petróleo, se repitió, evidentemente, cuando George W. también invadió Irak diez años más tarde. A diferencia de su padre, este afirmó que la guerra contra Irak se hacía para eliminar las armas de destrucción masiva. Y cuando no se hallaron armas de destrucción masiva, W. afirmó que iban a la guerra para «hacer de Estados Unidos un país más seguro». Bush dijo que Estados Unidos tenía que invadir Irak porque se habían estado violando las resoluciones de la ONU del alto el fuego en la guerra del Golfo, lo que había permitido a Sadam Husein acumular armamento químico y biológico. Bush afirmó que era necesaria una campaña militar porque Sadam Husein «está relacionado con Al Qaeda». La guerra era necesaria, insistió Bush, «para liberar al pueblo iraquí» y «llevar la democracia a Oriente Próximo». Jugando con el más ancestral terror de la aniquilación, dijo: «Ante un indicio claro del peligro, no podemos quedarnos esperando la prueba definitiva, el arma humeante, que podría aparecer como nube con forma de hongo».

Antes de la invasión de George H. W., el ex presidente Jimmy Carter escribió a los miembros del Consejo de Seguridad de la ONU para pedirles que no apoyaran la utilización de la fuerza contra Husein. El 29 de noviembre de 1990, la ONU aprobó una resolución en la que se instaba a Irak a retirarse de Kuwait el 15 de enero de 1991, puesto que después de esta fecha los Estados miembros de la ONU podrían utilizar todos los medios necesarios «para restablecer la paz y la seguridad en la zona».

El presidente sabía que una guerra para expulsar al ejército iraquí de Kuwait costaría miles de millones de dólares y exigiría una movilización masiva del ejército estadounidense. Tenía que convencer al pueblo de que Sadam Husein era malvado. El segundo punto era más difícil: que el feudo petrolero de Kuwait era una democracia joven en apuros. La CIA describió Kuwait como una «monarquía constitucional nominal», pero el acento había que ponerlo en lo de «nominal». El país, gobernado por la familia al-Sabah, amigos personales de los Bush, prohíbe los partidos políticos y solo un 10 por ciento de su población (2.183.161 habitantes) tiene derecho a voto.

Durante los seis meses siguientes, el secretario de Estado James A. Baker organizó una coalición de treinta y cuatro países para proporcionar tropas, aviones, barcos y equipo médico. Reunió también cincuenta millones de dólares de los aliados de Estados Unidos. El gobierno de Kuwait invirtió once millones novecientos mil dólares en honorarios a Hill and Knowlton a fin de que movilizaran a la opinión pública estadounidense contra Sadam Husein. La empresa de relaciones públicas llevó a cabo encuestas de opinión y estudios de audiencia para captar el pulso emocional del país a fin de determinar los puntos que iban a resultar más efectivos para vender la guerra.

«Descubrimos —afirmó Dee Alsop, quien colaboró en la campaña de relaciones públicas de Hill and Knowlton— que lo que tocaba más la fibra emocional era que Sadam Husein era un loco que había cometido atrocidades incluso contra su propio pueblo, tenía un enorme poder para provocar aún más daños y había que detenerle.»

Por fin, Bush tenía una razón a que agarrarse y la vendió como la lucha entre el bien y el mal. El hecho de situarse en el bando de los ángeles le proporcionó nueva confianza para pontificar sobre la necesidad de la guerra. Escribió en su diario:

Sé qué consecuencias tendría un fracaso y sé también lo que sucederá si ... damos una imagen de debilidad o de poca disposición para hacer lo que debemos.

Pienso en lo maligno que es este hombre [Sadam Husein]. No solo hay que controlarle, sino castigarle, y luego nos plantearemos cómo vamos a llevar las relaciones con los países árabes.

La revista *Time* eligió las dos caras de George Bush —una con la perspectiva en cuanto a política exterior y la otra sobre ceguera nacional— como «Hombre del Año» de la publicación. Este honor combinado podría haber provocado el sueño que tuvo George sobre su padre:

> Íbamos en coche a un hotel junto a un campo de golf, y encontramos antes otro campo de golf, al otro lado de la valla, aunque no parecía muy bueno. Oí que papá estaba allí, me acerqué para verle y lo encontré en una habitación de hotel. Nos abrazamos y le dije que le echaba mucho de menos. ¡Qué curiosos son los sueños! Le vi perfectamente: grande, fuerte y respetado al máximo.

El espectro de su padre como un hombre «grande, fuerte y respetado al máximo» fue el motor que llevó al presidente a actuar como lo hizo en la inminente guerra. El 12 de enero de 1991 dijo a su personal: «He solucionado todas las cuestiones morales que tenía en mente. Más claro el agua: el bien y el mal».

Aquel día las dos Cámaras del Congreso votaron autorizar el uso de la fuerza contra Irak. En el Senado, el voto se impuso gracias a los esfuerzos de Joe Lieberman, demócrata de Connecticut, y John Warner, republicano de Virginia. La proporción de 52 a 47 fue la más estrecha que se había registrado históricamente para la votación de una guerra. Uno de los senadores recién elegidos que votó contra la resolución fue Paul Wellstone, de Minnesota. En su primer viaje a la Casa Blanca, el demócrata había abordado al presidente para hablarle con argumentos convincentes sobre lo poco recomendable que era la guerra. Bush se lo quitó de encima y más tarde preguntó: «¿Quién es ese gallina?».

El presidente sintió un terrible alivio cuando el Congreso le dio poderes para actuar siguiendo la resolución de la ONU. Tal como escribió en su diario:

> Al escuchar los resultados, noté el inmenso peso de la acusación de delito en el desempeño de mis funciones al que podían someterme. En realidad, incluso en el caso de que el Congreso no hubiera aprobado las resoluciones, habría pasado a la acción y llevado a nuestras tropas al combate. Sé que se habría desencadenado la protesta, pero era lo que había que hacer. Tenía la conciencia tranquila, pues poseía autoridad constitucional. Había que hacerlo.

El 16 de enero de 1991, cuando empezó el combate aéreo, Estados Unidos tenía desplegados en el golfo Pérsico quinientos cuarenta mil soldados. El cielo nocturno de Bagdad se iluminó con las ráfagas de fuego de las primeras bombas que cayeron sobre la capital de Irak en la Operación Tormenta del Desierto. El mundo contempló en directo la guerra por la CNN, casi como si se tratara de un videojuego. La precisión de los misiles Scud hendiendo el cielo, seguida por el silbido de los aviones negros conocidos como bombarderos furtivos, se convirtió en espectáculo de máxima audiencia. Los saudíes quedaron tan impresionados con el despliegue aéreo que quisieron adquirir los mismos aviones, pero Estados Unidos se negó a vendérselos. Por tanto, tuvieron que conformarse con la compra de unos F-15XP, menos sofisticados. Adquirieron setenta y dos, por los que pagaron a Estados Unidos un total de nueve mil millones de dólares, incluyendo armamento y apoyo terrestre. Generales con estrellas cosechadas en las batallas describían por radiotelevisión la mortífera eficiencia de los Falcons F-16, los Wild Weasels F-4G y los Warthogs A-10. El Pentágono había tomado medidas drásticas en cuanto a la cobertura informativa, de modo que los telespectadores vieran tan solo lo que quienes estaban al mando deseaban que vieran. La decisión de controlar la información se tomó muy pronto, en las sesiones sobre estrategia. Muchos militares consideraban que habían perdido en Vietnam por culpa de la prensa independiente, a quien se permitió viajar por el interior del país sin supervisión e informó sobre todo lo que vio. Los altos mandos creían que aquellos relatos habían resultado tan negativos que el pueblo estadounidense se había vuelto en contra de la misión militar de la guerra y había hecho inevitable la derrota. Así pues, desde el principio de la Tormenta del Desierto, los generales insistieron en el bloqueo informativo.

La hipnotizante batalla aérea duró treinta y ocho días. Luego empezó la terrestre, el 23 de febrero de 1991, que trazó «una autopista de la muerte» a través de Irak. El presidente insistía en que Sadam debía rendirse o aceptar la derrota militar. «No queremos otro empate, otro Vietnam, un final aguado», dijo Bush. Cuando Sadam Husein aceptó una retirada incondicional de Kuwait, el presidente hizo público el alto el fuego. La guerra, que había costado sesenta y un millones cien mil dólares se había resuelto en cien horas.

El 26 de febrero de 1991, las fuerzas de la coalición entraron en Kuwait City y la familia real del país, los al-Sabah, prometieron reformas políticas. Sin embargo, estas, hasta la fecha, no se han llevado a la práctica. El monarca de las cuarenta esposas no iba a volver al país hasta el 15 de marzo de 1991, cuando se le garantizó la seguridad. A su regreso, se arrodilló dejando flotar sobre el asfalto su blanca kuffiya, y besó el suelo que había sido liberado dejando 293 muertos estadounidenses, cien mil muertos iraquíes y trescientos mil heridos iraquíes.

Y de esta forma, el presidente Bush salió victorioso de la décima gran guerra que había librado Estados Unidos. Si bien no había sido una guerra noble, aunque se demostró que ni de lejos había sido tan limpia y séptica como se había presentado, la Operación Tormenta del Desierto afianzó el liderazgo de Estados Unidos y demostró la tecnología de este país, que fomentó el patriotismo e hizo ondear las banderas de la nación de un extremo a otro del país. Se organizaron desfiles triunfales en Los Ángeles, Washington y Nueva York, donde salieron más de cuatro millones de personas a la calle para aclamar al general Norman Schwarzkopf y a las tropas que habían luchado en el golfo Pérsico. El nivel de popularidad de Bush subió hasta el 88 po ciento, la cifra más elevada que había alcanzado un presidente en este país. Las encuestas mostraron también que una mayoría de estadounidenses se sentía frustrada porque la coalición no había tomado Bagdad y destruido a Sadam Husein y

a la estructura de poder que le apoyaba. El general Schwarzkopf
dijo en una entrevista en televisión que el presidente no tuvo en
cuenta su consejo de aplastar al ejército iraquí en «una batalla de
aniquilación». Más tarde, el general se disculpó por «no haber sabido elegir bien sus palabras». Dando por supuesto que Sadam
Husein iba a ser derrocado por su propio ejército, el presidente
mantuvo que había actuado siguiendo la misión de una guerra limitada: de haber ido más lejos, se habría destrozado el prestigio de
Estados Unidos entre sus aliados. En calidad de comandante en
jefe, fue saludado como un héroe. Yale le entregó un título honorífico y, a pesar de que tuvo que enfrentarse a un aluvión de protestas estudiantiles, George Herbert Walker Bush tuvo la impresión,
por primera vez en su vida, de que podía situarse al lado de su
padre como persona «grande, fuerte y respetada al máximo».

# 23

El 29 de marzo de 1991, en la Rosaleda era difícil distinguir al presidente que había tenido el índice de popularidad más alto de la historia del presidente que sufría las consecuencias del escándalo Irán-Contra. Era sabido que el presidente en ejercicio odiaba permanecer en la sombra de su predecesor. Con todo, se retiró a conciencia del candelero, no tanto en el papel de digno anfitrión que tiene una deferencia con un distinguido invitado, sino más bien como un doble cinematográfico que se aparta para dejar paso a la estrella.

Todavía con aspecto fornido a sus ochenta años, Ronald Reagan había acudido a Washington para aceptar un título honoris causa de la Universidad George Washington. El doctorado por su servicio al Estado le fue otorgado en el décimo aniversario del intento de magnicidio que estuvo a punto de costarle la vida. Había regresado a la capital de la nación tanto para ser honrado como para honrar al equipo médico que lo había salvado. En la época de la agresión solo su esposa y los médicos supieron lo cerca que estuvo de la muerte.

«Había una especie de acuerdo tácito entre nosotros para que el público no supiera lo grave que había sido, lo poco que había faltado para perderlo», declaró Nancy Reagan, quien fue honrada con la colocación de una placa en la sala de urgencias del hospital en la que se reconocía «su valor, su dignidad y su entereza al permanecer junto a su marido herido de gravedad». La planta de urgencias fue rebautizada como Instituto Ronald Reagan de Medicina de Urgencias.

Tras aceptar el honoris causa, el presidente Reagan pronunció un discurso que puso a sus pies a las 1.450 personas que lo escucharon:

> Debo decir a todos los presentes algo que no estoy muy seguro que sepan. Ya saben que pertenezco a la Asociación Nacional del Rifle. Y mi postura sobre el derecho a tener armas es bien conocida por todos. Pero quiero decirles algo más, y voy a decirlo sin medias tintas. Estoy a favor del proyecto de ley Brady y animo al Congreso a que lo apruebe sin dilación.
>
> Es de sentido común que haya un período de espera [siete días] para que los agentes de policía locales puedan investigar los antecedentes de las personas que desean comprar una pistola.

La ovación fue ensordecedora. El antiguo presidente acababa de refrendar un proyecto de ley que debía su nombre a su secretario de prensa James Brady, quien quedó discapacitado de por vida por la pistola que apuntó al presidente y los suyos en 1981. Era el proyecto de ley al que el presidente de ese momento, George H. W. Bush, se oponía.

Los Bush no asistieron a la ceremonia de la Universidad George Washington que se celebraba a solo unas manzanas de distancia, pero habían invitado a los Reagan a la Casa Blanca después de la convocatoria. El presidente Reagan aceptó; la señora Reagan declinó la invitación. No estaba dispuesta a seguir sometiéndose a los desprecios de la Zorra Plateada. Nancy acudió a un compromiso contraído con anterioridad, una merienda celebrada en su honor a la que Barbara Bush no fue invitada, lo cual fue bastante significativo.

Los equipos de prensa de la Casa Blanca se reunieron para ser testigos del encuentro en la Rosaleda de los dos presidentes. Cuando gritaban «Señor presidente», George Bush, el eterno anfitrión sonriente, cedía la palabra a Ronald Reagan como un acólito a su más hábil mentor. Incluso con dos audífonos, el antiguo presidente no pudo entender la primera pregunta; pese a lo mucho que irritó a Bush lo que preguntó el periodista, se lo repitió a Reagan.

—Es sobre el control de armas —aclaró Bush—, sobre el proyecto de ley Brady.

—No creo que sea correcto que yo ni cualquier otro antiguo presidente le diga al presidente en ejercicio lo que debería o no debería hacer —respondió Reagan. Pero luego añadió—: Resulta que yo creo en el proyecto de ley Brady porque justo ahora tenemos lo mismo en California.

Otro periodista le preguntó si estaba presionando al señor Bush para que cambiara su postura y refrendara el proyecto de ley.

—Yo no presiono a nadie —declaró Reagan.

Le preguntaron por qué se había opuesto a todas las medidas para el control de armas mientras era presidente.

Reagan sacudió la cabeza.

—Estaba en contra de un montón de ridiculeces que se propusieron en lo relativo al control de armas.

—¿Cree que convencerá al presidente Bush para que cambie de postura?

—Eso intento —confesó el antiguo presidente.

George Bush condujo a toda prisa a su predecesor hacia el Despacho Oval.

—Voy a hablar de este tema y de otras cuestiones con el presidente Reagan ahora mismo —anunció.

El antiguo presidente visitó a los teleoperadores de la Casa Blanca, famosos por su habilidad para localizar a cualquier persona del mundo, y luego fue conducido hasta la casa principal, donde estaba reunido el personal de la residencia en la Sala para Recepciones Diplomáticas. No dejaron de aplaudirle en todo el recorrido.

—¿Añora la Casa Blanca, señor presidente?

—Tenemos una respuesta estándar para eso —confesó Reagan—, y lo decimos de todo corazón: añoramos a la gente.

Los Bush acompañaron al antiguo presidente hasta la columnata en el momento de irse. Cuando se despidieron, Barbara le hizo un gesto con la mano. En un tono lo suficientemente alto para que lo escucharan los periodistas, dijo: «Dale recuerdos a Nancy de mi parte».

Unos días después, el presidente le confió a un congresista que deseaba ver cómo el antiguo mandatario pasaba a la historia como «el hombre que precedió a George Bush».

Pasados varios años, un ayudante personal de Bush recordaba

al tiempo que sacudía la cabeza: «Fue como en Nashua, New Hampshire, otra vez lo mismo… solo que diez veces peor», declaró, recordando la noche de 1981 en que Reagan había agarrado el micrófono y se había lanzado hacia la presidencia, al tiempo que George Bush quedaba por los suelos.

De no haber sido Ronald Reagan, podría haber sido vilipendiado por maleducado. Después de que el antiguo presidente mostrara todo su apoyo público al proyecto de ley Brady, Bush se puso a la defensiva y se esforzó por hacer público que podría estar dispuesto a aceptar el período de espera para la compra de armas si el Congreso aceptaba una ley contra la delincuencia. Esperaba quitarle popularidad al proyecto de ley Brady para conseguir que se aprobase un anteproyecto contra la delincuencia que le garantizase la reelección.

«Vamos a ganar en las tres K —comentó el jefe de personal de la Casa Blanca, John Sununu—: Kuwait, las cuotas y el crimen.»

El lobby a favor de las armas había recibido numerosos varapalos durante años por intentar seguir los múltiples cambios de rumbo del presidente. Como congresista de Texas, Bush votó a favor de un anteproyecto que incluía una limitación a la tenencia de armas. Aun así, se opuso a obtener la licencia y registrar las armas que poseía en calidad de residente del Distrito de Columbia. Cuando se presentó a presidente en 1988, invirtió quinientos dólares para convertirse en «miembro vitalicio» de la Asociación Nacional del Rifle. A continuación se opuso a una prohibición de las importaciones de armas semiautomáticas, para la que recibió el refrendo de la Asociación Nacional del Rifle así como una contribución de seis millones de dólares para su campaña en las elecciones generales. Llevaba cuatro semanas de presidencia cuando cambió de postura. Después de que cinco niños murieran acribillados por los disparos de un rifle de asalto en el patio de un colegio de California, anunció que apoyaba la prohibición de la importación de armas semiautomáticas. Unas semanas más tarde se retractó y dijo que apoyaba la prohibición solo de las armas importadas con un cargador para más de diez balas.

Después de que el presidente Reagan anunciara su apoyo al proyecto de ley Brady, el presidente Bush hablaba sin decir nada sobre su postura contraria, lo que acrecentaba las esperanzas de los defensores del control de armas. Al final, esas esperanzas quedaron hechas trizas. Bush se negó a firmar el anteproyecto pese al arrollador apoyo de ambas cámaras del Congreso para la aprobación de la ley. Dijo que solo firmaría si estuviera ligada a un proyecto de ley contra la delincuencia.

«No tenía intención ni de firmar ni de volver a vetar ninguna propuesta de ley que incluyera el anteproyecto Brady —comentó Mollie Dickenson, autora de *Thumbs Up: The Life and Courageous Comeback of White House Press Secretary Jim Brady*—. Durante la administración Bush, los asesinatos cometidos en Estados Unidos aumentaron más de un 25 por ciento: pasaron de 8.915 en 1988 a 12.090 en 1991 ... Al echar para atrás el anteproyecto Brady ... Bush ... vendió sus principios y contribuyó a la muerte de muchas personas.»

El presidente había mantenido el anteproyecto Brady para apaciguar a la Asociación Nacional del Rifle, pero para entonces ya había perdido el apoyo tanto del poderoso lobby armamentístico como el de sus oponentes. En 1992, todos lo dejaron en la estacada. La Asociación Nacional del Rifle retiró su apoyo, y esto enfureció tanto a Bush que llamó desde el Air Force One a Wayne LaPierre, vicepresidente ejecutivo de la Asociación Nacional del Rifle, para exigir el apoyo de la asociación. Pero fue en vano. Los partidarios del proyecto de ley Brady abandonaron el Partido Republicano y apoyaron a Bill Clinton, quien prometió firmar el anteproyecto, lo cual hizo en 1993.

George Bush llevó a cabo su venganza en mayo de 1995, cuando conoció el contenido de una carta escrita por LaPierre para la recaudación de fondos de la Asociación Nacional del Rifle, donde describía a los agentes federales como «matones de tres al cuarto» que llevaban «cascos nazis y uniformes de antidisturbios de color negro» para «atacar a ciudadanos que acatan la ley». El antiguo presidente rompió su carnet de socio de la Asociación Nacional del Rifle y escribió una carta de dimisión, que fue hecha pública por su equipo. Declaró que estaba de luto por la muerte de un agente del servicio secreto de Oklahoma City que había protegido a la familia Bush durante años, y acusó a la Asociación Nacional del Rifle de difamar a agentes devotos «que están en las calles día y noche dejándose la vida en la línea de fuego por nosotros».

La declaración de principios de Bush recibió publicidad nacional, pero no el respeto de la nación. Los defensores del control de armas habían marcado la diferencia, y el lobby armamentístico despreció su dimisión por considerarla un acto de resentimiento, una mera y burda venganza. «George Bush ha estado peleando con la Asociación Nacional del Rifle desde 1992, cuando decidimos que no podíamos respaldarlo —declaró el vicepresidente de la asociación Neal Knox—. Ha estado a la expectativa desde entonces, esperando el momento perfecto para darnos una patada en la espinilla.»

El tema de las armas ilustraba el estado en el ámbito nacional de la presidencia de Bush: como un velero a la deriva, dando bandazos de un lado a otro en un mar tempestuoso, con una vela mayor que no estaba hinchada por el viento y se agitaba peligrosamente, y una tripulación inexperta que intentaba achicar el agua antes de volcar. Cuando las encuestas sobre Bush cayeron en picado en el período posterior a la guerra del Golfo, su estrategia de la Triple K para su reelección estaba en peligro. En ese momento se apagó su chispa política.

La muerte de Lee Atwater se esperaba desde hacía meses, los médicos le habían diagnosticado un tumor cerebral maligno. En 1990, antes de su última recaída, el presidente del Comité Republicano Nacional había viajado a Arkansas con objeto de preparar el terreno para un ataque político contra el gobernador Bill Clinton, a quien consideraba el contrincante del presidente más peligroso para 1992. Con el aparato del partido a su disposición, Atwater estaba orquestando la mayor difamación que había ideado hasta entonces. Dieciocho meses después murió. Su funeral fue oficiado el 1 de abril, día de los Inocentes en Estados Unidos, en Columbia, Carolina del Sur, donde el senador del estado, Strom Thurmond, leyó el panegírico del niño malo de cuarenta años del Partido Republicano.

«Era querido y admirado por sus amigos, y respetado y temido por sus contrincantes —declaró el senador, quien presentó al vicepresidente y a varios miembros del gabinete de Bush—. Que yo sepa, este es el número más elevado de miembros del gabinete que han asistido a un funeral. ¿Por qué? Porque tenían a Lee en muy alta estima.»

La ausencia del presidente y de la primera dama era notoria. Los Bush no interrumpieron sus vacaciones para acudir al funeral. Estaban cómodamente instalados en Islamorada, un centro vacacional en los Cayos Altos de Florida donde el presidente iba todos los años a practicar la pesca deportiva del pez ratón. En ese viaje lo acompañaba el secretario del Tesoro Nicholas Brady, el consejero adjunto de Seguridad Nacional Robert M. Gates y el jefe de personal adjunto Andrew Card.

No acudir al funeral del hombre a quien muchos atribuían el hecho de que George Bush fuera presidente fue algo tan sorprendentemente descortés que sorprendió a muchas personas, incluida la viuda de Atwater, Rally, quien se sintió muy dolida. «El presidente no asiste a los funerales —declaró un inepto colaborador de la Casa Blanca—, pero acudirá al servicio que se celebrará en memoria del difunto dentro de unos días en Washington, en la Catedral Nacional.» Al cabo de unos meses, el presidente interrumpió su viaje de campaña a Texas para acudir al funeral de Betty Lyn Liedtke, esposa de su antiguo socio comercial Hugh Liedtke, presidente de Pennzoil.

Bush había visitado a Atwater durante su estancia en el hospital y en su casa durante los meses en los que batallaba contra un cáncer cerebral inoperable. En sus últimos días, Atwater se convirtió al cristianismo e intentó reconciliarse con aquellos a los que había dañado descaradamente mientras jugaba sucio en política. Incluso expresó su arrepentimiento a Michael Dukakis por la difamatoria campaña que había lanzado contra él en 1988. Los Bush no tuvieron la sensación de que la disculpa pública de Atwater los afectase para nada, porque ellos jamás habían renegado de los despreciativos anuncios sobre Willie Horton. «Lee no tenía nada en absoluto de qué disculparse —escribió Barbara Bush en sus memorias, y añadió—: George Bush lo quería de verdad.»

Cuando John Brady, autor de *Bad Boy: The Life and Politics of Lee Atwater*, se puso en contacto con el presidente para hacerle una entrevista, recibió una respuesta por fax a sus preguntas. «Le pregunté al presidente Bush por qué no acudió al funeral —comentó—, pero no contestó a mi pregunta.»

La decadencia política del presidente no empezó con la muerte de Lee Atwater (empezó con la crisis económica nacional y su incapacidad para hacer nada al respecto), pero, sin ese frenético «hombre del saco» a su lado, Bush tuvo que caminar sobre la cuerda floja sin red de seguridad. Incluso su mentor, Richard Nixon, predijo su caída.

«La Casa Blanca es una desorganización total —comentó Nixon a su ayudante política Monica Crowley—, porque allí todavía creen que solo tienen un problema de comunicación y que con montar una sesión fotográfica bien pensada Bush volvería a recuperar el 70 por ciento de la popularidad. El problema es más grave, es algo que Atwater supo predecir. Yo lo conocí. Era un cabronazo del Sur, pero lo necesitábamos. Bush lo echará de menos en estas elecciones. No las tiene todas consigo sin Atwater. Sinceramente, es otro pobre candidato más.»

El presidente de sesenta y seis años siempre había confiado en su energía infatigable para soportar la campaña, pero ahora se quejaba a sus amigos de «estar agotado y hacerse viejo». En mayo de 1991, durante una sesión de *footing* en las pistas del bosque de Camp David, se sintió afligido por el cansancio y la falta de aire. Los agentes de su servicio secreto lo llevaron a la enfermería y desde allí viajó en helicóptero al Hospital Naval de Bethesda. El secretario de prensa de la Casa Blanca anunció que el presidente había sufrido una fibrilación atrial, también conocida como taquicardia.

De pronto cundió el pánico en la nación. La revista *Time* escribió: «La preocupación del público por Bush, uno de los jefes del ejecutivo más populares de la historia de Estados Unidos, se ha intensificado por el hecho de que su sucesor designado por la Constitución no es tenido en muy alta estima como posible presidente».

Una semana más tarde le diagnosticaron la enfermedad de Graves, la misma dolencia de la tiroides que padecía la primera dama. Además de la medicación que tomaba para la artrosis de cadera, la úlcera y la alergia al polen, Bush también tomaba pastillas para el corazón y para prevenir ataques de apoplejía, además de las inyecciones de anafilácticos para las reacciones alérgicas a las picaduras de abeja. En ese momento empezó con los tratamientos para el problema de la tiroides con yodo radioactivo, que minó sus energías y lo hacía sentirse tan cansado que necesitaba echar constantes cabezaditas. Los días de intensas partidas de tenis y martinis cargados se habían terminado.

Fue un varapalo para un hombre que había probado su valía en el mundo de la acción y que creía que el movimiento físico constante era una prueba de su masculinidad. En la Casa Blanca el hiperactivo Bush se identificaba con Theodore Roosevelt, quien como niño asmático había deseado convertirse en la personificación de la vitalidad. Al haber experimentado una infancia de dolencias que lo hicieron ausentarse del colegio durante un año, Bush admiraba tanto al Jinete Testarudo, como apodaban a Roosevelt, que colocó un retrato del republicano en la Sala del Gabinete. También colocó dos bustos del vigésimo sexto presidente en el Despacho Oval como recordatorio del atleta más intelectual que ocupó el cargo en la historia.

«El presidente Bush nunca admitió de buen grado cómo había mermado su vitalidad —confesó su secretario de prensa Marlin Fitzwater—, pero quienes lo observábamos con detenimiento, veíamos que había desaparecido el brío de antaño.»

Mientras decaía su popularidad en las encuestas día a día, Bush decidió tratar la recesión de Estados Unidos embarcándose en un viaje de doce días a Australia, Singapur, Corea del Sur y Japón. Convocó a los presidentes de Ford, General Motors y Chrysler para que impulsaran la subida de las ventas de coches estadounidenses, dicho con sus palabras, para que generasen «empleo, empleo, empleo». Tal como dijo antes de su partida en enero de 1992: «Haré lo que tengo que hacer para salir reelegido». Como siempre, los pensamientos de George H. W. no estaban relacionados con la ideología, sino con la victoria.

En Tokio, Bush mantuvo un par de improductivas charlas comerciales, luego se unió al embajador estadounidense Michael Armacost en un partido de tenis de dobles, que perdieron. Esa noche, el presidente y la primera dama llegaron a la comida oficial que daba el primer ministro Kiichi Miyazawa en el salón comedor de su residencia. Durante una recepción anterior a la comida, el presidente tuvo que excusarse de inmediato; corrió al baño más próximo, y se vomitó encima en cuanto estuvo dentro. Se cambió la camisa y regresó a tiempo para la comida formal, pero antes de haber terminado el primer plato se volvió hacia el primer ministro. «No creo que pueda quedarme», confesó, removiéndose en la silla. Su cabeza cayó sobre el hombro del primer ministro y, antes de que pudiera volverse, vomitó sobre el regazo de Miyazawa. Los agentes del servicio secreto del presidente corrieron a su encuentro, al igual que el médico de la Casa Blanca. El primer ministro sostuvo la cabeza del presidente al tiempo que este resbalaba lentamente hacia el suelo. «¿Por qué no me metéis debajo de la mesa y dejáis que se me pase durmiendo?», preguntó Bush, antes de perder la conciencia.

El doctor Burton Lee se metió debajo de la mesa para aflojar el nudo de la corbata del presidente. Una enfermera sugirió quitarle el cinturón, pero como los pantalones del chaqué no llevaban, Lee empezó a bajarle la cremallera. El presidente se agitó ligeramente.

—Burt, ¿qué coño estás haciendo?

—Mirando cómo está el muchachote, jefe —respondió el médico de la Casa Blanca.

La primera dama empezó a reír, se apartó de su esposo y ayudó a limpiar al primer ministro. El presidente fue conducido de vuelta al palacio Akasaka, donde lo acostaron, mientras Barbara se dirigía con tono jocoso a la multitud, diciendo que había sido todo culpa del embajador por no jugar mejor al tenis. «George y él han jugado contra el emperador y la princesa de la corona y estos les han dado una paliza. Y nosotros los Bush no estamos acostumbrados a eso.»

Algunas personas sospecharon que George había estado bebiendo bastante antes de la comida y que el doctor Lee había convertido una resaca en un caso de gripe de veinticuatro horas. El médico admitió haberle puesto la vacuna antigripal al presidente unos meses antes. Una cámara de televisión que estaba rodando en el balcón del comedor había filmado el incidente; las imágenes del presidente de Estados Unidos vomitando en el regazo del primer ministro japonés dieron la vuelta al mundo. En el vídeo se veía el rostro lívido de Bush mientras era levantado, enmarcada por el despliegue de flores de la mesa, lo que le daba aspecto de estar en un ataúd adornado.

El presidente se recuperó al día siguiente y ofreció una rueda de prensa con el primer ministro para acallar las alarmas sobre su estado de salud.

P: Señor presidente, personas de todo el mundo vieron ayer un vídeo un tanto inquietante en el que usted se desmayaba por una reacción que muchos de nosotros no estamos acostumbrados a ver en personas afectadas por la gripe. ¿Puede describir qué sintió en ese momento? ¿Y también puede decirnos si sus médicos han concluido definitivamente que se trata de la gripe, o harán más pruebas?

R: No habrá más pruebas. Han descartado por completo todo lo que no sea una gripe de veinticuatro horas. Mi electrocardiograma ha salido totalmente normal. Me han tomado la tensión y me han hecho pruebas de todo tipo … Así que se trata de la gripe.

El presidente se disculpó con el primer ministro por su «feo comportamiento» de la noche anterior y dijo que estaba avergonzado de que se hubieran retransmitido por televisión las imágenes que lo mostraban tendido en el suelo recibiendo la atención de sus ayudantes.

«Después de aquello, George siempre hablaba de su accidente del vómito —recordaba el ex presidente del Congreso, Thomas S. Foley—. Barbara y él visitaron Japón cuando yo era embajador en 1998, y los invité a comer. Él no dejaba de hablar de que había vomitado en esa comida oficial de hacía seis años. Después del almuerzo, incluso llamó al hombre al que le había puesto el regazo perdido. Quería saludarlo y saber qué tal estaba.»

Cuando el presidente regresó a Washington en enero de 1992, viajó a New Hampshire, donde Pat Buchanan lo estaba desafiando en las elecciones primarias del Partido Republicano. Pat era un antiguo redactor de discursos de Nixon y un brillante comentarista político de extrema derecha. Al mismo tiempo, a Richard Nixon, en el programa *Today*, le preguntaron qué opinaba de la actuación de Bush como presidente. En público, Nixon apoyó a su antiguo protegido, pero más tarde confesó su preocupación a su ayudante Monica Crowley.

«Espero que lo que he dicho sobre Bush haya quedado bien

—comentó—. Me temo que mi defensa no ha parecido muy creíble porque en realidad no creo que haya hecho un gran trabajo. Y su visita a New Hampshire está siendo un desastre. Está allí haciéndoles carantoñas a las vacas y largando peroratas Dios sabe sobre qué. Parece muy desesperado. Y, ya sabes, no consigue el apoyo de su gente; ¡la gente de comunicaciones de la Casa Blanca dice que el viaje a New Hampshire ha sido glorioso! Oh, madre mía. Deben de estar soñando.»

Alguien que compartía esta misma preocupación era la esposa del abogado de la Casa Blanca C. Boyden Gray. «Sabía que George iba a perder en 1992 porque no estaba concentrado en ganar —declaró Carol Gray—. ¿Cómo iba a estarlo? Estaba distraído por sus propias tropas y todas sus escaramuzas ... Las luchas internas en torno a él eran tan abrumadoras que resultaban increíbles y, al ser un hombre de naturaleza débil, era incapaz de mantener el orden en su propio despacho. Recuerde que no fue capaz de despedir a John Sununu, y tuvo que llamar a su hijo para que lo hiciera por él ... Hombres hechos y derechos cercanos al presidente estaban peleando como niños de preescolar y él no era capaz de detenerlos. Deseaba de corazón llevarse bien con todos, así que no se metía para detener el enfrentamiento. No tenía la firmeza de imponer la ley a ninguno de ellos ... Nick Brady, Jim Baker, Craig Fuller y mi marido discutían con uñas y dientes día y noche para intentar acercarse a él. Sus peleas consumían toda la energía emocional de Bush en una época en la que necesitaba recorrer el país. El presidente es un hombre que se distrae con facilidad. Tiene un verdadero problema de falta de atención y esos tipos deberían de haberlo protegido. En lugar de hacerlo, se peleaban como críos en el patio del colegio para intentar ser el preferido del niño mayor. Era enfermizo, enfermizo de verdad. De no ser porque era una tragedia, habría resultado desternillante.

»¡Dios!, no puedo decirle la de fines de semana en mi matrimonio que se perdieron porque Boyden estaba nervioso por Sununu o por Craig Fuller o porque estaba urdiendo un complot contra Jim Baker. Yo era muy joven en esa época (Boyden es diecisiete años mayor que yo), pero vi tantas cosas estando casada con él que supe muy pronto que George Bush no iba a ser reelegido jamás. No era un presidente fuerte como Lyndon B. Johnson, quien jamás habría tolerado que esa especie de caos entre el personal dominara el Despacho Oval. George dejó al frente de su familia a Barbara, que era fuerte como un toro … Y la tendría que haber dejado también al frente del país, en lugar de confiar en hombres como Jim Baker, John Sununu y mi marido. Confiar en ellos era como haber puesto el país en manos de un grupo de niños de cinco años que no hicieran más que tirarse piedras con hondas todo el día …

»Para George, ser presidente significaba echar mano de la política exterior y entretenerse al más alto nivel. Le encantaba visitar a la reina de Inglaterra y a cabezas de Estado e ir a fiestas diplomáticas y comidas oficiales, y jugar a tenis con Pete Sampras en las pistas de la Casa Blanca. Odio decir todo esto porque soy republicana y apreciaba a George Bush … Era un tipo genial. Recuerdo la primera vez que Boyden y yo fuimos a Camp David después de que lo eligieran presidente. Yo me sentía un poco fuera de lugar porque era demasiado joven … Iba por el pasillo hacia nuestra habitación y pasé por delante del cuarto del presidente. Estaba en el suelo. "Entra, Carol", me dijo. "Estoy haciendo un ejercicio para las nalgas." Me pareció genial. Me gustaba su aspecto y su forma de actuar. Era muy amigable, a diferencia de su mujer, que era un monstruo … Barbara me daba muchísimo miedo. Creo que ella ha sido muy castradora con él y que por eso Bush no podía dirigir ni enfrentarse a hombres como Jim Baker o mi marido … Esos tipos se estaban peleando siempre como gallos listos para clavarse los espolones hasta matarse. George no podía enfrentarse a todos … Supongo que su madre tenía razón cuando dijo que no tenía madera de presidente porque le faltaba estómago.»

El aguante del presidente pasó una difícil prueba en julio de 1991 al nombrar a Clarence Thomas para el Tribunal Supremo. Bush había querido que el abogado negro fuera su primer candidato para el tribunal ya el año anterior, pero Boyden Gray dijo que Thomas, quien había estado en el Tribunal de Apelaciones de Washington durante diecisiete meses, no estaba preparado. Gray recomendó a David H. Souter para ocupar la primera vacante del Tribunal Supremo y a Thomas para la siguiente.

Bush quería aparecer en los libros de historia por haber nombrado a un juez negro para el Tribunal Supremo, pero necesitaba encontrar a un conservador que estuviera en contra del aborto y así satisfacer las exigencias de los republicanos derechistas. Con todo, el presidente sabía que se metía en una polémica por la ratificación cuando propuso al jurista inexperto para el cargo más importante del tribunal, porque cuando lo confirmaron como juez federal muchos senadores anunciaron que no le otorgarían su ratificación para el Tribunal Supremo. Clarence Thomas se oponía a la discriminación positiva, a la Ley del Derecho al Voto y al aborto, aunque Bush supuso que la raza de Thomas jugaría en gran medida a su favor y evitaría la oposición de los grupos defensores de los derechos civiles. Y estuvo a punto de salirse con la suya.

La Liga Urbana Nacional no se opuso públicamente, pero el consejo de directivos de la Asociación Nacional para el Progreso de la Gente de Color (NAACP) votó a favor de la oposición por 49 votos a 1; el consejo ejecutivo de la Federación Estadounidense del Trabajo-Congreso de Organizacioines Industriales (AFL-CIO) votó 35 a 0 a favor de la oposición; los representantes de la Organización Nacional de la Mujer (NOW) y los delegados de la convención votaron unánimemente a favor de la oposición; y la Asociación Nacional de Abogados Negros votó para oponerse.

Todavía resentido por la debacle de John Tower, el presidente estaba decidido a salirse con la suya en el asunto de Clarence Thomas. Después de que la Asociación Estadounidense de Abogados hubiera calificado a Thomas de «preparado» en lugar de «muy preparado» o «no preparado», Bush dijo: «Es la persona más preparada para ocupar ese cargo en el Tribunal Supremo».

«Ese nombramiento fue una treta extremadamente cínica por parte de mi marido y del presidente», declaró Carol Gray. Dijo que le enfermaba observar la maquinación de la administración Bush para obligar al Senado a aceptar a un juez conservador nada brillante para el tribunal más importante del país. «Casi se merecían el sórdido lío en el que se metieron con el caso de Anita Hill.»

Después de que Clarence Thomas testificara ante el Comité Judicial del Senado durante cinco días, se produjo un empate de 7 a 7 en el comité sobre su nombramiento y decidieron poner el asunto en manos del Senado sin recomendación de ningún tipo. Pasados unos días, Timothy Phelps desveló en *Newsday* la historia de Anita F. Hill, una profesora de derecho de la Universidad de Oklahoma, que había contado al FBI que había sido acosada sexualmente por Clarence Thomas mientras trabajaba para él en la Comisión para la Igualdad de Oportunidades de Empleo (EEOC). La Casa Blanca rechazó los cargos por «infundados» y Clarence Thomas afirmó en una declaración jurada que no eran ciertos, pero el Senado, avergonzado porque no se había realizado una investigación a fondo, retrasó el voto sobre Thomas para celebrar vistas públicas por las acusaciones.

El debate se tornó tenso y las acusaciones de acoso sexual provocaron una profunda división en el país, metiendo el dedo en las llagas de ambos bandos del espectro político. La audiencia televisiva sobrepasaba la media de las habituales comedias, ya que todo el mundo, incluido el presidente, seguía la retransmisión de los interrogatorios llevados a cabo por los hombres del Comité Judicial del Senado, todos blancos, a una profesora negra y a un juez negro sobre detalles escabrosos de sus vidas privadas.

La política se había enroscado sobre sí misma en torno al género y a la raza como una pitón, eliminando del proceso la decencia y el decoro. Cuando tres senadores republicanos —Alan Simpson, Arlen Specter y Orrin Hatch— dieron la impresión de estar intimidando a Anita Hill, las mujeres se sintieron ultrajadas. El desacuerdo entre republicanos y demócratas ardía como el gas, y nadie salió de la deflagración sin heridas.

El presidente, quien lo había empezado todo, escribió a un amigo en Lubbock, Texas, quejándose de todos los grupos que defendían abiertamente el aborto y la discriminación positiva y que se manifestaban en contra del nombramiento de Thomas:

> Intentan destruir a un hombre decente. No creo que se salgan con la suya, pero van a matar. Los grupos femeninos más liberales son realmente indignantes; y luego están los petulantes empleados liberales que filtran los informes del FBI para conseguir sus indignos fines. Resulta siniestro y malvado, aunque dudo que el Senado, bajo el control de un único partido, haga algo para arreglarlo ... Este es un proceso feo; ahora entiendo perfectamente

por qué tantas buenas personas permanecen al margen de la vida pública.

Pocos días después, el presidente estaba jugando a golf en el club de campo Holly Hills, cerca de Camp David, y se llevó una pequeña televisión para ver la cobertura del caso Thomas-Hill mientras iba de un hoyo a otro. Le habían aconsejado más de una vez que no atacase a Anita Hill personalmente por miedo a parecer insensible con las mujeres, pero Bush no pudo contenerse. Erizado por la furia, se dirigió hacia un grupo de periodistas y describió las vistas como «un verdadero intento de arrastrar a alguien por el fango y destruir a su familia ...

»¿A qué viene que se haya comportado con normalidad [Anita Hill] durante diez años? ¿A qué viene la acusación de última hora que ha presentado ante el pueblo norteamericano? No lo entiendo. No tendría que haber esperado tanto». El presidente afirmó que su familia y él «se sentían algo sucios al contemplar aquello».

Tres días más tarde, el nombramiento de Clarence Thomas fue ratificado en una votación a mano alzada por 52 votos a favor y 48 en contra, pero el conflicto perjudicó a todo el mundo. Años más tarde, Boyden Gray le diría a Bob Woodward, de *The Washington Post*, que Clarence Thomas tardó cinco años en recuperarse de aquello.

El proceso de ratificación había sacado lo peor de todo el mundo, perjudicando a todos los implicados en un sentido u otro: el senador republicano de Missouri John Danforth, quien encabezó la amarga lucha a favor de Thomas, perdió credibilidad entre sus colegas por su dogmática defensa. Los senadores Simpson y Hatch resultaron perjudicados por la furia de sus electoras, quienes bombardearon sus despachos con cartas en las que los criticaban por su forma de tratar a Anita Hill; el senador Arlen Specter estuvo a punto de no salir reelegido después del despiadado interrogatorio al que sometió a Hill. Su forma de enfocar las acusaciones de acoso sexual contra el juez Thomas había enfurecido a mujeres de todo el espectro político, quienes se dieron cuenta del poco peso que tenían en un Congreso dominado por hombres blancos. Ese otoño, un número sin precedentes de mujeres ocupó las candidaturas a cargos públicos. Cinco mujeres ganaron escaños en el Senado y cuarenta y siete ganaron escaños en la Cámara de Representantes. La mayoría de las vencedoras eran demócratas.

Al final, el presidente Bush se salió con la suya en el asunto de Clarence Thomas, pero a un elevadísimo precio. El proceso provocó una gran animadversión en el Partido Republicano y acabó con la actitud conciliadora que tanto necesitaba. Lo peor de todo fue que había mancillado su toga. Al renunciar al ideal de liderazgo presidencial expresado por Abraham Lincoln, Bush no había fortalecido los lazos afectivos entre las personas apelando a sus mejores sentimientos. Más bien había provocado que el nivel del discurso público decayera, y la división en la reacción de la opinión pública le afectó. Escribió una carta al senador Simpson, quien había reprendido a la prensa, a los demócratas y a los grupos de mujeres al tiempo que ayudaba a que se aprobase la ratificación del nombramiento de Clarence Thomas:

> Tenía razón en todo esto. Ha ayudado a un hombre decente a capear el temporal. Ha hecho lo que nadie osaba al amenazar a algunos grupos y algunos periodistas y, en el proceso, todos se le han subido a la parra, pero tenía usted razón, maldita sea … Dicho esto, confieso que hay días en los que odio mi trabajo, no muchos, pero sí algunos.

Al leer los resultados de las encuestas después de las vistas, el presidente decidió que necesitaba firmar la Ley de los Derechos Civiles de 1991 con objeto de salir reelegido. Ya había vetado la Ley de los Derechos Civiles de 1990, alegando que era un «proyecto de ley para el cupo», pero tras lo ocurrido con Clarence Thomas no podía permitirse otro veto. Sus verdaderas convicciones eran irrelevantes. Lo único que importaba era ganar.

En un momento anterior de ese mismo año, su personal había conseguido que le concedieran un título honoris causa en la Universidad de Hampton, el centro universitario de estudiantes negros por excelencia en Hampton, Virginia, pero el título no hizo nada para mejorar su imagen frente a la comunidad a favor de los derechos civiles. Gran parte de los 1.023 licenciados se negaron a levantarse en el momento de su entrada de gran mandatario. No aplaudieron cuando se hizo mención a sus cuarenta y tres años de servicio a la educación de las personas de color y cuando pronunció su discurso, en el que equiparó el prejuicio a la cobardía, se sentaron sobre las manos para manifestar su desacuerdo.

Decidido a no vetar más leyes sobre derechos civiles, el presidente ordenó al abogado de la Casa Blanca que trabajase con los demócratas del Senado y la Cámara de Representantes para llegar a un acuerdo bipartidista sobre la Ley de los Derechos Civiles de 1991. Sin embargo, quienes acudieron a las negociaciones dijeron que Boyden Gray obstaculizaba los procedimientos con propuestas contrarias. En una reunión, el antiguo secretario de Transportes William T. Coleman agitó en el aire uno de los memorandos de Gray.

—El presidente nos ha dicho que negociemos de buena fe —dijo Coleman—. ¿Pueden creer lo que ha dicho Boyden?

Gray le arrancó el documento de las manos a Coleman y lo hizo añicos.

—Eso es inviable —dijo Gray, incapaz de defender su postura.

—No había escuchado esa frase desde la administración Nixon —comentó Coleman entre risas.

Durante otra negociación con los representantes de los derechos civiles, entre los que se contaban el Fondo para la Defensa Legal y la Educación de la NAACP y el Fondo para la Educación y la Conferencia de Liderazgo sobre los Derechos Civiles, Gray intentó romper el hielo con los afroamericanos y los hispanoamericanos presentes al decir que él se identificaba con las dificultades que sufrían.

«Saben que puedo entender cómo se sienten, y cómo debe de ser —declaró—, porque yo también he sentido el dolor de la discriminación cuando estaba en Harvard y era el único anglosajón, blanco y protestante del equipo de atletismo Crimson.»

Se hizo el silencio en la sala y la gente se removió en sus asientos por la incomodidad. El abogado de la Casa Blanca no se dio cuenta de que había quedado como un tonto de capirote. «Todo el mundo sentado alrededor de la mesa se quedó paralizado por el comentario tan sorprendentemente insensible e inapropiado —recordaba Ralph Neas, por entonces director ejecutivo de la Conferencia de Liderazgo sobre los Derechos Civiles—. Allí estaba un descendiente de los fundadores de Estados Unidos, un heredero de la fortuna de R. J. Reynolds Tobacco, haciendo gala de su mentalidad de capataz de plantación. Era el tipo de hombre de los que se rodeaba George Herbert Walker Bush como presidente de Estados Unidos. Con una persona así para aconsejarle, no había por qué temer que Bush ascendiera al panteón de los presidentes en el que Abraham Lincoln era idolatrado.»

Después de una amarga y angustiosa lucha, se llegó por fin a un compromiso, y la Ley de los Derechos Civiles de 1991 llegó a la mesa del presidente para que la firmase. La víspera de la firma del anteproyecto, Boyden Gray volvió a emerger como el verdugo. Hizo circular una orden presidencial por todas las agencias federales donde se ordenaba cumplir con las previsiones que pondrían fin a un cuarto de siglo de discriminación positiva y normas de contratación que beneficiaban a las mujeres y a las minorías.

La validez de las órdenes ejecutivas ha sido cuestionada con el paso de los años porque son poderosos edictos. Son la forma que tiene un presidente de no depender de la autorización del Congreso y de demoler la crítica judicial. Una orden ejecutiva es una ley elaborada por un solo individuo —el presidente de Estados Unidos—, y la orden ejecutiva de Boyden Gray para George Bush pretendía acabar con décadas de legislación sobre los derechos civiles.

Cuando se filtraron las nuevas órdenes ejecutivas, la administración Bush al completo se revolucionó. Frenéticas secretarias del gabinete llamaban con gran revuelo a la Casa Blanca y los líderes de los derechos civiles denunciaron la directiva por ser un ataque a décadas de evolución en la causa. Todo el mundo previó años de litigios para decidir si una ley del Congreso tendría preferencia sobre una orden ejecutiva mientras que los que más necesitaban la protección de la ley serían despojados de sus derechos civiles. Acorralado en un incómodo rincón, el secretario de prensa del presidente dijo que la orden ejecutiva, de inmediato retirada, «puede haber sido objeto de una mala interpretación».

El presidente firmó la Ley de los Derechos Civiles de 1991 el 21 de noviembre de ese mismo año durante una ceremonia celebrada en la Rosaleda que fue eclipsada por el objetivo de la directiva presidencial de Boyden Gray. El presidente condenó lo «negativo de la discriminación» y reiteró su apoyo a la discriminación positiva, pero no obtuvo el respaldo que tanto deseaba. «No hay duda de que la administración Bush continuará haciendo todo lo posible por socavar la Ley de los Derechos Civiles de 1991 —comentó Ralph Neas en la época— y minar las políticas bipartidistas para el cumplimiento de las leyes.»

Meses más tarde, el presidente perdió una nueva oportunidad de acabar con las divisiones raciales cuando estallaron una serie de revueltas a consecuencia de la absolución de los agentes de policía de Los Ángeles acusados de propinar una paliza a Rodney King. El veredicto fue hecho público el 29 de abril de 1992, cuando Bush salía hacia una comida oficial con el presidente alemán Richard von Weizsäcker. De pie con su chaqué y sus zapatos de charol, el presidente hizo una afirmación que sería repetida durante los siete días siguientes, que le hizo parecer un petimetre con la cabeza en las nubes.

«El sistema judicial ha funcionado —dijo—. Lo que se necesita es calma y respeto por la ley hasta que el proceso de apelaciones se lleve a cabo.»

Su comentario resultó idiota, porque cuando la defensa gana un caso criminal no hay apelación posible.

El resultado del veredicto fue un sangriento caos y las muertes violentas de cincuenta y cuatro personas en la revuelta más letal de la historia de Estados Unidos. Una destrucción digna de un tornado barrió el sur de Los Ángeles y convirtió el área de Simi Valley en una incineradora después de cuatro mil incendios, pasmosos daños a la propiedad en mil cien edificios y un total de 2.383 heridos y 13.212 detenidos. Los espectadores de televisión de esa noche contemplaron con horror cómo la turba sacó al camionero blanco Reginald Denny de su vehículo para lincharlo. Muchas personas recriminaron al presidente de Estados Unidos no haber dado la cara de inmediato en un momento de crisis nacional.

«Bush no dijo nada ante el hiriente dolor y la rabia en el alma que siguen a una injusticia de esta envergadura», escribió Thomas Oliphant en *The Boston Globe*.

Las revueltas continuaron durante toda la jornada del 30 de abril, y se envió a las tropas federales y a la Guardia Nacional para restaurar el orden. El presidente intentó redimir su imagen con un apasionado discurso dirigido a la nación el 1 de mayo, en el que volvió a llamar a la calma.

«Lo que habéis visto y lo que yo he visto en televisión es despreciable. Siento rabia. Siento dolor. Pienso: ¿cómo voy a explicar esto a mis nietos?»

Cualquier grado de credibilidad que hubiera podido conseguir Bush con este discurso quedó en nada unos días después, cuando su secretario de prensa echó la culpa de las revueltas a los programas de bienestar aprobados por los demócratas en la época en que Lyndon Johnson propuso su programa para «Una Gran Sociedad». «Creemos que muchos de los problemas de raíz que han dado pie a las complicaciones en las zonas urbanas deprimidas se originaron en las décadas de 1960 y 1970 —declaró Marlin Fitzwater—, y que han fracasado.»

Al día siguiente, el gobernador de Arkansas Bill Clinton recorrió las calles incendiadas del sur de Los Ángeles para hablar con los coreanos propietarios de tiendas cuyos pequeños negocios habían sido destruidos por los alborotadores. Incluso en ese momento, el presidente y la primera dama no anularon sus planes por separado de recaudación de fondos en Massachusetts y Ohio. Solo después de ver a su contrincante demócrata por televisión en una reunión con los líderes de las comunidades de Los Ángeles, el presidente se dio cuenta de que él también debería hacer aparición en la segunda ciudad más grande del país. Viajó a California el 6 de mayo, una semana después del veredicto del caso de Rodney King. Llegó en el Air Force One y fue conducido hacia la zona en cuestión como un potentado en su limusina presidencial blindada. La multitud lo abucheó allí y también en las encuestas, que demostraron una drástica caída en el apoyo que le prestaba la opinión pública desde que se iniciaron las revueltas.

«Es difícil creer que el presidente de Estados Unidos haya sido tan obtuso desde un punto de vista político, pero así ha sido —comentó la profesora Susan J. Tolchin, del Instituto de Política Pública de la Universidad George Mason—. Sus ayudantes estaban como locos. Por casualidad me incluyeron en una sesión informal de estrategia, celebrada una noche durante las revueltas, en la que también participó el director de campaña de Bush, Fred Malek,

KITTY KELLEY

varios especialistas de la comunicación, un par de periodistas y el anfitrión, Roy Goodman, el senador estatal republicano de la ciudad de Nueva York.

»"¿Cómo podemos conseguir que George Bush salga reelegido?", preguntó Malek a los presentes.

»Yo, sinceramente, no quería que reeligieran a ese tío, pero la experta en ciencias políticas que hay en mí pudo más que mi ideología. Acababa de ver las noticias de esa tarde, que habían retransmitido imágenes de todos los tenderos negros y coreanos llorando mientras salían de sus tiendas de licores y víveres incendiadas. Todo por lo que habían trabajado estaba envuelto en llamas, todo ello sin asegurar.

»Sugerí que Malek pidiese al presidente que telefoneara a sus amigos del mundo empresarial y que consiguiera que los directores ejecutivos adoptaran cada uno una tienda, le dieran al dueño veinticinco mil dólares y volvieran a sus negocios. Veinticinco mil dólares para los presidentes de Ford, General Motors y Chrysler con la finalidad de financiar una tienda de víveres coreana son como veinticinco dólares para mí. Los republicanos estarían en la envidiable posición de recompensar el trabajo duro; el Partido Republicano revalorizaría su reputación entre los emprendedores; se consideraría que las empresas privadas premiaban el comercio, no la violencia; y el presidente se convertiría en el responsable de devolver la paz racial entre las distintas comunidades de la ciudad. A todos les pareció una jugada ganadora. Las empresas conseguirían una gran publicidad para sus productos; el presidente Bush obtendría crédito como dirigente; y el contribuyente se libraría porque el "gran gobierno" no tendría que gastar nada.

»Todo el mundo estuvo de acuerdo en que era una idea maravillosa. Una semana después me encontré por casualidad con Fred Malek en el aeropuerto. "¿Qué ha pasado con mi idea?", le pregunté. Malek sacudió la cabeza con aflicción. "No conseguí vendérsela a Bush", respondió. "Fui a verle a la mañana siguiente para comentarle tu idea ... No nos ha escuchado en nada."

»Entonces tuve la impresión de que Bush había dejado pasar la oportunidad de liderar la nación. Perdió la oportunidad de reconciliar las iras en conflicto del sur de Los Ángeles, donde la gente estaba sufriendo daños físicos, económicos y emocionales.»

La campaña para la reelección de Bush se había convertido en un desastre tal que Barbara envió una llamada de socorro a su primogénito. George W. pidió permiso para ausentarse de Harken Energy en junio de 1992 y viajó desde Dallas a Washington para tomar las riendas por su padre. Meses antes, Junior había advertido a la Casa Blanca de que Ross Perot estaba ideando el asalto a la presidencia de un tercer partido, pero su padre se negó a tomar al multimillonario de Texas en serio. «Es un idiota —comentó el presidente. Y le dijo a su director de campaña—: No me preocupa. A vosotros os pago para que os preocupéis de él. Si queréis preocuparos, adelante, pero ¿qué vais a hacer?»

Después de anunciar su candidatura en febrero, Perot se retiró en julio, aunque volvió a la carrera electoral en octubre. George W. dijo a los periodistas que había bautizado «Perot» a su coche de golf, porque nunca se sabía si iba a arrancar o no.

Ya fuera como cazatalentos o como verdugo, George W. dejó notar su influencia a lo largo de la administración de su padre. Antes del discurso inaugural, Junior había presidido el «comité secreto» que elegía los nombres para los más altos cargos federales de la nueva administración. La habilidad y la experiencia de las personas designadas eran irrelevantes. La lealtad inquebrantable a su padre era el único criterio del hijo.

—Vamos a hacer que Roger Horchow sea el presidente del Fondo Nacional para las Artes —dijo Junior.

La elección del rey de las ventas por catálogo de Dallas pareció inapropiada a uno de los miembros del comité.

—¿Por qué Horchow?

—Porque le ha dado dinero a mi padre.

Una rápida revisión a los libros de cuentas demostraba que Horchow también había contribuido a la campaña del candidato demócrata Michael Dukakis.

«No hizo falta más que eso —explicó ese miembro del comité—. George W. dijo: "Se acabó". Y Horchow dejó de ser candidato.»

Los documentos de la Biblioteca Presidencial Bush revelan la influencia que el hijo ejerció en la administración del padre. Ya fuera un trabajo, una foto firmada o una reunión personal con el presidente, todo lo que se solicitaba a la Casa Blanca a través de George W. era merecedor de una respuesta afirmativa. Los informes que envió a Boyden Gray dieron como resultado varias judicaturas. Sobre Rhesa H. Barksdale para el Quinto Circuito del Tribunal de Apelaciones, George W. escribió: «Boyden, este hombre [quiere] una judicatura federal. Es muy buena persona, cualquier ayuda será agradecida. Geo W.».

El informe de George W. en el que recomendaba a Ellen Segal Huvelle le proporcionó el cargo como jueza adjunta del Tribunal Supremo de Washington, y el informe en el que incluía la recomendación enviada por su hermano de fraternidad Don Ensenat (Yale 1968) hizo que Edith Brown «Joy» Clement, ocupara la judicatura federal en el distrito de Luisiana: «Boyden, Don Ensenat es un hombre muy bueno y un buen amigo de toda la familia Bush. Por favor, ten a Joy en cuenta si puedes. Un saludo afectuoso, George».

En diciembre de 1991, cuando el presidente llamó a su hijo para que despidiera al jefe de personal de la Casa Blanca John Sununu —había estado utilizando los aviones del gobierno para viajes privados—, el joven George le cortó la cabeza con prestancia. Más adelante, George W. contó a *D Magazine* en Dallas: «No ocurre tan a menudo que uno pueda hacer algo realmente importante para ayudar al presidente de Estados Unidos».

Por desgracia, el presidente, quien creía a ciencia cierta en su victoria electoral, no hacía mucho por ayudarse a sí mismo. Al tiempo que ignoraba a Ross Perot como amenaza, Bush también despreciaba a Bill Clinton por considerarlo un contrincante «indigno». Durante una reunión en el Despacho Oval en 1992, el presidente Bush señaló su silla y preguntó: «¿Podéis imaginaros a Bill Clinton sentado ahí?», y se produjo un estallido de risas. Pese a las encuestas que demostraban que Clinton lo vencería, el presidente dijo a sus familiares y amigos que el gobernador de Arkansas no tenía ni una oportunidad. No podía imaginar a un «prófugo» venciendo a un héroe de guerra condecorado. Ni tampoco lo imaginaba su mujer, quien dijo en televisión: «Bill Clinton y yo tenemos algo en común. Ninguno de los dos ha hecho el servicio militar, je, je».

«Había otras cosas, además —comentó Osborne Day, amigo de la familia Bush—. Me temo que George estaba envalentonado por todo lo que le habían contado los tipos del servicio secreto de Clinton … George le contó a su hermana Nan Ellis las peleas de los Clinton y que Hillary le tiraba ceniceros a Bill y cómo se insultaban y no paraban de discutir. "Un tipo como ese no puede ganar", decía George. "Un tipo como ese no merece ser presidente."»

Para George H. W. Bush, una persona que no pertenecía a una familia como los Bush o los Walker, una buena familia, simplemente no debería ser presidente de Estados Unidos. Bush había conocido a los Clinton en septiembre de 1989 en Charlottesville, Virginia, en una cumbre bipartidista de gobernadores que se había convocado para redactar una lista de objetivos nacionales para la educación. El presidente y la señora Clinton se enzarzaron en una acalorada discusión sobre la educación de la infancia y los índices de mortalidad infantil. Hillary le contó a sus amigos que se quedó impresionada de que el presidente de Estados Unidos estuviera tan equivocado en temas básicos que afectaban a los niños estadounidenses y tan mal informado. Esos amigos contaron que ella le dijo a su marido: «Podemos ganarle a este tipo. Sin ninguna duda. No tiene ni idea … Tenemos que ganarle. No hay forma de que el país sobreviva en sus manos».

Después de pasar el año 1988 aprendiendo a realizar una campaña presidencial de la mano de un antiguo estratega del mismísimo Bush, Bill Clinton estaba más que preparado. «Trabajé para Bush en 1988 y me relacioné mucho con Lee Atwater y Roger Ailes en la campaña contra Dukakis —explicó el consejero político Dick Morris—. Había dirigido la campaña en la que Dukakis perdió la candidatura para gobernador de Massachusetts en 1978, así que era una especie de experto de la casa sobre cómo hacer campaña contra alguien … Clinton y yo hablamos todos los días, y yo lo mantenía muy, pero que muy informado de las estrategias ideológicas de la campaña de Bush … Para Clinton era como ir al colegio y aprender cómo se hace una campaña presidencial, cómo ataca tu contrincante, cómo se contraataca, cómo se replica … Pasamos mucho tiempo hablando sobre los ataques que Bush lanzaba: Willie Horton, el juramento de lealtad a la bandera, la Unión Estadounidense de Libertades Civiles (ACLU) y la incapacidad de Dukakis para replicar.

»Clinton sentía una tremenda admiración por la campaña de

Bush de 1988, una admiración que se debía más bien a la presencia de Jim Baker como director de campaña, Lee Atwater como estratega, y Roger Ailes, quien se encargaba de los medios. Era admiración por los responsables de la campaña, no por el candidato. De ellos, Clinton aprendió una lección básica: jamás dejes que una acusación duerma bajo el mismo techo que tú. Hay que contraatacar de inmediato. Adoptó una mentalidad de respuesta rápida y la utilizó contra Bush en 1992 en todas las ocasiones.»

Ambos bandos afirmaban creer en una política de «desprecio» hacia el uso de las indiscreciones sexuales para difamar al contrincante durante la campaña. «Nuestro chico era más vulnerable en ese tema —admitió un colaborador de Clinton—. Después de ir a Arkansas y ver a qué nos enfrentábamos, listas de mujeres más largas que una guía telefónica, empecé a realizar una pequeña investigación sobre la otra parte y descubrí que Bush también había tenido aventuras con otras mujeres en su vida … Llevé mi lista de amantes de Bush, entre las que se incluía una mujer a quien había convertido en embajadora, a los responsables de su campaña. Dije que sabía que éramos vulnerables en el tema de las infidelidades, pero quería asegurarme de que supieran que ellos también lo eran.»

Los Clinton aparecieron en el programa documental *60 Minutes* en enero de 1992 para hablar de la historia de Gennifer Flowers y su relación de doce años con el gobernador. Con su esposa al lado, Clinton reconoció haber perjudicado su matrimonio, y aunque no reconoció del todo la infidelidad, el tema de sus costumbres mujeriegas perdió protagonismo en las encuestas.

«Sabíamos que los demócratas estaban diciendo que nuestra estrategia de campaña era negativa y que solo hablábamos de basura —comentó Mary Matalin, directora política del Comité Nacional Republicano—. No nos interesaba reforzar la imagen negativa que tenían de nosotros, sobre todo en un tema como la infidelidad matrimonial, así que dejamos el tema. Se corrió la voz: nadie diría nada sobre la vida personal de Clinton. Cuando llamasen los periodistas para obtener un comentario, la respuesta sería: "Sin comentarios".»

Sorprendentemente, fue el bando de Bush el que recibió un varapalo por el tema de las infidelidades en el matrimonio. El 11 de agosto de 1992, el *New York Post* publicó una historia de portada titulada LA AVENTURA DE BUSH, acompañada de fotos de George Bush y Jennifer Fitzgerald, a quien muchas personas encontraban un inquietante parecido a Barbara Bush. El artículo estaba basado en un libro de reciente publicación en ese momento escrito por Susan Trento y titulado *The Power House,* donde se hablaba del miembro de un lobby de Washington que había participado en una campaña para ocultar «las indiscreciones sexuales de Bush … si es que pretendía ser presidente». Una nota a pie de página del libro sugería que el difunto Louis Fields, uno de los embajadores presentes en las conversaciones sobre desarme nuclear en Ginebra, se había encargado de las reservas para que Bush y la señora Fitzgerald compartieran una casa de huéspedes en Suiza cuando estaban juntos en 1984. Una columna de portada del *Post* con un llamativo titular, NUEVO LIBRO: BUSH TUVO UNA CITA EN SUIZA, contaba los detalles e incluía una declaración de Fields: «Para mí quedó claro que el vicepresidente y la señora Fitzgerald tenían una relación amorosa … Me hizo sentir muy incómodo».

La mañana en que salió publicado el artículo, el presidente estaba de vacaciones en Kennebunkport con su familia y reunido con Yitzhak Rabin, el recién elegido primer ministro de Israel. Después de una conversación privada, los dos jefes de Estado tenían planeado ofrecer una rueda de prensa.

Los periodistas fueron conducidos en autobús desde sus hoteles al edificio de Bush y les ordenaron formar una fila en un pasillo acordonado. Mientras esperaban, una asistente de la sala de prensa de la Casa Blanca recorrió la fila para averiguar qué periodista le iba a preguntar al presidente sobre el artículo del *New York Post.* A algunos periodistas les dio la impresión de que la asistente pretendía que alguien hiciera la pregunta. Nadie dijo nada, aunque todos habían estado hablando del artículo. En el autobús, Brite Hume, de la ABC-TV, dijo que no haría la pregunta porque era «indiscreta y muy personal». Susan Spencer, de la CBS-TV dijo que no quería hacer la pregunta, pero que si nadie más la hacía acabaría formulándola porque estaba en su derecho. Mary Tillotson, de la CNN, dijo lo mismo.

Por lo general, el presidente de Estados Unidos no suele tener a toda su familia presente en la rueda de prensa, pero esa mañana en particular la Casa Blanca se aseguró de que su canosa mujer de sesenta y siete años, sus hijos, los cónyuges de estos, sus mascotas y todos los nietos respaldasen a Bush. Incluso sacaron a la madre del presidente, quien ya tenía noventa y un años. La explicación más razonable es que Bush se rodeó de su familia como respuesta al artículo del *Post* y en previsión de la inevitable pregunta.

«En realidad, ningún periodista quería hacer la pregunta en ese contexto —dijo Julia Malone, de Cox Newspapers—, pero era un artículo importante en los periódicos de la mañana y no se podía pasar por alto.»

Desde el principio, la rueda de prensa fue tensa y forzada. El presidente concedió la palabra a muchas personas, que evadían la pregunta que se cernía como un nubarrón. Entonces señaló a Mary Tillotson, quien había querido preguntarle sobre Bosnia. Pero le había dicho a su productor que preguntaría sobre la infidelidad si le daban la palabra y nadie lo había hecho antes.

—Señor Bush, pese a lo incómodo que pueda resultar el tema, creo que debe responder a mi siguiente pregunta porque usted ha declarado que los valores familiares y la familia en general son importantes para la campaña presidencial. En el *New York Post* de hoy se ha publicado un extenso artículo en el que se afirma que un antiguo embajador de Estados Unidos, un hombre ya fallecido, había dicho a muchas personas que en 1984 se encargó de preparar un encuentro sexual en Ginebra entre usted y una de las mujeres de su personal.

Al Presidente se le desencajó el rostro. Con gesto duro y los labios apretados de rabia, escupió la respuesta:

—No voy a aceptar las preguntas sórdidas como esa de la CNN —soltó el presidente—. Estoy muy decepcionado de que me la haya hecho. No responderé. No he respondido en el pasado. Estoy escandalizado, aunque en esta atmósfera de locos que se respira lo esperaba. Pero no me gusta y solo responderé para decir que es mentira.

Al percibir la furia de su abuelo, una de sus nietas rompió a llorar y su madre tuvo que llevársela.

«Seguramente fue el peor día de mi vida profesional —afirmó Tillotson más adelante—. Me hubiera gustado que alguien más hiciera la pregunta, pero nadie lo hizo.»

Fueron pocas las personas de los grupos de prensa que salieron en su defensa. Algunos pensaron que no había sido apropiado formular la pregunta en presencia del primer ministro israelí. Al parecer los hombres creyeron que era un tema intocable, porque estaba relacionado con el sexo; muchas mujeres consideraban una hipocresía esa visión del sexo y creyeron que la pregunta era totalmente lícita. El profesor de ciencias políticas Larry J. Sabato, de la Universidad de Virginia, opinó que los periodistas deberían tener una razón legítima para hacer esa pregunta. «Los políticos que utilizan a su familia para proyectar una imagen de entereza y que no predican con el ejemplo esos ideales que promueven están pidiendo a gritos que la prensa saque una conclusión desfavorable —dijo Sabato—. Un candidato que invita a la prensa al comedor de su casa no debería sorprenderse de que un periodista escéptico encuentre la forma de colarse en su dormitorio. Al mismo tiempo, para convencer al público de la veracidad de cualquier afirmación, deben presentarse algunas pruebas o evidencias ante cualquier acusación pública de infidelidad. De no ser así, no hay fin para los rumores publicados y retransmitidos, algunos ciertos y otros falsos, y no hay forma de que un buen ciudadano distinga entre las diversas acusaciones. Tengo una visión cívica de la labor periodística. Debería entenderse no como un juego entre políticos y periodistas, sino como un medio para la educación cívica, que resulta vital para que los votantes informados puedan tomar decisiones inteligentes.»

El director y editor de *The Galveston Daily News* defendió la pregunta y halagó a la periodista que la formuló. «Siempre he estado orgulloso de mi firme e inteligente hermana Mary —escribió Dolph Tillotson en un artículo de opinión—. Pero nunca más que en este momento.»

La pregunta de Mary Tillotson y la réplica airada de George Bush fueron retransmitidas una y otra vez en televisión. Muchos pensaron que el trabajo de Tillotson podría estar en peligro, sobre todo cuando uno de los ayudantes de Marlin Fitzwater amenazó con quitarle su credencial de prensa para entrar en la Casa Blanca.

«Fitzwater y muchas de las personas de la Casa Blanca presentes en la rueda de prensa estaban bastante molestas —recordaba Tom Johnson, antiguo presidente y director ejecutivo de la CNN—.

Me contaron que había dicho algo así como que la CNN jamás conseguiría otra entrevista con el presidente. Lo cual incluía el famoso programa de Larry King.» (A pesar de las bravatas de Fitzwater, la CNN no tenía de qué preocuparse. Ni Barbara ni George perdieron una ocasión de aparecer en *Larry King Live*. Incluso invitaron al presentador a Texas para oficiar como maestro de ceremonias en el octogésimo cumpleaños de George en 2004.)

La primera dama estaba indignada porque su marido y ella habían sido humillados en público. Cargó contra el *New York Post* con toda su furia al cancelar una entrevista pactada con Deborah Orin, la corresponsal del periódico en la Casa Blanca. La señora Bush condenó el artículo en una entrevista para *The Washington Times*, en la que dijo que era «un escándalo ... una sucia mentira».

Barbara no tuvo nunca ningún reparo en enfrentarse a la prensa para defender la imagen pública de su familia. Arremetió contra la columnista de Hearst Marianne Means por referirse a la «infeliz experiencia como vicepresidente» de George H. W. Bush y por escribir que «Reagan y Bush tenían muy poco en común y ninguna relación de comunicación confidencial». Means añadió: «Nancy Reagan manifestaba con total libertad su absoluto desprecio hacia los Bush».

En una airada carta a la galardonada columnista, Barbara Bush le llamó la atención sobre su responsabilidad hacia su profesión y sus lectores de «al menos, presentar los hechos con exactitud». Pese a las evidencias que demostraban lo contrario, la señora Bush afirmó que su marido y el presidente Reagan «se hicieron grandes amigos». También criticó al biógrafo galardonado con el Pulitzer Edmund Morris por haber escrito «ese horrible libro, *Dutch*». Barbara escribió: «George dijo a Nancy Reagan que no creía una sola palabra, y ella se mostró muy agradecida. También sabemos por amigos muy cercanos a los Reagan que todo lo que decía sobre la animadversión entre los Reagan y los Bush era una tontería».

Marianne Means respondió con una educada carta en la que con firmeza rebatía uno por uno cada punto: «Comprendo su irritación por las inexactitudes que aparecen en los medios —escribió la columnista—. Los periodistas sentimos lo mismo sobre los políticos que intentan reescribir la historia documentada para servir a sus propósitos».

Imperturbable, Barbara decidió arremeter después contra Cable News Network. En la convención republicana celebrada en Houston, Barbara Bush se reunió con Tom Johnson en el Salón Verde antes de realizar una entrevista para la CNN con Catherine Crier.

«Estas son las frases que recuerdo —comentó Johnson—: "Tom, estoy muy disgustada con la CNN"; "La CNN era la cadena que más respetábamos"; "La CNN siempre fue justa con nosotros y muy responsable"; "No puedo creer que la CNN haya hecho esa terrible pregunta sobre George en Kennebunkport, sobre todo delante de su madre".»

Mary Tillotson fue retirada de la corresponsalía de la Casa Blanca y se convirtió en la presentadora principal de los informativos de la cadena CNN and Company, un cargo que quedó libre cuando Catherine Crier dejó la emisora.

«¿El incidente ha influido en la decisión? Creo que todos nosotros teníamos la sensación de que un nuevo puesto sería bueno para Mary y para la CNN —declaró Johnson—. Sinceramente, nunca habría sacado a Mary de la corresponsalía de la Casa Blanca si la administración Bush no me hubiera obligado a hacerlo. De otra forma nos hubiéramos hundido por la presión política. Habríamos generado más problemas internos para nuestro personal y más problemas externos para nuestro gremio.»

Durante la convención del Partido Republicano, Barbara Bush arremetió contra la CNN. «Creo que es una vergüenza —dijo—. En mi opinión es mucho peor publicar un artículo dañino y perjudicial para el presidente de Estados Unidos basándose en las declaraciones de un fallecido. Además, son todo mentiras. Afirmar eso sin pruebas resulta asqueroso.»

Cargaba contra la prensa siempre que podía y vilipendiaba a los periodistas por cubrir el tema con una pregunta directa al presidente. «Es de locos —dijo a *The Houston Chronicle*—. Es mentira. Es detestable ... Los principales medios de prensa han caído muy bajo y la CNN es la peor en mi opinión.» También criticó a la escritora Susan Trento. «No conozco a la persona que ha escrito ese despreciable libro, pero tendría que lavarse la boca con jabón. Además, el hecho de que la prensa lo haya escogido como tema es aún peor.»

Al día siguiente, Stone Phillips, de *Dateline NBC*, llegó al Despacho Oval para una entrevista pactada y, pese a la advertencia del presidente, repitió la pregunta. Recibió una negativa airada y un sermón contra el periodismo sensacionalista.

«Era la comidilla de todos —dijo la portavoz de la NBC Tory Beilinson—. Obviar la pregunta habría estado mal. La pregunta era justa. Estaban realizando una campaña en la que uno de los temas principales eran los valores familiares. La fidelidad marital tiene mucho que ver con los valores familiares.»

La prensa británica especuló sobre la costumbre de practicar «*footing* en horizontal» de los dos candidatos a la presidencia, señalando que tanto Clinton como Bush habían tenido sendas amantes con el mismo nombre de pila y que ambas mujeres se habían beneficiado del dinero público. La Gennifer de Bill Clinton percibía apenas diecisiete mil dólares al año en un estado sin asociaciones sindicales y con una media salarial baja; la Jennifer de George Bush tenía un trabajo como funcionaria de alto rango que le reportaba cien mil dólares al año. Las diferencias entre ambas mujeres residían en algo más que en la letra inicial de su nombre de pila. Gennifer Flowers era una glamourosa rubia cantante de cabaret con gusto por los escotes pronunciados. «Como solemos decir en Arkansas —declaró a *The New York Times*—: "Lo que no se luce se pudre".» Gennifer había vendido su historia a un periódico sensacionalista, mientras que Jennifer, también rubia, pero mucho mayor y menos llamativa, se ocultó cuando su historia salió a la luz.

Jennifer Fitzgerald se negó a responder a las preguntas de los periodistas. Ya la habían atacado en el pasado, sobre todo en *The Washington Post*, publicación que anunció su cita en enero de 1989 con un malicioso comentario: «Jennifer Fitzgerald, quien ha compartido diversas posturas con el presidente y que últimamente dirigía las dependencias vicepresidenciales del Senado, será nombrada ayudante en jefe de protocolo en la nueva administración».

Unos años después, *The Washington Post* publicó la noticia de que el Servicio de Aduanas le había puesto una multa de 648 dólares por haber «descrito de forma inadecuada» el valor de una gabardina forrada de visón (1.100 dólares) y no haber declarado una capa de zorro plateado (1.300 dólares). Las había comprado en un viaje oficial a Argentina realizado en julio de 1989 con el hermano del presidente, Jonathan Bush, y su esposa, Jody. Representaban a George Bush en la investidura del presidente Carlos Menem. Después de una investigación del Departamento de Estado, Jennifer fue suspendida durante dos semanas sin sueldo, pero no perdió el cargo concedido por el presidente.

Al salir en defensa de su hija de sesenta años, Frances Patteson-Knight, de ochenta y seis, despreció los rumores de la aventura de Jennifer con el presidente como «bastante simplistas y profundamente ridículos». Fue la digna respuesta de una orgullosa mujer descendiente de aristócratas rusos que, según decía, se convirtieron en una de las familias más ricas de Estados Unidos antes de perder millones de dólares en los cracs bursátiles entre las dos guerras mundiales. Su casa en McLean, Virginia, situada en un terreno de ocho hectáreas, estaba repleta de antigüedades, de perros con pedigrí y una amplia selección de fotografías de Jennifer y George con marcos de plata sobre el piano y colgadas de las paredes del baño, donde se los podía ver vestidos con elegancia y de sport, relajados y sonrientes.

«Jennifer se siente totalmente torturada por todo esto —aseguró su madre—. No sabe qué hacer. Cree que es espantoso, espantoso … Está muy disgustada con la reacción de Bush … Lo respeta porque es su presidente, pero no cree que haya actuado como un hombre en este asunto. Está muy dolida por su falta de apoyo. No creo que la haya llamado. Si lo hubiera hecho, ella estaría menos desesperada.»

La única persona que habló por parte de los Bush fue Barbara. El personal de la Casa Blanca permaneció en silencio y los encargados de la campaña tenían los labios sellados. Los miembros del círculo más íntimo no soltaron prenda. Años después, Carol Taylor Gray diría: «Jennifer fue un hecho más entre tantos en la vida de George. Punto y final. Fue lo que fue. Nadie lo sabía mejor que mi marido [C. Boyden Gray], que trabajó para George Bush durante doce años. No parábamos de hablar de ello … Nadie se puso en contra de George. En realidad, a mí me gustaba Jennifer; era menuda y atractiva y lo hacía feliz, así que yo estaba contenta de que George tuviera en su vida una pequeña alegría … Sé que lo que digo es como una herejía porque Barbara Bush es adorada por el país y tiene pinta de dulce abuelita, pero el país no la conoce como yo ... No creo que tenga un buen corazón ... no es una mujer agradable. Puede que con los perros sí lo sea, pero no con las personas, al menos no con mujeres como yo ... No la he vuelto a ver desde que Boyden y yo nos divorciamos, así que solo puedo hablar por lo que vi durante mi matrimonio».

En el momento en que se celebró la convención del Partido Republicano en Houston, el presidente iba treinta puntos por detrás de Clinton; después del incendiario discurso de Pat Buchanan en un programa televisivo de máxima audiencia, los Bush deberían de haber hecho las maletas. En una diatriba notable —y, para muchos moderados, terrorífica—, Buchanan dejó por los suelos todo lo referente al Partido Republicano menos el derecho religioso. Arremetió contra los planes que según él «Clinton y Clinton» tenían para Estados Unidos: «libre aborto (prueba decisiva para el Tribunal Supremo), derechos para los homosexuales, discriminación contra los colegios religiosos y mujeres en unidades de combate». Bajo la atenta mirada de los telepredicadores evangelistas Pat Robertson y Jerry Falwell, situados en las tribunas para personajes importantes del Astrodome, Buchanan, cuyo discurso había sido aprobado por la campaña de Bush, arremetió en repetidas ocasiones contra la moral de los Clinton y la de todas las personas que aceptaban el aborto como un derecho legal y que consideraban a los homosexuales humanos.

«En este país, se está librando una guerra religiosa por el alma de Estados Unidos. Es una guerra cultural tan importante para la nación que es equiparable a la guerra fría. Y en esta batalla por el alma de Estados Unidos, Clinton y Gore son el enemigo y George Bush es nuestro aliado.»

Nadie quedó más estupefacto por la ampulosidad de Buchanan que Barbara Bush, quien inmediatamente calificó su oratoria de «odiosa», «malvada» y «racista». Ni siquiera el grandilocuente discurso de Ronald Reagan sobre el amor y la unidad pudo reparar el daño. Tampoco pudo James A. Baker III, quien dimitió a regañadientes como secretario de Estado para dirigir la última campaña de su amigo. Los republicanos dejaron Houston renqueantes y a la defensiva y no regresaron hasta que acabó el otoño.

El presidente lanzaba golpes al aire, hablaba demasiado deprisa, soltaba galimatías, meteduras de pata y recurría a mediocres improvisaciones; en resumen, hizo campaña como si el inglés no fuera su lengua materna. Vilipendió a los que decían que no tenía visión. «Eso de la visión —dijo—, no quiero ni oírlo.» Despreció a sus contrincantes diciendo que estaban «locos». Llamó a Clinton «tipejo». Declaró: «Mi perra Millie sabe más sobre política exterior que ese payaso». Puso a los dos candidatos demócratas, Clinton y Gore, los apelativos de «el Gobernador de los Impuestos y el Hombre Ozono». Acusó a la prensa de ser partidaria de Clinton. En un intento de apelar a la complicidad del público, agitaba en el aire una pegatina para el coche que decía: FASTIDIA A LOS MEDIOS. ELIGE A GEORGE BUSH PRESIDENTE. Fue la campaña más indigna que jamás ha realizado un candidato a la presidencia de Estados Unidos.

A finales de octubre, la popularidad del presidente había caído en picado en las encuestas; aun así, la confianza de Bush seguía siendo desafiante. «No quiero oír hablar de las encuestas —dijo a Mary Matalin—. No me importan … Sé que voy a ganar y sé por qué voy a ganar. No tiene nada que ver con esas cifras.»

El escándalo Irán-Contra había empezado a perseguir a Bush en junio cuando Caspar Weinberger fue condenado por cinco delitos graves, incluyendo dos cargos de perjurio. Se desestimó un cargo, pero el 30 de octubre de 1992 un jurado de un tribunal federal emitió un nuevo veredicto en contra de Weinberger. Este se refería a una nota fechada el 7 de enero de 1986, donde se demostraba que George Bush había asistido a la reunión y había apoyado el intercambio de armas por rehenes al que se habían opuesto Weinberger y Shultz. Durante cinco años, Bush había negado conocer el plan, afirmando reiteradas veces que no estaba implicado. Ahora existían pruebas de que había mentido durante cinco años.

El día siguiente a la acusación, mientras estaba de campaña en Wisconsin dirigiéndose a una multitud, sobrevoló la escena un aeroplano con una pancarta que decía: EL FANTASMA IRÁN-CONTRA TE PERSIGUE. El presidente estuvo a punto de perder los papeles.

«Hoy es Halloween, la fiesta favorita de nuestros contrincantes —gritó—. Intentan asustar a Estados Unidos. Si el Gobernador de los Impuestos y el Hombre Ozono salen elegidos, todos los días serán Halloween. Horror y terror. Horror y terror. Brujas y demonios por todas partes.»

Cuando su contrincante cuestionó su honestidad, Bush respondió como un adolescente. «Que Bill Clinton te llame deshonesto es como que un sapo te llame feo», comentó.

Contestaba con brusquedad a los periodistas que intentaban preguntarle sobre la acusación y su papel en el escándalo Irán-Contra. «Creo que la mayoría de las personas estarán de acuerdo en que los medios han sido muy injustos —afirmó—. Creo que la prensa se ha comportado peor que nunca.» Cuando se topó con un activista en defensa de los enfermos de sida que aireaba un condón, comentó: «¡Vaya, fíjate! ¡Una nueva credencial de prensa!».

Las encuestas, que habían igualado a ambos candidatos en los últimos días, de pronto demostraron que Clinton volvía a situarse en cabeza, porque una mayoría de estadounidenses no creía que el presidente hubiera dicho la verdad sobre el escándalo Irán-Contra. Su mayor decepción, registrada en sus diarios, no se conocería hasta después de las elecciones.

El abogado independiente encargado del caso Irán-Contra, Lawrence E. Walsh, había realizado la primera solicitud de documentos el 27 de marzo de 1987; en ella pedía toda la documentación personal de Bush, incluyendo sus diarios. En lugar de enviar una citación a la Casa Blanca, el equipo de Walsh prefirió enviar una petición por escrito de los documentos porque quería evitar que el poder ejecutivo fuera llevado a los tribunales. Bush, quien tenía la costumbre de llevar numerosos diarios, ignoró la petición.

Cinco años más tarde, el 24 de septiembre de 1992, su secretaria personal, Patty Presock, abrió una caja fuerte en la Casa Blanca y encontró el diario durante tantos años oculto. Reconoció que muchos pasajes pertenecían a cuestiones relacionadas con el caso Irán-Contra, y se preguntó si no debería ser entregado al abogado independiente. Cuando habló al presidente de su descubrimiento, él le dijo que el diario era irrelevante para la investigación de Walsh. Ella no estuvo de acuerdo, así que llamó al abogado de la Casa Blanca.

Boyden Gray afirmó quedarse estupefacto cuando vio el diario por primera vez, cientos de páginas que eran un registro del día a día de los últimos dos años de la presidencia de Reagan, además de toda la presidencia de Bush hasta la fecha. Resulta difícil aceptar que el abogado que había trabajado para Bush durante casi doce años no conociera la costumbre de su presidente de llevar un diario registrado en una grabadora cada noche y luego hacer que transcribieran las cintas. Bush lo había hecho durante muchos años, sin ser consciente del conocido comentario de Mae West: «No pierdas el tiempo llevando un diario o con el tiempo este te llevará a la perdición».

La amistad de Boyden Gray con George Bush se remontaba a sus padres, quienes habían jugado juntos al golf. En ese momento, como abogado de la Casa Blanca, tomó una decisión calculada para ocultar el diario hasta que se celebrasen las elecciones. Sabía que la carrera contra Clinton estaba perdida y le preocupaba que si los diarios se publicaban después de todos esos años, saltasen las acusaciones sobre una maniobra de ocultación. Fue a visitar al presidente, le explicó el problema político y dijo que planeaba no desvelar a nadie la existencia del diario hasta después de las elecciones.

—Si eso es lo que opinas, vale —accedió Bush sin dudarlo.

A las 15.00 del día de las elecciones, el martes 3 de noviembre de 1992, George Bush todavía creía que ganaría. Su pragmática mujer, quien tenía los pies en la tierra, ya estaba pensando cómo conseguir un carnet de conducir, algo que no se había planteado jamás en los doce años que dispuso de los chóferes de la Casa Blanca. A las diez de la noche, el presidente estaba listo para reconocer la derrota. Clinton ganó con el 43 por ciento de los votos frente al 38 por ciento para Bush y el 19 por ciento para Ross Perot. George Bush había recibido el voto popular más bajo para un presidente republicano en ejercicio desde William Howard Taft. Esa noche, Bush escribió en su diario:

> Me ha dolido mucho, muchísimo, supongo que es además una cuestión de orgullo … No me gusta ver que los expertos tienen razón; no me gusta ver que los que habían escrito que fracasaría tenían razón … El equivocado era yo y ellos tenían razón, y eso duele mucho.

El golpe más duro estaba aún por llegar. El 19 de noviembre de 1992, el presidente viajó a Connecticut para despedirse de su anciana madre de noventa y un años, que se estaba muriendo. Se sentó junto al lecho de la moribunda, mientras su hija Doro lloraba. Hojeó la raída Biblia que tenía junto a ella y encontró anotaciones que él había hecho cuando era un joven estudiante de Andover. Sobre el piano del salón estaba su foto oficial de presidente firmada: «Para mamá, te quiero mucho. Pop». Regresó a Washington una hora después de haber llegado y Dotty Bush murió al día siguiente. Su familia recordaba que justo antes de que hubiera jurado el cargo el 20 de enero de 1989, le había dado otro beso a su madre en la tarima. «Muchos de nuestros familiares están aquí —dijo—, y todos, al igual que hace tu hijo, adoran el suelo que pisas.» La noche que murió Dotty, George escribió en su diario: «Mamá, espero que sepas lo mucho que todos te queremos y nos preocupamos por ti. Esta noche estás descansando en los amorosos brazos de Dios y junto a papá».

En ese momento, la pérdida de la presidencia y el escándalo Irán-Contra parecían una nadería comparados con perder a la persona más importante de su vida. «Parece irrelevante cuando pienso en el amor, la fe, la vida y la muerte de mi madre», declaró Bush. Sin embargo, más adelante, en una carta dirigida a su hermano Jonathan, George escribió sobre lo que significaba para él perder la Casa Blanca: «No he completado el recorrido y siempre lo lamentaré … También sé que la prensa ha sido más odiosa de lo que pueda recordar en la era política moderna. Tengo que sobreponerme de todo mi "odio"».

George culpó de su derrota al abogado independiente. «Walsh hizo que esa falsa acusación surgiera justo antes de las elecciones —le dijo a Marlin Fitzwater—. Seguramente, eso me costó las elecciones.»

El presidente tomó represalias un par de semanas más tarde y sacó a Lawrence Walsh de circulación. El día antes de Navidad, diez días antes de que Weinberger se presentase al juicio, Bush se sirvió de sus prerrogativas como jefe ejecutivo e indultó a todos lo que habían sido acusados y condenados en el caso Irán-Contra: Caspar Weinberger; Elliott Abrams; Robert «Bud» McFarlane, y tres agentes de la CIA: Clair E. George; Alan D. Fiers Jr., y Duane R. «Dewey» Claridge.

Confesó una ligera reserva en su diario: «El indulto de Weinberger empañará nuestro legado, será como una especie de punto negro».

La declaración formal firmada por Bush que acompañaba a los indultos se anticipó a la reacción del público. Después de sermonear a Lawrence Walsh por «la criminalización de las diferencias políticas», añadía:

> Algunos pueden decir que esto evitará que se desvelen por completo ciertos hechos fundamentales para el pueblo estadounidense. Eso no es cierto. La cuestión ha sido investigada de forma exhaustiva. Todos han pagado un precio —al ver mermados sus ahorros, sus trayectorias profesionales dañadas y sus familias angustiadas— tremendamente desproporcionado por cualquier delito o error de apreciación que hayan cometido.

En un editorial escrito el día de Navidad, *The New York Times* se refirió al ACTO IMPERDONABLE DEL SEÑOR BUSH: «El señor Bush sigue estando implicado en el caso Irán-Contra, y en ese sentido se ha perdonado a sí mismo, lo que resulta vergonzoso … [Bush] está fuera del alcance de los votantes estadounidenses. Pero no está fuera del alcance de los creadores de opinión ni de la historia».

Lawrence Walsh estuvo a punto de perder los papeles. Anunció por televisión que el presidente había ocultado su diario durante cinco años. «Teniendo en cuenta su conducta incorrecta en lo personal, estamos terriblemente preocupados por su decisión de perdonar a otros. —Añadió—: Creo que es su última baza en la operación de ocultación. Ha jugado la última carta … Ha demostrado un desprecio arrogante por la observancia de la ley.»

El abogado independiente se pasó varios meses elaborando una serie de informes antes de publicar sus descubrimientos. Al final, decidió no procesar al presidente, aunque a Bush le costó 461.346 dólares defenderse. Walsh nunca ocultó su desprecio por el comandante en jefe que se había librado de toda acusación. «Creo que el presidente Bush siempre tendrá que responder por sus indultos —dijo Walsh—. Esa decisión no responde a ningún propósito de interés público.»

En los últimos días de la administración Bush, C. Boyden Gray intentó eliminar los contenidos de los ordenadores de la Casa Blanca y destruir toda la información del Consejo de Seguridad Nacional, así como los detalles sobre los indultos del escándalo Irán-Contra, y todas las pruebas de la investigación ilegal realizada por la administración sobre el pasaporte de Clinton durante la campaña. Sin embargo, invocando la ley que estipula que los documentos presidenciales son de propiedad pública, el juez de distrito Charles R. Richey declaró ilegales las acciones de Gray, emitió una orden del tribunal para evitar la destrucción de la documentación, y ordenó que los documentos fueran entregados a los Archivos Nacionales. En una reunión celebrada a altas horas de la noche, el archivero de Estados Unidos, Don W. Wilson, entregó a Bush el control legal exclusivo de los archivos informáticos, y luego dejó la ciudad para ir a trabajar a la Biblioteca Presidencial George Bush.

Mientras su marido batallaba en sus últimos días en la Casa Blanca, la primera dama estaba muy ocupada haciendo listas y empaquetando sus pertenencias para volver a Houston. Al darse cuenta de que no volvería a necesitar mucho sus vestidos de fiesta, Barbara los vendió. Les puso una etiqueta con el precio, los colgó en un raíl de perchas, y distribuyó una circular entre el personal de la casa para que acudieran a comprar. Muchos estaban encantados de poder adquirir la ropa usada de la primera dama. A otros les sorprendió que quisiera vender la ropa que le habían regalado o que había comprado con grandes descuentos de los diseñadores. Uno de los criados compró un vestido para su madre, pero varios días después le dijeron que tenía que devolverlo. Barbara se dio cuenta de que no quería vender esa prenda en particular y quería recuperarla.

«Mi suegra siempre ha sido muy, pero que muy, muy tacaña —dijo Sharon Bush—. Su tacañería es vergonzosa.»

Mientras la primera dama ganaba unos dineritos extras en las dependencias superiores de la Casa Blanca, su marido ya se había cobrado lo suyo en el Despacho Oval. Hasta la fecha, su trayectoria presidencial demostraba que había viajado a veintinueve países;

había celebrado veintinueve comidas oficiales; había ofrecido ciento cuarenta y una ruedas de prensa; había nombrado a dos jueces del Tribunal Supremo; había vetado cuarenta y cuatro proyectos de ley; había firmado 1.239 proyectos; había concedido setenta y siete indultos; había enviado a dos hermanos, una hermana y cinco hijos a dieciocho misiones diplomáticas; y había puesto en marcha dos operaciones militares. El 4 de diciembre de 1992 inició su tercera misión al enviar a veinticinco mil soldados a Somalia para colaborar en una misión de paz de las Naciones Unidas.

«Lo que hizo en las últimas semanas de su administración fue algo muy extraño para un presidente —dijo Dick Morris—. Hillary tenía la sensación, y yo estaba de acuerdo, de que era una especie de trampa que Bush le había tendido a Clinton. Lo llamaba "el regalo de despedida de Bush para nosotros". Clinton retiró a la mayoría de los soldados que Bush había enviado en junio de 1993, pero en octubre de ese mismo año más de dieciocho soldados murieron y setenta y ocho fueron heridos en un enfrentamiento armado con la guerrilla en Mogadiscio. Los cuerpos de los soldados estadounidenses fueron arrastrados por las calles ... Estalló un tremendo escándalo en Estados Unidos y Clinton tuvo que enviar más soldados ... Bush supuso que Clinton era un ingenuo en política exterior, y estaba en lo cierto; por eso él, el profesional, sabía que quedaría bien enviando soldados a Somalia. Supongo que le importaba la hambruna que azotaba al país, aunque también creo que pensó: "¡Eh, tipejo! Ahí tienes eso".»

La restauración de la familia comenzó en cuanto se les escapó la corona. Cuando George Herbert Walker Bush se vio obligado a retirarse, el heredero obvio salió al paso para portar el estandarte. Había amasado una fortuna en el mundo empresarial y estaba impaciente por ejercer un cargo público. Las noticias insuflaron esperanza a los ancianos regentes, quienes continuaban resentidos por la vergüenza de haber perdido la Casa Blanca. Con un nuevo objetivo en la vida, los Bush padres se dispusieron a rejuvenecer el apellido familiar mediante su hijo, cuyas dotes políticas lo anunciaban como el ungido de la familia. La noticia de su presentación al cargo de gobernador les quitó la espinita que tenían clavada por la aplastante derrota.

Tres semanas después de la investidura de Clinton en 1992, George y Barbara Bush viajaron a Miami para que el ex presidente jugara al golf con su hijo Jeb, Arnold Palmer y Joe DiMaggio, en el Deering Bay Yacht and Country Club, el cual había sido arrasado cuando el huracán Andrew asoló Florida. El torneo de golf de celebridades se organizó para demostrar que el campo estaba en excelentes condiciones de juego, algo que, así lo esperaban los Bush, atraería inversores para su hijo. Aquel era el único objetivo de la salida, hasta que un periodista preguntó a Barbara Bush sobre sus planes para el retiro. Estaba tan entusiasmada con los futuros proyectos políticos de la familia que se le escapó la noticia.

—Vamos a jugar al golf, escribir libros y estar con nuestros nietos —dijo—. Aunque si por un casual el hombre más cualificado para ello se presentara a gobernador de Florida, haría campaña con él.

Jeb Bush rió.

—Nadie mejor que ella —dijo—. Me alegra oírlo, aunque seguramente me habría gustado más [oírlo] en privado. Tengo intención de presentarme, pero hay que seguir todo un proceso.

En cuestión de minutos, los servicios de teletipo transmitieron la noticia de que el segundo hijo del ex presidente iba a presentarse a las elecciones para obtener un escaño por Florida. A nadie le interesó más la noticia que al primogénito, en Texas, quien no había sido informado de los proyectos de su hermano.

La familia estaba acostumbrada a comunicarse a través de los medios de comunicación. Cuando el joven George anunció su interés en presentarse a gobernador de Texas en 1989, la primera dama convocó a los periodistas en la Casa Blanca, donde ofreció su consejo materno. Apuntó que sería impropio que el hijo del presidente se presentase a un cargo público tan notorio. «Espero que no lo haga —advirtió—, porque todo lo que no funcione en la administración va a ser culpa del joven George.» Añadió que estaba convencida de que George tenía una deuda con los setenta inversores que habían pagado ochenta y seis millones de dólares por los Texas Rangers, y que debería dar carpetazo a sus ambiciones políticas y seguir dirigiendo el equipo de béisbol.

Tras recibir la reprimenda materna, George le respondió irritado a través de los periodistas. «Durante cuarenta y dos años me ha dado su opinión —dijo—. Le he hecho caso… a veces. Sigo queriendo a mi madre y le agradezco sus consejos, pero no son más que eso, consejos.» La hizo esperar cuatro meses antes de anunciar la decisión de no presentarse a gobernador en *The Houston Chronicle*.

Tres años después, barajó la idea de optar al escaño del Senado que Lloyd Bentsen había dejado vacante cuando el presidente Clinton lo nombró secretario del Tesoro. «Vi al joven George en Dallas y le pregunté si se había pensado lo de ser senador o algo por el estilo —dijo Kent Hance, quien derrotó a Bush en su primera campaña política—. George dijo: "Odio Washington", y añadió: "Me gusta Texas. Barajaría lo de gobernador o algo así, pero odio Washington".»

Semanas después comunicó a *The Houston Chronicle*: «Laura y yo consideramos seriamente la carrera electoral para las elecciones al Senado, y decidimos que lo mejor para nuestra familia era quedarnos en Texas. Además, adoro el mundo del béisbol». Aquel mundo consistía en acudir a partidos, autografiar pelotas de béisbol para los seguidores y codearse con los jugadores. Ser amigo público del lanzador Nolan Ryan, que formaba parte del Hall of Fame, era un contacto con celebridades de alto nivel para W., quien veneraba a los jugadores de béisbol de la liga profesional. Incluso hizo imprimir cromos de béisbol con su fotografía, algo que el psiquiatra Justin M. Frank interpretó como «un patético esfuerzo por borrar el hecho de que nunca sería una estrella de béisbol como lo fue su padre». George acudía a todos los partidos que se jugaban en casa, en el viejo estadio de Arlington, un suburbio de Dallas, y tomaba asiento en la primera fila, sección 109, fila 1, detrás del banquillo. Con sus botas de vaquero apoyadas en la barandilla, mascaba tabaco y distribuía cromos de béisbol con su firma a los seguidores. «Quiero que la gente me vea arrellanado en el mismo tipo de asiento que ocupan ellos, comiendo las mismas palomitas y meando en el mismo urinario», dijo.

Como imagen pública de la dirección de los Texas Rangers, se esperaba de George que atrajera gente al estadio. «Ser hijo del presidente te convierte en el centro de atención —diría—. Y ya que eres el centro de atención, pues te pones a vender entradas.»

Su compañero de fraternidad, Roland Betts, inversor de los Texas Rangers, le había aconsejado que tenía que hacer algo para desmarcarse de la sombra de su padre. «Y ese algo fue el béisbol —explicó Betts—. Se convirtió en nuestra celebridad. Conocía a todos los acomodadores, firmaba autógrafos, hablaba con los seguidores... Su presencia significaba mucho. No dejó de tener la mira puesta en la política, pero hablaba de los Rangers incluso cuando ofrecía discursos en ceremonias republicanas.»

Al cabo de un año, George creyó haber demostrado su valía como socio gerente del equipo al presentar una propuesta legislativa para la construcción de un nuevo estadio en Arlington. El alcalde de la pequeña población, deslumbrado por estar haciendo negocios con el hijo del presidente, removió cielo y tierra para que

el estadio se convirtiera en una realidad. El paquete de ciento noventa millones de dólares, que debían financiar en su gran mayoría los contribuyentes, comprendía unas cien hectáreas de propiedad privada de las que solo se necesitaban unas siete para levantar
el estadio; las demás se destinaron a terreno urbanizable. Decididos a obtener beneficios tanto de un equipo de béisbol mayor y
mejor como de la especulación urbanística, los propietarios del
equipo convencieron a la ciudad de que el nuevo estadio alentaría
la construcción de hoteles, tiendas y edificios de oficinas al atraer
a millones de visitantes. Sus extravagantes planes incluían un anfiteatro, veleros surcando un lago artificial y góndolas para llevar
a los seguidores hasta el estadio. Con la intención de vender el proyecto a la clase obrera de Arlington, George subió al púlpito de la
Iglesia Baptista del Monte de los Olivos un domingo y declaró: «Un
voto a favor del impuesto sería un voto a favor de los contratos para
empresas afroamericanas».

El plan fue aprobado, se construyó el estadio y el valor contable del equipo aumentó de ochenta y seis millones a ciento treinta y ocho millones de dólares. El equipo se convirtió en un negocio productivo, George obtuvo un beneficio de casi quince millones
de dólares cuando lo vendió en 1998, pero la urbanización comercial de Arlington nunca se materializó. Una década después el lago
artificial seguía siendo un hoyo cenagoso, y las góndolas, palabras
que se lleva el viento. Sin embargo, la expropiación había sido una
dura realidad para varias familias que perdieron sus hogares y granjas. La dirección de los Rangers les hizo una oferta por sus tierras:
si decían que no, la propiedad les era arrebatada mediante una disposición legal conocida como derecho de expropiación, disposición
que capacita al gobierno a hacerse con las propiedades privadas de
sus ciudadanos.

«Se llevaban por delante a todo aquel que se interpusiera en
su camino —aseguró Bucky Fanning, cuya granja de cuatro hectáreas acabó siendo un aparcamiento para el nuevo estadio—.
Antes era seguidor de los Rangers, hasta que me robaron mis tierras.» Diez años después de que la echaran de su propiedad, Maree Fanning, la madre de Bucky, apenas conseguía controlar su
cólera contra George W. Bush. «Si me lo encontrara, le diría: "Bé-

same el culo".» Su hijo, Bucky, añadió: «No creo que jamás le preocupara [que la expropiación desplazase a familias enteras y destruyese su medio de subsistencia]. Lo único que les importa a los Bush es el dinero».

Algunas familias como la de los Fanning interpusieron una demanda aduciendo que era «un grupo de gente acaudalada e influyente que mediante atropellos y amenazas llevó a cabo una suplantación de poder político y propiedad privada sin precedentes en un apabullante despliegue de codicia y ambición». El juicio duró siete años, hasta 1998, cuando el nuevo dueño, Tom Hicks, se avino a pagar once millones de dólares en concepto de perjuicios, cantidad que las familias consideraron mucho menor que la valía de sus terrenos. Durante el proceso, George aseguró públicamente que nunca había oído hablar de las expropiaciones de terreno; sin embargo, la declaración de Tom Bernstein, uno de los socios del club, demostró que George había estado informado desde el principio de la estrategia. A pesar de la controversia, señalaba con orgullo el nuevo estadio. «Cuando esa gente de Austin dice: "Nunca ha hecho nada", pues bueno, ahí lo tienen.»

George creía que el estadio de Arlington le otorgaba ciertos méritos, algo más que ser el hijo tocayo del presidente, y estaba dispuesto a utilizarlo para lanzar su carrera política. El anuncio de la presentación de su hermano a las elecciones a gobernador de Florida lo indujo a entrar en acción un poco antes de lo que había planeado; la rivalidad entre ellos era tal que George no iba a permitir que su hermano pequeño le tomara la delantera.

Durante años, George había utilizado a Jeb como un mero saco de boxeo. Se llevaban siete años, por lo que Jeb era fácil de intimidar. «Con el tiempo Jeb creció hasta alcanzar casi dos metros de alto y la cosa se complicó —comentó su primo John Ellis—. De niño, George lo veía como un añadido innecesario a la familia ... Jebbie era un grano en el culo. Creo que las cosas siguieron tal cual durante bastante tiempo.»

A pesar de la imagen de concordia y unión que los Bush vendían al mundo exterior, la familia era una compleja amalgama de relaciones y emociones que trabajaba a pleno rendimiento durante las campañas políticas de Bush padre, cuando todo funcionaba para sacar provecho de la victoria ajena. Los chicos, que idolatraban a su padre, crecieron a la sombra de su éxito y competían entre ellos para conseguir triunfos similares. No ocurría igual con su hermana Doro, la única chica y la más pequeña de los hermanos. Poco se esperaba de ella, salvo que se casara, cosa que hizo en dos ocasiones. En la dinastía Bush nunca se había esperado de las mujeres que destacaran en el mundo empresarial o en la política. Su papel es el de servir de apoyo y ser un complemento útil para sus hombres.

Dentro de una gran familia, el orden de nacimiento importa y el primogénito suele llevarse la parte del león en cuanto al tiempo y la atención de los padres, por lo que, inevitablemente, se convierte en el hermano de mayor éxito. Durante siete años, George W. Bush fue hijo único y asumió todas las prerrogativas del hijo mayor. Tras la muerte de su hermana Robin, se convirtió en el payaso de la familia, un papel que asumía para animar a sus padres. Atraía la atención hacia su persona haciendo reír a todo el mundo. Intimó con sus hermanos más pequeños, quienes no suponían una amenaza para su territorio. Con los años, estrechó sus lazos fraternales con su hermano Marvin y su hermana Doro, ninguno de los cuales estaba interesado en la política o competía con W. en ningún campo.

Tras el descalabro de Silverado, Neil, el mediano, que era disléxico, se vio obligado a abandonar sus sueños de ocupar un cargo público. Dejó Colorado y regresó a Texas con el rabo entre las piernas junto a su mujer y sus tres hijos para quedar bajo la tutela de la familia. Su padre no dejó de culparse por el tropiezo de Neil y trató de compensarlo ayudándole a hacerse un nombre en el mundo empresarial. El presidente le hizo un hueco en su oficina de Houston, lo que le brindó la oportunidad de conocer a toda una sucesión de visitantes extranjeros —jefes de Estado, primeros ministros, emisarios de emperadores— que acudían a presentar sus respetos a George. Cuando lo hacían, también conocían a su hijo. «Fue estupendo para Neil —opinaba su primera mujer, Sharon—. Estupendo.»

Sin embargo, el escándalo de la Silverado continuó persiguiendo a Neil, a lo cual siguieron otros escándalos. Tras veintitrés años de matrimonio, se enamoró de una mujer casada, Maria Andrews, quien trabajaba de voluntaria en la oficina de su madre. Neil presentó una demanda de divorcio contra Sharon y durante el proceso salieron a la luz detalles sórdidos de su vida personal, incluida la revelación de una enfermedad venérea que había contraído y su trato con prostitutas. Aquello alentó a un escritor de Texas a describir a Neil como «el hijo microcéfalo del ex presidente».

Elsie Walker, otra prima, llegó a conocer bien al clan Bush durante los veraneos familiares en Kennebunkport. De todos los hermanos, George fue con el que mantuvo una relación más estrecha. Recordaba que un día, de niños, estaban armando jaleo y ella, por accidente, rompió la lámpara de araña de los Bush. Jeb, el chivato de la familia, corrió a decírselo a su madre y en cuestión de minutos Barbara irrumpió en la habitación.

—¿Qué coño está pasando? —aulló—. Jebbie me ha dicho que has...

Vio la lámpara oscilando en el techo. Elsie le tenía tanto pánico a Barbara que rompió a llorar. George dio un paso al frente.

—La he roto yo —dijo, mirando desafiante a su madre.

El castigo que Barbara le impuso a George, este más tarde se lo impondría a Jeb; aquel era el patrón por el que se desarrollaba su infancia. Los dos hermanos jamás hicieron buenas migas. De adultos, en su competición por la atención y la aprobación de su padre, se distanciaron aún más, en especial cuando Jeb destacó por haber alcanzado mayores logros. Se licenció por la Universidad de Texas en tres años y obtuvo la distinción Phi Beta Kappa, y su galardón en forma de llave, por destacar en sus estudios, como su padre. George W. se licenció en Yale en el último puesto de su promoción y la única llave que vio fue la de una espita de barril.

George había heredado el nombre de su padre y el temperamento de su madre. Más alto y apuesto, Jeb heredó el temperamento de su padre, lo que lo convirtió en el favorito de su madre. «He de confesar que el joven George pertenece a otra generación —dijo Barbara en 1994—. En mi otro hijo gobernador, Jeb, todavía se ve el viejo porte hidalgo de los Bush. Pero este George es completamente diferente.» Como su padre, Jeb se casó joven, se estableció y creó una familia, mientras George seguía de juerga por la balsa de petróleo. Jeb se labró una carrera política en Florida y llegó a convertirse en el presidente del Partido Republicano del condado de Dade, Miami, y en secretario de estado de comercio, mientras que George seguía en Texas, donde el apellido Bush le abría puertas. Jeb, considerado el más serio de la familia, se convirtió en un respetable profesional de la política; George, en un borracho resabido. Jeb era el hermano de aguda inteligencia; George, el de agudo ingenio. Tranquilo, organizado y elocuente, Jeb se convirtió en el orgullo y dicha de sus padres, mientras que George era su mayor sonrojo. Inmune a la vergüenza, George se conducía según la premisa de que si uno no podía deshacerse de los fantasmas familiares al menos podía bailar con ellos. Se deleitaba con su condición de chico malo, incluso se presentó a la reina Isabel II de Inglaterra en la Casa Blanca, durante una recepción oficial, como «la oveja negra de la familia». Por entonces, las diferencias entre los hermanos se habían acentuado: Jeb era el que ofrecía mejor impresión; George, el que ofrecía mayor entretenimiento.

Durante la campaña de 1994 —en la que tanto George como Jeb se presentaron a gobernador de sus estados—, los hermanos parecieron intercambiarse las personalidades. Jeb se descubrió como un virulento agitador y George se presentó como una persona tranquila de amplia cultura general que hablaba de Texas como de «un estado de referencia» y «un lugar para los soñadores». Jeb viajó por Florida en un bus llamado *Dynasty*. Le explicó a Tom Fiedler, de *The Miami Herald*: «Quiero mirar a mi padre a los ojos y poder decirle: "He continuado el legado"». Asustó a los votantes de minorías de las ciudades del interior de Florida al amenazar con «barrer» agencias del estado innecesarias y acabar con «programas experimentales de hace treinta años que no funcionan». Durante un debate televisado se le preguntó qué haría en concreto por la gente de color. La respuesta de Jeb fue: «Seguramente, nada».

«La declaración hecha por el señor Bush ha enojado mucho a la comunidad afroamericana —afirmó el senador demócrata de Fort Lauderdale, Matthew Meadows—, y vamos a demostrárselo el día de las elecciones.»

En Texas, George se presentaba contra una de las figuras más populares del estado, la gobernadora en ejercicio Ann Richards, de modo que hizo todo lo que estuvo en su mano por no ofender a nadie. En un estado de predominancia republicana, la demografía estaba de su lado; a pesar de ello, puso toda la carne en el asador para parecer más afable. «Remontándome a aquellas elecciones [de 1978], me doy cuenta de que cuanta más gente conocía George, mejor se le daba —aseguró Kent Hance, el contrincante demócrata de W. en aquella primera campaña electoral—. A la gente le gustaba... Y siempre he dicho que si le gustas a la gente, hay más posibilidades de que te voten. Se le daba tan bien meterse a la gente en el bolsillo que comencé a preocuparme, hasta que emitió aquel primer anuncio en el que aparecía haciendo *footing*... Entonces supe que ya era mío. En aquellos tiempos, si hacías *footing* en Texas Occidental [West Texas], la gente se imaginaba que habías atracado un banco y que alguien te estaba persiguiendo o que llegabas tarde al trabajo.»

Cuando Jeb anunció su plan de desafiar al gobernador en ejercicio de Florida, Lawton Chiles, George decidió que tenía que probarlo frente a Ann Richards o, como él la llamaba, «la Pelucona». Su mujer y su madre se opusieron con firmeza. Laura consideraba que la carrera electoral no era más que una competición entre hermanos en busca de la aprobación de su padre y una campaña para pisotear a alguien que había ultrajado el apellido familiar en la televisión nacional. Laura no quería verse involucrada en aquello. «Le está poniendo trabas a todo», se quejaba George a sus amigos. Su madre era del mismo parecer. Barbara espetó a su hijo sin mayor miramiento que no tenía ni la más mínima posibilidad frente a Ann Richards. «Es demasiado popular —le advirtió—. Perderás.»

Su padre no fue tan directo, pero compartía las mismas reservas. «A George W. le iba muy bien en los negocios con el equipo de béisbol de los Texas Rangers —le contó el presidente Bush a Hugh Sidey, de *Time*—. Me sorprendió un poco cuando decidió presentarse a gobernador. Siempre he creído que la gente del sector público debería haber hecho algo antes en el sector privado. Pero, sí, despertó nuestro interés cuando nos contó sus planes.»

George, quien había aprendido de Lee Atwater a interpretar las encuestas y a confiar en estas, contrató a Karl Rove para comprobar la fuerza de Ann Richards en el estado. Los primeros resultados demostraron que contaba con un 58 por ciento de nivel de popularidad. Se la apreciaba por su idiosincrasia texana, pero no se la estimaba tanto como gobernadora eficaz. «Les gusta su peinado —dijo Rove—, pero no le son tan incondicionales.» Las encuestas de Rove mostraban que los logros de Richards en cuanto a la delincuencia, la educación y la reforma de la asistencia social eran irregulares. George, por otro lado, no tenía currículum que defender, salvo el éxito de los Texas Rangers.

«A por ello», lo alentó Rove. Descrito por algunos como «el cerebro de Bush», aunque estudió en cerca de una docena de universidades sin llegar a licenciarse jamás, Rove se definía como «nixoniano a muerte». Había trabajado con Atwater en el Comité Nacional Republicano cuando Bush padre era presidente del Partido Republicano, y había conocido al joven George en 1973, cuando este llegó a Washington para pasar el día de Acción de Gracias con sus padres. Rove lo había ido a recoger a la estación de tren, y treinta años después rememoraría el encuentro para el escritor Nicholas Lemann, como una colegiala sin resuello describiendo su primer flechazo.

«Recuerdo con pelos y señales lo que llevaba puesto —aseguró Rove—. Una cazadora de aviador de la Guardia Nacional del Aire, botas de vaquero y uno de esos tejanos, en Texas es muy común, que llevan una marca circular en uno de los bolsillos traseros de llevar la lata de material, la lata de tabaco. Irradiaba más carisma del que debería estar permitido.»

Rove, un hombre de corta estatura, rechoncho y trabajador, quedó cautivado por la seguridad natural de los autolegitimados Bush. En gran parte lo atraía el magnetismo del primogénito, a quien consideraba el candidato político ideal. «Es el tipo de persona con la que los politiquillos como yo esperan toda su vida acabar relacionados», aseguró. Se mantuvieron en contacto a lo largo de los años y Rove acabó siendo un importante asesor político republicano de Texas. Con el tiempo, se convirtió para George W. Bush en lo que el tío Herbie había sido para George H. W. Bush, en alguien adorable, digno de veneración y por completo indispensable.

El joven George aprendió pronto a no tropezar dos veces con la misma piedra. Cuando se presentó a las elecciones al Congreso en 1978, empleó grandes cantidades de dinero y energía en las primarias y, más adelante, en las secundarias, lo que redujo sus recursos económicos para las elecciones generales. Cuando Kent Hance lo derrotó, George tenía la sensación de haberse presentado a tres campañas. No quiso volver a pasar por el mismo calvario en 1994, así que se aseguró de no contar con oposición alguna en las primarias, a diferencia de su hermano Jeb, quien se enfrentaba a unas primarias contra cinco candidatos en Florida. George visitó en persona a cada uno de los tres hombres de Texas que habían evidenciado su interés en presentarse a las elecciones contra Ann Richards. Les expuso su proyecto de poner en marcha una campaña virulenta que costaría quince millones de dólares. Les hizo ver que el hijo del ex presidente de Estados Unidos era un adversario formidable con fondos ilimitados y con un apellido de reconocido renombre en un estado republicano que veneraba a los Bush. Al final de cada una de aquellas entrevistas, el posible rival se había retirado de la competición. «La capitulación sistemática ante George W. Bush había acaecido con una precisión casi perfecta —escribió su biógrafo, Bill Minutaglio—. Fue, tal como los políticos del viejo estado de la estrella solitaria dijeron admirados, la única primaria de un solo día de toda la historia de Texas.»

En 1978, la madre de George le financió la campaña con su lista de invitaciones de Navidad, un listado de 738 nombres de «amigos íntimos de la familia» recopilada durante los años de su marido en Yale, en la petrolera, en campaña, en las Naciones Unidas, en China y en el Congreso. Bar envió una sugerente carta a todos los nombres de la lista, incluida Anne Armstrong, la señora de Douglas MacArthur, el anterior embajador de Estados Unidos en Gran Bretaña, y al que fuera y sería más adelante secretario de Defensa, Donald Rumsfeld. El 8 de julio de 1978, Barbara escribió:

> Nunca antes he hecho algo semejante y me siento un poco rara haciéndolo ahora, pero ante todo me siento muy orgullosa de nuestro George. Se presenta al Congreso de Estados Unidos por el distrito decimonoveno de Texas Occidental ... George es brillante y desea representar a este distrito como debe ser representado. Se está preparando para una gran carrera electoral en otoño ... Lo habéis

adivinado, George va a necesitar mucho dinero para llevar a cabo una campaña de primera clase. Espero que os unáis a nosotros en contribuir a su campaña. Por favor, disculpad a una madre orgullosísima por requeriros un poco (o un mucho) de vuestro dinero ganado con tanto esfuerzo para su hijo.

El cepillo de Barbara recaudó más de cuatrocientos mil dólares para la campaña de su hijo, cuatro veces más que el presupuesto de su oponente demócrata.

«¿Cómo íbamos a decir que no?», dijo uno de los 4.738 «amigos de la familia» que se sintió obligado a enviar un cheque. La mayoría respondieron como Herbert Brownell, antiguo fiscal general durante la administración Eisenhower, quien escribió en calidad de inversor en una dinastía familiar: «A Doris y a mí nos ha alegrado recibir tu carta y saber lo de la candidatura de vuestro joven George. Nos encantaría contribuir de alguna manera, por lo que incluyo nuestro cheque con nuestros mejores deseos de que la campaña llegue a buen puerto. Si lo hace la mitad de bien que su abuelo y que su padre, será un pago más que merecido».

«Nuestro George» perdió las elecciones en 1978, principalmente porque su oponente Kent Hance lo denunció por haber recaudado dinero de contribuyentes que no residían en el distrito electoral. Cuando George se presentó a gobernador en 1994, su madre concentró sus ruegos en la parte texana de su lista de felicitaciones navideñas. A resultas de esto, solo el 13 por ciento de las contribuciones presentadas por W. procedieron de fuera del estado.

Durante la campaña de 1978, Mel Turner, figura de la radio de Texas Occidental y republicano, dijo que se había sentido inclinado a votar por George, pero que lo echó para atrás su temperamento. En un foro donde participaron los candidatos, en Odessa, Turner le había preguntado sobre la Comisión Trilateral y sobre si su padre trabajaba para un gobierno del mundo.

«Dio un respingo, como si lo hubieran pinchado», dijo Turner. Después del foro, Turner esperó junto a la puerta para despedirse de los candidatos.

«Bush hijo se me acercó, se negó a estrecharme la mano, me miró fijamente a los ojos y me dijo: "Serás…" —explicó Turner—.

A continuación, Kent Hance se acercó y me comentó: "Mel, te veré en el partido de la Tech".»

Al recordar el incidente, Turner diría de George: «Ahí tiene a un candidato republicano pisoteando a la persona equivocada. Era un arrogante niño rico, un malcriado».

El hombre que derrotó a George en 1978 se convirtió en uno de sus mayores seguidores en 1994. «El momento oportuno lo es todo en política y el de la primera campaña de Bush no era el adecuado», aseguró Kent Hance, quien más adelante cambió de partido y donó diez mil dólares a la primera campaña de George como candidato a gobernador. «En nuestra carrera electoral a la Cámara de Representantes, él era joven, solo tenía treinta y dos años, y se acababa de casar ... la campaña por Texas Occidental se convirtió en su luna de miel. No había cuestiones en las que discrepáramos de verdad. Yo era senador y un demócrata conservador. Él estaba a favor del recorte de impuestos, igual que yo. Él quería reducir el gasto público, igual que yo. En realidad, al final acabó siendo un enfrentamiento entre Yale y la Texas Tech ... Y en el Panhandle, si se enfrenta la Texas Tech contra Yale, la Tech ganará siempre. Ni siquiera podía ser un juego reñido ... Tenía que acabar con él por ser de fuera y yo el niño bueno de toda la vida.»

Nadie «hablaba el idioma de los texanos» mejor que Kent Hance, quien entretenía a los granjeros con chistes de pueblo, por lo general a costa de George. Por ejemplo: «Cuando iba al instituto, vivía en un rancho de Dimmitt. Un día se me acercó un tipo en coche y me preguntó cómo se llegaba al siguiente rancho. Yo le dije: "Conduzca unos ocho kilómetros hacia el norte, gire a la derecha y conduzca otros ocho hacia el este, y luego vuelva a girar cuando pase la cerca". Cuando dio media vuelta, me fijé en que llevaba matrícula de Connecticut. Se detuvo y me dijo: "Solo una pregunta más. ¿A qué hora más o menos pasa esa tal Cerca?"».

Los granjeros de Texas Occidental votaron al tipo de casa, quien ganó por un 53 por ciento de votos contra un 47 por ciento, y le enseñó a George algo que nunca olvidaría. «Kent Hance me dio una lección sobre la política del lugareño —dijo Bush—. Él era todo un maestro, gracioso y mordaz. Prometí que nunca más me iban a derrotar por no ser de pueblo.» Quince años después, George apareció en la televisión nacional sentado detrás del banquillo de los Rangers hurgándose la nariz. No le preocupaba lo más mínimo. «Todo aquello que me haga parecer un hombre normal y corriente es perfecto. Perfecto.»

Durante la campaña de 1978 se había opuesto con vehemencia al derecho al aborto, a los derechos de los homosexuales («No he hecho nada para promover la homosexualidad en nuestra sociedad») y a la discriminación positiva. Tachó de «error» el nombramiento de Andrew Young, el predicador afroamericano de Atlanta, Georgia, como embajador de las Naciones Unidas. En consonancia con la visión de la familia Bush sobre las mujeres, W. dijo que la Enmienda por la Igualdad de Derechos era «innecesaria». También dijo que la Seguridad Social iría a la bancarrota en diez años salvo que a la gente se le permitiera invertir el dinero por ellos mismos. No era exactamente el enfoque de un «conservador compasivo», tal como más adelante se etiquetaría él mismo. Tomó la misma posición durante la campaña a gobernador de 1994, a cuya mezcla de políticas añadió dos cuestiones clave adicionales: las armas y Dios.

Desde que George abrazara a Jesús en abril de 1984, la religión había guiado su vida. Se convirtió en cristiano renacido [*born-again*, evangelismo fundamentalista] después de que el boom del petróleo tocara fondo en Midland, Texas. Cuando quebró el National Bank of Midland, el mayor banco independiente del país, varias fortunas se fueron a pique y de la noche a la mañana muchos millonarios se vieron endeudados de por vida. «Lo que ocurrió en esta ciudad fue una catástrofe —aseguró Bill Meyers, uno de los amigos de George de la Comunidad de Estudio de la Biblia—. Todo el mundo se vio afectado.» En un esfuerzo desesperado por salvar vidas y recuperar la moral, algunos miembros del consejo de la iglesia invitaron al evangelista Arthur Blessitt para que organizara un renacimiento espiritual. Entre los renacidos, Blessitt era conocido como el hombre que había arrastrado una cruz sobre ruedas de unos cuarenta kilos por sesenta países y seis continentes, hazaña con la que se ganó la entrada en el *Libro Guinness de los Récords*.

Los pósters por todo Midland anunciaban el encuentro como UNA MISIÓN DE AMOR Y JÚBILO EN LA CUENCA PÉRMICA. Unos altavoces instalados en camiones de plataforma animaban a la población a congregarse por la tarde en el Chaparral Center «para experimentar el amor de Dios, la gracia de nuestro Señor Jesucristo y la comunión del Espíritu Santo». Los habitantes de Midland se agolparon en las calles durante el día para ver arrastrar a Blessitt su cruz de casi cuatro metros de alto por la ciudad que había pasado del boom económico a la bancarrota. Muchos agacharon la cabeza a su paso. Un niño pequeño exclamó: «¡Es Cristo nuestro Señor sobre ruedas!».

«Estuve predicando todo el día por la ciudad y arrastrando la cruz por las calles —dijo Blessitt—. Fui el foco de atención de Midland durante aquella semana pues la reunión se iba a emitir en la radio local.»

A George lo violentaba asistir al renacimiento espiritual, pero lo siguió por la radio. Al segundo día le pidió a su amigo Don Pogue que le concertara una cita con Blessitt. «Quiero hablar con él sobre Jesús», dijo George.

Los tres hombres se encontraron al día siguiente en la cafetería del hotel Best Western. Según Blessitt recordaba el encuentro, George comenzó con las cortesías de rigor y, a continuación, se lanzó.

—Me gustaría hablar con usted sobre cómo conocer a Jesucristo y cómo seguirlo.

«Aquella petición tan sincera y directa me dejó estupefacto —comentó Blessitt—. Poco a poco me incliné hacia delante, levanté la Biblia que tenía en la mano y le pregunté por su relación con el Señor...

—Si muriera en este momento, ¿tiene la seguridad de que iría al cielo?

—No.

—Entonces permítame explicarle cómo tener esa seguridad y saber sin lugar a dudas que está a salvo.

—Eso estaría bien.

El evangelista recitó un pasaje del libro de Romanos. Le citó a Marcos, a Juan y a Lucas al hijo del vicepresidente, quien unió sus manos a las de los presentes, se arrepintió de sus pecados y proclamó que Jesucristo era su salvador.

«Fue un momento glorioso y sublime», recordaba Blessitt. Más adelante, escribiría en su diario el 3 de abril de 1984: «Un buen día, e intenso... Conduje al hijo del vicepresidente Bush hacia Jesús, ¡a George Bush hijo! Extraordinario. Alabado sea el Señor. Aunque no voy a hablar de ello».

La conversación en la cafetería conduciría a George a dejar el tabaco, el alcohol y las drogas a la edad de cuarenta años, lo que ilustra la sabiduría de William James, quien dijo que «el único remedio radical que conozco para la dipsomanía es la religiomanía».

En su autobiografía, *A Charge to Keep*, George W. atribuía al buen amigo de su familia, el reverendo Billy Graham, el haber plantado «la semilla de la esperanza en mi alma». No mencionó que había llegado a Jesús a través del extravagante Blessitt y su cruz sobre ruedas imaginando, acaso, que Graham sería más aceptable a ojos de los votantes asiduos a la iglesia.

George habló abiertamente de sus creencias religiosas durante su campaña de 1994 a gobernador. Le dijo a un periodista de *The Houston Post* que el camino hacia el cielo solo llegaba a través de la aceptación de Jesús como salvador personal. Citaba el Nuevo Testamento, que para él representaba la realidad, no una metáfora. Sus observaciones levantaron cierto revuelo entre los judíos de Houston cuando el *The Jewish Herald-Voice* del 2 de noviembre de 1994 publicó el titular: ¿UN JUDÍO TEXANO PUEDE IR AL CIELO? GEORGE W. BUSH DICE «NO».

Con anterioridad, George ya había debatido con su madre la cuestión sobre quién va al cielo. Señaló un pasaje en sus lecturas diarias de la Biblia que decía «solo los cristianos tienen un lugar en el cielo». Barbara no estaba de acuerdo.

—Seguro que Dios aceptará a otros —replicó ella.

—Mamá, aquí tienes lo que dice el Nuevo Testamento —insistió George, quien le leyó el pasaje en voz alta.

Barbara cogió el teléfono y llamó a Billy Graham. Graham tomó partido por George.

—Desde una perspectiva personal, estoy de acuerdo con lo que dice George —la informó—. El Nuevo Testamento ha sido mi guía. Sin embargo, me gustaría advertiros a los dos que no juguéis a ser Dios. ¿Quiénes sois vosotros dos para ser Dios?

En el transcurso de sus vidas, Graham y George W. habían luchado contra su animadversión hacia los judíos. Durante su época de estudiante en Andover, George hizo una parodia de un compañero judío. Billy Graham había demostrado el mismo antisemitismo puro en una conversación grabada con Richard Nixon el 1 de febrero de 1972, en la que tachaba el «control judío» de los medios de comunicación estadounidenses como un «monopolio».

«Este monopolio tiene que acabar o el país se irá al garete», advirtió al presidente. Un poco más adelante, en la misma conversación de noventa minutos, Graham dijo: «Tengo grandes amigos que son judíos. Revolotean a mi alrededor y son simpáticos conmigo porque saben que simpatizo con Israel. Sin embargo, en realidad no saben cómo me siento por lo que le están haciendo a este país».

Cuando las cintas salieron a la luz en 2002, el evangélico baptista sureño difundió una disculpa pública por sus comentarios. También George se vio obligado a retractarse por sus opiniones. Culpó al periodista que lo había citado. «Por descontado, fue tergiversado y politizado —dijo a *The New York Times*—. Ya sabe, "Bush dice a los judíos: ¡iros al infierno!". Fue muy desagradable. Me ofendió.»

Poco después de que George ganara las elecciones de 1994, conoció a un grupo de representantes judíos en Houston. «Ya sé por qué están ustedes tres aquí —les dijo—. Están aquí para saber si el gobernador les condena al infierno. Lo adivino … Eso me ofende. Me ofende pensar que ustedes piensan que les he condenado al infierno, porque nunca haría una cosa así. Esa no es mi misión.» Sin embargo, unos años después, cuando anunció que iba a hacer un viaje a Israel subvencionado por la Coalición Nacional Judía, se le preguntó qué iba a decirles a los judíos israelíes. Obviamente bromeando, Bush dijo que lo primero que les diría es que «todos iban a ir al infierno». El presidente nacional de la Liga de Antidifamación, Abraham Foxman, pidió a George por carta que aclarara su comentario, a lo que George respondió en diciembre de 1998: «Me preocupa que alguien haya podido sentirse ofendido por los comentarios. Nunca fue mi intención juzgar la fe de los demás».

En Jerusalén, George consiguió su correspondiente foto luciendo una kipá y rezando en el muro de las Lamentaciones, igual que su padre había hecho antes de presentarse a presidente.

Durante la campaña de 1994, Ann Richards trató de encender la mecha del apasionado temperamento de George. Lo increpaba con apelativos tipo: «memo», «matojo» [en alusión a su apellido, Bush (arbusto)], «pequeño Bush», «Boy George» y «Baby Bush». Al no pagarle con la misma moneda, Richards comenzó a parecer mezquina y algo desesperada. La prima de George, Elsie Walker, confesó haberse escondido detrás de la puerta del lavabo mientras veía el debate televisado a la espera de que George estallara cada vez que Richards lo pinchaba. Cuando en vez de echarle una bronca monumental le sonrió con amabilidad, Walker le envió un telegrama a Barbara Bush: ¿QUÉ SE HA TOMADO, UN TRANQUILIZANTE PARA ANIMALES?

Nadie de la familia negó que George hubiera decidido enfrentarse a Ann Richards en parte porque esta había ridiculizado a su padre durante la convención nacional demócrata de 1988. «Años atrás, los sentimientos de George en relación con los comentarios de Ann Richards sobre mi padre habrían sido cristalinos —aseguró Marvin Bush—. Podrían haberlo pillado por ahí. Podría haber dicho en público algo de lo que después se arrepentiría. Para cuando se pusieron en marcha las elecciones de 1994, era un tipo diferente. Era disciplinado. Creo que sorprendió a mucha gente que no lo conocía.»

Demostrando un autocontrol carente de sentimientos, George guardó la compostura, lo que exasperó a la gobernadora, quien no consiguió hacerle perder los estribos. Más adelante, Richards diría en el programa *Larry King Live*: «¿Sabe?, si le preguntase a George: "¿Qué hora es?", él le contestaría: "Tenemos que enseñar a leer a nuestros hijos"». Karl Rove había puesto énfasis en cuatro cuestiones que preocupaban a la mayoría de los texanos: la delincuencia, la educación, la reforma de la asistencia social y las armas, las armas y las armas. Richards había desafiado a la Asociación Nacional del Rifle al vetar la ley sobre la ocultación de armas, ley que George prometió aprobar diciendo que él respaldaba la tenencia libre de armas. También aprobaría una ley que permitiera a los texanos llevar armas en la iglesia, en la sinagoga y en otros centros religiosos. Como premio, consiguió el respaldo de la Asociación Nacional del Rifle y todo su dinero para la campaña.

Alentado por la efectividad de los anuncios de su padre sobre Willie Horton, George emitió uno en el que un hombre secuestraba a una mujer y le apuntaba a la cabeza con un arma mientras la voz en *off* decía: «En los tres últimos años, siete mil setecientos criminales han sido puestos en libertad».

El día de la inauguración de la temporada del pichón, George abatió un chorlito americano, una especie en vías de extinción. Ann Richards arremetió contra él. «Las armas no matan chorlitos —dijo—. La gente mata chorlitos.» George se apresuró a entonar el mea culpa, pagó una multa de ciento treinta dólares y al día siguiente abrió una conferencia de prensa diciendo: «Gracias a Dios que no era la temporada del ciervo. Podría haberle dado a una vaca». Se hicieron tantas bromas a su costa por el error cometido que comenzó a presentarse a sí mismo como «el asesino del chorlito».

Con esta humorística excepción, George siempre se mantuvo fiel al guión de Rove y jamás se salió de este. Según las encuestas, tenía una mayor aceptación entre los hombres blancos, por lo que le siguió la corriente a la animadversión de estos hacia el presidente Clinton, quien había subido los impuestos y había admitido a los homosexuales en el ejército. Bush dibujó a Ann Richards como a una liberal anticuada atada de manos por la administración demócrata de Washington. «Mientras que yo voy a ganar gracias a las cuestiones que preocupan a los texanos, la camarilla de Clinton y el afecto de Ann Richards por este no van a servir de nada», aseguró George a los periodistas. La habilidad para atar de pies y manos a los dos enemigos de su padre le valió al hijo vengador un poderoso gancho uno-dos. Dado que Ann Richards continuaba con su intento de atacarlo llamándolo «el niñito de papá», George hizo desaparecer a su padre de la campaña y no volvió a mencionar su nombre. «En cuanto el otro George Bush aparece de por medio, mi mensaje pierde vigor», dijo. Cuando al fin permitió que «el viejo» apareciera en público unos días antes de las elecciones, presentó a Bush padre diciendo: «Señor presidente, papá, nos alegra tenerte hoy aquí. Tras dos años de ausencia, nuestro país ya ha aprendido lo que es echarte de menos». Los asistentes, hombres blancos y republicanos descritos por la escritora texana Molly Ivins como «censura-homosexuales armados que odian a Clinton y militan en la Derecha Cristiana», recibieron a ambos Bush en olor de multitudes estampando sus botas contra el suelo.

Un poco antes, George se había irritado ligeramente cuando un periodista del *Houston Chronicle* le preguntó si había probado alguna vez drogas ilegales.

«Tal vez sí, tal vez no —respondió—. ¿Y eso qué más da?»

Cuando la entrevista salió a la luz, convocó una conferencia de prensa en Lubbock.

«Lo que hiciera de crío, no creo que sea relevante. No creo que... no creo que importe. Creo que lo que importa es mi opinión sobre las prisiones, la reforma de la asistencia social y la educación ... ¿Que de joven en alguna ocasión no me comporté como debía? Cierto. De eso no hay duda.» Había volado hasta Lubbock en su avión de campaña al que había bautizado con el nombre de *Accountability One* (Responsabilidad Uno).

Cuando la cuestión de la infidelidad salió a la luz en Florida, Jeb Bush dijo a los periodistas que la única mujer con la que se había acostado en la vida era su mujer. George se sorprendió al oír las declaraciones de su hermano. «¿Jeb ha dicho eso? Pues vaya. Sin comentarios. Es decir, Jeb ha puesto el listón muy alto para los de su generación.»

Incluso ya casado, se rumoreaba que George tenía un pasado, que casi salió a la luz durante la campaña. En Austin apareció una mujer quien aseguraba haber sido «señorita de compañía» en Midland y haber conocido íntimamente a George durante sus días en la balsa de petróleo. «Por lo visto ella era "la otra" o una de ellas —comentó Peck Young, asesor político de Austin—. Se alojó en un hotel de por aquí y decidió vender su historia al mejor postor ... Las noticias corrieron por la ciudad y al cabo aseguró que había recibido la visita de unos hombres que la habían convencido de que era mejor ofrecer sus servicios en Midland que dejar de respirar. Dijo que la habían abordado lo que ella describió como unos "tipos de la secreta". Dejó la ciudad deprisa y corriendo.»

Algunos creyeron que el pasado de George no afloró a la superficie para su vergüenza y la de su familia porque estaba protegido por una especie de cota de malla formada por ex agentes de la CIA leales a su padre.

«Sé de cierto que, en Houston, a principios de los noventa había un equipo al que llamábamos Alquiler de Secretas —aseguró Young—. Eran agentes retirados de la NSA [Agencia de Seguridad

Nacional] y de la CIA, y ponían su experiencia al servicio de compañías que querían evitar el espionaje industrial. En Houston incluso teníamos unos pobres desgraciados que aseguraban que también cometerían espionaje industrial si había suficiente dinero de por medio ... Me topé con ellos en una ocasión cuando trabajaba para una campaña política; eran muy reales, muy profesionales y daban mucho miedo ... George hijo parecía estar protegido por un dispositivo invisible ... y durante años se especuló que ese dispositivo eran los agentes retirados de la agencia de papaíto ... Hicieron al joven George a prueba de balas.»

Los lazos de Bush padre con la CIA eran tan fuertes que cuando el ex presidente creó su biblioteca presidencial en la Universidad de Texas A&M, esta institución también fundó la Escuela de Gobierno y Servicio Público George Bush junto a la biblioteca e instaló a un agente profesional de la CIA para que enseñara y reclutara agentes en el campus. La escuela se inauguró el 10 de septiembre de 1997 y en la ceremonia se presentó la *Marcha presidencial de George Bush*, interpretada por la banda de música de la Universidad de Texas A&M.

«Nuestro código de cadete en la Universidad de Texas A&M es "Los Aggies no mentimos, engañamos ni robamos, ni toleramos a quienes lo hacen" —dijo Zach Leonard (promoción de 2002)—, por eso la CIA quiere reclutar gente de nuestro cuerpo de cadetes. Nos avala nuestro sentido del deber con el país y del servicio a la nación. Jim Olson, de la CIA, nos imparte "Servicios de inteligencia en la guerra fría» en la Escuela George Bush y lleva a cabo el reclutamiento para la CIA en el campus. Una de las razones por las que George Bush construyó aquí su biblioteca fue para que la CIA reclutara agentes en la Universidad de Texas A&M ... Desechó Yale, Rice y la Universidad de Texas para construirla aquí, en el emplazamiento de la universidad ... También hizo a su director de la CIA [1991-1993], Robert M. Gates, rector de la Universidad de Texas A &M.»

Fuera cierto o no que los contactos con la agencia de su padre alejaron a George del escrutinio público durante la campaña de 1994, la gente de Richards así lo creyó. George resultó particularmente invencible cuando la gobernadora trató de insistir en el uso de información privilegiada en la venta de la cartera de valores de Harken. George había trabajado en la junta directiva de Harken desde 1986 hasta 1993, año en que dimitió para presentarse a gobernador. Durante aquellos siete años llevó a cabo cuatro transacciones de valores por un total de un millón de dólares, ninguna de las cuales fue presentada ante la Comisión de Valores y Bolsa (SEC), reguladora de los mercados estadounidenses, dentro del tiempo especificado por ley, el décimo día de cada mes tras la compraventa.

En diciembre de 1986, George solicitó un préstamo a Harken por un total de noventa y seis mil dólares para comprar ochenta mil acciones de Harken. Utilizó las 212.000 acciones que ya poseía como garantía. Informó de la compraventa a la SEC en abril de 1987, cuatro meses después. Adujo que la SEC había perdido los archivos originales.

En junio de 1989, George solicitó un préstamo de 84.375 dólares a Harken para comprar veinticinco mil acciones de la cartera de Harken. Informó de la compraventa a la SEC el 23 de octubre de 1989, con quince semanas de retraso. Culpó a los abogados de Harken.

En 1989, Harken estableció un seguro que exoneraba a sus directivos de cualquier obligación personal de devolver sus créditos, medida que liberó las 212.000 acciones que George había utilizado como garantía en 1986, de modo que pudo venderlas.

En junio de 1990, vendió 212.140 acciones de la cartera de Harken por 835.000 dólares. Informó de la venta el 4 de marzo de 1991, con treinta y cuatro semanas de retraso. Una semana antes de que vendiera los valores, los abogados de Harken hicieron circular un memorando, uno que George vio sin lugar a dudas, en el que se estipulaba que Bush y otros miembros de la junta directiva de la petrolera, que estaba pasando por malos momentos, se enfrentaban a posibles irregularidades por uso de información privilegiada si se deshacían de sus acciones.

El motivo de dicho memorando se debió a que en 1989 se planteó la cuestión de si Harken presentaba un beneficio que no era tal mediante la venta de una subsidiaria para tapar las pérdidas totales de la compañía. La SEC los obligó a volver a presentar sus cuentas. En agosto de 1990, Harken anunció unas pérdidas de veintitrés millones doscientos mil dólares contraídas a través de su subsidiaria,

Aloha Petroleum, como resultado de comerciar con futuros agrarios y pasivos. Ocho días antes de dicho anuncio, George vendió su cartera. Si sabía de las inminentes pérdidas de la compañía y vendió sus acciones de antemano por dicha razón, habría incurrido en un delito al aprovecharse ilegalmente de información privilegiada. Los empresarios van a la cárcel por este tipo de infracciones. Dado que formaba parte del comité de auditoría de directivos y del de reestructuración, se suponía que debía conocer lo que ocurría con la contabilidad de la empresa y, por tanto, contaba con los instrumentos necesarios para decidir cuál era el mejor momento para vender su cartera.

Cuando tuvo que hacer frente a dichas acusaciones, aseguró que ignoraba que la compañía tuviera pérdidas —una ignorancia que lo hubiera descalificado como miembro eficiente del consejo de dirección— y culpó de ello a los contables de Harken. George se limitó a comentar sobre el asunto: «Lo único que puedo decirle es que, en el mundo de los negocios, a veces las cosas no son blancas o negras en cuanto a los procedimientos contables. [Es trabajo de la SEC] determinar si la decisión de los auditores fue la apropiada o no. Y lo hicieron, decidieron que las cuentas debían de volverse a presentar, cosa que la compañía hizo de inmediato».

Tras un artículo aparecido en *The Wall Street Journal*, la SEC investigó la venta de valores de George, pero jamás lo llamó a declarar. «Durante la investigación, la plantilla revisó miles de documentos aportados por Harken y Bush», decía el memorando de la SEC. Sin embargo, no se aportó un documento fundamental a los investigadores de la SEC: el memorando de los abogados de Harken advirtiendo a la junta directiva de que se enfrentaban a posibles irregularidades si hacían uso de información privilegiada para vender sus acciones. No fue hasta el día después de que la SEC cerrara la investigación sobre George, que su abogado, Robert Jordan, entregó el memorando del 15 de junio de 1990 titulado: «Responsabilidad por el manejo de información privilegiada y la obtención de beneficios a corto plazo». Para entonces, la SEC ya había alcanzado un veredicto. Cuando George se convirtió en presidente, nombró a Robert Jordan embajador en Arabia Saudí.

El 21 de agosto de 1991, mientras el presidente Bush estaba en

Kennebunkport preparándose para la llegada del primer ministro británico John Major, la SEC publicó el informe que absolvía a su hijo: «A la luz de los últimos datos aportados, sería difícil establecer que, aun asumiendo que Bush poseyera información privilegiada constatable, este actuase *de cognitio* [deliberadamente o con conocimiento de causa] o con el propósito de cometer un fraude».

El fallo de la SEC no recibió la aprobación de la gobernadora Richards. Durante la campaña de 1994 advirtió que el presidente de la SEC, Richard Breeden, había trabajado para George Bush cuando este era vicepresidente y, más adelante, cuando llegó a presidente, antes de que lo destinara a la SEC. Breeden había sido el principal artífice del proyecto presidencial de reestructurar el mercado de ahorros y créditos, del que Neil Bush se había convertido en la cara visible. El abogado general de la SEC, James Doty, gran seguidor de Bush, había ayudado a George W. a cerrar el contrato con los Texas Rangers; no obstante, Doty aseguró que se había desvinculado de la investigación sobre George que la SEC había llevado a cabo. Doty, quien más adelante se uniría a la firma de abogados de James A. Baker, la Baker Botts, explicó por qué la SEC no tomó acción alguna contra George por su flagrante desprecio de una ley que obligaba a informar de las transacciones comerciales: «En aquellos tiempos, la mitad de las compañías estadounidenses entregaban tarde sus informes».

Breeden, quien vivía en Greenwich, Connecticut, y llamó Prescott a su primer hijo, dijo: «Sabía que para preservar la imparcialidad de la investigación tenía que dejársela a mis compañeros. Les dije que lo hicieran como siempre, o sea, sin ningún tipo de cortapisas, y que me tendrían de su lado. Si se hubiera encontrado algo, habría sido procesado. Al final no pusimos una demanda porque no había caso».

*The Dallas Morning News* publicó que la SEC había abandonado el caso, aunque puntualizó que dicha acción «no debe ser interpretada, de ninguna de las maneras, como que [George W. Bush] ha sido exonerado».

Hacia el final de la campaña, la gobernadora Richards emitió anuncios en los que se sugería que George había incurrido en un delito al utilizar información privilegiada para vender su cartera de

Harken. La campaña de Bush respondió desenfundando el arma más poderosa de la que disponían para arremeter contra la gobernadora: la madre de George.

«Me saca de mis casillas —dijo Barbara Bush— ver esos anuncios que no son otra cosa que viles mentiras. [George] ha sido un empresario bueno, decente, honesto y próspero. ¿Por qué Ann Richards no habla de lo que realmente importa? Eso es lo que hace George. Ojalá fuera tan afortunada como yo y tuviera un hijo como George.»

Los votantes coincidieron con la ex primera dama. A pesar de la aceptación de Richards —mantuvo un 60 por ciento de índice de popularidad hasta el día de las elecciones—, George ganó por más de trescientos mil votos. Las encuestas realizadas a la salida de las urnas demostraron que contaba con un mayor apoyo entre los hombres blancos republicanos. Fue una victoria sorprendente. Sin embargo, las elecciones de Florida aún lo serían más. Jeb esperaba ganar con bastante facilidad, pero perdió por sesenta y cuatro mil votos. El gobernador en ejercicio Lawton Chiles venció al hermano pequeño de W. por menos de dos puntos en la elección a gobernador más reñida de la historia del estado. En casa, en Houston, los padres de Bush estaban estupefactos. Esperaban que los resultados fueran al contrario, que ganara Jeb y que perdiera George. Después de haber acompañado a Jeb por todo el estado de Florida para ayudarlo a recaudar más de tres millones de dólares para su campaña, su derrota los dejó muy afectados.

Mientras George se preparaba para pronunciar su discurso triunfal aquella misma noche, su padre lo llamó desde Houston. Al cabo de unos minutos, George colgó el teléfono, desanimado. «Parece como si mi padre solo hubiera oído que Jeb perdió —le contó a su tía Nancy—. No que yo he ganado.» George se sintió aún peor cuando vio a su padre en una entrevista de televisión. «La felicidad está en Texas —dijo el ex presidente—. Mi corazón está en Florida.»

La veta mezquina que en su momento alentó la «bravuconería» de George cuando jugaba al «cerdobol» en Andover, afloraba ahora a la superficie para arremeter contra su hermano. «Jeb habría sido un gran gobernador —dijo George a la prensa—. Pero así es el mundo de la política. No puedes dedicarte a la política temiendo al fracaso.» Antes ya le había asestado un golpe a su padre. «Bill

Clinton manejó la agenda para vencer a mi padre —comentó para *The New York Times*—. Mi padre dejó que Bill Clinton decidiera de qué cuestiones iban a hablar. Aquello fue un gran error y yo no iba a dejar que me ocurriera lo mismo este año.»

Las elecciones de 1994 aumentaron aún más la distancia entre los dos hermanos: George se dejaba llevar en la cresta de la ola de su éxito mientras Jeb casi se hundía en la resaca de su derrota. La campaña casi le costó la familia a este último. Su matrimonio se rompió; su hija Noelle, de diecisiete años, tomaba drogas; y sus dos hijos, Jebby, de once, y George P., de dieciocho, eran indisciplinados y estaban desmandados. Su mujer lo culpaba del naufragio de sus vidas. Algunos parientes contaron a los escritores Peter y Rochelle Schweizer que Columba Bush creía que tanto ella como los niños habían pagado un precio demasiado alto por la ambición política de Jeb. Según los Schweizer, Columba le había dicho: «Me has arruinado la vida».

Jeb pasaría los dos años siguientes tratando de reunir y recomponer los pedacitos. Puesto que desde siempre había soñado con llegar a ser presidente, no desecharía sus sueños políticos, pero trataría de resarcir a su familia, así como a los votantes de minorías de Florida. Abrazó el catolicismo para compartir la misma fe de su mujer e hijos. Acudía a las clases de Familias Informadas, institución de Miami dedicada a la prevención del consumo de drogas. Creó una fundación de políticas públicas para recaudar dinero y mantenerse en el candelero, y unió fuerzas con un líder de la comunidad afroamericana de Miami para abrir una escuela concertada.

Jeb y su mujer acudieron a la toma de posesión de George en enero de 1995, y el nuevo gobernador no dejó que la presencia de su hermano pasara inadvertida. Desde el podio, asintió con la cabeza en dirección a Jeb. «Parece feliz y orgulloso, pero también algo más, tal vez algo triste —dijo George—. Es un momento duro, me resulta duro enfrentarme a ello. Como es lógico, quiero a mi hermano.»

Aquella mañana, Barbara le tendió a George una carta de su padre, con un juego de gemelos que Prescott le había dado a este cuando en 1943 se le concedió a George padre la insignia de la Marina de Estados Unidos. El ex presidente aseguró que el obsequio había sido «mi más preciada posesión». George leyó la carta

de su padre sin más dilación. «Al principio no pensé en la continuidad, en el legado del abuelo —recordó—. Lo único que pensé
fue que provenía de mi padre. Me decía que estaba orgulloso de mí.
Sin embargo, después la releí y recapacité. Acababa con un "Ha llegado tu turno". Fue un momento muy especial.»


George y Barbara no se dedicaban únicamente a repartir regalos.
Habían acometido su retiro con las manos extendidas. Al cabo de
pocas semanas de tener que dejar la Casa Blanca, ya sacaban provecho de su anterior cargo cobrando cantidades formidables por
ofrecer una charla. Barbara daba discursos por una cifra que oscilaba entre cuarenta y sesenta mil dólares; la tarifa de su marido era
algo mayor. Por un discurso en el extranjero cobraba cien mil dólares. Por un discurso en Estados Unidos cobraba ochenta mil dólares, además de los gastos de viaje en primera clase, incluida la limusina y el hotel. Los Bush habían dejado la Casa Blanca en 1993 con
un patrimonio neto de cuatro millones de dólares. En cuestión de
diez años, había aumentado hasta alcanzar una suma superior a
veinte millones.

Igual que todos los ex presidentes, George H. W. Bush recibía
una pensión federal anual (157.000 dólares), además de una pensión adicional (estimada en unos cien mil dólares) por el desempeño de sus funciones como congresista (cuatro años), como embajador de la ONU (dos años) y en China (un año), como director
de la CIA (un año) y como vicepresidente (ocho años). También recibía una cantidad para su despacho, empleados, viajes y arrendamientos (623.000 dólares) y contaba con protección total para él
y su mujer llevada a cabo por los servicios secretos. Además, el Comité Nacional Republicano, a diferencia del Comité Nacional Demócrata, ofrece a sus ex presidentes ciento cincuenta mil dólares
al año para gastos de administración. George Bush no necesitaba lo
que le ofrecía su partido, así que lo rechazó asegurando que no iba
a comerciar con su cargo entrando en juntas directivas o en grupos
de presión contra el gobierno de Estados Unidos. «Trataré de con-
ducirme con dignidad —declaró— para no deshonrar el cargo que
tuve el honor de desempeñar.» Sin embargo, consiguió que la pre-

sidencia le reportara enormes beneficios, lo que demostró que los privilegios rinden intereses.

«No se puede ni imaginar el dinero que tienen los Bush —comentó Sharon Bush, la primera mujer de Neil—. Bar no quiere que nadie piense que son ricos porque entonces la gente podría dejar de contribuir a las campañas políticas de sus hijos, pero tanto ella como Gampy [George padre] son muy, pero que muy ricos … Les pagan miles de dólares solo por aparecer en actos empresariales… ni siquiera tienen que hablar; aunque cuando lo hacen, cobran cantidades impresionantes … Cuentan con la protección de los servicios secretos las veinticuatro horas del día, doce agentes … viajan por todo el mundo en aviones privados. Navegan gratis en el yate de John Latsis todos los veranos, un yate con doce lavabos de mármol … El señor Latsis solo presta el yate a dos personas en todo el mundo: al príncipe Carlos de Inglaterra y a George Bush … Cada vez que van a Kuwait, Arabia Saudí, Singapur o Tailandia, no puede llegar a imaginarse la cantidad de dinero que les pagan y los regalos que les hacen.»

La ex nuera de los Bush describió magníficos presentes como joyas con incrustaciones de diamantes, relojes Cartier, brazaletes de rubíes, collares de esmeraldas, anillos de platino, delicadas porcelanas, alfombras de seda, artículos de piel y esculturas de oro de veinticuatro quilates que, según ella, valían «cientos de miles de dólares, posiblemente millones». Sharon Bush aseguraba que el personal de Houston empleó cuatro meses en catalogar todos los regalos reunidos por el presidente Bush durante el viaje de tres días a Kuwait, en abril de 1993.

Sharon Bush fue testigo de la facilidad con la que su suegro acumulaba riquezas. En su opinión, él se limitaba a abrir vías de obtención de dinero por todo el mundo, en especial por Asia y Oriente Próximo. Vio cómo ricos potentados del petróleo hacían cola para entablar amistad con los Bush a cualquier precio. Vio cómo los contratos lucrativos y las minutas extravagantes en concepto de consultoría engordaban las arcas familiares mientras el ex presidente viajaba por todo el mundo reconduciendo negocios en el extranjero hacia sus hijos Neil y Marvin. Testigo de la abundancia de bienes y servicios que le llovía a la familia, es comprensible que Sharon Bush tachara su estilo de vida de «lujo».

Tres meses después de dejar el cargo, George H. W. Bush hizo su entrada triunfal en Kuwait, donde fue aclamado como *Abu Abdullah*, lo que en árabe significa «Servidor de Dios». Kuwait Airways había puesto a su disposición un avión especial para la comitiva presidencial compuesta por los Bush padres; sus hijos Neil y Marvin con sus respectivas esposas; Laura Bush; el ex secretario de Estado, James A. Baker III; el antiguo jefe de personal de la Casa Blanca, John Sununu; el ex secretario del Tesoro, Nicholas Brady; el buen amigo de Bush Lud Ashley; y el teniente general retirado Thomas Kelly, director de operaciones del comando conjunto del Estado Mayor durante la guerra del Golfo en 1992.

Después de haber contribuido con más de un millón de dólares a la Biblioteca Presidencial George Bush, los kuwaitíes organizaron un Festival de Gratitud de tres días para agasajar a su «libertador», lo que los periódicos kuwaitíes apodaron como «Operación Tormenta de Amor». Bush fue colmado de honores desde el mismo momento en que puso pie en tierra. Se dirigió al Parlamento kuwaití y recibió la medalla de mayor honor de la nación de manos del emir, el jeque Jaber al-Ahmed al-Sabah. Mujeres en las calles cantaron al paso de hombres que blandían sus armas envueltos en túnicas y bailaban al son de los tambores, mientras niños pequeños agitaban pancartas que rezaban: OH, APRECIADO BUSH, ERES EL REGALO DE NUESTROS OJOS RISUEÑOS.

Al cabo de los tres días de festejos, George y Barbara regresaron a casa dejando atrás a su pequeño séquito, que se dedicó a cerrar negocios en el pequeño reino. John Sununu, representante de Westinghouse, y el general Kelly y James Baker, representantes de Enron, negociaron contratos para reconstruir las centrales eléctricas kuwaitíes dañadas por las bombas. Los derechos de reconstrucción de tres plantas y de su dirección durante veinte años alcanzaron los cuatro mil millones de dólares. El almirante Daniel J. Murphy, asesor militar del ex presidente, había contratado a Marvin Bush para que abriera el mercado a las empresas estadounidenses de la industria armamentística. Neil Bush, en representación de dos compañías de Houston de las que era socio, trató de conseguir contratos del Ministerio de Electricidad y Agua de Kuwait para empresas petroleras.

Semanas después, el gobierno kuwaití sacó a la luz un plan

iraquí para asesinar al presidente Bush durante su visita. Arrestaron a dieciséis personas, incluidos once ciudadanos iraquíes, y recuperaron doscientos cincuenta kilos de explosivos. El atentado contra la vida de un ex presidente se considera una agresión contra Estados Unidos, lo que obligó a la administración Clinton a reaccionar. Tras dos meses de investigaciones, se lanzaron veintitrés misiles de crucero Tomahawk contra los servicios de inteligencia iraquíes. El 26 de junio de 1993, en un discurso televisado dirigido a la nación, el presidente Clinton consideró «la tentativa de venganza de un tirano contra el líder de la coalición mundial que lo derrotó en la guerra … detestable y un acto de cobardía».

El ex director de contraterrorismo del Consejo de Seguridad Nacional, Richard Clarke, recordaba en *60 Minutes*: «Respondimos haciendo volar el cuartel general de los servicios iraquíes y enviando a la población un claro mensaje a través de los canales diplomáticos que decía que si volvían a cometer alguna acción terrorista contra Estados Unidos, ya no caería solo el cuartel general de los servicios, sino todo el gobierno. Fue un mensaje imponente. Y por lo visto funcionó, porque no hay evidencia alguna de la existencia de terrorismo iraquí desde ese día hasta el que los invadimos [19 de marzo de 2003]. Ahora sí que existe un terrorismo iraquí contra Estados Unidos».

Sin embargo, diez años después, el intento de asesinato de Sadam Husein contra su padre animaría a George W. Bush a declarar la guerra total a Irak —escudándose en el argumento de que seguía siendo una amenaza para Estados Unidos y estaba relacionado con terroristas de Al Qaeda—, algo que suscitaría una agria división en Estados Unidos y les haría perder el apoyo de los aliados europeos.

Durante los primeros meses de su retiro, la relación entre el presidente Bush y el hombre que lo derrotó siguió siendo lo bastante cordial como para que George volviera de vez en cuando a la Casa Blanca. Se unió a los ex presidentes Ford y Carter en septiembre de 1993 para apoyar el Tratado de Libre Comercio de América del Norte (NAFTA). Le impresionó tanto el articulado dominio de la cuestión del presidente Clinton, que dijo: «Ahora sé por qué él está dentro mirando hacia fuera y yo estoy fuera mirando hacia dentro». George confesó a *The Washington Times* que Barbara se negaba a acompañarlo a la Casa Blanca porque el trato con los Clinton la incomodaba. Seguía resentida y obcecada con la derrota en las elecciones y no deseaba relación alguna con el sucesor de su marido. Más adelante, cuando el presidente Clinton se vio involucrado en el escándalo de su relación sexual con Monica Lewinsky, becaria de la Casa Blanca, las críticas de George contra Clinton fueron tan acerbas como las de su mujer.

«Yo desempeñé mi labor con dignidad —dijo Bush al público asistente en el Eckerd College—. Me enorgullece que Barbara y yo hayamos tratado la Casa Blanca con respeto y decoro y que no sufriéramos esos escándalos en nuestra administración.»

Mientras su marido concentraba su desdén en el presidente, Barbara cargaba contra la primera dama. Cuando un periodista le preguntó qué opinaba sobre los planes de Hillary Clinton de presentarse al Senado de Estados Unidos por Nueva York, Barbara pareció a punto de regurgitar. «Que haga lo que le apetezca —soltó—. Cuando pierda, creo que se sentirá bastante mal.» Hillary Rodham Clinton fue elegida para el Senado en noviembre de 2000.

«La señora Bush no aceptó ni una de las invitaciones de Hillary —recordaba un asistente para actos sociales de la Casa Blanca—. Ni siquiera acudió a la comida ofrecida por el Fondo de Donaciones de la Casa Blanca, y eso que la mitad del dinero recaudado esa noche [destinado a crear un fondo para reponer los muebles] se hacía en su nombre. Vino a la inauguración de su retrato [julio de 1995] y al bicentenario de la Casa Blanca con otras primeras damas, pero ahí quedó la cosa.»

Los Bush se retiraron como los campanilleros del Ejército de Salvación, dispuestos a acumular tanto dinero como les estuviera permitido en el menor tiempo posible. George tenía que construir una biblioteca y Barbara quería conservar el personal y el despacho de la Fundación Barbara Bush. «Todo el mundo sabía que nunca había cobrado un sueldo puesto que jamás había trabajado en serio en los cuarenta y ocho años que llevamos de casados —dijo—. Así que, además de perder las elecciones, ahora, a los sesenta y ocho años, iba a tener que ganar algo de dinero.»

Aceptó dos millones doscientos mil dólares por escribir su

autobiografía («Me ofrecieron una cantidad que no pude rechazar», dijo en la televisión Larry King); sin embargo, el ex presidente decidió no imitarla, posiblemente a causa de las historias contradictorias que había contado a lo largo de los años. Además, estaba obsesionado con los secretos, tanto con los personales como con los políticos. «No voy a escribir una autobiografía —aseguró—. Prefiero que decida la historia.» Sin embargo, publicó un epistolario (*All the Best*) y un libro sobre su política exterior (*A World Transformed*), escrito en colaboración con el general retirado Brent Scowcroft.

«Trabajé como ayudante de redacción en *A World Transformed* en 1996 —dijo Leyla Aker— y recuerdo que el ex presidente insistía en que lo estaba escribiendo para sus hijos. En plural ... Lo consideraba su legado.»

La triste ironía es que el hijo que lo siguió como presidente no dio muestras de haber leído el libro de su padre, el cual trazaba los pasos hacia la consecución de un consenso internacional necesario para la continuidad de la política exterior estadounidense en un mundo en transformación. Por entonces, el hijo había decidido que su padre, quien no consiguió ser reelegido presidente, no era el modelo del éxito que seguir.

Tras escribir su libro, *Barbara Bush: A Memoir*, la mujer de George H. W. Bush se ganó el honor de convertirse en la única primera dama a la que se demandó por libelo. Barbara había escrito que Philip Agee, ex agente de la CIA, había revelado la identidad de Richard Welch como agente en «un libro traicionero que lo explicaba todo», lo que motivó el asesinato de Welch, jefe de estación de la CIA en Atenas, en diciembre de 1975. Agee desmintió la acusación y presentó una demanda por libelo de cuatro millones de dólares contra ella y su editorial, Lisa Drew Books, de la Charles Scribner's Sons. Agee demostró que no había revelado la identidad de Welch en su libro, *Inside the Company: CIA Diary*, y exigió una disculpa de la señora Bush junto con una retractación inmediata en la edición en rústica de su libro. Barbara se negó a pedir disculpas públicas por su error, pero sí llevó a cabo la retractación.

«No tuve que pagar cuatro millones de dólares —dijo ella—, pero fue un juicio costoso y fastidioso. ¡Espero que nunca más tenga que volver a pasar por lo mismo!»

Dos años después del juicio, su marido retomó la cuestión en sus comentarios durante la ceremonia de inauguración de los cuarteles de la CIA en Langley, Virginia, bautizados como el Centro de Inteligencia George Bush: «Necesitamos proteger con mayor efectividad los métodos que usamos para recopilar información y nuestras fuentes, en particular nuestras fuentes humanas, gente que está arriesgando su vida por el país … A pesar de que a estas alturas de mi vida soy un tipo sereno —dijo en abril de 1999—, no siento más que enojo y desprecio hacia aquellos que traicionan nuestra confianza desvelando el nombre de sus fuentes. En mi opinión, son los más viles de los traidores».

Aquellas palabras perseguirían a su hijo cuatro años después, cuando el columnista conservador Robert Novak identificó a Valerie Plame, la mujer del antiguo embajador de Estados Unidos en Irak Joseph Wilson, como agente de la CIA, información que recibió a través de dos fuentes que no citó de la administración de George W. Bush. La agencia había pedido al embajador, siguiendo órdenes del vicepresidente Dick Cheney, que investigara si Irak había tratado de comprar material nuclear, acusación que la administración Bush defendía como cierta y que presentaría como razón parcial para justificar la invasión del país y el derrocamiento de Sadam. No obstante, los resultados de las investigaciones de Wilson pusieron en entredicho las afirmaciones de Bush. Wilson juzgó que los rumores eran falsos e hizo públicas sus conclusiones. La columna de Novak pareció un ataque malintencionado de la administración Bush para castigar al embajador por haber demostrado que el presidente no había dicho la verdad en su discurso sobre el estado de la Nación. La filtración a Novak se convirtió en objeto de investigación de un gran jurado; las fuentes de Novak se enfrentaron a un proceso por delitos graves penados con hasta diez años de cárcel.

El ex presidente se resistió a su retiro forzoso. No se resignó a dejar de lucir los gemelos presidenciales, la cazadora Air Force One o las sudaderas con el logotipo de Camp David. Reacio a considerar lo que los médicos llaman «retrospección» para estudiar los errores que le habían llevado a la derrota, George Bush se limitó a culpar a los medios de comunicación. Continuamente daba rienda suelta a su animosidad. «Ni me gustan ni los echo de menos —aseguró—. Siendo presidente, defendí la libertad de prensa; ahora me alegro de verme libre de esta ... Sé que parezco resentido, pero me importa un comino.»

Viajó por todo el mundo recibiendo honores y recogiendo premios, incluido el título de sir de la reina de Inglaterra. Las empresas siguieron pagándole cien mil dólares por discurso. Global Crossing, la compañía de telecomunicaciones, le pagó en acciones que alcanzaron un valor de cuatro millones y medio de dólares cuando las vendió. Los asistentes a las comparecencias lo agasajaban con ovaciones en pie y, a medida que iba adquiriendo mayor soltura como conferenciante profesional, dejó aflorar una mezquindad que en su día había tratado de ocultar.

En el discurso inaugural de una convención de constructores en Las Vegas, explicó lo que suponía ser ex presidente. «Una de mis mayores decepciones es que ahora las manifestaciones en protesta por mis apariciones son cada vez más escasas», dijo. Evocó uno de los desfiles presidenciales por San Francisco, el cual había reunido a una multitud de activistas a favor de los derechos de la mujer. «Doblé la esquina y me topé con la mujer más fea que haya visto en mi vida. Llevaba una pancarta que decía: "Mi útero es mío, aléjate de él". Y pensé: "Sin problemas, señora".»

Cada discurso era una nueva ocasión para recompensar a sus amigos, para castigar a sus enemigos y para arremeter contra los medios de comunicación. George jamás había superado la humillación sufrida a causa de la cubierta publicada por *Newsweek* donde se lo calificaba de «pelele»; algo que algunos parientes creían que podría haber suscitado su agresivo machismo como conferenciante profesional. Suponían que fue la necesidad de demostrar su masculinidad lo que lo llevó a hacer paracaidismo a la edad de setenta y dos años. Su hombre de confianza, Jim McGrath, discrepaba. «La razón que hay detrás de esto es estrictamente personal ... Tiene que ver con la Segunda Guerra Mundial.»

El comentario de McGrath dio pie a que se especulara que Bush pudiera estar, tal como publicó *The Times* de Londres, «tratando de exorcizar los demonios de un salto anterior, las circunstancias del cual ya crearon controversia durante su campaña presidencial». La versión que relató en 1987 sobre lo ocurrido durante la Segunda Guerra Mundial difería de una anterior, lo que llevó a algunos a preguntarse si no habría sufrido un ataque de pánico cuando su avión fue alcanzado por los japoneses y habría saltado antes de poner a salvo a su tripulación.

Bush admitió que seguían persiguiéndole los recuerdos de aquel salto en paracaídas sobre Chichi-Jima. «La verdad es que nunca me había planteado en serio realizar otro salto —confesó a Hugh Sidey—; pero ha sido una idea que nunca me ha abandonado: Vuélvelo a hacer y hazlo bien.»

Con el propósito de estar preparado para su salto definitivo en tiempos de paz, Bush dejó los martinis durante un mes para ponerse en forma y realizó un entrenamiento de seis horas de vuelo. El 25 de marzo de 1997, acompañado de dos monitores del equipo de paracaidistas de élite del ejército, los Caballeros Dorados, George saltó del avión militar a doce mil quinientos pies sobre el desierto de Arizona. «Soy un hombre nuevo», exclamó al tomar tierra. Dos años después, como parte de la celebración de su septuagésimo quinto cumpleaños, decidió cobrar entrada y saltar por segunda vez con fines benéficos. El 9 de junio de 1999, más de un centenar de periodistas se dieron cita en Houston para ser testigos del salto. Algunos calificaron la ocasión de «histórica», puesto que nunca antes un ex presidente había realizado tal proeza. Su paracaídas lucía el logotipo del Centro Oncológico M. D. Anderson de la Universidad de Texas. En la fiesta de cumpleaños que celebraron a continuación en el Astrodome, con tres mil invitados que pagaban la cena de sus bolsillos, los Bush recaudaron diez millones doscientos mil dólares para crear la Fundación George y Barbara Bush para la Investigación del Cáncer en la Universidad de Texas, en Houston.

«Hacemos muchas cosas para la beneficencia», dijo Barbara, justificadamente orgullosa por su labor en defensa de las buenas causas. Formaba parte de la junta directiva de AmeriCares y de la clínica Mayo. Además de ser la directora del Fondo Texano Barbara Bush para la Alfabetización Familiar, llegó a ser presidenta honoraria de la Fundación Barbara Bush para la Alfabetización Familiar y de la Sociedad de la Leucemia y el Linfoma.

Sin embargo, incluso en este campo, se han dejado oír algunas
críticas sobre la sinceridad de Barbara. «Como presidenta nacional
honoraria de la sociedad desde hace ya tantos años, Barbara Bush
no ha hecho esfuerzo alguno para desempeñar un papel activo, ni
en la recaudación de fondos ni en las donaciones —aseguró alguien
cercano al consejo de administración de la Sociedad de la Leucemia y el Linfoma—. Ha tenido la oportunidad de mencionar su
cargo en innumerables ocasiones, sobre todo teniendo en cuenta
que ella y su marido perdieron a una hija a causa de la leucemia,
pero nunca las ha aprovechado. Eso sí, ha escrito sobre la muerte
de su hija y ha hablado de ello en la televisión nacional durante la
convención política del Partido Republicano. La mera mención de
dicho cargo hubiera ayudado a dar a conocer a la organización y,
por tanto, habría suscitado el interés de la gente por la sociedad y
las donaciones. No ha dicho ni una palabra. Ni emite anuncios de
interés público ni acude a los actos más importantes de la sociedad.
Y tampoco sé de nadie de la familia que haya animado a ninguno
de sus acaudalados amigos a que done dinero.»

Aunque los Bush no son filántropos, su declaración de la renta hasta 1991, último año en que sus declaraciones están disponi-
bles, atestigua su compromiso con la beneficencia. Realizan aportaciones anuales a Andover, Yale y la Skull and Bones, además de
a todas las instituciones a las que han acudido sus hijos. Las cantidades van desde los diez a los mil dólares:

| Año | Ingresos | Deducciones por donativos |
|---|---|---|
| 1973 | 221.577 $ | 9.267 $ |
| 1974 | 110.749 $ | 4.000 $ |
| 1975 | 72.337 $ | 2.545 $ |
| 1976 | 76.868 $ | 7.520 $ |
| 1977 | 77.960 $ | 12.901 $ |
| 1978 | 67.549 $ | 12.717 $ |
| 1979 | 108.043 $ | 1.790 $ |
| 1980 | 36.063 $ | 1.850 $ |
| 1981 | 260.107 $ | 7.000 $ |
| 1982 | 163.531 $ | 7.380 $ |
| 1983 | 42.117 $ | 9.000 $ |

| 1984 | 87.239 $ | 8.215 $ |
|------|----------|---------|
| 1985 | 165.821 $ | 10.093,32 $ |
| 1986 | 346.344 $ | 12.195 $ |
| 1987 | 308.396 $ | 12.225 $ |
| 1988 | 287.171 $ | 12.468 $ |
| 1989 | 456.780 $ | 37.272 $ |
| 1990 | 452.732 $ | 38.667 $ |
| 1991 | 1.300.000 $ | 818.803 $* |

«Los Bush son fantásticos porque la gente quiere pertenecer a aquello que pertenezcan ellos y de este modo arrastran mucho dinero para una buena causa —declaró Larry Lewin, de Diálogo Nacional contra el Cáncer, organización que aglutina varias asociaciones dedicadas a la lucha contra esta enfermedad, en la cual los Bush participan como copresidentes—. Ella es mucho más lista que él … A George a veces se le escapan majaderías sin sentido o inapropiadas. Recuerdo aquella vez, cuando se divulgó el informe de la Johns Hopkins acerca de la mayor eficacia del brócoli frente a los antibióticos para combatir las úlceras pépticas y prevenir el cáncer de colon y de mama. Estábamos reunidos en Kennebunkport cuando George se levantó y dijo: "Me importa un bledo si el brócoli cura el cáncer, no voy a comerlo. Ni hablar. No, señor. Es asqueroso. A mí que no me lo pongan. No voy a comerlo". Él creía que tenía chispa, pero fue un comentario desafortunado y nada divertido considerando quiénes éramos nosotros y por qué estábamos allí. Aunque, por descontado, todos nos vimos obligados a soltar una carcajada considerando quién era él.»

Al cabo de cuatro años de ir de puerta en puerta por todo el mundo, George Bush había recaudado ochenta y tres millones de dólares para construir su biblioteca presidencial de piedra caliza y mármol en el campus de la Universidad de Texas A&M. La inauguración, el 6 de noviembre de 1997, sirvió de escaparate para el exclusivo club de ex presidentes y primeras damas, quienes se reunieron para honrar a uno de los suyos. El presidente y la señora Clinton llegaron a bordo del Air Force One para unirse al ex pre-

* Incluye 780.000 dólares del libro de Millie.

sidente Ford y señora, al ex presidente Carter y señora, a Nancy Reagan y a Lady Bird Johnson. Caroline Kennedy Schlossberg acudió en representación de sus padres, y Julie Nixon Eisenhower se sentó en el estrado en el lugar de su padre, el mentor político más importante de Bush.

Jeb Bush actuó de maestro de ceremonias para la ocasión, en la que no faltaron los discursos de todos los presidentes y de las dos primeras damas en representación de sus maridos. En calidad de gobernador de Texas, George W. Bush dio la bienvenida a veinte mil invitados entre los que se incluían generales, senadores, congresistas, embajadores, altos directivos, rectores y profesores de universidad, telepredicadores evangelistas, y estrellas de cine como Arnold Schwarzenegger, Kevin Costner, Chuck Norris y Bruce Willis. Los antiguos dirigentes del Reino Unido, Canadá, Bermudas, Países Bajos, Japón y Polonia también hicieron acto de presencia para la ocasión.

«Es difícil no reparar en lo blanca que es la concurrencia —comentó Paul Jennings en *The Texas Observer*—. No blanca en su mayoría, sino blanca del todo. Quitando a Colin Powell y al personal de mantenimiento de la A&M, prácticamente nos queda el grupo de gente más blanca con el que uno podría topar a la salida de una exhibición de armas.»

En los comentarios de bienvenida, el gobernador de Texas hizo añicos la cordialidad. Las alabanzas a su padre pusieron por los suelos al sucesor de este: «Me hallo hoy aquí para encomiar a mi padre por ser un hombre que entró en el ruedo político y salió de este con su integridad intacta ... Héroe de guerra, marido afectuoso ... y un presidente que aportó dignidad, personalidad y honradez a la Casa Blanca».

Sobre el papel, las palabras del gobernador aparentaban inocencia y afecto, pero entonadas por un hijo orgulloso, durante el clímax del escándalo personal de Clinton, frente a una concurrencia republicana en su mayoría, sonaron mordaces y recriminatorias. El ataque a la integridad del presidente no se le escapó a nadie.

«Su discurso fue grosero e insultante —opinó Bobbie Greene, asistente de Clinton—. Se basó en la carencia de moralidad, algo del todo inapropiado en aquel contexto, y en especial cuando el presidente Clinton hablaba con tanto afecto de su padre.»

«Ellos [los Bush] siguen creyendo que se enaltecen al dejar a Clinton a la altura del betún —aseguró George Stephanopoulos, otro asesor de la Casa Blanca—. No obstante, Clinton sale ganando.»

Consciente de la tensión en el discurso del gobernador, Maureen Dowd escribió en *The New York Times*: «George W. hizo entrega de un mensaje en aquel estrado: que él sería el instrumento de venganza de su padre por la derrota frente a Bill Clinton».

Barbara Bush, quien no toleraba un comentario adverso sobre su marido o sus hijos, se ofendió. «Más tarde oí que había quien pensaba que George W. estuvo a punto de pasarse de la raya cuando habló sobre la decencia y la honestidad de su padre. Aquello me molestó, porque recuerdo que cuando estuve haciendo campaña con George [en 1992] y hablé sobre su decencia y honestidad, los periodistas me preguntaron: "¿Quiere decir que cree que su oponente no es ni decente ni honesto?". Yo respondí: "¿Quién está hablando de él? Yo estoy hablando de George Bush". Bueno, estábamos allí para hablar de George Bush y no se puede mencionar a George Bush sin hablar de decencia y honestidad.»

La familia nunca había aceptado a Bill Clinton como a un digno sucesor y se complacía en los detalles que iban sabiéndose sobre el escándalo. Se intercambiaban correos electrónicos con bromas procaces sobre Monica Lewinsky y siguieron la rijosa cobertura del caso de acoso sexual de Paula Jones contra Clinton con la misma atención que el resto de la nación. Cuando se publicó que la demandante aseguraba poder reconocer una «característica distintiva» de la anatomía de Clinton, el ex presidente, en su día director de la CIA, no descansó hasta saber de qué estaba hablando exactamente. Una vez conseguido esto, envió un correo electrónico a sus hijos y a varios de sus amigos con una descripción médica de la enfermedad de Peyronie, afección que causa una curvatura marcada del órgano sexual masculino. Un hombre recordaba que el remate jocoso de aquel correo electrónico tan machote de Bush rezaba: «Y, por supuesto, con sus curvas Johnson a la izquierda». Entre ellos, los Bush nunca se cansaban de humillar a Clinton.

En 1998, la familia esperaba su restauración mediante la candidatura presidencial de George W. Bush, cuya reelección como gobernador parecía asegurada, lo que lo convertiría en el primer gobernador de Texas que ganaba varios mandatos consecutivos. Cuando se le preguntó si George W. se presentaría a las elecciones a la presidencia en el año 2000, su madre contestó a los periodistas: «Si no lo hace, lo mato». Barbara Bush ya se refería a su hijo como «el Elegido».

Cuando la periodista Paula Zahn y su productor entrevistaron a Bush padre para una reseña de la CNN en Kennebunkport, la señora Bush los invitó a quedarse a tomar algo y a cenar con el gobernador y Laura Bush, quienes resultaban estar de visita.

«Parte de esta historia trata de cómo Barbara chincha y provoca a su hijo —recordaba un familiar en relación a aquella velada—. La verdad es que son los dos iguales... pero casi siempre empieza Barbara. Aquella tarde, George W. se estaba poniendo nervioso porque es impaciente de por sí, ya no bebe y tenía hambre. No dejaba de caminar arriba y abajo haciendo que todo el mundo se sintiera incómodo. No dejaba de repetir: "Venga, vamos a cenar". Bush padre babeaba ante las piernas de Paula Zahn y Bush hijo rezongaba para que la gente se sentara a la mesa. Al final, Barbara intervino: "Creo que vamos a tener que tomarnos las copas de un trago para satisfacer al Elegido. Vamos, George, en marcha. El Elegido tiene hambre. No vayamos a hacer esperar al Elegido". Cuando todos tomaron asiento, el sol se estaba poniendo; el último rayo de luz se reflejó en la ventana y envolvió a George W. en un halo. Su rostro quedó bañado por la luz mientras se sentaba a la mesa. "Veis", gritó su madre. "Ya os dije que era el Elegido."»

El gobernador de Texas cayó en la cuenta de que sería una enorme ventaja tener a su hermano como gobernador de Florida en el año 2000, así que George W. hizo todo lo posible para ayudar a Jeb a ganar sus elecciones. Organizó en Texas diversos actos sociales con el fin de recaudar fondos para su hermano, emitió sus anuncios publicitarios y despachó a la familia a hacer campaña por todo el estado de Florida. Los dos hermanos se presentaban como «conservadores compasivos» y tachaban a sus oponentes de demócratas partidarios de Clinton, quedándose a las puertas de pedir el *impeachment* del presidente. En un debate en Florida al que acudió su madre, Jeb dijo: «La Casa Blanca ya no es un símbolo de rectitud, un símbolo de algo bueno, y eso es algo que tenemos que restituir».

Los dos hermanos cosecharon sendas victorias contundentes en noviembre de 1998 (Jeb ganó con un 56 por ciento de votos frente a un 44 por ciento; George ganó con un 69 por ciento de votos frente a un 31 por ciento), lo que llevó a su padre a declarar que el día de las elecciones había sido el más feliz de su vida. Su madre apenas consiguió contenerse: «Esto significa que uno de cada ocho estadounidenses estará gobernado por uno de mis chicos», apuntó con orgullo.

Dos semanas después, los hermanos hicieron su debut en la Asociación de Gobernadores Republicanos, en Nueva Orleans. Complacidos de ser el centro de atención, celebraron una conferencia para los medios de comunicación nacionales.

—Quería que los medios de comunicación texanos conocieran a mi hermano pequeño —comenzó George W.—, pero parece que ha venido alguno que otro más.

No dejaron de tomarse el pelo sobre el estrado mientras una horda de periodistas los acribillaba a preguntas.

—¿Se me permite discrepar en una cosa? —preguntó Jeb.

—Sí, pero que solo sea en una cuestión secundaria —respondió George W., a lo que añadió—: Le llevo diciendo lo que tiene que hacer durante cuarenta y cinco años y sigue sin escucharme.

Cuando alguien comenzaba una pregunta con un «gobernador Bush», los dos se miraban y reían.

Un periodista les preguntó acerca de las elecciones a la presidencia en el año 2000.

—Permítanme decirles lo siguiente —repuso George W.—: sería muy aconsejable que aquel que se presentase a presidente llamara a la puerta de Jeb Bush. Florida es un estado importante.

El gobernador de Texas trató de eludir la obligación de responder a la pregunta de si se iba a presentar o no, aunque el de Florida le aseguró un apoyo incondicional.

—Miren, de pequeño no soñaba con llegar a ser presidente de Estados Unidos —se defendió George W.

Jeb sonrió con pesadumbre.

—Yo sí —apuntó.

—Sí —corroboró su hermano—, tú sí.

«¿Dónde está el hombre que posee una prueba irrefutable de la verdad de todo lo que mantiene o de la falsedad de todo lo que condena?», preguntó el filósofo inglés John Locke en 1689.

Ese hombre se encontraba en el edificio de la legislatura estatal de Austin, Texas. Unos días después de su reelección como gobernador, George W. Bush planeaba en secreto presentarse como candidato a presidente, pues, tal como dijo él, estaba convencido de que había sido llamado. Le habían animado a ello amigos evangélicos como Doug Wead y su propia madre, quien le llamaba «el Elegido». Anticipándose a la reelección de W. en 1998, Wead había escrito un informe animando a George a presentarse, a pesar de su pasado tan poco prometedor. «Se te ha concedido una gran oportunidad, una oportunidad que se negó a muchos que la buscaron. Se trata de un don que pocas veces se ofrece. Tal vez no se vuelva a presentar.»

Durante el servicio religioso de la segunda sesión de investidura de W., el pastor de la Iglesia Metodista Unida de Dallas, Mark Craig, habló de una llamada al servicio público. Barbara Bush se acercó a su hijo y le dijo al oído: «Está hablando de ti».

Para entonces, George había conseguido ya creérselo. Siete meses antes no había estado tan seguro de ello. Aquellos días Karl Rove le había acompañado en su primera peregrinación a la casa del ex secretario de Estado George Shultz, en el campus de la Universidad de Stanford. Shultz era Jack Steele Parker Professor de economía internacional en la Graduate School of Business, así como miembro de la junta rectora de la Institución Hoover. Había reunido entonces a unos cuantos ex economistas de Reagan y Bush, así como a la decana de Stanford, Condoleezza Rice, para que echaran un vistazo al gobernador de cincuenta y dos años que los republicanos proponían a gritos como candidato. Después de haber reunido veinticuatro millones de dólares en su campaña para gobernador, George había demostrado ser un extraordinario recaudador de fondos, y quienes le apoyaban financieramente estaban dispuestos a emprender la carrera presidencial.

Los diez principales contribuyentes eran:

| | | |
|---|---|---|
| 1. | Enron Corporation, Houston, Texas<br>Kenneth y Linda Lay | 312.000 $ |
| 2. | Bass Family Enterprises, Fort Worth, Texas<br>Lee y Ed Bass | 221.000 $ |
| 3. | Sterling Software, Dallas<br>Charles Wyly Jr. y Sam Wyly | 212.000 $ |
| 4. | Arter and Hadden LLP San Antonio<br>Tom Loeffler | 179.000 $ |
| 5. | Denitech Corporation, Austin and Dallas<br>Dennis Berman, director | 175.000 $ |
| 6. | First National Bank, Dallas<br>Peter O'Donnell | 164.000 $ |
| 7. | Sterling Group, Houston<br>William A. McMinn | 164.000 $ |
| 8. | Beecherl Investments, Dallas<br>Louis Beecherl Jr. y Louis Beecherl III | 154.000 $ |
| 9. | Hicks, Muse, Tate, and Furst, Dallas<br>Tom y R. Steven Hicks | 153.000 $ |
| 10. | MBNA America Bank, Wilmington, Delaware<br>Charles Cawley, director | 148.358 $ |

Consciente de que la audiencia de Palo Alto buscaba a alguien que se pareciera a Ronald Reagan, George llegó a su primera exhibición política algo nervioso pero mostrando al mismo tiempo una seductora modestia.

«Son ustedes mis profesores —dijo—. Yo soy estudiante de primero de económicas y empiezo de nuevo porque en la universidad no se me dio muy bien.» No citó sus decepcionantes notas en economía —7,1 en el primer trimestre y 7,2 en el segundo trimestre—, que le situaron en la cola de la lista de su curso en Yale. En lugar de ello, preguntó a aquellos sabios qué opinaban sobre su plan de reforma de la Seguridad Social, que permitía a los trabajadores jóvenes invertir en bolsa parte de los ingresos acumulados.

«Me preocupa un poco el riesgo que pueda correrse —dijo George—. ¿Qué se puede hacer para evitar que la gente invierta en granjas de gusanos?»

La discusión política duró unas cuantas horas, y cuando George salió de allí ya se sentía algo más seguro de sí mismo.

«No creo que opinaran que me chupo el dedo», comentó a Rove.

Después de aquella sesión, George Shultz, que contaba entonces setenta y nueve años, empezó a acudir con regularidad a Austin para dar clases particulares al gobernador sobre política exterior. Una larga lista de veteranos del Partido Republicano siguió a Shultz y prácticamente suplicó al gobernador que se presentara. W. era joven, atractivo y llevaba un apellido prestigioso. «Se formó una enorme piña alrededor del tipo al que veían más adecuado para ganar la Casa Blanca para los republicanos», comentó el responsable de encuestas Frank Luntz. Sin proponérselo, a George se le veía como la mejor opción del partido para derrotar al vicepresidente Al Gore en las elecciones de 2000, y en la práctica era ya la alternativa. A pesar de que los años de Clinton y Bush constituyeron un período de prosperidad económica y paz mundial sin precedentes, al vicepresidente se le veía vulnerable por hallarse en la escandalosa estela del presidente.

George Herbert Walker Bush, que había pasado la mayor parte de su vida pública luchando (en realidad, desesperado) por llegar a la presidencia, no daba crédito a lo que sucedía. Estaba atónito ante la corriente presidencial que arrastraba a su hijo y contemplaba perplejo cómo el partido efectuaba la genuflexión para proceder a su designación. Fue el último en reconocer el éxito de George en el ámbito social de la política. Era el hijo que menos esperaba que triunfara en algo, y mucho menos en la política nacional. Desconcertado e incrédulo, George padre buscó la opinión de sus antiguos amigos del Congreso sobre si George hijo debía presentarse.

«Cuando acudió a mí, le dije que no creía que el muchacho estuviera preparado —dijo Dan Rostenkowski, ex presidente del Comité de Medios y Recursos de la Cámara, quien estuvo quince meses cumpliendo condena en una prisión federal y pagó una multa de cien mil dólares por organizar chanchullos de poca monta en su despacho del Congreso—. George me aseguró que su hijo estaba preparado, por lo que yo le dije: "¿Pues por qué demonios me lo preguntas?" ... El padre me cae bien. Creo que tenía que haber sido reelegido. George padre se alzó contra los cabrones conservadores de derechas de su partido en 1990 e hizo lo correcto para el país subiendo los impuestos y poniendo los cimientos para un crecimiento económico que se produjo en el mandato de Clinton ... Por supuesto, Clinton se llevó los parabienes, pero fue George Bush quien lo hizo posible ... Cuando me preguntó si su hijo tenía que lanzarse, le dije que si había llegado su hora más le valía aprovecharla, porque esas oportunidades se presentan una sola vez.»

Mientras el padre sondeaba a sus amistades en busca de un consenso sobre el futuro político de su hijo, George W. estaba decidido ya. En noviembre de 1998, había desaparecido la atractiva modestia que mostrara en el mes de abril anterior, y en su lugar aparecía algo que casi recordaba el derecho divino de los reyes. George W. se creyó que había sido «llamado» a la presidencia.

«Todos los Bush tienen la impresión de que algo les corresponde —dijo Ron Reagan Jr. en 2004—. Se creen que tienen derecho a todo lo que tienen alrededor. Sé que el primer presidente Bush estaba convencido de que merecía ser presidente porque le había llegado el «turno» en la presidencia. De que era su deber. Había estado al servicio de todos los que creía tener el deber de servir. Había invertido tiempo en ello. Había repartido favores entre quienes necesitaba repartirlos. Por tanto, estaba convencido de que merecía ser presidente. A su hijo, George W. Bush, «lo presentaron» para la presidencia. Ellos [la dirección del partido] acudieron a él para decirle: "Tienes un apellido de gran solera, nosotros reuniremos los fondos y te presentaremos como candidato...". Creo que echaron un vistazo al resto de posibles candidatos y pensaron: "No disponemos de otro a quien podamos controlar". En W. encontraron el recipiente vacío perfecto. Iría a donde le llevara el viento. Y "ellos" controlaban la dirección del viento. Lo que tampoco implica que él sea estúpido. No creo que lo sea. Pienso que tiene una inteligencia media ... En mi opinión, no tiene motivación ideológica ninguna. Eso sí, está totalmente dispuesto a utilizar una ideología en beneficio propio. Creo que la ideología de George W. Bush es la ideología del yo.»

El hijo del presidente Reagan, de cuarenta y seis años, dijo no tener la idea de derecho a algo que posee George W. Bush. «No sé por qué pero no tengo esa impresión —dijo Reagan—. De entrada, mi padre no era de los clásicos adinerados. Casi todo lo que hizo lo hizo con su propio esfuerzo. Tampoco estoy diciendo que todo lo hiciera solo, por supuesto. Nadie llega a presidente de Estados Unidos sin ayuda. De todas formas, se convirtió en presidente por sus propios logros ... ¿Recuerdan cuando el primer presidente Bush habló de la cuestión de la visión? Pues, para mi padre, la visión no era una "cuestión". Cualquiera puede discutir los puntos de vista de mi padre y sus estrategias, algo que estoy dispuesto a hacer yo, pero sé que era un hombre con una perspectiva genuina. Tenía unas creencias muy personales y las mantuvo ... Mi padre escribía sus propios discursos. Normalmente, redactaba también sus alocuciones por radio. Yo crecí viéndole hacer esto. Los Bush apenas son capaces de leer sus propios discursos, y mucho menos de redactarlos. Seguro que la visión de los Bush —tanto la de H. W. como la de W.— están más enraizadas en sus fortunas familiares que en algo relacionado con el bien del país.»

A pesar de las súplicas de sus mejores amigos y de sus hijas gemelas para que no se presentara como candidato a la presidencia, George W. Bush estaba convencido de que era el único hombre capaz de salvar el Partido Republicano. Como recordaba su íntimo amigo y mejor colaborador, Clay Johnson, era una «llamada, aquella idea de que existía una necesidad [que solo] yo, George W. Bush, [puedo] satisfacer».

«Una serie de amigos íntimos suyos y de Laura intentaron apartarle de la citada idea —dijo Johnson, quien estuvo con él en Andover y en Yale—. Y en concreto una mujer, una buena amiga de siempre de los dos, le rogó que no se presentara. Vio que aquello cambiaría sus vidas de una forma tan irrevocable que se vio empujada a pedirle por favor que no lo hiciera. "No te hagas eso a ti mismo." Y él le respondió: "Comprendo tu preocupación, pero si no me presento yo, ¿a quién pueden elegir? ¿A quién si no estoy yo? ¿Quién deseamos que sea presidente, quién puede complacernos como futuro presidente? Nos encantaría, me encantaría pensar que hay otro a quien podemos seguir todos, pero yo no sé quién es esa persona".»

La sincronización era impecable. Aunque George perdiera, seguía siendo gobernador del segundo y más extenso estado de la nación. Comoquiera que se había convertido ya en multimillonario, no necesitaba trabajar. Le había tocado el gordo en junio de 1998, cuando Tom Hicks, uno de los principales contribuyentes de la familia Bush, compró los Rangers de Texas por doscientos sesenta millones de dólares. Por su inversión de quinientos mil dólares de 1989, George recibió quince millones de dólares. «En definitiva, voy a reunir más dinero de lo que había podido soñar en mi vida», dijo.

«¿Quién podía imaginar que aún iba a proporcionarle más suerte un adversario [Al Gore] tan rígido, difícil de tratar y envarado que convertiría la terrible falta de preparación de Bush casi en virtud y le llevaría al cargo más importante del país?», comentaría un contrariado miembro del Comité Nacional Demócrata unos años después.

Por aquel entonces se daba por supuesto que el vicepresidente Gore iba a ser el candidato para el año 2000. Normalmente su cargo le habría proporcionado una ventaja inmejorable, pero a los demócratas les habían perjudicado mucho los escándalos que envolvieron al presidente Clinton, a quien la Cámara de Representantes acusó el 19 de diciembre de 1998 de delitos cometidos en el desempeño de sus funciones con un cargo por obstrucción de la justicia y otro por perjurio. La vida política estadounidense vivía un período terriblemente polémico, pero el Senado absolvió a Clinton de ambos delitos y permitió al cuadragésimo segundo presidente de la nación permanecer en el cargo durante los 708 días que le quedaban.

El presidente Clinton había mentido bajo juramento —y por televisión ante el pueblo estadounidense— sobre sus relaciones sexuales con una becaria de la Casa Blanca, Monica Lewinsky. Su vida sexual y la defensa de sus actos habían llevado al país a rizar el rizo en el terreno de la lascivia durante trece meses. El vicepresidente había defendido al presidente de aquellas sórdidas acusaciones, pero cuando se hizo patente que este había mentido a su esposa, a su gabinete y al país, el vicepresidente quedó horrorizado.

«Lo que hizo fue imperdonable —dijo Gore en la televisión nacional—, y por supuesto, sobre todo como padre, me pareció algo terrible.»

Los republicanos se lanzaron. Vieron que la mejor opción para reconquistar la Casa Blanca residía en el heredero de una familia universalmente aceptada como buena y sana. Los «valores de la familia» se convirtieron en término de acusación contra Bill Clinton. Cada vez que George W. Bush decía que iba a presentarse «para restablecer la dignidad en la Casa Blanca», evocaba subliminalmente la imagen de la becaria de veintidós años de Beverly Hills azotando con la correa al presidente de Estados Unidos. Su escasa capacidad seductora había desencadenado una grave crisis constitucional, que fue provocada por una relación de sexo oral y telefónico que tanto encandilaba como sublevaba a quienes se engancharon a la historia que presentaban durante veinticuatro horas al día la televisión y la radio.

En el momento en que Al Gore anunció formalmente su candidatura, en junio de 1999, no sabía cómo desvincularse del hombre que le había convertido en vicepresidente y seguía reivindicando el provecho político de la paz y la prosperidad de su mandato. Aquel fue el problema que le sacó de quicio durante toda la campaña y lo puso a la defensiva mientras intentaba capear el temporal de Clinton. La figura del presidente fue el eje central en las primarias de ambos partidos. Era la caca de perro plantificada en medio del salón; los demócratas procuraban huir de ella mientras los republicanos insistían en hacerles hundir las narices ahí.

«El pueblo quiere elegir una estatua —dijo el gobernador republicano de Oklahoma Frank Keating—. Desea ver a un héroe, a un tipo intachable y perfecto en la Casa Blanca. Nadie quiere volver al sufrimiento de los últimos ocho años. Bush tiene que demostrar que es una persona intachable y perfecta.»

Karl Rove era consciente de que tenía que presentar a su candidato como al anti-Clinton: limpio (sin adicción a las drogas o al alcohol), religioso (a quien aceptaran los evangélicos) y fiel a su esposa (mayoría de los votantes: mujeres). Rove no deseaba revelaciones explosivas, demoledoras, que pudieran presentar a W. y Laura como algo distinto a una pareja ideal e idealizada.

George W. Bush no era Clinton, sobre todo en cuanto a excesos sexuales. Ahora bien, presentarle como una persona pura e inmaculada era una actitud hipócrita y falsa. Clinton no es el modelo al que debe contraponerse George W. Hay que compararle con sus propias declaraciones sobre moralidad y la imagen pública que él mismo había forjado con sumo cuidado: la imagen que cultivó durante tanto tiempo la familia Bush.

George y Laura solían desplazarse a la isla de Tortola, en las islas Vírgenes británicas, a visitar a la ex compañera de habitación que había tenido Laura en la residencia universitaria, Jane Clark, y a su novio, el ex jugador de béisbol Sandy Koufax. En la isla, los Bush acudían a grandes fiestas en las que todo el mundo fumaba marihuana. Algo que no se contradice con el pasado de Laura, quien se había licenciado en la Universidad Metodista Sureña en 1968, y se hizo famosa en su época universitaria por distribuir sobrecitos de diez centavos de marihuana. «Laura no solo fumaba —dijo el ejecutivo en relaciones públicas Robert Nash, un amigo de Austin de los muchos que tuvo Laura en la universidad—, sino que también traficaba.»

Fumar maría tampoco podía considerarse un gran pecado —sobre todo a finales de los sesenta—, pero tampoco cuadraba con la imagen seria que presentaban en aquellos momentos los Bush a los votantes. Teniendo en cuenta las iras que habían desatado entre estos las indiscreciones de Clinton, W. proclamó a los cuatro vientos que jamás había cometido adulterio. «Todo el mundo sabe o debería saber que me he mantenido fiel a mi esposa durante los últimos veintiún años», contó George a Tucker Carlson, de la revista *Talk*.

Potencialmente más dañino que los rumores que circulaban

sobre el adulterio, era algo que no se trataba de un mero rumor: el trato que daba George a su esposa cuando había bebido en exceso. Cuando se emborrachaba, su conducta grosera había llevado a Laura a marcharse de casa. A menudo George desaparecía de noche y Laura no sabía dónde estaba. Las amistades recuerdan a George borracho, mordaz, sarcástico y agresivo. Una de las amigas temió incluso malos tratos conyugales, pero no se halló informe policial que pudiera documentar tal acusación.

En diciembre de 1998, el equipo de Bush —Karl Rove, Joe Allbaugh y Don Evans— empezó en serio la campaña de poner en orden el pasado del gobernador. Sabían que podían confiar en que las amigas íntimas de Laura Bush no abrirían la boca y la protegerían ante los hirientes rumores, las acusaciones e investigaciones sobre los malos tratos. De todas formas, si en realidad había habido aventuras extramatrimoniales, George W. se mantuvo discreto. Rove y los demás pudieron mantener la imagen. El pasado, en muchos sentidos, se había borrado.

El matrimonio de George y Laura superó efectivamente los altibajos pero, según los allegados de la pareja, las consecuencias eran patentes. Laura tenía su propio círculo de amistades, básicamente mujeres, con las que iba normalmente de compras y de vacaciones. Seguía haciendo por su cuenta lo que le gustaba, e iba sola a museos, al teatro y al ballet. Cuando se instalaron en la Casa Blanca, siguió practicando sus aficiones y yéndose de vacaciones con sus amigas cada año.

George había declarado que no soportaría a una esposa que le robara protagonismo, y eso es algo que jamás hizo Laura. Incluso en el escenario nacional, parecía curiosamente apartada de los focos. Algunos observadores se preguntaban si tomaba antidepresivos, pues su tranquila conducta era poco corriente. Acompañaba a su marido todos los fines de semana al helicóptero Marine One que había de llevarle a Camp David, pero nunca hubo muestras de afecto entre los dos. En poquísimas ocasiones se les vio de la mano. En realidad, siempre se mostraron más afectuosos hacia los perros que entre ellos. Laura acompañaba a George a su rancho de Crawford y también en alguno de sus desplazamientos por el estado, si bien viajaba más sola que en compañía de su marido. Incluso efectuó algún viaje para recoger fondos para él en la campaña para la reelección, pero permaneció más en su propio mundo que en el de George. Siguió con sus salidas con las amigas y dedicando días enteros a las compras. A menudo se veía a los miembros de su servicio secreto por las calles de Georgetown mientras Laura deambulaba por las tiendas de anticuarios de Winsconsin Avenue.

Se lanzó a defender la causa de la alfabetización, algo que se había convertido en un requisito para todas las esposas de los presidentes después de la administración Kennedy, cuando Jacqueline Kennedy hizo suya la restauración de la Casa Blanca. A fin de promocionar la lectura, Laura posó diligentemente para distintas fotografías en las que, con un libro en la mano, leía a los niños, aunque nunca se dedicó a visitar escuelas ni a reunirse con educadores, padres o estudiantes. Jamás mostró la energía o el compromiso de su suegra en el papel de primera dama entregada a la alfabetización. «Se distingue como presidenta honoraria —comentó una mujer de Washington, cuya entidad benéfica había aprovechado el nombre de Laura en sus invitaciones—, pero es curioso que insista en que se la siga llamando señora Laura Bush en lugar de señora de George Bush ... Eso lo aprendí ya tarde, cuando habíamos impreso ya su nombre en una invitación como señora de George W. Bush. Llamó a la Casa Blanca diciendo que había que retirar todas las invitaciones e imprimirlas de nuevo de forma que su nombre apareciera como señora Laura Bush. Expliqué que aquella no era la forma adecuada de citar a la esposa del presidente, pero su oficina insistió en ello. "Es así como la señora Bush quiere ser presentada." Así la presentamos, pues.»

Como esposa del gobernador, Laura, a quien encantaba vivir en la liberal ciudad de Austin, inauguró el Festival del Libro de Texas. Como esposa del presidente, aparecía menos dispuesta, con menos implicación. Comentó a sus amigos que le molestaba que se la describiera como «una persona que vuelve a la moda de los cincuenta», pero en realidad como primera dama se parecía más a Bess Truman, quien abandonaba con frecuencia la Casa Blanca para volver a su casa de Missouri. Para dar más realce a la imagen de Laura como primera dama volcada en la alfabetización, los promotores de su esposo la presentaron como una bibliotecaria entusiasmada por los libros, que había dejado la profesión el día que se casó con George Bush en 1977.

En los primeros años de su matrimonio, Laura compartía las aficiones de su marido, pero después de los problemas que tuvo para quedarse embarazada y lo delicada que estuvo cuando lo consiguió, se apartó de las juergas, mientras él siguió con ellas, dejando a su esposa en casa.

«En Kennebunkport nunca se la vio en las típicas escenas familiares —recordaba su ex cuñada Sharon Bush—. Laura permanecía en el porche leyendo y fumando cigarrillos. Dejaba que el resto organizáramos las actividades para sus hijos y nos ocupáramos de ellos. Estaba en su propio mundo. No se mostraba nada sociable … Me imagino que sufría tensiones en su matrimonio por el hecho de que él es una persona difícil, con una energía terrible y … ella no, pero Laura nunca comentó nada al respecto … En realidad hablaba muy poco. Se pasaba el tiempo leyendo libros de bolsillo y fumando.»

En 1998, el equipo que se dedicaba a adecentar la imagen del gobernador no se preocupaba tanto por Laura como por George. Se desplazó por todo el país, se cercioró de que Andover no hiciera públicas las calificaciones del gobernador y consiguió que Yale y Harvard guardaran las suyas a menos que el equipo diera permiso para su publicación. Contactaron con la Guardia Nacional Aérea de Texas para asegurarse de que su expediente de servicio estaba «en regla».

Se dice que, en verano de 1997, Bill Burkett, coronel retirado de la Guardia, estuvo presente en una conversación telefónica entre Joe Allbaugh, del personal del gobernador, y el general Daniel James III. Burkett afirmó haber oído que Allbaugh decía al general que se ocupara de que no hubiera motivos de bochorno en el expediente de la Guardia de Bush. Tanto Allbaugh como James niegan las afirmaciones de Burkett, pero otro ex oficial de la Guardia, Dennis Adams, de Austin, Texas, comentó en 2004 que Burkett le había hablado en 1997 de la limpieza llevada a cabo en los expedientes. «No me cabe duda de que él [Burkett] dice la verdad —comentó Adams—. Bill es uno de mis héroes. Intentaba enfrentarse a ciertos hijos de perra que se encontraban en el interior de la Guardia.»

Los principales colaboradores del gobernador sabían que el amplio alcance de la familia Bush jugaba a su favor. Todo el mundo desea, por supuesto, complacer, y no alejarse, de los que tienen poder y riqueza. El miedo psicológico a las represalias de una familia cuyo patriarca había sido director de la CIA actuaba de forma automática y conseguía que guardaran silencio las molestas novias, los parlanchines socios y los enemigos que le guardaban rencor. Sobre todo en Texas, los Bush dominaban. Ni siquiera quienes les detestaban querían estar a malas con ellos. «¿Por qué molestar a un león que puede dejarte lisiado y acabar con tus hijos?», dijo un miembro del Club de Campo de Houston.

El primer obstáculo que tuvo que salvar el equipo dedicado a limpiar su imagen fue el pasado del gobernador como consumidor de drogas. A lo largo de los años, George se había mostrado muy cuidadoso procurando no mentir sobre lo del consumo y el tráfico de drogas, puesto que sabía que muchísimos podían declarar la verdad. El triunvirato de acero descubrió la mentalidad de honor que suele imperar entre los ladrones en el grupo de los que habían sido «jóvenes e irresponsables» en la época de George. En su nueva situación de adultos que habían triunfado, la mayoría tuvo suficiente juicio para no hablar de su consumo de drogas en la adolescencia.

Cuando se preguntaba a George sobre su relación con las drogas en el pasado, siempre se las ingeniaba para responder: «Cuando era joven e irresponsable, era joven e irresponsable».

En su cargo de gobernador, exigió pruebas sobre drogas a todos los empleados estatales, por lo que Sam Attlesey, de *The Dallas Morning News*, le preguntó si él mismo sería capaz de satisfacer unos baremos similares. «¿Sería capaz de pasar la inspección de seguridad de la Casa Blanca en cuanto al tema de drogas?»

Bush se lo quitó de encima. «Ya he respondido a este tipo de pregunta.»

Más tarde pidió a uno de sus colaboradores que le consiguiera un ejemplar de las directrices federales. Cuando las hubo leído, llamó de nuevo al periodista.

«Si lo que me pregunta es si he consumido drogas en los últimos siete años —dijo Bush—, la respuesta es no.

He aquí el titular del día siguiente: EL GOBERNADOR AFIRMA LLE-

VAR SIETE AÑOS SIN CONSUMIR DROGAS. Esto dio lugar a que el malogrado David Bloom, de la NBC, preguntara a Bush si había consumido drogas en su época de piloto de la Guardia Nacional.

«¿En alguna ocasión pilotó colocado un avión de combate?»

El equipo de Bush calculaba que la pregunta de Bloom sacaría a la luz los rumores que nunca se habían confirmado: que George había sido retirado del servicio en 1972 por hallársele cocaína en la sangre y era consciente de que no superaría la prueba física imprescindible. Bloom no consiguió una respuesta satisfactoria a su pregunta y no se le permitió seguir.

Tim Russert, moderador de la NBC en *Meet the Press*, intentó comprometer al gobernador en la cuestión de su consumo de drogas en el pasado, pero George eludió la pregunta. «He dicho todo lo que pienso decir —dijo a Russert—. No estoy dispuesto a proporcionarle excusas para que su hijo de catorce años diga: "Vaya, pues si el gobernador Bush hizo algo, puede que yo la pruebe [*sic*]".»

Al ver las idas y venidas de George en torno al tema de las drogas, un periodista del *Washington Post* se animó a preguntarle: «¿Por qué no niega, pues, que haya consumido cocaína?».

«No pienso hablar de lo que hice hace años —respondió él—. Se ha montado un juego en el que se lanzan rumores, se obliga a alguien a combatir uno concreto y luego se saca a la luz otro. Ya vi lo que ocurrió a mi padre con los rumores en Washington. Cometí errores. Pedí a las personas que no dejaran que los rumores obstaculizaran los hechos. He dicho que he aprendido a partir de mis errores y es cierto. Y voy a dejarlo aquí.»

Se refería al rumor sobre una supuesta detención en 1972 a raíz de posesión de drogas, que al parecer llevó a su padre a convencer a un juez de Texas que aceptara un trato por el cual George llevaría a cabo ciertos servicios comunitarios y, como contrapartida, su expediente se mantendría limpio. Si bien nunca se confirmó el citado rumor, en realidad, George W. Bush participó en un programa de servicio comunitario por aquella época, poco antes de entrar en la Harvard Business School. Según la historia oficial, lo que le llevó a realizar el servicio comunitario fue el incidente de W. en el que se mezcló bebida y conducción e implicó también a su hermano Marvin, quien no había alcanzado aún la mayoría de edad.

Mantienen que tal servicio en el PULL fue algo estrictamente voluntario, o cuando menos establecido única y exclusivamente siguiendo la disciplina paterna.

Como gobernador y candidato a la presidencia, George negó
que le hubieran detenido en alguna ocasión por tráfico de drogas;
nadie mostró nunca pruebas sobre tal detención, y su padre negó
vehementemente que hubiera intentado obstruir a la justicia en
beneficio de su hijo. «Es mentira —dijo George Herbert Walker
Bush—. Una mentira cruel. Y esas son las cosas que apartan a
muchos del servicio público.»

Como gobernador de Texas, adoptó una postura inflexible en
el tema de las drogas. Apoyó y firmó leyes estatales que aumenta-
ban las sanciones por posesión de estas sustancias. Firmó asimismo otras por las que se castigaba con penas de cárcel a quienes se
hallaran en posesión de incluso menos de un gramo de cocaína.
Aun así, según su ex cuñada Sharon Bush, él mismo habría dado con
los huesos en la cárcel de haber sido descubierto «consumiendo
coca» con su hermano Marvin y un amigo en Camp David en la época en que su padre era presidente. «Existe una larga historia de al-
teraciones bioquímicas en la familia —dijo Sharon en 2003, cuando
estaba metida de lleno en el conflictivo divorcio con Neil—. Esquizofrenia, alcoholismo y consumo de drogas.»

Las respuestas del gobernador a las preguntas sobre su consumo de drogas llegaron a ser tan intrincadas que se convirtieron en
el blanco de las bromas de los programas de humor en televisión.
«George Bush ha dado hoy seis respuestas distintas al tema —dijo
Jay Leno en The Tonight Show—. Primero ha dicho que no había
consumido en los últimos quince años. Un poco más tarde lo ha
cambiado. Ha dicho que no, que no había consumido en los últimos veinticinco años. Luego, hace como una hora, ha salido con
que lo que en realidad quería decir era que no las había probado
desde que tenía veintiocho años. Y por fin ha admitido: "Mire, estoy tan colocado que no sé qué demonios digo".»

Durante su primer mandato como gobernador, George fue
convocado como jurado en el condado de Travis. Para ello tuvo que
rellenar el cuestionario judicial (número 85009809), pero dejó en
blanco las siguientes preguntas:

¿En alguna ocasión ha sido acusado en algún juicio civil? Si es así, ¿de qué tipo?

¿En alguna ocasión su esposa o alguno de sus hijos ha sufrido heridas que hayan exigido atención médica? Si es así, describa las heridas.

¿Ha sido usted en alguna ocasión miembro de un jurado? ¿Civil? ¿Criminal? ¿Se alcanzó un veredicto?

¿Ha sido usted acusado, demandante o testigo en un caso criminal?

No fue el descuido lo que le llevó a dejar estas respuestas en blanco. No respondió a ellas por razones específicas. George había participado como parte en un juicio civil y no quería que se hiciera público. Pocos sabían que en 1994, el portero del Rainbo Club, un exclusivo escondrijo para millonarios de Dallas situado en East Texas, en el condado de Henderson, y su esposa acusaron a los miembros del club de conspiración para el despido del hombre por «resentimiento y mala fe» y que había interpuesto una demanda contra George W. y otros miembros del citado club. Los querellantes mantenían que se había despedido al portero después de que solicitara una compensación tras haber sufrido heridas en su lugar de trabajo. Después de dos años de litigio, George consiguió el sobreseimiento de su parte en el proceso y en el sumario, pero tuvo que esperar a que el abogado de los querellantes, Kay Davenport, de Tyler, Texas, le hubiera llevado a declarar. George no quería que saliera a la luz este testimonio, pues en la declaración admitía que el Rainbo Club era «solo para blancos». En la contienda contra Ann Richards había contado con menos del 9 por ciento del voto de los negros, y le preocupaba el rechazo por parte de esta comunidad. Había declarado que se trataba de la única decepción en una campaña por otra parte ideal. No deseaba exacerbar el problema. Tampoco quería llamar la atención sobre la exención impositiva que aplicó a su lujosa residencia junto al lago. Él y otros propietarios del Rainbo Club habían reducido a la mitad su pasivo exigible en concepto de impuestos por medio de una ley que permitía designar las fincas del club como terreno recreativo y parque pintoresco. Habían creado una empresa privada sin ánimo de lucro, el Rainbo Club Inc., que utilizaban como reserva de caza y pesca sus dieciocho miembros. A consecuencia de aquel subterfugio, en 1988 Bush pagaba únicamente 543,07 dólares en impuestos sobre la propiedad por una casa y un anexo para invitados valorados en 101.770 dólares. La querella del Rainbo Club le costó tanto en honorarios de abogados en dos años que le hizo convertir la reforma del código civil en uno de los principales ejes de su campaña.

En el formulario que debía responder como jurado, el gobernador dejó también en blanco la respuesta sobre si su esposa había sufrido alguna lesión que exigiera atención médica. No quería que se abriera investigación alguna sobre el doloroso pasado de Laura. En aquella época, ni siquiera las dos gemelas de quince años estaban al corriente de la muerte provocada por su madre cuando estaba en el último curso de la escuela secundaria Robert E. Lee, en Midland. Laura conducía el coche de sus padres cerca del cruce de la carretera estatal 349 con Farm Road. Mientras fumaba y hablaba con su amiga Judy Dikes, no se fijó en la señal de stop. Se precipitó hacia la carretera a setenta y cinco kilómetros por hora y empotró su Chevrolet de 1963 contra un Corvair 1962. Su conductor, Michael Douglas, no tuvo tiempo para reaccionar. Llegó muerto al Midland Memorial Hospital. No se formularon cargos. El informe policial precisaba que nadie llevaba cinturón de seguridad y concluía que, si bien no se habían realizado pruebas de alcoholemia, no había indicios que demostraran que la conductora hubiera bebido. Laura Lane Welch y su amiga sufrieron contusiones y magulladuras, pero fueron dadas de alta aquella misma noche. Quedaron muy conmocionadas al saber que Laura había matado a aquel atractivo muchacho de Midland, un deportista completo de su escuela secundaria, uno de los chicos más populares de la clase, con quien la propia Laura había intentado salir. Tardó unas semanas en volver a clase y se sintió incapaz de asistir a los funerales del joven.

«Cuando tenía diecisiete años viví un accidente realmente trágico —dijo treinta y siete años más tarde, cuando la historia apareció en el *New York Post*—. Fue terrible para todos los implicados. Sé que es algo que para un adulto, y mucho más para un padre, resulta demoledor. Y lo fue para la familia de él y también para mí.»

Si George evitó responder a la pregunta para el jurado sobre si había estado acusado en alguna causa criminal fue por lo de su detención en Maine, el 4 de septiembre de 1976, por conducir borracho. Recuperó su permiso de conducir de Texas, retirado durante una temporada, el 25 de julio de 1978, aunque poco después de resultar elegido el gobernador en 1975 pidió otro nuevo con un número distinto. Esto haría prácticamente imposible detectar una detención con el permiso de conducir anterior. Tal vez fuera esta confianza la que le envalentonó para mentir en 1998 a Wayne Slater, de *The Dallas Morning News*:

> SLATER: ¿Fue usted detenido después de 1968, gobernador?
> BUSH: No.

Cuando George habló por primera vez en calidad de integrante de un jurado en el palacio de justicia del condado de Travis, el 30 de septiembre de 1996, sonrió ante las cámaras de televisión y dijo: «Me complace llevar a cabo este servicio. Creo que es importante. Es uno de los deberes de la ciudadanía ... Soy una persona normal y corriente que se presenta a cumplir su deber como jurado».

Una vez en la sala, descubrió que lo que se iba a juzgar era un caso por conducción en estado de embriaguez. Pidió a Alberto R. Gonzales, su asesor legal, que solicitara al tribunal que se le eximiera, pues como gobernador existía la posibilidad de que le reclamaran el perdón para el acusado. A pesar de que aquello fuera algo muy improbable, el juez accedió como cortesía y le excusó de su deber como jurado. Bush designó más tarde a su abogado para el Tribunal Supremo de Texas.

*The Houston Chronicle* explicó el rechazo del gobernador como «una salida que le permitió evitar unas preguntas que podían resultar violentas sobre si se había puesto alguna vez al volante después de haber bebido».

Cuando los periodistas preguntaron a George si le habían detenido alguna vez por conducir en estado de embriaguez, contestó: «No tuve un expediente impecable durante mi juventud». Nadie pensó en comprobar los archivos sobre detenciones en lugares en los que había vivido de joven, hasta el 2 de noviembre de 2002. Cinco días antes de las elecciones, Tom Connolly, un demócrata de toda la vida de Maine, dio con un informe de la policía de veinticuatro años atrás que el gobernador había ocultado durante toda su vida pública. Aquella revelación costó a George una considerable pérdida de respeto, sobre todo porque se había presentado siempre como una persona honrada y sincera en contraposición con los demócratas. Su claro intento de ocultar la detención hizo adoptar una posición escéptica a los periodistas. Utilizaron términos como «Clintoniano» para describir sus bochornosos intentos de abordar las preguntas sobre el encubrimiento del escándalo. Karl Rove calculó más tarde que la revelación había costado a Bush alrededor de un millón de votos, cantidad suficiente para hacerle perder el voto popular nacional.

Cuando el fiscal del condado de Travis, el demócrata Ken Oden, se enteró del expediente del gobernador, vio que Bush y su abogado le habían engañado aposta. «Utilizó su cargo de gobernador para no tener que responder a unas preguntas que podían avergonzarle sobre su pasado», dijo Oden a Salon.com. El abogado defensor, P. David Wahlberg, dijo: «Todo el mundo comprendió que [Bush] no quería responder a ninguna pregunta que tuviera que ver con alcohol, drogas y cosas por el estilo».

Como era de esperar, Barbara Bush acudió en defensa de su hijo. Afirmó que se le detuvo porque «conducía excesivamente despacio». El policía que le detuvo, Calvin Bridges, dijo que paró a Bush por «conducir de forma errática y chocar con unos setos fuera de la carretera».

En su libro *Reflections*, Barbara quitó importancia a la detención comentando que había sido una cosa de «mucho ruido y pocas nueces». Escribió: «Francamente, estoy segura de que, al contrario de lo que esperaban algunos, esto habrá recordado a todos que George supo ser disciplinado y abandonar la bebida, y que es una persona fuerte».

Quienes conocían bien a George estuvieron de acuerdo en que la clave de su nueva personalidad estribaba en una disciplina inflexible. Su hermana le describía como un muchacho gordo que se sacrificaba por mantenerse delgado. Su madre proponía la imagen del bebedor que se niega a consumir alcohol para mantenerse sobrio. Ambas coincidían en que hacía unos esfuerzos monumentales por controlar ambas inclinaciones. A fin de mantener su rígida disciplina, George impuso un orden inflexible en su vida. Al igual que cualquier adicto en fase de recuperación, necesitaba un horario regular, levantarse pronto y acostarse pronto. Rezaba todos los días con la ayuda de su *One-Year Bible*, dividida en 365 lecturas del Nuevo Testamento, el Antiguo Testamento, los Salmos y los Proverbios. Nervioso e impaciente, dedicaba como mínimo una hora al día, y a veces dos, al ejercicio físico. Con la puntualidad de un reloj, empezaba y terminaba las reuniones a la hora exacta. Se negaba a leer informes que superaran las dos páginas. Disirutaba tomando decisiones rápidas. Su religiosidad le permitía vivir en un mundo perfectamente delimitado por los absolutos, sin matices intermedios. Su firmeza procedía de la necesidad de control y de establecer orden en medio del caos. En cuanto había tomado una decisión, pocas veces se replanteaba la cuestión. Un cambio de opinión podía haberse interpretado como señal de debilidad, y nada temía tanto como dar una imagen de pelele. El «factor pelele» no se dio nunca en George W. Bush.

Se daba aires, sonreía satisfecho y parecía disfrutar escandalizando a todo el mundo con su machismo exagerado. Blasfemaba constantemente, algo que su padre, familiarizado también con el lenguaje grosero, afirmaba que hacía desde los cinco años. En una carta que escribió en 1951 a un amigo, Bush padre decía: «Georgie me exaspera con ese lenguaje tan vulgar». Unos años más tarde, los periodistas quedaron asombrados con algunas de las obscenidades de George. David Fink, que había trabajado para *The Hartford Courant*, quedó boquiabierto cuando preguntó a George de qué hablaban él y su padre. He aquí la respuesta de George: «De furcias».

«No podía repetir la palabra —dijo Fink años más tarde—. Por ello escribí que se había referido a las mujeres de una forma algo despectiva. Era consciente de lo que había dicho, pero en parte pensaba que en mi vida habría hablado yo de esa forma a un desconocido, y mucho menos a alguien que lo estaba grabando, supongo que por eso le protegí, pensando que tal vez pretendía quedar bien con determinados tipos.»

Cuando Tucker Carlson entrevistó al gobernador para la revista *Talk*, también quedó estupefacto ante la vulgaridad de George.

Carlson le preguntó por un rumor según el cual en la campaña de Gore se mostraba una foto de Bush bailando desnudo en la barra de un bar.

«Se creen que esto son unas elecciones del instituto —dijo George—, en las que si pegas una buena paliza al adversario puedes ganar. Han perdido la puta cabeza.»

Cuando un amigo de derechas acusó al gobernador evangélico renacido de tomar el nombre de Dios en vano, George explotó: «Chorradas —respondió—. Nada más que chorradas.»

Ya hablara con periodistas, con miembros del Congreso o con jefes de Estado, George no hacía esfuerzo alguno por contener su lengua. A Adam Clymer, de *The New York Times*, lo llamó «el mayor gilipollas del mundo». Después de alabar al representante republicano por Georgia Charles Whitlow Norwood Jr., George dijo: «Y ahora que ya le hemos lamido el culo, ¿qué hay que hacer para llegar a un acuerdo con él?». El primer ministro israelí Ariel Sharon quedó de piedra cuando le oyó decir: «Dije que usted era un hombre de paz. Sepa que me cubrí de mierda con ello».

El talante de gallito ayudó mucho a George como gobernador de Texas. Durante los seis años que permaneció en el cargo permitió que se llevaran a cabo ciento cincuenta y dos ejecuciones (ciento cincuenta hombres y dos mujeres), récord que no ha igualado otro gobernador en la historia moderna. Afirmaba haber revisado cada uno de los casos de las ejecuciones minuciosamente, si bien la investigación llevada a cabo por *The Atlantic Monthly* apuntaba que él y su asesor legal Alberto R. Gonzales sorprendentemente prestaban poquísima atención a los hechos en los casos que se les presentaban. Se descubrió que los informes de Gonzales, en los que nunca hacía recomendaciones específicas al gobernador, eran meros resúmenes superficiales que no carecían de datos específicos cruciales sobre los casos de ejecución. La última página de cada resumen contenía la frase «Decisión de clemencia del gobernador», con un espacio para que George eligiera entre «denegada» o «concedida» y estampara su firma. En ciento cincuenta y dos de ciento cincuenta y tres casos, Bush optó por denegada. En seis años solo intercedió en una ocasión ante el Consejo de Indultos para detener una ejecución, la de un supuesto asesino en serie al que se había condenado a muerte por un asesinato que dos fiscales generales concluyeron que no había cometido.

La más célebre súplica de clemencia procedía de Karla Faye Tucker, a quien se había declarado culpable del asesinato, inducido por el consumo de drogas, de dos personas con un pico. Durante los catorce años que permaneció en la cárcel, al parecer Tucker experimentó una conversión religiosa y se convirtió en una presa modelo que se arrepintió de sus crímenes y pidió perdón. Solicitó al gobernador que detuviera la ejecución y le conmutara la pena por la de cadena perpetua. En Texas no se había ejecutado a una mujer desde 1863, y su súplica recibió atención internacional. Difundieron su caso los programas *60 Minutes*, *The 700 Club* y *Larry King Live* durante dos noches consecutivas. El telepredicador evangelista Pat Robertson fue un buen paladín de su causa, así como la activista de los derechos humanos Bianca Jagger y el papa Juan Pablo II. El gobernador Bush no quiso reunirse con ninguno de ellos. «Si el crimen se ajusta a la pena, esta se ejecuta», dijo.

Dos semanas antes de la programada ejecución de Tucker mediante inyección letal, Larry King, de la CNN, se trasladó a Gatesville, Texas, a entrevistar a la condenada en el corredor de la muerte. La mujer se echó a llorar y no dejó de sollozar mientras contaba su crimen. Habló de su salvación religiosa y de su fe en Dios.

> KING: ¿Cree usted que… la política y demás… que esto es un asunto político? ¿Que [para el gobernador Bush] la decisión es: me perjudicará o me ayudará de cara al electorado? ¿Lo cree usted así?
> TUCKER: Por supuesto. No estoy loca. Seguro que sí.
> KING: Y los texanos están a favor de la pena capital…
> TUCKER: Sí.
> KING: O sea que, ¿se encuentra usted en una situación delicada?
> TUCKER: Hablando claro, podría decirse que no hay esperanza posible, pero yo … mis esperanzas puestas en Dios.

Dos noches antes de la fecha prevista para la ejecución, Jenna Bush, la hija de George de dieciséis años, dijo a su padre durante la cena que debería conmutar la sentencia. Él se negó. «Si el crimen se ajusta a la pena —repitió—, esta se ejecuta.» El 3 de febrero de 1998 firmó la orden de ejecución.

«Que Dios bendiga a Karla Faye Tucker y que Dios bendiga a sus víctimas y sus familias», dijo Bush.

El editorial del día siguiente del *Austin American-Statesman* se puso del lado de Jenna Bush. «[La ejecución de Tucker] ha sido tan conmovedora e innecesaria que ha dado que pensar a todo el mundo, salvo a los más acérrimos partidarios de la pena capital —decía el periódico—. Su muerte ... debería llevar a todos los jueces, jurados y legisladores a replantearse la pena de muerte que Texas aplica con tanta despreocupación.»

Un año más tarde, el gobernador seguía siendo blanco de las críticas. Incapaz de disimular su vena cruel o poco dispuesto a hacerlo, habló en tono sarcástico con un periodista sobre la ejecución.

—No me reuní con Larry King cuando vino a tratar el tema. De todas formas, vi su entrevista [con Tucker]. Le hizo unas preguntas realmente complicadas, como: «¿Qué le diría usted al gobernador Bush?».

—¿Cuál fue su respuesta?

George frunció los labios en una mueca burlona y dijo haciendo como que lloriqueaba:

—Por favor, no me mate.

Sin embargo, King no le había formulado tal pregunta ni ella había respondido aquello. Lo de poner en ridículo a la mujer ejecutada el año anterior se consideró una terrible falta de sensibilidad por parte de Bush, algo incluso cruel.

George nunca estuvo a la altura del tacto mostrado por su padre, pero fue capaz de mostrar algún gesto amable. Ruth Gilson, agente inmobiliario con Millicent Chatel, recordaba un entrañable momento en un acto organizado en 1999 para recoger fondos en el hotel Willard de Washington.

«Había pagado mil dólares para ver al gobernador —dijo—. Tenía muchas ganas de conocerle porque había votado a su padre y estaba dispuesta a votarle a él.»

Recordaba que había sido una de las pocas mujeres que asistió al acto. «Todos los hombres parecían ricos promotores, con sus caros trajes y sus abultadas barrigas. El local se llenó deprisa y estábamos todos apretujados. Yo me encontraba delante del cordón de seguridad. Una viejecita de unos ochenta y cinco años se las compuso para situarse a mi lado. Me dijo que necesitaba ver al gobernador. "Tengo que hablar con él", me comentó.»

La anciana se veía frágil y llevaba una ropa muy usada, pasada de moda. Adornaba su cabeza con un pequeño sombrero con velo. «Parecía una dama de la caridad de los años cincuenta», dijo Gilson.

Llegó George, hizo un breve discurso y avanzó entre la multitud. Y luego empezó a hablar con los congregados. La viejecita avanzó un poco y preguntó si podía decir algo. Él le tendió la mano. Ella le dijo al oído que por favor hiciera algo con los precios de los medicamentos para los ancianos. Él movió la cabeza con gesto de asentimiento. «Lo intentaré», dijo. Luego retrocedió un poco para mirarla.

—¿Ha pagado usted mil dólares para asistir a este acto?

—Sí, señor.

«Pues quiero que se le devuelva el dinero —dijo volviéndose hacia el hombre que le acompañaba—. Anote su nombre y dirección y verifique que se le haga llegar un cheque de mil dólares.

La viejecita movió la cabeza negándose a ello.

—No, quiero que se lo quede usted, señor Bush. Quiero que gane.

—¿Pues sabe qué vamos a hacer? —respondió él—. Yo me quedo con cien dólares y usted se queda los novecientos restantes, así ganamos los dos.

La mujer sonrió agradecida.

«Fue un gesto encantador por su parte —recordaba Ruth Gilson—. Otros podrían haberlo considerado como de superioridad, pero yo no. En medio de promotores que le apoyaban, aquella viejecita con una ropa tan anticuada parecía la abuela pobre de cualquiera, y él respondió a ello con delicadeza.»

De todas formas, en general, como ocurría con su padre, la compasión de George W. solía limitarse a aquellos que se mostraban leales y serviciales con la familia. Y se ampliaba también a los que se hallaban en su misma categoría fiscal.

Ya antes de anunciar su candidatura, George había reunido cuarenta millones de dólares, que engrasaron el mecanismo para situarse como claro favorito. La estrategia de Rove se había basado en coronarle antes de su ascenso al trono. «Quien personifica la opción del *establishment* en el bando republicano es el claro candidato —dijo Rove a un grupo de promotores en Austin—. No hay peros que valgan.» A finales de 2000, George había reunido más de ciento noventa y tres millones de dólares, frente a los ciento treinta y tres de Gore, y aquella se había convertido en la campaña presidencial más cara de la historia. *Newsweek* afirmó que George había reunido la maquinaria de recogida de fondos más potente en el mundo de la política. Tenía su principal apoyo financiero en la empresa de tarjetas de crédito MBNA, que contribuyó con doscientos cuarenta mil dólares y le proporcionó el avión para la campaña. Charles Cawley, director ejecutivo de la firma y amigo de los Bush, recibía cincuenta millones de dólares al año de la empresa que había fundado. Fue uno de los *Ranger* de Bush, lo que significaba que había donado más de doscientos mil dólares. Recaudó 369.156 dólares para la campaña presidencial y contribuyó con cien mil dólares a título personal para la ceremonia de investidura de George. En 2004, el consejo de administración obligó a Cawley a retirarse a causa de sus imperiosas exigencias económicas.

George jamás se disculpó por el hecho de aliarse con las mayores fortunas de Estados Unidos. Sabía que el dinero era el alimento básico para los políticos. Dirigiéndose a los congregados en una conmemoración a Al Smith, en Nueva York, hizo broma sobre sus adinerados contribuyentes: «Esta es una impresionante audiencia compuesta por los que poseen riqueza y los que poseen más. Algunos los llaman a ustedes la élite. Yo los llamo mi base».

George estaba tan acostumbrado a la lujosa vida de las limusinas y los aviones privados que parecía completamente desligado de los que tenían que trabajar para ganarse el pan y trasladarse en autobús o en tren. Tom Downs, antiguo director de Amtrak, recordaba haberse puesto en contacto con él cuando la compañía ferroviaria eliminó el Texas Eagle, el último tren que unía Dallas y Houston. Bush ni siquiera sabía que existía tal servicio.

«Cuando tenemos que desplazarnos allí, tomamos uno de los aviones de Herb [Herb Kelleher, director de Southwest Airlines] o vamos en coche —respondió el gobernador, y luego dijo a Downs que siguiera adelante y eliminara el servicio—. Sin problemas.»

Más tarde, Downs llamó a Kay Bailey Hutchison, senadora por Texas, para comentarle la cancelación. Ella le preguntó sobre la reacción de Bush. Downs modificó diplomáticamente la respuesta del gobernador.

—No, dígame lo que ha respondido tal cual —insistió ella.

Downs accedió.

—Aquella mierda... —dijo a la senadora.

George se desplazó a Cedar Rapids, Iowa, el 12 de junio de 1999 para anunciar su candidatura. «Me siento orgulloso de ser un conservador comprensivo —dijo—. Me presento a fin de que nuestro partido pueda conjugar una cabeza conservadora con un corazón comprensivo.» Llegó allí en un avión fletado para la ocasión al que había denominado *Great Expectations* (Grandes esperanzas). Un periodista le preguntó por qué había puesto al avión el título de una obra de Charles Dickens. George le miró con aire socarrón.

—Empezó como «Elevadas esperanzas» y yo sugerí «Grandes esperanzas», dijo.

—Pero... ¿el libro?

—Si lo he leído, no me acuerdo —respondió el gobernador.

Cuando Jim Hightower oyó la anécdota, el comunicador de Texas hizo un gesto elocuente con las manos. «Vamos a ver —dijo—, Gore contra Bush va a convertirse en una contienda entre el aburrimiento y la estupidez.»

En Iowa, George se reunió con un grupo de ocho candidatos republicanos, la mayoría de los cuales se retiraría tras la victoria de Bush en los *caucus*. Se mantuvo en la carrera el senador John McCain de Arizona, quien no disponía de dinero para hacer campaña en Iowa. El candidato con menos recursos económicos contaba con derrotar a Bush en New Hampshire, Carolina del Sur, Michigan y Nueva York antes de rematarle en California. McCain, conservador independiente, había seducido a la prensa con su refrescante candor y emocionaba a los votantes con su franqueza y sus palabras duras sobre la necesidad de la reforma de la financiación de campañas. Después de haber permanecido encerrado como prisionero de guerra durante más de cinco años, a McCain se le admiraba como a un héroe. En una ocasión bromeó diciendo que dormía más tranquilo en Vietnam del Norte sabiendo que George Bush defendía las costas de Texas contra la invasión. La campaña del príncipe y el mendigo reflejó sus contrapuestos estilos personales. Bush se desplazaba en lujosos aviones, llevando siempre su propia almohada para no tener que recostar la cabeza en vulgares ropas de cama de hotel, mientras McCain viajaba en un autobús rojo, blanco y azul que bautizó como *The Straight Talk Express* (Hablar Claro Exprés).

Días después, George se convirtió en noticia en el ámbito nacional con su anuncio formal en Iowa, y ocupó de nuevo los titulares más tarde como cuñado de Columba Bush, a quien detuvieron en la aduana estadounidense por no haber declarado ropa y joyas por valor de diecinueve mil dólares que había traído de París. Manteniendo que había gastado únicamente quinientos dólares, la esposa del gobernador Jeb Bush fue detenida y registrada y se le impuso una multa de cuatro mil cien dólares. Ante la insistencia de su esposo, Columba Bush se disculpó públicamente. Jeb dijo que su esposa había mentido porque no quería que él supiera lo que había gastado en aquel viaje de cinco días. «Para nosotros ha sido un fin de semana difícil», dijo el gobernador.

Columba estaba tan avergonzada que no quiso acompañar a su esposo e hijos a Kennebunkport a pasar las habituales vacaciones de verano con los Bush. Asustada al pensar cómo podían reaccionar sus parientes políticos, se encerró en su habitación de la residencia familiar y no quiso salir hasta que su cuñada, Sharon Bush, llamó a la puerta para llevarla a dar una vuelta. «Recuerdo lo agradecido que estaba [Jeb], lo que significó para él que pasara tiempo con Columba en Maine», dijo Sharon. Jeb comentó después: «Mi esposa no es un personaje público. Se siente incómoda ante las cámaras, precisamente por eso la quiero tanto yo. No me interesa una esposa política, quiero a alguien con quien al llegar a casa pueda hacer una vida normal».

Hacía tiempo, sin embargo, que la normalidad había desaparecido del hogar de Jeb y Columba Bush. En 1994 su hijo mayor, George Prescott Bush, tuvo una pelea con una ex novia y el padre de esta, en la que precipitó su utilitario deportivo contra el jardín de la casa familiar. No fue detenido porque los padres de la novia no presentaron cargos. Un año después Noelle Bush, la hija del gobernador, fue detenida por robar en una tienda y tuvo que pagar una multa de trescientos cinco dólares. A medida que fue convirtiéndose en adicta a las drogas, se le impusieron doce multas de tráfico en seis años, entre ellas, siete por exceso de velocidad y tres por accidente. En octubre de 2000, los guardias de seguridad del aparcamiento de un centro comercial de Tallahassee sorprendieron a John «Jebby» Bush, de dieciséis años, con una chica de diecisiete, ambos desnudos de cintura para abajo salvo los calcetines de Jebby. El informe policial sobre el hijo del gobernador hablaba de «conducta sexual indecorosa», pero no se imputó delito a ninguno de los dos.

«Podría haber sido peor —bromeó su tío George con un colaborador suyo—. En vez de una chica podía haber sido un chico. —Unos segundos después añadió—: Aunque con eso tal vez habríamos ganado algún voto gay.»

Las bromas de este tipo hacían que algunos se preguntaran si George estaba realmente comprometido con sus inamovibles posturas públicas o si en realidad sus proclamas estaban pensadas para sacar partido político. Teniendo en cuenta que en Estados Unidos se calcula que hay cuatro millones de votantes gays, frente a quince millones de conservadores en el ámbito social, era lógico que un candidato cínico apoyara las cuestiones por las que se inclina la mayoría conservadora. Como gobernador, George había optado por la línea dura contra la homosexualidad. Afirmó que apoyaba la legislación estatal contra la sodomía como «gesto simbólico de los valores tradicionales». Se opuso a la legislación sobre los denominados crímenes de odio, que habría protegido a los homosexuales. Estuvo también en contra de las adopciones y las bodas entre gays. (Como presidente, se mostró partidario de una enmienda constitucional que prohibía este tipo de bodas.) Sin embargo, intentó un acercamiento al ex representante por Texas Glen Maxey, un gay demócrata que había manifestado públicamente su condición, e intentó establecer una separación entre su política y sus sentimientos personales.

«Se colocó muy cerca de mí y, casi rozándome la cara, me dijo: "Me cae bien como persona, Glen. Le respeto como ser humano. Quiero que sepa que lo que he dicho en público sobre los gays no tiene nada que ver con usted".»

Enojado por la oposición de Bush a las adopciones por parte de los gays, Maxey respondió: «Gobernador, cuando usted dice que un gay no es una persona adecuada para adoptar un hijo, está hablando de mí».

Durante los debates presidenciales, George defendió que los homosexuales «deben tener los mismos derechos» que el resto de las personas. Pero no quiso reunirse con la asociación gay republicana Log Cabin Republicans. Como presidente, su administración decidió que podía despedirse a los homosexuales del gobierno federal por su orientación sexual. En 2004, la Oficina del Consejero Especial decidió que los empleados federales ya no podían recurrir si se los despedía o rebajaba de categoría por el simple hecho de ser gays.

Cuando Bush propuso la enmienda constitucional por la que se prohibían las uniones entre personas del mismo sexo, Calvin Trillin, con su aguda pluma, escribió un poema:

GEORGE W. BUSH SE ATREVE A HABLAR DE LAS BODAS GAYS

*Apoya una enmienda que define el voto*
*del matrimonio como acto entre un hombre y una mujer,*
*por miedo a que la civilización se hunda en el abismo,*
*que es lo que afirma puede suceder. Aunque nadie sabe cómo.*

*No sabe explicarlo ni le hace falta extenderse en explicaciones.*
*Lo vimos con Poppy. Sabemos lo que hay:*
*los batallones de Cristo se lo exigieron.*
*El gañido del perro faldero se oye en todo el territorio.*

Conway «Doc» Downing, compañero de clase de George en Andover, empresario afroamericano del sector del juego, sonreía intentando explicar la paradoja de su amigo. «Tengo un pequeño negocio de juego por internet —dijo—. Cuando George era gobernador de Texas, llamé a Clay Johnson para conseguir la dirección de Richard Rainwater. Este era el dueño del mayor capital existente detrás de los Rangers de Texas. Es todo lo que yo deseaba. Ni una mano, ni una recomendación, tan solo una dirección personal. Le dije a Clay que quería hacer una propuesta a Rainwater relacionada con el juego. Clay consultó con George y me llamó después. Me dio la dirección pero puntualizó: "No te la hemos dado nosotros, pues es de dominio público que el gobernador está en contra del juego".»

La campaña presidencial de 2000 se caldeaba. George ganó los *caucus* de Iowa, pero en New Hampshire McCain le superaba en los sondeos. Los encuestadores dijeron a Bush que un 25 por ciento del apoyo que podría obtener procedía de quienes admiraban a sus padres. «Es un factor potente —Tom Rath, fiscal de New Hampshire, comentó a *Newsweek*—. Dicen que la bellota no cae muy lejos del árbol.» George convocó a su familia en aquel estado para que hicieran campaña con él. Jeb llegó repartiendo naranjas de Florida. Apareció Barbara con sus perlas para dirigirse a los asistentes a almuerzos en Geno's Chowder y Sandwich Shop: «Georgie mantendrá sus promesas —dijo—. De lo contrario, vendrá su madre para ajustarle las cuentas». El ex presidente aparecía en el estrado rodeando con el brazo el hombro de su hijo mayor: «Pueden confiar en mi muchacho —decía—. Nuestro hijo no los defraudará … Él trabajará para restablecer el respeto en la presidencia».

A los votantes del estado del granito no les impresionó aquello de «nuestro hijo». Se tomaron la invasión de la familia Bush como el desesperado último recurso de un candidato que había dado su voto por supuesto, y volaba a Austin cada fin de semana para dormir en su propia cama. John Adams, el único presidente cuyo hijo aspiró a la sucesión —y lo consiguió—, nunca hizo campaña para John Quincy Adams. La explicación, según contó David McCullough, biógrafo de Adams, a la periodista Mary McGrory: «Se habría considerado "impropio"». Sin embargo, en la familia Adams la redención del padre no dependía del éxito político del hijo.

Karl Rove, que no había organizado nunca una campaña nacional, había pronosticado una victoria fácil en New Hampshire. Cuando vio los primeros sondeos en las primarias, quedó atónito. Su candidato había bajado de cincuenta puntos a treinta y dos. Acudió raudo a la suite de gobernador.

—Vamos a perder y a perder de lo lindo —dijo.

—¿Por mucho? —preguntó Bush.

—Por muchísimo —dijo Rove—. Perderemos por dieciocho, diecinueve, veinte puntos. Así de mal vamos.

George no juró ni soltó exclamación alguna. Permaneció sentado unos minutos, miró el canal de información meteorológica, se fue en coche al gimnasio de un centro comercial junto a la autopista e hizo ejercicio físico. A la vuelta, tranquilizó a los suyos diciéndoles que no iba a despedir a nadie y se armó de valor para llamar a su padre.

«Nos van a pegar una paliza», le dijo. Más tarde, George recordó aquel momento como uno de los peores de su vida. «Es mucho más duro ser madre o padre que ser candidato. Para mí resultaba durísimo ser el hijo cuando el candidato era él. Y tuve que asegurarles que estaría bien. Y estaré bien. No busco una explicación racional a la derrota.»

Reunió a sus principales colaboradores y les interrogó a fondo. «¿Qué demonios ha ocurrido? —preguntó—. ¿Cómo no lo supimos antes?»

Aquella noche, después de perder ante McCain por dieciocho puntos —49 por ciento frente a 31 por ciento—, George llamó a su adversario para felicitarle. El senador estaba tan asombrado de haber ganado como el gobernador de haber perdido.

«Cuando llamó para admitir la derrota de las primarias y felicitarme ... se mostró muy amable y yo se lo agradecí —dijo McCain—. Le comenté que opinaba que nuestros allegados podían sentirse orgullosos de la forma en que habíamos llevado la campaña. Se lo dije sinceramente ... Nos despedimos como amigos. Al cabo de poco, ya no íbamos a serlo.»

Más tarde, Laura Bush habló a su marido en el tono de la maestra que reprende a un alumno díscolo por no estar a la altura de sus posibilidades: «Has permitido que te haga eso —dijo—. Has dejado que John McCain te dé instrucciones. Tienes que responder».

Laura conocía a aquel hombre. En cuanto viera la derrota como un ataque a su hombría, iría a la carga. Al día siguiente tomó un avión hacia Carolina del Sur con su hermano menor. Cuando George apartó la cortina que separaba sus asientos del lugar reservado a la prensa en el avión, Marvin dijo: «El próximo sonido que oiréis será el de la prensa apartando los labios del ejem, ejem, ejem de

McCain». La familia tenía la impresión de que McCain había seducido a los medios de comunicación, incluyendo a los periodistas que cubrían la campaña de Bush.

George dejó claro que durante los dieciocho días siguientes, tenía intención de situarse a la derecha en todos los asuntos. En unas horas demostró, tal como había observado el fiscal de New Hampshire Tom Rath, que la bellota realmente no cae muy lejos del árbol. Imitó la agresiva estrategia que su padre utilizó con las imágenes de Willie Horton, y transformó las primarias de Carolina del Sur en una de las campañas más encarnizadas de la historia política.

George empezó con un discurso en la Universidad Bob Jones de Greenville. Se trataba de una institución que a lo largo de su existencia se había opuesto a la integración, prohibía las relaciones interraciales y condenaba la homosexualidad, y cuyos fundadores habían sido furibundamente anticatólicos. En 2000, el presidente de la universidad, Bob Jones III, aún se refería a los cultos de los mormones y de los católicos como «cultos que se autoproclaman cristianos». La institución amenazaba con detener a cualquier ex alumno suyo que hubiera salido del armario y se atreviera a regresar por la universidad. Una de las pancartas que se pusieron en el campus rezaba: VOTA A BUSH PORQUE LOS GAYS TIENEN DEMASIADOS DERECHOS. Fue obligatoria la asistencia de los alumnos a la charla del gobernador, y los seis mil estudiantes cristianos de derechas aclamaron a Bush cada vez que pronunció la palabra «conservador». El *Newsweek* contó doce aclamaciones en dos minutos. George, quien durante sus años en Andover tenía colgada en su habitación una bandera de la Confederación, se situó al lado de los neoconfederados, y cuestionó el compromiso adoptado por McCain sobre los derechos de los estados: una retórica codificada que traslucía el derecho a ser racista.

No todos los conservadores aplaudieron a George por haberse presentado en aquel reducto de prejuicios. «Una cosa es un bandazo hacia la derecha —dijo Bill Kristol, director y editor de *The Weekly Standard*—. Y otra un retroceso de sesenta años. Podría decirse que el "conservadurismo compasivo" murió el 2 de febrero cuando Bush apareció en la Universidad Bob Jones.»

Al día siguiente, George se enfrentó a McCain al patrocinar un acto con J. Thomas Burch Jr., el dirigente de un grupo de veteranos poco conocido que afirmaban que, a su vuelta de Vietnam, McCain «se olvidó de nosotros». Tras el parlamento de Burch, Bush le abrazó.

McCain, quien seguía cojeando y no podía levantar los brazos a consecuencia del tiempo de reclusión en Vietnam del Norte, estaba lívido. Puso un anuncio en el que comparaba a George Bush con Bill Clinton, en el que preguntaba: «¿No es hora de que tengamos un presidente que nos diga la verdad?».

Bush no pudo soportar que se le equiparara a alguien que consideraba tan despreciable. Contraatacó como si McCain hubiera mentado a su madre: «La política es dura, pero McCain puso la gota que colmó el vaso cuando me comparó con Bill Clinton diciendo que yo no era de fiar. Me parece muy bien que no esté de acuerdo conmigo, pero que no ponga en cuestión mi integridad».

«Para nosotros, aquel anuncio ... fue el golpe de gracia de Godzilla —recordaba Trey Walker, director nacional de la campaña de McCain—. El impulso de McCain había empezado a evaporarse y aquello lo dejó seco.»

Los dos candidatos siguieron con ataques y contraataques mientras se iban abriendo camino a duras penas hacia las alturas del conservadurismo en temas como la ilegalización del aborto, el juego, la pornografía y la homosexualidad, al tiempo que apoyaban las armas, Dios y la bandera de la Confederación.

El equipo de Bush contrató los servicios de Ralph Reed, ex director de la Coalición Cristiana, para organizar el movimiento de base estatal, y empezaron a atacar de inmediato con campañas de sondeos y telefónicas, correos electrónicos, envíos anónimos, llamadas automáticas ilocalizables con mensajes insultantes, grupos inventados y llamadas a programas de radio con el objetivo de ridiculizar a McCain con mentiras, como la de que era un depravado liberal que había abandonado a su esposa lisiada para tener hijos negros con prostitutas negras. Se le achacaron absurdas acusaciones de aventuras extramatrimoniales, abortos, palizas a la esposa, vínculos con la mafia, enfermedades venéreas e hijos ilegítimos, mientras se insultaba a Cindy, su esposa, llamándola caprichosa y drogadicta, y afirmando que había robado para mantener sus vicios; se difamó a sus hijos, tildándolos de bastardos, y a su amigo y aliado el ex senador por New Hampshire Warren Rudman se le tachó de vil antisemita. El continuo goteo del veneno impregnó Carolina del Sur durante dieciocho días y dieciocho noches de encarnizada guerra política.

«Había visto estrategias sucias, pero nunca una campaña de rumores como esta —afirmó Terry Haskins, presidente *pro tempore* de la Cámara de Representantes de Carolina del Sur y partidario de McCain—. Se trata de un repugnante intento de destruir la reputación de un hombre solo por ganar unas elecciones, y sé que todo está orquestado, puesto que ninguno de estos rumores existía antes de lo de New Hampshire.»

El 12 de febrero, una semana antes de las elecciones, una cámara de la C-SPAN sorprendió a Bush hablando con un senador estatal. Ninguno de los dos se dio cuenta de que estaban siendo observados.

—Aún no has tocado los puntos débiles —dijo el senador.

—Lo sé —dijo Bush—. Ya lo haré.

—Tiene que haberlos, alguien tiene que hacerlo.

—Estoy de acuerdo —respondió Bush—. Pero no lo haré en televisión.

Cuando terminó el ataque a McCain en Carolina del Sur mediante su anónima campaña de calumnias, George prácticamente había superado el vil acoso de su padre en su campaña.

«Sospechábamos que Ralph Reed estaba detrás de todo aquello —dijo Mark Salter, asesor administrativo de McCain—, pero no podíamos demostrarlo, pues no había papeles ... Trabajaban con sistema de radar ... utilizaban comités de acción ... de los que nadie había oído hablar ... que proporcionaban a Bush una cobertura total.»

Los archivos de la campaña en la Comisión Federal Electoral dejaron patente que Ralph Reed cobró más de medio millón de dólares de Enron en concepto de «servicios y asesoramiento». Karl Rove había recomendado al activista político conservador a Enron en 1997, lo que alimentaba las sospechas de que Rove pretendía mantener a Reed a su lado para la campaña presidencial de Bush de 2000.

Uno de los aspectos de la diabólica operación de Reed en Carolina del Sur tuvo como objetivo a ciento cuarenta mil republicanos de todo el estado, a quienes llegaron folletos de la Coalición Cristiana titulados: «10 inquietantes verdades sobre John McCain». Una mujer sureña, que se identificó como integrante de un grupo religioso, efectuó llamadas telefónicas a esos mismos votantes. Con un acento de lo más dulce, les contó horripilantes historias sobre McCain, al tiempo que expresaba su preocupación ante la posibilidad de que un hombre como aquel pudiera convertirse en presidente. Antes de colgar, precisaba: «No se pierda la emisión del reverendo Robertson el domingo». Cuando Pat Robertson apareció en un programa de entrevistas matinal, hizo una velada referencia a «algunos de los detalles del pasado de John McCain».

Presentándose como un «reformador que ha obtenido resultados», George criticó la trayectoria de McCain en el apoyo a la reforma de la financiación de las campañas electorales. «Es el presidente de la importante comisión a la que entregan el dinero todos los miembros de los lobbys ... Es quien accede a información confidencial de Washington.» Animando a la concurrencia para que atacara a McCain por hipócrita y farisaico, George dijo: «No puede estar en ambos bandos. Hay que estar en misa y repicando».

Esas meteduras de pata lingüísticas salpicaron toda su campaña y provocaron la hilaridad entre los medios de comunicación, quienes detallaron cada una de sus intervenciones desacertadas [muchas de las cuales pierden su sentido en la traducción]:

> «Lo que no está bien es, casi nunca se plantea la pregunta, ¿se están aprendiendo nuestros hijos?» (14 de enero de 2000).
>
> «Trabajas duro para poner comida a la familia» (27 de enero de 2000).
>
> «Es el Mes de la Conservación. Yo valoro la conservación. Es lo que hace uno cuando se presenta para presidente. Conservar» (28 de enero de 2000).
>
> «El cargo más importante no es el de gobernador, o de primera dama en mi caso» (30 de enero de 2000).
>
> «¿Cómo sabemos, si no lo calculamos, si disponemos de un sistema para el cuidaje de los niños?» (16 de febrero de 2000).
>
> «Entiendo el desarrollo de la pequeña empresa. Yo he sido una» (19 de febrero de 2000).

«No hago caso de lo que dicen los sondeos. No hago caso. Solo hago lo que creo que está mal» (15 de marzo de 2000).

«Laura y yo no nos damos cuenta de lo listo que es nuestros hijos a veces hasta que tenemos un análisis objetivo» (15 de abril de 2000).

«Bueno, si vas a hacer algo y no lo haces, eso es honradez» (30 de agosto de 2000).

«No podemos permitir que los terroristas y los países canallas hagan que sigamos siendo hostiles y que sigan siendo hostiles nuestros aliados» (4 de septiembre de 2000).

Cuatro días antes de las primarias de Carolina del Sur, los dos candidatos republicanos se enfrentaron en un debate televisado de ámbito nacional. Se situaron de pie, incómodos, frente a frente en el estudio, y McCain se volvió hacia su adversario.

—George —dijo, moviendo lentamente la cabeza con aire disgustado.

El gobernador se puso en su papel de *El padrino*.

—John —respondió—, esto es política.

—No todo es política, George.

Durante todo el debate, McCain no se contuvo. «Debería estar avergonzado», dijo, censurando a George por hacer campaña con un hombre que había denigrado el compromiso de McCain con los veteranos. Bush respondió indignado por la publicidad en la que se le acusaba de tergiversar la verdad al estilo Clinton. «Haga lo que haga, sobre todo no compare mi integridad ni mi honradez con las de Bill Clinton —dijo George—. Es un golpe tan bajo como la puntuación que puede usted conseguir en las primarias republicanas ... En el plano moral, cualquiera de los aquí presentes supera a Bill Clinton.»

Después del debate, los candidatos se acercaron para la foto de grupo. George cogió ambas manos de McCain en la suya.

—John —dijo—, tenemos que empezar a mejorar la campaña.

La hipocresía indignó a McCain.

—Vamos a dejarnos de chorradas —saltó—, y quíteme las manos de encima.

Cuando llegó el día en que los votantes acudieron a las urnas, los dos candidatos ya se odiaban. Derrotando a McCain por un

54 por ciento contra un 41 por ciento, George se hizo con Carolina del Sur y se situó como favorito republicano ante un adversario que él calificó de «farisaico».

«Creo que algunos siguen enojados conmigo porque me inmiscuí en la coronación —dijo McCain—. En realidad, Bush y los suyos tendrán que vivir con el legado de Carolina del Sur; yo no.» En su discurso de claudicación, el senador añadió: «Quiero la presidencia por el mejor camino, no por el peor».

Arremetió luego en Michigan y usó las tácticas de Bush para volverlas contra él por medio de una campaña telefónica que recordaba a los votantes católicos la aparición de George en la Universidad Bob Jones, virulentamente anticatólica. George se parapetó en su cuñada mexicana.

«¿Acaso apoyo la política contra las relaciones interraciales? Por supuesto que no. Mi propio hermano Jeb, el famoso gobernador de Florida, se casó con Columba, una muchacha mexicana, una persona fabulosa … que además es católica.» Ni siquiera las leyes de mestizaje texanas habían considerado a los mexicanos como una raza aparte.

McCain puso en cuestión hasta qué punto la respuesta excusaba a George de no haber hablado contra la intolerancia. Tachó a Bush de «rastrero en campaña», de persona capaz de agarrarse a lo que fuera, incluyendo «*character assassination*» (destrucción de la imagen), con tal de vencer. McCain derrotó a George por un 50,8 por ciento frente a un 43 por ciento en Michigan.

Camino de las primarias de Nueva York, el 7 de marzo de 2000, George se dispuso a disculpar su aparición en la Universidad Bob Jones teniendo en mente los siete millones trescientos mil católicos de aquel estado. Consciente de que los católicos constituían cerca de un 45 por ciento de los votantes republicanos en las primarias, George escribió una carta al cardenal John O'Connor en la que afirmaba lamentar no haber condenado la política anticatólica de la escuela fundamentalista. No pidió disculpas por ello ni reconoció explícitamente que al haber aceptado la invitación de la Universidad Bob Jones había legitimado la intolerancia de aquella institución. En un editorial titulado FALAZ CONFESIÓN DE GEORGE, el *New York Daily News* le criticaba por hacer el doble juego: «Bush demostró que estaba dispuesto a sacrificar principios a cambio de votos».

El Comité Nacional Demócrata confeccionó unas camisetas para los periodistas que cubrían la campaña en las que se leía: GIRA DE LA REDENCIÓN BOB JONES. Con todo, George venció en las primarias de Nueva York, y en el Súper Martes Bush y Al Gore ya se habían asegurado las nominaciones de sus partidos. Las campañas empezaron en serio tras las convenciones políticas.

La estrategia de tierra quemada empleada por George en Carolina del Sur encolerizó a sus críticos, sobre todo a Larry Flynt, el editor de la revista *Hustler*, quien consideraba que la postura de la abstinencia sexual antes del matrimonio constituía el súmmum de la hipocresía; por otro lado, la petición de Bush de invertir fondos federales en programas para fomentar la abstinencia indignaron sobremanera a Flynt, quien adujo que este tipo de prácticas no llevaba a la disminución de las relaciones sexuales en la adolescencia. Afirmando que Bush constituía una amenaza para la sociedad, el pornógrafo contrató a dos periodistas para que investigaran hasta el último detalle del pasado sexual del gobernador. En octubre de 2000 declaró haber dado con un filón.

En el programa *Crossfire* de la CNN, Flynt declaró que en los setenta, cuando vivía en el Château Dijon de Houston, George W. Bush había dejado embarazada a una mujer. Según el editor de *Hustler*, George se ocupó del aborto contactando con un médico, que supuestamente lo habría llevado a cabo en el Centro Médico Twelve Oaks de Houston.

«Cuando dije que disponíamos de pruebas, me estaba refiriendo a que sabíamos quién era la chica, quién el médico que llevó a cabo el aborto, y que contábamos también con las declaraciones de unas amigas de ella que estaban al corriente de la aventura y del subsiguiente aborto. La joven no desea aparecer en público, y sin su buena disposición, consideramos que no disponemos de una base legal sólida para hacer pública la historia ... Uno de los puntos que nos parecía más interesante era que el aborto se hubiera llevado a cabo antes de la sentencia del caso Roe contra Wade ... lo cual lo convertía en delito en aquellos momentos.»

Sin la confirmación por parte de la mujer, quien, según Flynt, se había casado luego con un agente del FBI, la prensa generalista no iba a abordar el caso. «Walter Isaacson [ex director de *Time*] no habría publicado nada en ese sentido porque Larry Flynt estaba implicado en ello», comentó Brian Doyle, ayudante de dirección de *Time*. «A pesar de poseer cuatro declaraciones juradas hechas por amigas de la mujer —dijo Michael Isikoff, de *Newsweek*—, de que se disponía de pruebas circunstanciales de apoyo, si no aparecía la mujer admitiendo que Bush había organizado lo del aborto no podíamos hacer nada.» Richard Gooding, de *The National Enquirer*, dijo que cuando entrevistó a la mujer, esta negó haber abortado: «Admitió que habían estado saliendo durante seis meses, pero insistió en que nunca habían tenido el tipo de relaciones sexuales que podían haberla llevado a un embarazo».

Esta historia fue seguida a causa de la postura de Bush contra el aborto y su amenaza de apoyar una «enmienda por la vida humana» a la Constitución, que invalidaría la sentencia de Roe contra Wade. Como gobernador firmó dieciocho leyes antiabortistas y como candidato a la presidencia prometió nombrar únicamente a jueces pro vida.


Después del fiasco de «nuestro hijo» en New Hampshire, George marginó a su padre, quien no apareció más en público, no fuera a ser que los posibles votantes vieran al patriarca como un titiritero que tiraba de los hilos de la marioneta. No obstante, papá Bush seguía entre bastidores supervisando la campaña de su hijo. Contactaba a diario con el despacho de Austin. «A veces hacía cuatro, cinco o seis llamadas al día —comentó un asesor—, y todas las noches, Joe Allbaugh le telefoneaba para ponerle al corriente de los últimos sondeos, estuviera donde estuviese.» En Japón, el ex presidente anunció en una cena que «nuestro hijo» iba a barrer en el Súper Martes. «Estaba absorbido —admitió su esposa—. Completamente absorbido.» Había mandado instalar dieciséis líneas en su propiedad de Kennebunkport para poder adaptar a ellas los teléfonos y los ordenadores de quienes trabajaban en la campaña y de los asesores que iban y venían desde Texas.

A sugerencia de su padre, George contrató al ex secretario de

Defensa Dick Cheney para que entrevistara a posibles candidatos a la vicepresidencia. John Danforth, ex senador de Missouri; George Pataki, gobernador de Nueva York; Chuck Hagel, senador de Nebraska, y el representante John Kasich de Ohio fueron sometidos a un laborioso proceso de selección. George no quería cometer el mismo error que su padre al elegir a Dan Quayle.

Cheney, por aquel entonces director ejecutivo de la poderosa compañía eléctrica Halliburton, invirtió tres meses en el proceso, durante los cuales hizo consultas regulares con Bush, acudiendo a visitarle a su rancho de Crawford y a su mansión de Austin. Durante la guerra del Golfo, Cheney había intimado con Bush padre. Hacia finales del proceso de selección, George H. W. recomendó a su hijo que optara por Cheney como candidato a la vicepresidencia, después de que Colin Powell se autoexcluyera de la lista. La única preocupación radicaba en el historial médico de Cheney, que incluía tres ataques al corazón y un cuádruple *bypass* coronario. Los médicos aseguraron a los Bush que el corazón de Cheney aguantaría la tensión, pero aquellas garantías demostraron ser más optimistas que realistas.

George se sentía cómodo con aquel hombre medio calvo, cinco años mayor que él y con aspecto de no perderse una comida. Ambos procedían del sector del petróleo y compartían la ideología conservadora de línea dura. Como único miembro del Congreso por Wyoming entre 1979 y 1990, Cheney había votado contra la discriminación positiva, el programa de enseñanza preescolar Head Start para sectores necesitados, la Ley del Agua Limpia y la Enmienda por la Igualdad de Derechos. Votó asimismo contra la liberación de Nelson Mandela. Al igual que George, se mostró favorable al libre acceso a las armas personales, y también como él, había sido detenido por conducir ebrio en noviembre de 1962, y de nuevo en julio de 1963. Una de sus dos hijas, Mary, había confesado ser lesbiana, algo que Bush, notorio antigay, aceptó «sin problemas». Cheney había sido expulsado de Yale después de permanecer dos años en la universidad gracias a una beca, detalle que divertía a George, pues no sentía más que desprecio por su antigua universidad. Al parecer, Yale y los de Yale sentían lo mismo por ambos. En las elecciones generales de 2000, más del 84 por ciento de los estudiantes de dicha universidad votó contra la candidatura Bush-Cheney. Expresaron su apoyo a Al Gore y Joe Lieberman (Yale, 1964; Yale, facultad de derecho, 1967), el primer judío que se presentaba para la vicepresidencia.

George anunció su candidato a la vicepresidencia poniendo de nuevo a prueba al presidente: «Dick Cheney es un hombre sólido ... un hombre que entiende lo que es la definición de "es"». Aludía a la exasperante respuesta de Clinton en 1998 en su declaración ante el gran jurado por el escándalo Lewinsky, cuando dijo: «Depende de cuál es la definición de "es"».

El día anterior a la convención republicana, Clinton contraatacó. Apareció en un acto de recaudación de fondos en Rhode Island, donde sugirió que Bush no estaba capacitado para ejercer el cargo más importante del país. Afirmó que las únicas credenciales de Bush eran su exagerada idea del derecho al cargo. Imitándole, el presidente dijo: «¿Tan mal lo haré? He sido gobernador de Texas. Mi papá fue presidente. Soy propietario de un equipo de béisbol. Ellos lo han tenido durante ocho años, que nos lo dejen otros ocho a nosotros».

El contingente de «nuestro hijo» en Kennebunkport se enfureció. A la mañana siguiente, Bar y Poppy aparecieron en los programas matinales. «Les diré lo que pienso hacer —dijo el presidente Bush en el programa *Today*, con voz tensa por la ira—. Voy a esperar un mes, y luego me llaman ... Y si sigue así, explicaré a la nación lo que pienso de él como ser humano y como persona.» Le siguió Barbara en *Good Morning America*, dando a entender que Clinton había deshonrado el cargo de presidente y que Al Gore se veía incapaz de devolverle la dignidad. «Creo que será muy difícil, con lo que ha hecho», dijo. Por si existía alguna duda en cuanto a la restauración de la Casa de los Bush, *Newsweek* ilustró su portada sobre la candidatura republicana con el título de Los Vengadores.

Clinton había dado en el blanco al espolear a los padres del candidato para dar credibilidad a un sondeo llevado a cabo por el Pew Research Centre for the People and the Press, que mostraba que el 54 por ciento de los encuestados consideraba que George W. Bush «se había apoyado en sus conexiones·familiares para avanzar». Aquella fue, con mucho, la percepción más fuerte, positiva o negativa, que podía tenerse de uno y otro candidato durante las elecciones.

La contienda entre Bush y Gore iba a resultar reñida y eso lo sabían todos los implicados. Desde el principio, los dos partidos tropezaron con problemas en Florida. El cambio en la intención de voto de un gran número de votantes negros preocupaba a los republicanos, conscientes de que Jeb Bush, al suprimir los programas de discriminación positiva en el estado, se había ganado enemistades en la comunidad afroamericana.

En septiembre, Jeb, que gozaba de unos índices de popularidad en el estado por encima del 60 por ciento, se reunió con los dirigentes republicanos de Florida. «Por favor, se lo suplico —dijo bromeando—, no permitan que me vaya a Kennebunkport el día de Acción de Gracias sin haber ganado Florida.» Colaboró en la campaña de George siempre que se encontró en el estado, aunque se moderó muchísimo, pues temía mostrarse más brillante y coherente que su hermano. Cuando George abandonó el estado, Jeb no dio más muestras públicas de su apoyo. No asistió a ningún programa de entrevistas en televisión ni se prestó para las que le solicitaron las publicaciones nacionales. No apoyó a su hermano de la forma destacada en que lo hicieron otros gobernadores republicanos, como John Engler de Michigan, Tommy Thompson de Wisconsin y Tom Ridge de Pensilvania. Los medios de comunicación tomaron nota de ello.

«Miren, me estoy hartando —dijo Jeb, molesto por las críticas de que no estaba haciendo bastante por su hermano—. He reunido un montón de dinero; he hecho campaña cuando mi hermano ha venido al estado ... Mi relación con él es distinta ... Soy su hermano, de forma que tengo que andar con más cuidado sobre cómo le echo una mano. En algunos casos las comparaciones no le ayudarían.»

Cuando Al Gore empezó a situarse en cabeza en los sondeos, la familia Bush desembarcó en Florida con todas sus fuerzas. El ex presidente, que había vencido en el estado en 1988 y en 1992, exhortó a los republicanos a apoyar «a mi hijo porque él va a restablecer el honor y la dignidad en la Casa Blanca». Laura Bush leyó para alumnos de primaria; George P. Bush, el apuesto hijo de Jeb, habló en español para los hispanos de Miami; Columba Bush promocionó proyectos artísticos en Fort Lauderdale; Barbara Bush visitó centros de la tercera edad, y George W. Bush prometió a los exiliados cubanos que como presidente jamás levantaría las sanciones contra Fidel Castro hasta que Cuba recobrara la libertad.

El día antes de las elecciones, Bush se desplazó a Bentonville, Arkansas, convencido de que podía humillar al presidente derrotándole en su estado. Cuando lo consiguió, dijo a sus entusiasmados partidarios: «Me inframinusvaloraron».

El día de las elecciones, el 7 de noviembre de 2000, todo el país dirigió su atención hacia Florida como estado decisivo para la Casa Blanca. A las 20.00, las cadenas de televisión concedían el estado al vicepresidente Gore; a las 2.20 del día siguiente otorgaban el estado a Bush. El vicepresidente llamó al gobernador dándose por vencido, para hacer más tarde una nueva llamada en la que se retractaba de ello al descubrir lo ajustados de los resultados. De un total de seis millones de votos, la diferencia era de seis mil papeletas, y la legislación de Florida exigía un recuento si se daba un margen inferior al 0,5 por ciento. A las 6.00, la diferencia se situaba en 1.784 votos. Unas semanas después, la diferencia definitiva fue de 537 votos. El recuento oficial de Florida fue el siguiente: 2.912.790 votos para Bush y 2.912.253 votos para Gore.

La ley estatal exigió que en todas las juntas electorales de los sesenta y siete condados de Florida se realizara un nuevo recuento de los votos. Lo que siguió fue un procedimiento exasperante que se prolongó durante treinta y cinco días y mantuvo a la nación en vilo a la espera de ver quién iba a convertirse en el próximo presidente de Estados Unidos. Bush asumió de inmediato su papel montando públicamente una oficina de transición y reuniéndose con el equipo para tratar sobre la nueva administración. La familia envió a su *consigliere* James A. Baker III a Florida para supervisar el recuento, insistir en que se contaran las papeletas procedentes del ejército en el extranjero, y conseguir que se desecharan los votos de las circunscripciones demócratas. Warren Christopher, ex secretario de Estado, intentó llevar a cabo el mismo cometido para los demócratas, pero fue superado subrepticiamente por Baker, quien no paró de repetir ante las cámaras de televisión: «Los votos de Florida se contaron … los votos de Florida se han vuelto a contar…». Los demócratas nunca pusieron en entredicho esa premisa, aunque no era cierta.

Un nutrido grupo de abogados de ambos partidos se desplazó a Florida para proteger los derechos de sus candidatos durante el tumultuoso proceso de los escrutinios manuales y mecánicos, para los que el estado estaba mal preparado. Empezaron a cruzarse demandas, a medida que unos y otros interponían objeciones y el país se vio envuelto en abrumadoras disertaciones sobre los minúsculos *chads*, cuadraditos de papel procedentes de la perforación de las papeletas. Algunos de estos habían caído, los que se habían perforado correctamente; otros no se habían desprendido, pues se habían pinchado ligeramente; y por fin estaban los que colgaban, aún a medio pinchar. Semanas más tarde, Bush bromeaba sobre la posibilidad de nombrar a su hermano, el gobernador de Florida Jeb Bush, embajador de Chad.

Cuando se llevaban dos semanas de proceso, una manifestación republicana que amenazaba con convertirse en un importante tumulto provocó el final del segundo escrutinio de Miami-Dade, donde Al Gore había conseguido la mayoría de votos. En Washington, Doro Bush, con bufanda y gafas oscuras, participó en una protesta que reunió a doscientos manifestantes ante la mansión del vicepresidente, a quien insultaron a gritos. Aquella noche llamó a su madre y le dijo que aquello de plantarse a gritar contra los Gore en Massachusetts Avenue había aliviado muchas de sus frustraciones. La batalla campal de Florida encendió los ánimos en todo el país. El Tribunal Supremo del estado de Florida había declarado que podía seguir el recuento manual, pero Baker apeló con astucia contra la decisión en el Tribunal Supremo de Estados Unidos. Al día siguiente, el candidato de Bush a la vicepresidencia, Dick Cheney, sufrió un ataque al corazón, tuvo que ser hospitalizado y le fue practicada una operación de urgencia. Bush apareció en televisión y negó que Cheney hubiera sufrido un ataque. Dijo que había sido «solo un susto». Los periodistas se fijaron en que le había salido un forúnculo cerca del ojo y le preguntaron si aquello se debía a la tensión. «¡Diablos, no!», espetó.

El 12 de diciembre de 2000 el Tribunal Supremo de la nación, por 5 votos contra 4, detuvo el recuento de Florida, anulando así la decisión que había tomado el 8 de diciembre el Tribunal Supremo de Florida. En la mayoría se contaban cinco jueces conservadores, todos designados por los republicanos: William Rehnquist (Nixon); Antonin Scalia (Reagan); Clarence Thomas (George H. W. Bush); Anthony Kennedy (Reagan), Sandra Day O'Connor (Reagan). En la minoría se incluían Stephen Breyer (Clinton); David Souter (George H. W. Bush); Ruth Ginsburg (Clinton) y John Paul Stevens (Ford). *The New York Times* publicó este titular:

BUSH SE IMPONE

POR VOTACIÓN SIMPLE, LOS MAGISTRADOS DETIENEN EL RECUENTO,

CERRANDO EL PASO A GORE TRAS CINCO SEMANAS DE LUCHA

El recuento final queda como sigue:

VOTOS ELECTORALES

| | |
|---|---|
| George W. Bush | 271 |
| Al Gore | 267 |

VOTOS POPULARES NACIONALES

| | |
|---|---|
| Al Gore | 50.996.582 |
| George W. Bush | 50.456.062 |

Un tribunal roto y una nación escindida esperaron la claudicación del vicepresidente. Un día después, pese a haber vencido en la votación popular por 540.520 votos, Al Gore puso punto final a la pesadilla nacional con el mejor discurso de su carrera política.

«Hace un momento he hablado con George W. Bush y le he felicitado por haberse convertido en el cuadragésimo tercer presidente de Estados Unidos, y le he prometido que esta vez no iba a llamarle de nuevo —dijo el vicepresidente en su alocución televisada. Citando al senador Stephen Douglas en su derrota frente a Abraham Lincoln, añadió—: El sentimiento partidista debe ceder ante el patriotismo. Estoy con usted, señor presidente, y que Dios le bendiga.» Si bien disentía totalmente de la decisión del Tribunal Supremo de Estados Unidos, el vicepresidente aceptó con dignidad el resultado y admitió la derrota por el bien de la unidad nacional.

Cuando el Colegio Electoral le declaró presidente electo, George W. Bush dimitió como gobernador de Texas. En un bar cercano al capitolio de Austin, varios legisladores alzaban sus copas. «¡Por la tortuga del poste!», dijo uno. Un turista preguntó qué era la tortuga del poste. El legislador respondió: «Cuando se circula por una carretera comarcal en Texas y se ve una tortuga en equilibrio sobre una valla, esa es una tortuga del poste. —Al ver que el turista quedaba desconcertado, el legislador siguió—: Sabes que la tortuga no ha llegado ahí por sus propios medios, no está en su elemento, ahí arriba no puede hacer nada, y lo único que se puede hacer es ayudar al pobre bicho atontado a bajar». Todos apuraron su copa.

Más tarde una multitud se congregó frente a la mansión del gobernador; uno de los manifestantes llevaba una pancarta en la que se leía: SU FRAUDULENCIA.

Durante años, George Herbert Walker Bush mostró su indignación cada vez que alguien describía a su familia como una dinastía política. «Ha utilizado una palabra incorrecta —dijo en una ocasión con gesto admonitorio a un periodista de la revista *Time*—. Casi un tabú ... No me gusta la palabra "dinastía" referida a los Bush. Para mí, "dinastía" tiene la connotación de algo distinto al logro individual.»

Cuando su hijo se convirtió en presidente, las protestas del padre ya no se veían tan sinceras. Tal vez no quería admitir que las dinastías habían constituido una realidad desde la época de Moisés hasta la conquista de Egipto por Alejandro Magno.

La soberanía, la dominación y el señorío se han sucedido a través de los tiempos: desde los káiseres de Alemania, los shas de Persia, los maharajás de India, los zares de Rusia, los grandes mogoles de China, los faraones de Egipto y los mikados de Japón, hasta la línea familiar de reyes y reinas de Gran Bretaña, Grecia, Dinamarca, Suecia y Noruega.

Cuando el término «dinastía» se introdujo en la democracia, su definición quedó despojada del boato monárquico. Los fundadores de la nación se mostraron categóricos al redactar la Constitución: «Estados Unidos no concederá título nobiliario alguno». Privado de coronas y tiaras, el término sigue cautivando, y la idea de admiración hacia una familia prominente con capacidad de liderazgo se convirtió rápidamente en una verdad aceptada en Estados Unidos. Las dinastías fueron especialmente poderosas en la política colonial:

los Winthrop de Nueva Inglaterra, los Lee de Virginia, los Freling-
huysen de New Jersey, los Carroll de Maryland y los Adams de Massachusetts.

Desde el principio, quienes creyeron que todos los hombres
fueron creados iguales, aceptaron también que algunos nacían más
iguales que otros. Estos afortunados no solo no encontraban resentimiento en las urnas, sino que con frecuencia se veían recompensa-
dos. En el país de las oportunidades, en el que el electorado aspira
a ser rico e importante, las personas votan según sus aspiraciones.
Robert Perrucci, sociólogo de la Universidad Purdue, explica esta
actitud diciendo: «Las personas aceptan la desigualdad si creen que
existen oportunidades». En política, una dinastía demuestra ser
algo positivo, no peyorativo.

En 1966, Stephen Hess, historiador de la Institución Brookings,
publicó un interesante estudio sobre las dinastías políticas de Estados Unidos. Definía dinastía como «cualquier familia que haya tenido como mínimo cuatro miembros, con el mismo apellido, elegidos para cargos federales». Hess descubrió veintidós familias que
se ajustaban a esta definición y en su obra *America's Political Dynasties from Adams to Kennedy* examinó catorce de ellas. Llegó a la
conclusión de que la mayor parte de las dinastías políticas presentaba ciertas características: adineradas, blancas, protestantes, anglo-
sajonas, de la costa Este, educadas en la Ivy League y con titulación
en derecho. Muchas de ellas llegaron a la riqueza por medio de
ventajosos matrimonios y algunas gracias a la gran visión y ambición de alguien que se basó tan solo en sus propios esfuerzos. Algunas dinastías presentaban una gran movilidad; otras se definían
por región. Pero a pesar de pertenecer al grupo de los selectos,
ninguna escapó a casos de demencia, suicidio, alcoholismo, retraso mental, reveses financieros, malversaciones de fondos y escándalos sexuales.

Desde que Hess publicó su obra, numerosas familias han visto a sus hijos e hijas convertirse en gobernadores u ocupar un escaño en la Cámara de Representantes o el Senado. Sin embargo,
nadie ha llegado tan lejos y tan deprisa como los Bush. A pesar de
sus enérgicos desmentidos, han conseguido convertirse en la personificación de la dinastía política de Estados Unidos. En el año

2000, se habían situado en un lugar exclusivo en la historia junto a los Adams, la otra familia con un padre y un hijo elegidos para la presidencia de Estados Unidos.

Si bien los estadounidenses no son constitucionalmente propensos a apoyar a la realeza, históricamente se han inclinado hacia dinastías políticas como las de los Roosevelt, los Taft, los Rockefeller, los Kennedy, y ahora los Bush. Esos políticos dinásticos, a quienes se ha llamado «duques de la democracia» y «príncipes del populismo», ponen en marcha sus campañas con una legión de familiares, que dan nuevo ímpetu al proceso político al identificarse los votantes con los padecimientos y los triunfos familiares. El pueblo puede quedar tan seducido por la imagen de una excelente y sólida familia, que disculpará unas transgresiones que no pasaría por alto con tanta facilidad en otras personas. La lógica sería: «No puede ser tan malo viniendo de una familia tan buena», o bien «Su madre es estupenda» o «¡Cuánto admiré a su abuelo!». El historiador David McCullough, ganador del premio Pulitzer, dijo: «Quien pensó que George Bush era maravilloso, cree que es bueno que su hijo le siga. Espera que será tan bueno como su padre y tal vez mejor.

»Creo que una de las cosas que le encanta a todo el mundo de los Bush es que, a pesar de lo que ocurre en la vida moderna, presentan ese aspecto de familia feliz que se reúne constantemente … Un presidente que pretende conectar con el pueblo tiene mucho trabajo avanzado si forma parte de una familia de este tipo».

Si la base de una dinastía estriba en su imagen como familia excelente y sólida, sus elementos vinculantes son unos matrimonios que desafían el divorcio o el escándalo. A menudo una dinastía consigue mayor vigor a partir de la fusión o el matrimonio entre dos familias fuertes: los Aldrich y los Rockefeller, los Fitzgerald y los Kennedy, los Walker y los Bush. En estos casos, la dinámica de la fusión familiar trabaja para impulsar su apellido hacia los cargos políticos más altos, y lo hacen prácticamente imbatible.

La carga más dura de la dinastía la llevan las mujeres: las madres, que dan a luz a la descendencia y fabrican presidentes. Esas esposas tienen que ser tan indómitas como los ambiciosos hombres con quienes se casan. En este sentido, Abigail Adams tenía mucho en común con Dorothy Walker Bush. Las dos eran inteligentes, firmes e independientes, escritoras con talento sin carrera universitaria, que nunca dudaron en expresar lo que sentían. Ambas fueron religiosas, valoraron al máximo su matrimonio, colaboraron en la carrera de sus esposos y tuvieron unos hijos que las adoraron.

La historia demuestra que la mayoría de los presidentes recibió amor por parte de su madre, y que esas madres se criaron poseyendo lo que Freud denominaba «los sentimientos del conquistador, esa confianza en el éxito que a menudo lleva al éxito real».

Ninguna dinastía política puede sobrevivir sin una madre fuerte y tenaz como Abigail Adams, Sara Delano Roosevelt, Rose Fitzgerald Kennedy y Dorothy Walker Bush. Son las mujeres quienes proporcionan a estas familias el contrapeso y la longevidad. Para que una dinastía sobreviva y prospere, las madres, las hijas, las hermanas y esposas tienen que ser guerreras, tan fuertes y curtidas en la lucha como sus padres, hijos, hermanos y esposos.

En el seno de la familia Bush son las mujeres, y no los hombres, quienes elevan el linaje. Después de estudiar las líneas de sangre de los presidentes de Estados Unidos, Gary Boyd Roberts, de la Sociedad Genealógica Histórica de Nueva Inglaterra, descubrió que los varones Bush eran muchísimo menos importantes que las mujeres con las que se habían casado. «La línea de ascendencia real de los Bush parte de las mujeres, no de los varones, al igual que las líneas familiares del *Mayflower*», dijo. Descubrió que los Bush eran familiares de Pocahontas, la princesa indígena americana, de quien se cuenta que salvó la vida del capitán John Smith sujetándole la cabeza entre los brazos para evitar que los guerreros de su padre le mataran a garrotazos.

George Herbert Walker Bush pareció aceptar finalmente el lugar que correspondía a su familia en la historia cuando abrió las puertas de su Biblioteca Presidencial en College Station, Texas, el 11 de marzo de 2002, para inaugurar una exposición sobre la dinastía política estadounidense. La muestra se organizó con su beneplácito, y la parte más destacada de esta, titulada «Padres e hijos: dos familias, cuatro presidentes», se centraba en las dinastías de los Adams y los Bush.

Las dos familias presidenciales abarcaban la historia de Estados
Unidos: John Adams, el segundo presidente, fue investido como tal
en el siglo XVIII; su hijo, John Quincy Adams, fue presidente en el
siglo XIX. Bush padre llegó a la presidencia en el siglo XX, y su hijo,
George Walker Bush, fue el primer presidente del siglo XXI.

Las similitudes dinásticas entre la familia Adams y la familia
Bush son escasas, pero las existentes fueron básicas para su éxito
en la política.

John Adams se crió en una granja de Braintree, Massachusetts,
ordeñando vacas. George Herbert Walker Bush se crió en Greenwich, Connecticut, jugando al tenis. Ambos presidentes de Nueva
Inglaterra recibieron una buena educación: Adams estudió en Harvard; Bush, en Yale, y los dos compartieron el respeto por la correspondencia epistolar. Unos cuantos modelos de cartas en la exposición de College Station comparaban la elegante caligrafía de
Adams con los deslavazados trazos de Bush hechos con la mano izquierda. Adams, lector voraz, devoraba libros y estudió latín y griego. Bush consiguió la distinción Phi Beta Kappa después de pasar
tres años en el colegio universitario, si bien de adulto leyó poco.
Los dos obtuvieron el título de embajador y estuvieron ocho años
como vicepresidentes bajo la autoridad de un admirado presidente.

A Adams le irritaba el formalismo del papel que tuvo que desempeñar para George Washington, mientras que George Bush disfrutó como suplente de Ronald Reagan.

Como presidente del Senado, John Adams a menudo sermonea-
ba a los legisladores sobre sus responsabilidades; George H. W.
Bush, en el mismo cargo, iba repartiendo palmaditas en la espalda
por las altas esferas, deseoso de caer bien y temeroso de ofender a
alguien.

Los dos llegaron a presidentes, pero cuando se presentaron para
la reelección ambos sufrieron una aplastante derrota. Los historiadores les han juzgado con dureza, calificando sus mandatos como
fracasos. Ambos vieron cómo su primogénito llegaba a la presidencia, si bien es cierto que en medio de terribles controversias. Tanto John Quincy Adams como George Walker Bush llegaron a la
Casa Blanca habiendo perdido el voto popular. Fue la Cámara de
Representantes quien decidió la presidencia de Adams; la de Bush

la dictó el Tribunal Supremo. Los dos derrotaron a los aspirantes de Tennessee.

David McCullough describió a John Quincy Adams como «el hombre más inteligente que ha ocupado el Despacho Oval». Q, como le llamaba su padre, fue un niño prodigio. Viajó a Europa a los diez años, aprendió varias lenguas, entre ellas un francés fluido, redactó la Doctrina Monroe y consiguió el cargo de secretario de Estado.

El historiador de la Universidad de Boston, Robert Dallek, especializado en la presidencia, declaró que W, como suele llamarse a George Walker Bush, «es el hombre más estúpido que se haya sentado jamás en el Despacho Oval». Como estudiante mediocre, el joven Bush llegó a Yale a la sombra de su padre, su abuelo, su bisabuelo, sus cinco tíos, sus siete tíos abuelos y sus cinco tíos bisabuelos. Hasta que se convirtió en presidente a los cincuenta y cuatro años, W. jamás había viajado a Europa. Como gobernador de Texas durante cinco años, aprendió español «por la calle» y despreció, tildándole de amanerado, a cualquiera que hablara francés con fluidez.

Pese a sus muchas diferencias, los Adams y los Bush poseían una característica dominante que define su éxito. Ambos se habían afianzado mediante sólidos matrimonios, que les llevaron a ser admirados como familias excelentes. Nada apoya tanto el éxito político como la imagen de una excelente familia, de sólida moralidad y feliz: es la joya de las dinastías y su mayor atractivo. El electorado se siente tranquilo con la imagen de unos padres que apoyan a los suyos, de unos hijos entusiastas y de unos nietos bulliciosos. Los votantes ven la imagen de una familia excelente como algo digno de admiración, y con ello el candidato cuenta con las características necesarias para el liderazgo.

«Lo que importa es la familia y no me cansaré de repetirlo —ha dicho George Herbert Walker Bush en muchísimas ocasiones—. La familia, la fe y los amigos…» Para sus partidarios, Bush padre encarna el ideal estadounidense del hombre bueno y familiar. El pueblo disfruta bajo el reflejo de su imagen pública como marido leal y padre sin tacha; todo el mundo quiere creer que él y su familia no llegaron a ser tan importantes en la vida del país por haber tejido la misteriosa red del petróleo, el dinero y el poder, que mantuvieron durante cuatro generaciones a base de influencia política, sino porque, como han repetido a menudo los Bush, aman a sus hijos, cumplen con la religión y fomentan el servicio público. Y lo más importante: ilustran los mejores valores.

Los políticos de la familia —George Herbert Walker Bush y sus dos hijos, George y Jeb— han aceptado la necesidad de una buena imagen familiar como hecho innegable. Esto explicaría, en parte, los engaños de cada uno de ellos al presentar ante el electorado su matrimonio como una entidad sólida. En distintos momentos de sus carreras políticas, los tres han afirmado ser unos esposos ideales que han guardado fidelidad a sus esposas. Quienes saben que no es así han mantenido un discreto silencio que ha permitido a los Bush avanzar políticamente y presentar su dinastía como un baluarte moral.

De todas formas, el término «dinastía» sigue molestando a Bush padre. Incluso rodeado por todos los elementos dinásticos en su Biblioteca Presidencial, clamaba contra «todas esas estupideces del legado» y contra la «porquería dinástica». Parecía sentirse insultado por la injusta situación privilegiada que implicaban aquellas palabras, sobre todo la idea de tener derecho a aquello.

«Nada de legados —insistía—. Ninguna sensación de "Eso es algo generacional, debemos pasar la antorcha". Ni hablar de lo de pasar la responsabilidad del poder a nuestro nieto George P. Bush.» No había salido a relucir el tema de su nieto —el hijo mayor de Jeb y Columba Bush—, pero el ex presidente expresó la opinión que nadie le había pedido sobre el joven: «Es un muchacho muy atractivo».

Unos años antes, en un momento de descuido, George H. W. Bush había alardeado de las posibilidades dinásticas de sus hijos en relación con las de los Kennedy. «Esperen a que mis hijos lleguen ahí», dijo. Su madre quedó horrorizada ante aquella jactancia y saltó inmediatamente ante la salida de «soy el mejor». Dorothy Walker Bush tuvo que recordar a su hijo adulto que no le había educado para que fuera por ahí fanfarroneando. Escarmentado, George desvió la conversación y cortó con las comparaciones con los Kennedy.

«No nos parecemos a ellos —dijo a *The New York Times* el 31 de enero de 2000—. No lo convertimos todo en noticia y de ninguna forma nos consideramos una dinastía. Las palabras dinastía y legado me exasperan. Y no consideramos que tengamos derecho a todo.»

Su hijo siguió con la misma cantinela. «Yo no odio el término dinastía, pero no es algo cierto —dijo George W. Bush a la revista *Time* cuando se presentaba para presidente y su hermano Jeb para gobernador de Florida—. Dinastía implica algo heredado. Jeb y yo sabemos que los votos no se heredan. Hay que ganarlos. Se hereda el buen nombre, pero no un voto.»

Su padre dedicó toda su vida política a intentar camuflar su arraigo en los clubes de campo. Cambió los mocasines con borlas por botas de vaquero cuando se trasladó de Connecticut a Texas, pero nunca se sintió cómodo con ellas. Metafóricamente hablando, no podía abandonar la contracción mandibular de Greenwich para adoptar el talante campechano de Texas. A los setenta y siete años, con un hijo en la Casa Blanca y otro como gobernador de Florida, el ex presidente, cuyo padre había sido senador de Estados Unidos, tenía un aire ridículo al quejarse por la palabra «dinastía». Sus amigos comentaban que se sentía comprensiblemente orgulloso por el éxito político alcanzado por su familia pero le daba miedo admitirlo, pues pensaba que podía parecer arrogante. Siempre tuvo que lidiar con las contradicciones del elitista que pretende pasar por alguien del pueblo.

En privado, el ex presidente no podía ocultar el placer que le producía la relación histórica entre los Bush y los Adams. Cuando el joven Bush se convirtió en presidente, su padre en broma le llamaba «Quincy». Pero solo en familia. George W. Bush reconoció su excepcional situación cuando colgó un imponente retrato de John Quincy Adams en el pequeño comedor del Despacho Oval. Más tarde firmó un decreto por el que autorizaba la construcción de un monumento en territorio federal de Washington en honor a John Adams y a su familia, el cual, por extensión, honraría a George Bush y a la suya.

En verano de 2001, el ex presidente jugaba al golf con su hijo, y en sus gorras de béisbol llevaban escritos los números «41» y

«43», respectivamente. Al año siguiente en el campo de golf, «43» apareció con una gorra en la que se leía EL JEFE. Para entonces la dinámica entre padre e hijo había cambiado y su relación conflictiva se ventilaba en la escena internacional, con unas consecuencias que fueron mucho más allá de su propio mundo.

Los partidarios del ex presidente se tranquilizaron en 2001 al ver que el inexperto nuevo presidente se rodeaba de veteranos procedentes de la administración de su padre. Bush padre había influido en la decisión de su hijo de elegir a Richard B. Cheney como vicepresidente; Cheney había trabajado como secretario de Defensa de Bush 41. El ex presidente insistió también para que Colin Powell se convirtiera en secretario de Defensa de su hijo. Powell había trabajado con el ex presidente como asesor en seguridad nacional y jefe del Estado Mayor Conjunto. Ahora bien, la presidencia de Bush 43 no iba a convertirse en una repetición de la de Bush 41.

El nuevo presidente asumió el cargo decidido a no repetir los errores de su padre. A diferencia del ex presidente, George W. declaró que su máxima prioridad radicaba en proteger su base política. Y eso es lo que hizo exactamente. A pesar de la oratoria de la campaña, su núcleo de apoyo no estaba formado por «conservadores compasivos». George W. era consciente de que era la derecha radicalizada la que lo consideraba un guerrero. Por consiguiente, a las cuarenta y ocho horas de su toma de posesión, publicó una orden ejecutiva por la que prohibía la ayuda gubernamental a los grupos internacionales de planificación familiar que realizan abortos o asesoran sobre estos. Firmó asimismo un proyecto de ley por el cual se exigía que el feto que mostrara señales de vida después de una intervención de aborto se considerara persona sujeta a las leyes federales. Poco después firmó una ley que prohibía el aborto por parto parcial. Esta medida, que Clinton había vetado en dos ocasiones, se convirtió en la limitación más significativa del derecho al aborto en años. Diferentes jueces de Nebraska, San Francisco y Nueva York fallaron que dicha ley era probablemente anticonstitucional, pero el presidente no les hizo caso. Había complacido a su base evangélica. Su fiscal general, John Ashcroft, también evangélico, anunció que para defender la Ley de Aborto por Parto Parcial, el Departamento de Justicia reclamaría el historial de la paciente cuando los médicos entablaran demanda y manifestaran que la ley afectaba a los procedimientos imprescindibles para salvar la vida.

Al definir el feto como persona, el presidente se había situado en la línea dura contra la provisión de fondos federales para la investigación en el campo de células madre embrionarias. Su decisión iba a dificultar la investigación científica durante decenios. Según los científicos, las células embrionarias, que dan origen a todo tipo de células especializadas en el cuerpo humano, encierran grandes posibilidades para el tratamiento de enfermedades como el Alzheimer, el Parkinson y la diabetes juvenil. Sin embargo, quienes se oponen al aborto detestan la investigación, pues en el proceso de extracción de las células madre se destruye el embrión.

La ex primera dama Nancy Reagan, cuando velaba a su esposo moribundo aquejado de Alzheimer, pidió al presidente que apoyara la investigación sobre las células madre. En lugar de ello, este redujo la asignación federal a tan solo las sesenta líneas de investigación de células madre ya existentes. Consideró que aquella decisión de compromiso constituía la solución política, cuando no moral, perfecta. Había satisfecho a sus partidarios antiabortistas al tiempo que proporcionaba algo a los de su propio partido que deseaban que el gobierno federal hiciera progresar en lugar de obstaculizar la investigación sobre enfermedades degenerativas.

Había alejado para siempre a Nancy Reagan. Ron Reagan Jr. declaró que su madre se sentía distante del Partido Republicano a causa de la oposición del presidente a fomentar la investigación sobre células madre embrionarias. «Desconfía de algunos de ellos [los Bush]. Opina que crean problemas en todas partes. No aprueba su fervor religioso, su agresividad —dijo—. La ignorancia es algo que puede remediarse. Pero muchos de los dirigentes republicanos que se oponen a esta investigación están realmente informados. Personas como Bill First [líder de la mayoría en el Senado], que es médico, ¡por el amor de Dios! Las personas como él bloquean el proyecto para hacer el juego al 20 por ciento de su base, que no hace más que roncar. Esto es desmesurado, pues ahí hay vidas en juego. La investigación sobre las células madre puede revolucionar más la medicina que todo lo que se ha descubierto desde los antibióticos.»

Al nuevo presidente no le asustaba la controversia. Cuando llevaba tres días en el cargo, cruzó la línea divisoria entre la Iglesia y el Estado anunciando su intención de asignar fondos federales a los grupos religiosos que proporcionaran servicios sociales. Dijo: «Una sociedad compasiva es la que reconoce el gran poder de la fe». La administración Bush repartió más de mil cien millones de dólares entre los grupos cristianos. Ningún judío o musulmán recibió fondos. El presidente no estableció procedimientos de control de contabilidad en sus concesiones a los grupos religiosos, lo que significaba que no existían pautas ni restricciones sobre la forma en que iba a gastarse el dinero. Por ello, este raras veces llegaba a quienes lo necesitaban. Con el tiempo, la «iniciativa basada en la fe» de W. tuvo la apariencia de lo que era en realidad: una compensación política a los grupos religiosos para que siguieran votando a los republicanos.

Bush 43 utilizó la presidencia de Bush 41 como modelo de lo que no había que hacer. Su padre no prestó atención a su campaña de reelección hasta que fue demasiado tarde. George W. empezó la suya en cuanto tomó posesión del cargo, y en 2004 había reunido ya más de doscientos millones de dólares para presentarse contra el senador John Kerry. Tras decidir que el mayor error de su padre había sido el de aumentar los impuestos después de haber prometido que no lo haría, George W. optó por reducirlos. En su primer año, inició una serie de reducciones por valor de 1,35 billones de dólares. Cuando los críticos examinaron minuciosamente el plan y señalaron que únicamente el 1 por ciento más rico de los contribuyentes iba a repartirse el 28 por ciento de las ganancias, mientras el 60 por ciento más pobre se dividiría únicamente el 8 por ciento de los beneficios, Bush les acusó de entablar una «guerra de clases». Paul Krugman, economista de Princeton, escribió en *The New York Times* que la nación no podía permitirse esas reducciones de impuestos si la administración Bush pretendía mantener sus promesas en campos como el de la educación, la atención sanitaria y la defensa militar. El *Financial Times* examinó el decreto de Bush sobre los impuestos y declaró: «Ahora los locos están al mando del manicomio».

Como candidato a la presidencia, el gobernador Bush inició lo que él denominaba una «ofensiva encantadora» hacia la prensa; como presidente, no tenía nada de encantador y estaba a la defensiva. Se negó a leer los periódicos, a excepción de los resultados de boxeo y los titulares. «Me interesan más las noticias [que las opiniones] —dijo a Brit Hume, de Fox News— y la mejor forma de conseguirlas es acudiendo a las fuentes objetivas. Las fuentes más objetivas de que dispongo yo son las personas de mi equipo, que me cuentan lo que ocurre en el mundo.»

Incluso como presidente, George W. puso de manifiesto sus hábitos de siempre: nunca fue una persona que pretendiera aprender sobre las cuestiones de la vida. Deseaba tan solo que le apoyaran y confirmaran sus opiniones y creencias. Esta falta de curiosidad intelectual, unida a la arrogancia dinástica, tendría más tarde consecuencias de vida y muerte en su cargo.

Más que otros, los historiadores se sorprendían por la falta de conocimientos del presidente y la resistencia que oponía al aprendizaje. En un simposio celebrado en Raleigh, Carolina del Norte, en 2002, se vio a Robert Dallek conversando con David Herbert Donald. «George W. es el peor presidente desde Warren G. Harding», dijo Dallek.

El eminente historiador, ganador del premio Pulitzer, movió la cabeza. «No, no, Bob —respondió Donald—. Es el peor desde Franklin Pierce.»

Ningún historiador había establecido relación alguna entre el decimocuarto presidente de Estados Unidos Pierce, alcohólico, que cumplió únicamente un mandato, con George W. Bush, cuya madre Barbara Pierce Bush era prima suya de cuarto grado.

El presidente decidió enseguida que las ruedas de prensa eran una pérdida de tiempo. Dijo que solo servían para que los periodistas hicieran el «pavo real» (término con el que él se refería a «eclipsarle» en la televisión nacional) y jugaran a «¡te pillé!». En cuatro años convocó únicamente doce ruedas de prensa en solitario. En el mismo período, su padre había convocado ciento cuarenta y una. Como presidente, George Herbert Walker Bush se había preocupado excesivamente por ganarse a la prensa; su hijo, por el contrario, no la tuvo nada en cuenta. A W. nunca le gustaron los periodistas. En sus tratos con la prensa como guardaespaldas de su padre, a menudo respondía a sus preguntas diciendo: «Sin comentarios, gilipollas».

Como presidente, cuando se encuentra cara a cara con los periodistas lleva el guión minuciosamente preparado. Se pide siempre a los corresponsales de la Casa Blanca que presenten las preguntas por adelantado; la secretaría de prensa selecciona a unos cuantos y solo se convoca a estos a la conferencia de prensa. Cuando llevó al país a la guerra contra Irak, el presidente exigió que su administración hablara con una única voz, la suya. Advirtió que quien hiciera filtraciones sería despedido. La prensa tuvo poco acceso a la Casa Blanca o al Pentágono. Aun así, no satisfizo al presidente la cobertura periodística de esta guerra. Se quejó de que había sido demasiado negativa. «Estamos haciendo importantes avances en Irak —dijo en octubre de 2003—. A veces es difícil decirlo cuando uno escucha el filtro.» Por «filtro» se refería a los medios de comunicación nacionales, de los que el presidente hacía caso omiso y optaba, en cambio, por conceder entrevistas a los medios regionales. Aquel año no concedió ni una sola entrevista directa a ningún periódico importante estadounidense. No obstante, respondió a las preguntas de *The Sun*, el periódico de mayor tirada de Gran Bretaña. Roxanne Roberts, de *The Washington Post*, resumía así la actitud de la administración Bush hacia la prensa: «Nos consideran mosquitos en una convención de nudistas. ¿Respeto? ¿Bromea?».

El presidente prohibió que la prensa sacara a la luz los ataúdes cubiertos con la bandera que regresaban de Irak, no fuera aquello a recordar al pueblo el terrible coste de la guerra. Su actitud, que reflejaba la arrogancia dinástica de la familia, fue esta: «Confiad en mí. Yo sé lo que está bien».


Bush 41 sintió tal emoción cuando por fin accedió al cargo de presidente en 1989, que pasó unas semanas después de su toma de posesión saludando a los turistas que llegaban hasta las puertas de la Casa Blanca. Quienes se encargaban de la residencia familiar recuerdan con cariño sus idas y venidas de un lado para otro, como un simpático perro labrador, invitando a sus amigos a ver películas, a nadar, a jugar a los bolos y al tenis, tras lo cual les acompañaba en una visita personal. En cambio su hijo, menos sociable, era como un corgi, un desagradable perro enano de ladrido amenazador. El padre, amante de las reuniones sociales, asistió a veintinueve cenas de Estado. El hijo, que insistió en acostarse siempre a las nueve y media, dio tan solo cuatro cenas de Estado.

Las diferencias entre padre e hijo como presidentes son tan notables como las existentes entre sus esposas. Barbara Bush fue una primera dama activista que disfrutó tanto como su esposo siendo el centro de atención. Buscó la prominencia a través de sus actividades a favor de la alfabetización e intentó ganarse a la prensa invitando a determinados periodistas a almuerzos privados en las dependencias familiares de la Casa Blanca. Escribió también un libro para su perra, Millie, y lo promocionó ampliamente en televisión.

Laura Bush, más reservada que su impresionante suegra, optó por un papel menos destacado, sobre todo al situarse en la controvertida estela de su predecesora, Hillary Rodham Clinton. Entre 2000 y 2004, Laura prestó su nombre para una serie de causas benéficas, aunque explicó muy poco al país quién era ella, aparte de presentarse como ex bibliotecaria y amante de la lectura. Sus amistades insinuaban que sus ideas políticas eran «mucho más liberales» que las de su marido, especialmente en la cuestión del aborto —estaba a favor de la libre elección—, por ello evitó siempre manifestar su opinión y prefirió mantenerse en la periferia de la presidencia antes que en su núcleo.

Las diferencias entre suegra y nuera se hicieron más patentes cuando las primeras damas fueron invitadas a pronunciar discursos en sendas ceremonias de entrega de diplomas. En ambos casos hubo protestas estudiantiles. En Wellesley, dijeron que Barbara Bush no era más que una esposa de presidente que no había acabado los estudios; en UCLA protestaron por las «pobres credenciales» de Laura Bush, afirmando que «no poseía más mérito que su celebridad política». Sin inmutarse, Barbara Bush irrumpió con toda su fuerza en Wellesley en 1990 para soltar su discurso. Laura respondió a las protestas en 2002 declinando la invitación de UCLA.

«Laura es una mujer muy agradable que tiene muchos problemas y fuma sin parar —comentaba un decorador de Washington que la conoce bien—. Pasa muchas horas de compras.»

«Laura cae bien a todo el mundo —decía un amigo de la familia que conoció a W. antes de que se casara— y todos consideran que ha sido una buena influencia para él; ahora bien, si lo que me preguntan es: "¿Es su matrimonio una gran historia de amor, de pasión irrefrenable, o lo que se dio entre los Reagan, los Carter y los Ford?", tendré que responder "no", aunque sí es un matrimonio que funciona, porque el peso del trabajo lo lleva ella. Él puede llegar a mostrarse realmente intolerable.»

Para ilustrar a qué se refería con lo de «intolerable», el amigo de la familia hablaba de la descripción de W. de su encuentro con Vladimir Putin, el presidente de Rusia. «George me dijo: "Le dije a Putin que en este país somos propietarios de nuestras propias casas y por el hecho de que son nuestras nos sentimos muy orgullosos de ellas". Y luego añadió: "No creo que el cabrón aquel supiera de qué demonios le hablaba".

»Me quedé atónito —dijo el amigo—. Para George, Putin era un palurdo inútil y él, un hombre de mundo. Seguro que ni siquiera le pasó por la cabeza que Putin, ex jefe de la KGB, estaba totalmente al corriente de lo que era el capitalismo de Estados Unidos ... Daba miedo oír al presidente de Estados Unidos hablando como un estúpido arrogante. Me dejó sin habla comprobar que George había echado un sermón al presidente ruso sobre la propiedad inmobiliaria en nuestro país ... Hace muchísimos años que conozco a George y he ido observando cómo su arrogancia iba en aumento ...

»Como presidente, nunca demuestra la menor humildad. Realmente está convencido de que se merece el cargo, que lo tiene por mérito propio y no a falta de alternativa. Ni siquiera se plantea la suerte que ha tenido de llegar ahí, o que de no haber sido por el voto partidario del Tribunal Supremo ahora mismo estaría practicando con las pesas en su mansión de gobernador en Austin ... Con cada cargo conseguido ha ido empeorando, ganando en arrogancia. Ahora está insoportable. Pero Laura es increíble. Es una persona realista.»

Linden von Eichel, canadiense que vive en Washington, conoció a la primera dama en una cena de gala en la Biblioteca del

Congreso poco después de que Laura volviera de París, donde había asistido a las ceremonias conmemorativas del regreso de Estados Unidos a la UNESCO. Viajando sin el presidente, la primera dama apareció en las portadas de los periódicos en una foto en la que el presidente francés Jacques Chirac le besaba la mano.

«Tal vez porque era consciente de que su marido se excedía en el coqueteo aquella noche —dijo Von Eichel—, cuando me la presentaron me dio la sensación de una figura de cartón con un rictus como sonrisa y una mirada helada y dura. Su rostro, que resulta tan agradable a distancia, de cerca parecía la máscara de una de las casadas de Stepford, y su apretón de manos, no sé cómo definirlo... ¿Habéis tocado alguna vez hielo seco? Pero, tal como decía, su esposo se insinuaba de lo lindo a mi amiga [la señora de John Kluge, el presidente de Metromedia] e incluso a mí. Laura reaccionó como la típica esposa de un alcohólico: la persona en vigilancia perpetua a la espera del momento en que su marido va a meter la pata.»

Aquella noche, la primera dama había inaugurado el festival nacional del libro leyendo un poema que, según ella, su marido había escrito para ella. «El presidente Bush es un gran dirigente y mejor esposo, pero apuesto a que nadie sabe que es también poeta. Cuando volví a casa anoche después del largo viaje, encontré un poema que había escrito para mí. Normalmente no compartiría algo tan personal, pero ya que el acto se hace en honor de los grandes escritores, no he podido resistir la tentación.» Entonces leyó:

*Querida Laura,*
*Las rosas son rojas*
*Las violetas son azules*
*Oh, mi bulto en la cama*
*Cuánto te he echado de menos.*
*Las rosas son más rojas*
*Yo me puse triste*
*Viendo cómo te besaba aquel encantador chico francés.*
*Los perros y el gato te extrañaron también*
*Barney, aún enfadado porque lo dejaste, se comió tu zapato*
*La distancia, querida, ha sido una gran barrera*
*Otra vez que quieras una aventura, aterriza en un portaaviones.*

Al finalizar la velada, los Kluge se despidieron de la primera dama y el presidente se acercó de nuevo a Von Eichel.

—Ha escrito usted una poesía bastante graciosa —dijo ella.

—¡Ja! No he tenido noticia de ella hasta esta noche —repuso el presidente—. Ni una sola de esas palabras es mía.

La primera dama admitió semanas después en *Meet the Press* de la NBC que su marido no había escrito la poesía que leyó ella aquella noche. No precisó quién era el autor ni por qué la había presentado como obra de él, pero quedó la impresión de que alguien con idea de las relaciones públicas podía estar intentando presentar a los Bush como un matrimonio más afectuoso. «Una mujer que estaba en la mesa me dijo: "No sabe lo maravilloso que es tener un marido que te escriba una poesía"», comentó Laura a Tim Russert.

El amigo de la familia que describió el matrimonio Bush como viable gracias a Laura, prefirió no abordar la cuestión de las mimadas gemelas de la familia, Barbara y Jenna. La primera, que estudió en Yale, oyó muchas más críticas sobre su padre y la política que aplicaba que Jenna, que estudió en la Universidad de Texas.

«Hay muchas cosas que los Bush no mandan hacer a sus hijas, esto está claro —escribió Ann Gerhart en la biografía de Laura Bush, *The Perfect Wife*—. Nadie mandó a Jenna y a Barbara hacer campaña. Nadie las frenó en sus rebeldías adolescentes. Nunca se les ha pedido que se interesen, aunque solo sea de nombre, en las importantes cuestiones que van a afectar al mundo en el que habrá de vivir su generación ... Estas muchachas poseen toda la *noblesse* pero nada del *oblige*.»

Las distintas detenciones de las chicas cuando fueron sorprendidas tomando alcohol antes de la mayoría de edad durante la presidencia de su padre, parecen un reflejo del comportamiento de sus padres y de sus abusos con el alcohol y las drogas. Un observador citaba a Eurípides recordando al presidente que «los dioses castigan los pecados de los padres con sus hijos». En una publicación sensacionalista de supermercado aparecían fotos de Jenna Bush borracha, con un cigarrillo en la mano y revolcándose en el suelo sobre otra mujer. Tras dos citaciones por intentar utilizar un documento de identidad falso para conseguir alcohol, a Jenna se le impuso una multa de seiscientos dólares, se le ordenó trabajar treinta y seis horas en servicios comunitarios y asistir a sesiones en las que hablaban víctimas de delitos cometidos bajo la influencia del alcohol. Después de dos condenas, se le concedió la libertad condicional durante tres meses. No tardaron en aparecer en los campus de todo el país camisetas con estas siglas: WWJD? (¿Qué tomaría Jenna?).

La hermana gemela de Jenna acumuló un historial de delitos menores similar. Aparecieron en los periódicos de Nueva York fotos en las que se veía a Barbara bailando con aire insinuante en discotecas, donde al parecer disfrutaba del ambiente hasta altas horas en reservados envueltos en nubes de humo de hierba. Ella también apareció en las publicaciones sensacionalistas de los supermercados. Se la detuvo también con su hermana por utilizar un documento de identidad falso para adquirir alcohol en Austin, Texas. La sorprendieron por segunda vez en un bar en New Haven. Las dos ocuparon la portada de *People* con este titular: ¡UY! VOL-VIERON A LAS ANDADAS. Barbara optó por el *nolo contendere* y fue multada con cien dólares; se la obligó a realizar ocho horas de trabajo en servicios comunitarios y a asistir a seis horas de charlas sobre los peligros del alcohol.

Mientras el presidente hacía frente a la publicidad de las fichas policíacas de sus dos hijas, su hermano Jeb se encontraba en una situación similar en Florida. En enero de 2002 habían detenido en Tallahassee a Noelle, la hija del gobernador, por intentar colar una receta falsa de Xanax, un medicamento contra la ansiedad. Tuvo que seguir un programa de rehabilitación en Orlando. Seis meses más tarde estuvo tres días detenida en el Centro Correccional del Condado de Orange, Florida, por incumplimiento de las normas del programa de tratamiento. Afirmaron que había robado pastillas del despacho de enfermería en el centro de rehabilitación. Su padre envió el siguiente correo electrónico a los periodistas que cubrían la información política del estado:

> Mi familia tiene el triste deber de informar que nuestra hija Noelle no ha tolerado las condiciones de su plan de tratamiento. Por desgracia, es algo que ocurre a muchas personas, incluso siguiendo su camino hacia la recuperación total. Todos nuestros actos tie-

nen sus consecuencias, y Columba y yo, como padres de Noelle, habríamos deseado evitar que nuestra hija hubiera tomado decisiones incorrectas.

Tras su reclusión, Noelle, volvió al centro de rehabilitación. El 9 de septiembre de 2002, una de las pacientes de dicho centro llamó al 911 para informar de que los empleados habían encontrado *crack* en un zapato de Noelle.

«Lo toma todo el tiempo y no le pasa nada porque es la hija del gobernador —dijo la persona que llamó a la policía—. Pero aquí estamos hasta la coronilla, porque tenemos que hacer lo que nos mandan y a ella la tratan como si fuera una princesa ... Nosotras intentamos rehacer nuestras vidas y esta chica entra droga aquí.»

Seis vehículos policiales llegaron al centro para investigar la queja. El personal admitió haber encontrado droga a Noelle, pero se negó a colaborar con la policía, y el empleado que la había descubierto rompió la declaración escrita para protegerla y mantener la política de reserva del centro. No se presentaron cargos, pero un juez mandó encarcelar a la hija del gobernador durante diez días por no haber respetado las condiciones del tratamiento que seguía.

Jeb y Columba no se presentaron al juicio de su hija. «Me parece increíble que no estuvieran allí al lado de Noelle —dijo Sharon Bush—. Mis hijos son toda mi vida, y yo estoy segura de que les habría apoyado en un juicio, en un momento problemático, por más vergonzoso que pudiera resultar en el plano político ... Mis ex suegros opinan que son lamentables las detenciones de las hijas de George y Jeb porque es algo que daña la imagen familiar, pero si pusieran en práctica lo que predican todo el tiempo sobre los valores familiares, habrían estado al lado de su hija en el juicio. Me sabe mal por ella. La muchacha ya casi tiene treinta años.»

El día en que sentenciaron a Noelle, su padre se encontraba recogiendo fondos en Florida con su hermano George, pero ni el gobernador ni el presidente hicieron acto de presencia en la sala para apoyar a la joven. En cambio sí se presentó el hermano de Noelle, George P. Bush junto con su tía, Dorothy Bush Koch.

La investigación pública sobre el abuso de sustancias prohibi-

das en aquella familia fue uno más de los nuevos problemas que
tuvo que abordar el presidente. El día del Trabajo de 2001, se encontró frente a una situación de deterioro de la economía, desequi-
librio en el presupuesto federal, disminución de la confianza por
parte de los consumidores y un capital político limitado para seguir
adelante con su planificación legislativa. Tenía delante un Senado
controlado por la oposición que planteaba propuestas polémicas,
como la reforma de la educación, un nuevo sistema de defensa de
misiles, un proyecto de ley sobre comercio al que se oponían los
trabajadores, un proyecto de ley de reforma del sistema sanitario,
una propuesta de reestructuración de la Seguridad Social y un proyecto de ley sobre energía en el que se incluían derechos de perforación en zonas protegidas, lo cual alegró a los petroleros y enojó
a los ecologistas. Sus índices de popularidad se habían reducido y
apenas llegaban al 50 por ciento, pues una mayoría de estadounidenses consideraba que no estaba a la altura de las circunstancias
como presidente.

Entonces se abrieron las puertas del infierno.

A las 8.45 y a las 9.06 de la mañana del 11 de septiembre de
2001, dos aviones secuestrados que transportaban setenta mil litros
de carburante se estrellaron contra las cincuenta toneladas de hormigón y acero de dos edificios de Nueva York. Mientras las torres
norte y sur del World Trade Center se derrumbaban envueltas en
llamas, llevándose la vida de 2.821 personas, una conflagración
parecida tenía lugar en Washington, donde otro avión secuestrado
se empotró contra el ala oeste del Pentágono y provocó la muerte
de 184 personas. Apenas treinta minutos más tarde, un cuarto
avión que se dirigía al Capitolio de Estados Unidos se estrelló en
un campo cercano a Shanksville, Pensilvania, murieron los cuarenta
pasajeros que viajaban a bordo, algunos de los cuales se habían en-
frentado a los secuestradores y desviado el avión, gesto que consiguió salvar muchísimas vidas en el Senado y en la Cámara de Representantes del país. Al final del día en que Estados Unidos vivió
el peor atentado terrorista de la historia, una nación destrozada se
enfrentaba a la pérdida de tres mil vidas y a un descalabro financiero estimado en más de veintisiete mil millones de dólares.

En el momento en que se producía el primer ataque, el presidente se encontraba sentado en un taburete hablando a los alumnos de segundo curso de primaria de la escuela Emma E. Booker de Sarasota, Florida. Antes, él mismo se había apodado «el presidente de la Educación», tras declarar que «el nivel de analfabetismo de nuestros niños es terrible». Intentaba demostrar su compromiso con el campo educativo leyendo a los pequeños de siete años, tarea que estaba realizando cuando Andrew Card, su jefe de personal, le susurró al oído que Estados Unidos estaba siendo atacado. El presidente siguió sentado junto a los niños siete minutos más, leyendo en un libro de texto *My Pet Goat* y posando para las cámaras. Luego se trasladó a la biblioteca de la escuela para hacer unas declaraciones.

«Hoy hemos vivido una tragedia nacional —dijo—. Dos aviones se han estrellado contra el World Trade Center en un claro ataque terrorista a nuestro país.» Añadió que el gobierno federal iba a «llevar a cabo una investigación a fondo para dar caza y descubrir a los elementos que han cometido este acto».

Después de calificar a los terroristas de «elementos», el presidente se marchó y se desplazó en avión desde Sarasota a la base aérea de Barksdale, cerca de Shreveport, Luisiana, donde descendió del Air Force One para hacer otra declaración: «Quisiera asegurar al pueblo estadounidense que todas las fuerzas del gobierno federal están trabajando para colaborar con las autoridades locales en la salvación de vidas y la ayuda a las víctimas de los atentados. Que no se equivoque nadie: Estados Unidos dará caza y castigará a los responsables de esos cobardes actos».

Volvió a su búnker aéreo, camino de la base aérea Offutt, cerca de Omaha, Nebraska. Salió del avión, custodiado entonces por unos cuantos Humvees y soldados uniformados con las ametralladoras a punto. Su caravana de vehículos pasó por el portal de seguridad exterior del cuartel general del Mando Estratégico de Estados Unidos, pero el presidente no entró en el edificio. En lugar de ello, penetró en una estructura cuadriculada que tenía el aspecto de la parte superior del hueco de un ascensor, donde iba a escuchar las instrucciones de su Consejo de Seguridad Nacional. El equipo de prensa de la Casa Blanca se quedó en el avión. Cuando Peter Jennings, presentador del informativo de la cadena ABC preguntó más tarde a Ann Compton dónde se encontraba el presidente, el corresponsal de la Casa Blanca respondió: «Ha bajado a la madriguera».

Mientras el presidente permaneció escondido, el alcalde de Nueva York Rudolph Giuliani asumió el cargo de comandante en jefe y se desplazó enseguida a observar la devastación en la Zona Cero. Permaneció ante las cámaras de televisión día y noche, dispuesto a informar, accesible, mostrando su espontaneidad y humanidad. El número de víctimas mortales, dijo, será «superior a lo que podemos soportar». Se convirtió en una constante imagen tranquilizadora para una nación aterrorizada, que aún no se había recuperado de los atentados y de las terribles imágenes de los aviones estrellándose contra los edificios y de los seres humanos que saltaban al vacío para huir de las llamas. En ausencia del dirigente presidencial, los amigos teleevangelistas del presidente, Jerry Falwell y Pat Robertson, salieron a la palestra para avivar el terror y el odio sugiriendo que las explosiones podían ser fruto de la cólera de Dios contra los homosexuales, las lesbianas, las feministas y los libertarios de la sociedad civil, palabras que George W. Bush jamás rechazó.

En aquella panorámica de estupefacción en la que nadie daba crédito a lo sucedido, irrumpió también Tony Blair, el primer ministro británico, quien reafirmó la especial relación entre el Reino Unido y Estados Unidos, ofreciendo el consuelo de la camaradería. Afirmó que los estadounidenses no se encontraban solos, que las personas honradas iban a unirse a ellos y a hacer causa común contra el terrorismo.

La ausencia del presidente en Washington resultó psicológicamente exasperante para el país. Los presidentes siempre habían vuelto a la Casa Blanca en momentos de crisis: desde Abraham Lincoln durante la guerra civil hasta el asesinato de John F. Kennedy. Ningún presidente había creído que por motivos de seguridad debía mantenerse alejado de la capital de Estados Unidos desde que los británicos quemaran la Casa Blanca en 1814. «El presidente Bush cometió su primer error —declaró el historiador Robert Dallek a USA Today—. Su lugar estaba en Washington.»

Al día siguiente, Karl Rove, principal asesor del presidente, hombre al que con frecuencia se llamaba «el cerebro de Bush», leyó el comentario de Dallek en el principal periódico de la nación y llamó al historiador.

«El día después del ataque más sangriento vivido en tierras estadounidenses, el asesor especial del presidente malgasta su tiempo llamándome para decirme que el avión del presidente era uno de los blancos de los atentados —recuerda Dallek—. Le comenté que no me traía sin cuidado la seguridad del presidente, pero que su lugar estaba en la capital de la nación. Sabía que Bush no tenía cerebro. Entonces supe que no tiene agallas.»

La afirmación de Karl Rove de que el Air Force One era uno de los blancos de los terroristas no era cierta, pero la seguridad presidencial era la excusa más aceptable que encontró la Casa Blanca de Bush para explicar la ausencia del presidente de la capital de la nación.

Mary McGrory escribió en *The Washington Post*: «Bush afirmó que el atentado había constituido una prueba para el país. También lo fue para él. Y la suspendió. No obstante, él afirma que cree en la educación y le quedan tres años para el examen de recuperación en la asignatura de dotes de mando.»

Eclipsado por el alcalde Giuliani, oscurecido por el primer ministro Blair y superado por la enorme catástrofe, el presidente de Estados Unidos regresó por fin a la Casa Blanca el 11 de septiembre de 2001 a las siete de la tarde. A las 20.30, parpadeando con nerviosismo, se dirigió a la nación leyendo en el teleprompter un texto que duró cinco minutos.

«Hoy nuestra nación ha visto el mal —dijo—, lo peor de la naturaleza humana ... Se ha iniciado la búsqueda de quienes están detrás de esos actos maléficos ... No vamos a hacer distinciones entre los terroristas que los han cometido y aquellos que les dan refugio.»

George W. Bush se puso por fin en la piel del presidente tres días después, el 14 de septiembre de 2001, cuando acudió a visitar la Zona Cero. Se subió a un camión de bomberos destrozado, colocó la mano en el hombro del bombero retirado Bob Beckwith y empezó a hablar.

—No le oímos —gritó alguien.

Bush cogió un megáfono.

—Yo sí le oigo —gritó—. ¡El resto del mundo le oye! ¡Y quienes han derribado estos edificios pronto nos oirán a todos!

Por fin. El animador de Andover había recuperado la voz. Su exhortación llena de fuerza y determinación despertó a los agotados trabajadores que seguían removiendo las blancas cenizas de la destrucción. Levantándose el casco, aclamaron a su comandante en jefe. «¡Bush, Bush, Bush! —gritaron a coro, moviendo los puños—. USA, USA, USA.»

«Fue una improvisación de lo más sencilla —escribió Jonathan Alter en *Newsweek*—, pero en ella casi podías ver cómo se iban reorganizando las moléculas del liderazgo presidencial.»

El presidente dijo a Lionel Chetwynd, cineasta conservador y autor del libro *DC 9/11:Time of Crisis*, que la visita a la Zona Cero había sido algo visceral para él. «Una oleada de venganza y testosterona y rabia me elevó. La noté en todo el cuerpo.» Bush explicó que uno de los que se ocupaban de auxiliar a las víctimas se acercó a él, y repitió las palabras que le dijo: «Estoy excavando en busca de mi hermano; no le voté a usted, pero ocúpese de encontrar a la gente que lo hizo y procure que sea rápido, ¿me oye?».

El presidente pasó aquel fin de semana en Camp David con sus consejeros de seguridad nacional. Cuando volvió a la Casa Blanca su atención ya estaba centrada en un objetivo. Su misión había cristalizado. «El presidente de la Educación» era ya «el presidente de la Guerra». George W. Bush se veía a sí mismo como el misil de la rectitud termodirigido contra «los malvados» y «los agentes del mal».

Su íntimo amigo Don Evans, secretario de Comercio y miembro del grupo de la Biblia de la Casa Blanca de Bush, dijo que el presidente creía haber sido «llamado» a llevar al país a la guerra.

«Esto es una cruzada», dijo Bush a los periodistas cuando volvió de Camp David. Al día siguiente, la Casa Blanca se disculpó por aquella torpe utilización de la palabra, puesto que recordaba las matanzas medievales de miles de árabes y judíos inocentes. El presidente no se arrepintió de nada y el pueblo respondió positivamente a su fervor y pasión. Declaró sin ambages: «Estamos en guerra, se ha declarado una guerra y encontraremos a los responsables de ello. Los sacaremos con humo de su guarida, los atraparemos en su huida y los llevaremos ante la justicia». Pidió también la captura de Osama Bin Laden. «Lo cogeremos vivo o muerto», dijo Bush. Temerosa de que aquel comentario consiguiera que le tomaron por un exaltado, su esposa bromeó con delicadeza: «¿Vas a pescarlo tú, Bushie?». El presidente siguió con aire adusto. Había decidido lanzarse y lanzar a su país hacia una «oleada de venganza, testosterona y rabia».

Karl Rove, dispuesto a utilizar la tragedia del 11 de septiembre en beneficio político, se dispuso inmediatamente a sacar provecho de cara a captar la onda para la reelección. «Podría formar parte de nuestra campaña electoral, pues el país confía en que el Partido Republicano llevará a cabo una tarea mejor en cuanto a protección y fortalecimiento del poder militar y, por consiguiente, de protección de Estados Unidos», dijo al Comité Nacional Republicano. En lo que en aquellos momentos pareció una jugada hábil, recomendó al partido la celebración de la convención de 2004 en Nueva York en septiembre en vez de agosto. El Comité Nacional Republicano inició la campaña mandando unas fotos conmemorativas del 11 de septiembre en las que se veía al presidente en el Air Force One. Con la carta a los posibles donantes llegaron a recaudar más de un millón cuatrocientos mil dólares: «Esta edición limitada, encargada especialmente, numerada e individualizada, se entrega a quienes asistan como copresidentes honorarios a la cena de 2002 del presidente con la donación de ciento cincuenta dólares o más».

Cuando el presidente se reunió con los dirigentes del Congreso después del 11 de septiembre, les advirtió: «Cuando pase a la acción, no pienso lanzar unos misiles que valen dos millones de dólares contra una tienda de campaña vacía que vale diez dólares para darle en el trasero a un camello. Será algo decisivo».

Demócratas y republicanos quedaron impresionados. «Deseamos con todas nuestras fuerzas que tenga éxito —dijo Richard Gephardt, líder de la minoría demócrata de la Cámara de Representantes—, y nada tiene tanto valor para un presidente como esta emoción.»

Sin un solo voto en contra, ni siquiera un debate, el Senado aprobó una resolución que autorizaba al presidente a hacer uso de la fuerza. La Cámara aprobó la resolución por 420 a 1. La negati-

va correspondía a la representante Barbara Lee, demócrata de
Oakland, California. La diputada sabía que iba a aprobarse con o
sin su voto, pero se opuso a ello por cuestión de conciencia. Citó
a un clérigo que había dicho: «Que con nuestras acciones no nos
convirtamos en el mal que condenamos». Los índices de popularidad de Bush se dispararon hasta el 90 por ciento, los más elevados conseguidos por un presidente de Estados Unidos desde que
Gallup empezó los sondeos en 1938, cuando Franklin D. Roosevelt
estaba en la Casa Blanca. Hasta que George W. Bush estableció el
récord, su padre, que llegó al 89 por ciento al final de la primera
guerra del Golfo, había mantenido la cifra más alta.

Padre e hijo iniciaron guerras en el golfo Pérsico y ambos hicieron depender sus reelecciones del resultado. Mientras Bush 43
se preparaba para atacar Afganistán, hizo caso del consejo de Bush
41 de crear una coalición internacional. Puso en marcha una serie
de setenta encuentros cara a cara con dirigentes extranjeros para garantizar los envíos de tropas de Gran Bretaña, Alemania, Francia,
Italia, Países Bajos, Australia, Canadá, República Checa, Nueva
Zelanda, Japón, Pakistán y Turquía. Después de Afganistán, Bush
planteó el ataque a Irak, decidido a cambiar de una vez por todas
el equilibrio de fuerzas en Oriente Próximo. El 17 de septiembre de
2001, W. firmó un documento de dos páginas y media en el que se
leía «TOP SECRET» y trazaba el plan para la guerra en Afganistán, al
tiempo que orientaba al Pentágono para que empezara a planificar
las posibilidades militares de una invasión de Irak. Tres días después, en una cena privada con el primer ministro británico, el presidente pidió a Tony Blair apoyo para derrocar a Sadam Husein. Según sir Christopher Meyer, ex embajador británico en Washington,
quien asistió también a la cena, Blair dijo a Bush que no tenía que
distraer su atención del objetivo inicial de solucionar el asunto de
los talibanes y Al Qaeda en Afganistán.

«Estoy de acuerdo con usted, Tony —dijo el presidente—. Primero debemos resolver ese problema. Pero cuando tengamos solucionado lo de Afganistán, debemos volver a Irak.»

Los ataques aéreos contra Afganistán empezaron el 7 de octubre de 2001. El objetivo primordial, declarado de forma clara y
definitiva por el presidente, era el de capturar a Osama Bin Laden

y destruir su red terrorista. Fue una guerra de venganza. Pero pronto hubo que redefinir el objetivo e incluir el derrocamiento del gobierno de los talibanes, que había permitido que prosperara Al Qaeda. Mientras Bin Laden continuaba eludiendo la captura, Bush configuró de nuevo su objetivo definitivo para justificar las decenas de miles de millones de dólares invertidas y las muertes de los hombres y mujeres estadounidenses en acto de servicio. La intención de la guerra fue entonces la reconstrucción de Afganistán, a fin de que el pueblo de este país pudiera disfrutar de estabilidad y libertad.

Para tal fin, en diciembre de 2001 se creó un gobierno de coalición afgano, encabezado por Hamid Karzai, aristócrata tribal y antiguo subsecretario de Asuntos Exteriores, quien había pasado los años de gobierno de los talibanes exiliado en Pakistán. Tres años después de que Karzai se convirtiera en jefe del Estado, buena parte de Afganistán seguía bajo control de los señores de la guerra y sus milicias privadas, y Bin Laden continuaba en libertad. Los campesinos habían empezado de nuevo a plantar opio, cultivo prohibido por los talibanes, pero Estados Unidos volvía la cabeza mientras Afganistán se convertía en una potencia en el comercio internacional de drogas.

En abril de 2003, el secretario de Defensa Donald Rumsfeld anunció que iba a reunirse con Karzai para fijar una fecha para la retirada de Estados Unidos. A mediados de 2004, veinte mil soldados estadounidenses seguían en Afganistán, cifra superior a la del año anterior, once mil. El presidente no se sentía satisfecho con la guerra en curso: se había obsesionado con otra, mucho más sangrienta y costosa.

A finales de 2002 estaba claro que el presidente se había empeñado en llevar el país a la guerra contra Irak. Sin embargo, se irritaba cuando se le insistía en el tema. En una reunión con periodistas en su rancho de Crawford, Texas, espetó a uno que citó tal suposición:

—Ha dicho usted que vamos a ir a la guerra contra Irak. No sé por qué dice algo así. Quien lo decide soy yo, no usted.

Dos meses y medio después, el 19 de marzo de 2003, Bush anunciaba la invasión de Irak por parte de Estados Unidos. Alguien vio en ello su baza de triunfo filial: el hijo que se plantea por su cuenta superar al padre dando por finalizada la tarea que había dejado sin acabar. Para entonces, el hijo criticaba ya abiertamente la guerra del Golfo de su padre. Tal como comentó Bush 43 a Bill Sammon, de *The Washington Times*, sobre Bush 41: «La libertad se impondrá mientras Estados Unidos y los aliados no presenten al pueblo de Irak señales ambiguas, de largarse a todo correr, como ocurrió en 1991».

Otros vieron al hijo como el comparsa de la familia Bush en busca de venganza contra un dictador al que despreciaban. «Al fin y al cabo —dijo W. a los republicanos de Houston el 26 de septiembre de 2003—, es un tipo que una vez intentó matar a mi padre.» Los psiquiatras de salón denominaron a la guerra iraquí «*Oedipus Wrecks*» (la destrucción de Edipo).

El presidente negó cualquier tipo de animadversión personal en su intento de deponer a Sadam Husein. «El hecho de que intentara matar a mi padre y a mi esposa [Laura Bush había acompañado a su suegro a Kuwait en 1993, cuando se abortó el intento de asesinato] demuestra la naturaleza de ese hombre —dijo Bush—. Es un desalmado. Un dictador y un tirano. La decisión que tomo y he tomado de desarmar a Sadam Husein se basa en la seguridad del pueblo estadounidense.»

Durante el año 2002, Bush presentó su causa contra Sadam Husein al Congreso y al pueblo, si bien mucho de lo dicho más tarde se demostró estar basado en suposiciones incorrectas, espionaje exagerado, documentos falsificados, y en la insistencia de que lo que George W. quería que fuera verdad tenía que ser verdad. El presidente no había aprendido que el respeto por la verdad distingue a un gran estadista de un simple político. Como dijo Winston Churchill: «Los errores se olvidarán, los sufrimientos y las pérdidas se perdonarán u olvidarán ... pero algo como un ardid siempre quedará como una espina clavada».

El presidente mantenía inequívocamente que el régimen iraquí poseía armas de destrucción masiva, e incluso probablemente cierta capacidad nuclear. Insistía en que Sadam Husein disponía de medios para fabricar ántrax y gas nervioso. Sin pruebas de ningún tipo —en realidad con pruebas que demostraban exactamente lo contrario—, relacionó los atentados del 11 de septiembre con Irak. Declaró que Sadam Husein constituía una amenaza para la seguridad internacional, pese a que este llevaba una década sin realizar ataque alguno fuera de sus fronteras. Reivindicó el derecho de Estados Unidos de actuar de forma unilateral y preventiva contra cualquier amenaza terrorista. Menospreció a la ONU diciendo que Sadam Husein había desafiado todas sus resoluciones durante diez años. Pidió el desarme total. Afirmó que un Irak libre llevaría la democracia a Oriente Próximo y prometió a los iraquíes un nuevo país, próspero y libre. «No más fábricas de veneno, no más ejecuciones de disidentes, no más cámaras de tortura y de violación.»

El presidente se había obsesionado en quitarse de encima a Sadam Husein y había decidido convertirlo en la máxima prioridad de su país. En enero de 2003 dijo al senador Peter Fitzgerald de Illinois que si supiera dónde se encontraba el dictador daría órdenes de que lo asesinaran. Cuando su conversación se hizo pública, la Casa Blanca se apresuró a afirmar que seguía en pie la orden ejecutiva que prohibía el asesinato de dirigentes extranjeros. El presidente no se retractó.

Por aquella época, ya se veía a sí mismo en la gloriosa situación de Winston Churchill, quien había desafiado a Hitler durante la Segunda Guerra Mundial. Bush había pedido a la embajada británica de Washington un busto de bronce del que fue primer ministro durante la guerra, cuya elevada retórica, en palabras de John F. Kennedy, «había movilizado la lengua inglesa y la había dirigido hacia la batalla». George W. Bush, quien destrozaba la lengua inglesa, veía a Churchill como un alma gemela. «Realmente actuó de un modo que me recuerda a como lo habría hecho alguien de Texas —dijo Bush de Churchill—. No le amedrentaban los sondeos de opinión pública. Se lanzaba hacia delante y gracias a ello el mundo es mejor ahora.»

Los redactores de discursos de la Casa Blanca intentaron captar algo de la prosa churchiliana en el anuncio del presidente del principio de la invasión de Irak. «No vamos a vacilar; no vamos a cansarnos; no vamos a flaquear y no vamos a fracasar», dijo Bush, tomando en realidad las palabras de un famoso discurso de Churchill. Sin embargo, pronto notó el presidente el azote de la opinión pública, cuando empezaron a organizarse manifestaciones contra la guerra en todo el mundo. Varios millones de personas salieron a la calle en Europa el 15 de febrero de 2003 en una amplia campaña de protesta contra la perspectiva de la invasión de Irak encabezada por Estados Unidos. Más de setecientas cincuenta mil personas llenaron Hyde Park en la mayor manifestación política de la historia de Gran Bretaña. Aproximadamente un millón de personas salió en Roma y quinientas mil se manifestaron en Berlín en la mayor concentración organizada desde la caída del muro. La envergadura de la oposición mundial sorprendió a todos. De Canberra a Oslo, de Ciudad del Cabo a Damasco, los manifestantes se congregaron en las ciudades agitando pancartas en las que se leía: QUE CAIGA BUSH, NO LAS BOMBAS, UN BORRACHO LLEVA EL PAÍS AL BARRANCO, NO MÁS PETRÓLEO A CAMBIO DE SANGRE, OJO POR OJO Y EL MUNDO SE QUEDA CIEGO.

El ex presidente no soportaba las críticas contra su hijo. Tres meses después de que W. tomara posesión del cargo, George H. W. Bush volvió a New Haven para la celebración del tricentenario de Yale. Al final de su intervención, pidió a los congregados que dieran una oportunidad al nuevo presidente. «Lleva tan solo cien días en el cargo», dijo el amante padre. Dos días después de los atentados del 11 de septiembre, en una conferencia en Boston, dijo que le dolían las críticas lanzadas contra su hijo por no haber vuelto antes a Washington. Más tarde, cuando su hijo se apartó de la idea de crear la coalición y montó su propia guerra, el padre le defendió de nuevo. Dijo a Paula Zahn, de la CNN: «Odio a Sadam Husein». Bush padre puso por los suelos a quienes no apoyaban la guerra de su hijo contra el dictador. «He leído cosas que realmente me ponen enfermo», dijo.

El ex presidente se sentía atacado cada vez que oía que tachaban a su hijo de belicista y respondía como si cada insulto fuera contra él. «Han herido muchísimo a un padre que quiere a su hijo y se siente orgulloso de él», declaró en público en Stanford, Conneticut. Protestó cuando el reverendísimo Frank Griswold, obispo presidente de la Iglesia Episcopaliana de Estados Unidos, dijo: «Me gustaría viajar a donde fuera y no tener que disculparme por ser ciudadano estadounidense … No me extraña que nos odien y nos aborrezcan … por nuestra indiferencia ante el sufrimiento humano».

Reprimiendo las lágrimas, el padre arremetió de nuevo en defensa de su hijo: «¿Van a odiarnos por liberar Afganistán? ¿O por pasar a la acción contra un despiadado dictador que ha asfixiado con gas a su propio pueblo y pretende adquirir más armamento mortífero? Yo conozco mejor a este presidente que el obispo. Él también es un hombre de fe».

El padre del presidente estaba en lo cierto: W. era un hombre de fe, y aquella fe lo vacunaba contra la duda. Con la absoluta certeza de que estaba en el buen camino, el 19 de marzo anunció que había iniciado la guerra en Irak con unos bombardeos aéreos organizados para matar a Sadam Husein y a sus dos hijos. Barbara Bush declaró a Diane Sawyer en *Good Morning America* que no quería ver cómo la televisión cubría la guerra porque el «90 por ciento» iban a ser especulaciones. «¿Por qué tienen que hablarnos de bolsas para cadáveres, de muertos, de cifras, del día que ocurrirá lo que tenga que ocurrir? No viene al caso. ¿Por qué tengo que desperdiciar mi maravillosa mente en algo como esto?»

Además de Estados Unidos, que mandó ciento treinta y ocho mil soldados, los únicos países que contribuyeron militarmente de forma sustancial a la guerra fueron Gran Bretaña —cuarenta y cinco mil militares— y Australia. Con todo, el Departamento de Estado afirmaba que en su *«coalition of the willing»* (coalición de países de buena voluntad) se contaban cuarenta y nueve. Cuando el programa de televisión por cable *The Daily Show* sacó a la luz la contribución de Marruecos de doscientos monos dispuestos a hacer explotar minas terrestres, el programa satírico lo llamó la *«coalition of the piddling»* (coalición de los insignificantes). Otros socios de la «coalición», desde Letonia a Panamá pasando por Uzbekistán, no ofrecieron más que declaraciones de apoyo.

La conquista militar parecía simple e inevitable, lo cual era cierto en aquel punto. Las fuerzas terrestres entraron en Irak procedentes de Kuwait y se desencadenó el estridente ataque aéreo y el implacable bombardeo. En menos de un mes, el ejército estadounidense ya derribaba estatuas de Sadam Husein por todo Bagdad, mientras caía la ciudad y se iniciaban los saqueos.

La mayor decisión a la que tuvo que enfrentarse luego la Casa Blanca fue la de cómo mostrar la victoria como obra del presidente. Sus asesores de imagen se plantearon su aparición en una sesión del Congreso o encabezando un desfile triunfal en Nueva York. Por fin se les ocurrió un espectacular escenario que iba a proporcionarle un aire más imponente que el del general George Patton. La imagen del macho del Álamo superó con creces la más extravagante fantasía de Hollywood estilo *Top Gun*.

El 1 de mayo de 2003 el presidente, con un ajustado uniforme de vuelo color oliva y a los mandos de un reactor Viking S-3B de la Marina, hizo el típico aterrizaje con gancho desde el avión en el portaaviones estadounidense *Abraham Lincoln*, en el océano Pacífico, mientras este ponía rumbo a San Diego. De acuerdo con el orquestado plan, George W. saltó del reactor como un heroico jinete del cielo, el casco contra el brazo, avanzó con aire ufano hacia la cubierta de vuelo y posó para los fotógrafos y las cámaras mientras iba estrechando la mano a la tripulación. Fue conducido hasta el puesto del capitán para contemplar el deslumbrante espectáculo aéreo que ofrecían treinta y seis F-18 del destacamento del portaaviones que volvían a casa, a su base situada cerca de Fresno. Tres escuadrones de Hornets hendieron el aire con un rugido ensordecedor; doce de los reactores aparecieron de nuevo en una formación en V para sobrevolar el navío en una despedida formal. Luego, al estilo Superman, el presidente desapareció bajo cubierta para cambiarse de ropa. Reapareció con traje y una bandera estadounidense en el ojal de la solapa, y subió al estrado que exhibía el emblema presidencial. Situándose bajo una inmensa pancarta que rezaba MISIÓN CUMPLIDA, anunció a los cinco mil entusiastas marineros el «fin de las principales operaciones de combate» en Irak.

Con ese despliegue visual, el presidente de Estados Unidos inició la estrategia política equivalente a una variante texana del póquer, en la que se hacen apuestas altísimas y el ganador se lo lleva todo. Durante los seis meses siguientes, apostó por su guerra para lograr la reelección y la continuación de la dinastía Bush, una guerra que él veía como algo con visión de futuro, algo valeroso, en contraposición a quienes lo consideraban algo imprudente y trágico. Apostó por la captura de Osama Bin Laden y el descubrimiento de armas de destrucción masiva en Irak. Se lo jugó todo contra el creciente número de víctimas mortales y los escándalos de los horripilantes malos tratos contra los prisioneros. Había calculado las posibilidades de que los estadounidenses no darían la espalda a su presidente en tiempos de guerra, incluso en una guerra que iba a costar como mínimo doscientos mil millones de dólares y situaría al país con un déficit superior al medio billón de dólares a finales de 2004.

Se trataba de una impresionante apuesta, pero el presidente estaba convencido de que iba a ganar. El as que guardaba en la manga era la Casa de los Bush, que iba a hacer lo que fuera para garantizar su victoria y continuar la dinastía familiar. George W. Bush actuaba como el que amaña la baraja.

Se había lanzado tan de lleno a la victoria en Irak que no iba a tolerar discrepancias. Cuando otros jefes de Estado manifestaron su disconformidad con la invasión, los trató de bellacos, de personas que merecían ser castigadas.

Al comprobar que el canciller alemán Gerhard Schröder salió reelegido gracias a su oposición a la invasión de Irak encabezada por Estados Unidos, Bush se indignó, sobre todo porque el ministro de Justicia de Schröder había comparado sus tácticas de presión con las de Adolf Hitler. El ministro de Justicia dimitió el día después de que Schröder venciera por un escaso margen en la reelección, pero aun así Bush se negó a descolgar el teléfono para llevar a cabo la habitual llamada presidencial de felicitación.

Cuando Vicente Fox, presidente de México, se opuso a la postura de Estados Unidos sobre Irak en el Consejo de Seguridad de la ONU, le dispensó el mismo tratamiento. «Deberá haber un cierto sentido de la disciplina», advirtió Bush. Daba la sensación de que el presidente de México podía acabar en el fondo del mar. W. colocó a Fox en el lugar que consideraba que le correspondía, aun cuando había sido su amigo y había pasado días con los Bush en su rancho de Crawford, e incluso había tenido el honor de compartir con ellos la primera cena de Estado de la familia en la Casa Blanca. Todo aquello quedó en el olvido cuando Fox dijo que México no podía aceptar la decisión de Bush de cambiar el régimen de Irak, pues sentaría un precedente que podría justificar la invasión de cualquier país del mundo por parte de Estados Unidos. Bush dejó de hablar a su amigo Vicente Fox y le tuvo cuatro días esperando a que se dignara devolverle la llamada telefónica. La falta de cortesía de Bush con México, el segundo país en volumen de comercio con Estados Unidos, era personal, irascible y diplomáticamente destructiva.

Bush canceló una visita como jefe de Estado a Canadá para mostrar su desagrado ante la postura contraria a la guerra del primer ministro Jean Chrétien, y volvió la espalda a Francia cuando el presidente Jacques Chirac también se opuso. No hubo participación de Estados Unidos en la exhibición aérea de París. En el comedor de la Cámara de Representantes se cambió el nombre de las patatas fritas (*french fries*) por el de patatas de la libertad (*freedom fries*). En el Air Force One se desterraron las *french toasts* (tostadas con huevo batido y azúcar) y se dio la bienvenida a las *freedom toasts*. El presidente Bush dijo que no tenía claro si a Francia le importaba que los ciudadanos estadounidenses vivieran con tranquilidad y seguridad. Con estas palabras, inició el boicot estadounidense a todos los productos franceses.

El matón que jugaba a «cerdobol» en Andover había aprendido a premiar a sus amigos y a castigar a sus enemigos. Si uno no puede salir vencedor por méritos propios, lo intenta a base de poder e influencia, pero vence al precio que sea. «La victoria —en palabras de su héroe Winston Churchill— a cualquier precio, la victoria a pesar de todo el terror; la victoria, por largo y duro que sea el camino; puesto que sin la victoria no hay supervivencia.»

# NOTAS

## Capítulo 1

*Documentos:* Samuel Prescott Bush Papers, Sociedad Histórica de Ohio, que contiene algunas cartas de Flora Bush a Samuel Bush escritas durante el verano de 1908; una carta a Samuel de Harriet Fay Bush (1829-1924), su madre, también del verano de 1908; una carta a Samuel de su hija Mary (1897-1992), escrita durante el verano de 1908; una carta de su hija Margie (1899-1993) a Samuel en 1911; cartas de Flora a Samuel entre 1911 y 1913; cinco cartas, sin fecha, de Samuel a Flora en el despacho del Engineers' Club de Nueva York, una de las cuales escribió durante la Primera Guerra Mundial; una carta de Flora a Samuel, también escrita mientras Prescott Bush se encontraba en Europa durante la Primera Guerra Mundial; un poema compuesto por la hija de Samuel, Margaret Bush Clement, a finales de los años treinta; una carta de Samuel Bush a sus hijos, Prescott y Jim, del 14 de mayo de 1940, y una carta de Martin J. Gillen a Samuel Bush, del 10 de diciembre de 1942, en la que Gillen menciona su primer encuentro con él durante la Primera Guerra Mundial, cuando ambos servían en War Industries Board. Otros documentos: el certificado de defunción de Robert S. Bush, en Milwaukee en 1900, Departamento de Salud y Servicios Familiares de Wisconsin; Prescott S. Bush Oral History, 1966, Columbia University Oral History Research Project, Eisenhower Administration Project; anuario de Yale, *History of the Class of 1917* (1917), *Banner and Pot Pourri* (1916-17), y anuario del cincuenta aniversario, *History of the Class of 1917* (1967), así como las notas del Silver Dollar Quartet que envió Prescott Bush a Marshall Bartholomew en junio de 1957 y otros documentos de los archivos de Yale sobre las actividades de Prescott Bush como alumno, Manuscripts and Archives, Sterling Memorial Library, Universidad de Yale.

*Libros:* Brooks Mather Kelley, *Yale: A History*, Yale University Press, New Haven, 1974; Herbert S. Parmet, *George Bush: The Life of a Lone Star Yankee*, Scribner, Nueva York, 1997; Alexandra Robbins, *Secrets of the Tomb*, Little, Brown, Boston, 2002; folleto de Grandview Heights/Marble Cliff Historical Society, *1998 Tour of Homes, May 10, 1998.*

*Artículos:* Burt Solomon, «A Pair of Dominant Grandfathers Shape a Presidential Persona», *National Journal*, 7.9.1991; «Annual Elections of Senior Societies from Junior Class», *Yale Daily News*, 19.5.1916; «A Call to Undergraduates to Organize a Republican Club of Yale University», *Yale Daily News*, 6.10.1916; Paul McClung, «The Secret of Geronimo's Grave», *Lawton Constitution*, 18.2.1964; Ron Rosenbaum, «I Stole the Head of Prescott Bush! More Scary Skull & Bones Tales», *New York Observer*, 17.7.2000; Tim Giago, «Where Are They Hiding Geronimo's Skull?», *Lakota Nation Journal* (invierno de 2000); «High Military Honors Conferred on Capt. Bush», *Ohio State Journal*, 8.8.1918; «If Prescott Had Read It in a Story-Book When He Was a Kid», viñeta, *Ohio State Journal*, 9.8.1918; «Triple Honor to P. S. Bush, Yale '17», *New Haven Journal-Courier*, 15.8.1918; Flora Sheldon Bush, carta al director, *Ohio State Journal*, 6.9.1918, pág. 1.

*Entrevistas:* Indiana Earl, 17 y 20.7.2001, y 14.8.2001; John G. Doll, 28.1.2003; Stuart Symington Jr., 3.7.2002; James Symington, 3.7.2002; Richard D. Barrett, 12.12.2002; Richard Kimball Jr., 11.1.2003; correspondencia con Mark Salter, 10.6.2003.

**Capítulo 2**

*Documentos:* Censo de Estados Unidos, 1900, sobre el archivo familiar de George W. Walker, msn.ancestry.com (abril de 2004); escrituras y planos de Walker's Point, Registro de Escrituras del condado de York, Alfred, Maine; testamento de George H. Walker, Tribunal Testamentario de Maine, condado de York; transcripción de Mary (Carter) Walker Oral History Interview, Greenwich Library Oral History Project, Biblioteca de Greenwich, Greenwich, Connecticut; documentos del Veiled Prophet, Biblioteca Pública de San Luis; archivos de *St. Louis Star-Times* y del *St. Louis Globe-Democrat*, Biblioteca Mercantil de San Luis.

*Libros:* Richard Ben Cramer, *What It Takes*, Vintage Books, Nueva York, 1993; Herbert S. Parmet, *George Bush: The Life of a Lone Star Yankee*, Scribner, Nueva York, 1997; Fitzhugh Green, *George Bush: An Intimate Portrait*, Hippocrene Books, Nueva York, 1989; Julius K. Hunter, *Kingsbury Place: The First Two Hundred Years*, Mosby, San Luis, 1982; Charles Van Ravenswaay, *St. Louis: An Informal History of the City and Its People, 1764-1865*, ed. Candace O'Connor, Missouri Historical Society Press, San Luis, 1991; Albert Nelson Marquis, ed., *The Book of St. Louisans*, St. Louis Republic, San Luis, 1912; William Hyde, *Encyclopedia of the History of St. Louis*, Southern History Company, Nueva York, 1899; *Social Register of St. Louis*, Social Register Association, Nueva York, de los años 1910-1926.

*Artículos:* «I'm for Lynch Law and Whipping Post; D. D. Walker Writes», *St. Louis Republican*, 22.7.1914; Jake Tapper, «Judging W's Heart», salon.com, 1.11.2000; Burt Solomon, «A Pair of Dominant Grandfathers Shape a Presidential Persona», *National Journal*, 7.9.1991; «Walker Verdict of "Unsound Mind" Is Set Aside», *St. Louis Post-Dispatch*, 13.5.1918; «D. D. Walker, Sr., Dies; Founded

Dry Goods Firm 40 Year Ago», *St. Louis Globe-Democrat*, 15.10.1918; «D. D. Walker, Sr., Retired Merchant, Dies in East», *St. Louis Republican*, 15.10.1918; «In Memoriam: George Herbert Walker», *Bulletin of the Missouri Historical Society* 10, n.º 1 (octubre de 1953); «G. H. Walker & Co. Turns 65», *St. Louis Globe-Democrat*, 25.5.1965; Beth McLeod, «President's Mother Was Captain of Smooth-Sailing Family Ship», *St. Louis Post-Dispatch*, 30.6.1991; «Prophet's Court at Coronation Scene of Beauty», «Veiled Prophet's Queen from Pioneer Family» y «Riot of Color and Iridescence in Gowns Worn at V. P. Ball», *St. Louis Post-Dispatch*, 8.10.1919; reportaje del *Philadelphia Inquirer* sobre el primer campeonato nacional de tenis individual femenino, 19/22.6.1918; «Miss Dotorthy Walker Weds», *New York Herald Tribune*, 6.8.1921; informe de los gastos de la boda de Dorothy Walker en el *New York Journal-American*, agosto de 1921; «Mrs. Samuel P. Bush Killed in Auto Accident in Rhode Island», *Columbus Sunday Dispatch*, 5.9.1920; «Investigation Being Made into Watch Hill Accident», *Westerly Sun*, 7.9.1920.

*Entrevistas:* Ann Biraben, 24.10.2002; Mary Hall-Ries, 14.11.2002; Robert Duffy, 13.11.2002; correspondencia con Robert Duffy, 21.2.2003; Noel C. Holabeck, 14.11.2002; Peggy Adler, 7.8.2001 y 12.10.2001; Christopher Walker, 10.2.2003; James Symington, 3.7.2002; Stuart Symington Jr., 3.7.2002.

*RE:* Residencia de infancia de Dorothy Walker, 12 Hortense Place, San Luis.

«Siempre hemos tenido la sensación de que en esta casa había un fantasma —dijo Mary Hall-Ries el 14 de noviembre de 2002—. Es un fantasma simpático ... una mujer que huele a violetas ... Es buena y amable.»

La señora Hall-Ries describió las «extrañas pero maravillosas cosas» que habían ocurrido en la vieja casa Walker desde que ella y su marido, Jonathan Ries, la compraron muchos años atrás. «Los objetos cambiaban de lugar ... en la sala de baile, el equipo de música se encendía solo a las 5 de la madrugada ... cada vez que ponías las cosas en su lugar, el fantasma las cambiaba de nuevo.»

La casa «de estilo georgiano, italiano y Beaux Arts», construida en 1901, tenía un porche en el que dormíamos («en aquel tiempo no había aire acondicionado»), un salón de baile, ocho dormitorios y «la habitación de los desmayos» (para las mujeres que llevaban el corsé demasiado ceñido). «A la gente que construyó esta casa le gustaba tener salones espaciosos para poder recibir a muchos invitados; estaban llenos de espejos y podías ver gente en todos ellos —afirmaba Hall-Ries—. Quizá el fantasma sea Nancy Walker, la hermana de Dorothy; no se casó y siempre vivió cerca de sus padres.»

## Capítulo 3

*Documentos:* Prescott S. Bush Oral History, 1966, Columbia University Oral History Research Project, Eisenhower Administration Project; correspondencia de George H. Walker con Averell Harriman, y otros documentos de las oficinas de

Brown Brothers Harriman, W. Averell Harriman Papers, Sala de Manuscritos de la Biblioteca del Congreso; testamento de Flora Sheldon Bush, Tribunal Testamentario del condado de Franklin, Columbus, Ohio; información de las casas de Bush en Greenwich, Connecticut, de la Oficina de Tasación y de la Oficina del Registro de la Propiedad de la ciudad de Greenwich, el expediente del FBI de James Smith Bush, obtenido gracias a la Ley de Libertad de Información.

*Libros:* Peter Arno, «Well, so long. I'll see you at lunch at the Bankers Club», viñeta en *The New Yorker Twenty-fifth Anniversary Album, 1925-1950*, Harper, Nueva York, 1951; Knight Woolley, *In Retrospect–Very Personal Memoir*, impresión particular, 1975; John A. Kouwenhoven, *Partners in Banking*, Doubleday, Garden City, Nueva York, 1968, 1983; Rudy Abramson, *Spanning the Century: The Life of W. Averell Harriman*, William Morrow, 1992; Gail Sheehy, *Characters*, William Morrow, Nueva York, 1988; Herbert S. Parmet, *George Bush: The Life of a Lone Star Yankee*, Scribner, Nueva York, 1997; Fitzhugh Green, *George Bush: An Intimate Portrait*, Hippocrene Books, Nueva York, 1989; Nicholas King, *George Bush: A Biography*, Dodd, Mead, Nueva York, 1980; Joe Hyams, *Flight of the Avenger*, Harcourt Brace Jovanovich, San Diego, 1991; Donnie Radcliffe, *Simply Barbara Bush*, Warner Books, Nueva York, 1989.

*Artículos:* Burt Solomon, «A Pair of Dominant Grandfathers Shape a Presidential Persona», *National Journal*, 7.9.1991; «Big Banking Houses Decide on Merger», *New York Times*, 12.12.1930; George Bush, «A Tribute to a Very Special Mother», *Greenwich Time*, 12.5.1985; Barbara T. Roessner, «Growing Up with George», *Hartford Courant*, 15.1.1989; Barry Bearak, «His Great Gift, to Blend In», *Los Angeles Times*, 22.11.1987; Gail Sheehy, «Is George Bush Too Nice to Be President?», *Vanity Fair*, febrero de 1987, y «Beating Around the Bush», *Vanity Fair*, septiembre de 1988; Maureen Dowd, «For Bush, Culture Can Be a Sometime Thing», *New York Times*, 27.10.1988; Garry Wills, «The Ultimate Loyalist», *Time*, 22.8.1988, y «Father Knows Best», *New York Review of Books*, 5.11.1992; noticia de primera página, *Nutmegger*, septiembre de 1978; Jane Podesta, «Playing to Win», *People*, 22.8.1988; Suzy Kane, «What the Gulf War Reveals About George Bush's Childhood», *Journal of Psychohistory* 20, n.º 2 (otoño de 1992); George Plimpton, «A Sportsman Born and Bred», *Sports Illustrated*, 26.12.1988; Laura Sessions Stepp, «Nominees' Upbringing and Their Faith», *Washington Post*, 4.11.1988; Dolly Langdon, «However Far George Runs–28 Homes in 35 Years–Barbara Bush Stands by Her Man», *People*, 4.8.1980; Walt Harrington, «Born to Run», *Washington Post Magazine*, 28.9.1986.

*Entrevistas:* Ray Walker, 28.5.2003; Osborne Day, 6.8.2002; Coates Redmon, 2.11.2001; Betsy Trippe DeVecchi, 20.7.2003; Robert DeVecchi, 21.7.2003; Charles Kelly, 12.3.2003; Earl Balfour, 6.8.2002; Jenny Lawrence, 14.3.2002; Mame Hornblower, 7.3.2002; Rudy Abramson, 21.2.2001; Gail Sheehy, 29.4.2002, y correspondencia, 24.6.2002.

**Capítulo 4**

*Documentos:* Testimonio de George H. Walker: Heavings Before a Subcommittee of the Committee of Interstate Commerce, United State Senate, Seventy-fifht Congress, First Sessions, Pursuant to S. Res. 71 (74th Congress), Part 15, November 10, 12, 17, and 18, 1937, Missouri Pacific Reorganization»; «Additional Report of the Committee on Interstate Commence Pursuant to S. Res, 71 (74th Congress), Missouri Pacific System: Reorganization, Expansion and Financing, 1915-1930», impreso el 29.7.1940; discurso de Harry Truman en el Senado, «Railroad Finances», *Congressional Record*, 20.12.1937; Samuel Bush a sus hijos, 14.5.1940, Samuel Prescott Bush Papers, Sociedad Histórica de Ohio; correspondencia de Samuel Bush referente a la President's Organization on Unemployment Relief, Biblioteca Presidencial Herbert Hoover; documentos y correspondencia referente a las operaciones empresariales de Averell Harriman's European, incluida una carta de Ray Moms a Roland Harriman, 26.9.1941, sobre la Silesian-American Corporation, W. Averell Harriman Papers, Sala de Manuscritos de la Biblioteca del Congreso; documentos elaborados durante y después de la Segunda Guerra Mundial referentes a las órdenes de intervención formuladas por la Oficina de Propiedades Extranjeras, Archivos Nacionales, Record Group 131, Office of Alien Property Custodian en la Office for Emergency Management, especialmente expedientes de la Orden 248 (Union Banking Corp.) y de la Orden 370 (Silesian-American Corp.); documentos relativos a la Union Banking Corporation de Brown Brothers Harriman and Company Papers, Sociedad Histórica de Nueva York, Nueva York, Manuscript Department; transcripciones de Mary (Carter) Walker y Prescott S. Bush Jr. Oral History Interview, Greenwich Library Oral History Project, Biblioteca de Greenwich, Greenwich, Connecticut; transcripción de Jesse R. Nichols, en Oral History Project Interview, Oficina de Historia del Senado de Estados Unidos; Prescott S. Bush Oral History, 1966, Columbia University Oral History Research Project, Eisenhower Administration Project; 1942 *Pot Pourri* (anuario), Phillips Academy, Andover, archivos; correspondencia de 1942 de Prescott Bush, referente a la recaudación de fondos para USO, Biblioteca Presidencial Franklin D. Roosevelt.

*Libros:* David McCullough, *Truman*, Simon and Schuster, Nueva York, 1992; Charles Higham, *Trading with the Enemy*, Delacorte Press, Nueva York, 1983; Christopher Simpson, *The Splendid Blond Beast: Money, Law, and Genocide in the Twentieth Century*, Grove Press, Nueva York, 1993; Henry Ashby Turner Jr., *German Big Business and the Rise of Hitler*, Oxford University Press, Nueva York, 1985; James Pool y Suzanne Pool, *Who Financed Hitler: The Secret Funding of Hitler's Rise to Power, 1919-1933*, Dial Press, Nueva York, 1978; John Loftus y Mark Aarons, *The Secret War Against the Jews*, St. Martin's Press, Nueva York, 1994; Townsend Hoopes, *The Devil and John Foster Dulles*, Little, Brown, Boston, 1973; Rudy Abramson, *Spanning the Century: The Life of W. Averell Harriman*, William Morrow, Nueva York, 1992; John A. Kouwenhoven, *Partners in Banking*, Doubleday, Garden City, Nueva York, 1968, 1983; Barbara Bush, *Barbara Bush: A Memoir*, St.

Martin's Paperbacks, Nueva York, 1995; Donnie Radcliffe, *Simply Barbara Bush*, Warner Books, Nueva York, 1989; Herbert S. Parmet, *George Bush: The Life of a Lone Star Yankee*, Scribner, Nueva York, 1997; Fitzhugh Green, *George Bush: An Intimate Portrait*, Hippocrene Books, Nueva York, 1989; Joe Hyams, *Flight of the Avenger*, Harcourt Brace Jovanovich, San Diego, 1991; Leonard F. James, *Phillips Academy, Andover, in World War Two*, Andover Press, Andover, Massachusetts, 1948.

*Artículos:* «Senators Assail Railways, Charging Stock Juggling», *New York Times*, 21.12.1937; «Rail Financing Curb Urged in Senate Report», *New York Herald Tribune*, 28.7.1940; «American Capital Pouring into Europe», *New York Times*, 14.7.1929; «Third Plea for Loans to Pay Bonds Denied», *New York Times*, 5.2.1942; M. J. Racusin, «Thyssen Has $3,000,000 Cash in New York Vaults», *New York Herald Tribune*, 31.7.1941; «Thyssen's Role in World Affairs Still a Mystery», *New York Herald Tribune*, 31.7.1941; «No Honey, No Flies», *Time*, 2.3.1942; «Leo the Lion», *Time*, 23.3.1942; Curtis Lang, «Bad Company», *Village Voice*, 5.5.1992; «Author Links Bush Family to Nazis», *Sarasota Herald-Tribune*, 11.11.2000; Martha Pierce en la primera página de *Vogue*, 15.8.1940; Suzy Kane, «What the Gulf War Reveals About George Bush's Childhood», *Journal of Psychohistory* 20, n.º 2, (otoño de 1992); Garry Wills, «The Ultimate Loyalist», *Time*, 22.8.1988; Hugh A. Mulligan, «"I Knew He Was Something Special"», *St. Louis Post-Dispatch*, 27.9.1988; «Washington Week», *Wallingford Post*, 26.5.1960; Margaret Warner, «Bush Battles the 'Wimp' Factor», *Newsweek*, 19.10.1987; Brock Brower, «Captain Enigma: Can George Bush Lead the Nation?», *Life*, mayo de 1988; Bruce Mohl, «Bush, at Alma Mater, Stresses Values of a Good Education», *Boston Globe*, 3.5.1987; Ernest B. Furgurson, «Bush's War», *Washingtonian*, agosto de 1985; Marjorie Williams, «Barbara's Backlash», *Vanity Fair*, agosto de 1992.

*Entrevistas:* Indiana Earl, 20.7.2001 y 14.8.2001; George «Red Dog» Warren, 8.1.2003; William Sloane Coffin, 15.6.2001 y 11.10.2002; correspondencia con Patricia Lewis, 2.7.2002; John Loftus, 13.6.2001; correspondencia con Ruth Quattlebaum, Phillips Academy, Andover, archivos, 18 y 24.3.2003 y 4.11.2003; Christopher Larsen, 18.6.2003, 25.9.2003 y 12.11.2003; Peggy Adler, 31.3.2003; Jesse Nichols, 15.4.2002; Don Ritchie, 19.3.2002.

RE: *Fritz Thyssen*

Fritz Thyssen (1873-1951) era descendiente de una influyente familia alemana que había hecho fortuna con la manufactura del acero. Su ideología de derechas le llevó a apoyar económicamente a los nazis en 1928. La relación de Thyssen con los nazis se hizo pública en 1932, cuando consiguió que Hitler hablara ante el Círculo Industrial de Dusseldorf. En julio de 1933, Thyssen se convirtió en el zar económico de los nazis en Renania-Westfalia, la mayor región industrial de Alemania; posteriormente entró a formar parte del Consejo de Estado de Prusia y se convirtió en miembro del Reichstag en Dusseldorf. Sin embargo, Thyssen rompió con Hitler en 1939 y huyó de Alemania. En 1941, la policía lo capturó en Vichy, Francia, mientras se disponía a partir hacia Sudamérica; pasó el resto de la guerra en diversos campos de concentración. Terminada la guerra, un tribunal le multó por su apoyo a los nazis; finalmente emigró a Argentina, donde murió.

RE: «Comercio con el enemigo».

Ha habido muchas inexactitudes sobre la Silesian-American Corporation y la Union Banking Corporation debidas a un generalizado malentendido sobre el papel que desempeñó la Oficina de Propiedades Extranjeras. El 14 de abril de 1942, el presidente Franklin Roosevelt firmó la Orden Ejecutiva 9142, que «bajo la autoridad de la Ley de Comercio con el Enemigo de 1917 y la First War Powers Act», creaba la Oficina de Propiedades Extranjeras (OAP) dentro de la Oficina de Control de Emergencias, a la que trasladaba todas las «funciones, personal y propiedades de la Alien Property Division, Departamento de Justicia». Se autorizó a la OAP administrar siete mil millones de dólares de los activos que el enemigo tenía en Estados Unidos. Generalmente, la OAP emitía una orden por la que el gobierno de Estados Unidos tomaba el control de las propiedades. Al terminar la guerra, las propiedades confiscadas no se devolvieron y tampoco se liquidaron en beneficio del gobierno. El 17 de noviembre de 1942, la OAP emitió la Orden 370, por la que pasaba a controlar los fondos alemanes de la Silesian-American Corporation. La decisión de la OAP no tenía nada que ver con los intentos de George H. Walker de interceder por los accionistas de la Silesian-American. Asimismo, cuando la OAP emitió la Orden 248, por la que asumía el control de la Union Banking Corporation —cuyos documentos demuestran que el gobierno decidió, en noviembre de 1914, considerarla una empresa alemana—, esta decisión no fue un reflejo de las actividades de Prescott Bush y de sus socios de Brown Brothers Harriman; era la consecuencia de que la familia Thyssen fuera la propietaria del banco holandés que, a su vez, poseía la Union Banking. Los documentos de los Archivos Nacionales indican que la Union Banking Corporation se liquidó poco después de la guerra y que el gobierno de Estados Unidos rechazó las demandas de la familia del hermano de Fritz Thyssen, un ciudadano húngaro, para que le compensaran.

## Capítulo 5

*Documentos:* Cartas de George H. W. Bush durante la Segunda Guerra Mundial desde Chapel Hill y Corpus Christi, y del 3 y 27.9.1944, carta de Prescott Bush a Ann White, 13.10.1944, carta de Marvin Pierce a J. G. Kiefaber, 22.3.1948, George Bush Personal Papers, correspondencia de la Segunda Guerra Mundial, Biblioteca Presidencial George Bush; transcripciones de Albert Morano Oral History, Greenwich Library Oral History Project, Biblioteca de Greenwich, Greenwich, Connecticut; sumario de los Archivos Nacionales, expediente militar de George H. W. Bush y James Smith Bush, obtenidos por concurso de la Ley de Libertad de Información; diario de cubierta del USS *San Jacinto*, 19.6.1944 y 24.6.1944, diario de cubierta del USS *C. K Bronson*, 19.6.1944, Archivos Nacionales; «Commander Torpedo Squadron 5, Aircraft Action Report, 8 September 1944», «U.S.S. San

Jacinto War Diary, September 1944», «U.S.S. Finback (SS230)–Report of War Patrol Number Ten, 16 August to 4 October 1944», Archivos Nacionales; traducción, «Summary of Combat Results of Allied [Japanese] Forces, 1st Anti-Aircraft (Asahiyama) 9/2/44», proporcionada por David Robb; Prescott Bush a Samuel Bemiss, Samuel M. Bemiss Papers, Sociedad Histórica de Virginia; Prescott Bush a W. Averell Harriman, 19.7.1944, W. Averell Harriman Papers, Sala de Manuscritos de la Biblioteca del Congreso.

   *Libros:* George Bush, *All the Best, George Bush,* Touchstone, Nueva York, 1999; George Bush y Victor Gold, *Looking Forward,* Doubleday, Garden City, Nueva York, 1987; Barbara Bush, *Barbara Bush: A Memoir,* St. Martin's Paperbacks, Nueva York, 1995, y *Reflections,* Scribner, Nueva York, 2003.

   *Artículos:* Benjamin C. Bradlee, «Then and Now», *Washington Post,* 28.9.2001; Beth McLeod, «President's Mother Was Captain of Smooth-Sailing Family Ship», *St. Louis Post-Dispatch,* 30.6.1991; «A Son's Restless Journey», *Newsweek,* 7.8.2000; Brock Brower, «Captain Enigma: Can George Bush Lead the Nation?», *Life,* mayo de 1988; Sidney Blumenthal, «War Story: George Bush's Many Versions», *New Republic,* 12.10.1992; Allan Wolper y Al Ellenbert, «The Day Bush Bailed Out», *New York Post,* 12.8.1988; Dan Morgan, «Bush Released Intelligence Report to Rebut Gunner's Story of 1944 Mission», *Washington Post,* 14.8.1988; Ernest B. Furgurson, «Bush's War», *Washingtonian,* agosto de 1985; «Church Crowded at Bush-Pierce Wedding», *Rye Chronicle,* 12.1.1945; Barbara Grizzuti Harrison, «Lunch with Bar: An Interview with the Ancien Regime», *New Republic,* 9.11.1992.

   *Entrevistas:* Courtney Callahan, 17.4.2003 y 29.8.2003; Anthony A. Morano, 5.12.2001; correspondencia con Jason Morano, 17.12.2001. Entrevistas de David Robb: Leo Nadeau, abril de 1991; Wendell Tomes, 11.5.1991; Legare Hole, mayo de 1991; Harold Nunnally, 11.5.1991; James Bryan, 3.5.1991.

## Capítulo 6

*Documentos:* Prescott Bush a Charles Seymour y *1948 Class Book,* de Yale, Manuscripts and Archives, Sterling Memorial Library, Universidad de Yale; William F. Buckley Jr. entrevistado por Geoffrey Kabaservice, Griswold-Brewster Oral History Project, Manuscripts and Archives, Sterling Memorial Library, Universidad de Yale; recibo por un Studebaker de 1947, George Bush a su madre, 28.10.1948, y transcripción de la entrevista de David Frost a George y Barbara Bush, 25.8.1998, Biblioteca Presidencial George Bush; correspondencia con Thomas «Lud» Ashley relativa a las donaciones a la RTA, 1966, y a Yale, 1970, Thomas L. Ashley Papers, Center for Archival Collections, Universidad Estatal Bowling Green; Prescott S. Bush Oral History, 1966, Columbia University Oral History Research Project, Eisenhower Administration Project.

   *Libros:* George Bush y Victor Gold, *Looking Forward,* Doubleday, Garden City, Nueva York, 1987; George Bush, *All the Best, George Bush,* Touchstone, Nueva

York, 1999; Barbara Bush, *Barbara Bush: A Memoir*, St. Martin's Paperbacks, Nueva York, 1995; Donnie Radcliffe, *Simply Barbara Bush*, Warner Books, Nueva York, 1989; Alexandra Robbins, *Secrets of the Tomb*, Little, Brown, Boston, 2002; Richard Ben Cramer, *What It Takes*, Vintage Books, Nueva York, 1993; Fitzhugh Green, *George Bush: An Intimate Portrait*, Hippocrene Books, Nueva York, 1989; Gail Sheehy, *Characters*, William Morrow, Nueva York, 1988; Peggy Noonan, *What I Saw at the Revolution*, Random House, Nueva York, 1990; Darwin Payne, *Initiative in Energy*, Simon and Schuster, Nueva York, 1979; H. G. Bissinger, *Friday Night Lights*, Addison-Wesley, Reading, Massachusetts, 1990.

*Artículos:* «Over 5300 Students Register for Fall Term», *New York Post*, 2.11.1945; Lois Romano, «Joseph Reed, Protector of Propriety; On the Eve of the Floating Summit, Bush's Protocol Chief in the Wings», *Washington Post*, 28.11.1989; «Senior Society Elections», *Yale Daily News*, 16.5.1947; Bob Woodward y Walter Pincus, «Bush Opened Up to Secret Yale Society», *Washington Post*, 7.8.1988; «A Son's Restless Journey», *Newsweek*, 7.8.2000; James Keogh, «Barbara Remembers», *Greenwich*, diciembre de 1994; Barbara Matusow, «Mama's Boy», *Washingtonian*, junio de 2001; «Bush Named New Baseball Captain», *Yale Daily News*, 22.9.1947; Michael P. Keating, «Stan's the Man», *York Weekly*, 19.6.2002; «Stifel Nicolaus Head Glad Bush Turned Down Family Business», *Tulsa World*, 27.10.1988; artículo de primera página, *Nutmegger*, septiembre de 1978; Barry Bearak, «His Great Gift, to Blend In», *Los Angeles Times*, 22.11.1987; Garry Wills, «Father Knows Best», *New York Review of Books*, 5.11.1992; «Mrs. Bush-U.N. Wife, "I'd Pay to Have This Job"», *Washington, D.C., Sunday Star*, 20.2.1972; Bill Minutaglio, «George W.'s Secret Weapon», *Talk*, marzo de 2000; «Auto Crash Kills Publisher's Wife as He Reaches for Spilling Cup», *New York Times*, 24.9.1949; «Mrs. Pierce's Death Shocks Community», *Rye Chronicle*, 29.9.1949; Susan Watters, «Feisty Lady», *W*, 31.10.1988.

*Televisión:* «Barbara Bush, First Mom», A&E *Biography*, 9.5.2001.

*Entrevistas:* Isolde Chapin, 19.12.2001; Jim Finkenstaedt, 4.6.2002; Harry Finkenstaedt, 21.6.2002; Frank «June» O'Brien, 30.4.2003; Betsy Trippe DeVecchi, 20.7.2003; Robert DeVecchi, 21.7.2003; Stephen Thayer, mayo de 2003; correspondencia con William R. Massa Jr., Yale Manuscripts and Archives, 19.2.2002; correspondencia con Geoffrey Kabaservice, 16.8.2001 y 9.10.2001. Entrevista de David Robb: Thomas «Lud» Ashley, mayo de 1991.

RE: *Nombramiento de miembros de la Skull and Bones*

George H. W. Bush nombró a diversos miembros de la asociación para puestos federales: George H. Pfau Jr. (1940), director de la Securities Investor Protection Corporation; Paul C. Lambert (1950), embajador en Ecuador; Victor H. Frank Jr. (1950), director del Asian Development Bank; David George Ball (1960), secretario adjunto de Trabajo; Richard Anthony Moore (1930), embajador en Irlanda. Moore, un productor de *The McLaughlin Group*, era más conocido por el público por ser el consejero del presidente Nixon, 1971-1974; en 1973, testificó durante dos días y medio ante la Comisión del Senado por el caso Watergate y negó que John Dean hubiera informado a Nixon de las actividades delictivas de la Casa Blanca para encubrir el caso Watergate. El testigo que habló justo después de Moore, Alexander Butterfield, reveló que Nixon había grabado aquellas conversaciones; cuando finalmente pudieron oírse, las cintas confirmaron la versión de John Dean sobre sus conversaciones con el presidente.

**Capítulo 7**

*Documentos:* Transcripciones de Elizabeth Hyde Brownell, Prescott S. Bush Jr., Josephine Evaristo, Albert Morano, Charles A. Pirro Jr., John F. Sullivan, Albert F. Varner Jr. y Bernard L. Yudain, Oral History Interview, Greenwich Library Oral History Project, Biblioteca de Greenwich, Greenwich, Connecticut; testamentos de Samuel P. Bush y de Martha Bell Bush, Tribunal Testamentario del condado de Franklin, Columbus, Ohio; Prescott S. Bush Oral History, 1966, Columbia University Oral History Research Project, Eisenhower Administration Project; material de campaña electoral y álbum de recortes de prensa, Prescott S. Bush Papers, Thomas J. Dodd Research Center, Universidad de Connecticut; telegrama relativo a Naciones Unidas, carta a Richard Nixon, 4.9.1952, y otra correspondencia, Clare Boothe Luce Papers, Sala de Manuscritos de la Biblioteca del Congreso; Prescott S. Bush a Louis Carlisle Walker, 19.6.1950, Louis Carlisle Walker Papers, Biblioteca Bentley, Universidad de Michigan; transcripción de la emisión de radio de Drew Pearson, 5.11.1950, y carta de recaudación de fondos, 1947, para Paternidad Planificada, Drew Pearson Papers, Biblioteca Presidencial Lyndon B. Johnson; material de la campaña electoral de 1952 a la presidencia, Brien McMahon Papers, Special Collections, Universidad de Georgetown; Prescott Bush a Sam Bemiss, Samuel M. Bemiss Papers, Sociedad Histórica de Virginia; Prescott Bush a A. Whitney Griswold, Manuscripts and Archives, Sterling Memorial Library, Universidad de Yale.

*Libros:* David J. Garrow, *Liberty and Sexuality*, Macmillan, Nueva York, 1994; George Bush, *All the Best, George Bush*, Touchstone, Nueva York, 1999; Alden Hatch, *Ambassador Extraordinary Clare Boothe Luce*, Henry Holt, Nueva York, 1956; Fitzhugh Green, *George Bush: An Intimate Portrait*, Hippocrene Books, Nueva York, 1989.

*Artículos:* «Nancy Bush Bride Saturday of Alexander Ellis, Jr.», *Greenwich Time*, 28.10.1946; «Alexander Ellis Jr. Marries Miss Bush», *New York Sun*, 26.10.1946; Christopher Keating, «Josephine Evaristo Dies at 84», *Greenwich Time*, 3.6.1989; «S. P. Bush, Retired Business, Civic Leader, Succumbs at 84», *Ohio State Journal*, 9.2.1948; Marquis Childs, «A Nasty Political Rumor», *St. Louis Post-Dispatch*, 25.8.1950; Walt Harrington, «Born to Run», *Washington Post Magazine*, 28.9.1986; «Benton Is Winner, Senate Edge Held», *New York Times*, 17.11.1950; Alexander Cockburn y James Ridgeway, «George Bush», *Rolling Stone*, 20.3.1980; «Bush Believes Gen. Ike Available for '52; Call "Must Be Compelling"», *Greenwich Time*, 3.12.1951; «Women Politics», *Middletown Press*, 19.6.1956; Robert D. Byrnes, «State's Senators Divide on Proposed Equal Rights Constitution Change»,

*Hartford Courant*, 7.7.1953; «GOPs Boo Bush's Anti-smear Stand», *Hartford Courant*, 5.10.1952; A.H.O., «Connecticut Yankee», *Manchester Herald*, 7.10.1952; «State Political Drive Shows Signs of Warmup», *New Haven Register*, 14.10.1952; «Eisenhower Attacks Rival's "Fear Campaign", Scores Democratic "Drivel" in Speech Here», *Yale Daily News*, 21.10.1952; «Angry Bush Denies "Smear" Campaign Against Him in Breakfast Address Here», *Greenwich Time*, 28.10.1952; Michael J. Halberstam, «The Campaign», *Harvard Crimson*, 1.11.1952; «McMahon's Death Plays Fateful Role», *Bridgeport Herald*, 16.11.1952; Leonard Schlup, «Prescott Bush and the Foundations of Modern Republicanism», *Research Journal of Philosophy & Social Sciences*, n.ᵒˢ 1 y 2 (1992); «Town Meeting Members Cheer Moderator Bush at Farewell Appearance», *Greenwich Time*, 7.11.1952.

*Entrevistas:* Courtney Callahan, 29.8.2003; Robert DeVecchi, 21.7.2003; señora de Lawrence J. Evaristo, 1.4.2002; Connie Collins Cain, 26.6.2001; Lowell Weicker, 5.12.2001; Bernie Yudain, 5.12.2001; Joyce Burland, 9.1.2003; Richard Kimball Jr., 11.1.2003; Raymond Price, 29.5.2003 y 1.6.2003; correspondencia con David Haight, archivero, Biblioteca Presidencial Dwight D. Eisenhower, 16 y 27 de agosto de 2001.

## Capítulo 8

*Documentos:* George Bush a Paul Dorsey, 8.4.1967, Biblioteca Presidencial George Bush; transcripción de Mary (Carter) Walker, Oral History Interview, Greenwich Library Oral History Project, Biblioteca de Greenwich, Greenwich, Connecticut; expediente del FBI de James Smith Bush obtenido por medio de la Ley de Libertad de Información.

*Libros:* Gail Sheehy, *Characters*, William Morrow, Nueva York, 1988; Donnie Radcliffe, *Simply Barbara Bush*, Warner Books, Nueva York, 1989; Barbara Bush, *Barbara Bush: A Memoir*, St. Martin's Paperbacks, Nueva York, 1995; George Bush y Victor Gold, *Looking Forward*, Doubleday, Garden City, Nueva York, 1987; Bill Minutaglio, *First Son*, Times Books, Nueva York, 1999.

*Artículos:* Harry Hurt III, «George Bush, Plucky Lad», *Texas Monthly*, junio de 1983; artículo de primera página, *Nutmegger*, enero de 1970; «J. Hugh Liedtke, 81; Pennzoil Chief Won Suit Against Texaco», *Los Angeles Times*, 5.4.2003; Sidney Blumenthal, «The Sensitive Son», *New Republic*, 8.10.1990; Monica Perin, «Adios, Zapata!», *Houston Business Journal*, 23.4.1999; Amy Cunningham, «Good-Bye to Robin», *Texas Monthly*, febrero de 1988; «Robin Bush Dies; Granddaughter of Sen., Mrs. P. S. Bush», *Greenwich Time*, 13.10.1953; «George Bush's Wife Says He's Terrific», *San Francisco Chronicle*, 19.8.1988; David Maraniss, «The Bush Bunch», *Washington Post Magazine*, 22.1.1989; transcripción de la entrevista de Randall Roden para *Frontline*, 2000, de pbs.org (6.8.2001); George Lardner Jr. y Lois Romano, «A Texas Childhood; A Sister Dies, a Family Moves On; Loss Creates Strong Bond Between Mother, Son», *Washington Post*, 26.7.1999.

*Entrevistas:* Byron Dobell, 12.3.2003; Stephen Thayer, mayo de 2003; Ray Walker, 28.5.2003; Elizabeth W. Holden, 28.5.2003; Serena Stewart, 4 y 24.6.2002, y 10.7.2002; John Jansing, 12.10.2001; Stuart Symington Jr., 3.7.2002; James Symington, 3.7.2002; Fred Purdy, 30.7.2002; Charles Stephan, 16.7.2002; correspondencia con Lois Herbert, 7 y 25.7.2002.

## Capítulo 9

*Documentos:* Álbum de recortes de prensa, incluidos artículos sobre Dorothy y documentos de la oficina de prensa del senador Prescott Bush, Prescott S. Bush Papers, Thomas J. Dodd Research Center, Universidad de Connecticut; documentos relativos a Eisenhower y al Burning Tree Club, Biblioteca Presidencial Dwight D. Eisenhower; transcripción de Prescott S. Bush Jr., Oral History Interview, Greenwich Library Oral History Project, Biblioteca de Greenwich, Greenwich, Connecticut; declaración en el Senado de Prescott Bush relativa a la censura del senador Joseph McCarthy, *Congressional Record*, 1.12.1954; William Fulbright a Prescott Bush, 2.12.1954, J. William Fulbright Papers, Special Collections, Universidad de Arkansas; Sam Bemiss a Prescott Bush, 22.6.1954, Samuel M. Bemiss Papers, Sociedad Histórica de Virginia.

*Libros:* Emmet John Hughes, *The Ordeal of Power: A Political Memoir of the Eisenhower Years*, Atheneum, Nueva York, 1963; Randall Bennett Woods, *Fulbright*, Cambridge University Press, Nueva York, 1995; Richard M. Fried, *Men Against McCarthy*, Columbia University Press, Nueva York, 1976; Haynes Johnson y Bernard M. Gwertzman, *Fulbright, the Dissenter*, Doubleday, Garden City, Nueva York, 1968.

*Artículos:* Laura Sessions Stepp, «Nominees' Upbringing and Their Faith», *Washington Post*, 4.11.1988; David Margolick, «Brother Dearest», *Vanity Fair*, julio de 2001; Michael J. Birkner, «Eisenhower and the Red Menace», *Prologue*, 33, n.º 3 (otoño de 2001); «June 1, 1950: A Declaration of Conscience», www.senate.gov (22.3.2002); Herblock, «Have a Care, Sir», *Washington Post*, 4.3.1954; «Watered-Down Substitute for M'Carthy Censure Move Offered in Senate», *St. Louis Post-Dispatch*, 31.7.1954; George H. Hall, «Platform Set, Near Unanimous Accord Reached on Civil Rights», *St. Louis Post-Dispatch*, 20.8.1956.

*Entrevistas:* Pat Shakow, 19.8.2001; Ellen Proxmire, 4.10.2002; Marian Javits, 23.5.2003; Michael Lynch, 30.1.2002; Harry McPherson, 7.6.2002; Don Ritchie, 19.3.2002; Hamilton Richardson, 23.3.2004; Bobby Wood, 23.11.2002; Frank Valeo, 14.3.2002; William Hildenbrand, 14.3.2002; Pat Holt, 14.3.2002; Betsy Trippe DeVecchi, 20.7.2003; Bernie Yudain, 5.12.2001; Sid Yudain, 5.12.2001; Ray Walker, 28.5.2003; Peter Ribicoff, 27.2.2002; correspondencia con Dwight Strandberg, archivero, Biblioteca Presidencial Dwight D. Eisenhower, 25.7.2003.

**Capítulo 10**

*Documentos:* Álbum de recortes de prensa, material de la campaña electoral al Senado de 1956, y documentos de la oficina de prensa del senador Prescott Bush, Prescott S. Bush Papers, Thomas J. Dodd Research Center, Universidad de Connecticut; expediente de Prescott Bush, Drew Pearson Papers, Biblioteca Presidencial Lyndon B. Johnson; Prescott S. Bush Oral History, 1966, Columbia University Oral History Research Project, Eisenhower Administration Project; documentos relativos a la agenda y la correspondencia del presidente Eisenhower, incluida una carta de Prescott Bush a Sherman Adams, y actas de reunión del gabinete, 13.2.1956, Biblioteca Presidencial Dwight D. Eisenhower; declaración de Paxton Howard de «Hearings Before the Special Committee to Investigate Political Activities, Lobbying, and Campaign Contributions, United States Senate, Eightyfourth Congress, Second Session, Pursuant to S. Res. 219, May 1, 24, June 14, 15, 21, 28, September 10, 11, 12, October 9, 1956»; Thomas Ashley a George H. W. Bush, 25.7.1956, Thomas L. Ashley Papers, Center for Archival Collections, Universidad Estatal de Bowling Green State University; expediente del FBI de Prescott S. Bush obtenido por medio de la Ley de Libertad de Información; George H. W. Bush a Paul Dorsey, 8.4.1967, Biblioteca Presidencial George Bush.

*Libros:* George Bush y Victor Gold, *Looking Forward*, Doubleday, Garden City, Nueva York, 1987; Robert H. Ferrell, ed., *The Eisenhower Diaries*, Norton, Nueva York, 1981; Herbert Brownell y John P. Burke, *Advising Ike*, University Press of Kansas, Lawrence, 1993.

*Artículos:* «Bush Asks Ike to Keep Nixon on Party Ticket», *Hartford Courant*, 25.9.1952; Eric Sandahl, «Wall St. Pals Push $20,000 Bush Fund», *Bridgeport Herald*, 16.1.1955; Drew Pearson, «Another Secret Fund, Nixon Style», *Washington Post*, 13.6.1955; Drew Pearson, «Voter's Stake in Campaign Funds», *Washington Post*, 15.6.1955; «These Senatorial Funds», *St. Louis Post-Dispatch*, 22.6.1955; «Regulation Needed», *Waterbury Republican*, 23.6.1955; Edward F. Woods, «Lawyer Says He Pushed Gas Bill and Got a Bonus», *St. Louis Post-Dispatch*, 9.10.1956.

*Entrevistas:* Sydney Soderberg, 12.6.2001; Herman Wolf, 14.5.2002; Sid Yudain, 5.12.2001; Howard Shuman, 19.3.2002; correspondencia con Marie Deitch, bibliotecaria, *Greenwich Time*, 14.6.2001.

**Capítulo 11**

*Documentos:* Transcripciones de Prescott S. Bush Jr., Albert Morano y Mary (Carter) Walker, Oral History, Greenwich Library Oral History Project, Biblioteca de Greenwich, Greenwich, Connecticut; álbum de recortes de prensa, incluidos artículos de Dorothy Bush, Prescott S. Bush Papers, Thomas J. Dodd Research Center, Universidad de Connecticut; Prescott Bush a Allen Dulles, 29.1.1969, en la web ciajfk.com/images/fbi3.gif (5.9.2001); memorando para Barefoot Sanders de

George Christian, 6.3.1968, Biblioteca Presidencial Lyndon B. Johnson; informes anuales de la Zapata Offshore Company, 1955-1967; telegramas de Prescott Bush a Richard Nixon, 13.10.1960, 24.10.1960 y 7.11.1960, y carta de Prescott Bush a Richard Nixon, 13.11.1960, material de Richard M. Nixon, Archivos Nacionales, Pacific Region (Laguna Niguel); Prescott Bush a John F. Kennedy, 6.12.1960, Biblioteca Presidencial John F. Kennedy; telegrama de Prescott Bush a Dwight Eisenhower, 12.2.1962, y respuesta de Eisenhower, 20.2.1962, Biblioteca Presidencial Dwight D. Eisenhower; Prescott S. Bush Oral History, 1966, Columbia University Oral History Research Project, Eisenhower Administration Project.

*Libros:* George Bush y Victor Gold, *Looking Forward*, Doubleday, Garden City, Nueva York, 1987; Barbara Bush, *Barbara Bush: A Memoir*, St. Martin's Paperbacks, Nueva York, 1995; George Bush, *All the Best, George Bush*, Touchstone, Nueva York, 1999; Donnie Radcliffe, *Simply Barbara Bush*, Warner Books, Nueva York, 1989; Fay Vincent, *The Last Commissioner*, Simon and Schuster, Nueva York, 2002; Bill Minutaglio, *First Son*, Times Books, Nueva York, 1999; Nicholas King, *George Bush: A Biography*, Dodd, Mead, Nueva York, 1980; Fitzhugh Green, *George Bush: An Intimate Portrait*, Hippocrene Books, Nueva York, 1989; Richard Ben Cramer, *What It Takes*, Vintage Books, Nueva York, 1993; Bill Adler, ed., *The Kennedy Wit*, Bantam Books, Nueva York, 1965.

*Artículos:* Neil Vigdor, «Honoring the Family Patriarch; Bush Family's Political Roots Grow out of Greenwich», *Greenwich Time*, 15.6.2003; «Charity», *Nutmegger*, septiembre de 1974; «A "Joke" About Illegal Aliens Stirs Critics of Prescott Bush», *New York Times*, 27.3.1982; John Robinson, «For Nancy Ellis, a New Role as the President's Sister», *Boston Globe*, 18.1.1989; «Jonathan Bush Would Revive Minstrel Era», *Variety*, 11.7.1962; Louis Funke, «The Theatre: "Oklahoma!"», *New York Times*, 8.3.1958; Walter Pincus y Bob Woodward, «Doing Well with Help from Family, Friends; They Pointed Bush to Jobs, Investments», *Washington Post*, 11.8.1988; Kenny Kemp, «The Scots Financier, the Bush Oil Dynasty... and the Man Who Would Be President», *Glasgow Sunday Herald*, 10.12.2000; David Robb, «Bush's Covenants», *Nation*, 28.11.1987; Margaret Warner, «Bush Battles the "Wimp" Factor», *Newsweek*, 19.10.1987; Gail Sheehy, «Is George Bush Too Nice to Be President?», *Vanity Fair*, febrero de 1987.

*Entrevistas:* Fuente confidencial, 12.10.2002; Isolde Chapin, 19.12.2001; Bernie Yudain, 5.12.2001; Lowell Weicker, 5.12.2001; Kim Elliott, 10.12.2001; Lucie McKinney, 7.12.2001; Ymelda Dixon, 15.8.2003; entrevista confidencial con «un compañero de habitación de Yale», 2.10.2002; Frank Rich, 2.7.2003; correspondencia con Edward Albee, 7.4.2003; Ray Walker, 28.5.2003; Stephanie Lilley, noviembre de 2001; Herman Wolf, 14.5.2002; Gail Sheehy, 29.4.2002, y correspondencia, 24.6.2002. Entrevista de David Robb: Hoyt Taylor, 24.1.1988.

**Capítulo 12**

*Documentos:* Extraídas del *Bush Bulletin* (boletín informativo de la campaña al Senado de George Bush, 1964), John R. Knaggs Papers, Biblioteca y Archivos John G. Tower, Universidad del Sudoeste; George Bush a Lud Ashley, 13.2.1963, 22.6.1964, 8.6.1965, y Ashley a Bush, 19.6.1964, Thomas L. Ashley Papers, Center for Archival Collections, Universidad Estatal Bowling Green; Prescott Bush a John Tower, Biblioteca y Archivos John G. Tower, Universidad del Sudoeste; álbum de recortes de prensa, William F. Buckley a George Bush, 17.9.1963, George Bush a Richard Nixon, 12.11.1964, Biblioteca Presidencial George Bush; Prescott Bush a Sam Bemiss, 17.10.1963, 27.7.1964, 10.11.1964, 13.5.1965, Sam Bemiss a Prescott Bush, 4.11.1964, Sam Bemiss a George Bush, 6.11.1963, Samuel M. Bemiss Papers, Sociedad Histórica de Virginia; memorando del FBI sobre el agente especial Graham W. Kitchel, 22.11.1963, en relación a la llamada telefónica de George Bush y a los documentos de la investigación del FBI a James M. Parrott, Archivos Nacionales, Kennedy Assassination Collection; grabaciones en relación a la petición de George H. W. Bush de medallas de Aviación, 27.1.1954, obtenida del Bureau of Naval Personnel por medio de la Ley de Libertad de Información (por David Robb, 1991); transcripción de Charles Sargent Caldwell, Oral History Project Interview, Oficina de Historia del Senado de Estados Unidos; telegrama de «Seven Democrats Harris County» a la Casa Blanca, 27.10.1964, Biblioteca Presidencial Lyndon B. Johnson; transcripción de Mary (Carter) Walker, Oral History Interview, Greenwich Library Oral History Project, Biblioteca de Greenwich, Greenwich, Connecticut; George Bush a Dwight Eisenhower, 7.1.1965, Biblioteca Presidencial Dwight D. Eisenhower.

*Libros:* George Bush y Victor Gold, *Looking Forward*, Doubleday, Garden City, Nueva York, 1987; Barbara Bush, *Barbara Bush: A Memoir*, St. Martin's Paperbacks, Nueva York, 1995; Herbert S. Parmet, *George Bush: The Life of a Lone Star Yankee*, Scribner, Nueva York, 1997; Richard Ben Cramer, *What It Takes*, Vintage Books, Nueva York, 1993; Theodore H. White, *The Making of the President, 1964*, Atheneum, Nueva York, 1965; John R. Knaggs, *Two-Party Texas*, Eakin Press, Austin, Texas, 1986; Barry M. Goldwater con Jack Casserly, *Goldwater*, Doubleday, Nueva York, 1988; Michael R. Beschloss, ed., *Taking Charge*, Simon and Schuster, Nueva York, 1997; Bill Minutaglio, *First Son*, Times Books, Nueva York, 1999; Fitzhugh Green, *George Bush: An Intimate Portrait*, Hippocrene Books, Nueva York, 1989.

*Artículos:* «Mrs. Bush Lauds Nixon, Lodge as Team for Times», *Greenwich Time*, 1.11.1960; «Bush Hits Rockefeller Marriage, Hopes He Will Not Be Nominated», *Greenwich Time*, 7.6.1963; Philip Savory, «Bush vs. Rocky», *New York Herald Tribune*, 8.6.1963; «Says Bush "Defamed" Governor», *New York Journal American*, 9.6.1963; David S. Broder, «Aug. 28, 1963: A Day Guided by Providence», *Washington Post*, 24.8.2003; Jefferson Morley, «Bush and the Blacks: An Unknown Story», *New York Review of Books*, 16.1.1992; Rowland Evans y Robert Novak, «Yarborough Slips in Texas Senate Race», *St. Louis Post-Dispatch*, 23.10.1964; Ed Staats, «George Bush Profile», Associated Press, 6.6.1970; Miguel Acoca,

«FBI: "Bush" Called About JFK Killing», *San Francisco Examiner*, 25.8.1988; «Goldwater's Policies, Kennedy's Style», *Texas Observer*, 30.10.1964; «Cactus-Nasty Campaign», *Time*, 16.10.1964; «This Man George Bush», *Texas Observer*, 30.10.1964; Barry Bearak, «His Great Gift, to Blend In», *Los Angeles Times*, 22.11.1987; Ed Vulliamy, «The President Rides Out», *Observer*, 26.1.2003; «24 Alumni to Appear on Ballots», *Yale Daily News*, 3.11.1964; Helen Thorpe, «Go East, Young Man», *Texas Monthly*, junio de 1999; Skip Hollandsworth, «Born to Run: What's in a Name? How About the Republican Nomination for Governor», *Texas Monthly*, mayo de 1994; Lois Romano y George Lardner Jr., «Following His Father's Path–Step by Step by Step», *Washington Post*, 27.7.1999; James Adams, «Yale Graduates Survive Elections; Lindsay, Chafee, Murphy Win Big», *Yale Daily News*, 5.11.1964; Mary Rice Brogan, «Yarborough Says Bush Should "Pack Up, Leave"», *Houston Chronicle*, 4.11.1964.

*Entrevistas:* Aubrey Irby, 11.9.2002; Alex Dickie Jr., 17.7.2002; William Sloane Coffin, 15.6.2001 y 11.10.2002. Entrevista de David Robb: Legare Hole, 7.5.1991.

## Capítulo 13

*Documentos:* Material de la campaña de las elecciones de 1966 a la Cámara de Representantes y del álbum de recortes de prensa, carta de George Bush a Paul Dorsey, 27.1.1967, documentos relativos a la desobediencia civil de William Sloane Coffin, incluida la declaración de Kingman Brewster, la carta de George H. Walker Jr. a George Bush, 30.10.1967, la carta de George Bush a David Acheson, 2.11.1967, la carta de George Bush a Larry V. Moser, 1.11.1967, la carta de Howard T. Phelan a George Bush, 20.11.1967, «carta abierta al presidente» de R. B. Greene, 24.12.1967, transcrita, entrevista de David Frost a George y Barbara Bush, 29.8.1989, documentos y declaración en relación al viaje a Vietnam, 11.1.1968, carta de George Bush a Richard G. Mack, 14.4.1968, lista de direcciones para pedir apoyo en la carrera a la vicepresidencia, 16.7.1968, carta de Louis F. Polk a George Bush, 2.7.1968, carta de George Bush a Louis F. Polk Jr., 8.7.1968, y carta de George Bush a Bob Connery, 20.8.1968, Biblioteca Presidencial George Bush; George Bush a Dwight Eisenhower, 13.6.1966, y una nota, 28.7.1966, relativa a la petición de George Bush de una declaración para apoyarle en el Congreso, Biblioteca Presidencial Dwight D. Eisenhower; entrevista de James A. Baker III, David Hoffman Papers, Biblioteca Presidencial George Bush; Jonathan Bush a Kingman Brewster, 2.2.1968, Manuscripts and Archives, Sterling Memorial Library, Universidad de Yale; Prescott S. Bush Oral History, 1966, Columbia University Oral History Research Project, Eisenhower Administration Project; correspondencia de Prescott Bush y George Bush con Thomas E. Dewey en relación a la vicepresidencia, en 1968, Thomas E. Dewey Papers, Universidad de Rochester.

*Libros:* Bill Minutaglio, *First Son*, Times Books, Nueva York, 1999; Fitzhugh Green, *George Bush: An Intimate Portrait*, Hippocrene Books, Nueva York, 1989;

Herbert S. Parmet, *George Bush: The Life of a Lone Star Yankee*, Scribner, Nueva York, 1997; George Bush y Victor Gold, *Looking Forward*, Doubleday, Garden City, Nueva York, 1987; Barbara Bush, *Barbara Bush: A Memoir*, St. Martin's Paperbacks, Nueva York, 1995; Donnie Radcliffe, *Simply Barbara Bush*, Warner Books, Nueva York, 1989; William Sloane Coffin, *Once to Every Man*, Atheneum, Nueva York, 1977; George Bush, *All the Best, George Bush*, Touchstone, Nueva York, 1999; Gail Sheehy, *Characters*, William Morrow, Nueva York, 1988; George W. Bush, *A Charge to Keep*, William Morrow, Nueva York, 1999.

*Artículos:* «Court Says Texas Must Redistrict», *New York Times*, 3.3.1964; Jefferson Morley, «Bush and the Blacks: An Unknown Story», *New York Review of Books*, 16.1.1992; Lally Weymouth, «The Surprising George Bush», *M*, mayo de 1991; Jake Tapper, «Air War», salon.com, 22.11.1999; Walt Harrington, «Born to Run», *Washington Post Magazine*, 28.9.1986; «Halleck, Bush, Mrs. Reid Get Key House GOP Spots», *Washington Star*, 26.1.1967; Barry Bearak, «His Great Gift, to Blend In», *Los Angeles Times*, 22.11.1987; «Bush Shows Assets Exceeding $1 Million», *Houston Post*, 28.4.1967; «Branding Rite Laid to Yale Fraternity», *New York Times*, 8.11.1967; Jonathan Lear, «No Intervention for Fraternities», *Yale Daily News*, 7.11.1968; David Robb, «Bush's Covenants», *Nation*, 28.11.1987; Maureen Dowd, «Making and Remaking a Political Identity», *New York Times*, 20.8.1992; Carey Cronan, «Bush Opposes Use of Ground Troops», *Bridgeport Post*, 21.5.1954; Sidney Blumenthal, «War Story», *New Republic*, 12.10.1992; William Yardley, «Jeb Bush: His Early Values Shape His Policies», *Miami Herald*, 22.9.2002; Richard A. Serrano, «Bush Received Quick Air Commission», *Los Angeles Times*, 4.7.1999; George Lardner Jr. y Lois Romano, «At Height of Vietnam, Graduate Picks Guard; With Deferment Over, Pilot Training Begins», *Washington Post*, 28.7.1999; «Long Shot», *New Republic*, 21.2.1970; Rowland Evans y Robert Novak, «Young Texas Congressman Bush Gets Nixon Look as Running Mate», *Washington Post*, 5.6.1968; «Rewriting History», *New Yorker*, 5.10.1992; Lois Romano y George Lardner Jr., «Following His Father's Path–Step by Step by Step», *Washington Post*, 27.7.1999; Helen Thorpe, «Hail the Conquering Hero», *New York*, 20.9.1999; «Dedicate Housing in New Haven to Former Senator», *Greenwich Time*, 7.11.1966; Oscar Griffin, «Bush Says "Poor" Demands Impossible», *Houston Chronicle*, 10.6.1968.

*Entrevistas:* Virginia Douglas, 29.12.2003; William Sloane Coffin, 15.6.2001 y 11.10.2002; Kenneth White, 12.3.2003; Mark I. Soler, julio de 2003 y 7.11.2003; Gail Sheehy, 29.4.2002; Ray Walker, 28.5.2003; Nadine Eckhardt, 5.8.2003, y correspondencia, 10.10.2003.

## Capítulo 14

*Documentos:* Prescott Bush a Kingman Brewster, 8.1.1968 y *1968 Class Yearbook*, Manuscripts and Archives, Sterling Memorial Library, Universidad de Yale; Phillips, Andover, anuario, *1964 Pot Pourri*.

*Libros:* Mickey Herskowitz, *Duty, Honor, Country*, Rutledge Hill Press, Nashville, 2003; Bill Minutaglio, *First Son*, Times Books, Nueva York, 1999; George W. Bush, *A Charge to Keep*, William Morrow, Nueva York, 1999; Barbara Bush, *Barbara Bush: A Memoir*, St. Martin's Paperbacks, Nueva York, 1995; George Bush, *All the Best, George Bush*, Touchstone, Nueva York, 1999.

*Artículos:* Joe Conason, «The Yale Man's Legacy», salon.com, 16.1.2003; «A Son's Restless Journey», *Newsweek*, 7.8.2000; Jane Mayer y Alexandra Robbins, «Debt of Aptitude», *New Yorker*, 8.11.1999; George Lardner Jr. y Lois Romano, «A Texas Childhood; A Sister Dies, a Family Moves On; Loss Creates Strong Bond Between Mother, Son», *Washington Post*, 26.7.1999, y «Following His Father's Path–Step by Step by Step», *Washington Post*, 27.7.1999; David Margolick, «Brother Dearest», *Vanity Fair*, julio de 2001; Cathy Rampell, «Bush Gives Backseat to Academy Influence», *Phillipian*, 10.11.2000; Helen Thorpe, «Go East, Young Man», *Texas Monthly*, junio de 1999; transcripción, entrevista para *Frontline* con Clay Johnson, 2000, de pbs.org (6.8.2001); Garry Trudeau, «Card-Carrying Preppy», *Time*, 2.7.2001; transcripción, «Class Reunion», del programa *Nightline* de ABC News, 29.5.2003; «Marijuana in Spook?», *Yale Daily News*, 18.10.1967; Jake Tapper, «Judging W's Heart», salon.com, 1.11.2000; Geoffrey Kabaservice, «The Birth of a New Institution», *Yale Alumni Magazine*, diciembre de 1999; Carter Wiseman, «In the Days of DKE and S.D.S.», *Yale Alumni Magazine*, febrero de 2001; Nicholas Lemann, «The Redemption», *New Yorker*, 31.1.2000; Garry Trudeau, sobre la reunión de la promoción de Yale de 1968, *Doonesbury*, 26/31.5.2003; Janice D'Arcy, «Yale Coaxes Bush Back into the Eli Fold», *Hartford Courant*, 10.5.2001; Leah Garchik, «George Bush Gets It Right», *San Francisco Chronicle*, 6.6.2003; Lloyd Grove, «Boycotting the White House», *Washington Post*, 9.5.2003.

*Entrevistas:* Christopher Larsen, 18.6.2003 y 12.11.2003; J. Milburn Jessup, 21.5.2003; correspondencia con Timothy Sprattler, Biblioteca Oliver Wendell Holmes, Phillips Academy, Andover, 15.11.2001; correspondencia con Anthony H. Sgro, director de relaciones externas, Woodberry Forest School, 14.11.2002; correspondencia con Ruth Quattlebaum, Phillips Academy, archivos, Andover, 4.11.2003; Genevieve Young, 14.11.2003; Torbert Macdonald, 18.7.2003; Sandy Horwitt, 9 y 14.5.2003; Conway Downing, 15.2.2002; Eric Wallach, 30.12.2001; correspondencia con Randolph W. Hobler, 21.2.2002; Richard Lee Williams, julio de 2003; Thomas S. Weisser, 2.11.2001; David Roe, 15.10.2002; Christopher Byron, 14.10.2002; Kenneth White, 12.3.2003; Joseph Howerton, julio de 2003; Cody Shearer, 21 y 27.8.2003, 8 y 15.10.2003 y correspondencia, 16.10.2003; George Sullivan, julio de 2003; Charles Marshall, 27.11.2002; Thomas Wik, julio de 2003; John Gorman, julio de 2003; Erica Jong, 24.2.2003; Sharon Bush, 1.4.2003 y 13.5.2004; Thomas B. Wilner, 30.11.2002; Mark I. Soler, julio de 2003 y 7.11.2003; William Sloane Coffin, 15.6.2001 y 11.10.2002; correspondencia con Cathryn Wolfman Young, 21.11.2003 y 17.1.2004.

## Capítulo 15

*Documentos:* Barbara Bush a Marvin Pierce, álbum de recortes de prensa, y diarios de George Bush de los años en la ONU (en el apartado «Notes»), Biblioteca Presidencial George Bush; George Bush a Lyndon Johnson, 29.5.1969, con la transcripción de la conferencia de prensa, 28.5.1969, memorando de Tom Johnson a Lyndon Johnson, 28.5.1969, carta de campaña de George Bush, 23.1.1970, y memorando de Tom Johnson a Lyndon Johnson, 5.10.1970, Biblioteca Presidencial Lyndon B. Johnson; elogio de Dorothy Bush para Prescott S. Bush, *Observation Post* (boletín informativo de Yale, 1977), Manuscripts and Archives, Sterling Memorial Library, Universidad de Yale; testamento de Prescott S. Bush, Tribunal Testamentario de Connecticut.

*Libros:* Barbara Bush, *Barbara Bush: A Memoir*, St. Martin's Paperbacks, Nueva York, 1995; George Bush y Victor Gold, *Looking Forward*, Doubleday, Garden City, Nueva York, 1987; Herbert S. Parmet, *George Bush: The Life of a Lone Star Yankee*, Scribner, Nueva York, 1997; Richard Ben Cramer, *What It Takes*, Vintage Books, Nueva York, 1993; George Bush, *All the Best, George Bush*, Touchstone, Nueva York, 1999; Fitzhugh Green, *George Bush: An Intimate Portrait*, Hippocrene Books, Nueva York, 1989; Donnie Radcliffe, *Simply Barbara Bush*, Warner Books, Nueva York, 1989.

*Artículos:* Jefferson Morley, «Bush and the Blacks: An Unknown Story», *New York Review of Books*, 16.1.1992; «The Nation», *Nutmegger*, septiembre de 1978; Gail Sheehy, «Is George Bush Too Nice to Be President?», *Vanity Fair*, febrero de 1987; Robert L. Jackson y Ronald Ostrow, «Bush Got $106,000 in '70 from Secret Nixon Fund», *Los Angeles Times*, 7.2.1980; Walter Pincus y Bob Woodward, «A Public Life Courting the More Powerful; Bush Cultivated LBJ, Sought Nixon's Aid», *Washington Post*, 8.8.1988; Jane Podesta, «Playing to Win», *People*, 22.8.1988; Jerry Tallmer, «Mrs. George Bush», *New York Post*, 19.6.1971; «New Man at the U.N.», *Washington Star*, 14.12.1970; Elaine Sciolino, «Records Dispute Kissinger on His '71 Visit to China», *New York Times*, 28.2.2002; «Bush Assumes Post as U.N. Envoy Today», *New York Times*, 1.3.1971; «Ex-Sen. Bush Dies; Son UN Ambassador», *New Haven Register*, 9.10.1972; Beth McLeod, «President's Mother Was Captain of Smooth-Sailing Family Ship», *St. Louis Post-Dispatch*, 30.6.1991; «Hail and Farewell», *Nutmegger*, diciembre de 1972; David E. Rosenbaum, «Bush Easily a Millionaire, but Growth Was Slow», *New York Times*, 6.6.1988.

*Entrevistas:* William Millburn, 30.1.2002; John Claiborne Davis, 24.1.2002; Stanley Willis, 25.1.2002; Howard Means, 17.1.2002; Marjorie Perloff, 21.5.2001; Leslie Cockburn, 12.12.2000; Ymelda Dixon, 15.8.2003; Betty Beale, 12.9.2003; William Sloane Coffin, 15.6.2001; James H. Scheuer, 3.4.2002; Franny Taft, 8.10.2002; Harry McPherson, 6.6.2002; Charles Bartlett, 30.10.2003; Sydney M. Cone III, 29.11.2002; Genevieve Young, 14.11.2003; Joyce Burland, 9.1.2003.

## Capítulo 16

*Documentos:* Hojas de servicio George W. Bush en la Guardia Nacional Aérea de Texas, obtenidos por medio de la Ley de Libertad de Información, 2000; hojas de servicio George W. Bush en la Guardia Nacional Aérea de Texas presentadas por el presidente, febrero de 2004; documentos en relación a la suspensión de la licencia de dentista, el 17.11.2003, de Denis A. Peper, D.D.S., Departamento de Profesiones de la Salud, Commonwealth de Virginia; diarios de George Bush de los años en la ONU (apartado «Notes»), 19.4.1971, Biblioteca Presidencial George Bush; memorando a George Bush de John Calhoun, 16.8.1974, Biblioteca Presidencial Gerald R. Ford.

*Libros:* Molly Ivins y Lou Dubose, *Shrub*, Vintage Books, Nueva York, 2000; Bill Minutaglio, *First Son*, Times Books, Nueva York, 1999.

*Artículos:* Ken Herman, «Barnes Called Guard to Help Bush Get In», *Austin American-Statesman*, 28.9.1999; Cragg Hines, «As Operative for His Father, Loyalty Was the Foremost Watchword», *Houston Chronicle*, 8.5.1994; Skip Hollandsworth, «Younger. Wilder?», *Texas Monthly*, junio de 1999; George Lardner Jr. y Lois Romano, «At Height of Vietnam, Graduate Picks Guard; With Deferment Over, Pilot Training Begins», *Washington Post*, 28.7.1999; Richard A. Serrano, «Bush Received Quick Air Guard Commission», *Los Angeles Times*, 4.7.1999; Jim Wilkes, «The Pilot in the White House», carta, *Washington Post*, 23.5.2003; John Grizzi, «Launching George W. in Politics», *Human Events*, 1.1.1999; «A Blast from the Past», *New York Daily News*, 27.5.2001; David D. Porter, «Standing Up for Fairness; Blessings Endure from Civil Rights Movement», *Orlando Sentinel*, 9.8.2003; Jill Lawrence, «The Evolution of George W. Bush», *USA Today*, 28.7.2000; Richard T. Cooper, «To the Manner Born, Bush Finds His Own Way», *Los Angeles Times*, 30.7.2000; Rupert Cornwell, «The Bush Clan: The Family That Plays to Win», *London Independent*, 7.11.1998; Julie Hauserman, «Governor Gives Drug Issue Cold Shoulder», *St. Petersburg Times*, 25.8.1999; Greg Palast, «President Top Gun: Affirmatively Missing in Action», gregpalast.com, 9.7.2003; Ralph Blumenthal, «Move to Screen Bush File in '90s Is Reported», *New York Times*, 12.2.2004; Dave Moniz y Jim Drinkard, «Ex-officer. Bush Files Details Cause Concern», *USA Today*, 12.2.2004; «Air National Guard Commanding Officer Alleges Bush Military Records Cleansing», talion.com, 5.11.2000; Jo Thomas, «After Yale, Bush Ambled Amiably into His Future», *New York Times*, 22.7.2000; Glynn Wilson, «George W. Bush's Lost Year in 1972 Alabama», *Progressive Southerner* (southerner.net/blog), 2.2.2004; «Associates have Differing Memories of Bush's Alabama Stay», *Sarasota Herald-Tribune*, 12.2.2004; Walter V. Robinson, «1-Year Gap In Bush's Guard Duty; No Record of Airman at Drills in 1972-73», *Boston Globe*, 23.5.2000, «Republican Ticket Lets a Military Connection Slip», *Boston Globe*, 28.7.2000, y «Bush Credited for Guard Drills», *Boston Globe*, 10.2.2004; Laurence I. Barrett, «Junior Is His Own Bush Now», *Time*, 31.7.1989; Paul Alexander, «All Hat, No Cattle», *Rolling Stone*, 5.8.1999; «George W. Bush, 1946–», *Harvard Guide*, www.news.harvard.edu/guide (18.8.2003); «George W.'s B-School Days», *Business Week*, 15-2-2001.

*Entrevistas:* Mark I. Soler, julio de 2003; Robert A. Rogers, 7.11.2003; Christopher Byron, 14.10.2002; Bill Penrose, 14.5.2003; Beverly Jackson, 11.6.2003; amigo cercano de Denis Peper, 10.11.2003; Marylouise Oates, 18.3.2003; Cody Shearer, 21 y 27.8.2003, 8 y 15.10.2003, y correspondencia, 16.10.2003; John Mashek, 13.8.2002; Torbert Macdonald, 18.7.2003; Steve Arbeit, 14.1.2003; Alf Nucifora, 12.11.2003; Yoshi Tsurumi, 8.3.2004.

## Capítulo 17

*Documentos:* William J. Clark a George Bush, 31.1.1973, diarios de George Bush de los años en el Comité Nacional Republicano (apartado «Notes»), diario de George Bush en Pekín, transcripción de la entrevista de David Frost a George y Barbara Bush, 25.8.98, Biblioteca Presidencial George Bush; documentos relativos a las aspiraciones a la vicepresidencia de 1974, cable de Henry Kissinger a George Bush, 1.11.1975, y respuesta, memorando de Warren Rustand a Dick Cheney, 29.11.1974, en relación a la marcha de Jennifer Fitzgerald a China, Biblioteca Presidencial Gerald R. Ford; George Bush a Lud Ashley, 21.8.1974, Thomas L. Ashley Papers, Center for Archival Collections, Universidad Estatal Bowling Green; State Department Memorandum of Conversation, Pekín, 2.12.1975, Archivos de Seguridad Nacional.

*Libros:* George Bush, *All the Best, George Bush*, Touchstone, Nueva York, 1999; Donnie Radcliffe, *Simply Barbara Bush*, Warner Books, Nueva York, 1989; Barbara Bush, *Barbara Bush: A Memoir*, St. Martin's Paperbacks, Nueva York, 1995; Richard Reeves, *President Nixon: Alone in the White House*, Simon and Schuster, Nueva York, 2001; H. R. Haldeman, *The Haldeman Diaries*, G. P. Putnam's, Nueva York, 1994; Nicholas King, *George Bush: A Biography*, Dodd, Mead, Nueva York, 1980; Herbert S. Parmet, *George Bush: The Life of a Lone Star Yankee*, Scribner, Nueva York, 1997; Fitzhugh Green, *George Bush: An Intimate Portrait*, Hippocrene Books, Nueva York, 1989; Lowell Weicker y Barry Sussman, *Maverick*, Little, Brown, Boston, 1995; Richard Nixon, *In the Arena*, Simon and Schuster, Nueva York, 1990; George Bush y Victor Gold, *Looking Forward*, Doubleday, Garden City, Nueva York, 1987; Gail Sheehy, *Characters*, William Morrow, Nueva York, 1988; Richard Ben Cramer, *What It Takes*, Vintage Books, Nueva York, 1993.

*Artículos:* «Mrs. Bush-U.N. Wife "I'd Pay to Have This Job"», *Washington Star*, 20.2.1972; Nicholas Lemann, «Bush and Dole: The Roots of a Feud», *Washington Post*, 28.2.1988; Jules Witcover, «Political Spies Accuse Committee Investigator», *Washington Post*, 25.7.1973; Fred Barnes, «Ervin Brushes Aside Bush's Charge», *Washington Star*, 25.7.1973; Jeff Gerth y Robert Pear, «Files Detail Aid to Bush by Nixon White House», *New York Times*, 10.6.1992; Barry Bearak, «His Great Gift, to Blend In», *Los Angeles Times*, 22.11.1987; Lally Weymouth, «The Surprising George Bush», *M*, mayo de 1991; Christopher Lydon, «President's Instincts Shaped Decision», *New York Times*, 31.8.1974, y «From Watergate Woes to Mission in China», *New York Times*, 5.9.1974; Gail Sheehy, «Is George Bush Too Nice to Be President?», *Vanity Fair*, febrero de 1987.

*Entrevistas:* Correspondencia con Nicholas Lemann, 17 y 18.11.2003; correspondencia con Gore Vidal, julio de 2001; Lowell Weicker, 5.12.2001; Sam Dash, 22.1.2003; Roy Reed, 21.1.2003; Roy Elson, 26.3.2002; correspondencia con Kenneth G. Hafeli, archivero audiovisual, Biblioteca Presidencial Gerald R. Ford; Nadine Eckhardt, 5.8.2003; Marian Javits, 23.5.2003; Carol Ross Joynt, 8.10.2002, y correspondencia, 11.6.2003; Roberta Hornig Draper, 4.1.2003, y 28.11.2003; Phyllis Theroux, 17.10.2001; Gene Theroux, 17.7.2002; fuente confidencial, 28.8.2001; Genevieve Young, 14.11.2003; Gail Sheehy, 29.4.2002, y correspondencia, 24.6.2002. Entrevista de David Robb: Carmine S. Bellino, 21.9.1988.

### Capítulo 18

*Documentos:* Documentos referentes al nombramiento de George H. W. Bush como director de la CIA, incluidas las cartas de Collins y Roth y la de Gerald R. Ford a John C. Stennis, el memorando de la Casa Blanca sobre Jennifer Fitzgerald, la declaración de Gerald R. Ford, el 3.11.1975, sobre los cambios de personal en la administración y la decisión del vicepresidente Nelson Rockefeller de no presentarse a la reelección, documentos referentes a la ceremonia de juramento de George Bush como director de la CIA, documentos del Departamento de Justicia sobre la investigación de Richard Helms, Biblioteca Presidencial Gerald R. Ford; declaración de Frank Church sobre el nombramiento de George H. W. Bush como director de la CIA, 11.11.1975, Jacob J. Javits Papers, Special Collections, Universidad Estatal de Nueva York en Stony Brook; «Hearing Before the Committee on Armed Services, United States Senate, Ninety-fourth Congress, First Session, on Nomination of George Bush to Be Director of Central Intelligence, December 15 and 16, 1975»; «Committee on Armed Services Report, Together with Minority Views (to Accompany the Nomination of George Bush)», publicados el 6.1.1976; álbum de recortes de prensa, cuenta presentada por Angus Thuermer de la comida con los directores de *Time*, 23.2.1976, tarjeta de Navidad de 1976, y diario de Pekín, Biblioteca Presidencial George Bush; Lud Ashley a George Bush, 24.2.1976, y George Bush a Lud Ashley, 14.4.1977, Thomas L. Ashley Papers, Center for Archival Collections, Universidad Estatal Bowling Green; declaración de impuestos de George H. y Barbara P. Bush, 1977; documentos de la CIA sobre el interés que mostró George Bush tras el asesinato de John F. Kennedy obtenidos por medio de la Ley de Libertad de Información (por David Robb, 1991); expediente del FBI sobre James Smith Bush obtenido por medio de la Ley de Libertad de Información; sentencia de divorcio de Lois K. Bush y James Smith Bush, 4.12.1970, Tribunal Supremo de Connecticut, condado de New London; informe del Departamento de Estado, «Consular Report of Death of an American Citizen Abroad», sobre la muerte de James Smith Bush, 5.5.1978.

*Libros:* Joseph E. Persico, *The Imperial Rockefeller*, Simon and Schuster, Nueva York, 1982; Herbert S. Parmet, *George Bush: The Life of a Lone Star Yankee*, Scribner, Nueva York, 1997; Evan Thomas, *The Man to See*, Simon and Schuster, Nueva York, 1991; Robin W. Winks, *Cloak and Gown*, Yale University Press, New Haven, Connecticut, 1987; Fitzhugh Green, *George Bush: An Intimate Portrait*, Hippocrene Books, Nueva York, 1989; Nicholas King, *George Bush: A Biography*, Dodd, Mead, Nueva York, 1980; Daniel Schorr, *Clearing the Air*, Houghton Mifflin, Boston, 1977; John Dinges y Saul Landau, *Assassination on Embassy Row*, Pantheon Books, Nueva York, 1980; Barbara Bush, *Barbara Bush: A Memoir*, St. Martin's Paperbacks, Nueva York, 1995; Gail Sheehy, *Characters*, William Morrow, Nueva York, 1988; George Bush y Victor Gold, *Looking Forward*, Doubleday, Garden City, Nueva York, 1987; George Bush, *All the Best, George Bush*, Touchstone, Nueva York, 1999; Bill Minutaglio, *First Son*, Times Books, Nueva York, 1999; Ann Gerhart, *The Perfect Wife*, Simon and Schuster, Nueva York, 2004.

*Artículos:* Bob Woodward y Walter Pincus, «At CIA, a Rebuilder "Goes with the Flow"; Avoiding Intellectual Debate, Bush Focused on Agency Image», *Washington Post*, 10.8.1988; Norman Kempster, «Bush Urges Secrecy on Reporters List», *Washington Star*, 10.2.1975; «CIA Halting Use of U.S. Reporters as Secret Agents», *Washington Star*, 12.2.1976; Robert Lenzner, «Frank Sinatra Volunteers for a New Role–As CIA Helper», *Boston Globe*, 15.4.1976; David Robb, «Stone Doubts Bush's Faith in Warren Report», *Daily Variety*, 6.1.1992; Scott Armstrong y Jeff Nason, «Company Man», *Mother Jones*, octubre de 1988; Jim Mann, «Bush Tried to Curb Probe of CIA», *Los Angeles Times*, 30.9.1988; Robert Parry, «George H. W. Bush, the CIA, and a Case of State Terrorism», consortiumnews.com, 23.9.2000; «But Who Has His Bag?», Associated Press, 13.2.1976; transcripción, *Larry King Weekend*, CNN, 28.6.2003; Kenneth T. Walsh, «The Good Fortune of Being Barbara Bush», *U.S. News & World Report*, 18.5.1990; Susan Watters, «When Push Comes to Shove», *W*, 28.4/5.5.1978; Lally Weymouth, «The Surprising George Bush», *M*, mayo de 1991; Lois Romano y George Lardner Jr., «A Run for the House; Courting a Wife, Then the Voters», *Washington Post*, 29.7.1999; Mary Leonard, «A Dynasty Sign in Bush Sons' Rise», *Boston Globe*, 18.11.1998; Andrew Stephen, «Dog Days at the White House», *Sunday Times Magazine*, 22.7.2001; Laura Bush, «First Person Singular», *Washington Post Magazine*, 10.3.2002; Michael Kranish, «Powerful Alliance Aids Bushes' Rise», *Boston Globe*, 22.4.2001; Jo Anne Davis, «Bush "Coming Home"», *St. Louis Post-Dispatch*, 10.10.1979; Bob Woodward, «To Bones Men, Bush Is a Solid "Moderate"», *Washington Post*, 7.8.1988.

*Entrevistas:* Con una amistad de Prescott S. Bush III, 12.10.2002; Elizabeth W. Holden, 28.5.2003; Phyllis Theroux, 19.8.2001; Beverly Sullivan, 28.11.2003; Stephanie Lilley, 28.11.2003; correspondencia con Robin W. Winks, 6.6.2002; Roger Molander, 15.2.2002; Osborne Day, 6.8.2002; Robert Lenzner, 17.7.2002; Pat Holt, 7.3.2002; Martha Kessler, 14.11.2001; David Robb, 14.11.2001; Geoffrey Kabaservice, 24.5.2001; Gail Sheehy, 29.4.2002, y correspondencia, 24.6.2002;

Richard Helms, 10.3.2002; Ymelda Dixon, 15.8.2003; Cody Shearer, 21 y 27.8.2003, 8 y 15.10.2003, y correspondencia, 16.10.2003; correspondencia con Lois Herbert, 7 y 25 de julio de 2002; Ray Walker, 28.5.2003; Serena Stewart, 4.6.2002; Charles Stephan, 16.7.2002; Fred Purdy, 30.7.2002.

## Capítulo 19

*Documentos:* Informe de prensa, 10.4.1989, «Remarks of Ambassador George Bush, Candidate for the Republican Presidential Nomination, Before the Collegiate Press Association at Carnegie Mellon» («Voo-Doo economic policy»); diarios de George Bush de los años en el Comité Nacional Republicano (apartado «Notes»), 30.11.1973, Biblioteca Presidencial George Bush; declaración de impuestos de George H. y Barbara P. Bush, 1981; George H. W. Bush a Barry Goldwater, 14.11.1984, Barry M. Goldwater Papers, Fundación Histórica de Arizona; «Final Report of the Independent Counsel for Iran/Contra Matters, Vol. I, 4.8.1993.»

*Libros:* George Bush y Victor Gold, *Looking Forward*, Doubleday, Nueva York, 1987; John Podhoretz, *Hell of a Ride*, Simon and Schuster, Nueva York, 1993; Ed Rollins y Tom DeFrank, *Bare Knuckles and Back Rooms*, Broadway Books, Nueva York, 1996; Herbert S. Parmet, *George Bush: The Life of a Lone Star Yankee*, Scribner, Nueva York, 1997; Susan B. Trento, *The Power House*, St. Martin's Press, Nueva York, 1992; Selwa «Lucky» Roosevelt, *Keeper of the Gate*, Simon and Schuster, Nueva York, 1990; Bob Schieffer y Gary Paul Gates, *The Acting President*, E. P. Dutton, Nueva York, 1989; Peter Schweizer y Rochelle Schweizer, *The Bushes*, Doubleday, Nueva York, 2004; Edmund Morris, *Dutch*, Modern Library, Nueva York, 1999; Mollie Dickenson, *Thumbs Up*, William Morrow, Nueva York, 1987; Larry Spikes, con Robert Pack, *Speaking Out*, Scribner, Nueva York, 1988; Barbara Bush, *Barbara Bush: A Memoir*, St. Martin's Paperbacks, Nueva York, 1995; Donnie Radcliffe, *Simply Barbara Bush*, Warner Books, Nueva York, 1989; Geraldine A. Ferraro con Linda Bird Francke, *Ferraro, My Story*, Bantam Books, Nueva York, 1985; Peter Goldman y Tony Fuller, *The Quest for the Presidency 1984*, Bantam Books, Nueva York, 1985; Mark Hertsgaard, *On Bended Knee*, Schocken Books, Nueva York, 1989; Jack W. Germond y Jules Witcover, *Wake Us When It's Over*, Macmillan, Nueva York, 1985; Robin T. Lakoff, *Talking Power*, Basic Books, Nueva York, 1990; George Bush, *All the Best, George Bush,* Touchstone, Nueva York, 1999; Lou Cannon, *President Reagan: The Role of a Lifetime*, Simon and Schuster, Nueva York, 1991; *The Tower Commission Report*, Bantam Books y Times Books, Nueva York, 1987; George P. Shultz, *Turmoil and Triumph*, Scribner, Nueva York, 1993.

*Artículos:* David Remnick, «Why Is Lee Atwater So Hungry?», *Esquire*, diciembre de 1986; Roy Reed, «George Bush on the Move», *New York Times Magazine*, 10.2.1980; Paul Hendrickson, «Marathon with Earnest George Bush», *Washington Post*, 23.5.1979; Susan Watters, «When Push Comes to Shove», *W*, 28.4/

5.5.1978; Francis X. Clines, «George Bush–Loyalty to the Cause», *New York Times Magazine*, 7.10.1984; Barry Bearak, «His Great Gift, to Blend In», *Los Angeles Times*, 22.11.1987; Amy Wilentz, «Bygones; Let Us Now Praise Old Enemies», *Time*, 23.12.1985; Lou Cannon, «Bush Wins the Boss' Respect», *Washington Post*, 1.2.1988; James R. Dickenson, «Reagan Has Straight Shot After Bush Concedes», *Washington Star*, 27.5.1980; Michael Kramer, «Inside the Room with George Bush», *New York*, 28.7.1980; Carl M. Cannon, «Reagan and Ford Flirt, but Its Bush», *National Journal*, 5.8.2000; Mary McGrory, «Ford Reached Too Fast for His Inheritance», *Washington Star*, 19.7.1980; Pat Oliphant, «He Does Understand the Role of a Vice President», *Washington Star*, 25.7.1980; Evan Thomas, «George Bush Surprised by Landslide», *Washington Star*, 5.11.1980; «Bush Style», *M*, enero de 1989; Joe Conason, «He Cheats on His Wife», *Spy*, julio/agosto de 1992; Jim Nolan, «Ambassador Who Spilled the Beans», *New York Post*, 11.8.1992; Ian Brodie, «Bush Enraged by "Sleaze" Claims of Affair with Aide», *Telegraph*, 13.8.1992; Cragg Hines, «"An Absolute Outrage": Questions About Infidelity Infuriate First Lady», *Houston Chronicle*, 13.8.1992; George F. Will, «George Bush: The Sound of a Lapdog», *Washington Post*, 30.1.1986; Hugh Sidey, «Taking Confidences to the Grave», *Time*, 18.4.1988; Walter Pincus y Bob Woodward, «Doing Well with Help from Family, Friends; They Pointed Bush to Jobs, Investments», *Washington Post*, 11.8.1988; Arthur Wiese y Margaret Downing, «Bush's Son Was to Dine with Suspect's Brother», *Houston Post*, 31.3.1981; Arthur Wiese, «Vice President Confirms His Son Was to Have Hosted Hinckley Brother», *Houston Post*, 1.4.1981; «Hinckleys Reportedly Know Bushes», *Boston Globe*, 31.3.1981; John Mossman, «Family "Destroyed" by Assassination Attempt», Associated Press, 1.4.1981; «Hinckley's Father Denies Bid for $5 Million in Legal Move», *New York Times*, 18.10.1993; «Reagan Calls Greenwich to Reassure Bush's Mom», *Greenwich Time*, 11.11.1983; Julie DiMario, «Dorothy Bush Buoyed by Polls, But Wary», *St. Louis Globe-Democrat*, 29.9.1984; «Bush Press Aide Isn't Sorry for Describing Ferraro as "Bitchy"», *Seattle Times*, 12.10.1984; transcripción, «The Bush-Ferraro Vice Presidential Debate: October 11, 1984», www.debates.org; «Bush Tries to Back Up His Charge That Mondale Said Marines "Died in Shame"», *Seattle Times*, 16.10.1984; Susan Watters, «The Real Bush Campaign, Man vs. Politician», *M*, abril de 1986; Gail Sheehy, «Beating Around the Bush», *Vanity Fair*, septiembre de 1988; John Hanchetter, «Laura Welch Bush: Shy No More», *USA Today*, 13.6.2000; Gary Trudeau, sobre la masculinidad, 30.10.1984, y sobre el debate con Ferraro, *Doonesbury*, 3.11.1984; Walter Pincus, «U.S.-Iran Talks Helped Free 3 Hostages», *San Francisco Chronicle*, 6.11.1986, y «How Iran Bluffed U.S. on Captives», *San Francisco Chronicle*, 12.11.1986; «Letter Reveals How Bush Opened Doors for Pro-contra Leader», *Houston Chronicle*, 15.3.1987; «Bush Defends His Letter About North», *San Francisco Chronicle*, 17.3.1987.

*Entrevistas*: Cody Shearer, 21 y 27.8.2003, y 8 y 15.10.2003; John Mashek, 11.12.2003; fuente confidencial, 28.8.2001; Susan King, 21.2.2002; Kathleen Lay Ambrose, 16.2.2003; Michael Keman, 23.2.2002; Robert Fink, 12.2.2002 y

3.4.2002, y correspondencia, 14.2.2002 y 4.6.2002; fuente confidencial, 19.12.2003; Demaris Carroll, 11.12.2003; Dolly Langdon Chapin, 7.2.2002; «diseñador», 16.5.2002; «uno de los amigos de Strickland», 12.10.2001; Aniko Gaal Schott, 6.5.2003; Sharon Bush, 1.4.2003 y 13.5.2004; Floretta Dukes McKenzie, 4.8.2003; Ray Walker, 28.5.2003; correspondencia con el FBI, 14.6.2002, y llamada telefónica, 15.11.2002; Geraldine A. Ferraro, 22.10.2002; Julia Malone, 9.10.2002; Carol Taylor Gray, 3.10.2003, y correspondencia, 1.12.2003.

**Capítulo 20**

*Documentos:* «Stipulation Agreement» entre el Departamento de Banca del Estado de Connecticut y la J. Bush & Co., Inc., 20.1.1991; «Order Approving Registration upon Conditions» de la J. Bush & Co., Inc., 25.7.1991, División de Valores de la Oficina del Departamento de Estado de Massachusetts; telegrama del Departamento de Estado a todas las embajadas y consulados estadounidenses, febrero de 1989, para pedir que no dispensara trato de favor a ningún miembro de la familia Bush, obtenido por medio de la Ley de Libertad de Información; documentos del caso West Tsusho Co., Ltd. contra Prescott Bush & Co., Inc., y Prescott S. Bush Jr. caso núm. 92 CIV 3378 (DLC), Tribunal de Distrito de Estados Unidos, Distrito Sur de Nueva York, Archivos Nacionales, Central Plains Region, Lee's Summit, Montana; cables del Departamento de Estado referentes a los viajes a Nigeria de Jeb Bush en nombre de M&W Pump, marzo de 1989 y junio de 1991, así como a los viajes previstos en mayo y octubre de 1990, que se cancelaron por motivos de seguridad, obtenidos por medio de la Ley de Libertad de Información; «The President's News Conference», 12.9.1991, George Bush Public Papers, bushlibrary.tamu.edu; documentos archivados en la Comisión de Valores y Bolsa y la División de Corporaciones de la Oficina del Departamento de Estado de Texas en nombre de Arbusto Energy, Inc., y de Bush Exploration Co.; transcripción, «Videotaped Oral Deposition of Neil Mallon Bush, March 4, 2002, in the Matter of the Marriage of Neil Mallon Bush and Sharon Lee Bush»; «Agreement and Plan of Merger» entre Spectrum 7 Energy y Harken Oil and Gas, Inc., 15.9.1986.

*Libros:* Peter Schweizer y Rochelle Schweizer, *The Bushes*, Doubleday, Nueva York, 2004; George Bush, *All the Best, George Bush*, Touchstone, Nueva York, 1999; Bill Minutaglio, *First Son*, Times Books, Nueva York, 1999; Molly Ivins y Lou Dubose, *Shrub*, Vintage Books, Nueva York, 2000; Ann Gerhart, *The Perfect Wife*, Simon and Schuster, Nueva York, 2004.

*Artículos:* Frank Phillips, «State Fines Bush's Brother in Stock Case», *Boston Globe*, 26.7.91; «"Family Values"», *Treasure State Review*, otoño de 1992; Kenneth T. Walsh, «All the President's Children», *U.S. News & World Report*, 12.2.1990; Michael Isikoff, «As Race Heats Up, So Does Scrutiny of Bush's Family; Relatives' Business Affairs Become Target», *Washington Post*, 4.7.1992; «"When George Is

Ready, I Am"», *Nutmegger*, enero de 1985; Debbie Howlett, «President's Uncle Shares Bush Family Ties to China», *USA Today*, 19.2.2002; Jim Mann y Douglas Frantz, «Firm That Employs Bush's Brother Stands to Benefit from China Deal Trade: U.S. Satellite Export Would Aid Communications Venture of New York Firm», *Los Angeles Times*, 13.12.1989; «Bush's Brother Dealt with Japanese Underworld Boss», *Japan Economic Newswire*, 7.6.1991; Leslie Helm, «Bush Brother Was a Consultant to Company Under Scrutiny in Japan», *Los Angeles Times*, 11.6.1991; «Prescott Bush Faces Inquiry on Pay for Arranging Deal», *Wall Street Journal*, 9.9.1992; Stephen Pizzo, «Family Values», *Mother Jones*, septiembre/octubre de 1992; David Margolick, «Brother Dearest», *Vanity Fair*, julio de 2001; Christopher Hitchins, «Minority Report»; *Nation*, 12.11.1990; Jeff Gerth, «The Business Dealings of the President's Relatives: What the Record Shows», *New York Times*, 19.4.1992; Alecia Swasy y Robert Triagaux, «Make the Money and Run» y «Commerce Job Led to Overseas Ventures», *St. Petersburg Times*, 20.9.1998; Jefferson Morley, «Dirty Money», *Miami New Times*, 27.2.1991; Mark Hosenball, «The Brothers Bush: Would You Buy a Used Car from These Guys?», *New Republic*, 3.4.1989; «U.S. Switches Gears, Frees Cuban; He Had Become a Cause Celebre for Right-Wing Expatriates», *San Francisco Chronicle*, 18.7.1990; «Choice for High Court May Cast History In A New Light», *St. Petersburg Times*, 25.6.2002; Sharon LaFraniere, «S&L Bailout Involved Jeb Bush Partnership; Federal Government Paid $4 Million on an Investment Loan Issued by Florida Thrift», *Washington Post*, 15.10.1990; Pamela Constable, «Bush's Son Gets Political Boost in Miami by Backing Contras», *Boston Globe*, 14.1.1987; Robert A. Liff, «Bush Boosts Martinez Coffers in Top Fund-Raiser», *Orlando Sentinel*, 10.10.1986; David Hoffman, «Bush Boosts Candidate for Pepper's House Seat; Aug. 29 Special Election Contest Marked by Intensifying Racial and Ethnic Overtones», *Washington Post*, 17.8.1989; Thomas Petzinger Jr., «Jeb Bush's Presidential Handle Appears to Prime the Pump Business in World-Wide Markets», *Wall Street Journal*, 21.4.1992; Adam C. Smith, «Some Say Probe Tests Ties to GOP Backer», *St. Petersburg Times*, 18.7.1999, «U.S. Drops Criminal Inquiry of Pump Company», *St. Petersburg Times*, 16.3.2002, y «Ex-partner of Jeb Bush Hid Assets Abroad, U.S. Says», *St. Petersburg Times*, 6.4.2002; Jonathan Beaty, «Running with a Bad Crowd», *Time*, 1.10.1990; Bill Hewitt y Gary Clifford, «Neil Bush Fights to Clear His Famous Name», *People*, 30.7.1990; Carl M. Cannon, «Bush Relatives Not Always Vigilant to Avoid Conflict», *Greenwich Time*, 26.4.1992; Sharon LaFraniere, «Naivete and the Family Name; Denver Opened Doors to Neophyte Businessman Neil Bush», *Washington Post*, 29.7.1990; Thomas Petzinger Jr. y Edward T. Pound, «Bush Sons Jeb and Neil Have Walked a Fine Line Between Business Career, Exploitation of Name», *Wall Street Journal*, 23.10.1992; Kathleen Day, «Ex-regulator: Silverado Closing Was Delayed», *Washington Post*, 20.6.1990; Michael Duffy, «"I Worried About the Impact on Dad"; Neil Bush Defends His Role in the Silverado Collapse», *Time*, 23.7.1990; George Williamson, «Ethics Expert at Hearing Blasts Neil Bush's Actions with S&L», *San Francisco Chronicle*, 27.9.1990; Steven Wilmsen,

«The Corruption of Neil Bush», *Playboy*, junio de 1991; Joan Lowy, «Neil Bush Cut Sweet Oil Deal Report Small Investment Yielded Big Salary for Bush, but Federal Funding Was Legal», *Rocky Mountain News*, 3.5.1991; «Tennis Tourney Dumps Neil Bush», *Rocky Mountain News*, 30.5.1991; «Neil Bush Goes Public with House», *Rocky Mountain News*, 16.7.1991; Michelle Schneider, «Neil Bush Tunes into Cable TV Job in Houston», *Rocky Mountain News*, 17.7.1991; Marcy Gordon, «Neil Bush's New Boss Says He Will Continue Fight for Cable Industry», Associated Press, 18.7.1991; Jill Abramson y Peter Truell, «Other Bush Relatives Also Engaged in Various Business Dealings Abroad», *Wall Street Journal*, 6.12.1991; Mimi Schwartz, «Cast Away», *Texas Monthly*, mayo de 2004; Joshua Micha Marshall, «Presidential Brother Watch», salon.com, 12.4.2002; Mure Dickie, «First Big Deal for Grace Semiconductor», *Financial Times*, 8.12.2003; Khalil Hanware y K. S. Ramkumar, «Win American Hearts Through Sustained Lobbying: Neil Bush», *Arab News*, 23.1.2002; «Baker Rejects Clinton Charge of Encouraging Anti-Semitism», *San Francisco Chronicle*, 2.4.1992; Tom Hundley, «Baker Flap Draws Anger from Many in Israel-Alleged Remark Rekindles Anti-Semitism Debate», *Seattle Times*, 16.3.1992; William Safire, «Bureaucratic Elephants Battle over Israeli Policy», *San Francisco Chronicle*, 20.3.1992; Cragg Hines, «As Operative for his Father, Loyalty Was the Foremost Watchword», *Houston Chronicle*, 8.5.1994; Jonathan Beaty, «A Mysterious Mover of Planes and Money», *Time*, 28.10.1991; John Mecklin, «The Tangled Path to a Response», *SF Weekly*, 19.9.2001; Paul Alexander, «All Hat, No Cattle», *Rolling Stone*, 5.8.1999; George Lardner Jr. y Lois Romano, «The Turning Point; After Coming Up Dry, Financial Rescues», *Washington Post*, 30.7.1999; «The Right Price of Oil», *New York Times*, 11.4.1986; Robert Reinhold, «In Troubled Oil Business, It Matters Little If Your Name Is Bush, Sons Find», *New York Times*, 28.4.1986; Richard Behar, «The Wackiest Rig in Texas», *Time*, 28.10.1991.

*Entrevistas:* Stephen Maitland-Lewis, 10.7.2001, y correspondencia, 13 y 16.7.2001, 14.1.2002, 17.12.2002 y 18 y 29.12.2003; fuente confidencial, 28.3.2003; John Claiborne Davis, 24.1.2002; Howard Means, 17.1.2002; Bob Gardner, 18.6.2003; correspondencia con Peter Gethers, 25.11.2001; Robert Whitt, 3, 9 y 22.10.2001; Ina Schnell, 13.11.2003.

## Capítulo 21

*Documentos:* «Final Report of the Independent Counsel for Iran/Contra Matters, Vol. I, August 4, 1993»; folleto de la campaña de 1988, «George Bush. The one candidate who has proven his commitment to the Jewish people»; «George H. W. Bush's Acceptance Speech at the Republican National Convention-August 18, 1988», bushlibrary.tamu.edu/research/pdfs/rnc.pdf.

*Libros:* Geraldine A. Ferraro con Linda Bird Francke, *Ferraro, My Story*, Bantam Books, Nueva York, 1985; Sidney Zion, *The Autobiography of Roy Cohn*, Lyle

Stuart, Secaucus, New Jersey, 1988; Richard Ben Cramer, *What It Takes*, Vintage Books, Nueva York, 1993; Marlin Fitzwater, *Call the Briefing!*, Times Books, Nueva York, 1995; Peter Schweizer y Rochelle Schweizer, *The Bushes*, Doubleday, Nueva York, 2004; Donald T. Regan, *For the Record*, Harcourt Brace Jovanovich, Nueva York, 1988; Bill Minutaglio, *First Son*, Times Books, Nueva York, 1999; John Brady, *Bad Boy*, Addison-Wesley, Reading, Massachusetts, 1997; George Bush, *All the Best, George Bush*, Touchstone, Nueva York, 1999; George Bush con Victor Gold, *Looking Forward*, Doubleday, Garden City, Nueva York, 1987; Ronald Reagan, *An American Life*, Simon and Schuster, Nueva York, 1990; Barbara Bush, *Barbara Bush: A Memoir*, St. Martin's Paperbacks, Nueva York, 1995; Donnie Radcliffe, *Simply Barbara Bush*, Warner Books, Nueva York, 1989; George W. Bush, *A Charge to Keep*, William Morrow, Nueva York, 1999; George Bush con Doug Wead, *Man of Integrity*, Harvest House Publishers, Eugene, Oregón, 1988; Jeffrey Eugenides, *Middlesex*, Farrar, Straus and Giroux, Nueva York, 2002; Herbert S. Parmet, *George Bush: The Life of a Lone Star Yankee*, Scribner, Nueva York, 1997.

*Artículos*: Amy Wilentz, «Bygones; Let Us Now Praise Old Enemies», *Time*, 23.12.1985; Aaron Epstein, «Bush Pays Tribute to Late Rightist Foe, Publisher William Loeb», *Houston Chronicle*, 15.12.1985; John Robinson, «For Nancy Ellis, a New Role as the President's Sister», *Boston Globe*, 18.1.1989; Charles Trueheart, «Bush's Day of Higher Service», *Washington Post*, 28.1.1988; Garry Trudeau, «How will history judge the Bush hours?», *Doonesbury*, 10.8.1985; George de Lama, «Bush's "Administration" Passed Without a Sound», *Chicago Tribune*, 16.7.1985; David Remnick, «Why Is Lee Atwater So Hungry?», *Esquire*, diciembre de 1986; William Greider, «The Bush Question: Is Anybody Home?», *Rolling Stone*, 22.9.1988, y «Bush and Dukakis both Deserve to Lose», *Rolling Stone*, 3.11.1988; Brian Duffy, «Guess Who's in the Loop? New Questions About George Bush's Iran-Contra Story», *U.S. News & World Report*, 5.10.1992; Cragg Hines, «Politics, Poignancy Mix During Bush Auschwitz Visit», *Houston Chronicle*, 30.9.1987, «Bush Battles "Politics" Label on Europe Trip, but Not Aide», *Houston Chronicle*, 4.10.1987, y «Thorny Issue of Abortion Plagues GOP Politics; Bush Stance Took Sharp Turn in 1980», *Houston Chronicle*, 10.8.1992; Walter V. Robinson, «With Nazi Camp Tour, Bush Ends Polish Trip», *Boston Globe*, 30.9.1987; «Vice President Tours Concentration Camps on Last Day of Visit to Poland», Associated Press, 30.9.1987; «End of 4-Day Trip to Poland; Bush's Emotional Tour of Auschwitz», *San Francisco Chronicle*, 30.9.1987; David Lee Preston, «Fired Bush Backer One of Several with Possible Nazi Link», *Philadelphia Inquirer*, 10.9.1988; Chris Black, «Report Says Emigres with Nazi Ties Form GOP Unit», *Boston Globe*, 15.9.1988; David Hoffman, «Bush Associate Resigns After Disclosure on BLS; Malek Tallied Jews for Nixon Administration», *Washington Post*, 12.9.1988; Paul Alexander, «All Hat, No Cattle», *Rolling Stone*, 5.8.1999; Lois Romano y George Lardner Jr., «Moving Up to the Major Leagues; Father's Campaign, Baseball Provide Foundation for Own Run», *Washington Post*, 31.7.1999, y «A Run for the House; Courting a Wife, Then the Voters», *Washington Post*, 29.7.1999; Michael

Duffy y Nancy Gibbs, «The Quiet Dynasty», *Time*, 7.8.2000; transcripción, entrevista con Jim Pinkerton para *Frontline*, 2000, en pbs.org (6.8.2001); Nicholas D. Kristof, «For Bush, Thrill Was in Father's Chase», *New York Times*, 29.8.2000; Margaret Warner, «Bush Battles the "Wimp" Factor», *Newsweek*, 19.10.1987; Robert Parry, «Bush Family Politics», consortiumnews.com, 5.10.1999; transcripción, *Larry King Live*, CNN, 12.10.1987; Bob Minzesheimer, «Bush Strikes Back», USA *Today*, 27.10.1987; Jane Podesta, «Playing to Win», *People*, 22.8.1988; Lori Stahl y Diane Jennings, «Bush Family, Friends Say His Sincerity Outshines Image Honed for Contest», *Dallas Morning News*, 13.11.1994; Sidney Blumenthal, «The Sensitive Son», *New Republic*, 8.10.1990; Maureen Dowd, «Making and Remaking a Political Identity: George Herbert Walker Bush», *New York Times*, 20.8.1992; Allan Wolper y Al Ellenbert, «The Day Bush Bailed Out», *New York Post*, 12.8.1988; Gail Sheehy, «Beating Around the Bush», *Vanity Fair*, septiembre de 1988; Lou Cannon, «Bush Wins the Boss' Respect», *Washington Post*, 1.2.1988; Jessica Lee, «Bush Supporters Deny His "Macho" Stand Was Planned», USA *Today*, 27.1.1988; Herblock y Mike Royko, «Perspectives», *Newsweek*, 8.2.1988; «In Search of Stature», primera página de *Time*, 22.8.1988; Marjorie Williams, «Reagan, Once Over Lightly for Bush; A Restrained Endorsement at Party Fundraiser», *Washington Post*, 12.5.1988; «Bush Sees Kin as "the Little Brown Ones"», *Washington Post*, 17.8.1988; Brock Brower, «Captain Enigma: Can George Bush Lead the Nation?», *Life*, mayo de 1988; David Hoffman, «A Day of Damage Control; Bush Team Hunts Facts, Holds Discipline», *Washington Post*, 19.8.1988; transcripción, «The Bentsen-Quayle Vice Presidential Debate», 5.10.1988, www.debates.org; Ken Hoover, «Former CIA Agents Urge Bush's Defeat», UPI, 4.11.1988; Jonathan Kaufman, «Bush Ads Draw Charges of Racism; Some Say Its Just Politics», *Boston Globe*, 23.10.1988; Jake Tapper, «The Willie Horton Alumni Association», salon.com, 25.8.2000; «Silver-Footed Olive Branch», *Washington Post*, 4.12.1988; Timothy Noah, «Old Bland-Dad: Meet Poppy's Poppa», *New Republic*, 3.4.1989.

*Entrevistas:* Geraldine A. Ferraro, 22.10.2002; Michael Evans, 17.7.2002; fuente confidencial, 8.3.2003; Susan King, 21.2.2002; Anne Woolston, 22.5.2003; Roberta Hornig Draper, 4.1.2003 y 28.11.2003; correspondencia con Peter Gethers, 25.11.2001; fuente confidencial, 12.10.2001; Sandra McElwaine, 18.4.2001 y 8.9.2003; Susan Watters, 8.10.2002; Cragg Hines, 22.5.2003; Lilyan Wilder, 1 y 22.8.2001; Charles Bartlett, 30.10.2003; French Wallop, 25.2.2003 y 1.5.2003; correspondencia con Philip Agee, 7.12.2003 y 4.1.2004; correspondencia con Peggy Noonan, 26.2.2002; correspondencia con Michael Sheehan, 1.2.2004.

### Capítulo 22

*Documentos:* Transcripción de la entrevista de David Frost a George y Barbara Bush, 25.8.1998, «Gate List for Event: Luncheon–01/21/89», cartas datadas el 1.3.1989, a cada uno de los hijos de George H. W. Bush referentes a sus privilegios en su trato con el personal de la Casa Blanca, Bush Presidential Records, Biblioteca Presidencial George Bush; George Bush Public Papers, bushlibrary.tamu.edu.

*Libros:* Donnie Radcliffe, *Simply Barbara Bush*, Warner Books, Nueva York, 1989; Barbara Bush, *Barbara Bush: A Memoir*, St. Martin's Paperbacks, Nueva York, 1995; Selwa «Lucky» Roosevelt, *Keeper of the Gate*, Simon and Schuster, Nueva York, 1990; Colin Campbell y Bert A. Rockman, eds., *The Bush Presidency*, Chatham House Publishers, Chatham, New Jersey, 1991; Lowell Weicker y Barry Sussman, *Maverick*, Little, Brown, Boston, 1995; Michael Duffy y Dan Goodgame, *Marching in Place*, Simon and Schuster, Nueva York, 1992; John Podhoretz, *Hell of a Ride*, Simon and Schuster, Nueva York, 1993; George Bush, *All the Best, George Bush*, Touchstone, Nueva York, 1999; Dan Quayle, *Standing Firm*, HarperCollins, Nueva York, 1994; George W. Bush, *A Charge to Keep*, William Morrow, Nueva York, 1999; Mary Matalin y James Carville con Peter Knobler, *All's Fair*, Random House, Nueva York, 1994; George P. Shultz, *Turmoil and Triumph*, Scribner, Nueva York, 1993; John Connally y Mickey Herskowitz, *In History's Shadow*, Hyperion, Nueva York, 1993; reina Noor, *Leap of Faith*, Miramax Books, Nueva York, 2003; Bob Woodward, *The Commanders*, Simon and Schuster, Nueva York, 1991, y *Shadow*, Touchstone, Nueva York, 1999; George Bush y Brent Scowcroft, *A World Transformed*, Vintage Books, Nueva York, 1998; Jim McGrath, ed., *Heartbeat: George Bush in His Own Words*, Scribner, Nueva York, 2001; Robert Baer, *Sleeping with the Devil*, Crown Publishers, Nueva York, 2003; John Brády, *Bad Boy*, Addison-Wesley, Reading, Massachusetts, 1997; Ed Rollins con Tom DeFrank, *Bare Knuckles and Back Rooms*, Broadway Books, Nueva York, 1996; Jack W. Germond y Jules Witcover, *Mad As Hell*, Warner Books, Nueva York, 1993.

*Artículos:* Margaret Carlson, «The Silver Fox», *Time*, 23.1.1989; Diana Wiest, «For Barbara Bush, This Move's a Joy», *Washington Times*, 17.1.1989; David S. Broder, «What Makes Barbara Bush So Special», *Washington Post*, 22.1.1989; Julia Reed, «The Natural», *Vogue*, agosto de 1989; Donnie Radcliffe, «The Book That's Banned in Kennebunkport», *Washington Post*, 15.8.1989, «First Degree for the First Lady; Smith College Honors Its Undergraduates», *Washington Post*, 7.9.1989, y «The First Daughter's D.C. Option», *Washington Post*, 15.5.1990; Cheryl Lavin, «Barbara Bush: Her Career Has Always Been Her Family, and It Hasn't Been an Easy Career», *Chicago Tribune*, 14.8.1988; Patricia Leigh-Brown, «The First Lady-Elect: What She Is and Isn't», *New York Times*, 11.12.1988; Michel McQueen, «America's Grandma: Barbara Bush Earns Even Higher Ratings Than the President», *Wall Street Journal*, 9.10.1989; Fred Barnes, «CS», *New Republic*, 7.8.1989; Ann McDaniel, «Barbara Bush: The Steel Behind the Smile», *Newsweek*, 22.6.1992; Liz Smith, «Crying Time for "Evita", the Movie», *New York Daily News*, 22.9.1989; Marjorie Williams, «Barbara's Backlash», *Vanity Fair*, agosto de 1992; Michael Kilian, «A Lady, bar None», *Chicago Tribune*, 8.11.1989; Calvin Trillin, «First Lady», *Nation*, 16/23.7.1990; Bill Minutaglio, «George W.'s Secret Weapon», *Talk*, marzo de 2000; Roxanne Roberts, «It's Just a Woof over

Their Heads», *Washington Post*, 19.3.1989; Barbara Grizzuti Harrison, «Lunch with Bar: An Interview with the Ancien Regime», *New Republic*, 9.11.1992; Dave Barry, «Barbara Shows She's No Shrinking Violet, and You'd Better Believe It», *Buffalo News*, 20.8.1992; Barbara Matusow, «Mama's Boy», *Washingtonian*, junio de 2001; Dan Goodgame y Anastasia Toufexis, «What's Wrong with Bush», *Time*, 10.8.1992; Julia Malone, «Bush Hiring Women», *Atlanta Journal-Constitution*, 22.4.1990; George J. Crunch, «Is This Goodbye?», *Time*, 6.3.1989; William Safire, «Media Manipulated!», *New York Times*, 9.2.1989, y «Victory in the Baltics», *New York Times*, 21.1.2002; Michael Kinsley, «Is Bush Nice?» *Time*, 16.7.1990; Kenneth T. Walsh, «The President's Damage Control», *U.S. News & World Report*, 13.8.1990; Bob Woodward, «Origin of the Tax Pledge; In '88 Bush Camp Was Split on "Read My Lips"», *Washington Post*, 4.10.1992; Diane McLellan, «First Daughter», *Washingtonian*, septiembre de 1990; Landon Y. Jones y Maria Wilhelm, «George Bush», entrevista, *People*, 25.12.1989; Jean Heller, «Photos Don't Show Buildup», *St. Petersburg Times*, 6.1.1991; John Berry y Dan Koeppel, «A Line in the Sand, Dark Clouds for the Economy», *Adweek's Marketing Week*, 10.9.1990; John Stauber y Sheldon Rampton, «How PR Sold the War in the Persian Gulf», prwatch.org (20.3.2003); Dan Goodgame, «Men of the Year: The Two George Bushes», *Time*, 7.1.1991; Dane Smith y Patricia Lopez, «A Voice for the "Little Fellers"», *Minneapolis Star-Tribune*, 26.10.2002; «George Bush», *People* (edición conmemorativa: Héroes de guerra), verano de 1991; Dan Balz, «Bush Seeks Firing of Party Official; White House Turns to Damage Control», *Washington Post*, 26.10.1990.

*Entrevistas:* Cody Shearer, 21 y 27.8.2003, 8 y 15.10.2003, y correspondencia, 16.10.2003; Bobbie Greene, 6.8.2002; Donnie Radcliffe, 29.8.2003; Heather Foley, 11.11.1989, 21.3.2002, 18.4.2002 y 24.6.2002, y correspondencia, 21.5.2002; Herbert E. Abrams, 8.10.2002; Lois Abrams, 11.10.2002; «productor de la CNN», 16.10.2002; correspondencia con una fuente confidencial, 9.5.2002; Sharon Bush, 1.4.2003 y 13.5.2004; French Wallop, 25.2.2003 y 1.5.2003; correspondencia con Jane Fonda, 10.11.2003; Herb Moses, 14.5.2001; Paul Bedard, 5.8.2002; Judy Woodruff, 20.6.2002; Ralph Neas, 2.6.2003, 1.7.2003 y 5 y 12.8.2003; Susan King, 21.2.2002; Lowell Weicker, 5.12.2001; Claudia Weicker, 5.12.2001; Kim Elliott, 10.12.2001; Tom D'Amore, 10.12.2001; Worth Kinlaw, 2.6.2002; Julia Malone, 9.10.2002; John Mashek, 11.12.2003; correspondencia con Peggy Noonan, 26.2.2002; Martin Tolchin, 10.2.2001; Margaret Hall, 18.4.2003; Courtney Callahan, 29.8.2003; Dan Rostenkowski, 24.5.2002; Douglas Bailey, 12.7.2001; Thomas S. Foley, 19.3.2002; fuente confidencial, 8.3.2003.

## Capítulo 23

*Documentos:* George Bush Public Papers, bushlibrary.tamu.edu; carta de George W. Bush a Boyden Gray (intercediendo por Rhesa H. Barksdale, julio de 1989, caso número 063899cu, carta de George W. Bush a Boyden Gray en defensa de Edith Brown Clement, enero de 1991, caso número 212251cu, correspondencia de George W. Bush con el personal de la Casa Blanca (intercediendo por Helen Segal Huvelle, abril de 1990, y otros, Archivo Personal, según la Ley de Libertad de Información, reclamación 1998-0044F, de la White House Office of Records, Bush Presidential Papers, Biblioteca Presidencial George Bush, carta de Barbara Bush a Marianne Means, 1.2.2000; carta de Marianne Means a Barbara Bush, 15.3.2000; «Final Report of the Independent Counsel for Iran/Contra Matters, Vol. I, August 4, 1993».

*Libros:* John Podhoretz, *Hell of a Ride*, Simon and Schuster, Nueva York, 1993; Sarah Brady con Merrill McLoughlin, *A Good Fight*, Public Affairs, Nueva York, 2002; Donnie Radcliffe, *Simply Barbara Bush*, Warner Books, Nueva York, 1989; Joe Conason y Gene Lyons, *The Hunting of the President*, Thomas Dunne Books, Nueva York, 2000; Michael Duffy y Dan Goodgame, *Marching in Place*, Simon and Schuster, Nueva York, 1992; John Brady, *Bad Boy*, Addison-Wesley, Reading, Massachusetts, 1997; Barbara Bush, *Barbara Bush: A Memoir*, St. Martin's Paperbacks, Nueva York, 1995; Monica Crowley, *Nixon off the Record*, Random House, Nueva York, 1996; Marlin Fitzwater, *Call the Briefing!*, Times Books, Nueva York, 1995; John Robert Greene, *The Presidency of George Bush*, University Press of Kansas, Lawrence, 2000; Bob Woodward, *Shadow*, Touchstone, Nueva York, 1999; George Bush, *All the Best, George Bush*, Touchstone, Nueva York, 1999; Jack W. Germond y Jules Witcover, *Mad As Hell*, Warner Books, Nueva York, 1993; Susan J. Tolchin, *The Angry American*, Westview Press, Boulder, Colorado, 1999; Mary Matalin y James Carville con Peter Knobler, *All's Fair*, Random House, Nueva York, 1994; Lawrence E. Walsh, *Firewall*, Norton, Nueva York, 1997.

*Artículos:* Donnie Radcliffe, «The First Patient's Return; A Decade After Assassination Attempt Reagan at GWU», *Washington Post*, 29.3.1991; Frank J. Murray, «Reminiscent Reagan Zaps Bush, Backs Brady Gun Bill», *Washington Times*, 29.3.1991, y «Hampton's Class of '91 Snubs Bush», *Washington Times*, 13.5.1991; Andrew Rosenthal, «In Reagan's Cool Shadow», *New York Times*, 30.3.1991; David Talbot, «Reagan Blasts Bush», salon.com, 14.4.2003; Mollie Dickenson, «Bush's Assassination of the Brady Bill», *Washington Post*, 2.11.1992; Lally Weymouth, «The Surprising George Bush», *M*, mayo de 1991; Michael Kranish, «Outraged Bush Resigns from NRA», *San Francisco Chronicle*, 11.5.1995; Robert Novak, «Get Even Time for Bush with His Slap at NRA», *Buffalo News*, 23.5.1995; Michael Rezendes, «NRA Says Bush Resignation Tied to '92 Campaign», *Boston Globe*, 23.5.1995; Lee Bandy, «Tributes to Atwater Stress Life», *Columbia State*, 2.4.1991; «Bush Will Attend Services Here for Wife of Ex-Business Partner», *Houston Chronicle*, 24.10.1992; Thomas Sanction, «A Heartbeat from Eternity: Stricken with Fatigue and Shortness of Breath While Running Bush Recovers After Giving the Nation a Little Scare», *Time*, 13.5.1991; Sidney Blumenthal, «Bull Moose: George Bush and Teddy Roosevelt», *New Republic*, 7.1.1991; Michael Duffy, «Mission Impossible», *Time*, 20.1.1992; T. R. Reid, «One Flu Over the State Dinner; Japanese Warm to First Lady's Cool», *Washington Post*, 9.1.1992; Greg

McDonald, «Bush Set to Hit the Hustings After Illness; Democrats Get Flu Too, President Says», *Houston Chronicle*, 10.1.1992; «The Clarence Thomas Bandwagon», *Baltimore Sun*, 12.8.1991; Ruth Marcus, «Divided Committee Refuses to Endorse Judge Thomas», *Washington Post*, 28.9.1991; Timothy M. Phelps, «Ex-staffer Says Thomas Sexually Harassed Her», *Chicago Sun-Times*, 6.10.1991; Walter V. Robinson, «Thomas Vote Delayed a Week; Hearings Set to Air Charge of Harassment», *Boston Globe*, 9.10.1991; Helen Dewar, «Senate Confirms Thomas by 52 to 48 to Succeed Marshall on Supreme Court», *Washington Post*, 16.10.1991; Robert H. Siner, «Women Make Big Inroads in Congress», *International Herald Tribune*, 5.11.1992; «Better Late Than Never», *Time*, 4.11.1991; Phil McCombs, «Counsel's Last Hurrah: The Final Furious Days of C. Boyden Gray», *Washington Post*, 16.1.1993; Ann Devroy, «President Signs Civil Rights Bill; White House Disavows Proposed Directive to End Affirmative Action», *Washington Post*, 22.11.1991; Thomas Oliphant, «Bush Response to LA. Riots Too Little, Too Late», *Boston Globe*, 7.5.1992; Cragg Hines, «As Operative for His Father, Loyalty Was the Foremost Watchword», *Houston Chronicle*, 8.5.1994; Ruth Miller Fitzgibbons, «George Bush, Too», *D*, abril de 1992; Jim Nolan, «New Book: Bush Has Swiss Tryst», *New York Post*, 11.8.1992; Dolph Tillotson, «A Sleaze-Monger? Not My Sister», *Galveston Daily News*, 16.8.1992; Ian Brodie, «Bush Enraged by "Sleaze" Claims of Affair with Aide», *Telegraph*, 13.8.1992; Cragg Hines, «"An Absolute Outrage"; Questions About Infidelity Infuriate First Lady», *Houston Chronicle*, 13.8.1992; Marianne Means, «Why Jole Wont't Get Bush JP Nod», *Houston Chronicle*, 19.1.2000; Jon Swan, «Jennifer», *Columbia Journalism Review*, noviembre/diciembre de 1992; «Gennifer Flowers Is In Town, and She's Still Singing», *New York Times*, 25.1.2004; Marlee Schwartz, Ann Devroy y Gwen Ifill, «Bush Office Aide Expected to Get a Protocol Post», *Washington Post*, 10.1.1992; Walter Pincus, «Former Bush Aide Fined for Customs Violations», *Washington Post*, 18.3.1990; Ann Devroy, «State Dept Charges Longtime Bush Aide», *Washington Post*, 8.8.1990; Gareth Pownall, «Jennifer Is Completely Incapable of Having an Affair», *Daily Mail*, 14.8.1992; Leah Garchik, «President's Pal "Disappointed" in Him», *San Francisco Chronicle*, 11.9.1992; Janice Castro, «Same to You», *Time*, 31.8.1992; Ann Devroy, «Dorothy Walker Bush Dies at Age 91; President's Mother, "Righteous Lady"», *Washington Post*, 20.11.1992; «Mr. Bush's Unpardonable Act», *New York Times*, 25.12.1992; «Was Vice President Bush in the Loop? You Make the Call», *Washington Post*, 31.1.1993; George Lardner Jr., «U.S. Archivist to Quit, Run Bush Library; Wilson Agreed to Give Ex President Control of White House Computer Records», *Washington Post*, 13.2.1993, y «Archivist Was Sounded Out in December on Library Job», *Washington Post*, 3.3.1993; «Doing Bush a Favor», *Time*, 1.3.1993.

*Entrevistas:* Cody Shearer, 21 y 27.8.2003, y 8 y 15.10.2003, y correspondencia, 16.10.2003; Mollie Dickenson, 20.5.2002; Anne Pritchard, 7.3.2001; Robert DeVecchi, 21.7.2003; John Brady, 15.5.2001; Thomas S. Foley, 19.3.2002; Carol Taylor Gray, 3.10.2003, y correspondencia, 1.12.2003; Ralph Neas, 2.6.2003,

1.7.2003 y 5 y 12.8.2003; Susan J. Tolchin, 21.6.2002; Osborne Day, 6.8.2002; Brian Doyle, 31.1.2001; Dick Morris, 22.2.2003; Julia Malone, 9.10.2002; Mary Tillotson, 13.2.2002; Dolph Tillotson, 19.2.2002; Larry Sabato, 19.5.2004, y correspondencia, 22.5.2004; correspondencia con Tom Johnson, 27.4.2004; fuente confidencial, 12.10.2001; Sharon Bush, 1.4.2003 y 13.5.2004.

## Capítulo 24

*Documentos:* Transcripción, «Videotaped Oral Deposition of Neil Mallon Bush, March 4, 2002, in the Matter of the Marriage of Neil Mallon Bush and Sharon Lee Bush»; documentos referentes a las investigaciones de la Comisión de Valores y Bolsa a George W. Bush sobre la venta de las acciones de Harken, obtenidos por medio de la Ley de Libertad de Información; Barbara Bush, 8.7.1978, carta para recaudar fondos, Herbert Brownell Jr. Papers, Biblioteca Presidencial Dwight D. Eisenhower; documentos del caso Philip Agee contra Barbara Bush et al., demanda civil núm. 95-1905 (RCL), Tribunal del Distrito de Estados Unidos para el Distrito de Columbia; carta de retractación de Barbara Bush a Philip Agee, 9.5.1997; «President Bush's Speech 4/26/99», intellnet.org (29.4.2002); declaraciones de impuestos de George H. y Barbara P. Bush, 1977-1986.

*Libros:* Barbara Bush, *Reflections*, Scribner, Nueva York, 2003, *Barbara Bush: A Memoir*, Scribner, Nueva York, 1994, y *Barbara Bush: A Memoir*, St. Martin's Paperbacks, Nueva York, 1995; Peter Schweizer y Rochelle Schweizer, *The Bushes*, Doubleday, Nueva York, 2004; Bill Minutaglio, *First Son*, Times Books, Nueva York, 1999; Molly Ivins y Lou Dubose, *Shrub*, Vintage Books, Nueva York, 2000; Ann Gerhart, *The Perfect Wife*, Simon and Schuster, Nueva York, 2004; George W. Bush, *A Charge to Keep*, William Morrow, Nueva York, 1999.

*Artículos:* Chuck Clark, «Barbara Bush Spills the Beans; Son Jeb Confirms Intention to Enter Race for Governor», *Fort Lauderdale Sun Sentinel*, 18.2.1993; «Mrs. Bush Advises Her Son: Don't Run», *St. Petersburg Times*, 29.4.1989; Cindy Rugeley y Mark Toohey, «Bush's Son Rejects Gubernatorial Bid», *Houston Chronicle*, 2.8.1989; Alan Bernstein y R. G. Ratcliffe, «President's Son Won't Run for Bentsen's Seat», *Houston Chronicle*, 12.12.1992; Paul Alexander, «All Hat, No Cattle», *Rolling Stone*, 5.8.1999; Lois Romano y George Lardner Jr., «Moving Up to the Major Leagues; Father's Campaign, Baseball Provide Foundation for Own Run», *Washington Post*, 31.7.1999; Laura Miller, «The Inner W.», salon.com, 16.6.2004; Nicholas D. Kristof, «Breaking into Baseball; Road to Politics Ran Through a Texas Ballpark», *New York Times*, 24.9.2000, «Governor Bush's Journey: A Master of Bipartisanship with No Taste for Details», *New York Times*, 16.10.2000, «Bush and the Texas Land Grab», *New York Times*, 16.7.2002, y «Learning How to Run: A West Texas Stumble», *New York Times*, 27.7.2000; Dana Milbank, «Dispelling Doubt with the Rangers», *Washington Post*, 25.7.2000; Cragg Hines, «As Operative for His Father, Loyalty Was the Foremost Watchword», *Houston Chronicle*, 8.5.1994; Joe Nick Patoski,

«Team Player», *Texas Monthly*, junio de 1999; Bill Minutaglio y Nancy Beiles, «George W. Bush... and the Horse He Rode in On», *Talk*, noviembre de 2000; Robert Bryce, «A Home No More», *Talk*, noviembre de 2000; Michael O'Keeffe, «Broken Promises Plague Parks; Owners, Mayor Are Texas Two-Faced», *New York Daily News*, 13.10.2002; Charles Lewis, «How George W. Bush Scored Big with the Texas Rangers», publici.org, 18.1.2001; Skip Hollandsworth, «Born to Run: What's in a Name? How About the Republican Nomination for Governor», *Texas Monthly*, mayo de 1994, «The Many Faces of George W. Bush», *Texas Monthly*, febrero de 1995, y «Younger. Wilder?», *Texas Monthly*, junio de 1999; Louis Dubose, «O, Brother! Where Art Thou?», *Austin Chronicle*, 16.3.2001; Tom Fiedler, «Bush and Sons», *Miami Herald*, 5.9.1994; Marjorie Williams, «Brothers in Arms», *Talk*, septiembre de 2000; Kevin Merida y Anne Day, «Dispatches from Florida GOP Race», *Washington Post*, 7.8.1994; Diane Rado, «Bush Alienates Black Lawmakers», *St. Petersburg Times*, 28.10.1994; «A New Clump of Bushes», *Economist*, 29.10.1994; Jill Lawrence, «Issue May Belong to His Foe, but Jeb Bush Has the Appeal; Revamped Image May Help Candidate Win FLA. Gov's Race», *USA Today*, 27.10.1998; Hugh Sidey, «Dad Says: "I Don't Miss Politics"», *Time*, 21.6.1999; Nicholas Lemann, «The Controller», *New Yorker*, 12.5.2003; Michael Duffy y Nancy Gibbs, «The Quiet Dynasty», *Time*, 7.8.2000; Patricia Kilday Hart, «Not So Great in '78», *Texas Monthly*, junio de 1999; Arthur Blessitt, «The Day I Prayed with George W. Bush to Receive Jesus», www.blessitt.com, 31.5.2003; Ronnie Dugger, «Questions for George W.», *Texas Observer*, 14.5.1998; «Graham Apologizes for Faulting Jews», *Washington Post*, 2.3.2002; Eric Fingerhut, «Bush Tried to Clarify His Stand on Jews, Heaven», *Washington Jewish Week*, 17.12.1998; Michael Kinsley, «Go to Hell», slate.msn.com, 24.7.1999; Ellen Debenport, «Brothers Ran Different Races», *St. Petersburg Times*, 10.11.1994; Hugh Aynesworth, «Photo Finish Anticipated in Texas», *Washington Times*, 25.9.1994; Barbara Matusow, «Mama's Boy», *Washingtonian*, junio de 2001; Howard Fineman, «Harkening Back to Texas», *Newsweek*, 22.7.2002; Michael Kranish y Beth Healy, «Board Was Told of Risks Before Bush Stock Sale», *Boston Globe*, 30.10.2002; «Bush's Son Misses Deadline for Reporting "Inside" Sale», *Wall Street Journal*, 4.4.1991; Dana Milbank, «Bush SEC Delay Called "Mix-Up"; Under Scrutiny, White House Shifts Blame for '91 Late Filing», *Washington Post*, 4.7.2002; Jules Witcover, «Will President Fall in Dad's Footsteps?», *Baltimore Sun*, 12.7.2002; «Into the Sunset», *Economist*, 16.1.1993; «All the Presidents' Money», *Money*, 1.7.1999; Richard Cohen, «Post-White House Pay Dirt», *Washington Post*, 1.2.2001; Dan Moldea y David Corn, «Influence Peddling, Bush Style», *Nation*, 5.10.2000; «Kuwait, in "Love Storm", Welcomes Bush as Hero», *Baltimore Sun*, 15.4.1993; Seymour M. Hersh, «The Spoils of the Gulf War», *New Yorker*, 6.9.1993; «Clinton Awaits Report on Alleged Iraq Plot on Bush», *Boston Globe*, 9.5.1993; Jeffrey Smith y Ann Devroy, «Clinton Says U.S. Action "Crippled" Iraqi Intelligence; Officials Decline to Release Further Details», *Washington Post*, 29.6.1993; transcripción, entrevista de Richard Clarke, *60 Minutes*, 21.3.2004, www.sadlyno.com (22.3.2004); «Bush Backs Clinton Anew on NAFTA», *Washing-*

*ton Times*, 21.10.1993; Sue Landry, «Pride, Bitterness Fill Bush Speech», *St. Petersburg Times*, 8.2.1995; Bill Minutaglio, «George W.'s Secret Weapon», *Talk*, marzo de 2000; transcripción, *Larry King Weekend*, CNN, 28.6.2003; «Ex-CIA Officer Sues Barbara Bush for Libel», *Washington Times*, 7.9.1995; Joseph C. Wilson IV, «What I Didn't Find in Africa», *New York Times*, 6.7.2003; Robert D. Novak, «Mission to Niger», *Washington Post*, 14.7.2003; Mike Allen y Dana Priest, «Bush Administration Is Focus of Inquiry», *Washington Post*, 28.9.2003; James Wolcott, «What If They Gave a War and Nobody Cared», *Vanity Fair*, marzo de 2003; «Bush Sr.'s Profitable Crossing», *Business Week*, 22.2.2002; Linda Rawls, «Home Builders Celebrate Booming Business», *Palm Beach Post*, 20.1.2004; «Bush Made Less Than Reagan, Paid More», *Newsday*, 23.4.1988; Julia Malone, «President's Income, Taxes Drop in 1988», *Austin American-Statesman*, 13.4.1989; «Bush Family Income and Tax Bill Drop Slightly», *Washington Post*, 16.4.1991; Ellen Warren, «As Author, Bush No Match for Dog Millie's Royalties $889,176, the President's $2,718», *Buffalo News*, 16.4.1992; Ted Samply, «George Bush Parachutes Again to Exorcise Demons of Past Betrayal», *U.S. Veteran Dispatch*, marzo/abril/mayo de 1997, www.usvetdsp.com; Hugh Sidey, «Bush's Final Salute», *Time*, 7.4.1997; Jean Seligman, «Presidential High», *Newsweek*, 7.4.1997; Hugh Aynesworth, «Bush Makes Grand Entrance; Former President Parachutes over His Library in Texas», *Washington Times*, 10.6.1999; Cragg Hines, «Day to Remember for Bush; Library Dedicated at Texas A&M», *Houston Chronicle*, 7.11.1997; Paul Jennings, «Planet Bush», *Texas Observer*, 6.11.1997; Maureen Dowd, «Takin' Up for Daddy», *New York Times*, 8.11.1997; Alan Judd, «Bush, MacKay Mince Words», *Sarasota Herald-Tribune*, 21.10.1998; Dan Balz, «The Brothers Bush: One Deadpans, the Other Dances», *Washington Post*, 19.11.1998.

*Película:* Stephanie Slewka (productora), *Every Head Bowed, Every Eye Closed*, 2004.

*Televisión:* Raney Aronsen (escritor, productor, director), «The Jesus Factor», PBS *Frontline*, 2004.

*Entrevistas:* Kent Hance, mayo de 2003; Peck Young, 15.8.2003; Zach Leonard, 8.6.2002; Bobbie Greene, 6.8.2002; correspondencia con Leyla Aker, 27 y 28.9.2001; correspondencia con una fuente confidencial, 21.3.2004; Larry Lewin, 21.6.2002; correspondencia con Philip Agee, 7.12.2003 y 14.1.2004; Lynne Bernabei, 30.1.2004; «alguien relacionado con el suceso», 22.3.2002.

## Capítulo 25

*Documentos:* Documentos del caso John W. Moseley et al. contra Rainbo Club, Inc. et al., condado de Henderson, Texas, Tribunal del Distrito, caso n.º 94A-365; informe de la policía sobre la conducción en estado de embriaguez de Laura Bush, 6.11.1963, accidente de tráfico, Oficina del Fiscal de la Ciudad, Midland, Texas; documento del Departamento de Vehículos a motor de Maine y expediente de

arresto de la Policía de Kennebunkport referente al accidente de tráfico de George W. Bush, 4.9.1976, informe de incidentes del Departamento de Policía de Dade
sobre George P. Bush, 31.12.1994, y expediente del Departamento de Policía de
Tallahassee referente a John Ellis Bush Jr., 7.10.2000, thesmokinggun.com.

*Libros:* Bill Minutaglio, *First Son*, Times Books, Nueva York, 1999; Barbara
Bush, *Reflections*, Scribner, Nueva York, 2003; Peter Schweizer y Rochelle Schweizer, *The Bushes*, Doubleday, Nueva York, 2004; Ann Gerhart, *The Perfect Wife*,
Simon and Schuster, Nueva York, 2004; James Moore y Wayne Slater, *Bush's
Brain*, John Wiley and Sons, Hoboken, New Jersey, 2003; Lou Dubose, Jan Reid
y Carl M. Cannon, *Boy Genius*, Public Affairs, Nueva York, 2003; Al Franken, *Lies
(and the Lying Liars Who Tell Them)*, Dutton, Nueva York, 2003; George W. Bush,
*A Charge to Keep*, William Morrow, Nueva York, 1999; Molly Ivins y Lou Dubose, *Shrub*, Vintage Books, Nueva York, 2000; Dana Milbank, *Smashmouth*, Basic
Books, Nueva York, 2001; Stuart Stevens, *The Big Enchilada*, Free Press, Nueva
York, 2001; Roger Simon, *Divided We Stand*, Crown Publishers, Nueva York, 2001;
John McCain con Mark Salter, *Worth the Fighting For*, Random House, Nueva York,
2002; Jeff Greenfield, *«Oh, Waiter! One Order of Crow!»*, G. P. Putnam's Sons, Nue-
va York, 2001; Jeffrey Toobin, *Too Close to Call*, Random House, Nueva York, 2001.

*Artículos:* Nicholas D. Kristof, «The Decision; For Bush, His Toughest Call Was
the Choice to Run at All», *New York Times*, 29.10.2000; «Pumping Iron, Digging
Gold, Pressing Flesh», *Newsweek*, 20.11.2000; «The Governor's Gusher: The Sour-
ces of George W. Bush's $41 Million Texas War Chest», tpj.org, enero de 2000; trans-
cripción, entrevista de Clay Johnson para *Frontline*, 2000, en pbs.org (6.8.2001);
Katharine Q. Seelye, «Clinton-Lewinsky Affair "Inexcusable", Gore Says», *New York
Times*, 16.6.1999; «McCain's Moment», *Time*, 14.2.2000; Tucker Carlson, «Devil
May Care», *Talk*, septiembre de 1999; Ralph Blumenthal, «Move to Screen Bush File
in '90s Is Reported», *New York Times*, 12.2.2004; Dave Moniz y Jim Drinkard, «Ex-
officer: Bush Files Details Cause Concern», *USA Today*, 12.2.2004; Michael Rezen-
des, «Doubts Raised on Bush Accuser», *Boston Globe*, 13.2.2004; Lois Romano y
George Lardner Jr., «1986: A Life Changing Year; Epiphany Fueled Candidate's
Climb», *Washington Post*, 25.7.1999; Frank Bruni, «Bush Clarifies Views on Abor-
tion; Domestic, Foreign Issues Discussed in TV Interview», *New York Times*,
22.11.1999; Jake Tapper, «Austin, We Have a Problem», salon.com, 20.8.1999, y
«Jonesing for Votes», salon.com, 3.2.2000; «Ex-President Stands By His Son»,
*Houston Chronicle*, 20.10.1999; Robert Bryce, «Prosecutor Says Bush "Directly
Deceived" Him to Avoid Jury Duty», salon.com, 5.11.2000; George Lardner Jr.,
«"Tort Reform": Mixed Verdict», *Washington Post*, 10.2.2000; Katie Fairbank,
«Bush Uses Tax Law to Cut Costs of Lakeside Retreat», Associated Press,
24.8.1999; Bill Sanderson, «Laura: "Fatal Crash Was Crushing"», *New York Post*,
3.3.2000; «Lee High School Senior Dies in Traffic Mishap», *Midland Reporter-Te-
legram*, 7.11.1963; «A Son's Restless Journey», *Newsweek*, 7.8.2000; Hanna Rosin,
«Applying Personal Faith to Public Policy; "Changed Man" Advocates Church-Ba-
sed Programs», *Washington Post*, 24.7.2000; Richard T. Cooper, «To the Manner

Born, Bush Finds His Own Way», *Los Angeles Times*, 30.7.2001; Alan Berlow, «The Texas Clemency Memos», *Atlantic Monthly*, julio/agosto de 2000; transcripción, *Larry King Live*, CNN, 14.1.1998; Marlene Martin y Mike Corwin, «Karla Faye Tucker Executed in Texas», *New Abolitionist*, febrero de 1998; «Bush Donor Profile: Charles M. Cawley», tpj.org, 31.12.2003; Jo Becker, «Bush: Wife Meant to Hide Shopping Spree from Me», *St. Petersburg Times*, 22.6.1999; Mimi Schwartz, «Cast Away», *Texas Monthly*, mayo de 2004; Jim DeFede, «Problem Child», *Radar*, abril de 2003; «Who Is George W. Bush?», *Advocate*, 4.7.2000; «Bush Allows Gays to Be Fired for Being Gay», misleader.org, 20.3.2004; Calvin Trillin, «George W. Bush Speaks Out on Gay Marriage», *Nation*, 22.3.2004; «A Helping Hand from Dad: How Bush the Elder Is Quietly Boosting His Son's Cause», *Newsweek*, 27.9.1999; Martha Brant, «A Little Help from Mom», *Newsweek*, 31.1.2000; Mary McCrory, «New Hampshire's Cold Shoulder», *Washington Post*, 3.2.2000; Andrew Phillips, «McCain's Magic», *Maclean's*, 14.2.2000; Bill Moore y Danielle Vinson, «The South Carolina Republican Primary», byu.edu (5.11.2002); «Interest Groups Played Key Primary Role», *USA Today*, 17.7.2000; Cragg Hines, John W. Gonzalez y Clay Robison, «McCain Pulls Attack Ads; Bush Keeps Up Negative Fire», *Houston Chronicle*, 12.2.2000; David Von Drehle, «Lee Atwater, the Specter of South Carolina», *Washington Post*, 17.2.2000; Richard H. Davis, «The Anatomy of a Smear Campaign», *Boston Globe*, 21.3.2004; Pete Yost, «GOP Consultant Named in Enron Ruling», *Washington Post*, 10.3.2003; John Harwood y David Rogers, «McCain and Bush Clash over Negative Tactics in Televised Debate as South Carolina Vote Nears», *Wall Street Journal*, 16.2.2000; William Hershey y Ken Herman, «McCain Sweeps 2 States; Broad-Based Support Gives Him Arizona, Michigan, and Momentum», *Austin American-Statesman*, 23.2.2000; «Boy George's Bogus Confession», *New York Daily News*, 29.2.2000; Dave Gonzo, «Larry Flynt Drops Bombshell on Dubya», americanpolitics.com, 21.10.2000; Ronald Brownstein, «Clinton, Bushes Not Quite Hamilton and Burr», *Los Angeles Times*, 3.8.2000; Howard Fineman, «Ready for Their Close-Up», *Newsweek*, 7.8.2000; Rafael Lorente y Jeremy Milarsky, «Bushes Come A-courtin», *Fort Lauderdale Sun-Sentinel*, 23.9.2000; Glen Johnson, «Cheney Has Surgery After Slight Heart Attack», *Boston Globe*, 23.11.2000; transcripción, «Vice President Al Gore Delivers Remarks», cnn.com, 13.12.2000.

Película: Alexandra Pelosi (directora y escritora), *Journeys with George*, 2002.

Entrevistas: Dan Rostenkowski, 24.5.2002; Ronald Reagan Jr., 6.2.2004; correspondencia con una fuente confidencial, 10.6.2003 y 6.1.2004; «una mujer de Washington», 17.10.2003; Sharon Bush, 1.4.2003 y 13.5.2004; fuente confidencial, 7.2.2002; David Fink, 8.10.2002; Ruth Gilson, 21.1.2002; Mark Salter, 4.11.2002; correspondencia con una fuente confidencial sobre Amtrak, 10.6.2002; Conway Downing, 15.2.2002; Brian Doyle, 20.8.2001; Richard Gooding, 13.6.2003; fuente confidencial, 30.10.2002; Heather Foley, 11.11.1989, 21.3.2002, 18.4.2002 y 24.6.2002, y correspondencia, 21.5.2002; Torbert Macdonald, 18.7.2003.

**Capítulo 26**

*Documentos:* Nuevas publicaciones, transcripciones de discursos, comentarios y conferencias de prensa de George W. Bush, y también observaciones de la señora Bush en el Festival Nacional del Libro, 3.10.2003, whitehouse.gov; George Bush Public Papers, bushlibrary.tamu.edu; declaración de Barbara Lee, *Congressional Record*, 24.9.2001.

*Libros:* Gary Boyd Roberts, comp., *Ancestors of American Presidents*, Carl Boyer 3rd, Santa Clarita, California, 1995, y *Notable Kin*, Carl Boyer 3rd, Santa Clarita, California, 1998; Stephen Hess, introducción a *America's Political Dynasties*, Transaction Publishers, New Brunswick, New Jersey, 1997, y *America's Political Dynasties*, Doubleday, Garden City, Nueva York, 1966; Ann Gerhart, *The Perfect Wife*, Simon and Schuster, Nueva York, 2004; Bill Minutaglio, *First Son*, Times Books, Nueva York, 1999.

*Artículos:* Susan Page, «A Dynasty by Any Other Name», *USA Today*, 5.3.2002, y «Crisis Presents Defining Moment for Bush; History Will Remember U.S. Response», *USA Today*, 12.9.2001; David Jackson, «Presidential Library Prepares Exhibit on Bushes, Adamses», *Dallas Morning News*, 4.3.2002; Michael Duffy y Nancy Gibbs, «The Quiet Dynasty», *Time*, 7.8.2000; R. W. Apple Jr., «Dad Was President (but Please, No Dynasty Talk)», *New York Times*, 31.1.2000; Roxanne Roberts, «Like Father Like Sons; The Bushes Have Become the Nation's Most Prominent Political Dynasty», *Washington Post*, 16.12.2000, y «Guess Who's Not Coming to Dinner», *CJR*, septiembre/octubre de 2002; Dana Milbank, «Bush Courts Regional Media», *Washington Post*, 14.10.2002; «Sun Beats the World», *Sun*, 17.11.2003; Walter Isaacson, «"My Heritage Is Part of Who I Am"», *Time*, 7.8.2000; Jeanne Cummings, «Bush Issues Order to Block Federal Funds for Overseas Groups Involved in Abortion», *Wall Street Journal*, 23.1.2001; Eric Lichtblau, «Ashcroft Defends Subpoenas», *New York Times*, 13.2.2004; Laurie McGinley, «Nancy Reagan Urges GOP to Back Stem-Cell Studies», *Wall Street Journal*, 12.7.2001; Paul Krugman, «Stating the Obvious», *New York Times*, 27.5.2003; Robert Salonga, «Students Protest Bush Speaking at Commencement», *Daily Bruin*, 20.2.2002, y «First Lady Declines Invitation», *Daily Bruin*, 26.2.2002; Cate Doty, «Laura Bush Has Words of Advice for Americans and Her Husband», *New York Times*, 29.12.2003; Jill Smolowe, «Jeb's Daughter Fails Drug Program», cnn.com, 17.7.2002; «Transcript of Call to an Orlando Dispatcher», *Orlando Sentinel*, 14.9.2002; Steve Goldiner, «W's Niece Busted Again», *New York Daily News*, 11.9.2002; David S. Broder, «Now Comes the Hard Part», *Washington Post*, 2.9.2001; Eric Alterman, «9/11/01: Where Was George?», *Newsweek*, 6.10.2003; Jake Tapper, «Bush, Challenged», salon.com, 11.9.2001; Mickey Kaus, «Bush Is No Giuliani; He Shouldn't Even Try», slate.msn.com, 13.9.2001; Mary McGrory, «Leaders in the Breach», *Washington Post*, 13.9.2001; Judy Mann, «Falwell's Insult Compounds Nation's Injury», *Washington Post*, 21.9.2001; Jonathan Alter, «Periscope», *Newsweek*, 31.12.2001/7.1.2002; Elisabeth Bumiller, «Filmmaker Leans Right, Oval Office Swings Open», *New York Times*, 8.9.2003; Judy Keen,

«Strain of Iraq War Showing on Bush, Those Who Know Him Say; He's Said to Be "Burdened", Tense, Angry at Media, Second-Guessers», *USA Today*, 2.4.2003, y corrección, 4.4.2003; «What a Difference a Year Makes», *People*, 19.1.2002; Thomas B. Edsall, «GOP Touts War as Campaign Issue», *Washington Post*, 19.1.2002; Mike Allen, «GOP Takes in $33 Million at Fundraiser», *Washington Post*, 15.5.2002; Howard Fineman, «A President Finds His True Voice», *Newsweek*, 24.9.2001; Dana Milbank, «A Coalition of the Willing to Visit», *Washington Post*, 22.12.2001; Glenn Kessler, «U.S. Decision on Iraq Has Puzzling Past», *Washington Post*, 12.1.2003; David Rose, «Bush and Blair Made Secret Pact for Iraq War», *Observer*, 4.4.2003; Anton LaGuardia, «Blair "Restrained Bush From Attacking Iraq After Sept. 11"», *London Telegraph*, 21.3.2003; entrevista con Christopher Meyer, 19.3.2003, para «Blair's War», *Frontline*, pbs.org; William Raspberry, «When Did the Target Become the Taliban», *Washington Post*, 5.11.2001; Marie Cocco, «U.S. Lets Afghanistan Traffic in Opium», *Newsday*, 18.5.2004; Vernon Loeb, «U.S. to Announce End of Afghan Combat», *Washington Post*, 27.4.2003; Eric Krol, «Fitzgerald: Bush Talked of Assassinating Hussein», *Arlington Heights Daily Herald*, 25.2.2003; Richard Wolffe y Stryker McGuire, «A Gathering Storm», *Newsweek*, 27.1.2003; Bill Walsh, «Bush Denies Personal Reasons Involved in Push to Depose Saddam», Newhouse News Service, 3.3.2003; Eliot A. Cohen, «Air Strikes Shouldn't Raise "False Hopes"», *Wall Street Journal*, 8.10.2001; Robert Barr, «Antiwar Protesters Hold Global Rallies», Associated Press, 15.2.2003; Glenn Frankel, «Millions Worldwide Protest Iraq War», *Washington Post*, 15.2.2003; Rebecca Dana, «For Bush Senior, a Return to Yale After Ten Years», *Yale Daily News*, 25.4.2001; transcripción, George H. W. Bush entrevistado por Paula Zahn, cnn.com, 9.9.2003; «Former President Bush Defends His and Son's Iraqi Policies», Associated Press, 27.1.2003; Les Kinsolving, «Bush Sr. Hammers Episcopal Bishop», worldnetdaily.com, 28.1.2003; Frank Rich, «The Spoils of War Coverage», *New York Times*, 13.4.2003; Mike Allen, «"Coalition of the Willing"», *Washington Post*, 27.3.2003; William Douglas, «Bush's "Great Image"», *Newsday*, 2.5.2003; Peter Slevin, «U.S. Officials Cold-Shoulder Schröder», *Washington Post*, 24.9.2002; Maureen Dowd, «No More Bratwurst», *New York Times*, 25.9.2002; George E. Condon Jr., «President Hails Arrest, Warns Mexico», *Dover-New Philadelphia (Ohio) Times Reporter*, 4.3.2003; Andres Oppenheimer, «Bush Putting Mexican President on Hold», *Miami Herald*, 27.3.2003; Helen Thomas, «Nothing Sweeter to Bush Than Revenge», *Seattle Post-Intelligencer*, 30.5.2003; «Paris Air Show Opens; U.S. Stays at Home», *New York Times*, 15.6.2003; Lloyd Grove, «Hey France! Here's Spud in Your Eye», *Washington Post*, 12.3.2003.

*Conferencia:* David McCullough, National Press Club, 11.6.2001.

*Televisión:* Raney Aronsen (escritor, productor, director), «The Jesus Factor», PBS *Frontline*, 2004.

*Entrevistas:* Susan Page, 17.1.2003; correspondencia con Gary Boyd Roberts, 14.12.2002 y 22.2.2003; Robert Dallek, 19.11.2001; fuente confidencial, 23.10.2002; Linden von Eichel, 17.5.2004; Sharon Bush, 1.4.2003 y 13.5.2004.

# BIBLIOGRAFÍA

Abramson, Rudy, *Spanning the Century: The Life of W. Averell Harriman*, William Morrow, Nueva York, 1992.

Adler, Bill, ed. *The Kennedy Wit*, Bantam Books, Nueva York, 1965.

Amory, Cleveland, *The Last Resorts*, Harper, Nueva York, 1952.

Baer, Robert, *Sleeping with the Devil*, Crown Publishers, Nueva York, 2003.

Bainbridge, John, *The Super-Americans*, Doubleday, Garden City, Nueva York, 1961.

Barrett, Laurence I., *Gambling with History*, Doubleday, Nueva York, 1983.

Beschloss, Michael R., ed., *Taking Charge: The Johnson White House Tapes, 1963-1964*, Simon and Schuster, Nueva York, 1997.

—, con Strobe Talbott, *At the Highest Levels*, Little, Brown, Boston, 1993.

Bissinger, H. G., *Friday Night Lights*, Addison-Wesley, Reading, Massachusetts, 1990.

Blumenthal, Sidney, y Thomas Byrne Edsall, eds., *The Reagan Legacy*, Knopf, Nueva York, 1988.

Brady, John, *Bad Boy*, Addison-Wesley, Reading, Massachusetts, 1997.

Brady, Sarah, con Merrill McLoughlin, *A Good Fight*, Public Affairs, Nueva York, 2002.

Briody, Dan, *The Iron Triangle*, John Wiley, and sons Hoboken, New Jersey, 2003.

Brock, David, *Blinded by the Right*, Crown Publishers, Nueva York, 2002.

Brownell, Herbert y John P. Burke, *Advising Ike*, University Press of Kansas, Lawrence, 1993.

Bruni, Frank, *Ambling into History*, HarperCollins, Nueva York, 2002.

Bush, Barbara, *Barbara Bush: A Memoir*, St. Martin's Paperbacks, Nueva York, 1995.

—, *Reflections*, Scribner, Nueva York, 2003.

Bush, George, *All the Best, George Bush*, Touchstone, Nueva York, 1999.

—, y Brent Scowcroft, *A World Transformed*, Vintage Books, Nueva York, 1998.

—, con Doug Wead, *Man of Integrity*, Harvest House Publishers, Eugene, Oregón, 1988.

—, con Victor Gold, *Looking Forward*, Doubleday, Nueva York, 1987.

Bush, George W., *A Charge to Keep*, William Morrow, Nueva York, 1999.

Campbell, Colin, y Bert A. Rockman, eds., *The Bush Presidency*, Chatham House Publishers, Chatham, New Jersey, 1991.

Cannon, Lou, *President Reagan: The Role of a Lifetime*, Simon and Schuster, Nueva York, 1991.

Carlson, Margaret, *Anyone Can Grow Up*, Simon and Schuster, Nueva York, 2003.

Carlson, Tucker, *Politicians, Partisans, and Parasites*, Warner Books, Nueva York, 2003.

Chester, Lewis, Godfrey Hodgson, y Bruce Page, *An American Melodrama*, Dell, Nueva York, 1969.

Choate, Pat, *Agents of Influence*, Knopf, Nueva York, 1990.

Clarke, Richard A., *Against All Enemies*, Free Press, Nueva York, 2004.

Coffin, Tristram, *Senator Fulbright*, Dutton, Nueva York, 1966.

Coffin, William Sloane, Jr., *Once to Every Man*, Atheneum, Nueva York, 1977.

Conason, Joe, y Gene Lyons, *The Hunting of the President*, Thomas Dunne Books, Nueva York, 2000.

Connally, John, con Mickey Herskowitz, *In History's Shadow*, Hyperion, Nueva York, 1993.

Cramer, Richard Ben, *What It Takes*, Vintage Books, Nueva York, 1993.

Crowley, Monica, *Nixon off the Record*, Random House, Nueva York, 1996.

Dash, Samuel, *Chief Counsel*, Random House, Nueva York, 1976.

Deaver, Michael, con Mickey Herskowitz, *Behind the Scenes*, William Morrow, Nueva York, 1987.

Dickenson, Mollie, *Thumbs Up*, William Morrow, Nueva York, 1987.

Dinges, John, y Saul Landau, *Assassination on Embassy Row*, Pantheon Books, Nueva York, 1980.

Drew, Elizabeth, *Citizen McCain*, Simon and Schuster, Nueva York, 2004.

—, *Election Journal*, William Morrow, Nueva York, 1989.

Dubose, Lou, Jan Reid, y Carl M. Cannon, *Boy Genius*, Public Affairs, Nueva York, 2003.

Duffy, Michael, y Dan Goodgame, *Marching in Place*, Simon and Schuster, Nueva York, 1992.

Ehrlichman, John, *Witness to Power*, Simon and Schuster, Nueva York, 1987.

Ferraro, Geraldine A., con Linda Bird Francke, *Ferraro, My Story*, Bantam Books, Nueva York, 1985.

Ferrell, Robert H., ed., *The Eisenhower Diaries*, Norton, Nueva York, 1981.

Fitzwater, Marlin, *Call the Briefing!*, Times Books, Nueva York, 1995.

Franken, Al., *Lies (and the Lying Liars Who Tell Them)*, Dutton, Nueva York, 2003.

Fried, Richard, *Men Against McCarthy*, Columbia University Press, Nueva York, 1976.

Frum, David, *The Right Man*, Random House, Nueva York, 2003.

Garrow, David J., *Liberty and Sexuality*, Macmillan, Nueva York, 1994.

Gerhart, Ann, *The Perfect Wife*, Simon and Schuster, Nueva York, 2004.

Germond, Jack W., y Jules Witcover, *Mad As Hell*, Warner Books, Nueva York, 1993.

—, *Wake Us When It's Over*, Macmillan, Nueva York, 1985.

Goldman, Peter, Thomas M. DeFrank, Mark Miller, Andrew Murr y Tom Mathews, con Patrick Rogers y Melanie Cooper, *Quest for the Presidency*, Texas A&M University Press, College Station, 1994.

Goldman, Peter, y Tony Fuller, *The Quest for the Presidency 1984*, Bantam Books, Nueva York, 1985.

Goldwater, Barry M., con Jack Casserly, *Goldwater*, Doubleday, Nueva York, 1988.

Gotlieb, Sondra, *Washington Rollercoaster*, Doubleday Canada, Toronto, 1990.

Green, Fitzhugh, *George Bush: An Intimate Portrait*, Hippocrene Books, Nueva York, 1989.

Greene, John Robert, *The Presidency of George Bush*, University Press of Kansas, Lawrence, 2000.

Greenfield, Jeff, *«Oh, Waiter! One Order of Crow!»*, G. P. Putnam's Sons, Nueva York, 2001.

Haig, Alexander M., Jr., *Caveat*, Macmillan, Nueva York, 1984.

—, con Charles McCarry, *Inner Circles*, Warner Books, Nueva York, 1992.

Halberstam, David, *The Fifties*, Villard Books, Nueva York, 1993.

Haldeman, H. R., *The Haldeman Diaries*, G. P. Putnam's Sons, Nueva York, 1994.

Hatch, Alden, *Ambassador Extraordinary Clare Boothe Luce*, Henry Holt, Nueva York, 1956.

Helms, Richard, con William Hood, *A Look over My Shoulder*, Random House, Nueva York, 2003.

Herskowitz, Mickey, *Duty, Honor, Country*, Rutledge Hill Press, Nashville, 2003.

Hertsgaard, Mark, *On Bended Knee*, Schocken Books, Nueva York, 1989.

Hess, Stephen, *America's Political Dynasties*, Doubleday, Garden City, Nueva York, 1966.

Higham, Charles, *Trading with the Enemy*, Delacorte Press, Nueva York, 1983.

Holden, Reuben A., *Profiles and Portraits of Yale University Presidents*, Bond Wheelwright Company, Freeport, Maine, 1968.

Hoopes, Townsend, *The Devil and John Foster Dulles*, Little, Brown, Boston, 1973.

Huber, Richard M., *The American Idea of Success*, Pushcart Press, Nueva York, 1971, 1987.

Hughes, Emmet John, *The Ordeal of Power: A Political Memoir of the Eisenhower Years*, Atheneum, Nueva York, 1963.

Hunter, Julius K., *Kingsbury Place: The First Two Hundred Years*, Mosby, San Luis, 1982.

Hyams, Joe, *Flight of the Avenger*, Harcourt Brace Jovanovich, Nueva York, 1981.

Hyde, William, *Encyclopedia of the History of St. Louis*, Southern History Company, Nueva York, 1899.

Isaacson, Walter, y Evan Thomas, *The Wise Men*, Touchstone, Nueva York, 1986.

Ivins, Molly, y Lou Dubose, *Bushwhacked*, Random House, Nueva York, 2003.

—, *Shrub*, Vintage Books, Nueva York, 2000.

James, Leonard F., *Phillips Academy, Andover, in World War Two*, Andover Press, Andover, Massachusetts, 1948.

Johnson, Haynes, *Sleepwalking Through History*, Norton, Nueva York, 1991.

—, y Bernard M. Gwertzman, *Fulbright, the Dissenter*, Doubleday, Garden City, Nueva York, 1968.

Judis, John B., *William F. Buckley, Jr.*, Simon and Schuster, Nueva York, 1988.

Kelley, Brooks Mather, *Yale: A History*, Yale University Press, New Haven, Connecticut, 1974.

Kilian, Pamela, *Barbara Bush*, St. Martin's Press, Nueva York, 1992.

King, Nicholas, *George Bush: A Biography*, Dodd, Mead, Nueva York, 1980.

Knaggs, John R., *Two-Party Texas*, Eakin Press, Austin, Texas, 1986.

Kouwenhoven, John A., *Partners in Banking*, Doubleday, Nueva York, 1968, 1983.

Krugman, Paul, *The Great Unraveling*, Norton, Nueva York, 2003.

Lakoff, Robin T., *Talking Power*, Basic Books, Nueva York, 1990.

Lawson, Dorie McCullough, *Posterity: Letters of Great Americans to Their Children*, Random House, Nueva York, 2004.

Lewis, Charles, y el Center for Public Integrity, *The Buying of the President 2000*, Avon Books, Nueva York, 2000.

Loftus, John, y Mark Aarons, *The Secret War Against the Jews*, St. Martin's Press, Nueva York, 1994.

MacPherson, Myra, *Long Time Passing*, Anchor Books, Nueva York, 1993.

Manchester, William, *The Glory and the Dream*, Bantam Books, Nueva York, 1975.

Mares, Bill, *Fishing with the Presidents*, Stack-pole Books, Mechanicsburg, Pensilvania, 1999.

Marquis, Albert Nelson, ed., *The Book of St. Louisans*, St. Louis Republic, San Luis, 1912.

Marton, Kati, *Hidden Power*, Pantheon, Nueva York, 2001.

Matalin, Mary, y James Carville, con Peter Knobler, *All's Fair*, Random House, Nueva York, 1994.

Mayer, Jane, y Doyle McManus, *Landslide*, Houghton Mifflin, Boston, 1988.

McCain, John, con Mark Salter, *Worth the Fighting For*, Random House, Nueva York, 2002.

McCarthy, Abigail, *Private Faces/Public Places*, Doubleday, Nueva York, 1972.

McCullough, David G., *John Adams*, Simon and Schuster, Nueva York, 2001.

—, *Truman*, Simon and Schuster, Nueva York, 1992.

McGrath, James, ed., *Heartbeat: George Bush in His Own Words*, Scribner, Nueva York, 2001.

McPherson, Harry, *A Political Education*, Little, Brown, Boston, 1972.

Milbank, Dana, *Smashmouth*, Basic Books, Nueva York, 2001.

Miller, Mark Crispin, *The Bush Dyslexicon*, Bantam Books, Nueva York, 2001.

Minutaglio, Bill, *First Son*, Times Books, Nueva York, 1999.

Moore, James, y Wayne Slater, *Bush's Brain*, John Wiley and Sons, Nueva York, 2003.

Morris, Edmund, *Dutch*, Modern Library, Nueva York, 1999.

Newhouse, John, *Imperial America*, Knopf, Nueva York, 2003.

Nixon, Richard, *In the Arena*, Simon and Schuster, Nueva York, 1990.

Noonan, Peggy, *What I Saw at the Revolution*, Random House, Nueva York, 1990.

—, *When Character Was King*, Viking, Nueva York, 2001.

Noor, Queen, *Leap of Faith*, Miramax Books, Nueva York, 2003.

O'Neill, Tip, con William Novak, *Man of the House*, Random House, Nueva York, 1987.

Paley, William S., *As It Happened*, Doubleday, Garden City, Nueva York, 1979.

Parmet, Herbert S., *George Bush: The Life of a Lone Star Yankee*, Scribner, Nueva York, 1997.

Payne, Darwin, *Initiative in Energy*, Simon and Schuster, Nueva York, 1979.

Persico, Joseph E., *The Imperial Rockefeller*, Simon and Schuster, Nueva York, 1982.

Phillips, Kevin, *American Dynasty*, Viking, Nueva York, 2004.

—, *Wealth and Democracy*, Broadway Books, Nueva York, 2002.

Piotrow, Phyllis Tilson, *World Population Crisis*, Praeger, Nueva York, 1973.

Podhoretz, John, *Hell of a Ride*, Simon and Schuster, Nueva York, 1993.

Pool, James, y Suzanne Pool, *Who Financed Hitler: The Secret Funding of Hitler's Rise to Power, 1919-1933*, Dial Press, Nueva York, 1978.

Powers, Thomas, *The Man Who Kept the Secrets*, Knopf, Nueva York, 1979.

Quayle, Dan, *Standing Firm*, HarperCollins, Nueva York, 1994.

Radcliffe, Donnie, *Simply Barbara Bush*, Warner Books, Nueva York, 1989.

Raines, Howell, *Fly Fishing Through the Midlife Crisis*, Anchor Books, Nueva York, 1994.

Ranelagh, John, *The Agency: The Rise and Decline of the CIA*, Touchstone, Nueva York, 1986.

Reagan, Nancy, con William Novak, *My Turn*, Random House, Nueva York, 1989.

Reagan, Ronald, *An American Life*, Simon and Schuster, Nueva York, 1990.

Reeves, Richard, *President Nixon: Alone in the White House*, Simon and Schuster, Nueva York, 2001.

Regan, Ronald T., *For the Record*, Harcourt Brace Jovanovich, Nueva York, 1988.

Robbins, Alexandra, *Secrets of the Tomb*, Little, Brown, Boston, 2002.

Roberts, Gary Boyd, comp., *Ancestors of American Presidents*, Carl Boyer 3rd, Santa Clarita, California, 1995.

—, *Notable Kin*, Carl Boyer 3rd, Santa Clarita, California, 1998.

Rollins, Ed, con Tom DeFrank, *Bare Knuckles and Back Rooms*, Broadway Books, Nueva York, 1996.

Roosevelt, Selwa, *Keeper of the Gate*, Simon and Schuster, Nueva York, 1990.

Scheer, Robert, *With Enough Shovels: Reagan, Bush, and Nuclear War*, Vintage Books, Nueva York, 1983.

Schieffer, Bob, y Gary Paul Gates, *The Acting President*, Dutton, Nueva York, 1989.

Schorr, Daniel, *Clearing the Air*, Houghton Mifflin, Boston, 1977.

—, *Staying Tuned*, Washington Square Press, Nueva York, 2001.

Schweizer, Peter, y Rochelle Schweizer, *The Bushes*, Doubleday, Nueva York, 2004.

Seidman, L. William, *Full Faith and Credit*, Times Books, Nueva York, 1993.

Sheehy, Gail, *Character*, William Morrow, Inc., Nueva York, 1988.

Shultz, George P., *Turmoil and Triumph*, Scribner, Nueva York, 1993.

Simon, Roger, *Divided We Stand*, Crown Publishers, Nueva York, 2001.

Simpson, Christopher, *The Splendid Blond Beast: Money, Law, and Genocide in the Twentieth Century*, Grove Press, Nueva York, 1993.

Smith, Sally Bedell, *In All His Glory*, Simon and Schuster, Nueva York, 1990.

Speakes, Larry, con Robert Pack, *Speaking Out*, Scribner, Nueva York, 1988.

Stevens, Stuart, *The Big Enchilada*, Free Press, Nueva York, 2001.

Suskind, Ron, *The Price of Loyalty*, Simon and Schuster, Nueva York, 2004.

Talbot, Allan R., *The Mayor's Game: Richard Lee of New Haven and the Politics of Change*, Praeger, Nueva York, 1970.

Thatcher, Margaret, *The Downing Street Years*, HarperCollins, Nueva York, 1993.

Thomas, Evan, *The Man to See*, Simon and Schuster, Nueva York, 1991.

Tifft, Susan E., y Alex S. Jones, *The Trust*, Little, Brown, Boston, 1999.

Tolchin, Susan J., *The Angry American*, Westview Press, Boulder, Colorado, 1999.

Toobin, Jeffrey, *Too Close to Call*, Random House, Nueva York, 2001.

*The Tower Commission Report*, Bantam Books y Times Books, Nueva York, 1987.

Trento, Susan B., *The Power House*, St. Martin's Press, Nueva York, 1992.

Turner, Henry Ashby, Jr., *German Big Business and the Rise of Hitler*, Oxford University Press, Nueva York, 1985.

Van Ravenswaay, Charles, *St. Louis: An Informal History of the City and Its People, 1764-1865*, editado por Candace O'Connor, Missouri Historical Society Press, San Luis, 1991.

Vincent, Fay, *The Last Commissioner*, Simon and Schuster, Nueva York, 2002.

Walsh, Lawrence E., *Firewall*, Norton, Nueva York, 1997.

Wead, Doug, *All the President's Children*, Atria Books, Nueva York, 2003.

Weicker, Lowell, y Barry Sussman, *Maverick*, Little, Brown, Boston, 1995.

Wells, Tom, *Wild Man: The Life and Times of Daniel Ellsberg*, Palgrave, Nueva York, 2001.

White, Theodore H., *The Making of the President, 1964*, Atheneum Publishers, Nueva York, 1965.

—, *The Making of the President, 1968*, Atheneum Publishers, Nueva York, 1969.

Wicker, Tom, *George Herbert Walker Bush*, Viking, Nueva York, 2004.

Wilder, Lilyan, *Talk Your Way to Success*, Eastside Publishing, Nueva York, 1986, 1991.

Wills, Garry, *Reagan's America: Innocents at Home*, Doubleday, Nueva York, 1986.

Wilson, Robert A., ed., *Character Above All*, Simon and Schuster, Nueva York, 1995.

Winks, Robin W., *Cloak and Gown*, Yale University Press, New Haven, Connecticut, 1987.

Wistrich, Robert, *Who's Who in Nazi Germany*, Macmillan, Nueva York, 1982.

Woods, Randall Bennett, *Fulbright*, Cambridge University Press, Nueva York, 1995.

Woodward, Bob, *Bush at War*, Simon and Schuster, Nueva York, 2002.

—, *The Commanders*, Scribner, Nueva York, 2001.

—, *Plan of Attack*, Simon and Schuster, Nueva York, 2004.

—, *Shadow*, Touchstone, Nueva York, 1999.

Woolley, Knight, *In Retrospect*, impresión particular, 1975.

Zion, Sidney, *The Autobiography of Roy Cohn*, Lyle Stuart, Secaucus, New Jersey, 1988.

# AGRADECIMIENTOS

El presidente había declarado el viernes 14 de septiembre de 2001 Día Nacional de Plegaria y Recuerdo. Él y la Primera Dama, junto con los ex presidentes Clinton, Bush, Carter y Ford y sus respectivas esposas, así como miembros del Congreso, el Senado, el Gabinete, el Tribunal Supremo y los jefes del Estado Mayor Conjunto, acudieron a la Catedral Nacional de Washington para honrar la memoria de las víctimas del 11 de septiembre y las familias que tanto habían perdido.

Las medidas de seguridad eran formidables y solo se permitía entrar a las personas que tenían un pase. Llegué a las 10.45 con uno de los pases de color verde que se distribuyeron entre los familiares de los niños y niñas que cantaban en el coro de la catedral. Mi maravilloso vecino Peter Gilchrist, que cantaba en el coro, me había dado uno de sus pases y me encontré sentada a poca distancia de los bancos que ocuparon los presidentes. A mi lado se hallaba la reverenda Patricia Johnson, cuyo hijo también cantaba en el coro. Al sentarnos, no nos conocíamos, pero al irnos ya éramos amigas. Patricia es alta, negra y elegante; yo soy lo contrario, pero no había ninguna barrera más fuerte que la necesidad de sentirnos humanas y esperanzadas de nuevo después de tres días de horror y trauma. No había republicanos ni demócratas en la catedral aquel día, solo norteamericanos afligidos que necesitaban consuelo.

Al cruzar el presidente el suelo de mármol del altar principal para subir hasta el atril, Patricia y yo nos cogimos instintivamente de la mano, como madres ansiosas que esperasen una actuación impecable de un hijo propenso a meter la pata. El presidente estuvo a la altura de las circunstancias y habló bien al ofrecer el pésame de la nación a las familias de las víctimas, pero sobresaltó a muchas de las tres mil personas que se encontraban presentes cuando empezó a mezclar el patriotismo con la religión y declaró que librar al mundo de la maldad era la «responsabilidad que el país tenía ante la historia». Al volver a su asiento, pasó por delante del reverendo Billy Graham y le dio unas palmaditas afectuosas en la espalda. Al sentarse, su padre, George Herbert Walker Bush, se inclinó para estrecharle la mano como diciéndole «Lo has hecho bien».

Traté de recordar las palabras del presidente sobre una «responsabilidad ante la historia» al preparar este libro sobre su familia y busqué la ayuda de muchas personas para cumplir esa responsabilidad. Estoy en deuda con todas ellas, en especial con los bibliotecarios, conservadores y archiveros que me ayudaron a recopilar información sobre los antepasados de la familia y me dieron acceso a material inédito que necesitaba para contar la historia de la familia: cartas, expedientes, documentos y diarios. Me siento extraordinariamente agradecida a la meticulosa labor de investigación de Ellen Walker, Ruth Quattlebaum, Tana Sherman, Timothy Sprattler y Lynda V. Diamondis: Phillips Academy, Andover, Massachusetts; Tom Conroy: Yale Public Affairs; William R. Massa Jr. y Diane Kaplan: Manuscripts and Archives, Sterling Memorial Library, Universidad de Yale; Angelyn Singer y Christine Baird: Alumni Records, Universidad de Yale; Jessica He, ayudante de investigación del profesor Douglas Rae, Yale School of Management; Fred Romanski, Barry L. Zerby y Pat Anderson: National Archives and Records de College Park, Maryland; Lisa Gezelter, archivera: National Archive en Pacific Region (Laguna Niguel); equipo de investigación: Sociedad Histórica de Ohio; Barbara Reed: FACT Line, Escuelas Públicas de Columbus, Ohio; Doug McCabe: Biblioteca de la Universidad de Ohio, Athens, Ohio; Donald A. Ritchie, historiador adjunto, y Betty K. Koed: Senado de Estados Unidos; Suzanne Callison Dicks: Sociedad Histórica del Capitolio de Estados Unidos; Instituto Estadounidense de Investigación Económica; Ruth Ann Rugg: Sixth Floor Museum, Dallas, Texas; Barbie Selby y Gary Treadway: Biblioteca de Derecho de la Universidad de Virginia, Charlottesville, Virginia; Anthony Sgro: escuela Woodberry Forest, Orange, Virginia; Kathryn Stallard y John G. Tower, archiveros: Universidad del Sudoeste; Gregory H. Stoner y Toni M. Carter: Sociedad Histórica de Virginia, Richmond, Virginia; Jason D. Stratman: Sociedad Histórica de Missouri; Towana D. Spivey, director: Fort Sill National Historical Landmark, Fort Sill, Oklahoma; Aulene Gibson: Sociedad Genealógica de Southwest Oklahoma; Richard Spiers, conserje: cementerio Hope, Kennebunkport, Maine; Barbara Barwise: Sociedad Histórica de Kennebunkport; Betty Austin, archivera: Fulbright Papers, Universidad de Arkansas, Fayetteville, Arkansas; Monica Blank y Amy Fitch, archiveras: Rockefeller Archive Center, Sleepy Hollow, Nueva York; Caroline Bradley: Biblioteca Pública de Westerly, Westerly, Rhode Island; Virginia Buchanan: Sociedad Histórica del Condado de Smith, Tyler, Texas; Richard M. Bulatoff: Archivos de Hoover, Universidad de Stanford; Steve Charter: Center for Archival Collections, Bowling Green State University; Deneen Carter: Tribunal Testamentario del condado de Franklin, Ohio; Mary M. Huth y Sarah DeSanctis: Biblioteca Rush Rhees, Universidad de Rochester, Nueva York; John G. Doll: Gilbert Y. Taverner Archives, escuela St. George, Newport, Rhode Island; Jules J. Duga: Sociedad Histórica Judía de Columbus, Ohio; Megan Hahn Fraser: Sociedad Histórica de Nueva York, Nueva York; el honorable George Mitchell e Ian Graham: Special Collections, Universidad de Bowdoin, Maine; Sarah Hartwell: Rauner Special Collections, Universidad de Dartmouth; Alexander Sanger, Esther

Katz y Cathy Moran Hajo: Margaret Sanger Papers Project, Universidad de Nueva York, Nueva York; Lianne Hartman: Biblioteca Histórica Bently, Universidad de Michigan, Ann Arbor, Michigan; Biblioteca Histórica Cory Hatch y Jared Jackson: Fundación Histórica de Arizona, Tempe, Arizona; John Neal Hoover, bibliotecario: Biblioteca Mercantil de San Luis; Noel C. Hollabeck: Biblioteca Pública de San Luis, Karen Mason, conservadora: Iowa Women's Archive, Universidad de Iowa; Kirsten Jensen, archivera: Sociedad Histórica de la Ciudad de Greenwich, Connecticut; Kristine Krueger: National Film Information Service, Center for Motion Picture Study, Beverly Hills, California; Bonnie Linck: Biblioteca Estatal de Connecticut; Barbara Lowden, secretaria general adjunta: Vital Statistics, Greenwich, Connecticut; Ryan Hendrickson: Howard Gotlieb Archival Research Center, Universidad de Boston, Massachusetts; Kristen J. Nyitray: colecciones especiales, Universidad Estatal de Nueva York en Stony Brook; Kathy Ogden: Greenwich Oral History Project, Connecticut; Michael V. Lynch, secretario general: estadísticas demográficas: New Haven, Connecticut; Mary K. Moore: Bohemian Grove Action Network, California; Ken Marder: Silas Bronson Library, Waterbury, Connecticut; Keith Stretcher, fiscal de la ciudad: Ciudad de Midland, Texas; Greg Platts: Alfalfa Club, Washington, D.C.; Marta Ross Dunetz, archivera: escuela St. Albans, Washington, D.C.

Muchos archiveros presidenciales colaboraron en la investigación y estoy agradecida a todos ellos: Lynn Smith: Biblioteca Presidencial Hoover; Raymond Teichman: Biblioteca Presidencial Franklin Delano Roosevelt; Dennis E. Bilger: Biblioteca Harry S. Truman; David J. Haight, Dwight Strandberg y Hazel Stitt: Biblioteca Dwight D. Eisenhower; personal: Biblioteca John F. Kennedy; Claudia Anderson, Mary K. Knill y Linda M. Seelke: Biblioteca Lyndon Baines Johnson; Dimitri K. Simes, presidente de The Nixon Center; Susan Naulty, archivera: Biblioteca y Casa Natal de Richard Nixon, Yorba Linda, California; Leigh Dale, Stacy Davis, Geir Gundersen, Kenneth G. Hafeli y Donna Lehman: Biblioteca Gerald R. Ford; Albert Nason: Biblioteca Jimmy Carter; Jennifer Sternaman, archivera: Biblioteca Ronald Reagan; Laura Spencer, Bonnie Burlbaw, Debbie Carter, R. Matthew Lee y Deborah Wheeler Stephanie Oriabur: Biblioeca Presidencial George Bush.

Mi agradecimiento a los bibliotecarios de periódicos y revistas que me ayudaron a encontrar lo que no estaba disponible *on-line*: Asociación de Prensa del Reino Unido; Joshua Balling, director ejecutivo, *The Inquirer and Mirror*, Nantucket, Massachusetts; Carolyn McClintock, *LA Weekly*; Cam Willis en *Magazine D*; Susan Butler, *Portland Press Herald*; Merle Thomason, Biblioteca Fairchild; Dick Weiss, *St Louis Post-Dispatch*; Jeanette Dean, *Los Angeles Times*; Marie Deitch, bibliotecaria, *Greenwich Time*; Kathy McKula, *Hartford Courant*; Dina Modianot-Fox, *Greenwich Magazine*; y Andrea Murphy, *American Heritage*.

Muchas personas me ayudaron durante los cuatro años que pasé trabajando en este libro. Aunque no puedo dar las gracias a la totalidad de las 937 personas con las que hablé, les estoy agradecida por su aportación. Mi agradecimiento a:

Rudy Abramson, Herbert y Lois Abrams, David Acheson, Cindy Adams, Peggy Adler, Philip Agee, Lola Aiken, Miriam Ain, Leyla Aker, Linda Aker, Edward Albee, Marcia Alcorn, Janice y Steve Allen, Margaret Alton y Tom Weisser, Kathleen Ambrose, Robert Sam Anson, Steve Arbeit, Dickie Arbiter, Elizabeth A. Archer, Thomas J. Ashley Jr., Rick Atkinson, Doug Bailey, Pat Bailey, Earl Balfour, Tom Bannon, Mike Barnicle, Richard Barrett, Susan Barron, Anita Bartholomew, Charles Bartlett, Ysaye Maria Barnwell, Roberta Baskin, Patrick Beach, Betty Beale, Barry Bearak, Paul Bedard, Sarah Witham Bednarz, Susan Bennett, Michelle Berman, Lynne Bernabei, Susan Biddle, Sonja Bjelland, Ann Biraben, Alex Mayes Birnbaum, Laura Blaustein, Nathan Blumberg, Sidney Blumenthal, John Bollinger, John Brady, Ralph Braibanti, Richard Breitman, David Brock, Charles Brown, Sally Brown (señora Thatcher III), Bruce Buchanan, Martha Buchanan, Carol Buckland, Cathy Burka, Joyce Burland, Iris Burnett, Elizabeth Burr, Kenneth David Burrows, Sharon Bush, Justin Butcher, Christopher Byron, Connie Collins Cain, Jean Calhoun, Courtney Callahan, Margaret Carlson, Peter Carlson, Robert Caro, Dam Carol, Don Carr, Demaris Carroll, David Challinord, Dolly Langdon Chapin, Isolde Chapin, Bill Chaput, Pat Choate, Michael Cieply, Mary Higgins Clark, Richard Claude, Eleanor Clift, Alexander Cockburn, Andrew Cockburn, Leslie Cockburn, William Sloane Coffin, David Cogan, Lou Colasuonno, Joe Conason, Sydney «Terry» Cone, David Corn, David Crossland, Page Crossland, Julie Currie, Rick Curry, S.J., Robert Dallek, Tom D'Amore, Sam Dash, John Davidson, John Claiborne Davis, Osborne Day, June DeHart, Sally Denton, Stephanie deSibour, Betsy Tripp DeVecchi, Robert DeVecchi, Mary Devlin, Alex Dickie Jr., Mollie Dickenson, Kathleen Dillon, Ymelda Dixon, Byron Dobell, Ariel Dockerty, Jack Doll, Pier Dominquez, Jim Donovan, Michael Dorman, Jenna Dorn, Bob Dotchin, Virginia Douglas, Conway «Doc» Downing, Molly y George Downing, Brian Doyle, Roberta Hornig Draper, Pam Droog, Joseph Duffey, Robert W. Duffy, Indiana Earl, Nadine Eckhardt, Robert J. Edgeworth, Maureen Egan, Sara Ehrman, Daniel y Marina Ein, Albert Eisele, Donna M. Eller, Rayna G. Eller, Dave Elliott, Kim Elliott, Daniel Ellsberg, Roy Elson, Allison Engel, Lionel Epstein, Sally Eskew, Michael Evans, señora de Lawrence J. Evaristo, Peter y Pamela Evans, Penny Farthing, Allen Ferguson, Geraldine Ferraro, Robert Fink, Howard Fineman, David Fink, Harry Finkenstaedt, Jim Finkenstaedt, Gerry Fitzgerald, Roland Flamini, Heather Foley, Thomas S. Foley, Bitsey Folger, Jane Fonda, Allan Fotheringham, Barney Frank, Toby Frankel, Roberta Fulbright Foote, Elizabeth Friedsam, Harriet M. Fulbright, Len Funk, Bob Gardner, Ann Geracimos, Ann Gerber, Robin Gerber, Elbridge Gerry, Doug Giebel, Kenneth Gilpin, Ruth Gilson, Todd Gitlin, Vivian Glick, Robert A. Glick, Lynn Goddess, Paul Goldberg, Bonnie Goldstein, Richard Gooding, Suzkie Gookin, John Goerman, Sarah Gorman, Phillip Grace, Jim Grady, Susan Granger, Ellsworth Grant, Carol Taylor Gray, Bobbie Greene, Wayne Greenhaw, Kevin Grogan, Lloyd Grove, Tammy Haddad, Margaret Hall, Ralph Hallow, Mary Hall-Ries, Kent Hance, Joyce Harris, Richard Hart, Charles Hartman, William Hathaway, Lester Hyman, Richard Helms, Lois Herbert, Seymour Hersh,

Stephen Hess, John Hicket, William Hildenbrand, Cragg Hines, Randy Hobler, Elizabeth W. Holden, Tony Holden, Pat Holt, Ellen Horan, Marne Hornblower, Sandy Horwitt, Jay Houston, Janet Howard, Joseph Howerton, Richard M. Huber, Cather Bell Hudson, Edith Hunter, Lester S. Hyman, Aubrey Irby, Michael Isikoff, Molly Ivins, Beverly Jackson, Matt Jacob, John C. Jansing, Marian Javits, Ken Jennings, J. Milburn «Kim» Jessup, Tom Johnson, Erica Jong, Carol Ross Joynt, Marvin Kalb, Geoffrey Kabaservice, Louis J. Kaposta, Steve Katz, Martin Kasindorf, Barbara Kellerman, Charles Kelly, David Hume Kennerly, Michael Kernan, Martha Kessler, Kathy Kiley, James J. Kilpatrick, Richard Kimball Jr., Jill Kirkpatrick, Susan King, Worth Kinlaw, Gerrit Kouwenhoven, Donna Kullberg, Mark Lackritz, Joseph Laitin, Judy Lang, Nelson D. Lankford, Carla Langjahr, Kitty Lansdale, Jim Latimer, Christopher Larsen, Dianne Laughlin, Jenny Lawrence, Jack Leachman, Jay Lefkowitz, Nicholas Lemann, Ann Lenore, Robert Lenzner, Terry Lenzner, Zach Leonard, Larry Lewin, Nancy Lewinsohn, Charles Lewis, Randy y Pat Lewis, R.W.B. Lewis, Stephanie Lilley, Jack Limpert, Aura Lippincott, Juliet Lloyd, Laura Liswood, John Loftus, Joseph Lopez, Claus Lutterbeck, Thomas Lynch, Suzanne Jones Maas, Torbert Macdonald, Ian MacLaughlin, Isabel Maddux, Stephen Maitland-Lewis, Emily Malino, Julia Malone, Charles Marshall, Sheryl Marshall, John Mashek, Kathleen Matthews, Jane Mayer, Bob McAllister, Jerry McCoy, Sandra McElwaine, Kyle McEnearney, Floretta Dukes McKenzie, Phyllis McKenzie, Lucie McKinney, Harry McPherson, William McPherson, Howard Means, Marianne Means, Elizabeth Mehren, Phillip Merrill, Albert S. Messina, Tammy Faye Bakker Messner, Zoe y Abner Mikva, Leslie Milk, William Millburn, John Mintz, George J. Mitchell, Roger Molander, John Monjo, Jonathan A. Moore, Anthony A. Morano, Jason Morano, Jefferson Morley, Barbara y David Morowitz, Celia Morris, Dick Morris, David Mortimer, Herb Moses, Mary Mueller, Bill Moyers, Diego Mulligan, John H. Napier, Robert Nash, Simon Nathan, Kevin Nealon, Ralph Neas, Judy Nelson, David Newscom, Jesse Nichols, Peggy Noonan, Alf Nucifora, Michael Nussbaum, Marylouise Oates, Frank «Junie» O'Brien, Ginny Oler, Deborah Orin, Betsy Osborne, Curtis Owne, Susan Page, William S. Paley Jr., Stephen Pauley, Jan Paulk, Pamela Peabody, Bill Penrose, Ann Peretz, Martin Peretz, Marjorie Perloff, Jost Pollek, Victoria Pope, Jennifer Porter, E. Barrett Prettyman, Raymond Price, Ann Pritchard, Ellen Proxmire, Fred Purdy, Donnie Radcliffe, Douglas Rae, George Ramonas, Dan Rapaport, Marcus Raskin, Ollie Rauh, Sonny Rawls, Ron Reagan Jr., Coates Redmon, Roy Reed, Deborah B. Reeve, Ken Reigner, Peter Ribicoff, Cindy Rich, Frank Rich, Cam Richey, Hamilton Richardson, Jane Rizer, Gary Boyd Roberts, Alexandra Robbins, Randall Roden, Dave Roe, Robert A. «Hawkeye» Rogers, Warren Rogers, Louisa Romano, Hanna Rosin, Marci Rosenberg, Rick Ross, Dan Rostenkowski, Larry J. Sabato, Blair Sabol, Mark Salter, Cindy Samuels, Alexander Sanger, Arnold Scaasi, James Scheuer, Marian Schlesinger, Judith Schiff, Ina Schnell, Daniel Schorr, Aniko Gaal Schott, Dorothy Scott, Bette Seabrook, Elliott Segal, Ruth Osterweis Selig, Carol Seron, Cody Shearer, Riki y Michael Sheehan, Gail Sheehy, Alicia Shepard, Mike Shropshire, Howard E. Shuman, Carol Siegal, Ellen y Gerry Sigal, Ira Silverman, Stephanie Slewka, Mark Smith, Mike Smith, Skip Smith, Terence Smith, Sarakay Smullens, Sydney Soderberg, Mark Soler, Paula Span, Daphne Srinivasan, Dobli y Sheila Srinivasan, Bill Stadiem, Susan Stamberg, Robert Stein, Charles Stephan, Andrew Stephen, Serena Stewart, Juanita Stickney, Karen Street, Elizabeth Streicher, Mickey Stuart, Beverly Sullivan, George Sullivan, Linda Sullivan, Ron Suskind, James W. Symington, Stuart Symington Jr., Franny Taft, Deborah Tannen, Sam Tannenhaus, Erik Tarloff, Steven Thayer, Gene Theroux, Phyllis Theroux, Elizabeth Thompson, Michael Thomas, Judy Timberman, Dolph Tillotson, Mary Tillotson, Martin Tolchin, Robert E. Thomason, Nina Totenberg, Jeffrey Toobin, Calvin Trillin, Yoshi Tsurumi, Frank Valeo, Neil Vigdor, Lindy von Eichel, Robert Van Leeuwen, Gore Vidal, Christopher Walker, George M. Walker, Ray Walker, Eric Wallach, George Walldrodt, Mary Wallace, French Wallop, Jeannette Walls, Janice Walsh, Ian Walters, Ellen Warren, George «Red Dog» Warren, Susan Watters, Claudia Weicker, Lowell Weicker, Erika Wenzke, Tim Westmoreland, Kenneth White, Bob White, Robert K. Whitt, Thomas Wik, Lilyan Wilder, Leon Wieseltier, Lee Williams, Majorie Williams, Miyuki Williams, Stanley Willis, Tom Wilner, Mark H. Wilson, Page Wilson, Betsy Winnaker, Ellie Winninghoff, Michael Sean Winters, Herman Wolf, Bobby Wood, Randall «Buck» Wood, Judy Woodruff, Diane Woolley, Anne Woolston, Susan Yerkes, Cathy Wolfman Young, Genevieve «Gene» Young, Peck Young, Bernie Yudain, Sid Yudain.

Huckleberry Finn acertó cuando dijo: «Si hubiera sabido lo difícil que era hacer un libro, no hubiera emprendido la tarea». Tampoco yo hubiera emprendido esta de no haber sido por la fuerza impulsora de John Bennet, periodista con treinta años de experiencia que ya se había jubilado cuando empecé a llamar a su puerta. Como estábamos en enero y hacía demasiado frío para jugar al golf, accedió a pasar el invierno en la Biblioteca del Congreso, donde reunió más de cinco mil artículos sobre los Bush. En Connecticut, Dianne Stamm hizo lo mismo y registró los archivos de la Biblioteca del Estado de Connecticut y del Thomas J. Dodd Research Center de la Universidad de Connecticut en busca de material sobre los antecedentes de la familia. En Greenwich tuve la suerte de conocer a Stephanie S. Gaj, que respondió generosamente a todas mis peticiones, y en Nueva York Marsha Berkowitz recuperó numerosos expedientes y documentos durante su concienzuda investigación, que abarcó desde los archivos de Brown Brothers Harriman hasta el Registro Social. En Boston, Margo Howard se convirtió en mi querida ayudante y localizó todo lo que pudo, que fue un verdadero filón de información. En Washington necesité ayuda para organizar las inmensas cantidades de material que encontré y tuve la suerte de recibirla de Sumner MacLeish y Rebecca Hunter. Durante todo el proyecto también me guió Patti Pancoe, que ha trabajado en todos los libros que he escrito. Al año de empezar el proyecto, Stephanie K. Eller se convirtió en mi ayudante fija y aplicó su erudición de doctora en filosofía a la investigación detallada que hacía falta. Trabajó sin descanso y sin prestar atención al reloj ni al calendario, empleando en ello largos días y noches y renunciando a las vacaciones hasta que el manuscrito quedó terminado. Su dedicacion ha sido ejemplar y le estoy sumamente agradecida.

Durante los últimos cuatro años Stephanie y yo hemos recibido ayuda del periodista californiano Richard Brenneman, que ha encontrado mucho material por medio de internet. Nos demostró que no hay mejor recurso que un periodista generoso y también encontramos un tesoro como Brenneman en el periodista de investigación David Robb, que nos mandó todo lo que tenía sobre los Bush, incluidas las cintas de entrevistas originales, que cito cuando las uso. Jefferson Morley, del *Washington Post*, fue igualmente generoso con sus cintas y blocs de notas, y los álbumes de recortes de Carol Taylor Gray, con sus cintas de color de rosa, fueron un vistoso complemento de sus expedientes.

Lo mejor de terminar un proyecto largo es dar las gracias públicamente a las personas que han sido cariñosas y sufridas. La lista es larga y mi corazón rebosa agradecimiento, especialmente a Margaret Engel, directora ejecutiva del The Freedom Forum y directora de la Alicia Patterson Foundation; a Colleen Ryan, cuya amistad marca el patrón oro; a Judy (Demetra) Green, apoyo constante a lo largo de más de treinta y cinco años; a Tom y Jean Gilpin, que hacen del condado de Clarke un paraíso; a mi maravilloso club del libro, escritores todos que comprenden: Linda Cashdan, Patricia O'Brien, Patricia Shakow, Susan Tolchin, Irene Wurtzel y Catherine Wyler; al consejo de administración del National Women's Health Resource Center, su presidenta, Julie Johnson, y su directora ejecutiva, Amy Niles, que toleraron mi ausencia de las reuniones; a la asociación de las Sisters of the Holy Names, que me enseñaron hace años y que, pese a mis lapsus, continúan enviando sus plegarias; a quienes mantuvieron la estabilidad de mi vida mientras estaba en el búnker: James Henderson, Maria DiMartini, Fabiola Molina, Marvin McIntyre, Bob Parr, Steve Weisman, Tracy Noble, Gretchen y Jeremy Zucker, Seymour Zucker, Felice Ross y Amanda y David Bowker.

Mi agradecimiento a The Washington Biography Group, dirigido por Marc Pachter, quien es siempre una inspiración; a mi hermana, Mary Cary Coughlan, que honra toda publicación con una fiesta literaria en Chicago; a Marc E. Miller de McLeod, Watkinson and Miller, que leyó el manuscrito con atención, como hicieron también Mervin Block y mi venerado agente, Wayne S. Kabak, codirector general, en la oficina de la William Morris Agency, Inc. en Nueva York.

Y ahora llega el momento de alabar a los magos que convierten un manuscrito en un libro. Estoy contentísima con el editor de Doubleday, Steve Rubin, cuyo entusiasmo solo se ve superado por su encanto. Su elección de Peter Gethers para que se encargara de preparar la edición de mi libro fue el mejor golpe de suerte de mi vida profesional. Disfruté de todos los minutos que pasé trabajando con este hombre maravilloso y por fin comprendí por qué F. Scott Fitzgerald idolatraba a Max Perkins.

Justo es decir que durante la preparación de este libro me he enamorado de todo el mundo en Doubleday: Kathy Trager, asesora general de Random House; Bill Thomas, editor jefe; Rebecca Holland, directora de publicación; Frieda Duggan, editora de producción; Ingrid Sterner, editor de derechos; Katherine Duffy, editor ejecutivo; John Fontana, director artístico; Lorraine Hyland, jefe de producción; Elizabeth Rendfleisch y Gretchen Achilles, diseñadores; Jeff Ward, ilustrador del árbol genealógico; Ada Yonenaka, editora de producción; Karen Broderick, búsqueda de ilustraciones; Claudia Herr, ayudante de Gethers y Suzanne Herz y David Drake, publicidad. A todos ellos mi gratitud.

Mi agradecimiento más profundo a mi esposo, Jonathan E. Zucker, el querido y glorioso médico a quien va dedicado este libro. Entró en mi vida hace doce años y continúa llenando mi corazón de gozo.

*8 de junio de 2004*

# CRÉDITOS FOTOGRÁFICOS

*Agradecemos a las siguientes instituciones el permiso para reproducir las ilustra-ciones:*

George Herbert Walker Bush © Biblioteca Presidencial George Bush

Lucretia Wear «Loulie» Walker © Biblioteca Presidencial George Bush

Samuel Prescott Bush © *Columbus Dispatch*

Pauline Pierce © Biblioteca Presidencial George Bush

Barbara Pierce con su padre y hermanos © Biblioteca Presidencial George Bush

Prescott y Dorothy Bush © Biblioteca Presidencial George Bush

James S. Bush y su novia © AP/Wide World Photos

Prescott Bush y familia en la boda de George H. W. y Barbara © Biblioteca Presidencial George Bush

Nancy Bush Ellis © Biblioteca Presidencial George Bush

Prescott Bush en Yale © Imágenes de Yale privadas, h. 1750-1976 (RU 684). Manuscripts & Archives, Biblioteca de la Universidad de Yale.

George H. W. Bush en Yale © Yale 1948 Class Book. Manuscripts & Archives, Biblioteca de la Universidad de Yale

Lista de los miembros de la Skull and Bones de la promoción de 1948 © Yale Picture Collection, h. 1831-1996 (RU 117). Manuscripts & Archives, Biblioteca de la Universidad de Yale

George H. W. Bush y Babe Ruth © George Bush Presidential Library

George W. Bush en Yale © Imágenes de Yale privadas, h. 1750-1976 (RU 684). Manuscripts & Archives, Biblioteca de la Universidad de Yale

Expediente académico de George W. Bush en Yale © *The New Yorker*

Prescott Bush y Dwight D. Eisenhower © Biblioteca Presidencial George Bush

Prescott Bush y Richard Nixon © Biblioteca Presidencial George Bush

Carta de Paternidad Planificada © De los Drew Pearson Papers en la Biblioteca Lyndon Baines Johnson

Prescott Bush, John F. Kennedy y los senadores de Nueva Inglaterra © Reproducida con permiso de la Biblioteca John Fitzgerald Kennedy

Lápidas de Prescott y Dorothy Bush © Cortesía del autor

George H. W. Bush y Dwight D. Eisenhower © Biblioteca Presidencial George Bush

George H. W. Bush y el presidente Richard Nixon © Biblioteca Presidencial George Bush

George H. W. Bush y Henry Kissinger © Biblioteca Presidencial George Bush

George H. W. Bush, embajador en Naciones Unidas © Biblioteca Presidencial George Bush

George H. W. Bush, presidente del Comité Nacional Republicano © Biblioteca Presidencial George Bush

George H. W. y Barbara Bush, China © Biblioteca Presidencial George Bush

George H. W. Bush, director de la CIA © Biblioteca Presidencial George Bush

El vicepresidente George H. W. Bush y señora con el presidente Ronald Reagan y señora © AP/Wide World Photos

El presidente George H. W. Bush y señora con el vicepresidente Dan Quayle y señora © Biblioteca Presidencial George Bush

George H. W. Bush con George y Robin de pequeños © Biblioteca Presidencial George Bush

George H. W. Bush y familia, 1959 © Biblioteca Presidencial George Bush

El vicepresidente George H. W. Bush y familia, 1981 © Biblioteca Presidencial George Bush

George H. W. Bush en su 75.º cumpleaños con su familia © Biblioteca Presidencial George Bush

George H. W. Bush con anteriores presidentes y primeras damas © AP/Wide World Photos

George H. W. Bush con Jennifer Fitzgerald © Biblioteca Presidencial George Bush

Jennifer Fitzgerald © Cortesía de la Biblioteca Gerald R. Ford

Barbara Bush y Nancy Reagan © Biblioteca Presidencial George Bush

El presidente George H. W. Bush y señora a bordo del Air Force Two © Biblioteca Presidencial George Bush

George H. W. Bush con George W. en la Guardia Nacional Aérea de Texas © AP/Wide World Photos

Póster de George W. Bush en la campaña para el Congreso © Biblioteca Presidencial George Bush

George W. Bush con el emblema de los Rangers de Texas © AP/Wide World Photos

Jeb Bush y George W. Bush, 1955 © Biblioteca Presidencial George Bush

El gobernador Jeb Bush y George W. Bush, 2000 © AP/Wide World Photos

Katherine Harris y el gobernador Jeb Bush © AP/Wide World Photos

El presidente y la señora Bush el día de la toma de posesión © WIN McNamee/Reuters

George W. Bush en la Universidad Bob Jones © AP/Wide World Photos

George W. Bush en la Zona Cero © AP/Wide World Photos

George H. W. Bush con uniforme de piloto © Biblioteca Presidencial George Bush

George W. Bush aterrizando en el *USS Abraham Lincoln* © AP/Wide World Photos

Las gemelas Bush, Barbara y Jenna, 2001 © Larry Downing/Reuters

Lauren Bush © AP/Wide World Photos

George P. Bush y su tío George W. Bush © AP/Wide World Photos

Noelle Bush © AP/Wide World Photos

# Índice alfabético

Aarons, Harold, 532

Abernathy, Ralph David, pastor, 329

*Abraham Lincoln*, portaaviones, 794

Abrams, Charles, 509, 511

Abrams, Elliott, 670

Abrams, Herbert E., pintor de retratos, 597-598

Abrams, Lois, esposa de Herbert, 597-598

*Accountability One*, avión de campaña de George W., 694

Acheson, Dean, secretario de Estado de Truman, 166, 215, 271

Acuerdos de Paz de París (1973), 317

Adams, Abigail, 765-766

Adams, Dennis, ex oficial de la Guardia Nacional, 727

Adams, Dotsie Wheeler, 260

Adams, John Quincy, presidente, 745, 767-768

Adams, John, presidente, 35, 745, 767

Adams, K. S. «Boots», director de la Phillips Petroleum, 235

Adams, Maude, actriz, 43

Adams, Sherman, jefe de Personal de Eisenhower, 231

Adger, Sidney, empresario, 381

Adler, Peggy, investigadora periodística, 66

Adler, Stella, profesora de arte dramático, 581

Administración de la Seguridad Social, 95

Administración de Obras Públicas, 95

Administración para la Electrificación Rural, 95, 290

Afganistán, invasión de, 788-789

Agassi, Andre, tenista, 599

Agee, Philip, ex agente de la CIA, 586

demanda contra Barbara Bush por libelo, 706

*Inside the Company: CIA Diary*, 706

Agencia Central de Inteligencia (CIA), 143-144, 428-429, 433-447, 449, 695

memorandos sobre el asesinato de JFK de la, 443

atentado contra Letelier, 444-445

misión de rescate de judíos etíopes, 559

y el caso del agente Philip Agee contra Barbara Bush, 706-707

directores de la CIA, *véase* Bush, George Herbert Walker; Colby, William; Dulles, Allen; Gates, Robert M.; Helms, Richard McGarrah; McCone, John; Turner, Stansfield

Agencia de Inteligencia de Defensa, 434

Agencia de Seguridad Nacional (NSA), 434, 694-695

Agencia Federal para el Desarrollo de la Pequeña Empresa, 370

Agencia Nacional de Imagen y Mapeado, 434

Agentes Secretos por Bush, agrupación, 470

Agnew, Spiro T. «Ted», vicepresidente con Nixon, 326, 327, 368, 409, 411

Aiken, George, senador, 213

Ailes, Roger, especialista en comunicación, 573-574, 657, 658

Air Force One, avión presidencial, 604, 653, 711, 783, 796

Air Force Two, avión del vicepresidente, 575-576

Aker, Leyla, 706

Akwai, Peter (Pétra Leilani Akwai), compañero de George W. Bush en Yale, 354

Al Qaeda, 445, 626, 788-789

Albee, Edward, 268

*Historia del zoo*, 267-268
Alcorn, Meade, 174
Aldrich, familia, 765
Alemania
    declaración de guerra a (1917), 47, 51
    moratoria en el pago de la deuda exter-
    na (1931), 81-82
    contra la guerra de Irak, 795
Alemania nazi, negocios con la, 99-100
Alexander, Lamar, gobernador de Tennes-
    see, 583
Alinsky, Saul, director de Industrial Areas
    Foundation, 244
Allbaugh, Joe, asesor de George W., 725,
    727, 754
Allday, Martin, patrocinador financiero de
    George H.W. Bush, 293
Allison, Jimmy, 386, 392
Aloha Petroleum, 697
Alquiler de Secretas, equipo de agentes re-
    tirados de la NSA y de la CIA, 694-695
Alsop, John, ex congresista, 165, 169
Alter, Jonathan, periodista, 786
Ambrose, Kathleen Lay, ayudante de Mon-
    dale, 476
American Express, 513
*American Heritage*, revista, 187
AmeriCares, 709
Amoco, empresa petrolera, 525
Anderson, John, representante, 443, 467
Anderson, Ned, jefe apache de San Carlos
    en Arizona, 50-51
Anderson, Terry, de Associated Press, 499
Andover, Phillips Academy de, colegio
    universitario de, 19, 21, 37, 105, 332-
    337, 710, 727
Angleton, James Jesus, espía de la CIA,
    438
Angola, participación cubana en, 444
Ansary, Hushang, 535
Aoki Corporation, 512-513
Apex Energy, empresa de Neil Bush, 531
Aquino, Corazón, presidenta de Filipinas,
    507
Arbeit, Steve, compañero de George W.
    Bush en Harvard, 398-399
Arbusto, empresa petrolera de George W.,
    255, 536-537
Archer Daniels Midland, 513
Archibald, C. Murphy, abogado, 393, 394
Archivos Nacionales: y la documentación
    de la Casa Blanca, 22
Armacost, Michael, embajador en Japón,
    641
Armstrong, Anne, 685

Armstrong, Bill, senador, 583
Arter and Hadden LLP, 718
Arthur Andersen, 513
Ashcroft, John
    gobernador de Missouri, 583
    fiscal general, 771-772
Ashley, Thomas William Ludlow «Lud»,
    amigo de GHW Bush y miembro de la
    Skull and Bones, 139, 144-145, 148,
    192, 194, 238, 276, 278, 291, 372, 417,
    529-530, 604, 703
Ashmun, John, amigo de GHWB, 450
Asociación Cristiana de Jóvenes (YMCA),
    43
Asociación Cristiana U niversitaria, 43
Asociación de Compañías Propietarias de
    Bancos, 529-530
Asociación de Gobernadores Republica-
    nos, 715
Asociación Estadounidense de Abogados,
    646
Asociación Estadounidense para las Na-
    ciones Unidas, 204
Asociación Médica Estadounidense, 204
Asociación Nacional de Abogados Negros,
    646
Asociación Nacional del Rifle, 634, 636,
    637, 692
Asociación Nacional para el Progreso de la
    Gente de Color (NAACP), 222, 244,
    646
    Fondo para Educación y Defensa Jurí-
    dica de la, 253, 650
Asset Management International Finan-
    cing and Settlement (AMIFS), 508-
    510, 511
Astor, familia, 191
Atlesey, Sam, periodista, 728
Atwater, Lee, asesor político y director de
    la campaña presidencial de GHWB,
    394, 549, 550, 566, 567-568, 570, 587,
    621, 657, 658, 683
    enfermedad y muerte de, 638
Atwater, Rally, 639
Auchincloss, Hugh D., 205
Auschwitz, campo de concentración de,
    557, 558
*Austin American-Statesman*, 278, 738
Austin, Roy Leslie, miembro de la Skull
    and Bones, 347
Autoridad Federal de la Vivienda, 233

Babangida, Ibrahim, presidente de Nige-
    ria, 522-523

Bahrein, perforaciones de la Harken en, 544

Bailey, Doug, asesor republicano, 370, 622

Bailey, John M., 241

Bailey/Deardourff and Associates, 622

Baker Botts, firma de abogados, 698

Baker III, James A., 310, 370, 417, 453, 463, 470-471, 477, 539, 583, 658, 698, 703
jefe de personal de la Casa Blanca, 476, 546, 553
secretario del Tesoro, 579
secretario de Estado, 535, 587, 596, 627, 644, 645, 666
en el recuento de Florida, 758-759

Baker, Howard, senador, 467

Bakker, Jim, evangelista, 547

Baldridge, M. Malcolm, presidente de la RTA, 146-147

Baldwin, Raymond, senador, 161

Balfour, Earl, botones en el Hartford Club, 87

Ball, George L., presidente de E. F. Hutton, 537

*Baltimore Sun, The*, 433, 462

Banco de Comercio de Texas, 453

Banco de Estados Unidos, quiebra del, 79

Banco de Exportación-Importación, *véase* Import-Export Bank

Banco de la Reserva Federal, 76

Bandar, príncipe, embajador de Arabia Saudí, 534, 625

Barksdale, Rhesa H., 656

Barnes, Ben, 381

Barnes, Kurt, compañero de George W. Bush en Yale, 346

Barnett, Bob, abogado, 545

Barnicle, Mike, periodista, 600

Barr, Pete, 386

Barrett, Richard D., 42, 377

Barry, Dave, humorista, 603

Barry, Marion, alcalde negro de Washington, 600

Bartlett, Charles, periodista, 368, 370, 583, 609

Baruch, Bernard, 51

Bass Family Enterprises, 718

Bass, hermanos de Houston, 534, 544

Bates, David «Batesy», 461

Bath, James R., amigo de la Guardia Nacional de Geroge W., 536

Beale, Betty, columnista de sociedad, 360

Bear, Nee, 393

Bearak, Barry, periodista, 466

Beatles, llegada a Estados Unidos de los, 340

Becker, Jean, asesora personal de George H. W. Bush, 20, 23

Beckwith, Bob, bombero retirado, 785

Bedard, Paul, 600

Beech, Constance Johnson, dueña del *Greenwich Time*, 240

Beecherl Investments, 718

Beilinson, Tory, portavoz de la NBC, 664

Bellinger, Alfred Raymond, miembro de la Skull and Bones, 44

Bellino, Carmine, 407-409

Bemiss, Fitzgerald «Gerry», amigo de GHW Bush, 143, 148, 155, 282, 298, 451-452, 512, 537, 565

Bemiss, Samuel Merrifield, amigo de Prescott Bush, 222, 282, 285, 287

Bentley, Richard, 67

Benton, William, senador, 161, 167, 180

Bentsen Jr., Lloyd M., senador, 367-368, 369, 371, 382, 583-584
secretario del Tesoro, 676

Bentsen III, Lloyd, 388

Berlín, caída del muro de (1989), 611-612

Bermiss, Samuel Merrifield, 133

Betts, Roland «Bowly», amigo de George W. Bush, 328, 344, 352, 385, 677

Biblioteca Presidencial de Dwight D. Eisenhower, archivos de la, 230

Biblioteca Presidencial de George Herbert Walker Bush, en College Station (Texas), 21, 22, 25, 323-324, 325, 614, 655, 695, 703, 705, 766, 769
inauguración, 711-712

Biblioteca Presidencial de Gerald R. Ford, 397, 436

Biblioteca Presidencial de Lyndon Baines Johnson, 253, 367

Biblioteca Pública LeRoy Collins, 387

Biedler, June, 111

Bierwith, presidente del consejo de National Distillers and Chemical Corporation, 325

Biglow Jr., Lucius Horatio, miembro de Skull and Bones, 144

Biltburg, cementerio militar alemán de, visita de Reagan a, 556-557

Bin Laden, Osama, 445, 787, 788-789, 794

Biraben, Ann, 62

Birge, Robert Richards, miembro de la Skull and Bones, 347

Birge, Robert, compañero de clase de George W. Bush, 341

Birkenau, campo de concentración de, 557, 558

Blair, Tony, primer ministro británico, 784, 785, 788

Blessitt, Arthur, evangelista, 688-690
Bloom, David, periodista de la NBC, 729
Blount, Winton «Red», constructor multi-
     millonario, 392-393
Bolger, Ray, actor, 254
Bond, Rich, ayudante de George H.W.
     Bush, 477, 553
Bosch, Orlando, terrorista anticastrista,
     518-519
Boston Globe, The, 501, 600
Bradford, Lindsay, 227
Bradlee, Benjamin C., 123
Brady Center para la Prevención de la Vio-
     lencia Armada, 487
Brady, James, secretario de prensa de la
     Casa Blanca, 487, 634
Brady, John: Bad Boy: The Life and Politics
     of Lee Atwater, 639
Brady, Nicholas, presidente del Wall
     Street's Dillon, 427-428, 583
     secretario del Tesoro con George H. W.
     Bush, 608, 639, 644, 703
Brando, Marlon, actor, 189
Branscum, Larry, oficial de inteligencia del
     ejército, 552
Brazile, Donna, coordinadora de la campa-
     ña de Dukakis, 586
Breeden, Richard, presidente de la SEC,
     698
Breen, Jon L., moderador del debate entre
     Reagan y Bush, 467
Brennan, Bill, 220
Brentar, Jerome A., 560
Brewster Jr., Kingman, presidente de Yale,
     311, 313, 314, 331-332, 342, 379, 404
     embajador en Gran Bretaña, 450-451
Brewster, Ralph O., senador, 166
Breyer, Stephen, juez del Tribunal Supre-
     mo, 760
Bricken, Reese R., teniente coronel, 395
Bridgeport Herald, 227
Bridgeport Post, The, 218
Bridgeport Telegram, The, 174
Bridges, Calvin, policía que detuvo a Geor-
     ge W. Bush, 734
Brinckley, David, 498
Briscoe, Frank, candidato a congresista,
     304-305
Broder, David S., columnista de The Was-
     hington Post, 593
Brotherhood of Death, 45
     véase también Skull and Bones
Broward Federal Savings and Loan, 519
Brown Brothers and Company, banco, 78
Brown Brothers Harriman and Company,

79-83, 98, 143, 149, 169, 325, 378
     negocios con la Alemania nazi, 99-102
Brown, Adele Quartley, esposa de Lovett, 79
Brown, Christopher Walworth, miembro
     de la Skull and Bones, 347
Brown, Francis Gordon, ex alumno de
     Yale, 140
Brown, James, 79
Brown, Thatcher, 79
Brownell, Elizabeth Hyde, 168
Brownell, Herbert, 171, 245
Bruce, David, 64
     embajador en Taipei, 426, 427
Bryce, Gerrold, 227
Buchanan, John, congresista, 362
Buchanan, Pat, candidato a las primarias
     republicanas, 643, 666
Buck, Pearl S., novelista, segunda mujer
     de Richard J. Walsh, 66
Buckley Jr., William F., escritor y miembro
     de la Skull and Bones, 147, 218, 281
Buckley, James, futuro senador, 157
Bundy, familia, 45
Burch Jr., J. Thomas, dirigente de vetera-
     nos del Vietnam, 748
Burch, Dean, consejero de Nixon, 412,
     419
Burke, Edmund, 321
Burkett, Bill, coronel retirado de la Guar-
     dia Nacional, 392, 727
Burland, Joyce Clifford, 377, 378
Bush, Ashley, hija menor de Neil y Sharon,
     27
Bush, Barbara, hija de George W.y Laura,
     41, 355, 541, 721, 732, 779
     historial de delitos menores, 780
Bush, Barbara, mujer de George H. W.
     Bush, 20, 26, 110-111, 134, 142, 154
     y su suegra Dorothy, 90, 152, 272
     conoce a George, 110-112
     castigada físicamente por su madre,
     112
     boda con George, 135
     nacimiento de George Walker, 142
     sentimiento de terror hacia su suegro,
     152
     muerte de su madre, 154-155
     y la enfermedad de su hija Robin, 185-
     186, 188, 191-192
     y la muerte de Robin, 193-195, 196,
     201, 710
     trabajo en la librería Yale Coop, 260
     estudios de, 261
     relación con su marido George, 272-
     274, 422-424

y George como congresista, 309
y la guerra de Vietnam, 319
relación con su hijo mayor George W., 335, 338-339, 714
como madre, 357, 358
y la derrota de su marido para el Senado, 369-370
asistencia a actos sociales y políticos, 401
y el nombramiento de George para el Comité Nacional Republicano, 401, 403-404
y el nombramiento de George como jefe diplomático en China, 419, 420
sufrimiento de una profunda depresión, 447-448
y la boda de su hijo Jeb con una mexicana, 452
como esposa del vicepresidente, 476, 483, 532
y las aventuras extramatrimoniales de George, 480
odio hacia Nancy Reagan, 481, 589-590, 634
estallidos de furia, 482-483, 484, 556, 603
contra Geraldine Ferraro, 493
y Jennifer Fitzgerald, 551, 553, 605
visita a Jerusalén como segunda dama, 555-556
enfado con su hijo George W., 565
en la campaña presidencial de George, 570, 579
como primera dama, 589-593, 598-600, 776
concesión del First Dropout del Smith College, 592
imagen como primera dama, 593, 594-595
campaña de alfabetización, 359, 595
relación con su perra Millie, 595-598
Millie's Book, 595-596, 776
conferencia en el Wellesley College, 600-601, 776
sobre Bill Clinton, 656, 705, 713, 756
contra la prensa, 662-663
ayuda a su hijo George en la campaña al Congreso, 685-686
sobre Hillary Clinton, 705
Barbara Bush: A Memoir, 706
demandada por libelo, 706
actividades benéficas como ex primera dama, 709-710
y la candidatura presidencial de su hijo George W., 714, 717, 734, 758

Reflections, 734
y la guerra de Irak, 793
Bush, Caroline «Teensie», hija mayor de James Smith Bush, 511-512
Bush, Columba Garnica Gallo, esposa mexicana de Jeb Bush, 425, 452, 514, 523, 581, 700
detenida en la aduana, 742
en la campaña presidencial de George W., 752
Bush, Dorothy (Dotty) Walker, hija de George Herbert Walker, esposa de Prescott Sheldon Bush, 38, 61, 62, 111, 194, 248-249, 273, 422-423, 485, 491, 537, 660, 766, 769
campeona de tenis, 63-64
conoce a Prescott Sheldon Bush, 64
matrimonio con Prescott S. Bush, 66-68, 69
ayudada por su padre, 72-73
compra de una casa victoriana en Grove Lane, 80
religiosidad de, 80
defensa de su marido ante sus hijos, 86, 88
obsesión con los deportes para sus hijos, 88-89
odio hacia la vanidad, 93
en la Segunda Guerra Mundial, 121
y la candidatura al Senado de Prescott, 168, 169
en Washington, 205-206
escritora de columnas periodísticas, 206-207, 209, 212-213, 255, 270
sepultura de, 199-200
apoyo a Nixon, 277
y la enfermedad y muerte de su marido Prescott, 379-380
en la boda de su nieto George W., 454
y el escándalo Irán-Contra, 562-563
Bush, Dorothy «Doro» Walker, sexta hija de George y Barbara, 194, 263, 308, 358-360, 369, 425, 571, 680, 734, 759, 781
matrimonio con William LeBlond, 617-618
divorcio de William, 618
matrimonio con Robert Koch, 621
Bush, Flora Sheldon, primera esposa de Samuel Prescott, 29-35, 51-52, 54
muerte de, 68
Bush, George Herbert Walker (Poppy), 17, 19, 80, 223
nacimiento (1924), 72
pegado por su padre, 85, 93, 104, 112

y el carácter competitivo de su madre, 89-90, 152, 236
carácter ganador, 91-92, 236, 291, 361, 363, 641
en el colegio universitario de Andover, 105-106, 334
conoce a Barbara, 110-113
alistamiento como piloto de caza de la Marina, 113, 117-118
en la Escuela de Preparatoria de Vuelos de la Aviación Naval, 118, 123
compromiso con Barbara, 123-124
en la Segunda Guerra Mundial, 125-132, 144-145, 569, 572-573, 708-709
boda con Barbara, 135
en la Universidad de Yale, 40, 137-141, 142, 147
negado para la música, 138-139
aficiones deportivas, 138, 139-140
Premio Francis Gordon Brown, en Yale, 139-140
en la Skull and Bones, 141, 143-144, 146-147
en la asociación Delta Kappa Epsilon (DKE), 141-142
situación económica, 148-149, 260-261, 272, 310
*Looking Forward*, autobiografía, 150, 151, 293, 305-306
búsqueda de un empleo, 150-151
y sus suegros, 152-153
traslado a Odessa, en Texas, 153-154
y la muerte de su suegra, 155
y la enfermedad de su hija Robin, 185, 187-188, 192
muerte de su hija Robin, 193-194, 558, 569
aventura extraconyugal con su secretaria Jennifer Fitzgerald, 196, 419, 477-478, 479-480, 659
y la muerte de su tío James, 197, 460
como director de la CIA, 199, 428-429, 433-447, 449, 469, 518, 585-586
como empresario del petróleo, 190-191, 233-235, 257-260
presidente del Partido Republicano del condado de Harris, 276-277, 291, 303
como candidato a senador, 278-279, 282, 290-299, 363, 364-369
Rosemarie, amante italiana (1964) de, 281-282
y el asesinato de Kennedy, 286-287
candidatura al Congreso (1966), 303-305
como congresista, 246, 308, 361

y la guerra de Vietnam, 310-311, 316-317, 318-319, 366, 381, 425
y la Ley Federal del Derecho a la Vivienda, 320-322
como posible vicepresidente de Nixon, 324-327
en la junta de accionistas de Andover, 19, 332, 428
asistencia a actos sociales, 360, 375, 606-607
y la planificación familiar, 362-363
y el presidente Nixon, 366, 371
como embajador en la ONU, 371-376, 401-402, 437, 469
presidente del Comité Nacional Republicano, 402-403, 405, 417, 437, 469-470
apoyo a Nixon en el caso Watergate, 405-413, 426-427
como posible vicepresidente de Ford, 415-417
como jefe de la misión diplomática en Pekín, 418-429, 470
y su hijo George W., 426
campaña de las primarias presidenciales, 461-471
vicepresidente de Reagan, 51, 187, 476, 491
y el atentado contra Reagan, 487-488
campaña para la reelección como vicepresidente, 492-496
y el escándalo Irán-Contra, 22, 500-502, 562-563, 573, 575, 667-668, 671
y los precios del petróleo, 542-543
campaña presidencial, 548-581
y el Holocausto, 555, 557-558, 559-560
visita a Polonia, 557-558
*Man of Integrity*, 572-573
elección de Dan Quayle como candidato a vicepresidente, 582-584
victoria electoral como presidente, 587
relación con su esposa como presidente, 601-602
y los disturbios de la plaza de Tiananmen, 610
y la caída del muro de Berlín (1989), 611-612
índices de popularidad, 612, 630-631, 633, 667, 788
y la disolución de la Unión Soviética, 612-613
Operación Causa Justa de la invasión de Panamá, 613-614
y la amenaza de Irak, 625-629

guerra contra Irak, 23, 629-631
y el proyecto de ley Brady, 634-637
y la Asociación Nacional del Rifle, 637-638
y la muerte de Lee Atwater, 639-640
y la crisis económica nacional, 640
problemas de salud, 640-643
y el nombramiento de Clarence Thomas para el Tribunal Supremo, 645-649
doctor honoris causa de la Universidad de Hampton, 649-650
y los disturbios raciales de Los Angeles, 652-654
campaña para la reelección, 654-656, 658-659
sobre Bill Clinton, 656-657, 667-668, 756
derrota electoral ante Clinton, 669, 670
muerte de su madre Dotty, 670
envío de tropas a Somalia, 673
en la campaña para gobernador de George W., 693
sobre las elecciones a gobernador (1994) de Florida y Texas, 699
situación económica como ex presidente, 701-703, 705, 708
relación con el presidente Clinton, 704-705
actividades como ex presidente, 707-709
declaraciones de renta (1973-1991), 710-711
inauguración de su Biblioteca Presidencial, 711-712
escepticismo ante la candidatura de George W., para presidente, 719-720
en la campaña presidencial de su hijo George, 745, 754
molesto por el término «dinastía», 763, 769, 770
importancia de la familia, 768-769
defensa de su hijo por la guerra de Irak, 792-793
*All the Best George Bush: My Life in Letters and Other Writings*, 20-21, 706
*A World Transformed*, 23, 706
Bush, George Prescott, hijo de Columba y Jeb Bush, 452, 700, 742, 758, 769
Bush, George Walker, 17, 20, 56, 213, 257
nacimiento de, 142
y la enfermedad y muerte de su hermana Robin, 191, 200-202
estudios en Andover, 332, 333-341, 747
consumo de drogas, 26, 348-349, 350,

391-392, 393, 690, 694, 728-729
en la Universidad de Yale, 40, 299-301, 307, 315-316, 328, 331-332, 341-352, 355, 719, 755
y su mujer Laura, 273
y la candidatura al Senado de su padre, 294, 296, 297, 299
en la Guardia Nacional Aérea de Texas, 319-320, 381-385, 390, 395, 398, 400, 727
discriminación positiva para, 320
negado para los deportes, 338-339
problemas con el alcohol, 340, 343, 348, 350-351, 393, 396, 447, 565, 682, 690, 725, 733-734 presidente de la DKE, 343, 346
Cathryn Wolfman, novia de Houston, 344-345
miembro de la Skull and Bones, 346-347
doctor honoris causa por Yale, 352, 355
y la guerra de Irak, 353, 704
y la guerra de Vietnam, 319, 382
como subteniente de aviación, 387-388
búsqueda de empleo, 389-390, 392
servicio en el Proyecto PULL, 397-398, 730
en la Harvard Business School, 398-400, 425
candidatura al Congreso, 453-455, 685-687
boda con Laura, 454
fracaso de la inversión en Arbusto, 255, 536-537
nacimiento de las mellizas Jenna y Barbara, 541
director general de la Spectrum 7, 542-543
en la campaña presidencial de su padre, 550-551, 565-571
negocios como hijo del presidente, 615-616
invasión de Irak, 626
en la campaña para la reelección de su padre, 655-656, 699
candidatura a gobernador de Texas, 676, 682-684, 691-693, 698-699
construcción del campo de béisbol en Arlington, 677-679
sentimiento religioso, 688-690
autobiografía *A Charge to Keep*, 690
animadversión contra los judíos, 690-691

compra de acciones de Harken Energy, 696-698
victoria en las elecciones de gobernador de Texas, 699
como gobernador de Texas, 22, 300, 712, 730-731, 733-734, 736, 745
reelección como gobernador (1998), 715
candidatura a la presidencia, 715, 717-721, 739-740
principales contribuyentes a su campaña presidencial, 718, 740
ciento cincuenta y dos ejecuciones bajo su mando como gobernador, 736-737
negativa a conmutar la sentencia contra Karla Faye Tucker, 737-738
línea dura contra la homosexualidad, 743-744, 747
en la campaña presidencial, 745-755
menosprecio por Clinton, 748, 751, 756
contra el aborto, 753-754, 771-772
y el recuento de Florida, 758-760
declaración del Colegio Electoral como vencedor, 761
declarado como «el hombre más estúpido que se haya sentado en el Despacho Oval», 768
oposición a la investigación sobre las células madre, 772-773
asignación de fondos federales a grupos religiosos cristianos, 773
considerado por los historiadores como uno de los peores presidentes, 774
relaciones con la prensa, 773-775
y la guerra de Irak, 775
arrogante con Vladimir Putin, 777
índices de popularidad, 782, 788
y los atentados del 11 de septiembre de 2001, 782-784
visita a la Zona Cero, 785-786
resolución del Senado para autorizar el uso de la fuerza, 787-788
invasión de Afganistán, 788-789
y la posesión por Irak de armas de destrucción masiva, 790-791, 794
deseo de asesinar a Saddam Husein, 791
anuncio en el portaaviones *Abraham Lincoln* del fin de las principales operaciones de combate en Irak, 794
sobre la falta de apoyo de otros jefes de Estado, 795-796

Bush, Harriet Fay, madre de Samuel Prescott, 29-32, 41
Bush, Henrietta Lowe, hija de James Smith Bush, 198
Bush, James (Jim) Smith, hijo de Samuel Prescott y Flora Sheldon, 24, 29, 36, 60, 67, 68, 447
estudios en St. George's, 37
en la Universidad de Yale, 40
divorcios de, 66, 195, 197, 378
problemas con el alcohol, 87, 459
en la Segunda Guerra Mundial, 120-121, 198
desfalco producido por, 197-198
huida a Filipinas, 459
muerte y entierro (1978), 197, 199, 457, 458, 460
muerte de su hija Henrietta, 198
Bush, James Smith, reverendo, abuelo paterno de Prescott Bush, 39
Bush, Jenna, hija de George W. y Laura, 541, 721, 732, 779
solicita la conmutación de sentencia a Tucker, 737-738
condenada por el consumo de alcohol, 779-780
Bush, John Ellis «Jeb» o «Jebby», hijo de GHWB y Barbara, 210, 213, 307, 369, 675, 676, 712 nacimiento, 183
problemas con el alcohol, 19, 332
relaciones extramatrimoniales, 26, 694
y la guerra de Vietnam, 319
consumo de drogas, 390
boda con Columba, 425, 452-453, 681
y el escándalo Irán-Contra, 500-501
éxitos económico y político, 514, 522
influencias a favor de estafadores cubanos anticastristas, 516-519
como presidente del Partido Republicano en el condado de Dade, 520, 682
como secretario de Comercio de Florida, 520-521, 682
en la campaña presidencial de su padre, 550, 581
negocios como hijo del presidente, 616-617
candidatura a gobernador de Florida, 679, 682, 694
relación con George W., 679, 681
derrota electoral en Florida, 699
relación con su hermano George W., 700, 714
victoria electoral (1998), 715
como gobernador de Florida, 742
en la campaña presidencial de George

W., 745, 757
y los delitos de su hija Noelle, 780-781
Bush, Jonathan James, hermano de George H. W., 40, 60, 79, 84, 90, 93, 112, 139, 157-158, 176, 187, 213, 253-254, 306, 313, 378, 440-441, 536
miedo hacia su padre, 86, 105
infracciones de leyes estatales sobre empresas, 505
Bush, Laura Welch, esposa de George Walker Bush, 273, 703, 790
conoce a George W., 454
boda con George W., 454
estudios en la universidad, 454-455, 496
embarazo y nacimiento de las mellizas, 540-541
y la candidatura de George a gobernador de Texas, 683
en la campaña presidencial de George W., 724
consumo de marihuana, 724
como primera dama, 725-727, 776-778
accidente de tráfico con muerte del otro conductor, 732
en la campaña presidencial de su marido, 746, 758
Bush, Lauren, hija de Neil y Sharon, 26
Bush, Margaret Livingston, hija de Samuel Prescott y Flora Sheldon, 29, 36, 65
Bush, Margaret Molster, esposa de Marvin Bush, 564, 565
Bush, Maria Andrews, segunda esposa de Neil Bush, 681
Bush, Martha Carter, segunda esposa de Samuel Prescott, 98
Bush, Marvin, quinto hijo de George y Barbara, 194, 308, 369, 396, 425, 523, 680, 692, 702, 703
estudios en Andover, 332-333
consumo de drogas, 19, 26, 333, 391, 730
en el Proyecto PULL, 397-398
financiero de operaciones arriesgadas, 506
enfermedad intestinal, 564
en la campaña presidencial de su hermano George W., 746-747
Bush, Mary Eleanor, hija de Samuel Prescott y Flora Sheldon, 29, 36, 65-66
Bush, Neil, cuarto hijo de George y Barbara, 308, 358, 369, 425, 523, 698, 702, 703
nacimiento, 194
estudios en St. Albans, 524, 525

en la Universidad de Tulane, 524, 525
boda con Sharon Lee Smith, 525
divorcio de Sharon, 26, 27-28
y la cena con Scott Hinckley, 488-490
trabajo en la empresa Amoco, 525
presidente de la JNB Exploration, 526-527
acusaciones de conflicto de intereses contra, 528-531, 615
huida de Colorado, 532-533, 680
director de finanzas de TransMedia, 533
negocios en Oriente Próximo, 535-536
en la campaña presidencial de su padre, 571-572
Bush, Noelle Lucilla, hija de Jeb y Columba Bush, 452
consumo de drogas, 700, 743, 781
detenida por robar en una tienda, 742-743
detenida por falsificar recetas de medicamentos, 780-781
Bush, Pauline Robinson «Robin», hija de George y Barbara, 155, 183
enferma de leucemia, 185, 187-188-189, 191-193
muerte de, 193-194
Bush, Prescott Sheldon, padre de George Herbert Walker Bush, 17, 21, 29, 30, 36, 137, 298
estudios en St. George's (1908-1913), 36-38
en la Universidad de Yale, 38-39, 40, 41-42, 66, 342
trabajo para la Simmons Hardware Company, 38
y Dorothy Walker, 38, 64
distinción universitaria de Yale Chubb Fellow (1958), 39
y la fraternidad Skull and Bones, 39, 44, 143
miembro de la Yale Corporation, 39, 137-138, 181, 331
afición por los deportes, 41, 44
afición por la música, 42, 138-139, 377
en el Silver Dollar Quartet, 42-43, 164, 377
en el grupo coral Kensington Four, 42, 377
enrolado en la Guardia Nacional, 47
y la tumba de Jerónimo, 49-50
en la Primera Guerra Mundial, 52-54
miembro del Club de Campo de San Luis, 64, 65

matrimonio con Dorothy Walker, 66-
68, 69
problemas económicos, 73
en la W. A. Harriman and Company,
73-74, 77, 78
socio de la Brown Brothers Harriman
and Company, 79-83, 98, 100, 209,
210
castigos físicos a sus hijos, 85-86
problemas con el alcohol, 86-87, 270
y la Union Banking Corporation, 100-
103
en la United Service Organizations,
110
y su hijo George Herbert Walker, 118,
128-129, 280, 308, 325, 361, 377, 700
y la discriminación social, 122, 129
y la muerte de Franklin D. Roosevelt,
133
consejero de varias empresas, 149, 225
ayuda económica y social a sus hijos,
149-150
participación política en Greenwich,
158-160
presidente de la comisión de finanzas
estatal del Partido Republicano, 160
candidaturas para el Senado, 162-169,
172-174
como tesorero de la Liga del Control
de la Natalidad, 167-169
entrevista con Eisenhower en Francia,
170-172
y el senador Joe McCarthy, 179-180,
218-220, 242
como senador, 180-181, 203-223, 225-
270, 330
contra el divorcio, 195
relación con su hermano Jim, 199
apoyo a Richard Nixon en el caso del
fondo secreto, 226, 229
«fondo de reptiles» de, 227-229, 240,
246
relación con Eisenhower, 214, 229-
230, 235, 256, 268-269
y los daños de huracanes en Connecticut, 231-233
apoyo a Nixon en la campaña de 1960,
264-265
renuncia de la reelección, 270-271
doctor honoris causa por la Universidad de Yale (1962), 271
sobre Nelson Rockefeller, 279-280
presidente de la United Negro College
Fund de Connecticut, 306
enfermo de cáncer de pulmón, 377

testamento de, 378
muerte y entierro de, 197, 199, 379-
380
Bush, Robert Sheldon, hijo de Samuel
Prescott y Flora Sheldon, 35
Bush, Samuel Prescott, 29-30, 32, 34-35,
98
ingeniero en el Stevens Institute of
Technology, 43
en el consejo de Industrias Armamentísticas, 51
y la muerte de Flora, 68-69
muerte de, 161-162
Bush, Sharon Lee Smith, primera esposa
de Neil Bush, 598, 681, 730, 742, 781
boda con Neil Bush, 525
como ex mujer de Neil Bush, 25-27,
349, 702
sobre su suegra Barbara Bush, 484-
485, 672
Bush, William Henry Trotter «Bucky»,
hermano pequeño de George H. W.
Bush, 40, 80, 139, 158, 176, 200, 258-
259
banquero en San Luis, 506
Bush, William P., hijo de William H. T.
Bush, 41
Bush Ellis, Nancy, hija de Prescott y Dorothy, hermana de GHWB, 72, 80, 86,
88, 124, 139, 195, 251-252, 370, 398,
512, 547, 570, 699
boda de, 157
aventura extraconyugal con Arthur
Schlesinger Jr., 196, 252
como activista política, 253
Bush Exploration Company, compañía de
George W., 538, 542
Bush hijo, Precott Sheldon (Pressy o P2),
hermano mayor de George H.W., 40,
72, 80, 84, 92, 107, 120, 139, 149-150,
174, 176, 221, 378
enfrentamientos con su padre, 86, 104
consejero político y confidente de su
padre, 247
como presidente del Club de Campo
de Greenwich, 248
candidatura al Senado, 250-251
trabajo en la G. H. Walker and Company, 255
en la Prescott Bush and Company, 507
negocios en el extranjero, 508-510,
512-513
intento de entrar en el Senado, 512,
520
Bush III, Prescott S. (P3), hijo de Prescott

hijo, 40, 247, 333, 431-432, 447
Bush Jr., John Ellis «Jebby», hijo de Jeb y
 Columba Bush, 700
 «conducta sexual indecorosa», 743
Bush Realty Management, empresa de Jeb
 Bush, 516
Bush-El, sociedad privada de bombas de
 agua, 522-523
Bush-Klein Realty, compañía inmobiliaria,
 521
Bush-Overbey Oil Development Comap-
 ny, compañía petrolera independiente,
 184-185, 189, 191, 310
Butterfield, Alexander, 408
Byron, Christopher, 342, 348, 385

Caballeros Dorados, equipo de paracaidis-
 tas de élite, 709
Cable Net Network, 663
Caldwell, Charles Sargent, ayudante de
 Yarborough, 288
Calhoun, John, asesor del gabinete del
 presidente, 397
Callahan, Courtney, amiga de Nancy Bush,
 124
Cámara de Comercio de Estados Unidos-
 China, 513
Campaña de Recaudación de Fondos para
 la Conservación del Medio Ambiente,
 247
Card, Andrew, jefe de personal adjunto de
 GHWB, 639, 783
Carlos, príncipe de Gales, 702
Carlson, Tucker, periodista de Talk, 724,
 735-736
Carroll, Damaris, esposa del congresista
 Pritchard, 481, 484
Carta de Derechos del Soldado Estadouni-
 dense, 121
Carter, Billy, hermano de Jimmy, 507
 Redneck Power, 507
Carter, Jimmy
 presidente, 449, 450, 456, 464-465,
 475
 Premio Nobel de la Paz (2002), 450
 sobre la futura presidencia de George
 H.W. Bush, 449-450
 como ex presidente, 561, 626-627,
 704, 712
Carter, Mary, véase Walker, Mary Carter
Carvey, Dana, 610
Case, Clifford, senador, 213, 240
Caspari, Sylvio, 32
Castejo, Mario, doctor guatemalteco, 500

Castro, Fidel, líder cubano, 242, 441, 515,
 518, 613, 758
Caulkins, John Erwin, miembro de Skull
 and Bones, 144
 banquero, 456
Cawley, Charles, director ejecutivo de
 MBNA, 740
Centro de Inteligencia George Bush, cuar-
 teles de la CIA, 707
Chafee, John, secretario de Marina con
 Nixon, 157
Chambers, C. Fred, amigo de GHWB, 256
Chambers, Marion, amiga de Barbara
 Bush, 273
Champion, George, presidente del Chase
 Manhattan Bank, 325, 326
Chapman, Mark David, asesino de John
 Lenon, 490
Charoen Pokphand Group de Tailandia,
 533
Chavez, Dennis, senador, 256
Cheney, Mary, hija lesbiana de Dick Che-
 ney, 755
Cheney, Richard B. (Dick)
 director ejecutivo de Halliburton, 755
 secretario de Defensa, 771
 vicepresidente, 707, 759, 771
Cherry, Wendell, 285
Chicago Sun-Times, 567
Chicago Tribune, 204
Childs, Marquis, columnista político, 166
Chile, golpe de Estado de 1973 en, 444
Chiles, Lawton, gobernador en ejercicio
 de Florida, 683
 victoria contra Jeb Bush, 699
Chirac, Jacques, presidente francés, 778,
 796
Chrétien, Jean, primer ministro canadien-
 se, 796
Christopher, Warren, en el recuento de
 Florida, 758-759
Church, Frank, senador, 434
Churchill, Winston, primer ministro britá-
 nico, 133, 204, 790, 791, 796
Claridge, Duane R. «Dewey», agente de la
 CIA, 671
Clark, David S., asesor administrativo de
 Prescott, 378
Clark, Jane, compañera de habitación de
 Laura Bush, 724
Clark, Ramsey, 22
Clark, William Judkins, miembro de Skull
 and Bones, 144, 403
Clarke, Richard, ex director de contrate-
 rrorismo, 704

Clay, Lucius, 171
Clemens, Roger, *pitcher* de los Yankees, 27
Clement Jr., Stuart H., hijo de Margaret
    Bush Clement, 40
Clement, Margaret Bush, hermana de
    Prescott Bush, 210
Clement, Stuart Holmes, casado con Mar-
    garet Livingston, hermana de Prescott
    Bush, 40, 65
Clements, gobernador de Texas, 490
Clinton, Bill, 424, 607, 622
    gobernador de Arkansas, 638, 653
    sobre la campaña de Bush de 1988,
        657-658
    candidato presidencial, 130, 656-657,
        700
    menospreciado por los Bush, 664,
        666-668, 712-713, 748, 751
    y el envíos de tropas a Somalia por
        Bush, 673
    firma del anteproyecto de ley Brady,
        637
    subida de impuestos, 693
    bombardeo contra los servicios de in-
        teligencia iraquíes, 704
    como presidente, 711, 712
    y el escándalo con Monica Lewinsky,
        705, 713, 723, 756
    caso de Paula Jones, 713
    proceso de *impeachment* contra, 714,
        722
    sobre la campaña presidencial de
        George W., 756-757
    veto a la ley que prohíbe el aborto par-
        cial, 771
Clinton, Hillary Rodham, 593, 657
    elegida como senadora por Nueva
        York (2000), 705
Club de Campo de San Luis, 64, 65
Club de Mujeres Republicanas de
    Greenwich, 251
Club Republicano de Yale, 46
Clymer, Adam, periodista, 736
CNN, 622, 660, 662-663
    en la guerra de Irak, 629
Coalición Cristiana, 748, 750
Coalición Nacional Judía, 691
Cochinos, invasión de bahía de, 252-253,
    613
Cochran, Thad, senador, 583
Cockburn, Alexander, periodista, 169
Codina, Armando, socio de Jeb Bush, 515,
    519
Codina-Bush, empresa, 515-516, 519
Coelho, Tony, representante, 620

Coffin, familia, 45
Coffin, William Sloane, capellán de Yale,
    107, 299-301, 360-361
    y la guerra de Vietnam, 310-315
Cohen, David, presidente de Common
    Cause, 435
Cohen, Kenneth Saul, miembro de la Skull
    and Bones, 347
Cohn, Roy, 547
Colasuonno, Lou, socio de Westhill Part-
    ners, 25
Colby, William, director de la CIA, 445
Colegio de Abogados de Estados Unidos,
    18
    Sección de Derecho Internacional del,
        204
Coleman, William T., ex secretario de
    Transportes, 650
Collins, James M., representante, 434
Collins, LeRoy, ex gobernador de Florida,
    386-387
Colson, Charles, 408
Columbia Broadcasting Co., 80
Columbia Broadcasting System (CBS), 81,
    167, 439-440
Comisión de Comercio Interestatal, 95-96
Comisión de Valores y Bolsa (SEC), 696-
    698
Comisión del Senado sobre la Banca, 529
Comisión Federal Electoral, 749
Comisión para la Igualdad de Oportunida-
    des de Empleo (EEOC), 647
Comité de Actividades Antiamericanas,
    215, 243-244, 268, 314
Comité de la Paz a través de la Prepara-
    ción, 281
Comité de las Fuerzas Armadas del Sena-
    do, 435
Comité de Servicios Armados del Senado,
    609
Comité Judicial del Senado, 646-647
Comité Nacional Demócrata, 701, 722,
    753
Comité Nacional Republicano, 402-403,
    405, 412, 415, 701, 787
Comité para el Estudio del Electorado Es-
    tadounidense, 587
Comité para el Gobierno Constitucional,
    204
Comité Presidencial sobre Empleo para
    Personas con Discapacidades, 605
Comité Watergate del Senado, 404, 406-
    407
Compton, Ann, 784
Comunidad de Estados Independientes

(CEI), nacimiento de la, 613
Conable, Barber, representante, 415, 499
Conant, James B., rector de Harvard, 216
Cone III, Sidney M. «Terry», 373
Conferencia de Liderazgo sobre los Derechos Civiles, 604, 650
*Congressional Quarterly*, 320
Connally, John, gobernador de Texas, 289, 367, 370-371, 382
    secretario del Tesoro, 463
*Connecticut Jewish Ledger, The*, 267
Connelly Jr., William James, miembro de Skull and Bones, 144
Connery, Bob, amigo de GHWB, 327
Connolly, Tom, 733-734
Consejo de Indultos, 736
Consejo de Seguridad de la ONU, 626-627, 795
Consejo de Seguridad Nacional, 437, 472, 499, 561, 672, 783
Consejo Nacional de Iglesias, 243-244
Constitución de Lawton, 49
Convención Nacional de Mujeres Republicanas, 207
Cook III, George, miembro de Skull and Bones, 144
Coolidge, Calvin, presidente, 587
Cooper, Henry Sage Fenimore, miembro de la Skull and Bones, 44, 67
Cooper, John Sherman, senador, 213
Copa Walker de golf, 59, 60
Corea, guerra de, 166
Corporación Federal de Seguro de Depósitos, 528-529
Corporación Financiera para la Reconstrucción, de Roosevelt, 170
Costner, Kevin, actor, 712
Cowdry, Rex W. F., miembro de la Skull and Bones, 347
Craig, Mark, pastor metodista, 717
Cramer, Richard Ben: *What It Takes*, 562
Crane, Phil, representante, 467
Crest Investment Corporation, 534
Crier, Catherine, periodista de la CNN, 663
Cronkite, Walter, periodista de la CBS, 317, 369, 440, 472
*Crossfire*, programa de la CNN, 753
Crowley, Monica, ayudante política de Nixon, 640, 643
Cruz Roja estadounidense, 247
Cuba, crisis de los misiles de, 340
Cubana Airlines, atentado contra un avión de, 518
Cuerpos de Conservación Civil, 290

Cuerpos de Entrenamiento de Oficiales de la Reserva (ROTC), 386
Cunningham, Oliver Baty, miembro de la Skull and Bones, 44

*D Magazine*, 656
D'Amato, Alfonse, senador, 603-604
D'Amore, Tom, jefe de personal de Weicker, 606
*Daily Show, The*, pograma, 793
*Dallas Morning News, The*, 349, 539, 698, 728, 733
Dallek, Robert, historiador, 768, 774, 784-785
Danforth, John, senador, 583, 648, 755
Dangerfield, Don, 294
Daniel, Jamail, 534
Daniels, Bill, presidente de TransMedia, 533
Darman, Richard, director de presupuesto de GHWB, 621
Dart Jr., Justin, 605
Dash, Sam, 406, 407-408
Davenport, Kay, abogado, 731
Davis, John Claiborne, subdirector de St. Albans, 357, 523-524
Davison, Endicott Peabody, 51
Day, Osborne, compañero de clase de George H.W. Bush, 85
    directivo de la CIA, 437, 442, 656-657
Dean, John, asesor de Richard Nixon, 405, 406
Deaver, Michael, 546
Deer Island, refugio de la RTA en el río San Lorenzo, 46
Delaney, John, operador de radio de GHWB, 125, 127, 129-130, 132, 572-573
Delta Kappa Epsilon (DKE), asociación, 141-142, 157, 315-316, 343, 346
Demjanjuk, John, 560
Demócratas por Bush, 289
Demóstenes, orador griego, 145
Deng Xiaoping, primer ministro chino, 353, 610
Denitech Corporation, 718
Denny, Reginald, caminonero blanco, 652
Dent, Harry, 367
Departamento de Energía, 489
Departamento de Justicia, 24
    Servicio de Crímenes de Guerra Nazis del, 103
    y el caso Coffin, 313-315
Departamento de Salud y Servicios Sociales, 516

Departamento del Tesoro, 100
Desmarais, Paul, millonario canadiense, 534, 535
Deukmejian, George, gobernador de California, 583
DeVecchi, Betsy Trippe, 213
DeVecchi, Bob, estudiante en Yale, 158
Dewey, Thomas, gobernador de Nueva York, 83, 132, 160, 171, 213, 240, 326-327, 373, 492
DeWitt, William, empresario petrolero, 542
Dharhan, base aérea de, en Arabia Saudí, 267
Diálogo Nacional contra el Cáncer, 711
Diana, princesa de Gales, 595
Dickens, Charles, 43
Dickenson, Molly: *Thumbs Up: The Life and Courageous Comeback o White House Press Secretary Jim Brady*, 637
Dickie Jr., Alex, ayudante de Yarborough, 288, 290
DiClementi, Frank, entrenador de baloncesto, 106
Dieter, Robert J., compañero de habitación de George W. Bush en Yale, 350
Dikes, Judy, amiga de Laura Bush, 732
DiMaggio, Joe, 121, 675
Diman, John Byron, reverendo, fundador de la escuela de St. George's, 36
Dirección General de la Pequeña Empresa, 531
Dixon, Imelda Chavez, cronista social, amiga de Barbara Bush, 256, 360, 452
DKE, *véase* Delta Kappa Epsilon
Dobell, Byron, director de *American Heritage*, 187
Dodd, Thomas J., congresista y candidato a senador, 236-238, 241, 245-246, 606
Dods, señora, 29
Dole, Bob, senador, 467, 583, 606
candidato en las primarias presidenciales, 550, 553, 568, 576
Dole, Brian, ayudante de dirección de *Time*, 754
Dole, Elizabeth Hanford, secretaria de Transporte, 583
Doll, John G., archivista de St. George's, 37
Domenici, Pete, senador, 583
Donald, David Herbert, historiador, 774
Donaldson, Sam, periodista, 498, 597
Dooley, Calvin, congresista, 623-624
*Doonesbury*, tiras cómicas de, 352, 496-497, 545, 548
Dorsey, Paul, amigo de GHWB, 187-188, 196

Doty, James, abogado general de la SEC, 698
Douglas, Melvyn, actor: *Hud, el más salvaje entre mil*, 28
Douglas, Michael, conductor muerto en accidente con Laura Bush, 732
Douglas, Paul, senador, 234, 240
Douglas, Stephen, senador, 760
Douglas, Virginia Stanley «Ginny», trabajadora en la oficina del Congreso, 308
Dowd, Maureen, periodista, 307, 713
Downing, Conway «Doc», compañero de clase de George W. en Andover, 338, 744
Downs, Tom, antiguo director de Amtrak, 740-741
Draper III, William, 537
Draper, Roberta Horning, esposa del cónsul general en Jerusalén, 424, 554-555
Dreier, David, representante, 620
Dresser Company (Dresser Industries), 150-151, 153, 184, 235, 325
Dresser Industries Co., 81
Duffy, Michael, periodista, 611, 625
Duffy, Robert, crítico de arquitectura, 65
Dukakis, Kitty, esposa de Michael, 602
Dukakis, Michael, gobernador de Massachusetts, 585
candidato demócrata a la presidencia, 560, 572, 576, 579-580, 585, 602, 639, 655, 657
Duke, James, 64
Dulles, Allen, director de la CIA, 252-253, 276
Dulles, John Foster, 100, 171
secretario de Estado, 206
Duncannon Plantation, 59, 61
Duryee, Samuel Sloan, miembro de la Skull and Bones, 44
Dyches, Kim, secretaria de George W., 540

Earl, Indiana, 32
Eastland, James, senador, 239
Eckhardt, Bob, representante demócrata, 423
Eckhardt, Nadine, 423
Ehrlichman, John, 408
Eichel, Linden von, 777-779
Eisenhower, Dwight D., general, 123, 299, 303-304
entrevista con Prescott Bush en Francia, 170-172
candidato a presidente, 178
como presidente, 180, 204-205, 213-

215, 222-223, 225, 276
relación con Prescott, 214, 229-230, 235, 268-269
Eisenhower, Julie Nixon, 712
Eisenhower, Mamie, esposa de Ike, 449
El Khouli, Hamza, colaborador íntimo de Hosni Mubarak, 535-536
Eller, David, socio de Jeb Bush, 522-523
Elliot, Kim, 605, 606, 620
Ellis, John P., hijo de Nancy Bush Ellis, 41, 492; consumo de drogas, 390-391, 679
Ellis, Josiah Wear, 390
Ellis, Nancy Bush, *véase* Bush, Nancy
Ellis, Nandy, hija de Nancy Bush, 252
Ellis Jr., Alexander B. «Sandy», marido de Nancy Bush, hermana de George H. W., 40, 157, 176
Ellsberg, Daniel, 377
Elson, Roy, ayudante administrativo del senador Hayden, 419
Ely, Walker and Company, 56, 57
Engler, John, gobernador de Michigan, 757
Enmienda Boland, 499
Enmienda Bricker, 204, 230
Enmienda Bush-Lehman, 237
Enmienda Bush-Long, 237
Enmienda Bush-McCormack, 237
Enmienda por la Igualdad de Derechos, 466, 474, 497, 688, 755
Enmienda Vigesimoquinta, sobre la cesión de poderes del presidente, 487-488, 548
Enron Corporation, 718, 749
Enron Oil and Gas, 542
Enron, escándalo de los años treinta de, 95
Ensenat, Don, compañero de George W. Bush en Yale, 388, 656
Erwin, Sam, presidente del Comité Watergate del Senado, 404, 407-408
Escuela de Gobierno y Servicio Público George Bush, 695
*Esquire*, 550
Estadounidenses por Bush, 585
Estadounidenses por la Acción Democrática, 204
Estes, Billie Sol, industrial de fertilizantes, 291
Etra, Donald, miembro de la Skull and Bones, 347
Eugenides, Jeffrey, 579
Evans, Don, asesor de George W., 725 secretario de Comercio, 786
Evans, Michael, fotógrafo de la Casa Blanca de Reagan, 546

Evans, Rowland, columnista político, 278, 324, 568
Evaristo, Josephine, activista demócrata en Greenwich, 159-160, 165
Evers, Medgar, activista de raza negra asesinado, 283
Executive Resources, compañía panameña, 539
Exner, Judith Campbell, 441
Export-Import Bank, 24, 198, 199, 522, 523

Fairbanks, Douglas, actor, 43
Falwell, Jerry, predicador evangelista, 547, 666, 784
Familias Informadas, institución de Miami, 700
Fanning, Bucky, granjero de Arlington, 678
Fanning, Maree, 678-679
*Far Eastern Economic Review*, 513
Farish III, W. S., presidente de W. S. Farish and Company, 325
Farrakhan, Louis, 559
FBI, *véase* Federal Bureau of Investigation
Federación Estadounidense del Trabajo-Congreso de Organizaciones Industriales (AFL-CIO), 646
Federal Bureau of Investigation (FBI) archivos del, 24, 87, 199, 242, 244, 286, 349, 457-458, 517, 647
en el caso Watergate, 413
y la relación de la familia Hinckley con la familia Bush, 489-490
Ferraro, Geraldine, candidata a vicepresidenta con Mondale, 492-496, 545-546, 590
Fiedler, Tom, periodista de *The Miami Herald*, 682
Fields, Louis, embajador en Suiza, 479-480, 659
Fiers Jr., Alan D., agente de la CIA, 671
*Financial Times*, 533, 773
Finch, Bob, asesor de Nixon, 371
Finckenstaedt, Harry, 141
Fineman, Howard, periodista de *Newsweek*, 568
Fink, David, 735
Firestone, Harvey, 64
First National Bank, 718
First National Bank of St. Louis, 87
First National City Bank of New York, 325
First, Bill, líder de la mayoría en el Senado, 772

Fitzgerald, F. Scott, 120, 202
   El gran Gatsby, 538
Fitzgerald, familia, 765
Fitzgerald, Jennifer, secretaria y amante de
   GHWB, 196, 419-420, 421-422, 436,
   441, 447, 451, 477, 479, 496, 551-553,
   604-605, 664-665
Fitzgerald, Peter, senador, 791
Fitzwater, Marlin, secretario de prensa de
   GHWB, 548, 549, 552, 574, 641, 661,
   670
Fix, revista, 391
Fleming, Adrian, general de brigada, 47
Flight Inquiry Board, informe de la, 391
Florida, recuento de votos en (2000), 19,
   266, 355-356, 759-760
Flowers, Gennifer, relación con el gober-
   nador Clinton, 658, 664
Flynt, Larry, editor de la revista Hustler,
   753-754
Foch, Ferdinand, general francés, 52
Foley, Heather, 596
Foley, Thomas S., ex presidente del Con-
   greso, 643
Folger, Nancy «Bitsy», 203
Fonda, Jane, actriz, 599
Fondo de Donaciones de la Casa Blanca,
   705
Fondo Nacional para las Artes, 655
Fondo para el Porvenir de Norteamérica,
   549
Fondo Texano Barbara Bush para la Alfa-
   betización Familiar, 709
Ford, Betty, primera dama, 591
Ford, Gerald
   líder republicano en la Cámara, 303,
   309
   como vicepresidente, 411, 472
   como presidente, 415, 427, 433, 436,
   450
   como ex presidente, 561, 704, 712
Ford, Henry, 34
Ford II, Henry, 367
Forest Home, cementerio de, en Mi-
   lwaukee, 35
Fort Sill, en Oklahoma, 47-49
Forward Times, semanario de los negros,
   305
Foster, Jodie, actriz, 487
Fowler, Liz, amiga de Barbara Bush, 185
Fox News, cadena informativa, 492
Fox, Vicente, presidente de México, 795
Frank, Barney, representante, 599
Frank, Justin M., psiquiatra, 677
Freud, Sigmund, 766

Friendship, nave espacial, 340
Frost, David, entrevistador televisivo, 85,
   88, 309, 572
Frost, David, periodista, 611
Fulbright, J. William, senador, 216, 217,
   220
Fuller, Craig, 608
   jefe de personal del vicepresidente
   Bush, 549, 552, 554, 573-574, 644
Fund for Limited Government, comité de
   acción política de GHWB, 450, 457
Fundación Barbara Bush para la Alfabeti-
   zación Familiar, 595, 705, 709
Fundación de la Iglesia Episcopaliana de
   Nueva York, 378
Fundación George y Barbara Bush para la
   Investigación del Cáncer en la Univer-
   sidad de Texas, 709

G. H. Walker and Company, 59-60, 77, 96,
   148, 257, 325
G. I. Bill, ley sobre el retorno de soldados
   a la universidad, 137, 139, 149, 151,
   260
Gable, Clark, actor, 121
Galbraith, John Kenneth, economista, 368
Galbusera, Gloria Hodsoll, cuarta esposa
   de James Smith Bush, 199, 458
Gallico III, G. Gregory, miembro de la Sku-
   ll and Bones, 347
Gallup, empresa de sondeos, 788
Galveston Daily News, The, 661
Gammell, James, inversor de la Zapata
   Petroleum, 262
Gans, Curtis, del Comité para el Estudio
   del Electorado Estadounidense, 587
Gantry, Elmer, 170
Garden Club of America, 134
Gardner, Bob, 529
Gart, Murray, 439
Gates, John B., 227
Gates, Robert M., consejero adjunto de
   Seguridad Nacional, 639
   director de la CIA, 695
Gates, Thomas S., secretario de Defensa,
   243
George, Clair E., agente de la CIA, 671
Gephardt, Richard, líder de la mayoría de
   la Cámara, 605, 611-612, 620, 787
Gerhart, Ann: The Perfect Wife, biografía
   de Laura Bush, 779
Gethers, Peter, editor, 560
Getty Oil Company, 190
Getty, J. Paul, 190

Giancana, Sam, mafioso de Chicago, 441
Gill, Brendan, escritor, 359
Gilson, Ruth, agente inmobiliario, 738-739
Ginsburg, Ruth, juez del Tribunal Supremo, 760
Giuliani, Rudolph, alcalde de Nueva York, 784, 785
Gleen, John, astronauta, 340
Glenn, Alixe, subsecretaria de prensa de GHWB, 608
Global Crossing, compañía de telecomunicaciones, 708
Goldberg, Arthur J., embajador en la ONU, 372
Goldwater, Barry, senador, 269, 276, 278, 287, 291, 295, 413, 419, 446, 499, 585
    The Conscience of a Conservative, 278
Gonzales, Alberto R., asesor legal de George W. Bush, 733
Good Morning America, programa, 756, 793
Good, Kenneth, promotor de Denver, 526, 527
Goodgame, Dan, periodista, 611, 625
Gooding, Richard, periodista, 754
Goodman, Roy, senador, 654
Gorbachov, Mijail, presidente de la Unión Soviética, 612
    dimisión, 612-613
Gorbachov, Raisa, 481, 601
Gore Jr., Albert, 211, 666
    vicepresidente, 552, 719, 722
    candidatura presidencial, 740, 753, 757-759
    recuento de Florida, 758-760
    discurso de admisión de la derrota, 760-761
Gore, Albert, senador, 210-211
Gorman, John, compañero de George W. Bush en Yale, 347
Gow, Robert H., director de la Zapata, 190, 389
Grace Semiconductor, 533, 535
Graham, Billy, predicador evangelista, 27, 690, 691
Graham, Katharine, popietaria de Newsweek, 570
Graham, Philip L., 184
Gran Depresión, 37, 71, 399
Gray, C. Boyden, abogado del personal de Bush, 502-503, 598
    consejero de la Casa Blanca, 610, 644-645, 648, 650, 656, 665, 668-669, 672
Gray, Carol Taylor, 502-503, 644, 645, 665-666

Green, Fitzhugh, 89, 403
Greenberg, Glenn, compañero de George W. Bush, 336
Greenberg, Hank, as del béisbol, 121, 336
Greene, Bobbie, asistente de Clinton, 593, 712
Greenway, Jack, compañero de clase de George H. W. Bush, 89
Greenwich Time, 162, 163-164, 170, 177, 178, 206, 231, 240, 457
Gregg, Donald, antiguo agente de la CIA, 501, 502
Gregory, Dick, humorista y activista social negro, 329
Greider, William, columnista de Rolling Stone, 568, 585
Griffiths, Martha, 415
Grimes, David Charles, miembro de Skull and Bones, 144
Griswold, Frank, obispo presidente de la Iglesia Episcopaliana, 792
Griswold, Whitney, rector de Yale, 180-181, 242
Grover, James R., congresista, 308
Grupo Carlyle, 310
Guaranty Insurance Co. (Federal Insurance Co.), 81
Guardia Nacional de Texas, 47, 319-320, 381-384, 391-392, 727
Guerra contra la Pobreza, 290
Guerra Mundial, Primera, 46
Guerra Mundial, Segunda, 108, 115-117, 125-132, 557-558, 560, 572-573, 791
Gulf Oil, 191
Gurney, Edward, senador, 386-387
Guthrie, Robert Karl, miembro de la Skull and Bones, 347

Haddow, C. McClain, 517
Hagel, Chuck, senador, 755
Haig, Alexander, 410, 411, 413
    secretario de Estado, 478, 487
Haig, sir Douglas, general británico, 52
Hail, Tom, historiador de la Guardia Nacional, 385-386
Halberstam, Michael J., 178
Haldeman, H. R., jefe de personal de la Casa Blanca, 368, 372, 402, 408, 413
Hale, Nathan, 46
Hall, Margaret, periodista del Today, 619
Halliburton, compañía eléctrica, 755
Halsey, William F., almirante, 116
Hampton, Mark, decorador, 481, 482
Hance, Kent, 676, 683, 685, 686-687

Hanes Corporation, 325
Hannah, Doug, amigo de George de Houston, 344
Harding, Warren G., presidente, 774
Harken Energy, compañía de Dallas, 543-544, 695-697
Harkin, Tom, senador, 606
Harlow, Bryce, redactor de discursos de la Casa Blanca, 231
Harriman and Company, W. A., 73-74, 150
Harriman Brothers and Company, banco privado, 74-75, 76
Harriman Fifteen Corporation, 77
Harriman, Averell, socio de George Herbert Walker, 73-74, 75, 76, 78, 79, 82, 98, 101, 133-134, 176, 379
Harriman, E. H., propietario de la Union Pacific, 58
Harriman, Edward Roland Noel, miembro de la Skull and Bones, 44, 73, 74, 75, 77, 79, 82, 99, 101, 161, 227
Harriman, familia, 45
Harris Jr., William D., teniente coronel, 395
Harrison, Barbara Grizzuti, escritora, 602
Hart, Gary, senador, 478, 567
Hartford Courant, The, 179-180, 231, 233, 300, 735
Harvard Business School, 398-400
Harvard Crimson, The, 178
Harvey, Margaret Pace, secretaria de Prescott en el Senado, 378
Hasenfus, Eugene, 501
Haskins, Terry, 749
Hastings, Bradford, reverendo, 379
Hatch, Orrin, senador, 647, 648
Hatfield, Mark, senador, 491
Hayden, Carl, senador, 419
Head Start, programa de enseñanza preescolar, 755
Hearst, Veronica, 27
Hearst, William Randolph, editor y político, 27
Heckler, Margaret, secretaria de Salud y Servicios Sociales, 517
Helms, Richard McGarrah, ex director de la CIA, 438, 443, 444, 445, 451
Henderson, Muriel Simmons, consejera de PULL, 398
Herald Tribune, 178
Herblock, caricaturista del Washington Post, 215, 218, 575
Herzog, Chaim, ex presidente de Israel: Living History, 560
Hess, Stephen, historiador, 764

America's Political Dynasties from Adams to Kennedy, 764
Hezbollah, 499
Hicks, Muse, Tate, and Furst, 718
Hicks, Tom, propietario de los Rangers de Texas, 679, 722
Hightower, Jim, comunicador de Texas, 578, 741
Hijas de la Revolución Estadounidense, 204
Hildenbrand, William, ex secretario de Estado, 212
Hill and Knowlton, 627
Hill, Anita F., profesora de derecho, 646-648
Hill, Calvin, estudiante de Yale, 346
Hill, Lister, senador, 212
Hinckley, John W., 489
Hinckley Jr., John W., autor del atentado contra Reagan, 487, 488
Hinckley, Scott, 488-490
Hinduja, hermanos, propietarios de la Gulf Oil, 534
Hines, Cragg, columnista del Houston Chronicle, 576, 584
Hinman, George, socio político de Rockefeller, 280
Hitchens, Christopher, 519
Hitler, Adolf, 82, 99, 101, 217, 791, 795
Hobler, Randy, compañero en Andover de George W. Bush, 340
Hoffman, David, periodista, 575-576
Hoffman, Dolly, amiga de Barbara Bush, 563
Holden IV, Reuben A., casado con Elizabeth, hermana de George H. Walker hijo, 40
Hole, Legare R., oficial ejecutivo del escuadrón de GHWB, 132
Hole, Legare, piloto, 287
Holmes, James Leon, juez, 496
Holocausto, administración Reagan ante el, 556-557
Holt, Pat, ex jefe de la Comisión de Relaciones Exteriores del Senado, 212, 445
Homma, Masaharu, general japonés, 115
Hoopes, Townsend: The Devil and John Foster Dulles, 100
Hoover, Herbert, presidente, 98
Hoover, J. Edgar, 243
Horchow, Roger, 655
Horton, Willie, 585, 586-587, 604, 692, 747
House III, Francis E., hijo de Mary Bush House, 40

House Jr., Francis Edwin, casado con Mary Eleanor, hermana de Prescott Bush, 40, 65-66

*Houston Business Journal*, 191

*Houston Chronicle, The*, 289, 295, 344, 382, 663, 676, 694, 733

*Houston Post, The*, 297-298, 690

Hoving, Walter, presidente del consejo de Tiffany and Company, 325

Howard, Paxton, abogado de la Shell Oil, 234

Howerton, Joseph, compañero en Yale de George W. Bush, 343

Hubbard, Al, compañero de George W. en Harvard, 398

Hughes, Charles Evans, candidato presidencial republicano, 46

Hughes, Howard, multimillonario, 506

Hughes, Philip, 500

Hume, Brit, periodista de Fox News, 774

Hume, Brite, periodista de la ABC-TV, 659

Humphrey, Gordon, senador, 467

Humphrey, Hubert H., senador, 217, 462

Hunt, Al, periodista de *The Wall Street Journal*, 570

Hunt, H. L., multimillonario de Texas, 275

Hunter, Richard, compñero de George W. Bush en Yale, 347

Hurchinson, Kay Bailey, senadora, 741

Husein, Sadam, 445, 624
    relación con Al Qaeda, 626, 704
    derrota de, 630-631
    intento de asesinato de George H. W. Bush, 704, 790
    planes de George W. para derrocar a, 788

Hussein, rey de Jordania, 624-625, 626

*Hustler*, revista, 753

Huvelle, Ellen Segal, jueza adjunta del Tribunal Supremo, 656


Iglesia católica: y el control de la natalidad, 168

Iglesia de Cristo, 247, 268, 295

Ignite, empresa informática de Neil Bush, 534-535

Indimi, Al-Haji Mohammed, agente de la M&W en Nigeria, 523

Industrial Areas Foundation, 244

Instituto Nacional para el Abuso de Drogas, 390

International Broadcasting Co., 80

International Derrick and Equipment Company (IDECO), 151

International Medical Centers (IMC), 516, 517

International Shoe Co., 80

Irak, guerra contra, 22, 23, 789-790, 793-794
    posesión de armas de destrucción masiva, 790-791
    manifestaciones contra la guerra, 792

Irán-Contra, escándalo, 22, 490, 499-501, 561, 667-668, 670-671

Irby, Aubrey, 285

Isaacson, Walter, ex director de *Time*, 754

Isabel II, reina de Inglaterra, 601, 682

Isham, Henry Porter, miembro de la Skull and Bones, 44, 67

Isikoff, Michael, periodista de *Newsweek*, 754

Ives, Irving, senador, 240

Ivins, Molly, escritora texana, 693

Ivy League, 311, 341, 402, 404, 411, 413, 438, 542, 764


J. Bush and Company, 505

J. P. Stevens and Company, 325

Jaber al-Ahmed al-Sabah, jeque, emir de Kuwait, 626, 630, 703

Jackson, Jesse, reverendo, 585

Jacobsen, David, rehén liberado en Irán, 554

Jagger, Bianca, activista de los derechos humanos, 737

James III, Daniel, general, 392, 727

James, William Ellery Sedgwick, miembro de la Skull and Bones, 44, 50, 67, 78

Jansing, Shelley Bush, hija de James Smith Bush, 197, 481

Japón, guerra contra el, 108, 115

Javits, Jacob, senador, 203, 213, 239-240, 373-374

Javits, Marian, 203, 423

Jefferson Savings and Loan, 518

Jenco, Martin, padre secuestrado en Irán, 499, 554

Jenkins, Richard Elwood, miembro de Skull and Bones, 144

Jennings, Paul, periodista, 712

Jennings, Peter, presentador del informativo de la ABC, 783-784

Jerónimo, guerrero indio, tumba en Fort Sill, 48-50

Jerusalén
    visita de George H. W. Bush a, 554-556, 559
    visita de George W. a, 691

Jessup, J. Milbourn «Kim», compañero en Andover de George W. Bush, 333, 335, 340

*Jewish Herald-Voice, The*, 690

Jiang Mianheng, hijo del presidente chino, 533

Jiang Zemin, presidente chino, 533

JNB Exploration, empresa petrolera de Neil Bush, 526-527

Johnson Jr., Collister «Terry», compañero de habitación de George W. Bush en Yale, 351

Johnson, Clay, compañero en Yale de George Walker Bush, 299, 328, 335, 350, 721, 744-745

Johnson, Jesse, trabajador negro para GHWB, 304

Johnson, Lady Bird, 712

Johnson, Lyndon Baines
senador, 211, 217, 363
vicepresidente, 276, 277
presidente, 289, 296, 297, 443, 645
en la guerra de Vietnam, 310, 316, 317
acusación contra sus programas de bienestar, 653

Johnson, Tom, asesor de Lyndon B. Johnson, 365, 367

Johnson, Tom, director ejecutivo de la CNN, 661, 663

Jomeini, ayatolá, 561

Jones III, Bob, presidente de la Universidad Bob Jones, 747

Jones, Paul, estudiante de Yale, 346

Jones, Paula, caso contra Clinton de, 713

Jones, Robert Trent, 513

Jong, Erica, escritora, 348

Jordan, Robert, abogado, 697
embajador en Arabia Saudí, 697

Joynt, Carol Ross, 423-424

Jruschov, Nikita, secretario del Presidium de la Unión Soviética, 207

Juan Pablo II, papa, 737

Judd, James, socio de Neil Bush, 526, 528


Kabaservice, Geoffrey, historiador de Yale, 140, 147, 451

Kappa Alpha Theta, fraternidad femenina, 454

Karzai, Hamid, jefe de Gobierno de Afganistán, 789

Kasich, John, representante, 755

Kauffman, Draper L., contralmirante, 134, 321, 510, 511

Kauffman, Elizabeth Louise (Betty Lou), esposa de Prescott Sheldon Bush Jr., 134, 176

Kauffman, Ron, jefe del comité de acción política de George H. W. Bush, 551

Keating, Frank, gobernador de Oklahoma, 723

Keats, Charles, relaciones públicas de Prescott Bush, 229, 231

Keck, Mary, 67

Keene, David, presidente de la Unión Conservadora Estadounidense, 464

Keeton, Page, decano de la facultad de derecho, 388

Kefauver, Estes, senador, 217

Kelleher, Herb, director de Southwest Airlines, 740

Kellems, Vivien, empresaria industrial, 163, 180

Kelley, Brooks Mather, 41

Kelly, Charles, asesor financiero, 86-87

Kelly, Thomas, teniente general, 703

Kemp, Jack, representante, 583
candidato en las primarias presidenciales, 550, 576

Kempton, Murray, 403

Kendrick, Phil, 544

Kennedy, Anthony, juez del Tribunal Supremo, 760

Kennedy, dinastía política de los, 765, 769

Kennedy, Edward M., Teddy, senador, 187, 374, 464, 491, 603, 606
acusaciones contra George H. W. Bush, 578-579

Kennedy, Jacqueline, 205, 252, 726

Kennedy, John Fitzgerald, 9
en la Segunda Guerra Mundial, 123, 791
senador, 205, 217, 237, 263-265, 323
presidente, 252, 266, 283, 441, 612, 613
doctor honoris causa por Yale, 271
asesinato de, 285-286, 340, 411, 443, 784

Kennedy, Joseph P., 120

Kennedy, Robert F., asesinato de, 315

Kennedy, Roger, director del Museo Nacional de Historia, 20

Kennedy, Rose Fitzgerald, 766

Kensington Four, The, grupo coral de Prescott S. Bush, 42, 377

Kernan, Michael, editor de *Washington Post*, 478

Kerr, Baine, abogado del sector del petróleo, 307

Kerr, Mildred, amiga de Barbara Bush, 595

Kerry, John, senador, 343, 773
Keuffel, Ken, estudiante de Andover, 109
Keyes, Paul W., productor de televisión, 440
Kidde, John, 278, 337
Kilbourne, Elsie Mead Walker, prima de George W., 61, 155, 201, 453
Killian, Jerry B., teniente coronel, 395
Kim Chae Soon, presidente de la Asamblea Nacional, 507
King Jr., Martin Luther, 284, 292, 340, 387
asesinato de, 315, 320
King, Larry, presentador de televisión, 598, 662, 706, 737, 738
King, Nicholas, 402
King, Rodney, paliza de agentes de policía a, 652, 653
King, Susan, periodista, 470-471, 604
Kingsville Record, The, 278
Kinlaw, Worth, cámara de la Marina, 607
Kishi, Nobusuke, primer ministro japonés, 230
Kissinger, Henry, 472, 557
consejero sobre Seguridad Nacional, 372, 374, 376
secretario de Estado, 415, 420-421, 428-429, 437, 446
Premio Nobel de la Paz, 410
Klein, Hank, socio de Jeb Bush, 521
Kluge, John, presidente de Metromedia, 778-779
Knowland, William F., senador, 245
Knowles, Anthony «Tony», gobernador, 343
Knox, Neal, vicepresidente de la Asociación Nacional del Rifle, 638
Koch, Robert, 620-621
matrimonio con Doro Bush, 621
Kohl, Helmut, canciller alemán, 557
Kolar, Britton Ward, miembro de la Skull and Bones, 347
Kollek, Teddy, alcalde de Jerusalén, 555
Koufax, Sandy, ex jugador de béisbol, 724
Kramer, Michael, periodista, 471, 473
Kristol, Bob, director del The Weekly Standard, 747
Krugman, Paul, economista, 773
Ku Klux Klan, 71
Kuchel, Thomas, senador, 213
Kuwait
invasión de, 626, 627-630
viaje de la familia Bush en 1993, 703
Kuwait Airways, 703

Ladd, Ernie «Big Cat», 396
Ladd, Ernie, 398
Lakoff, Robin T.: Talking Power, 494
Landon, Alf, candidato republicano a la presidencia, 83, 160
Langdon, Dolly, 481
LaPierre, Wayne, vicepresidente de la Asociación Nacional del Rifle, 637
Larkin, Lizzie, asistenta de Dotty y Prescott, 73
Larry King Live, programa, 662, 692, 737
László, Philip Alexius de, pintor húngaro, 64
Latsis, John, yate de, 702
Lawless, Richard, ex agente de la CIA, 521
Laxalt, Paul, senador, 473
Leahy, Patrick, senador, 435
Leavitt, Hart, profesor de GHWB en Yale, 106
LeBlond, William, marido de Doro Bush, 565, 617-619
Lee, Barbara, representante, 788
Lee, Burton, médico de la Casa Blanca, 595, 642
Lee, Richard C., alcalde de New Haven, 330
LeGore, Harry William, estudiante de Yale, 43-44
Lehman, Herbert, senador, 217, 237
Lehrman, Lewis, financiero, 537
Leichtman, Jeffrey, 251
Leno, Jay, periodista, 730
Leonard, Zach, 695
Leslie, Jacques, 353
Letelier, Orlando, atentado contra, 444, 518
LeTourneau, R. G., 258
Lewin, Larry, 711
Lewinsky, Monica, becaria de la Casa Blanca, 705, 713, 723
Lewis, R. W. B., director del Calhoun College, 377
Lewis, Sinclair, estudiante de Yale, 143
Ley a favor de los derechos civiles, proyecto de (1963), de Kennedy, 283-284, 297
Ley Brady, proyecto de, sobre el control de armas, 634, 635, 636-637
Ley Bush-Pastore, proyecto de, 237
Ley de Aborto por Parto Parcial, 771-772
Ley de Espionaje de Señales, 444
Ley de Estadounidenses con Discapacidades (1990), 186-187
Ley de Inmigración McCarran-Walter, 240
Ley de Libertad de Información (FOIA),

23, 286, 391, 443, 458, 490
Ley de los Derechos Civiles (1957), 284
Ley de los Derechos Civiles (1960), 284
Ley de los Derechos Civiles (1990), 604, 649
Ley de los Derechos Civiles (1991), 649, 651-652
Ley de Prácticas Corruptas (1955), 227
Ley del Agua Limpia, 755
Ley del Derecho al Voto, 646
Ley del linchamiento, 55
Ley del poste de flagelación, 55, 56
Ley Federal del Derecho a la Vivienda (1968), 320-321
Ley Harris-Fulbright, proyecto de, 233-236
Ley para la Defensa Nacional (1915), 46
Ley Seca, 55, 56, 69
Ley sobre Discapacitados Estadounidenses (1990), 606
Ley sobre Empresas de Servicios Públicos, 95
Ley sobre Servicios de Planificación Familiar e Investigación sobre Población, 362-363
Ley Wheeler-Truman, 98
Leyes de Nuremberg (1935), 99
Líbano, secuestros en el, 499
Liddy, G. Gordon, condenado por el caso Watergate, 404
Lieberman, Joe, senador, 343, 628, 605
Liedtke, Betty Lyn, 639
Liedtke, Bill, abogado, 189-190, 191
Liedtke, Hugh, abogado y presidente de Pennzoil, 189-190, 259-260, 639
Lifeline, programa radiofónico, 275
Liga de Antidifamación, 691
Liga de la Libertad, 204
Liga de Mujeres Votantes, 204
Liga del Control de la Natalidad de Connecticut, 167-168
Liga Urbana Nacional, 646
Lincoln, Abraham, presidente, 43, 56, 214, 279, 651, 760, 784
Lincoln, Hope, 67
Lindsay, John, 157
    alcalde de Nueva York, 305, 374, 379
Lionberger, Ruth, 67
Lituania, independencia de, 610-611
Liu Chiegh, embajador de Taiwan en la ONU, 376
Locke, John, filósofo, 717
Lodge, Henry Cabot, 121, 171, 264, 277, 279, 372
Lodge, John Davis, gobernador republica-

no de Connecticut, 172
Loeb, Nackey Scripps, esposa de William Loeb, 547
Loeb, William, editor del Manchester Union Leader, 466, 468, 547
Loftus, John, ex fiscal, 103
    como ex presidente del Museo del Holocausto de Florida, 103-104
Log Cabin Republicans, asociación gay republicana, 744
Long, Russell, senador, 211, 264
Lord, familia, 45
Lord, George de Forest, profesor de Yale, 138
Loree, L. F., 99
Lott, Kenneth, teniente coronel, 395
Lourie, Donald B., presidente de Quaker Oats Company, 325
Love, Ben, amigo de GHWB, 453
Lovett, Robert A., amigo de los Harriman, 79
Lowell, Robert, poeta, 311
Luce, Clare Boothe, congresista, 122, 161, 175
    embajadora en Brasil, 208-209
Luce, Harry, condiscípulo de Prescott Sheldon Bush, en Yale, 162, 175
Lugar, Richard, senador, 583
Luntz, Frank, responsable de encuestas, 719
Lusitania, hundimiento del, 46
Lydon, Christopher, periodista, 418
Lynch, Michael, 210


M&W Pump, 522-523
MacArthur, Douglas, ambajador en Gran Bretaña, 685
MacArthur, Douglas, general, 132
MacDonald, Torbert, ahijado de John F. Kennedy y compañero de GWB en Andover, 336, 337, 348, 398
Mack, Richard Gerstle, miembro de Skull and Bones, 144, 318
Macomber, John, 537
Mahe Jr., Eddie, director político del Comité Nacional Republicano, 417
Mahfouz, Khalid bin, jeque saudí, 536
Mahon, George, congresista, 453
Mailer, Norman, escritor, 311
Maitland-Lewis, Stephen, vicepresidente de Salomon Brothers, 508, 510, 511
Major, John, primer ministro británico, 698
Malek, Frederic V., vicepresidente del Co-

mité Nacional Republicano, 560-561
director de campaña de reelección de
George H. W. Bush, 653-654

Mallon, Henry Neil, miembro de la Skull
and Bones, 44, 50, 150-151, 184, 235,
261, 325, 450

Malone, Julia, periodista, 607, 660

Malvinas, invasión de las islas, 624

Manchester, William: *The Glory and the
Dream*, 121

Mandela, Nelson, líder sudafricano, 755

Mansfield, Mike, senador, 217

Mao Tse-tung, 427

Marcha al Pentágono (1967), 311, 314

Marcha de los Pobres a Washington
(1968), 329

Marcha por la Libertad en Montgomery
(1961), primera, 301

*Marcha presidencial de George Bush*, 695

Marine One, helicóptero, 725

Marino, John, 583

Maris, Roger, jugador de béisbol, 340

Markle, Peter, compañero de George W.
Bush en Yale, 345-346

Marsh, John O., abogado de la Casa Blanca, 436

Marshall, George C., ex secretario de Estado, 215

Martes Negro (29 de octubre de 1929), 72

Martin, Joseph, líder de la oposición en la
Cámara, 240

Martin, Lynn, representante, 545, 583
secretaria de Trabajo, 599

Martinez Jr., Hiram, cubano anticastrista y
estafador, 517-518

Martinez, Bob, candidato a gobernador de
Florida, 520

Marx, Louis, 531

Mary Institute, escuela de élite de San
Luis, 61

Mashek, John, periodista, 396, 607

Matalin, Mary, directora política de la campaña de reelección de Bush, 620, 658,
667

Matthews, Mary, 415

Matthiessen, F. O., crítico literario: «Continuation of the History of Our Order
for the Century Celebration, 17 June
1933», 49

Maxey, Glen, ex representante demócrata
gay, 743-744

Mayo, clínica, 709

MBNA America Bank, 718, 740

McCain, Cindy, esposa de John McCain,
748

McCain, John, senador, 51, 394, 583
candidato republicano para las primarias contra George W. Bush, 741-742,
745-746, 747-748, 751-752
acusaciones del equipo de Bush contra, 748-749, 750

McCallum Jr., Robert Davis, miembro de
la Skull and Bones, 347

McCance, Thomas, 227

McCarthy, Eugene J., senador, 317, 455

McCarthy, Joe, senador, 179-180, 215-217
moción de censura contra, 218-219

McClendon, Sarah, periodista, 365

McClung, Paul, 49

McCone, John, director de la CIA, 253,
443

McCord, James W., condenado por el caso
Watergate, 404

McCullough, David, historiador, 745, 765,
768

McDonald's, 513

McElroy, Neil H., secretario de Defensa
bajo Eisenhower, 203

McElwaine, Sandra, periodista de la revista *Lear's*, 571

McFarlane, Robert «Bud», 670

McGovern, George, 394

McGrath, Jim, hombre de confianza de
George H. W. Bush, 708

McGrory, Mary, periodista, 474, 745, 785

McIntyre, Thomas, senador, 434

McKenzie, Floretta Dukes, doctora, 485

McKinney, Stewart B., congresista, 379,
584

McLennan, Devere, 393

McMahon, Brien, senador, 167, 173, 242

McMillan, Suzanne, 60

McNair, Lesley J., teniente general, 116

McPherson, Harry, asesor de Johnson,
211, 363-364

Mead, George, 119

Meadows, Matthew, senador, 682

Means, Howard, profesor de St. Albans,
358, 524

Means, Marianne, periodista, 662

Medicare, fraude a, 516, 517

Meek, Samuel, amigo de Prescott Bush, 170

Meese, Ed, fiscal general, 472, 502
secretario de Justicia, 561-562

*Meet the Press*, programa de la NBC, 440,
729, 779

Melvin, Don, comandante de escuadrón,
131

Menem, Carlos, presidente argentino, 533,
665

Menjou, Adolphe, actor, 243-244
México, crisis de la frontera con (1917), 47
Meyer, Eugene, propietario de *The Washington Post*, 184
Meyer, sir Christopher, ex embajador británico en Washington, 788
Meyers, Bill, 688
*Miami Herald, The*, 567
*Middlesex*, 579
Mierzejewski, Chester, artillero de GHWB, 129, 130-131, 572
*Milford Citizen, The*, 245
Millburn, William, portero negro de St. Albans, 357
Miller, Bill, 269
Mills, Wilbur, presidente de la Comisión de Medios y Recursos, 308-309, 361, 363
Minutaglio, Bill, biógrafo de George W. Bush, 685
Missouri Pacific, 95
Mitchell, Harold, presidente del Partido Republicano en Connecticut, 161-162
Mitchell, senador, 611
Mitsui, compañía, 512
Miyazawa, Kiichi, primer ministro japonés, 641-643
Moffitt, Ronni, asesinato de, 444
Mohler, Jack, amigo de GHWB, 450
Molander, Roger, doctorado en ingeniería nuclear, 437
Mondale, Walter, vicepresidente de Carter, 476
candidato a presidente, 492
Monroe, James, presidente, 165
Moore, Bobby, masajista afoamericano de GHWB, 304
Moore, Milton, piloto de flanco de GHWB, 131
Morano, Albert, 122, 248-250
Morano, Anthony, 122, 248
Morgan Stanley Dean Witter, 513
Morgan, Jane, cantante, 442
Morley, Jefferson, 516
Morris, Dick, consejero político, 657-658, 673
Morris, Edmund, biógrafo de Reagan, 481-482, 592
*Dutch*, 662
Morris, Ray, 99-100
Morse, Wayne, senador, 208
Mory's, restaurante para ex alumnos de Yale, 39, 42
Mosbacher, Robert, jefe de finanzas de

GHWB, 370, 549
Moseley, Thomas Wilder, miembro de Skull and Bones, 144
Moses, Herb, 599
Mubarak, Hosni, presidente egipcio, 536
Mudd, Roger, 464
Mulroney, Brian, primer ministro canadiense, 603
Murphy, Daniel J., almirante, asesor militar de GHWB, 551, 703
Murphy, Jack, 251
Murphy, Margaretta Fitler «Happy», esposa de Nelson Rockefeller, 279
Museo del Holocausto de Jerusalén, 555
Muskie, ex senador, 561

NAACP, *véase* Asociación Nacional para el Progreso de la Gente de Color
Naciones Unidas, 276
elección de la sede de las, 158-159, 375
reconocimiento de la China comunista, 376
Nadeau, Leo, artillero de GHWB, 125, 126
Nah-he-tla, primo carnal de Jerónimo, 49
Nash, Evans, socio de Neil Bush, 526, 527
*Nation, The*, 594
National Bank of Midland, quiebra del, 688
NBC, 492
Neas, Ralph, 604, 650, 652
New Deal, 95, 98, 239
*New Haven Journal-Courier*, 53
*New Orleans Times-Picayune*, 582
New Orleans, Texas and Mexico Railway, 60
*New Republic, The*, 191, 214, 615
*New York Daily News*, 620, 752
*New York Herald Tribune*, 102-103
*New York Journal American*, 67, 239
*New York Post*, 130, 348, 593, 658, 662
*New York Times, The*, 41, 79, 97, 139, 178, 204, 230, 256, 300, 307, 315-316, 372, 377, 383, 457, 519, 578, 593, 671, 691, 713, 760, 770
*New Yorker*, 71
*Newsweek*, 295, 465, 747, 756, 786
artículos contra George H. W. Bush, 568-570, 708
Nicholson, Jim, 532
Niedringhaus, Lois Kieffer, tercera esposa de James Smith Bush, 199, 378, 458
Nimitz, Chester W., almirante, 134
Nir, Amiram, diputado israelí, 554

Nixon, Donald, hermano de Richard, 506

Nixon, Pat, primera dama, 591

Nixon, Richard Milhous, 277, 295, 557
en la Segunda Guerra Mundial, 123
caso del fondo secreto de, 225-226, 229, 246
como vicepresidente, 240, 245
apoyado por Prescott Bush, 226, 229, 264-265
sugerencia para aceptar a George H. W. Bush como vicepresidente, 324-325
como presidente, 363, 370, 401, 426
y el caso Watergate, 398, 403, 405-407
proceso de *impeachment* contra, 411, 413
dimisión como presidente, 413-415
como ex presidente, 640
sobre George H. W. Bush como presidente, 640, 643-644

Nixon, Tricia, hija de Richard Nixon, 366, 401

Nixonburguers, restaurantes de comida rápida, 506

NOCD («Not Our Class, Dear»), argumento del, 75

Noonan, Peggy, escritora y redactora de discursos de George H. W. Bush, 152, 580-581, 611, 614-615

Noor, reina de Jordania, 625

Norhwest Bancorporation, 325

Noriega, Manuel, general panameño, 579, 586, 613
rendición y proceso contra, 614

Norris, Chuck, actor, 712

North, Oliver, teniente coronel, 499-500, 502, 516, 554

Norwood Jr., Charles Whitlow, representante, 736

Novak, Robert, columnista político, 278, 324, 568, 707

Nucifora, Alf, compañero de clase de George W. en Harvard, 399

Nunn, Sam, senador, 609

Nuremberg, juicios de, 236


O'Brien, Frank «Junie», compañero de Yale de GHWB, 140

O'Brien, Frank, 145

O'Connor, Sandra Day, juez del Tribunal Supremo, 760

O'Neil, Jan, 454

O'Neil, Joe, amigo de George W., 454

Oates, Marylouise, escritora y activista demócrata, 391

Oden, Ken, fiscal del condado de Travis, 734

Oficina de Asuntos Públicos y del Congreso del FBI, 24

Oficina de Gestión y Presupuesto, 472

Oficina de Propiedad Extranjera de EE.UU., 103

Oficina de Seguridad Diplomática del Departamento de Estado, 434

Oficina de Servicios Estratégicos (OSS), 438, 446

Oficina de Supervisión del Ahorro, 528, 530, 533

Oficina del Consejero Especial, 744

Oficina del Consejo Independiente, 500, 502

Oficina Nacional de Reconocimiento, 434

*Ohio State Journal*, 52, 53

Ohrstrom, George L., 539

Oliphant, Pat, caricaturista, 474

Olsen, Albert Williams, miembro de la Skull and Bones, 44

Olson, Jim, agente de la CIA, 695

Oluphant, Thomas, periodista de *The Boston Globe*, 652

Onassis, Jacqueline Kennedy: biografía de, 17, 20
*véase también* Kennedy, Jacqueline

Operación Causa Justa, sobre la invasión de Panamá, 613-614

Operación Moisés, para rescatar a los judíos etíopes, 559

Operación Tormenta de Amor, en Kuwait en homenaje a George H. W. Bush, 703

Operación Tormenta del Desierto, 629-630

Operación Townhouse, fondo de reptiles para financiar candidatos republicanos, 366-367, 405-406

Orden Ejecutiva 11905, sobre la prohibición de asesinato, 445

Organización del Presidente sobre Ayuda al Desempleo, 98

Organización Nacional de la Mujer (NOW), 646

Organización para la Liberación de Palestina (OLP), 427

Orin, Deborah, periodista, 662

Orr, Kay, gobernador de Nebraska, 583

Oswald, Lee Harvey, asesino de John F. Kennedy, 443, 490

Overbey, John, socio petrolero de GHWB, 183-184, 191

Overseas National Airways, 325

Overton, John Williams, miembro de la

Skull and Bones, 44, 52

Owades, Ruth, alumna de Harvard, 399

Padreda, Camilo, cubano anticastrista y estafador, 518

Paley, William S., presidente de la CBS, 167, 171, 439-440

Palmer, Arnold, 675

Pan American Airways, 149-150

Panamá, canal de, 276

Parmet, Herbert, biógrafo oficial de GHWB, 309, 373, 403
    George Bush: The Life of a Lone Star Yankee, 587

Parrott, James Milton, 286

Partido Demócrata
    convención nacional de 1952, 173
    de Texas, 289
    convención nacional de 2000, 533
    convención nacional de 1988, 578

Partido Independiente, 476

Partido Republicano
    extrema derecha del, 56
    delegados sureños del, 222-223
    convención en Connecticut de 1962, 269
    de Texas, 276-277
    convención nacional de 1988, 606
    convención nacional de 1992, 666

Pataki, George, gobernador de Nueva York, 755

Paternidad Planificada, organización, 168, 362

Patterson, Caroline Lowe, primera esposa de James Smith Bush, 195, 198

Patteson-Knight, Frances, madre de Jennifer Fitzgerald, 665

Patton, George, general, 794

Peabody, Endicott «Chub», gobernador de Massachusetts, 593

Pearl Harbor, ataque japonés a, 108, 115

Pearson, Drew, periodista, 167-168, 169, 227-228, 233, 245

Pei, Didi, compañero en Andover de George W. Bush, 336

Pei, I. M., arquitecto, 336

Peltz, Peaches, 90

Pennsylvania Lines West, 98-99

Pennsylvania Water and Power Co., 81

Pennzoil United, 190, 325

Penrose, Bill, 390

Pentágono, 625, 629, 775
    atentado contra el, 782

People, revista, 481, 482

Peper, Denis, dentista, 391

Pepys, Samuel, oficial británico, 405

Peres, Shimon, 559

Perez, Anna, secretaria de prensa de Barbara Bush, 593-594, 602

Perloff, Marjorie, profesora de la Universidad Católica, 358, 359

Perot, Ross, multimillonario de Texas, 374
    candidato a la presidencia, 655, 656

Perrucci, Robert, sociólogo, 764

Pershing, John, general, 52

Pettis, Jerry, 415

Pew Research Center for the People and the Press, 756

Pfau Jr., George Harold, miembro de Skull and Bones, 144

Pfeifle, Peter, compañero en Andover de George W. Bush, 337

Phelps, familia, 45

Phelps, Timohy, periodista, 647

Phillips, Kevin, comentarista republicano, 506

Phillips, Stone, periodista de Dateline NBC, 663-664

Pierce, Barbara, véase Bush, Barbara

Pierce, Charlotte, tía de Barbara Bush, 261

Pierce, Clarence «Doc», 66

Pierce, Franklin, presidente estadounidense, 112, 774

Pierce, Jim, hermano mayor de Barbara Bush, 111, 155

Pierce, Mabel, abuela de Barbara Bush, 452

Pierce, Marian Walsh, 66

Pierce, Martha Rafferty, hermana de Barbara Bush, 111, 135, 193

Pierce, Marvin, padre de Barbara Bush, 134, 154, 192, 261

Pierce, Pauline Robinson, madre de Barbara Bush, 111, 134, 152, 261
    sobre la familia Bush, 134-135
    muerte de, 154-155

Pierce, Scott, abuelo de Barbara Bush, 261

Pierce, Scott, hermano pequeño de Barbara Bush, 111, 154-155, 598

Pinochet, Augusto, general chileno, 444

Pittman, Martha, 67

Pizzo, Stephen, 515

Plame, Valerie, agente de la CIA, 707

Pocahontas, princesa indígena americana, 766

Podhoretz, John, comentarista conservador, 469
    Hell of a Ride, 469

Polk Jr., Louis F. «Bo», 325-326

Pont, Pierre «Pete» du, 547

Pope Jr., Frederick, 249
*Portland Press Herald*, 457
Powell, Colin, 712, 755
    secretario de Defensa, 771
    *My American Journey*, 381
Powell, Jody, secretario de prensa de Carter, 475
Prescott Bush and Company, 507, 510, 511
Prescott Bush Resources Ltd., 512
Presok, Patty, secretaria personal de George H. W. Bush, 668
Price, Leontyne, 483
Price, Raymond K., miembro de la Yale Political Union, 164
*Primetime Live*, programa, 597
Pritchard, Joel, congresista, 481, 484
Programa de Desarrollo del Pan Am's Airport, 120
Progress Development Corporation de Princeton, 244
Protesta de los Brooks Brothers, 19
Proxmire, Ellen, 203
Proxmire, William, senador, 203
Proyecto PULL (Profesional United Leadership League), 396-397
Prudential Insurance Co., 80, 81
Pryor Jr., Samuel F., 150
Pryor, Russell, 276
Psi Epsilon, fraternidad, 43
Pumpelly, Spencer Armstrong, estudiante de Yale, 44
Purdy, Fred, cónsul general en Manila, 459-460
Purtell, William A., senador, 172-173, 179, 180, 210, 218, 241
Putin, Vladimir, presidente ruso, 777


Quantum Access, compañía de software, 510, 512
Quayle, Dan, senador
    candidato a vicepresidente con George H. W. Bush, 582-583
    vicepresidente, 605, 609, 614, 620, 623, 755
Quinn, Frank, compañero de béisbol de GHWB, 140


Raab, Maxwell, ex embajador, 509
Rabin, Yitzhak, primer ministro israelí, 659, 660
Radcliffe, Donnie, 261, 273, 594
Rafferty, Corinne, hija de Martha Pierce, 40
Rafferty, Kevin, hijo de Martha Pierce, 333

Rafferty, Walter, casado con Martha Pierce, hermana de Barbara Bush, 40, 135
Rainbo Club, 731-732
Rainwater, Richard, 744-745
Randt Jr., Clark T., embajador, 343
Randt Jr., Sandy, estudiante de Yale, 426
Rangers de Texas, venta de los, 616
Rath, Tom, fiscal de New Hampshire, 745, 747
Rather, Dan, periodista de la CBS, 573-575
Raynor, Kenneth, golfista profesional, 260
Rea, Paul, geólogo, 542
Reading Is Fundamental, ONG infantil, 485
Reagan Jr., Ron, hijo del presidente, 720, 721, 772
Reagan, administración, 306
    ante el Holocausto, 556-557
    y el derrocamiento de Noriega, 613
Reagan, Maureen, hija del presidente, 566
Reagan, Nancy, esposa de Ronald Reagan, 467, 712
    biografía de, 17, 18, 20
    desprecio hacia George W. H. Bush y Barbara, 471, 474, 477, 478, 480-481, 577, 581, 634, 662
    como primera dama, 476, 480, 589-591, 592, 595, 633
    petición a George W. de apoyar la investigación sobre las células madre, 772
Reagan, Ronald
    y la Segunda Guerra Mundial, 123
    gobernador de California, 463
    campaña para las primarias presidenciales, 466-472
    reacio a Bush como vicepresidente, 471-473
    victoria en las elecciones (1980), 475-476
    presidente, 257, 607, 612
    atentado contra, 486-487, 490, 633
    escándalo Irán-Contra, 490, 502, 561, 623
    reelección como presidente, 498-499
    liberalización del ramo del ahorro y crédito inmobiliario, 526
    visita al cementerio de Bitburg, en Alemania Occidental, 556-557
    y la campaña presidencial de Bush, 575, 577-578
    doctor honoris causa de la Universidad George Washington, 633
    y el proyecto de ley Brady, 634-637
    enfermo de Alzheimer, 772

Recarey Jr., Miguel, millonario cubano extorsionador, 516, 517
Reed Jr., Joseph Verner, 143
Reed, Ralph, asesor de George W. para la campaña presidencial, 748, 749
Reed, Roy, periodista del *New York Times*, 414, 462
Reed, Samuel P., 187
*Refugio County Press*, 278
Rehnquist, William, juez del Tribunal Supremo, 760
Remnick, David, 462
Reuter, Walter, líder sindicalista, 289, 290
Reynolds III, Mercer, empresario petrolero, 542
Ribicoff, Abraham A.
  congresista demócrata, 176, 177, 180
  gobernador, 221, 232
  secretario de Salud, Educación y Bienestar Social, 266, 269, 270
Ribicoff, Peter, 221
Rice, Condoleezza, decana de Stanford, 718
Rice, Donna, amante de Gary Hart, 567
Richards, Ann
  tesorera del estado de Texas, 578, 579, 587, 603
  gobernadora de Texas, 682-685, 691-692, 695-696, 698-699
Richey, Charles R., juez de distrito, 672
Ridge, Tom, gobernador de Pensilvania, 757
Robb, David, escritor, 145
Roberts, Gary Boyd, 766
Roberts, Rosanne, periodista, 775
Robertson, Pat, telepredicador evangelista, 666, 737, 750, 784
Robinson, Davis R., casado con Suzanne, hija de Louis Walker, 40
Rockbestos Manufacturing Co., 81
Rockefeller Jr., John D., 110
Rockefeller, David, 276
Rockefeller, familia, 45, 191, 198
Rockefeller, familia, 765
Rockefeller, Isabel, 67
Rockefeller, Nancy Carnegie, 168
Rockefeller, Nelson A.
  gobernador de Nueva York, 279
  vicepresidente con Ford, 416, 417, 433, 436
Roden, Randall, amigo de la infancia de George W., 200-201
Rodríguez, Félix, agente de la CIA, 500, 501
Roe contra Wade, caso, 753, 754

Roe, David, 342
Roettinger, Phil, ex agente disidente de la CIA, 586
Rogers, Robert, 395
Rogers, William P., secretario de Estado, 372, 374, 391
*Rolling Stone*, 568
Rollins, Ed, asesor político, 477, 622
*Bare Knuckles and Back Rooms*, 623
Roosevelt Jr., Franklin D., 121
Roosevelt, dinastía política de los, 765
Roosevelt, Eleanor, 112, 204, 252, 591
Roosevelt, Franklin Delano, 58, 112, 170, 431, 788
  New Deal de, 95, 98
  y la Segunda Guerra Mundial, 100, 101-102
  cuarto mandato de, 132-133
  en la Conferencia de Yalta, 204
  muerte de, 133
Roosevelt, Sara Delano, 766
Roosevelt, Theodore W., presidente, 85, 641
Rose, James, brigadier general, 381
Rose, Susan Porter, colaboradora de Barbara Bush, 556
Rosemarie, amante italiana de GHW Bush en Nueva York, 281
Rosenbaum, Ron, estudiante de Yale, 342, 353
Rosenne, Meir, embajador israelí, 559
Rosie la Remachadora, personaje de, 117
Ros-Lehtinen, Ileana, congresista hispana, 521
Rostenkowski, Dan, congresista, 622, 720
Roth, William V., senador, 434
Roussel, Pete, secretario de prensa de GHWB en el Congreso, 369
Rove, Karl, asesor político de George W., 683-684, 692, 719, 724, 725, 734, 739-740, 745-746, 749, 784-785, 787
Roxbury Road, casa de los Bush en, Columbus, Ohio, 32-33
Royko, Mike, columnista, 575
RTA, *véase* Russell Trust Association
Rubin, Stephen, editor de Doubleday, 20
Rubinstein, Arthur, pianista, 271
Ruby, Jack, asesino de Oswald, 443
Rudin, Mickey, abogado de Sinatra, 18
Rudman, Warren, senador, 749
Ruge, Daniel, médico de la Casa Blanca, 487-488
Rumsfeld, Donald, secretario de Defensa, 685, 789
Russell Trust Association (RTA), estructu-

ra corporativa de Skull and Bones, 46, 143, 146

Russell, Richard, senador, 217

Russell, William H., estudiante de Yale, 45

Russert, Tim, moderador de la NBC, 729, 779

Ruth, Babe, 140-141
The Babe Ruth Story, 140

Ryan, Elmer, 177

Ryan, Nolan, lanzador de béisbol, 677

Sabah, al-, familia real kuwaití, 627, 630

Sabah, Mohammed al-, de la Ultra Horizon Company de Kuwait, 534, 535

Sabato, Larry J., profesor de ciencias políticas, 661

Sadruddin, hijo de Aga Khan, 479

Safire, William, periodista, 368, 612

Saleh, Muhammad Ahmed, miembro de la Skull and Bones, 347

Salter, Mark, asesor administrativo de McCain, 749

Saltonstall, Leveett, senador, 213

Sampras, Pete, tenista, 645

Sanger, Margaret, fundadora del movimiento pro control de la natalidad, 168-169

Sargent, John Singer, 64

Saturday Night Live, programa, 610

Sawyer, Diane, periodista, 597, 793

Scaasi, Arnold, diseñador, 621

Scalia, Antonin, juez del Tribunal Supremo, 760

Scheuer, James H., congresista, 362

Schlesinger Jr., Arthur, historiador, amante de Nancy Bush Ellis, 196, 252

Schlesinger, James, 437

Schlossberg, Caroline Kennedy, 712

Schmidt, Thomas Carlton, miembro de la Skull and Bones, 347

Schneider, William, profesor de canto de Andover, 340

Schnell, Ina, inversora estafada de Arbusto, 537

Schollander, Donald Arthur, nadador olímpico y miembro de la Skull and Bones, 343, 347

Schott, Aniko Gaal, ejecutiva de relaciones públicas, 484

Schröder, Gerhard, canciller alemán, 795

Schroeder, Pat, congresista, 531

Schumer, Charles E., congresista, 560

Schwarzenegger, Arnold, actor, 712

Schwarzkopf, Norman, general, 630-631

Schweizer, Peter y Rochelle, escritores, 700
The Bushers, 23

Scott, Dred, esclavo, 56

Scowcroft Group, empresa de consultoría, 23

Scowcroft, Brent, general retirado, 561
coautor junto con George H. W. Bush de A World Transformed, 23, 706

Scranton, William, gobernador de Pensilvania, 287

Scribner, John, brigadier general, 385

Searle, Daniel C., presidente de G.D. Searle and Company, 325

Seaver, Tom, 190

SEC, véase Comisión de Valores y Bolsa

See, Henry, compañero de Andover de GHWB, 108, 109

Seguridad Social, reforma de la, 719, 782

Senado, 95, 169, 173-174, 207, 210-220
Subcomité de Seguridad Nacional del, 243, 244
Comité Jurídico para el impeachment de Nixon, 411
autorización de la guerra contra Irak, 628

Servicio de Impuestos Internos (IRS), 486

60 Minutes, programa, 658, 737

700 Club, The, programa, 737

Seymour, Charles, rector de Yale, 137-138

Shannon, James C., 179

Sharansky, Natan, disidente soviético, 559

Sharon, Ariel, primer ministro israelí, 736

Shearer, Cody, amigo de George y Barbara Bush, 85, 344, 396, 461, 466, 591

Shearer, Derek, embajador, 343

Sheehy, Gail, escritora y periodista, 88, 153, 323

Sheldon, Robert E., tío materno de Prescott Bush, 39, 40

Shepard Jr., Frank Parsons, miembro de la Skull and Bones, 44, 67

Shepard, Alan B., primer astronauta estadounidense, 252

Shepard, Albert, 509, 511

Shepley, John, 67

Shultz, George
secretario de Estado, 481, 501-502, 613, 667
profesor de economía internacional, 717-718, 719

Shuman, Howard, 240

Sibal, Abner W., 249

Sidey, Hugh, 480, 683, 709

Silesian American Corporation, 99-100

Silver Dollar Quartet, grupo coral de Prescott S., 42, 164

Silverado Savings and Loan, 526-529, 615, 680

Simmons Co., 80

Simmons Hardware Company, 38, 64

Simmons, Walter, jefe de Prescott, 38

Simon, Dennis, profesor universitario, 507

Simpson, Alan, senador, 583, 647, 648

Simpson, Kenneth Farrand, miembro de la Skull and Bones, 44

Sinatra, Frank, cantante, 264
biografía de, 17, 18
entrevista con George H.W. Bush, como director de la CIA, 440-442

Skull and Bones (Calavera y Huesos), sociedad secreta en Yale, 39, 44-45, 67, 128, 141, 143-146, 258, 347, 378, 438, 710
y la tumba de Jerónimo, 48-51

Smith Alumnae Quarterly, revista, 142

Smith, John, capitán, 766

Smith, Margaret Chase, senadora, 213, 216, 217

Smith, Ralph, 367

Smith, William French, fiscal general, 478

Smithsonian Institute, 20

Snith, Walter Bedell, general, 216

Sociedad de la Leucemia y el Linfoma, 709-710

Sociedad Genealógica Histórica de Nueva Inglaterra, 766

Sociedad John Birch, organización racista y ultraderechista, 244, 274, 275-276, 286, 291, 305

Soderberg, Sydney, historiador, 230

Soldati, Santiago, industrial argentino, 528

Soler, Mark, compañero de George W. Bush en Yale, 318, 353, 354-355, 382, 385

Solidaridad, sindicato polaco, 557, 610

Sorenson, Ted, escritor de discursos de Kennedy, 549

Soros, George, multimillonario, 543

Souter, David H., juez del Tribunal Supremo, 645

Souter, David, juez del Tribunal Supremo, 760

South Penn Oil Company, 190

Sparkman, John, senador, 392, 393, 394

Speakes, Larry, secretario de prensa adjunto, 488

Specter, Arlen, senador, 647, 648

Spectrum 7, compañía petrolera, 542

Spencer, Stuart K., asesor político, 472, 473

Spencer, Susan, periodista de la CBS-TV, 659

Spock, Benjamin, pediatra, 311, 314, 315

Spofford, Charles M., general, 43, 137

Spy, revista, 442

St. Albans, escuela episcopaliana de Washington, 357-358, 523-525

St. George's, en Newport, escuela preparatoria, 29, 36-37

St. Louis Post-Dispatch, 65, 219, 228

St. Louis Republic, The, 55, 57

St. Louis-San Francisco Railway Company, 59

Stahl, Lesley, periodista, 611

Stalin, Iosiv Vissarion Dzugasvili, 133, 204

Staudt, Buck, teniente coronel, 381, 388

Steel, Jack, asesor de GHWB, 369

Steiger, Bill, 415

Steinbeck, John: Las uvas de la ira, 399

Steinem, Gloria, feminista, 603

Stephan, Charles, funcionario consular, 458

Stephanopoulos, George, asesor de la Casa Blanca, 713

Sterling Group, 718

Sterling Software, 718

Stettinius, Edward, embajador en la ONU, 372

Stevens, John, pastor episcopaliano en Houston, 294

Stevens, John Paul, juez del Tribunal Supremo, 760

Stevenson, Adlai, candiadato demócrata a la presidencia, 178-179, 239
embajador en Naciones Unidas, 276, 372

Stewart, Andy, amiga íntima de Barbara Bush, 448

Stewart, Janet Newbold Rhinelander, segunda mujer de James Smith Bush, 87, 195, 198-199

Stewart, Jimmy, actor, 121

Stewart, Potter, juez, 436-437

Stewart, Serena, hijastra de James Bush, 195, 197, 198

Stimson, Henry Lewis, coronel, secretario de Guerra, 108, 113, 146

Stipel, Nicolaus and Comapny, 21

Stockwell, John, ex agente de la CIA, 586

Stone, George, asesor republicano, 621

Stone, Oliver, director de cine, 343

Stone, W. Clement millonario de Chicago, 366

Stratford of Texas, empresa agrícola, 389

Strickland, Tamara, 483

Strindberg, August: *La señorita Julia*, 267-268

Sullivan and Cromwell, bufete, 100

Sullivan, George, compañero de George W. Bush en Yale, 346

Sullivan, John F., 158-159

*Sun, The*, periódico británico, 775

Sununu, John
    gobernador de New Hampshire, 572, 576, 583
    jefe de personal de George H. W. Bush, 605, 610, 636, 644, 645, 656, 703

Swaggart, Jimmy, evangelista, 547

Swett, Morris, sargento mayor, bibliotecario de Fort Sill, 49

Symington Jr., Stuart, senador, 41, 44, 198, 435


Taft, dinastía política de los, 765

Taft, familia, 45

Taft, Franny, 362

Taft, Robert A., senador, 160, 362

Taft, William Howard, presidente, 362, 669

Talbott, Strobe, subsecretario de Estado, 343

*Talk*, revista, 724, 735

Tatcher, Margaret, primera ministra británica, 624

Taylor, Elizabeth, 17

Taylor, Hoyt, 259, 262

Taylor, Otha, doncella de Barbara y George Bush, 261

Teeley, Pete, secretario de prensa de GHWB, 468-469, 494, 551

Teeter, Bob, jefe de sondeos del vicepresidente Bush, 549, 608

Tennyson, lord Alfred, poeta, 43

Texaco, 190

*Texas Monthly*, 382

*Texas Observer, The*, 368, 712

Texas Rangers, equipo de béisbol, 676, 677-679, 698

Thant, U, secretario general de la ONU, 374

Thayer, Stephen, hijastro de Neil Mallon, 189

Theroux, Phyllis, escritora, 424

Thomas, Clarence, juez del Tribunal Supremo, 645-649, 760

Thomas, Evan, directivo de *Newsweek*, 569

Thompson, Tommy, gobernador de Wisconsin, 757

Thorne, Brinkley Stimpson, miembro de la Skull and Bones, 347

Thuermer, Angus, especialista en información de la CIA, 439

Thurmond, Strom, senador archisegregacionista, 550, 638

Thyssen, Fritz, industrial alemán, 101-103
    memorias *I Paid Hitler*, 101

Tiananmen, disturbios (1989) en la plaza de, 610

Tillotson, Dolph, hermano de Mary, 661

Tillotson, Mary, periodista de la CNN, 659, 660, 661, 663

*Time*, revista, 162, 439, 580, 592, 611, 640, 763, 770

*Times, The*, de Londres, 708-709

*Today*, programa, 756

Tolchin, Marvin, periodista, 615

Tolchin, Susan J., profesora de la Universidad George Mason, 653-654

Tomes, Wendell, radiooperador y artillero, 132

*Tonight Show, The*, programa, 730

Tower, John G., senador, 277, 282, 291, 363, 367, 561
    secretario de Defensa, 608-609, 646

Trafficante, Santos, mafioso, 443, 516

TransMedia, empresa de comunicación, 533

Tratado de Libre Comercio de América del Norte (NAFTA), 704

Tratado de Prohibición de los Ensayos Nucleares, 292, 293

Treleaven, Harry, responsable de publicidad de GHWB, 304

Trento, Joe, 479-480

Trento, Susan B.: *The Power House*, 479-480, 659, 663

Tribunal de Apelación, Noveno circuito del, 18

Tribunal Supremo, 267
    caso de Brown contra la Junta de Educación, 222, 259
    en el caso Watergate, 413
    fallo de las elecciones del 2000, 21, 266, 355-356, 759-760

Trillin, Calvin, 594, 744

Trippe, Juan, fundador y presidente de la Pan American, 149-150, 213

Trotter, Elizabeth, 67

Trudeau, Garry, estudiante de Yale y caricaturista, 352, 496-497, 603

Truesdale, Bill, 91-92

Truman, Harry S.
    como senador, 60

acusación contra George Herbert Walker, 95-97
como vicepresidente, 132
como presidente, 166, 215, 326, 492
Tsurumi, Yoshi, profesor de Harvard Business School, 399-400
Tucker, Karla Faye, presa ejecutada, 737-738
Turner, Mel, figura de la radio de Texas Occidental, 686-687
Turner, Stansfield, director de la CIA (1977-1981), 451, 475
Turner, Ted, 599
Turnipseed, William, teniente coronel, 395
Twain, Mark, 93, 530


Ucrania, independencia de, 612
Udell, Maurice H., coronel, instructor de vuelo de George W., 388
UNESCO, regreso de Estados Unidos a la, 778
Union Banking Corporation, 100-102
Unión Estadounidense de Libertades Civiles (ACLU), 657
Union Pacific, 58
Unión Soviética, disolución de la, 612-613
United Airlines, 513
United Bank of Midland, 342, 616
United Negro College Fund (UNCF), 306-307, 323, 609
United Press International, 319
United Service Organizations de recogida de fondos para la guerra, 110
United Way, 342
Universidad Bob Jones de Greenville, 747, 752
Universidad de Columbia, 225
Universidad de Texas A&M, 695
Universidad de Yale, véase Yale, Universidad de
Universidad George Washington, 633-634
Universidad Metodista del Sur, en Dallas, 454
Untermeyer, Charles G. «Chase», 321
Upham and Meeker, bufete de abogados, 281
USA Today, 593, 784
USS Finback, submarino, 127
USS San Jacinto, portaaviones, 125
Uzielli, Philip A., 538-539


Valeo, Frank, 212

Vanity Fair, 111, 593, 601
Variety, 254
Vidal, Gore, escritor, 403
Vietnam, guerra de, 301, 310-311, 316, 377, 384-385
manifestaciones contra la, 311, 314, 316
ofensiva del Tet, 317, 318
Acuerdos de Paz de París (1973), 317
Vincent, Fay, compañero de Bucky Bush, 259
Voz de América, 215


Wahlberg, P. David, abogado, 734
Walesa, Lech, líder del sindicato Solidaridad, 557
Walker, Christopher, 62
Walker, David Davis, tatarabuelo de George W. Bush, 55-58
durante la guerra civil estadounidense, 56-57
Walker, Dorothy, véase Bush, Dorothy Walker
Walker, Elsie, prima de George W., 681, 692
Walker, familia, 765
Walker, Ganny y Gampy, 188
Walker, George Herbert, (Bert), hijo de David D. Walker, bisabuelo de George W. Bush, 57, 58-60
odiado por sus hijos, 61
y su hija Dorothy, 72
presidente de la W. A. Harriman Company, 73-77, 96, 150
presidente del Gulf Coast Lines, 96
declaración ante la Comisión de Comercio Interestatal del Senado, 95-97
trabajos con la Alemania nazi, 99-100
Walker, Grace, esposa de Louis Walker, 537
Walker, James T., tío de Dorothy Walker Bush, 39
Walker, James Wear, hermano de Dorothy Walker Bush, 40, 60, 537
Walker, John M., doctor, hermano de Dorothy Walker Bush, 25, 40, 60, 186, 187-188
Walker, Louis, hermano de Dorothy Walker Bush, 40, 60, 61
Walker, Louise Mead, esposa de John Walker, 92, 565
Walker, Lucretia «Loulie» Wear, esposa de George Herbert Walker, 58, 59, 64, 67, 80, 135
Walker, Mary Carter, esposa de George

Herbert Walker hijo, 63, 87, 110, 272, 274

Walker, Nancy (Nan), hija mayor de George Herbert Walker, 61-63, 67

Walker, Ray Carter, hijo de George H. Walker hijo, 22, 25, 40, 60, 85, 190, 221, 255, 257, 329, 457, 485, 545

Walker, Russ, amigo de George W. Bush, 350

Walker, Trey, director nacional de la campaña de McCain, 748

Walker hijo, David Davis, hijo de David Davis, 57

Walker hijo, George Herbert (tío Herbie), hermano de Dorothy Walker Bush, 40, 63, 67, 140, 143, 147, 176, 184, 190-191, 227, 255, 258, 310, 312-313, 485-486
enfermedad y muerte de, 456-457

Walker hijo, John M., sobrino de Dorothy Walker Bush, 40

Walker III, David D., primo de Dorothy Walker Bush, 40

Walker III, George Herbert «Bert», primo de GHWB, 21, 25, 60, 457
embajador en Hungría, 22

Walker III, George, hijo de George H. Walker hijo, 40

Walker Jr., John M., juez federal del Tribunal de Apelación, 186

Walker Jr., Samuel Sloane, miembro de Skull and Bones, 144

Walker's Point de Maine, 60

Walker-Bush Corporation, 191

Wall Street Journal, The, 511, 535, 593, 697

Wall Street, hundimiento de, 77, 78

Wallace, George, gobernador de Alabama, 288

Wallach, Eric, 337

Wallop, French, 584, 599

Wallop, Malcolm, senador, 584

Walsh, Lawrence E., abogado, 668, 670-671

Walsh, Richard J., presidente de John Day Publishing Company, 66

Walters, Bill, promotor de Denver, 526, 527

Wanxiang Group, 513

Warner, John, senador, 628

Warren, Earl, presidente del Tribunal Supremo, 276

Warren, George «Red Dog», amigo de GHWB, 105, 106, 108, 117

Warwick, Carl, jugador de béisbol, 369

Washington Post, The, 192, 256, 261, 300, 324, 451, 474, 498, 501, 516, 535, 568, 575, 593, 594, 664, 775

Washington Star, 433, 436, 474

Washington Times, The, 593, 600, 705

Waterbury Republican, 228

Watergate, caso, 398, 403, 404-407, 426-427

Watters, Susan, periodista, 571

Wead, Doug, amigo evangélico de George W. Bush, 717

Wead, Doug, coautor del libro Man of Integrity, 572

Wead, Douglas, 525

Wear, Arthur Y., tío de Dorothy Walker Bush, 39, 61

Wear, James H., tío de Dorothy Walker Bush, 39, 61

Wear, Joseph W., tío de Dorothy Walker Bush, 39, 61, 63

Wear, William P., primo de Dorothy Walker Bush, 40

Wear, William, Potter, 67

Weathermen Underground, grupo de activistas radicales, 432-433

Weaver, Howard Sayre, miembro de Skull and Bones, 144

Weicker, Claudia, 606

Weicker, Lowell
gobernador republicano de Connecticut, 163, 187, 250, 379, 405-406, 606
senador, 512, 605-606

Weinberger, Caspar
secretario de Defensa, 501, 667
indulto de, 670, 671

Weintraub, Jerry, productor de cine, 442

Weir, Benjamin, reverendo, 499

Weizsäcker, Richard von, presidente alemán, 652

Welch, Richard, agente de la CIA asesinado, 706

Welch, Robert, 275

Wellstone, Paul, senador, 628

West Tsusho, compañía japonesa, 510, 511

West, Mae, 669

Wetmore, Reagh, entrenador de natación de Andover, 340

Whiffenpoof, grupo coral en Yale, 42, 138, 254, 378

White, Edwin «Ted», 128

White, John L., 396-397

White, Ken, compañero en Yale de George W. Bush, 343, 345, 347

White, William G. «Ted», artillero de GHWB, 127-128, 144, 572-573

Whitehouse, Charles S., 143

Whitman, Charles, asesino en masa, 490

Whitney, familia, 45

Whitt, Robert W., abogado de George W. en Midland, 538-541

Wiesel, Elie, antigua prisionera en campos nazis, 557

Wik, Thomas, compañero de George W. Bush en Yale, 347

Wilder, Lilyan, profesora de dicción, 581

Wilkes, John, 387

Wilkie Jr., Valleau, miembro de Skull and Bones, 144

Wilkie, Wendell, 213

Will, George F., columnista y amigo de Nancy Reagan, 480, 494

Williams, Marjorie, 111

Williams, Marjorie, periodista de *Vanity Fair*, 111, 601-603

Williams, Richard Lee, 341

Williams, Ted, campeón de béisbol, 118

Willis, Bruce, actor, 712

Willis, Stanley, director de admisiones de St. Albans, 358

Wills, Garry, historiador, 151

Wilmsen, Steven, periodista de *Playboy*, 531

Wilner, Tom, compañero de George W. Bush en Yale, 349

Wilson, Don W., archivero de Estados Unidos, 672

Wilson, Joseph, antiguo embajador en Irak, 707

Wilson, Woodrow, presidente, 46-47, 56

Winks, Robin: *Cloak and Gown*, 438

Wirthlin, Richard, 472

Wise, Michael, presidente de la Silverado Savings and Loan, 526

Wiseman, Carter, estudiante de Yale, 348

Wolf, Dick, estudiante en Andover, 340

Wolf, Herman, asesor del gobernador Ribicoff, 232, 266

Wolfman, Cathryn Lee, novia de George W. Bush en Houston, 344-345

*Women's Wear Daily*, 449, 461, 571

Wong, Winston, 533-534, 535

Wood, Bobby, ayudante del senador Lister Hill, 212

Woodruf, Judy, periodista de televisión, 603

Woods, Rose Mary, secretaria de Nixon, 411

Woodward, Bob, periodista del *Washington Post*, 444, 648

Woolley, Knight
    miembro de la Skull and Bones, 44, 67
    padrino de George H. W. Bush, 74
    director de Harriman Brothers and Company, 74-76, 77, 78
    socio de la Brown Brothers Harriman and Company, 82, 100, 103

Woolston, Anne, 552

World Trade Center, atentado contra el, 445, 782-783

Wyvell, Dorothy, pediatra de Robin Bush, 183, 185


*Yale Alumni Magazine*, 457

Yale Calhoun College, 39

*Yale Daily News, The*, 42, 45, 140, 178, 295, 311-312, 348

Yale Glee Club Associa es, 42

Yale, Universidad de
    familias Bush-Walker-Pierce en, 39-41
    Prescott Sheldon Bush en, 38-39, 41-44
    y la guerra de Vietnam, 311-313, 315
    Junta para el Desarrollo de, 313, 314, 331, 352
    y la CIA, 438
    contra la candidatura Bush-Cheney, 755-756
    *véase también* Brewster Jr., Kingman; Bush, George Herbert Walker; Bush, George Walker; Coffin, William Sloane; Griswold, Whitney; Seymour, Charles; Skull and Bones

Yamamoto, almirante japonés, 116

Yarborough, Ralph, senador, 278, 284, 288-297, 361, 364, 367, 386

Yergin, Daniel H., ganador del Premio Pulitzer, 343

Yihad Islámica, 499

Yost, Charles, embajador en la ONU, 371

Young, Andrew, embajador de las Naciones Unidas, 688

Young, Genevieve «Gene», 332, 375, 428

Young, Peck, asesor político, 694

Yudain, Bernie, columnista, 177, 219, 249

Yudain, Ted, director del *Greenwich Time*, 162-163, 170, 177, 206, 219


Zaccaro, John, marido de Geraldine Ferraro, 494

Zahn, Paula, periodista de la CNN, 714, 792

Zapata Offshore Company, 190, 257-259, 262, 291-292, 310

Zapata Petroleum, 190, 191, 258

Zapata, Emiliano, revolucionario mexicano, 189

Zumwalt, Elmo, almirante, 509

La Familia Bush, de Kitty Kelly
se imprimió el mes de Septiembre de 2004 en
Gráficas Monte Albán, S.A. de C.V.
Fracc. Agro Industrial La Cruz,
El Marqués, Qro. México.